百衲本二十四史

史記

上海涵芬樓影印
南宋黃善夫刻本
原書板匡高二十
公分寬十三公分

趙世家第十三　史記四十三

趙氏之先與秦共祖至中衍正義曰中音仲爲帝大戊
御其後世蜚廉有子二人而命其一子曰惡來
事紂爲周所殺其後爲秦惡來弟曰季勝其後
爲趙季勝生孟增孟增幸於周成王是爲宅皐
狼徐廣曰或云皐狼地名在西河○索隱曰按如此說是名孟增號宅皐狼而徐廣云皐狼地名在西河者按地理志
皐狼是西河郡之縣名蓋孟增幸於周成王成王居之於皐狼故云皐狼皐狼生衡父衡父
生造父造父幸於周繆王造父取驥之乘匹正義
曰乘食證反並四曰乘兩曰疋取八駿品其力使均馴與桃林正義曰括地志云桃林在陝州桃林縣西
至潼關皆爲桃林塞地山海經云夸父之山北有林焉名曰桃林廣闊三百里中多馬造父於此得驊騮騄耳之乘獻周

穆王也盜驪驊騮綠耳獻之繆王索隱曰言造父取八駿品其色齊其力使
馴調也並四曰乘並兩曰匹繆王使造父御西巡狩見西王母
樂之忘歸索隱曰穆天子傳曰穆王與西王母觴於瑤池之上作歌是樂而忘歸也而譙周不信此事而
云余常聞之代俗以東西陰陽所出入宗其神謂之王父母或曰地名在西域有何據乎而徐偃王反
正義曰括地志云大徐城在泗州徐城縣北三十里古之徐國也博物志云徐君宮人娠生卵以爲不祥棄於水濱孤獨
母有犬名鵠倉銜所棄卵以歸覆煖之遂成小兒生偃王故宮人聞之更收養之及長襲爲徐君後鵠倉臨死生角而九
尾實黃龍也鵠倉或名后倉也繆王日馳千里馬攻徐偃王大破
之索隱曰譙周曰徐偃王與楚文王同時去周穆王遠矣且王者行有周衛豈聞亂而獨長驅日行千里乎並言此事
非實也乃賜造父以趙城正義曰晉州趙城縣即造父邑也由此爲
趙氏自造父已下六世至奄父曰公仲周宣王

時伐戎爲御及千畝戰正義曰括地志云千畝原在晉州岳陽縣北九十里也
奄父脫宣王奄父生叔帶叔帶之時周幽王無
道去周如晉事晉文侯始建趙氏于晉國自叔
帶以下趙宗益興五世而生趙夙趙夙晉獻公
之十六年伐霍魏耿而趙夙爲將伐霍霍公求
奔齊徐廣曰求一作來晉大旱卜之曰霍太山爲祟使
趙夙召霍君於齊復之以奉霍太山之祀晉復
穰晉獻公賜趙夙耿索隱曰今河東皮氏縣耿鄉夙生共孟當
魯閔公之元年也共孟生趙衰字子餘索隱曰系本云公明
生共孟及趙夙夙生成季衰衰生宣孟盾左傳云衰趙夙弟而此云共孟生衰譙周亦以此爲誤趙衰卜

事晉獻公及諸公子莫吉卜事公子重耳吉即
事重耳重耳以驪姬之亂亡奔翟趙衰從翟伐
廧咎如得二女翟以其少女妻重耳長女妻趙
衰而生盾初重耳在晉時趙衰妻亦生趙同趙
括趙嬰齊趙衰從重耳出亡凡十九年得反國
重耳爲晉文公趙衰爲原大夫居原任國政索隱
曰系本云成季徙原宋忠云今鴈門原平縣也○正義曰括地志云原平故城漢原平縣也在代州崞縣南三十五里崞
音郭按宋忠說非也括地志云故原城在懷州濟原縣西北二里左傳云襄王以原賜晉文公原不服文公伐原以示信
原降以趙衰爲原大夫即此也原本周畿內邑也文公所以反國及霸多趙
衰計策語在晉事中趙衰既反晉晉之妻固要

迎翟妻而以其子盾爲適嗣晉妻三子皆下事之晉襄公之六年而趙衰卒謚爲成季趙盾代成季任國政二年而晉襄公卒太子夷皐年少盾爲國多難欲立襄公弟雍雍時在秦使使迎之太子母日夜啼泣（索隱曰穆嬴也）頓首謂趙盾曰先君何罪釋其適子而更求君趙盾患之恐其宗與大夫襲誅之迺遂立太子是爲靈公發兵距所迎襄公弟於秦者靈公既立趙盾益專國政靈公立十四年益驕趙盾驟諫靈公弗聽及食熊蹯胹不熟殺宰人持其尸出趙盾見之靈公由此懼欲殺盾盾素仁愛人嘗所食桑下餓人反扞救盾盾以得亡未出境而趙穿弒靈公而立襄公弟黑臀是爲成公趙盾復反任國政君子譏盾爲正卿亡不出境反不討賊故太史書曰趙盾弒其君晉景公時（索隱曰成公之子名據）而趙盾卒謚爲宣孟子朔嗣趙朔晉景公之三年朔爲晉將下軍救鄭與楚莊王戰河上朔娶晉成公姊爲夫人晉景公之三年大夫屠岸賈欲誅趙氏（徐廣曰按年表救鄭及誅滅皆景公三年）初趙盾在時夢見叔帶持要而哭甚悲已而笑拊手且歌盾卜之兆絕而後好

趙史援占之曰此夢甚惡非君之身乃君之子然亦君之咎至孫趙將世益衰屠岸賈者始有寵於靈公及至於景公而賈爲司寇將作難乃治靈公之賊以致趙盾徧告諸將曰盾雖不知猶爲賊首以臣弒君子孫在朝何以懲辠請誅之韓厥曰靈公遇賊趙盾在外吾先君以爲無罪故不誅今諸君將誅其後是非先君之意而今妄誅妄誅謂之亂臣有大事而君不聞是無君也屠岸賈不聽韓厥告趙朔趣亡朔不肯曰子必不絕趙祀朔死不恨韓厥許諾稱疾不出賈不請而擅與諸將攻趙氏於下宮殺趙朔趙同趙括趙嬰齊皆滅其族趙朔妻成公姊有遺腹走公宮匿趙朔客曰公孫杵臼杵臼謂朔友人程嬰曰胡不死程嬰曰朔之婦有遺腹若幸而男吾奉之即女也吾徐死耳居無何而朔婦免身生男屠岸賈聞之索於宮中夫人置兒絝中祝曰趙宗滅乎若號即不滅若無聲及索兒竟無聲已脫程嬰謂公孫杵臼曰今一索不得後必且復索之奈何公孫杵臼曰立孤與死孰難程嬰曰死易立孤難耳公孫杵臼曰趙氏先

君遇子厚子彊爲其難者吾爲其易者請先死乃二人謀取他人嬰兒負之衣以文葆徐廣曰小兒被曰葆匿山中程嬰出謬謂諸將軍曰嬰不肖不能立趙孤誰能與我千金吾告趙氏孤處諸將皆喜許之發師隨程嬰攻公孫杵臼杵臼謬曰小人哉程嬰昔下宮之難不能死與我謀匿趙氏孤兒今又賣我縱不能立而忍賣之乎抱兒呼曰天乎天乎趙氏孤兒何罪請活之獨殺杵臼可也諸將不許遂殺杵臼與孤兒諸將以爲趙氏孤兒良已死皆喜然趙氏眞孤乃反在程嬰卒

與俱匿山中居十五年晉景公疾卜之大業之後不遂者爲祟景公問韓厥厥知趙孤在乃曰大業之後在晉絕祀者其趙氏乎夫自中衍者皆嬴姓也中衍人面鳥噣降佐殷帝大戊及周天子皆有明德下及幽厲無道而叔帶去周適晉事先君文侯至于成公世有立功未嘗絕祀今吾君獨滅趙宗國人哀之故見龜策唯君圖之景公問趙尚有後子孫乎韓厥具以實告於是景公乃與韓厥謀立趙孤兒召而匿之宮中諸將入問疾景公因韓厥之衆以脅諸將而見

趙孤趙孤名曰武諸將不得已乃曰昔下宮之難屠岸賈爲之矯以君命并命羣臣非然孰敢作難微君之疾羣臣固且請立趙後今君有命羣臣之願也於是召趙武程嬰徧拜諸將遂反與程嬰趙武攻屠岸賈滅其族復與趙武田邑如故徐廣曰推次晉復與趙武田邑是景公之十七年也而乃是春秋成公八年經書晉殺其大夫趙同趙括左傳於此說立趙武事者註云終說之耳非此年也及趙武冠爲成人程嬰乃辭諸大夫謂趙武曰昔下宮之難皆能死我非不能死我思立趙氏之後今趙武既立爲成人復故位我將下報趙宣孟與公孫杵臼趙武啼

泣頓首固請曰武願苦筋骨以報子至死而子忍去我死乎程嬰曰不可彼以我爲能成事故先我死今我不報是以我事爲不成遂自殺趙武服齊衰三年爲之祭邑春秋祠之世世勿絕新序曰程嬰公孫杵臼可謂信友厚士矣嬰之自殺下報亦過矣○正義曰今河東趙氏祠先人猶別舒一座祭二士矣趙氏復位十一年而晉厲公殺其大夫三郤欒書畏及乃遂弒其君厲公更立襄公曾孫周徐廣曰年表云襄公孫也○索隱曰晉系家云襄公少子名周是爲悼公晉由此大夫稍彊趙武續趙宗二十七年晉平公立平公十二年而趙武爲正卿十三年吳延陵季子使於

晉曰晉國之政卒歸於趙武子韓宣子魏獻子之後矣趙武死謚為文子文子生景叔（索隱曰系本云景叔名成）景叔之時齊景公使晏嬰於晉（徐廣曰平公之十九年）晏嬰與晉叔向語嬰曰齊之政後卒歸田氏叔向亦曰晉國之政將歸六卿六卿侈矣而吾君不能恤也趙景叔卒生趙鞅是為簡子趙簡子在位晉頃公之九年簡子將合諸侯戍于周其明年入周敬王于周辟弟子朝之故也晉頃公之十二年六卿以法誅公族祁氏羊舌氏分其邑為十縣六卿各令其族為之大夫晉公室由此益弱後十三年魯賊臣陽虎來奔趙簡子受賂厚遇之趙簡子疾五日不知人大夫皆懼醫扁鵲視之出董安于問（韋昭曰安于簡子家臣）扁鵲曰血脉治也而何怪在昔秦繆公嘗如此七日而寤寤之日告公孫支與子輿曰我之帝所（索隱曰二子秦大夫公孫支子桑）甚樂吾所以久者適有學也帝告我晉國將大亂五世不安其後將霸未老而死霸者之子且令而國男女無別公孫支書而藏之（索隱曰藏一作籍籍錄也謂當時即記錄書之於籍也）秦讖於是出矣獻公之亂文公之霸而襄公敗秦師於殽而歸縱淫此子之所聞

今主君之疾與之同不出三日疾必間間必有言也居二日半簡子寤語大夫曰我之帝所甚樂與百神游於鈞天廣樂九奏萬舞不類三代之樂其聲動人心有一熊欲來援我帝命我射之中熊熊死又有一羆來我又射之中羆羆死帝甚喜賜我二笥皆有副吾見兒在帝側帝屬我一翟犬曰及而子之壯也以賜之帝告我晉國且世衰七世而亡（正義曰謂晉定公出公哀公幽公烈公孝公靜公為七世靜公二年為三晉所滅據此及年表簡公子疾在定公十一年）嬴姓將大敗周人於范魁之西（正義曰嬴趙姓也周人謂衞也晉亡之後趙成侯三年取衞都鄙七十三是也賈逵云川阜曰魁也）而亦不能有也（索隱曰范魁地名不知所在蓋趙地也）今余思虞舜之勳適余將以其胄女孟姚配而七世之孫（索隱曰即姓嬴吳廣之女姚姓孟字也七代孫武靈王也）董安于受言而書藏之以扁鵲言告簡子簡子賜扁鵲田四萬畝他日簡子出有人當道辟之不去從者怒將刃之當道者曰吾欲有謁於主君從者以聞簡子召之曰譆吾有所見子晣也（索隱曰簡子見當道者乃寤曰譆是故吾前夢所見者知其名曰子晣也）當道者曰屏左右願有謁簡子屏人當道者曰主君之疾臣在帝側簡子曰然有之子之見我我何為當道者曰帝令主君射熊與羆皆死簡子

曰是且何也當道者曰晉國且有大難主君首
之帝令主君滅二卿夫熊與羆皆其祖也正義曰范氏中行氏之祖也
簡子曰帝賜我二笥皆有副何也正義曰副謂皆子姓也
當道者曰主君之子將克二國於翟皆子姓
也正義曰謂代及智氏也　簡子曰吾見兒在帝側帝屬我一
翟犬曰及而子之長以賜之夫兒何謂以賜翟
犬當道者曰兒主君之子也翟犬者代之先也
主君之子且必有代及主君之後嗣且有革政
而胡服正義曰今時服也廢除裘裳也并二國於翟正義曰武靈王略中山地至寧
葭西略胡地至樓煩榆中是也簡子問其姓而延之以官當道者

曰臣野人致帝命耳遂不見簡子書藏之府異
日姑布子卿見簡子司馬彪曰姑布姓子卿字簡子徧召諸子
相之子卿曰無爲將軍者簡子曰趙氏其滅乎
子卿曰吾嘗見一子於路殆君之子也簡子召
子毋卹毋卹至則子卿起曰此真將軍矣簡子
曰此其母賤翟婢也奚道貴哉子卿曰天所授
雖賤必貴自是之後簡子盡召諸子與語毋卹
最賢簡子乃告諸子曰吾藏寶符於常山上先
得者賞諸子馳之常山上求無所得毋卹還曰
已得符矣簡子曰奏之毋卹曰從常山上臨代

代可取也正義曰地道記云恒山在上曲陽縣西北百四十里北行四百五十里得恒山岌號飛狐口此則代郡也
簡子於是知毋卹果賢乃廢太子伯魯而
以毋卹爲太子後二年晉定公之十四年范中
行作亂明年春簡子謂邯鄲大夫午曰歸我衛
士五百家吾將置之晉陽服虔曰往年趙鞅圍衛衛人恐懼故貢五百家鞅置之邯鄲又欲更徙於晉陽午許諾歸而其父兄不聽服虔曰午之諸父兄及邯鄲中長老
倍言趙鞅捕午囚之晉陽乃告邯鄲人曰
我私有誅午也諸君欲誰立杜預曰午趙鞅同族別封邯鄲故使邯鄲人更立午宗親也遂殺午趙稷涉賓以邯鄲反服虔曰稷午子晉
君使籍秦圍邯鄲左傳曰籍秦此時爲上軍司馬○索隱曰系本籍秦晉大夫籍游之孫籍

談之子荀寅范吉射與午善左傳曰午荀寅之甥荀寅范吉射之姻○索隱曰系本云晉大夫逝遨生桓伯林父林父生宣伯偃偃生穆伯吳吳生寅本姓荀自荀偃將中軍晉改中軍曰中行因氏焉元與智氏同祖逝遨故智氏亦稱荀范氏晉大夫隰叔之子士蔿之後蔿生成伯缺缺生武子會會生文叔燮燮生宣叔匄匄生獻子鞅鞅生吉射也
不肯助秦而謀作亂董安于
知之十月范中行氏正義曰按會食邑於范因爲范氏又中行寅本姓荀自荀偃將中軍爲中行因号中行氏元與智氏因承襲逝遨姓荀氏伐趙鞅鞅奔晉陽晉人圍
之范吉射荀寅仇人魏襄等謀逐荀寅以梁嬰
父代之賈逵曰梁嬰父晉大夫也逐吉射以范皐繹代之服虔曰范氏之側室子
荀躒言於晉侯曰服虔曰荀躒智文子○索隱曰系本云逝遨生莊子首首生武子罃罃生莊子朔朔生悼子盈盈生文子躒躒生宣子申申生智伯瑤君命大臣始亂

者死今三臣始亂（賈逵曰范中行趙也）而獨逐鞅用刑不均請皆逐之十一月荀櫟韓不佞魏哆奉公命以伐范中行氏（索隱曰不佞韓簡子哆魏簡子系本名取也）不克范中行氏反伐公公擊之范中行敗走丁未二子奔朝歌（索隱曰范吉射荀寅也）韓魏以趙氏爲請（服虔曰以其罪輕於荀范也○正義曰按趙鞅被范中行伐乃奔晉陽以其罪輕故韓魏爲請晉君而得入絳）十二月辛未趙鞅入絳盟于公宮其明年知伯文子謂趙鞅曰范中行雖信爲亂安于發之是安于與謀也晉國有法始亂者死夫二子已伏罪而安于獨在趙鞅患之安于曰臣死趙氏定晉國寧吾死晚矣遂自殺趙氏以告知伯然後趙氏寧孔子聞趙簡子不請晉君而執邯鄲午保晉陽故書春秋曰趙鞅以晉陽畔趙簡子有臣曰周舍好直諫周舍死簡子每聽朝常不悅大夫請辠簡子曰大夫無罪吾聞千羊之皮不如一狐之腋諸大夫朝徒聞唯唯不聞周舍之鄂鄂是以憂也（韓詩外傳曰周舍立於門下三日三夜簡子使問之曰子欲見寡人何事對曰願爲鄂鄂之臣墨筆操牘從君之過而日有記月有成歲有效也）簡子由此能附趙邑而懷晉人晉定公十八年趙簡子圍范中行于朝歌中行文子奔邯鄲（索隱曰荀寅也）明年衞靈公卒簡子與陽虎送衞

太子蒯聵于衞衞不內居戚（正義曰括地志云故戚城在相州澶水縣東三十里杜預云戚衞邑在頓丘縣西有戚城是也）晉定公二十一年簡子拔邯鄲中行文子奔柏人簡子又圍柏人中行文子范昭子遂奔齊（索隱曰吉射也）趙竟有邯鄲柏人范中行餘邑入于晉趙名晉卿實專晉權奉邑侔於諸侯晉定公三十年定公與吳王夫差爭長於黃池趙簡子從晉定公卒長吳定公三十七年卒而簡子除三年之喪期而已是歲越王勾踐滅吳晉出公十一年知伯伐鄭趙簡子疾使太子毋卹將而圍鄭知伯醉以酒灌擊毋卹毋卹羣臣請死之毋卹曰君所以置毋卹爲能忍詢然亦慍知伯知伯歸因謂簡子使廢毋卹簡子不聽毋卹由此怨知伯晉出公十七年簡子卒太子毋卹代立是爲襄子（張華曰趙簡子冢在臨水界二冢併上氣成樓闕）趙襄子元年越圍吳（正義曰年表及趙世家云左傳越滅吳在簡子三十五年已在襄子元年前十五年矣何得更有越圍吳之事從此下至問吳王是三十年事文脫誤在此耳）襄子降喪食使楚隆問吳王（正義曰左傳云哀公二十年簡子死襄子嗣立以越圍吳故降父之祭饌而使楚隆慰問王爲哀公十三年簡子在黃池之役與吳王質言曰好惡同之故減祭饌及問吳王也而趙世家及六國年表云此年晉定公卒簡子除三年之喪服朞而已蓋簡子死及使吳年月皆誤與左傳文不同）襄子姊前爲代王夫人簡子既葬未除服北登夏屋（徐廣

曰山在廣武〇正義曰括地志云夏屋山一名賈屋山今名賈母山在代州鴈門縣東北三十五里夏屋與句注山相接蓋北方之險亦天下之阻路所以分別內外也請代王使廚人操銅枓正義曰音斗合作枓其形方有柄取斟水器說文云鈞也以食代王及從者行斟陰令宰
人各徐廣曰一作雒以枓擊殺代王及從官遂興兵平
代地其姊聞之泣而呼天摩笄自殺代人憐之
所死地名之為摩笄之山正義曰笄今簪也括地志云摩笄山一名磨笄山亦名為山在蔚州飛狐縣東北百五十里鄴土地記云代郡東南二十五里有馬頭山趙襄子既殺代王使人迎其婦代王夫人曰以弟慢夫非仁也以夫怨弟非義也磨笄自殺而死使者亦自殺也遂以代封伯魯
子周為代成君伯魯者襄子兄故太子太子蚤
死故封其子襄子立四年知伯與趙韓魏盡分

其范中行故地晉出公怒告齊魯欲以伐四卿
四卿恐遂共攻出公出公奔齊道死知伯乃立
昭公曾孫驕是為晉懿公索隱曰或作哀公其大父名雍即昭公少子號戴子也
知伯益驕請地韓魏韓魏與之請地趙趙不
與以其圍鄭之辱知伯怒遂率韓魏攻趙趙襄
子懼乃奔保晉陽原過從後至於王澤正義曰括地志云王澤在絳州正平縣南七里也見三人自帶以上可見自帶以下
不可見與原過竹二節莫通曰為我以是遺趙
毋卹原過既至以告襄子襄子齊三日親自剖
竹有朱書曰趙毋卹余霍泰山徐廣曰在河東永安縣山陽

侯天使也三月丙戌余將使女反滅知氏女亦
立我百邑余將賜女林胡之地至于後世且有
伉王赤黑龍面而鳥噣鬢麋髭頿大膺大胷脩
下而馮左衽界乘徐廣曰脩或作隨界一作介奄有河宗正義曰穆天子傳云河宗之子孫則栢絮據蓋在龍門河之上流嵐勝二州之地也至于休溷諸貉正義曰音陌自河宗休溷諸貉乃戎狄之地也南伐晉別正義曰趙南伐晉之別邑謂韓魏之邑也北
滅黑姑正義曰亦戎國襄子再拜受三神之令三國攻
晉陽歲餘引汾水灌其城城不浸者三版正義曰何休云八尺曰版城中懸釜而炊易子而食羣臣皆有外心
禮益慢唯高共徐廣曰一作赫不敢失禮襄子懼乃夜

使相張孟同私於韓魏索隱曰戰國策作張孟談談者史遷之父名遷例改為同
韓魏與合謀以三月丙戌三國反滅知氏共分
其地於是襄子行賞高共為上張孟同曰晉陽
之難唯共無功襄子曰方晉陽急羣臣皆懈惟
共不敢失人臣禮是以先之於是趙北有代南
并知氏彊於韓魏遂祠三神於百邑使原過主
霍泰山祠祀正義曰括地志云三神祀今名原過祠今在霍山側也其後娶空
同氏正義曰括地志云空峒山在肅州福祿縣東南六十里古西戎地又原州平高縣西百里亦有崆峒山即黃帝問廣成子道處俱是西戎地未知孰是生五子襄子為伯魯之不立
也不肯立子且必欲傳位與伯魯子代成君成

君先死乃取代成君子浣立爲太子索隱曰代成君名周伯魯之子系本云代成君子起即襄子之子不云伯魯非也襄子立三十三年卒浣立是爲獻侯獻侯少即位治中牟地理志曰河南中牟縣趙獻侯自耿徙此瓚曰中牟在春秋之時是鄭之疆內也及三卿分晉則在魏之邦土也趙界自漳水以北不及此春秋傳曰衛侯如晉過中牟按中牟非衛適晉之次也汲郡古文曰齊師伐趙東鄙圍中牟此中牟不在趙之東也按中牟當漯水之北○索隱曰此趙中牟在河北非鄭之中牟○正義曰按五鹿在魏州元城縣東十二里鄴即相州蕩陽縣西五十八里有牟山蓋中牟邑在此山側也襄子弟桓子逐獻侯自立於代索隱曰系本云襄子子桓子與此不同一年卒國人曰桓子立非襄子意乃共殺其子而復迎立獻侯十年中山武公初立徐廣曰西周桓公之子桓公者孝王弟而定王子○索隱曰中山古鮮虞國姬姓也系本云中山武公居顧桓公徙靈壽爲趙武靈王所滅不言誰之子孫徐廣云西周桓公之子亦無所據蓋未得其實十三年城平邑地理志曰代郡有平邑縣十五年獻侯卒子烈侯籍立烈侯元年魏文侯伐中山使太子擊守之六年魏韓趙皆相立爲諸侯追尊獻子爲獻侯烈侯好音謂相國公仲連曰寡人有愛可以貴之乎公仲曰富之可貴之則否烈侯曰然夫鄭歌者槍石二人索隱曰槍音七羊反槍與石二人名吾賜之田人萬畝公仲曰諾不與居一月烈侯從代來問歌者田公仲曰求未有可者有頃烈侯復問公仲終不與乃稱疾不朝番吾君徐廣曰番音盤常山有番吾縣○正義曰括地志云番吾故城

在恒州房山縣東二十里番蒲古今音異耳自代來謂公仲曰君實好善而未知所持今公仲相趙於今四年亦有進士乎公仲曰未也番吾君曰牛畜荀欣徐越皆可公仲乃進三人及朝烈侯復問歌者田何如公仲曰方使擇其善者牛畜侍烈侯以仁義約以王道烈侯逌然正義曰逌音由古字與攸同言牛畜以仁義約以王道故止歌者田攸攸氣行皃寬緩也明日荀欣侍以選練舉賢任官使能明日徐越侍以節財儉用察度功德所與無不充君說烈侯使使謂相國曰歌者之田且止官牛畜爲師荀欣爲中尉徐越爲內史正義曰漢書百官公卿表云少府內史周官秦因之掌治京師賜相國衣二襲單複具爲一襲九年烈侯卒弟武公立索隱曰譙周云系本及說趙語者並無其事蓋別有所據武公十三年卒趙復立烈侯太子章是爲敬侯是歲魏文侯卒敬侯元年武公子朝作亂不克出奔魏趙始都邯鄲二年敗齊于靈丘地理志曰代郡有靈丘縣三年救魏于廩丘大敗齊人四年魏敗我兔臺築剛平正義曰兔臺剛平並在河北以侵衛五年齊魏爲衛攻趙取我剛平六年借兵於楚伐魏取棘蒲正義曰今趙州平棘縣古棘蒲邑八年拔魏黃城杜預曰陳留外黃縣東有黃城○正義曰括地志云故黃城在魏州冠氏縣南十里因黃溝爲名按陳留外黃城非隨所別也九年伐齊齊伐燕趙救燕十

年與中山戰于房子正義曰趙州房子縣是十一年魏韓趙共滅晉分其地伐中山又戰於中人徐廣曰中山唐縣有中人亭○正義曰括地志云中山故城一名中人亭在定州唐縣東北四十一里春秋時鮮虞國之中人邑也十二年敬侯卒子成侯種立成侯元年公子勝與成侯爭立為亂二年六月雨雪三年大戊午為相徐廣曰戊一作成伐衛取鄉邑七十三魏敗我藺正義曰地里志云屬西河郡也四年與秦戰高安正義曰蓋在河東敗之五年伐齊于鄄正義曰濮州鄄城縣是也魏敗我懷攻鄭敗之以與韓韓與我長子地理志曰上黨有長子縣六年中山築長城伐魏敗我涿澤正義曰涿音濁徐廣云長杜有濁澤非也括地志云濁水源出蒲州解縣東北平地爾時魏都安邑韓趙伐魏豈河南至長杜也解縣濁水近於魏都當是也圍魏惠王七年侵齊至長城正義曰齊長城西頭在齊州平陰縣太山記云太山西北有長城緣河經太山千餘里瑯琊入海括地志云所侵處在密州南三十里也與韓攻周八年與韓分周以為兩徐廣曰顯王二年周紀無此○正義曰括地志云史記周顯二年西周惠公封少子班於鞏華為東周其子武公為秦所滅郭緣生述征記云鞏縣本周鞏伯邑九年與齊戰阿下徐廣曰戰一作會也○正義曰阿東阿也今濟州東阿縣也十年攻衛取甄十一年秦攻魏趙救之石阿正義曰蓋在石隰等州界也十二年秦攻魏少梁正義曰少梁故城在同州韓城縣南二十二里古少梁國也趙救之十三年秦獻公使庶長國伐魏少梁虜其太子痤魏敗我澮取皮牢徐廣曰魏年表曰取趙皮牢○正義曰括地志云澮水縣在絳州翼城縣東南二十五里按皮牢當在澮之側成侯與韓

昭侯遇上黨十四年與韓攻秦十五年助魏攻齊十六年與韓魏分晉封晉君以端氏徐廣曰在平陽○正義曰端氏澤州縣也十七年成侯與魏惠王遇葛孽徐廣曰在馬丘年表曰十八年趙孟如齊○正義曰括地志云澮水縣在絳州翼城縣東南二十五里按皮牢當在澮之側十九年與齊宋會平陸正義曰兖州縣也平陸城與即古厥國與燕會阿正義曰括地志云故葛城一名依城又名西阿城在瀛州高陽縣西北五十里以徐兖二水並過其西又祖經其北曲曰阿以齊有東阿故曰西阿城地理志云瀛州屬河間趙分也按燕趙即此也二十年魏獻榮椽因以為檀臺徐廣曰襄國縣有檀臺○索隱曰劉氏云榮椽蓋地名其中有高處可以為臺非也按榮椽是良材可為椽登飾有光榮所以魏獻之故趙因用之以為檀臺○正義曰鄭玄云榮屋翼也說文云椽櫋也屋梠之兩頭起者為榮也括地志云檀臺在洺州臨洺縣北二里二十一年魏圍我邯鄲二十二年魏惠王拔我邯鄲齊亦敗魏於桂陵正義曰括地志云故桂城在曹州乘氏縣東北二十一里故老云此即桂陵也二十四年魏歸我邯鄲與魏盟漳水上秦攻我藺二十五年成侯卒公子緤音薛與太子肅侯爭立索隱曰系本云肅侯名語緤敗亡奔韓肅侯元年奪晉君端氏徙處屯留正義曰括地志云屯留故城在潞州長子縣東北三十里本漢屯留縣城也二年與魏惠王遇於陰晉正義曰地里志云華陰縣魏之陰晉秦惠文王更名寧秦高帝更名華陰今屬華州三年公子范襲邯鄲不勝而死四年朝天子六年攻齊拔高唐七年公子刻攻魏首垣正義曰蓋在河北也十一年秦孝公使商君伐魏虜其將公子卬

趙伐魏十二年秦孝公卒商君死十五年起壽
陵正義曰徐廣云在常州魏惠王卒十六年肅侯游大陵
徐廣曰太原有大陵縣亦曰陵○正義曰括地志云大陵城在并州文水縣北十三里漢大陵縣城出於鹿
門正義曰并州盂縣西有白鹿泓魏出白鹿山南海盂鹿門在北山水之側也大戊午扣
馬呂忱曰扣牽馬曰耕事方急一日不作百日不食肅
侯下車謝十七年圍魏黃不克地理志山陽有黃縣○正義曰黃
城在魏州前拔之却爲魏今趙圍之矣築長城正義曰劉伯莊公盖從雲中以北至代按趙長城從
蔚州北西至嵐州北盡趙界又疑此長城在漳水之北趙南界十八年齊魏伐我我
決河水灌之兵去二十二年張儀相秦趙疵與
秦戰敗秦殺疵河西取我藺離石二十三年韓

舉徐廣曰韓將與齊魏戰死于桑丘地理志云泰山有桑丘縣○正義曰括地
志云桑丘城在易州遂城縣界或云在泰山非也此時齊伐燕桑丘三晉皆來救之不得在泰山有桑丘縣此說甚誤也
二十四年肅侯卒秦楚燕齊魏出銳師各萬人
來會葬子武靈王立索隱曰名雍武靈王元年徐廣曰年表云魏敗
我趙護陽文君趙豹相梁襄王與太子嗣韓宣王
與太子倉來朝信宮正義曰在洺州臨洺縣也武靈王少未能
聽政博聞師三人左右司過三人及聽政先問
先王貴臣肥義加其秩國三老年八十月致其
禮三年城鄗四年與韓會于區鼠正義曰蓋在河北五年
娶韓女爲夫人八年韓擊秦不勝而去五國相

王趙獨否曰無其實敢處其名乎令國人謂已
曰君九年與韓魏共擊秦秦敗我斬首八萬級
齊敗我觀澤正義曰括地志云觀澤故城在魏州頓丘縣東十八里也十年秦取
我西都及中陽徐廣曰年表云秦取中都西陽安邑十一年秦敗我將軍英太原有中都縣西
河有中陽縣齊破燕燕相子之爲君君反爲臣十一
年王召公子職於韓立以爲燕王徐廣曰紀年亦云爾使樂
池送之燕世家子之死後燕人共立太子平是爲燕昭王無趙送公子職爲燕王之事當是趙聞燕亂遙立
職爲燕王雖使樂池送之竟不能就○索隱曰燕系家無其事蓋是疏也今此云使樂池送之必是憑舊史爲說且紀年
之書其說又同則裴駰之解得其旨十三年秦拔我藺虜將軍趙莊
正義曰本一作芘音疋婢反楚魏王來過邯鄲十四年趙何攻

魏十六年秦惠王卒王遊大陵他日王夢見處
女鼓琴而歌詩曰美人熒熒兮顏若苕之榮綦毋
邃曰陵苕之草其華紫○正義曰苕音條毛詩疏云苕饒也幽州謂之翹饒蔓似登豆而細葉似蒺藜而青其華細綠色
可生食味如小豆藿也又本草經云陵苕生下濕水中七八月生華紫草可以染帛煮沐頭髮即黑也命乎
命乎曾無我嬴綦毋邃曰言有命祿生遇其時人莫知己貴盛盈端也○正義曰按命名也嬴
姓嬴也言世衆名其美好曾無我好嬴也重言名呼者以談說衆也異日王飲酒樂數言
所夢想見其狀吳廣聞之因夫人而內其女娃
嬴方言曰娃美也吳有館娃之宮孟姚也徐廣曰古史考云內其女曰娃○索隱曰孟姚吳廣女舜
之後故上文云余思虞舜之勳故命其冑女孟姚以配而七代之孫是也然後封虞在河東太陽山西有上虞城是亦曰
吳城虞吳音相近故舜後亦姓吳非獨太伯虞仲之裔孟姚甚有寵於王是爲

惠后十七年王出九門徐廣曰在常山。正義曰本戰國時趙邑戰國策云本有宮室而居趙武靈王改爲九門爲野臺徐廣曰野一作望。正義曰括地志云野臺一名義臺在定州樂縣西南六十三里以望齊中山之境十八年秦武王與孟說舉龍文赤鼎絕臏而死徐廣曰一作絕臏音工丁反趙王使代相趙固迎公子稷於燕送歸立爲秦王是爲昭王十九年春正月大朝信宮召肥義與議天下五日而畢王北略中山之地至於房子正義曰趙州縣也遂之代北至無窮西至河登黃華之上正義曰黃華蓋西河側之山名也召樓緩謀曰我先王因世之變以長南藩之地屬阻漳滏之險立長城又取藺郭狼敗林人正義曰即林胡也於荏而功未遂今中山在我腹心北有燕正義曰地理志云趙分晉北有信都中山又得郡之高陽鄚州鄉東有清河河間又得渤海郡東平舒等七縣在河以北故言北有燕東有胡正義曰趙東有瀛州之東北營州之境即東胡烏丸之地服虔云東胡烏丸之先後爲鮮卑也西有林胡樓煩秦韓之邊正義曰林胡樓煩即嵐勝之北也嵐勝以南石州離石藺等七國時趙邑邊也秦隰河也晉洛潞澤等州皆七國時韓地爲並趙西境也而無彊兵之救是亡社稷奈何夫有高世之名必有遺俗之累吾欲胡服樓緩曰善羣臣皆不欲於是肥義侍王曰簡襄主之烈計胡翟之利爲人臣者寵有孝悌長幼順明之節通有補民益主之業正義曰寵貴寵也通達理也凡爲人臣有孝弟長幼順明之節制者得貴寵也有補

民益主之功業者爲達理也此兩者臣之分也今吾欲繼襄主之跡開於胡翟之鄉而卒世不見也正義曰卒子律反盡也言盡世間不見補民益主之忠臣也爲敵弱正義曰我爲胡服敵人必困弱也用力少而功多可以毋盡百姓之勞而序往古之勳正義曰序重也往古謂趙簡子襄子也夫有高世之功者負遺俗之累正義曰負留也言古周公孔子留衣冠禮義之俗今變爲胡服是負留風俗之譏累也有獨智之慮者任驁民之怨正義曰言世有獨計智之思慮者必任隱逸敖慢之民怨望也今吾將胡服騎射以教百姓而世必議寡人奈何肥義曰臣聞疑事無功疑行無名王既定負遺俗之慮殆無顧天下之議矣夫論至德者不和於俗成大功者不謀於衆昔者舜舞有苗禹袒裸國非以養欲而樂志也務以論德而約功也愚者闇成事智者覩未形則王何疑焉王曰吾不疑胡服也吾恐天下笑我也狂夫之樂智者哀焉愚者所笑賢者察焉世有順我者胡服之功未可知也雖驅世以笑我胡地中山吾必有之於是遂胡服矣使王緤告公子成曰寡人胡服將以朝也亦欲叔服之家聽於親而國聽於君古今之公行也子不反親臣不逆君兄弟之通義也徐廣曰兄弟一作元夷元始也夷平也今寡人作教易服而叔

不服吾恐天下議之也制國有常利民爲本從政有經令行爲上明德先論於賤而行政先信於貴今胡服之意非以養欲而樂志也事有所止而功有所出正義曰鄭玄云止至也爲人君止於仁爲人臣止於敬爲人子止於孝爲人父止於慈與國人交止於信按出猶成也事成功立然後善也今寡人恐叔之逆從政之經以輔叔之議且寡人聞之事利國者行無邪因貴戚者名不累故願慕公叔之義以成胡服之功使緤謁之叔索隱曰絕句請服焉公子成再拜稽首曰臣固聞王之胡服也臣不佞寢疾未能趨走以滋進也王命之臣敢對

因竭其愚忠曰臣聞中國者蓋聰明徇智之所居也徐廣曰五帝本紀云幼而徇齊萬物財用之所聚也賢聖之所教也仁義之所施也詩書禮樂之所用也異敏技能之所試也遠方之所觀赴也蠻夷之所義行也今王舍此而襲遠方之服變古之教易古之道逆人之心而怫學者離中國故臣願王圖之也使者以報王曰吾固聞叔之疾也我將自往請之王遂往之公子成家因自請之曰夫服者所以便用也禮者所以便事也聖人觀鄉而順宜因事而制禮所以利其民而厚其國也

夫翦髮文身錯臂左衽索隱曰錯臂亦文身謂以丹青錯畫其臂孔衍作右臂左衽謂右袒其臂也甌越之民也索隱曰劉氏云今珠崖儋耳謂之甌人是有甌越○正義曰按屬南越故言甌越也輿地志云交阯周時爲駱越秦時曰西甌文身斷髮避龍則西甌駱又在番吾之西南越及甌駱皆芈姓也世本云越芈姓也與楚同祖是也黑齒雕題劉逵曰以草染齒用白作黑鄭玄曰雕文謂刻其肌以青丹涅之却冠秫絀徐廣曰戰國策作秫縫絀亦縫紩之別名也鉥者綦鍼也古字多假借故作秫絀耳此蓋言其女功鍼縷之麤拙也又一本作鮭冠黎緤也大吳之國也故禮服莫同其便一也鄉異而用變事異而禮易是以聖人果可以利其國不一其用果可以便其事不同其禮儒者一師而俗異中國同禮而教離況於山谷之便乎故去就之變智者不能一遠

近之服賢聖不能同窮鄉多異曲學多辨不知而不疑異於己而不非者公焉而衆求盡善也今叔之所言者俗也吾所言者所以制俗也吾國東有河薄洛之水徐廣曰安平經縣西有漳水津名薄洛津○正義曰按安平縣屬定州也與齊中山同之正義曰爾時齊與中山相親中山趙共薄洛水故言與齊中山同之須有舟楫之備無舟楫之用自常山以至代上黨徐廣曰一云自常山以下代上黨以東東有燕東胡之境而西有樓煩秦韓之邊今無騎射之備故寡人無舟楫之用夾水居之民將何以守河薄洛之水變服騎射以備燕三胡秦韓之邊索隱曰林胡樓煩東胡是三胡也且昔者簡主不

塞晉陽以及上黨而襄主幷戎取代以攘諸胡此愚智所明也先時中山負齊之彊兵侵暴吾地係累正義曰上音計下力追反吾民引水圍鄗微社稷之神靈則鄗幾於不守也先王醜之而怨未能報也今騎射之備近可以便上黨之形而遠可以報中山之怨而叔順中國之俗以逆簡襄之意惡變服之名以忘鄗事之醜非寡人之所望也公子成再拜稽首曰臣愚不達於王之義敢道世俗之聞臣之辠也今王將繼簡襄之意以順先王之志臣敢不聽命乎再拜稽首乃賜胡服明

日服而朝於是始出胡服令也趙文趙造周袑徐廣曰戰國策作紹袑音紹趙俊皆諫止王毋胡服如故法便王曰先王不同俗何古之法帝王不相襲何禮之循虙戲神農教而不誅黃帝堯舜誅而不怒及至三王隨時制法因事制禮法度制令各順其宜衣服器械各便其用故禮也不必一道而便國不必古聖人之興也不相襲而王夏殷之衰也不易禮而滅然則反古未可非而循禮未足多也且服奇者志淫則是鄒魯無奇行也索隱曰按鄒魯好長纓是奇服也服非其志皆淫僻也而有孔門顏冉之屬豈是無奇行哉俗辟者民易

則是吳越無秀士也索隱曰言方俗僻處山谷而人皆改易不通大化則是吳越無秀士何得有延州來及大夫種之屬哉且聖人利身謂之服便事謂之禮夫進退之節衣服之制者所以齊常民也非所以論賢者也故齊民與俗流賢者與變俱故諺曰以書御者不盡馬之情以古制今者不達事之變循法之功不足以高世法古之學不足以制今子不及也遂胡服招騎射二十年王略中山地至寧葭索隱曰一作蔓葭縣名在中山也西略胡地至榆中正義曰勝州北河北岸也林胡王獻馬歸使樓緩之秦仇液之韓王賁之楚富丁之魏趙爵之齊代相趙

固主胡致其兵二十一年攻中山趙袑為右軍許鈞為左軍公子章為中軍王幷將之牛翦將車騎趙希幷將胡代趙與之陘徐廣曰一作陸又作陘或宜言趙與之陘陘者山絕之名常山有井陘中山有苦陘上黨有閼與○正義曰與音預陘音刑陘山也在幷州陘縣東南十八里然趙希幷將代趙之兵與諸軍向井陘之側共出定州上曲陽縣合軍攻取丹丘華陽鴟上之關合軍曲陽徐廣曰上曲陽在常山下曲陽在鉅鹿○正義曰括地志云上曲陽故城在定州曲陽縣西五里按合軍曲陽即上曲陽也以在常山郡也攻取丹丘正義曰蓋邢州丹丘縣也華陽正義曰括地志云北岳有五別名一曰蘭臺府二曰列女宮三曰華陽臺四曰紫臺五曰太一宮按北岳恒山在定州恒陽縣北百四十里鴟之塞正義曰上昌之反下先代反徐廣曰鴟一作鴻鴻上故關今名汝城在定州唐縣東北六十里本晉鴻上關城也又有鴻上水源出唐縣北葛洪山接北岳恒山與鴻上塞皆在定州然一本作鳴字誤也王軍取

鄗石邑徐廣曰在常山。正義曰括地志云石邑故城在恒州鹿泉縣南三十五里六國時舊邑封龍正義曰括地志云封龍山一名飛龍山在恒州鹿泉縣南四十五里邑因山爲名東垣中山獻
四邑和王許之罷兵二十三年攻中山二十五
年惠后卒索隱曰謂武靈王之后前太子章之母惠文王之嫡母也惠后卒後吳娃始當正室至孝成二年稱惠文后卒是也而下文又云吳娃死後娃子何寵衰憐故太子欲兩王之是誤也使周袑胡服
傅王子何二十六年復攻中山攘地北至燕代
西至雲中九原二十七年五月戊申大朝於東
宮傳國立王子何以爲王王廟見禮畢出臨朝
大夫悉爲臣肥義爲相國并傅王是爲惠文王
惠文王惠后吳娃子也武靈王自號爲主父主

父欲令子主治國而身胡服將士大夫西北略
胡地而欲從雲中九原直南襲秦於是詐自爲
使者入秦秦昭王不知已而怪其狀甚偉非人
臣之度使人逐之而主父馳已脫關矣審問之
乃主父也秦人大驚主父所以入秦者欲自略
地形因觀秦王之爲人也惠文王徐廣曰元年以公子勝爲相封平原
二年主父行新地遂出代西遇樓煩王於西
河而致其兵三年滅中山遷其王於膚施徐廣曰在上郡○正義曰今延州膚施縣也起靈壽徐廣曰在常山北地方從代道大
通還歸行賞大赦置酒酺五日封長子章爲代

安陽君正義曰括地志云東安陽故城在朔州定襄縣界地理志云東安陽縣屬代郡章素侈
心不服其弟所立主父又使田不禮相章也李
兌謂肥義曰公子章彊壯而志驕黨衆而欲大
殆有私乎田不禮之爲人也忍殺而驕二人相
得必有謀陰賊起一出身徼幸夫小人有欲輕
慮淺謀徒見其利而不顧其害同類相推俱入
禍門以吾觀之必不久矣子任重而勢大亂之
所始禍之所集也子必先患仁者愛萬物而智
者備禍於未形不仁不智何以爲國子奚不稱
疾毋出傳政於公子成毋爲怨府毋爲禍梯肥

義曰不可昔者主父以王屬義也曰毋變而度
毋異而慮堅守一心以歿而世義再拜受命而
籍之今畏不禮之難而忘吾籍變孰大焉進受
嚴命退而不全負孰甚焉變負之臣不容於刑
諺曰死者復生生者不愧正義曰肥義報李兌云必盡傳何爲王不可攫章及田不禮而生異心使死者復更變生并見在生者並見傅王無變今我不愧之若荀息也吾言已在
前矣吾欲全吾言安得全吾身且夫貞臣也難
至而節見忠臣也累至而行明子則有賜而忠
我矣雖然吾有語在前者也終不敢失李兌曰
諾子勉之矣吾見子已今年耳涕泣而出李兌

數見公子成以備田不禮之事異日肥義謂信期曰索隱曰即下文高信也○正義曰上音申也公子與田不禮甚可憂也其於義也聲善而實惡此爲人也不子不臣吾聞之也姦臣在朝國之殘也讒臣在中主之蠹也此人貪而欲大內得主而外爲暴矯令爲慢以擅一旦之命不難爲也禍且逮國今吾憂之夜而忘寐飢而忘食盜賊出入不可不備自今以來若有召王者必見吾面我將先以身當之無故而王乃入信期曰善哉吾得聞此也四年朝羣臣安陽君亦來朝主父令王聽朝而

自從旁觀窺羣臣宗室之禮見其長子章傫然也反北面爲臣詘於其弟心憐之於是乃欲分趙而王章於代計未決而輟主父及王游沙丘異宮正義曰在邢州平鄉縣東北二十里也公子章即以其徒與田不禮作亂詐以主父令召王肥義先入殺之高信即與王戰公子成與李兌自國至乃起四邑之兵入距難殺公子章及田不禮滅其黨賊而定王室公子成爲相號安平君李兌爲司寇公子章之敗往走主父主父開之索隱曰開謂開門而納之俗本亦作閒字者非也譙周及孔衍皆作閉之閉謂藏也○正義曰謂不責其反叛之罪容其入宮藏也成兌因圍主

父宮公子章死公子成李兌謀曰以章故圍主父即解兵吾屬夷矣乃遂圍主父令宮中人後出者夷宮中人悉出主父欲出不得又不得食探爵鷇而食之綦毋邃曰鷇爵子也○索隱曰生受哺者謂之鷇三月餘而餓死沙丘宮應劭曰武靈王葬代郡靈丘縣○正義曰括地志云趙武靈王墓在蔚州靈丘縣東三十里應說是也主父定死乃發喪赴諸侯是時王少成兌專政畏誅故圍主父主父初以長子章爲太子後得吳娃愛之爲不出者數歲生子何乃廢太子章而立何爲王吳娃死愛弛憐故太子欲兩王之猶豫未決故亂起以至父子俱死爲天

下笑豈不痛乎徐廣曰或無此十四字主父死惠文王立立五年與燕鄚易徐廣曰皆屬涿郡鄚音莫八年城南行唐徐廣曰在常山○正義曰行寒庚反括地志云行唐縣屬冀州爲南行唐築城九年趙梁將與齊合軍攻韓至魯關下正義曰劉伯莊云蓋在南河魯陽關按汝州魯山縣古魯陽縣及十年秦自置爲西帝十一年董叔與魏氏伐宋得河陽於魏秦取梗陽杜預曰太原晉陽縣南梗陽城也○索隱曰地理志云太原榆次有梗陽鄉與杜預所據小別也○正義曰括地志云梗陽故城在并州清源縣南百二十步分晉陽縣置本漢榆次縣地春秋晉大夫祁氏邑也十二年趙梁將攻齊十三年韓徐爲將攻齊公主死索隱曰蓋吳娃女惠文王之姊十四年相國樂毅將趙秦韓魏燕攻齊取靈丘索隱曰年表及韓魏等系家五國攻

齊在明年然此下文十五年重擊齊是此文為得蓋此年同伐齊耳○正義曰蔚丘縣也與秦會中陽正義曰括地志云中陽故縣在汾州隰城縣南十里漢中陽縣也十五年燕昭王來見趙與韓魏秦共擊齊齊王敗走燕獨深入取臨菑十六年秦復與趙數擊齊齊人患之蘇厲為齊遺趙王書曰臣聞古之賢君其德行非布於海內也教順非洽於民人也祭祀時享非數常於鬼神也甘露降時雨至年穀豐孰民不疾疫衆人善之然而賢主圖之今足下之賢行功力非數加於秦也怨毒積怒非素深於齊也秦趙與國以彊徵兵於韓秦誠愛趙乎其實憎齊乎物

之甚者賢主察之秦非愛趙而憎齊也欲亡韓而吞二周故以齊餤天下恐事之不合故出兵以劫魏趙恐天下畏己也故出質以為信恐天下亟反也故徵兵於韓以威之聲以德與國實而伐空韓索隱曰與國趙也秦趙今為與國秦徵兵於韓共趙伐齊以威聲和趙是以德與國也臣以秦計為必出於此夫物固有勢異而患同者楚久伐而中山亡今齊久伐而韓必亡破齊王與六國分其利也亡韓秦獨擅之收二周西取祭器秦獨私之賦田計功王之獲利孰與秦多說士之計曰韓亡三川正義曰河南之地兩川之間魏亡晉國

正義曰河北之地安邑河內市朝未變而禍已及矣燕盡齊之北地去沙丘鉅鹿斂三百里正義曰沙丘邢州也鉅鹿冀州也齊北界貝州也斂減也言破齊滅韓之後燕之南界秦之東界相去減三百里趙國在中間也矣韓之上黨去邯鄲百里燕秦謀王之河山閒三百里而通矣秦之上郡正義曰鄜延等州也近挺關至於榆中者千五百里秦以三郡攻王之上黨正義曰秦上黨郡今澤潞儀沁等四州之地兼相州之半韓揔有之至七國時趙得儀沁二州之地韓猶有潞州及澤州之半半屬趙魏沁州在羊腸坂之西儀并代三州在勾注山之南秦以三郡攻趙之澤潞則勾注之南趙無地然秦始皇置上黨郡此言之者太史公却引前書也他皆倣此羊腸之西正義曰太行山坂道名南屬懷州北屬澤州勾注之南正義曰勾注山在代州西北也非王有已踰勾注斬常山而守之三百里

而通於燕代馬胡犬不東下正義曰言秦踰勾注山斬常山而守之西北代馬胡犬不東入趙沙州崑山之玉亦不出至趙矣郭璞云胡地野犬似狐而小崑山之玉不出此三寶者亦非王有已王久伐齊從彊秦攻韓其禍必至於此願王孰慮之且齊之所以伐者以事王也正義曰以趙王為事也而秦必伐之也天下屬行以謀王也正義曰上音燭下胡郎反言秦欲令齊稱帝與約五國共滅趙三分趙地燕秦之約成而兵出有日矣五國三分王之地正義曰謂秦齊韓魏燕三分趙之地也齊倍五國之約而殉王之患正義曰齊王以身從趙王之患也西兵以禁彊秦秦廢帝請服正義曰言秦齊相約欲更重稱帝故言廢帝也反高平根柔於魏徐廣曰紀年云魏哀王四年改陽曰河雍向曰高平根柔一作穰柔一作平柔○正

義曰返還也括地志云高平故城在懷州河陽縣西四十里紀年云魏哀王改向曰高平也根柔未詳兩邑魏地也反
巠分徐廣曰一作王公巠音胡鼎反先俞於趙徐廣曰爾雅曰西俞鴈門是也○正義曰巠音
邢分字誤當作山字耳括地志云勾注山一名西陘山在代州鴈門縣西北四十里俞音戍鄭注云西隃即鴈門山也按
西先聲相近蓋陘山西隃二山之地並在代州鴈門縣皆趙地也齊之事王宜爲上佼
索隱曰佼猶行也而今乃抵辠正義曰謂共秦伐齊也臣恐天下後事
王者之不敢自必也願王孰計之也今王毋與
天下攻齊天下必以王爲義齊抱社稷而厚事
王天下必盡重王義王以天下善秦秦暴王以
天下禁之是一世之名寵制於王也於是趙乃
輟謝秦不擊齊王與燕王遇廉頗將攻齊昔陽

正義曰括地志云昔陽故城一名陽城在幷州樂平縣東春秋釋地名云昔陽肥國所都也樂平城治縣東昔陽城肥白
狄別種也樂平縣城漢治縣城也取之杜預曰樂平治縣有昔陽城十七年樂毅
將趙師攻魏伯陽正義曰括地志云伯陽故城一名邯會城在相州鄴縣西五十五里七國
時魏邑漢邯會城、而秦怨趙不與己擊齊伐趙拔我兩城
十八年秦拔我石城正義曰地理志云右北平有石城縣括地志云石城在相州林慮縣
西南九十里疑相州石城是王再之衛東陽決河水正義曰括地志云東陽故
城在貝州歷亭縣界按東陽先屬衛今屬趙河歷貝州南東北流過河南岸即魏地也故言王再之衛東陽伐魏氏
也伐魏氏大潦漳水出魏冉來相趙十九年秦
敗我二城趙與魏伯陽趙奢將攻齊麥丘取之
二十年廉頗將攻齊王與秦昭王遇西河外徐廣

曰年表云與秦會澠池二十一年趙徙漳水武平西正義曰括地志云武
平亭今名渭城在瀛州文安縣北七十二里按二十七年又徙漳水武平南二十二年大疫
置公子丹爲太子二十三年樓昌將攻魏幾正義
曰音祈傳云代齊幾拔之又戰國策云秦敗閼與及攻魏幾按幾邑或屬齊或屬魏當在相潞之閒也不能
取十二月廉頗將攻幾取之二十四年廉頗將
攻魏房子徐廣曰屬常山拔之因城而還又攻安陽取
之二十五年燕周將攻昌徐廣曰屬齊郡○索隱曰燕周趙人爲趙將○正義
曰括地志云故昌城在淄州淄川縣東北四十里也城高唐取之與魏共擊秦
秦將白起破我華陽正義曰括地志云故華陽城在鄭州管城縣南四十里司馬彪云華
陽亭在今洛州密縣是時魏韓趙聚兵於華陽西攻秦得一將軍二十六年取

東胡正義曰今營州也歐代地索隱曰蓋東胡叛趙驅略代地人衆以叛故取之也二十
七年徙漳水武平南封趙豹爲平陽君戰國策曰趙豹平陽
君惠文王母弟河水出大潦二十八年藺相如伐齊至
平邑正義曰括地志云平邑故城在魏州昌樂縣東北四十里也罷城北九門大
城正義曰恒州九門縣城燕將成安君公孫操弒其王徐廣曰年表云
是燕武成王元年○索隱曰樂資云其王即惠王二十九年秦韓相攻而圍
閼與正義曰上於連反下音預括地志云閼與聚落今名烏蘇城在潞州銅鞮縣西北二十里又儀州順和縣
城亦云韓閼與邑二所未詳又有閼與山在洛州武安縣西五十里蓋是也趙使趙奢將擊
秦大破秦軍閼與下賜號爲馬服君正義曰因馬服山爲號也
虞喜志林云馬兵之首也號曰馬服者言能服馬也括地志云馬服山邯鄲縣西北十里也三十三年

惠文王卒太子丹立是為孝成王孝成王元年
徐廣曰平原君相也秦伐我拔三城趙王新立太后用事秦
急攻之趙氏求救於齊齊曰必以長安君正義曰長安君
者以長安善故名也為質兵乃出索隱曰孔衍云長安君惠文后之少子也趙亦有長安今其地闕
太后不肯大臣彊諫太后明謂左右曰復言長
安君為質者老婦必唾其面左師觸龍言願見
太后太后盛氣而胥之入胥猶須也穀梁傳曰胥其出也徐趨而
坐自謝曰老臣病足曾不能疾走不得見久矣
竊自恕而恐太后體之有所苦也故願望見太
后太后曰老婦恃輦而行索隱曰東晳云趙惠文王子何者吳廣之甥娃嬴之

子也如系家計之則武靈王十六年夢吳娃而納之至二十七年王薨死及惠文王三十二年卒孝成王元年遣長安君質於齊若娃年二十入王宮至此在六十左側亦可稱老矣而東廣微言太后纔三十有奇者誤也曰食得
毋衰乎曰恃粥耳曰老臣閒者殊不欲食乃彊
步日三四里少益嗜食和於身也太后曰老婦
不能太后不和之色少解左師公曰老臣賤息
舒祺最少不肖而臣衰竊憐愛之願得補黑衣
之缺以衛王宮昧死以聞太后曰敬諾年幾何
矣對曰十五歲矣雖少願及未填溝壑而託之
太后曰丈夫亦愛憐少子乎對曰甚於婦人太
后笑曰婦人異甚對曰老臣竊以為媼之愛燕

后賢於長安君太后曰君過矣不若長安君之
甚左師公曰父母愛子則為之計深遠媼之送
燕后也持其踵為之泣念其遠也亦哀之矣已
行非不思也祭祀則祝之曰必勿使反豈非計
長久為子孫相繼為王也哉太后曰然左師公
曰今三世以前至於趙主之子孫為侯者其繼
有在者乎曰無有曰微獨趙諸侯有在者乎曰
老婦不聞也曰此其近者禍及其身遠者及其
子孫豈人主之子侯則不善哉位尊而無功奉
厚而無勞而挾重器多也今媼尊長安君之位

而封之以膏腴之地多與之重器而不及今令
有功於國一旦山陵崩長安君何以自託於趙
老臣以媼為長安君之計短也故以為愛之不
若燕后太后曰諾恣君之所使之於是為長安
君約車百乘質於齊齊兵乃出子義聞之索隱曰子義趙
之賢人曰人主之子骨肉之親也猶不能持無功
之尊無勞之奉而守金玉之重也而況於予乎
齊安平君正義曰括地志云安平城在青州臨海縣東十九里古紀之酅邑也田單將趙
師而攻燕中陽徐廣曰一作人○正義曰燕無中陽括地志云中山故城一名中人亭在定州
唐縣東北四十一里亦時屬燕國也拔之又攻韓注人正義曰邑名也括地志云注城在汝

（州梁縣西十五里盂是其地也）拔之二十年惠文后卒田單爲相四年王夢衣偏裻之衣（正義曰杜預云偏左右異色裻在中左右異故曰偏裻衣背縫也）乘飛龍上天不至而墜見金玉之積如山明日王召筮史敢占之曰夢衣偏裻之衣者殘也乘飛龍上天不至而墜者有氣而無實也見金玉之積如山者憂也後三日韓氏上黨守馮亭使者至曰韓不能守上黨入之於秦其吏民皆安爲趙不欲爲秦有城市邑十七願再拜入之趙財王所以賜吏民王大喜召平陽君豹告之曰馮亭入城市邑十七受之何如對曰聖人甚禍

無故之利王曰人懷吾德何謂無故乎對曰夫秦蠶食韓氏地中絕不令相通固自以爲坐而受上黨之地也韓氏所以不入於秦者欲嫁其禍於趙也秦服其勞而趙受其利雖彊大不能得之於小弱小弱顧能得之於彊大乎豈可謂非無故之利哉且夫秦以牛田之（徐廣曰一無此字○正義曰秦蚕食韓氏國中斷不通夫牛耕田種穀至秋則收之成熟之義也言秦伐韓上黨勝有日矣若牛田之必冀收穫矣）水通糧（正義曰秦從渭水漕糧東入河洛軍擊韓上黨也）蠶食上乘倍戰者（正義曰乘承證反蚕食桑葉漸進必盡也司馬法云百畝爲夫夫三爲屋屋三爲井井十爲通通十爲成成出革車一乘七十二人也上乘天下第一也倍戰力攻也韓國四戰之地軍士慣習倍於餘國）裂上國之

地（正義曰上國秦地也言韓上黨之地以列爲秦國之地其政已行趙不可與秦作難必莫受馮亭十七邑也）其政行不可與爲難必勿受也王曰今發百萬之軍而攻踰年歷歲未得一城也今以城市邑十七幣吾國（正義曰馮亭將十七邑入趙若幣帛之見遺此大利也）此大利也趙豹出王召平陵君與趙禹而告之對曰發百萬之軍而攻踰歲未得一城今坐受城市邑十七此大利不可失也王曰善乃令趙勝受地告馮亭曰敝國使者臣勝敝國君使勝致命以萬戶都三封太守（正義曰爾時未合言太守至漢景帝始加太守此言太衍字也）千戶都三封縣令皆世世爲侯吏民皆益爵三級吏

民能相安皆賜之六金馮亭垂涕不見使者曰吾不處三不義也爲主守地不能死固不義一矣入之秦不聽主令不義二矣賣主地而食之不義三矣趙遂發兵取上黨（漢書馮奉世傳曰趙封馮亭爲華陵君與趙將括距秦戰死於長平宗族由是分散或在趙在趙者爲官師將官師將子爲代相及秦滅六國而馮亭之後馮無擇馮去疾馮劫皆爲秦將相焉漢興馮唐即代相之子也上黨記云馮亭冢在壺關城西五里）廉頗將軍軍長平（正義曰括地志云長平故城在澤州高平縣西二十一里即白起敗括於長平處）七年廉頗免而趙括代將秦人圍趙括趙括以軍降卒四十餘萬皆阬之王悔不聽趙豹之計故有長平之禍焉王還不聽秦秦圍邯鄲（徐廣曰在九年）武垣

令徐廣曰河間有武垣縣本屬涿郡○正義曰括地志云武垣故城今瀛州城是也傅豹王容
蘇射率燕衆反燕地正義曰武垣此時屬趙與燕接境故云率燕衆反燕地也趙
以靈丘正義曰括地志云靈丘蔚州理縣也封楚相春申君八年平
原君如楚請救還楚來救及魏公子無忌亦來
救正義曰魏公子傳云趙王以鄗爲公子湯沐邑年表云九年公子無忌救邯鄲圍在九年其文錯誤耳秦
圍邯鄲乃解十年燕攻昌壯徐廣曰一作社○正義曰壯字誤當作城括地
志云昌城故城在冀州信都縣西北五里此時屬趙故攻之也五月拔之趙將樂乘慶
舍攻秦信梁軍破之徐廣曰年表云新中軍也○索隱曰信梁蓋秦將也○正義曰信梁蓋
王齕号也秦本紀云昭襄王五十年王齕從唐拔寧新中寧新中更名安陽今相州理縣也年表云韓魏楚救趙新中軍
秦兵罷是也太子死徐廣曰是年周赧王卒或者太子云天子乎○索隱曰趙太子也史失名而

秦攻西周拔之徒父祺出索隱曰徒父趙大夫名祺○正義曰趙見秦拔西周
故令徒父祺將兵出境也十一年城元氏地理志常山有元氏縣○正義曰元氏趙州縣也
縣上原武陽君鄭安平死徐廣曰故秦將降趙也收其地十
二年邯鄲廥燒徐廣曰廥廄之名音膾也○索隱曰廥積芻藁之處爲火所燒也十四
年平原君趙勝死索隱曰年表在十五年十五年以尉文封
相國廉頗爲信平君索隱曰尉文蓋地名或曰尉官文名謂以尉文所食之地以封廉頗
也古文質略文省耳○正義曰尉文蓋蔚州地也信平廉頗号也言篤信而平和也燕王令丞相
栗腹約驩以五百金爲趙王酒還歸報燕王曰
趙氏壯者皆死長平其孤未壯可伐也王召昌
國君樂間而問之對曰趙四戰之國也其民習

兵伐之不可王曰吾以衆伐寡二而伐一可乎
對曰不可王曰吾即以五而伐一可乎對曰不
可燕王大怒羣臣皆以爲可燕卒起二軍車二
千乘栗腹將而攻鄗卿秦將而攻代索隱曰二人皆燕將姓名
廉頗爲趙將破殺栗腹虜卿秦樂閒正義曰三人皆燕將姓也
十六年廉頗圍燕以樂乘爲武襄君正義曰襄舉也上也言樂
乘功最高也十七年假相大將武襄君攻燕圍其國十
八年延陵鈞徐廣曰代郡有延陵縣率師從相國信平君助
魏攻燕秦拔我榆次徐廣曰在太原三十七城十九年
趙與燕易土索隱曰音亦謂與燕換易縣也以龍兌正義曰括地志云北新城故城

在易州南遂城縣西南二十里按遂城縣西南二十五里有龍山邢子勵趙記云龍山有四麓各有一穴大如車輪春風
出東秋風出西夏風出南冬風出北不相奪倫按蓋謂龍兌也汾門徐廣曰在北新城○正義曰括地志云易
州永樂縣有徐水出廣昌嶺三源奇發同瀉一澗流至北平縣東南歷石門中俗謂之龍門水經其間奔激南出觸石成
井蓋汾字誤也遂城及永樂北新城縣地也臨樂徐廣曰方城有臨御○正義曰括地志云臨御故城在幽
州同安六十七里也與燕以葛武陽徐廣曰葛城在高陽○正義曰括地志云故葛城又
名西河城在瀛州高陽縣西北五十里平舒徐廣曰在代郡○正義曰括地志云平舒故城在蔚州靈丘縣
北九十三里也與趙二十年秦王政初立秦拔我晉陽二
十一年孝成王卒廉頗將攻繁陽徐廣曰在頓丘○正義曰括地
志云繁陽故城在相州內黃縣東北二十七里應劭云繁水之北故曰繁陽也取之使樂乘代
之廉頗攻樂乘樂乘走廉頗亡入魏子偃立是

為悼襄王悼襄王元年大備徐廣曰一作脩○正義曰行大備之禮也
魏欲通平邑中牟之道不成正義曰平邑在魏州昌樂縣東北三十里相州
汾陰縣西五十八里有牟山按中牟山之側時二邑皆屬魏欲渡黃河作道相通遂不成也二年李牧
將攻燕拔武遂方城徐廣曰武遂屬安平○正義曰括地志云易州遂城戰國時武遂城
也方城故在幽州固安縣南十七里時二邑屬燕趙使李牧拔之也秦召春平君因而留
之泄鈞正義曰人姓名也為之謂文信侯曰春平君者
趙王甚愛之而郎中妬之故相與謀曰春平君
入秦秦必留之故相與謀而內之秦也今君留
之是絕趙而郎中之計中也君不如遣春平君
而留平都正義曰輿地里志云平都縣在新興郡與陽周縣相近春平君者

言行信於王王必厚割趙而贖平都文信侯曰
善因遣之徐廣曰年表云太子從質秦歸○正義曰按太子即春平君也城韓皋三
年龐煖將攻燕禽其將劇辛四年龐煖將趙楚
魏燕之銳師攻秦蕞徐廣曰在新豐不拔移攻齊取饒
安徐廣曰在勃海又云饒屬北海安屬平原○正義曰饒安滄州縣也七國時屬齊戰國時屬趙五年
傅抵正義曰上音付下音邸趙將姓名將居平邑慶舍將東陽正義
曰屬貝州在河北岸也河外師守河梁正義曰河外阿南岸魏州地也河梁橋也六
年封長安君以饒正義曰即饒陽也瀛州饒陽縣東二十里饒陽故城漢縣也明長安縣是
號也魏與趙鄴九年趙攻燕取貍陽城正義曰按燕無貍陽疑貍
字誤當作漁陽故城在檀州密雲縣南十八里燕漁陽郡城也按趙東界至瀛州則檀州在北趙攻燕取漁陽城也兵

未罷秦攻鄴拔之徐廣曰今饒陽在河間又年表曰拔閼與鄴九城悼襄王
卒子幽繆王遷立幽繆王遷元年徐廣曰又云潛王世本云孝成
王丹生悼襄王偃偃生今王遷年表及史考趙遷皆無謚○索隱曰徐廣云王遷無謚今唯此獨稱幽繆王者蓋秦滅趙
之後人臣竊追謚之太史公或別有所見而記也城柏人二年秦攻武城徐廣
曰年表云秦敗我平陽扈輒率師救之軍敗死焉三年秦攻
赤麗宜安正義曰括地志云宜安故城在恒州槀城縣西南二十里也李牧率師
與戰肥下正義曰括地志云肥纍故城在恒州槀城縣西七里春秋時肥子國白狄別種也卻
之封牧為武安君四年秦攻番吾正義曰上音婆又音盤又作蒲
括地志云蒲吾城在恒州房山縣東二十里也李牧與之戰卻之五年代地
大動自樂徐以西徐廣曰一作除北至平陰正義曰樂徐在晉州平陰

在汾也臺屋牆垣太半壞地坼東西百三十步正義
曰其坼溝見在亦在晉汾二州界也六年大飢民譌言曰趙為號秦
為笑以為不信視地之生毛七年秦人攻趙趙
大將李牧將軍司馬尚將擊之李牧誅司馬尚
免趙忽及齊將顏聚代之趙忽軍破顏聚亡去
以王遷降正義曰淮南子云趙王遷流於房陵思故鄉則為作山木之謳聞之者莫不隕涕括地志云趙
王遷墓在房州房陵縣西九里也八年十月邯鄲為秦淮南子曰趙王遷流於房
陵思故鄉作為山木之謳聞之者莫不流涕
太史公曰吾聞馮王孫曰趙王遷其母倡也徐廣
曰列女傳曰邯鄲之倡嬖於悼襄王悼襄王廢適子嘉而立

遷遷素無行信讒故誅其良將李牧用郭開豈不謬哉秦既虜遷趙之亡大夫共立嘉爲王王代六歲秦進兵破嘉遂滅趙以爲郡

索隱述贊曰

趙氏之世　與秦同祖　周穆平徐
乃封造父　帶始事晉　夙初有土
岸賈矯誅　韓厥立武　寶符臨代
卒居伯魯　簡夢翟犬　靈歌娃女
胡服雖彊　建立非所　頗牧不用
王遷囚虜

趙世家第十三　史記四十三

魏世家第十四　史記四十四

魏之先畢公高之後也畢公高與周同姓　索隱曰左傳富辰說文王之子十六國有畢原豐郇言畢公是文王之子此云與周同姓似不用左氏之說馬融亦云畢毛文王庶子　武王之伐紂而高封於畢　杜預曰畢在長安縣西北○正義曰括地志云畢原在雍州萬年縣西南二十八里　於是爲畢姓其後絕封爲庶人或在中國或在夷狄其苗裔曰畢萬事晉獻公獻公之十六年趙夙爲御畢萬爲右以伐霍耿魏滅之以耿封趙夙以魏封畢萬　正義曰魏城在陝州芮城縣北五里鄭玄詩譜云魏姬姓之國武王伐紂而封焉　爲大夫卜偃曰　索隱曰晉掌卜大夫郭偃也　畢萬之後必大矣萬滿數也魏大名也以是始賞天開之矣天子曰兆民諸侯曰萬民今命之大以從滿數其必有衆初畢萬卜事晉遇屯之比辛廖占之曰吉屯固比入吉孰大焉其必蕃昌畢萬封十一年晉獻公卒四子爭更立晉亂而畢萬之世彌大從其國名爲魏氏生武子　索隱曰左傳武子名犨系本云畢萬生芒季芒季生武仲州州與犨聲相近字因以異代亦不同　魏武子以魏諸子事晉公子重耳晉獻公之二十一年武子從重耳出亡十九年反重耳立爲晉文公而令魏武子襲魏氏之後封列爲大夫治於魏生悼子魏悼子徙治霍　索隱曰系本云武仲生莊子絳無悼子又系本居篇曰魏武子居魏悼子徙霍

宋忠曰霍地名今河東彘縣也則是有悼子系本卿大夫代自脫耳然魏今河北魏縣是也○正義曰晉州霍邑縣漢彘縣也後漢改曰永安隋改曰霍邑本春秋時霍伯國也　生魏絳魏絳事晉悼公悼公三年會諸侯悼公弟楊干亂行魏絳僇辱楊干　索隱曰左傳云僇楊干之僕　悼公怒曰合諸侯以爲榮今辱吾弟將誅魏絳或說悼公悼公止卒任魏絳政使和戎翟戎翟親附悼公之十一年曰自吾用魏絳八年之中九合諸侯戎翟和子之力也賜之樂三讓然後受之徙治安邑　正義曰安邑在絳州夏縣安邑故城是　魏絳卒謚爲昭子　徐廣曰世本曰莊子○索隱曰系本錯也居篇又曰昭子徙安邑亦與此文同　生魏嬴嬴生魏獻子　索隱曰系本云獻子名荼荼莊子之子無魏嬴也　獻子事晉昭公昭公卒而六卿彊公室卑晉頃公之十二年韓宣子老魏獻子爲國政晉宗室祁氏羊舌氏相惡六卿誅之盡取其邑爲十縣六卿各令其子爲之大夫獻子與趙簡子中行文子范獻子並爲晉卿　索隱曰簡子趙鞅文子荀寅獻子范吉射　其後十四歲而孔子相魯後四歲趙簡子以晉陽之亂也而與韓魏共攻范中行氏魏獻子生魏侈　索隱曰侈系本亦作哆盖哆字誤而代數錯也系本獻子生簡子取取生襄子多而左傳云魏曼多是也則侈是襄子中間少簡子一代　魏侈與趙鞅共攻范中行氏魏侈之孫曰魏桓子　索隱曰系本云襄子生桓子駒　與韓康子趙襄子共伐滅

知伯正義曰知音智括地志云故智城在蒲州虞鄉縣西北四十里古今地名云解縣有智城蓋謂此也分
其地索隱曰康子名虎襄子名無恤智伯知瑤也本姓荀亦曰荀瑤桓子之孫曰文侯
都徐廣曰世本云斯也。索隱曰系本桓子生文侯斯其傳云孺子瘨是魏駒之子與此系代亦不同也魏
文侯元年秦靈公之元年也與韓武子趙桓子
周威王同時索隱曰系本武子名啓章康子之子桓子名嘉襄子之子六年城少梁
十三年使子擊圍繁龐出其民十六年伐秦築
臨晉元里十七年伐中山使子擊守之趙倉唐
傅之子擊逢文侯之師田子方於朝歌引車避
下謁田子方不為禮子擊因問曰富貴者驕人
乎且貧賤者驕人乎子方曰亦貧賤者驕人耳
夫諸侯而驕人則失其國大夫而驕人則失其
家貧賤者行不合言不用則去之楚越若脫躧
然奈何其同之哉子擊不懌而去西攻秦至鄭
而還築雒陰合陽正義曰雒漆沮水也城在水南郃陽郃水之北括地志云郃陽故城在同
州河西縣南三里雒陰在同州西也二十二年魏趙韓列為諸侯二十
四年秦伐我至陽狐正義曰括地志云陽狐郭在魏州元城縣東北三十里也二十
五年子擊生子罃索隱曰罃音乙耕反擊武侯名文侯受子夏經
藝客段干木過其閭未嘗不軾也正義曰過先臥反文侯軾干木
閭也皇甫謐高士傳云木晉人也守道不仕魏文侯欲見造其門干木踰牆避之文侯以客禮待之出過其閭而軾其僕
曰君何軾曰段干木賢者也不趨勢利懷君子之道隱處窮巷聲馳千里吾安得勿軾干木先乎德寡人先乎勢干木富

乎義寡人富乎財勢不若德貴財不若義高又請為相不肯後卑己固請見與語文侯立倦不敢息淮南子云段干木晉
之大駔而為文侯師呂氏春秋云魏文侯見段干木立倦而不敢息及見翟璜踞於堂而與之言翟璜不悅文侯曰段干
木官之則不肯祿之則不受今汝欲官則相至欲祿則上卿至既受吾賞又責吾禮無乃難乎秦嘗欲伐
魏或曰魏君賢人是禮國人稱仁上下和合未
圖也文侯由此得譽於諸侯任西門豹守鄴
而河內稱治索隱曰大河在鄴東故名鄴為河內。正義曰古帝王之都多在河東河北故呼河北為
河內河南為河外又云河從龍門南至華陰東至衛州即東北入海曲繞冀州故言河內云也魏文侯謂
李克曰先生嘗教寡人曰家貧則思良妻國亂
則思良相今所置非成則璜徐廣曰文侯弟名成二子何如
李克對曰臣聞之卑不謀尊疏不謀戚臣在闕
門之外不敢當命文侯曰先生臨事勿讓李克
曰君不察故也居視其所親富視其所與達視
其所舉窮視其所不為貧視其所不取五者足
以定之矣何待克哉文侯曰先生就舍寡人之
相定矣李克趨而出過翟璜之家翟璜曰今者
聞君召先生而卜相果誰為之李克曰魏成子
為相矣翟璜忿然作色曰以耳目之所覩記臣
何負於魏成子西河之守臣之所進也君內以
鄴為憂臣進西門豹君謀欲伐中山臣進樂羊
中山已拔無使守之臣進先生君之子無傅臣

進屈侯鮒臣何以負於魏成子李克曰且子之言克於子之君者豈將比周以求大官哉君問而置相非成則璜二子何如克對曰君不察故也居視其所親富視其所與達視其所舉窮視其所不為貧視其所不取五者足以定之矣何待克哉是以知魏成子之為相也且子安得與魏成子比乎魏成子以食祿千鍾什九在外什一在內是以東得卜子夏田子方段干木此三人者君皆師之子之所進五人者君皆臣之子惡得與魏成子比也翟璜逡巡再拜曰璜鄙人

也失對願卒為弟子二十六年虢山崩壅河徐廣曰在陝。駰案地理志曰弘農陝縣故虢國北虢在太陽東虢在滎陽。正義曰括地志云虢山在陝州陝縣西二里臨黃河今臨河有崗阜似是頹山之餘也三十二年伐鄭城酸棗敗秦于注司馬彪曰河南梁縣有注城也。正義曰括地志云注城在汝州梁縣西十五里注或作鑄也三十五年齊伐取我襄陵徐廣曰今在南平陽縣也三十六年秦侵我陰晉徐廣曰今之華陰。索隱曰年表作齊侵陰晉秦本紀云惠王六年魏納陰晉更名曰寧秦徐氏云今之華陰也三十八年伐秦敗我武下正義曰括地志云故武城一名武之平城在華州鄭縣東十三里得其將識索隱曰識將名也武下魏地是歲文侯卒索隱曰紀年云五十年卒子擊立是為武侯魏武侯元年趙敬侯初立索隱曰紀年云魏武侯元年當趙烈侯之十四年不同也又系本敬侯名章公子朔為亂不

勝奔魏與魏襲邯鄲魏敗而去二年城安邑王垣徐廣曰垣縣有王屋山也。索隱曰紀年十一年城洛陽及安邑王垣徐廣云垣縣有王屋山故曰王垣。正義曰括地志云故城漢垣縣本魏王垣也在絳州垣縣西北二十里也七年伐齊至桑丘正義曰年表云齊伐燕取桑丘故魏救燕伐齊至桑丘也括地志云桑丘故城俗名敬城在易州遂城縣界也九年翟敗我于澮索隱曰澮音古外反于澮於澮水之側。正義曰括地志云澮高山又云澮山在絳州翼城縣東北二十五里澮水出此山也使吳起伐齊至靈丘正義曰靈丘蔚州縣也時屬齊故三晉伐之也齊威王初立索隱曰按紀年齊幽公之十八年而威王立十一年與韓趙三分晉地滅其後十三年秦獻公縣櫟陽十五年敗趙北藺正義曰在石州趙之西北屬趙故云趙北藺也十六年伐楚取魯陽正義曰今汝州魯山縣也武侯卒索隱曰紀年云武侯二十六年卒子罃

立是為惠王惠王元年初武侯卒也子罃與公中緩正義曰中音仲爭為太子公孫頎自宋入趙索隱曰頎音祁紀年云武侯元年封公子緩趙侯種韓懿侯伐我取蔡而惠成王伐趙圍濁陽七年公子緩如邯鄲以作難是說此事也自趙入韓謂韓懿侯曰索隱曰懿侯哀侯之子魏罃與公中緩爭為太子君亦聞之乎今魏罃得王錯徐廣曰汲冢紀年惠王二年魏大夫王錯出奔韓也挾上黨固半國也因而除之徐廣曰除一作倍。正義曰按除除魏罃及王錯也破魏必矣不可失也懿侯說乃與趙成侯合軍并兵以伐魏戰于濁澤徐廣曰長社有濁澤。索隱曰系本云成侯名種魏氏大敗魏君為趙謂韓曰除魏君立公中緩割地而退我且利韓曰不可殺魏君

人必曰暴割地而退人必曰貪不如兩分之魏分爲兩不彊於宋衛則我終無魏之患矣趙不聽韓不說以其少卒夜去惠王之所以身不死國不分者二家謀不和也若從一家之謀則魏必分矣故曰君終無適子其國可破也 索隱曰此蓋古人之言及俗說故云故曰 二年魏敗韓于馬陵敗趙于懷三年齊敗我觀 徐廣曰齊世家云獻觀以和齊年表曰伐魏取觀今之衛縣也。索隱曰田完系家云敗魏於濁澤而圍惠王惠王請獻觀以和解。正義曰觀音館魏州觀城縣古之觀國國語云觀國夏啓子太康第五弟之所封也夏衰滅之矣 五年與韓會宅陽城 正義曰括地志云宅陽故城一名北宅在鄭州滎陽縣東南十七里也 武堵爲秦所敗 徐廣曰秦年表曰敗韓魏洛陰 六年伐取宋儀臺 徐廣曰一作義臺。索隱曰表亦作義臺然義臺見莊子司馬彪亦曰臺名郭象云義臺靈臺也 九年伐敗韓于澮與秦戰少梁虜我將公孫座 徐廣曰年表云虜我太子也 取龐秦獻公卒子孝公立十年伐取趙皮牢彗星見十二年星晝墮有聲十四年與趙會鄗十五年魯衛宋鄭君來朝 索隱曰紀年魯恭侯宋桓侯衛成侯鄭釐侯來朝皆在十四年鄭釐侯者韓昭侯也韓哀侯滅鄭而徙都之遂改號曰鄭 十六年與秦孝公會杜平侵宋黃池宋復取之十七年與秦戰元里秦取我少梁圍趙邯鄲十八年拔邯鄲趙請救于齊齊使田忌孫臏救趙敗魏桂陵十九年諸侯圍我襄陵築長城塞固陽 正義曰塞先代反括地志

云棝楊縣漢舊縣也在銀州銀城縣界按魏築長城自鄭濱洛北達銀州至勝州固陽縣爲塞也固陽有連山東至黃河西南至夏會等州棝音固矣 二十年歸趙邯鄲與盟漳水上 正義曰邯鄲洺州縣也漳水名漳水源出洺州武安縣三門山也 二十一年與秦會彤趙成侯卒 徐廣曰年表云二十七年丹封名會丹魏大臣也 二十八年齊威王卒中山君相魏 索隱曰魏文侯滅中山使子擊守之後尋復國至是始令相魏其中山後又爲趙所滅 三十年魏伐趙 正義曰孫臏傳云魏與趙攻韓韓告急齊此文誤耳魏伐趙趙請救齊使孫臏救趙敗魏桂陵乃在十八年也 趙告急齊齊宣王用孫子計救趙擊魏魏遂大興師使龐涓將而令太子申爲上將軍過外黃外黃徐子 劉向別錄曰徐子外黃人也外黃時屬宋。正義曰括地志云故圉城有南北二城在汴州雍丘縣界本屬外黃即太子申見徐子之地也 謂太子曰臣有百戰百勝之術太子曰可得聞乎客曰固願效之曰太子自將攻齊大勝并莒 正義曰莒密州縣也在齊東南言從西破齊并至莒地則齊上盡矣 則富不過有魏貴不益爲王若戰不勝齊則萬世無魏矣此臣之百戰百勝之術也太子曰諾請必從公之言而還矣客曰太子雖欲還不得矣彼勸太子戰攻欲啜汁者衆 正義曰啜穿悅反汁之入反贊其功勳者衆也 太子雖欲還恐不得矣太子因欲還其御曰將出而還與北同太子果與齊人戰敗於馬陵 徐廣曰在元城。索隱曰按紀年二十八年與齊田肦戰于馬陵又上二年魏敗韓馬陵十八年趙又敗魏桂陵桂陵與馬陵異處。正義曰虞喜志林云馬陵在濮州鄄城縣東北六十里有陵間谷深

𡵉可以置伏按龐涓敗即此也徐說馬陵在魏州元城縣東南一里龐涓敗非此地也田完世家云宣王二年魏伐趙趙与韓親共擊魏趙不利戰於南梁韓氏請於齊齊使田忌嬰將孫子爲師救趙韓已擊魏大破之馬陵按南梁在汝州又此傳云太子爲上將軍過外黄又孫臏傳云魏与趙攻韓韓告急齊齊使田忌將而往直走大梁魏將龐涓聞之去韓而歸齊軍已過而西矣按孫子減竈退軍三日行至馬陵遂殺龐涓虜魏太子申大破魏軍豈當如虞喜之說從汴州外黄退至濮州東北六十里是也然趙韓共擊魏戰困於南梁韓急請救於齊齊師走大梁敗魏馬陵豈合更渡河北至魏州元城哉徐說定非也 齊虜魏太子申殺將軍涓軍遂大破三十一年秦趙齊共伐我 索隱曰紀年云二十九年五月齊田朌伐我東鄙九月秦衛鞅伐我西鄙十月邯鄲伐我北鄙王攻衛鞅我師敗績是也然言二十九年不同 秦將商君詐我將軍公子卬而襲奪其軍破之秦用商君東地至河而齊趙數破我安邑近秦於是徙治大梁 徐廣曰今浚儀 駰案汲冢紀年曰梁惠成王九年四月甲寅徙都大梁也。索隱曰紀年以爲惠王九年蓋誤也。正義曰陳留風俗傳云魏之都也畢萬十葉徙大梁按今汴州浚儀也 以公子赫爲太子三十三年秦孝公卒商君亡秦歸魏魏怒不入三十五年與齊宣王會平阿南 地理志沛郡有平阿縣也 惠王數敗於軍旅卑禮厚幣以招賢者鄒衍淳于髡孟軻皆至梁梁惠王曰寡人不佞兵三折於外太子虜上將死國以空虛以羞先君宗廟社稷寡人甚醜之叟不遠千里 劉熙曰叟長老之稱依皓首之言 辱幸至弊邑之廷將何以利吾國孟軻曰君不可以言利若是夫君欲利則大夫欲利大夫欲利則庶人

欲利上下爭利國則危矣爲人君仁義而已矣何以利爲三十六年復與齊王會甄是歲惠王卒 索隱曰紀年云惠成王三十六年改元稱一年未卒也 子襄王立 索隱曰系本襄王名嗣 襄王元年與諸侯會徐州 徐廣曰今薛縣 相王也追尊父惠王爲王 徐廣曰二年伐趙 五年秦敗我龍賈軍四萬五千于雕陰 徐廣曰在上郡。正義曰括地志云雕陰故縣在鄜州洛交縣北三十里雕陰故城是也 圍我焦曲沃 正義曰括地志云故焦城在陝縣東北百步古虢城中東北隅周同姓也曲沃有城在陝縣西南三十二里按今有曲沃店也 予秦河西之地 正義曰自華州北至同州並魏河北之地盡入秦也 六年與秦會應 徐廣曰潁川父城有應鄉也。正義曰應乙陵反括地志云故應城故應鄉也在汝州魯山縣東三十里 秦取我汾陰皮氏 正義曰括地志云汾陰故城在蒲州汾陰縣北九里皮氏故城在絳州龍門縣西一百八十步也 焦魏伐楚敗之陘山 徐廣曰在密縣。正義曰括地志云陘山在鄭州新鄭縣西南三十里 七年魏盡入上郡于秦 正義曰括地志云上郡故城在綏州上縣東南五十里秦魏之上郡地也按丹鄜延綏等州北至固陽並上郡地魏築長城界秦自華州鄭縣已北濱洛至慶州洛源縣白於山即東北至勝州固陽縣東至河西上郡之地盡入於秦 秦降我蒲陽 正義曰在隰州隰川縣蒲邑故城是也 八年秦歸我焦曲沃十二年楚敗我襄陵諸侯執政與秦相張儀會齧桑 徐廣曰在梁与彭城之間 十三年張儀相魏魏有女子化爲丈夫秦取我曲沃平周 正義曰絳州桐鄉縣晉曲沃邑 平周 正義曰十三州志云古平周縣在汾州介休縣西五十里也 十六年襄王卒子哀王立張儀復歸秦 荀勗曰和嶠云紀年起自黃帝終於魏之今王今王者魏惠成王子案太史公書惠成王但言惠王惠王

子曰襄王襄王子曰哀王惠王三十六年卒襄王立十六年卒并惠襄為五十二年今案古文惠成王立三十六年改元稱一年改元後十七年卒太史公書為誤分惠成之世以為二王之年數也世本惠王生襄王而無哀王然則今王者魏襄王也。索隱曰系本襄王生昭王而無哀王蓋脫一代耳孔衍叙魏語亦有哀王而紀年說惠成王三十六年又稱後元一十七年卒此文分惠王之歷以為二王之年又有哀王九二十三年紀事甚明蓋無足疑然則是紀年之作失哀王之代故分襄王之年為惠王後元即以襄王之年包哀王之代耳 哀王元年五國共攻秦正義曰韓魏楚趙燕也不勝而去二年齊敗我觀津正義曰括地志云觀津城在冀州棗陽縣東南二十五里本趙邑今屬魏也五年秦使樗里子伐取我曲沃索隱曰樗里子秦昭王弟名疾居樗里故因號焉走犀首岸門徐廣曰潁陰有岸亭。索隱曰犀首官名即公孫衍劉氏云河東皮氏縣有岸頭亭也。正義曰括地志云岸門在許州長社縣西北十八里今名西武亭六年秦求立公子政為太子索隱曰政魏公子也與

秦會臨晉七年攻齊徐廣曰年表云擊齊虜聲子於濮也與秦伐燕八年伐衛拔列城二索隱曰紀年云八年翟章伐衛衛君患之如耳正義曰魏大夫姓名也見衛君曰請罷魏兵免成陵君可乎衛君曰先生果能孤請世世以衛事先生如耳見成陵君曰昔者魏伐趙斷羊腸拔閼與徐廣曰在上黨。正義曰閼於連反與音預羊腸坂道在太行山上南口懷州北口潞州閼與故城在潞州及儀州若斷羊腸拔閼與北連恒州則趙國東西斷而為三也約斬趙趙分而為二所以不亡者魏為從主也今衛已迫亡將西請事於秦與其以秦醳衛不如以魏醳衛正義曰醳音釋衛之德魏必終無窮成陵君曰諾如耳見魏王曰臣有謁於

衛衛故周室之別也其稱小國多寶器今國迫於難而寶器不出者其心以為攻衛醳衛不以王為主故寶器雖出必不入於王也臣竊料之先言醳衛者必受衛者也如耳出成陵君入以其言見魏王魏王聽其說罷其兵免成陵君終身不見九年與秦王會臨晉張儀魏章皆歸于魏索隱曰章為魏將後又相秦魏相田需死楚害張儀犀首薛公索隱曰薛公田文也楚相昭魚謂蘇代索隱曰昭魚昭奚恤也曰田需死吾恐張儀犀首薛公有一人相魏者也代曰然相者欲誰而君便之昭魚曰吾欲太子之自

相也索隱曰太子即襄王也代曰請為君北必相之昭魚曰奈何對曰君其為梁王代請說君昭魚曰奈何對曰代也從楚來昭魚甚憂曰田需死吾恐張儀犀首薛公有一人相魏者也代曰梁王長主也必不相張儀張儀相必右秦而左魏犀首相必右韓而左魏薛公相必右齊而左魏梁王長主也必不便也王曰然則寡人孰相代曰莫若太子之自相太子之自相是三人者皆以太子為非常相也皆將務以其國事魏欲得丞相璽也以魏之彊而三萬乘之國輔之魏必安矣故

曰莫若太子之自相也遂北見梁王以此告之
太子果相魏十年張儀死十一年與秦武王會
應十二年太子朝於秦秦來伐我皮氏未拔而
解十四年秦來歸武王后十六年秦拔我蒲反
陽晉封陵索隱曰紀年作晉陽封谷。正義曰陽晉當作晉陽也史文誤括地志云晉陽故城今名晉城在蒲州虞鄉縣西三十五里表云魏哀王十六年秦杜陽晉陽即此城也封陵亦在蒲州按陽晉故城在曹州解在蘇秦傳也十七年與秦會臨晉秦予我蒲反十八年與
秦伐楚徐廣曰二十年與齊王會于韓二十一年與齊韓共敗秦
軍函谷徐廣曰河渭絕一日二十三年秦復予我河外及封
陵為和哀王卒索隱曰汲冢紀年終於哀王二十年昭王三年喪畢始稱元年也子昭

王立索隱曰系本昭王名遫昭王元年秦拔我襄城二年與
秦戰我不利三年佐韓攻秦秦將白起敗我軍
伊闕二十四萬六年予秦河東地方四百里芒
卯以詐重索隱曰言芒卯以智詐見重於魏七年秦拔我城大小六
十一八年秦昭王為西帝齊湣王為東帝月餘
皆復稱王歸帝九年秦拔我新垣曲陽之城正義曰年表及括地志云曲陽故城在懷州濟源縣西十里新垣近曲陽未詳端的所之處也十年齊滅宋
宋王死我溫十二年與秦趙韓燕共伐齊敗之
濟西湣王出亡燕獨入臨菑與秦王會西周正義曰即王城也今河南郡城也十三年秦拔我安城正義曰括地志云安城故城豫州汝陵縣東南七十一里兵到大梁去徐廣曰十四年大水十八年秦拔郢楚
王徙陳十九年昭王卒子安釐王立索隱曰系本安僖王名圉
安釐王元年秦拔我兩城二年又拔我二城軍
大梁下韓來救予秦溫以和三年秦拔我四城
斬首四萬四年秦破我及韓趙殺十五萬人走
我將芒卯魏將段干子請予秦南陽徐廣曰在脩武以和
蘇代謂魏王曰欲璽者段干子也欲地者秦也
今王使欲地者制璽使欲璽者制地魏氏地不
盡則不知已且夫以地事秦譬猶抱薪救火薪
不盡火不滅王曰是則然也雖然事始已行不

可更矣對曰王獨不見夫博之所以貴梟者便
則食不便則止矣今王曰事始已行不可更是
何王之用智不如用梟也正義曰博頭有刻為梟鳥形者擲得梟者合食其子若不便則為餘行也九年秦拔我懷十年秦太子外質於魏
死十一年秦拔我郪丘徐廣曰郪一作廩丘又作邢丘郪丘今為宋公縣。索隱曰郪七系反又音妻。正義曰郪七私反又音妻地理志云汝南郡新郪縣應劭曰秦伐魏取郪丘漢興為新郪章帝封殷後更名宋也秦昭王謂左右曰今時韓魏與始孰彊對
曰不如始彊王曰今時如耳魏齊與孟嘗芒卯
孰賢對曰不如王曰以孟嘗芒卯之賢率彊韓
魏以攻秦猶無奈寡人何也今以無能之如耳

魏齊而率弱韓魏以伐秦其無奈寡人何亦明矣左右皆曰甚然中旗馮琴對曰索隱曰戰國策作推琴春秋後語作伏琴而韓子作推瑟說苑作伏瑟五文各不同王之料天下過矣當晉六卿之時知氏最彊滅范中行又率韓魏之兵以圍趙襄子於晉陽決晉水以灌晉陽之城正義曰括地志云晉水源出并州晉陽縣西懸甕山山海經云懸甕之山晉水出焉東南流注汾水昔趙襄子保晉陽智氏防山以水灌之不沒者三版其瀆乘高西注入晉陽城以周溉灌東南出城注於汾陽也不湛者三版知伯行水魏桓子御韓康子爲參乘知伯曰吾始不知水之可以亡人之國也乃今知之汾水可以灌安邑正義曰安邑在絳州夏縣本魏都汾水東北歷安邑西南入河也絳水可以

灌平陽正義曰平陽晉州本韓都也括地志云絳水一名白水今名弗泉源出絳山飛泉奮湧揚波注縣積壑二十許丈望之極爲奇觀矣按引此灌平陽城也魏桓子肘韓康子韓康子履魏桓子肘足接於車上而知氏地分身死國亡爲天下笑今秦兵雖彊不能過知氏韓魏雖弱尚賢其在晉陽之下也此方其用肘足之時也願王之必勿易也索隱曰易音以豉反於是秦王恐齊楚相約而攻魏魏使人求救於秦冠蓋相望也而秦救不至魏人有唐雎者年九十餘矣索隱曰按雎字音七余反謂魏王曰老臣請西說秦王令兵先臣出魏王再拜遂約車而遣之唐雎到入見秦王秦王

曰丈人芒然乃遠至此甚苦矣夫魏之來求救數矣寡人知魏之急已唐雎對曰大王已知魏之急而救不發者臣竊以爲用策之臣無任矣夫魏一萬乘之國也然所以西面而事秦稱東藩受冠帶祠春秋者以秦之彊足以爲與也索隱曰與謂許與爲親而結和也今齊楚之兵已合於魏郊矣而秦救不發亦將賴其未急也使之大急彼且割地而約從王尚何救焉必待其急而救之是失一東藩之魏而彊二敵之齊楚則王何利焉於是秦昭王遽爲發兵救魏魏氏復定趙使人謂魏

王曰爲我殺范痤吾請獻七十里之地魏王曰諾使吏捕之圍而未殺痤因上屋騎危危棟上也○索隱曰騎音奇禮云中屋履危蓋昇屋以避兵也謂使者曰與其以死痤市不如以生痤市有如痤死趙不予王地則王將奈何故不若與先定割地然後殺痤魏王曰善痤因上書信陵君曰痤故魏之免相也趙以地殺痤而魏王聽之有如彊秦亦將襲趙之欲則君且奈何信陵君言於王而出之魏王以秦救之故欲親秦而伐韓以求故地無忌謂魏王曰秦與戎翟同俗有虎狼之心貪戾好利無信不識禮

義德行苟有利焉不顧親戚兄弟若禽獸耳此天下之所識也非有所施厚積德也故太后母也而以憂死穰侯舅也功莫大焉而竟逐之兩弟無罪而再奪之國此於親戚若此而況於仇讎之國乎今王與秦共伐韓而益近秦患臣甚惑之而王不識則不明羣臣莫以聞則不忠今韓氏以一女子奉一弱主內有大亂外交彊秦魏之兵王以為不亡乎韓亡秦有鄭地與大梁鄰 索隱曰戰國策亦作鄰鄰字俗本或作鄰非 王以為安乎王欲得故地今負彊秦之親王以為利乎秦非無事之國也韓

亡之後必將更事更事必就易與利就易與利必不伐楚與趙矣是何也夫越山踰河絕韓上黨而攻彊趙是復閼與之事 索隱曰復音扶富反謂前年秦韓相攻閼與而趙奢破秦軍也 秦必不為也若道河內倍鄴朝歌絕漳滏水與趙兵決於邯鄲之郊是知伯之禍也秦又不敢伐楚道涉山谷 索隱曰道猶行也涉谷是往楚之險路從秦向楚有兩道涉谷是西道河內是東道 行三千里 正義曰劉伯莊云秦兵向楚有兩道涉谷西道河外東道從褒斜入梁州即東南至申州攻石城山險阸之塞也 而攻冥阸之塞 孫檢曰楚之險塞也徐廣曰或以為今江夏鄳縣。正義曰冥音盲括地志云石城山在申州鍾山縣東南二十一里魏攻冥阸即此山上有故石城注水經云或言在鄳指此山也呂氏春秋云九塞此其一也 所行甚遠所攻甚難 索隱曰攻亦作致戰國策

見作致軍言致軍糧難也 秦又不為也若道河外倍大梁 正義曰從河外出函谷關歷同州南至鄭州東向陳州則背大梁也 右蔡左召陵 徐廣曰一無左字。正義曰上蔡縣在豫州北七十里邵陵故城亦在豫州郾城縣東四十五里並在陳州西從汴州南行向陳州之西郊則上蔡邵陵在南面向東皆身之右定無左字也 與楚兵決於陳郊秦又不敢故曰秦必不伐楚與趙矣又不攻衛與齊矣 正義曰衛齊皆在韓趙魏之東故秦不伐也 夫韓亡之後兵出之日非魏無攻已秦固有懷茅 徐廣曰在脩武軹縣有茅亭。正義曰茅卯包反懷州武陟縣西十一里故懷城本周邑後屬晉左傳云周與鄭人蘇忿生十二邑其一攢茅括地志云在懷州獲嘉縣東北二十五里也獲嘉古脩武也 邢丘 徐廣曰在平皋。正義曰括地志云平皋故城在懷州武德縣東南二十里本邢丘邑也以其在河之皋地也 城垝津以臨河內 索隱曰戰國策云邢丘安城此少安字垝津在河北垝音九

反。正義曰垝音詭字誤當作延括地志云延津故俗字臨津故城在衛州清淇縣西南二十六里杜預云汲郡城南有延津是也 河內共汲必危 徐廣曰汲縣屬河內。索隱曰汲亦作波波及汲皆縣名俱屬河內 有鄭地 徐廣曰成皋滎陽亦屬鄭 得垣雍 徐廣曰垣雍城在卷縣縣屬魏也卷縣又有長城經陽武到密者也。正義曰雍於用反括地志云故城在鄭州原武縣西北七里釋例地名卷縣理或垣城也言韓亡之後秦有鄭地得垣雍城從滎澤決溝歷垣雍灌大梁是也 決滎澤水灌大梁大梁必亡王之使者出過而惡安陵氏於秦 徐廣曰召陵有安陵郡征羌有安陵亭也。正義曰括地志云鄢陵縣西北十五里李奇云六國時為安陵也言魏王使者出向秦云共伐韓以成過失而更惡安陵氏於秦今伐之重非也 秦之欲誅之久矣秦葉陽昆陽與舞陽鄰 正義曰括地志云葉陽今許州葉縣也昆陽故城在許州葉縣北二十五里舞陽故城在葉縣東十里此時葉陽昆陽屬秦舞陽屬魏也 聽使者之惡之 索隱曰聽平聲使去聲 隨安

陵氏而亡之正義曰隨猶聽也無忌說言使者惡安陵氏亦聽秦亡安陵氏然繞舞陽之北以東臨許
許必危矣秦有許地魏國可無害繞舞陽之北以東臨許南國必危
正義曰南國今許州許昌縣南西四十里許昌故城是也此是屬韓在魏之南故言南國括地志云周時為許國武王伐
紂所封地里志云潁川許縣古許國姜姓四岳之後大叔所封二十四君為楚所滅三卿背晉其地屬韓國無
害已夫憎韓不愛安陵氏可也夫不患秦之不
愛南國非也異日者秦在河西晉國去梁千里
徐廣曰魏國之界千里又云河南縣縣有注城。正義曰河西同州也晉國都絳州魏都安邑皆在河東去大梁有千里
也有河山以闌之有周韓以閒之從林鄉軍徐廣
曰林鄉在宛縣。索隱曰劉氏云林地名蓋春秋時鄭地之棐林在大梁之西北徐廣云在宛縣非也。正義曰括地志
云宛陵故城在鄭州新鄭縣東北三十八里本鄭舊縣也按劉徐二說是其地也以至于今秦七

攻魏五入囿中徐廣曰一作城也。索隱曰囿即圃田圃田鄭藪屬魏戰國策作國中。正義
曰括地志云圃田澤在鄭州管城縣東三里周禮云豫州藪曰圃田也邊城盡拔文臺墮
垂都焚徐廣曰一云魏山都焚句陽有垂亭。索隱曰文臺臺名列士傳曰隱陵君施酒文臺也垂地名有
廟曰都並魏臺邑名。正義曰墮許規反括地志云文臺在曹州冤句縣西北六十五里也林木伐麋
鹿盡而國繼以圍又長驅梁北東至陶衛之郊
正義曰陶曹州定陶也衛即宋州楚丘縣衛文公都之秦兵歷取其郊也北至平監徐廣曰平縣屬河南
平或作乎字史記齊闞止作監字闞在東平須昌縣所亡於秦者山南山北正義
曰山華山也華山之東南七國時鄭州屬韓汝州屬魏華山之北同華銀綏並魏地也河外河内正義
曰河外謂華州以東至虢陜河内謂蒲州以東至懷衛也大縣數十徐廣曰一作百名都數
百徐廣曰一作十秦乃在河西晉去梁千里而禍若是矣

又況於使秦無韓有鄭地無河山而闌之無周
韓而閒之去大梁百里禍必由此矣異日者從
之不成也索隱曰從音足松反楚魏疑而韓不可得也今韓
受兵三年秦橈之以講識亡不聽索隱曰橈音若孝反謂韓被秦
之兵橈擾已經三年云欲講說與韓和識猶知也戰國策云韓知亡猶不聽也投質於趙請為
天下鴈行頓刃楚趙必集兵皆識秦之欲無窮
也非盡亡天下之國而臣海内必不休矣是故
臣願以從事王索隱曰從足松反從事謂合從事王也戰國策亦然王速受楚
趙之約趙挾韓之質索隱曰言韓以質子入趙則趙挾韓質而親韓也以存
韓而求故地韓必效之索隱曰效猶致也謂致故地於趙也。正義曰無忌令魏王速

受楚趙之從趙楚挾持韓之質以存韓而魏以求地韓必效之勝於與秦伐韓又與秦隣之禍殃也此士民
不勞而故地得其功多於與秦共伐韓而又與
彊秦鄰之禍也夫存韓安魏而利天下此亦王
之天時已通韓上黨於共甯徐廣曰朝歌有甯鄉。正義曰共衛州共城縣
甯懷州脩武縣本殷之甯邑韓詩外傳云武王伐紂勒兵於甯故曰脩武今魏開通共甯之道使韓上黨得直路而行也
使道安成正義曰括地志云故安城在鄭州原武縣東南二十里時屬魏也出入賦之
是魏重質韓以其上黨也今有其賦足以富國
韓必德魏愛魏重魏畏魏韓必不敢反魏是韓
則魏之縣也魏得韓以為縣衛大梁河外必安
矣今不存韓二周安陵必危楚趙大破衛齊甚

畏天下西鄉而馳秦入朝而為臣不久矣二十年秦圍邯鄲信陵君無忌矯奪將軍晉鄙兵以救趙正義曰括地志云魏德故城一名晉鄙城在衛縣西北五十里即公子無忌矯奪晉鄙兵故名魏德城也趙得全無忌因留趙二十六年秦昭王卒三十年無忌歸魏率五國兵攻秦敗之河內走蒙驁魏太子增質於秦秦怒欲因魏太子增或為增謂秦王曰索隱曰戰國策作蘇秦為公子增謂秦王公孫喜固謂魏相曰索隱曰戰國策作公孫衍請以魏疾擊秦秦王怒必囚增魏王又怒擊秦秦必傷今王囚增是喜之計中也故不若貴增而合魏以疑之於齊韓秦乃止增三

十一年秦王政初立三十四年安釐王卒太子增立是為景湣王索隱曰系本安釐王生景湣王午也信陵君無忌卒景湣王元年秦拔我二十城以為秦東郡二年秦拔我朝歌衛徙野王徐廣曰衛從濮陽徙野王三年秦拔我汲五年秦拔我垣蒲陽衍徐廣曰十二年獻城秦。正義曰括地志云故垣地夲魏王垣也在絳州垣縣西北二十里蒲邑故城在隰州隰川縣南四十五里在蒲水之北故曰蒲陽衍地名在鄭州十五年景湣王卒子王假立王假元年燕太子丹使荊軻刺秦王秦王覺之徐廣曰二年新鄭反三年秦灌大梁虜王假列女傳曰秦殺假遂滅魏以為郡縣

太史公曰吾適故大梁之墟墟中人曰秦之破梁引河溝而灌大梁三月城壞王請降遂滅魏說者皆曰魏以不用信陵君故國削弱至於亡余以為不然天方令秦平海內其業未成魏雖得阿衡之佐曷益乎索隱曰譙周云以予所聞所謂國之亡亡者有賢者而不用也如用之何有亡哉使紂用三仁周不能王況秦虎狼乎

索隱述贊曰

畢公之苗　因國為姓　大名始賞
盈數自正　胤裔繁昌　世載忠正
楊干就戮　智氏奔命　文始建侯
武實彊盛　大梁東徙　長安北偵
卯既無功　卬亦外聘　王假削弱
虜於秦政

史伍阡叁伯柒拾玖字
註伍阡柒伯玖拾壹字

魏世家第十四　史記四十四

魏世家

韓世家第十五　　史記四十五
韓之先與周同姓姓姬氏其後苗裔事晉得封
於韓原正義曰括地志云韓原在同州韓城縣西南八里又韓城在縣南十八里故古韓國也古今地名云
韓武子食采於韓原地城也曰韓武子索隱曰按左氏傳云邘晉應韓武之穆則韓是武王之子然詩
稱韓侯出祖則是有韓而先滅今據此文云其後裔事晉封於原曰韓武子則武子本是韓侯之後晉又封之於韓原即
今之馮翊韓城是也然按系本及左傳舊說皆謂韓萬是曲沃桓叔之子即是晉之支庶又國語叔向謂韓宣子能修武
子之德起再拜謝曰自桓叔已下嘉吾子之賜亦言桓叔是韓之祖也今以韓侯之後別有桓叔非關曲沃之桓叔如此
則與太史公之意亦有違耳武子後三世有韓厥索隱曰系本云萬生賕伯賕伯生定
伯簡簡生輿輿生獻子厥從封姓為韓氏韓厥晉景公之三年
晉司寇屠岸賈將作亂誅靈公之賊趙盾趙盾

已死矣欲誅其子趙朔韓厥止賈賈不聽厥告
趙朔令亡朔曰子必能不絕趙祀死不恨矣韓
厥許之及賈誅趙氏厥稱疾不出程嬰公孫杵
臼之藏趙孤趙武也厥知之景公十一年厥與
郤克將兵八百乘伐齊敗齊頃公于鞍正義曰音安括地志
云故鞌城今俗名馬鞍城在濟州平陰縣十里獲逢丑父於是晉作六卿而
韓厥在一卿之位號為獻子晉景公十七年病
卜大業之不遂者為祟韓厥稱趙成季之功今
後無祀以感景公景公問曰尚有世乎厥於是
言趙武而復與故趙氏田邑續趙氏祀晉悼公

之十年韓獻子老獻子卒子宣子代宣子徙居
州索隱曰宣子名起州今在河內是也○正義曰括地志云懷州武德縣本周司冠蘇忿生之州邑也晉平
公十四年吳季札使晉曰晉國之政卒歸於韓
魏趙矣晉頃公十二年韓宣子與趙魏共分祁
氏羊舌氏十縣晉定公十五年宣子與趙鞅侵
伐范中行氏宣子卒子貞子代立貞子徙居
平陽索隱曰系本作平子名須宣子子也又云景子居平陽平陽在山西宋忠曰今河東平陽縣○正義曰平
陽晉州城是貞子卒子簡子代徐廣曰史記多無簡子莊子而云貞子生康子班氏亦同
○索隱曰按系本有簡子名不信莊子名庚趙系家亦有簡子名不佞也簡子卒子莊子代
莊子卒子康子代索隱曰康子名虎康子與趙襄子魏桓

子共敗知伯分其地地益大大於諸侯康子卒
子武子代索隱曰武子名啟章武子二年伐鄭殺其君幽公
十六年武子卒子景侯立索隱曰紀年及世本皆作景子名處
虔元年伐鄭取雍丘二年鄭敗我負黍六年與
趙魏俱得列為諸侯九年鄭圍我陽翟景侯卒
子列侯取立索隱曰系本作武侯也列侯三年聶政殺韓相
俠累徐廣曰六年救魯也○索隱曰戰國策作殺韓傀高誘曰韓傀俠累也九年秦伐我
宜陽取六邑十三年列侯卒子文侯立索隱曰紀年無文侯
系本無列侯是歲魏文侯卒文侯二年伐鄭取陽城伐
宋到彭城執宋君七年伐齊至桑丘鄭反晉九

年伐齊至靈丘正義曰靈丘蔚州縣也此時屬燕也十年文侯卒子哀侯立哀侯元年與趙魏分晉國二年滅鄭因徙都鄭索隱曰紀年魏武侯二十一年韓滅鄭哀侯入于鄭二十二年晉桓公邑哀侯于鄭是韓既徙都因改號曰鄭故戰國策謂韓惠王曰鄭惠王猶魏徙大梁稱梁王然也六年韓嚴弑其君哀侯而子懿侯立索隱曰年表懿侯作莊侯又紀年云晉桓公邑哀侯于鄭韓山堅賊其君哀侯而韓若山立若山即懿侯也則韓嚴爲韓山堅也戰國策又有嚴仲子名遂又恐是韓嚴也懿侯二年魏敗我馬陵正義曰在魏州元城縣東南一里五年與魏惠王會宅陽正義曰在鄭州也九年魏敗我澮徐廣曰大雨三月也。正義曰會古外反在陵州澮水之上也十二年懿侯卒子昭侯立昭侯元年秦敗我西山二年宋取我黃池徐廣曰在平丘魏取朱六年伐東周

正義曰河南鞏縣取陵觀邢丘八年申不害相韓脩術行道國內以治諸侯不來侵伐十年韓姬弑其君悼公索隱曰姬亦作玘並音羊之反姬是韓大夫而王劭亦云不知悼公何君也十一年昭侯如秦二十二年申不害死二十四年秦來拔我宜陽二十五年旱作高門屈宜臼許慎曰屈宜臼楚大夫在魏也曰昭侯不出此門何也不時吾所謂時者非時日也人固有利不利時昭侯嘗利矣不作高門往年秦拔宜陽今年旱昭侯不以此時卹民之急而顧益奢此謂時絀舉贏徐廣曰時衰耗而作奢侈二十六年高門成昭侯卒果不出此門子宣惠王立索隱

曰紀年鄭昭侯武薨次威侯立威侯七年與邯鄲圍襄陵五月梁惠王會威侯于巫沙十月鄭宣王朝梁不見威侯之卒下敗韓舉在威侯八年而此系家即以爲宣惠王之年又上有殺悼公悼公又不知是誰之謚則韓微小國史失代系故此文及系本不同今亦不可考也宣惠王五年張儀相秦八年魏敗我將韓舉索隱曰按此則舉是韓將不疑而紀年云韓舉趙將蓋舉本趙將後入韓又紀年云其敗當韓威王八年是不同也十一年君號爲王與趙會區鼠十四年秦伐敗我鄢徐廣曰潁川鄢陵縣音於乾反。正義曰今許州鄢陵縣西北十五里有鄢陵故城是也十六年秦敗我脩魚虜得韓將鯁申差於濁澤徐廣曰一云鯁申差長社有濁澤。索隱曰脩魚地名鯁申差二將名鯁音瘦亦作鯁。正義曰按濁澤者蓋誤當作觀澤年表云秦惠文王更元八年與韓戰斬首八萬韓宣惠王十六年秦敗我脩魚得將軍申差魏哀王二年齊敗我觀澤趙武靈王九年與韓魏擊秦齊湣王七年敗魏世家云濁澤定誤矣徐廣又云濁澤在長社不曉錯誤之甚括地志云觀

澤在魏州頓丘縣東十八里韓氏急公仲謂韓王曰索隱曰公仲韓相國名侈與國非可恃也今秦之欲伐楚久矣王不如因張儀爲和於秦賂以一名都具甲與之南伐楚此以一易二之計也索隱曰一謂名都也二謂使不伐韓而又與之伐楚也韓王曰善乃警公仲之行索隱曰警戒也戰國策作儆亦同將西購於秦索隱曰戰國策作講講亦謀議與購求意通楚王聞之大恐召陳軫告之陳軫曰秦之欲伐楚久矣今又得韓之名都一而具甲秦韓并兵而伐楚此秦所禱祀而求也今已得之矣楚國必伐矣王聽臣爲之警四境之內起師言救韓命戰車滿道路發信臣多其

東重其幣使信王之救已也縱韓不能聽我韓必德王也索隱曰言韓王信楚之救雖不能聽待楚救至折入於秦猶德於楚也必不為鴈行以來索隱曰言韓以楚必救已已雖隨秦來戰猶德於王故不為鴈行而來言不同心旅進也是秦韓不和也兵雖至楚不大病也為能聽我絕和於秦秦必大怒以厚怨韓韓之南交楚必輕秦輕秦其應秦必不敬是因秦韓之兵而免楚國之患也楚王曰善乃警四境之內興師言救韓命戰車滿道路發信臣多其車重其幣謂韓王曰不穀國雖小已悉發之矣願大國遂肆志於秦不穀將以楚徇韓索隱曰徇從死也言以死助韓韓王聞之大說乃止公仲之行索隱曰止不令西之秦公仲曰不可夫以實伐我者秦也以虛名救我者楚也王恃楚之虛名而輕絕彊秦之敵王必為天下大笑且楚韓非兄弟之國也又非素約而謀伐秦也已有伐形因發兵言救韓此必陳軫之謀也且王已使人報於秦矣今不行是欺秦也夫輕欺彊秦而信楚之謀臣恐王必悔之韓王不聽遂絕於秦秦因大怒益甲伐韓大戰楚救不至韓十九年大破我岸門徐廣曰潁陰有岸亭○正義曰括地志云岸門在許州長社縣西北十八里今名西武亭矣太子倉質於秦以和二十一年徐廣曰周王赧之三年也

與秦共攻楚徐廣曰圍景座也敗楚將屈丐斬首八萬於丹陽索隱曰故楚都在今均州也○正義曰左傳例云楚居丹陽今枝江縣故城是也是歲宣惠王卒太子倉立是為襄王徐廣曰一云周赧王六年韓襄哀王三年張儀死赧王九年襄哀王六年秦昭王立襄王四年與秦武王會臨晉其秋秦使甘茂攻我宜陽五年秦拔我宜陽正義曰括地志云故韓城一名宜陽城在洛州福昌縣東十四里韓宜陽城也斬首六萬秦武王卒六年秦復與我武遂九年秦復取我武遂十年太子嬰朝秦而歸徐廣曰與秦會臨晉因至咸陽而還十一年秦伐我取穰正義曰穰人羊反鄧州縣也郭仲產南雍州記云楚之別邑秦初侵楚封公子悝為穰侯後屬韓秦昭王取之也與秦伐楚敗楚將唐眛十二年太子嬰死公子咎公子蟣虱爭為太子時蟣虱質於楚蘇代謂韓咎曰蟣虱亡在楚楚王欲內之甚今楚兵十餘萬在方城之外索隱曰方城楚之北境之外謂北境之地也○正義曰括地志云方城山在許州葉縣西南十八里左傳云楚大夫屈完對齊侯曰楚國方城以為城杜注云方城山在南陽葉縣南公何不令楚王築萬室之都雍氏之旁徐廣曰在陽翟○正義曰括地志云故雍氏城在洛州陽翟縣二十五里故老云黃帝臣雍父作杵臼也韓必起兵以救之公必將矣公因以韓楚之兵奉蟣虱而內之其聽公必矣必以楚韓封公也韓咎從其計楚圍雍氏徐廣曰秦本紀惠王後元十三年周赧王三年楚懷王十七年齊湣王十二年皆云楚圍雍氏紀年於此亦說楚景翠圍雍氏韓宣王卒秦助韓共敗楚屈丐又云齊宋圍煑棗皆與史記年表及田完世家符同然則此卷所云

襄王十二年韓咎從其計以上是楚後圍雍氏赧王之十五年事也又說楚圍雍氏以下是楚前圍雍氏赧王之三年事
韓求救於秦秦未爲發使公孫眛入韓公仲曰
子以秦爲且救韓乎對曰秦王之言曰請道南
鄭藍田正義曰南鄭梁州縣藍田雍州縣秦王言或出雍州西南至鄭或出雍州東南歷藍田出嶢關俱繞
楚北竟以待韓使而東救雍氏如此遲緩近不合於楚矣出兵於楚以待公公殆不
合矣索隱曰殆不合於南鄭公仲曰子以爲果乎對曰秦王
必祖張儀之故智徐廣曰祖者宗之習之謂也故智猶前時謀計也楚威王
攻梁也張儀謂秦王曰與楚攻魏魏折而入於
楚韓固其與國也是孤秦也不如出兵以到之
索隱曰到欺也猶俗云張到然戰國策作𠟭𠟭強也魏楚大戰秦取西河之外
以歸今其狀陽言與韓其實陰善楚公待秦而
到必輕與楚戰楚陰得秦之不用也必易與公
相支也索隱曰言楚陰知秦不爲公用亦必易與公相支拒也公戰而勝楚遂
與公乘楚施三川而歸正義曰施猶設也三川周天子都也言韓戰勝楚則秦與
韓駕御於楚即於天子之都張設救韓之功行霸王之迹加威諸侯乃歸咸陽是也公戰不勝楚楚
塞三川守之正義曰楚乃塞南河四關守之韓不能救三川公不能救也竊爲
公患之司馬庚徐廣曰一作唐三反於郢甘茂與昭魚徐廣
曰楚相國。索隱曰戰國策謂之昭獻也遇於商於其言收璽實類有約
也索隱曰劉氏云詐言昭魚來秦欲得秦官之印璽收即取之義也公仲恐曰然則奈
何曰公必先韓而後秦先身而後張儀正義曰先以身存韓

之計而後知張儀爲秦到魏之計不如急以國合於齊楚公不如亟以國合於齊楚
齊楚必委國於公公之所惡者張儀也正義曰惡烏故反公
孫眛言公仲所惡者張儀到魏之計雖以國合於齊楚其實猶不輕欺無秦也其實猶不無秦
也於是楚解雍氏圍徐廣曰甘茂傳曰楚懷王以兵圍韓雍氏韓使公仲告急於秦秦昭
王新立不肯救甘茂爲韓言之乃下師於殽以救韓也又云周赧王十五年韓襄王十二年秦擊楚斬首二萬敗楚襄城
殺景缺周本紀赧王八年之後云楚圍雍氏此當韓襄王十二年魏哀王十九年紀年於此亦說楚入雍氏楚人敗然耳
時張儀已死十年矣。正義曰自此已上十二年並是楚後圍雍氏赧王之十五年一段事也前往徐廣云楚圍雍氏之
下是楚前圍雍氏赧王三年事徐說非也徐見下文云先身而後張儀及公之所惡者張儀也言張儀尚存楚又兩度圍
雍氏故生此前後之見甚誤也然是公孫眛却述張儀時事說韓相公仲耳蘇代又謂秦太
后弟芉戎徐廣曰號新城君。索隱曰芉姓戎名秦宣太后弟號新城君曰公叔伯嬰
恐秦楚之內蟣虱也索隱曰戰國策公叔伯嬰與蟣虱及公子咎並是襄王子然伯嬰即
太子嬰嬰前死故咎與蟣虱又爭立此取戰國策說伯嬰未立之前亦與蟣虱爭立故事重而文到也公何
不爲韓求質於楚索隱曰令韓求楚更以別人爲質以替蟣虱也。正義曰爲于僞反後同
質子蟣虱蘇代令芉戎爲韓求蟣虱入於韓楚不聽公叔伯嬰知秦楚不以蟣虱爲事必以韓合於秦楚楚王聽入質子
相韓當云楚王不聽入質子於韓承前脱不字耳次下云知秦楚不以蟣虱爲事重明脱不字楚王聽入
質子於韓索隱曰質子蟣虱也則公叔伯嬰知秦楚之不以
蟣虱爲事必以韓合於秦楚秦楚挾韓以窘魏
魏氏不敢合於齊是齊孤也公又爲秦求質子
於楚索隱曰公令芉戎教秦於楚索韓所送質子令入之於秦也楚不聽怨結於韓韓
挾齊魏以圍楚楚必重公正義曰言韓合齊魏以圍楚楚必尊重芉戎以求秦

救矣〕公挾秦楚之重以積德於韓公叔伯嬰必以
國待公於是蟣蝨竟不得歸韓〔正義曰自此已前蘇代數計皆不成故韓竟立咎爲太子也〕韓立咎爲太子齊魏王來〔正義曰蘇代爲韓立計故得齊魏王來〕十四年與齊魏王共擊秦至函谷而軍焉十
六年秦與我河外及武遂襄王卒太子咎立是
爲釐王釐王三年使公孫喜率周魏攻秦秦敗
我二十四萬虜喜伊闕五年秦拔我宛〔正義曰宛於元反宛鄧州縣也時屬韓也〕六年與秦武遂地二百里〔正義曰此武遂及上武遂皆宜陽近地〕十年秦敗我師于夏山十二年與秦昭王會
西周而佐秦攻齊齊敗湣王出亡十四年與秦

會兩周閒二十一年使暴鳶〔正義曰音捐韓將姓名〕救魏爲
秦所敗鳶走開封二十三年趙魏攻我華陽〔正義曰司馬彪云華陽山名在密縣鄭州管城縣南四十里〕韓告急於秦秦不救韓
相國謂陳筮〔徐廣曰一作筌。索隱曰戰國策作田苓〕曰事急願公雖病
爲一宿之行陳筮見穰侯穰侯曰事急乎故使
公來陳筮曰未急也穰侯怒曰是可以爲公之
主使乎夫冠蓋相望告敝邑甚急公來言未急
何也陳筮曰彼韓急則將變而佗從以未急故
復來耳穰侯曰公無見王請今發兵救韓八日
而至敗趙魏於華陽之下是歲釐王卒子桓惠

王立桓惠王元年伐燕九年秦拔我陘城汾旁〔正義曰陘音刑秦拔陘城於汾水之旁陘故城在絳州曲沃縣西北二十里汾水之旁也〕十年秦擊我
於太行〔正義曰太行山在懷州河內縣北二十五里也〕我上黨郡守以上黨
郡降趙十四年秦拔趙上黨〔正義曰韓上黨也從太行山西北澤潞等州是也〕殺馬服子卒四十餘萬於長平十七年秦拔
我陽城負黍〔徐廣曰負黍在陽城。正義曰古今地名云負黍在洛州陽城西三十七里也〕二十
二年秦昭王卒二十四年秦拔我城皐滎陽二
十六年秦悉拔我上黨二十九年秦拔我十三
城三十四年桓惠王卒子王安立王安五年秦
攻韓韓急使韓非使秦秦留非因殺之九年秦

虜王安盡入其地爲潁川郡韓遂亡〔正義曰亡在秦始皇十七年〕
太史公曰韓厥之感晉景公紹趙孤之子武以
成程嬰公孫杵臼之義此天下之陰德也韓氏
之功於晉未覩其大者也然與趙魏終爲諸侯
十餘世宜乎哉

索隱述贊曰
韓氏之先　實宗周武　事微國小
春秋無語　後裔事晉　韓原是處
趙孤克立　智伯可取　既徙平陽

又侵負黍　景趙據侯　惠文僭王
秦敗脩魚　魏會區鼠　韓非雖使
不禁狼虎

史貳阡伍伯壹拾貳字
註貳阡肆伯玖拾貳字

韓世家第十五　　史記四十五

田敬仲完世家第十六　史記四十六

陳完者陳厲公佗之子也（索隱曰佗音徒何反此系家以佗爲厲公而左傳厲公名躍陳系家又有利公躍利即厲也是厲公名躍非名佗也蓋佗是厲公之兄立未踰年無謚今此云厲公佗非也佗一名五父故經云蔡人殺陳佗傳又云蔡人殺五父是也）完生周太史過陳陳厲
公使卜完卦得觀之否是爲觀國之光利用賓
于王此其代陳有國乎不在此而在異國乎非
此其身也在其子孫若在異國必姜姓姜姓四
嶽之後（正義曰杜預云姜姓之先爲堯四嶽也）物莫能兩大陳衰此其
昌乎（正義曰陳脩公周敬王四十一年爲楚惠王所滅齊簡公周敬王三十九年被田常所殺）厲公者
陳文公少子也其母蔡女文公卒厲公兄鮑立

是爲桓公桓公與佗異母及桓公病蔡人爲佗
殺桓公鮑及太子免而立佗爲厲公厲公既立
娶蔡女蔡女淫於蔡人數歸厲公亦數如蔡桓
公之少子林怨厲公殺其父與兄乃令蔡人誘
厲公而殺之林自立是爲莊公故陳完不得立
爲陳大夫厲公之殺以淫出國故春秋曰蔡人
殺陳佗罪之也莊公卒立弟杵臼是爲宣公宣
公十一年殺其太子御寇御寇與完相愛恐禍
及己完故奔齊齊桓公欲使爲卿辭曰羈旅之
臣幸得免負擔君之惠也不敢當高位桓公使

爲工正（正義曰工巧之長若將作大匠）齊懿仲欲妻完卜之占曰
是謂鳳皇于蜚和鳴鏘鏘有嬀之後將育于姜
五世其昌並于正卿八世之後莫之與京卒妻
完完之奔齊齊桓公立十四年矣完卒謚爲敬
仲仲生穉孟夷（索隱曰系本作夷孟思蓋穉是名孟夷字也）敬仲之如齊
以陳字爲田氏（徐廣曰應劭云始食采地由是改姓田氏○索隱曰據史此文敬仲奔齊以陳田二字聲相近遂爲田氏○正義曰按敬仲既奔齊不欲稱本故國號故改陳字爲田氏）田穉孟夷生
湣孟莊（徐廣曰一作芷○索隱曰系本作閔孟克芷音昌改反）田湣孟莊生文子
須無田文子事齊莊公晉之大夫欒逞作亂於
晉來奔齊（索隱曰逞音盈史記多作逞字）齊莊公厚客之晏嬰與田

文子諫莊公弗聽文子卒生桓子無宇田桓子
無宇有力事齊莊公甚有寵無宇卒生武子開
與釐子乞（正義曰釐音僖也）乞田釐子乞事齊景公爲大夫
其收賦稅於民以小斗受之其粟予民以大斗
行陰德於民而景公弗禁由此田氏得齊衆心
宗族益彊民思田氏晏子數諫景公景公弗聽
已而使於晉與叔向私語曰齊國之政其卒歸
於田氏矣晏嬰卒後范中行氏反晉晉攻之急
范中行請粟於齊田乞欲爲亂樹黨於諸侯乃
說景公曰范中行數有德於齊齊不可不救齊

使田乞救之而輸之粟景公太子死後有寵姬曰芮子生子荼徐廣曰一作粥子。索隱曰荼音舒又如字景公病命其相國惠子與高昭子以子荼爲太子索隱曰惠子名夏昭子名張景公卒兩相高國立荼是爲晏孺子而田乞不說欲立景公他子陽生陽生素與乞歡晏孺子之立也陽生奔魯田乞僞事高昭子國惠子者每朝代參乘言曰始諸大夫不欲立孺子孺子既立君相之大夫皆自危謀作亂又紿大夫曰高昭子可畏也及未發先之諸大夫從之田乞鮑牧與大夫以兵入公室攻高昭子昭子聞

之與國惠子救公公師敗田乞之衆追國惠子惠子奔莒遂反殺高昭子晏孺子奔魯田乞使人之魯迎陽生陽生至齊匿田乞家請諸大夫曰常之母有魚菽之祭幸而來會飲會飲田氏田乞盛陽生橐中索隱曰橐音託橐中謂皮橐之中置坐中央發橐出陽生曰此乃齊君矣大夫皆伏謁將盟立之田乞誣曰吾與鮑牧謀共立陽生也鮑牧怒曰大夫忘景公之命乎諸大夫欲悔陽生乃頓首曰可則立之不可則已鮑牧恐禍及己乃復曰皆景公之子何爲不可遂立陽生於田乞之

家是爲悼公乃使人遷晏孺子於駘正義曰音臺又音台賈逵云齊地也而殺孺子荼悼公既立田乞爲相專齊政四年田乞卒子常代立是爲田成子鮑牧與齊悼公有郄弒悼公齊人共立其子壬是爲簡公田常成子與監止監一作闞。索隱曰監如字又苦濫反監姓止名俱爲左右相相簡公田常心害監止監止幸於簡公權弗能去於是田常復脩釐子之政以大斗出貸以小斗收齊人歌之曰嫗乎采芑歸乎田成子索隱曰言嫗之采芑菜皆歸入于田成子以剌齊國之政將歸陳氏也齊大夫朝御鞅諫簡公索隱曰御官也鞅名也亦田氏之族曰田監不可並也君其擇

焉君弗聽子我者監止之宗人也索隱曰齊系家云子我夕賈逵云即監止也尋其文意當是監止今乃云宗人太史誤耳常與田氏有郤田氏疏族田豹事子我有寵子我曰吾欲盡滅田氏適以豹代田氏宗豹曰臣於田氏疏矣不聽已而豹謂田氏曰子我將誅田氏田氏弗先禍及矣子我舍公宮田常兄弟四人乘如公宮欲殺子我子我閉門簡公與婦人飲檀臺正義曰在青州臨淄縣東北一里將欲擊田常太史子餘曰田常非敢爲亂將除害簡公乃止田常出聞簡公怒恐誅將出亡田子行曰需事之賊也索隱曰需音須需者疑也疑必致難故云事之賊也田

常於是擊子我。子我率其徒攻田氏，不勝，出亡。
田氏之徒追殺子我及監止。簡公出奔，田氏之
徒追執簡公于徐州。索隱曰徐音舒。徐州，齊邑，薛縣是也，非九州之徐。○正義曰齊之西
北界上地名，在勃海郡東平縣也。簡公曰：「蚤從御鞅之言，不及此難。」
田氏之徒恐簡公復立而誅己，遂殺簡公。簡公
立四年而殺。於是田常立簡公弟驁，是為平公。
平公即位，田常為相。田常既殺簡公，懼諸侯共
誅己，乃盡歸魯、衛侵地，西約晉、韓、魏、趙氏，南通
吳越之使，脩功行賞，親於百姓，以故齊復定。田
常言於齊平公曰：「德施人之所欲，君其行之；刑

罰人之所惡，臣請行之。」行之五年，齊國之政皆
歸田常。田常於是盡誅鮑、晏、監止及公族之彊
者，而割齊自安平以東徐廣曰安平在北海。○索隱曰司馬彪郡国志北海東安平，六
國時曰安平，徐廣說是。○正義曰括地志云安平城在青州臨淄縣東十九里，古紀國之酅邑，青州即北海郡也。至
琅邪，正義曰琅邪，沂州也。從安平已東萊登沂密等州皆自為田常封邑也。自為封邑。封
邑大於平公之所食。田常乃選齊國中女長子
七尺以上為後宮，後宮以百數，而使賓客舍人
出入後宮者不禁。及田常卒，有七十餘男。索隱曰鮑昱云
陳成子有數十婦，生男百餘人，與此亦異然。譙允南按春秋陳恒為人雖志大負殺君之名，至於行事亦脩整，故能自保，非苟為禽獸之行。夫成事在茲，雖子七十，紙以長亂事，豈然哉，言其非實也。田常卒，子襄子

盤代立。徐廣曰盤一作塈。○索隱曰塈音許既反，系本作班。相齊。常諡為成子。
田襄子既相齊宣公，徐廣曰宣公之三年時也。三晉殺知伯，分
其地。襄子使其兄弟宗人盡為齊都邑大夫，與
三晉通使，且以有齊國。襄子卒，子莊子白立。索隱曰系
本名伯。田莊子相齊宣公。宣公四十三年，伐晉，毀黃
城，圍陽狐。正義曰括地志云故黃城在魏州冠氏縣南十里。陽狐郭在魏州元城縣東北三十二里也。
明年，伐魯、葛及安陵。正義曰括地志云故魯城在許昌縣南四十里，本魯朝宿邑。長葛故城在許州長葛縣北十二里，鄭之葛邑也。隱陵故城在許州隱陵縣西北十五里。李奇云六國時為安陵也。明年，
取魯之一城。莊子卒，子太公和立。索隱曰紀年齊宣公十五年田莊子卒，明年立田悼子。悼子卒，乃次立田和。是莊子後有悼子，蓋立年無幾，所以作系本及史記者不得錄也，而莊周及

鬼谷子亦云田成子殺齊君十二代而有齊國。今據系本系家自成子至王建之滅祗十代，若如紀年則悼子及侯剡即有十二代，與莊子、鬼谷說同，明紀年亦非妄說也。田太公相齊宣公。宣公四
十八年，取魯之郕。正義曰音城。括地志云故郕城在兗州泗水縣西北五十里。說文云郕，魯孟邑是也。
明年，宣公與鄭人會西城。伐衛，取毋丘。索隱曰毋音貫，古國名，衛之邑。今作毋者，字殘缺耳。○正義曰括地志云故貫城即古貫國，故貫今名濛澤城，在曹州濟陰縣南五十六里也。
宣公五十一年卒，田會自廩丘反。索隱曰紀年宣公五十一年公孫會以廩丘叛於趙。十二月宣公薨。於周正為明年二月。宣公卒，子康公貸立。徐廣曰十一年伐魯取最。○索隱曰貸音土代反，最音祖外反。貸立十四年，淫於酒婦
人，不聽政。太公乃遷康公於海上，食一城，以奉
其先祀。明年，魯敗齊平陸。徐廣曰東平平陸。○正義曰兗州縣也。三年

大公與魏文侯會濁澤徐廣曰康公之十六年。索隱曰徐廣蓋依年表爲說而不省此上文伐貞立十四年又云明年會平陸又三年會濁澤是十八年表及此註並誤求爲諸侯魏文侯乃使使言周天子及諸侯請立齊相田和爲諸侯周天子許之康公之十九年田和立爲齊侯列於周室紀元年齊侯太公和立二年和卒徐廣曰伐魯破之子桓公午立索隱曰紀年齊康公五年田侯午生二十二年田侯剡立後十年齊田午弒其君及孺子喜而爲公春秋後傳亦云田午弒田侯及其孺子喜而兼齊是爲桓侯與此系家不同也桓公午五年秦魏攻韓韓求救於齊齊桓公召大臣而謀索隱曰大臣謂騶忌段干朋如戰國策威王二十六年邯鄲之役有此謀臣耳又南梁之難在宣王二年有騶子田忌孫臏之謀戰國策又有張丑其詞前後交互是記者所取各異故不同也曰蚤救

之孰與晚救之騶忌曰不若勿救段干朋曰索隱曰段干姓朋名也戰國策作段干綸不救則韓且折而入於魏不若救之田臣思曰索隱曰戰國策作田期思紀年謂之徐州子期蓋即田忌也過矣君之謀也秦魏攻韓楚趙必救之是天以燕予齊也桓公曰善乃陰告韓使者而遣之韓自以爲得齊之救因與秦魏戰楚趙聞之果起兵而救之齊因起兵襲燕國取桑丘正義曰括地志云桑丘故城俗名敬城在易州遂城縣尔時齊伐燕桑丘魏趙來救之魏趙世家並云伐齊至桑丘皆是易州六年救衛桓公卒索隱曰紀年梁惠王十三年當齊桓公十八年後威王始見則桓公十九年而卒與此不同子威王因齊立是歲故齊康公卒絕無後奉邑皆入田氏

齊威王元年三晉因齊喪來伐我靈丘正義曰靈丘河東蔚州縣按靈丘此時屬齊三晉因喪伐之韓魏趙世家云伐齊至靈丘皆是蔚州三年三晉滅晉後而分其地六年魯伐我入陽關。徐廣曰在鉅平正義曰括地志云魯陽關故城在兖州博城縣南二十九里西臨汶水也晉伐我至博陵正義曰在濟州西界也七年衛伐我取薛陵九年趙伐我取甄威王初即位以來不治委政卿大夫九年之間諸侯並伐國人不治於是威王召即墨大夫而語之曰自子之居即墨也正義曰萊州膠水縣南六十里即墨故城是也毀言日至然吾使人視即墨田野闢民人給官無留事東方以寧是子不事吾左右以求譽也封之萬

家召阿大夫語曰自子之守阿譽言日聞然使使視阿田野不闢民貧苦昔日趙攻甄正義曰音絹即濮州甄城縣北今在即墨字上也子弗能救衛取薛陵子弗知是子以幣厚吾左右以求譽也是日烹阿大夫及左右嘗譽者皆并烹之遂起兵西擊趙衛敗魏於濁澤而圍惠王惠王請獻觀以和解趙人歸我長城於是齊國震懼人人不敢飾非務盡其誠齊國大治諸侯聞之莫敢致兵於齊二十餘年騶忌子以鼓琴見威王威王說而舍之右室須臾王鼓琴騶忌子推戶入曰善哉鼓琴王勃然

不說去琴按劍曰夫子見容未察何以知其善
也騶忌子曰夫大弦濁以春溫者君也小弦廉
折以清者相也琴操曰大弦者君也寬和而溫小弦者臣也清廉而不亂。索隱曰春秋後語
溫字作春春氣溫義亦相通蔡邕曰凡絃以緩急為清濁琴緊其絃則清縵其絃則濁清濁者言琴之聲也攫之
深徐廣曰以爪持也攫音己足反醳之愉者徐廣曰一作舒。索隱曰醳音釋與下文舍字並同愉音
舒政令也鈞諧以鳴大小相益回邪而不相害
者四時也吾是以知其善也王曰善語音騶忌
子曰何獨語音夫治國家而弭人民皆在其中
王又勃然不說曰若夫語五音之紀信未有如
夫子者也若夫治國家而弭人民又何為乎絲

桐之間騶忌子曰夫大弦濁以春溫者君也小
弦廉折以清者相也攫之深而舍之愉者政令
也鈞諧以鳴大小相益回邪而不相害者四時
也夫復而不亂者所以治昌也連而徑者所以
存亡也故曰琴音調而天下治夫治國家而弭
人民者無若乎五音者王曰善騶忌子見三月
而受相印淳于髡見之曰善說哉髡有愚志願
陳諸前騶忌子曰謹受教淳于髡曰得全全昌
失全全亡索隱曰得全謂人臣事君之禮全具無失故云得全也全昌者謂若無失則身名獲昌故云全
昌也騶忌子曰謹受令請謹毋離前索隱曰謂佩服此言常無離君

故曰謹毋離前淳于髡曰狶膏棘軸所以為滑也然而不
能運方穿索隱曰狶膏猪脂也棘軸以棘木為車軸至滑而堅也然而穿孔若方則不能運轉言逆理反
經也故下忌曰請謹事左右言毋事須順從也騶忌子曰謹受令請謹事左
右淳于髡曰弓膠昔幹徐廣曰一作乾所以為合也然
而不能傅合疏罅索隱曰幹音孤悍反昔久舊也幹弓幹也考工記作析幹則析音相近
言作弓之法以膠被昔幹而納諸檠中是猶以勢令人合也傅音附罅音呼嫁反以言膠幹可以勢暫合而久亦不能常
傅合於疎罅隙縫以言人臣自宜彌縫得所豈待拘以禮制法式者故下云請自附於萬人也騶忌子曰
謹受令請謹自附於萬民淳于髡曰狐裘雖敝
不可補以黃狗之皮騶忌子曰謹受令請謹擇
君子毋雜小人其間淳于髡曰大車不較不能

載其常任琴瑟不較不能成其五音索隱曰較者校量也言有
常制若車不較則車不能載載常任琴瑟不較則琴不能成五音騶忌子曰謹受令請謹
脩法律而督姦吏淳于髡說畢趨出至門而面
其僕曰是人者吾語之微言五其應我若響之
應聲是人必封不久矣新序曰齊稷下先生喜議政事騶忌既為齊相稷下先生淳于
髡之屬七十二人皆輕騶忌以為設以微辭騶忌必不能及乃相與俱往見騶忌淳于髡之徒禮倨騶忌之禮卑淳于髡
等稱辭騶忌知之如應響淳于髡等辭詘而去騶忌之禮倨淳于髡之禮卑故所以尚干將莫耶者貴其立斷也所以尚
騏驥者為其立至也必且歷日曠久則絲氂能挈石驚馬亦能致遠是以聰明捷敏人之美材也居朞年
封以下邳號曰成侯威王二十三年與趙王會
平陸二十四年與魏王會田於郊魏王問曰王

亦有寶乎威王曰無有(索隱曰韓嬰詩外傳以爲齊宣王其說不同所以異也)梁王曰若寡人國小也尚有徑寸之珠照車前後各十二乘者十枚奈何以萬乘之國而無寶乎威王曰寡人之所以爲寶與王異吾臣有檀子者(索隱曰檀子齊臣檀姓子男子美稱大夫皆稱子盼子田盼也黔夫及種首皆臣名事悉具戰國策)使守南城則楚人不敢爲寇東取泗上十二諸侯皆來朝(索隱曰鄒莒宋魯之比)吾臣有盼子者使守高唐則趙人不敢東漁於河吾吏有黔夫者使守徐州則燕人祭北門趙人祭西門(賈逵曰齊之北門西門也言燕趙之人畏見侵伐故祭以求福)從而從者七千餘家吾臣有種首者使備盜賊則道不拾遺將以照千里豈特十二乘哉梁惠王慙不懌而去二十六年魏惠王圍邯鄲趙求救於齊齊威王召大臣而謀曰救趙孰與勿救騶忌子曰不如勿救段干朋曰不救則不義且不利威王曰何也對曰夫魏氏并邯鄲其於齊何利哉且夫救趙而軍其郊是趙不伐而魏全也故不如南攻襄陵(正義曰襄陵故城在兗州鄒縣也)以弊魏邯鄲拔而乘魏之弊威王從其計其後成侯騶忌與田忌不善公孫閱謂成侯忌曰(索隱曰戰國策作公孫閱)公何不謀伐魏田忌必將戰勝有功則公之

謀中也戰不勝非前死則後北而命在公矣於是成侯言威王使田忌南攻襄陵十月邯鄲拔齊因起兵擊魏大敗之桂陵(索隱曰在威王二十六年。正義曰在曹州乘氏縣東北二十一里)於是齊最彊於諸侯自稱爲王以令天下三十三年殺其大夫牟辛(徐廣曰一作夫人。索隱曰牟辛大夫姓字也徐廣與年表並作夫人王劭按紀年云齊桓公十一年弒其君母宣王八年殺其王后然則夫人之字或如紀年之說)三十五年公孫閱又謂成侯忌曰公何不令人操十金卜於市曰我田忌之人也吾三戰而三勝聲威天下欲爲大事亦吉乎不吉乎卜者出因令人捕爲之卜者驗其辭於王之所田忌聞之因遂率其徒襲攻臨淄求成侯不勝而奔(索隱曰按戰國策田忌前敗魏於馬陵因被讒不得入齊歷十年乃出奔也是時齊都臨淄且孟嘗君列傳云田忌襲齊之邊邑其言爲得即與系家不同也)三十六年威王卒子宣王辟彊立宣王元年秦用商鞅周致伯於秦孝公二年魏伐趙趙與韓親共擊魏趙不利戰於南梁(索隱曰晉太康地記曰戰國謂梁爲南梁者別之於大梁少梁也。正義曰括地志云故梁在汝州西南二百步晉太康地記云戰國時謂南梁者別之於大梁少梁也古蠻子邑也)宣王召田忌復故位韓氏請救於齊宣王召大臣而謀曰蚤救孰與晚救騶忌子曰不如勿救田忌曰弗救則韓且折而入於魏不如蚤救之(索隱曰紀年威王十四年田盼伐梁戰馬陵戰國策云南梁之難有張田對云早救之此云鄒忌者王劭云此時鄒忌死已四年又齊威此時未稱王故戰國策謂之田侯今此以田侯爲宣王又橫稱鄒忌者蓋此說皆誤耳 孫子曰 索隱曰孫臏 夫韓魏之兵未弊
而救之是吾代韓受魏之兵顧反聽命於韓也
且魏有破國之志韓見亡必東面而愬於齊矣
吾因深結韓之親而晚承魏之弊則可重利而
得尊名也宣王曰善乃陰告韓之使者而遣之
韓因恃齊五戰不勝而東委國於齊齊因起兵
使田忌田嬰將 徐廣曰嬰一作朌 孫子爲師救韓趙以擊
魏大敗之馬陵 索隱曰在宣王二年 殺其將龐涓虜魏太子
申其後三晉之王皆因田嬰朝齊王於博望 正義

曰括地志云博望故城在鄧州向城縣東南四十五里 盟而去 徐廣曰表云二年與趙會博望伐魏 七
年與魏王會平阿南 正義曰沛郡平阿縣也 明年復會甄 魏
惠王卒 索隱曰按紀年梁惠王乃是齊湣王爲東帝秦昭王爲西帝時此時梁惠王改元稱一年未卒也而系家及其後即爲魏襄王之年又以此文當齊宣王時實所不能詳考 明年與魏襄王會
徐州諸侯相王也十年楚圍我徐州十一年與
魏伐趙趙決河水灌齊魏兵罷十八年秦惠王
稱王宣王喜文學游說之士自如騶衍淳于髡
正義曰贅聓齊人之稷下先生也 田駢 正義曰白眠反藝文志云田駢齊人遊稷下號天口駢作田子二十五篇
也 接子 正義曰齊人藝文志云接子二篇在道家流 慎到 正義曰趙人戰國時處士藝文志作
慎子四十二篇也 環淵 正義曰楚人孟子傳云環淵著書上下篇也 之徒七十六人

皆賜列第爲上大夫不治而議論是以齊稷下
學士復盛且數百千人 劉向別錄曰齊有稷門城門也談說之士期會於稷下也
○索隱曰齊地記曰齊城西門側系水左右有講室趾往往存焉蓋因側系水故曰稷門古側稷音相近耳又虞喜曰齊有稷山立館其下以待游士亦異說也 十九年宣王卒
子湣王地立 索隱曰系本名遂 湣王元年秦使張儀與諸
侯執政會于齧桑三年封田嬰於薛四年迎婦
于秦七年與宋攻魏敗之觀澤十二年攻魏楚
圍雍氏 徐廣曰在陽翟屬韓 秦敗屈丐蘇代謂田軫曰願
有謁於公其爲事甚完使楚利公成爲福不成
亦爲福今者臣立於門客有言曰魏王謂韓馮

張儀曰 徐廣曰韓之公仲侈也 煮棗將拔 徐廣曰在濟陰宛朐 齊兵又進
子來救寡人則可矣不救寡人寡人弗能拔 索隱
曰能猶勝也言不勝其拔故聽齊拔之耳 此特轉辭也秦韓之兵毋東旬
餘則魏氏轉韓從秦秦逐張儀 索隱曰逐謂隨逐也 交臂而
事齊楚此公之事成也田軫曰奈何使無東對
曰韓馮之救魏之辭必不謂韓王曰馮以爲魏
必曰馮將以秦韓之兵東卻齊宋馮因摶 徐廣曰音
專摶猶并合制領之謂也○索隱曰摶音團謂握領也徐亦通 三國之兵乘屈丐之弊
南割於楚故地必盡得之矣張儀救魏之辭必
不謂秦王曰儀以爲魏必曰儀且以秦韓之兵

東距齊宋儀將摶三國之兵乘屈丐之獘正義曰屈丐楚將爲秦所敗今更欲乘之南割於楚名存亡國實伐三川而歸索隱曰三川韓也此王業也公令楚王與韓氏地索隱曰公謂陳軫使秦制和謂秦王曰請與韓地而王以施三川正義曰施張設也言秦王於天子都張設迫脅也韓氏之兵不用而得地於楚韓馮之東兵之辭且謂秦何曰秦兵不用而得三川伐楚韓以窘魏魏氏不敢東是孤齊也張儀之東兵之辭且謂何曰秦韓欲地而兵有案聲威發於魏魏氏之欲不失齊楚者有資矣魏氏轉秦韓爭事齊楚楚王欲而無與地徐廣曰楚王欲得魏來事已而不欲與韓地也公令秦韓之兵不用而得地有一大德也正義曰蘇代謂陳軫今秦韓之兵不戰伐而得地陳軫於秦韓豈不有大恩德秦韓之王劫於韓馮張儀而東兵以徇服魏公常執左券以責於秦韓索隱曰券要也左不正也言我以右執其左而責之。正義曰左券下右券上也蘇代說陳軫以上券今秦韓不用兵得地而以券責秦韓卻韓馮張儀以徇服魏故秦韓善陳軫而惡張儀多取矣此其善於公而惡張子多資矣十三年秦惠王卒二十三年與秦擊敗楚於重丘徐廣曰表曰與秦擊楚使公子將大有功二十四年秦使涇陽君質於齊二十五年歸涇陽君于秦孟嘗君薛文入秦即相秦文亡去二十六年徐廣曰孟嘗君爲相齊與韓魏共攻秦至函谷軍

焉二十八年秦與韓河外以和兵罷二十九年趙殺其主父齊佐趙滅中山徐廣曰三十年田甲劫王相薛文走三十六年王爲東帝秦昭王爲西帝蘇代自燕來入齊見於章華東門左思齊都賦註曰齊小城北門也而此言東門不知爲是一門非耶。正義曰括地志云齊城章華之東有閭門武鹿門也齊王曰嘻善子來秦使魏冉致帝子以爲何如對曰王之問臣也卒而患之所從來微願王受之而勿備稱也秦稱之天下安之王乃稱之無後也且讓爭帝名無傷也秦稱之天下惡之王因勿稱以收天下此大資也且天下立兩帝王以天下爲尊齊乎尊秦乎王曰尊秦曰釋帝天下愛齊乎愛秦乎王曰愛齊而憎秦曰兩帝立約伐趙孰與伐桀宋之利宋世家云宋王偃諸侯皆曰桀宋也王曰伐桀宋利對曰夫約鈞然與秦爲帝而天下獨尊秦而輕齊釋帝則天下愛齊而憎秦伐趙不如伐桀宋之利故願王明釋帝以收天下倍約賓秦無爭重而王以其間舉宋夫有宋衛之陽地危陽地濮陽之地。正義曰按衛此時河南獨有濮陽也有濟西趙之阿東國危正義曰阿東阿也尔時屬趙故云東国危有淮北楚之東國危正義曰淮北徐泗也東国謂下相僮取慮也有陶平陸梁門不開正義曰陶定陶今曹州也平陸兗州縣也縣在大梁東界釋帝而貸之以伐桀宋

之事國重而名尊燕楚所以形服天下莫敢不
聽此湯武之舉也故秦以爲名而後使天下憎
之此所謂以卑爲尊者也願王孰慮之於是齊
去帝復爲王秦亦去帝位三十八年伐宋秦昭
王怒曰吾愛宋與愛新城陽晉正義曰括地志云新城故城在宋州
宋城縣界陽晉故城在曹州乘氏縣西北三十七里同韓聶與吾友也而攻吾
所愛何也蘇代爲齊謂秦王曰韓聶之攻宋所
以爲王也齊彊輔之以宋楚魏必恐恐必西事
秦是王不煩一兵不傷一士無事而割安邑也
正義曰年表云秦昭王二十一年魏納安邑及河內此韓聶之所禱於王也秦

王曰吾患齊之難知一從一衡其說何也對曰
天下國令齊可知乎齊以攻宋其知事秦以萬
乘之國自輔不西事秦則宋治不安索隱曰戰國策作宋地不
安中國白頭游敖之士皆積智欲離齊秦之交
伏式結軼西馳者未有一人言善齊者也索隱曰軼音姪軼者
車轍也言車轍往還如結也戰國策作結轍伏式結軼東馳者未有一人言
善秦者也何則皆不欲齊秦之合也何晉楚之
智而齊秦之愚也晉楚合必議齊秦齊秦合必
圖晉楚請以此決事秦王曰諾於是齊遂伐宋
宋王出亡死於溫正義曰懷州有溫城齊南割楚之淮北西

侵三晉欲以并周室爲天子泗上諸侯鄒魯之
君皆稱臣諸侯恐懼三十九年秦來伐拔我列
城九四十年燕秦楚三晉合謀各出銳師以伐
敗我濟西徐廣曰案其餘諸傳無楚伐齊事年表云楚取淮北王解而卻燕將
樂毅遂入臨淄盡取齊之寶藏器湣王出亡之
衛衛君辟宮舍之稱臣而共具湣王不遜衛人
侵之湣王去走鄒魯有驕色鄒魯君弗內遂走
莒楚使淖齒將兵救齊索隱曰淖音女教反因相齊湣王淖
齒遂殺湣王而與燕共分齊之侵地鹵器正義曰鹵掠齊
寶器也湣王之遇殺其子法章變名姓爲莒太史敫

徐廣曰音躍一音皎家庸太史敫女奇法章狀貌以爲非恒
人憐而常竊衣食之而與私通焉淖齒既以去
莒莒中人及齊亡臣相聚求湣王子欲立之法
章懼其誅己也久之乃敢自言我湣王子也於
是莒人共立法章是爲襄王以保莒城而布告
齊國中王已立在莒矣襄王既立立太史氏女
爲王后是爲君王后生子建太史敫曰女不取
媒因自嫁非吾種也汙吾世終身不覩君王后
君王后賢不以不覩故失人子之禮襄王在莒
五年田單以即墨攻破燕軍迎襄王於莒入臨

莒齊故地盡復屬齊齊封田單爲安平君正義曰安平城在青州臨淄縣東十九里古紀之酅邑也十四年秦擊我剛壽十九年襄王卒子建立王建立六年秦攻趙齊楚救之秦計曰齊楚救趙親則退兵不親遂攻之趙無食請粟於齊齊不聽周子曰索隱曰蓋齊之謀臣史失名也戰國策以周子爲蘇秦而楚字皆作燕然此時蘇秦死已久矣不如聽之以退秦兵不聽則秦兵不卻是秦之計中而齊楚之計過也且趙之於齊楚扞蔽也正義曰此時秦伐趙上黨欲克無意伐齊楚故言趙之於齊楚爲扞蔽也猶齒之有脣也脣亡則齒寒今日亡趙明日患及齊楚且救趙之務宜若奉漏甕沃焦釜也夫救趙高義也卻秦兵顯名也義救亡國威卻彊秦之兵不務爲此而務愛粟爲國計者過矣齊王弗聽秦破趙於長平四十餘萬遂圍邯鄲十六年秦滅周君王后卒二十三年秦置東郡二十八年王入朝秦秦王政置酒咸陽三十五年秦滅韓三十七年秦滅趙三十八年燕使荊軻刺秦王秦王覺殺軻明年秦破燕燕王亡走遼東明年秦滅魏秦兵次於歷下四十二年秦滅楚明年虜代王嘉滅燕王喜四十四年秦兵擊齊齊王聽相后勝計不戰以兵降秦秦虜王建

遷之共地理志河內有共縣。正義曰今衛州共城縣也遂滅齊爲郡天下壹幷於秦秦王政立號爲皇帝始君王后賢事秦謹與諸侯信齊亦東邊海上秦日夜攻三晉燕楚五國各自救於秦以故王建立四十餘年不受兵君王后死后勝相齊多受秦間金多使賓客入秦秦又多予金客皆爲反間勸王去從朝秦不脩攻戰之備不助五國攻秦秦以故得滅五國五國已亡秦兵卒入臨淄民莫敢格者王建遂降遷於共故齊人怨王建不蚤與諸侯合從攻秦聽姦臣賓客以亡其國歌之曰松耶栢耶住建共者客耶徐廣曰戰國策曰秦處建於共松栢間也。索隱曰耶音邪謂是建客耶說建往言遂乃失策令建遷共共今在河內也疾建用客之不詳也索隱曰謂不詳審用客不知其善否也

太史公曰蓋孔子晚而喜易易之爲術幽明遠矣非通人達才孰能注意焉故周太史之卦田敬仲完占至十世之後及完奔齊懿仲卜之亦云田乞及常所以比犯二君索隱曰比如字又頻律反二君即悼公簡公也僖子廢晏孺子鮑牧以乞故殺悼公而成子又殺簡公故云田氏比犯二君也專齊國之政非必事勢之漸然也蓋若遵厭兆祥云

索隱述贊曰

田完避難　奔于大姜　始辭羈旅
終然鳳皇　物莫兩盛　代五其昌
二君比犯　三晉爭彊　和始擅命
威遂稱王　濟急燕趙　弟列康莊
秦假東帝　莒立法章　王建失國
松栢蒼蒼

史伍阡捌伯壹拾柒字
註叁阡伍伯柒拾伍字

田敬仲完世家第十六　史記四十六

孔子世家第十七　史記四十七

索隱曰教化之主吾之師也爲帝王之儀表示人倫之準的自子思以下代有哲人繼世象賢誠可仰同列國前史既定吾無間然又孔子非有諸侯之位而亦稱系家者以是聖人爲教化之主又代有賢哲故亦稱系家焉。正義曰孔子無侯伯之位而稱世家者太史公以孔子布衣傳十餘世學者宗之自天下王侯中國言六藝者宗於夫子可謂至聖故爲世家

孔子生魯昌平鄉陬邑徐廣曰陬音騶孔安國曰陬孔子父叔梁紇所治邑。索隱曰陬是邑名昌平鄉號孔子居魯之鄹邑昌平鄉之闕里也。正義曰括地志云故鄹城在兗州泗水縣東南六十里昌平山在泗水縣南六十里孔子生昌平鄉蓋鄉取山爲名故闕里在泗水縣南五十里輿地志云鄒城西界闕里有尼丘山按今尼丘山在兗州鄒城闕里即此也括地志云兗州曲阜縣魯城西南三里有闕里中有孔子宅宅中有廟伍緝之從征記云闕里背邾面泗即此也按夫子生在鄒長從曲阜仍號闕里**其先宋人也曰孔防叔**索隱曰家語孔子宋微子之後宋襄公生弗父何以讓弟厲公弗父何生宋父周周生世子勝勝生正考父考父生孔父嘉五世親盡別爲公族姓孔氏孔父生子木金父金父生睪夷睪夷生防叔畏華氏之逼而奔魯故孔氏爲魯人**防叔生伯夏伯夏生叔梁紇**正義曰括地志云叔梁紇廟亦名尼丘山祠在兗州泗水縣五十里尼丘山東趾地里志云魯縣有尼丘山有叔梁紇廟**紇與顏氏女野合而生孔子**索隱曰家語云梁紇娶魯之施氏生九女其妾生孟皮孟皮病足乃求婚於顏氏徵在從父命爲婚其文甚明今此云野合者蓋謂梁紇老而徵在少非當壯室初笄之禮故云野合謂不合禮儀故論語云野哉由也又先進於禮樂野人也皆言野者是不合禮耳。正義曰男八月生齒八歲毀齒二八十六陽道通八八六十四陽道絕女七月生齒七歲毀齒二七十四陰道通七七四十九陰道絕婚姻過此者皆爲野合故家語云梁紇娶魯施氏女生九女乃求婚爲顏氏顏氏有三女小女徵在據此婚過六十四明**禱於尼丘得孔子魯襄公二十二年而孔子生**索隱曰公羊傳襄公二十一年十有一月庚子孔子

生今以爲二十二年蓋以周正十一月屬明年故誤也後序孔子卒云七十二歲每少一歲也**生而首上圩頂**索隱曰圩音烏頂音鼎圩頂言頂上窳也故孔子頂如反宇反宇者若屋宇之反中低而四傍高也。正義曰括地志云女陵山在曲阜縣南二十八里干寶三日紀云徵在生孔子空桑之地今名空竇在魯南山之空竇中無水當祭時洒掃以告輒有清泉自石門出足以周用祭訖泉枯今俗名女陵山**故因名曰丘云字仲尼姓孔氏丘生而叔梁紇死**索隱曰家語云生三歲而梁紇死**葬於防山**正義曰括地志云防山在兗州曲阜縣東二十五里禮記云孔子母合葬於防也**防山在魯東由是孔子疑其父墓處母諱之也**索隱曰謂孔子少孤不的知父墳處非謂不知其營地當在年適於梁紇無幾而老死是少寡蓋以爲嫌不從送葬故不知墳處遂不告耳非諱之也**孔子爲兒嬉戲常陳俎豆**正義曰俎豆以木爲之受四升高尺二寸大夫以上赤雲氣諸侯加象飾足天子玉飾也**設禮容孔子母死乃殯五父之衢**正義曰括地志云五父衢在兗州曲阜縣西南二里魯城內衢道也**蓋其慎也**徐廣曰魯縣有闕里孔子所居也又有五父之衢也。索隱曰謂孔子不知父墓乃且殯其母於五父之衢是其謹慎也。正義曰殯謂以紼引棺就殯所也**郰人輓父之母誨孔子父墓然後往合葬於防焉**正義曰郰上音鄹**孔子要絰季氏饗士孔子與往**正義曰與音預季氏爲饌飲魯文學之士孔子與迎而往陽虎以孔子少故折之也**陽虎絀曰季氏饗士非敢饗子也**索隱曰家語孔子之母喪既練而見不非之也今此謂孔子實要絰與鄉饗爲陽虎所絀亦近誣矣一作要經要經猶帶經也故劉氏云嗜學之意是也**孔子由是退孔子年十七魯大夫孟釐子病且死**索隱曰昭七年左傳云孟僖子病不能相禮乃講學之及其將死召大夫云云按謂病者不能禮爲病非疾困之謂也至二十四年僖子卒賈逵云仲尼時年三十五矣是此文誤也**誡其嗣懿子曰孔丘聖**

人之後 服虔曰聖人謂商湯 滅於宋 杜預曰孔子六世祖孔父嘉爲宋華督所殺其子奔魯也 其祖弗父何始有宋而嗣讓厲公 杜預曰弗父何孔父嘉之高祖宋愍公之長子厲公之兄也何嫡嗣當立以讓厲公也 及正考父佐戴武宣公 服虔曰正考父弗父何之曾孫 三命茲益恭故鼎銘云 杜預曰三命上卿也考父廟之鼎 一命而僂再命而傴三命而俯 服虔曰僂傴俯皆恭敬之貌也 循牆而走 杜預曰言不敢安行 亦莫敢余侮 杜預曰人亦不敢侮慢 饘於是粥於是以餬余口 杜預曰於是鼎中爲饘粥饘粥餬屬言至儉也 其恭如是吾聞聖人之後雖不當世必有達者 王肅曰謂若弗父何殷湯之後而不繼世爲宋君也杜預曰聖人之後有明德而不當大位謂正考父 今孔丘年少好禮其達者歟吾即沒若必師之及釐子

卒懿子與魯人南宮敬叔往學禮焉 索隱曰左傳及系本敬叔與懿子皆孟僖子之子不應更言魯人亦太史公之疏耳 是歲季武子卒平子代立孔子貧且賤及長嘗爲季氏史 索隱曰有本作委吏按趙岐曰委吏主委積倉庫之吏 料量平嘗爲司職吏而畜蕃息由是爲司空已而去魯斥乎齊逐乎宋衛困於陳蔡之間於是反魯孔子長九尺有六寸人皆謂之長人而異之魯復善待由是反魯魯南宮敬叔言魯君曰請與孔子適周 索隱曰莊子云孔子年五十一南見老聃蓋系家亦依此爲說而不究其言遂俱誤也何者孔子適周豈訪禮之時即在十七耶且孔子見老聃云甚矣道之難行也此非十七之人語也乃既仕之後言耳 魯君與之一乘車兩馬一豎子俱

適周問禮蓋見老子云辭去而老子送之曰吾聞富貴者送人以財 索隱曰莊周財作軒 仁人者送人以言吾不能富貴竊仁人之號 王肅曰謙言竊仁者之名 送子以言曰聰明深察而近於死者好議人者也博辯廣大危其身者發人之惡者也爲人子者毋以有己 王肅曰身父母之有○索隱曰家語作無以有己爲人子者 爲人臣者毋以有己 索隱曰家語作無以惡己爲人臣者王肅云言聽則仕不用則去保身全行臣之節也 孔子自周反于魯弟子稍益進焉是時也晉平公淫六卿擅權東伐諸侯楚靈王兵彊陵轢中國齊大而近於魯魯小弱附於楚則晉怒附於晉則楚來伐

不備於齊齊師侵魯魯昭公之二十年而孔子蓋年三十矣齊景公與晏嬰來適魯景公問孔子曰昔秦穆公國小處辟其霸何也對曰秦國雖小其志大處雖辟行中正身舉五羖 正義曰百里奚也 爵之大夫起纍紲之中 索隱曰家語無此一句孟子以爲不然之言也 與語三日授之以政以此取之雖王可也其霸小矣景公說孔子年三十五而季平子與郈昭伯以鬭雞故 正義曰郈音后括地志云鬭雞臺二所相去十五步在兗州曲阜縣東南三里魯城中左傳昭二十五年季氏與郈昭伯鬭雞季氏芥雞翼郈氏爲金距之處 得罪魯昭公昭公率師擊平子平子與孟氏叔孫氏三家共攻昭公昭

公師敗奔於齊齊處昭公乾侯正義曰相州城安縣東南三十里斥丘故城本春秋時乾侯之邑其後頃之魯亂孔子適齊為高昭子家臣欲以通乎景公與齊太師語樂聞韶音學之三月不知肉味周氏曰孔子在齊聞習韶樂之盛美故忘於肉味也○索隱曰按論語子語魯太師樂非齊太師也又子在齊聞韶三月不知肉味無學之文今此合論語齊魯兩文而為此言恐失事實齊人稱之景公問政孔子孔子曰君君臣臣父父子子孔安國曰當此之時陳恒制齊君不君臣不臣故以此對也景公曰善哉信如君不君臣不臣父不父子不子雖有粟吾豈得而食諸孔安國曰言將危也陳氏果滅齊他日又復問政於孔子孔子曰政在節財景公說將欲以尼谿田封孔

子索隱曰此說出晏子及墨子其文微異晏嬰進曰夫儒者滑稽而不可軌法倨傲自順不可以為下崇喪遂哀破產厚葬不可以為俗游說乞貸不可以為國自大賢之息周室既衰禮樂缺有間索隱曰自息者生也言上古大賢生則有禮樂至周室微而始缺有間也今孔子盛容飾繁登降之禮趨詳之節累世不能殫其學當年不能究其禮君欲用之以移齊俗非所以先細民也後景公敬見孔子不問其禮異日景公止孔子曰奉子以季氏吾不能以季孟之間待之孔安國曰魯三卿季氏為正卿最貴孟氏為下卿不用事言待之以二者之間也○索隱曰劉氏奉音扶用反非也今奉音如字謂奉待孔子如魯季氏之職故下文云

以季孟之間待之也齊大夫欲害孔子孔子聞之景公曰吾老矣弗能用也孔子遂行反乎魯孔子年四十二魯昭公卒於乾侯定公立定公立五年夏季平子卒桓子嗣立季桓子穿井得土缶中若羊韋昭曰羊生羊也故謂之怪也○索隱曰家語云桓子穿井於費得物如土缶其中有羊焉是也問仲尼云得狗韋昭曰獲羊而言狗者以孔子博物測之仲尼曰以丘所聞羊也丘聞之木石之怪夔罔閬韋昭曰木石謂山也或云夔一足越人謂之山繅也或言獨足魍魎山精好學人聲而迷惑人也○索隱曰夔音逵魍魎音兩家語作魍魎繅音蕭然山繅獨一足是山神名故謂之夔夔一足獸狀如人也水之怪龍罔象韋昭曰龍神獸也非常見故曰怪或云罔象食人一名沐腫○索隱曰沐腫音木踵土之怪墳羊唐固曰墳羊雌雄未成者也吳伐越

墮會稽王肅曰墮壞也○索隱曰會稽山名越之所都墮毀也吳伐越在魯哀元年得骨節專車韋昭曰骨一節其長專車專擅也吳使使問仲尼骨何者最大仲尼曰禹致群神於會稽山韋昭曰群神謂主山川之君為群神之主故謂之神也防風氏後至禹殺而戮之韋昭曰防風氏違命後至故禹殺之陳尸為戮其節專車此為大矣吳客曰誰為神仲尼曰山川之神足以綱紀天下其守為神王肅曰守山川之祀者為神謂諸侯也韋昭曰足以綱紀天下謂名山大川能興雲致雨以利天下也社稷為公侯王肅曰但守社稷無山川之祀者直為公侯而已皆屬於王者客曰防風何守仲尼曰汪罔氏之君守封禺之山韋昭曰封封山禺禺山在吳郡永安縣騶案晉太康元年改永安為武康縣今屬吳興郡為釐姓索隱曰釐音僖家語云姓漆蓋誤系本無漆姓在

虞夏商爲汪罔，於周爲長翟，今謂之大人。王肅曰：周之初及當孔子之時，其名異也。客曰：「人長幾何？」仲尼曰：「僬僥氏三尺，短之至也。韋昭曰：僬僥，西南蠻之別名也。案括地志在大秦國北也。長者不過十之，數之極也。」王肅曰：十之，謂三丈也。數極於此也。於是吳客曰：「善哉聖人！」

桓子嬖臣曰仲梁懷，與陽虎有隙。陽虎欲逐懷，公山不狃止之。孔安國曰：不狃爲季氏宰。○索隱曰：狃音女九反。鄒氏云一作蹂。論語作弗擾。其秋，懷益驕，陽虎執懷。桓子怒，陽虎因囚桓子，與盟而醳之。正義曰：醳音釋。陽虎由此益輕季氏。季氏亦僭於公室，陪臣執國政，是以魯自大夫以下皆僭離於正道。故孔子不仕，退而脩詩書禮樂，弟子

彌衆，至自遠方，莫不受業焉。

定公八年，公山不狃不得意於季氏，因陽虎爲亂，欲廢三桓之適，正義曰：適音嫡。更立其庶孽陽虎素所善者，遂執季桓子。桓子詐之，得脫。定公九年，陽虎不勝，奔于齊。是時孔子年五十。

公山不狃以費畔季氏，使人召孔子。孔子循道彌久，溫溫無所試，莫能己用，曰：「蓋周文武起豐鎬而王，索隱曰：檢家語及孔氏之書並無此言，故栢譚亦以爲譏也。今費雖小，儻庶幾乎！」欲往。子路不說，止孔子。孔子曰：「夫召我者豈徒哉？如用我，其爲東周乎！」何晏曰：興周道於東方，故曰東周也。然亦卒不行。

其後定公以孔子爲

中都宰，一年，四方皆則之。索隱曰：家語作西方。王肅云：魯國近東，故西方諸侯皆取法則焉。由中都宰爲司空，由司空爲大司寇。

定公十年春，及齊平。索隱曰：及，與也。平，成也。謂與齊和好，故云平。夏，齊大夫黎鉏言於景公曰：「魯用孔丘，其勢危齊。」乃使使告魯爲好會，會於夾谷。徐廣曰：司馬彪云今在祝其縣也。魯定公且以乘車好往。孔子攝相事，曰：「臣聞有文事者必有武備，有武事者必有文備。古者諸侯出疆，必具官以從。請具左右司馬。」定公曰：「諾。」具左右司馬，會齊侯夾谷，爲壇位，土階三等，以會遇之禮相見，王肅曰：會遇之禮，禮之簡略也。揖讓而登。獻酬之禮畢，齊有司

趨而進曰：「請奏四方之樂。」景公曰：「諾。」於是旍旄羽袚矛戟劍撥鼓噪而至。索隱曰：家語作萊人以兵鼓譟劫定公。袚音弗，謂舞者所執，故周禮有袚舞。撥音伐。撥謂大楯也。孔子趨而進，歷階而登，索隱曰：歷階謂歷階級也。故王肅云歷階不聚足。不盡一等，舉袂而言曰：「吾兩君爲好會，夷狄之樂何爲於此！請命有司！」有司卻之，不去，則左右視晏子與景公。景公心怍，麾而去之。有頃，齊有司趨而進曰：「請奏宮中之樂。」景公曰：「諾。」優倡侏儒爲戲而前。孔子趨而進，歷階而登，不盡一等，曰：「匹夫而營惑諸侯者罪當誅！索隱曰：營惑謂經營而惑亂也。家語作熒侮。請命有司！」有司加法焉，手足

異處景公懼而動知義不若歸而大恐告其羣臣曰魯以君子之道輔其君而子獨以夷狄之道教寡人使得罪於魯君爲之奈何有司進對曰君子有過則謝以質小人有過則謝以文君若悼之則謝以質於是齊侯乃歸所侵魯之鄆汶陽龜陰之田 正義曰鄆今鄆州鄆城縣在兗州龔丘縣東北五十四里故謝城在龔丘縣東七十里齊歸侵魯龜陰之田以謝魯築城於此以旌孔子之功因名謝城 以謝過 服虔曰三田汶陽田也龜山名陰之田得其田不得其山也杜預曰太山博縣北有龜山。索隱曰左傳鄆讙及龜陰之田則三田皆在汶陽也 定公十三年夏孔子言於定公曰臣無藏甲大夫毋百雉之城 王肅曰高丈長丈曰堵三堵曰雉 使仲由爲季氏宰將墮三都 服虔曰三都三家之邑也 於是叔孫氏先墮郈 杜預曰東平無鹽縣東南郈鄉亭。正義曰括地志云郈亭在鄆州宿城縣東三十二里 季氏將墮費公山不狃叔孫輒率費人襲魯公與三子入于季氏之宮 服虔曰三子季孫孟孫叔孫也 登武子之臺費人攻之弗克入及公側 服虔曰人有入及公之臺側 孔子命申句須樂頎下伐之 服虔曰申句須樂頎魯大夫 費人北國人追之敗諸姑蔑 杜預曰魯國卞縣南有姑蔑城。正義曰括地志云姑蔑故城在兗州泗水縣東四十五里按泗水縣本漢卞縣地 二子奔齊遂墮費將墮成 杜預曰泰山鉅平縣東南有成城也。正義曰括地志云故郕城在兗州泗水縣西北五十里 公斂處父 服虔曰成宰也 謂孟孫曰墮成齊人必至于北門且成孟氏之保鄣無成是無

孟氏也我將弗墮十二月公圍成弗克定公十四年孔子年五十六由大司寇行攝相事有喜色門人曰聞君子禍至不懼福至不喜孔子曰有是言也不曰樂其以貴下人乎於是誅魯大夫亂政者少正卯與聞國政三月粥羔豚者弗飾賈男女行者別於塗塗不拾遺四方之客至乎邑者不求有司 王肅曰有司常供其職客求而有在也 皆予之以歸 索隱曰家語作皆如歸 齊人聞而懼曰孔子爲政必霸霸則吾地近焉我之爲先并矣盍致地焉犁鉏曰請先嘗沮之沮之而不可則致地庸遲乎於是選齊國中女子好者八十人皆衣文衣而舞康樂 索隱曰家語作容璣王肅云舞曲名也 文馬三十駟遺魯君陳女樂文馬於魯城南高門外季桓子微服往觀再三將受乃語魯君爲周道游往觀終日 索隱曰謂請魯君爲周徧道路游行因出觀齊之女樂 怠於政事子路曰夫子可以行矣孔子曰魯今且郊如致膰乎大夫 王肅曰膰祭肉 則吾猶可以止桓子卒受齊女樂三日不聽政郊又不致膰俎於大夫孔子遂行宿乎屯 屯在魯之南也。索隱曰屯地名 而師己送曰夫子則非罪孔子曰吾歌可夫歌曰彼婦之口可以出走彼婦之謁可以死敗 王肅曰言婦人

之口請謁足以憂使人死敗故可以出走也蓋優哉游哉維以卒歲王肅曰言仕不遇也故且優游以終歲師已反桓子曰孔子亦何言師已以實告桓子喟然歎曰夫子罪我以羣婢故也夫

孔子遂適衛主於子路妻兄顏濁鄒家索隱曰孟子曰孔子於衛主顏讎由彌子之妻與子路之妻兄弟也今此云濁鄒是子路之妻兄所說不同衛靈公問孔子居魯得祿幾何對曰奉粟六萬衛人亦致粟六萬索隱曰若六萬石似太多當是六萬斗亦與漢之秩祿不同○正義曰六萬小斗計當今二千石也周之斗升斤兩皆用小也居頃之或譖孔子於衛靈公靈公使公孫余假一出一入索隱曰謂以兵仗出入以脅夫子也孔子恐獲罪焉居十月去衛將適陳過匡正義曰故匡城在滑州城縣西南十里顏刻為

史記世家十七　十一

僕以其策指之曰昔吾入此由彼缺也索隱曰謂昔所被攻缺破之處也○正義曰琴操云孔子到匡郭外顏淵舉策指匡穿垣曰往與陽貨正從此入匡人聞其言告君曰往者陽貨今復來乃率眾圍孔子數日乃和琴而歌音曲甚哀有暴風擊軍士僵仆於是匡人乃知孔子聖人自解也匡人聞之以為魯之陽虎陽虎嘗暴匡人匡人於是遂止孔子索隱曰匡宋邑也家語云匡人簡子以甲士圍夫子孔子狀類陽虎拘焉五日顏淵後孔安國曰言與孔子相失故在後也子曰吾以汝為死矣顏淵曰子在回何敢死包氏曰言夫子在已無所致死也匡人拘孔子益急弟子懼孔子曰文王既沒文不在茲乎孔安國曰茲此也言文王雖已沒其文見在此此自謂其身也天之將喪斯文也後死者不得與于斯文也孔安國曰文王既沒故孔子自謂後死也言天將喪

此文者本不當使我知之今使我知之未欲喪之也天之未喪斯文也匡人其如予何馬融曰如予何猶言奈我何也天未喪此文則我當傳之匡人欲奈我何言不能違天以害己孔子使從者為甯武子臣於衛然後得去索隱曰家語子路彈劍而歌孔子和之曲三終匡人解圍而去今此取論語文王既沒之文及從者臣甯武子然後得去蓋夫子再厄匡人或設辭以解圍或彈劍而釋難今此合論語家語之文以為一事故彼此文交互耳去即過蒲徐廣曰長垣縣有匡城蒲鄉○正義曰括地志云故蒲城在滑州匡城縣北十五里匡城本漢長垣縣月餘反乎衛主蘧伯玉家靈公夫人有南子者使人謂孔子曰四方之君子不辱欲與寡君為兄弟者必見寡小君寡小君願見孔子辭謝不得已而見之夫人在絺帷中孔子入門北面稽首夫人自

史記世家十七　十二

帷中再拜環珮玉聲璆然正義曰璆音虬孔子曰吾鄉為弗見見之禮荅焉索隱曰上見如字下見音去聲言我不為相見之禮現而荅之子路不說孔子矢之曰予所不者天厭之天厭之欒肇曰見南子者時不獲已猶文王之拘羑里也天厭之者言我之否屈乃天命所厭也蔡謨曰矢陳也夫子為子路陳天命也居衛月餘靈公與夫人同車宦者雍渠參乘出使孔子為次乘招搖市過之徐廣曰招搖翱翔也○索隱曰家語作遊過市孔子曰吾未見好德如好色者也何晏曰疾時薄於德厚於色故發此言也李充曰使好德如好色則弃邪而反正矣於是醜之去衛過曹是歲魯定公卒孔子去曹適宋徐廣曰年表定公十三年孔子至衛十四年至陳哀公三年孔子過宋與弟子習禮大樹下宋司馬桓魋欲

殺孔子拔其樹孔子去弟子曰可以速矣孔子曰天生德於予桓魋其如予何 包氏曰天生德者謂授以聖性德合天地吉無不利故曰其如予何 孔子適鄭與弟子相失孔子獨立郭東門鄭人或謂子貢曰 索隱曰家語姑布子卿謂子貢曰 東門有人其顙似堯 索隱曰家語云河目而隆顙其顙似堯 其項類皋陶其肩類子產然自要以下不及禹三寸纍纍若喪家之狗 王肅曰喪家之狗主人哀荒不見飲食故纍然而不得意孔子生於亂世道不得行故纍然不得志之貌也韓詩外傳曰喪家之狗既斂而槨有席而祭顧望無人也 子貢以實告孔子孔子欣然笑曰形狀末也而似喪家之狗然哉然哉孔子遂至陳主於司城貞子家歲餘吳王夫差伐陳取三邑而去趙鞅伐朝歌楚圍蔡蔡遷于吳吳敗越王勾踐會稽有隼集于陳廷而死楛矢貫之石砮矢長尺有咫 韋昭曰隼鷙鳥今之鶚也楛木名砮鏃也以石為之八寸曰咫楛矢貫之墜而死。正義曰隼音筍毛詩義疏云鷂齊人謂之擊正或謂之題肩或曰雀鷹春化為布穀此屬數種皆為隼 陳湣公使使問仲尼 索隱曰家語國語皆作陳惠公非也按惠公以魯昭元年立定四年卒又按系家湣公十六年孔子適陳十三年亦在陳則此湣公為是 仲尼曰隼來遠矣此肅慎之矢也 正義曰肅慎國記云肅慎其地在夫餘國東北河六十日行其弓四尺強勁弩射四百步今之靺鞨國方有此矢 昔武王克商通道九夷百蠻 王肅曰九夷東方夷有九種也百蠻夷狄之百種 使各以其方賄來貢 王肅曰各以其方面所有之財賄而來貢 使無忘職業於是肅慎貢楛矢石砮長

尺有咫先王欲昭其令德以肅慎矢分大姬 韋昭曰大姬武王元女也 配虞胡公而封諸陳分同姓以珍玉展親 韋昭曰展重也玉謂若夏后氏之璜 分異姓以遠方職使無忘服 王肅曰使無忘服從於王也 故分陳以肅慎矢試求之故府果得之 韋昭曰故府舊府也 孔子居陳三歲會晉楚爭彊更伐陳及吳侵陳陳常被寇孔子曰歸與歸與吾黨之小子狂簡進取不忘其初於是孔子去陳過蒲會公叔氏以蒲畔蒲人止孔子弟子有公良孺者以私車五乘從孔子其為人長賢有勇力謂曰吾昔從夫子遇難於匡今又遇難於此命也已吾與夫子再罹難寧鬭而死鬭甚疾蒲人懼 索隱曰家語云寧我鬭死挺劍而合衆將與之戰蒲人懼是也 謂孔子曰苟毋適衛吾出子與之盟出孔子東門孔子遂適衛子貢曰盟可負耶孔子曰要盟也神不聽衛靈公聞孔子來喜郊迎問曰蒲可伐乎對曰可靈公曰吾大夫以為不可今蒲衛之所以待晉楚也 正義曰衛在濮州蒲在滑州在衛西也韓魏及趙從西向東伐先在蒲後及衛 以衛伐之無乃不可乎孔子曰其男子有死之志 王肅曰公叔氏欲以蒲適他國而男子欲死之不樂適他 婦人有保西河之志 王肅曰婦人恐懼欲保西河無戰意也。索隱曰此西河在衛地非魏之西河也 吾所伐者不過四五人 王肅曰本與公叔同畔者 靈公

曰善然不伐蒲靈公老怠於政不用孔子孔子
喟然歎曰苟有用我者期月而已三年有成孔安
國曰言誠有用我於政事者朞年而可以行其政敎必三年乃有成也孔子行佛肸為中
牟宰孔安國曰晉大夫趙簡子之邑宰趙簡子攻范中行伐中牟
索隱曰此河北之中牟蓋在漢陽西佛肸畔使人召孔子孔子欲往子
路曰由聞諸夫子其身親為不善者君子不入
也孔安國曰不入其國今佛肸親以中牟畔子欲往如之何
孔子曰有是言也不曰堅乎磨而不磷不曰白
乎涅而不淄孔安國曰磷薄也涅可以染皁者也言至堅者磨之而不薄至白者染之於涅中而不黑
君子雖在濁亂不能汙也我豈匏瓜也哉焉能繫而不食何晏曰言匏瓜

得繫一處者不食故也吾自食物當東西南北不得如不食之物繫滯一處孔子擊磬有荷
蕢而過門者曰有心哉擊磬乎何晏曰蕢草器也有心謂契契然也硜
硜乎莫己知也夫而已矣何晏曰此硜硜信己而已言亦無益也孔子
學鼓琴師襄子索隱曰家語師襄子曰吾雖以擊磬為官然能於琴蓋師襄子魯人論語謂之
擊磬襄是也十日不進師襄子曰可以益矣孔子曰丘
已習其曲矣未得其數也有閒曰已習其數可
以益矣孔子曰丘未得其志也有閒曰已習其
志可以益矣孔子曰丘未得其為人也有閒曰
有所穆然深思焉有所怡然高望而遠志焉曰
丘得其為人黯然而黑王肅曰黯黑貌幾然而長徐廣曰詩云頎而長

兮○索隱曰幾與注頎並音祈家語無此四字眼如望羊王肅曰望羊視也如王四
國非文王其誰能為此也師襄子辟席再拜曰
師蓋云文王操也孔子既不得用於衛將西見
趙簡子至於河而聞竇鳴犢舜華之死也徐廣曰或
作鳴鐸竇犨又作竇鳴犢舜華也○索隱曰家語云聞趙簡子殺竇犨鳴犢及舜華國語云鳴鐸竇犨則竇犨字鳴犢聲
轉字異或作鳴鐸鐸慶華當作舜華諸說皆同臨河而歎曰美哉水洋洋乎
丘之不濟此命也夫子貢趨而進曰敢問何謂
也孔子曰竇鳴犢舜華晉國之賢大夫也趙簡
子未得志之時須此兩人而後從政及其已得
志殺之乃從政丘聞之也刳胎殺夭則麒麟不

至郊竭澤涸漁則蛟龍不合陰陽索隱曰有角曰蛟龍龍能興雲
致雨調和陰陽之氣覆巢毀卵則鳳皇不翔何則君子諱傷
其類也夫鳥獸之於不義也尚知辟之而況乎
丘哉乃還息乎陬鄉作為陬操以哀之王肅曰陬操琴曲名
也○索隱曰此陬鄉非魯之陬邑家語云作槃操也而反乎衛入主蘧伯玉家
他日靈公問兵陳孔安國曰軍陳行列之法孔子曰俎豆之事
則嘗聞之軍旅之事未之學也鄭玄曰萬二千人為軍五百人為旅
軍旅末事本未立不可教以末也明日與孔子語見蜚鴈仰視之色
不在孔子孔子遂行復如陳夏衛靈公卒索隱曰此
魯哀二年也立孫輒是為衛出公六月趙鞅內太子蒯

聵于戚陽虎使太子絻八人衰絰僞自衛迎者哭而入遂居焉冬蔡遷于州來是歲魯哀公三年而孔子年六十矣齊助衛圍戚以衛太子蒯聵在故也夏魯桓釐廟燔南宮敬叔救火孔子在陳聞之曰災必於桓釐廟乎（服虔曰桓釐當毀而魯重非禮之廟故孔子聞有火災知其加桓僖也）已而果然秋季桓子病輦而見魯城喟然歎曰昔此國幾興矣以吾獲罪於孔子故不興也顧謂其嗣康子曰我即死若必相魯相魯必召仲尼後數日桓子卒康子代立已葬欲召仲尼公之魚曰昔吾先君用之不終終爲

史記世家十七　十七

諸侯笑今又用之不能終是再爲諸侯笑康子曰則誰召而可曰必召冉求於是使使召冉求冉求將行孔子曰魯人召求非小用之將大用之也是日孔子曰歸乎歸乎吾黨之小子狂簡斐然成章吾不知所以裁之（孔安國曰簡大也孔子在陳思歸欲去曰吾黨之小子狂者進取於大道妄穿鑿以成章不知所以裁制當歸以裁耳○索隱曰此系家再有歸與之辭者前辭出孟子此辭見論語蓋止是一稱歸與二書各記之今前後再引亦失之也）子贛知孔子思歸送冉求因誡曰即用以孔子爲招云冉求既去明年孔子自陳遷于蔡蔡昭公將如吳吳召之也前昭公欺其臣遷州來後將往大夫懼復遷公

孫翩射殺昭公（徐廣曰哀公四年也）楚侵蔡秋齊景公卒（徐廣曰哀公五年也）明年孔子自蔡如葉葉公問政孔子曰政在來遠附邇他日葉公問孔子於子路子路不對（孔安國曰葉公名諸梁楚大夫食采於葉僭稱公不對未知所以對也）孔子聞之曰由爾何不對曰其爲人也學道不倦誨人不厭發憤忘食樂以忘憂不知老之將至云爾去葉反于蔡長沮桀溺耦而耕孔子以爲隱者使子路問津焉（鄭玄曰耜廣五寸二耜爲耦津濟渡處也○正義曰括地志云黃城山俗名菜山在許州葉縣西南二十五里聖賢冢墓記云黃城山即長沮桀溺所耕處下有東流則子路問津處也）長沮曰彼執輿者爲誰子路曰爲孔丘曰是魯孔丘與曰然曰

史記孔子世家十七　十八

是知津矣（馬融曰言數周流自知津處）桀溺謂子路曰子爲誰曰爲仲由曰子孔丘之徒與曰然桀溺曰悠悠者天下皆是也而誰以易之（孔安國曰悠悠者周流之貌也言當今天下治亂同空舍此適彼故曰誰以易之）且與其從辟人之士豈若從辟世之士哉（何晏曰士有辟人之法有辟世之法長沮桀溺謂孔子爲士從辟人之法己之爲士則從辟世之法也）耰而不輟（鄭玄曰耰覆種也輟止也覆種不止不以津告者）子路以告孔子孔子憮然（何晏曰爲其不達己意而非己）曰鳥獸不可與同羣（孔安國曰隱於山林是同羣）天下有道丘不與易也（何晏曰凡天下有道者丘皆不與易也己大而人小故也）他日子路行遇荷蓧丈人（包氏曰丈人老者蓧草器名）曰子見夫子乎丈人曰四體不勤五穀不分

孰為夫子包氏曰丈人曰不勤勞四體分植五穀誰為夫子而索也植其杖而芸孔安國曰植倚也除草曰芸子路以告孔子曰隱者也復往則亡孔安國曰子路反至其家丈人出行不在孔子遷于蔡三歲吳伐陳楚救陳徐廣曰哀公四年也軍于城父聞孔子在陳蔡之閒楚使人聘孔子孔子將往拜禮陳蔡大夫謀曰孔子賢者所刺譏皆中諸侯之疾今者久留陳蔡之閒諸大夫所設行皆非仲尼之意今楚大國也來聘孔子孔子用於楚則陳蔡用事大夫危矣於是乃相與發徒役圍孔子於野不得行絕糧從者病莫能興孔安國曰興起也孔子講誦弦歌不衰子路慍見曰君子亦有窮乎孔子曰君子固窮小人窮斯濫矣何晏曰濫溢也君子固亦有窮時但不如小人窮則濫溢為非子貢色作孔子曰賜爾以予為多學而識之者與曰然孔安國曰然謂多學而識之非與孔安國曰問今不然耶孔子曰非也予一以貫之何晏曰善有元事有會天下殊塗而同歸百慮而一致知其元則眾善舉也故不待學以一知之孔子知弟子有慍心乃召子路而問曰詩云匪兕匪虎率彼曠野王肅曰率循也言非兕虎而循曠野也吾道非耶吾何為於此子路曰意者吾未仁耶人之不我信也王肅曰言人不信吾豈以未仁故乎意者吾未知耶人之不我行也王肅曰言人不使通行而困窮者豈以吾未智乎孔子曰有是乎由譬使仁者

而必信安有伯夷叔齊正義曰言仁者必使四方信之安有伯夷叔齊餓死乎使智者而必行安有王子比干正義曰言智者必使事通行安有王子比干剖心哉子路出子貢入見孔子曰賜詩云匪兕匪虎率彼曠野吾道非耶吾何為於此子貢曰夫子之道至大也故天下莫能容夫子夫子蓋少貶焉孔子曰賜良農能稼而不能為穡王肅曰種之為稼斂之為穡言良農能善種之未必能斂穫之良工能巧而不能為順王肅曰言良工能巧而已不能每順人之意君子能脩其道綱而紀之統而理之而不能為容今爾不脩爾道而求為容賜而志不遠矣子貢出顏回入見孔子曰回詩云匪兕匪虎率彼曠野吾道非耶吾何為於此顏回曰夫子之道至大故天下莫能容雖然夫子推而行之不容何病不容然後見君子夫道之不脩也是吾醜也夫道既已大脩而不用是有國者之醜也不容何病不容然後見君子孔子欣然而笑曰有是哉顏氏之子使爾多財吾為爾宰王肅曰宰主財者也為汝主財言志之同也於是使子貢至楚楚昭王興師迎孔子然後得免昭王將以書社地七百里封孔子服虔曰書籍也○索隱曰古者二十五家為里里則各立社則書社者書其社之人名於籍蓋以七百里書社之人封孔子也故下冉求云雖累千社而夫子不利是也楚令尹子西曰王之

使使諸侯有如子貢者乎曰無有王之輔相有如顏回者乎曰無有王之將率有如子路者乎曰無有王之官尹有如宰予者乎曰無有且楚之祖封於周號爲子男五十里今孔丘述三王之法明周召之業王若用之則楚安得世世堂堂方數千里乎夫文王在豐武王在鎬百里之君卒王天下今孔丘得據土壤賢弟子爲佐非楚之福也昭王乃止其秋楚昭王卒于城父楚狂接輿歌而過孔子孔安國曰接輿楚人也佯狂而來歌欲以感切夫子也曰鳳兮鳳兮何德之衰孔安國曰比孔子於鳳鳥待聖君乃見非孔子周行求合故曰衰也往

者不可諫兮孔安國曰已往所行不可復諫止也來者猶可追也孔安國曰自今已來可追自止避亂隱居已而已而今之從政者殆而孔安國曰言已而者言世亂已甚不可復治也再言之者傷之深也孔子下欲與之言包氏曰下下車也趨而去弗得與之言於是孔子自楚反乎衛是歲也孔子年六十三而魯哀公六年也其明年吳與魯會繒徵百牢索隱曰此哀七年時也百牢牢具一百也周禮上公九牢侯伯七牢子男五牢今吳徵百牢夷不識禮故子貢對以周禮而後吳止是徵也。正義曰括地志云故鄫城在沂州承縣地理志云繒縣屬東海縣也太宰嚭召季康子康子使子貢往然後得已孔子曰魯衛之政兄弟也包氏曰周公康叔既爲兄弟康叔睦於周公其國之政亦如兄弟也是時衛君輒父不得立在外諸侯數

以爲讓而孔子弟子多仕於衛衛君欲得孔子爲政子路曰衛君待子而爲政子將奚先包氏曰問往將何所先行孔子曰必也正名乎馬融曰正百事之名也子路曰有是哉子之迂也何其正也包氏曰迂猶遠也言孔子之言遠於事也孔子曰野哉由也孔安國曰野不達也夫名不正則言不順言不順則事不成事不成則禮樂不興禮樂不興則刑罰不中孔安國曰禮以安上樂以移風二者不行則有淫刑濫罰也刑罰不中則民無所錯手足矣夫君子爲之必可名言之必可行王肅曰所名之事必可得明言所言之事必可得遵行者君子於其言無所苟而已矣其明年冉有爲季氏將師與齊戰於郎克

之徐廣曰此哀公十一年也去吳會繒已四年矣年表哀公十年孔子自衛至陳也。索隱曰徐說去會四年是也按左氏及此文孔子是時在衛歸魯不見有在陳之文在陳當哀公之初蓋年表誤爾。正義曰括地志云郎亭在徐州滕縣西五十二里季康子曰子之於軍旅學之乎性之乎冉有曰學之於孔子季康子曰孔子何如人哉對曰用之有名播之百姓質諸鬼神而無憾求之至於此道雖累千社夫子不利也索隱曰二十五家爲社千社即二萬五千家康子曰我欲召之可乎對曰欲召之則毋以小人固之則可矣而衛孔文子服虔曰文子衛卿也將攻太叔左傳曰太叔名疾問策於仲尼仲尼辭不知退而命載而行曰鳥能擇木木豈能擇鳥乎服虔曰鳥喻己木以喻所

國之之文子固止會季康子逐公華公賓公林以幣迎孔子孔子歸魯孔子之去魯凡十四歲而反乎魯索隱曰前文孔子以定公十四年去魯計至此十三年魯系家云定公十二年孔子去魯則首尾計十五年矣魯哀公問政對曰政在選臣季康子問政曰舉直錯諸枉包氏曰錯置也舉正直之人用之廢置邪枉之人。索隱曰論語季康子問政子曰政者正也又哀公問曰何為則人服子曰舉直錯諸枉則人服今此初論康子問政未合以孔子荅哀公使人服蓋太史撮略論語為文而失事實則枉者直康子患盜孔子曰苟子之不欲雖賞之不竊孔安國曰欲情慾也言民化於上不從其所令從其所好也然魯終不能用孔子孔子亦不求仕孔子之時周室微而禮樂廢詩書缺追迹三代之禮序書傳上紀唐虞之際下至秦繆編次其事曰夏禮吾能言之杞不足徵也殷禮吾能言之宋不足徵也包氏曰徵成也杞宋二國夏殷之後也夏殷之禮吾能說之杞宋之君不足以成也足則吾能徵之矣觀殷夏所損益曰後雖百世可知也何晏曰物類相召勢數相生其變有常故可預知者也以一文一質周監二代郁郁乎文哉吾從周孔安國曰監視也言周文章備於二代當從之周故書傳禮記自孔氏孔子語魯太師樂其可知也始作翕如何晏曰太師樂官名也五音始奏翕如盛也縱之純如何晏曰言五音既發放縱盡其聲純和諧也皦如何晏曰言其音節明繹如也以成何晏曰縱之以純如皦如繹如言樂始於翕如而成於三者也吾自衛反魯然後樂正雅頌各得其所鄭玄曰反魯魯哀公

十一年冬是時道衰樂廢孔子來還乃正之故雅頌各得其所古者詩三千餘篇及至孔子去其重正義曰去丘呂反重逐龍反取可施於禮義上采契后稷中述殷周之盛至幽厲之缺始於衽席故曰關雎之亂以為風始正義曰亂理也詩小序云關雎后妃之德也風之始也所以風天下而正夫婦也毛萇云關關和聲雎鳩王雎也鳥摯而有別后妃悅樂君子之德無不和諧又不淫色慎固幽深若雎鳩之有別然後可以風化天下夫婦有別則父子親父子親則君臣敬君臣敬則朝廷正朝廷正則王化成也按王雎金口鶚也鹿鳴為小雅始正義曰小序云鹿鳴宴羣臣嘉賓也既飲食之又實幣帛筐篚以將其厚意然後忠臣嘉賓得盡其心矣毛萇云鹿得苹呦呦鳴而相呼懇誠發乎中以興嘉樂賓客當有懇誠相招呼以成禮也文王為大雅始正義曰小序云文王文王受命作周也鄭玄云文王初為西伯有功於民其德著見於天故天命之以為王使君天下清廟為頌始正義曰小序云清廟祀文王也周公既成雒邑朝諸侯率以祀文王焉毛萇云清廟者祭有清明之德者之宮也謂祭文王天德清明文王象焉故祭之而歌此詩也三百五篇孔子皆弦歌之以求合韶武雅頌之音禮樂自此可得而述以備王道成六藝孔子晚而喜易序正義曰序易序卦也夫子作十翼謂上彖下彖上象下象上繫下繫文言序卦說卦雜卦也易正義曰文王既繇六十四卦分為上下篇先後之次其理不易孔子就上下二經各序其相次之義彖正義曰吐亂反上彖卦下辭下彖文卦下辭易正義曰夫子所作統論一卦之義或說其卦德或說其卦義或說其卦名莊氏云彖斷也言斷定一卦之義也繫正義曰如字又音系易正義云繫辭者聖人繫屬此辭於爻卦之下分為上下篇者以簡編重大是以分之又言系辭者取綱系之義也象正義曰上象卦辭下象爻辭易正義云萬物之體自然各有形象聖人設卦以寫萬物之象今夫子釋此卦之象也說卦正義曰易正義云說卦者陳說八卦德業變化法象所為也文言正義曰易正義云夫子贊明易道申說義理釋乾坤二卦經文之言故稱文言又雜

卦者六十四卦以爲義於亭卦之外別言聖人之興因時而作隨其事宜不必相因襲當有損益又云雜揉衆卦錯綜其
義或以同相類或以異相明按史不出雜卦故附之讀易韋編三絕曰假我數
年若是我於易則彬彬矣孔子以詩書禮樂教
弟子蓋三千焉身通六藝者七十有二人如顔
濁鄒之徒正義曰濁音卓鄒音聚顔濁鄒非七十二人數也頗受業者甚衆
孔子以四教文行忠信何晏曰四者有形質可舉以教絕四毋意何晏
曰以道爲度故不任意也毋必何晏曰用之則行舍之則藏故無專必毋固何晏曰無可無不可故無
固行也毋我何晏曰述古而不自作處羣萃而不自異唯道是從故不有其身所愼齊戰疾
何晏曰此三者人所不能愼而夫子愼也子罕言利與命與仁何晏曰罕者希也利者義
之和也命者天之命也仁者行之盛也寡能及之故希言之不憤不啓舉一隅不以

三隅反則弗復也鄭玄曰孔子與人言必待其人心憤憤口悱悱乃後啓發爲說之如此則
識思之深也說則舉一端以語之其人不思其類則不重教也其於鄉黨恂恂似不能
言者王肅曰恂恂溫恭貌也。索隱曰有本作逡逡音七旬反其於宗廟朝廷辯辯言
唯謹爾鄭玄曰唯辯而謹敬也。索隱曰論語作便便朝與上大夫言誾誾如
也孔安國曰中正之貌也與下大夫言侃侃如也孔安國曰和樂貌入公門
鞠躬如也趨進翼如也孔安國曰言端好也君召使儐鄭玄曰有賓客
使迎之也色勃如也孔安國曰必變色君命召不俟駕行矣鄭玄曰急
趨君命也既行出而車駕隨之魚餒肉敗割不正不食孔安國曰魚敗曰餒也席
不正不坐食於有喪者之側未嘗飽也是日哭
則不歌見齊衰瞽者雖童子必變包氏曰瞽盲三人行

必得我師何晏曰言我三人行本無賢愚擇善而從之不善而改之無常師德之不脩
學之不講聞義不能徙不善不能改是吾憂也
孔安國曰夫子常以此四者爲憂也使人歌善則使復之然後和之何晏
曰樂其善故使重歌而自和也子不語怪力亂神王肅曰怪怪異也力謂若奡盪舟烏獲舉千鈞
之屬也亂謂臣弒君子弒父也神謂鬼神之事或無益於教化或所不忍言也李充曰力不由理斯怪力也神不由正斯
亂神也怪力亂神有與於邪無益於教故不言也子貢曰夫子之文章可得
聞也何晏曰章明文彩形質著見可以耳目循也夫子言天道與性命弗
可得聞也已何晏曰性者人之所受以生也天道者元亨日新之道深微故不可得而聞之顔
淵喟然歎曰仰之彌高鑽之彌堅何晏曰言不可窮盡瞻之
在前忽焉在後何晏曰言忽怳不可爲形象夫子循循然善誘

人何晏曰循循次序貌也誘進也言夫子正以此道進勸人學有次序也博我以文約我
以禮欲罷不能既竭我才如有所立卓爾雖欲
從之蔑由也已孔安國曰言夫子既以文章開博我又以禮節節約我使我欲罷不能已竭吾
才矣其有所立則卓然不可及言己雖蒙夫子之善誘猶不能及夫子所立也達巷黨人童子
曰大哉孔子博學而無所成名鄭玄曰達巷者黨名五百家爲黨此黨之
人美孔子博學道藝不成一名而已子聞之曰我何執執御乎執射乎
我執御矣鄭玄曰聞人美之承以謙也吾執御者欲明六藝之卑牢曰子云不試
故藝鄭玄曰牢者弟子子牢也試用也言孔子自云我不見用故多伎藝也魯哀公十四
年春狩大野服虔曰大野藪名魯田圃之常處蓋今鉅野是也。正義曰括地志云獲麟堆在鄆州鉅
野縣東十二里春秋哀十四年經云西狩獲麟國都城記云鉅野故城東十里澤中有土臺廣輪四五十步俗云獲麟堆

去魯城可三百餘里叔孫氏車子鉏商獲獸服虔曰車子微者也鉏商名也。索隱曰
春秋傳及家語並云車子鉏商而服虔以子爲姓非也今以車子爲主車車士微者之人也人微故略其姓則子非姓也
以爲不祥仲尼視之曰麟也取之服虔曰麟非時所常見故怪之
以爲不祥也仲尼名之曰麟然後魯人乃取之也明麟爲仲尼至也曰河不出圖雒不出
書吾已矣夫孔安國曰聖人受命則河出圖今無此瑞吾已矣夫者不得見河圖八卦是也顏
淵死孔子曰天喪予何休曰予我也天生顏淵爲夫子輔佐死者是天將亡夫子之證者
也及西狩見麟曰吾道窮矣何休曰麟者太平之獸聖人之類也時得而死
此天亦告夫子將歿之證故云爾喟然歎曰莫知我夫子貢曰何爲
莫知子何晏曰子貢怪夫子言何爲莫知己故問之子曰不怨天不尤人
馬融曰孔子不用於世而不怨天不知己亦不尤人下學而上達孔安國曰下學人事上達天命知

我者其天乎何晏曰聖人與天地合其德故曰唯天知己不降其志不辱
其身伯夷叔齊乎鄭玄曰言其直己之心不入庸君之朝謂柳下惠少
連降志辱身矣謂虞仲夷逸隱居放言包氏曰放置也置不
復言世務也行中清廢中權馬融曰清純潔也遭世亂自廢棄以免患合於權也我則
異於是無可無不可馬融曰亦不必進亦不必退唯義所在子曰弗乎
弗乎君子病沒世而名不稱焉吾道不行矣吾
何以自見於後世哉乃因史記作春秋上至隱
公下訖哀公十四年十二公據魯親周索隱曰言夫子修春
秋以魯爲主故云據魯時周雖微而親周王者以見天下之有宗主也故殷運之三代正義
曰殷中也又中運夏殷周之事也約其文辭而指博故吳楚之君自

稱王而春秋貶之曰子踐土之會實召周天子
而春秋諱之曰天王狩於河陽推此類以繩當
世貶損之義後有王者舉而開之春秋之義行
則天下亂臣賊子懼焉孔子在位聽訟文辭有
可與人共者弗獨有也至於爲春秋筆則筆削
則削子夏之徒不能贊一辭弟子受春秋孔子
曰後世知丘者以春秋而罪丘者亦以春秋劉熙曰知
者行堯舜之道者也罪者在王公之位見貶絕者明歲子路死於衛孔子病
子貢請見孔子方負杖逍遙於門曰賜汝來何
其晚也孔子因歎歌曰太山壞乎鄭玄曰太山眾山所仰梁

柱摧乎哲人萎乎王肅曰萎頓也因以涕下謂子貢曰天
下無道久矣莫能宗予王肅曰傷道之不行也夏人殯於東
階周人於西階殷人兩柱間昨暮予夢坐奠兩
柱之間予始殷人也後七日卒鄭玄曰明聖人知命也。正義曰括地志
云漢封夫子十二代孫志爲褒成侯生光爲丞相封侯平帝封孔霸孫莽二千戶爲褒成侯後漢封十七代孫志爲褒成
侯魏封二十二代孫羨爲崇聖侯晉封二十三代孫震爲奉聖亭侯後魏封二十七代孫爲崇聖大夫孝文帝又封三十
一代孫珍爲崇聖侯高齊改封珎爲恭聖侯周武帝改封鄒國公隋文帝仍舊封鄒國公煬帝改爲紹聖侯皇唐給復二
千戶封孔子裔孫孔德倫爲褒聖侯也孔子年七十三以魯哀公十六
年四月己丑卒索隱曰若孔子以魯襄二十一年生至哀十六年爲七十三若襄二十二年生
則孔子年七十二經傳生年不定使夫子壽數不明哀公誄之曰旻天不弔不

憖遺一老王肅曰弔善也憖且也一老謂孔子也俾屏余一人以在位
煢煢余在疚王肅曰疚病也嗚呼哀哉尼父毋自律王肅曰父丈夫之顯稱也律法也言毋以自爲法也子貢曰君其不沒於魯乎夫子
之言曰禮失則昏名失則愆失志爲昏失所爲
愆索隱曰左傳及家語文皆同生不能用死而誄之非禮也稱
余一人非名也服虔曰天子自謂一人非諸侯所當名也孔子葬魯城北
泗上皇覽曰孔子冢去城一里冢塋百畝冢南北廣十步東西十三步高一丈二尺冢前以瓴甓爲祠壇方六尺與地平本無祠堂冢塋中樹以百數皆異種魯人世世無能名其樹者民傳言孔子弟子異國人各持其方樹來種之其樹柞枌雒離女貞五味毚檀之樹孔子塋中不生荊棘及刺人草○索隱曰雒音洛藞草名也女貞一作安貴香名出西域五味藥草名毚音讒毚檀檀樹之別種弟子皆服三年三年心喪畢相

訣而去索隱曰訣音決別也則哭各復盡哀或復留唯子貢
廬於冢上索隱曰家語無上字且禮云適墓不登壟豈合廬於冢上乎蓋上者亦邊側之義凡六
年然後去弟子及魯人往從冢而家者百有餘
室因命曰孔里魯世世相傳以歲時奉祠孔子
冢而諸儒亦講禮鄉飲大射於孔子冢孔子冢
大一頃故所居堂弟子內後世因廟藏孔子衣
冠琴車書索隱曰謂孔子所居之堂其弟子之中孔子沒後後代因廟藏夫子平生衣冠琴書於壽堂中
至于漢二百餘年不絕高皇帝過魯以太牢祠
焉諸侯卿相至常先謁然後從政孔子生鯉字
伯魚索隱曰家語孔子年十九娶於宋之上官氏之女一歲而生伯魚伯魚之生也魯昭公使人遺之鯉魚夫子榮

君之賜因以名其子爲鯉也伯魚年五十先孔子死皇覽曰伯魚冢在孔子冢東與孔子並大小相望也伯魚生伋字子思年六十二嘗困於
宋子思作中庸皇覽曰子思冢在孔子冢南大小相望子思生白字子
上年四十七子上生求字子家年四十五子家
生箕字子京年四十六子京生穿字子高年五
十一子高生子愼年五十七嘗爲魏相子愼生
鮒年五十七爲陳王涉博士死於陳下鮒弟子
襄年五十七嘗爲孝惠皇帝博士遷爲長沙太
守長九尺六寸子襄生忠年五十七忠生武武
生延年及安國安國爲今皇帝博士至臨淮太

守蚤卒安國生卬卬生驩
太史公曰詩有之高山仰止景行行止雖不能
至然心鄉往之余讀孔氏書想見其爲人適魯
觀仲尼廟堂車服禮器諸生以時習禮其家余
低回留之不能去云索隱曰祗敬也言祗敬遲迴不能去之有本亦作低迴義亦通天
下君王至于賢人衆矣當時則榮沒則已焉孔
子布衣傳十餘世學者宗之自天子王侯中國
言六藝者折中於夫子索隱曰離騷云明五帝以折中王師叔云折中正也宋均云折斷也中當也言欲折斷其物而用之與度相中當也可謂至聖矣
索隱述贊曰

孔子之先　胄于商國　弗父能讓
正考銘勒　防叔來奔　鄹人倚立
尼丘誕聖　闕里生德　七十升堂
四方取則　行誅兩觀　攝相夾谷
歎鳳遽衰　泣麟何促　九流仰鏡
萬古欽躅

史柒阡肆伯伍拾貳字
註捌阡叁伯玖拾壹字

孔子世家第十七　史記四十七

陳涉世家第十八　史記四十八

索隱曰勝立數月而死無後亦稱系家者以其所遣王侯將相竟滅秦為首事故也然時因擾攘起自匹夫假託妖祥一朝稱楚歷年不永勳業蔑如繼之齊魯曹何等級可降為列傳

陳勝者陽城人也 索隱曰韋昭云陽城屬潁川地理志屬汝南不同者按郡縣之名隨代分割蓋陽城舊屬汝南史遷云今為汝陰後又分隸潁川韋昭據以為說故其不同他皆放此○正義曰即河南陽城縣也 字涉吳廣者陽夏人也 索隱曰夏音賈韋昭云淮陽縣後屬陳○正義曰括地志云陳州太康縣本漢陽夏縣也 字叔陳涉少時嘗與人傭耕 索隱曰廣雅云傭役也謂役力而受雇直也 輟耕之壟上悵恨久之曰苟富貴無相忘傭者笑而應曰若為傭耕何富貴也陳涉太息曰嗟乎燕雀安知鴻鵠之志哉 索隱曰尸子云鴻鵠之鷇羽翼未合而有四海之心是也鴻鵠是一鳥若鳳皇然非鴻鴈與黃鵠也鵠音戶酷反

二世元年七月發閭左適戍漁陽九百人屯大澤鄉 徐廣曰在沛郡蘄縣○索隱曰閭左謂居閭里之左也秦時復除者居閭左今力役凡在閭左者盡發之也又云凡居以富強為右貧弱為左秦役戍多富者役盡兼取貧弱者而發之者也適音直革反又音磔故漢書有七科適戍者屯兵而守也地理志漁陽縣名在漁陽郡也○正義曰括地志云漁陽故城在檀州密雲縣南十八里在漁水之陽也 陳勝吳廣皆次當行為屯長會天大雨道不通度已失期失期法皆斬陳勝吳廣乃謀曰今亡亦死舉大計亦死等死死國可乎 索隱曰謂欲經營國國假使不成而敗猶愈為戍卒亡而死也 陳勝曰天下苦秦久矣吾聞二世少子也不當立 索隱曰姚氏按隱士遺章邯書云李斯為二世廢十七兄而立今王則二世是始皇第十八子也 當立

陳涉

者乃公子扶蘇扶蘇以數諫故上使外將兵今或聞無罪二世殺之百姓多聞其賢未知其死也 索隱曰如淳云扶蘇自殺故人不知其死或以為不知何坐而死故天下冤之二世殺之或說為非今宜依文而解直是扶蘇為二世所殺而百姓未知故欲詐自稱也 項燕為楚將數有功愛士卒楚人憐之或以為死或以為亡今誠以吾眾詐自稱公子扶蘇項燕為天下唱宜多應者 索隱曰漢書作倡倡謂先也說文云倡首也 吳廣以為然乃行卜 索隱曰行者先也一云行往也 卜者知其指意曰足下事皆成有功然足下卜之鬼乎 蘇林曰狐鳴祠中則是也瓚曰假託鬼神以威眾也故勝廣曰此教我威眾也○索隱曰裴註引蘇林臣瓚義亦當矣而李奇又云卜者戒曰所卜事雖成當死為鬼惡指斥言之而勝失其旨用依鬼神起怪蓋亦得其指也

陳勝吳廣喜念鬼 索隱曰念者思也謂思念欲假鬼神之事 曰此教我先威眾耳乃丹書帛曰陳勝王置人所罾魚腹中 漢書音義曰罾音曾文穎曰罾魚網也 卒買魚烹食得魚腹中書固以怪之矣又閒令吳廣之次近所旁叢祠中 張晏曰戍人所止處也叢鬼所憑焉○索隱曰服虔云閒音中閒之閒鄭氏云閒謂竊令人行也孔文祥又云竊閒隙不欲令眾知之次師所次舍處也墨子云建國必擇木之脩茂者以為叢位高誘註戰國策云叢祠神祠叢樹也 夜篝火 徐廣曰或作帶也篝者籠也音溝○索隱曰漢書作構火郭璞云篝籠也 狐鳴呼曰大楚興陳勝王卒皆夜驚恐旦日卒中往往語皆指目陳勝吳廣素愛人士卒多為用者將尉醉 索隱曰尉官也漢舊儀大縣二人其尉將屯九百人故云將尉也 廣故數言欲亡忿

陳涉

恚尉令辱之以激怒其衆尉果笞廣尉劒挺徐廣曰挺猶脫也〇索隱曰按脫即奪也說文云挺拔也案謂尉劒拔而廣因奪之故得殺尉廣起奪而殺尉陳勝佐之并殺兩尉召令徒屬曰公等遇雨皆已失期失期當斬藉第令毋斬服虔曰藉假也第次第也應劭曰藉吏士名藉也今失期當斬就使藉第幸得不斬戍死者固十六七此激怒其衆也蘇林曰第且也〇索隱曰第一音次第之第小顏云第但也劉氏云藉音子夜反應劭讀如字各以意言蘇說爲近也而戍死者固十六七且壯士不死即已死即舉大名耳索隱曰大名謂大名稱也王侯將相寧有種乎徒屬皆曰敬受命乃詐稱公子扶蘇項燕從民欲也袒右稱大楚爲壇而盟祭以尉首陳勝自立爲將軍吳廣爲都

尉攻大澤鄉收而攻蘄蘄下索隱曰蘄音機又音祈縣名屬沛郡下者降也謂以兵臨蘄而即降也乃令符離人葛嬰將兵徇蘄以東索隱曰韋昭云符離屬沛郡李奇云徇略也音辭峻反攻銍酇苦柘譙皆下之徐廣曰苦柘屬陳餘皆在沛也行收兵比至陳索隱曰地理志陳縣屬淮陽車六七百乘騎千餘卒數萬人攻陳正義曰今陳州城也本楚襄王築古陳國城也陳守令皆不在索隱曰張晏云郡守縣令皆不在非也地理志及秦三十六郡並無陳郡則陳止是縣令言守令則守非官也與下守丞同也則皆是衍字也獨守丞與戰譙門中索隱曰盍謂陳縣之城門一名麗譙故曰譙門中非上譙縣之門也譙縣守前已下故弗勝守丞死乃入據陳數日號令召三老豪傑與皆來會計事三老豪傑皆曰將軍身被堅執銳伐無道誅

暴秦復立楚國之社稷功宜爲王陳涉乃立爲王號爲張楚索隱曰李奇云欲張大楚國故稱張楚也當此時諸郡縣苦秦吏者皆刑其長吏殺之以應陳涉乃以吳叔爲假王監諸將以西擊滎陽令陳人武臣張耳陳餘徇趙地令汝陰人鄧宗徇九江郡當此時楚兵數千人爲聚者不可勝數葛嬰至東城立襄彊爲楚王索隱曰東城縣名地理志屬九江〇正義曰括地志云東城故城在濠州定遠縣東南五十里也嬰後聞陳王已立因殺襄彊還報至陳陳王誅殺葛嬰陳王令魏人周市北徇魏地吳廣圍滎陽李由爲三川守索隱曰三川今洛陽也地有伊洛河故曰三川秦曰三川漢曰河南

郡李由李斯子也守滎陽吳叔弗能下陳王徵國之豪傑與計以上蔡人房君蔡賜爲上柱國漢書音義曰房君官號也姓蔡名賜瓚曰房邑君也〇索隱曰房邑也爵之於房號曰房君晉灼按張耳傳言相國房君者蓋誤耳涉始號楚因楚有柱國之官故以官蔡賜蓋其時草創亦未置相國之官也〇正義曰豫州吳房縣本房子國是所封也周文陳之賢人也文穎曰即周章嘗爲項燕軍視日如淳曰視日時吉凶舉動之占也司馬季主爲日者事春申君自言習兵陳王與之將軍印西擊秦行收兵至關車千乘卒數十萬至戲正義曰即京東戲亭也軍焉秦令少府章邯免酈山徒人奴產子服虔曰家人之產奴也〇索隱曰小顏云猶今言家產奴也悉發以擊楚大軍盡敗之周文敗走出關止次曹陽索隱曰晉灼云亭名也在弘農

東十三里小顏云曹水之陽也其水出陜縣西南崤頭山北流入河魏武帝改爲好陽也○正義曰括地志云曹陽故亭亦名好陽亭在陜州桃林縣東南十四里崔浩云曹陽坑名自南出北通於河按魏武帝改曰好陽也二三月章邯追敗之復走次澠池正義曰澠池河南府縣是也十餘日章邯擊大破之周文自剄軍遂不戰徐廣曰十二月也索隱曰越系家勾踐使罪人三行屬劍於頸曰不敢逃刑乃自剄郭璞注三蒼以爲剄刺也武臣到邯鄲自立爲趙王陳餘爲大將軍張耳召騷爲左右丞相陳王怒捕繫武臣等家室欲誅之柱國曰秦未亡而誅趙王將相家屬此生一秦也不如因而立之陳王乃遣使者賀趙而徙繫武臣等家屬宮中而封其子張敖爲成都君正義曰成都蜀郡縣涉遙封之趣趙兵亟入關索隱曰趣音促謂催促也亟音棘亟急也趙王將相相與謀曰王王趙非楚意也楚已誅秦必加兵於趙計莫如毋西兵使使北徇燕地以自廣也趙南據大河北有燕代楚雖勝秦不敢制趙若楚不勝秦必重趙趙乘秦之弊可以得志於天下趙王以爲然因不西兵而遣故上谷卒史韓廣將兵北徇燕地燕故貴人豪傑謂韓廣曰楚已立王趙又已立王燕雖小亦萬乘之國也願將軍立爲燕王韓廣曰廣母在趙不可燕人曰趙方西憂秦南憂楚其力不能禁我且以楚

之彊不敢害趙王將相之家趙獨安敢害將軍之家韓廣以爲然乃自立爲燕王居數月趙奉燕王母及家屬歸之燕當此之時諸將之徇地者不可勝數周市北徇地至狄徐廣曰今之臨濟狄人田儋殺狄令自立爲齊王以齊反擊周市市軍散還至魏地欲立魏後故甯陵君咎爲魏王應劭曰魏諸公子咎欲立六國後以樹黨○索隱曰晉灼云甯陵今在梁國按今梁國有寧陵縣是字轉異耳○正義曰括地志云宋州寧陵縣城古甯陵城也時咎在陳王所不得之魏魏地已定欲相與立周市爲魏王周市不肯使者五反陳王乃立甯陵君咎爲魏王遣之國周市卒爲相將軍田臧等相與謀曰周章軍已破矣秦兵旦暮至我圍滎陽城弗能下秦軍至必大敗不如少遺兵足以守滎陽索隱曰遺作遺遺謂留餘也悉精兵迎秦軍今假王驕不知兵權不可與計非誅之事恐敗因相與矯王令以誅吳叔獻其首於陳王陳王使使賜田臧楚令尹印使爲上將田臧乃使諸將李歸等守滎陽城自以精兵西迎秦軍於敖倉與戰田臧死軍破章邯進兵擊李歸等滎陽下破之李歸等死陽城人鄧說將兵居郯索隱曰地理志陽城縣屬潁川說音悅凡人名皆音悅郯音談小顏云郯東海之縣名非也按章邯軍此時未至東海此

郯別是也名或恐郯當作郟郟是郟鄏之地或見下有東海郟縣故誤也○正義曰郯海州疑郯當作郟郟音紀洽反郟即春秋時郟地楚郟敖葬之今汝州郟縣城是鄧說是陽城人陽城河南府縣与郟城縣相近又走陳蓋郟字誤作郯耳

章邯別將擊破之鄧說軍散走陳銍人伍徐徐廣曰一作逢○索隱曰地理志銍縣名屬沛漢書作伍逢將兵居許正義曰括地志云許州許昌縣本漢許縣地理志云許縣故國姜姓四岳之後大叔所封二十四君為楚所滅漢以為縣魏文帝即位改許曰許昌也章邯擊破之伍徐軍皆散走陳陳王誅鄧說陳王初立時陵人秦嘉地理志泗水國有陵縣也銍人董緤符離人朱雞石取慮人鄭布索隱曰地理志取慮縣名屬臨淮音秋閭二音取又音子臾反徐人丁疾等皆特起將兵圍東海守慶正義曰今海州也於郯陳王聞乃使武平君畔為將軍張晏曰畔名也監郯

下軍秦嘉不受命嘉自立為大司馬惡屬武平君告軍吏曰武平君年少不知兵事勿聽因矯以王命殺武平君畔章邯已破伍徐擊陳柱國房君死章邯又進兵擊陳西張賀軍陳王出監戰軍破張賀死臘月張晏曰秦之臘月夏之九月瓚曰建丑之月也○索隱曰顏游秦云按史記表二世十月誅葛嬰十一月周文死十二月陳涉死是也宗懍荊楚記云臘節在十二月故因是謂之臘月也陳王之汝陰還至下城父索隱曰按舊讀以陳王從汝陰還至城父縣因降下之故云還至下城父又顏氏按郡國志山桑縣有下城父聚在城父縣東下讀如字其說為得之其御莊賈殺以降秦陳勝葬碭正義曰音唐今宋州碭山縣是謚曰隱王陳王故涓人將軍呂臣應劭曰涓人知謁者將軍姓呂名臣也晉灼曰呂氏春秋

荊柱國莊伯令謁者駕令涓人取冠○索隱曰涓音公玄反服虔云給通如今謁者為倉頭軍起新陽徐廣曰在汝南也○索隱曰韋昭云軍皆著青帽故曰倉頭○正義曰括地志云新陽故城在豫州真陽縣西南四十二里漢新陽縣城應劭云在新水之陽也攻陳下之殺莊賈復以陳為楚索隱曰為如字讀謂以陳地為楚國初陳王至陳令銍人宋留將兵定南陽入武關留已徇南陽聞陳王死南陽復為秦宋留不能入武關乃東至新蔡遇秦軍宋留以軍降秦秦傳留至咸陽車裂留以徇秦嘉等聞陳王軍破出走乃立景駒為楚王徐廣曰正月嘉為上將軍引兵之方與正義曰房預二音方與兗州縣也欲擊秦軍定陶下正義曰今曹州也使公孫慶使齊王欲與并力

俱進齊王曰聞陳王戰敗不知其死生楚安得不請而立王公孫慶曰齊不請楚而立王楚何故請齊而立王且楚首事當令於天下田儋誅殺公孫慶秦左右校索隱曰即左右校尉軍也復攻陳下之呂將軍走收兵復聚鄱盜鄱音婆英布居江中為羣盜陳勝之起布歸番君吳芮故謂之鄱盜者也當陽君黥布之兵相收復擊秦左右校破之青波漢書音義曰地名也復以陳為楚會項梁立懷王孫心為楚王陳勝王凡六月已為王王陳其故人嘗與庸耕者聞之之陳扣宮門曰吾欲見涉宮門令欲縛之自辨數乃置晉灼曰數音朋友數斯疏矣○索隱曰數音踈主反

謂自辨說數與涉有故舊事驗也又音朔數謂自辨往數與涉有故也不肯爲通陳王出
遮道而呼涉陳王聞之乃召見載與俱歸入宮
見殿屋帷帳客曰夥頤涉之爲王沈沈者應劭曰沈沈宮
室深邃之貌也沈音長含反含一作金。索隱曰服虔云楚人謂多爲夥又言頤者助聲之辭也謂涉爲王宮殿帷帳庶
物夥多驚而偉之故稱夥頤也劉伯莊以沈沈猶談談謂故人呼爲沈沈猶俗云談談漢也楚人謂多
爲夥故天下傳之夥涉爲王由陳涉始客出入
愈益發舒言陳王故情或說陳王曰客愚無知
顓妄言輕威陳王斬之諸陳王故人皆自引去
由是無親陳王者索隱曰顧氏引孔叢子云陳勝爲王妻之父兄往焉勝以衆賓待之妻父
怒云怙彊而傲長者不能久焉不辭而去是其事類也陳王以朱房爲中正胡

武爲司過主司羣臣諸將徇地至令之不是者
繫而罪之以苛察爲忠其所不善者弗下吏輒
自治之索隱曰謂朱房胡武等以素所不善者即自驗問不往下吏也陳王信用之
諸將以其故不親附此其所以敗也陳勝雖已
死其所置遣侯王將相竟亡秦由涉首事也高
祖時爲陳涉置守冢三十家碭至今血食
褚先生曰徐廣曰一作太史公駰案班固奏事云太史遷取賈誼過秦上下篇以爲秦始皇本紀陳涉世
家下贊文然則言褚先生者非也。索隱曰徐廣裴駰據所見別本及班彪奏事皆云合作太史公今據此是褚先生述
史記加此贊首地形險阻數句然後始稱賈生之言因即改太史公之目而自題己位號也已下義並已見始皇之本紀
地形險阻所以爲固也兵革形法所以爲治也

猶未足恃也夫先王以仁義爲本而以固塞文
法爲枝葉豈不然哉吾聞賈生之稱曰秦孝公
據殽函之固韋昭曰殽謂二殽函函谷關也擁雍州之地君臣固守
以窺周室有席卷天下包舉宇內囊括四海之
意并吞八荒之心當是時也商君佐之內立法
度務耕織脩守戰之備外連衡而鬭諸侯於是
秦人拱手而取西河之外孝公既沒惠文王武
王昭王蒙故業因遺策南取漢中西舉巴蜀東
割膏腴之地收要害之郡諸侯恐懼會盟而謀
弱秦不愛珍器重寶肥饒之地以致天下之士

合從締交相與爲一當此之時齊有孟嘗趙有
平原楚有春申魏有信陵此四君者皆明知而
忠信寬厚而愛人尊賢而重士約從連衡兼韓
魏燕趙宋衛中山之衆於是六國之士有甯越
徐尚蘇秦杜赫之屬爲之謀齊明周最正義曰音聚陳
軫邵滑正義邵作昭樓緩翟景蘇厲樂毅之徒通其
意吳起孫臏帶他兒良王廖田忌廉頗趙奢之
倫制其兵嘗以什倍之地百萬之師仰關而攻
秦索隱曰仰字亦作卬並音仰謂秦地形高故並仰向關門而攻秦有作叩字非也秦人開關
而延敵九國之師遁逃而不敢進索隱曰九國者謂六國之外更

（有宋衛中山）秦無亡矢遺鏃之費而天下固已困矣於是從散約敗爭割地而賂秦秦有餘力而制其獘追亡逐北伏尸百萬流血漂櫓（索隱曰說文云櫓大楯也）因利乘便宰割天下分裂山河彊國請服弱國入朝施及孝文王莊襄王享國之日淺國家無事及至始皇奮六世之餘烈振長策而御宇內吞二周而亡諸侯履至尊而制六合執敲朴以鞭笞天下（索隱曰臣瓚云短曰敲長曰朴）威振四海南取百越之地以為桂林象郡百越之君俛首係頸委命下吏乃使蒙恬北築長城而守藩籬卻匈奴七百餘

里胡人不敢南下而牧馬士亦不敢貫弓而報怨（索隱曰貫音烏還反又如字貫謂上弦也）於是廢先王之道燔百家之言以愚黔首墮名城殺豪俊收天下之兵聚之咸陽銷鋒鍉（徐廣曰一作鏑）鑄以為金人十二（索隱曰各重千石坐高二丈號曰翁仲）以弱天下之民然後踐華為城因河為池據億丈之城臨不測之谿以為固良將勁弩守要害之處信臣精卒陳利兵而誰何（索隱曰緧今巡吏問何誰也）天下已定始皇之心自以為關中之固金城千里子孫帝王萬世之業也始皇既沒餘威振於殊俗然而陳涉甕牖繩樞之子甿隸之人（徐廣

曰田民曰甿音亡更反）而遷徙之徒也材能不及中人非有仲尼墨翟之賢陶朱猗頓之富也躡足行伍之間俛仰阡陌之中（索隱曰仟佰謂千人百人之長也漢書作阡陌如淳云時皆僻屈在阡陌之中陌音貊）率罷散之卒將數百之眾而轉攻秦斬木為兵揭竿為旗天下雲會響應贏糧而景從山東豪俊遂並起而亡秦族矣且天下非小弱也雍州之地殽函之固自若也陳涉之位非尊於齊楚燕趙韓魏宋衛中山之君也鉏櫌棘矜非銛於句戟長鎩也（索隱曰鉏櫌謂鉏木也論語曰櫌而不輟是也棘戟也矜戟柄音勤）適戍之眾非儔於九國之師也深謀遠慮行軍

用兵之道非及鄉時之士也（索隱曰鄉音香亮反鄉時猶往時也蓋謂孟嘗信陵蘇秦陳軫之比也）然而成敗異變功業相反也嘗試使山東之國與陳涉度長絜大（索隱曰絜音下結反謂如結束知其大小也）比權量力則不可同年而語矣然而秦以區區之地致萬乘之權抑八州而朝同列（索隱曰謂秦強而抑八州使朝己也漢書作招八州亦通）百有餘年矣然後以六合為家殽函為宮一夫作難而七廟墮身死人手為天下笑者何也仁義不施而攻守之勢異也（索隱曰施音式豉反言秦虎狼之国其仁心不施及於天下故亡也）

索隱述贊曰

天下匈匈　海內乏主　掎鹿爭捷
瞻烏爰處　陳勝首事　厥號張楚
鬼怪是憑　鴻鵠自許　葛嬰東下
周文西拒　始親朱房　又任胡武
夥頤見殺　腹心不與　莊賈何人
反噬城父

陳涉世家第十八　史記四十八

外戚世家第十九　史記四十九

索隱曰外戚紀后妃也后族亦代有封爵故也漢書則編之列傳中王隱則謂之紀而在列傳之首

自古受命帝王及繼體守文之君索隱曰繼體謂非創業之主而是嫡子繼先帝之正體而立者也守文者猶法也謂非受命創制之君但守先帝法度爲之主耳非獨內德茂也蓋亦有外戚之助焉索隱曰謂非獨君德於內茂盛亦有賢后妃外戚之親以助教化也夏之興也以塗山索隱曰韋昭云塗山國名禹所娶在今九江應劭云九江當塗有禹墟大戴禮云禹娶塗山氏之女謂之女憍生啓也而桀之放也以末喜索隱曰國語桀伐有施有施人以末喜女焉韋昭云有施喜姓之國末喜其女也殷之興也以有娀索隱曰有娀國名其女簡狄吞燕卵而生契故詩云天命玄鳥降而生商是也紂之殺也嬖妲己索隱曰國語殷辛伐有蘇有蘇氏以妲己女焉按有蘇國也己姓也妲字也包

愷云妲音丁達反周之興也以姜原及大任索隱曰系本云帝嚳上妃有部氏之女曰姜原鄭玄箋詩云姜姓嫄名履大人跡生后稷大任文王之母故詩云摯仲氏任毛詩云摯國任姓之中女也而幽王之禽也淫於褒姒索隱曰國語曰幽王伐有褒褒人以褒姒女焉按褒是國名姒是其姓即龍漦之子褒人育而以女於幽王也然此文自夏之興至褒姒皆是史蘇之詞見國語及列女傳故易基乾坤詩始關雎書美釐降春秋譏不親迎索隱曰公羊紀裂繻來逆女傳曰外逆女不書此何以書譏也何譏爾始不親迎也夫婦之際人道之大倫也禮之用唯婚姻爲兢兢夫樂調而四時和陰陽之變萬物之統也索隱曰以言若樂聲調能令四時和而陰陽變陰陽變則能生萬物是陰陽即夫婦也夫婦道和而能化生萬物萬物人爲之本故云萬物之統也可不慎與人能弘道無如命何甚哉妃匹

之愛索隱曰妃音配又如字君不能得之於臣索隱曰以言夫婦親愛之情雖君父之尊不奪臣子所好愛使移其本意是不能得也故曰四夫不可奪志也父不能得之於子況卑下乎既驩合矣或不能成子姓索隱曰鄭玄註禮記云姓者子姓謂衆孫也即趙飛鷰等是也能成子姓矣或不能要其終索隱曰按謂有始不能要其終也以言雖有子姓而意不能要終如栗姬衞后等是也豈非命也哉孔子罕稱命蓋難言之也非通幽明之變惡能識乎性命哉索隱曰惡音烏猶於何也

太史公曰秦以前尚略矣其詳靡得而記焉

漢興呂娥姁徐廣曰姁音況羽反呂后姊字長姁也索隱曰娥姁呂后字按漢書小顏云呂后名雉字娥姁爲高祖正后男爲太子及晚節色衰愛

弛而戚夫人有寵索隱曰漢書云得定陶戚姬其子如意幾代太子者數矣及高祖崩呂氏夷戚氏誅趙王而高祖後宮唯獨無寵疏遠者得無恙索隱曰爾雅云恙憂也一說古者野居露宿恙噬人蟲也故人相恤云得無恙乎呂后長女爲宣平侯張敖妻敖女爲孝惠皇后索隱曰皇甫謐云名嫣呂太后以重親故欲其生子萬方終無子詐取後宮人子爲子及孝惠帝崩天下初定未久繼嗣不明於是貴外家王諸呂以爲輔而以呂祿女爲少帝后欲連固根本牢甚然無益也高后崩合葬長陵關中記曰高祖陵在西呂后陵在東漢帝后同塋則爲合葬不合陵也諸陵皆如此祿產等

懼誅謀作亂大臣征之天誘其統徐廣曰一作紀卒滅
呂氏唯獨置孝惠皇后居北宮索隱曰在未央北故曰北宮○正義
曰括地志云北宮在雍州長安縣西北十三里與桂宮相近在長安故城中迎立代王是爲
孝文帝奉漢宗廟此豈非天邪非天命孰能當
之
薄太后父吳人姓薄氏秦時與故魏王宗家女
魏媼通索隱曰媼音烏老反然媼是婦人之老者通號故趙太后自稱媼及劉媼衛媼之屬是也生
薄姬而薄父死山陰因葬焉索隱曰顧氏按冢墓記薄父冢在會稽縣
西北嶯山上今猶有北域嶯音莊洽反○正義曰括地志云嶯山在越州會稽縣西北三里一名櫻山嶯音莊洽反
及諸侯畔秦魏豹立爲魏王而魏媼內其女於

魏宮媼之許負所相相薄姬云當生天子是時
項羽方與漢王相距滎陽天下未有所定豹初
與漢擊楚及聞許負言心獨喜因背漢而畔中
立更與楚連和漢使曹參等擊虜魏王豹以
其國爲郡而薄姬輸織室豹已死漢王入織室
見薄姬有色詔內後宮歲餘不得幸始姬少時
與管夫人趙子兒相愛約曰先貴無相忘已而
管夫人趙子兒先幸漢王漢王坐河南宮成皋
臺索隱曰按是河南宮之成皋臺漢書作成皋靈臺西征記云武牢城內有高祖殿西南有武庫也○正義
曰括地志云洛州汜水縣古東虢州故鄭之制邑漢之成皋縣也此兩美人相與笑

薄姬初時約漢王聞之問其故兩人具以實告
漢王漢王心慘然憐薄姬是日召而幸之薄姬
曰昨暮夜妾夢蒼龍據吾腹高帝曰此貴徵
也吾爲女遂成之一幸生男是爲代王其後薄
姬希見高祖高祖崩諸御幸姬戚夫人之屬呂
太后怒皆幽之不得出宮而薄姬以希見故得
出從子之代爲代王太后太后弟薄昭從如代
代王立十七年高后崩大臣議立後疾外家呂
氏彊皆稱薄氏仁善故迎代王立爲孝文皇帝
而太后改號曰皇太后弟薄昭封爲軹侯索隱曰地
理志云軹縣在河內恐地遠非其封案長安東有軹道亭或當是所封也薄太后母亦前

死葬櫟陽北於是乃追尊薄父爲靈文侯會稽
郡置園邑三百家長丞已下吏奉守冢寢廟上
食祠如法而櫟陽北亦置靈文侯夫人園如靈
文侯園儀薄太后以爲母家魏王後早失父母
其奉薄太后諸魏有力者於是召復魏氏及尊
賞賜各以親疏受之薄氏侯者凡一人薄太后
後文帝二年以孝景帝前二年崩葬南陵索隱曰按
廟記云在霸陵南十里故謂之南陵按今在長安東滻水東原上名曰少陰在霸陵西南故曰東望吾子西望吾夫
是也○正義曰括地志云南陵故縣在雍州萬年縣東南二十四里漢南陵縣本薄太后陵邑陵在東北去縣六里

以呂后會葬長陵故特自起陵近孝文皇帝霸陵徐廣曰霸陵縣有軹道亭竇太后索隱曰皇甫謚云名猗房趙之清河觀津人也正義曰在冀州棗強縣東北二十五里呂太后時竇姬以良家子入宮侍太后太后出宮人以賜諸王各五人竇姬與在行中竇姬家在清河欲如趙近家請其主遣宦者吏正義曰謂宦者爲吏主發遣宮人也宦者忘之誤置其籍代伍中籍奏詔可當行竇姬涕泣怨其宦者不欲往相彊乃肯行至代代王獨幸竇姬生女嫖索隱曰嫖音匹消反後生兩男而代王王后生

四男先代王未入立爲帝而王后卒後代王立爲帝而王后所生四男更病死孝文帝立數月公卿請立太子而竇姬長男最長立爲太子立竇姬爲皇后女嫖爲長公主其明年立少子武爲代王已而又徙梁是爲梁孝王竇皇后親早卒葬觀津索隱曰摯虞注決錄云竇太后父少遭秦亂隱身漁釣墜泉而死景帝立太后遣使者填父所墜淵起大墳於觀津城南人間號爲竇氏青山○正義曰括地志云竇少君墓在冀州武邑縣東南二十七里於是薄太后乃詔有司追尊竇后父爲安成侯母曰安成夫人令清河置園邑二百家長丞奉守比靈文園法竇皇后兄竇長君索隱曰決錄云建字長君

弟曰竇廣國字少君少君年四五歲時家貧爲人所略賣其家不知其處傳十餘家至宜陽爲其主入山作炭寒臥岸下百餘人岸崩盡壓殺臥者少君獨得脫不死自卜數日當爲侯從其家之長安索隱曰謂從逐其宜陽之主人家而皆往長安爲居也聞竇皇后新立家在觀津姓竇氏廣國去時雖小識其縣名及姓又常與其姊採桑墮用爲符信上書自陳竇皇后言之於文帝召見問之具言其故果是又復問他何以爲驗對曰姊去我西時與我決於傳舍中索隱曰決別也傳音轉傳舍謂郵亭傳置之舍蓋竇后初入宮時別其弟於傳舍之中也

丐沐沐我索隱曰丐音蓋丐者乞也沐米潘也謂乞潘爲弟沐也請食飯我乃去於是竇后持之而泣泣涕交橫下侍御左右皆伏地泣助皇后悲哀乃厚賜田宅金錢封公昆弟家於長安索隱曰公亦祖也謂皇后同祖之昆弟如竇嬰即皇后從昆弟子之比亦得家於長安故劉氏云公昆比弟謂廣國等也絳侯灌將軍等曰吾屬不死命乃且縣此兩人兩人所出微不可不爲擇師傅賓客又復效呂氏大事也於是乃選長者士之有節行者與居竇長君少君由此爲退讓君子不敢以尊貴驕人竇皇后病失明文帝幸邯鄲愼夫人尹姬皆毋子孝文帝崩孝景帝立

乃封廣國為章武侯索隱曰地理志縣名屬勃海。正義曰括地志云滄州魯城縣長君前死封其子彭祖為南皮侯索隱曰地理志縣名屬勃海。正義曰括地志云故南皮城在滄州南皮縣北四里漢南皮縣也吳楚反時竇太后從昆弟子竇嬰任俠自喜將兵以軍功為魏其侯索隱曰地理志縣名屬琅邪竇氏凡三人為侯竇太后好黃帝老子言帝及太子諸竇不得不讀黃帝老子尊其術竇太后後孝景帝六歲建元六年崩索隱曰當武帝建元六年此文是也而漢書作元光誤也合葬霸陵遺詔盡以東宮金錢財物賜長公主嫖

王太后槐里人索隱曰皇甫謐云后名娡音志地理志右扶風槐里本名廢丘。正義曰括地志云太丘故城一名槐里亦曰廢丘城在雍州始平縣東南十里也母曰臧兒臧兒者故燕王臧荼孫也臧兒嫁為槐里王仲妻生男曰信與兩女索隱曰即后及兒姁也而仲死臧兒更嫁長陵田氏生男蚡勝臧兒長女嫁為金王孫婦生一女矣而臧兒卜筮之曰兩女皆當貴因欲奇兩女索隱曰奇者異之也漢書作倚倚依也乃奪金氏金氏怒不肯予決乃內之太子宮太子幸愛之生三女一男男方在身時王美人夢日入其懷以告太子太子曰此貴徵也未生而孝文帝崩孝景帝即位王夫人生男索隱曰即武帝也漢武故事云帝以乙酉年七月七日生於猗蘭殿也先是

臧兒又入其少女兒姁索隱曰姁音況羽反兒姁生四男索隱曰謂廣川王越膠東王寄清河王舜常山王憲也景帝為太子時薄太后以薄氏女為妃及景帝立立妃曰薄皇后皇后毋子毋寵薄太后崩廢薄皇后景帝長男榮其母栗姬栗姬齊人也立榮為太子長公主嫖有女欲予為妃栗姬妒而景帝諸美人皆因長公主見景帝得貴幸皆過栗姬索隱曰過音戈謂踰之栗姬日怨怒謝長公主不許長公主欲予王夫人王夫人許之長公主怒而日讒栗姬短於景帝曰栗姬與諸貴夫人幸姬會常使侍者祝唾其背

挾邪媚道景帝以故望之索隱曰望猶責望謂恨之也景帝嘗體不安心不樂屬諸子為王者於栗姬曰百歲後善視之栗姬怒不肯應言不遜景帝恚心嗛之而未發也索隱曰嗛音銜漢書作銜銜猶恨也長公主日譽王夫人男之美景帝亦賢之又有曩者所夢日符計未有所定王夫人知帝望栗姬因怒未解陰使人趣大臣立栗姬為皇后大行奏事畢索隱曰大行禮官行音衡曰子以母貴母以子貴索隱曰此皆公羊傳之文也今太子母無號宜立為皇后景帝怒曰是而所宜言邪遂案誅大行而廢太子為臨江王栗姬愈恚

恨不得見以憂死卒立王夫人爲皇后其男爲太子封皇后兄信爲蓋侯索隱曰地理志縣名屬太山景帝崩太子襲號爲皇帝尊皇太后母臧兒爲平原君正義曰德州縣也封田蚡爲武安侯索隱曰地理志縣名屬魏郡。正義曰括地志云武安故城在洺州武安縣西南七里六國時趙邑漢武安縣城也勝爲周陽侯索隱曰地理志縣名屬上郡。正義曰括地志云周陽故城在絳州聞喜縣東二十九里也景帝十三男一男爲帝十二男皆爲王而兒姁早卒其四子皆爲王王太后長女號曰平陽公主正義曰括地志云平陽故城即晉州城西面今平陽故城東面也城記云堯築也次爲南宮公主正義曰南宮冀州縣也次爲林慮公主索隱曰林慮縣名屬河內本名隆慮避殤帝諱改名林慮

慮音盧。正義曰林慮相州縣也蓋侯信好酒田蚡勝貪巧於文辭王仲早死葬槐里追尊爲共侯置園邑二百家及平原君卒從田氏葬長陵置園比共侯園而王太后後孝景帝十六歲以元朔四年崩合葬陽陵正義曰括地志云陽陵在雍州咸陽縣東四十里王太后家凡三人爲侯

衛皇后字子夫生微矣蓋其家號曰衛氏正義曰衛青傳云父鄭季爲吏給事平陽侯家與侯妾衛媼通生青故冒衛氏出平陽侯邑徐廣曰平陽侯曹壽尚平陽公主子夫爲平陽主謳者武帝初即位數歲無子平陽主求諸良家子女十餘人飾置家武

帝祓徐廣曰三月上巳臨水祓除謂之禊呂后本紀亦云三月祓還過軹道蓋與游字相似故或定之也索隱曰小顏祓音廢今亦音拂謂祓禊之遊水自潔故云祓除也霸上還因過平陽主主見所侍美人上弗說既飲謳者進上望見獨說衛子夫是日武帝起更衣子夫侍尚衣軒中得幸正義曰尚主也於主衣車中得幸也上還坐驩甚賜平陽主金千斤主因奏子夫奉送入宮子夫上車平陽主拊其背曰行矣彊飯勉之即貴無相忘入宮歲餘竟不復幸武帝擇宮人不中用者斥出歸之衛子夫得見涕泣請出上憐之復幸遂有身尊寵日隆召其兄衛長君弟青爲侍中而

子夫後大幸有寵凡生三女一男索隱曰三女謂諸邑石邑及衛長公主後封爲當利公主也男名據索隱曰即戾太子初上爲太子時娶長公主女爲妃立爲帝妃立爲皇后姓陳氏索隱曰漢武故事云后名阿嬌即長公主嫖女也曾祖父嬰堂邑侯傳至午尚長公主生后也無子上之得爲嗣大長公主有力焉徐廣曰即景帝姊嫖也以故陳皇后驕貴聞衛子夫大幸恚幾死者數矣上愈怒陳皇后挾婦人媚道其事頗覺於是廢陳皇后索隱曰漢書云女子楚服等坐爲皇后呪詛大逆無道相連誅者三百餘人乃廢后居長門宮故司馬相如賦云陳皇后別在長門宮愁悶悲思奉黃金百斤爲相如取酒乃爲作頌以奏皇后復親幸作頌信工也復親幸之恐非實也而立衛子夫爲皇后陳皇后母大長公主

景帝姊也數讓武帝姊平陽公主曰帝非我不得立已而棄捐吾女壹何不自喜而倍本乎平陽公主曰用無子故廢耳陳皇后求子與醫錢凡九千萬然竟無子衛子夫已立爲皇后先是衛長君死乃以衛青爲將軍擊胡有功封爲長平侯索隱曰地理志縣名屬汝南青三子在襁褓中皆封爲列侯及衛皇后所謂姊衛少兒少兒生子霍去病以軍功封冠軍侯索隱曰地理志冠軍屬河陽號驃騎將軍青號大將軍立衛皇后子據爲太子衛氏枝屬以軍功起家五人爲侯及衛后色衰趙之王夫人

幸有子爲齊王索隱曰名閎王夫人早卒而中山李夫人有寵有男一人爲昌邑王索隱曰名髆正義曰名賀李夫人早卒索隱曰李延年之女弟漢書云帝悼之李少翁致其形帝爲作賦其兄李延年以音幸號協律協律者故倡也兄弟皆坐姦族是時其長兄廣利爲貳師將軍伐大宛不及誅還而上既夷李氏後憐其家乃封爲海西侯正義曰漢武帝令李廣利征大宛國近西海故號海西侯也他姬子二人爲燕王廣陵王索隱曰漢書云李姬生廣陵王胥燕王旦也其母無寵以憂死及李夫人卒則有尹婕妤之屬更有寵然皆以倡見非王侯有土之女士不

可以配人主也

褚先生曰正義曰疑此元成之間褚少孫續之也臣爲郎時問習漢家故事者鍾離生曰王太后在民間時所生子女者徐廣曰名俗。正義曰按後封修成君者父爲金王孫王孫已死景帝崩後武帝已立王太后獨在而韓王孫名嫣素得幸武帝承閒白言太后有女在長陵也武帝曰何不早言乃使使往先視之在其家武帝乃自往迎取之蹕道先驅旄騎出橫城門如淳曰橫音光三輔黃圖云北面西頭門。正義曰括地志云渭橋本名橫橋架渭水上在淮州咸陽縣東南二十二里按此橋對門也乘輿馳至長陵當小市西入里里門閉暴

開門乘輿直入此里通至金氏門外止使武騎圍其宅爲其亡走身自往取不得也即使左右羣臣入呼求之家人驚恐女亡匿內中牀下扶持出門令拜謁武帝下車泣曰嚄索隱曰烏百反蓋怯之辭耳。正義曰嚄叉責失聲驚愕貌也大姊何藏之深也詔副車載之廻車馳還而直入長樂宮行詔門著引籍正義曰武帝道上詔令通名狀於門使引入至太后所通到謁太后太后曰帝倦矣何從來帝曰今者至長陵得臣姊與俱來顧曰謁太后太后曰女某邪曰是也太后爲下泣女亦伏地泣武帝奉酒前爲壽奉錢千萬奴婢三

百人公田百頃甲第以賜姊太后謝曰為帝費焉於是召平陽主南宮主林慮主三人俱來謁見姊因號曰脩成君有子男一人女一人男號為脩成子仲索隱曰金氏之甥脩成君之子也而名仲者與大外祖王氏同字恐非也女為諸侯王王后徐廣曰嫁為淮南王安太子妃也此二子非劉氏以故太后憐之脩成子仲驕恣陵折吏民皆患苦之

衞子夫立為皇后后弟衞青字仲卿以大將軍封為長平侯四子長子伉為侯世子侯世子常侍中貴幸其三弟皆封為侯各千三百戶一曰陰安侯索隱曰名不疑地理志陰安縣名屬魏郡。正義曰括地志云陰安故城在魏州頓丘縣北六十里也二曰發干侯索隱曰名登地理志發干縣名屬東郡。正義曰括地志云發干故城在博州堂邑縣西南二十三里三曰宜春侯索隱曰名伉地理志宜春縣名屬汝南。正義曰括地志云宜春故城在豫州汝陽縣西六十七里貴震天下天下歌之曰生男無喜生女無怒獨不見衞子夫霸天下是時平陽主寡居當用列侯尚主主與左右議長安中列侯可為夫者皆言大將軍可主笑曰此出吾家常使令騎從我出入耳奈何用為夫乎左右侍御者曰今大將軍姊為皇后三子為侯富貴振動天下主何以易之乎於是主乃許之言

之皇后令白之武帝乃詔衞將軍尚平陽公主焉

褚先生曰丈夫龍變傳曰蛇化為龍不變其文家化為國不變其姓丈夫當時富貴百惡滅除光耀榮華貧賤之時何足累之哉

武帝時幸夫人尹婕妤索隱曰韋昭云婕承好助也一云美好也聲類云幸也字亦從女漢舊儀云皇后為婕妤下輿禮比丞相邢夫人號娙娥索隱曰服虔云娙音近妍徐廣音五耕反鄒誕生音莖字林音五經反說文云娙長也好也許慎云秦晉之閒謂好為娙又方言云美貌謂之娙娥漢舊儀云娙娥秩比將軍御史大夫眾人謂之娙何娙何秩比中二千石索隱曰崔浩云中猶滿也漢制九卿已上秩一歲滿二千石又漢官儀云中二千石俸月百八十斛容華秩比二千石索隱曰二千石是郡守之秩漢官儀云其俸月百二十斛又有眞二千石者如淳云諸侯王相在郡守上秩眞二千石漢律眞二千石俸月二萬按是二萬斛則二萬斗亦是二千石也崔浩云列卿已上秩石皆正二千石則是眞二千石也其云中二千石亦不滿二千蓋千八九百耳此崔氏說今兼引而解之婕妤秩比列侯常從婕妤遷為皇后尹夫人與邢夫人同時並幸有詔不得相見尹夫人自請武帝願望見邢夫人帝許之即令他夫人飾從御者數十人為邢夫人來前尹夫人前見之曰此非邢夫人身也帝曰何以言之對曰視其身貌形狀不足以當人主矣於是帝乃詔使邢夫人衣故衣獨身來前尹夫人望見之曰

此眞是也於是乃低頭俛而泣自痛其不如也諺曰美女入室惡女之仇

褚先生曰浴不必江海要之去垢馬不必騏驥要之善走士不必賢世要之知道女不必貴種要之貞好傳曰女無美惡入室見妬士無賢不肖入朝見嫉美女者惡女之仇豈不然哉

鉤弋夫人姓趙氏河間人也索隱曰漢書云武帝過河間望氣者言此有奇女天子亟使使召之女兩手皆拳上自披之手即伸由是得幸號曰拳夫人後居鉤弋宮號曰鉤弋夫人列仙傳云發手得一玉鉤故號焉黃圖云鉤弋宮在城外漢武故事云宮在直門南廟記云宮有千門萬戶不可記其名也昭帝即位追尊太后父趙父爲順成侯。正義曰括地志云鉤弋宮在長安城中門名堯毋門也得幸武帝生子一人昭帝是也武帝年七十乃生昭帝昭帝立時年五歲耳徐廣曰武帝崩年正七十昭帝年八歲耳。索隱曰此褚先生之記漢書云元始三年生昭帝又誤按元始當作太始也衛太子廢後未復立太子而燕王旦上書願歸國入宿衛武帝怒立斬其使者於北闕上居甘泉宮召畫工圖畫周公負成王也於是左右羣臣知武帝意欲立少子也後數日帝譴責鉤弋夫人夫人脫簪珥叩頭帝曰引持去送掖庭獄夫人還顧帝曰趣行女不得活夫人死雲陽宮索隱曰三輔故事云葬甘泉宮南後昭帝起雲陵邑三千戶漢武故事云既殯香聞十里上疑非常人發棺無尸衣屨存焉。正義曰括地志云雲陽宮秦之甘泉宮在雍州

雲陽縣西北八十里秦始皇作甘泉宮去長安三百里黃帝以來祭圓丘處也時暴風揚塵百姓感傷使者夜持棺往葬之正義曰括地志云雲陽陵漢鉤弋夫人陵也在雲陽縣西北五十八里孝武帝鉤弋趙婕妤昭帝之母齊人姓趙少好清靜六年臥病右手拳飲食少望氣者云東北有貴人推而得之召到姿色甚佳武帝持其手伸之得玉鉤後生昭帝武帝末年殺夫人殯之而尸香一日昭帝更葬之棺但存絲履也宮記云武帝思之爲起通靈臺於甘泉常有一青鳥集臺上往來至宣帝時乃止封識其處其後帝閑居問左右曰人言云何左右對曰人言且立其子何去其母乎帝曰然是非兒曹愚人所知也往古國家所以亂也由主少母壯也女主獨居驕蹇淫亂自恣莫能禁也女不聞呂后邪故諸爲武帝生子者無男女其母無不譴死豈可謂非賢聖哉昭然遠見爲後世計慮固非淺聞愚儒之所及也謚爲武豈虛哉

索隱述贊曰禮貴夫婦易敘乾坤配陽成化比月居尊河洲降淑天曜垂軒德著任姒慶流娀嫄建我炎曆斯道克存呂權大寶實薔玄言自茲已降立嬖以恩內無常主後嗣不繁

外戚世家第十九　史記四十九

楚元王劉交

楚元王世家第二十　史記五十

楚元王劉交者正義曰年表云都彭城高祖之同母徐廣曰一作父索隱曰漢書作同父言同父以明異母也少弟也字游高祖兄弟四人長兄伯伯蚤卒始高祖微時嘗辟事時時與賓客過巨嫂食徐廣曰漢書云丘嫂也。索隱曰應劭云丘姓也孟康云丘空也兄亡空有嫂也今此作巨巨大也謂長嫂也劉氏云巨一作丘丘也嫂厭叔叔與客來嫂詳為羹盡櫟釜索隱曰櫟音歷謂以杓櫟釜旁使為聲漢書作轑音勞賓客以故去已而視釜中尚有羹高祖由此怨其嫂及高祖為帝封昆弟而伯子獨不得封太上皇以為言高祖曰某非忘封之也為其母不長者耳於

是乃封其子信為羹頡侯徐廣曰羹頡侯以高祖七年封十三年高后元年有罪削爵一級為關內侯。索隱曰羹頡爵號非縣名以其櫟釜故也。正義曰括地志云羹頡山在嬀州懷戎縣東南十五里按高祖取其山名為侯號者怨故也而王次兄仲於代徐廣曰次兄名喜字仲以六年立為代王其年罷卒諡頃王有子曰濞高祖六年已禽楚王韓信於陳乃以弟交為楚王都彭城索隱曰漢書云楚王王薛郡東海彭城三十六郡也即位二十三年卒子夷王郢立索隱曰漢書名郢客也夷王四年卒子王戊立王戊立二十年冬坐為薄太后服私姦削東海郡索隱曰漢書云私姦服舍中姚察云姦於服舍非必宮中又按集註服虔云私姦中人蓋以罪重故至削郡也春戊與吳王合謀反其相張尚太傅趙夷吾諫不聽戊則殺尚夷

趙王劉遂

吾起兵與吳西攻梁破棘壁正義曰括地志云大棘故城在宋州寧陵縣西七十里州即梁棘壁至昌邑南正義曰括地志云有梁丘故城在曹州成武縣東北三十二里也與漢將周亞夫戰漢絕吳楚糧道士卒飢吳王走楚王戊自殺軍遂降漢漢已平吳楚孝景帝欲以德侯子續吳徐廣曰德侯名廣吳王濞之弟也其父曰仲以元王子禮續楚竇太后曰吳王老人也宜為宗室順善今乃首率七國紛亂天下奈何續其後不許吳許立楚後是時禮為漢宗正乃拜禮為楚王奉元王宗廟是為楚文王文王立三年卒子安王道立安王二十二年卒子襄王經立襄王立

十四年卒子王純代立王純立地節二年中人上書告楚王謀反王自殺國除入漢為彭城郡徐廣曰純立十七年卒諡節三子延壽立十九年死。索隱曰太史公唯記王純為國人告反國除蓋延壽後更封至十九年又謀反誅死故不同也。正義曰漢書云王純嗣十六年子延壽嗣與趙何齊謀反延壽自殺立三十二年國除與此不同地節是宣帝年號去天漢四年二十九年仍隔昭帝世言到地節二年以下者蓋褚先生誤也趙王劉遂者正義曰年表云都邯鄲其父高祖中子名友諡曰幽幽王以憂死故為幽高后王呂祿於趙一歲而高后崩大臣誅諸呂呂祿等乃立幽王子遂為趙王孝文帝即位二年立遂弟辟彊索隱曰音辟壃又音闢彊取趙之河間郡為河間王正義曰河間今瀛州也以為

文王立十三年卒子哀王福立一年卒無子絕後國除入于漢遂既王趙二十六年孝景帝時坐鼂錯以適削趙王常山之郡吳楚反趙王遂與合謀起兵其相建德索隱曰建德其相名史先失姓也內史王悍諫不聽遂燒殺建德王悍發兵屯其西界欲待吳與俱西北使匈奴與連和攻漢漢使曲周侯酈寄擊之趙王遂還城守邯鄲相距七月吳楚敗於梁不能西匈奴聞之亦止不肯入漢邊欒布自破齊還乃并兵引水灌趙城趙城壞趙王自殺邯鄲遂降正義曰邯鄲洺州縣也趙幽王絕後

太史公曰國之將興必有禎祥君子用而小人退國之將亡賢人隱亂臣貴使楚王戊毋刑申公遵其言索隱曰漢書申公名培王戊胥靡之趙任防與先生趙堯傳曰趙人防與公也○索隱曰此及漢書雖不見趙不用防與公蓋當時猶知事迹或別有所見故太史公明引以結其贊豈有篡殺之謀為天下僇哉賢人乎賢人乎非質有其內惡能用之哉甚矣安危在出令存亡在所任誠哉是言也

索隱述贊曰漢封同姓楚有令名既滅韓信王失彭城穆生致醴韋孟作程王戊棄德與吳連兵太后命禮為楚罪輕文襄繼立世挺才英如何趙遂代殞厥聲與亡之兆所任宜明

楚元王世家第二十　史記五十

荊燕世家第二十一　史記五十一

荊王劉賈正義曰年表云都吳也諸劉者不知其何屬漢書賈高帝從父兄。索隱曰註引漢書則班固或別有所見也初起時漢王元年還定三秦劉賈為將軍定塞地索隱曰即桃林之塞從東擊項籍漢四年漢王之敗成皋北渡河得張耳韓信軍軍脩武深溝高壘使劉賈將二萬人騎數百渡白馬津入楚地正義曰括地志云黎陽一名白馬津在滑州白馬縣北三十里按賈從此津南過入楚地也燒其積聚以破其業無以給項王軍食而已楚兵擊劉賈賈輒壁不肯與戰而與彭越相保漢五年漢王追項籍至固陵徐廣曰在陽夏正義曰括地志云固陵陵名在陳州宛丘縣西北四十二里使劉賈南渡淮圍壽春正義曰今壽州壽春縣是也還至使人閒招楚大司馬周殷周殷反楚佐劉賈舉九江迎武王黥布兵皆會垓下共擊項籍漢王因使劉賈將九江兵與太尉盧綰西南擊臨江王共尉索隱曰共敖之子共尉已死以臨江為南郡正義曰今荊州也漢六年春會諸侯於陳正義曰今陳州也廢楚王信囚之分其地為二國當是時也高祖子幼昆弟少又不賢欲王同姓以鎮天下乃詔曰將軍劉賈有功及擇子弟可以為王者群臣皆曰立劉賈為荊王王淮東五十二城

索隱曰表云劉賈都吳又漢書以東陽郡封賈東陽即臨淮故云王淮東。正義曰括地志云西北四十里蓋此縣是也高祖弟交為楚王王淮西三十六城正義曰淮以西徐泗濠等州也因立子肥為齊王始王昆弟劉氏也高祖十一年秋淮南王黥布反東擊荊荊王賈與戰不勝走富陵索隱曰地理志縣名屬臨淮。正義曰括地志云富陵故城在楚州盱眙縣東北六十里為布軍所殺高祖自擊破布十二年立沛侯劉濞為吳王王故荊地

燕王劉澤者諸劉遠屬也漢書澤高祖從祖昆弟索隱曰楚漢春秋田子春說張卿云劉澤宗家也按言宗家似疎遠矣然則班固言從祖昆弟當別有所見高帝三年澤為郎中高帝十一年澤以將軍擊陳豨得王黃為營陵侯索隱曰地理志縣名在北海。正義曰括地志云營陵故城在青州北海縣南三十里高后時齊人田生晉灼曰楚漢春秋田子春游之資以畫干營陵侯澤服虔曰以計畫干之也文穎曰以工畫得寵也。索隱曰兩家之義並通澤大說之用金二百斤為田生壽田生已得金即歸齊二年澤使人謂田生曰弗與矣孟康曰與黨與言不復與我為與也文穎曰不得與汝相知田生如長安不見澤而假大宅令其子求事呂后所幸大謁者張子卿徐廣曰名澤駰案如淳曰閹人也居數月田生子請張卿臨親脩具張卿許往田生盛帷帳共具譬如列侯張卿驚酒酣乃屏人說張卿曰臣觀諸侯王邸第百餘皆高祖

一切功臣索隱曰此一切猶一例同時也非如他一切訓權時也今呂氏雅故
本推轂高帝就天下如淳曰呂公知高祖相貴以女妻之推轂使爲長者贊曰謂諸
呂共推轂高祖征伐成帝業雅正意也○索隱曰雅訓素也謂呂氏素心奉推高祖取天下若人推轂欲前進塗然
也推音昌誰反功至大又親戚太后之重太后春秋長
諸呂弱太后欲立呂產爲呂王王代太后又重
發之文穎曰欲發之恐大臣不聽鄧展曰重難發事恐大臣不聽今卿最
幸大臣所敬何不風大臣以聞太后太后必喜
諸呂已王萬戶侯亦卿之有正義曰高后紀云封張卿爲建陵侯太
后心欲之而卿爲內臣不急發恐禍及身矣張
卿大然之乃風大臣語太后太后朝因問大臣

大臣請立呂產爲呂王太后賜張卿千斤金張
卿以其半與田生田生弗受因說之曰呂產王
也諸大臣未大服今營陵侯澤諸劉爲大將軍
獨此尚觖望索隱曰觖音決又音窺睡反今卿言太后列十餘
縣王之彼得王喜去諸呂王益固矣張卿入言
太后然之乃以營陵侯劉澤爲琅邪王琅邪王
乃與田生之國田生勸澤急行毋留出關太后
果使人追止之已出即還及太后崩琅邪王澤
乃曰帝少諸呂用事劉氏孤弱乃引兵與齊王
合謀西漢書音義曰澤至齊爲齊王所劫不得去乃說王求詣京師齊具車送之不爲本與齊合謀也

索隱曰漢書齊王傳云使祝午結琅邪王至齊因留琅邪王不得反國澤乃說求入關齊乃送之與此文不同者劉
氏以爲燕齊兩史各言其主立功之迹太史公聞疑遂各記之則所謂實錄欲誅諸呂至梁
聞漢遣灌將軍屯滎陽澤還兵備西界遂跳驅
至長安漢書音義曰跳驅馳至長安也○索隱曰跳他彫反脫獨去也又音條謂疾去也代王
亦從代至諸將相與琅邪王共立代王爲天子
天子乃徙澤爲燕王乃復以琅邪予齊復故地
李奇曰本齊地分以王澤今復與齊也澤王燕二年薨謚爲敬王傳
子嘉爲康王至孫定國與父康王姬姦生子男
一人奪弟妻爲姬與子女三人姦定國有所欲
誅殺臣肥如令郢人如淳曰定國自欲有所殺餘臣肥如令郢人以告之○索隱曰

如淳意以肥如亦臣名令郢人以告定國也小顏以爲定國欲有所誅殺餘臣而肥如令郢人乃告定國也按地理
志肥如在遼西郢人等告定國定國使謁者以他法劾
捕格殺郢人以滅口至元朔元年郢人昆弟復
上書具言定國陰事以此發覺詔下公卿皆議
曰定國禽獸行亂人倫逆天當誅上許之定國
自殺國除爲郡
太史公曰荊王王也由漢初定天下未集故劉
賈雖屬疏然以策爲王塡江淮之閒劉澤之王
權激呂氏索隱曰謂田子春欲王劉澤先使張卿說封呂產乃恐以大臣觖望澤卒得王故爲權激
諸呂也然劉澤卒南面稱孤者三世事發相重豈

不爲偉乎晉灼曰澤以金與田生以事張卿張卿言之呂后而劉澤得王故曰事發相重或曰事起於相重也。索隱曰謂先發呂氏令重而我亦得其功是事發相重也偉盛也蓋盛其能激發也

索隱述贊曰劉賈初從首定三秦既渡白馬遂圍壽春始迎黥布絕間周殷賞功胙土與楚爲鄰營陵始爵勳由擊陳田生遊說受賜千斤權激諸呂事發榮身徙封傳嗣云於郢人

荊燕世家第二十一　史記五十一

齊悼惠王世家第二十二　史記五十二

齊悼惠王正義曰年表云都臨菑　劉肥者高祖長庶男也
其母外婦也曰曹氏高祖六年立肥爲齊王食
七十城諸民能齊言者皆予齊王索隱曰謂其語音及名物異於
楚鏇一云此時人多流亡故使齊言者皆還齊王　齊王孝惠帝兄也孝惠帝
二年齊王入朝惠帝與齊王燕飲亢禮如家人
索隱曰謂齊王是兄不爲君臣禮而乃自亢敵如家人行兄弟之禮故太后怒　呂太后怒且誅
齊王齊王懼不得脫乃用其内史勳計獻城陽
郡正義曰括地志云濮州雷澤縣本漢城陽縣按後爲郡也　以爲魯元公主湯
沐邑呂太后喜乃得辭就國悼惠王即位十三

年以惠帝六年卒子襄立是爲哀王哀王元年
孝惠帝崩呂太后稱制天下事皆決於高后二
年高后立其兄子酈侯徐廣曰一作鄜。索隱曰二字皆音孚鄜縣名在馮翊酈
縣在南陽。正義曰按音呈益反括地志云故鄜城在鄜州新城縣西北四十里蓋此縣是也　呂台爲
呂王索隱曰音貽呂后兄子　割齊之濟南郡正義曰括地志云濟南故城在淄州
長山縣西北三十五里　爲呂王奉邑哀王三年其弟章入宿
衞於漢呂太后封爲朱虛侯索隱曰地理志縣名屬琅邪　以呂
祿女妻之後四年封章弟興居爲東牟侯索隱曰地
理志縣名屬東萊　皆宿衞長安中哀王八年高后割齊
琅邪郡正義曰今沂州也　立營陵侯劉澤爲琅邪王其

明年趙王友入朝幽死于邸三趙王皆廢高后
立諸呂爲三王徐廣曰燕趙梁　擅權用事朱虛侯年二
十有氣力忿劉氏不得職嘗入侍高后燕飲高
后令朱虛侯劉章爲酒吏章自請曰臣將種也
請得以軍法行酒高后曰可酒酣章進飲歌舞
已而曰請爲太后言耕田歌高后兒子畜之笑
曰顧而父知田耳若生而爲王子安知田乎索隱曰顧
猶念也而及若皆訓汝　章曰臣知之太后曰試爲我言田章
曰深耕穊種立苗欲疏非其種者鉏而去之呂
后默然頃之諸呂有一人醉亡酒章追拔劍斬

之而還報曰有亡酒一人臣謹行法斬之太后
左右皆大驚業已許其軍法無以罪也因罷自
是之後諸呂憚朱虛侯雖大臣皆依朱虛侯劉
氏爲益彊其明年高后崩趙王呂祿爲上將軍
呂王產爲相國皆居長安中聚兵以威大臣欲
爲亂朱虛侯章以呂祿女爲婦知其謀乃使人
陰出告其兄齊王欲令發兵西朱虛侯東牟侯
爲内應以誅諸呂因立齊王爲帝齊王既聞此
計乃與其舅父駟鈞索隱曰舅謂舅父猶姨稱姨母　郎中令祝午
中尉魏勃陰謀發兵齊相召平聞之索隱曰廣陵人　召平與東

陵侯召平及此召平皆似別人也功臣表平子奴以父功封黎侯也乃發卒衛王宮魏
勃紿召平曰王欲發兵非有漢虎符驗也而相
君圍王固善勃請為君將兵衛衛王召平信之
乃使魏勃將兵圍王宮勃既將兵使圍相府召
平曰嗟乎道家之言當斷不斷反受其亂乃是
也遂自殺於是齊王以駟鈞為相魏勃為將軍
祝午為內史悉發國中兵使祝午東詐琅邪王
曰呂氏作亂齊王發兵欲西誅之齊王自以兒
子年少不習兵革之事願舉國委大王大王自
高帝將也習戰事齊王不敢離兵索隱曰服虔云不敢離其兵而

到琅邪使臣請大王幸之臨菑見齊王計事并將
齊兵以西平關中之亂琅邪王信之以為然西
馳見齊王齊王與魏勃等因留琅邪王而使祝
午盡發琅邪國而并將其兵琅邪王劉澤既見
欺不得反國乃說齊王曰齊悼惠王高皇帝長
子推本言之而大王高皇帝適長孫也當立今
諸大臣狐疑未有所定而澤於劉氏最為長年大
臣固待澤決計今大王留臣無為也不如使我
入關計事齊王以為然乃益具車送琅邪王琅
邪王既行齊遂舉兵西攻呂國之濟南於是齊

哀王遺諸侯王書曰高帝平定天下王諸子弟
悼惠王於齊悼惠王薨惠帝使留侯張良立臣
為齊王惠帝崩高后用事春秋高聽諸呂擅廢
高帝所立又殺三趙王正義曰隱王如意幽王友梁王恢徙趙並高祖子也
滅梁燕趙正義曰梁王恢燕王建梁王恢徙趙分滅無後也以王諸呂分齊
國為四索隱曰謂濟南琅邪城陽并齊為四也。正義曰琅邪郡封劉澤濟南郡以為呂王奉邑城陽
為魯元公主湯沐邑也忠臣進諫上惑亂不聽今高后崩皇
帝春秋富索隱曰小顏云年幼也比之於財方未匱竭故謂之富也未能治天下
固恃大臣諸將今諸呂又擅自尊官聚兵嚴威
劫列侯忠臣矯制以令天下宗廟所以危今寡

人率兵入誅不當為王者漢聞齊發兵而西相
國呂產乃遣大將軍灌嬰東擊之灌嬰至滎陽
乃謀曰諸呂將兵居關中欲危劉氏而自立我
今破齊還報是益呂氏資也乃留兵屯滎陽使
使喻齊王及諸侯與連和以待呂氏之變而共
誅之齊王聞之乃西取其故濟南郡亦屯兵於
齊西界以待約呂祿呂產欲作亂關中朱虛侯
與太尉勃丞相平等誅之朱虛侯首先斬呂產
於是太尉勃等乃得盡誅諸呂而琅邪王亦從
齊至長安大臣議欲立齊王而琅邪王及大臣

曰齊王母家駟鈞惡戾虎而冠者也(張晏曰言鈞惡戾如虎而著冠)方以呂氏故幾亂天下今又立齊王是欲復爲呂氏也代王母家薄氏君子長者且代王又親高帝子於今見在且最爲長以子則順以善人則大臣安於是大臣乃謀迎立代王而遣朱虛侯以誅呂氏事告齊王令罷兵灌嬰在滎陽聞魏勃本教齊王反既誅呂氏罷齊兵使使召責問魏勃勃曰失火之家豈暇先言大人而後救火乎(索隱曰此蓋舊俗之言謂救火之急不暇先啓家長也亦猶國家有難不暇待詔命也)因退立股戰而栗恐不能言者終無他語灌將軍

孰視笑曰人謂魏勃勇妄庸人耳(索隱曰妄庸言凡妄庸劣之人)何能爲乎乃罷魏勃(索隱曰罷謂不罪而放遣之)魏勃父以善鼓琴見秦皇帝及魏勃少時欲求見齊相曹參家貧無以自通乃常獨早夜掃齊相舍人門外相舍人怪之以爲物而伺之(索隱曰姚氏云物怪物)得勃勃曰願見相君無因故爲子掃欲以求見於是舍人見勃曹參因以爲舍人一爲參御言事參以爲賢言之齊悼惠王悼惠王召見則拜爲內史始悼惠王得自置二千石及悼惠王卒而哀王立勃用事重於齊相王既罷兵歸而代王來立

是爲孝文帝孝文帝元年盡以高后時所割齊之城陽琅邪濟南郡復與齊而徙琅邪王王燕益封朱虛侯東牟侯各二千戶是歲齊哀王卒太子側立是爲文王齊文王元年漢以齊之城陽郡立朱虛侯爲城陽王以齊濟北郡(正義曰今濟州濟北王所都)立東牟侯爲濟北王二年濟北王反漢誅殺之地入于漢後二年孝文帝盡封齊悼惠王子罷軍等七人(正義曰罷音不)皆爲列侯齊文王立十四年卒無子國除地入于漢後一歲孝文帝以所封悼惠王子分齊爲王齊孝王將閭以悼惠

王子楊虛侯爲齊王故齊別郡盡以王悼惠王子子志爲濟北王子辟光爲濟南王子賢爲菑川王子卬爲膠西王子雄渠爲膠東王與城陽齊凡七王(索隱曰謂將閭爲齊王志爲濟北王卬膠西王辟光濟南王賢菑川王章城陽王雄渠爲膠東王)齊孝王十一年吳王濞楚王戊反興兵西告諸侯曰將誅漢賊臣晁錯以安宗廟膠西膠東菑川濟南皆擅發兵應吳楚欲與齊齊孝王狐疑城守不聽三國兵共圍齊(張晏曰膠西菑川濟南也)齊王使路中大夫(張晏曰姓路爲中大夫○索隱曰史失名故言姓及官顏氏按路氏譜中大夫名卬也卬五剛反)告於天子天子復令路中大夫還告齊王

善堅守吾兵今破吳楚矣路中大夫至三國兵
圍臨菑數重無從入三國將劫與路中大夫盟
曰若反言漢已破矣齊趣下三國不且見屠路
中大夫既許之至城下望見齊王曰漢已發兵
百萬使太尉周亞夫擊破吳楚方引兵救齊齊
必堅守無下三國將誅路中大夫齊初圍急陰
與三國通謀約未定會聞路中大夫從漢來喜
及其大臣乃復勸王毋下三國居無何漢將欒
布平陽侯等兵至齊（索隱曰平陽侯按表是簡侯曹奇）擊破三國
兵解齊圍已而復聞齊初與三國有謀將欲移

兵伐齊齊孝王懼乃飲藥自殺景帝聞之以為
齊首善以迫劫有謀非其罪也乃立孝王太子
壽為齊王是為懿王續齊後而膠西膠東濟南
菑川王咸誅滅地入于漢徙濟北王王菑川齊
懿王立二十二年卒子次景立是為厲王齊厲
王其母曰紀太后太后取其弟紀氏女為厲王
后王不愛紀氏女太后欲其家重寵（索隱曰重直龍反謂欲世寵貴於王宮）令其長女紀翁主入王宮（索隱曰如淳云諸王女云翁主稱其母姓故謂之紀翁主）正其後宮毋令得近王欲令愛紀氏女
王因與其姊翁主姦齊有宦者徐甲入事漢皇

太后（索隱曰謂王太后武帝母也）皇太后有愛女曰脩成君脩
成君非劉氏（張晏曰王太后前嫁金氏所生）太后憐之脩成君有
女名娥太后欲嫁之於諸侯宦者甲乃請使齊
必令王上書請娥皇太后喜使甲之齊是時齊
人主父偃知甲之使齊以取后事亦因謂甲即
事成幸言偃女願得充王後宮甲既至齊風以
此事紀太后大怒曰王有后後宮具備且甲齊
貧人急（徐廣曰急一作及）乃為宦者入事漢無補益乃欲
亂吾王家且主父偃何為者乃欲以女充後宮
徐甲大窮還報皇太后曰王已願尚娥然有一

害恐如燕王燕王者與其子昆弟姦新坐以死
亡國故以燕感太后太后曰無復言嫁女齊事
事浸潯不得聞於天子主父偃由此亦與齊有
郤主父偃方幸於天子用事因言齊臨菑十萬
戶市租千金（索隱曰市租謂所賣之物出租日得千金言齊人衆而且富也）人眾殷
富巨於長安此非天子親弟愛子不得王此今
齊王於親屬益疏乃從容言呂太后時齊欲反
吳楚時孝王幾為亂今聞齊王與其姊亂於是
天子乃拜主父偃為齊相且正其事主父偃既
至齊乃急治王後宮宦者為王通於姊翁主所

者令其辭證皆引王王年少懼大罪爲吏所執誅乃飲藥自殺絕無後是時趙王懼主父偃一出廢齊恐其漸疏骨肉乃上書言偃受金及輕重之短（索隱曰謂偃挾齊不娶女之恨因言齊之短爲輕重之辭蓋言臨菑富及吳楚孝王時事是也）天子亦既囚偃公孫弘言齊王以憂死毋後國入漢非誅偃無以塞天下之望遂誅偃齊厲王立五年死毋後國入于漢齊悼惠王後尚有二國城陽及菑川菑川地比齊天子憐齊爲悼惠王冢園在郡割臨菑東環悼惠王冢園邑盡以予菑川以奉悼惠王祭祀城陽景王章（正義曰年表云都莒也）齊悼惠王子以朱虛侯與大臣共誅諸呂而章身首先斬相國呂王產於未央宮孝文帝既立益封章二千戶賜金千斤孝文二年以齊之城陽郡立章爲城陽王立二年卒子喜立是爲共王共王八年徙王淮南（索隱曰當孝文帝之十二年也。正義曰年表云都陳也）四年復還王城陽凡三十三年卒子建延立是爲頃王頃王二十八年卒子義立是爲敬王敬王九年卒子武立是爲惠王惠王十一年卒子順立是爲荒王荒王四十六年卒子恢立（徐廣曰甘露二年）是爲戴王戴王八年卒子景立至建

始三年（正義曰建始成帝年號從建始四年上至天漢四年六十七矣蓋褚先生次之）十五歲卒濟北王興居（正義曰都濟州也）齊悼惠王子以東牟侯助大臣誅諸呂功少及文帝從代來興居曰請與太僕嬰入清宮廢少帝共與大臣尊立孝文帝孝文帝二年以齊之濟北郡立興居爲濟北王與城陽王俱立立二年反始大臣誅呂氏時朱虛侯功尤大許盡以趙地王朱虛侯盡以梁地王東牟侯及孝文帝立聞朱虛東牟之初欲立齊王故絀其功及二年王諸子乃割齊二郡以王章興居章興居自以失職奪功章死而興居聞匈奴大入漢漢多發兵使丞相灌嬰擊之文帝親幸太原以爲天子自擊胡遂發兵反於濟北天子聞之罷丞相及行兵皆歸長安使棘蒲侯柴將軍（張晏曰柴武）擊破虜濟北王王自殺地入于漢爲郡後十二年文帝十六年復以齊悼惠王子安都侯（正義曰安都故城在瀛州高陽縣西南三十九里）志爲濟北王（索隱曰地理志安都闕）十一年吳楚反時志堅守不與諸侯合謀吳楚已平徙志王菑川濟南王辟光（正義曰辟音壁都濟南郡）齊悼惠王子以勒侯（索隱曰勒漢書作扐皆音力地理志縣名屬平原也）孝文十六年爲濟南王十一年與吳

楚反漢擊破殺辟光以濟南為郡地入于漢菑川王賢（正義曰年表云淄川王都劇故城在青州壽光縣西三十一里）齊悼惠王子以武城侯（索隱曰按地理志縣名屬平原也。正義曰貝州縣）文帝十六年為菑川王十一年與吳楚反漢擊破殺賢天子因徙濟北王志王菑川志以齊悼惠王子以安都侯王濟北菑川王反毋後乃徙濟北王王菑川凡立三十五年卒諡為懿王子建代立是為靖王二十年卒子遺代立是為頃王三十六年卒子終古立是為思王二十八年卒子尚立是為孝王五年卒子横立至王建始（正義曰亦褚少孫次之）三年十一歲卒膠西王卬（正義曰卬五郎反年表云都高苑括地志云西苑故城在淄州長川縣北四里）齊悼惠王子以昌平侯（正義曰括地志云昌平故城在幽州東南六十里也）文帝十六年為膠西王十一年與吳楚反漢擊破殺卬地入于漢為膠西郡膠東王雄渠（正義曰年表云都即墨按即墨故城在萊州膠東縣南六十里）齊悼惠王子以白石侯（索隱曰地理志縣名屬金城。正義曰白石古城在德州安德縣北二十里）文帝十六年為膠東王十一年與吳楚反漢擊破殺雄渠地入于漢為膠東郡

太史公曰諸侯大國無過齊悼惠王以海內初定子弟少激秦之無尺土封故大封同姓以填萬民之心及後分裂固其理也

索隱述贊曰漢矯秦制樹屏自彊表海大國悉封齊王呂后肆怒乃獻城陽哀王嗣立其力不量朱虛仕漢功大策長東牟受賞稱亂貽殃膠東濟北雄渠辟光齊雖七國忠孝者昌

齊悼惠王世家第二十二　史記五十二

齊悼惠王劉肥

蕭相國世家第二十三　史記五十三

蕭相國何者沛豐人也（索隱曰春秋緯蕭何感昴精而生典獄制律）以文無害（漢書音義曰文無害有文無所枉害也律有無害都吏如今言公平吏一曰無害者如言無比陳留間語也。索隱曰裴註已列數家今更引二說應劭云雖爲吏而不刻害韋昭云爲有文理無傷害也）爲沛主吏掾（索隱曰漢書云何爲主吏功曹也又云何爲沛掾是何爲功曹掾）高祖爲布衣時何數以吏事護高祖（索隱曰說文云護救視也）高祖爲亭長常左右之高祖以吏繇咸陽吏皆送奉錢三何獨以五（李奇曰或三百或五百也。索隱曰奉音扶用反謂資俸之如字讀謂奉送之也劉氏云時錢有重者一當百故有送錢三者）秦御史監郡者與從事常辨之（張晏曰何與共事脩辨明何素有方略也蘇林曰辟何與從事也秦時無刺史以御史監郡。索隱曰何與御史從事常辨明言辨職也）何乃給泗水卒史（徐廣曰沛縣有泗水亭又秦以沛爲泗水郡駰按文穎曰何爲泗水郡卒史。索隱曰如淳按律郡卒史書佐各十人也卒祖忽反）事第一（索隱曰謂課最居第一）秦御史欲入言徵何何固請得毋行及高祖起爲沛公何常爲丞督事（索隱曰謂高祖起沛令何爲丞常監督庶事也）沛公至咸陽諸將皆爭走金帛財物之府分之（索隱曰走音奏奏者趨向之也）何獨先入收秦丞相御史律令圖書藏之沛公爲漢王以何爲丞相項王與諸侯屠燒咸陽而去漢王所以具知天下阸塞戶口多少彊弱之處民所疾苦者以何具得秦圖書也何進言韓信漢王以信爲大將軍

語在淮陰侯事中漢王引兵東定三秦何以丞相留收巴蜀填撫諭告使給軍食漢二年漢王與諸侯擊楚何守關中侍太子治櫟陽爲法令約束立宗廟社稷宮室縣邑輒奏上可許以從事即不及奏上輒以便宜施行上來以聞（應劭曰上來還乃以所爲聞之）關中事計戶口轉漕給軍（索隱曰轉劉氏音張戀反漕水運也）漢王數失軍遁去何常興關中卒輒補缺上以此專屬任何關中事漢三年漢王與項羽相距京索之閒上數使使勞苦丞相鮑生謂丞相曰王暴衣露蓋數使使勞苦君者有疑君心也爲君計莫若遣君子孫昆弟能勝兵者悉詣軍所上必益信君於是何從其計漢王大說漢五年既殺項羽定天下論功行封羣臣爭功歲餘功不決高祖以蕭何功最盛封爲酇侯（文穎曰音贊瓚曰今南陽酇縣也孫檢曰有二縣音字多亂其屬沛郡者音嵯屬南陽者音讚按茂陵書蕭何國在南陽宜呼讚今多呼嵯嵯舊字作䣜今皆作酇所由亂也。索隱曰瓚云今南陽酇縣顏氏云南陽郡名也太康地理志云魏武帝建安中分南陽立南鄉郡晉武帝改曰順陽郡是也）所食邑多功臣皆曰臣等身被堅執銳多者百餘戰少者數十合攻城略地大小各有差今蕭何未嘗有汗馬之勞徒持文墨議論不戰顧反居臣等上何也高帝曰

諸君知獵乎曰知之知獵狗乎曰知之高帝曰
夫獵追殺獸兎者狗也而發蹤指示獸處者人
也今諸君徒能得走獸耳功狗也至如蕭何發
蹤指示功人也且諸君獨以身隨我多者兩三
人今蕭何舉宗數十人皆隨我功不可忘也羣
臣皆莫敢言列侯畢已受封及奏位次皆曰平
陽侯曹參身被七十創攻城略地功最多宜第
一上已橈功臣多封蕭何應劭曰橈屈也。索隱曰音女教反至位次
未有以復難之然心欲何第一關內侯鄂君進
曰索隱曰功臣表鄂千秋封安平侯羣臣議皆誤夫曹參雖有野

戰略地之功此特一時之事夫上與楚相距五
歲常失軍亡衆逃身遁者數矣然蕭何常從關
中遣軍補其處非上所詔令召而數萬衆會上
之乏絕者數矣夫漢與楚相守滎陽數年軍無
見糧蕭何轉漕關中給食不乏陛下雖數亡山東
蕭何常全關中以待陛下此萬世之功也今雖
亡曹參等百數何缺於漢漢得之不必待以全
奈何欲以一旦之功而加萬世之功哉蕭何第
一曹參次之高祖曰善於是乃令蕭何賜帶劒
履上殿入朝不趨上曰吾聞進賢受上賞蕭何

功雖高得鄂君乃益明於是因鄂君故所食關
內侯邑封為安平侯徐廣曰以謁者從定諸侯有功秩舉蕭何功故因侯二千戶封九年卒至玄孫但坐與淮南王安通棄市國除正義曰括地志云澤州安平縣本漢安平縣是日悉
封何父子兄弟十餘人皆有食邑乃益封何二
千戶以帝嘗繇咸陽時何送我獨贏奉錢二也
索隱曰謂人皆三何獨五所以為贏二也音盈漢十一年陳豨反高祖自將
至邯鄲未罷淮陰侯謀反關中呂后用蕭何計
誅淮陰侯語在淮陰事中上已聞淮陰侯誅使
使拜丞相何為相國益封五千戶令卒五百人
一都尉為相國衛諸君皆賀召平獨弔召平者

故秦東陵侯秦破為布衣貧種瓜於長安城東
瓜美故世俗謂之東陵瓜從召平以為名也召
平謂相國曰禍自此始矣上暴露於外而君守
於中非被矢石之事而益君封置衛者以今者
淮陰侯新反於中疑君心矣夫置衛衛君非以
寵君也願君讓封勿受悉以家私財佐軍則上
心說相國從其計高帝乃大喜漢十二年秋黥
布反上自將擊之數使使問相國何為相國為
上在軍乃拊循勉力百姓悉以所有佐軍如陳
豨時客有說相國曰君滅族不久矣夫君位為

相國功第一可復加哉然君初入關中得百姓心十餘年矣皆附君常復孳孳得民和上所為數問君者畏君傾動關中今君胡不多買田地賤貰貸正義曰貰音世又食夜反賖也下天得反以自汙上心乃安於是相國從其計上乃大說上罷布軍歸民道遮行上書言相國賤彊買民田宅數千萬上至相國謁上笑曰夫相國乃利民索隱曰謂相國取人田宅以為已利故云乃利人也所以令相國自謝之民所上書皆以與相國曰君自謝民相國因為民請曰長安地狹上林中多空地棄願令民得入田毋收稾為禽獸食索隱曰苗子還種田人留稾入宮上大怒曰相國多受賈人財物乃為請吾苑乃下相國廷尉械繫之數日王衛尉侍如淳曰百官公卿表衛尉王氏無名字前問曰相國何大罪陛下繫之暴也上曰吾聞李斯相秦皇帝有善歸主有惡自與今相國多受賈豎金而為民請吾苑以自媚於民故繫治之王衛尉曰夫職事苟有便於民而請之真宰相事陛下奈何乃疑相國受賈人錢乎且陛下距楚數歲陳豨黥布反陛下自將而往當是時相國守關中搖足則關以西非陛下有也相國不以此時為利今乃利賈人之金乎且秦

以不聞其過亡天下李斯之分過索隱曰李斯歸惡而自予是分過也又何足法哉陛下何疑宰相之淺也韋昭曰用意淺高帝不懌是日使使持節赦出相國相國年老素恭謹入徒跣謝高帝曰相國休矣相國為民請苑吾不許我不過為桀紂主而相國為賢相吾故繫相國欲令百姓聞吾過也何素不與曹參相能及何病孝惠自臨視相國病因問曰君即百歲後誰可代君者對曰知臣莫如主孝惠曰曹參何如何頓首曰帝得之矣臣死不恨矣何置田宅必居窮處為家不治垣屋曰後世賢師吾儉不賢毋為勢家所奪孝惠二年相國何卒東觀漢記云蕭何墓在長陵東司馬門道北百步。正義曰括地志云蕭何墓在雍州咸陽縣東北三十七里諡為文終侯徐廣曰功臣表蕭何以客初起從也後嗣以罪失侯者四世絕天子輒復求何後封續酇侯功臣莫得比焉

太史公曰蕭相國何於秦時為刀筆吏錄錄未有奇節索隱曰錄音祿及漢興依日月之末光何謹守管籥因民之疾秦法順流與之更始淮陰黥布等皆以誅滅而何之勳爛焉位冠群臣聲施後世與閎夭散宜生等爭烈矣

索隱述贊曰蕭何為吏文而無害及佐興王

舉宗從沛關中既守轉輸是賴漢軍屢疲秦
兵必會約法可久收圖可大指獸發蹤其功
實最政稱畫一居乃非泰繼絕寵勤式旌礪
帶

蕭相國世家第二十三　史記五十三

曹參世家第二十四　史記五十四

索隱曰蕭相國曹相國留侯絳侯五宗三王六篇可合爲一篇

平陽侯正義曰晉州城即平陽故城也曹參者沛人也張華曰曹參字敬伯秦時爲索隱曰地理志平陽縣屬河東春秋緯及博物志並云參字敬伯。正義曰按沛今徐州縣也沛獄掾而蕭何爲主吏居縣爲豪吏矣高祖爲沛公而初起也參以中涓從漢書音義曰中涓如中謁者。索隱曰涓音古玄反將擊胡陵正義曰縣名在方與南方與索隱曰地理志二縣皆屬山陽。正義曰方音房與音預兗州縣也攻秦監公軍漢書音義曰監御史監郡者公名秦一郡置守尉監三人。索隱曰本紀泗川監名平則平是名公爲相傳之稱大破之東下薛擊泗水守軍薛郭西復攻胡陵取之徙守方與方與

反爲魏擊之正義曰曹參擊方與豐反爲魏索隱曰時雍齒守豐畔爲魏反沛公攻之賜爵七大夫擊秦司馬𡰥正義曰音夷軍碭東破之取碭狐父徐廣曰伍被曰吳濞敗於狐父。索隱曰地理志碭屬梁國狐父地名在梁碭之間徐氏引伍被云吳濞敗於狐父是吳與梁相拒而敗處。正義曰括地志云狐父亭在宋州碭山縣東南三十里祁善置文穎曰善置置名也晉灼曰祁音坻孫檢曰漢謂驛曰置善名也。索隱曰司馬彪郡國志穀熟有祁亭劉氏音遲又如字善置置名。正義曰括地志云故祁城在宋州下邑縣東北四十九里漢祁城縣也言取碭狐父及祁縣之善置又攻下邑以西至虞索隱曰地理志下邑虞皆屬梁國。正義曰宋州下邑縣在州東百一十里漢下邑城今碭山縣是虞城縣在州北五十里古虞國商均所封擊章邯車騎攻爰戚徐廣曰宣帝時有爰戚侯索隱曰蘇林云縣名屬山陽功臣表爰戚侯趙成。正義曰音寂劉音七歷反今在兗州南近亢父縣及亢父索隱曰地理志縣名

屬東平。正義曰括地志云亢父故城在兗州任城縣南五十一里先登遷爲五大夫北救東阿索隱曰時章邯圍田榮於東阿。正義曰今濟州東阿也擊章邯軍陷陳追至濮陽攻定陶取臨濟正義曰淄州高苑縣西北二里北狄故城安帝改曰臨濟南救雍丘擊李由軍破之殺李由虜秦候一人秦將章邯破殺項梁也沛公與項羽引而東楚懷王以沛公爲碭郡長將碭郡兵於是乃封參爲執帛張晏曰孤卿也或曰楚官名號曰建成君索隱曰地理志建成縣屬沛郡遷爲戚公索隱曰遷參爲戚令。正義曰即爰戚縣也是時屬沛郡屬碭郡其後從攻東郡尉軍破之成武南索隱曰地理志成武縣屬山陽擊王離軍成陽南索隱曰地理志縣名在濟陰成地名周武王封弟季載於成其後代遷於成之陽故曰成陽。正義曰成陽故城濮州雷澤縣是史記云武王封弟季載於成其後遷於成之陽故曰成陽也復攻之杠里大破之追北西至開封擊趙

賁軍破之索隱曰賁音奔圍趙賁開封城中西擊秦將楊熊軍於曲遇徐廣曰在中牟。索隱曰曲丘禹反遇牛凶反。正義曰曲丘羽反遇牛恭反司馬彪郡國志云中牟有曲遇聚按中牟鄭州縣也破之虜秦司馬及御史各一人遷爲執珪張晏曰侯伯執珪以朝位比之如淳曰呂氏春秋得伍員者位執珪古爵名從攻陽武正義曰括地志云陽武故城在鄭州陽武縣東五十八里漢陽武縣城也下轘轅緱氏索隱曰地理志陽武緱氏二縣屬河南轘轅道名在緱氏南。正義曰緱氏洛州縣也括地志云轘轅故關在洛州緱氏縣東南四十里十三州志云轘轅道凡十二曲是險道絕河津正義曰津齊渡處括地志云平陰故津在洛州洛陽縣東北五十里還擊趙賁軍尸北破

之徐廣曰尸在偃師孟康曰尸鄉北。正義曰破趙賁軍於尸鄉之北也括地志云尸鄉亭在洛州偃師縣在洛
州東南也從南攻犨與南陽守齮戰陽城郭東應劭曰今
堵陽。索隱曰徐廣云陽城在南陽應劭云今堵陽堵陽是南陽之縣陷陳正義曰陷南陽守於陽城
郭東也取宛虜齮盡定南陽郡從西攻武關嶢關
正義曰括地志云故武關在商州商洛縣東九十里藍田關在雍州藍田縣東南九十里即秦嶢關也取之
前攻秦軍藍田南正義曰雍州藍田縣在州東南八十里因藍田山為名又夜
擊其北秦軍大破遂至咸陽滅秦項羽至以沛
公為漢王漢王封參為建成侯從至漢中正義曰梁
州本漢中郡遷為將軍從還定三秦初攻下辯故道
索隱曰地理志二縣名屬武都辯音皮莧反。正義曰括地志云成州同谷縣本漢下辯道又云鳳州兩當縣本漢故道

縣在州西五十里雍斄索隱曰地理志二縣名屬右扶風斄音胎。正義曰斄作漦斄音貽括地志云故
雍縣南七里故斄城一名武功縣西南二十二里古邰國也擊章平軍於好畤南
正義曰括地志云好畤城在雍州好畤縣東南十三里破之圍好畤取壤鄉文穎
曰地名擊三秦軍壤東及高櫟索隱曰櫟音歷按文穎云壤鄉高櫟皆地
名在右扶風今其地闕。正義曰音歷皆村邑名壤鄉今在雍州武功縣東南二十餘里高壤坊是高櫟近壤鄉也
破之復圍章平章平出好畤走因擊趙賁內史
保軍破之東取咸陽更命曰新城索隱曰漢書高帝元年咸陽名
新城武帝改名曰渭城參將兵守景陵漢書音義曰縣名也二十日三
秦使章平等攻參參出擊大破之賜食邑於寧
秦蘇林曰今華陰參以將軍引兵圍章邯於廢丘正義曰周

曰犬丘秦更名廢丘漢更名槐里今故城在雍州始平縣東南十里以中尉從漢王出
臨晉關正義曰即蒲津關也在臨晉縣故言臨晉關今在同州也至河內下脩武
正義曰今懷州獲嘉縣古脩武也渡圍津徐廣曰東郡白馬有圍津。索隱曰顧氏按水經註白馬
津有韋鄉韋津城圍與韋同古今字變爾。正義曰括地志云黎陽津一名白馬津在滑州白馬縣北三十里帝王
世紀云白馬縣南有韋城故豕韋國也續漢書郡國志云白馬縣有韋城東擊龍且項他
定陶破之東取碭蕭彭城正義曰徐州二縣擊項籍軍
漢軍大敗走參以中尉圍取雍丘王武反於黃
徐廣曰內黃縣有黃澤程處反於燕徐廣曰東郡燕縣。駰案漢書音義曰皆漢將往
擊盡破之柱天侯反於衍氏索隱曰柱天侯不知其誰封衍氏魏邑地理志
云柱天在廬江灊縣又進破取衍氏擊羽嬰於昆陽追至葉

還攻武彊瓚曰武彊城在陽武。正義曰括地志云武彊故城在鄭州管城縣東北三十一里因
至滎陽參自漢中為將軍中尉從索隱曰才用反擊諸
侯及項羽敗還至滎陽凡二歲高祖三年拜為
假左丞相入屯兵關中月餘魏王豹反以假左
丞相別與韓信東攻魏將軍孫遫軍東張徐廣曰張
者地名功臣表有張侯毛澤之。駰按蘇林曰屬河東。索隱曰遫音速。正義曰括地志云張陽故城一名東張城
在蒲州虞鄉縣西北四十里大破之因攻安邑得魏將王襄擊
魏王於曲陽正義曰括地志云上曲陽定州恒陽縣是下曲陽在定州鼓城縣西五里追至
武垣徐廣曰河東有垣縣。正義曰括地志云武垣縣今瀛州城是地理志云武垣縣屬涿郡也生得
魏王豹取平陽正義曰晉州城是得魏王母妻子盡定

魏地凡五十二城賜食邑平陽因從韓信擊趙
相國夏說軍於鄔東徐廣曰鄔縣在太原音烏古反大破之斬夏
說韓信與故常山王張耳引兵下井陘擊成安
君而令參還圍趙別將戚將軍於鄔城中戚將
軍出走追斬之乃引兵詣敖倉漢王之所韓信
已破趙為相國東擊齊參以右丞相屬韓信攻
破齊歷下軍遂取臨菑還定濟北郡攻著漯陰
平原鬲盧索隱曰地理志著縣屬濟南盧縣屬泰山漯陰平原鬲三縣屬平原漯音吐荅反○正義曰括地志云平原故城在德州平原縣東南十里故鬲城在德州安德縣西北十五里盧縣今濟州理縣是也已
而從韓信擊龍且軍於上假密文穎曰或以為高密○索隱曰漢書亦作假密按下定齊七十縣則上假密非高密亦是齊地今闕大破之斬龍且虜其
將軍周蘭定齊凡得七十餘縣得故齊王田廣
相田光其守相許章及故齊膠東將軍田既韓
信為齊王引兵詣陳與漢王共破項羽而參留
平齊未服者項籍已死天下定漢王為皇帝韓
信徙為楚王齊為郡參歸漢相印高帝以長子
肥為齊王而以參為齊相國以高祖六年賜爵
列侯與諸侯剖符世世勿絕食邑平陽萬六百
三十戶號曰平陽侯除前所食邑以齊相國擊
陳豨將張春軍破之黥布反參以齊相國從悼

惠王將兵車騎十二萬人與高祖會擊黥布軍
大破之南至蘄還定竹邑相蕭留索隱曰地理志蘄竹邑相蕭四縣屬沛韋昭云留今屬彭城則漢初亦屬沛也○正義曰括地志云徐州扶離縣城漢竹邑城也李奇云今竹邑也故相城在符離縣西北九十里輿地志云宋共公自睢陽徙相子城又還睢陽蕭徐州縣也古蕭叔國城也故留城在徐州沛縣東南五十里張良所封參功凡下二國縣一百二十二
得王二人相三人將軍六人大莫敖漢書音義曰楚之卿號
郡守司馬候御史各一人孝惠帝元年除諸侯
相國法更以參為齊丞相參之相齊齊七十城
天下初定悼惠王富於春秋參盡召長老諸生
問所以安集百姓如齊故俗諸儒以百數言人
人殊參未知所定聞膠西有蓋公善治黃老言
使人厚幣請之既見蓋公蓋公為言治道貴清
靜而民自定推此類具言之參於是避正堂舍
蓋公焉其治要用黃老術故相齊九年齊國安
集大稱賢相惠帝二年蕭何卒參聞之告舍人
趣治行吾將入相居無何使者果召參參去屬
其後相曰以齊獄市為寄慎勿擾也後相曰治
無大於此者乎參曰不然夫獄市者所以并容
也今君擾之姦人安所容也吾是以先之漢書音義曰夫獄市兼受善惡若窮極姦人無所容竄姦人無所容竄久且為亂秦人極刑而天下畔孝武峻法而獄繁此其效也

老子曰我無爲而民自化我好靜而民自正參欲以道化其本不欲擾其末參始微時與蕭
何善及爲將相有郤至何且死所推賢唯參參
代何爲漢相國舉事無所變更一遵蕭何約束
擇郡國吏木詘於文辭重厚長者即召除爲丞
相史吏之言文刻深欲務聲名者輒斥去之日
夜飲醇酒卿大夫已下吏及賓客見參不事事
如淳曰不事丞相之事來者皆欲有言至者參輒飲以醇酒
閒之欲有所言復飲之醉而後去終莫得開說
如淳曰開謂有所啓白以爲常相舍後園近吏舍吏舍日
飲歌呼從吏惡之無如之何乃請參游園中聞

吏醉歌呼從吏幸相國召按之乃反取酒張坐
飲亦歌呼與相應和參見人之有細過專掩匿
覆蓋之府中無事參子窋索隱曰音張律反爲中大夫
惠帝怪相國不治事以爲豈少朕與索隱曰少者不足之詞故
胡亥亦云丞相豈少我哉蓋帝以丞相豈不是嫌少於我哉小顓以爲我年少非也乃謂窋曰若
歸試私從容問而父曰高帝新棄羣臣帝富於
春秋君爲相日飲無所請事何以憂天下乎然
無言吾告若也索隱曰謂惠帝語窋無得言我告汝令諫汝父當自云是已意也窋
既洗沐歸閒侍自從其所諫參參怒而笞窋二
百曰趣入侍天下事非若所當言也至朝時惠

帝讓參曰與窋胡治乎如淳曰猶言用窋爲治。索隱曰胡何也言語參何爲治
窋也乃者我使諫君也參免冠謝曰陛下自察聖
武孰與高帝上曰朕乃安敢望先帝乎曰陛下
觀臣能孰與蕭何賢上曰君似不及也參曰陛
下言之是也且高帝與蕭何定天下法令既明
今陛下垂拱參等守職遵而勿失不亦可乎惠
帝曰善君休矣參爲漢相國出入三年卒謚懿
侯子窋代侯百姓歌之曰蕭何爲法顜若畫一
徐廣曰顜音古項反一音較。索隱曰漢書顜作講畫訓直又訓明言法明直若畫一也講亦作顜小顏云講和也畫一言其法整齊也曹參代之守而勿失載其清淨民以寧

一平陽侯窋高后時爲御史大夫孝文帝立免
爲侯立二十九年卒謚爲靜侯子奇代侯立七
年卒謚爲簡侯子時代侯時尚平陽公主生子
襄時病癘歸國立二十三年卒謚夷侯子襄代
侯襄尚衞長公主生子宗立十六年卒謚爲共
侯子宗代侯征和二年中宗坐太子死國除
太史公曰曹相國參攻城野戰之功所以能多
若此者以與淮陰侯俱及信已滅而列侯成功
唯獨參擅其名參爲漢相國清靜極言合道
然百姓離秦之酷後參與休息無爲故天下俱

稱其美矣

索隱述贊曰曹參初起爲沛豪吏始從中涓先圖善置執圭執帛攻城略地衍氏既誅昆陽失位北禽夏說東討田既剖符定封功無與二市獄勿擾清淨不事尚主平陽代享其利

曹相國世家第二十四　史記五十四

留侯世家第二十五　　史記五十五

留侯正義曰括地志云故留城在徐州沛縣東南五十五里今城內有張良廟也張良者其先韓人也索隱曰韋昭云留今屬彭城按良求封留以始見高祖於留故也漢書云良字子房按王符皇甫謐並以良爲韓之公族姬姓也秦索賊急乃改姓名而韓先有張去疾及張譴恐非良之先代也良既歷代相韓故知其先韓人顧氏按後漢書云張良出於城父城父縣屬潁川也○正義曰括地志云城父在汝州郟縣東三十里韓里也大父開地應劭曰大父祖父開地名相韓昭侯宣惠王襄哀王父平相釐王悼惠王索隱曰韓系家及系本並作桓惠王悼惠王二十三年平卒卒二十歲秦滅韓良年少未宦事韓韓破良家僮三百人弟死不葬悉以家財求客刺秦王爲韓報仇以大父父五世相韓故索隱曰謂大父及父相韓五王故云五世良嘗學禮淮陽正義曰今陳州也東見倉海君如淳曰秦郡縣無倉海或曰東夷君長○索隱曰姚察以武帝時東夷穢君降爲倉海郡或因以名蓋得其近耳○正義曰漢書武帝紀云元年東夷穢君南閭等降爲倉海郡今貊穢國得之太史公修史時已降爲郡自書之括地志云穢貊在高麗南新羅北東至大海西得力士爲鐵椎重百二十斤秦皇帝東游良與客狙服虔曰狙伺候也狙七預反伺也徐廣曰伺候也音千恕反○索隱曰應劭云狙伺也一云狙伏伺也謂狙之伺物必伏而候之故今云狙候是也擊秦皇帝博浪沙中索隱曰服虔云地在陽武南按今浚儀西北四十里有博浪城○正義曰晉地理記云鄭州陽武縣有博浪沙按今當官道也誤中副車索隱曰漢官儀天子屬車三十六乘屬車即副車而奉車郎御而從後秦皇帝大怒大索天下求賊甚急爲張良故也良乃更名姓亡

匿下邳良嘗閒從容步游下邳圯上徐廣曰圯橋也東楚謂之圯音怡○索隱曰嘗訓經也閒閑字也從容閒暇也從容謂從任其容止不矜莊也邳披眉反按地理志下邳縣屬東海又云邳在薛後徙此故云下邳李奇云上下邳人謂橋爲圯文穎云沂水上橋也應劭云圯水之上也姚察見史記本有作土旁者乃引今會稽東湖大橋名爲靈圯圯亦音夷理或然也有一老父衣褐至良所直墮其履圯下索隱曰崔浩云直猶故也亦恐不然直言正也謂至良所正墮其履也顧謂良曰孺子下取履良愕然欲毆之徐廣曰一曰良怒欲罵之○索隱曰毆音烏后反爲其老彊忍下取履父曰履我良業爲取履因長跪履之索隱曰業猶本先也謂良心先已爲取故遂跪而履之父以足受笑而去良殊大驚隨目之父去里所復還徐廣曰一曰爲其老強忍下取履因進之父以足受笑而去良殊大驚父去里所復還曰孺子可教矣後五日平明與我會此良因怪之跪曰諾五日平明良往父已先在怒曰與老人期後何也去曰後五日早會五日雞鳴良往父又先在復怒曰後何也去曰後五日復早來五日良夜未半往有頃父亦來喜曰當如是出一編書徐廣曰編一作篇曰讀此則爲王者師矣後十年興十三年孺子見我濟北穀城山下黃石即我矣正義曰括地志云穀城山一名黃山在濟州東阿縣東濟州故濟北郡孔文祥云黃石公鬚眉皆白杖丹黎履赤舄遂去無他言不復見旦日視其書乃太公兵法也正義曰七錄云太公兵法一帙三卷太公姜子牙周文王

（師封齊侯也）良因異之常習誦讀之居下邳爲任俠項伯嘗殺人從良匿後十年陳涉等起兵良亦聚少年百餘人景駒自立爲楚假王在留良欲往從之道遇沛公沛公將數千人略地下邳西遂屬焉沛公拜良爲廐將（漢書音義曰官名）良數以太公兵法說沛公沛公善之常用其策良爲他人言皆不省良曰沛公殆天授（索隱曰殆訓近也）故遂從之不去見景駒及沛公之薛見項梁項梁立楚懷王良乃說項梁曰君已立楚後而韓諸公子橫陽君成賢可立爲王益樹黨項梁使良求韓成立以爲韓王以良爲韓申徒（徐廣曰即司徒耳但語音訛轉故字亦隨改）與韓王將千餘人西略韓地得數城秦輒復取之往來爲游兵潁川沛公之從雒陽南出轘轅良引兵從沛公下韓十餘城擊破楊熊軍沛公乃令韓王成留守陽翟與良俱南攻下宛西入武關沛公欲以兵二萬人擊秦嶢下軍（徐廣曰嶢音堯）良說曰秦兵尚彊未可輕臣聞其將屠者子賈豎易動以利願沛公且留壁使人先行爲五萬人具食（徐廣曰五一作百）益爲張旗幟諸山上爲疑兵（索隱曰旗幟音其試）令酈食其持重寶啗秦將秦

將果畔欲連和俱西襲咸陽沛公欲聽之良曰此獨其將欲叛耳恐士卒不從不從必危不如因其解擊之（索隱曰謂卒將離心而懈怠）沛公乃引兵擊秦軍大破之遂北至藍田再戰秦兵竟敗遂至咸陽秦王子嬰降沛公沛公入秦宮宮室帷帳狗馬重寶婦女以千數意欲留居之樊噲諫沛公出舍沛公不聽（徐廣曰一本噲諫曰沛公欲有天下耶將欲爲富家翁耶沛公曰吾欲有天下噲曰今臣從入秦宮所觀宮室帷帳珠玉重寶鐘鼓之飾奇物不可勝極入其後宮美人婦女以千數此皆秦所以亡天下也願沛公急還霸上無留宮中沛公不聽）良曰夫秦爲無道故沛公得至此夫爲天下除殘賊宜縞素爲資（晉灼曰資藉也欲沛公反秦奢泰服儉素以爲藉也）今始入秦即安其樂此所謂助桀爲虐且忠言逆耳利於行毒藥苦口利於病（索隱曰見孔子家語）願沛公聽樊噲言沛公乃還軍霸上項羽至鴻門下欲擊沛公項伯乃夜馳入沛公軍私見張良欲與俱去良曰臣爲韓王送沛公今事有急亡去不義乃具以語沛公沛公大驚曰爲將奈何良曰沛公誠欲倍項羽邪沛公曰鯫生（徐廣曰呂靜曰鯫魚也音此垢反○索隱曰鯫謂小魚也音趨勾反臣瓚按楚漢春秋鯫生本姓解）教我距關無內諸侯秦地可盡王故聽之良曰沛公自度能却項羽乎沛公默然良久曰固不能也

張良世家

令爲奈何良乃固要項伯項伯見沛公沛公與
飲爲壽結賓婚令項伯具言沛公不敢倍項羽
所以距關者備他盜也及見項羽後解語在項
羽事中漢元年正月沛公爲漢王王巴蜀漢王
賜良金百鎰珠二斗良具以獻項伯漢王亦因
令良厚遺項伯使請漢中地如淳曰本但與巴蜀故請漢中地項
王乃許之遂得漢中地漢王之國良送至褒中正義曰括地志云褒谷在梁州褒城縣北五十里南中山昔秦欲伐蜀路無由入乃刻石爲牛五頭置金於後僞言此牛能屎金以遺蜀蜀侯貪信之乃令五丁共引牛塹山堙谷致之成都秦遂尋道伐之因號曰石牛道蜀賦以石門在漢中之西褒中之北是又云斜水源出褒城縣西北衙嶺山與褒水同源而流派漢書溝洫志云褒水通沔斜水通渭皆以行船遣良歸韓良因說漢王曰王何不燒
絶所過棧道示天下無還心以固項王意乃使
良還行燒絶棧道良至韓韓王成以良從漢王
故項王不遣成之國從與俱東良說項王曰漢
王燒絶棧道無還心矣乃以齊王田榮反書告
項王項王以此無西憂漢心而發兵北擊齊項
王竟不肯遣韓王乃以爲侯又殺之彭城良亡
閒行歸漢王漢王亦已還定三秦矣復以良爲
成信侯從東擊楚至彭城漢敗而還至下邑漢
王下馬踞鞍而問曰吾欲捐關以東等弃之誰

張良世家

可與共功者良進曰九江王黥布楚梟將與項
王有郄彭越與齊王田榮反梁地此兩人可急
使而漢王之將獨韓信可屬大事當一面即欲
捐之捐之此三人則楚可破也漢王乃遣隨何
說九江王布而使人連彭越及魏王豹反使韓
信將兵擊之因舉燕代齊趙然卒破楚者此三
人力也張良多病未嘗特將也常爲畫策臣時
時從漢王漢三年項羽急圍漢王滎陽漢王恐
憂與酈食其謀橈楚權食其曰昔湯伐桀封
其後於杞武王伐紂封其後於宋今秦失德弃
義侵伐諸侯社稷滅六國之後使無立錐之地
陛下誠能復立六國後世畢已受印此其君臣
百姓必皆戴陛下之德莫不鄉風慕義願爲臣
妾德義已行陛下南鄉稱霸楚必斂衽而朝漢
王曰善趣刻印先生因行佩之矣食其未行張
良從外來謁漢王方食曰子房前客有爲我計
橈楚權者具以酈生語告於子房曰何如良曰
誰爲陛下畫此計者陛下事去矣漢王曰何哉
張良對曰臣請藉前箸爲大王籌之張晏曰求借所食之箸用指畫也或曰前世湯武箸明之事以籌度今時之不若也曰昔者湯伐桀而封其

後於杞者度能制桀之死命也今陛下能制項
籍之死命乎曰未能也其不可一也武王伐紂
封其後於宋者度能得紂之頭也今陛下能得
項籍之頭乎曰未能也其不可二也武王入殷
表商容之閭索隱曰崔浩云表者標榜其里門商容紂時賢人也韓詩外傳曰商容執羽籥
馮於馬徒欲以化紂而不能遂去伏於太行山武王欲以爲三公固辭而不受餘解在商紀釋箕子
之拘徐廣曰釋一作式拘一作囚封比干之墓今陛下能封
聖人之墓表賢者之閭式智者之門乎曰未能
也其不可三也發鉅橋之粟散鹿臺之錢以賜
貧窮今陛下能散府庫以賜貧窮乎曰未能也

其不可四矣殷事已畢偃革爲軒如淳曰革者革車也軒者赤黻
乘軒也偃武備而治禮樂也○索隱曰蘇林云革者兵車也軒者朱軒皮軒也謂廢兵車而用乘車也說文云軒曲
周屏車倒置干戈覆以虎皮以示天下不復用兵
今陛下能偃武行文不復用兵乎曰未能也其
不可五矣休馬華山之陽示以無所爲今陛下
能休馬無所用乎曰未能也其不可六矣放牛
桃林之陰索隱曰晉灼云在弘農南門鄉谷中應劭十二州記弘農有桃丘聚古桃林也山海經云
夸父之山北有桃林廣三百里以示不復輸積今陛下能放牛不
復輸積乎曰未能也其不可七矣且天下游士
離其親戚棄墳墓去故舊從陛下游者徒欲日

夜望咫尺之地今復六國立韓魏燕趙齊楚之
後天下游士各歸事其主從其親戚反其故舊
墳墓陛下與誰取天下乎其不可八矣且夫楚
唯無彊六國立者復橈而從之漢書音義曰唯當使楚無彊彊則六
國弱從之○索隱曰荀悅漢紀此事云獨可使楚無強強則六國屈橈而從之又韋昭云今無強楚者若六國立必
復屈橈從楚是二說之意同陛下焉得而臣之誠用客之謀陛
下事去矣漢王輟食吐哺罵曰豎儒幾敗而公
事索隱曰高祖罵酈生爲豎儒謂此儒生豎子耳幾音祈幾殆近也而公高祖自謂也漢書作乃公今趣
銷印漢四年韓信破齊而欲自立爲齊王漢王
怒張良說漢王漢王使良授齊王信印語在淮

陰事中其秋漢王追楚至陽夏南戰不利而壁
固陵諸侯期不至良說漢王漢王用其計諸侯
皆至語在項籍事中漢六年正月封功臣良未
嘗有戰鬭功高帝曰運籌策帷帳中決勝千里
外子房功也自擇齊三萬戶良曰始臣起下邳
與上會留此天以臣授陛下陛下用臣計幸而
時中臣願封留足矣不敢當三萬戶乃封張良
爲留侯與蕭何等俱封六年上已封大功臣二
十餘人其餘日夜爭功不決未得行封上在雒
陽南宮從復道如淳曰復音複上下有道故謂之復道韋昭曰閣道望見諸

將往往相與坐沙中語上曰此何語留侯曰陛
下不知乎此謀反耳上曰天下屬安定何故反
乎留侯曰陛下起布衣以此屬取天下今陛下
爲天子而所封皆蕭曹故人所親愛而所誅者
皆生平所仇怨今軍吏計功以天下不足徧封
此屬畏陛下不能盡封恐又見疑平生徐廣曰多作生平
過失及誅故即相聚謀反耳上乃憂曰爲之奈
何留侯曰上平生所憎羣臣所共知誰最甚者
上曰雍齒與我故漢書音義曰未起時有故怨數嘗窘辱我
欲殺之爲其功多故不忍留侯曰今急先封雍

齒以示羣臣羣臣見雍齒封則人人自堅矣於
是上乃置酒封雍齒爲什方侯索隱曰縣名屬廣漢○正義曰括地
志云雍齒城在益州什邡縣南四十步漢什邡縣漢初封雍齒爲侯國而急趣丞相御
史定功行封羣臣罷酒皆喜曰雍齒尚爲侯我
屬無患矣劉敬說高帝曰都關中上疑之左右
大臣皆山東人多勸上都雒陽雒陽東有城皐
西有殽黽倍河向伊雒其固亦足恃留侯曰雒
陽雖有此固其中小不過數百里田地薄四面
受敵此非用武之國也夫關中左殽函正義曰殽三殽山也
在洛州永寧縣西北二十八里函谷關在陝州桃林縣西南十二里右隴蜀正義曰隴山南連蜀之岷

山故云右隴蜀也沃野千里南有巴蜀之饒北有胡苑之
利索隱曰崔浩云苑馬牧外接胡地馬生於胡故云胡苑之利○正義曰博物志云北有胡苑之塞按上郡北地
之北與胡接可以牧養禽獸又多致胡馬故謂胡苑之利也阻三面而守獨以一
面東制諸侯諸侯安定河渭漕輓天下西給京
師諸侯有變順流而下足以委輸此所謂金城
千里天府之國也索隱曰此言謂者蓋是依憑古語金城言秦有四塞之國如金城也
故淮南子云雖有金城非粟不守又蘇秦說秦惠王云秦地勢形便所謂天府是所憑也劉敬說是
也於是高帝即日駕西都關中索隱曰周禮三曰詢國遷乃爲大事
高祖即日西遷者蓋謂其日即定計非即日遂行也留侯從入關留侯性多病
即道引不食穀漢書音義曰服辟穀之藥而靜居行氣杜門不出歲

餘上欲廢太子立戚夫人子趙王如意大臣多
諫爭未能得堅決者也呂后恐不知所爲人或
謂呂后曰留侯善畫計筴上信用之呂后乃使
建成侯呂澤劫留侯曰君常爲上謀臣今上欲
易太子君安得高枕而臥乎留侯曰始上數在
困急之中幸用臣筴今天下安定以愛欲易太
子骨肉之閒雖臣等百餘人何益呂澤彊要曰
爲我畫計留侯曰此難以口舌爭也顧上有不
能致者天下有四人索隱曰四人四皓也謂東園公綺里季夏黃公角里先生按陳
留志云園公姓唐字宣明居園中因以爲號夏黃公姓崔名廣字少通齊人隱居夏里脩道故號曰夏黃公角里先

生河内軹人太伯之後姓周名術字元道京師號曰霸上先生一曰角里先生孔父祕記作祿里皆王劭據崔氏周氏世譜及陶潛四八目而爲此說四人者年老矣皆以爲上慢侮人故逃匿山中義不爲漢臣然上高此四人今公誠能無愛金玉璧帛令太子爲書卑辭安車因使辯士固請宜來來以爲客時時從入朝令上見之則必異而問之問之上知此四人賢則一助也於是呂后令呂澤使人奉太子書卑辭厚禮迎此四人四人至客建成侯所漢十一年黥布反上病欲使太子將往擊之四人相謂曰凡來者將以存太子太子將兵事危矣乃說建

成侯曰太子將兵有功則位不益太子無功還則從此受禍矣且太子所與俱諸將皆嘗與上定天下梟將也今使太子將之此無異使羊將狼也皆不肯爲盡力其無功必矣臣聞母愛者子抱索隱曰此語出韓子今戚夫人日夜侍御趙王如意常抱居前上曰終不使不肖子居愛子之上明乎其代太子位必矣君何不急請呂后承閒爲上泣言黥布天下猛將也善用兵今諸將皆陛下故等夷徐廣曰夷猶儕也。索隱曰如淳云等夷言等輩乃令太子將此屬無異使羊將狼莫肯爲用且使布聞之則鼓

行而西耳晉灼曰鼓行而西言無所畏也上雖病彊載輜車臥而護之諸將不敢不盡力上雖苦爲妻子自彊於是呂澤立夜見呂后呂后承閒爲上泣涕而言如四人意上曰吾惟豎子固不足遣而公自行耳於是上自將兵而東羣臣居守皆送至霸上留侯病自彊起至曲郵司馬彪曰長安縣東有曲郵聚。索隱曰郵音尤按司馬彪漢書郡國志長安有曲郵聚今在新豐西俗謂之郵頭漢書舊儀云五里一郵郵人居閒相去二里半按郵乃今之候見上曰臣宜從病甚楚人剽疾願上無與楚人爭鋒因說上曰令太子爲將軍監關中兵上曰子房雖病彊臥而傅太子是時叔孫通爲太

傅留侯行少傅事漢十二年上從擊破布軍歸疾益甚愈欲易太子留侯諫不聽因疾不視事叔孫太傅稱說引古今以死爭太子上詳許之猶欲易之及燕置酒太子侍四人從太子年皆八十有餘鬚眉皓白衣冠甚偉上怪之問曰彼何爲者四人前對各言名姓曰東園公角里先生綺里季夏黃公上乃大驚曰吾求公數歲公辟逃我今公何自從吾兒游乎四人皆曰陛下輕士善罵臣等義不受辱故恐而亡匿竊聞太子爲人仁孝恭敬愛士天下莫不延頸欲爲太

子死者故臣等來耳上曰煩公幸卒調護太子如淳曰調護猶營護也四人爲壽已畢趨去上目送之召戚夫人指示四人者曰我欲易之彼四人輔之羽翼已成難動矣呂后眞而主矣戚夫人泣上曰爲我楚舞吾爲若楚歌歌曰鴻鵠高飛一舉千里羽翮已就橫絕四海橫絕四海當可奈何雖有矰繳韋昭曰繳弋射也其矢曰矰。索隱曰馬融註周禮云矰者繳繫短矢謂之矰一說云矰一弦可以仰射高者故云矰也尚安所施歌數闋索隱曰音曲穴反謂曲終也說文云闋事也戚夫人噓唏流涕上起去罷酒竟不易太子者留侯本招此四人之力也留侯從上擊代出

奇計馬邑下徐廣曰一云出奇計下馬邑及立蕭何相國漢書音義曰何時未爲相國勸高祖立之所與上從容言天下事甚衆非天下所以存亡故不著留侯乃稱曰家世相韓及韓滅不愛萬金之資爲韓報讎彊秦天下振動今以三寸舌爲帝者師索隱曰春秋緯云舌在口長三寸象斗玉衡封萬戶位列侯此布衣之極於良足矣願棄人間事欲從赤松子游耳索隱曰赤松子神農時雨師能入火自燒崑崙山上隨風雨上下也乃學辟穀道引輕身徐廣曰一云乃學道引欲輕舉也。索隱曰辟音賓亦反會高帝崩呂后德留侯乃彊食之曰人生一世閒如白駒過隙何至自苦如此乎留侯不得已彊

聽而食後八年卒謚爲文成侯子不疑代侯徐廣曰文成侯立十六年卒子不疑代立十年坐與門大夫吉謀殺故楚內史當死贖爲城旦國除子房始所見下邳圯上老父與太公書者後十三年從高帝過濟北果見穀城山下黃石取而葆祠之徐廣曰史記珍寶字皆作葆留侯死并葬黃石冢正義曰括地志云漢張良墓在徐州沛縣東六十五里與留城相近也每上冢伏臘祠黃石留侯不疑孝文帝五年坐不敬國除

太史公曰學者多言無鬼神然言有物索隱曰物謂精怪及藥物也至如留侯所見老父予書亦可怪矣索隱曰詩緯云風后黃帝師又化爲老子以書授張良亦異說耳父後化爲黃石高祖離困者數

矣而留侯常有功力焉豈可謂非天乎上曰夫運籌策帷帳之中決勝千里外吾不如子房余以爲其人計魁梧奇偉應劭曰魁梧丘虛壯大之意。索隱曰蘇林云梧音忤蕭該云今讀爲吾非也小顏云言其可驚悟於人至見其圖狀貌如婦人好女蓋孔子曰以貌取人失之子羽索隱曰子羽澹臺滅明字也仲尼弟子傳云狀貌甚惡又家語云子羽有君子之容而行不稱其貌與史記文同也留侯亦云

索隱述贊曰

留侯倜儻志懷憤慨五代相韓一朝歸漢

進履宜假運籌神筭橫陽既立申徒作扞

灞上扶危固陵靜亂人稱三傑辯推八難

赤松願遊白駒難絆嗟彼雄略曾非魁岸

留侯張良世家第二十五　史記五十五

陳丞相世家第二十六　史記五十六
陳丞相平者陽武戶牖鄉人也徐廣曰陽武屬魏地戶牖今爲東昏
縣屬陳留。索隱曰徐廣云陽武屬魏而地理志屬河南
郡蓋後陽武分屬梁国耳徐又云戶牖今爲東昏縣屬陳
留与漢書地理志同按是秦時戶牖鄉屬陽武至漢以戶
牖爲東昏縣隷陳留郡也。正義曰陳留風俗傳云東昏
縣衛地故陽武之戶牖鄉也括地志云
東昏故城在汴州陳留縣東北九十里少時家貧好
讀書有田三十畝獨與兄伯居伯常耕田縱平
使游學平爲人長美色人或謂陳平曰貧何食
而肥若是其嫂嫉平之不視家生產曰亦食糠
覈耳徐廣曰覈音核駰案孟康曰麥糠中不破
者也晉灼曰覈音紇京師謂麁屑爲紇頭有叔
如此不如無有伯聞之逐其婦而棄之及平長
可娶妻富人莫肯與者貧者平亦恥之久之戶
牖富人有張負索隱曰按負是婦人老宿之稱猶武
負之類也然此張負既稱富人或恐
是丈
夫爾張負女孫五嫁而夫輒死人莫敢娶平欲
得之邑中有喪平貧侍喪以先往後罷爲助張
負既見之喪所獨視偉平平亦以故後去負隨
平至其家家乃負郭窮巷索隱曰高誘註戰国
策云負背郭居也以
弊席爲門然門外多有長者車轍索隱曰一作軌
按言長者所乘
安車与載運之
車軌轍或別張負歸謂其子仲曰吾欲以女孫
予陳平張仲曰平貧不事事一縣中盡笑其所
爲獨柰何予女乎負曰人固有好美如陳平而

長貧賤者乎卒與女爲平貧乃假貸幣以聘予
酒肉之資以內婦負誡其孫曰毋以貧故事人
不謹事兄伯如事父事嫂如母兄伯以逐其婦
此嫂疑後娶也平
既娶張氏女齎用益饒游道日廣里中社平爲
宰索隱曰其里名庫上里知者據蔡邕陳留東昏庫上里
社碑云惟斯庫里古陽武之牖鄉陳平由此社宰遂相
高祖
也分肉食甚均父老曰善陳孺子之爲宰平
曰嗟乎使平得宰天下亦如是肉矣陳涉起而
王陳使周市略定魏地立魏咎爲魏王與秦軍
相攻於臨濟陳平固已前謝其兄伯漢書音義曰
謝語其兄往
事
魏從少年往事魏王咎於臨濟魏王以爲太僕
說魏王不聽人或讒之陳平亡去久之項羽略
地至河上陳平往歸之從入破秦賜平爵卿張
晏
曰礼秩如
卿不治事項羽之東王彭城也漢王還定三秦而
東殷王反楚項羽乃以平爲信武君將魏王咎
客在楚者以往擊降殷王而還項王使項悍拜
平爲都尉賜金二十溢居無何漢王攻下殷王
項王怒將誅定殷者將吏陳平懼誅乃封其金
與印使使歸項王而平身閒行杖劍亡渡河船
人見其美丈夫獨行疑其亡將要中當有金玉
寶器目之欲殺平平恐乃解衣臝而佐刺船船

人知其無有乃止平遂至脩武降漢〔徐廣曰漢二年〕因魏無知求見漢王〔索隱曰漢書音張敞与朱邑書云陳平須魏倩而後進孟康云即无知也〕漢王召入是時萬石君奮爲漢王中涓〔徐廣曰亦曰涓人〕受平謁入見平平等七人俱進賜食王曰罷就舍矣平曰臣爲事來所言不可以過今日於是漢王與語而說之問曰子之居楚何官曰爲都尉是日乃拜平爲都尉使爲參乘典護軍諸將盡讙〔索隱曰讙譁也音懽又音喧漢書作皆怨〕曰大王一日得楚之亡卒未知其高下而即與同載反使監護軍長者漢王聞之愈益幸平遂與東伐項王至彭城爲

楚所敗引而還收散兵至滎陽以平爲亞將屬於韓王信軍廣武絳侯灌嬰等咸讒陳平曰平雖美丈夫如冠玉耳其中未必有也〔漢書音義曰飾冠以玉光好外見中非所有〕臣聞平居家時盜其嫂事魏不容亡歸楚歸楚不中又亡歸漢今日大王尊官之令護軍臣聞平受諸將金金多者得善處金少者得惡處平反覆亂臣也願王察之漢王疑之召讓魏無知無知曰臣所言者能也陛下所問者行也今有尾生孝已之行〔如淳曰孝已高宗之子有孝行〕而無益於勝負之數陛下何暇用之乎楚漢相距臣進

奇謀之士顧其計誠足以利國家不耳且盜嫂受金又何足疑乎漢王召讓平曰先生事魏不中遂事楚而去今又從吾游信者固多心乎平曰臣事魏王魏王不能用臣說故去事項王項王不能信人其所任愛非諸項即妻之昆弟雖有奇士不能用平乃去楚聞漢王之能用人故歸大王臣躶身來不受金無以爲資誠臣計畫有可采者顧大王用之使無可用者金具在請封輸官得請骸骨漢王乃謝厚賜拜爲護軍中尉盡護諸將諸將乃不敢復言其後楚急攻絕

漢甬道圍漢王於滎陽城久之漢王患之請割滎陽以西以和項王不聽漢王謂陳平曰天下紛紛何時定乎陳平曰項王爲人恭敬愛人士之廉節好禮者多歸之至於行功爵邑重之士亦以此不附今大王慢而少禮士廉節者不來然大王能饒人以爵邑士之頑鈍〔如淳曰猶無廉隅〕嗜利無恥者亦多歸漢誠各去其兩短襲其兩長天下指麾則定矣然大王恣侮人不能得廉節之士顧楚有可亂者彼項王骨鯁之臣亞父鍾離昧龍且周殷之屬不過數人耳大王誠能出

捐數萬斤金行反間間其君臣以疑其心項王為人意忌信讒必內相誅漢因舉兵而攻之破楚必矣漢王以為然乃出黃金四萬斤與陳平恣所為不問其出入陳平既多以金縱反間於楚軍宣言諸將鍾離眛等為項王將功多矣然而終不得裂地而王欲與漢為一以滅項氏而分王其地項羽果意不信鍾離眛等項王既疑之使使至漢漢王為太牢具舉進見楚使即詳驚曰吾以為亞父使乃項王使復持去更以惡草具（漢書音義曰草粗也。索隱曰戰国策云食馮煖以草具如淳云惡草麤惡之具也）進楚

使楚使歸具以報項王項王果大疑亞父亞父欲急攻下滎陽城項王不信不肯聽亞父聞項王疑之乃怒曰天下事大定矣君王自為之願請骸骨歸歸未至彭城疽發背而死陳平乃夜出女子二千人滎陽城東門楚因擊之陳平乃與漢王從城西門夜出去遂入關收散兵復東其明年淮陰侯破齊自立為齊王使使言之漢王漢王大怒而罵陳平躡漢王（漢書音義曰躡謂躡漢王足）漢王亦悟乃厚遇齊使使張子房卒立信為齊王封平以戶牖鄉用其奇計策卒滅楚常以護軍

中尉從定燕王臧荼漢六年人有上書告楚王韓信反高帝問諸將諸將曰亟發兵坑豎子耳高帝默然問陳平平固辭謝曰諸將云何上具告之陳平曰人之上書言信反有知之者乎曰未有曰信知之乎曰不知陳平曰陛下精兵孰與楚上曰不能過平曰陛下將用兵有能過韓信者乎上曰莫及也平曰今兵不如楚精而將不能及而舉兵攻之是趣之戰也竊為陛下危之上曰為之奈何平曰古者天子巡狩會諸侯南方有雲夢陛下第出偽游雲夢（索隱曰蘇林云第且也小

顏云但也）會諸侯於陳陳楚之西界（正義曰陳今陳州也韓信都彭城號楚王故陳州為楚西界也）信聞天子以好出游其勢必無事而郊迎謁謁而陛下因禽之此特一力士之事耳高帝以為然乃發使告諸侯會陳吾將南游雲夢上因隨以行行未至陳楚王信果郊迎道中高帝豫具武士見信至即執縛之載後車信呼曰天下已定我固當烹高帝顧謂信曰若毋聲而反明矣武士反接之（漢書音義曰反縛兩手）遂會諸侯于陳盡定楚地還至雒陽赦信以為淮陰侯而與功臣剖符定封於是與平剖符世世勿絕為戶

牖侯平辭曰此非臣之功也上曰吾用先生謀計戰勝剋敵非功而何平曰非魏無知臣安得進上曰若子可謂不背本矣乃復賞魏無知其明年以護軍中尉從攻反者韓王信於代卒至平城爲匈奴所圍七日不得食高帝用陳平奇計使單于閼氏蘇林曰閼氏音焉支如漢皇后圍以得開高帝既出其計祕世莫得聞桓譚新論或云陳平爲高帝解平城之圍則言其事祕世莫得而聞也此以工妙踔善故藏隱不傳焉子能權知斯事否吾應之曰此策乃反薄陋拙惡故隱而不泄高帝見圍七日而陳平往說閼氏閼氏言於單于而出之以是知其所用說之事矣彼陳平必言漢有好麗美女爲道其容貌天下無有今困急已馳使歸迎取欲進與單于單于見此人必大好愛之愛之則閼氏日以遠疎不如及其未到令漢得脫去去亦不持女來矣閼氏婦女有妬媢之性必增惡而事去之此說簡而要及得其用則欲使神怪故隱匿不泄也劉子駿聞吾言乃立稱善焉按漢書音義應劭說此事大旨與桓論略同不知是應全取桓論或別有所聞乎今觀桓論略似本無說高帝南過曲逆地理志縣屬中山也。索隱曰章帝醜其名改云蒲陰也上其城望見其屋室甚大曰壯哉縣吾行天下獨見洛陽與是耳顧問御史曰曲逆戶口幾何對曰始秦時三萬餘戶間者兵數起多亡匿今見五千戶於是乃詔御史更以陳平爲曲逆侯盡食之除前所食戶牖其後常以護軍中尉從攻陳豨及黥布凡六出奇計輒益邑凡六益封奇計或頗祕世莫能聞也高帝從破布軍還

病創徐行至長安燕王盧綰反上使樊噲以相國將兵攻之既行人有短惡噲者高帝怒曰噲見吾病乃冀我死也用陳平謀而召絳侯周勃受詔牀下曰陳平亟馳傳載勃代噲將平至軍中即斬噲頭二人既受詔馳傳未至軍行計之曰樊噲帝之故人也功多且又乃呂后弟呂嬃之夫有親且貴帝以忿怒故欲斬之則恐後悔寧囚而致上上自誅之未至軍爲壇以節召樊噲噲受詔即反接載檻車傳詣長安而令絳侯勃代將將兵定燕反縣平行聞高帝崩平恐呂太后及呂嬃讒怒乃馳傳先去逢使者詔平與灌嬰屯於滎陽平受詔立復馳至宮哭甚哀因奏事喪前呂太后哀之曰君勞出休矣平畏讒之就因固請得宿衛中太后乃以爲郎中令曰傅教孝惠如淳曰傅相之傅也是後呂嬃讒乃不得行樊噲至則赦復爵邑孝惠帝六年相國曹參卒以安國侯王陵爲右丞相徐廣曰王陵以客從起豐以廄將別守豐上東因從戰不利奉孝惠魯元出睢水中封爲雍侯高祖六年定食安國二十一年卒謚武侯至玄孫坐酎金國除陳平爲左丞相王陵者故沛人始爲縣豪高祖微時兄事陵陵少文任氣好直言及高祖起沛入至

咸陽陵亦自聚黨數千人居南陽不肯從沛公
及漢王之還攻項籍陵乃以兵屬漢項羽取陵
母置軍中陵使至則東鄉坐陵母欲以招陵陵
母既私送使者泣曰爲老妾語陵謹事漢王漢
王長者也無以老妾故持二心妾以死送使者
遂伏劍而死項王怒烹陵母陵卒從漢王定天
下以善雍齒雍齒高帝之仇而陵本無意從高
帝以故晚封爲安國侯安國侯既爲右丞相二
歲孝惠帝崩高后欲立諸呂爲王問王陵王陵
曰不可問陳平陳平曰可呂太后怒乃詳遷陵

爲帝太傅實不用陵陵怒謝疾免杜門竟不朝
請七年而卒陵之免丞相呂太后乃徙平爲右
丞相以辟陽侯審食其爲左丞相左丞相不治
常給事於中孟康曰不在治勳便止宮中也食其亦沛人漢王之
敗彭城西楚取太上皇呂后爲質食其以舍人
侍呂后其後從破項籍爲侯幸於呂太后及爲
相居中百官皆因決事呂嬃常以前陳平爲高
帝謀執樊噲數讒曰陳平爲相非治事日飲醇
酒戲婦女陳平聞日益甚呂太后聞之私獨喜
面質呂嬃於陳平曰鄙語曰兒婦人口不可用

顧君與我何如耳無畏呂嬃之讒也呂太后立
諸呂爲王陳平僞聽之及呂太后崩平與太尉
勃合謀卒誅諸呂立孝文皇帝陳平本謀也審
食其免相徐廣曰審食其初以舍人起侍呂后孝惠帝於沛又從在楚封二十五年文帝三年死子
平代代二十二年景帝三年坐謀反國除一本云食其免後三歲爲淮南王所殺文帝令其子平嗣侯菑川王反辟
陽近菑川平降之國除孝文帝立以爲太尉勃親以兵誅呂
氏功多陳平欲讓勃尊位乃病謝孝文帝初立
怪平病問之平曰高祖時勃功不如臣平及誅
諸呂臣功亦不如勃願以右丞相讓勃於是孝
文帝乃以絳侯勃爲右丞相位次第一平徙爲

左丞相位次第二賜平金千斤益封三千戶居
頃之孝文皇帝既益明習國家事朝而問右丞
相勃曰天下一歲決獄幾何勃謝曰不知問天
下一歲錢穀出入幾何勃又謝不知汗出沾背
愧不能對於是上亦問左丞相平平曰有主者
上曰主者謂誰平曰陛下即問決獄責廷尉問
錢穀責治粟內史上曰苟各有主者而君所主
者何事也平謝曰主臣張晏曰若今人謝曰惶恐也馬融龍虎賦曰勇怯見之莫
不主臣孟康曰主臣主羣臣也若今言人主也韋昭曰言主臣道不敢斯也○索隱曰蘇林與孟康同既古人所未
了故並存兩解陛下不知其駑下使待罪宰相宰相者

上佐天子理陰陽順四時下育萬物之宜外鎮撫四夷諸侯內親附百姓使卿大夫各得任其職焉孝文帝乃稱善右丞相大慙出而讓陳平曰君獨不素教我對陳平笑曰君居其位不知其任邪且陛下即問長安中盜賊數漢書音義曰頭數也君欲彊對邪於是絳侯自知其能不如平遠矣居頃之絳侯謝病請免相陳平專為一丞相孝文帝二年丞相陳平卒謚為獻侯子共侯買代侯二年卒子簡侯恢代侯二十三年卒子何代侯二十三年何坐略人妻棄市國除始陳平曰我多陰謀是道家之所禁吾世即廢亦已矣終不能復起以吾多陰禍也然其後曾孫陳掌以衞氏親貴戚願得續封陳氏然終不得徐廣曰陳掌者衞青之子壻

太史公曰陳丞相平少時本好黃帝老子之術方其割肉俎上之時其意固已遠矣傾側擾攘楚魏之閒卒歸高帝常出奇計救紛糾之難振國家之患及呂后時事多故矣然平竟自脫定宗廟以榮名終稱賢相豈不善始善終哉非知謀孰能當此者乎

索隱述贊曰曲逆窮巷門多長者宰肉先均佐喪後罷魏楚更用腹心難假棄印封金刺船露保閒行歸漢委質麾下滎陽計全平城圍解推陵讓勃貶多益寡應變合權克定宗社

陳丞相世家第二十六　史記五十六

陳平世家

絳侯周勃世家第二十七　史記五十七

絳侯周勃者，沛人也。其先卷人，徐廣曰卷縣在滎陽。○索隱曰韋昭云屬河南地理志亦然然則後置滎陽郡而卷隸焉音丘云反字林音丘權反。○正義曰括地志云故卷城在鄭州原武縣西北七里釋例地名云卷縣所理垣雍城也徙沛。勃以織薄曲為生，索隱曰謂勃本以織蠶薄為生業也韋昭云北方謂薄為曲許慎註淮南云曲葦薄也郭璞註方言云植縣曲柱也音直吏反蘇林曰薄一名曲月令曰具曲植。○常為人吹簫給喪事，如淳曰以樂喪家若俳優瓚曰吹簫以樂喪賓若樂人也。○索隱曰左傳歌虞殯猶今挽歌類也歌者或有簫管材官引彊。漢書音義曰能引彊弓官如今挽彊司馬也。○索隱曰晉灼云申屠嘉為材官蹶張高祖之為沛公初起，勃以中涓從攻胡陵，下方與。方與反，與戰，却適。攻豐。擊秦軍碭東。還軍留及蕭，復攻碭，破之。下下邑，先登。賜爵五大夫。攻蒙、虞，取之。索隱曰二縣名地理志屬梁國擊章邯車騎，殿。服虔曰略得殿兵也如淳曰殿不進也瓚曰在軍後曰殿孫檢曰一說上功曰最下功曰殿戰功曰多周勃事中有此三品與諸將俱計功則曰殿最獨捷則曰多多義見周禮故此云擊章邯車騎殿又云先至城下為多又云攻槐里好畤最是也定魏地。攻爰戚、東緡，徐廣曰屬山陽。○索隱曰小顏音昏非也地理志山陽有東緡縣音旻然則戶牖之為東緡音昏是屬陳留者音昏屬山陽者音旻也。○正義曰緡眉貧反括地志云東緡故城漢縣也在兖州金鄉縣界以往至栗，正義曰括地志云屬沛郡也取之。攻齧桑，先登。索隱曰徐氏云在梁彭城間擊秦軍阿下，破之。索隱曰謂東阿之下也追至濮陽，下甄城。攻都關、索隱曰地理志縣名屬山陽定陶，襲取宛朐，正義曰宛朐二音今曹州縣在州西四十七里得單父。正義曰善甫二音宋

州縣也令夜襲取臨濟，攻張，漢書音義曰攻壽張。○索隱曰地理志東郡壽梁縣光武改曰壽張以前至卷，破之。擊李由軍雍丘下。攻開封，先至城下為多。文穎曰勃士卒至者多如淳曰周禮戰功曰多後章邯破殺項梁，沛公與項羽引兵東如碭。自初起沛還至碭，一歲二月。索隱曰謂初起沛及還至碭得一歲又更二月也楚懷王封沛公號安武侯，為碭郡長。沛公拜勃為虎賁令，徐廣曰一云句盾令。○索隱曰漢書云襄賁令賁音肥縣名屬東海徐廣又云句盾令所見本各別也以令從沛公定魏地。攻東郡尉於城武，破之。擊王離軍，破之。攻長社，先登。攻潁陽、緱氏，正義曰緱音勾洛州縣絕河津。正義曰即古平陰津在洛州洛陽縣東北五十里擊趙賁軍尸北。索隱曰賁音肥人姓名也尸即尸鄉今偃師也謂尸縣之北南攻南陽守齮，破武關、嶢關，破秦軍於藍田，至咸陽，滅秦。項羽至，以沛公為漢王。漢王賜勃爵為威武侯。索隱曰或是封號未必縣名也從入漢中，拜為將軍。還定三秦，至秦，賜食邑懷德。正義曰括地志云懷德故城在同州朝邑縣西南四十三里攻槐里、好畤，最。如淳曰於將率之中功為最。○索隱曰地理志二縣屬右扶風擊趙賁、內史保於咸陽，最。北攻漆。索隱曰地理志漆縣在右扶風正義曰今豳州新平縣古漆縣也擊章平、姚卬軍。索隱曰卬音五郎反平下將西定汧。正義曰口肩反今隴州汧源縣本漢汧縣地也還下郿、正義曰音眉括地志云郿縣故城在岐州郿縣東北十五里頻陽。索隱曰地理志郿屬古扶風頻陽屬左馮翊也。○正義曰括地志云頻陽故城在宜州土門縣南三

里今土門縣併入同官縣屬雍州宜州廢也圍章邯廢丘索隱曰地理志槐里周曰犬丘懿王都之秦更名廢丘高祖三年更名槐里而此云槐里者槐里據後而書之又云廢丘者以章邯本都廢丘而言亦據舊書之破西丞徐廣曰天水有西縣○正義曰括地志云西縣故城在秦州上邽縣西南九十里本漢西縣也破西縣丞擊盜巴軍破之如淳曰章邯將攻上邽正義曰音圭秦州縣也東守嶢關轉擊項籍攻曲逆最還守敖倉追項籍籍已死因東定楚地泗川東海郡凡得二十二縣還守雒陽櫟陽賜與穎陽侯共食鍾離索隱曰地理志縣名屬九江古鍾離子國○正義曰括地志云穎陽故城在陳州南頓縣西北鍾離故城在濠州鍾離縣東北五里以將軍從高帝擊反者燕王臧荼破之易下索隱曰荼如字讀易水名因以為縣在涿郡謂破荼軍於易水之下言近水也○正義曰括地志云易縣故城在幽州歸義縣東南十五里燕桓侯所徙都臨易是也所將卒當馳道為多索隱曰小顏以當高祖所行之道或以馳道為秦之馳道故賈山傳云秦為馳道東窮燕齊也賜爵列侯剖符世世勿絕食絳正義曰括地志云絳邑城漢絳縣在絳州曲沃縣南二里或以為秦之舊馳道也八千一百八十戶號絳侯以將軍從高帝擊反韓王信於代降下霍人索隱曰蕭該云左傳以偪陽子歸納諸霍人杜預云晉邑也或作靃○正義曰霍音瓊又音蘇寡反顏師古云音山寡反按霍字當作葰地理志云葰人縣屬太原郡括地志云葰人故城在代州繁畤縣界漢葰人縣也按樊噲列傳作靃人其音亦同以前至武泉徐廣曰屬雲中○正義曰括地志云武泉故城在朔州北二百二十里擊胡騎破之武泉北轉攻韓信軍銅鞮正義曰括地志云銅鞮故城在潞州銅鞮縣東十五里州西六十五里在并州東南也破之還降太原正義曰并

州縣從銅鞮還并降六城也六城擊韓信胡騎晉陽下破之下晉陽後擊韓信軍於硰石應劭曰硰音沙或曰地名○索隱曰晉灼音赤座反○正義曰按在樓煩縣西北破之追北八十里還攻樓煩正義曰地理志云在鴈門郡括地志云在并州崞縣界三城因擊胡騎平城下正義曰地理志云在鴈門郡括地志云朔州定襄本漢平城縣所將卒當馳道為多勃遷為太尉擊陳豨屠馬邑所將卒斬豨將軍乘馬絺徐廣曰姓乘馬○索隱曰絺名也乘音始證反擊韓信陳豨趙利軍於樓煩破之得豨將宋最鴈門守圂索隱曰圂守之名音胡困反因轉攻得雲中守遫索隱曰音速○正義曰括地志云雲中故城在勝州榆林縣東北四十里秦雲中郡丞相箕肆將勳徐廣曰箕一作萁勳一作專一作轉○索隱曰劉氏肆音如字包愷音以四反漢書勳亦作博字並誤耳定鴈門郡十七縣雲中郡十二縣因復擊豨靈丘破之索隱曰地理志縣名屬代郡○正義曰括地志云靈丘故城在蔚州靈丘縣東十里漢縣也斬豨得豨丞相程縱將軍陳武都尉高肆定代郡九縣燕王盧綰反勃以相國代樊噲將擊下薊得綰大將抵丞相偃守陘張晏曰盧綰郡守陘其名太尉弱御史大夫施屠渾都徐廣曰在上谷○索隱曰施名也屠滅之也地理志渾都縣屬上谷一云御史大夫姓施屠名渾都○正義曰括地志云幽州昌平縣本漢渾都縣破綰軍上蘭正義曰括地志云嬀州懷戎縣東北有馬蘭溪水恐是也復擊破綰軍沮陽徐廣曰在上谷駰案服虔曰沮音阻○索隱曰按地理志沮陽縣屬上谷○正義曰括地志云上谷郡故城在嬀州懷戎縣東北百一十里燕上谷秦因不改漢為沮陽縣

追至長城正義曰即馬邑長城亦名燕長城在嬀州北今是定上谷十二縣右北平十六縣遼西遼東二十九縣漁陽二十二縣最從高帝索隱曰最都凡也謂揔舉其從高祖攻戰克獲之數也得相國一人丞相二人將軍二千石各三人別破軍二下城三定郡五縣七十九得丞相大將各一人勃為人木彊敦厚高帝以為可屬大事勃不好文學每召諸生說士東鄉坐而責之如淳曰勃自東鄉坐責諸生說士不以賓主之禮趣為我語其椎少文如此瓚曰令直言勿稱經書也韋昭曰椎不橈曲直至如椎。索隱曰大顏云俗謂愚為鈍椎音直追反今按椎如字讀之謂勃召說士東向而坐責之云趣為我語其質朴之性以斷推之其少文皆如此勃既定燕而歸高祖

已崩矣以列侯事孝惠帝孝惠帝六年置太尉官徐廣曰功臣表及將相表皆高后四年始置太尉。正義曰下云以勃為太尉十歲高后崩按孝惠六年高后八年崩是十年耳而功臣表及將相表云高后四年置太尉官未詳以勃為太尉十歲高后崩呂祿以趙王為漢上將軍呂產以呂王為漢相國秉漢權欲危劉氏勃為太尉不得入軍門陳平為丞相不得任事於是勃與平謀卒誅諸呂而立孝文皇帝其語在呂后孝文事中文帝既立以勃為右丞相賜金五千斤食邑萬戶居月餘人或說勃曰君既誅諸呂立代王威震天下而君受厚賞處尊位以寵久之即禍及

身矣勃懼亦自危乃謝請歸相印上許之歲餘丞相平卒上復以勃為丞相十餘月上曰前日吾詔列侯就國或未能行丞相吾所重其率先之乃免相就國歲餘每河東守尉行縣至絳絳侯勃自畏恐誅常被甲令家人持兵以見之其後人有上書告勃欲反徐廣曰文帝四年時下廷尉廷尉下其事長安逮捕勃治之勃恐不知置辭吏稍侵辱之勃以千金與獄吏獄吏乃書牘背示之李奇曰吏所執簿韋昭曰牘版。索隱曰簿即牘也故魏志秦宓以簿擊頰則亦簡牘之類也曰以公主為證公主者孝文帝女也勃太子勝之尚之

韋昭曰尚奉也不敢言娶故獄吏教引為證勃之益封受賜盡以予薄昭及繫急薄昭為言薄太后太后亦以為無反事文帝朝太后以冒絮提文帝徐廣曰提音弟駰案應劭曰陌額絮也如淳曰太后恚怒遭得左右物提之也晉灼曰巴蜀異物志謂頭上巾為冒絮。索隱曰服虔云綸絮也提音弟又音啼非也蕭該音底提者擲也蕭音為得恚者嗔也遭者逢也謂太后嗔乃逢冒絮因以提帝陌音蠻陌之陌入聲方言云幪巾南楚之閒云陌額也曰絳侯綰皇帝璽應劭曰言勃誅諸呂發少帝手實璽時尚不反況今更有異乎將兵於北軍不以此時反今居一小縣顧欲反邪文帝既見絳侯獄辭乃謝曰吏事方驗而出之於是使使持節赦絳侯復爵邑絳侯既出曰吾嘗將百萬軍然安知獄吏

之貴乎絳侯復就國孝文帝十一年卒謚爲武侯子勝之代侯六歲尚公主不相中如淳曰猶言不相合當坐殺人國除絕一歲文帝乃擇絳侯勃子賢者河内守亞夫封爲條侯徐廣曰表皆作蓨字駰案服虔曰蓨音條○索隱曰地理志條縣屬勃海郡○正義曰括地志云故蓨城俗名南條城在德州蓨縣南十二里漢縣續絳侯後條侯亞夫自未侯爲河内守時許負相之索隱曰應劭云負河内溫人老嫗也姚氏按楚漢春秋高祖封負爲鳴雌亭侯是知婦人亦有封邑曰君後三歲而侯侯八歲爲將相持國秉索隱曰音柄貴重矣於人臣無兩其後九歲而君餓死亞夫笑曰臣之兄已代父侯矣有如卒子當代亞夫何說侯乎

然既已貴如負言又何說餓死指示我許負指其口曰有從理入口索隱曰從音子容反從理橫理此餓死法也居三歲其兄絳侯勝之有罪孝文帝擇絳侯子賢者皆推亞夫乃封亞夫爲條侯續絳侯後文帝之後六歲匈奴大入邊乃以宗正劉禮爲將軍軍霸上正義曰廟記云霸陵即霸上按霸陵城在雍州萬年縣東北二十五里祝茲侯徐厲爲將軍軍棘門正義曰孟康云秦時宮也括地志云棘門在渭北十餘里秦王門名也以河内守亞夫爲將軍軍細柳正義曰括地志云細柳倉在雍州咸陽縣西南二十里也以備胡上自勞軍至霸上及棘門軍直馳入將以下騎送迎已而之細柳軍軍士吏

被甲銳兵刃彀弓弩持滿索隱曰彀者張也天子先驅至不得入先驅曰天子且至軍門都尉曰將軍令曰軍中聞將軍令不聞天子之詔索隱曰六韜云軍中之事不聞君命居無何上至又不得入於是上乃使使持節詔將軍吾欲入勞軍亞夫乃傳言開壁門壁門士吏謂從屬車騎曰將軍約軍中不得驅馳於是天子乃按轡徐行至營將軍亞夫持兵揖曰介胄之士不拜請以軍禮見應劭曰禮介者不拜○索隱曰應劭云左傳晉郤克三肅使者而退杜預注肅若今撎鄭衆注周禮肅拜云但俯下手今時撎是天子爲動改容式車索隱曰軾者車前橫木若上有敬則俯身而憑之使人稱謝

皇帝敬勞將軍成禮而去既出軍門羣臣皆驚文帝曰嗟乎此眞將軍矣曩者霸上棘門軍若兒戲耳其將固可襲而虜也至於亞夫可得而犯邪稱善者久之月餘三軍皆罷乃拜亞夫爲中尉正義曰漢書百官表云中尉秦官掌徼循京師武帝太初元年更名執金吾應劭云吾者禦也掌執金吾以禦非常顏師古云金吾鳥名主辟不祥天子出行職主先導以備非常故執此鳥之象因以名官也孝文且崩時誡太子曰即有緩急周亞夫眞可任將兵文帝崩拜亞夫爲車騎將軍孝景三年吳楚反亞夫以中尉爲太尉正義曰漢書百官表云太尉秦官掌武元狩四年置大將軍大司馬即今十二衛大將軍及兵部尚書也東擊吳楚因自請上曰楚

兵剽輕索隱曰漢書亞夫至淮陽問鄧都尉爲畫此計亞夫從之今此云自請者蓋此亦聞疑而傳疑漢史得其實也剽音七妙反輕讀從去聲難與爭鋒願以梁委之索隱曰謂以梁委之於吳使吳兵不得過也亦有作餧音亦通絕其粮道乃可制上許之太尉既會兵滎陽吳方攻梁梁急請救太尉引兵東北走昌邑深壁而守梁日使使請太尉太尉守便宜不肯往梁上書言景帝景帝使使詔救梁太尉不奉詔堅壁不出而使輕騎兵弓高侯等索隱曰韓穨當也。正義曰弓高滄州縣也絕吳楚兵後食道吳兵乏粮飢數欲挑戰終不出夜軍中驚內相攻擊擾亂至於太尉帳下太尉終臥不起頃之復定

後吳奔壁東南陬如淳曰陬隅也○索隱曰音鄒又音子侯反太尉使備西北已而其精兵果奔西北不得入吳兵既餓乃引而去太尉出精兵追擊大破之吳王濞弃其軍而與壯士數千人亡走保於江南丹徒索隱曰地理志縣屬會稽。正義曰括地志云丹徒故城在潤州丹徒縣東南十八里漢丹徒縣也晉太康地志云吳王濞反走丹徒越人殺之於此城南徐州記云秦使赭衣鑿其地因謂之丹徒鑿處今在故縣西北六里丹徒峴東南連亘盤紆屈曲有象龍形故秦鑿絕頸闕百餘步又夾坑龍首以毀其形坑之所在即今龍目二湖悉成田也漢兵因乘勝遂盡虜之降其兵購吳王千金月餘越人斬吳王頭正義曰越人即丹徒人越滅吳丹徒地屬楚秦滅楚後置三十六郡丹徒縣屬會稽郡故以丹徒爲越人也以告凡相攻守三月而吳楚破平

於是諸將乃以太尉計謀爲是由此梁孝王與太尉有郤歸復置太尉官五歲遷爲丞相景帝甚重之景帝廢栗太子丞相固爭之不得景帝由此疏之而梁孝王每朝常與太后言條侯之短竇太后曰皇后兄王信可侯也景帝讓曰始南皮章武侯瓚曰南皮竇彭祖太后兄子章武侯太后弟廣國先帝不侯及臣即位乃侯之信未得封也竇太后曰人主各以時行耳索隱曰謂人主各當其時而行事不必一一相法也○正義人主作人生自竇長君在時竟不得侯死後乃封其子彭祖顧得侯索隱曰許慎註淮南子云顧反也吾甚恨之帝趣侯信也景帝

曰請得與丞相議之丞相議之亞夫曰高皇帝約非劉氏不得王非有功不得侯不如約天下共擊之今信雖皇后兄無功侯之非約也景帝默然而止其後匈奴王徐盧等五人降景帝欲侯之以勸後丞相亞夫曰彼背其主降陛下陛下侯之則何以責人臣不守節者乎景帝曰丞相議不可用乃悉封徐盧等爲列侯索隱曰功臣表唯徐盧封容城侯亞夫因謝病景帝中三年以病免相頃之景帝居禁中召條侯賜食獨置大胾韋昭曰大臠也胾音側吏反。索隱曰臠音李轉反謂肉臠也無切肉又不置櫡條侯心不平

顧謂尚席取櫡應劭曰尚席主席者。索隱曰顧氏按輿服雜事云太尚尚席掌武帳帷幔也櫡音筯漢書作箸箸者食所用也留侯云借前箸以籌之禮曰羹之有菜者用梜梜亦箸之類故鄭玄云今人謂箸爲梜是也景帝視而笑曰此不足君所乎孟康曰設胾無筯者此非不足滿於君所乎嫌恨之如淳曰非故不足君之食具也偶失之○索隱曰言不設箸者此蓋非我意於君有不足乎故如淳云非故不足君之食具偶失之耳蓋當然也所以帝視而笑也若本不爲足當別有辭未必爲之笑也孟康晉灼雖探古人之情亦未必能得其實顧氏亦同孟氏之說又引魏武賜荀彧虛器各記異說也條侯免冠謝上起條侯因趨出景帝以目送之曰此怏怏者非少主臣也居無何條侯子爲父買工官尚方徐廣曰一作西。索隱曰工官即尚方之工所作物屬尚方故云工官尚方甲楯五百被徐廣曰音披颿案如淳曰工官官名也張晏曰被具也五百具甲楯可以葬者

取庸苦之不予錢庸知其盜買縣官器索隱曰縣官謂天子也所以謂國家爲縣官者夏家王畿內縣即國都也王者官天下故曰縣官也怒而上變告子事連汙條侯索隱曰汙音烏故反書既聞上上下吏吏簿責條侯如淳曰簿問責其情條侯不對景帝罵之曰吾不用也孟康曰不用女對欲殺之也如淳曰恐獄吏畏其復用事不敢折辱。索隱曰孟康如淳已備兩解大顏以孟說爲得而姚察又別一解云帝責此吏不得亞夫直辭以爲不足任用故召亞夫別詣廷尉使責問召詣廷尉正義曰景帝見條侯不對簿因責罵之曰吾不任用汝也故召詣廷尉使重推劾耳餘說皆非也廷尉責曰君侯欲反邪亞夫曰臣所買器乃葬器也何謂反邪吏曰君侯縱不反地上即欲反地下耳吏侵之益急初吏捕條侯條侯欲自

殺夫人止之以故不得死遂入廷尉因不食五日嘔血而死國除絕一歲景帝乃更封絳侯勃他子堅爲平曲侯續絳侯後十九年卒謚爲共侯子建德代侯十三年爲太子太傅坐酎金不善元鼎五年有罪國除徐廣曰諸列侯坐酎金失侯者皆在元鼎五年但此辭向如有顛倒。索隱曰紀云坐酎金不善復云元鼎五年有罪國除似重有罪故云顛倒而漢書云爲太子太傅坐酎金免官後有罪國除其文又錯也按表坐免官至元鼎五年坐酎金又失侯所以二史記之各有不同也條侯果餓死死後景帝乃封王信爲蓋侯

太史公曰絳侯周勃始爲布衣時鄙朴人也才能不過凡庸及從高祖定天下在將相位諸呂

欲作亂勃匡國家難復之乎正雖伊尹周公何以加哉亞夫之用兵持威重執堅刃穰苴曷有加焉足已而不學索隱曰亞夫自以己之智謀足而虛己不學古文所以不體權變而動有違忤守節不遜索隱曰守節謂爭粟太子不封王信徐盧等不遜謂顧尚席取箸不對簿獄是也終以窮困悲夫

索隱述贊曰絳侯佐漢質厚敦篤始擊碭東亦圍尸北所攻必取所討咸克陳豨伏誅臧荼破國事居送往推功伏德列侯就第太尉下獄繼相條侯紹封平曲惜哉賢將父子代辱

絳侯周勃世家第二十七　史記五十七

梁孝王世家第二十八　史記五十八

梁孝王武者孝文皇帝子也而與孝景帝同母母竇太后也孝文帝凡四男長子曰太子是爲孝景帝次子武次子參次子勝正義曰漢書勝作揖又云諸姬生代孝王參梁懷王揖言諸姬者衆妾卑賤史不書姓故云諸姬也孝文帝即位二年以武爲代王徐廣曰都中都。正義曰括地志云中都故城在汾州平遙縣西十二里以參爲太原王徐廣曰都晉陽。正義曰括地志云并州太原地名大明城即古晉陽城智伯與韓魏攻趙襄子於晉陽即此城是也以勝爲梁王徐廣曰都睢陽。索隱曰漢書梁王名揖蓋是矣按景帝子中山靖王名勝是史記誤耳。正義曰括地志云宋州宋城縣在州南二里外城中本漢之睢陽縣也漢文帝封子武於大梁以其卑濕徙睢陽故改曰梁也二歲徙代王爲淮陽王徐廣曰都陳。正義曰即古陳國城也以代盡與太原王號曰代王參立十七年孝文後二年卒謚爲孝王子登嗣立是爲代共王立二十九年元光二年卒子義立是爲代王十九年漢廣關以常山爲限而徙代王王清河徐廣曰都清陽。正義曰括地志云清陽故城在貝州清縣西北八里也清河王徙以元鼎三年也初武爲淮陽王十年而梁王勝卒謚爲梁懷王懷王最少子愛幸異於他子其明年徙淮陽王武爲梁王梁王之初王梁孝文帝之十二年也梁王自初王通歷已十一年矣索隱曰謂自文帝二年初封代後徙淮陽又徙梁通數文帝二年至十二年徙梁爲十一年也梁王

十四年入朝十七年十八年比年入朝留其明年乃之國二十一年入朝二十二年孝文帝崩二十四年入朝二十五年復入朝是時上未置太子也上與梁王燕飲嘗從容言曰千秋萬歲後傳於王王辭謝雖知非至言然心內喜太后亦然其春吳楚齊趙七國反吳楚先擊梁棘壁文穎曰地名。索隱曰按左氏傳宣公二年宋華元戰于大棘杜預云在襄邑東南蓋即棘壁是也。正義曰括地志云大棘故城在宋州寧陵縣西南七十里殺數萬人梁孝王城守睢陽而使韓安國張羽等爲大將軍以距吳楚吳楚以梁爲限不敢過而西與太尉亞夫等相距三月吳楚破而梁所破殺虜略與漢中分漢書音義曰梁所虜吳楚之捷略與漢等明年漢立太子其後梁最親有功又爲大國居天下膏腴地地北界泰山西至高陽徐廣曰在陳留圉縣。駰案司馬彪曰圉有高陽亭也。索隱曰圉縣屬陳留高陽鄉名也註引司馬彪者出續漢書郡國志也四十餘城皆多大縣孝王竇太后少子也愛之賞賜不可勝道於是孝王築東苑索隱曰築謂建也白虎通云苑所以東者何蓋以東方生物故也方三百餘里索隱曰蓋言其奢非實辭或者梁國封域之方。正義曰括地志云苑園在宋州宋城縣東南十里葛洪西京雜記云梁孝王苑中有落猨巖棲龍岫鴈池鶴洲鳧島諸宮觀相連奇果佳樹瑰禽異獸靡不畢備俗人言梁孝王竹園也廣睢陽城七十里索隱曰蘇林云廣其徑也太康地理記云城方十三里梁孝王築之鼓倡節杵而後下和之者

羅睢陽曲今踵以爲故所以樂家有睢陽曲蓋採其遺音也大治宮室爲複道自宮連屬於平臺三十餘里徐廣曰睢陽有平臺里駰案如淳曰在梁東北離宮所在也晉灼曰或說在城中東北角。索隱曰如淳云在梁東北離宮所在者按今城東二十里臨新河有故臺址不甚高俗云平臺又一名脩竹苑西京雜記云有落猿巖棲巖鳧洲鴈渚連亘七十餘里是也得賜天子旌旗出從千乘萬騎索隱曰漢官儀曰天子法駕三十六乘大駕八十一乘皆備千乘萬騎而出也東西馳獵擬於天子出言蹕入言警索隱曰漢舊儀云皇帝輦動稱警出殿則傳蹕止人清道言出入者互文耳出亦有蹕招延四方豪桀自山以東游說之士莫不畢至齊人羊勝公孫詭鄒陽之屬公孫詭多奇邪計索隱曰周禮有奇衺之人鄭玄云奇衺譎怪非常也奇音紀宜反邪音斜也初見王賜千金官至中尉梁

號之曰公孫將軍梁多作兵器弩弓矛數十萬而府庫金錢且百巨萬索隱曰如淳云巨亦大大與百萬同也韋昭云大百萬今萬萬珠玉寶器多於京師二十九年十月梁孝王入朝景帝使使持節乘輿駟馬迎梁王於關下鄧展曰但將駟馬往。瓚曰稱乘輿駟馬則車馬皆往言不駕六馬耳天子副車駕駟馬既朝上疏因留以太后親故王入則侍景帝同輦出則同車游獵射禽獸上林中梁之侍中郎謁者著籍引出入正義曰著竹略反籍謂名簿也若今通引出入門也天子殿門與漢官官無異十一月上廢栗太子竇太后心欲以孝王爲後嗣大臣及袁盎等有所關說於景帝索隱

曰袁盎云漢家法周道立子是有所關涉之說於帝也一云關者隔也引事而關隔其說不得行也竇太后義格如淳曰戠閣不得下。索隱曰張晏云格止也服虔云格謂格閡不行蘇林音閣周成雜字戠閣也通俗文云高置立戠棚云戠閣字林音紀又音詭也亦遂不復言以梁王爲嗣事由此以事祕世莫知乃辭歸國其夏四月上立膠東王爲太子梁王怨袁盎及議臣乃與羊勝公孫詭之屬陰使人刺殺袁盎及他議臣十餘人逐其賊未得也於是天子意梁王索隱曰謂意疑梁刺之逐賊果梁使之乃遣使冠蓋相望於道覆按梁捕公孫詭羊勝公孫詭羊勝匿王後宮使者責二千石急梁相軒丘豹正義曰姓軒丘名豹也及內

史韓安國進諫王王乃令勝詭皆自殺出之上由此怨望於梁王梁王恐乃使韓安國因長公主謝罪太后然後得釋上怒稍解因上書請朝既至關茅蘭說王漢書音義曰茅蘭孝王臣使乘布車張晏曰布車降服自比喪人從兩騎入匿於長公主園漢使使迎王王已入關車騎盡居外不知王處太后泣曰帝殺吾子景帝憂恐於是梁王伏斧質於闕下謝罪然後太后景帝大喜相泣復如故悉召王從官入關然景帝益疏王不同車輦矣三十五年冬復朝上疏欲留上弗許歸國意忽忽不樂北獵

良山 索隱曰漢書作梁山述征記云良山際清水今壽張縣南有良山服虔云是此山也。正義曰括地志云梁山在鄆州壽張縣南三十五里即獵處也 有獻牛足出背上 索隱曰張晏云足當處下所以輔身也今出背上象孝王背朝以干上也北者陰也又在梁山明為梁也牛者丑之畜衛在六月北方數六故六月薨也 孝王惡之六月中病熱六日卒謚曰孝王 索隱曰述征記碭有梁孝王之冢 孝王慈孝每聞太后病口不能食居不安寢常欲留長安侍太后太后亦愛之及聞梁孝王薨竇太后哭極哀不食曰帝果殺吾子景帝哀懼不知所為與長公主計之乃分梁為五國 索隱曰長子買梁共王子明濟川王子彭離濟東王子定山陽王子不識濟陰王 盡立孝王男五人為王女五人皆食湯沐邑於是奏之太后太后乃說為帝加壹餐梁孝王長子買為梁共王子明為濟川王子彭離為濟東王子定為山陽王子不識為濟陰王孝王未死時財以巨萬計不可勝數及死藏府餘黃金尚四十餘萬斤他財物稱是梁共王三年景帝崩共王立七年卒子襄立是為平王梁平王襄 索隱曰漢書作讓 十四年母曰陳太后共王母曰李太后李太后親平王之大母也而平王之后姓任曰任王后任王后甚有寵於平王襄初孝王在時有罍樽 鄭德曰上蓋刻為雲雷象。索隱曰應劭曰詩云酌彼金罍罍有畫

雲雷之象以金飾之 直千金孝王誡後世善保罍樽無得以與人任王后聞而欲得罍樽平王大母李太后曰先王有命無得以罍樽與人他物雖百巨萬猶自恣也任王后絕欲得之平王襄直使人開府取罍樽賜任王后李太后大怒漢使者來欲自言平王襄及任王后遮止閉門李太后與爭門措指 晉灼曰許慎措置措以為笮。索隱曰措音迮側格反漢書王陵傳迮前隊皆作此字說文云迫笮也謂為門扇所笮 遂不得見漢使者李太后亦私與食宮長及郎中尹霸等士通亂 正義曰張先生舊本有士字先生疑是衍字又不敢除故以朱大點其字中心今按候宮長及郎中尹霸等是士人太后與通亂其義亦通矣 而王與任王后以此使人風止李太后李太后內有淫行亦已後病薨病時任后未嘗請病薨又不持喪元朔中睢陽人類犴反者 索隱曰韋昭云犴音岸按類犴反人姓名也反字或作友 人有辱其父而與淮陽太守客出同車太守客出下車類犴反殺其仇於車上而去淮陽太守怒以讓梁二千石二千石以下求反甚急執反親戚反知國陰事乃上變事具告知王與大母爭樽狀時丞相以下見知之欲以傷梁長吏其書聞天子天子下吏驗問有之公卿請廢襄為庶人天子曰李太后有淫行而梁王襄無

良師傅故陷不義乃削梁八城梟任王后首于市梁餘尚有十城襄立三十九年卒謚爲平王子無傷立爲梁王也

濟川王明者梁孝王子以桓邑侯（索隱曰地理志桓邑闕）孝景中六年爲濟川王七歲坐射殺其中尉漢有司請誅天子弗忍誅廢明爲庶人遷房陵地入于漢爲郡

濟東王彭離者梁孝王子以孝景中六年爲濟東王二十九年彭離驕悍無人君禮昏暮私與其奴亡命少年數十人行剽殺人取財物以爲

好（如淳曰以是爲好喜之事）所殺發覺者百餘人國皆知之莫敢夜行所殺者子上書言漢有司請誅上不忍廢以爲庶人遷上庸地入于漢爲大河郡

山陽哀王定者梁孝王子以孝景中六年爲山陽王九年卒無子國除地入于漢爲山陽郡

濟陰哀王不識者梁孝王子以孝景中六年爲濟陰王一歲卒無子國除地入于漢爲濟陰郡

太史公曰梁孝王雖以親愛之故王膏腴之地然會漢家隆盛百姓殷富故能植其財貨廣宮室車服擬於天子然亦僭矣褚先生曰臣爲郎

時聞之於宮殿中老郎吏好事者稱道之也竊以爲令梁孝王怨望欲爲不善者事從中生今太后女主也以愛少子故欲令梁王爲太子大臣不時正言其不可狀阿意治小私說意以受賞賜非忠臣也齊如魏其侯竇嬰之正言也（索隱曰竇嬰袁盎皆言如周家立子不合立弟）何以有後禍景帝與王燕見侍太后飲景帝曰千秋萬歲之後傳王太后喜說竇嬰在前據地言曰漢法之約傳子適孫今帝何以得傳弟擅亂高帝約乎於是景帝默然無聲太后意不說故成王與小弱弟立樹下取

一桐葉以與之曰吾用封汝周公聞之進見曰天王封弟甚善成王曰吾直與戲耳周公曰人主無過舉不當有戲言言之必行之於是乃封小弟以應縣（索隱曰此說與晉世家不同事與封叔虞同彼云封唐此云封應應亦成王之弟或別有所見故不同。正義曰括地志云故應城故應鄉也在汝州魯山縣東四十里呂氏春秋云成王戲削桐葉爲圭以封叔虞非應侯也又汲冢古文云殷時已有應國非成王所造也）是後成王沒齒不敢有戲言言必行之孝經曰非法不言非道不行此聖人之法言也今主上不宜出好言於梁王梁王上有太后之重驕蹇日久數聞景帝好言千秋萬世之後傳王而實不行又諸侯王朝見天子漢法凡當四見耳始到入小見到正月朔旦奉皮薦璧玉賀正月法見後三日爲王置酒賜金錢財物後二日復入小見辭去凡留長安不過二十日小見者燕見於禁門內飲於省中非士人所得入也今梁王西朝因留且半歲入與人主同輦出與同車示風以大言而實不與令出怨言謀畔逆乃隨而憂之不亦遠乎非大賢人不知退讓今漢之儀法朝見賀正月者常一王與四侯俱朝見十餘歲一至今梁王常比年入朝見久留鄙語曰驕子不孝非惡言

也故諸侯王當爲置良師傅相忠言之士如汲黯韓長孺等敢直言極諫安得有患害蓋聞梁王西入朝謁竇太后燕見與景帝俱侍坐於太后前語言私說太后謂帝曰吾聞殷道親親周道尊尊其義一也〔索隱曰殷人尚質親親謂親其弟而授之周人尚文尊尊謂尊祖之正體故立其子尊其祖也〕安車大駕用梁孝王爲寄景帝跪席舉身曰諾罷酒出帝召袁盎諸大臣通經術者曰太后言如是何謂也皆對曰太后意欲立梁王爲帝太子帝問其狀袁盎等曰殷道親親者立弟周道尊尊者立子殷道質質者法天親其所

親故立弟周道文文者法地尊者敬也敬其本始故立長子周道太子死立適孫殷道太子死立其弟帝曰於公何如皆對曰方今漢家法周周道不得立弟當立子故春秋所以非宋宣公宋宣公死不立子而與弟弟受國死復反之與兄之子弟之子爭之以爲我當代父後即刺殺兄子爲故國亂禍不絕故春秋曰君子大居正宋之禍宣公爲之臣請見太后白之袁盎等入見太后太后言欲立梁王梁王即終欲誰立太后曰吾復立帝子袁盎等以宋宣公不立正生禍禍亂

後五世不絕小不忍害大義狀報太后太后乃解說即使梁王歸就國而梁王聞其義出於袁盎諸大臣所怨望使人來殺袁盎袁盎顧之曰我所謂袁將軍者也公得毋誤乎刺者曰是矣刺之置其劍劍著身視其劍新治問長安中削厲工工曰梁郎某子來治此劍〔索隱曰謂梁國之郎是孝王官屬某子史失其姓名也〕以此知而發覺之發使者捕逐之獨梁王所欲殺大臣十餘人文吏窮本之謀反端頗見太后不食日夜泣不止景帝甚憂之問公卿大臣大臣以爲遣經術吏往治之乃可解於是

遣田叔呂季主往治之此二人皆通經術知大禮來還至霸昌廐正義曰括地志云漢霸昌廐在雍州萬年縣東北三十八里取火悉燒梁之反辭但空手來對景帝景帝曰何如對曰言梁王不知也造爲之者獨其幸臣羊勝公孫詭之屬爲之耳謹以伏誅死梁王無恙也景帝喜說曰急趨謁太后太后聞之立起坐飡氣平復故曰不通經術知古今之大禮不可以爲三公及左右近臣少見之人如從管中闚天也

索隱述贊曰文帝少子徙封於梁太后鍾愛廣築睢陽旌旗警蹕勢擬天王功扞吴楚計醜孫羊竇嬰正議袁盎劫傷漢窮梁獄冠蓋相望禍成驕子致此猖狂雖分五國卒亦不昌

梁孝王世家第二十八　史記五十八

五宗世家第二十九　史記五十九

索隱曰景帝子十四人一武帝餘十三人爲王漢書謂之景十三王此名五宗者十三人爲王其母五人同母者爲宗也

孝景皇帝子凡十三人爲王而母五人同母者爲宗親栗姬子曰榮德閼于索隱曰閼音遏漢書無于字程姬子曰餘非端賈夫人子曰彭祖勝唐姬子曰發王夫人兒姁子曰越寄乘舜索隱曰姁音況羽反兒姁夫人名王皇后之妹也

河閒獻王德索隱曰漢書云大行令奏謚法曰聰明睿智曰獻以孝景帝前二年用皇子爲河閒王好儒學被服造次必於

儒者山東諸儒多從之游二十六年卒漢名臣奏杜業奏曰河閒獻王經術通明積德累行天下雄俊衆儒皆歸之孝武帝時獻王朝被服造次必於仁義問以五策獻王輒對無窮孝武帝色然難之謂獻王曰湯以七十里文王百里王其勉之王知其意歸即縱酒聽樂因以終。索隱曰問以五策按漢書詔策問三十餘事被服造次按小顏云被服言常居處其中造次謂所向所行皆法於儒者子共王不害立四年卒子剛王基代立十二年卒子頃王授代立索隱曰漢書云授謚頃音傾

臨江哀王閼于以孝景帝前二年用皇子爲臨江王三年卒無後國除爲郡

臨江閔王榮以孝景前四年爲皇太子四歲廢用故太子爲臨江王四年坐侵廟壖垣爲宮索隱曰服虔云宮外之餘地顧野王云牆外行馬內田音人掾反又音軟又音奴亂反壖垣牆外之短垣也上徵榮榮行祖於江陵北門索隱曰祖者行神行而祭之故曰祖也風俗通云共工氏之子曰修好遠遊故祀爲祖神又崔浩云黃帝之子嫘祖好遠遊而死於道因以爲行神亦不知其何據蓋見其謂之祖因以爲累祖非也據帝系及本紀皆言累祖黃帝妃無爲行神之由也又聘禮云出祖釋軷祭酒脯而已按今祭禮以軷壤土爲壇於道則用黃紙或用狗以其血釁左輪。正義曰荊州圖副云漢臨江閔王榮始都江陵城坐侵廟壖地爲宮被徵出城北門而車軸折父老竊流涕曰吾王不反矣既而爲郅都所訊懼而縊死自此後北門存而不啓蓋爲榮不以道終也既已上車軸折車廢江陵父老流涕竊言曰吾王不反矣榮至詣中尉府簿中尉郅都責訊王王恐自殺葬藍田燕數萬銜土置冢上百姓憐之榮最長死正義曰顏師古云榮實最長而傳居二王後者以其

從太子廢後乃爲王也無後國除地入于漢爲南郡

右三國本王皆栗姬之子也

魯共王餘以孝景前二年用皇子爲淮陽王二年吳楚反破後以孝景前三年徙爲魯王好治宮室苑囿狗馬季年好音不喜辭辯爲人吃二十六年卒子光代爲王初好音輿馬晚節嗇正義曰晚節猶言末年時嗇貪恡也惟恐不足於財

江都易王非索隱曰謚法好更故舊曰易以孝景前二年用皇子爲汝南王吳楚反時非年十五有材力上書願擊吳景帝賜非將軍印擊吳吳已破二歲徙

五宗世家

為江都王治吳故國以軍功賜天子旌旗元光五年匈奴大入漢為賊非上書願擊匈奴上不許非好氣力治宮觀招四方豪桀驕奢甚立二十六年卒子建立為王七年自殺淮南衡山謀反時建頗聞其謀自以為國近淮南恐一日發為所并即陰作兵器而時佩其父所賜將軍印載天子旗以出易王死未葬建有所說易王寵美人淖姬 蘇林曰淖音泥淖 正義曰淖女孝反 夜使人迎與姦服舍中 索隱曰淖音女教反淖姓也齊有淖齒是也漢書云建召易王所愛淖姬等十人與姦服舍中也 及淮南事發治黨與頗及江都王建建恐因使人多持金錢事絕其獄而又信巫祝使人禱祠妄言建又盡與其姊弟姦 索隱曰漢書云建女弟徵臣為蓋侯子婦以易王喪來歸建復與姦也 事既聞漢公卿請捕治建天子不忍使大臣即訊王王服所犯遂自殺國除地入于漢為廣陵郡

膠西于王端 索隱曰按廣周書謚法云能優其德曰于 以孝景前三年吳楚七國反破後端用皇子為膠西王端為人賊戾又陰痿 正義曰委危反不能御婦人 一近婦人病之數月而有愛幸少年為郎為郎者頃之與後宮亂端禽滅之及殺其子母數犯上法漢公卿數請誅

端天子為兄弟之故不忍而端所為滋甚有司再請削其國去太半端心慍遂為無訾省 蘇林曰為無所訾錄無所省錄。正義曰顏師古云訾財也省視也言不能視錄資財 府庫壞漏盡腐財物以巨萬計終不得收徙令吏毋得收租賦端皆去衛 索隱曰謂不置宿衛人 封其宮門從一門出游數變名姓為布衣之他郡國相二千石往者奉漢法以治端輒求其罪告之無罪者詐藥殺之所以設詐究變 索隱曰究窮也故郭璞云究謂窮盡 彊足以距諫智足以飾非相二千石從王治則漢繩以法故膠西小國而所殺傷二千石甚眾立四十七年卒竟無男代後國除地入于漢為膠西郡

右三國本王皆程姬之子也

趙王彭祖以孝景前二年用皇子為廣川王趙王遂反破後彭祖王廣川四年徙為趙王十五年孝景帝崩彭祖為人巧佞卑諂足恭而心刻深 索隱曰刻害深無仁恩 好法律持詭辯以中人 索隱曰謂詭誑之辯以傷中人 彭祖多內寵姬及子孫相二千石欲奉漢法以治則害於王家是以每相二千石至彭祖衣皁布衣自行迎除二千石舍 索隱曰謂彭祖自為二千石掃除其舍以迎之也 多設疑事以作動之得二千石失言中忌諱

輙書告之二千石欲治者則以此迫劫不聽乃上書告及汙以姦利事彭祖立五十餘年相二千石無能滿二歲輙以罪去大者死小者刑以故二千石莫敢治而趙王擅權使使即縣為賈人權會韋昭曰平會兩家買賣之賈也權者禁他家獨王家得為之。索隱曰權音角獨言權謂酤權也會音儈古外反謂為賈人專權買賣之賈儈以取利若今之知市矣韋昭則訓權為平其注解亦得入多於國經租稅索隱曰經常也謂王家入多於國家常納之租稅以是趙王家多金錢然所賜姬諸子亦盡之矣彭祖取故江都易王寵姬王建所盜與姦淖姬者為姬甚愛之彭祖不好治宮室機祥服虔曰求福也。索隱曰按埤蒼云機祆祥也列子云荊人鬼越人機謂楚信鬼神越信機祥者也好為吏事上書願督國中盜賊常夜從走卒行徼索隱曰上下孟反下工弔反徼是郊外路謂巡徼而伺察境界邯鄲中諸使過客以彭祖險陂莫敢留邯鄲其太子丹與其女及同產姊姦與其客江充有郤充告丹丹以故廢趙更立太子

中山靖王勝以孝景前三年用皇子為中山王十四年孝景帝崩勝為人樂酒正義曰樂五教反好內有子枝屬百二十餘人常與兄趙王相非曰兄為王專代吏治事王者當日聽音樂聲色趙王亦非之曰中山王徒日淫不佐天子拊循百姓何以稱為藩臣立四十二年卒索隱曰漢書建元三年濟川中山王等來朝聞樂而泣天子問其故對以大臣內讒肺腑日疎其言甚雄壯詞切而理文天子加親親之好可謂漢之英藩矣子哀王昌立一年卒子昆侈代為中山王索隱曰漢書昆侈謚康王子頊王輔嗣至孫國除也

右二國本王皆賈夫人之子也

長沙定王發發之母唐姬故程姬侍者景帝召程姬程姬有所辟不願進索隱曰姚氏按釋名云天子諸侯羣妾以次進御有月事者止不御更不口說故以丹注面目的的為識令女史見之王察神女賦以為脫袿裳免簪笄施玄的結羽釵的即釋名所云也說文云姅女汙也漢律云見姅變不得侍祠姅音半而飾侍者唐兒使夜進上醉不知以為程姬而幸之遂有身已乃覺非程姬也及生子因命曰發以孝景前二年用皇子為長沙王以其母微無寵故王卑濕貧國應劭曰景帝後二年諸王來朝有詔更前稱壽歌舞定王但張袖小舉手左右笑其拙上怪問之對曰臣國小地狹不足迴旋帝以武陵零陵桂陽屬焉立二十七年卒子康王庸立二十八年卒子鮒鮈立服虔曰鮈音拘為長沙王

右一國本王唐姬之子也

廣川惠王越以孝景中二年用皇子為廣川王十二年卒子齊立為王索隱曰漢書齊謚繆王謚法傷人蔽賢曰繆齊有幸臣桑距已而有罪欲誅距距亡王因禽其宗族距怨王乃上書告王齊與同產姦自是之後

王齊數上書告言漢公卿及幸臣所忠等索隱曰漢書告中尉秦彭祖子去嗣坐暴虐勃亂國除也。正義曰所忠姓名
膠東康王寄以孝景中二年用皇子為膠東王
二十八年卒淮南王謀反時寄微聞其事私作
樓車鏃矢應劭曰樓車所以窺看敵國營壘之虛實也索隱曰左傳云登樓車以窺宋人謂看敵國營壘之虛實也李巡注爾雅金矢以金為箭鏑鏃字林音子木反戰守備候淮南之
起及吏治淮南之事辭出之如淳曰窮治其辭出此事寄於
上最親徐廣曰其母武帝母妹。正義曰寄母王夫人即王皇后之妹於上為從母故寄於諸兄弟最為親愛也意傷之發病而死不敢置後於是上聞寄
有長子者名賢母無寵少子名慶母愛幸寄常

欲立之為不次因有過遂無言上憐之乃以賢
為膠東王奉康王嗣而封慶於故衡山地為六
安王膠東王賢立十四年卒謚為哀王子慶為
王徐廣曰他本亦作慶字惟一本作建不宜得與叔父同名相承之誤六安王慶以元
狩二年用膠東康王子為六安王
清河哀王乘以孝景中三年用皇子為清河王
十二年卒無後國除地入于漢為清河郡
常山憲王舜以孝景中五年用皇子為常山王
舜最親景帝少子驕怠多淫數犯禁上常寬釋
之立三十二年卒太子勃代立為王初憲王舜

有所不愛姬生長男梲蘇林曰音奪。索隱曰鄒氏音之悅反蘇林音奪許慎說解字林云他活反字從木梲以母無寵故亦不得幸於王王后
脩生太子勃王內多所幸姬生子平子商王王
后希得幸及憲王病甚諸幸姬常侍病故王后
亦以妬媢不常侍病索隱曰媢音亡報反鄒氏作媢郭璞註三蒼云媢丈夫妬也又云妬女為媢輒歸舍醫進藥太子勃不自嘗藥又不
宿留侍病及王薨王后太子乃至憲王雅不以
長子梲為人數及薨又不分與財物郎或說太
子王后令諸子與長子梲共分財物太子王后
不聽太子代立又不收恤梲梲怨王后太子漢

使者視憲王喪梲自言憲王病時王后太子不
侍及薨六日出舍如淳曰服舍也太子勃私姦飲酒博戲
擊筑與女子載馳環城過市入牢視囚天子遣
大行騫索隱曰按是張騫驗王后及問王勃請逮勃所與
姦諸證左王又匿之吏求捕勃大急使人致擊
笞掠擅出漢所疑囚者有司請誅憲王后脩及
王勃上以脩素無行使梲陷之罪勃無良師傅
不忍誅有司請廢王后脩徙王勃以家屬處房
陵上許之勃王數月遷于房陵國絕月餘天子
為最親乃詔有司曰常山憲王蚤夭后妾不和

適孽誣爭陷于不義以滅國朕甚閔焉其封憲王子平三萬戶爲眞定王封子商三萬戶爲泗水王正義曰四水海州

眞定王平元鼎四年用常山憲王子爲眞定王

泗水思王商以元鼎四年用常山王憲王子爲泗水王十一年卒子哀王安世立十一年卒無子於是上憐泗水王絕乃立安世弟賀爲泗水王

右四國本王皆王夫人兒姁子也其後漢益封其支子爲六安王泗水王二國凡兒姁子孫於今爲六王

太史公曰高祖時諸侯皆賦徐廣曰國所出有皆入於王也得自除內史以下漢獨爲置丞相黃金印諸侯自除御史廷尉正博士擬於天子自吳楚反後五宗王世漢爲置二千石去丞相曰相銀印諸侯獨得食租稅奪之權其後諸侯貧者或乘牛車也

索隱述贊曰景十三子五宗親睦栗姬既廢臨江折軸閼于早薨河閒儒服餘好宮苑端事馳逐江都有才中山褆福長沙地小膠東造鏃仁賢者代悖亂者族兒姁四王分封爲六

五宗世家第二十九　史記五十九

三王世家第三十　史記六十

大司馬臣去病（索隱曰姓霍）昧死再拜上疏皇帝陛
下陛下過聽使臣去病待罪行閒宜專邊塞之
思慮暴骸中野無以報乃敢惟他議以干用事
者誠見陛下憂勞天下哀憐百姓以自忘虧膳
貶樂損郎員皇子賴天能勝衣趨拜至今無號
位師傅官陛下恭讓不恤羣臣私望不敢越職
而言臣竊不勝犬馬心昧死願陛下詔有司因
盛夏吉時定皇子位（索隱曰明堂月令云季夏月可以封諸侯立大官是也）唯
陛下幸察臣去病昧死再拜以聞皇帝陛下三

月乙亥御史臣光守尚書令奏未央宮制曰下
御史六年三月戊申朔乙亥御史臣光守尚書
令丞非（索隱曰奏狀有尚書令官位而史闕其名耳丞非者或尚書左右丞非其名也）下御
史書到言丞相臣青翟（索隱曰莊青翟也）御史大夫臣
湯（索隱曰張湯）太常臣充（索隱曰趙充）大行令臣息（索隱曰李息）
太子少傅臣安（索隱曰任安也）行宗正事昧死上言大
司馬去病上疏曰陛下過聽使臣去病待罪行
閒宜專邊塞之思慮暴骸中野無以報乃敢惟
他議以干用事者誠見陛下憂勞天下哀憐百
姓以自忘虧膳貶樂損郎員皇子賴天能勝衣

趨拜至今無號位師傅官陛下恭讓不恤羣臣
私望不敢越職而言臣竊不勝犬馬心昧死願
陛下詔有司因盛夏吉時定皇子位唯願陛下
幸察制曰下御史臣謹與中二千石二千石臣
賀等（正義曰公孫賀）議古者裂地立國並建諸侯以承
天子所以尊宗廟重社稷也今臣去病上疏不
忘其職因以宣恩乃道天子卑讓自貶以勞天
下慮皇子未有號位臣青翟臣湯等宜奉義遵
職愚憧而不逮事方今盛夏吉時臣青翟臣湯
等昧死請立皇子臣閎（徐廣曰一作闕）臣旦臣胥爲諸

侯王昧死請所立國名制曰蓋聞周封八百姬
姓並列或子男附庸禮支子不祭云並建諸侯
所以重社稷朕無聞焉且天非爲君生民也（索隱曰傳曰天生蒸民立君以司牧之是言生人爲立君長司牧之耳非天爲君而生人也）朕之不德
海內未洽乃以未教成者彊君連城即股肱何
勸（徐廣曰一作躬一作鼎一作觀也○索隱曰謂皇子等並未習教義也皇子未習教義而彊使爲諸侯王君以連城之人則大臣何有所勸）其更議以列侯家之三月丙子奏
未央宮丞相臣青翟御史大夫臣湯昧死言臣
謹與列侯臣嬰齊中二千石二千石臣賀諫大
夫博士臣安等議曰伏聞周封八百姬姓並列

奉承天子康叔以祖考顯而伯禽以周公立咸爲建國諸侯以相傅爲輔百官奉憲各遵其職而國統備矣竊以爲並建諸侯所以重社稷者四海諸侯各以其職奉貢祭支子不得奉祭宗祖禮也封建使守藩國帝王所以扶德施化陛下奉承天統明開聖緒尊賢顯功興滅繼絶續蕭文終之後于酇（索隱曰蕭何謚文終也蕭何初封沛之酇音贊後其子續封南陽之酇音嵯也）褒厲羣臣平津侯等（索隱曰公孫弘之封平津侯也平津高成之鄉名。正義曰公孫弘所封平津鄉在滄州鹽山南四十一里也）昭六親之序明天施之屬使諸侯王封君得推私恩分子弟戶邑錫號尊

建百有餘國（索隱曰武帝廣推恩之詔分王諸侯王子弟故有百餘國）而家皇子爲列侯則尊卑相踰（索隱曰謂諸侯王子已爲列侯而今又家皇子爲列侯是尊卑相踰越矣）列位失序不可以垂統於萬世臣請立臣閎（索隱曰齊王也王夫人子）臣旦（索隱曰燕王也漢書云李姬之子）臣胥（索隱曰廣陵王也）爲諸侯王三月丙子奏未央宮制曰康叔親屬有十而獨尊者褒有德也周公祭天命郊故魯有白牡騂剛之牲（公羊傳曰魯祭周公牲用白牡魯公用騂剛何休曰白牡殷牲也騂剛赤脊周牲也）羣公不毛（何休曰不毛不純色也）賢不肖差也高山仰之景行嚮之朕甚慕焉所以抑未成家以列侯可四月戊寅奏未央宮丞相臣青翟御

史大夫臣湯昧死言臣青翟等與列侯吏二千石諫大夫博士臣慶等議昧死奏請立皇子爲諸侯王制曰康叔親屬有十而獨尊者褒有德也周公祭天命郊故魯有白牡騂剛之牲羣公不毛賢不肖差也高山仰之景行嚮之朕甚慕焉所以抑未成家以列侯可臣青翟臣湯博士臣將行等伏聞康叔親屬有十武王繼體周公輔成王其八人皆以祖考之尊建爲大國康叔之年幼周公在三公之位而伯禽據國於魯蓋爵命之時未至成人康叔後扞祿父之難伯禽

殄淮夷之亂昔五帝異制周爵五等春秋三等（鄭玄曰春秋變周之文從殷之質合伯子男以爲一則殷爵三等者公侯伯也）皆因時而序尊卑高皇帝撥亂世反諸正（索隱曰春秋公羊傳文）昭至德定海內封建諸侯爵位二等（索隱曰謂王與列侯也）皇子或在繈緥而立爲諸侯王奉承天子爲萬世法則不可易陛下躬親仁義體行聖德表裏文武顯慈孝之行廣賢能之路內褒有德外討彊暴極臨北海（正義曰匈奴傳云霍去病伐匈奴北臨翰海）西湊月氏（正義曰湊音臻氏音支至月氏西戎國名在蔥嶺之西也）匈奴西域舉國奉師輿械之費不賦於民虛御府之藏以賞元戎（詩云元戎十乘以先啓行）

韓嬰章句曰元戎大戎謂兵車也車有大戎十乘謂車緩輪馬被甲衡扼之上盡有劒戟名曰陷軍之車所以冒突先啓敵家之行伍也毛傳曰夏后氏曰鉤車先正也殷曰寅車先疾也周曰元戎先良也開禁倉以賑貧窮滅戍卒之半百蠻之君靡不鄉風承流稱意遠方殊俗重譯而朝澤及方外故珍獸至嘉穀興天應甚彰今諸侯支子封至諸侯王索隱曰謂立膠東王子慶爲六安王常山王子平爲眞定王商爲四水王是也臣青翟臣湯等竊伏孰計之皆以爲尊卑失序使天下失望不可臣請立臣閎臣旦臣胥爲諸侯王四月癸未奏未央宮留中不下丞相臣青翟太僕臣賀行御史大夫事太常臣充太子太傅臣安行宗正

事昧死言臣青翟等前奏大司馬臣去病上疏言皇子未有號位臣謹與御史大夫臣湯中二千石二千石諫大夫博士臣慶等昧死請立皇子臣閎等爲諸侯王陛下讓文武躬自切及皇子未教羣臣之議儒者稱其術或誖其心陛下固辭弗許家皇子爲列侯臣青翟等竊與列侯臣壽成徐廣曰蕭何之玄孫酇侯壽成後爲太常也等二十七人議皆曰以爲尊卑失序高皇帝建天下爲漢太祖王子孫廣支輔先帝法則弗改所以宣至尊也臣請令史官擇吉日具禮儀上御史奏輿地圖索隱

曰謂地爲輿者天地有覆載之德故謂天爲蓋謂地爲輿故地圖稱輿地圖疑自古有此名非始漢也他皆如前故事制曰可四月丙申奏未央宮太僕臣賀行御史大夫事昧死言太常臣充言卜入四月二十八日乙巳可立諸侯王臣昧死奏輿地圖請所立國名禮儀別奏臣昧死請制曰立皇子閎爲齊王旦爲燕王胥爲廣陵王四月丁酉奏未央宮六年徐廣曰一云元狩四月戊寅朔癸卯御史大夫湯下丞相丞相下中二千石二千石下郡太守諸侯相丞書從事下當用者如律令

維六年四月乙巳皇帝使御史大夫湯廟立子

閎爲齊王曰於戲小子閎索隱曰此封齊王策文也按武帝策此三王皆自手製於戲如言嗚呼戲音稀受茲青社張晏曰王者以五色土爲太社封四方諸侯各以其方色土與之苴以白茅歸以立社。索隱曰蔡邕獨斷云皇子封爲王受天子太社之土若封東方諸侯則割青土藉以白茅授之以立社謂之茅土齊在東方故云青社朕承祖考維稽古建爾國家封于東土世爲漢藩輔於戲念哉恭朕之詔惟命不于常人之好德克明顯光義之不圖俾君子怠索隱曰謂若不圖於義則君子懈怠無歸附心悉爾心允執其中天祿永終厥有愆不臧乃凶于而國害于爾躬於戲保國艾民可不敬與王其戒之徐廣曰立八年無後絕

右齊王策

維六年四月乙巳皇帝使御史大夫湯廟立子
旦爲燕王曰於戲小子旦受茲玄社朕承祖考
維稽古索隱曰褚先生解云維者度也稽者當也言當順古道也魏高貴鄉公云稽同也古天也謂堯能同天
建爾國家封于北土世爲漢藩輔於戲葷
粥氏虐老獸心索隱曰按匈奴傳其國貴壯賤老壯者食肥美老者食其餘也是虐老也侵
犯寇盜加以姦巧邊萌索隱曰萌一作甿韋昭云甿民也三蒼云邊人云甿也
於戲朕命將率徂征厥罪萬夫長千夫長三十
有二君皆來張晏曰時所獲三十二師也降旗奔師如淳曰偃其旗鼓而來降
索隱曰漢書君作師期作旗而服虔云以三十二軍中之將下旗去之也如淳云即昆邪王偃旗鼓降時也若如此意則三十二軍非軍將盡戎狄酋帥有三十二君來降也葷粥徙域張晏曰匈奴徙東也北

州以綏臣瓚曰綏安也悉爾心毋作怨毋俷德徐廣曰俷一作菲。索隱曰蘇林云俷發也本亦作俷俷敗也孔文祥云菲薄也漢書作俷。正義曰俷音符味反毋乃廢
備索隱曰褚先生解云言無乏武備常備匈奴也非教士不得從徵張晏曰士不素習不應召。索隱曰韋昭云士非素教習不得從軍徵發故孔子曰不教人戰是謂棄之正謂此也褚先生解云非習禮義不得在於側也
於戲保國艾民可不敬與王其戒之徐廣曰立三十年自殺國除

右燕王策

維六年四月乙巳皇帝使御史大夫湯廟立子
胥爲廣陵王曰於戲小子胥受茲赤社朕承祖
考維稽古建爾國家封于南土世爲漢藩輔古

人有言曰大江之南五湖之間正義曰謂京口南至荆州以南也。索隱曰五湖者具區洮滆彭蠡青草洞庭或曰太湖五百里故曰五湖也其人輕心楊州保
疆徐廣曰一作彊騶。案李奇曰保恃也三代要服不及以政於戲悉
爾心戰戰兢兢乃惠乃順毋侗好佚毋邇宵人應劭曰無好逸遊之事迩近小人張晏曰侗音同。索隱曰褚先生解云無好佚樂馳騁弋獵鄭氏宵音謏謏亦小人也或作佞人
維法維則書云臣不作威不作福靡有
後羞於戲保國艾民可不敬與王其戒之徐廣曰立六十四年自殺

右廣陵王策

太史公曰古人有言曰愛之欲其富親之欲其

貴故王者壃土建國封立子弟所以褒親親序
骨肉尊先祖貴支體廣同姓於天下也是以形
勢彊而王室安自古至今所由來久矣非有異
也故弗論箸也燕齊之事無足采者然封立三
王天子恭讓羣臣守義文辭爛然甚可觀也是
以附之世家

索隱述贊曰三王封世舊史爛然褚氏後補
冊書存焉去病建議青翟上言天子冲挹志
在急賢太常具禮請立齊燕閎國負海旦社
惟玄胥人不通葷粥遠邊明哉監戒式防厥

愆

褚先生曰臣幸得以文學為侍郎好覽觀太史公之列傳列傳中稱三王世家文辭可觀求其世家終不能得竊從長老好故事者取其封策書編列其事而傳之令後世得觀賢主之指意蓋聞孝武帝之時同日而俱拜三子為王封一子於齊一子於廣陵一子於燕各因子才力智能及土地之剛柔人民之輕重為作策以申戒之謂王世為漢藩輔保國治民可不敬與王其戒之夫賢主所作固非淺聞者所能知非博聞

彊記君子者所不能究竟其意至其次序分絕文字之上下簡之參差長短皆有意人莫之能知謹論次其真草詔書編于左方令覽者自通其意而解說之

王夫人者趙人也與衛夫人並幸武帝而生子閎閎且立為王時其母病武帝自臨問之曰子當為王欲安所置之王夫人曰陛下在妾又何等可言者帝曰雖然意所欲欲於何所王之王夫人曰願置之雒陽武帝曰雒陽有武庫敖倉天下衝阨漢國之大都也先帝以來無子王於

雒陽者去雒陽餘盡可王夫人不應武帝曰關東之國無大於齊者齊東負海而城郭大古時獨臨菑中十萬戶天下膏腴地莫盛於齊者矣王夫人以手擊頭謝曰幸甚王夫人死而帝痛之使使者拜之曰皇帝謹使使太中大夫明奉璧一賜夫人為齊王太后子閎王齊年少無有子立不幸早死國絕為郡天下稱齊不宜王云所謂受此土者諸侯王始封者必受土於天子之社歸立之以為國社以歲時祠之春秋大傳曰天子之國有泰社東方青南方赤西方白北

方黑上方黃故將封於東方者取青土封於南方者取赤土封於西方者取白土封於北方者取黑土封於上方者取黃土各取其色物裹以白茅封以為社此始受封於天子者也此之為主土主土者立社而奉之也朕承祖考祖者先也考者父也維稽古維者度也念也稽者當也當順古之道也齊地多變詐不習於禮義故戒之曰恭朕之詔唯命不可為常人之好德能明顯光不圖於義使君子怠慢悉若心信執其中天祿長終有過不善乃凶于而國而害于若身

齊王之國左右維持以禮義不幸中年早夭然全身無過如其策意傳曰青采出於藍而質青於藍者教使然也遠哉賢主昭然獨見誡齊王以慎內誡燕王以無作怨無俷德（索隱曰本亦作肥案上策云作非德下云勿使王背德也則肥當音扶味反亦音匪）誡廣陵王以慎外無作威與福夫廣陵在吳越之地其民精而輕故誡之曰江湖之閒其人輕心楊州葆疆三代之時迫要使從中國俗服不大及以政教以意御之而已無侗好佚無邇宵人維法是則無長好佚樂馳騁弋獵淫康而近小人常念法度則無羞辱

矣三江五湖有魚鹽之利銅山之富天下所仰故誡之曰臣不作福者勿使行財幣厚賞賜以立聲譽爲四方所歸也又曰臣不作威者勿使因輕以倍義也會孝武帝崩孝昭帝初立先朝廣陵王胥厚賞賜金錢財幣直三千餘萬益地百里邑萬戶會昭帝崩宣帝初立緣恩行義以本始元年中裂漢地盡以封廣陵王胥四子一子爲朝陽侯（正義曰括地志云朝陽故城在鄧州穰縣南八十里應劭云在朝水之陽也）一子爲平曲侯（正義曰地理志云平曲縣屬東海郡又云在瀛州文安縣北七十里）一子爲南利侯（正義曰括地志云南利故城在豫州上蔡縣東八十五里）最愛少子弘

立以爲高密王（正義曰括地志云高密故城在密州高密縣西南四十里）其後胥果作威福通楚王使者楚王宣言曰我先元王高帝少弟也封三十二城今地邑益少我欲與廣陵王共發兵云廣陵王爲上我復王楚三十二城如元王時事發覺公卿有司請行罰誅天子以骨肉之故不忍致法於胥下詔書無治廣陵王獨誅首惡楚王傳曰蓬生麻中不扶自直（索隱曰已下並見荀卿子）白沙在泥中與之皆黑者土地教化使之然也其後胥復祝詛謀反自殺國除燕土墝埆北迫匈奴其人民勇而少慮故誡之曰

葷粥氏無有孝行而禽獸心以竊盜侵犯邊民朕詔將軍往征其罪萬夫長千夫長三十有二君皆來降旗奔師葷粥徙域遠處北州以安矣悉若心無作怨者勿使從俗以怨望也無俷德者勿使上背德也無廢備者無乏武備常備匈奴也非教士不得從徵者言非習禮義不得在於側也會武帝年老長而太子不幸薨未有所立而旦使來上書請身入宿衞於長安孝武見其書擊地怒曰生子當置之齊魯禮義之鄉乃置之燕趙果有爭心不讓之端見矣於是使使

即斬其使者於闕下會武帝崩昭帝初立旦果作怨而望大臣自以長子當立與齊王子劉澤等謀為叛逆出言曰我安得弟在者索隱曰案昭帝鉤弋夫人所生武帝崩時年纔七八歲耳胥旦早封在外實合有疑然武帝春秋高惑於內寵誅太子而立童孺能不使胥旦疑怨亦由權臣輔政貪立幼主之利遂得鉤弋子當陽斯實父德不弘遂令子道不順然犬各吠非其主太中宗正人臣之職亦當使燕諭之今立者乃大將軍子也欲發兵事發覺當誅昭帝緣恩寬忍抑案不揚公卿使大臣請遣宗正與太中大夫公戶滿意御史二人偕往使燕風諭之索隱曰宗正官名必以宗室有德者為之不知時何人公戶姓滿意名為太中大夫是使二人又有侍御史二人皆往使治廣陵也到燕各異日更見責王宗

正者主宗室諸劉屬籍先見王為列陳道昭帝實武帝子狀侍御史乃復見王責之以正法問王欲發兵罪名明白當坐之漢家有正法王犯纖介小罪過即行法直斷耳安能寬王驚動以文法王意益下心恐公戶滿意習於經術最後見王稱引古今通義國家大禮文章爾雅索隱曰爾近也雅正也其書於正字義訓為近故云爾雅相承云周公作以教成王又云子夏作之以解詩書謂王曰古者天子必內有異姓大夫所以正骨肉也外有同姓大夫所以正異族也索隱曰內云有異姓大夫以正骨肉蓋錯也內合言同姓宗正是也外合言異姓太中大夫是也周公輔成王誅其兩弟

故治武帝在時尚能寬王今昭帝始立年幼富於春秋未臨政委任大臣古者誅罰不阿親戚故天下治方今大臣輔政奉法直行無敢所阿恐不能寬王王可自謹無自令身死國滅為天下笑於是燕王旦乃恐懼服罪叩頭謝過大臣欲和合骨肉難傷之以法其後旦復與左將軍上官桀等謀反宣言曰我次太子太子不在我當立大臣共抑我云云大將軍光輔政與公卿大臣議曰燕王旦不改過悔正行惡不變於是脩法直斷行罰誅旦自殺國除如其策指有司

請誅旦妻子孝昭以骨肉之親不忍致法寬赦旦妻子免為庶人傳曰蘭根與白芷漸之滫中徐廣曰滫者淅米汁也音先糾反。索隱曰白芷香草也音止又音昌改反漸漬也滫如禮滫瀡之滫謂洗也音思酒反。正義曰言雖香草以米汁漬之無復香氣君子不欲附近庶人不服者為漸漬然也以旦謀叛君子庶人皆不附近君子不近庶人不服者所以漸然也宣帝初立推恩宣德以本始元年中盡復封燕王旦兩子一子為安定侯正義曰漢表在鉅鹿郡立燕故太子建為廣陽王正義曰括地志云廣陽故城今在幽州良鄉縣東北三十七里以奉燕王祭祀

三王世家第三十　史記六十

老子伯夷列傳第一　史記六十一

索隱曰列傳者謂敘列人臣事跡令可傳於後世故曰列傳

正義曰其人行跡可序列故云列傳

監本老子與伯夷同傳第一莊子與韓非同傳第三

索隱本伯夷傳第一老子莊子韓非同傳第三

索隱云二人教跡全乖不宜同傳先賢已有成說今則不可依循宜令老子尹喜莊周同爲傳其韓非可居商君傳末

正義本老子莊子伯夷居列傳之首正義曰老子莊子開元二十三年奉勑升爲列傳首處夷齊上然漢武帝之時佛教未興道教已設道則禁惡咸致正理制禦邪人未有佛教可導故列老莊於申韓之上今既佛道齊妙興法乖流理居列傳之首也○今依正義本

老子者正義曰朱韜玉札及神仙傳云老子楚國苦縣瀨鄉曲仁里人姓李名耳字伯陽一名重耳外字聃身長八尺八寸黃色美眉長耳大目廣額疏齒方口厚脣額有三五達理日角月懸鼻有雙柱耳有三門足蹈二五手把十文周時人李母八十一年而生又玄妙內篇云李母懷胎八十一載逍遙李樹下廼割左腋而生又云玄妙玉女夢流星入口而有娠七十二年而生老子又上元經云李母晝夜見五色珠大如彈丸自天下因吞之即有娠張君相云老子者是號非名老考也子孳也考教衆理達成聖孳乃孳生萬物善化濟物無遺也楚苦縣厲鄉曲仁里人也地理志曰苦縣屬陳國○索隱曰地理志誤也苦縣本屬陳春秋時楚滅陳而苦又屬楚故云楚苦縣至高帝十一年立淮陽國陳縣苦縣皆屬焉裴氏所引不明見苦縣在陳縣下因云苦屬陳今檢地理志苦實屬淮陽郡苦音怙○正義曰按年表云淮陽國景帝三年廢至天漢脩史之時楚節王純都彭城相近疑苦此時屬楚國故太史公書之括地志云苦縣在亳州谷陽縣界有老子宅及廟廟中有九井尚存在今亳州眞源縣也厲音賴晉太康地記云苦縣城東有瀨鄉祠老子所生地也姓李氏名耳字伯陽謚曰聃索隱曰按葛玄云李氏女所生因母姓也又云生而指李樹因以爲姓許愼云聃耳曼也故名耳字聃今作字伯陽非正

也然老子號伯陽父此傳不稱○正義曰聃耳漫無輪也神仙傳云外字曰聃按字號也疑老子耳漫無輪故世號曰聃周守藏室之史也索隱曰按藏室史乃周藏書室之史也又張湯傳老子爲柱下史即藏室之柱下因以爲官名○正義曰藏在浪反孔子適周將問禮於老子索隱曰大戴記亦云然老子曰子所言者其人與骨皆已朽矣獨其言在耳且君子得其時則駕不得其時則蓬累而行索隱曰劉氏云蓬累猶扶持也累音六水反說者云頭戴物兩手扶之而行謂之蓬累也蓬蓋也累隨也以言君得明君則駕車服冕不遭時則自覆蓋相携隨而去也○正義曰蓬沙磧上轉蓬也累轉行貌也言君子得明主則駕車而事不遭時則若蓬轉流移而行可止則止也蓬其狀若皤蒿細葉蔓生於沙幕中風吹則根斷隨風轉移也皤蒿江東呼爲斜蒿云吾聞之良賈深藏若虛君子盛德容貌若愚索隱曰良賈謂善貨賣之人賈音古深藏謂隱其寶貨不令人見故云若虛而君子之人身有盛德其容貌謙退有若愚魯之人然嵇康高士傳亦載此語文則小異云良賈深藏外形若虛君子盛德容貌若不足也去子之驕氣與多欲態色與淫志正義曰姿態之容色與淫欲之志皆無益於夫子須去除也是皆無益於子之身吾所以告子若是而已孔子去謂弟子曰鳥吾知其能飛魚吾知其能游獸吾知其能走走者可以爲罔游者可以爲綸飛者可以爲矰至於龍吾不能知其乘風雲而上天吾今日見老子其猶龍邪老子脩道德其學以自隱無名爲務居周久之見周之衰迺遂去至關正義曰抱朴子云老子西遊遇關令尹喜於散關喜著道德經一卷謂之老子或以爲函谷關括地志云散關在岐州陳倉縣東南五十二里函谷關在陝州桃林縣西南十二里關令

尹喜曰子將隱矣彊爲我著書索隱曰李尤函谷關銘云尹喜要老
子留作二篇而崔浩以尹喜又爲散關令是也○正義曰強其兩反爲于僞反於是老子迺著
書上下篇言道德之意五千餘言而去莫知其
所終列仙傳曰關令尹喜者周大夫也善內學星宿服精華隱德行仁時人莫知老子西游喜先見其氣知眞
人當過候物色而迹之果得老子老子亦知其奇爲著書與老子俱之流沙之西服具勝實莫知其所終亦著書九篇名
關令子○索隱曰列仙傳是劉向所記物色而迹謂視其氣物有異色而尋迹之又按列異傳老子西遊關令尹喜望見
有紫氣浮關而老子果乘青牛而過也或曰老萊子亦楚人也正義曰太史公疑老
子或是老萊子故書之列仙傳云老萊子楚人當時世亂逃世耕於蒙山之陽莩葭爲牆蓬蒿爲室杖木爲牀蓍艾爲席
菹芰爲食墾山播種五穀楚王至門迎之遂去至於江南而止曰鳥獸之解毛可績而衣其遺粒足食也著書
十五篇言道家之用與孔子同時云蓋老子百

有六十餘歲或言二百餘歲索隱曰此前古好事者據外傳以老子生年至
孔子時故百六十歲或言二百餘歲者即以周太史儋爲老子故二百餘歲○正義曰蓋或皆疑辭也世不的知故言蓋
及或也玉清云老子以周平王時見衰於是去孔子世家云孔子問禮於老子在周景王時孔子蓋年三十也去平王十
二王此傳云儋即老子也秦獻公與烈王同時去平王二十一王說若不一不可知也故葛仙公序云老子體于自然生
乎大始之先起乎無因經歷天地終始不可稱載以其脩道而養壽也自孔
子死之後百二十九年徐廣曰實百一十九年而史記周太
史儋見秦獻公曰始秦與周合而離離五百歲
而復合合七十歲而霸王者出焉索隱曰周秦二本紀並云始周
與秦國合而別別五百載又合合七十歲而霸王者出然與此傳離合正反尋其意義亦並不違或曰儋
即老子或曰非也世莫知其然否老子隱君子

也老子之子名宗宗爲魏將封於段干此云封於段干段干
應是魏邑名也而魏世家有段干木段干子田完世家有段干朋疑此三人是姓段干也本蓋因邑爲姓左傳所謂邑亦
如之是也風俗通氏姓注云姓段名干木恐或失之矣天下自別有段姓何必段干木邪宗子注索隱曰音
鑄○正義曰之樹反注子宮宮玄孫假索隱曰音古雅反正義曰作瑕音霞假仕
於漢孝文帝而假之子解爲膠西王卬太傅因
家于齊焉世之學老子者則絀儒學索隱曰按絀音黜黜
退而後之也儒學亦絀老子道不同不相爲謀豈謂
是邪李耳無爲自化淸靜自正索隱曰太史公因其行事於當篇之
末結以此言亦是贊也又云此是昔人所評老聃之德故太史公引以記之○正義曰此都結老子之教也言無所造爲
而自化淸淨不撓而民自歸正也

莊子者蒙人也地理志蒙縣屬梁國○索隱曰劉向別錄云宋之蒙人也○正義曰郭緣生述
征記云蒙縣莊周之本邑也名周周嘗爲蒙漆園吏正義曰括地志云漆園故
城在曹州寃句縣北十七里此云莊周爲漆園吏即此按其城古屬蒙縣與梁惠王齊宣王
同時其學無所不闚然其要本歸於老子之言
故其著書十餘萬言大抵率寓言也索隱曰大抵猶言大略其
書十餘萬言率皆立主客使之相對語故云偶言又音寓寓寄也故別錄云又作人姓名使相與語是寄辭於其人故莊子
有寓言篇○正義曰率音律寓音遇率猶類也寓寄也作漁父盜跖胠篋索隱曰篋
猶言開篋胠音祛亦有音去篋音去劫反○正義曰胠音丘魚反篋音苦頰反胠開也篋箱類也此莊子三篇名皆詆毀
自古聖君賢臣孔子之徒營求名譽咸以喪身非抱素任眞之道也以詆訿孔子之徒索隱
曰詆音邸訿音紫謂詆訐毀訾孔子也以明老子之術畏累虛亢桑子

之屬皆空語無事實索隱曰按莊子畏累虛篇名也即老聃弟子畏累鄒氏畏音於
鬼反累音壘劉氏畏音烏罪反累路罪反郭象云今東萊也亢音庚亢桑子王劭本作庚桑司馬彪云庚桑楚人姓名○
正義曰莊子云庚桑楚者老子弟子北居畏累之山成疏云山在魯亦云在深州此篇寄庚桑楚以明至人之德衛生之
經若槁木無情死灰無心禍福不至惡有人災言莊子雜篇庚桑楚已下皆空設言語無有實事也然善屬
書離辭正義曰屬音燭離辭猶力折其辭句也指事類情用剽剝儒
墨正義曰剽疋妙反剽猶攻擊也雖當世宿學不能自解免也其
言洸洋自恣以適己索隱曰洸洋音汪羊二字又音晃養又作瀁○正義曰洋音翔已音
紀故自王公大人不能器之楚威王聞莊周賢
正義曰威王當周顯王三十年使使厚幣迎之許以爲相莊周笑
謂楚使者曰千金重利卿相尊位也子獨不見

郊祭之犧牛乎養食之數歲衣以文繡以入太
廟當是之時雖欲爲孤豚豈可得乎索隱曰孤小也特也願爲
小豚不可得○正義曰不羣也豚小豬臨宰時願爲孤小豚不可得也子亟去索隱曰音棘亟猶急也
無汚我索隱曰汙烏故反我寧游戲汚瀆之中自快索隱曰汚瀆音
烏讀瀆汚之小渠也無爲有國者所羈終身不仕以快吾志
焉正義曰莊子云莊子釣於濮水之上楚王使大夫往曰願以境內累莊子持竿不顧曰吾聞楚有神龜死二千
歲矣巾笥藏之廟堂之上此龜寧無爲留骨而貴乎寧生曳尾泥中乎大夫曰寧曳尾塗中莊子曰往矣吾將曳尾於塗
中與此傳不同也
夫學者載籍極博猶考信於六藝詩書雖缺索隱
曰孔子系家稱古詩三千餘篇孔子刪三百五篇爲詩今亡五篇又書緯稱孔子求得黃帝玄孫帝魁之書迄秦穆公凡

三千三百三十篇乃刪以一百篇爲尚書十八篇爲中候今百篇之內見亡四十二篇是詩書又有缺亡者也然
虞夏之文可知也索隱曰尚書有堯典舜典大禹謨備言虞夏禪讓之事故云虞夏之文可
知也堯將遜位讓於虞舜舜禹之間岳牧咸薦乃
試之於位典職數十年正義曰舜禹皆典職事二十餘年然後踐帝位功
用既興然後授政示天下重器索隱曰言天下者是王者之重器故
莊子云天下大器是也則大器亦謂之重器王者大統傳天下若斯之難
也而說者曰堯讓天下於許由正義曰皇甫謐高士傳云許由字武仲堯
聞致天下而讓焉乃退而遁於中嶽潁水之陽箕山之下隱堯又召爲九州長由不欲聞之洗耳於潁水濱時有巢父牽
犢欲飲之見由洗耳問其故對曰堯欲召我爲九州長惡聞其聲是故洗耳巢父曰子若處高岸深谷人道不通誰能見
子子故浮游欲聞求其名譽汙吾犢口牽犢上流飲之許由歿葬此山亦名許由山在洛州陽城縣南十三里許

由不受恥之逃隱及夏之時有卞隨務光者此
何以稱焉索隱曰說者謂諸子雜記也然堯讓於許由及夏時有卞隨務光等殷湯讓之天下並不受而
逃事具莊周讓王篇○正義曰經史唯稱伯夷叔齊不及許由卞隨務光者不少概見何以哉故言何以稱焉爲不稱說
之也
太史公曰余登箕山索隱曰蓋揚惲東方朔見其文稱余而加太史公曰也其
上蓋有許由冢云孔子序列古之仁聖賢人如
吳太伯伯夷之倫詳矣余以所聞由光義至高
索隱曰謂太史公聞莊周說許由務光等也莊子堯讓天下於許由由遂逃箕山洗耳於潁水卞隨自投於桐水務光負
石自沉於廬水是義至高其文辭不少概見何哉索隱曰按梗概是梗概謂略也蓋
以由光義至高而詩書之文辭遂不少梗概載見何以如此哉是太史公疑於說者之言或非實也○正義曰概古代反

孔子曰伯夷叔齊不念舊惡怨是用希求仁得仁又何怨乎余悲伯夷之意睹軼詩可異焉索隱曰謂悲其兄弟相讓又義不食周粟而餓死睹音覩軼音逸謂見逸詩之文即下采薇之詩是也不編入三百篇故云逸詩也可異焉者按論語云求仁得仁又何怨乎今其詩云我安適歸矣于嗟徂兮命之衰矣是怨詞也故云可異焉其傳曰伯夷叔齊孤竹君之二子也索隱曰其傳蓋韓詩外傳及呂氏春秋也其傳云孤竹君是殷湯三月丙寅日所封相傳至夷齊之父名初字子朝伯夷名元字公信叔齊名致字公達解者云夷齊謚也伯仲又其長少之字地理志孤竹城在遼西令支縣應劭云蓋伯夷之國君姓墨胎氏○正義本前注丙寅作殷湯正月三日丙寅括地志云孤竹古城在盧龍縣南十二里殷時諸侯孤竹國也父欲立叔齊及父卒叔齊讓伯夷伯夷曰父命也遂逃去叔齊亦不肯立而逃之國人立其中子於是伯夷叔齊聞西伯昌善養老盍往歸焉索隱曰劉氏云盍者疑辭蓋謂其年老歸就西伯也及至西伯卒武王載木主號為文王東伐紂伯夷叔齊叩馬而諫曰父死不葬爰及干戈可謂孝乎以臣弑君可謂仁乎左右欲兵之太公曰此義人也扶而去之武王已平殷亂天下宗周而伯夷叔齊恥之義不食周粟隱於首陽山馬融曰首陽山在河東蒲坂華山之北河曲之中○正義曰曹大家注幽通賦云夷齊餓於首陽山在隴西首又戴延之西征記云洛陽東北首陽山有夷齊祠今在偃師縣西北又孟子云夷齊避紂居北海之濱首陽山說文云首陽山在遼西史傳及諸書夷齊餓於首陽凡五所各有案據先後不詳莊子云伯夷叔齊西至岐陽見周武王伐殷曰吾聞古之士遭治世不避其任遇亂世不為苟存今天下闇周德衰其並乎周以塗吾身也不若

避之以絜吾行二子北至於首陽之山遂飢餓而死又下詩登彼西山是今清源縣首陽山在岐陽西北明即夷齊餓死處也采薇而食之索隱曰薇蕨也爾雅云蕨虌也○正義曰陸璣毛詩草木疏云薇山菜也莖葉皆似小豆蔓生其味亦如小豆藿可作羹亦可生食也及餓且死作歌其辭曰登彼西山兮采其薇矣索隱曰西山即首陽山以暴易暴兮不知其非矣索隱曰以武王之暴臣易殷紂之暴主而不自知其非矣神農虞夏忽焉沒兮我安適歸矣索隱曰犧農虞夏敦樸禪讓之道超忽久矣終沒矣今逢此君臣爭奪故我安適歸于嗟徂兮命之衰矣索隱曰于嗟嗟歎之辭也徂者往也死也言己今日餓死亦是運命之衰薄不遇大道之時至憂而餓死遂餓死於首陽山由此觀之怨耶非耶索隱曰太史公言已觀此詩之情似是有怨耶又疑其云非是怨耶或曰天道無親常與善人若伯夷叔齊可謂善人者非耶索隱曰又自起論云若夷齊之行如此可謂善人者耶又非善人者耶亦疑也積仁絜行如此而餓死且七十子之徒仲尼獨薦顏淵為好學然回也屢空糟糠不厭索隱曰厭言飫也謂不飫飽也糟糠貧者之所食也故曰糟糠之妻是也然顏子一簞食瓢飲未見有糟糠之文而卒蚤夭天之報施善人其何如哉盜跖日殺不辜索隱曰蹠與跖同並音之石反盜跖柳下惠弟見莊子為篇名○正義曰按蹠者黃帝時大盜之名以柳下惠弟為天下大盜故世放古號之盜蹠肝人之肉索隱曰劉氏云謂取人肉為生肝非也莊子云跖方休卒太山之陽膾人肝而餔之暴戾恣睢索隱曰暴戾謂凶暴而惡戾也鄒誕生恣音資睢音千餘反劉氏恣音如字睢音休季反恣睢謂恣行為睢惡之貌也○正義曰睢仰白目怒貌也言盜蹠凶暴惡戾恣性怒白目也聚黨數千人橫行天下竟以壽終皇覽曰盜跖冢在河東大陽臨河曲直弘農華陰山潼鄉盜跖

即柳下惠弟也○索隱曰直音如字直者當也或音值非也遼音同按遼水名因爲鄉今之遼津關是亦爲縣○正義曰括地志云盜跖冢在陜州河北縣西二十里河北縣本漢大陽縣也又今齊州平陵縣有盜跖冢未詳也是遵何德哉索隱曰言盜跖無道橫行天下竟以壽終是其人遵行何德而致此哉此其尤大彰明較著者也索隱曰較明也言伯夷有德而餓死盜跖暴戾而壽終是賢不遇而惡道長尤大著明之證若至近世操行不軌專犯忌諱而終身逸樂索隱曰謂若魯桓楚靈晉獻齊襄之比皆是富厚累世不絕或擇地而蹈之索隱曰謂不仕暗君不飲盜泉累足高山之頂竄跡滄洲之濱是也○正義曰謂比鄭駱鮑焦等是也時然後出言索隱曰論語夫子時然後言行不由徑索隱曰澹臺滅明之行非公正不發憤而遇禍災者不可勝數也索隱曰謂人臣之節非公正之事不感激發憤或出忠言或致身命而卒遇禍災者不可勝數謂龍逢比干屈平伍胥之比

余甚惑焉儻所謂天道是耶非耶索隱曰太史公惑於不軌而逸樂公正而遇害爲天道之非而又是耶深惑之也蓋天道玄遠聽聽暫遺或窮通數會不由行事所以行善未之福行惡未之禍故先達皆猶昧之也○正義曰儻音他蕩反儻未定之詞也爲天道不敢的言是非故云儻也子曰道不同不相爲謀亦各從其志也正義曰太史公引孔子之言證前事也言天道人道不同一任其運遇亦各從其志意也故曰富貴如可求雖執鞭之士吾亦爲之鄭玄曰富貴不可求而得之當脩德以得之若於道可求而得之者雖執鞭賤職我亦爲之如不可求從吾所好孔安國曰所好者古人之道歲寒然後知松柏之後凋何晏曰大寒之歲衆木皆死然後松柏少凋傷平歲衆木亦有不死者故須歲寒然後別之喻凡人處治世亦能自修整與君子同在濁世然後知君子之正不苟容也舉世混濁清士乃見索隱曰老子曰國家昏亂有忠臣是舉代混濁則士之清絜者乃彰見故上文歲寒

然後知松柏之後凋先爲此言張本也○正義曰言天下泯亂清絜之士不撓不苟合於盜跖也豈以其重若彼其輕若此哉索隱曰謂伯夷讓德之重若彼采薇而餓死之輕若此又一解云操行不軌富厚累代是其重若彼公正發憤而遇禍災是其輕若此也○正義曰重謂盜跖等也輕謂夷齊由光等也君子疾沒世而名不稱焉索隱曰自此已下雖論伯夷得夫子而名彰顏回附驥尾而行著蓋亦欲微見己之著撰不已亦是疾沒世而名不稱焉故引賈子貪夫殉財烈士殉名是也又引同明相照同類相求雲從龍風從虎者言物各從類以相求太史公言己亦是操行廉直而不用於代卒陷非罪與伯夷相類故寄此而發論○正義曰君子疾沒後懼名堙滅而不稱若夷齊顏回絜行立名後代稱述亦太史公欲漸見己立名著述之美也賈子曰索隱曰賈誼也作鵩鳥賦云然故太史公引而稱之也貪夫徇財正義曰徇財迅反徇求也瓚云已身從物曰徇烈士徇名夸者死權索隱曰言貪權勢以矜夸者至死不休故云死權也衆庶馮生索隱曰馮者恃也音凭言衆庶之情蓋馮恃矜其生也鵩誕生作每生每者冒也冒即貪之義○正義曰太史公引賈子譬言作史記若貪夫徇財烈士徇名夸者死權衆庶貪生乃成其史記同明相照索隱曰已下並繫辭云同類相求正義曰天欲雨而柱礎潤謂同德者相應雲從龍風從虎王肅曰龍舉而景雲屬虎嘯而谷風興張璠曰猶言龍從雲虎從風也聖人作而萬物覩馬融曰作起也○索隱曰又引此句者謂聖人起而居位則萬物之情皆得覩見故己今日又得著書言世情之輕重也○正義曰此有識也聖人有養生之德萬物有長養之情故相感應也此以上至同明相照是周易乾象辭也太史公引此等相感者欲見述作之意合萬物有睹也孔子歿後五百歲而已當之故作史記使萬物見覩之也太史公序傳云先人有言自周公卒五百歲而有孔子孔子卒後至於今五百歲有能紹明世正易傳繼春秋本詩書禮樂之際意在斯乎小子何敢讓焉作述六經云易著天地陰陽四時五行故長於變禮經紀人倫故長於行書記先王之事故長於政詩記山川谿谷禽獸草木牝牡雌雄故長於風樂樂所以立故長於和春秋辨是非故長於治人是故禮以節人樂以發和書以導事詩以達意易以道化春秋以道義撥亂世反之正莫近於春秋按述作而萬物睹見

伯夷叔齊雖賢得夫子而名益彰正義曰伯夷叔齊雖有賢行得夫子稱揚而名益彰著萬物雖有生養之性得太史公作述而世事益睹見顏淵雖篤學附驥尾而行益顯索隱曰蒼蠅附驥尾而致千里以喻顏回因孔子而名彰巖穴之士趨舍有時若此類名堙滅而不稱悲夫正義曰趨音趨舍音捨趨向也捨廢也言隱處之士時有附驥尾而名曉達若堙滅不稱數者亦可悲痛閭巷之人欲砥行立名者正義曰砥音旨礪行脩德在鄉閭者若不託貴大之士何得封侯爵賞而名留後代也非附青雲之士惡能施於後世哉

索隱述贊曰

天道平分　與善徒云　賢而餓死
盜且聚羣　吉凶倚伏　報施糾紛
子罕言命　得自前聞　嗟彼素士
不附青雲

老子伯夷列傳第一　史記六十一

管晏列傳第二　史記六十二

管仲夷吾者潁上人也索隱曰潁水名地理志潁水出陽城漢有潁陽臨潁二縣今有潁上縣○正義曰韋昭云管夷姬姓之後管嚴之子敬仲也少時常與鮑叔牙游鮑叔知其賢管仲貧困常欺鮑叔索隱曰呂氏春秋管仲與鮑叔同賈南陽及分財利而管仲嘗欺鮑叔多自取鮑叔知其有母不以爲貪鮑叔終善遇之不以爲言已而鮑叔事齊公子小白管仲事公子糾及小白立爲桓公公子糾死管仲囚焉鮑叔遂進管仲正義曰齊世家云鮑叔曰君將治齊則高傒與叔牙足矣且欲霸王非管夷吾不可夷吾之居國國重不可失也桓公從之韋昭云鮑叔齊大夫姒姓之後鮑叔之子叔牙也管仲既用任政於齊正義曰管子云相齊以九惠之教一曰老二曰慈三曰孤四曰疾五曰獨六曰病七曰通八曰賑九曰絕也齊桓公以霸九合諸侯一匡天下管仲之謀也管仲曰吾始困時嘗與鮑叔賈分財利正義曰賈音古多自與鮑叔不以我爲貪知我貧也吾嘗爲鮑叔謀事而更窮困鮑叔不以我爲愚知時有利不利也吾嘗三仕三見逐於君鮑叔不以我爲不肖知我不遭時也吾嘗三戰三走鮑叔不以我爲怯知我有老母也公子糾敗召忽死之吾幽囚受辱鮑叔不以我爲無恥知我不羞小節而恥功名不顯於天下也生我者父母知我者鮑子也鮑叔既進管仲以身下之子孫世祿

於齊有封邑者十餘世索隱曰世本云莊仲山產敬仲夷吾夷吾產武子鳴鳴產桓子啓方啓方產成子孺孺產莊子盧盧產悼子其夷其夷產襄子武武產景子耐涉耐涉產微凡十代常爲名大夫天下不多管仲之賢而多鮑叔能知人也管仲既任政相齊正義曰國語云齊桓公使鮑叔爲相辭曰臣之不若夷吾者五寬和惠民不若也治國家不失其柄不若也忠惠可結於百姓不若也制禮義可法於四方不若也執枹鼓立於軍門使百姓皆加勇不若也以區區之齊在海濱正義曰齊國東濱海也通貨積財富國彊兵與俗同好惡故其稱曰索隱曰是夷吾著書所稱管子者其書有此言今舉其大略倉廩實而知禮節衣食足而知榮辱上服度則六親固正義曰上之服御物有制度則六親堅固也六親謂外祖父母一父母二姊妹三妻兄弟之子四從母之子五女之子六也王弼云父母兄弟妻子也四維不張國乃滅亡管子曰四維一曰禮二曰義三曰廉四曰恥下令如流水之原令順民心故論卑而易行正義曰言爲政令卑下鮮少而百姓易作行也俗之所欲因而予之俗之所否因而去之其爲政也善因禍而爲福轉敗而爲功貴輕重索隱曰輕重謂錢也管子有輕重篇慎權衡正義曰輕重謂恥辱也權衡謂得失也有恥辱甚貴重之有得失甚戒慎之桓公實怒少姬索隱曰謂怒蕩舟歸而未絕蔡人嫁之南襲蔡管仲因而伐楚責包茅不入貢於周室桓公實北征山戎而管仲因而令燕脩召公之政於柯之會正義曰今齊州東河也桓公欲背曹沫之約索隱曰沫音昧左傳作曹劌○正義曰沬莫葛反管仲因而信之正義曰以劫許之歸魯侵地諸侯由是歸

齊故曰知與之爲取政之寶也索隱曰老子曰將欲取之必固與之是知此爲政之所寶也管仲富擬於公室有三歸反坫正義曰三歸三姓女也婦人謂嫁曰歸齊人不以爲侈管仲卒正義曰括地志云管仲冢在青州臨淄縣南二十一里牛山之阿說苑云齊桓公使管仲治國管仲對曰賤不能臨貴桓公以爲上卿而國不治曰何故管仲對曰貧不能使富桓公賜之齊市租而國不治桓公曰何故對曰疏不能制近桓公立以爲仲父齊國大安而遂霸天下孔子曰管仲之賢而不得此三權者亦不能使其君南面而稱伯齊國遵其政常彊於諸侯後百餘年而有晏子焉

晏平仲嬰者萊之夷維人也劉向別錄曰萊者今東萊地也○索隱曰名嬰平謚仲字父桓子名弱也○正義曰晏氏齊記云齊城三百里有夷安即晏平仲之邑漢爲夷安縣屬高密國應劭云故萊夷維邑事齊靈公莊公景公索隱曰世本及系本靈公名環莊公名光景公名杵臼以節儉力行重於齊既相齊食不重肉妾不衣帛其在朝君語及之即危言正義曰謂己謙讓非云功能語不及之即危行正義曰行下孟反謂君不知己增脩業行畏責及也國有道即順命無道即衡命正義曰衡秤也謂國無道則制秤量之可行即行以此三世顯名於諸侯越石父賢在縲紲中正義曰縲音力追反縲黑索也紲繫也晏子春秋云晏子之晉至中牟覩弊冠反裘負薪息於途側晏子問曰何者對曰我石父也苟免饑凍爲人臣僕晏子解左驂贖之載與俱歸按與此文小異也晏子出遭之塗解左驂贖之載歸弗謝入閨久之越石父請絕晏子戄然正義曰戄牀縛反注皇覽云晏子冢在臨淄城南菑水南桓公冢西北括地志云齊桓公墓在青州臨淄縣東南二十三里鼎足上又云齊晏嬰冢在齊子城北門外晏子云吾生近市死豈易吾志乃葬故宅後人名曰清節里按恐皇覽誤乃

管仲冢也攝衣冠謝曰嬰雖不仁免子於厄何子求絕之速也石父曰不然吾聞君子詘於不知己而信於知己者索隱曰信讀曰申周禮皆然申於知己謂以彼知我而我志獲申方吾在縲紲中彼不知我也夫子既以感寤而贖我是知己知己而無禮固不如在縲紲之中晏子於是延入爲上客晏子爲齊相出其御之妻從門閒而闚其夫其夫爲相御擁大蓋策駟馬意氣揚揚甚自得也既而歸其妻請去夫問其故妻曰晏子長不滿六尺身相齊國名顯諸侯今者妾觀其出志念深矣常有以自下者今子長八尺乃爲人僕御然子之意自以爲足妾是以求去也其後夫自抑損晏子怪而問之御以實對晏子薦以爲大夫

太史公曰吾讀管氏牧民山高乘馬輕重九府劉向別錄曰九府書民閒無有山高一名形勢○索隱曰皆管仲著書篇名九府蓋錢之府藏其書論鑄錢之輕重故云輕重九府餘如別錄之說○正義曰七略云管子十八篇在法家及晏子春秋索隱曰嬰所著書名晏子春秋今其書有七十篇故下云其書世多有也○正義曰七略云晏子春秋七篇在儒家詳哉其言之也既見其著書欲觀其行事故次其傳至其書世多有之是以不論論其軼事正義曰軼音逸管仲世所謂賢臣然孔子小之豈以爲周道衰微

桓公既賢而不勉之至王乃稱霸哉正義曰言管仲世所謂賢臣孔子所以小之者蓋以為周道衰桓公賢主管仲何不勸勉輔弼至於帝王乃自稱霸主哉故孔子小之云蓋為前疑夫子小管仲為此語曰將順其美匡救其惡故上下能相親也正義曰言管仲相齊順百姓之美匡救國家之惡令君臣百姓相親者是管之能也豈管仲之謂乎方晏子伏莊公尸哭之成禮然後去索隱曰左傳崔杼殺莊公晏嬰入枕莊公尸股而哭之成禮而出崔杼欲殺之是也豈所謂見義不為無勇者邪至其諫說犯君之顏此所謂進思盡忠退思補過者哉假令晏子而在余雖為之執鞭所忻慕焉索隱曰太史公之羨慕仰企平仲之行假令晏生在世已雖與之為僕隸為之執鞭亦所忻慕其好賢樂善如此賢哉良史可以示人臣之烱戒也

索隱述贊曰

夷吾成霸　平仲稱賢　粟乃實廩
豆不掩肩　轉禍為福　危言獲全
孔賴左衽　史忻執鞭　成禮而去
人望存焉

管晏列傳第二　史記六十二

申不害韓非列傳第三　史記六十三

開元二十三年勑昇老子莊子爲列傳首故申韓爲此卷

申不害者京人也索隱曰申子名不害按別錄云京今河南京縣也　正義曰按地志云京縣故城縣東南二十里鄭之京邑也故鄭之賤臣學術以干韓昭侯索隱曰術即刑名法術昭侯用爲相內脩政教外應諸侯十五年終申子之身國治兵彊無侵韓者索隱曰王劭按紀年韓昭侯之世兵寇屢交異乎此言申子之學本於黃老而主刑名著書二篇號曰申子劉向別錄曰今民間所有上下二篇中書六篇皆合二篇已備過太史公所記也　正義曰阮孝緒七畧云申子三卷也韓非者正義曰阮孝緒七略云韓子二十卷韓世家云王安五年非使秦九年虜王安韓非云韓之諸公子也喜刑名法術之學新序曰申子之書言人主當執術無刑因循以督責臣下其責深刻故號曰術商鞅所爲書號曰法皆曰刑名故號曰刑名法術之書○索隱曰著書三十餘篇號曰韓子而其歸本於黃老索隱曰劉氏云黃老之法不尚繁華清簡無爲君臣自正韓非之論詆駁浮淫法制無私而名實相稱故曰歸於黃老斯未爲得其本旨今按韓子書有解老喻老二篇是大抵亦崇黃老之學也非爲人口吃正義曰音訖不能道說而善著書與李斯俱事荀卿正義曰孫卿子二十二卷名況趙人楚蘭陵令避漢宣帝諱改姓孫也斯自以爲不如非非見韓之削弱數以書諫韓王索隱曰韓王安也韓王不能用於是韓非疾治國不務脩明其法制執勢以御其臣下富國彊兵而以求人任賢反舉浮淫之蠹而加之於功實之上以

爲儒者用文亂法而俠者以武犯禁寬則寵名譽之人急則用介冑之士正義曰介甲也冑兜鍪也今者所養非所用索隱曰言非疾時君以祿養其臣者乃皆安祿養交之臣非勇悍忠梗及折衝禦侮之人也所用非所養索隱曰言人主臨事任用並非常所祿養之士故難可盡其死力也悲廉直不容於邪枉之臣索隱曰又非姧邪諂諛之臣不容廉直之士觀往者得失之變正義曰韓非見王安不用忠良今國消弱故觀往古有國之君則得失之變異而作韓子二十卷故作孤憤五蠹內外儲說林說難十餘萬言索隱曰此皆非所著書篇名也孤憤憤孤直不容於時也五蠹蠹政之事有五也內外儲按韓子有內外儲說篇內儲言明君執術以制臣下利之在己故曰內也外儲言明君觀聽臣下之言行以斷其賞罰賞罰在彼故曰外也儲畜二事所謂明君也說林者廣說諸事其多若林故曰說林也今韓子有說林上下二篇說難者說前人行事與己不同而詰難之故其書有說難篇然韓非知說之難爲說難書甚具終死於秦不能自脫說難曰索隱曰說音稅難音奴干反言游說之道爲難故曰說難其書詞甚高故特載之然此篇亦與韓子微異煩省小不同劉伯莊亦申其意粗釋其微文幽旨故有劉說也凡說之難非吾知之有以說之難也正義曰凡說難識情理不當人主之心恐犯逆鱗說之難知故言非吾知之有以說之乃爲難又非吾辯之難能明吾意之難也正義曰能分明吾意以說之亦又未爲難也尚非甚難又非吾敢橫失能盡之難也索隱曰韓子橫失作橫佚劉氏云吾之所言無橫無失陳辭發策能盡說情此雖是難尚非難也○正義曰橫擴孟反又非吾敢有橫失詞理能盡說己之情此雖是難尚非極難凡說之難在知所說之心可以吾說當之索隱曰劉氏云闕說之難正在於此也按說之心者謂人君之心也言以人臣疎末射尊重之意貴賤隔絕旨趣難知自非高識莫近幾會故曰說之難

也乃須審明人主之意必以說合其情故云吾說當之也○正義曰前者三說並未爲難凡說之難者正在於此言深辦知前人意可以吾說當之闇與前入心會說則行乃是難矣**所說出於爲名高者也而說之以厚利則見下節而遇卑賤必棄遠矣**索隱曰謂所說之主中心本出欲立高名者也說臣乃陳厚利是其見下節也既不會高情故遇卑賤必弃遠矣劉氏云踏古義羲黃祖述堯舜是爲名高也**所說出於厚利者也而說之以名高則見無心而遠事情必不收矣**索隱曰亦謂所說之君出意本規厚利而說臣乃陳名高之節則是說者無心遠於我之事情必不收用也故劉氏云若秦孝公志於彊國而商鞅說以帝王故怒而不用也**所說實爲厚利而顯爲名高者也**索隱曰韓子實字作陰顯者陽也謂其君實爲厚利而詐作欲爲名高之節也○正義曰前人必欲厚利詐慕名高則陽收其說實踈遠之**而說之以名高則陽收其身而實踈之**

若說之以厚利則陰用其言而顯棄其身索隱曰謂若下文云鄭武公陰欲伐胡而關其思極論深計雖知說當終遭顯戮也○正義曰前人好利厚詐慕名高說之以厚利則陰用說者之言而顯不收其身說士不可不察**此之不可不知也夫事以密成語以泄敗未必其身泄之也而語及其所匿之事**正義曰事多相類語言或說其相類之事前人覺悟便成偏泄故身危也**如是者身危貴人有過端而說者明言善議以推其惡者則身危**正義曰人主有過失之端緒而引美善之議以推人主之惡則身危**周澤未渥也而語極知**正義曰渥霑濡也人臣事君未滿周至之恩澤而說事當理事行有功君不以爲恩德故德亡**說行而有功則德亡說不行而有敗則見疑如是者身危**索隱曰謂人臣事上其道未合至周之恩未沾渥於下而輒吐誠極知其道說有功

則其德亦亡亡無也韓子作則見忘然見忘勝於德亡也又若說不行而有敗則見疑如是者身危是因恩意未深輒評時政不爲所信更致嫌疑若下文所云隣人父以牆壞有盜却爲見疑即其類也○正義曰說事不行或行有敗壞則必致危殆若此者身危也**夫貴人得計而欲自以爲功說者與知焉則身危**正義曰與音預人主先得其計己功說者知前發其蹤跡身必危亡**彼顯有所出事迺自以爲也故說者與知焉則身危**索隱曰謂人主明有所出事乃自以爲功而說者與知是則以爲間故身危○正義曰人主明所出事乃以有所營爲說者預知其計而說者身亡危**彊之以其所必不爲**索隱曰劉氏云若項羽必欲衣錦東歸而說者彊述關中違旨忤情自招誅滅也○正義曰彊其兩反人主必不欲有爲而說者彊令爲之**止之以其所不能已者身危**索隱曰劉氏云若漢景帝决廢栗太子而周亞夫強欲止之竟不從其言後遂下獄也○正義曰人主已營爲而說者彊止之者身危**故曰與之論大人則以爲間己**正義曰間音紀莧反說彼大人之短以爲竊己之事情乃爲刺譏間之**與之論細人則以爲鬻權**索隱曰韓子鬻權作賣重謂薦彼細微之人言堪大用則疑其挾詐而賣我之權○正義曰鬻音育劉伯莊云論則疑其挾詐賣己之權**論其所愛則以爲借資**正義曰說人主愛行人主以爲借己之資籍也**論其所憎則以爲嘗己**正義曰論說人主所憎惡人主則以爲嘗試於己也**徑省其辭則不知而屈之**索隱曰謂人主意在文華而說者但徑捷省略其辭則以說者爲無知而見屈辱也○正義省山景反**汎濫博文則多而久之**索隱曰謂人主志在簡要而說者務於浮辭汎濫博渉文華則君上嫌其多迂誕文而無當○正義曰汎濫浮辭也博閣廣言句也言浮說廣陳必多詞理時乃永久人主疲倦**順事陳意則曰怯懦而不盡**正義曰懦音乃亂反說者陳言順人主之意則或怯懦而不盡事情也**慮事廣肆則曰草野而倨侮**正義曰草野猶鄙陋也廣陳言詞多有鄙陋乃成倨

傲侮慢此說之難不可不知也凡說之務在知飾
所說之所敬而滅其所醜索隱曰所說謂所說之主也飾其所敬者說士當知
人主之所敬而時以文飾之滅其所醜謂人主有所避諱而醜之遊說者當滅其事端而不言也彼自知
其計則無以其失窮之正義曰前人自知其失誤說士無以失誤窮極之乃為訕
上也自勇其斷則無以其敵怒之索隱曰謂人主自勇其斷說士無以己意
而攻間之是以卑下之謀自敵於上以致譴怒也○正義曰斷音端亂反劉伯莊云貴人斷甲為是說者以乙破之乙之
理難同怒以下敵上也自多其力則無以其難概之索隱曰概猶格也劉
氏云秦昭王決欲攻趙白起苦說其難遂己之心拒格君上故致杜郵之僇○正義概古代反規異事與
同計譽異人與同行者則以飾之無傷也正義曰劉
伯莊云貴人與甲同計與乙同行者說士陳言無傷甲乙也有與同失者則明飾

其無失也索隱曰按上文言人主規事譽人與人同計同行今說者之詞不得傷於同計同行之人仍可
文飾其類也又若人主與同失者而說者則可明飾其無失也○正義曰人主與甲同失說者文飾甲之無失大
忠無所拂辭索隱曰拂音佛大忠志在匡君於善君初不從則且退上待君之悅而又幾諫即不
拂悟於君也悟言無所擊排索隱曰謂大忠說諫之詞本欲歸於安人興化亦無別有
所擊射拂擯按韓子作擊摩迺後申其辯知焉此所以親近不
疑正義曰拂悟當為咈忤古字假借耳咈違也忤逆也言大忠之事擬安民興化事在斥弼君初亦不擊排乃後周澤
既渥君臣道合乃敢辯智說焉此所以親近而不見疑是知盡之難知盡之難也徐廣曰知一作得難
一作辭○索隱曰謂人臣盡知事上之道難也韓子作得盡之辭◎正義曰言說士知談說之難也為能盡此談說之道
得當人主之心君臣相合乃是知盡之難也得曠日彌久而周澤既渥索隱
曰謂君臣道合曠日已久誠著於君也君之渥澤周洽於臣魚水相須鹽梅相和也深計而不疑

交爭而不罪迺明計利害以致其功直指是非
以飾其身以此相持此說之成也正義曰夫知盡之難則君臣道
合故得曠日彌久而周澤既渥深計而君不疑與君交爭而不罪而得明計國之利害以致其功直指是非任爵祿於身
以此君臣相執持此說之成也伊尹為庖正義曰殷本紀云乃為有莘氏媵臣負鼎俎以滋味說湯
致王道是也百里奚為虜正義曰晉世家云虜虞公及大夫百里奚以媵秦穆姬也皆
所由干其上也故此二子者皆聖人也猶不能
無役身而涉世如此其汙也正義曰汙音烏故反庖虜是汙則非
能仕之所設也索隱曰韓子作能上之所恥也宋有富人天雨牆
壞其子曰不築且有盜其鄰人之父亦云暮而
果大亡其財其家甚知其子而疑鄰人之父正義

曰其子隣父說皆當矣而切見疑非處知則難乎昔者鄭武公欲伐胡正義曰世
本云胡歸姓也括地志云胡城在豫州郾城縣界迺以其子妻之因問羣臣
曰吾欲用兵誰可伐者關其思曰胡可伐迺戮
關其思曰胡兄弟之國也子言伐之何也胡君
聞之以鄭為親己而不備鄭鄭人襲胡取之此
二說者其知皆當矣正義當當浪反然而甚者為戮薄
者見疑非知之難也處知則難矣昔者彌子瑕
見愛於衛君衛國之法竊駕君車者罪至刖既
而彌子之母病人聞往夜告之彌子矯駕君車
而出君聞之而賢之曰孝哉為母之故而犯刖

罪與君游果園彌子食桃而甘不盡而奉君君曰愛我哉忘其口而念我及彌子色衰而愛弛得罪於君君曰是嘗矯駕吾車又嘗食我以其餘桃故彌子之行未變於初也前見賢而後獲罪者愛憎之至變也故有愛於主則知當而加親見憎於主則罪當而加疏故諫說之士不可不察愛憎之主而後說之矣夫龍之爲蟲也正義曰龍虫類也故言龍之爲虫可擾狎而騎也然其喉下有逆鱗徑尺人有嬰之則必殺人人主亦有逆鱗說之者能無嬰人主之逆鱗則幾矣索隱曰幾庶也謂庶幾於善諫說。正義曰說者能不犯人主逆鱗則庶幾矣

人或傳其書至秦秦王見孤憤五蠹之書曰嗟乎寡人得見此人與之游死不恨矣李斯曰此韓非之所著書也秦因急攻韓韓王始不用非及急廼遣非使秦秦王悅之未信用李斯姚賈害之毀之曰韓非韓之諸公子也今王欲并諸侯非終爲韓不爲秦此人之情也今王不用久留而歸之此自遺患也不如以過法誅之秦王以爲然下吏治非李斯使人遺非藥使自殺韓非欲自陳不得見秦王後悔之使人赦之非已死矣戰國策曰秦王封姚賈千戶以爲上卿韓非短之曰賈梁監門子盜於梁臣於趙而逐取世監門子梁大盜趙逐臣與同社稷之計非所以勵羣臣也王召賈問之賈荅云云廼誅韓非也

申子韓子皆著書傳於後世學者多有余獨悲韓子爲說難而不能自脫耳

太史公曰老子所貴道虛無因應變化於無爲故著書辭稱微妙難識莊子散道德放論要亦歸之自然申子卑卑自勉勵之意也施之於名實韓子引繩墨切事情明是非其極慘礉胡革反用法慘急而礉礉深刻少恩皆原於道德之意而老子深遠矣

索隱述贊曰

伯陽立教　清淨無爲　道尊東魯

迹竄西垂　莊蒙栩栩　申害卑卑

刑名有術　說難極知　悲彼周防

終亡李斯

申不害韓非列傳第三　史記六十三

司馬穰苴列傳第四　史記六十四

司馬穰苴者田完之苗裔也索隱曰穰苴田氏之族爲大司馬故曰司馬穰苴也○正義曰穰音若羊反苴音子徐反田穰苴爲司馬官主兵齊景公時晉伐阿甄而燕侵河上索隱曰阿甄皆齊邑晉太康地記曰阿即東阿也地理志云甄城縣屬濟陰○正義曰河上黃河南岸地即滄德二州北界齊師敗績景公患之晏嬰乃薦田穰苴曰穰苴雖田氏庶孽然其人文能附衆武能威敵願君試之景公召穰苴與語兵事大說之以爲將軍索隱曰謂命之爲將以將軍也將音即匠反遂以將軍爲官名故尸子曰十萬之師無將軍則亂六國時有此官將兵扞燕晉之師穰苴曰臣素卑賤君擢之閭伍之中加之大夫之上士卒未附百姓不信人微權輕願得君之寵臣國之所尊以監軍乃可於是景公許之使莊賈往穰苴既辭與莊賈約曰旦日日中會於軍門索隱曰按旦日謂明日日中時期會於軍門穰苴先馳至軍立表下漏待賈索隱曰立表謂立木爲表以視日景下漏謂下滴漏以知刻數也賈素驕貴以爲將己之軍而己爲監不甚急正義已音紀監甲暫反親戚左右送之留飲日中而賈不至穰苴則仆表決漏索隱曰仆音赴仆者卧其表也決漏謂決去壺中漏水以賈失期過日中故也入行軍勒兵申明約束約束既定夕時莊賈乃至穰苴曰何後期爲賈謝曰不佞大夫親戚送之故留穰苴曰將受命

之日則忘其家臨軍約束則忘其親援枹鼓之急則忘其身索隱曰援音袁枹音浮○正義援作操枹音孚謂鼓挺也今敵國深侵邦內騷動士卒暴露於境君寢不安席食不甘味百姓之命皆懸於君何謂相送乎召軍正問曰軍法期而後至者云何對曰當斬莊賈懼使人馳報景公請救既往未及反於是遂斬莊賈以徇三軍三軍之士皆振慄久之景公遣使者持節赦賈馳入軍中穰苴曰將在軍君令有所不受魏武帝曰苟便於事不拘君命問軍正曰軍中不馳今使者馳云何正曰當斬使者大懼穰苴曰君之使不可殺之乃斬其僕車之左駙馬之左驂以徇三軍索隱曰謂斬其使者僕車之左駙又斬馬之左驂以御者在左故也○正義曰駙音附劉伯莊云駙者箱外之立木承重校者殉行示也遣使者還報然後行士卒次舍井竈飲食問疾醫藥身自拊循之悉取將軍之資糧享士卒身與士卒平分糧食最比其正義比作畀必耳反羸弱者三日而後勒兵病者皆求行爭奮出爲之赴戰晉師聞之爲罷去燕師聞之度水而解正義曰度又黃河水北去而解於是追擊之遂取所亡封內故境而引兵歸未至國釋兵旅解約束誓盟而後入邑景公與諸大夫郊迎勞師成禮然後反歸寢

旣見穰苴尊爲大司馬田氏日以益尊於齊已而大夫鮑氏高國之屬害之譖於景公景公退穰苴苴發疾而死田乞田豹之徒由此怨高國等索隱曰田乞田僖子豹亦僖子之族也其後及田常殺簡公盡滅高子國子之族至常曾孫和因自立爲齊威王索隱曰此文誤也當云田和自立至其孫因號爲齊威王故世家云田和自立號太公其孫號威王也用兵行威大放穰苴之法正義放方往反而諸侯朝齊齊威王使大夫追論古者司馬兵法而附穰苴於其中因號曰司馬穰苴兵法

太史公曰余讀司馬兵法閎廓深遠雖三代征伐未能竟其義如其文也亦少襃矣索隱曰謂司馬法說行兵揖讓有三代之法而齊區區小國又當戰國之時故云少襃若夫穰苴區區爲小國行師何暇及司馬兵法之揖讓乎世既多司馬兵法以故不論著穰苴之列傳焉

索隱述贊曰

燕侵河上　齊師敗績　嬰薦穰苴
武能威敵　斬賈以徇　三軍驚惕
我卒旣彊　彼寇退壁　法行司馬
實賴宗戚

司馬穰苴列傳第四　史記六十四

孫子吳起列傳第五　史記六十五

孫子武者齊人也（正義曰魏武帝云孫子者齊人事於吳王闔閭爲吳將作兵法十三篇）以兵法見於吳王闔廬闔廬曰子之十三篇（正義曰七録云孫子兵法三卷案十三篇爲上卷又有中下二卷）吾盡觀之矣可以小試勒兵乎對曰可闔廬曰可試以婦人乎曰可於是許之出宮中美女得百八十人孫子分爲二隊以王之寵姬二人各爲隊長（索隱曰隊徒對反長竹兩反）皆令持戟令之曰汝知而心與左右手背乎婦人曰知之孫子曰前則視心左視左手右視右手後即視背婦人曰諾約束既布乃設鈇鉞即三令五申之於是鼓之右婦人大笑孫子曰約束不明申令不熟將之罪也復三令五申而鼓之左婦人復大笑孫子曰約束不明申令不熟將之罪也既已明而不如法者吏士之罪也乃欲斬左右隊長吳王從臺上觀見且斬愛姬大駭趣使使下令（索隱曰趣音促急也使使音色吏反）曰寡人已知將軍能用兵矣寡人非此二姬食不甘味願勿斬也孫子曰臣既已受命爲將將在軍君命有所不受遂斬隊長二人以徇用其次爲隊長於是復鼓之婦人左右前後跪起皆中規矩繩墨無

敢出聲於是孫子使使報王曰兵既整齊王可試下觀之唯王所欲用之雖赴水火猶可也吳王曰將軍罷休就舍寡人不願下觀孫子曰王徒好其言不能用其實於是闔廬知孫子能用兵卒以爲將西破彊楚入郢北威齊晉顯名諸侯孫子與有力焉孫武既死（越絕書曰吳縣巫門外大冢孫武冢也去縣十里○索隱曰越絕書子貢所著恐非也其書多記吳越亡後土地或後人所録○正義曰七録云越絕十六卷或云伍子胥撰）後百餘歲有孫臏臏生阿鄄之閒臏亦孫武之後世子孫也孫臏嘗與龐涓俱學兵法（索隱曰臏頻忍反龐皮江反涓古玄反）龐涓既事魏得爲惠王將軍而自以爲能不及孫臏乃陰使召孫臏臏至龐涓恐其賢於己疾之則以法刑斷其兩足而黥之欲隱勿見齊使者如梁（正義曰今汴州）孫臏以刑徒陰見說齊使齊使以爲奇竊載與之齊齊將田忌善而客待之忌數與齊諸公子馳逐重射（索隱曰弟且也重射好射也）孫子見其馬足不甚相遠馬有上中下輩於是孫子謂田忌曰君弟重射臣能令君勝田忌信然之與王及諸公子逐射千金（正義曰射音石隨逐而射賭千金）及臨質（索隱曰質猶對也將欲對射之時也一云質謂朋非也）孫子曰今以君之下駟與彼上駟取君上駟與彼中駟取君

中駟與彼下駟既馳三輩畢而田忌一不勝而再勝卒得王千金於是忌進孫子於威王威王問兵法遂以為師其後魏伐趙趙急請救於齊齊威王欲將孫臏臏辭謝曰刑餘之人不可於是乃以田忌為將而孫子為師居輜車中坐為計謀田忌欲引兵之趙孫子曰夫解雜亂紛糾者不控捲索隱曰謂事之雜亂紛糾也解雜亂紛糾者當善以手解之不可控捲而擊之捲即拳也劉氏云控總捲縮非也救鬭者不搏撠索隱曰音搏戟謂救鬭者當善撝解之無以手助相搏撠則其怒益熾矣按撠謂以手持撠刺人也批亢擣虛索隱曰批音白結反亢音苦浪反按批者相排批也音白滅反言敵人相亢拒也擣者擊也衝也虛者空也按謂前人相亢必須批之彼兵若虛則衝擣之欲令擊梁之虛也此當是舊語故孫子以言之也形格勢禁則自為解耳索隱曰謂若批其相亢擊擣彼虛則是事形相格而其勢自禁止則彼自為解兵也今梁趙相攻輕兵銳卒必竭於外老弱罷於內君不若引兵疾走大梁據其街路衝其方虛彼必釋趙而自救是我一舉解趙之圍而收獘於魏也索隱曰謂齊今引兵據大梁之衝是衝其方虛之時梁必釋趙而自救是一舉釋趙而獘魏田忌從之魏果去邯鄲與齊戰於桂陵大破梁軍後十五年索隱曰王劭按紀年梁惠王十七年齊田忌敗梁桂陵至二十七年十二月齊田盼敗梁馬陵計相去無十五歲也魏與趙攻韓韓告急於齊齊使田忌將而往直走大梁魏將龐涓聞之去韓而歸齊軍既已過而西矣孫子謂田

忌曰彼三晉之兵素悍勇而輕齊齊號為怯善戰者因其勢而利導之兵法百里而趣利者蹶上將魏武帝曰蹶猶挫也○索隱曰蹶音巨月反劉氏云蹶猶斃五十里而趣利者軍半至使齊軍入魏地為十萬竈明日為五萬竈又明日為三萬竈龐涓行三日大喜曰我固知齊軍怯入吾地三日士卒亡者過半矣乃棄其步軍與其輕銳倍日并行逐之孫子度其行暮當至馬陵馬陵道陝而旁多阻隘可伏兵乃斫大樹白而書之曰龐涓死于此樹之下於是令齊軍善射者萬弩夾道而伏期曰暮見火舉而俱發龐涓果夜至斫木下見白書乃鑽火燭之讀其書未畢齊軍萬弩俱發魏軍大亂相失龐涓自知智窮兵敗乃自剄曰遂成豎子之名索隱曰豎子謂臏齊因乘勝盡破其軍虜魏太子申以歸孫臏以此名顯天下世傳其兵法

吳起者衛人也好用兵嘗學於曾子事魯君齊人攻魯魯欲將吳起吳起取齊女為妻而魯疑之吳起於是欲就名遂殺其妻以明不與齊也魯卒以為將將而攻齊大破之魯人或惡吳起曰起之為人猜忍人也其少時家累千金游仕

不遂遂破其家鄉黨笑之吳起殺其謗己者三
十餘人而東出衛郭門與其母訣齧臂而盟曰
起不爲卿相不復入衛遂事曾子居頃之其母
死起終不歸曾子薄之而與起絕起乃之魯學
兵法以事魯君魯君疑之起殺妻以求將夫魯
小國而有戰勝之名則諸侯圖魯矣且魯衛兄
弟之國也而君用起則是棄衛魯君疑之謝吳
起吳起於是聞魏文侯賢欲事之文侯問李克
曰吳起何如人哉李克曰起貪而好色（索隱曰王劭云此李克言吳起貪下文云魏文侯知起廉盡能得士心又公叔之僕稱起爲人節廉豈前貪而後廉何言之相反也今李克言起貪者起本家累千金破産求仕非實貪也蓋言貪者是貪榮名耳故母死不赴殺妻將魯是也或者起未委質於魏猶有貪跡及其見用則盡廉能亦何異乎陳平之爲人也）然用兵司馬穰苴不能
過也於是魏文侯以爲將擊秦拔五城起之爲
將與士卒最下者同衣食臥不設席行不騎乘
親裹贏糧與士卒分勞苦卒有病疽者起爲吮
之（索隱曰吮音弋軟反又才軟反）卒母聞而哭之人曰子卒也而
將軍自吮其疽何哭爲母曰非然也往年吳公
吮其父其父戰不旋踵遂死於敵吳公今又吮
其子妾不知其死所矣是以哭之文侯以吳起
善用兵廉平盡能得士心乃以爲西河守以拒

秦韓魏文侯既卒起事其子武侯武侯浮西河
而下中流顧而謂吳起曰美哉乎山河之固此
魏國之寶也起對曰在德不在險昔三苗氏左
洞庭右彭蠡德義不脩禹滅之夏桀之居左河
濟右泰華伊闕在其南羊腸在其北（瓚曰今河南城爲直之皇甫謐曰壺關有羊腸阪在太原晉陽西北九十里）脩政不仁湯放之殷紂之
國左孟門（索隱曰劉氏按紂都朝歌今孟山在其西今言左則東邊別有孟門也）右太行
常山在其北大河經其南脩政不德武王殺之
由此觀之在德不在險若君不脩德舟中之人
盡爲敵國也（揚子法言曰美哉言乎使起之用兵每若斯則太公何以加諸）武侯曰善
即封吳起爲西河守甚有聲名魏置相相田文
（索隱曰呂氏春秋作商文）吳起不悅謂田文曰請與子論功可
乎田文曰可起曰將三軍使士卒樂死敵國不
敢謀子孰與起文曰不如子起曰治百官親萬
民實府庫子孰與起文曰不如子起曰守西河
而秦兵不敢東鄉韓趙賓從子孰與起文曰不
如子起曰此子三者皆出吾下而位加吾上何
也文曰主少國疑大臣未附百姓不信方是之
時屬之於子乎屬之於我乎起默然良久曰屬
之子矣文曰此乃吾所以居子之上也吳起乃

自知弗如田文田文既死公叔為相(索隱曰韓之公族)尚魏公主而害吳起公叔之僕曰起易去也公叔曰奈何其僕曰吳起為人節廉而自喜名也君因先與武侯言曰夫吳起賢人也而侯之國小又與彊秦壤界臣竊恐起之無留心也武侯即曰奈何君因謂武侯曰試延以公主起有留心則必受之無留心則必辭矣以此卜之君因召吳起而與歸即令公主怒而輕君吳起見公主之賤君也則必辭於是吳起見公主之賤魏相果辭魏武侯武侯疑之而弗信也吳起懼得罪

遂去即之楚楚悼王素聞起賢至則相楚明法審令捐不急之官廢公族疏遠者以撫養戰鬭之士要在彊兵破馳說之言從橫者於是南平百越北并陳蔡卻三晉西伐秦諸侯患楚之彊故楚之貴戚盡欲害吳起及悼王死宗室大臣作亂而攻吳起吳起走之王尸而伏之擊起之徒因射刺吳起并中悼王(索隱曰楚系家悼王名疑)悼王既葬太子立(索隱曰肅王臧也)乃使令尹盡誅射吳起而并中王尸者坐射起而夷宗死者七十餘家

太史公曰世俗所稱師旅皆道孫子十三篇吳起兵法世多有故弗論論其行事所施設者語曰能行之者未必能言能言之者未必能行孫子籌策龐涓明矣然不能蚤救患於被刑吳起說武侯以形勢不如德然行之於楚以刻暴少恩亡其軀悲夫

索隱述贊曰

孫子兵法　一十三篇　美人既斬
良將得焉　刖孫臏腳　籌策龐涓
吳起相魏　西河稱賢　慘礉事楚
死後留權

孫子吳起列傳第五　史記六十五

伍子胥列傳第六　　史記六十六

伍子胥者楚人也名員員父曰伍奢員兄曰伍尚其先曰伍舉以直諫事楚莊王索隱曰舉直諫見左氏楚世家有顯故其後世有名於楚楚平王有太子名曰建使伍奢爲太傅費無忌爲少傅索隱曰左氏作費無極無忌不忠於太子建平王使無忌爲太子取婦於秦秦女好無忌馳歸報平王曰秦女絕美王可自取而更爲太子取婦平王遂自取秦女而絕愛幸之生子軫更爲太子取婦無忌既以秦女自媚於平王因去太子而事平王恐一旦平王

卒而太子立殺己乃因讒太子建建母蔡女也無寵於平王平王稍益疏建使建守城父地理志潁川有城父縣○索隱曰城父本陳邑楚伐陳而有之備邊兵頃之無忌又日夜言太子短於王曰太子以秦女之故不能無怨望願王少自備也自太子居城父將兵外交諸侯且欲入爲亂矣平王乃召其太傅伍奢考問之伍奢知無忌讒太子於平王因曰王獨柰何以讒賊小臣疏骨肉之親乎無忌曰王今不制其事成矣王且見禽於是平王怒囚伍奢而使城父司馬奮揚往殺太子索隱曰奮揚城父司馬之姓名也行未至

奮揚使人先告太子太子急去不然將誅太子建亡奔宋無忌言於平王曰伍奢有二子皆賢不誅且爲楚憂可以其父質而召之不然且爲楚患王使使謂伍奢曰能致汝二子則生不能則死伍奢曰尚爲人仁呼必來員爲人剛戾忍詬音火候反索隱曰鄒氏作詬詬駡也音逅能成大事彼見來之并禽其勢必不來王不聽使人召二子曰來吾生汝父不來今殺奢也伍尚欲往員曰楚之召我兄弟非欲以生我父也恐有脫者後生患故以父爲質詐召二子二子到則父子俱死何益父之

死往而令讎不得報耳不如奔他國借力以雪父之恥俱滅無爲也伍尚曰我知往終不能全父命然恨父召我以求生而不往後不能雪恥終爲天下笑耳謂員可去矣汝能報殺父之讎我將歸死尚既就執使者捕伍胥伍胥貫烏還反弓執矢嚮使者索隱曰劉氏貫音彎又音古患反謂滿張弓使者不敢進伍胥遂亡聞太子建之在宋往從之奢聞子胥之亡也曰楚國君臣且苦兵矣伍尚至楚楚并殺奢與尚也伍胥既至宋宋有華氏之亂索隱曰春秋昭二十年宋華亥向寧華定與君爭而出奔是也乃與太子建俱奔於鄭

鄭人甚善之太子建又適晉晉頃公曰太子既
善鄭鄭信太子太子能為我內應而我攻其外
滅鄭必矣滅鄭而封太子太子乃還鄭事未會
會自私欲殺其從者從者知其謀乃告之於鄭
鄭定公 與子產誅殺太子建建有子名勝伍
胥懼乃與勝俱奔吳到昭關 索隱曰其關在西江乃吳楚之境 昭
關欲執之伍胥遂與勝獨身步走幾不得脫追
者在後至江江上有一漁父乘船知伍胥之急
乃渡伍胥伍胥既渡解其劒曰此劒直百金以
與父父曰楚國之法得伍胥者賜粟五萬石爵

執珪豈徒百金劒邪不受伍胥未至吳而疾止
中道乞食 張勃曰子胥乞食處在丹陽溧陽縣○索隱曰張勃晉人吳鴻臚嚴之子作吳錄故裴氏注引之溧音栗水名也 至於吳吳王僚方用事公子光為將伍
胥乃因公子光以求見吳王久之楚平王以其
邊邑鍾離與吳邊邑卑梁氏俱蠶兩女子爭桑
相攻乃大怒至於兩國舉兵相伐吳使公子光
伐楚拔其鍾離居巢而歸 索隱曰二邑楚縣也鍾離在六安古鍾離子之國也本謂之終犂嬴姓之國居巢亦國也桀奔南巢其國蓋遠尚書序巢伯來朝蓋因居之於淮南楚地 伍子胥
說吳王僚曰楚可破也願復遣公子光公子光
謂吳王曰彼伍胥父兄為戮於楚而勸王伐楚

者欲以自報其讎耳伐楚未可破也伍胥知公
子光有內志欲殺王而自立未可說以外事乃
進專諸於公子光 索隱曰左傳謂專設諸 退而與太子建之
子勝耕於野五年而楚平王卒初平王所奪太
子建秦女生子軫及平王卒軫竟立為後是為
昭王吳王僚因楚喪使二公子將兵往襲楚楚
發兵絕吳兵之後不得歸吳國內空而公子光
乃令專諸襲刺吳王僚而自立是為吳王闔廬
闔廬既立得志乃召伍員以為行人而與謀國
事楚誅其大臣郤宛伯州犂伯州犂之孫伯嚭

亡奔吳 徐廣曰伯州犂者晉伯宗之子也伯州犂之子曰郤宛郤宛之子曰伯嚭宛亦姓伯又別氏郤楚世家云殺郤宛宛之宗姓伯氏子曰嚭吳世家云楚誅伯州犂其孫伯嚭奔吳也 吳亦以嚭為大
夫前王僚所遣二公子將兵伐楚者道絕不得
歸 索隱曰公子燭庸及蓋餘也 後聞闔廬弒王僚自立遂以
其兵降楚楚封之於舒闔廬立三年乃興師與
伍胥伯嚭伐楚拔舒遂禽故吳反二將軍因欲
至郢將軍孫武曰民勞未可且待之乃歸四年
吳伐楚取六與潛 六古國皋陶之後所封潛縣有天柱山 五年伐越
敗之六年楚昭王使公子囊瓦 索隱左傳楚公子貞字子囊其孫名瓦字子常此言公子又兼稱囊瓦誤也 將兵伐吳吳使伍員迎擊大破

楚軍於豫章（豫章在江南○索隱曰按杜預云昔豫章在江北蓋後徙之於江南也）取楚之居巢九年吳王闔廬謂子胥孫武曰始子言郢未可入今果何如二子對曰楚將囊瓦貪而唐蔡皆怨之王必欲大伐之必先得唐蔡乃可闔廬聽之悉興師與唐蔡伐楚與楚夾漢水而陳吳王之弟夫概將兵請從（索隱曰概音古賚反）王不聽遂以其屬五千人擊楚將子常子常敗走奔鄭（子常公孫瓦）於是吳乘勝而前五戰遂至郢（郢楚都○索隱曰郢音以正反又以井反）己卯楚昭王出奔庚辰吳王入郢昭王出亡入雲夢盜擊王王走鄖（音云國名○索隱曰走音奏走向也鄖古之鄖國）鄖公弟懷曰平王殺我父我殺其子不亦可乎鄖公恐其弟殺王與王奔隨（正義曰今有楚昭王故城昭王奔隨之處宮之北城即是）吳兵圍隨謂隨人曰周之子孫在漢川者楚盡滅之隨人欲殺王王子綦匿王己自為王以當之隨人卜與王於吳不吉乃謝吳不與王始伍員與申包胥為交員之亡也謂包胥曰我必覆楚包胥曰我必存之及吳兵入郢伍子胥求昭王既不得乃掘楚平王墓出其尸鞭之三百然後已申包胥亡於山中使人謂子胥曰子之報讎其以甚乎吾聞之人眾者勝天天定亦

能破人（正義曰申包胥言聞人眾者雖一時凶暴勝天及天降其凶亦破於彊暴之人）今子故平王之臣親北面而事之今至於僇死人此豈其無天道之極乎伍子胥曰為我謝申包胥曰吾日莫途遠吾故倒行而逆施之（索隱曰倒音丁老反施如字子胥言志在復讎常恐且死不遂本心今幸而報豈論道理乎譬如人行前途尚遠而日勢已暮故其在顛倒疾行逆理施事何得責吾順理乎）於是申包胥走秦告急求救於秦秦不許包胥立於秦廷晝夜哭七日七夜不絕其聲秦哀公憐之曰楚雖無道有臣若是可無存乎乃遣車五百乘救楚擊吳六月敗吳兵於稷（稷丘地名在郊外○索隱曰左傳作稷丘）會吳王久留楚求昭王而闔廬弟夫概乃亡歸自立為王闔廬聞之乃釋楚而歸擊其弟夫概夫概敗走遂奔楚楚昭王見吳有內亂乃復入郢封夫概於堂谿（徐廣曰在愼縣駰案地理志汝南有吳房縣應劭曰夫概奔楚封於堂谿本房子國以封吳故曰吳房然則不得在愼縣也○正義曰安案今豫州吳房縣在州西北九十里）為堂谿氏楚復與吳戰敗吳吳王乃歸後二歲闔廬使太子夫差將兵伐楚取番（音普寒反又音婆○索隱曰蓋鄱陽也）楚懼吳復大來乃去郢徙於鄀（楚地音若○索隱曰今關）當是時吳以伍子胥孫武之謀西破彊楚北威齊晉南服越人其後四年孔子相魯後五年伐越越王句踐迎擊敗吳於姑蘇傷闔廬

指正義曰姑蘇當作檇李乃文誤也左傳云戰檇李傷將指卒於陘是也解在吳世家軍卻闔廬
病創楚良反將死謂太子夫差曰爾忘勾踐殺爾
父乎夫差對曰不敢忘是夕闔廬死夫差既立
爲王以伯嚭爲太宰習戰射二年後伐越敗越
於夫湫音椒○索隱曰又如字○正義曰太湖中椒山也解在吳世家越王勾踐乃
以餘兵五千人棲於會稽之上正義曰上地名在越州會稽縣東南十二
里使大夫種厚幣遺吳索隱曰劉氏云大夫姓種名非也按今吳南有文種墓則
種姓文爲大夫官也○正義曰高誘云大夫種姓文氏字子禽楚之郢人太宰嚭以請和求
委國爲臣妾吳王將許之伍子胥諫曰越王爲
人能辛苦今王不滅後必悔之吳王不聽用太

宰嚭計與越平其後五年而吳王聞齊景公死
而大臣爭寵新君弱乃興師北伐齊伍子胥諫
曰勾踐食不重味弔死問疾且欲有所用之也
此人不死必爲吳患今吳之有越猶人之有腹
心疾也而王不先越而乃務齊不亦謬乎吳王
不聽伐齊大敗齊師於艾陵正義曰括地志云艾山在兗州博城縣南百六
十里本齊博邑遂威鄒魯之君以歸正義曰鄒君居兗州鄒縣魯曲阜縣益
疏子胥之謀其後四年吳王將北伐齊越王勾
踐用子貢之謀乃率其衆以助吳而重寶以獻
遺太宰嚭太宰嚭既數受越賂其愛信越殊甚

日夜爲言於吳王吳王信用嚭之計伍子胥諫
曰夫越腹心之病今信其浮辭詐僞而貪齊破
齊譬猶石田無所用之且盤庚之誥曰有顛越
不恭劓殄滅之俾無遺育無使易種于茲邑此
商之所以興願王釋齊而先越若不然後將悔
之無及而吳王不聽使子胥於齊子胥臨行謂
其子曰吾數諫王王不用吾今見吳之亡矣汝
與吳俱亡無益也乃屬其子於齊鮑牧而還報
吳吳太宰嚭既與子胥有隙因讒曰子胥爲人
剛暴少恩猜賊其怨望恐爲深禍也前日王欲

伐齊子胥以爲不可王卒伐之而有大功子胥
恥其計謀不用乃反怨望而今王又復伐齊子
胥專愎彊諫索隱曰愎音皮逼反沮毀用事沮音自呂反徒幸
吳之敗以自勝其計謀耳今王自行悉國中武
力以伐齊而子胥諫不用因輟謝詳病不行王
不可不備此起禍不難且嚭使人微伺之其使
於齊也乃屬其子於齊之鮑氏夫爲人臣內不
得意外倚諸侯自以爲先王之謀臣今不見用
常鞅鞅怨望願王早圖之吳王曰微子之言吾
亦疑之乃使使賜伍子胥屬鏤之劍鏤錄于反曰子

以此死伍子胥仰天歎曰嗟乎讒臣嚭爲亂矣王乃反誅我我令若父霸自若未立時諸公子爭立我以死爭之於先王幾不得立正義曰幾音祈若旣得立欲分吳國予我我顧不敢望也然今若聽諛臣言以殺長者乃告其舍人曰必樹吾墓上以梓令可以爲器正義曰器謂棺也以吳必亡也左傳云樹吾墓檟檟可材也吳其亡乎而抉吾眼索隱曰抉音烏穴反抉亦決也縣吳東門之上正義曰東門鱔門謂鱔門也今名葑門鱔音普姑反鱔音覆浮反越軍開示浦子胥濤盪羅城開此門有鱔鱣隨濤入故以名門顧野王云鱔魚一名江豚欲風則涌也以觀越寇之入滅吳也乃自剄死吳王聞之大怒乃取子胥尸盛以鴟夷革應劭曰取馬革爲鴟夷鴟夷榼形○正義曰盛音成榼音古曷反浮之江中徐廣曰魯哀公十一年○正義曰案年表云吳王夫差十一年也吳人憐之爲立祠於江上正義曰吳地記曰越軍於蘇州東南三十里三江口又向下三里臨江北岸立壇殺白馬祭子胥杯動酒盡後因立廟於此江上今其側有浦名上壇浦至晉會稽太守麋豹後廟吳郭東門內道南今廟見在因命曰胥山張晏曰胥山在太湖邊去江不遠百里故云江上○正義曰吳地記云胥山太湖邊胥湖東岸山西臨胥湖山有古葬胥二王廟按其廟不千子胥事太史誤矣張注又非吳王旣誅伍子胥遂伐齊齊鮑氏殺其君悼公而立陽生吳王欲討其賊不勝而去其後二年吳王召魯衛之君會之橐皋索隱曰音拓皐杜預云地名在淮南逡遒縣東南○正義曰橐皋故縣在廬州巢縣西北五十六里其明年因北大會諸侯於黃池正義曰在汴州封丘縣南七里以令周室越

王勾踐襲殺吳太子索隱曰左傳太子名友破吳兵吳王聞之乃歸使使厚幣與越平後九年越王勾踐遂滅吳殺王夫差而誅太宰嚭以不忠於其君而外受重賂與己比周也正義曰紀鼻二音伍子胥初所與俱亡故楚太子建之子勝者在於吳吳王夫差之時楚惠王欲召勝歸楚葉公諫曰正義曰上式涉反杜預云子高沈諸梁勝好勇而陰求死士殆有私乎惠王不聽遂召勝使居楚之邊邑鄢徐廣曰潁川鄢陵是○正義曰鄢音偃括地志云故鄢城在豫州郾城縣南五里與褒信白亭相近號爲白公徐廣曰汝南褒信縣有白亭○正義曰括地志云白亭在豫州褒南四十二里又有白公故城又許州扶溝縣北四十五里北又有白亭也白公歸楚三年而吳誅子胥白公勝旣歸楚怨鄭之殺其父乃陰養死士求報鄭歸楚五年請伐鄭楚令尹子西許之兵未發而晉伐鄭鄭請救於楚楚使子西往救與盟而還白公勝怒曰非鄭之仇乃子西也勝自礪劍人問曰索隱曰左傳作子期之子平見曰王孫何自礪也何以爲勝曰欲以殺子西子西聞之笑曰勝如卵耳何能爲也其後四歲白公勝與石乞襲殺楚令尹子西司馬子綦於朝索隱曰左傳作子期也石乞曰不殺王不可乃劫之王如高府索隱曰杜預云楚之別府石乞從者屈固徐廣曰一作惠王從者屈固楚世家亦云王從者○索隱曰蓋此本爲得不亦左傳云

石乞尹門圉公陽穴宮負王以如昭夫人之宮則公陽是楚之大夫王之從者也負楚惠王亡走昭夫人之宮索隱曰昭王夫人即惠王母乃越女是也葉公聞白公爲亂率其國人攻白公白公之徒敗亡走山中自殺正義曰左傳云白公奔山而縊而虜石乞而問白公尸處不言將亨石乞曰事成爲卿不成而亨固其職也終不肯告其尸處遂亨石乞而求惠王復立之

太史公曰怨毒之於人甚矣哉王者尚不能行之於臣下況同列乎向令伍子胥從奢俱死何異螻蟻棄小義雪大耻名垂於後世悲夫方子胥窘於江上索隱曰窘音求殞反道乞食志豈嘗須臾忘郢邪故隱忍就功名非烈丈夫孰能致此哉白公如不自立爲君者其功謀亦不可勝道者哉

索隱述贊曰

讒人罔極　交亂四國　嗟彼伍氏
被茲凶慝　員獨忍詬　志復冤毒
霸吳起師　伐楚逐北　鞭尸雪耻
抉眼棄德

伍子胥列傳第六　史記六十六

仲尼弟子列傳第七　史記六十七

孔子曰受業身通者七十有七人索隱曰孔子家語亦有七十七人惟文翁孔廟圖作七十二人皆異能之士也德行顏淵閔子騫冉伯牛仲弓政事冉有季路言語宰我子貢索隱曰論語一曰德行二曰言語三曰政事四曰文學今此文政事在言語上是其記有異也文學子游子夏師也辟馬融曰子張才過人失於邪辟文過○正義音僻參也魯孔安國曰魯鈍也曾子遲鈍柴也愚何晏曰愚直之愚由也喭鄭玄曰子路之行失於畔喭○正義曰吸音畔○索隱曰論語先言柴次參次師次由今此傳序之亦與論語不同不得輒言其誤也○正義音岸回也屢空賜不受命而貨殖焉億則屢中何晏曰言回庶幾於聖道雖數空匱而樂在其中賜不受教命唯財貨是殖億度是非蓋美回所以勵賜也一曰屢猶每也空猶虛中也以聖人之善道教數子之庶幾猶不至於知道者各內有此害也其於庶幾每能虛中者唯回懷道深遠不虛心不能知道子貢無數子之病然亦不知道者雖不窮理而幸中雖非天命而偶富亦所以不虛心也

孔子之所嚴事於周則老子於衛蘧伯玉外寬而內直自娛於隱括之中直己而不直人汲汲於仁以善自終蓋蘧伯玉之行於齊晏平仲於楚老萊子於鄭子產君擇臣而使之臣擇君而事之有道順命無道衡命蓋晏平仲之行也○索隱曰大戴記云蹈忠而行信終日言不在尤之內國無道處賤不悶貧而能樂蓋老萊子之行於魯孟公綽數稱臧文仲柳下惠孝恭慈仁允德圖義約貨去怨蓋柳下惠之行銅鞮伯華介山子然孔子皆後之不並世大戴禮曰孔子云國家有道其言足以興國家無道其默足以容蓋銅鞮伯華之所行觀於四方不忘其親苟思其親不盡其樂蓋介山子然之行也說苑曰孔子歎曰銅鞮伯華無死天下有定矣晉太康地記云銅鞮晉大夫羊舌赤之邑世號赤曰銅鞮伯華○索隱曰自臧文仲已下孔子皆後之不並世其所嚴事自老子及公綽已上皆孔子同時人也按戴德撰禮號曰大戴禮合八十五篇其四十七篇亡見今存者有三十八篇今裴氏所引在衛將軍篇孔子稱祁奚對晉平公之辭唯舉銅鞮介山二人之行也家語又云不克不忌不念舊怨蓋伯夷叔齊之行思天而敬人服義而行信蓋趙文子之行事君不愛其死謀身不遺其友蓋隨武子之行也地理志銅鞮縣名屬上黨○正義曰鞮丁奚反按銅鞮潞州縣

顏回者魯人也字子淵少孔子三十歲正義曰少成妙反

顏淵問仁孔子曰克己復禮天下歸仁焉馬融曰克己約身也孔安國曰復反也身能反禮則爲仁矣

孔子曰賢哉回也衛瓘曰非大賢樂道不能若此故以稱之○索隱曰衛瓘字伯玉晉太保亦注論語故裴引之一簞食一瓢飲孔安國曰簞笥也在陋巷人不堪其憂回也不改其樂孔安國曰顏回樂道雖簞食在陋巷不改其所樂也回也如愚孔安國曰於孔子之言默而識之如愚也退而省其私亦足以發回也不愚孔安國曰察其退還與二三子說釋道義發明大體知其不愚用之則行捨之則藏唯我與爾有是夫孔安國曰言可行則行可止則止唯我與顏回同也欒肇曰用己而後行不假隱以自高不匿道以要名時人無知其實者唯我與爾有是行○正義曰欒肇字永高高平人晉尚書郎作論語疑釋十卷及論語駁虛二卷

回年二十九髮盡白蚤死索隱曰家語亦云年二十九而髮白三十二而死王肅云此久遠之書年數錯誤未可詳也校其年則顏回死時孔子年六十一然則伯魚年五十先孔子卒卒時孔子且七十也今此爲顏回先伯魚死而論語曰顏回死顏路請子之車子曰鯉也死有棺而無槨或爲設事之辭按顏回死在伯魚之前故知以論語爲設詞孔子哭之慟曰自吾有回門人益親王肅曰顏回爲孔子胥附之友能使門人日親孔子

魯哀公問弟子孰爲好學孔子對曰有顏回者好學不遷怒不貳過不幸短命死

矣今也則亡何晏曰凡人任情喜怒違理顏回任道怒不過分遷者移也怒當其理不移易也不貳過者有不善未嘗復行

閔損字子騫鄭玄曰孔子弟子目錄云魯人少孔子十五歲孔子曰孝哉閔子騫人不閒於其父母昆弟之言陳羣曰言子騫上事父母下順兄弟動靜盡善故人不得有非閒之言不仕大夫不食汙君之祿索隱曰論語季氏使閔子騫為費宰子騫曰善為我辭焉是不仕大夫不食汙君之祿也如有復我者孔安國曰復我者重來召我必在汶上矣孔安國曰去之汶水上欲北如齊

冉耕字伯牛鄭玄曰魯人孔子以為有德行伯牛有惡疾孔子往問之自牖執其手包氏曰牛有惡疾不欲見人孔子從牖執其手曰命也夫斯人也而有斯疾命也夫包曰再言之者痛之甚也

冉雍字仲弓鄭玄曰魯人○索隱曰家語云伯牛之宗族少孔子二十九歲仲弓問政孔子曰出門如見大賓使民如承大祭孔安國曰莫尚乎敬在邦無怨在家無怨包氏曰在邦為諸侯在家為卿大夫孔子以仲弓為有德行曰雍也可使南面包曰可使南面言任諸侯之治仲弓父賤人孔子曰犂牛之子騂且角雖欲勿用山川其舍諸何晏曰犂雜文騂赤色也角者角周正中犧牲雖欲以其所生犂而不用山川寧肯舍之乎言父雖不善不害於子之美

冉求字子有鄭玄曰魯人少孔子二十九歲為季氏宰季康子問孔子曰冉求仁乎曰千室之邑百乘之家孔安國曰千室卿大夫之邑卿大夫稱家諸侯千乘大夫故曰百乘求也可使治其賦仁則吾不知也孔安國曰賦兵賦也仁道至大不可全名也復問子路仁乎孔子對曰如求求問曰聞斯行諸包氏曰賑窮救乏之事也子曰行之子路問聞斯行諸子曰有父兄在如之何其聞斯行之孔安國曰當白父兄不可自專子華怪之敢問問同而答異孔子曰求也退故進之由也兼人故退之鄭玄曰言冉有性謙退子路務在勝尚人各因其人之失而正之

仲由字子路卞人也徐廣曰尸子曰子路卞之野人○索隱曰家語云一字季路亦云是卞人也少孔子九歲子路性鄙好勇力志伉直冠雄雞佩豭豚冠以雄雞佩以豭豚二物皆勇子路好勇故冠帶之陵暴孔子孔子設禮稍誘子路子路後儒服委質索隱曰服虔注左氏云古者始

事必先書其名於策委死之質於君然後為臣示必死節於其君也因門人請為弟子子路問政孔子曰先之勞之孔安國曰先導之以德使民信之然後勞之易曰悅以使民民忘其勞請益曰無倦孔安國曰子路嫌其少故請益曰無倦者行此上事無倦則可

子路問君子尚勇乎孔子曰義之為上君子好勇而無義則亂李充曰既稱君子不職為亂階也若君親失道國家昏亂其於赴患致命而不知正顧義者則亦陷乎為亂而受不義之責也○索隱曰充字弘度晉中書侍郎亦作論語解小人好勇而無義則盜子路有聞未之能行唯恐有聞孔安國曰前所聞未及行故恐復有聞不得並行孔子曰片言可以折獄者其由也與孔安國曰片猶偏也聽訟必須兩辭以定是非偏信一言折獄者唯子路可也由也好勇過我無所取材欒肇曰適用曰材好勇過我用故云無所取○索隱曰肇字求初晉尚書

郎作論語義也若由也不得其死然孔安國曰不得以壽終也衣敝縕
袍孔安國曰縕枲著也與衣狐貉者立而不恥者其由也歟
由也升堂矣未入於室也馬融曰升我堂矣未入於室耳季康子
問仲由仁乎孔子曰千乘之國可使治其賦不
知其仁子路喜從游遇長沮桀溺荷蓧丈人子
路為季氏宰季孫問曰子路可謂大臣與孔子
曰可謂具臣矣孔安國曰言備臣數而已子路為蒲大夫索隱曰蒲
衛邑子路為之宰辭孔子孔子曰蒲多壯士又難治然吾
語汝恭以敬可以執勇言恭謹謙敬勇猛不能害故曰執也寬以正
可以比眾音鼻言寬大清正眾必歸近之恭正以靜可以報上初

衛靈公有寵姬曰南子靈公太子蕢聵得過南
子懼誅出奔及靈公卒而夫人欲立公子郢郢
不肯曰亡人太子之子輒在於是衛立輒為君
是為出公出公立十二年其父蕢聵居外不得
入子路為衛大夫孔悝之邑宰索隱曰服虔云為孔悝之邑宰蕢
聵乃與孔悝作亂索隱曰左傳蒯聵入孔悝家悝母伯姬劫悝於廁彊與之盟而立蒯聵非
悝本心自作亂也謀入孔悝家遂與其徒襲攻出公出公
奔魯而蕢聵入立是為莊公方孔悝作亂子路
在外聞之而馳往遇子羔出衛城門謂子路曰
出公去矣而門已閉子可還矣毋空受其禍子

路曰食其食者不避其難子羔卒去有使者入
城城門開子路隨而入造蕢聵蕢聵與孔悝登
臺子路曰君焉用孔悝請得而殺之蕢聵弗聽
於是子路欲燔臺蕢聵懼乃下石乞壺黶攻子
路擊斷子路之纓子路曰君子死而冠不免遂
結纓而死孔子聞衛亂曰嗟乎由死矣已而果
死故孔子曰自吾得由惡言不聞於耳王肅曰子路為孔子
侍衛故侮慢之人不敢有惡言是以惡言不聞於孔子耳是時子貢為魯使於齊
索隱曰左傳子貢為魯使齊在哀十五年蓋此文錯誤也聊亦記之
宰予字子我鄭玄曰魯人利口辯辭既受業問三年

之喪不已久乎君子三年不為禮禮必壞三年
不為樂樂必崩舊穀既沒新穀既升鑽燧改火
期可已矣馬融曰周書月令有更火之文春取榆柳之火夏取棗杏之火季夏取桑柘之火秋取柞楢之
火冬取槐檀之火一年之中鑽火各異木故曰改火子曰於汝安乎曰安汝安
則為之君子居喪食旨不甘聞樂不樂故弗為
也孔安國曰旨美也責其無仁於親故言汝安則為之宰我出子曰予之不仁
也子生三年然後免於父母之懷馬融曰生未三歲為父母所懷
抱也夫三年之喪天下之通義也孔安國曰自天子達於庶人宰
我晝寢子曰朽木不可雕也包氏曰朽腐也雕雕琢刻畫糞土
之牆不可圬也王肅曰圬墁也二者喻雖施功猶不成也宰我問五帝

之德子曰予非其人也 王肅曰言不足以明五帝之德也 宰我為臨菑大夫 索隱曰謂仕齊齊都臨菑故云為臨菑大夫 與田常作亂以夷其族孔子恥之 索隱曰左氏無宰我與田常作亂之文然有闞止字子我而因爭寵子我為陳恆所殺恐字與宰予相涉因誤云然

端木賜衛人字子貢少孔子三十一歲子貢利口巧辭孔子常黜其辯問曰汝與回也孰愈 孔安國曰愈猶勝也 對曰賜也何敢望回回也聞一以知十賜也聞一以知二子貢既已受業問曰賜何人也孔子曰汝器也 孔安國曰言汝器用之人 曰何器也曰瑚璉也 包曰瑚璉黍稷器夏曰瑚殷曰璉周曰簠簋宗廟之貴器 陳子禽問子貢曰仲尼焉學子貢曰文武之道未墜於地在人賢者識其大者不賢者識其小者莫不有文武之道夫子焉不學 孔安國曰文武之道未墜落於地賢與不賢各有所識夫子無所不從學 而亦何常師之有 孔安國曰無所不從學故無常師 又問曰孔子適是國必聞其政求之與抑與之與 鄭玄曰怪孔子所至之邦必與聞國政求而得之邪抑人君自願與之為治 子貢曰夫子溫良恭儉讓以得之夫子之求之也其諸異乎人之求之也 鄭玄曰言夫子行此五德而得之與人求之異明人君自與之 子貢問曰富而無驕貧而無諂何如孔子曰可也 孔安國曰未足多也 不如貧而樂道富而好禮 鄭玄曰樂謂志於道不以貧為憂苦也 田常欲作亂於齊憚高國鮑晏故移其兵欲以伐魯孔子聞之謂門弟子曰夫魯墳墓所處父母之國國危如此二三子何為莫出子路請出孔子止之子張子石 索隱曰公孫龍也 請行孔子弗許子貢請行孔子許之遂行至齊說田常曰君之伐魯過矣夫魯難伐之國其城薄以卑其地狹以泄 索隱曰越絕書其泄字作淺 其君愚而不仁大臣偽而無用其士民又惡甲兵之事此不可與戰君不如伐吳夫吳城高以厚地廣以深甲堅以新士選以飽重器精兵盡在其中又使明大夫守之此易伐也田常忽然作色曰子之所難人之所易子之所易人之所難而以教常何也子貢曰臣聞之憂在內者攻彊憂在外者攻弱今君憂在內吾聞君三封而三不成者大臣有不聽者也今君破魯以廣齊戰勝以驕主破國以尊臣 王肅曰鮑晏等帥師若破國則臣尊矣 而君之功不與焉則交日疏於主是君上驕主心下恣群臣求以成大事難矣夫上驕則恣臣驕則爭是君上與主有郤下與大臣交爭也如此則君之立於齊危矣故曰不如伐吳伐吳不勝民人外死大臣內空是君上無彊臣之敵下無民人之

過孤主制齊者唯君也田常曰善雖然吾兵業已加魯矣去而之吳大臣疑我柰何子貢曰君按兵無伐臣請往使吳王令之救魯而伐齊君因以兵迎之田常許之使子貢南見吳王說曰臣聞之王者不絕世霸者無彊敵千鈞之重加銖兩而移今以萬乘之齊而私千乘之魯與吳爭彊竊為王危之且夫救魯顯名也伐齊大利也以撫泗上諸侯誅暴齊以服彊晉利莫大焉名存亡魯實困彊齊智者不疑也吳王曰善雖然吾嘗與越戰棲之會稽越王苦身養士有報

我心子待我伐越而聽子子貢曰越之勁不過魯吳之彊不過齊王置齊而伐越則齊已平魯矣且王方以存亡繼絕為名夫伐小越而畏彊齊非勇也夫勇者不避難仁者不窮約智者不失時王者不絕世以立其義今存越示諸侯以仁救魯伐齊威加晉國諸侯必相率而朝吳霸業成矣且王必惡越索隱曰惡猶畏也臣請東見越王令出兵以從此實空越名從諸侯以伐也吳王大說乃使子貢之越越王除道郊迎身御至舍而問曰此蠻夷之國大夫何以儼然辱而臨之子

貢曰今者吾說吳王以救魯伐齊其志欲之而畏越曰待我伐越乃可如此破越必矣且夫無報人之志而令人疑之拙也有報人之意使人知之殆也事未發而先聞危也三者舉事之大患勾踐頓首再拜曰孤嘗不料力乃與吳戰困於會稽痛入於骨髓日夜焦脣乾舌徒欲與吳王接踵而死孤之願也遂問子貢子貢曰吳王為人猛暴羣臣不堪國家敝於數戰士卒弗忍百姓怨上大臣內變子胥以諫死索隱曰王劭按家語越絕書並無此五字是時子胥未死太宰嚭用事順君之過以安其私是

殘國之治也今王誠發士卒佐之以徼音結堯反其志王肅曰徼射其志重寶以說其心卑辭以尊其禮其伐齊必也彼戰不勝王之福矣戰勝必以兵臨晉臣請北見晉君令共攻之弱吳必矣其銳兵盡於齊重甲困於晉而王制其敝此滅吳必矣越王大說許諾送子貢金百鎰劍一良矛二子貢不受遂行報吳王曰臣敬以大王之言告越王越王大恐曰孤不幸少失先人內不自量抵罪於吳軍敗身辱棲于會稽國為虛莽虛音墟莽音莫朗反○索隱曰有本作棘恐誤也賴大王之賜使得奉俎豆而修祭祀

死不敢忘何謀之敢慮後五日越使大夫種頓首言於吳王曰東海役臣孤句踐使者臣種敢修下吏問於左右今竊聞大王將興大義誅彊救弱困暴齊而撫周室請悉起境內士卒三千人孤請自被堅執鋭以先受矢石因越賤臣種奉先人藏器甲二十領鈇屈盧之矛 索隱曰鈇音趺謂斧也劉氏云一本無此字屈盧矛名 步光之劍以賀軍吏吳王大說以告子貢曰越王欲身從寡人伐齊可乎子貢曰不可夫空人之國悉人之衆又從其君不義君受其幣許其師而辭其君吳王許諾乃謝越王於是吳王乃遂發九郡兵伐齊子貢因去之晉謂晉君曰臣聞之慮不先定不可以應卒 索隱曰卒謂急卒也言計慮不先定不可以應卒有非常之事 兵不先辨不可以勝敵今夫齊與吳將戰彼戰而不勝越亂之必矣與齊戰而勝必以其兵臨晉晉君大恐曰為之奈何子貢曰脩兵休卒以待之晉君許諾子貢去而之魯吳王果與齊人戰於艾陵 索隱曰左傳在哀十一年 大破齊師獲七將軍之兵而不歸果以兵臨晉與晉人相遇黃池之上 索隱曰左傳黃池之會在哀十三年越入吳吳與越平也 吳晉爭彊晉人擊之大敗吳師越王聞之涉江襲吳

去城七里而軍吳王聞之去晉而歸與越戰於五湖三戰不勝城門不守越遂圍王宮殺夫差而戮其相 索隱曰左傳越滅吳在哀二十二年則事並懸隔數年蓋此文欲終說其事故其辭相連也 破吳三年東向而霸故子貢一出存魯亂齊破吳彊晉而霸越子貢一使使勢相破十年之中五國各有變 索隱曰按左傳謂魯齊晉吳越也故云子貢一出存魯亂齊破吳彊晉而霸越 子貢好廢舉與時轉貨貲 廢舉謂停貯也與時謂逐時也夫物賤則買而停貯值貴即逐時轉易貨賣取資利也○索隱曰家語貨作化王肅云廢舉謂買賤賣貴也轉化謂隨時轉貨以殖其資也劉氏云廢謂物貴而賣之舉謂物賤而買之轉貨謂轉貴收賤也 喜揚人之美不能匿人之過常相魯衛家累千金卒終于齊

言偃吳人 索隱曰家語云魯人按偃仕魯為武城宰耳今吳郡有言偃冢蓋吳郡人為是也 字子游少孔子四十五歲子游既已受業為武城宰 正義曰括地志云在兗州即南城也輿地志云南武城縣魯武邑城子游為宰者也在泰山郡 孔子過聞弦歌之聲孔子莞爾而笑 何晏曰莞爾小笑貌 曰割雞焉用牛刀 孔安國曰言治小何須用大道 子游曰昔者偃聞諸夫子曰君子學道則愛人小人學道則易使 孔安國曰道謂禮樂也樂以和人人和則易使 孔子曰二三子 孔安國曰從行者 偃之言是也前言戲之耳 孔安國曰戲以治小而用大 孔子以為子游習於文學

卜商字子夏 家語云衛人鄭玄曰溫國卜商○索隱曰溫國今河內溫縣元屬衛故 少孔

子四十四歲子夏問巧笑倩兮美目盼兮素以爲絢兮何謂也馬融曰倩笑貌盼動目貌絢文貌此上二句在衛風碩人之二章其下一句逸詩子曰繪事後素鄭玄曰繪畫文也凡畫繪先布衆色然後以素分布其間以成其文喻美女雖有倩盼美質亦須禮以成也曰禮後乎何晏曰孔言繪事後素子夏聞而解知以素喻禮故曰禮後乎孔子曰商始可與言詩已矣包氏曰能發明我意可與言詩矣

子貢問師與商孰賢子曰師也過商也不及孔安國曰言俱不得中然則師愈與曰過猶不及子謂子夏曰汝爲君子儒無爲小人儒何晏曰君子之儒將以明道小人爲儒則矜其名孔子既沒子夏居西河教授索隱曰在河東郡之西界蓋近龍門劉氏云今同州河西縣有子夏石室學堂在也○正義曰西河郡今汾州也尔雅云兩河間曰冀州禮記云自東河至於西河河東

故號龍門河爲西河漢因爲西河郡汾州也子夏所教處括地志云謁泉山一名隱泉山在汾州隰城縣北四十里注水經云其山岸壁五崖半有一石室去地五十丈頂上平地十許頃隨國集記云此爲子夏石室退老西河居此有卜商神祠今見在爲魏文侯師索隱曰子夏文學著於四科序詩傳易又孔子以春秋屬商又傳禮著在禮志而此史並不論空記論語小事亦其疎也○正義曰文侯都安邑孔子卒後子夏教於西河之上文侯師事之咨問國政焉其子死哭之失明

顓孫師陳人索隱曰鄭玄目錄陽城人陽城縣名亦屬陳郡也字子張少孔子四十八歲子張問干祿鄭玄曰干求也祿祿位也孔子曰多聞闕疑愼言其餘則寡尤包氏曰尤過也疑則闕之其餘不疑猶愼言之則少過多見闕殆愼行其餘則寡悔包氏曰殆危也所見危者闕而不行則少悔言寡尤行寡悔祿在其中矣鄭玄曰言行如此雖不得祿得祿之道

他日從在陳蔡閒困問行孔子曰言忠信行篤敬雖蠻貊之國行也言不忠信行不篤敬雖州里行乎哉鄭玄曰二千五百家爲州五家爲鄰五鄰爲里行乎哉言不可行立則見其參於前也在輿則見其倚於衡夫然後行包氏曰衡軛也言思念忠信立則常想見參然在前在輿則若倚於車軛子張書諸紳孔安國曰紳大帶也

子張問士何如斯可謂之達矣孔子曰何哉爾所謂達者子張對曰在國必聞在家必聞鄭玄曰言士之所在皆能有名譽孔子曰是聞也非達也夫達者質直而好義察言而觀色慮以下人馬融曰常有謙退之志察言語觀顏色知其所欲其念慮常欲下於人在國及家必達馬融曰謙

尊而光卑而不可踰夫聞也者色取仁而行違居之不疑馬融曰此言佞人也佞人假仁者之色行之則違安居其僞而不自疑在國及家必聞馬融曰佞人黨多

曾參南武城人索隱曰武城屬魯當時魯更有北武城故言南也○正義曰括地志云南武城在兗州子游爲宰者地里志云定襄有武城清河有武城故此云南武城也字子輿少孔子四十六歲孔子以爲能通孝道正義曰韓詩外傳云曾子曰吾嘗仕爲吏祿不過鍾釜尚猶欣欣而喜者非以爲多也樂道養親也親没之後吾嘗南游於越得尊官堂高九仞榱題三尺轂百乘然猶北向而泣者非爲賤也悲不見吾親也故授之業作孝經死於魯

澹臺滅明包氏曰澹臺姓滅明名○正義曰括地志云延津在滑州靈昌縣東北里注水經云黃河水至此爲之延津昔澹臺子羽齎千金之璧渡河陽侯波起兩蛟夾舟子羽曰吾可以義求不可以威劫操劍斬蛟蛟死乃投

壁於河三投而輒躍出乃毀璧而去亦無怪意即此津也武城人正義曰括地志云亦在兖州字子羽少孔子三十九歲狀貌甚惡欲事孔子孔子以為材薄既已受業退而脩行行不由徑非公事不見卿大夫包氏曰言其公且方南游至江索隱曰今吳國東南有澹臺湖即其遺迹所在也從弟子三百人設取予去就名施乎諸侯孔子聞之曰吾以言取人失之宰予以貌取人失之子羽索隱曰家語子羽有君子之容而行不勝其貌宰我有文雅之辭而智不充其辯孔子曰以容取人則失之子羽以言取人則失之宰予今云滅明狀貌甚惡則以子羽形陋也正與家語相反○正義曰按澹子羽墓在兖州鄒城縣是也

宓不齊字子賤孔安國曰魯人○正義曰顏氏家訓云兖州永郡城舊單父縣地也東有子賤

碑世所立乃云濟南伏生即子賤之後是虙之與伏古來通字誤為宓較可明矣虙字從音呼宓從音綿下俱為必世傳寫誤也少孔子四十九歲索隱曰家語少孔子三十歲此云四十九不同孔子謂子賤君子哉魯無君子斯焉取斯包氏曰如魯無君子子賤安得此行而學子賤為單父宰正義曰宋州縣也說苑云宓子賤理單父彈琴身不下堂單父理巫馬期以星出以星入而單父亦理巫馬期問其故宓子賤曰我之謂在人子之謂在力任力者勞任人者逸反命於孔子曰此國有賢不齊者五人索隱曰家語云不齊所父事者三人所兄事者五人所友者十一人與此不同教不齊所以治者孔子曰惜哉不齊所治者小所治者大則庶幾矣

原憲字子思鄭玄曰魯人○索隱曰家語云宋人所記不同少孔子三十六歲子思問恥孔子曰國有道穀孔安國曰穀祿也邦有道當食祿國無道

穀恥也孔安國曰君無道而在其朝食其祿是恥辱也子思曰克伐怨欲不行焉可以為仁乎馬融曰克好勝人也伐自伐其功怨忌也欲貪欲也孔子曰可以為難矣仁則吾弗知也包氏曰四者行之難未知以為仁孔子卒原憲亡在草澤中索隱曰家語云隱居衛子貢相衛而結駟連騎排藜藿入窮閻過謝原憲憲攝敝衣冠見子貢子貢恥之曰夫子豈病乎原憲曰吾聞之無財者謂之貧學道而不能行者謂之病若憲貧也非病也子貢慙不懌而去終身恥其言之過也

公冶長齊人字子長索隱曰家語云魯人名萇范甯云字子芝孔子曰

長可妻也雖在累紲之中孔安國曰累黑索也紲攣也所以拘罪人非其罪也以其子妻之張華曰公冶長墓在城陽姑幕城東南五里所墓極高

南宮括字子容孔安國曰容魯人○索隱曰家語作南宮縚按其人是孟僖子之子仲孫閱也蓋居南宮因姓焉問孔子曰羿善射奡盪舟孔安國曰羿有窮之君篡夏后位其徒寒浞殺之因其室而生奡奡多力能陸地行舟為夏后少康所殺○正義羿音詣盪大浪反俱不得其死然禹稷躬稼而有天下孔子弗荅馬融曰禹盡力於溝洫稷播百穀故曰躬稼也禹及其身稷及後世皆王括意欲以禹稷比孔子孔子謙故不荅容出孔子曰君子哉若人上德哉若人孔安國曰賤不義而貴德故曰君子國有道不廢孔安國曰不廢言見用國無道免於刑戮三復白珪之玷孔安國曰詩云白珪之玷尚可磨也斯言之玷不可為也南容讀詩至此三反之是其心敬慎於言以

其兄之子妻之

公晳哀字季次孔子家語云齊人○索隱曰家語作公晳克孔子曰天下無行多為家臣仕於都唯季次未嘗仕索隱曰家語云未嘗屈節為人臣故孔子特賞歎之亦見游俠傳

曾蒧音點字晳孔安國曰晳曾參父侍孔子孔子曰言爾志蒧曰春服既成冠者五六人童子六七人浴乎沂風乎舞雩詠而歸徐廣曰一作饋駰案包氏曰暮春者季春三月也春服既成衣單袷之時我欲得冠者五六人童子六七人浴於沂水之上風涼於舞雩之下歌詠先王之道歸於夫子之門孔子喟爾歎曰吾與蒧也周氏曰善蒧之獨知時也

顏無繇音遙○正義繇音由字路路者顏回父索隱曰家語顏由字路回之父也孔子始教於闕里而受學焉少孔子六歲故此傳云父子異時事孔子故易稱顏氏之子也父子嘗各異時事孔子顏回死顏路貧請孔子車以葬孔安國曰賣以作椁孔子曰材不材亦各言其子也鯉也死有棺而無椁吾不徒行以為之椁以吾從大夫之後不可以徒行孔安國曰鯉孔子子伯魚孔子時為大夫言從大夫之後不可徒行謙辭也

商瞿正義具俱反魯人字子木少孔子二十九歲孔子傳易於瞿瞿傳楚人馯徐廣曰音寒臂子弘正義曰馯音汗顏師古云馯姓也漢書及荀卿子皆云字子弓此作弘蓋誤也應劭云子弓子夏門人弘傳江東人矯音橋子庸疵音自移反○正義曰漢書作橋庇云魯人顏師古云橋庇字子庸疵傳燕人周子家豎正義曰豎音時與反周豎字子家漢書作周醜也豎傳淳于

人光子乘羽正義曰光乘字羽括地志云淳于國在密州安丘縣東三十里古之州國周武王封淳于國羽傳齊人田子莊何正義曰儒林傳云田何字子莊何傳東武人徐廣曰屬琅邪王子中同正義曰括地志云東武縣今密州諸城縣是也漢作王同字子仲同傳菑川人楊何正義曰漢書云字叔元按商瞿至楊何凡八代何元朔中以治易為漢中大夫

高柴字子羔鄭玄曰衛人○正義曰家語云齊人少孔子三十歲子羔長不盈五尺受業孔子孔子以為愚子路使子羔為費郈宰正義曰括地志云鄆州宿縣二十三里郈亭孔子曰賊夫人之子包氏曰子羔學未熟習而使為政所以賊害人子路曰有民人焉有社稷焉何必讀書然後為學孔安國曰言治人事神於是而習亦學也

孔子曰是故惡夫佞者孔安國曰疾其以給應遂己非而不知窮也

漆彫開字子開鄭玄曰魯人也○正義曰家語云蔡人字子若少孔子十一歲習尚書不樂仕孔子使開仕對曰吾斯之未能信孔安國曰仕進之道未能信者未能究習孔子說鄭玄曰善其志道深

公伯僚字子周馬融曰魯人○正義曰家語有申繚子周古史考云疑公伯僚是讒愬之人孔子不責而云命非弟子之流也周愬子路於季孫子服景伯以告孔子曰夫子固有惑志孔安國曰季孫信讒恚子路也僚也吾力猶能肆諸市朝鄭玄曰吾勢猶能辯子路之無罪於季孫使人誅僚而肆之也有罪既刑陳其尸曰肆孔子曰道之將行命也道之將廢命也公伯僚其如命何

司馬耕字子牛【孔安國曰宋人】牛多言而躁問仁於孔子孔子曰仁者其言也訒【孔安國曰訒難也】曰其言也訒斯可謂之仁乎子曰為之難言之得無訒乎【孔安國曰行仁難言仁亦不得不難也】問君子子曰君子不憂不懼【孔安國曰牛兄桓魋將為亂牛自宋來學常憂懼故孔子解之也】曰不憂不懼斯可謂之君子乎子曰內省不疚夫何憂何懼【包氏曰疚病自省無罪惡無可憂懼】

樊須字子遲【鄭玄曰齊人○正義曰家語云魯人】少孔子三十六歲樊遲請學稼孔子曰吾不如老農請學圃曰吾不如老圃【馬融曰樹五穀曰稼樹菜蔬曰圃】樊遲出孔子曰小人哉

樊須也上好禮則民莫敢不敬上好義則民莫敢不服上好信則民莫敢不用情【孔安國曰情實也言民化上各以實應】夫如是則四方之民襁負其子而至矣焉用稼【包氏曰禮義與信足以成德何用學稼以教民乎負子之器曰襁】樊遲問仁子曰愛人問智曰知人

有若【鄭玄曰魯人○正義曰家語云魯人字有少孔子三十三歲不同】少孔子十三歲有若曰禮之用和為貴先王之道斯為美小大由之有所不行知和而和不以禮節之亦不可行也【馬融曰人知禮貴和而每事從和不以禮為節亦不可以行之】信近於義言可復也【何晏曰復猶覆也義不必信信非義也以其言可覆故曰近義】恭近於禮遠

恥辱也【何晏曰恭不合禮非禮也以其能遠恥辱故曰近禮】因不失其親亦可宗也【孔安國曰因親也言所親不失其親亦可宗敬】孔子既沒弟子思慕有若狀似孔子弟子相與共立為師師之如夫子時也他日弟子進問曰昔夫子當行使弟子持雨具已而果雨弟子問曰夫子何以知之夫子曰詩不云乎月離于畢俾滂沱矣【毛傳曰畢噣也月離陰星則雨】昨暮月不宿畢乎他日月宿畢竟不雨商瞿年長無子其母為取室【正義曰家語云瞿年三十八無子母欲更娶室孔子曰瞿年過四十當有五丈夫子果然中備云魯人商瞿使向齊國瞿年四十今後使行遠路畏慮恐絕無子夫子正月與瞿母筮告曰後有五丈夫子子貢曰何以知子曰卦遇大畜艮之二世九二甲寅木為世六五景行水為應世生外象生象來爻生互內

三七十象艮別子應有五子一子短命顏回云何以知之內象是本子一艮變為二醜三陽爻五於是五子一子短命何以知短命他以故也】孔子使之齊瞿母請之孔子曰無憂瞿年四十後當有五丈夫子【王男也】已而果然敢問夫子何以知此有若默然無以應弟子起曰有子避之此非子之座也

公西赤字子華【鄭玄曰魯人】少孔子四十二歲子華使於齊冉有為其母請粟孔子曰與之釜【馬融曰六斗四升曰釜】請益曰與之庾【包氏曰十六斗曰庾】冉子與之粟五秉【馬融曰十六斛曰秉五秉合八十斛】孔子曰赤之適齊也乘肥馬衣輕裘吾聞君子周急不繼富【鄭玄曰非冉有與之太多】

巫馬施字子旗 鄭玄曰魯人 正義曰音其 少孔子三十歲陳司敗 孔安國曰司敗官名陳大夫也 問孔子曰魯昭公知禮乎孔子曰知禮退而揖巫馬旗曰吾聞君子不黨君子亦黨乎魯君娶吳女爲夫人命之爲孟子孟子姓姬諱稱同姓故謂之孟子魯君而知禮孰不知禮 孔安國曰相助匿非曰黨礼同姓不婚而君娶之當稱吳姬諱曰孟子 施以告孔子孔子曰丘也幸苟有過人必知之臣不可言君親之惡爲諱者禮也 孔安國曰以司敗之言告也諱國惡礼也聖人之道弘故受之爲過也

梁鱣 一作鯉 字叔魚少孔子二十九歲 孔子家語曰齊人

顏幸字子柳少孔子四十六歲 鄭玄曰魯人

冉孺字子魯 一作曾 少孔子五十歲 家語曰魯人

曹䘏字子循少孔子五十歲

伯虔字子析少孔子五十歲 正義曰家語云子晳

公孫龍字子石少孔子五十三歲 鄭玄曰楚人○正義曰家語云衛人孟子云趙人莊子云堅白之談也

自子石已右三十五人顯有年名及受業聞見于書傳其四十有二人無年及不見書傳者紀于左 索隱曰家語此例惟有三十七人其公良孺秦商顏亥叔仲會四人家語有事迹史記闕然自公伯遼秦冉鄡單三人家語不載而別有琴牢陳亢縣亶當此三人之數皆互有也如文翁圖所記又有林放蘧伯玉申棖申堂俱是後人以所見增益今殆不可考

冉季字子產 鄭玄曰魯人○正義曰家語云冉季字子產

公祖句兹字子之 正義曰句音鉤

秦祖字子南 鄭玄曰秦人

漆雕哆 音赤者反 字子斂 鄭玄曰魯人

顏高字子驕 正義曰孔子在衛南子招夫子爲次乘過市顏高爲御

漆雕徒父

壤駟赤字子徒 鄭玄曰秦人

商澤 家語曰字子季

石作蜀字子明

任不齊字選 鄭玄曰楚人

公良孺字子正 鄭玄曰陳人賢而有勇○正義曰孔子周游常以家車五乘從孔子孔子世家亦云語在三十五人中今在三十二人數恐太史公誤也

后處字子里 鄭玄曰齊人

秦冉字開 正義曰家語云無此人王肅家語此等惟三十七人其公良孺秦商顏亥仲叔會四人家語有事迹而史記闕公伯寮秦冉鄡單家語不載而別有琴牢陳亢縣亶三人

公夏首字乘 鄭玄曰魯人

奚容箴字子晳 正義曰衛人

公堅定字子中 鄭玄曰魯人或曰晉人

顏祖字襄 正義曰魯人

鄡 苦堯反 單 音善 字子家 徐廣曰一云鄔單鉅鹿有鄡縣太原有鄔縣

句井疆 鄭玄曰衛人 正義句作鉤

罕父黑字子索家語曰罕父黑字索

秦商字子丕鄭玄曰楚人○正義曰家語云魯人字丕兹

申黨字周正義曰魯人

顏之僕字叔鄭玄曰魯人

榮旂字子祺

縣成字子祺鄭玄曰魯人正義縣音玄

左人郢字行鄭玄曰魯人

燕伋字思

鄭國字子徒正義曰家語云薛邦字徒史記作國者避高祖諱薛字與鄭字誤耳

秦非字子之鄭玄曰魯人

施之常字子恒

顏噲字子聲鄭玄曰魯人

步叔乘字子車鄭玄曰齊人

原亢籍家語曰名亢字籍○正義曰亢作冗仁勇反

樂欬字子聲正義曰魯人

廉絜字庸鄭玄曰衛人

叔仲會字子期鄭玄曰魯人○索隱曰家語魯人少孔子五十四歲與孔琁年相比二孺子俱執筆迭侍於夫子孟武伯見而訪之

顏何字冉鄭玄曰魯人○索隱曰家語字稱

狄黑字皙索隱曰家語載本各異

邽巽字子斂鄭玄曰魯人○索隱曰家語作選字子斂文翁圖作國選蓋亦避漢諱改之劉氏作邽巽邽音圭所見各異

孔忠家語曰忠字子蔑孔子兄之子

公西輿如字子上索隱曰家語載亦同此

公西葴字子上鄭玄曰魯人○索隱曰家語作子尚也

太史公曰學者多稱七十子之徒譽者或過其實毀者或損其眞鈞之未覩厥容貌則論言弟子籍出孔氏古文近是余以弟子名姓文字悉取論語弟子問幷次爲篇疑者闕焉

索隱述贊曰

教興闕里　道在郰鄉　異能就列

秀士昇堂　依仁遊藝　合志同方

將師宮尹　俎豆琳瑯　惜哉不霸

空臣素王

仲尼弟子列傳第七　史記六十七

商君列傳第八　史記六十八

商君者（正義曰秦封於商故號商君）衛之諸庶孽公子也名鞅姓公孫氏其祖本姬姓也鞅少好刑名之學事魏相公叔座（索隱曰公叔氏座名也座音在戈反）為中庶子（索隱曰官名也魏已置之非自秦也周禮夏官謂之諸子禮記文王世子謂之庶子掌公族也）公叔座知其賢未及進會座病魏惠王親往問病（索隱曰即魏侯之子名罃後徙大梁亦稱梁也）曰公叔病有如不可諱將奈社稷何公叔曰座之中庶子（索隱曰戰國策云御庶子也）公孫鞅年雖少有奇才願王舉國而聽之王嘿然王且去座屏人言曰王即不聽用鞅必殺之無令出境王許諾而去公叔座召鞅謝曰今者王問可以為相者我言若王色不許我我方先君後臣因謂王即弗用鞅當殺之王許我汝可疾去矣且見禽鞅曰彼王不能用君之言任臣又安能用君之言殺臣乎卒不去惠王既去而謂左右曰公叔病甚悲乎欲令寡人以國聽公孫鞅也豈不悖哉（索隱曰病重而悖亂也○正義曰悖音背）公叔既死公孫鞅聞秦孝公下令國中求賢者將脩繆公之業東復侵地廼遂西入秦因孝公寵臣景監以求見孝公（索隱曰景姓楚之族也監音甲彡反去聲平聲並通）孝公既見衛鞅語事良久孝公時時

睡弗聽罷而孝公怒景監曰子之客妄人耳安足用邪景監以讓衛鞅衛鞅曰吾說公以帝道其志不開悟矣後五日復求見鞅鞅復見孝公益愈然而未中旨罷而孝公復讓景監景監亦讓鞅鞅曰吾說公以王道而未入也請復見鞅鞅復見孝公孝公善之而未用也罷而去孝公謂景監曰汝客善可與語矣鞅曰吾說公以霸道其意欲用之矣誠復見我我知之矣衛鞅復見孝公公與語不自知厀之前於席也語數日不厭景監曰子何以中吾君吾君之驩甚也鞅曰吾說君以帝王之道比三代（正義曰比必寐反說者以五帝三王之事比至孝公以三代帝王之道方與孝公曰太久遠吾不能）而君曰久遠吾不能待且賢君者各及其身顯名天下安能邑邑待數十百年以成帝王乎故吾以彊國之術說君（索隱曰音稅）君大說之耳（索隱曰音悅）然亦難以比德於殷周矣孝公既用衛鞅鞅欲變法恐天下議己衛鞅曰疑行無名疑事無功且夫有高人之行者固見非於世（索隱曰商君書非作負）有獨知之慮者必見敖於民（索隱曰商君書作必見訾於人也○正義敖五到反）愚者闇於成事知者見於未萌民不可與慮始而可與樂成論至

德者不和於俗成大功者不謀於衆是以聖人苟可以彊國不法其故 索隱曰言救弊爲政之術所爲苟可以彊國則不必要須法於故事也 苟可以利民不循其禮孝公曰善甘龍曰 索隱曰孝公之臣甘姓名龍也甘氏出春秋時甘昭公子帶之後 不然聖人不易民而教知者不變法而治因民而教不勞而成功緣法而治者吏習而民安之衞鞅曰龍之所言世俗之言也常人安於故俗學者溺於所聞以此兩者居官守法可也非所與論於法之外也三代不同禮而王五伯不同法而霸智者作法愚者制焉賢者更禮不肖者拘焉 索隱曰言賢智之人作法更礼而愚不肖者不明變通而輒拘制不使之行斯亦信然矣 杜摯曰利不百不變法功不十不易器法古無過循禮無邪衞鞅曰治世不一道便國不法古故湯武不循古而王 索隱曰商君書作脩古 夏殷不易禮而亡 索隱曰指殷紂夏桀也 反古者不可非而循禮者不足多孝公曰善以衞鞅爲左庶長卒定變法之令令民爲什五 索隱曰劉氏云五家爲保十家相連也○正義曰或爲十保或爲伍保 而相收司連坐 索隱曰收司謂相糾發也一家有罪而九家連舉發若不糾舉則十家連坐恐變令不行故設重禁 不告姦者腰斬告姦者與斬敵首同賞 索隱曰謂告姦一人則得爵一級故云與斬敵首同賞也 匿姦者與降敵同罰 索隱曰律降敵者誅其身沒其家今匿姦者言當與之同罰也 民有

二男以上不分異者倍其賦 正義曰民有二男不別爲活者一人出兩課 有軍功者各以率 音律 受上爵爲私鬭者各以輕重被刑大小僇力本業耕織致粟帛多者復其身事末利及怠而貧者舉以爲收孥 索隱曰末利謂工商也蓋農桑爲本故上云本業耕織也怠者懈也周礼謂之疲民以言懈怠不事事之人而貧者即糾舉而收錄其妻子沒爲官奴婢蓋其法特重於古制也孥音奴 宗室非有軍功論不得爲屬籍 索隱曰謂宗室若無軍功則不得入屬籍謂除其籍則雖無功不及爵秩也 明尊卑爵秩等級各以差次名田宅臣妾衣服以家次 索隱曰謂各隨其家爵秩之班次亦不使僭侈踰等 有功者顯榮無功者雖富無所芬華令既具未布恐民之不信已乃立三丈之木於國都市南門募民有能徙置北門者予十金民怪之莫敢徙復曰能徙者予五十金有一人徙之輒予五十金以明不欺卒下令令行於民朞年秦民之國都言初令之不便者以千數 索隱曰謂鞅新變之法令爲初令 於是太子犯法衞鞅曰法之不行自上犯之將法太子太子君嗣也不可施刑刑其傅公子虔黥其師公孫賈明日秦人皆趨令 索隱曰趨音七踰反趨者向也附也 行之十年秦民大說道不拾遺山無盜賊家給人足民勇於公戰怯於私鬭鄉邑大治秦民初言令不便者有來言令便者衞

鞅曰此皆亂化之民也盡遷之於邊城其後民莫敢議令於是以鞅爲大良造（索隱曰即大上造也秦之第十六爵名也今云良造者或後變其名耳）將兵圍魏安邑降之居三年作爲築冀闕宮庭於咸陽（索隱曰冀闕即魏闕也冀記也記列教令當於此門闕）秦自雍徙都之而令民父子兄弟同室內息者爲禁而集小都鄉邑聚爲縣置令丞凡三十一縣爲田開阡陌封疆（正義曰南北曰阡東西曰陌按謂驛塍也疆音彊封聚土也疆界也謂界上封記也）而賦稅平平斗桶（鄭玄曰音勇今之斛也○索隱曰音統量器名也）權衡丈尺行之四年公子虔復犯約劓之居五年秦人富彊天子致胙（正義曰音左故反）於孝公諸侯畢賀其明年齊敗魏兵於馬陵虜其太子申殺將軍龐涓其明年衛鞅說孝公曰秦之與魏譬若人之有腹心疾非魏并秦秦即并魏何者魏居領阸之西都安邑（索隱曰蓋安邑之東山領險阸之地即今蒲州之中條已東連汾晉之嶮嶝是也阸阻也）與秦界河而獨擅山東之利利則西侵秦病則東收地今以君之賢聖國賴以盛而魏往年大破於齊諸侯畔之可因此時伐魏魏不支秦必東徙東徙秦據河山之固東鄉以制諸侯此帝王之業也孝公以爲然使衛鞅將而伐魏魏使公子卬將而擊之軍既相距衛鞅遺魏

將公子卬書曰吾始與公子驩今俱爲兩國將不忍相攻可與公子面相見盟樂飲而罷兵以安秦魏魏公子卬以爲然會盟已飲而衛鞅伏甲士而襲虜魏公子卬因攻其軍盡破之以歸秦魏惠王兵數破於齊秦國內空日以削恐乃使使割河西之地獻於秦以和而魏遂去安邑徙都大梁（索隱曰紀年曰梁惠王二十九年秦衛鞅伐梁西鄙則徙大梁在惠王之二十九年也○正義曰從蒲州安邑徙汴州浚儀也）梁惠王曰寡人恨不用公叔座之言也衛鞅既破魏還秦封之於商（徐廣曰弘農商縣也○索隱曰於商二縣名在弘農紀年云秦封商鞅在惠王三十年與此文亦同○正義曰於商在鄧州內鄉縣東七里古於邑也商洛縣在商州東八十九里本商邑周之商國按十五邑近此三邑）十五邑號爲商君商君相秦十年（索隱曰戰國策云孝公行商君法十八年而死與此文不同者按此直云相秦十年耳而戰國策乃云行商君法十八年蓋連其未作相之年說也）宗室貴戚多怨望者趙良見商君商君曰鞅之得見也從孟蘭皋（索隱曰孟蘭皋人姓名也言鞅前因蘭皋得與趙良相見也）今鞅請得交可乎趙良曰僕弗敢願也孔丘有言曰推賢而戴者進聚不肖而王者退僕不肖故不敢受命僕聞之曰非其位而居之曰貪位非其名而有之曰貪名僕聽君之義則恐僕貪位貪名也故不敢聞命商君曰子不說吾治秦與（索隱曰說音悅與音予）趙良曰反

聽之謂聰內視之謂明自勝之謂彊索隱曰謂守謙敬人自伏非是爲自勝若是者乃爲彊若爭名得勝此非彊之道虞舜有言曰自卑也尚矣君不若道虞舜之道無爲問僕矣商君曰始秦戎翟之教父子無別同室而居今我更制其教而爲其男女之別大築冀闕營如魯衛矣子觀我治秦也孰與五羖大夫賢趙良曰千羊之皮不如一狐之掖千人之諾諾不如一士之諤諤武王諤諤以昌殷紂墨墨以亡正義曰以殷紂比商君君若不非武王乎則僕請終日正言而無誅可乎商君曰語有之矣貌言華也至言實也苦言藥也甘言疾也夫子果肯終日正言鞅之藥也鞅將事子子又何辭焉趙良曰夫五羖大夫荆之鄙人也正義曰百里奚南陽宛人屬楚故云荆聞秦繆公之賢而願望見行而無資自粥於秦客被褐食牛期年繆公知之舉之牛口之下而加之百姓之上秦國莫敢望焉相秦六七年而東伐鄭三置晉國之君索隱曰謂立晉惠公懷公文公也一救荆國之禍索隱曰十二諸侯年表穆公二十八年會晉救楚朝周此云救荆未詳發教封內而巴人致貢施德諸侯而八戎來服由余聞之款關請見韋昭曰款叩也五羖大夫之相秦也勞不坐乘暑不張蓋行於國中

不從車乘不操干戈功名藏於府庫德行施於後世五羖大夫死秦國男女流涕正義音躰童子不歌謠舂者不相杵鄭玄曰相謂送杵聲以音聲自勸也此五羖大夫之德也今君之見秦王也因嬖人景監以爲主非所以爲名也相秦不以百姓爲事而大築冀闕非所以爲功也刑黥太子之師傅殘傷民以駿刑是積怨畜禍也教之化民也深於命索隱曰劉氏云教謂商鞅之令也命謂秦君之命也言人畏鞅甚於秦君民之效上也捷於令索隱曰上謂商鞅之處分令謂秦君之教令今君又左建外易非所以爲教也索隱曰左建謂以左道建立威權也外易謂在外革易君命也君又南面而稱寡人日繩秦之貴公子詩曰相鼠有體人而無禮人而無禮何不遄死以詩觀之非所以爲壽也公子虔杜門不出已八年矣君又殺祝懽而黥公孫賈詩曰得人者興失人者崩此數事者非所以得人也君之出也後車十數從車載甲多力而駢脅者爲驂乘持矛而操闟所及反戟者徐廣曰一作奈盂盧之勁矛干將之雄戟○索隱曰闟亦作鈒同所及反鄒誕音吐臈反奈音遼盂音九勿反鞍盂盧干將並古良匠造矛戟者名○正義曰顏野王云鋋也方言云矛吳揚江淮南楚五湖之間謂之鋋其柄謂之矜釋名云戟格也旁有格旁車而趨此一物不具君固不出書曰恃德者昌恃力者亡索隱曰此是周書之言孔子所刪之餘君之危

若朝露尚將欲延年益壽乎則何不歸十五都索隱曰衛鞅所封商於二縣以爲國其中凡有十五都故趙良勸令歸之○正義曰公孫鞅封商於十五邑故云十五都灌園於鄙勸秦王顯巖穴之士養老存孤敬父兄序有功尊有德可以少安君尚將貪商於之富寵秦國之教畜百姓之怨秦王一旦捐賓客而不立朝秦國之所以收君者豈其微哉索隱曰謂鞅於秦无仁恩故秦國之所以將收錄鞅者其效甚明故云豈其微哉亡可翹足而待商君弗從後五月而秦孝公卒太子立公子虔之徒告商君欲反發吏捕商君商君亡至關下欲舍客舍客人不知其是商君也曰商君之法舍

人無驗者坐之商君喟然歎曰嗟乎爲法之敝一至此哉去之魏魏人怨其欺公子卬而破魏師弗受商君欲之他國魏人曰商君秦之賊秦彊而賊入魏弗歸不可遂內秦商君既復入秦走商邑索隱曰走音奏走向也與其徒屬發邑兵北出擊鄭徐廣曰京兆鄭縣也○索隱曰地理志京兆有鄭縣秦本紀云初縣杜鄭按其地是鄭桓公友之所封秦發兵攻商君殺之於鄭黽池徐廣曰黽或作彭○索隱曰鄭黽池者時黽池屬鄭故也而徐廣云黽或作彭者按鹽鐵論云商君困於彭池故也黽音云忍反○正義曰黽池去鄭三百里蓋秦兵至鄭破商邑兵而商君東走至黽乃擒殺之秦惠王車裂商君以徇曰莫如商鞅反者遂滅商君之家

太史公曰商君其天資刻薄人也索隱曰謂天資其人爲刻薄之行刻謂用刑深刻薄謂弃仁義不悃誠也跡其欲干孝公以帝王術挾持浮說非其質矣索隱曰說音如字浮說即虛說也謂鞅得用刑政深刻又欺魏將是其天資自有狙詐則初爲孝公論帝王之術是浮說耳非本性也且所因由嬖臣及得用刑公子虔欺魏將卬不師趙良之言亦足發明商君之少恩矣余嘗讀商君開塞耕戰書與其人行事相類索隱曰按商君書開謂刑嚴峻則政化開塞謂布恩賞則政化塞其意本於嚴刑少恩又爲田開阡陌及言斬敵首賜爵是耕戰書也卒受惡名於秦有以也夫新序論曰秦孝公保崤函之固以廣雍州之地東并河西北收上郡國富兵彊長雄諸侯周室歸籍四方來賀爲戰國霸君秦遂以彊六世而并諸侯亦皆商君之謀也夫商君極身無二慮盡公不顧私使民內急耕織之業以富國外重戰伐

之賞以勸戎士法令必行內不私貴寵外不偏疏遠是以令行而禁止法出而姦息故雖書云無偏無黨詩云周道如砥其直如矢司馬法之勵戎士周后稷之勸農業無以易此此所以并諸侯也故孫卿曰四世有勝非幸也數也然無信諸侯畏而不親夫霸君若齊桓晉文者桓不倍柯之盟文不負原之期而諸侯畏其彊而親信之存亡繼絕四方歸之此管仲舅犯之謀也今商君倍公子卬之舊恩弃交魏之明信詐取三軍之衆故諸侯畏其彊而不親信也藉使孝公遇齊桓晉文得諸侯之統將合諸侯之君驅天下之兵以伐秦秦則亡矣天下無桓文之君故秦得以兼諸侯衛鞅始自以爲知霸王之德原其事不論也昔周召施善政及其死也後世思之蔽芾甘棠之詩是也嘗舍於樹下後世思其德不忍伐其樹況害其身乎管仲奪伯氏邑三百戶無怨言今衛鞅內刻刀鋸之刑外深鈇鉞之誅步過六尺者有罰弃灰於道者被刑一日臨渭而論囚七百餘人渭水盡赤號哭之聲動於天地畜怨積讎比於丘山所逃莫之隱所歸莫之容身死車裂滅族無姓其去霸王之佐亦遠矣然惠王殺之亦非也可輔而用也使衛鞅施寬平之法加之以恩申之以信庶幾霸者之佐哉○索隱曰新序是劉歆所撰其中論商君故裴氏引之藉音胙字合作胙誤爲藉耳按本紀周歸文武胙於孝公

者是也說苑云秦法弃灰於道者刑是其事也

索隱述贊曰

衛鞅入秦　景監是因　王道不用

霸術見親　政必改革　禮豈因循

既欺魏將　亦怨秦人　如何作法

逆旅不賓

商君列傳第八　史記六十八

蘇秦列傳第九　史記六十九

蘇秦者東周雒陽人也索隱曰蘇秦字季子蓋蘇忿生之後已姓也譙周云秦兄弟五人秦最少兄代代弟厲及辟鵠並爲游說之士此下云秦弟代代弟厲未詳○正義曰戰國策云蘇秦雒陽軒里之人也藝文志云蘇子三十一篇在縱橫流敬王以子朝之亂從王城東遷雒陽故城乃號東周以王城爲西周東事師於齊而習之於鬼谷先生徐廣曰潁川陽城有鬼谷蓋是其人所居因爲號駰案風俗通義曰鬼谷先生六國時從橫家○索隱曰鬼谷地名也扶風池陽潁川陽城並有鬼谷墟蓋是其人所居因爲號又樂壹注鬼谷子書云蘇秦欲神秘其道故假名鬼谷出游數歲大困而歸索隱曰戰國策此語在說秦王之後兄弟嫂妹妻妾竊皆笑之曰周人之俗治產業力工商逐什二以爲務今子釋本而事口舌困不亦宜乎蘇秦聞之而慙自傷乃閉室不出出其書徧觀之索隱曰音遍觀謂盡觀覽其書曰夫士業已屈首受書索隱曰謂士之立操業者素也本也言本已屈首低頭受書於師也而不能以取尊榮雖多亦奚以爲於是得周書陰符伏而讀之期年以出揣摩戰國策曰乃發書陳篋數十得太公陰符之謀伏而誦之簡練以爲揣摩讀書欲睡引錐自刺其股血流至踵曰安有說人主不能出其金玉錦繡取卿相之尊者乎期年揣摩成鬼谷子有揣摩篇也○索隱曰戰國策云得太公陰符之謀則陰符是太公兵法揣音初委反摩音姥何反鄒誕本作揣縻縻讀亦爲摩王劭云揣情摩意是鬼谷之二章名非爲一篇也高誘曰揣定也摩合也定諸侯使讎其術以成六國之從也江邃曰揣人主之情摩而近之其意當矣曰此可以說當世之君矣求說周顯王顯王左右素習知蘇秦皆少之索隱曰謂王之左右素慣習知秦浮說多不中當世而以爲秦智識淺故少之劉氏云少謂輕之弗信乃

西至秦秦孝公卒說惠王曰秦四塞之國正義曰東有黃河有函谷蒲津龍門合河等關南山及武關嶢關西有大隴山及隴山關大震烏蘭等關北有黃河南塞是四塞之國被山帶渭被山帶渭東有關河正義曰又爲界地里江謂岷江渭州隴山之西南流入蜀東至荊陽入海也河謂黃河從同州小積石山東北流至勝州即南流至華州又東北流經魏滄等州入海各是萬里巳下西有漢中南有巴蜀北有代馬索隱曰謂代郡馬邑也地理志代郡又有馬城縣一云代馬謂代郡兼有胡馬之利也此天府也索隱曰周禮春官有天府鄭玄曰府物所藏言尊此所藏若天府然以秦士民之衆兵法之教可以吞天下稱帝而治秦王曰毛羽未成不可以高蜚文理未明不可以并兼方誅商鞅疾辯士弗用乃東之趙趙肅侯令其弟成爲相號奉陽君奉陽君弗說之去游燕歲餘而後得見說燕文侯索隱曰說音稅燕文侯史失名曰燕東有朝鮮遼東索隱曰朝鮮音潮仙二水名北有林胡樓煩索隱曰地理志樓煩屬鴈門郡○正義曰二胡國名朔嵐已北西有雲中九原索隱曰地理志雲中九原二郡名秦曰九原漢武帝改曰五原郡○正義曰二郡並在勝州也雲中郡城在林榆縣東北四十里九原郡在林榆縣西界南有嘑沱易水周禮曰正北曰并州其川嘑沱鄭玄曰嘑沱出鹵城○索隱曰嘑沱水名并州之川也音呼沲地理志鹵城縣名屬代郡嘑沱河自縣東至參合又東至文安入海也○正義曰呼沱出代州繁畤縣東南流經五臺山北東南流過定州流入海易水出易州易縣東流過幽州歸義縣東與呼沱河合也地方二千餘里帶甲數十萬車六百乘騎六千匹粟支數年索隱曰戰國策車七百乘粟支十年南有碣石鴈門之饒索隱曰戰國策碣石山在常山九門縣地理志大碣石山在右

北平驪城縣西南是也○正義曰鴈門山在代燕西門 北有棗栗之利民雖不佃作而足於棗栗矣此所謂天府者也夫安樂無事不見覆軍殺將無過燕者大王知其所以然乎夫燕之所以不犯寇被甲兵者以趙之爲蔽其南也秦趙五戰秦再勝而趙三勝秦趙相斃而王以全燕制其後此燕之所以不犯寇也且夫秦之攻燕也踰雲中九原過代上谷彌地數千里雖得燕城秦計固不能守也秦之不能害燕亦明矣今趙之攻燕也發號出令不至十日而數十萬之軍軍於東垣矣 索隱曰地理志云高帝改曰眞定○正義趙之東邑在恒州眞定縣南八里故常山城是也 渡嘑沱涉易水不至四五日而距國都矣故曰秦之攻燕也戰於千里之外趙之攻燕也戰於百里之內夫不憂百里之患而重千里之外計無過於此者是故願大王與趙從親天下爲一則燕國必無患矣文侯曰子言則可然吾國小西迫彊趙 正義曰貝冀燕趙四州七國時屬趙即燕西界 南近齊 正義曰河北博滄德三州齊地北境與燕相接隔黃河 齊趙彊國也子必欲合從以安燕寡人請以國從於是資蘇秦車馬金帛以至趙而奉陽君已死即因說趙肅侯 索隱曰世本云肅侯名言 曰天下卿相人臣及布衣之士皆高

賢君之行義皆願奉教陳忠於前之日久矣 正義奉符用反 雖然奉陽君妬君而不任事是以賓客游士莫敢自盡於前者今奉陽君捐館舍君乃今復與士民相親也臣故敢進其愚慮竊爲君計者莫若安民無事且無庸有事於民也安民之本在於擇交擇交而得則民安擇交而不得則民終身不安請言外患齊秦爲兩敵而民不得安倚秦攻齊而民不得安倚齊攻秦而民不得安故夫謀人之主伐人之國常苦出辭斷絕人之交也願君愼勿出於口請別白黑所以異陰陽而已矣 索隱曰戰國策云請屏左右白言所以異陰陽其說異此然則別白黑者蘇秦言已今論趙國之利以使分明有如白黑分別陰陽殊異也 君誠能聽臣燕必致旃裘狗馬之地齊必致魚鹽之海楚必致橘柚之園韓魏中山皆可使致湯沐之奉而貴戚父兄皆可以受封侯夫割地包利五伯之所以覆軍禽將而求也封侯貴戚湯武之所以放弒而爭也今君高拱而兩有之此臣之所以爲君願也今大王與秦則秦必弱韓魏與齊則齊必弱楚魏 正義曰楚東淮泗之上與齊接境 魏弱則割河外韓弱則效宜陽宜陽效則上郡絕 正義曰宜陽即韓城也在洛州西韓大郡也上郡在同州西北言韓弱與秦宜

陽城則上郡路絕矣河外割則道不通正義曰河外同華等地也言魏弱與秦河外地則道路不通上郡矣華山記云此山分秦晉之境晉之西鄙則曰陰晉秦之東邑則曰寧秦楚弱則無援此三策者不可不孰計也夫秦下軹道正義曰軹音止故亭在雍州萬年縣東北十六里苑中則南陽危正義曰南陽懷州河南也七國時屬韓言秦兵下軹道從東渭橋歷北道過蒲津攻韓即南陽危矣劫韓包周正義曰周都洛陽秦若劫取韓南陽是包裹周都也趙邯鄲故須危起兵自守則趙氏自操兵索隱曰戰國策作銷鑠據衞取淇卷兵權反○索隱曰地理志卷縣屬河南戰國策云據衞取淇無卷字○正義曰衞地濮陽也卷城在鄭州武原縣西北七里言秦守衞得卷則齊必來朝秦則齊必入朝秦秦欲已得乎山東則必舉兵而嚮趙矣秦甲渡河踰漳據番吾徐廣曰常山有蒲吾縣○索隱曰徐氏所引據地理志而知也○正義曰番音婆又音蒲又音盤凝

古番吾公邑也括地志云蒲吾故城在鎮州房山縣東二十里漳水在潞州言秦兵渡河歷南陽入羊腸經澤潞渡漳水守蒲吾城則與趙戰於邯鄲城下矣則兵必戰於邯鄲之下矣此臣之所爲君患也當今之時山東之建國莫彊於趙趙地方二千餘里帶甲數十萬車千乘騎萬匹粟支數年西有常山正義在鎮州西南有河漳正義曰河字一作清即漳河也在潞州地理志濁漳出長子鹿谷山東至鄴入清漳東有清河正義曰清河今貝州也北有燕國正義曰然三家分晉趙得晉陽襄子又伐戎取代既云西有常山者趙都邯鄲近北燕也燕固弱國不足畏也秦之所害於天下者莫如趙然而秦不敢舉兵伐趙者何也畏韓魏之議其後也然則韓魏趙之南蔽也秦之攻韓魏也

無有名山大川之限稍蠶食之傳音附國都而止韓魏不能支秦必入臣於秦秦無韓魏之規則禍必中於趙矣此臣之所爲君患也臣聞堯無三夫之分舜無咫尺之地以有天下禹無百人之聚以王諸侯湯武之士不過三千車不過三百乘卒不過三萬立爲天子誠得其道也是故明主外料其敵之彊弱內度其士卒賢不肖不待兩軍相當而勝敗存亡之機固已形於胸中矣豈揜於眾人之言而以冥冥決事哉臣竊以天下之地圖案之諸侯之地五倍於秦料度諸

侯之卒十倍於秦六國爲一并力西鄉而攻秦秦必破矣今西面而事之見臣於秦夫破人之與見破於人也正義曰破人謂破前敵也破於人爲被前敵破臣人之與見臣於人也正義曰臣人謂己得人爲臣臣於人謂己事他人豈可同日而論哉索隱曰臣人謂己爲彼臣也臣於人者謂我爲主使彼臣己也夫衡人者正義上音橫謂爲秦人皆欲割諸侯之地以予秦索隱曰接衡人即游說從橫之士也東西爲橫南北爲從秦地形東西橫長故張儀相秦爲秦連橫秦成則高臺榭美宮室聽竽瑟之音前有樓闕軒轅索隱曰戰国策云前有軒轅又史記俗本有作軒冕者非本文也後有長姣美人索隱曰姣音絞說文云姣美也國被秦患而不與其憂是故夫衡人日夜務以秦權恐愒諸

侯（惕音呼曷反○索隱曰恐音起拱反惕音許曷反謂相恐脅也鄒氏惕音憩義疎）以求割地故願大王孰計之也臣聞明主絕疑去讒屏流言之迹塞朋黨之門故尊主廣地彊兵之計臣得陳忠於前矣故竊為大王計莫如一韓魏齊楚燕趙以從親以畔秦令天下之將相會於洹水之上（徐廣曰洹水出汲郡林慮縣）通質刳白馬而盟（索隱曰質如字又音贄以言通其交質之情也）要約曰秦攻楚齊魏各出銳師以佐之韓絕其糧道（索隱曰謂擁兵於崤關之外又守宜陽也）趙涉河漳（索隱曰謂趙亦涉河漳而西欲與韓相援以阻秦軍）燕守常山之北秦攻韓魏（正義曰謂道蒲津之東攻之）則楚絕其後（索隱曰謂出兵武關以絕秦兵之後）齊出

銳師而佐之趙涉河漳燕守雲中秦攻齊則楚絕其後韓守城皋（正義曰在洛州汜水縣）魏塞其道（索隱曰其道即河內之道戰國策其作午）趙涉河博關（徐廣曰齊威王六年晉伐齊到博陵東郡有博平縣）燕出銳師以佐之秦攻燕則趙守常山楚軍武關齊涉勃海（正義曰齊從滄州渡河至瀛州）韓魏皆出銳師以佐之秦攻趙則韓軍宜陽楚軍武關魏軍河外（索隱曰河外謂陝及曲沃等處也○正義謂同華州）齊涉清河（正義曰齊從貝州過河而西）燕出銳師以佐之諸侯有不如約者以五國之兵共伐之六國從親以賓秦（索隱曰謂六國之軍共為合從相親獨以秦為賓而共伐之）則秦甲必不敢出於函谷以害山東矣如此

則霸王之業成矣趙王曰寡人年少立國日淺未嘗得聞社稷之長計也今上客有意存天下安諸侯寡人敬以國從乃飾車百乘黃金千鎰白璧百雙錦繡千純（純匹端名周禮曰純帛不過五兩○索隱曰按一鎰一金也鄭玄云一溢二十四分之一其說各異純音淳高誘注戰國策音屯屯束也又禮鄉射云某賢於其若干純純數也音旋）以約諸侯是時周天子致文武之胙於秦惠王惠王使犀首攻魏禽將龍賈取魏之雕陰（索隱曰魏地也劉氏云在龍門河之西北按地理志雕陰縣屬上郡○正義曰在鄜州洛交縣北三十四里）且欲東兵蘇秦恐秦兵之至趙也乃激怒張儀入之于秦於是說韓宣惠王（索隱曰世本韓宣王昭侯之子也）曰韓北有

鞏洛成皋之固（索隱曰二邑本屬東周後為韓邑地理志二縣並屬河南）西有宜陽商阪之塞（徐廣曰商一作常○索隱曰劉氏云商阪之塞蓋在商洛之閒適秦楚之險塞也○正義曰宜陽在洛州福昌縣東十四里商阪即商山也在商洛縣南一里亦曰楚山武關在焉）東有宛穰洧水（宛於袁反洧于鬼反○索隱曰地理志宛穰二縣名並屬南陽洧水名出南方○正義曰在新鄭東南流入潁）南有陘山（徐廣曰召陵有陘亭密縣有陘山○正義曰在新鄭西南三十里）地方九百餘里帶甲數十萬天下之彊弓勁弩皆從韓出谿子（許慎云南方谿子蠻夷柘弩皆善材○索隱曰許慎注淮南子以為南方蠻出柘弩及竹弩）少府時力距來者（韓有谿子弩又有少府所造二種之弩案時力者謂作之得時力倍於常故名時力也距來者謂弩勢勁利足以距來敵也○索隱曰韓又有少府所造時力距來二種之弩其名並具淮南子）皆射六百步之外韓卒超足而射百發不暇止（索隱

曰超足謂超騰用勢蓋起足蹋之而射也故下云蹠勁弩是也○正義曰超足齊足也夫欲放弩皆坐舉足踏弩材手引揍機然始發之遠者括蔽洞胷近者鏑弇心韓卒之劒戟皆出於冥山徐廣曰莊子曰南行至郢北面而不見冥山駰案司馬彪曰冥山在朔州北○索隱曰郭象云冥山在乎太極李軌云在韓國棠谿徐廣曰汝南吳房有棠谿亭○正義曰故城在豫州偃城縣西八十里鹽鐵論云有棠谿之劒是墨陽淮南子曰墨陽之莫耶也合膊音附徐廣曰一作伯○索隱曰戰國策作合伯春秋後語作合相鄧師宛馮徐廣曰滎陽有馮池○索隱曰鄧國有工鑄劒因名鄧師宛人於馮也鑄劒故號宛馮龍淵太阿吳越春秋曰楚王召風胡子而告之曰寡人聞吳有干將越有歐冶寡人欲因子請此二人作劒可乎風胡子曰可乃往見二人作劒一曰龍淵二曰太阿○索隱曰案晉太康地理記曰汝南西平有龍泉水可以淬刀劒特堅利故有龍泉之劒楚之寶劒也以特堅利故有堅白之論云黃所以爲堅也白所以爲利也齊辨之曰白所以爲不堅黃所以爲不利也故天下之寶劒韓爲衆一曰棠谿二曰墨陽三曰合伯四曰鄧師五曰宛馮六曰龍泉七曰太阿八曰莫邪九曰干將也然干將莫耶匠名也其劒皆出西平縣今有鐵官令別領戶是古鑄劒之地皆陸斷牛馬水截鵠鴈當敵則斬堅甲鐵幕徐廣曰陽城出鐵○索隱曰戰國策云當敵則斬堅甲盾鞮鍪鐵幕鄒誕云莫一作陌劉氏云謂以鐵爲臂脛之衣言其劒皆能斬之革抉徐廣曰一作決○索隱曰謂以革爲射決決射鞲也㕮芮㕮音伐○索隱曰㕮與瞂同謂楯也芮音如字謂繫楯之紛綬也○正義曰方言云盾自關東謂之瞂關西謂之盾無不畢具以韓卒之勇被堅甲蹠勁弩帶利劒一人當百不足言也夫以韓之勁與大王之賢乃西面事秦交臂而服羞社稷而爲天下笑無大於此者矣是故願大王孰計之大王事秦秦必求宜陽成皐今茲效之明年又復求割地索隱曰鄭

玄注禮云效猶呈見也與則無地以給之不與則棄前功而受後禍且大王之地有盡而秦之求無已以有盡之地而逆無已之求此所謂市怨結禍者也不戰而地已削矣臣聞鄙諺曰寧爲雞口無爲牛後索隱曰戰國策云寧爲雞尸不爲牛從延篤注云尸雞中主也從謂牛子也言寧爲雞中之主不爲牛子之從後也○正義曰雞口雖小猶進食牛後雖大乃出糞也今西面交臂而臣事秦何異於牛後乎夫以大王之賢挾彊韓之兵而有牛後之名臣竊爲大王羞之於是韓王勃然作色攘臂瞋目按劒仰天太息曰索隱曰太息謂久蓄氣而大呼也寡人雖不肖必不能事秦今主君詔以趙王之教敬奉社稷以從索隱曰主君指蘇秦也禮卿大夫稱主今嘉蘇子合從諸侯褒而美之故稱曰主君又說魏襄王索隱曰世本惠王子名嗣曰大王之地南有鴻溝徐廣曰在滎陽陳汝南許郾徐廣曰在潁川於憾切○索隱曰音偃又於建反戰國策作鄢地理志潁川有許郾二縣又有鄢陵縣鄢郾不同必有一誤鄢音焉○正義曰陳汝南今汝州豫州縣也昆陽召陵舞陽新都新郪地理志潁川有昆陽舞陽縣汝南有新郪縣南陽有新都縣○索隱曰地理志昆陽舞陽屬潁川召陵新郪屬汝南按新郪即鄭丘章帝建初四年徙封殷後宋公於此更名宋新都屬南陽戰國策直云新郪無新都二字○正義曰召陵在豫州舞陽在許州東有淮潁正義曰淮陽潁川二郡煮棗徐廣曰在宛句○正義曰在宛朐按宛朐曹州縣也無胥索隱曰按其地闕西有長城之界北有河外正義曰謂河南地卷衍酸棗徐廣曰滎陽卷縣有長城經陽武到密衍地名○索隱曰徐廣云滎陽卷縣有長城蓋據地險爲說○正義曰卷在鄭州

原武縣北七里酸棗在滑州衍徐云地名地方千里地名雖小然而田
舍廬廡之數曾無所芻牧人民之衆車馬之多
日夜行不絶輷輷殷殷正義曰輷麾宏反殷音隱若有三軍之
衆臣竊量大王之國不下楚然衡人怵王正義衡音横怵
音卹交彊虎狼之秦以侵天下卒有秦患正義卒音忩忽反
不顧其禍夫挾彊秦之勢以内劫其主罪無過
此者魏天下之彊國也王天下之賢王也今乃
有意西面而事秦稱東藩築帝宮索隱曰謂爲秦築宮備其巡狩
而舍之故謂之帝宮受冠帶祠春秋索隱曰謂冠帶制度皆受秦之法春秋貢奉以助奉祭祀
臣竊爲大王恥之臣聞越王句踐戰敝卒三千

人禽夫差於干遂索隱曰干遂地名不知所在然干是水傍之高地故有江干河干是也又
左思吳都賦云長干延屬是干爲江傍之地遂者道也於江干有遂道因爲名也○正義曰在蘇州吳縣西北四十餘里
萬安山前隧西南山太湖夫差敗於姑蘇禽於干隧相去四十餘里武王卒三千人革車
三百乘制紂於牧野正義曰今衛州城是也周武王伐紂於牧野築之豈其
士卒衆哉誠能奮其威也今竊聞大王之卒武
士二十萬漢書刑法志曰魏氏武卒衣三屬之甲操十二石之弩負矢五十置戈其上冠胄帶劍贏三日
之糧日中而趨百里中試則復其戶利其田宅○索隱曰衣音意屬音燭三屬謂甲衣也覆髆一也甲裳二也脛衣三也
甲之有裳見左傳贏音盈謂負糧中音竹仲反謂其筋力能負重所以得中試復音福中試之人国家當優復賜之上
田宅故云利其田宅也蒼頭二十萬索隱曰謂以青巾裹頭以異於衆荀卿子魏有蒼頭二十
萬是也奮擊二十萬廝徒十萬索隱曰廝音斯謂廝養之卒廝養馬之賤

者今起之爲卒○正義曰廝音斯謂炊烹供養雜役車六百乘騎五千匹此其
過越王句踐武王遠矣今乃聽於羣臣之說而
欲臣事秦夫事秦必割地以効實索隱曰謂割地獻秦以效已之
誠實故兵未用而國已虧矣凡群臣之言事秦者
皆姦人非忠臣也夫爲人臣割其主之地以求
外交偷取一時之功而不顧其後破公家而成
私門外挾彊秦之勢以内劫其主以求割地願
大王孰察之周書曰緜緜不絶蔓蔓柰何毫氂
不伐將用斧柯前慮不定後有大患將柰之何
大王誠能聽臣六國從親專心并力壹意則必

無彊秦之患故敝邑趙王使臣効愚計索隱曰此效猶
呈見也奉明約在大王之詔詔之魏王曰寡人不
肖未嘗得聞明教今主君以趙王之詔詔之敬
以國從因東說齊宣王索隱曰世本名辟彊威王之子也曰齊南
有泰山東有琅邪西有清河正義曰即貝州北有勃海此
所謂四塞之國也齊地方二千餘里帶甲數十
萬粟如丘山三軍之良五家之兵索隱曰高誘注戰國策云五家
即五國進如鋒矢索隱曰戰國策作疾如錐矢高誘曰錐小矢喻徑疾也呂氏春秋曰所貴錐矢
者爲其應聲而至○正義曰齊君之進若鋒芒之刃良弓之矢用之有進而無退戰如雷霆解
如風雨即有軍役未嘗倍泰山絶清河涉勃海

蘇秦傳

也正義曰言臨淄自足也絶渉皆度也𣪠海滄州也齊有軍役不用度河取二部臨菑之中七
萬戶臣竊度之不下戶三男子三七二十一萬
不待發於遠縣而臨菑之卒固已二十一萬矣
臨菑甚富而實其民無不吹竽鼓瑟彈琴擊筑正義曰筑似琴而大頭圓五弦擊之不鼓鬬雞走狗六博蹹鞠者劉向別録曰蹵鞠者傳言黃帝所作或曰起戰國之時蹹鞠兵勢也所以練武士知有材也皆因嬉戲而講練之蹹徒臘反鞠求六反○索隱曰王逸注楚詞云博著也行六棊故云六博別錄云蹵鞠者蹵亦蹋也促六反崔豹云蹵黃帝時習兵之勢也臨
菑之塗車轂擊人肩摩連衽成帷舉袂成幕揮
汗成雨家殷人足志高氣揚夫以大王之賢與
齊之彊天下莫能當今乃西面而事秦臣竊為

大王羞之且夫韓魏之所以重畏秦者為與秦
接境壤界也兵出而相當不出十日而戰勝存
亡之機決矣韓魏戰而勝秦則兵半折四境不
守戰而不勝則國已危亡隨其後是故韓魏之
所以重與秦戰而輕為之臣也今秦之攻齊則
不然倍韓魏之地過衛陽晉之道徐廣曰魏哀王十六年秦拔魏蒲坂陽晉封陵○索隱曰陽晉魏邑也劉氏云陽晉地名蓋適齊之道在衛国之西南也○正義曰言秦伐齊背韓魏地而與齊戰徐說陽晉非也乃是晉陽耳衛地曹濮等州也杜預云曹魏下邑也陽晉故在曹州乘氏縣西北三十七里
徑乎亢父之險索隱曰亢音剛又苦浪反地理志縣名屬梁国○正義曰故縣在兗州任城縣南五十一里車不得方軌正義曰言不得兩車並行騎不得比行百

蘇秦傳

人守險千人不敢過也秦雖欲深入則狼顧正義曰狼性怯走常還顧恐韓魏之議其後也是故恫疑虛喝呼葛反○索隱曰恫音通恫恐懼之心也喝本亦作猲並呼合反高誘曰虛猲喘息懼貌也劉氏云秦自疑懼不敢進兵虛作恐猲之詞以脅韓魏也驕矜而不敢進正義曰言秦雖至亢父猶恐懼狼顧虛作喝罵驕溢矜誇不敢進伐齊明矣則秦之不能害齊亦明矣夫不深料
秦之無奈齊何而欲西面而事之是羣臣之計
過也今無臣事秦之名而有彊國之實臣是故
願大王少留意計之齊王曰寡人不敏僻遠守
海窮道東境之國也未嘗得聞餘教今足下以
趙王詔詔之敬以國從乃西南說楚威王索隱曰威

王名商宣王之子曰楚天下之彊國也王天下之賢王也
西有黔中徐廣曰今之武陵也○正義曰今朗州楚黔中郡其故城在辰州西二十里皆盤瓠後也巫郡徐廣曰巫郡者南郡之西界○正義曰巫郡夔州巫山縣是東有夏州海陽徐廣曰楚考烈王元年秦取夏州○駰案左傳楚莊王伐陳鄉取一人焉以歸謂之夏州而注者不說夏州所在車胤撰桓溫集云夏口城上數里有洲名夏州東有夏州謂此也○索隱曰裴駰據左氏及車胤說夏州其文甚明而劉伯莊以為夏州州侯之本国亦未之為得地理志海陽地闕劉氏云楚之東境也○正義曰大江中州也夏水口在荊州江陵縣東南二十五里南有洞庭蒼梧索隱曰今青草湖是也在岳州界蒼梧地名地理志有蒼梧郡○正義曰蒼梧山在道州南北有陘塞郇陽徐廣曰春秋曰遂伐楚次于陘楚威王十一年魏敗楚陘山析縣有鈞水或者郇陽今之順陽乎一本北有汾陘之塞也○索隱曰陘山在楚北境郇音荀郇陽地當在汝南潁川之界檢地理志及太康地記北境並無郇邑郇邑在河東晉地計郇陽當是新陽聲相近字變耳汝

南有新陽縣應劭云在新水之陽猶𨛬邑变爲栒邑圁陰变爲圁陰爾郇亦當然也徐氏云郇陽當是順陽蓋蹤○正義曰陘山在鄭州新鄭縣西南三十里順陽故城在鄧州穰縣西百四十里）地方五千餘里帶甲百萬車千乘騎萬匹粟支十年此霸王之資也夫以楚之彊與王之賢天下莫能當也今乃欲西面而事秦則諸侯莫不西面而朝於章臺之下矣秦之所害莫如楚楚彊則秦弱秦彊則楚弱其勢不兩立故爲大王計莫如從親以孤秦大王不從秦必起兩軍一軍出武關一軍下黔中則鄢郢動矣（徐廣曰今南郡宜城○正義曰鄢鄉故城在襄州率道縣南九里安郢城在荊州江陵縣東北六里秦兵出武關則臨鄢矣兵下黔中則臨郢矣）臣聞治之其未亂也爲之其未有也患至而後憂之則無及已故願大王早孰計之大王誠能聽臣臣請令山東之國奉四時之獻以承大王之明詔委社稷奉宗廟練士厲兵在大王之所用之大王誠能用臣之愚計則韓魏齊燕趙衛之妙音美人必充後宮燕代橐駝良馬必實外廄故從合則楚王衡成則秦帝今釋霸王之業而有事人之名臣竊爲大王不取也夫秦虎狼之國也有吞天下之心秦天下之仇讎也衡人皆欲割諸侯之地以事秦此所謂養仇而奉讎者也夫爲人臣割

其主之地以外交彊虎狼之秦以侵天下卒有秦患不顧其禍夫外挾彊秦之威以內劫其主以求割地大逆不忠無過此者故從親則諸侯割地以事楚衡合則楚割地以事秦此兩策者相去遠矣二者大王何居焉故敝邑趙王使臣效愚計奉明約在大王詔之楚王曰寡人之國西與秦接境秦有舉巴蜀并漢中之心秦虎狼之國不可親也而韓魏迫於秦患不可與深謀與深謀恐反人以入於秦故謀未發而國已危矣寡人自料以楚當秦不見勝也內與羣臣謀不足恃也寡人臥不安席食不甘味心搖搖然如縣旌而無所終薄（白洛反）今主君欲一天下收諸侯存危國寡人謹奉社稷以從於是六國從合而并力焉蘇秦爲從約長并相六國北報趙王乃行過雒陽車騎輜重諸侯各發使送之甚衆擬於王者（索隱曰疑作擬讀）周顯王聞之恐懼除道使人郊勞（儀禮曰賓至近郊君使卿朝服用束帛勞）蘇秦之昆弟妻嫂側目不敢仰視俯伏侍取食蘇秦笑謂其嫂曰何前倨而後恭也嫂委蛇蒲服以面掩地而謝（索隱曰委蛇謂面掩地而進若蛇行也蒲服即匍匐並音蒲卜）曰見季子位高金多也

譙周曰蘇秦字季子○索隱曰按其嫂呼小叔爲季子耳未必即其字允南即以爲字未之得也蘇秦喟然嘆曰此一人之身富貴則親戚畏懼之貧賤則輕易之況衆人乎且使我有雒陽負郭田二頃索隱曰負背也枕也近城之地沃潤流澤最爲膏腴故云負郭吾豈能佩六國相印乎於是散千金以賜宗族朋友初蘇秦之燕貸百錢爲資及得富貴以百金償之徧報諸所嘗見德者其從者有一人獨未得報乃前自言蘇秦曰我非忘子子之與我至燕再三欲去我易水之上方是時我困故望子深是以後子子今亦得矣蘇秦既約六國從親歸趙趙肅侯封爲武安君乃投從約書於秦索隱曰投當作設今本並作投言設者謂宣布其從約六國之事以告於秦若作投甚爲易解秦兵不敢闚函谷關十五年其後秦使犀首欺齊魏與共伐趙欲敗從約齊魏伐趙趙王讓蘇秦蘇秦恐請使燕必報齊蘇秦去趙徐廣曰自初說燕至此三年而從約皆解秦惠王以其女爲燕太子婦是歲文侯卒太子立是爲燕易王易王初立齊宣王因燕喪伐燕取十城易王謂蘇秦曰往日先生至燕而先王資先生見趙遂約六國從今齊先伐趙次至燕以先生之故爲天下笑先生能爲燕得侵地乎蘇秦大慙曰

請爲王取之蘇秦見齊王再拜俯而慶仰而弔索隱曰劉氏云當時慶弔應有其詞但史家不録耳齊王曰是何慶弔相隨之速也蘇秦曰臣聞飢人所以飢而不食烏喙者本草經曰烏頭一名烏喙○索隱曰音卓又許穢反今之毒藥烏頭是○正義曰廣雅云蘇奚毒附子也一歲爲烏喙二歲爲附子四歲爲烏頭五歲爲天雄爲其愈充腹而與餓死同患也索隱曰劉氏以愈猶暫非也按謂飢人食烏頭則愈益充腹少時毒發而斃亦與飢死同患也斃音弊今燕雖弱小即秦王之少壻也大王利其十城而長與彊秦爲仇今使弱燕爲鴈行而彊秦敝其後以招天下之精兵是食烏喙之類也齊王愀然變色索隱曰愀音自酉反又七小反曰然則奈何蘇秦曰臣聞古之善制事者轉禍爲福因敗爲功大王誠能聽臣計即歸燕之十城燕無故而得十城必喜秦王知以已之故而歸燕之十城亦必喜此所謂棄仇讎而得石交者也夫燕秦俱事齊則大王號令天下莫敢不聽是王以虛辭附秦以十城取天下此霸王之業也王曰善於是乃歸燕之十城人有毀蘇秦者曰左右賣國反覆之臣也將作亂蘇秦恐得罪歸而燕王不復官也蘇秦見燕王曰臣東周之鄙人也無有分寸之功而王親拜之於廟而禮之於廷今臣爲王卻齊之

兵而攻得十城宜以益親今來而王不官臣者人必有以不信傷臣於王者臣之不信王之福也臣聞忠信者所以自爲也進取者所以爲人也且臣之說齊王曾非欺之也臣棄老母於東周固去自爲而行進取也今有孝如曾參廉如伯夷信如尾生得此三人者以事大王何若王曰足矣蘇秦曰孝如曾參義不離其親一宿於外王又安能使之步行千里而事弱燕之危王哉廉如伯夷義不爲孤竹君之嗣不肯爲武王臣不受封侯而餓死首陽山下有廉如此王又

安能使之步行千里而行進取於齊哉信如尾生與女子期於梁下女子不來水至不去抱柱而死有信如此王又安能使之步行千里却齊之彊兵哉臣所謂以忠信得罪於上者也燕王曰若不忠信耳豈有以忠信而得罪者乎蘇秦曰不然臣聞客有遠爲吏而其妻私於人者其夫將來其私者憂之妻曰勿憂吾已作藥酒待之矣居三日其夫果至妻使妾舉藥酒進之妾欲言酒之有藥則恐其逐主母也欲勿言乎則恐其殺主父也於是乎詳僵而棄酒 索隱曰詳音羊詳詐也僵

仆也音薑 主父大怒笞之五十故妾一僵而覆酒上存主父下存主母然而不免於笞惡在乎忠信之無罪也夫臣之過不幸而類是乎燕王曰先生復就故官益厚遇之易王母文侯夫人也與蘇秦私通燕王知之而事之加厚蘇秦恐誅乃說燕王曰臣居燕不能使燕重而在齊則燕必重燕王曰唯先生之所爲於是蘇秦詳爲得罪於燕而亡走齊齊宣王以爲客卿 徐廣曰燕易王之十年時齊 宣王卒湣王即位說湣王厚葬以明孝高宮室大苑囿以明得意欲破敝齊而爲燕燕易王卒

徐廣曰易王十二年卒 燕噲立爲王其後齊大夫多與蘇秦爭寵者而使人刺蘇秦不死殊而走 風俗通義稱漢令蠻夷戎狄有罪當殊殊者死也與誅同指而此云不死殊而走者蘇秦時雖不即死然是死創故云殊 齊王使人求賊不得蘇秦且死乃謂齊王曰臣即死車裂臣以徇於市曰蘇秦爲燕作亂於齊如此則臣之賊必得矣於是如其言而殺蘇秦者果自出齊王因而誅之燕聞之曰甚矣齊之爲蘇生報仇也 徐廣曰生一作先 蘇秦既死其事大泄齊後聞之乃恨怒燕燕甚恐蘇秦之弟曰代代弟蘇厲見兄遂亦皆學及蘇秦死代乃求見燕王欲襲故

事曰臣東周之鄙人也竊聞大王義甚高鄙人
不敏釋鉏耨而干大王至於邯鄲所見者絀於
所聞於東周臣竊負其志及至燕廷觀王之羣
臣下吏王天下之明王也燕王曰子所謂明王
者何如也對曰臣聞明王務聞其過不欲聞其
善臣請謁王之過夫齊趙者燕之仇讎也楚魏
者燕之援國也今王奉仇讎以伐援國非所以
利燕也王自慮之此則計過無以聞者非忠臣
也王曰夫齊者固寡人之讎所欲伐也直患國
敝力不足也子能以燕伐齊則寡人舉國委子

對曰凡天下戰國七燕處弱焉獨戰則不能有
所附則無不重南附楚楚重西附秦秦重中附
韓魏韓魏重且苟所附之國重此必使王重矣
正義曰言附諸國諸國重燕而燕尊重今夫齊長主而自用也索隱曰謂齊王年長
也或作齊彊故言長主南攻楚五年畜聚竭西困秦三年士
卒罷敝北與燕人戰覆三軍得二將徐廣曰齊覆三軍而燕失
二將○索隱曰戰國策云獲二將亦謂燕之二將是燕之失也然而以其餘兵南面舉
五千乘之大宋正義曰齊表云齊湣王三十八年滅宋乃當赧王二十九年此說乃燕噲之時
當周慎王之時齊宋在前三十餘年恐文誤矣而包十二諸侯此其君欲得
其民力竭惡足取乎且臣聞之數戰則民勞久

師則兵敝矣燕王曰吾聞齊有清濟濁河正義曰齊
濼二水上承黃河並淄青之北流入海黃河又一源從洛魏二州界北流入海亦齊西北界可以為固
長城鉅防徐廣曰齊北盧縣有防門又有長城東至海○正義曰長城西頭在齊州平陰縣界竹書紀云
梁惠王二十年齊閔王築防以為長城太山記云太山西有長城緣河經太山餘一千里至瑯耶臺入海足以為
塞誠有之乎對曰天時不與雖有清濟濁河惡
足以為固民力罷敝雖有長城鉅防惡足以為
塞且異日濟西不師正義曰齊州已西也所以備趙也河北
不師正義曰謂滄博等州在濼河之北所以備燕也今濟西河北
盡已役矣封內敝矣夫驕君必好利而亡國之
臣必貪於財王誠能無羞寵子母弟以為質正義

音致寶珠玉帛以事左右彼將有德燕而輕亡宋
則齊可亡已燕王曰吾終以子受命於天矣燕
乃使一子質於齊而蘇厲因燕質子而求見齊
王齊王怨蘇秦欲囚蘇厲燕質子為謝已遂委
質為齊臣正義曰質真栗反燕相子之與蘇代婚而欲得
燕權乃使蘇代侍質子於齊齊使代報燕燕王
噲問曰齊王其霸乎曰不能曰何也曰不信其
臣於是燕王專任子之已而讓位燕大亂齊伐
燕殺王噲子之徐廣曰是周赧王之元年時也燕立昭王而蘇代
蘇厲遂不敢入燕皆終歸齊齊善待之蘇代過

魏爲燕執代齊使人謂魏王曰齊請以宋地封涇陽君正義曰涇陽君秦王弟名悝也涇陽雍州縣也齊蘇子告秦共伐宋以封涇陽君然齊假設此策以救蘇代秦必不受秦非不利有齊而得宋地也正義曰齊言秦相親共伐宋秦得宋地又得齊事秦然秦不信齊及蘇代恐爲不成也不信齊王與蘇子也今齊魏不和如此其甚則齊不欺秦秦信齊齊秦合涇陽君有宋地非魏之利也故王不如東蘇子秦必疑齊而不信蘇子矣齊秦不合天下無變伐齊之形成矣於是出蘇代代之宋宋善待之齊伐宋宋急蘇代乃遺燕昭王書曰正義曰此書爲宋說燕令莫助齊梁夫列在萬乘而寄質於齊正義曰燕前有一子質於齊名卑而權輕奉萬乘助齊伐宋民勞而實費夫破宋殘楚淮北肥大正義曰更以淮北之地加於齊齊都是強萬乘之國而齊惣并之是益一齊齊讎彊而國害此三者皆國之大敗也然且王行之者將以取信於齊也齊加不信於王而忌燕愈甚是王之計過矣夫以宋加之淮北彊萬乘之國也而齊并之是益一齊也北夷方七百里索隱曰謂山戎北狄附齊者○正義曰齊桓公伐山戎令支斬孤竹而南歸海濱諸侯莫不來服加之以魯衛彊萬乘之國也而齊并之是益二齊也夫一齊之彊燕猶狼顧而不能支今以三齊臨燕其禍必大矣雖然智者舉事因禍

爲福轉敗爲功齊紫敗素也徐廣曰取敗素染以爲紫○正義曰齊君好紫故齊俗尚之取惡素帛染爲紫其價十倍貴於餘喻齊雖有大名而國中以困弊并也韓子云齊桓公好服紫一國盡服紫當時十素不得一紫公患之管仲曰君欲止之何不試勿衣紫也公謂左右曰惡紫臭公語三日境內莫有衣紫者而貫十倍索隱曰謂紫色價貴於帛十倍而本是敗素以喻齊雖有大名而其國中困弊也越王句踐棲於會稽復殘彊吳而霸天下此皆因禍爲福轉敗爲功者也今王若欲因禍爲福轉敗爲功則莫若挑霸齊而尊之正義曰挑田鳥反執持也使使盟於周室焚秦符曰正義曰符徵兆也其大上計破秦其次必長賓之索隱曰長如字賓音擯○正義曰大好上計策破秦次計長擯弃關西秦挾賓以待破秦王必患之秦五世伐諸侯今爲齊下秦王之志苟得窮齊不憚以國爲功然則王何不使辯士以此言說秦王曰燕趙破宋肥齊尊之爲之下者燕趙非利之也燕趙不利而勢爲之者以不信秦王也然則王何不使可信者接收燕趙令涇陽君高陵君徐廣曰馮翊高陵縣○索隱曰二人秦王母弟也高陵君名顯涇陽君名悝先於燕趙秦有變因以爲質則燕趙信秦秦爲西帝燕爲北帝趙爲中帝立三帝以令於天下韓魏不聽則秦伐之齊不聽則燕趙伐之天下孰敢不聽天下服聽因驅韓魏以伐齊曰必反宋地歸楚淮北反宋地歸楚淮北燕

趙之所利也並立三帝燕趙之所願也夫實得所利尊得所願燕趙棄齊如脫躧矣今不收燕趙齊霸必成諸侯贊齊而王不從是國伐也諸侯贊齊而王從之是名卑也今收燕趙國安而名尊不收燕趙國危而名卑夫去尊安而取危卑智者不為也秦王聞若說必若刺心然則王何不使辯士以此若言說秦秦必取齊必伐矣夫取秦厚交也伐齊正利也尊厚交務正利聖王之事也燕昭王善其書曰先人嘗有德蘇氏子之之亂而蘇氏去燕燕欲報仇於齊非蘇氏莫可乃召蘇代復善待之與謀伐齊竟破齊湣王出走久之秦召燕王燕王欲往蘇代約燕王曰楚得枳徐廣曰巴郡有枳縣○正義曰枳支是反今涪州城在秦枳縣在江南而國亡徐廣曰燕昭王三十三年秦拔楚鄢○正義曰按西陵在黃州齊得宋而國亡正義曰年表云齊湣王三十八年滅宋三十年五國共擊湣王王走莒齊楚不得以有枳宋而事秦者何也則有功者秦之深讎也秦取天下非行義也暴也秦之行暴正告天下索隱曰正告謂顯然而告天下告楚曰蜀地之甲乘船浮於汶眉貧反○索隱曰即江所出之岷山乘夏水而下江索隱曰夏音暇謂夏汶潦之水盛漲時也五日而至郢漢中之甲乘船出於巴索隱曰巴水名與漢水相近○正義曰巴嶺山在梁州南一百九十里周地志云南度老子水登巴嶺山南回記大江此南是古巴國因以名山乘夏水而

下漢四日而至五渚戰國策曰秦與荊人戰大破荊襲郢取洞庭五渚然則五渚在洞庭○索隱曰五渚五處洲也劉氏以為五渚宛鄧之間臨漢水不得在洞庭或說五渚即五湖與劉氏說各不同寡人積甲宛東下隨索隱曰宛縣之東而下隨邑智者不及謀勇士不及怒寡人如射隼矣索隱曰易曰射隼于高墉之上獲之無不利秦王言我今伐楚必當捷獲也○正義曰隼若今之鶻也王乃欲待天下之攻函谷不亦遠乎楚王為是故十七年事秦秦正告韓曰我起乎少曲索隱曰地名近宜陽也○正義曰在懷州河陽縣西北解在范雎傳一日而斷太行正義曰太行山羊腸坂道北過韓上黨也我起乎宜陽而觸平陽正義曰宜陽平陽皆韓大都也臨河也二日而莫不盡繇索隱曰音搖搖動也我離兩周正義曰離歷也歷二周而東解新鄭州韓國都拔矣而觸鄭五日而國舉索隱曰離如字謂屯兵以離二周也而乃觸擊於鄭故五日國舉舉猶拔也韓氏以為然故事秦秦正告魏曰我舉安邑塞女戟韓氏太原卷正義曰卷軌免反劉伯莊云太原當為太行卷猶斷絕我下軹道南陽封冀徐廣曰覇陵有軹道亭河東皮氏有冀亭也○索隱曰女戟地名在太行山之西劉氏卷音軌免反又音丘權反按舉安邑塞女戟及至韓氏韓國宜陽也太原縣[illegible]魏地不至太原亦無別名太衍字原當為京京及卷皆屬[illegible]陽是魏之境軹是河內軹縣言道者亦衍字徐廣引覇陵有軹道亭非魏之境蓋誤南陽即河內也封封陵也冀冀邑也皆在魏境故徐廣引河東皮氏有冀亭是也包兩周徐廣曰張儀曰下河東取成皋也○正義曰兩周王城及鞏乘夏水浮輕舟彊弩在前錟戈在後徐廣曰錟由冉反○正義曰劉伯莊云音四廉反利也決滎口魏無大梁索隱曰滎澤之口與今汴

河口通其水深可以灌大梁故云無大梁也決白馬之口魏無外黃濟陽
索隱曰白馬河津在東郡決其流以灌外黃濟陽也○正義曰故黃城在曹州考城縣東二十四里濟陽故城在曹州寃
胸縣西南三十五里決宿胥之口徐廣曰紀年曰魏救山塞集胥口○正義曰淇水出衛州淇縣界之
淇水東至黎陽入河魏志云武帝於淸淇口東因宿胥故瀆開白溝道淸淇二水入焉○索隱曰紀年作胥蓋亦津名今
其地不知所在魏無虛頓丘徐廣曰秦始皇五年取魏酸棗燕虛長平○索隱曰虛頓丘地名與酸棗
相近○正義曰虛謂殷墟今相州所理是頓丘故城在魏州頓丘縣東北二十里括地志云二國地時屬魏陸攻
則擊河內水攻則滅大梁魏氏以爲然故事秦
秦欲攻安邑恐齊救之則以宋委於齊曰宋王
無道爲木人以寫寡人射其面寡人地絕兵遠
不能攻也王苟能破宋有之寡人如自得之已

得安邑塞女戟因以破宋爲齊罪索隱曰秦令齊滅宋仍以破宋
爲齊之罪名秦欲攻韓恐天下救之則以齊委於天下
曰齊王四與寡人約四欺寡人必率天下以攻
寡人者三有齊無秦有秦無齊必伐之必亡之
已得宜陽少曲致藺石因以破齊爲天下罪秦
欲攻魏重楚索隱曰重猶附也尊也○正義曰畏楚救魏則以南陽委於
楚曰正義曰南陽鄧州地本韓地也韓先事秦今楚取南陽故言與韓且絕矣寡人固與韓
且絕矣殘均陵塞鄳阸徐廣曰鄳江夏鄳縣均一作灼鄳音盲○索隱曰均陵在
南陽今之均州鄳縣名在江夏○正義曰均州故城在隨州西南五十里蓋均陵也又申州羅山縣本漢鄳縣申州有平
淸關蓋古盲縣之阸塞苟利於楚寡人如自有之魏棄與國

而合於秦因以塞鄳阸爲楚罪兵困於林中徐廣
曰河南苑陵有林鄉重燕趙以膠東委於燕以濟西委於趙
趙得講於魏至公子延因犀首屬行而攻趙索隱
曰講和也解也秦與魏和也至當爲質謂以公子延爲質也犀首者公孫衍也本魏將因之以屬軍行行音胡郎反謂連
兵相續也兵傷於譙石遇敗於陽馬索隱曰譙石陽馬並趙之地名非縣
邑也而重魏則以葉蔡委於魏已得講於趙則劫
魏不爲割困則使太后弟穰侯爲和嬴則兼欺
舅與母索隱曰嬴猶勝也舅穰侯魏冉也母太后也適燕者曰以膠東索隱
曰適音宅適者責也下同適趙者曰以濟西適魏者曰以葉蔡
適楚者曰以塞鄳阸適齊者曰以宋此必令言

如循環用兵如刺蜚母不能制舅不能約龍賈
之戰魏襄王五年秦敗我龍賈軍岸門之戰韓宣惠王十九年秦大破我岸門封陵
之戰魏哀王十六年秦敗我封陵高商之戰此戰事不見趙莊之戰趙肅
侯二十二年趙莊與秦戰敗秦殺趙莊河西秦之所殺三晉之民數百萬
今其生者皆死秦之孤也西河之外上雒之地
三川晉國之禍三晉之半秦禍如此其大也索隱
曰以言西河之外上雒之地及三川晉國皆是秦與魏戰之處秦兵禍敗我三晉之半是秦禍如此其大者而燕
趙之秦者皆以爭事秦說其主索隱曰燕趙之人往秦者謂游說之士
此臣之所大患也燕昭王不行蘇代復重於燕
燕使約諸侯從親如蘇秦時或從或不而天下

由此宗蘇氏之從約代厲皆以壽死名顯諸侯

太史公曰蘇秦兄弟三人皆游說諸侯以顯名索隱曰譙允南以爲蘇氏兄弟五人更有蘇辟蘇鵠典略亦同其說蓋按蘇氏譜云然也其術長於權變而蘇秦被反閒以死天下共笑之諱學其術然世言蘇秦多異異時事有類之者皆附之蘇秦夫蘇秦起閭閻連六國從親此其智有過人者吾故列其行事次其時序毋令獨蒙惡聲焉

索隱述贊曰

季子周人　師事鬼谷　揣摩既就

陰符伏讀　合從離衡　佩印者六

天王除道　家人扶服　賢哉代厲

繼榮黨族

蘇秦列傳第九　史記六十九

張儀列傳第十　史記七十

張儀者魏人也呂氏春秋曰儀魏氏餘子○索隱曰晉有大夫張老又河東有西張城張氏為魏人必也而呂覽以為魏氏餘子則蓋魏之支庶也又書略說以餘子謂之季子也○正義曰傳云晉有公族餘子公行杜預云皆官卿之嫡以為公族大夫餘子嫡子之母弟也公行庶子掌公戎行也藝文志云張子十篇在縱橫流始嘗與蘇秦俱事鬼谷先生學術蘇秦自以不及張儀張儀已學而游說諸侯索隱曰說音稅嘗從楚相飲已而楚相亡璧門下意張儀曰儀貧無行必此盜相君之璧共執張儀掠笞數百不服醳之醳音釋○索隱曰古釋字其妻曰嘻索隱曰音僖鄭玄曰嘻悲恨之聲子毋讀書游說安得此辱乎張儀謂其妻曰視吾舌尚在不其妻笑曰舌在也儀曰足矣蘇秦已說趙王而得相約從親索隱曰從音足容反然恐秦之攻諸侯敗約後負念莫可使用於秦者乃使人微感張儀曰子始與蘇秦善今秦已當路子何不往游以求通子之願張儀於是之趙上謁求見蘇秦蘇秦乃誡門下人不為通又使不得去者數日已而見之坐之堂下賜僕妾之食因而數讓之索隱曰按謂數設詞而讓之讓亦責也數音朔曰以子之材能乃自令困辱至此吾寧不能言而富貴子子不足收也謝去之張儀之來也自以為故人求益反見辱怒念諸

侯莫可事獨秦能苦趙乃遂入秦蘇秦已而告其舍人曰張儀天下賢士吾殆弗如也今吾幸先用而能用秦柄者獨張儀可耳然貧無因以進吾恐其樂小利而不遂故召辱之以激其意子為我陰奉之乃言趙王發金幣車馬使人微隨張儀與同宿舍稍稍近就之奉以車馬金錢所欲用為取給而弗告張儀遂得以見秦惠王惠王以為客卿與謀伐諸侯蘇秦之舍人乃辭去張儀曰賴子得顯方且報德何故去也舍人曰臣非知君知君乃蘇君蘇君憂秦伐趙敗從約以為非君莫能得秦柄故感怒君使臣陰奉給君資盡蘇君之計謀今君已用請歸報張儀曰嗟乎此在吾術中而不悟吾不及蘇君明矣吾又新用安能謀趙乎為吾謝蘇君蘇君之時儀何敢言且蘇君在儀寧渠能乎渠音詎○索隱曰古字少假借耳張儀既相秦為文檄徐廣曰一作咫尺之檄○索隱曰王劭按春秋後語云丈二尺檄許慎云檄二尺書也告楚相曰始吾從若飲索隱曰若汝也下文而亦訓汝我不盜而璧若笞我若善守汝國我顧且盜而城苴蜀相攻擊徐廣曰譙周曰益州天苴讀為包黎之包音與巴相近以為今之巴郡○索隱曰苴音巴謂巴蜀之夷自相攻擊也今作苴者按巴苴草名今論巴遂誤作苴也或巴人巴郡本因芭苴得名所以

其字遂以苴爲巴也注引天苴即巴苴也譙周蜀人也知天苴之音讀爲巴黎之芭按芭黎即織木葺所以爲葦籬也今江南亦謂葦籬曰芭籬○正義曰華陽國志云昔蜀王封其弟于漢中號曰苴侯因命之邑曰葭萌苴侯與巴王爲好巴與蜀爲讎故蜀王怒伐苴苴奔巴求救於秦秦遣張儀從子午道伐蜀王自葭萌禦之敗績走至武陽爲秦軍所害秦遂滅蜀因滅巴蜀二郡括地志云苴侯都葭萌今利州益昌縣五十里葭萌故城是蜀侯都益州巴子城在合州石鏡縣南五里故墊江縣也巴子都江州在都之北又峽州界也 各來告急於秦秦惠王欲發兵以伐蜀以爲道險狹難至而韓又來侵秦秦惠王欲先伐韓後伐蜀恐不利欲先伐蜀恐韓襲秦之敝猶豫未能決司馬錯與張儀爭論於惠王之前 索隱曰錯音七各反又音七故反 司馬錯欲伐蜀張儀曰不如伐韓王曰請聞其說儀曰親魏善

楚下兵三川塞什谷之口 徐廣曰一作尋成皐鞏縣有尋口○索隱曰尋什聲相近故其名惑也戰國策作轘轅緱氏之口亦其地相近也什谷地名○正義曰括地志云温泉水即尋源出洛州鞏縣西南四十里注水經云鄩城水出北山鄩溪又有故鄩城在鞏縣西南五十八里按洛州緱氏縣東南四十里與鄩溪相近之地 當屯留之道 正義曰屯留潞州縣也道即太行羊腸阪道也 魏絕南陽 正義曰南陽懷州也是當屯留之道今魏絕斷壞羊腸韓上黨之路也 楚臨南鄭 正義曰是塞什谷之口也今楚兵臨鄭南塞轘轅鄩口斷韓南陽之兵也 秦攻新城宜陽 索隱曰新城當在河南伊闕之左右○正義曰洛州福昌縣也 以臨二周之郊誅周王之罪侵楚魏之地周自知不能救九鼎寶器必出據九鼎案圖籍挾天子以令於天下天下莫敢不聽此王業也今夫蜀西僻之國而戎翟之倫也敝

兵勞衆不足以成名得其地不足以爲利臣聞爭名者於朝爭利者於市今三川周室天下之朝市也而王不爭焉顧爭於戎翟去王業遠矣 索隱曰王音于放反 司馬錯曰不然臣聞之欲富國者務廣其地欲彊兵者務富其民欲王者務博其德三資者備而王隨之矣今王地小民貧故臣願先從事於易夫蜀西僻之國也而戎翟之長也有桀紂之亂以秦攻之譬如使豺狼逐羣羊得其地足以廣國取其財足以富民 索隱曰戰國策取作得 繕兵不傷衆而彼已服焉 正義曰繕音膳同繕具食也 拔一國而天

下不以爲暴利盡西海而天下不以爲貪 索隱曰西海謂蜀川也海者珎藏所聚生猶謂秦中爲陸海然也其寶西亦有海所以云西海○正義曰海之言晦也西夷晦昧無知故言海也言利盡西方羌戎 是我一舉而名實附也 索隱曰名謂博其德也實謂得土地財寶也 而又有禁暴止亂之名今攻韓劫天子惡名也而未必利也又有不義之名而攻天下所不欲危矣臣請謁其故 索隱曰謁者告也陳也故謂陳不宜伐之端由也 周天下之宗室也齊韓之與國也周自知失九鼎韓自知亡三川 正義曰韓自知亡二周故與周并力合謀也 將二國并力合謀以因乎齊趙而求解乎楚魏以鼎與楚以地與魏王弗能止也此臣之所謂危也不如

伐蜀完惠王曰善寡人請聽子卒起兵伐蜀十月取之 索隱曰六國年表在惠王二十二年十月也 遂定蜀 正義曰表云秦惠王後元年十月擊滅之 貶蜀王更號爲侯而使陳莊相蜀蜀既屬秦秦以益彊富厚輕諸侯秦惠王十年使公子華 徐廣曰一作華 與張儀圍蒲陽 索隱曰魏之邑名○正義曰在隰州隰川縣蒲邑故城是也 降之儀因言秦復與魏而使公子繇質於魏儀因說魏王曰秦王之遇魏甚厚魏不可以無禮魏因入上郡少梁謝秦惠王惠王乃以張儀爲相更名少梁曰夏陽 徐廣曰夏陽在梁山龍門○索隱曰夏音下山名亦曰大夏禹所都○正義曰少梁城同州韓城縣南二十三里夏陽城在縣南二十里梁山在縣東南十九里龍門山在縣北五十里 儀相秦四歲立惠王爲王 正義曰表云惠王之十三年周顯王之三十四年也 居一歲爲秦將取陝築上郡塞其後二年使與齊楚之相會齧桑東還而免相相魏以爲秦欲令魏先事秦而諸侯效之魏王不肯聽儀秦王怒伐取魏之曲沃平周復陰厚張儀益甚張儀慙無以歸報留魏四歲而魏襄王卒哀王立張儀復說哀王哀王不聽於是張儀陰令秦伐魏魏與秦戰敗明年齊又來敗魏於觀津 觀音貫 秦復欲攻魏先敗韓申差軍斬首八萬諸侯震恐而張儀復說魏王曰魏地方不至千里卒

不過三十萬地四平諸侯四通輻湊無名山大川之限從鄭至梁二百餘里車馳人走不待力而至梁南與楚境西與韓境北與趙境東與齊境卒戍四方守亭鄣者不下十萬梁之地勢固戰場也梁南與楚而不與齊則齊攻其東東與齊而不與趙則趙攻其北不合於韓則韓攻其西不親於楚則楚攻其南此所謂四分五裂之道也且夫諸侯之爲從者將以安社稷尊主彊兵顯名也今從者一天下約爲昆弟刑白馬以盟洹 音桓 水之上以相堅也而親昆弟同父母尚有爭錢財而欲恃詐僞反覆蘇秦之餘謀其不可成亦明矣大王不事秦秦下兵攻河外 索隱曰河之西卽曲沃平周之邑也○正義曰河外卽卷衍燕酸棗 據卷衍酸棗 卷丘權反衍以善反○索隱曰卷在河南衍地名○正義曰卷衍屬鄭州燕滑州胙城縣酸棗屬滑州皆黃河南岸地 劫衛取陽晉 正義曰故城在曹州乘氏縣西北三十七里 則趙不南趙不南而梁不北梁不北則從道絕從道絕則大王之國欲毋危不可得也秦折韓而攻梁 索隱曰戰國策折作挾也 韓怯於秦秦韓爲一梁之亡可立而須也此臣之所爲大王患也爲大王計莫如事秦事秦則楚韓必不敢動無楚韓之患則大王高枕而臥 正義曰枕針鴆反 國

必無憂矣且夫秦之所欲弱者莫如楚而能弱楚者莫如梁楚雖有富大之名而實空虛其卒雖多然而輕走易北不能堅戰悉梁之兵南面而伐楚勝之必矣割楚而益梁虧楚而適秦嫁禍安國此善事也大王不聽臣秦下甲士而東伐雖欲事秦不可得矣且夫從人多奮辭而少可信說一諸侯而成封侯是故天下之游談士莫不日夜搤腕瞋目切齒以言從之便以說人主人主賢其辯而牽其說豈得無眩哉臣聞之積羽沉舟羣輕折軸衆口鑠金積毀銷骨故願大王審定計議且賜骸骨辟魏 哀王於是乃倍從約而因儀請成於秦張儀歸復相秦三歲而魏復背秦為從秦攻魏取曲沃明年魏復事秦秦欲伐齊齊楚從親於是張儀往相楚楚懷王聞張儀來虛上舍而自館之曰此僻陋之國子何以教之儀說楚王曰大王誠能聽臣閉關絕約於齊臣請獻商於之地六百里（索隱曰劉氏云商今之商州有古商城其西二百餘里有古於城） 使秦女得為大王箕帚之妾秦楚娶婦嫁女長為兄弟之國此北弱齊而西益秦也計無便此者楚王大說而許之羣臣皆賀

陳軫獨弔之楚王怒曰寡人不興師發兵得六百里地羣臣皆賀子獨弔何也陳軫對曰不然以臣觀之商於之地不可得而齊秦合齊秦合則患必至矣楚王曰有說乎陳軫對曰夫秦之所以重楚者以其有齊也今閉關絕約於齊則楚孤秦奚貪夫孤國而與之商於之地六百里張儀至秦必負王是北絕齊交西生患於秦也而兩國之兵必俱至善為王計者不若陰合而陽絕於齊使人隨張儀苟與吾地絕齊未晚也不與吾地陰合謀計也楚王曰願陳子閉口毋復言以待寡人得地乃以相印授張儀厚賂之於是遂閉關絕約於齊使一將軍隨張儀張儀至秦詳失綏墮車不朝三月（正義詳音羊） 楚王聞之曰儀以寡人絕齊未甚邪乃使勇士至宋借宋之符北罵齊王齊王大怒折節而下秦秦齊之交合張儀乃朝謂楚使者曰臣有奉邑六里願以獻大王左右楚使者曰臣受令於王以商於之地六百里不聞六里還報楚王楚王大怒發兵而攻秦陳軫曰軫可發口言乎攻之不如割地反以賂秦與之并兵而攻齊是我出地於秦取

償於齊也王國尚可存楚王不聽卒發兵而使
將軍屈匄擊秦秦齊共攻楚斬首八萬殺屈匄
遂取丹陽 徐廣曰在枝江 漢中之地 正義曰今梁州也在漢水北 楚又復
益發兵而襲秦至藍田大戰楚大敗於是楚割
兩城以與秦平秦要楚欲得黔中地 正義要音腰 欲以
武關外易之 正義曰即商於之地 楚王曰不願易地願得張
儀而獻黔中地秦王欲遣之口弗忍言張儀乃
請行惠王曰彼楚王怒子之負以商於之地是
且甘心於子張儀曰秦彊楚弱臣善靳尚尚得
事楚夫人鄭袖袖所言皆從且臣奉王之節使

楚楚何敢加誅假令誅臣而爲秦得黔中之地
臣之上願遂使楚楚懷王至則囚張儀將殺之
靳尚謂鄭袖曰子亦知子之賤於王乎鄭袖曰
何也靳尚曰秦王甚愛張儀而不欲出之 索隱曰不字當作必時張儀爲楚所囚故必欲出之也○正義曰秦王不欲出張儀使楚若欲自行今秦欲以上庸地及美人贖儀 今
將以上庸之地六縣 正義曰今房州也 賂楚以美人聘楚
以宮中善歌謳者爲媵楚王重地尊秦秦女必
貴而夫人斥矣不若爲言而出之於是鄭袖日
夜言懷王曰人臣各爲其主用今地未入秦秦
使張儀來至重王王未有禮而殺張儀秦必大

怒攻楚妾請子母俱遷江南毋爲秦所魚肉也
懷王後悔赦張儀厚禮之如故張儀既出未去
聞蘇秦死 索隱曰此時當楚懷王之後元十四年 乃說楚王曰秦地半
天下兵敵四國被險帶河四塞以爲固虎賁之
士百餘萬車千乘騎萬匹積粟如丘山法令既
明士卒安難樂死主明以嚴將智以武雖無出
甲席卷常山之險必折天下之脊 索隱曰常山於天下在北有若人之背脊也○正義曰古之帝王多都河北河東故也 天下有後服者先亡且
夫爲從者無以異於驅羣羊而攻猛虎虎之與
羊不格明矣今王不與猛虎而與羣羊臣竊以

爲大王之計過也凡天下彊國非秦而楚非楚
而秦兩國交爭其勢不兩立大王不與秦秦下
甲據宜陽韓之上地不通下河東取成皋韓必
入臣梁則從風而動秦攻楚之西韓梁攻其北
社稷安得毋危且夫從者聚羣弱而攻至彊不
料敵而輕戰國貧而數舉兵危亡之術也臣聞
之兵不如者勿與挑戰 正義挑田鳥反 粟不如者勿與
持久夫從人飾辯虛辭高主之節言其利不言
其害卒有秦禍 正義卒葱忽反 無及爲已是故願大王
之孰計之秦西有巴蜀大船積粟起於汶山 正義

汶音泯浮江已下至楚三千餘里舫船載卒索隱曰舫音方謂並兩船也一舫載五十人與三月之食下水而浮一日行三百餘里里數雖多然而不費牛馬之力不至十日而距扞關徐廣曰巴郡魚復有扞水扞關○索隱曰扞關在楚之西界復音伏地理志巴郡有魚復縣○正義曰在硤州巴山縣界扞關驚則從境以東盡城守矣黔中巫郡非王之有秦舉甲出武關南面而伐則北地絶正義曰楚之北境斷絶秦兵之攻楚也危難在三月之內而楚待諸侯之救在半歲之外此其勢不相及也夫待弱國之救忘彊秦之禍此臣所以爲大王患也大王嘗與吳人戰五

戰而三勝陣卒盡矣偏守新城存民苦矣索隱曰偏音匹連反此之新城當在吳楚之間也○正義曰新攻得之城未詳所在臣聞功大者易危而民敝者怨上夫守易危之功而逆彊秦之心臣竊爲大王危之且夫秦之所以不出兵函谷十五年以攻齊趙者陰謀有合徐廣曰一作吞天下之心楚嘗與秦構難戰於漢中索隱曰其地在秦之山南楚之西北漢水南之地名曰漢中也楚人不勝列侯執珪死者七十餘人遂亡漢中楚王大怒興兵襲秦戰於藍田此所謂兩虎相搏徐廣曰或音戟者也夫秦楚相敝而韓魏以全制其後計無危於此者矣願大王孰計之秦下

甲攻衛陽晉必大關天下之匈徐廣曰關一作開○索隱曰以常山爲天下脊則此衛及陽晉當天下胷蓋其地是秦晉齊楚之交道也以言秦兵據陽晉是大關天下胷則他國不得動也大王悉起兵以攻宋不至數月而宋可舉舉宋而東指則泗上十二諸侯盡王之有也索隱曰邊近泗水之側當戰國之時有十二諸侯宋魯鄒莒之比也凡天下而以信約從親相堅者蘇秦封武安君相燕即陰與燕王謀伐破齊而分其地乃詳有罪出走入齊齊王因受而相之居二年而覺齊王大怒車裂蘇秦於市夫以一詐偽之蘇秦而欲經營天下混壹諸侯索隱曰混本一作棍同胡本反其不可成亦明矣今秦與楚接境壤界固

形親之國也大王誠能聽臣臣請使秦太子入質於楚楚太子入質於秦請以秦女爲大王箕帚之妾效萬室之都以爲湯沐之邑長爲昆弟之國終身無相攻伐臣以爲計無便於此者於是楚王已得張儀而重出黔中地與秦欲許之屈原曰前大王見欺於張儀張儀至臣以爲大王烹之今縱弗忍殺之又聽其邪說不可懷王曰許儀而得黔中美利也後而倍之不可故卒許張儀與秦親張儀去楚因遂之韓說韓王曰韓地險惡山居五穀所生非菽而麥民之食大

抵飯菽藿羹一歲不收民不饜糟糠地不過九百里無二歲之食料大王之卒悉之不過三十萬而廝徒負養在其中矣（索隱曰廝徒謂雜役之賤者負養謂負擔以給養公家亦賤人也）除守徼亭鄣塞見卒不過二十萬而已矣秦帶甲百餘萬車千乘騎萬匹虎賁之士跿跔科頭（跿跔音徒俱跳躍也又云偏舉一足曰跿跔科頭謂不著兜鍪入敵○索隱曰跔又音劬戰國策作虎摯之士）貫頤奮戟者至不可勝計（言執戟奮怒而入陳也○索隱曰兩手捧頤而直入敵言其勇也又有執戟者奮怒而趨入陣也）秦馬之良戎兵之衆探前趹後蹄間三尋（索隱曰謂馬前足探向前後足趹於後趹音烏穴反趹謂後足抉地言馬之走勢疾也七尺曰尋言馬走之疾前後蹄間一擲而過三尋也）騰者不可勝數

山東之士被甲蒙胄以會戰秦人捐甲徒裼以趨敵（索隱曰徒跣也裼袒也謂袒而見肉也）左挈人頭右挾生虜夫秦卒與山東之卒猶孟賁之與怯夫以重力相壓猶烏獲之與嬰兒夫戰孟賁烏獲之士以攻不服之弱國無異垂千鈞之重於鳥卵之上必無幸矣夫羣臣諸侯不料地之寡而聽從人之甘言好辭比周以相飾也皆奮曰聽吾計可以彊霸天下夫不顧社稷之長利而聽須臾之說註誤人主無過此者大王不事秦秦下甲據宜陽斷韓之上地東取成皋滎陽則鴻臺之宮桑

林之苑（徐廣曰桑一作栗○索隱曰此皆韓之宮苑亦見戰國策）非王之有也夫塞成皋絕上地則王之國分矣先事秦則安不事秦則危夫造禍而求其福報計淺而怨深逆秦而順楚雖欲毋亡不可得也故爲大王計莫如爲（于僞反）秦秦之所欲莫如弱楚而能弱楚者莫如韓非以韓能彊於楚也其地勢然也今王西面而事秦以攻楚秦王必喜夫攻楚以利其地轉禍而說秦計無便於此者韓王聽儀計張儀歸報秦惠王封儀五邑號曰武信君使張儀東說齊湣王曰天下彊國無過齊者大臣父兄

殷衆富樂然而爲大王計者皆爲一時之說不顧百世之利從人說大王者必曰齊西有彊趙南有韓與梁齊負海之國也地廣民衆兵彊士勇雖有百秦將無柰齊何大王賢其說而不計其實夫從人朋黨比周莫不以從爲可臣聞之齊與魯三戰而魯三勝國以危亡隨其後雖有戰勝之名而有亡國之實是何也齊大而魯小也今秦之與齊也猶齊之與魯也秦趙戰於河漳之上再戰而趙再勝秦戰於番吾之下再戰又勝秦（索隱曰番音盤又音婆趙之邑也）四戰之後趙之亡卒數

十萬邯鄲僅存雖有戰勝之名而國已破矣是
何也秦彊而趙弱今秦楚嫁女娶婦爲昆弟之
國韓獻宜陽梁效河外（索隱曰河外河之南邑若曲沃平周等也○正義曰謂同華州地也）趙入朝澠（綿善反）池割河間以事秦（索隱曰河漳之間邑割以事秦耳○正義曰河間瀛州縣）大王不事秦秦驅韓梁攻齊之
南地悉趙兵渡清河指博關（正義曰博關在博州趙兵從貝州度黃河指博關則漯河南臨淄即墨危矣）臨菑即墨非王之有也國一日見
攻雖欲事秦不可得也是故願大王孰計之也
齊王曰齊僻陋隱居東海之上未嘗聞社稷之
長利也乃許張儀張儀去西說趙王曰敝邑秦
王使使臣效愚計於大王大王收率天下以賓
秦秦兵不敢出函谷關十五年大王之威行於
山東敝邑恐懼懾伏繕甲厲兵飾車騎（正義飾音勑）習
馳射力田積粟守四封之內愁居懾處不敢動
搖唯大王有意督過之也（索隱曰督者正其事而責之督過是深責其過也）
今以大王之力舉巴蜀并漢中包兩周遷九鼎
守白馬之津秦雖僻遠然而心忿含怒之日久
矣今秦有敝甲凋兵軍於澠池願渡河踰漳據
番吾會邯鄲之下願以甲子合戰以正殷紂之
事敬使使臣先聞左右凡大王之所信爲從者

恃蘇秦蘇秦熒惑諸侯以是爲非以非爲是欲
反齊國而自令車裂於市夫天下之不可一亦
明矣今楚與秦爲昆弟之國而韓梁稱爲東藩
之臣齊獻魚鹽之地此斷趙之右臂也夫斷右
臂而與人鬬失其黨而孤居求欲毋危豈可得
乎今秦發三將軍其一軍塞午道（索隱曰此午道當在趙之東齊之西也午道地名也鄭玄云一縱一橫爲午謂交道也）告齊使興師渡清河軍
於邯鄲之東一軍軍成皋驅韓梁軍於河外（正義曰河外謂鄭滑州北臨河）一軍軍於澠池約四國爲一以攻趙
趙服必四分其地是故不敢匿意隱情先以聞
於左右臣竊爲大王計莫如與秦王遇於澠池
面相見而口相結請案兵無攻願大王之定計
趙王曰先王之時奉陽君專權擅勢蔽欺先王
獨擅綰事寡人居屬師傅不與國謀計先王棄
羣臣寡人年幼奉祀之日新心固竊疑焉以爲
一從不事秦非國之長利也乃且願變心易慮
割地謝前過以事秦方將約車趨行（正義趨音趨）適
聞使者之明詔趙王許張儀張儀乃去北之燕
說燕昭王曰大王之所親莫如趙昔趙襄子嘗
以其姊爲代王妻欲并代約與代王遇於句注

之塞正義曰句注山在代州也上音勾乃令工人作爲金斗長其
尾索隱曰斗音主凡方者爲斗若安長柄則名爲枓音主尾即斗之柄其形若刀者是也令可以
擊人與代王飲陰告厨人曰即酒酣樂進熱啜
反索隱曰音昌悅反謂熱啜之是羹也下云厨人進斟斟謂羹汁故名汁曰斟左氏傳公羊傳云羊羹不斟是也
斗以擊之正義曰反斗即倒柄擊也於是酒酣樂進熱啜厨人
進斟因反斗以擊代王殺之王腦塗地其姊聞
之因摩笄以自刺故至今有摩笄之山笄婦人之首飾如今
象牙擿○正義曰笄今簪也摩笄山在蔚州飛狐縣東北百五十里代王之亡天下莫不
聞夫趙王之狼戾無親大王之所明見且以趙
王爲可親乎趙興兵攻燕再圍燕都而劫大王

大王割十城以謝今趙王已入朝澠池效河閒
以事秦今大王不事秦秦下甲雲中九原驅趙
而攻燕則易水長城正義曰並在易州界非大王之有也且
今時趙之於秦猶郡縣也不敢妄舉師以攻伐
今王事秦秦王必喜趙不敢妄動是西有彊秦
之援而南無齊趙之患是故願大王孰計之燕
王曰寡人蠻夷僻處雖大男子裁音在如嬰兒言
不足以采正計今上客幸教之請西面而事秦
獻恒山之尾五城索隱曰尾猶末也謂獻恒山之東五城以與秦燕王聽儀
儀歸報未至咸陽而秦惠王卒武王立武王自

爲太子時不說張儀及即位羣臣多讒張儀曰
無信左右賣國以取容秦必復用之恐爲天下
笑諸侯聞張儀有郤武王皆畔衡復合從秦武
王元年羣臣日夜惡張儀未已而齊讓又至張
儀懼誅乃因謂秦武王曰儀有愚計願效之王
曰柰何對曰爲秦社稷計者東方有大變然後
王可以多割得地也今聞齊王甚憎儀儀之所
在必興師伐之故儀願乞其不肖之身之梁齊
必興師而伐梁梁齊之兵連於城下而不能相
去王以其閒伐韓入三川出兵函谷而毋伐以

臨周祭器必出索隱曰凡王者大祭祀必陳設文物軒車彝器等因謂此爲祭器也挾
天子按圖籍此王業也秦王以爲然乃具革車
三十乘入儀之梁齊果興師伐之梁哀王恐張
儀曰王勿患也請令罷齊兵乃使其舍人馮喜
之楚索隱曰此與戰國策同舊本作憙者誤也借使之齊謂齊王曰王
甚憎張儀雖然亦厚矣王之託儀於秦也齊王
曰寡人憎儀儀之所在必興師伐之何以託儀
對曰是乃王之託儀也夫儀之出也固與秦王
約曰爲王計者東方有大變然後王可以多割
得地今齊王甚憎儀儀之所在必興師伐之故

儀願乞其不肖之身之梁齊必興師伐之齊梁之兵連於城下而不能相去王以其閒伐韓入三川出兵函谷而無伐以臨周祭器必出挾天子案圖籍此王業也秦王以為然故具革車三十乘而入之梁也今儀入梁王果伐之是王內罷國而外伐與國索隱曰謂齊之伐梁也梁之與齊先相許與約從為鄰故云與國也廣鄰敵以內自臨而信儀於秦王也此臣之所謂託儀也齊王曰善乃使解兵張儀相魏一歲卒於魏也索隱曰年表張儀以安王十年卒紀年云梁哀王九年五月卒

陳軫者游說之士與張儀俱事秦惠王皆貴重爭寵張儀惡陳軫於秦王曰軫重幣輕使秦楚之閒將為國交也今楚不加善於秦而善軫者軫自為厚而為王薄也且軫欲去秦而之楚王胡不聽乎王謂陳軫曰吾聞子欲去秦之楚有之乎軫曰然王曰儀之言果信矣軫曰非獨儀知之也行道之士盡知之矣昔子胥忠於其君而天下爭以為臣曾參孝於其親而天下願以為子故賣僕妾不出閭巷而售者良僕妾也出婦嫁於鄉曲者良婦也今軫不忠其君楚亦何以軫為忠乎忠且見棄軫不之楚何歸乎王以

其言為然遂善待之居秦期年秦惠王終相張儀而陳軫奔楚楚未之重也而使陳軫使於秦過梁欲見犀首犀首謝弗見軫曰吾為事來公不見軫軫將行不得待索隱曰軫語犀首言我故來欲有教汝之事何不相見異日犀首見之陳軫曰公何好飲也犀首曰無事也曰吾請令公厭事可乎索隱曰厭饜一豔反厭者飽也謂欲令其多事曰奈何曰田需約諸侯從親索隱曰需時為魏相楚王疑之未信也公謂於王曰臣與燕趙之王有故數使人來曰無事何不相見願謁行於王王雖許公公請毋多車以車三十乘可陳之於庭明言之燕趙燕趙客聞之馳車告其王使人迎犀首楚王聞之大怒曰田需與寡人約而犀首之燕趙是欺我也怒而不聽其事齊聞犀首之北使人以事委焉犀首遂行三國相事皆斷於犀首軫遂至秦韓魏相攻朞年不解秦惠王欲救之問於左右左右或曰救之便或曰勿救便惠王未能為之決陳軫適至秦惠王曰子去寡人之楚亦思寡人不陳軫對曰王聞夫越人莊舄乎王曰不聞曰越人莊舄仕楚執珪有頃而病楚王曰舄故越之鄙細人也今仕楚執珪貴富

矣亦思越不中謝索隱曰謂侍御之官也對曰凡人之思故在其病也彼思越則越聲不思越則楚聲使人往聽之猶尚越聲也今臣雖棄逐之楚豈能無秦聲哉惠王曰善今韓魏相攻朞年不解或謂寡人救之便或曰勿救便索隱曰此張儀等計策寡人不能決願子爲子主計之索隱曰子指陳軫也子主謂楚王也餘爲寡人計之陳軫對曰亦嘗有以夫辨莊子刺虎聞於王者乎索隱曰戰國策作館莊子館謂逆旅舍其人字莊子或作辨莊子莊子欲刺虎館豎子止之曰兩虎方且食牛食甘必爭爭則必鬬鬬則大者傷小者死從傷而刺之一舉必

有雙虎之名辨莊子以爲然立須之有頃兩虎果鬬大者傷小者死莊子從傷者而刺之一舉果有雙虎之功今韓魏相攻朞年不解是必大國傷小國亡從傷而伐之一舉必有兩實此猶莊子刺虎之類也臣主與王何異也索隱曰臣主謂軫之主楚王也王秦惠王以言我主與王俱宜待韓魏之斃而擊之亦無以異也惠王曰善卒弗救大國果傷小國亡秦興兵而伐大剋之此陳軫之計也

犀首者魏之陰晉人也司馬彪曰犀首魏官名若今虎牙將軍名衍姓公孫氏與張儀不善張儀爲秦之魏魏王相

張儀犀首弗利故令人謂韓公叔曰張儀已合秦魏矣其言曰正義曰此張儀合秦魏之辭魏攻南陽秦攻三川魏王所以貴張子者欲得韓地也且韓之南陽已舉矣子何不少委焉以爲衍功則秦魏之交可錯矣索隱曰錯音措錯停止也然則魏必圖秦而棄儀收韓而相衍公叔以爲便因委之犀首以爲功果相魏張儀去徐廣曰復相秦義渠君朝於魏犀首聞張儀復相秦害之犀首乃謂義渠君曰道遠不得復過索隱曰音戈言義渠道遠今日已後不復得更過相見請謁事情索隱曰謂欲以秦之緩急告語之也曰中國無事索隱曰謂山東諸侯齊魏之六國○正義曰中國謂關東六國

無事不共攻秦秦得燒掇焚杅徐廣曰一孤切○索隱曰掇音都活反謂焚燒而侵掠也焚杅音煩烏謂焚蹂而牽製也戰國策云且燒爇獲君之國是說其事也君之國有事索隱曰謂山東諸國共伐秦也秦將輕使重幣事君之國索隱曰謂秦求親義渠君也○正義曰有事謂六國攻秦秦若被攻伐則必輕使重幣事義渠之國欲令相助犀首此言者令義渠君勿援秦也其後五國伐秦索隱曰按表秦惠王後元七年楚魏齊韓趙五國共攻秦是其事者也會陳軫謂秦王曰義渠君者蠻夷之賢君也不如賂之以撫其志秦王曰善乃以文繡千純索隱曰凡絲綿布帛等一段爲一純音屯婦女百人遺義渠君義渠君致羣臣而謀曰此公孫衍所謂邪索隱曰謂上文犀首云君之國有事秦將輕使重幣事君之國故云公孫衍之所謂因起兵襲秦以傷張儀也乃起兵襲秦大敗秦

人李伯之下索隱曰謂義渠破秦軍於李伯之下則李伯人名或邑號戰國策伯作帛張儀已卒之後犀首入相秦嘗佩五國之相印為約長索隱曰犀首後相五國或從或橫常為約長

太史公曰三晉多權變之士夫言從衡彊秦者大抵皆三晉之人也夫張儀之行事甚於蘇秦然世惡蘇秦者以其先死而儀振暴其短以扶其說索隱曰暴音步卜反振謂振揚而暴露其短扶謂說彼之非成我之是扶會己之說辭也成其衡道索隱曰張儀說六國使連衡而事秦故云成其衡道然山東地形從長蘇秦相六國令從親而賓秦也關西地形衡長張儀相六國令破其從而連秦之衡故蘇為合從張為連衡也要之此兩人真傾危之士哉

索隱述贊曰

儀未遭時　頻被困辱　及相秦惠
先韓後蜀　連衡齊魏　傾危誑惑
陳軫挾權　犀首騁欲　如何三晉
繼有斯德

張儀列傳第十　史記七十

樗里子甘茂列傳第十一　史記七十一

樗里子者名疾秦惠王之弟也索隱曰樗木名也音攄高誘曰其里有樗樹故曰樗里然疾居渭南陰鄉之樗里故號曰樗里子又紀年則謂之褚里疾與惠王異母母韓女也樗里子滑稽多智索隱曰滑音骨稽音雞鄒誕解云滑亂也稽同也謂辯捷之人言非若是言是若非謂能亂同異也一云滑稽酒器可轉注吐酒不已以言俳優之人出口成章詞不窮竭如滑稽之吐酒不已也○正義曰滑讀爲淈水流自出稽計也言其智計宣吐如泉流出無盡故楊雄酒賦云鴟夷滑稽腹大如壺是也顏師古云滑稽轉利之稱也滑亂也稽礙也其變無留也一說稽考也言其滑亂不可考較秦人號曰智囊秦惠王八年爵樗里子右更索隱曰右更秦第十四爵名使將而伐曲沃正義曰故城在陝州縣西南三十二里盡出其人索隱曰年表云十一年拔魏曲沃歸其人秦本紀惠文王後元八年五國共圍秦使庶長疾與戰修魚斬首八萬十一年樗里疾攻魏焦降之則焦與曲沃同在十一年拔明矣而傳云八年拔之不同王劭按本紀年表及此傳三處記秦伐國並不同又與紀年不合今殆不可考也取其城地入秦秦惠王二十五年使樗里子爲將伐趙虜趙將軍莊豹拔藺正義曰藺縣在石州明年助魏章攻楚敗楚將屈丐取漢中地秦封樗里子號爲嚴君索隱曰按嚴君是爵邑之號當是封之嚴道也秦惠王卒太子武王立逐張儀魏章而以樗里子甘茂爲左右丞相秦使甘茂攻韓拔宜陽使樗里子以車百乘入周周以卒迎之意甚敬楚王怒讓周以其重秦客游騰爲周說楚王曰索隱曰游姓騰名智伯之伐仇猶許慎曰仇猶夷狄之國○索隱曰高誘注

戰國策以仇酋爲厹由韓子作仇由地理志臨淮有仇酋縣也○正義曰括地志云并州盂縣外城俗名原仇山亦名仇猶夷狄之國也韓子云智伯欲伐仇猶國道險難不通乃鑄大鍾遺之載以廣車仇猶大悅除塗內之赤章曼支諫曰不可此小所以事大而今大以遺小卒必隨不可不聽遂內之曼支因斷轂而馳至十九日而仇猶亡也遺之廣車因隨之以兵戰國策曰智伯欲伐仇猶遺之大鍾載以廣車周禮曰廣車之萃鄭玄曰廣車橫陳之車仇猶遂亡何則無備故也齊桓公伐蔡號曰誅楚其實襲蔡今秦虎狼之國使樗里子以車百乘入周周以仇猶蔡觀焉故使長戟居前彊弩在後名曰衛疾正義曰防衛樗里子而實囚之且夫周豈能無憂其社稷哉恐一旦亡國以憂大王楚王乃悅秦武王卒昭王立樗里子又益尊重昭王元年樗里子將伐蒲索隱曰紀年云樗里疾圍蒲不克而秦惠王薨事與此合○正義曰蒲故城在滑州匡城縣北十五里即子路作宰地也蒲守恐請胡衍索隱曰人姓名胡衍爲蒲謂樗里子曰公之攻蒲爲秦乎爲魏乎爲魏則善矣爲秦則不爲賴矣賴利也夫衛之所以爲衛者以蒲也正義曰蒲是衛國之鄣衛今伐蒲入於魏衛必折而從之索隱曰戰國策云今蒲入於秦衛必折而入於魏與此文相反也魏亡西河之外正義曰謂同華等州而無以取者兵弱也今并衛於魏魏必彊魏彊之日西河之外必危矣且秦王將觀公之事害秦而利魏王必罪公樗里子曰奈何胡衍曰公釋蒲勿攻臣試爲公

入言之以德衛君樗里子曰善胡衍入蒲謂其守曰樗里子知蒲之病矣其言曰必拔蒲衍能令釋蒲勿攻蒲守恐因再拜曰願以請因効金三百斤曰秦兵苟退請必言子於衛君使子為南面故胡衍受金於蒲以自貴於衛於是遂解蒲而去還擊皮氏 正義曰故城在絳州龍門縣西百四十步魏邑 皮氏未降又去昭王七年樗里子卒葬于渭南章臺之東 索隱曰按黃圖在漢長安故城西 曰後百歲是當有天子之宮夾我墓樗里子疾室在於昭王廟西渭南陰鄉樗里故俗謂之樗里子至漢興長樂宮在其東未央宮在其西 正義曰漢長樂宮在長安縣西北十五里未央在縣西北十四里皆在長安故城中也 武庫正直其墓 索隱曰直如字讀直猶當也 秦人諺曰力則任鄙智則樗里

甘茂者下蔡人也 索隱曰地理志下蔡縣屬汝南也○正義曰今潁州縣即州來國 事下蔡史舉先生 索隱曰戰國策及韓子皆云史舉上蔡監門者 學百家之說因張儀樗里子而求見秦惠王王見而說之使將而佐魏章略定漢中地惠王卒武王立張儀魏章去東之魏蜀侯煇相壯反 索隱曰煇音暉又音胡昆反秦之公子封蜀也華陽國志作暉壯音側狀反姓陳也 秦使甘茂定蜀還而以甘茂為左丞相以樗里子為右丞相秦武王三年

謂甘茂曰寡人欲容車通三川以窺周室而寡人死不朽矣甘茂曰請之魏約以伐韓而令向壽輔行 正義曰餉受二音人姓名 甘茂至謂向壽曰子歸言之於王曰魏聽臣矣然願王勿伐事成盡以為子功向壽歸以告王王迎甘茂於息壤 索隱曰山海經啓筮云鯀竊帝之息壤以堙洪水或是此也○正義曰秦邑 甘茂至王問其故對曰宜陽大縣也上黨南陽積之久矣 索隱曰上黨南陽並積貯日久○正義曰韓之北三郡積貯在河南宜陽縣之日久矣 名曰縣其實郡也今王倍數險行 正義曰謂函谷及三崤五谷 千里攻之難 索隱曰數音率庾反 昔曾參之處費 音祕 魯人有與曾參同姓名者殺人人告其母曰曾參殺人其母織自若也頃之一人又告之曰曾參殺人其母尚織自若也頃又一人告之曰曾參殺人其母投杼下機踰牆而走夫以曾參之賢與其母信之也三人疑之其母懼焉今臣之賢不若曾參王之信臣又不如曾參之母信曾參也疑臣者非特三人臣恐大王之投杼也始張儀西并巴蜀之地北開西河之外南取上庸天下不以多張子而以賢先王魏文侯令樂羊將而攻中山三年而拔之樂羊返而論功文侯示之謗書一篋樂羊再拜稽

首曰此非臣之功也主君之力也今臣羈旅之臣也樗里子公孫奭索隱曰戰國策作公孫衍○正義音釋二人者挾韓而議之王必聽之是王欺魏王而臣受公仲侈徐廣曰一作馮之怨也王曰寡人不聽也請與子盟卒使丞相甘茂將兵伐宜陽五月而不拔樗里子公孫奭果爭之武王召甘茂欲罷兵甘茂曰息壤在彼正義曰甘茂歸至息壤與秦王盟恐後樗里子公孫奭伐韓今二子果爭之武王召茂欲罷兵故甘茂云息壤在彼邑也王曰有之因大悉起兵使甘茂擊之斬首六萬遂拔宜陽韓襄王使公仲侈入謝與秦平武王竟至周而卒於周其弟立為昭王索隱曰趙系家昭王名稷系本云名側王母宣太后楚女也楚懷王怨前秦敗楚於丹陽而韓不救乃以兵圍韓雍氏索隱曰秦惠王二十六年楚圍雍氏至昭王七年又圍雍氏韓求救於秦是再圍也劉氏云此是前圍雍氏當赧王之七年戰國策及紀年與此並不同○正義曰故城在洛州洛陽縣東北二十里韓使公仲侈告急於秦秦昭王新立太后楚人不肯救公仲因甘茂茂為韓言於秦昭王曰公仲方有得秦救故敢扞楚也今雍氏圍秦師不下殽公仲且仰首而不朝公叔且以國南合於楚楚韓為一魏氏不敢不聽然則伐秦之形成矣不識坐而待伐孰與伐人之利秦王曰善乃下師於殽以救

韓楚兵去秦使向壽平宜陽而使樗里子甘茂伐魏皮氏向壽者宣太后外族也而與昭王少相長故任用向壽如楚徐廣曰如一作和楚聞秦之貴向壽而厚事向壽向壽為秦守宜陽將以伐韓韓公仲使蘇代謂向壽曰禽困覆車譬禽獸得困急猶能抵觸傾覆人車公破韓辱公仲公仲收國復事秦自以為必可以封正義曰公仲自以為必可得秦封今公與楚解口地索隱曰解口秦地名近韓今將與楚也○正義曰上紀買反公向壽也解口猶開口得言向壽於秦開口則楚人必得封地也封小令尹以杜陽索隱曰又封楚之小令尹以杜陽杜陽秦之地今以封楚令尹是秦楚相合也秦楚合復攻韓韓必亡韓亡公仲且躬率其私徒以閼烏曷反於秦正義曰公仲恐韓亡欲將私徒往宜陽閼向壽也願公孰慮之也向壽曰吾合秦楚非以當韓也子為壽謁之公仲正義曰子蘇代也向壽恐令蘇代謁報公仲云秦韓交可合蘇代曰秦韓之交可合也蘇代對曰願有謁於公正義曰公向壽也言向壽亦黨於楚與公孫奭甘茂黨韓魏同也人曰貴其所以貴者貴王之愛習公也不如公孫奭其智能公也不如甘茂今二人者皆不得親於秦事而公獨與王主斷於國者何彼有以失之也索隱曰彼言公孫奭及甘茂也有以失之謂不見委任情有所失○正義曰言秦王雖愛習公孫奭甘茂秦事不親委者為黨韓魏也今國事獨與向壽主斷者不知壽黨於楚以事秦王者以失之也公孫奭黨於韓而甘茂黨於魏故王不信也今

秦楚爭彊而公黨於楚是與公孫奭甘茂同道也公何以異之（正義曰蘇氏云向壽與公孫奭甘茂皆有黨言無異也又一云改異黨楚之意）人皆言楚之善變也而公必亡之是自爲責也（正義曰楚善變改不可信若變改向壽必亡敗是自爲責）公不如與王謀其變也善韓以備楚（正義曰令秦親韓而備楚之變改則向壽無患矣）如此則無患矣韓氏必先以國從公孫奭而後委國於甘茂韓公之讎也（正義曰韓氏必先委二人故韓爲向壽之讎）今公言善韓以備楚是外舉不辟讎也向壽曰然吾甚欲韓合對曰甘茂許公仲以武遂（徐廣曰秦昭王元年予韓武遂）反宜陽之民（正義曰武遂宜陽本韓邑也秦伐取之今欲還韓令其民得反歸居之）今公徒收

之甚難（正義曰蘇代言甘茂許公仲以武遂又歸宜陽之民今向壽徒擬收之甚難事也）向壽曰然則奈何武遂終不可得也對曰公奚不以秦爲韓求潁川於楚（正義曰潁川許州也楚侵韓潁川蘇代令向壽以秦威重爲韓就楚求索潁川是親向壽）此韓之寄地也公求而得之是令行於楚而以其地德韓也公求而不得是韓楚之怨不解（已買反）而交走秦也（索隱曰韓楚怨不解二國交走向秦也）秦楚爭彊而公徐過楚（徐廣曰過一作適○正義曰若二國皆事秦公則漸說楚之過失以收韓此利於秦也）以收韓此利於秦向壽曰奈何對曰此善事也甘茂欲以魏取齊公孫奭欲以韓取齊今公取宜陽以爲功收楚韓以安之而誅齊魏之

罪（正義曰言公孫奭甘茂皆欲以秦挾韓魏而取齊今向壽取宜陽爲功收楚韓安以事秦而責齊魏之罪是公孫奭甘茂不得同合韓魏於秦以伐齊也）是以公孫奭甘茂無事也甘茂竟言秦昭王以武遂復歸之韓（正義曰年表云秦昭王元年予韓武遂也）向壽公孫奭爭之不能得向壽公孫奭由此怨讒甘茂茂懼輟伐魏蒲阪亡去（徐廣曰昭王元年擊魏皮氏未拔去）樗里子與魏講罷兵（索隱曰鄒氏云講讀曰媾媾猶和）甘茂之亡秦奔齊逢蘇代代爲齊使於秦甘茂曰臣得罪於秦懼而遯逃無所容跡臣聞貧人女與富人女會績貧人女曰我無以買燭而子之燭光幸有餘子可分我餘光無損子明而得一斯便

焉今臣困而君方使秦而當路矣茂之妻子在焉願君以餘光振之蘇代許諾遂致使於秦已因說秦王曰甘茂非常士也其居於秦累世重矣自殽塞及至鬼谷（徐廣曰在陽城○正義曰三殽在洛州永寧縣西北）其地形險易皆明知之彼以齊約韓魏反以圖秦非秦之利也秦王曰然則奈何蘇代曰王不若重其贄厚其祿以迎之使彼來則置之鬼谷（正義曰劉伯莊云此鬼谷關內雲陽非陽城者也按陽城谷時屬韓秦不得言置之）終身勿出秦王曰善即賜之上卿以相印迎之於齊甘茂不往蘇代謂齊湣王曰夫甘茂賢人也今秦賜之上卿

以相印迎之甘茂德王之賜好為王臣故辭而不往今王何以禮之齊王曰善即位之上卿而處之索隱曰處猶留也秦因復甘茂之家正義復音福以市於齊齊使甘茂於楚楚懷王新與秦合婚而驩徐廣曰昭王二年時迎婦於楚而秦聞甘茂在楚使人謂楚王曰願送甘茂於秦楚王問於范蜎徐廣曰一作蠉○索隱曰休緣反又音休軟反戰國策一作蝝字○正義曰許緣反曰寡人欲置相於秦孰可對曰臣不足以識之楚王曰寡人欲相甘茂可乎對曰不可夫史舉下蔡之監門也大不為事君小不為家室以苟賤不廉聞於世甘茂事之順焉故惠王之明武王之察張儀之辯而甘茂事之取十官而無罪茂誠賢者也然不可相於秦夫秦之有賢相非楚國之利也且王前嘗用召滑於越徐廣曰滑一作涓而內行章義之難徐廣曰一云內句章昧之難○索隱曰召滑內心猜詐外則佯章恩義而卒包藏禍心搆難於楚戰國策云內句章昧之難也越國亂故楚南塞厲門徐廣曰一作瀨胡○正義曰劉伯莊云厲門度嶺南之要路而郡江東正義曰吳越之城皆為楚之都邑計王之功所以能如此者越國亂而楚治也今王知用諸越而忘用諸秦臣以王為鉅過矣然則王若欲置相於秦則莫若向壽者可夫向壽之於秦王親也少與之同衣

長與之同車以聽事王必相向壽於秦則楚國之利也於是使使請秦相向壽於秦秦卒相向壽而甘茂竟不得復入秦卒於魏甘茂有孫曰甘羅

甘羅者甘茂孫也茂既死後甘羅年十二事秦相文信侯呂不韋索隱曰戰國策甘羅事呂不韋為庶子秦始皇帝使剛成君蔡澤於燕三年而燕王喜使太子丹入質於秦秦使張唐往相燕欲與燕共伐趙以廣河間之地張唐謂文信侯曰臣嘗為秦昭王伐趙趙怨臣曰得唐者與百里之地今之燕必經趙臣不可以行文信侯不快未有以彊也甘羅曰君侯何不快之甚也文信侯曰吾令剛成君蔡澤事燕三年燕太子丹已入質矣吾自請張卿相燕而不肯行索隱曰即張唐也卿字也甘羅曰臣請行之文信侯叱曰去我身自請之而不肯汝焉能行之正義曰女音汝焉乙連反甘羅曰夫項槖生七歲為孔子師索隱曰槖音託尊其道德故云項槖今臣生十二歲於茲矣君其試臣何遽叱乎於是甘羅見張卿曰卿之功孰與武安君卿曰武安君南挫彊楚北威燕趙戰勝攻取破城墮邑不知其數臣之功不如也

甘羅曰應侯之用於秦也孰與文信侯專索隱曰應侯范雎也張卿曰應侯不如文信侯專甘羅曰卿明知其不如文信侯專與曰知之甘羅曰應侯欲攻趙武安君難之去咸陽七里而立死於杜郵今文信侯自請卿相燕而不肯行臣不知卿所死處矣張唐曰請因孺子行令裝治行行有日甘羅謂文信侯曰借臣車五乘請為張唐先報趙文信侯乃入言之於始皇曰昔甘茂之孫甘羅年少耳然名家之子孫諸侯皆聞之今者張唐欲稱疾不肯行甘羅說而行之今願先報趙

請許遣之始皇召見使甘羅於趙趙襄王郊迎甘羅甘羅說趙王曰王聞燕太子丹入質秦歟曰聞之曰聞張唐相燕歟曰聞之燕太子丹入秦者燕不欺秦也張唐相燕者秦不欺燕也燕秦不相欺者伐趙危矣燕秦不相欺無異故欲攻趙而廣河間王不如齎臣五城以廣河間索隱曰齎音側奚反一音賫並謂割五城與臣也請歸燕太子與彊趙攻弱燕趙王立自割五城以廣河間秦歸燕太子趙攻燕得上谷三十城索隱曰戰國策云得三十六縣○正義曰上谷今嬀州也在幽州西北令秦有十一索隱曰謂以十一城與秦也甘羅還報秦乃封甘

羅以為上卿復以始甘茂田宅賜之

太史公曰樗里子以骨肉重固其理而秦人稱其智故頗采焉甘茂起下蔡閭閻顯名諸侯重彊齊楚徐廣曰恐或疑此當云見重彊齊誤脫二字○正義曰甘茂為強齊楚所重甘羅年少然出一奇計聲稱後世雖非篤行之君子然亦戰國之策士也方秦之彊時天下尤趨謀詐哉

索隱述贊曰

嚴君名疾　厥號智囊　既親且重

稱兵外攘　甘茂並相　初佐魏章

始推向壽　乃攻宜陽　甘羅妙歲

卒起張唐

樗里子甘茂列傳第十一　史記七十一

穰侯列傳第十二　　史記七十二

穰侯魏冄者秦昭王母宣太后弟也索隱曰宣太后之異父長弟也姓魏名冄封之穰地理志穰縣在南陽宣太后者惠王之妃姓芊氏曰芊八子也其先楚人姓芊氏正義曰芊亡爾反秦武王卒無子立其弟爲昭王昭王母故號爲芊八子及昭王即位芊八子號爲宣太后宣太后非武王母武王母號曰惠文后先武王死索隱曰秦本紀云昭王二年庶長壯與大臣公子爲逆皆誅及惠文后皆不得良死又按紀年云秦內亂殺其太后及公子雍公子壯是也宣太后二弟其異父長弟曰穰侯姓魏氏名冄同父弟曰芊戎爲華陽君索隱曰華陽韓地後屬秦芊戎後又號新城君○正義曰彪云華陽亭名在洛州密縣又故華城在鄭州管城縣南三十里即此城而昭王同母弟曰高陵君索隱曰名顯涇陽君索隱曰名悝而魏冄最賢自惠王武王時任職用事武王卒諸弟爭立唯魏冄力爲能立昭王昭王即位以冄爲將軍衞咸陽誅季君之亂徐廣曰年表曰季君爲亂誅本紀曰庶長壯與大臣公子謀反伏誅○索隱曰按季君即公子壯僭立而號曰季君穰侯力能立昭王爲將軍衞咸陽誅季君及惠文后故本紀言伏誅又云及惠文后皆不得良死蓋謂惠文后時黨公子壯欲立之及壯誅而太后憂死故云不得良死亦史諱之也又逐武王后出之魏亦事勢然也而逐武王后出之魏昭王諸兄弟不善者皆滅之威振秦國昭王少宣太后自治任魏冄爲政昭王七年樗里子死而使涇陽君質於齊趙人樓緩來相秦趙不利

乃使仇液之秦索隱曰戰國策作机郝蓋是一人而記別也○正義曰音亦姓名請以魏冄爲秦相仇液將行其客宋公索隱曰戰國策作宋突謂液曰秦不聽公樓緩必怨公公不若謂樓緩曰請爲公毋急秦秦王見趙請相魏冄之不急且不聽公公言而事不成以德樓子事成魏冄故德公矣於是仇液從之而秦果免樓緩而魏冄相秦欲誅呂禮禮出奔齊昭王十四年魏冄舉白起使代向壽將而攻韓魏敗之伊闕斬首二十四萬虜魏將公孫喜明年又取楚之宛葉魏冄謝病免相以客卿壽燭爲相其明年燭免復相冄乃封魏冄於穰復益封陶徐廣曰一作陰○索隱曰陶即定陶也徐廣云作陰陶陰字本易惑也王劭按定陶見有魏冄冢作陰誤也號曰穰侯穰侯封四歲爲秦將攻魏魏獻河東方四百里拔魏之河內取城大小六十餘昭王十九年秦稱西帝齊稱東帝月餘呂禮來而齊秦各復歸帝爲王魏冄復相秦六歲而免免二歲復相秦四歲而使白起拔楚之郢秦置南郡乃封白起爲武安君白起者穰侯之所任舉也相善於是穰侯之富富於王室昭王三十二年穰侯爲相國將兵攻魏走芒卯上莫卯反下陌飽反入北宅徐廣曰魏惠王五年與韓會宅陽○正義曰竹書云

宅陽一名北宅括地志云宅陽故城在鄭州滎陽縣西南十七里遂圍大梁梁大夫須賈說穰侯曰臣聞魏之長吏謂魏王曰昔梁惠王伐趙戰勝三梁徐廣曰田完世家云魏伐趙趙不利戰於南梁○索隱曰三梁即南梁也拔邯鄲趙氏不割而邯鄲復歸齊人攻衛拔故國殺子良索隱曰衛之故國蓋楚丘也下文故地亦同謂楚丘也戰國策衛字皆作燕子良作子之恐非也衛人不割而故地復反衛趙之所以國全兵勁而地不并於諸侯者以其能忍難而重出地也宋中山數伐割地而國隨以亡臣以爲衛趙可法而宋中山可爲戒也秦貪戾之國也而毋親蠶食魏氏又盡晉國索隱曰河西河東河內並是魏地即故晉國今言秦蠶食魏氏盡晉國之地也戰勝暴子徐廣曰韓將暴鳶割八縣地未畢入兵復出矣夫秦何猒之有哉今又走芒卯入北宅此非敢攻梁也且劫王以求多割地王必勿聽也今王背楚趙而講秦索隱曰講和也楚趙怒而去王與王爭事秦秦必受之秦挾楚趙之兵以復攻梁則國求無亡不可得也願王之必無講也王若欲講少割而有質不然必見欺索隱曰謂與秦欲講少割地而求秦質子恐不然必被秦欺也此臣之所聞於魏也索隱曰須賈說穰侯言魏人謂梁王若少割而求質必是欺我即聞魏見欺於秦也願君王之以是慮事也周書曰惟命不于常此言幸之不可數也夫戰勝

暴子割八縣此非兵力之精也又非計之工也天幸爲多矣今又走芒卯入北宅以攻大梁是以天幸自爲常也智者不然臣聞魏氏悉其百縣勝甲以上戍大梁臣以爲不下三十萬以三十萬之衆守梁七仞之城爾雅曰四尺謂之仞倍仞謂之尋臣以爲湯武復生不易攻也夫輕背楚趙之兵陵七仞之城戰三十萬之衆而志必舉之臣以爲自天地始分以至于今未嘗有者也攻而不拔秦兵必罷陶邑必亡索隱曰陶一作魏言秦前攻得魏之城邑秦罷則亡而還於魏也○正義曰定陶近大梁穰侯攻梁兵疲定陶必爲魏伐則前功必弃矣今魏氏方疑可以少割收也索隱曰賈引魏人之說不許王講於秦是言魏氏方疑可以少割地而收魏也願君逮楚趙之兵未至於梁亟以少割收魏魏方疑而得以少割爲利必欲之則君得所欲矣楚趙怒於魏之先已也必爭事秦秦從以此散索隱曰楚趙怒魏之與秦講皆爭事秦是東方從國於是解散也○正義從足松反而君後擇焉且君之得地豈必以兵哉割晉國秦兵不攻而魏必效絳安邑又爲陶開兩道索隱曰穰侯封陶魏效絳與安邑是得河東地言從秦適陶開河西河東之兩道○正義曰穰侯故封定陶故宋及單父是陶之南道也魏之安邑及絳是陶北道幾盡故宋索隱曰上音祈此時宋已滅是秦將盡得其地也衛必效單父秦兵可全而君制之何索而不得何爲而不成願君

孰慮之而無行危 索隱曰言莫行圍梁之危事 穰侯曰善乃罷梁圍 正義曰表云魏安釐王二年秦軍大梁城韓來救與秦溫以和也 明年魏背秦與齊從親秦使穰侯伐魏斬首四萬走魏將暴鳶得魏三縣穰侯益封明年穰侯與白起客卿胡陽復攻趙韓魏破芒卯於華陽下斬首十萬取魏之卷 丘權反 蔡陽長社趙氏觀津且與趙觀津益趙以兵伐齊 索隱曰既得觀津仍令趙伐齊而秦又以兵益助趙也 齊襄王懼使蘇代為齊陰遺穰侯書曰臣聞往來者言曰秦將益趙甲四萬以伐齊臣竊必之 索隱曰告齊王言秦必定不益兵以助趙○正義曰臣蘇代也必知秦與趙甲四萬以伐齊 敝邑之王曰 正義曰謂齊王也 秦王明而熟於計穰侯智而習於事必不益趙甲四萬以伐齊是何也夫三晉之相與也秦之深讎也百相背也百相欺也不為不信不為無行今破齊以肥趙趙秦之深讎不利於秦此一也秦之謀者必曰破齊弊晉楚 正義曰今晉楚伐齊晉楚之國亦弊敗 而後制晉楚之勝夫齊罷國也以天下攻齊如以千鈞之弩決潰癰也必死安能弊晉楚此二也秦少出兵則晉楚不信也多出兵則晉楚為制於秦齊恐不走秦必走晉楚此三也秦割齊以啖晉楚晉楚案之以兵秦反受

敵此四也是晉楚以秦謀齊以齊謀秦也何晉楚之智而秦齊之愚此五也故得安邑以善事之亦必無患矣秦有安邑韓氏必無上黨矣取天下之腸胃與出兵而懼其不反也孰利臣故曰秦王明而熟於計穰侯智而習於事必不益趙甲四萬以伐齊矣於是穰侯不行引兵而歸

昭王三十六年相國穰侯言客卿竈欲伐齊取剛壽 徐廣曰濟北有剛縣○正義曰故剛城在兗州龔丘縣界壽張鄆州縣也 以廣其陶邑於是魏人范睢自謂張祿先生譏穰侯之伐齊乃越三晉以攻齊也以此時奸說秦昭王昭王於是用范睢范睢言宣太后專制穰侯擅權於諸侯涇陽君高陵君之屬太侈富於王室於是秦王悟乃免相國令涇陽之屬皆出關就封邑穰侯出關輜車千乘有餘穰侯卒於陶而因葬焉秦復收陶為郡

太史公曰穰侯昭王親舅也而秦所以東益地弱諸侯嘗稱帝於天下天下皆西鄉稽首者穰侯之功也及其貴極富溢一夫開說身折勢奪而以憂死況於羇旅之臣乎

索隱述贊曰

穰侯智識　應變無方　內倚太后
外輔昭王　四登相位　再列封疆
摧齊撓楚　破魏圍梁　一夫開說
亙憂憤而亡

穰侯列傳第十二　　史記七十二

白起者郿人也 正義曰郿音眉岐州縣 善用兵事秦昭王十三年而白起為左庶長將而擊韓之新城 索隱曰在河南也○正義曰今洛州伊闕 是歲穰侯相秦舉任鄙以為漢中守其明年白起為左更攻韓魏於伊闕 正義曰今洛州南十九里伊闕山號曰龍門是 斬首二十四萬又虜其將公孫喜拔五城起遷為國尉 正義曰言太尉 涉河取韓安邑以東到乾河 徐廣曰音干騆案郭璞曰今河東聞喜縣東北有乾河口因名乾河里但有故溝處無復水也○索隱曰魏以安邑入秦然安邑以東至乾河皆韓故地故云取韓安邑 明年白起為大良造攻魏拔之取城小大六十一明年起與客卿錯攻垣城拔之 徐廣曰河東垣縣 後五年白起攻趙拔光狼城 索隱曰地理志不載光狼城蓋屬趙國○正義曰光狼故城在澤州高平縣西二十五里也 後七年白起攻楚拔鄢鄧五城 徐廣曰昭王二十八年○正義曰鄢鄧二邑在襄州 其明年攻楚拔郢燒夷陵 正義曰夷陵今硤州郭下縣 遂東至竟陵 正義曰故城在郢州長壽縣南百五十里今復州亦是其地也 楚王亡去郢東走徙陳秦以郢為南郡白起遷為武安君武安君因取楚定巫黔中郡昭王三十四年白起攻魏拔華陽走芒卯而虜三晉將斬首十三萬與趙將賈偃戰沈其卒二萬人於河中昭王四十三年白起攻韓陘城 正義曰陘城故城在曲沃縣西北二十里在絳州東

北三十五里也 拔五城斬首五萬四十四年白起攻南陽太行道絕之 徐廣曰此南陽河內脩武是也○正義曰案南陽屬韓秦攻之則韓太行羊腸道絕矣 四十五年伐韓之野王 索隱曰地理志野王縣屬河內在太行東南孟康曰古邢國也 野王降秦上黨道絕其守馮亭與民謀曰鄭道已絕 徐廣曰河南新鄭韓之國都是也○索隱曰鄭國即韓之都在河南秦伐野王是上黨歸韓之道絕也 韓必不可得為民秦兵日進韓不能應不如以上黨歸趙趙若受我秦怒必攻趙趙被兵必親韓韓趙為一則可以當秦因使人報趙趙孝成王與平陽君平原君計之 索隱曰平陽君未詳何人 平陽君曰不如勿受受之禍大於所得平原君曰無故得一郡受之便趙受之因封馮亭為華陽君 正義曰常山一名華陽解在趙世家 四十六年秦攻韓緱氏藺 徐廣曰屬潁川○索隱曰今其地闕西河別有藺縣也○正義曰按檢諸地記潁川無藺括地志云洛州嵩縣本夏之綸國也在緱氏東南六十里地理志云綸氏屬潁川郡按既攻緱氏藺二邑合相近恐綸藺聲相似字隨音而轉作藺 拔之四十七年秦使左庶長王齕 音紇 攻韓取上黨上黨民走趙趙軍長平 徐廣曰在泫氏○索隱曰地理志泫氏今在上黨郡也○正義曰長平故城在澤州高平縣西北一里也 以按據上黨民 索隱曰謂屯兵長平以據援上黨 四月齕因攻趙趙使廉頗將趙軍士卒犯秦斥兵 索隱曰謂犯秦之斥候兵也 秦斥兵斬趙裨將茄 索隱曰音加裨將名 六月陷趙軍取二鄣四尉 索隱曰鄣堡城尉官也○正義曰括地志云趙鄣故

城一名都尉城今名趙東城在澤州高平縣西二十五里又有故穀城此二城即二鄣也七月趙軍築壘壁而守之秦又攻其壘取二尉敗其陣徐廣曰一作乘奪西壘壁正義曰趙西壘在澤州高平縣北六里是也即廉頗堅壁以待秦王齕奪趙西壘壁者廉頗堅壁以待秦秦數挑戰正義曰數音朔挑田鳥反趙兵不出趙王數以爲讓而秦相應侯又使人行千金於趙爲反閒正義紀莧反曰秦之所惡獨畏馬服子趙括將耳廉頗易與且降矣趙王既怒廉頗軍多失亡軍數敗又反堅壁不敢戰而又聞秦反閒之言因使趙括代廉頗將以擊秦秦聞馬服子將乃陰使武安君白起爲上將軍而王

齕爲尉裨將令軍中有敢泄武安君將者斬趙括至則出兵擊秦軍秦軍詳敗而走正義曰詳音羊張二奇兵以劫之趙軍逐勝追造秦壁正義曰秦壁一名秦壘今亦名秦長壘壁堅拒不得入而秦奇兵二萬五千人絕趙軍後又一軍五千騎絕趙壁閒趙軍分而爲二糧道絕而秦出輕兵擊之趙戰不利因築壁堅守正義曰趙壁今名趙東壘亦名趙東長壘在澤州高平縣北五里即趙括築壁自敗處以待救至秦王聞趙食道絕王自之河內正義曰時已屬秦故發其兵賜民爵各一級發年十五以上悉詣長平索隱曰時已屬秦故發其兵遮絕趙救及糧食至九月趙卒不得

食四十六日皆內陰相殺食來攻秦壘欲出爲四隊四五復之不能出其將軍趙括出銳卒自搏戰秦軍射殺趙括括軍敗卒四十萬人降武安君武安君計曰前秦已拔上黨上黨民不樂爲秦而歸趙趙卒反覆非盡殺之恐爲亂乃挾詐而盡阬殺之遺其小者二百四十人歸趙前後斬首虜四十五萬人趙人大震四十八年十月秦復定上黨郡索隱曰秦前攻趙已破上黨今迴兵復定其郡其餘城猶屬趙秦分軍爲二王齕攻皮牢拔之正義曰故城在絳州龍門縣西一里司馬梗定太原正義曰太原趙地秦定取也韓趙恐使蘇代厚幣說

秦相應侯曰武安君禽馬服子乎曰然又曰即圍邯鄲乎曰然趙亡則秦王王矣武安君爲三公武安君所爲秦戰勝攻取者七十餘城南定鄢郢漢中正義曰鄢在襄州率道縣南九里郢在荊州江陵縣東六里漢中今梁州之地北禽趙括之軍雖周召呂望之功不益於此矣今趙亡秦王王則武安君必爲三公君能爲之下乎雖無欲爲之下固不得已矣秦嘗攻韓圍邢丘徐廣曰平皋有邢丘○正義曰邢丘今懷州武陵縣東南二十里平皋縣城是也困上黨上黨之民皆反爲趙天下不樂爲秦民之日久矣今亡趙北地入燕東地入齊南地入韓魏則君之

所得民亡幾何人 徐廣曰亡音無也 故不如因而割之 正義曰因白起之攻割取韓趙之地 無以為武安君功也於是應侯言於秦王曰秦兵勞請許韓趙之割地以和且休士卒王聽之割韓垣雍 徐廣曰卷縣有垣雍城○正義曰釋地名云卷縣所理垣雍城按今在鄭州原武縣西北七里也 趙六城以和正月皆罷兵武安君聞之由是與應侯有隙其九月秦復發兵使五大夫王陵攻趙邯鄲是時武安君病不任行 正義曰入針反堪也 四十九年正月陵攻邯鄲少利秦益發兵佐陵陵兵亡五校武安君病愈秦王欲使武安君代陵將武安君言曰邯鄲實未易攻也且

諸侯救日至彼諸侯怨秦之日久矣今秦雖破長平軍而秦卒死者過半國內空遠絕河山而爭人國都趙應其內諸侯攻其外破秦軍必矣不可秦王自命不行乃使應侯請之武安君終辭不肯行遂稱病秦王使王齕代陵將八九月圍邯鄲不能拔楚使春申君及魏公子將兵數十萬攻秦軍秦軍多失亡武安君言曰秦不聽臣計今如何矣秦王聞之怒彊起武安君 正義曰彊其兩反 武安君遂稱病篤應侯請之不起於是免武安君為士伍遷之陰密 徐廣曰屬安定○正義曰故城在涇州鶉觚縣城西

即古陰密國密康公國也 武安君病未能行居三月諸侯攻秦軍急秦軍數卻使者日至秦王乃使人遣白起不得留咸陽中武安君既行出咸陽西門十里至杜郵 索隱曰按故咸陽城在渭北杜郵今在咸陽城中○正義曰說文云郵境上行舍道路所經過今咸陽縣城本秦之郵也在雍州西北三十五里 秦昭王與應侯羣臣議曰白起之遷其意尚怏怏不服有餘言秦王乃使使者賜之劍自裁武安君引劍將自剄曰我何罪于天而至此哉良久曰我固當死長平之戰趙卒降者數十萬人我詐而盡阬之是足以死遂自殺武安君之死也以秦昭王五十年十一月死而非

其罪秦人憐之鄉邑皆祭祀焉 何晏曰白起之降趙卒詐而阬其四十萬豈徒酷暴之謂乎後亦難以重得志矣向使眾人皆豫知降之必死則張虛捲猶可畏也況於四十萬被堅執銳哉天下見降秦之將頭顱似山歸秦之眾骸積成丘則後日之戰死當死耳何眾肯服何城肯下乎是為雖能裁四十萬之命而適足以彊天下之戰欲以要一朝之功而乃更堅諸侯之守故兵進而自伐其勢軍勝而還喪其計何者設使趙眾復合馬服更生則後日之戰必非前日之對也況今皆使天下為後日乎其所以終不敢復加兵於邯鄲者非但憂平原之補相患諸侯之救至也徒諱之而不言耳若不悟而不諱則毋所以遠智也可謂善戰而拙勝長平之事秦民之十五以上者皆荷戟而向趙矣秦王又親自賜民爵於河內夫以秦之彊而十五以上死傷過半者此為破趙之功小傷秦之敗大又何稱奇哉若後之役戍不豫其論者則秦眾多矣降者可致也必不可致者本自當戰殺不當受降詐也戰殺雖難降殺雖易然降殺之為害禍大於劇戰也○索隱曰捲音拳袒音濁莧反字亦作綣捄音救

王翦者頻陽東鄉人也 索隱曰地理志頻陽縣屬左馮翊應劭曰在頻水之陽也

〇正義曰故城在雍州東同官縣界也少而好兵事秦始皇始皇十一
年翦將攻趙閼與正義音預破之拔九城十八年翦
將攻趙歲餘遂拔趙趙王降盡定趙地爲郡明
年燕使荊軻爲賊於秦秦王使王翦攻燕燕王
喜走遼東翦遂定燕薊而還正義薊音計秦使翦子
王賁擊荊徐廣曰秦諱楚故云荊也〇索隱曰賁音奔荊兵敗還擊魏
魏王降遂定魏地秦始皇既滅三晉走燕王而數
破荊師秦將李信者年少壯勇嘗以兵數千逐
燕太子丹至於衍水中卒破得丹始皇以爲賢
勇於是始皇問李信吾欲攻取荊於將軍度用

幾何人而足李信曰不過用二十萬人始皇問
王翦王翦曰非六十萬人不可始皇曰王將軍
老矣何怯也李將軍果勢壯勇徐廣曰勢一作埶其言
是也遂使李信及蒙恬將二十萬南伐荊王翦
言不用因謝病歸老於頻陽李信攻平與音余〇正
義曰在頻東北五十四里蒙恬攻寢徐廣曰今固始寢丘〇索隱曰固始縣屬淮陽寢丘地名也大
破荊軍信又攻鄢郢破之於是引兵而西與蒙
恬會城父索隱曰在汝南即應鄉〇正義曰言引兵而會城父則是汝州郟城縣東父城者也括地志云汝州郟城縣東四十里有父城故城即服虔云城父楚北境者也又許州葉縣東北四十五里亦有父城故城即杜預云襄城城父縣者也此二城父城之名耳服虔城父是誤也左傳及注水經云楚大城城父使太子建居之十三州志云太

子建所居城父謂今亳州城父是也此三家之說是城父之名地理志云潁川父城縣沛郡城父縣據縣屬郡其名自分古先儒多惑故使其名錯亂荊人因隨之三日三夜不頓舍大
破李信軍入兩壁殺七都尉秦軍走始皇聞之
大怒自馳如頻陽見謝王翦曰寡人以不用將
軍計李信果辱秦軍今聞荊兵日進而西將軍
雖病獨忍棄寡人乎王翦謝曰老臣罷病悖亂
正義曰罷音皮悖音背唯大王更擇賢將始皇謝曰已矣將
軍勿復言王翦曰大王必不得已用臣非六十
萬人不可始皇曰爲聽將軍計耳於是王翦將
兵六十萬人始皇自送至灞上王翦行請美田

宅園池甚衆始皇曰將軍行矣何憂貧乎王翦
曰爲大王將有功終不得封侯故及大王之嚮
臣臣亦及時以請園池爲子孫業耳始皇大笑
王翦既至關使使還請善田者五輩徐廣曰善一作蕃〇索隱曰謂使者五度又請也或曰將軍之乞貸亦已甚矣王翦曰不
然夫秦王怚音麤而不信人徐廣曰怚一作粗今空秦國甲
士而專委於我徐廣曰專亦作摶又作剸我不多請田宅爲
子孫業以自堅顧令秦王坐而疑我矣王翦果
代李信擊荊荊聞王翦益軍而來乃悉國中兵
以拒秦王翦至堅壁而守之不肯戰荊兵數出

挑戰終不出王翦日休士洗沐而善飲食撫循之親與士卒同食久之王翦使人問軍中戲乎對曰方投石超距（徐廣曰超一作拔駰案漢書云甘延壽投石拔距絕於等倫張晏曰范蠡兵法飛石重十二斤為機發行三百步延壽有力能以手投之拔距超距也○索隱曰超距猶跳躍也）於是王翦曰士卒可用矣荊數挑戰而秦不出乃引而東翦因舉兵追之令壯士擊大破荊軍至蘄南（正義曰徐州縣也）殺其將軍項燕荊兵遂敗走秦因乘勝略定荊地城邑歲餘虜荊王負芻竟平荊地為郡縣因南征百越之君而王翦子王賁與李信破定燕齊地秦始皇二十六年盡并天下王

氏蒙氏功為多名施於後世秦二世之時王翦及其子賁皆已死而又滅蒙氏陳勝之反秦秦使王翦之孫王離擊趙圍趙王及張耳鉅鹿城（正義曰今邢州平鄉縣城本秦鉅鹿郡城也）或曰王離秦之名將也今將彊秦之兵攻新造之趙舉之必矣客曰不然夫為將三世者必敗必敗者何也以其所殺伐多矣其後受其不祥今王離已三世將矣居無何項羽救趙擊秦軍果虜王離王離軍遂降諸侯

太史公曰鄙語云尺有所短寸有所長白起料敵合變出奇無窮聲震天下然不能救患於應

侯王翦為秦將夷六國當是時翦為宿將始皇師之然不能輔秦建德固其根本偷合取容以至㱦身（徐廣曰㱦音沒）及孫王離為項羽所虜不亦宜乎彼各有所短也

索隱述贊曰

白起王翦　俱善用兵　遞為秦將
拔齊破荊　趙任馬服　長平遂坑
楚陷李信　覇上卒行　賁離繼出
三代無名

白起王翦列傳第十三　史記七十三

孟子荀卿列傳第十四　史記七十四

索隱曰按序傳孟嘗君第十四而此傳爲第十五蓋後人差降之矣

太史公曰余讀孟子書至梁惠王問何以利吾國未嘗不廢書而歎也曰嗟乎利誠亂之始也夫子罕言利者常防其原也故曰放於利而行多怨自天子至於庶人好利之獘何以異哉

孟軻鄒人也索隱曰軻音苦何反又苦賀反鄒魯地名又云邾邾人徙鄒故也○正義曰軻字子輿爲齊卿鄒兗州縣受業子思之門人索隱曰王劭以人爲衍字則以軻親受業孔伋之門也今言門人者乃受業於子思之弟子也道既通游事齊宣王宣王不能用適梁梁惠王不果所言則見以爲迂遠而闊於事情當是之時秦用商君富國彊兵楚魏用吳起戰勝弱敵齊威王宣王用孫子田忌之徒而諸侯東面朝齊天下方務於合從連衡以攻伐爲賢而孟軻乃述唐虞三代之德是以所如者不合退而與萬章之徒索隱曰孟子有萬章公明高等蓋並軻之門人也萬姓章名序詩書述仲尼之意作孟子七篇其後有騶子之屬

齊有三騶子其前騶忌以鼓琴干威王因及國政封爲成侯而受相印先孟子其次騶衍後孟子騶衍睹有國者益淫侈不能尚德若大雅整之於身施及黎庶矣乃深觀陰陽

消息而作怪迂之變終始大聖之篇十餘萬言其語閎大不經必先驗小物推而大之至於無垠先序今以上至黃帝學者所共術大並世盛衰並音蒲浪反○索隱曰言其大體隨代盛衰觀時而說事因載其機祥度制推而遠之至天地未生窈冥不可考而原也先列中國名山大川通谷禽獸水土所殖物類所珍因而推之及海外人之所不能睹稱引天地剖判以來五德轉移治各有宜而符應若茲以爲儒者所謂中國者於天下乃八十一分居其一分耳索隱曰桓寬王充並以衍之所言迂怪虛妄熒惑六國之君因納其異說所謂匹夫而熒惑諸侯者也中國名曰赤縣神州赤縣神州內自有九州禹之序九州是也不得爲州數中國外如赤縣神州者九乃所謂九州也於是有裨海環之索隱曰裨音脾裨海小海也九州之外更有大瀛海故知此裨是小海也且將有裨將裨是小義也人民禽獸莫能相通者如一區中者乃爲一州如此者九乃有大瀛海環其外天地之際焉其術皆此類也然要其歸必止乎仁義節儉君臣上下六親之施始也濫耳索隱曰濫即濫觴是江原之初始故此文意以濫爲初也謂衍之術言君臣上下六親之際行事之所施所治皆可以爲後代之宗本故云濫耳王公大人初見其術懼然顧化索隱曰懼音劬謂衍之術皆動人心見者莫不懼然駐想又內心留顧而已化之欲從其術也

化者是易常聞而貴異術也其後不能行之是以騶子重於齊
適梁惠王郊迎執賓主之禮適趙平原君側行
襒席索隱曰按字林云襒音疋結反韋昭音敷蔑反張揖三蒼訓詁云襒拂也謂側行而衣襒席爲敬不敢正坐當賓主之禮也如燕昭王擁彗先驅索隱曰彗帚也謂爲之埽地以衣袂擁帚而却行恐塵埃之及長者所以爲敬也請列弟子之座而受業築碣石
宮正義曰碣石宮在幽州薊縣西三十里寧臺之東身親往師之作主運索隱曰劉向別錄云鄒子書有主運篇其游諸侯見尊禮如此豈與仲
尼菜色陳蔡孟軻困於齊梁同乎哉索隱曰仲尼孟子法先王之道行仁義之化且菜色困窮而鄒衍執詭怪熒惑諸侯其見禮重如此可爲長太息哉故武王以仁
義伐紂而王伯夷餓不食周粟衛靈公問陳而

孔子不答梁惠王謀欲攻趙孟軻稱太王去邠索隱曰孟子太王去邠是軻對滕文公語今云梁惠王謀攻趙與孟子不同此豈有意阿世
俗苟合而已哉持方枘欲內圜鑿其能入乎索隱曰方枘是筍也圜鑿是孔也謂工人斲木以方筍而內之圜孔不可入也故楚詞云以方枘而納圜鑿者吾知其齟齬而不入也謂戰國時仲尼孟軻以仁義干世主猶方枘圓鑿然也或曰伊尹負鼎而勉
湯以王百里奚飯牛車下而繆公用霸作先合
然後引之大道騶衍其言雖不軌儻亦有牛鼎
之意乎索隱曰呂氏春秋云函牛之鼎不可以亨雞是其有牛鼎也言衍之術迂大儻若大用之是有牛鼎之意而譙周亦云觀太史公此論是愛奇之甚矣自騶衍與齊之稷下先生
如淳于髡慎到環淵接子田駢騶奭之徒索隱曰按

稷齊之城門也或云稷山名謂齊之學士集於稷門之下也環淵接子古著書人之稱號也駢音步堅反又步經反○正義曰慎子十卷在法家則戰國時處士接子二篇田子二十五篇齊人游稷下號天口接田二人道家騶奭十二篇陰陽家各著書言治亂之事以干世主豈可勝道哉
淳于髡齊人也博聞彊記學無所主其諫說慕
晏嬰之爲人也然而承意觀色爲務客有見髡
於梁惠王惠王屏左右獨坐而再見之終無言
也惠王怪之以讓客曰子之稱淳于先生管晏
不及及見寡人寡人未有得也豈寡人不足爲
言邪何故哉客以謂髡髡曰固也吾前見王王
志在驅逐後復見王王志在音聲吾是以默然

客具以報王王大駭曰嗟乎淳于先生誠聖人
也前淳于先生之來人有獻善馬者寡人未及
視會先生至後先生之來人有獻謳者未及試
亦會先生來寡人雖屏人然私心在彼有之索隱曰謂私心實在彼馬與謳也有之謂我實有此二事也後淳于髡見壹語連三
日三夜無倦惠王欲以卿相位待之髡因謝去
於是送以安車駕駟束帛加璧黃金百鎰終身
不仕
慎到趙人田駢接子齊人環淵楚人皆學黃老
道德之術因發明序其指意故慎到著十二論

徐廣曰今愼子劉向所定有四十一篇環淵著上下篇而田駢接子皆有所論焉

騶奭者齊諸騶子亦頗采騶衍之術以紀文於是齊王嘉之自如淳于髡以下皆命曰列大夫爲開第康莊之衢爾雅曰四達謂之衢五達謂之康六達謂之莊高門大屋尊寵之覽天下諸侯賓客言齊能致天下賢士也

荀卿趙人索隱曰名況卿者時人相尊而號爲卿也仕齊爲祭酒仕楚爲蘭陵令後亦謂之孫卿子者避漢宣帝之諱也年五十始來游學於齊騶衍之術迂大而閎辯奭也文具難施淳于髡久與處時有得善言故齊人頌曰談天衍雕龍奭炙轂徐廣曰一作亂謁過髡劉向別錄曰騶衍之所言五德終始天地廣大書言天事故曰談天騶奭脩衍之文飾若雕鏤龍文故曰雕龍別錄曰過字作輠輠者車之盛膏器也炙之雖盡猶有餘流者言淳于髡智不盡如炙輠也左思齊都賦注曰言其多智難盡如炙膏過之有潤澤也○索隱曰劉氏云轂衍字也今按文稱炙轂過過則是器名音如字謂盛脂之器名過與鍋字相近蓋即脂器也轂即車轂過爲潤轂之物則轂非衍字明矣田駢之屬皆已死齊襄王時索隱曰襄王名法章湣王子莒人所立者而荀卿最爲老師齊尚脩列大夫之缺而荀卿三爲祭酒焉索隱曰禮食必祭先飲酒亦然必以席中之尊者一人當祭耳後因以爲官名故吳王濞爲劉氏祭酒是也而卿三爲祭酒者謂荀卿出入前後三度處列大夫康莊之位而皆爲其所尊故云三爲祭酒齊人或讒荀卿荀卿乃適楚而春申君以爲蘭陵令正義曰蘭陵縣屬東海郡今沂州承縣有蘭陵山春申君死而荀卿廢因家蘭陵李斯嘗爲弟子已而相秦荀卿嫉濁世之政亡國亂君相屬不遂大道而營於巫祝信禨祥鄙儒小拘如莊周等又猾稽亂俗於是推儒墨道德之行事興壞序列著數萬言而卒因葬蘭陵而趙亦有公孫龍爲堅白同異之辯晉太康地記云汝南西平縣有龍淵水可用淬刀劍特堅利故有堅白之論云黃所以爲堅也白所以爲利也或辯之曰白所以爲不堅黃所以爲不利○索隱曰龍即仲尼弟子也此云趙人弟子傳作衞人鄭玄云楚人各不能知其眞又下文云並孔子同時或云在其後所以知非別人也○正義曰藝文志公孫龍子十四篇顏師古云即爲堅白之辯按平原君傳鄒衍同時括地志云西平縣豫州西北百四十里有龍淵水也劇子之言徐廣曰按應劭氏姓注直云處子也○索隱曰著書之人姓劇氏而稱子也前史不記其名故趙有劇孟及劇辛也魏有李悝盡地力之教正義曰藝文志李子三十二篇李悝相魏文侯富國強兵楚有尸子長盧劉向別錄曰楚有尸子疑謂其在蜀今案尸子書晉人也名佼秦相衞鞅客也衞鞅商君謀事畫計立法理民未嘗不與佼規也商君被刑佼恐幷誅乃亡逃入蜀自爲造此二十篇書凡六万餘言卒因葬蜀○索隱曰尸子名佼音絞長盧未詳○正義曰長盧九篇楚人阿之吁子焉徐廣曰阿者今之東阿○索隱曰吁音芋別錄作芋子今吁亦如字○正義曰按東齊州也藝文志云吁子十八篇名嬰齊人七十子之後顏師古云音弭按是齊人阿又屬齊恐顏公誤也自如孟子至于吁子世多有其書故不論其傳云

蓋墨翟宋之大夫善守禦爲節用墨子曰公輸般爲雲梯之械成將以攻宋墨子聞之至于郢見公輸般墨子解帶爲城以𤗸爲械公輸般九設攻城之機變墨子九距之公輸般之攻械盡墨子之守固有餘公輸般詘而言曰吾知所以距子矣吾不言墨子亦曰吾知子之所以距我者吾不言楚王問其故墨子曰公輸子

之意不過欲殺臣殺臣宋莫能守可攻也然臣之弟子禽滑釐等三百人已持臣守國之器在宋城上而待楚寇矣雖殺臣不能絕也楚王曰善哉吾請無攻宋城矣○索隱曰公輸爲雲梯之械者按梯構木瞰高也雲者言其昇高入雲故曰雲梯械者器也謂攻城之樓櫓也與器械同墨子解帶爲城者謂墨子所術解身上革帶以爲城也以牒爲械者牒小木札也械者樓櫓等公輸般之攻械盡者劉氏云械謂飛梯撞車飛石車弩之具也詘音屈謂般技巳盡墨守有餘滑釐者墨子弟子之字也釐音狸

或曰並孔子時或曰在其後

索隱曰按別錄云墨子書有文子文子子夏之弟子問於墨子如此則墨子者在七十子之後也

索隱述贊曰

六國之末　戰勝相雄　軻遊齊魏
其說不通　退而著述　稱吾道窮
蘭陵事楚　騶衍談空　康莊雖列
莫見收功

孟子荀卿列傳第十四　史記七十四

孟嘗君列傳第十五　　史記七十五

孟嘗君名文姓田氏文之父曰靖郭君田嬰田嬰者齊威王少子而齊宣王庶弟也 索隱曰戰國策及諸書並無此言蓋諸田之別子也故戰國策每稱嬰子盼子高誘注云田盼田嬰也王劭又按戰國策云齊貌辨謂宣王曰王方為太子時辨謂靖郭君不若廢太子更立郊師靖郭君不忍宣王太息曰寡人少殊不知以此言之嬰非宣王弟明也 田嬰自威王時任職用事與成侯鄒忌及田忌將而救韓伐魏成侯與田忌爭寵成侯賣田忌田忌懼襲齊之邊邑不勝亡走會威王卒宣王立知成侯賣田忌乃復召田忌以為將宣王二年田忌與孫臏田嬰俱伐魏敗之馬陵虜魏太

子申而殺魏將龐涓 索隱曰紀年當梁惠王二十八年至三十一年改為後元也 宣王七年田嬰使於韓魏韓魏服於齊嬰與韓昭侯魏惠王會齊宣王東阿南 正義曰東阿齊州縣也 盟而去 索隱曰紀年當惠王之後元十一年作平阿又云十三年會齊威王于甄與此明年齊宣王與梁惠王會甄文同但齊之威宣二王文舛互不同也 明年復與梁惠王會甄 音絹 是歲梁惠王卒宣王九年田嬰相齊齊宣王與魏襄王會徐州而相王也 正義曰紀年云梁惠王三十年下邳遷于薛改名徐州 楚威王聞之怒田嬰明年楚伐敗齊師於徐州而使人逐田嬰田嬰使張丑說楚威王威王乃止田嬰相齊十一年宣王卒湣王即位即位三年而封

田嬰於薛 索隱曰紀年以為梁惠王後元十三年四月齊威王封田嬰于薛十月齊城薛十四年薛子嬰來朝十五年齊威王薨嬰初封彭城皆與此文異○正義曰薛故城在今徐州滕縣南四十四里也 初田嬰有子四十餘人其賤妾有子名文文以五月五日生嬰告其母曰勿舉也其母竊舉生之 索隱曰上舉謂初誕而舉之下舉謂浴而乳之生謂長養之也 及長其母因兄弟而見其子文於田嬰田嬰怒其母曰吾令若去此子而敢生之何也文頓首因曰君所以不舉五月子者何故嬰曰五月子者長與戶齊將不利其父母 索隱曰風俗通云俗說五月五日生子男害父女害母也 文曰人生受命於天乎將受命於戶邪嬰默然文曰必受命於天

君何憂焉必受命於戶則高其戶耳誰能至者嬰曰子休矣久之文承閒問其父嬰曰子之子為何曰為孫孫之孫為何曰為玄孫玄孫之孫為何曰不能知也 索隱曰爾雅云玄孫之子為來來孫之子為昆昆孫之子為仍仍孫之子為雲又有耳孫亦是玄孫之子不同也 文曰君用事相齊至今三王矣齊不加廣而君私家富累萬金門下不見一賢者文聞將門必有將相門必有相今君後宮蹈綺縠而士不得短褐 索隱曰短亦音豎豎褐謂褐衣而豎裁之以其省而便事也 僕妾餘粱肉而士不厭糟糠今君又尚厚積餘藏欲以遺所不知何人 索隱曰遺音維季反猶言不知欲遺與何人也 而忘公

家之事曰損文竊怪之於是嬰乃禮文使主家
待賓客賓客日進名聲聞於諸侯諸侯皆使人請
薛公田嬰以文爲太子嬰許之嬰卒謚爲靖郭君
皇覽曰靖郭君冢在魯國薛城中東南陬○索隱曰謚爲靖郭君者謂死後別號之曰靖郭耳則靖郭或封邑號故漢齊
王舅父駟鈞封靖郭侯是也陬音鄒亦音緅陬者城隅也 而文果代立於薛是爲
孟嘗君孟嘗君在薛招致諸侯賓客及亡人有
罪者皆歸孟嘗君孟嘗君舍業厚遇之 索隱曰舍業者
捨弃其家產業而厚事賓客也劉氏云舍音赦謂爲之築舍立居非也 以故傾天下之士
食客數千人無貴賤一與文等孟嘗君待客坐
語而屏風後常有侍史主記君所與客語問親

戚居處客去孟嘗君已使使存問獻遺其親戚
孟嘗君曾待客夜食有一人蔽火光客怒以飯
不等輟食辭去孟嘗君起自持其飯比之客慙
自剄士以此多歸孟嘗君孟嘗君客無所擇皆
善遇之人人各自以爲孟嘗君親己秦昭王聞
其賢乃先使涇陽君爲質於齊以求見孟嘗君
孟嘗君將入秦賓客莫欲其行諫不聽蘇代謂
曰今旦代從外來見木偶人與土偶人相與語
索隱曰偶音遇謂以土木爲之偶類於人也蘇代以土偶比涇陽君木偶比孟嘗君 木偶人曰天
雨子將敗矣土偶人曰我生於土敗則歸土今

天雨流子而行未知所止息也今秦虎狼之國
也而君欲往如有不得還君得無爲土偶人所
笑乎孟嘗君乃止齊湣王二十五年復卒使孟
嘗君入秦昭王即以孟嘗君爲秦相人或說秦
昭王曰孟嘗君賢而又齊族也今相秦必先齊
而後秦秦其危矣於是秦昭王乃止囚孟嘗君
謀欲殺之孟嘗君使人抵昭王幸姬求解 索隱曰抵
音丁禮反按抵謂觸冒而求之也 幸姬曰妾願得君狐白裘 韋昭曰以
狐之白毛爲裘謂集狐腋之毛言美而難得者 此時孟嘗君有一狐白裘直
千金天下無雙入秦獻之昭王更無他裘孟嘗

君患之徧問客莫能對最下坐有能爲狗盜者
曰臣能得狐白裘乃夜爲狗以入秦宮藏中 正義
藏在浪反 取所獻狐白裘至以獻秦王幸姬幸姬爲
言昭王昭王釋孟嘗君孟嘗君得出即馳去更
封傳變名姓以出關 索隱曰更改也改前封傳而易姓名不言是孟嘗君封傳今之
驛券也 夜半至函谷關 正義曰關在陝州桃林縣西南十三里 秦昭王
後悔出孟嘗君求之已去即使人馳傳逐之孟
嘗君至關關法雞鳴而出客孟嘗君恐追至客
之居下坐者有能爲雞鳴而雞盡鳴遂發傳出
出如食頃秦追果至關已後孟嘗君出乃還始

孟嘗君列此二人於賓客賓客盡羞之及孟嘗
君有秦難卒此二人拔之自是之後客皆服孟
嘗君過趙趙平原君客之趙人聞孟嘗君賢出
觀之皆笑曰始以薛公爲魁然也今視之乃眇
小丈夫耳孟嘗君聞之怒客與俱者下斫擊殺
數百人遂滅一縣以去齊湣王不自得以其遣
孟嘗君 索隱曰得一作德是湣王遣孟嘗君自言已無德故也 孟嘗君至則以
爲齊相任政孟嘗君怨秦將以齊爲韓魏攻楚
因與韓魏攻秦 徐廣曰年表曰韓魏齊共擊秦軍於函谷 而借兵食於
西周蘇代爲西周謂曰 索隱曰戰國策作韓慶爲西周謂薛公也 君以

齊爲韓魏攻楚九年取宛葉以北以彊韓魏 正義曰宛在鄧州葉在許州二縣以此舊屬楚二國共没以入韓魏 今復攻秦以益之韓
魏南無楚憂西無秦患則齊危矣韓魏必輕齊
畏秦臣爲君危之君不如令敝邑深合於秦而
君無攻又無借兵食君臨函谷而無攻令敝邑
以君之情謂秦昭王曰薛公必不破秦以彊韓
魏其攻秦也欲王之令楚王割東國以與齊 正義曰東國齊徐夷 而秦出楚懷王以爲和君令敝邑以此
惠秦秦得無破而以東國自免也秦必欲之楚
王得出必德齊齊得東國益彊而薛世世無患

矣秦不大弱而處三晉之西三晉必重齊薛公
曰善因令韓魏賀秦使三國無攻而不借兵食
於西周矣是時楚懷王入秦秦留之故欲必出
之秦不果出楚懷王孟嘗君相齊其舍人魏子
爲孟嘗君收邑入 索隱曰舍人官微記姓而略其名故云魏子收謂收其國之租稅 三
反而不致一入孟嘗君問之對曰有賢者竊假
與之以故不致入孟嘗君怒而退魏子居數年
人或毀孟嘗君於齊湣王曰孟嘗君將爲亂及
田甲劫湣王湣王意疑孟嘗君孟嘗君乃奔 索隱曰湣王三十四年田甲劫王薛文走 魏子所與粟賢者聞之乃上書

言孟嘗君不作亂請以身爲盟遂自剄宮門以
明孟嘗君湣王乃驚而蹤跡驗問孟嘗君果無
反謀乃復召孟嘗君孟嘗君因謝病歸老於薛
湣王許之其後秦亡將呂禮相齊欲困蘇代代
乃謂孟嘗君曰周最於齊至厚也 正義曰周最周之公子 而
齊王逐之而聽親弗 親弗人姓名○索隱曰戰國策作祝弗蓋祝爲得之 相呂
禮者欲取秦也齊秦合則親弗與呂禮重矣有
用齊秦必輕君君不如急北兵趨趙以和秦魏
收周最以厚行且反齊王之信 索隱曰周最本厚於齊今欲逐之而相秦之亡將蘇代謂孟嘗令齊收周最以自厚其行又且得反齊王之有信以不逐周最也 又禁天下

之變（索隱曰變謂齊秦合則親弗呂禮用用則秦齊輕孟嘗也）齊無秦則天下集齊親弗必走則齊王孰與爲其國也於是孟嘗君從其計而呂禮嫉害於孟嘗君孟嘗君懼乃遺秦相穰侯魏冉書曰吾聞秦欲以呂禮收齊齊天下之彊國也子必輕矣齊秦相取以臨三晉呂禮必并相矣是子通齊以重呂禮也若齊免於天下之兵其讎子必深矣子不如勸秦王伐齊齊破吾請以所得封子齊破秦畏晉之彊秦必重子以取晉晉國敝於齊而畏秦晉必重子以取秦是子破齊以爲功挾晉以爲重是子破齊定封秦晉交重子若齊不破呂禮復用子必大窮於是穰侯言於秦昭王伐齊而呂禮亡後齊湣王滅宋益驕欲去孟嘗君孟嘗君恐乃如魏魏昭王以爲相西合於秦趙與燕共伐破齊齊湣王亡在莒遂死焉齊襄王立而孟嘗君中立爲諸侯無所屬齊襄王新立畏孟嘗君與連和復親薛公文卒謚爲孟嘗君（皇覽曰孟嘗君冢在魯國薛城中向門東向門出北邊門也詩云居常與許鄭玄曰常或作嘗在薛之南孟嘗邑于薛城○索隱曰孟嘗襲父封薛而號曰孟嘗君此云謚非也孟字嘗邑名嘗邑在薛之旁○正義曰括地志云孟嘗君墓在徐州滕縣五十二里卒在齊襄王之時也）諸子爭立而齊魏共滅薛孟嘗絕嗣無後

也初馮驩（音歡復作煖音許袁反）聞孟嘗君好客躡蹻而見之（索隱曰蹻音腳字亦作蹻又作屩）孟嘗君曰先生遠辱何以教文也馮驩曰聞君好士以貧身歸於君孟嘗君置傳舍十日（索隱曰傳音逐緣反按傳舍幸舍及代舍並當上中下三等之客所舍之名耳）孟嘗君問傳舍長曰客何所爲荅曰馮先生甚貧猶有一劍耳又蒯緱（蒯音苦怪反茅之類可爲繩言其劍把無物可裝以小繩纏之也緱音侯亦作候謂把劍之處○索隱曰蒯草名音蒯瞶之蒯緱謂把劍之物言其劍無物可裝但以蒯繩纏之故云蒯緱也）彈其劍而歌曰長鋏歸來乎食無魚孟嘗君遷之幸舍食有魚矣五日又問傳舍長荅曰客復彈劍而歌曰長鋏歸來乎出無輿孟嘗君遷之代舍出入乘輿車矣五日孟嘗君復問傳舍長舍長荅曰先生又嘗彈劍而歌曰長鋏歸來乎無以爲家孟嘗君不悅居朞年馮驩無所言孟嘗君時相齊封萬戶於薛其食客三千人邑入不足以奉客（正義曰奉符用反）使人出錢於薛歲餘不入貸錢者多不能與其息（索隱曰與猶還也息猶利也）客奉將不給孟嘗君憂之問左右何人可使收債於薛者傳舍長曰代舍客馮公形容狀貌甚辯長者無他伎（亦作技）能宜可令收債孟嘗君乃進馮驩而請之曰賓客不知文不肖幸臨文者三千餘人

邑入不足以奉賓客故出息錢於薛薛歲不入民頗不與其息今客食恐不給願先生責之馮讙曰諾辭行至薛召取孟嘗君錢者皆會得息錢十萬乃多釀酒買肥牛召諸取錢者能與息者皆來不能與息者亦來皆持取錢之券書合之齊為會日殺牛置酒酒酣乃持券如前合之能與息者與為期貧不能與息者取其券而燒之曰孟嘗君所以貸錢者為民之無者以為本業也所以求息者為無以奉客也今富給者以要期貧窮者燔券書以捐之諸君彊飲食有君

如此豈可負哉坐者皆起再拜孟嘗君聞馮驩燒券書怒而使使召驩驩至孟嘗君曰文食客三千人故貸錢於薛文奉邑少（索隱曰言文之奉邑少故今出息於薛也）而民尚多不以時與其息客食恐不足故請先生收責之聞先生得錢即以多具牛酒而燒券書何馮驩曰然不多具牛酒即不能畢會無以知其有餘不足有餘者為要期不足者雖守而責之十年息愈多急即以逃亡自捐之若急終無以償上則為君好利不愛士民下則有離上抵負之名非所以厲士民彰君聲也焚無用虛

債之券捐不可得之虛計令薛民親君而彰君之善聲也君有何疑焉孟嘗君乃拊手而謝之齊王惑於秦楚之毀以為孟嘗君名高其主而擅齊國之權遂廢孟嘗君諸客見孟嘗君廢皆去馮驩曰借臣車一乘可以入秦者必令君重於國而奉邑益廣可乎孟嘗君乃約車幣而遣之馮驩乃西說秦王曰天下之游士馮軾結靷西入秦者無不欲彊秦而弱齊馮軾結靷東入齊者無不欲彊齊而弱秦此雄雌之國也勢不兩立為雄雄者得天下矣秦王跽而問之曰何

以使秦無為雌而可馮驩曰王亦知齊之廢孟嘗君乎秦王曰聞之馮驩曰使齊重於天下者孟嘗君也今齊王以毀廢之其心怨必背齊背齊入秦則齊國之情人事之誠盡委之秦齊地可得也豈直為雄也君急使使載幣陰迎孟嘗君不可失時也如有齊覺悟復用孟嘗君則雌雄之所在未可知也秦王大悅乃遣車十乘黃金百鎰以迎孟嘗君馮驩辭以先行至齊說齊王曰天下之游士馮軾結靷東入齊者無不欲彊齊而弱秦者馮軾結靷西入秦者無不欲彊

秦而弱齊者夫秦齊雄雌之國秦彊則齊弱矣此勢不兩雄今臣竊聞秦遣使車十乘載黃金百鎰以迎孟嘗君孟嘗君不西則已西入相秦則天下歸之秦為雄而齊為雌雌則臨淄即墨危矣王何不先秦使之未到復孟嘗君而益與之邑以謝之孟嘗君必喜而受之秦雖彊國豈可以請人相而迎之哉折秦之謀而絕其霸彊之略齊王曰善乃使人至境候秦使秦使車適入齊境使還馳告之王召孟嘗君而復其相位而與其故邑之地又益以千戶秦之使者聞孟

嘗君復相齊還車而去矣自齊王毀廢孟嘗君諸客皆去後召而復之馮驩迎之未到孟嘗君太息歎曰文常好客遇客無所敢失食客三千有餘人先生所知也客見文一日廢皆背文而去莫顧文者今賴先生得復其位客亦有何面目復見文乎如復見文者必唾其面而大辱之馮驩結轡下拜孟嘗君下車接之曰先生為客謝乎馮驩曰非為客謝也為君之言失夫物有必至事有固然君知之乎孟嘗君曰愚不知所謂也曰生者必有死物之必至也富貴多士貧

賤寡友事之固然也君獨不見夫朝趣市者乎索隱曰趣音娶趣向也又音趍明旦側肩爭門而入日暮之後過市朝者掉臂而不顧索隱曰過光卧反朝音潮市之行列有如朝位因言市朝云耳非好朝而惡暮所期物忘其中索隱曰期物謂入市心中所期之物利人平明側肩爭門而入至日暮所期忘其中忘者無也其中市朝之中言日暮物盡故掉臂不顧也今君失位賓客皆去不足以怨士而徒絕賓客之路願君遇客如故孟嘗君再拜曰敬從命矣聞先生之言敢不奉教焉

太史公曰吾嘗過薛其俗閭里率多暴桀子弟與鄒魯殊問其故曰孟嘗君招致天下任俠姦

人入薛中蓋六萬餘家矣世之傳孟嘗君好客自喜名不虛矣

索隱述贊曰

靖郭之子　威王之孫　既彊其國
實高其門　好客喜士　見重平原
雞鳴狗盜　魏子馮煖　如何承睫
薛縣徒存

孟嘗君列傳第十五　史記七十五

平原君虞卿列傳第十六　史記七十六

平原君趙勝者 正義勝式證反 趙之諸公子也 徐廣曰魏公子傳曰趙惠文王弟 諸子中勝最賢喜賓客賓客蓋至者數千人平原君相趙惠文王及孝成王三去相三復位封於東武城 徐廣曰屬清河○正義曰今貝州武城縣也 平原君家樓臨民家民家有躄者槃散行汲 散亦作跚○索隱曰上躄音辟下散音先寒反亦作跚音同○正義躄跛也 平原君美人居樓上臨見大笑之明日躄者至平原君門請曰臣聞君之喜士士不遠千里而至者以君能貴士而賤妾也臣不幸有罷癃之病 徐廣曰癃音隆癃病也○索隱曰罷音皮癃音呂宮反罷癃謂背疾言腰曲而背癃高也 而君之後宮臨而笑臣臣願得笑臣者頭平原君笑應曰諾躄者去平原君笑曰觀此豎子乃欲以一笑之故殺吾美人不亦甚乎終不殺居歲餘賓客門下舍人稍稍引去者過半平原君怪之曰勝所以待諸君者未嘗敢失禮而去者何多也門下一人前對曰以君之不殺笑躄者以君為愛色而賤士士即去耳於是平原君乃斬笑躄者美人頭自造門進躄者因謝焉其後門下乃復稍稍來是時齊有孟嘗魏有信陵楚有春申故爭相傾以待士 徐廣曰待一作得 秦之圍

邯鄲 正義曰趙惠文王九年秦昭王十五年 趙使平原君求救合從於楚約與食客門下有勇力文武備具者二十人偕平原君曰使文能取勝則善矣文不能取勝則歃血於華屋之下必得定從而還士不外索取於食客門下足矣得十九人餘無可取者無以滿二十人門下有毛遂者前自贊於平原君曰遂聞君將合從於楚約與食客門下二十人偕不外索今少一人願君即以遂備員而行矣平原君曰先生處勝之門下幾年於此矣毛遂曰三年於此矣平原君曰夫賢士之處世也譬若錐之處囊中其末立見今先生處勝之門下三年於此矣左右未有所稱誦勝未有所聞是先生無所有也先生不能先生留毛遂曰臣乃今日請處囊中耳使遂蚤得處囊中乃穎脫而出 索隱曰鄭玄曰穎環也脫音吐活反 非特其末見而已平原君竟與毛遂偕十九人相與目笑之而未發也 索隱曰發一作廢鄭玄云皆目視而輕笑之未能即廢發弃之也 毛遂比至楚與十九人論議十九人皆服平原君與楚合從言其利害日出而言之日中不決十九人謂毛遂曰先生上毛遂按劍歷階而上謂平原君曰從之利害兩言

而決耳今日出而言從日中不決何也楚王謂平原君曰客何為者也平原君曰是勝之舍人也楚王叱曰胡不下吾乃與而君言汝何為者也毛遂按劍而前曰王之所以叱遂者以楚國之衆也今十步之內王不得恃楚國之衆也王之命縣於遂手吾君在前叱者何也且遂聞湯以七十里之地王天下文王以百里之壤而臣諸侯豈其士卒衆多哉誠能據其勢而奮其威今楚地方五千里持戟百萬此霸王之資也以楚之彊天下弗能當白起小豎子耳率數萬之衆興師以與楚戰一戰而舉鄢郢再戰而燒夷陵三戰而辱王之先人此百世之怨而趙之所羞而王弗知惡焉正義曰惡烏故反合從者為楚非為趙也吾君在前叱者何也楚王曰唯唯誠若先生之言謹奉社稷而以從毛遂曰從定乎楚王曰定矣毛遂謂楚王之左右曰取雞狗馬之血來索隱曰盟之所用牲貴賤不同天子用牛及馬諸侯以犬及豭大夫已下用雞今此總言盟之用血故云取雞狗馬之血耳毛遂奉銅盤索隱曰奉音捧若周禮則用珠盤也而跪進之楚王曰王當歃血而定從次者吾君次者遂遂定從於殿上毛遂左手持盤血而右手招十九人曰

公相與歃此血於堂下索隱曰歃音所甲反公等錄錄音祿○索隱曰音六王劭云錄借字耳又說文云錄錄隨從之貌也所謂因人成事者也平原君已定從而歸歸至於趙曰勝不敢復相士勝相士多者千人寡者百數自以為不失天下之士今乃於毛先生而失之也毛先生一至楚而使趙重於九鼎大呂索隱曰九鼎大呂國之寶器言毛遂至楚使趙重於九鼎大呂謂為天子所重也○正義曰大呂周廟大鍾毛先生以三寸之舌彊於百萬之師勝不敢復相士遂以為上客平原君既返趙楚使春申君將兵赴救趙魏信陵君亦矯奪晉鄙軍往救趙皆未至秦急圍邯鄲邯鄲急且降平原君甚患之邯鄲傳舍吏子李同正義曰名談太史公諱改也說平原君曰君不憂趙亡邪平原君曰趙亡則勝為虜何為不憂乎李同曰邯鄲之民炊骨易子而食可謂急矣而君之後宮以百數婢妾被綺縠餘粱肉而民褐衣不完糟糠不厭民困兵盡或剡木為矛矢而君器物鐘磬自若使秦破趙君安得有此使趙得全君何患無有今君誠能令夫人以下編於士卒之間分功而作家之所有盡散以饗士士方其危苦之時易德耳正義曰言士方危苦之時易有恩德於是平原君從之得

敢死之士三千人李同遂與三千人赴秦軍秦軍為之却三十里亦會楚魏救至秦兵遂罷邯鄲復存李同戰死封其父為李侯徐廣曰河內城皐有李城○正義曰懷州溫縣本李城也李同父所封隋煬帝從故溫城移縣於此虞卿欲以信陵君之存邯鄲為平原君請封公孫龍聞之夜駕見平原君曰龍聞虞卿欲以信陵君之存邯鄲為君請封有之乎平原君曰然龍曰此甚不可且王舉君而相趙者非以君之智能為趙國無有也割東武城而封君者非以君為有功也而以國人無勳乃以君為親戚故也君受相印不辭無

能割地不言無功者亦自以為親戚故也今信陵君存邯鄲而請封是親戚受城而國人計功也徐廣曰一本是親戚受城而以國許人此甚不可且虞卿操其兩權事成操右券以責索隱曰言虞卿論平原君取封事成則操其右券以責其報德也事不成以虛名德君君必勿聽也平原君遂不聽虞卿平原君以趙孝成王十五年卒索隱曰六國年表及世家並云十四年卒與此不同子孫代後竟與趙俱亡平原君厚待公孫龍公孫龍善為堅白之辯及鄒衍過趙索隱曰過音戈言至道乃絀公孫龍劉向別錄曰齊使鄒衍過趙平原君見公孫龍及其徒綦毋子之屬論白馬非馬之辯以問鄒子鄒子曰不可彼天下之辯有五勝三至而辭正為下辯者別殊類使不相害

序異端使不相亂抒意通指明其所謂使人與知焉不務相迷也故勝者不失其所守不勝者得其所求若是故辯可為也及至煩文以相假飾辭以相惇巧譬以相移引人聲使不得及其意如此害大道夫繳紛爭言而競後息不能無害君子坐皆稱善○索隱曰抒音墅抒者舒也繳音糾謂繳繞紛亂爭言而競後息不能無害也

虞卿者游說之士也躡蹻檐簦徐廣曰蹻草履也簦長柄笠音登笠有柄者謂之簦索隱曰蹻音腳說趙孝成王一見賜黃金百鎰白璧一雙再見為趙上卿故號為虞卿譙周曰食邑於虞○索隱曰趙之虞在河東大陽縣今之虞鄉縣是也秦趙戰於長平趙不勝亡一都尉趙王召樓昌與虞卿曰軍戰不勝尉復死徐廣曰復一作係寡人使束甲而趨之何如樓昌曰無益也不如發重使為媾古后反求和曰媾○索隱曰按媾亦講講亦和也虞

卿曰昌言媾者以為不媾軍必破也而制媾者在秦且王之論秦也欲破趙之軍乎不邪王曰秦不遺餘力矣必且欲破趙軍虞卿曰王聽臣發使出重寶以附楚魏楚魏欲得王之重寶必內吾使趙使入楚魏秦必疑天下之合從且必恐如此則媾乃可為也趙王不聽與平陽君為媾發鄭朱入秦秦內之趙王召虞卿曰寡人使平陽君為媾於秦秦已內鄭朱矣卿以為奚如虞卿對曰王不得媾軍必破矣天下賀戰勝者皆在秦矣鄭朱貴人也入秦秦王與應侯必顯

重以示天下楚魏以趙爲媾必不救王秦知天
下不救王則媾不可得成也應侯果顯鄭朱以
示天下賀戰勝者終不肯媾長平大敗遂圍邯
鄲爲天下笑秦既解邯鄲圍而趙王入朝使趙
郝音釋徐廣曰一作赦約事於秦割六縣而媾虞卿謂趙
王曰秦之攻王也倦而歸乎王以其力尚能進
愛王而弗攻乎王曰秦之攻我也不遺餘力矣
必以倦而歸也虞卿曰秦以其力攻其所不能
取倦而歸王又以其力之所不能取以送之是
助秦自攻也來年秦復攻王王無救矣王以虞

卿之言告趙郝趙郝曰虞卿誠能盡秦力之所
至乎誠知秦力之所不能進此彈丸之地弗予
今秦來年復攻王王得無割其內而媾乎王曰
請聽子割矣子能必使來年秦之不復攻我乎
趙郝對曰此非臣之所敢任也他日三晉之交
於秦相善也今秦善韓魏而攻王王之所以事
秦必不如韓魏也今臣爲足下解負親之攻索隱
曰爲足下解其負擔而親自攻之也開關通幣齊交韓魏至來年而
王獨取攻於秦此王之所以事秦必在韓魏之
後也此非臣之所敢任也王以告虞卿虞卿對

曰郝言不媾來年秦復攻王王得無割其內而
媾乎今媾郝又以不能必秦之不復攻也今雖
割六城何益來年復攻又割其力之所不能取
而媾此自盡之術也不如無媾秦雖善攻不能
取六縣趙雖不能守終不失六城秦倦而歸兵
必罷我以六城收天下以攻罷秦是我失之於
天下而取償於秦也吾國尚利孰與坐而割地
自弱以彊秦哉今郝曰秦善韓魏而攻趙者必
以爲韓魏不救趙也而王之軍必孤有以王之
事秦不如韓魏也是使王歲以六城事秦也即

坐而城盡來年秦復求割地王將與之乎弗與
是棄前功而挑秦禍也與之則無地而給之語
曰彊者善攻弱者不能守今坐而聽秦秦兵不
獘而多得地是彊秦而弱趙也以益彊之秦而
割愈弱之趙其計故不止矣且王之地有盡而
秦之求無已以有盡之地而給無已之求其勢
必無趙矣趙王計未定樓緩從秦來趙王與樓
緩計之曰予秦地何如毋予孰吉緩辭讓曰此
非臣之所能知也王曰雖然試言公之私索隱曰按
私謂私心也樓緩對曰王亦聞夫公甫文伯母乎正義

曰季康子從祖母文伯名歜康子從父昆弟公甫文伯仕於魯病死女子爲自殺於房中者二人其母聞之弗哭也其相室曰[正義曰謂傅姆之類也]焉有子死而弗哭者乎其母曰孔子賢人也逐於魯而是人不隨也今死而婦人爲之自殺者二人若是者必其於長者薄而於婦人厚也故從母言之是爲賢母從妻言之是必不免爲妬妻故其言一也言者異則人心變矣今臣新從秦來而言勿予則非計也言予之恐王以臣爲爲秦也故不敢對使臣得爲大王計不如予之王曰諾虞卿聞之入見王曰

此飾說也王昚[徐廣曰音慎]勿予樓緩聞之往見王王又以虞卿之言告樓緩樓緩對曰不然虞卿得其一不得其二夫秦趙構難而天下皆說何也曰吾且因彊而乘弱矣今趙兵困於秦天下之賀戰勝者則必盡在於秦矣故不如亟割地爲和以疑天下而慰秦之心不然天下將因秦之彊怒乘趙之獘瓜分之趙且亡何秦之圖乎故曰虞卿得其一不得其二願王以此決之勿復計也虞卿聞之往見王曰危哉樓子之所以爲秦者是愈疑天下而何慰秦之心哉獨不言

其示天下弱乎且臣言勿予者非固勿予而已也秦索六城於王而王以六城賂齊齊秦之深讎也得王之六城并力西擊秦齊之聽王不待辭之畢也則是王失之於齊而取償於秦也而齊趙之深讎可以報矣而示天下有能爲也王以此發聲兵未窺於境臣見秦之重賂至趙而反媾於王也從秦爲媾韓魏聞之必盡重王重王必出重寶以先於王則是王一舉而結三國之親而與秦易道也[正義曰前取秦攻今得賂是易道也易音亦]趙王曰善則使虞卿東見齊王與之謀秦虞卿未返秦

使者已在趙矣樓緩聞之亡去趙於是封虞卿以一城居頃之而魏請爲從趙孝成王召虞卿謀過平原君[索隱曰過音戈]平原君曰願卿之論從也虞卿入見王王曰魏請爲從對曰魏過[光卧反]王曰寡人固未之許對曰王過王曰魏請從卿曰魏過寡人未之許又曰寡人過然則從終不可乎對曰臣聞小國之與大國從事也有利則大國受其福有敗則小國受其禍今魏以小國請其禍而王以大國辭其福臣故曰王過魏亦過竊以爲從便王曰善乃合魏爲從虞卿既以魏

齊之故不重萬戶侯卿相之印與魏齊閒行卒去趙困於梁魏齊已死不得意乃著書索隱曰魏齊魏相与應侯有仇秦求之急乃抵虞卿卿弃相印乃与齊間行亡歸梁以託信陵君信陵君疑未決齊自殺故虞卿失相乃窮愁而著書也上採春秋下觀近世曰節義稱號揣摩政謀凡八篇以刺譏國家得失世傳之曰虞氏春秋正義曰藝文志云十五篇

太史公曰平原君翩翩濁世之佳公子也然未睹大體鄙語曰利令智昏平原君貪馮亭邪說使趙陷長平兵四十餘萬衆邯鄲幾亡譙周曰長平之陷乃趙王信間易將之咎何怨平原受馮亭哉虞卿料事揣情爲趙畫策何其工也及不忍魏齊卒困於大梁庸夫且知其不可況賢人乎然虞卿非窮愁亦不能著書以自見於後世云

索隱述贊曰

翩翩公子　天下奇器　笑姬從戮
義士增氣　兵解李同　盟定毛遂
虞卿躡蹻　受賞料事　乃困魏齊
著書見意

平原君虞卿列傳第十六　史記七十六

信陵君列傳第十七　　史記七十七

魏公子無忌者魏昭王少子而魏安釐王異母弟也昭王薨安釐王即位封公子為信陵君（索隱曰地理志無信陵或曰是鄉邑名）是時范雎亡魏相秦以怨魏齊故秦兵圍大梁破魏華陽下軍走芒卯魏王及公子患之公子為人仁而下士士無賢不肖皆謙而禮交之不敢以其富貴驕士士以此方數千里爭往歸之致食客三千人當是時諸侯以公子賢多客不敢加兵謀魏十餘年公子與魏王博而北境傳舉烽言趙寇至且入界（文穎曰作高士櫓櫓上作桔槔桔槔頭兜零以薪置其中謂之烽常低之有寇即火然舉之以相告）魏王釋博欲召大臣謀公子止王曰趙王田獵耳非為寇也（正義曰為于僞反）復博如故王恐心不在博居頃復從北方來傳言曰趙王獵耳非為寇也魏王大驚曰公子何以知之公子曰臣之客有能探得趙王陰事者趙王所為客輒以報臣臣以此知之是後魏王畏公子之賢能不敢任公子以國政魏有隱士曰侯嬴（索隱曰音盈又曹植音嬴瘦之嬴）年七十家貧為大梁夷門監者公子聞之往請欲厚遺之不肯受曰臣脩身絜行數十年終不以監門困故而受

公子財公子於是乃置酒大會賓客坐定公子從車騎虛左自迎夷門侯生侯生攝敝衣冠直上載公子上坐不讓欲以觀公子公子執轡愈恭侯生又謂公子曰臣有客在市屠中願枉車騎過之公子引車入市侯生下見其客朱亥俾倪（索隱曰俾音甫計反倪音五計反鄒誕生俾音疋未反倪音五第反○正義曰不正視也）故久立與其客語微察公子公子顏色愈和當是時魏將相宗室賓客滿堂待公子舉酒市人皆觀公子執轡從騎皆竊罵侯生侯生視公子色終不變乃謝客就車至家公子引侯生坐上坐徧贊賓客（索隱曰徧音遍贊告也謂以侯生徧告賓客）賓客皆驚酒酣公子起為壽侯生前侯生因謂公子曰今日嬴之為公子亦足矣（徐廣曰為一作羞）嬴乃夷門抱關者也而公子親枉車騎自迎嬴於衆人廣坐之中不宜有所過今公子故過之然嬴欲就公子之名故久立公子車騎市中過客以觀公子公子愈恭市人皆以嬴為小人而以公子為長者能下士也於是罷酒侯生遂為上客侯生謂公子曰臣所過屠者朱亥此子賢者世莫能知故隱屠閒耳公子往數請之朱亥故不復謝公子怪之魏安釐

王二十年秦昭王已破趙長平軍又進兵圍邯鄲公子姊爲趙惠文王弟平原君夫人數遺魏王及公子書請救於魏魏王使將軍晉鄙【索隱曰魏將姓名】將十萬衆救趙秦王使使者告魏王曰吾攻趙旦暮且下而諸侯敢救者已拔趙必移兵先擊之魏王恐使人止晉鄙留軍壁鄴名爲救趙實持兩端以觀望平原君使者冠蓋相屬於魏讓魏公子曰勝所以自附爲婚姻者以公子之高義爲能急人之困今邯鄲旦暮降秦而魏救不至安在公子能急人之困也且公子縱輕勝棄之降秦獨不憐公子姊邪公子患之數請魏王及賓客辯士說王萬端魏王畏秦終不聽公子公子自度終不能得之於王計不獨生而令趙亡乃請賓客約車騎百餘乘欲以客往赴秦軍與趙俱死行過夷門見侯生具告所以欲死秦軍狀辭決而行侯生曰公子勉之矣老臣不能從公子行數里心不快曰吾所以待侯生者備矣天下莫不聞今吾且死而侯生曾無一言半辭送我我豈有所失哉復引車還問侯生侯生笑曰臣固知公子之還也曰公子喜士名

聞天下今有難無他端而欲赴秦軍譬若以肉投餒虎何功之有哉尚安事客然公子遇臣厚公子往而臣不送以是知公子恨之復返也公子再拜因問侯生乃屏人間語【索隱曰間音閑謂靜語也】曰嬴聞晉鄙之兵符常在王卧內而如姬最幸出入王卧內力能竊之嬴聞如姬父爲人所殺如姬資之三年【索隱曰舊解資之三年謂服齊衰也今按資者畜也謂欲爲父復讎之資畜於心已得三年也】自王以下欲求報其父仇莫能得如姬爲公子泣公子使客斬其仇頭敬進如姬如姬之欲爲公子死無所辭顧未有路耳公子誠一開口請如姬如姬必許諾則得虎符奪晉鄙軍北救趙而西却秦此五霸之伐也公子從其計請如姬如姬果盜晉鄙兵符與公子公子行侯生曰將在外主令有所不受以便國家公子即合符而晉鄙不授公子兵而復請之事必危矣臣客屠者朱亥可與俱此人力士晉鄙聽大善不聽可使擊之於是公子泣侯生曰公子畏死耶何泣也公子曰晉鄙嚄唶【上音烏百反下音莊白反○索隱曰嚄唶謂多詞句也○正義曰聲類云嚄大笑唶大呼】宿將往恐不聽必當殺之是以泣耳豈畏死哉於是公子請朱亥朱亥笑曰臣乃市井

哉乃屠者而公子親數存之所以不報謝者以爲小禮無所用今公子有急此乃臣效命之秋也遂與公子俱公子過謝侯生侯生曰臣宜從老不能請數公子行日以至晉鄙軍之日北鄉自剄以送公子公子遂行至鄴矯魏王令代晉鄙晉鄙合符疑之舉手視公子曰今吾擁十萬之衆屯於境上國之重任今單車來代之何如哉欲無聽朱亥袖四十斤鐵椎椎殺晉鄙公子遂將晉鄙軍勒兵下令軍中曰父子俱在軍中父歸兄弟俱在軍中兄歸獨子無兄弟歸養得選兵八萬人進兵擊秦軍秦軍解去遂救邯鄲存趙趙王及平原君自迎公子於界平原君負韊矢呂忱曰韊盛弩矢○索隱曰韊音蘭謂以盛矢如今之胡䩮而短也呂姓忱名作字林者爲公子先引趙王再拜曰自古賢人未有及公子者也當此之時平原君不敢自比於人公子與侯生決至軍侯生果北鄉自剄魏王怒公子之盜其兵符矯殺晉鄙公子亦自知也已卻秦存趙使將將其軍歸魏而公子獨與客留趙趙孝成王德公子之矯奪晉鄙兵而存趙乃與平原君計以五城封公子公子聞之意驕矜而有自功

之色客有說公子曰物有不可忘或有不可不忘夫人有德於公子公子不可忘也公子有德於人願公子忘之也且矯魏王令奪晉鄙兵以救趙於趙則有功矣於魏則未爲忠臣也公子乃自驕而功之竊爲公子不取也於是公子立自責似若無所容者趙王埽除自迎執主人之禮引公子就西階公子側行辭讓從東階上禮記曰主人就東階客就西階客若降等則就主人之階自言辠過以負於魏索隱曰負音佩無功於趙趙王侍酒至暮口不忍獻五城以公子退讓也公子竟留趙趙王以鄗爲公子湯沐邑索隱曰鄗音霍趙邑名屬常山魏亦復以信陵奉公子公子留趙公子聞趙有處士毛公藏於博徒薛公藏於賣漿家徐廣曰漿或作醪○索隱曰徐按別錄云也公子欲見兩人兩人自匿不肯見公子公子聞所在乃閒步往從此兩人游甚歡平原君聞之謂其夫人曰始吾聞夫人弟公子天下無雙今吾聞之乃妄從博徒賣漿者游公子妄人耳夫人以告公子公子乃謝夫人去曰始吾聞平原君賢故負魏王而救趙以稱平原君平原君之游徒豪舉耳索隱曰謂豪者舉之舉亦音據也不求士也無忌自在大梁時常聞

此兩人賢至趙恐不得見以無忌從之游尚恐其不我欲也今平原君乃以爲羞其不足從游乃裝爲去夫人具以語平原君平原君乃免冠謝固留公子平原君門下聞之半去平原君歸公子天下士復往歸公子公子傾平原君客公子留趙十年不歸秦聞公子在趙日夜出兵東伐魏魏王患之使使往請公子公子恐其怒之乃誡門下有敢爲魏王使通者死賓客皆背魏之趙莫敢勸公子歸毛公薛公兩人（索隱曰史失其名）往見公子曰公子所以重於趙名聞諸侯者徒以有魏也今秦攻魏魏急而公子不恤使秦破大梁而夷先王之宗廟公子當何面目立天下乎語未及卒公子立變色告車趣駕歸救魏魏王見公子相與泣而以上將軍印授公子公子遂將魏安釐王三十年公子使使徧告諸侯諸侯聞公子將各遣將將兵救魏公子率五國之兵破秦軍於河外走蒙驁遂乘勝逐秦軍至函谷關抑秦兵（索隱曰抑音憶謂以兵厭之）秦兵不敢出當是時公子威振天下諸侯之客進兵法公子皆名之故世俗稱魏公子兵法（劉歆七略有魏公子兵法二十一篇圖七卷○索隱曰公子所得進

兵法而必稱其名以言其恕也）秦王患之乃行金萬斤於魏求晉鄙客令毀公子於魏王曰公子亡在外十年矣今爲魏將諸侯將皆屬諸侯徒聞魏公子不聞魏王公子亦欲因此時定南面而王諸侯畏公子之威方欲共立之秦數使反閒僞賀公子得立爲魏王未也魏王日聞其毀不能不信後果使人代公子將公子自知再以毀廢乃謝病不朝與賓客爲長夜飲飲醇酒多近婦女日夜爲樂飲者四歲竟病酒而卒其歲魏安釐王亦薨秦聞公子死使蒙驁攻魏拔二十城初置東郡其後秦稍蠶食魏十八歲而虜魏王屠大梁（索隱曰魏王名假）

高祖始微少時數聞公子賢及即天子位每過大梁常祠公子高祖十二年從擊黥布還爲公子置守冢五家世世歲以四時奉祠公子

太史公曰吾過大梁之墟求問其所謂夷門夷門者城之東門也天下諸公子亦有喜士者矣然信陵君之接巖穴隱者不恥下交有以也名冠諸侯不虛耳高祖每過之而令民奉祠不絕也

索隱述贊曰

信陵下士　鄰國相傾　以公子故
不敢加兵　頗知朱亥　盡禮侯嬴
遂却晉鄙　終辭趙城　毛薛見重
萬古希聲

信陵君列傳第十七　史記七十七

春申君列傳第十八　　史記七十八

春申君者楚人也名歇姓黃氏游學博聞事楚頃襄王索隱曰名橫考烈王完之父頃襄王以歇為辯使於秦秦昭王使白起攻韓魏敗之於華陽禽魏將芒卯韓魏服而事秦秦昭王方令白起與韓魏共伐楚未行而楚使黃歇適至於秦聞秦之計當是之時秦已前使白起攻楚取巫黔中之郡拔鄢郢東至竟陵正義曰竟陵屬江夏郡也楚頃襄王東徙治於陳縣正義曰今陳州也黃歇見楚懷王之為秦所誘而入朝遂見欺留死於秦頃襄王其子也秦輕之

恐壹舉兵而滅楚歇乃上書說秦昭王曰天下莫彊於秦楚今聞大王欲伐楚此猶兩虎相與鬬兩虎相與鬬而駑犬受其弊索隱曰謂兩虎鬬乃受弊於駑犬劉氏云受猶承也不如善楚臣請言其說臣聞物至則反冬夏是也正義曰至極也極則反也冬至陰之極夏至陽之極致至則危徐廣曰至或作安累棊是也今大國之地徧天下有其二垂正義曰言極東西此從生民已來萬乘之地未嘗有也先帝文王莊王之身三世不忘接地於齊以絕從親之要索隱曰音腰以言山東從韓魏是其要脅今王使盛橋守事於韓索隱曰秦使盛橋守事於韓亦如楚使召滑相趙然也並內行章義之難盛橋以其地

入秦是王不用甲不信威索隱曰信音申而得百里之地王可謂能矣王又舉甲而攻魏杜大梁之門舉河內拔燕酸棗虛徐廣曰秦始皇五年取酸棗燕虛蘇代曰決宿胥之口魏無虛頓丘桃徐廣曰燕縣有桃城入邢徐廣曰平皋有邢丘○正義曰邢丘在懷州武德縣東南二十里魏之兵雲翔而不敢捄王之功亦多矣王休甲息衆二年而後復之又并蒲衍首垣徐廣曰蘇秦云北有河外卷衍長垣縣有蒲鄉○索隱曰此蒲在衛之長垣蒲鄉也衍在河南與卷近首蓋牛首垣即長垣非河東之垣也垣音圓以臨仁平丘徐廣曰屬陳留○索隱曰仁及平丘二縣名謂以兵臨此二縣則黃及濟陽等自嬰城而守也地理志平丘縣屬陳留仁闕黃濟陽嬰城徐廣曰蘇代云決白馬之口魏無黃濟陽○正義曰故黃城在曹州考城縣東濟陽故城在曹州冤句縣西南嬰城未詳而魏氏服王又割濮

磿之北徐廣曰濮水北於鉅野入濟○索隱曰地名近濮注齊秦之要絕楚趙之脊正義曰劉伯莊云言秦得魏地楚趙之絕從天下五合六聚而不敢救王之威亦單矣徐廣曰單亦作殫○索隱曰按單音丹單盡也言王之威盡行也王若能持功守威絀攻取之心而肥仁義之地使無後患三王不足四五伯不足六也王若負人徒之衆仗兵革之彊乘毀魏之威而欲以力臣天下之主臣恐其有後患也詩曰靡不有初鮮克有終易曰狐涉水濡其尾正義曰言狐惜其尾每涉水舉尾不令濕此至極困則濡之譬言不可力臣之此言始之易終之難也何以知其然也昔智氏見伐趙之利而不知榆次之

禍 索隱曰智伯敗於榆次也地理志屬太原有梗陽鄉是也○正義曰榆次并州縣也注水經云榆次縣南同過水側有鑿臺 吳見伐齊之便而不知干隧之敗 索隱曰干隧吳之敗處地名干水邊也隧道路也○正義曰干隧吳地名也出萬安山西南一里太湖即吳王夫差自剄處在蘇州西北四十里 此二國者非無大功也沒利於前而易患於後也 索隱曰謂智伯及吳王沒伐趙及伐齊之利於前而自易其患於後後即榆次干隧之難也 吳之信越也從而伐齊 索隱曰從音絕用反劉氏云從猶領也 既勝齊人於艾陵 正義曰艾山在兗州博縣南六十里也 還為越王禽三渚之浦 戰國策曰三江之浦○正義曰吳俗傳云越軍得子胥夢從東入伐吳越王即從三江北岸立壇殺白馬祭子胥杯動酒盡乃開渠由三浦入破吳王於姑蘇敗干隧也 智氏之信韓魏也從而伐趙攻晉陽城 正義曰并州城 勝有日矣韓魏叛之殺智伯瑤於

鑿臺之下 徐廣曰鑿臺在榆次 今王妬楚之不毀也而忘毀楚之彊韓魏也臣為王慮而不取也詩曰大武遠宅而不涉 正義曰言大軍不遠跋涉攻伐 從此觀之楚國援也鄰國敵也詩云趯趯毚兔遇犬獲之 韓嬰章句曰趯趯往來貌獲得也言趯趯之毚兔謂狡兔數往來逃匿其跡有時遇犬得之毛傳曰毚兔狡兔也鄭玄曰遇犬犬之馴者謂田犬○索隱曰趯天歷反毚音讒 他人有心余忖度之今王中道而信韓魏之善王也此正吳之信越也臣聞之敵不可假時不可失臣恐韓魏卑辭除患而實欲欺大國也 索隱曰大國謂秦也 何則王無重世之德於韓魏而有累世之怨焉 索隱曰重世猶再世也 夫韓魏父子

兄弟接踵而死於秦者將十世矣本國殘社稷壞宗廟毀刳腹絕腸折頸摺頤 徐廣曰一作顛○索隱曰摺音拉頤音夷 首身分離暴骸骨於草澤頭顱僵仆相望於境父子老弱係脰束手為羣虜者相及於路鬼神孤傷無所血食人民不聊生族類離散流亡為僕妾者盈滿海內矣故韓魏之不亡秦社稷之憂也今王資之與攻楚不亦過乎且王攻楚將惡出兵 正義曰惡音烏 王將借路於仇讎之韓魏乎兵出之日而王憂其不返也是王以兵資於仇讎之韓魏也王若不借路於仇讎之韓魏必攻

隨水右壤隨水右壤此皆廣川大水山林谿谷不食之地也 索隱曰楚都陳隨水之右壤蓋在隨之西今鄧州之西其地多山林者是 王雖有之不為得地是王有毀楚之名而無得地之實也且王攻楚之日四國必悉起兵以應王秦楚之兵構而不離魏氏將出而攻留方與銍湖陵碭蕭相故宋必盡 正義曰徐州西宋州東兗州南並故宋地 齊人南面攻楚泗上必舉 正義曰此時泗屬齊也 此皆平原四達膏腴之地而使獨攻 索隱曰若秦楚構兵不休則魏盡故宋齊取泗上是使齊魏獨攻伐而得其利者也 王破楚以肥韓魏於中國而勁齊韓魏之彊足以校於秦 索隱曰校音教謂足以與秦為敵也一云校者報也

言力能報秦齊南以泗水為境東負海北倚河而無後患天下之國莫彊於齊魏齊魏得地葆利而詳事下吏一年之後為帝未能其於楚王之為帝有餘矣索隱曰言齊一年之後未即能為帝而能禁秦為帝有餘力矣然禁字作楚者誤也夫以王壤土之博人徒之衆兵革之彊一舉事而樹怨於楚遲令韓魏歸帝重於齊是王失計也徐廣曰遲一作還○索隱曰遲音值值猶乃也令音力呈反韓魏重齊令歸帝號此秦之計失也臣為王慮莫若善楚秦楚合而為一以臨韓韓必斂手王施以東山之險帶以曲河之利韓必為關內之侯若是而王以十萬戍鄭梁氏寒心許鄢陵嬰城而上蔡召陵不往來也如此而魏亦關內侯矣王壹善楚而關內兩萬乘之主注地於齊索隱曰注謂以兵栽之齊右壤可拱手而取也正義曰右壤謂渭州之南北也王之地一經兩海索隱曰西海至東海皆是秦地正義曰廣言橫度中國東西也要約天下是燕趙無齊楚齊楚無燕趙也然後危動燕趙直搖齊楚此四國者不待痛而服矣昭王曰善於是乃止白起而謝韓魏發使賂楚約為與國黃歇受約歸楚楚使歇與太子完入質於秦秦留之數年楚頃襄王病太子不得歸而楚太子與秦相應侯善於是黃歇乃說應侯曰相國誠

善楚太子乎應侯曰然歇曰今楚王恐不起疾秦不如歸其太子太子得立其事秦必重而德相國無窮是親與國而得儲萬乘也若不歸則咸陽一布衣耳楚更立太子必不事秦夫失與國而絕萬乘之和非計也願相國孰慮之應侯以聞秦王秦王曰令楚太子之傅先往問楚王之疾返而後圖之黃歇為楚太子計曰秦之留太子也欲以求利也今太子力未能有以利秦也歇憂之甚而陽文君子二人在中王若卒大命太子不在陽文君子必立為後太子不得奉宗廟矣不如亡秦與使者俱出臣請止以死當之楚太子因變衣服為楚使者御以出關而黃歇守舍常為謝病度太子已遠秦不能追歇乃自言秦昭王曰楚太子已歸出遠矣歇當死願賜死昭王大怒欲聽其自殺也應侯曰歇為人臣出身以徇其主太子立必用歇故不如無罪而歸之以親楚秦因遣黃歇歇至楚三月楚頃襄王卒徐廣曰三十六年太子完立是為考烈王考烈王元年以黃歇為相封為春申君正義曰然四君封邑檢皆不獲唯平原有地又非趙境並蓋號謚而孟嘗是謚賜淮北地十二縣後十五歲黃

歇言之楚王曰淮北地邊齊其事急請以為郡便因并獻淮北十二縣請封於江東考烈王許之春申君因城故吳墟 正義曰墟音墟闔閭今蘇州也於城內小城西北別築城居之今圯毀也又大內北瀆四從五橫至今猶存又攻破楚門為昌門 以自為都邑春申君既相楚是時齊有孟嘗君趙有平原君魏有信陵君方爭下士招致賓客以相傾奪輔國持權春申君為楚相四年秦破趙之長平軍四十餘萬五年圍邯鄲邯鄲告急於楚楚使春申君將兵往救之秦兵亦去春申君歸春申君相楚八年為楚北伐滅魯 索隱曰年表云八年取魯封魯君於莒十四年滅也 以荀

卿為蘭陵令當是時楚復彊趙平原君使人於春申君春申君舍之於上舍趙使欲夸楚為瑇瑁簪刀劍室以珠玉飾之請命春申君客春申君客三千餘人其上客皆躡珠履以見趙使趙使大慚春申君相十四年秦莊襄王立以呂不韋為相封為文信侯取東周春申君相二十二年諸侯患秦攻伐無已時乃相與合從西伐秦 徐廣曰始皇六年 而楚王為從長春申君用事至函谷關秦出兵攻諸侯兵皆敗走楚考烈王以咎春申君春申君以此益疏客有觀津人朱英 正義曰觀音館

今魏州觀城縣也 謂春申君曰人皆以楚為彊而君用之弱其於英不然先君時善秦二十年而不攻楚何也秦踰黽隘之塞 正義曰黽隘之塞在申州黽音盲也 而攻楚不便假道於兩周背韓魏而攻楚不可今則不然魏旦暮亡不能愛許鄢陵其許魏割以與秦秦兵去陳百六十里 徐廣曰在許東南 臣之所觀者見秦楚之日鬬也楚於是去陳徙壽春而秦徙衛野王作置東郡 正義曰濮滑州兼河北置東郡濮州本衛都而徙野王也 春申君由此就封於吳行相事楚考烈王無子春申君患之求婦人宜子者進之甚眾卒無子趙人李園持其

女弟欲進之楚王聞其不宜子恐久毋寵李園求事春申君為舍人已而謁歸故失期還謁春申君問之狀對曰齊王使使求臣之女弟與其使者飲故失期春申君曰娉入乎對曰未也春申君曰可得見乎曰可於是李園乃進其女弟即幸於春申君知其有身李園乃與其女弟謀園女弟承閒以說春申君曰楚王之貴幸君雖兄弟不如也今君相楚二十餘年而王無子即百歲後將更立兄弟則楚更立君後亦各貴其故所親君又安得長有寵乎非徒然也君

貴用事久多失禮於王兄弟兄弟誠立禍且及身何以保相印江東之封乎今妾自知有身矣而人莫知妾幸君未久誠以君之重而進妾於楚王王必幸妾妾賴天有子男則是君之子爲王也楚國盡可得孰與身臨不測之罪乎春申君大然之乃出李園女弟謹舍而言之楚王楚王召入幸之遂生子男立爲太子以李園女弟爲王后楚王貴李園園用事李園既入其女弟立爲王后子爲太子恐春申君語泄而益驕陰養死士欲殺春申君以滅口而國人頗有知之者春申君相二十五年楚考烈王病朱英謂春申君曰世有毋望之福正義曰无望猶不望而忽至又有毋望之禍索隱曰周易有无妄卦其義殊也今君處毋望之世正義曰謂生死无常事毋望之主正義曰謂喜怒不節也安可以無毋望之人乎正義曰謂吉凶忽爲春申君曰何謂毋望之福曰君相楚二十餘年矣雖名相國實楚王也今楚王病旦暮且卒而君相少主因而代立當國如伊尹周公王長而反政不即遂南面稱孤而有楚國此所謂毋望之福也春申君曰何謂毋望之禍曰李園不治國而君之仇也索隱曰言園是春申之仇也戰国策作君之舅謂爲王之

舅意不爲兵而養死士之日久矣楚王卒李園必先入據權而殺君以滅口此所謂毋望之禍也春申君曰何謂毋望之人對曰君置臣郎中楚王卒李園必先入臣爲君殺李園此所謂毋望之人也春申君曰足下置之李園弱人也僕又善之且又何至此朱英知言不用恐禍及身乃亡去後十七日楚考烈王卒李園果先入伏死士於棘門之內正義曰壽州城門春申君入棘門園死士俠刺春申君斬其頭投之棘門外正義曰楚考烈王二十五年秦始皇九年於是遂使吏盡滅春申君之家而李園女弟初幸春申君有身而入之王所生子者遂立是爲楚幽王索隱曰按楚捍有毋弟猶有庶兄負芻及昌平君是楚君完非無子而上文云考烈王無子誤也是歲也秦始皇帝立九年矣嫪毐亦爲亂於秦覺夷其三族而呂不韋廢

太史公曰吾適楚觀春申君故城宮室盛矣哉初春申君之說秦昭王及出身遣楚太子歸何其智之明也後制於李園旄矣徐廣曰旄音耄語曰當斷不斷反受其亂春申君失朱英之謂邪

索隱述贊曰

黃歇辯智　權略秦楚　太子獲歸

身作宰輔　珠炫趙客　邑開吳土
列王寡亂　李園獻女　無妄成災
朱英徒語

春申君列傳第十八　史記七十八

范睢蔡澤列傳第十九　　史記七十九

范睢者魏人也字叔游說諸侯欲事魏王家貧無以自資乃先事魏中大夫須賈索隱曰漢書百官表中大夫秦官此魏有中大夫蓋古官也姓須名賈蓋密須氏之後須賈為魏昭王使於齊索隱曰世本昭王名遬襄王之子范睢從留數月未得報齊襄王聞睢辯口索隱曰襄王名法章乃使人賜睢金十斤及牛酒睢辭謝不敢受須賈知之大怒以為睢持魏國陰事告齊故得此饋令睢受其牛酒還其金既歸心怒睢以告魏相魏相魏之諸公子曰魏齊魏齊大怒使舍人笞擊睢折脅摺齒索隱曰摺音力荅反謂打折其脅而又拉折其齒也睢詳死即卷以簀索隱曰簀謂葦荻之薄也用之以裹其屍也置廁中賓客飲者醉更溺睢索隱曰更音羹溺即溲也溺音年弔反溲音所留反○正義曰溺古尿字故僇辱以懲後令無妄言者睢從簀中謂守者曰公能出我我必厚謝公守者乃請出棄簀中死人魏齊醉曰可矣范睢得出後魏齊悔復召求之魏人鄭安平聞之乃遂操范睢亡伏匿更名姓曰張祿當此時秦昭王使謁者王稽於魏鄭安平詐為卒侍王稽正義卒祖忽反王稽問魏有賢人可與俱西游者乎鄭安平曰臣里中有張祿先生欲見君言天下事其人有仇不敢

晝見王稽曰夜與俱來鄭安平夜與張祿見王稽語未究王稽知范睢賢謂曰先生待我於三亭之南索隱曰三亭亭名在魏境之邊道亭也今無其處一云魏之郊境揔有三亭皆祖餞之處如今與期三亭之南蓋送餞已畢無人之處所也○正義曰括地志云三亭岡在汴州尉氏縣西南三十七里按三亭岡在山部中名也蓋岡亭誤爲南與私約而去王稽辭魏去過載范睢入秦至湖關索隱曰地理志京兆有湖縣本名胡武帝更名湖即今湖城也○正義曰今虢州湖城縣也望見車騎從西來范睢曰彼來者為誰王稽曰秦相穰侯東行縣邑范睢曰吾聞穰侯專秦權惡內諸侯客索隱曰內音納亦如字內猶入也此恐辱我我寧且匿車中有頃穰侯果至勞王稽因立車而語曰關東有何變曰無有又謂王稽曰謁君得無與諸侯客子俱來乎無益徒亂人國耳王稽曰不敢即別去范睢曰吾聞穰侯智士也其見事遲鄉者疑車中有人忘索之索隱曰索搜也先格反於是范睢下車走曰此必悔之行十餘里果使騎還索車中無客乃已王稽遂與范睢入咸陽已報使因言曰魏有張祿先生天下辯士也曰秦王之國危於累卵正義曰說苑云晉靈公造九層臺費用千金謂左右曰敢有諫者斬荀息聞之上書求見靈公張弩持矢見之曰臣不敢諫也臣能累十二博棊加九雞子其上公曰子爲寡人作之荀息正顏色定志意以棊子置下加九雞子其上左右懼慴息靈公氣息不續公曰危哉危哉荀息曰不危也復有危於此者公曰願見之荀息

曰九層之臺三年不成男不耕女不織國用空虛隣國謀議將興社稷亡滅君欲何望靈公曰寡人之過也乃至於此即壞九層臺也得臣則安然不可以書傳也臣故載來

秦王弗信使舍食草具索隱曰謂亦舍之而食以下客之具然草具謂麤食草菜之饌具也待命歲餘當是時昭王已立三十六年南拔楚之鄢郢楚懷王幽死於秦秦東破齊湣王嘗稱帝後去之數困三晉猒天下辯士無所信

穰侯華陽君徐廣曰華一作葉○索隱曰穰侯謂冉宣太后之異父弟穰縣在南陽華陽君芊戎宣太后之同父弟亦號為新城君是也昭王母宣太后之弟也而涇陽君高陵君皆昭王同母弟也穰侯相三人者更將有封邑以太后故私家富重於王室及穰侯

為秦將且欲越韓魏而伐齊綱壽欲以廣其陶封范雎乃上書曰臣聞明主立政索隱曰戰國策立作涖有功者不得不賞有能者不得不官勞大者其祿厚功多者其爵尊能治衆者其官大故無能者不敢當職焉有能者亦不得蔽隱使以臣之言為可願行而益利其道以臣之言為不可久留臣無為也語曰庸主賞所愛而罰所惡明主則不然賞必加於有功而刑必斷於有罪今臣之胷不足以當椹質索隱曰椹音陟林反椹者莝椹也質鑕刃也謂腰斬者為椹質也而要不足以待斧鉞豈敢以疑事嘗試於王哉雖

以臣為賤人而輕辱獨不重任臣者之無反復於王邪且臣聞周有砥砨宋有結綠梁有縣藜辭綜曰縣藜一曰美玉楚有和朴正義曰縣音玄劉伯莊云珎玉朴也此四寶者土之所生良工之所失也而為天下名器然則聖王之所棄者獨不足以厚國家乎臣聞善厚家者取之於國善厚國者取之於諸侯天下有明主則諸侯不得擅厚者何也為其割榮也索隱曰割榮即上之擅厚謂擅權也良醫知病人之死生而聖主明於成敗之事利則行之害則舍之疑則少嘗之雖舜禹復生弗能改已語之至者臣不敢載之於

書其淺者又不足聽也意者臣愚而不概於王心邪徐廣曰一作漑音同○索隱曰戰國策概作關謂關涉於王心也徐注音同非也亡其言臣者賤而不可用乎索隱曰亡猶輕蔑也自非然者臣願得少賜游觀之閒望見顏色一語無效請伏斧質於是秦昭王大說乃謝王稽使以傳車徐廣曰一云使持車○索隱曰徐按戰國策文也召范雎於是范雎乃得見於離宮正義曰長安故城本秦離宮在雍長安北十二里也詳為不知永巷而入其中正義曰永巷宮中獄也王來而宦者怒逐之曰王至范雎繆為曰秦安得王秦獨有太后穰侯耳欲以感怒昭王昭王至聞其與宦者爭言遂延迎謝曰寡

人宜以身受命久矣會義渠之事急寡人日暮自請太后今義渠之事已寡人乃得受命竊閔然不敏（索隱曰鄒誕生本作惛然音昏又一作閔音敏閔猶昏闇也）敬執賓主之禮范睢辭讓是日觀范睢之見者羣臣莫不洒（徐廣曰洒先典反）然變色易容者（索隱曰鄭玄云洒然敬肅之貌）秦王屏左右宮中虛無人秦王跽而請（索隱曰跽其紀反跽者長跽兩膝被地）曰先生何以幸教寡人范睢曰唯唯有閒秦王復跽而請曰先生何以幸教寡人范睢曰唯唯若是者三秦王跽曰先生卒不幸教寡人邪范睢曰非敢然也臣聞昔者呂尚之遇文王也身為漁父而釣於渭濱耳若是者交疏也已說而立為太師載與俱歸者其言深也故文王遂收功於呂尚而卒王天下鄉使文王疏呂尚而不與深言是周無天子之德而文武無與成其王業也今臣羇旅之臣也交疏於王而所願陳者皆匡君之事處人骨肉之閒願效愚忠而未知王之心也此所以王三問而不敢對者也臣非有畏而不敢言也臣知今日言之於前而明日伏誅於後然臣不敢避也大王信行臣之言死不足以為臣患亡不足以為臣憂漆身為厲（索隱曰厲音賴

癩病也言漆塗身生瘡如病癩）被髮為狂不足以為臣恥且以五帝之聖焉而死三王之仁焉而死五伯之賢焉而死烏獲任鄙之力焉而死成荊（徐廣曰一作羌）孟賁（許慎曰成荊古勇士孟賁衛人）王慶忌（吳越春秋曰吳王僚子慶忌）夏育之勇焉而死（漢書音義曰或云夏育衛人力舉千鈞）死者人之所必不免也處必然之勢可以少有補於秦此臣之所大願也臣又何患哉伍子胥橐載而出昭關夜行晝伏至於陵水無以餬其口（索隱曰劉氏云陵水即栗水也陵栗聲相近故惑也）厀行蒲伏稽首肉袒鼓腹吹篪（徐廣曰一作簫）乞食於吳市卒興吳國闔閭為伯使臣得盡謀如伍子胥加之以幽囚終身不復見是臣之說行也臣又何憂箕子接輿漆身為厲被髮為狂無益於主假使臣得同行於箕子可以有補所賢之主是臣之大榮也臣有何恥臣之所恐者獨恐臣死之後天下見臣之盡忠而身死因以是杜口裹足莫肯鄉秦耳足下上畏太后之嚴下惑於姦臣之態（索隱曰態謂姦臣諂詐之態也）居深宮之中不離阿保之手終身迷惑無與昭姦（正義曰昭明也無與明其姦惡）大者宗廟滅覆小者身以孤危此臣之所恐耳若夫窮辱之事死亡之患臣不敢畏也臣死而秦治是

臣死賢於生秦王跽曰先生是何言也夫秦國辟遠寡人愚不肖先生乃幸辱至於此是天以寡人慁先生徐廣曰亂先生也音溷○索隱曰二字並音胡困反慁猶汩亂之意而存先王之宗廟也寡人得受命於先生是天所以幸先王而不棄其孤也先生柰何而言若是事無小大上及太后下至大臣願先生悉以教寡人無疑寡人也范雎拜秦王亦拜范雎曰大王之國四塞以爲固北有甘泉谷口正義曰括地志云甘泉山一名鼓原俗名磨石嶺在雍州雲陽縣西北九十里關中記云甘泉宮在甘泉山上季代永久無復甘泉之名失其實也宮北云有連山土人爲磨石嶺郊祀志云八公孫卿言黃帝得仙寒門寒門者谷口也按九嵕山中西謂之谷口即古寒門也在雍州醴泉縣東北四十里南帶涇渭右隴蜀左關阪奮擊百萬戰車千乘利則出攻不利則入守此王者之地也民怯於私鬭而勇於公戰此王者之民也王并此二者而有之夫以秦卒之勇車騎之衆以治諸侯譬若馳韓盧而搏蹇兔也索隱曰戰國策云韓盧者天下之壯犬也是韓盧爲犬謂施韓盧而搏蹇兔以喻秦彊言取諸侯之易也霸王之業可致也而羣臣莫當其位至今閉關十五年不敢窺兵於山東者是穰侯爲秦謀不忠而大王之計有所失也秦王跽曰寡人願聞失計然左右多竊聽者范雎恐未敢言內先言外事以觀秦王之

俯仰因進曰夫穰侯越韓魏而攻齊綱壽非計也少出師則不足以傷齊多出師則害於秦臣意王之計欲少出師而悉韓魏之兵也則不義矣今見與國之不親也越人之國而攻可乎其於計踈矣且昔齊湣王南攻楚破軍殺將再辟地千里正義曰辟尺亦反而齊尺寸之地無得焉者豈不欲得地哉形勢不能有也諸侯見齊之罷弊君臣之不和也興兵而伐齊大破之士辱兵頓皆咎其王曰誰爲此計者乎王曰文子爲之索隱曰謂田文孟嘗君也猶戰國策謂田盼田嬰爲盼子嬰子也大臣作亂文子出走故齊所以大破者以其伐楚而肥韓魏也此所謂借賊兵齎盜糧者也索隱曰借音子夜反一作藉亦音同齎音側奚反言爲盜齎粮也王不如遠交而近攻得寸則王之寸也得尺亦王之尺也今釋此而遠攻不亦繆乎且昔者中山之國地方五百里趙獨吞之功成名立而利附焉天下莫之能害也今夫韓魏中國之處而天下之樞也王其欲霸必親中國以爲天下樞以威楚趙楚彊則附趙趙彊則附楚楚趙皆附齊必懼矣齊懼必卑辭重幣以事秦齊附而韓魏因可虜也昭王曰吾欲親魏久矣而魏多

變之國也寡人不能親請問親魏奈何對曰王卑詞重幣以事之不可則割地而賂之不可因舉兵而伐之王曰寡人敬聞命矣乃拜范雎為客卿謀兵事卒聽范雎謀使五大夫綰伐魏拔懷徐廣曰昭王三十九年後二歲拔邢丘客卿范雎復說昭王曰秦韓之地形相錯如繡秦之有韓也譬如木之有蠹也正義曰音妬石桂虫人之有心腹之病也天下無變則已天下有變其為秦患者孰大於韓乎王不如收韓昭王曰吾固欲收韓韓不聽為之奈何對曰韓安得無聽乎王下兵而攻滎陽則鞏成皐之道不通正義曰言宜陽陝虢之師不得下相救北斷太行之道則上黨之師不下正義曰言澤潞之師不得下太行相救王一興兵而攻滎陽則其國斷而為三正義曰新鄭已南一宜陽令二澤潞三夫韓見必亡安得不聽乎若韓聽而霸事因可慮矣王曰善且欲發使於韓范雎曰益親復說用數年矣因請閒說曰正義曰閒音閑臣居山東時聞齊之有田文不聞其有王也聞秦之有太后穰侯華陽高陵涇陽不聞其有王也夫擅國之謂王能利害之謂王制殺生之威之謂王今太后擅行不顧穰侯出使不報華陽涇陽等擊斷

無諱諱畏也高陵進退不請四貴備而國不危者未之有也為此四貴者下乃所謂無王也然則權安得不傾令安得從王出乎臣聞善治國者乃內固其威而外重其權穰侯使者操王之重決制於諸侯剖符於天下政適徐廣曰音征敵伐國莫敢不聽戰勝攻取則利歸於陶國弊御於諸侯索隱曰弊者斷也御者制也言侯執權以制御主斷於諸侯也戰敗則結怨於百姓而禍歸於社稷詩曰木實繁者披其枝正義曰披音片被反披其枝者傷其心大其都者危其國尊其臣者卑其主崔杼淖齒管齊索隱曰淖姓也音尼教反漢有淖姬是也高誘曰管典也言二人典齊權而行弒逆也○正義曰淖齒楚人齊湣王臣射王股擢王筋索隱曰言射王股誤也按崔杼射莊公之股淖齒縮湣王之筋是說二君事縣之於廟梁宿昔而死李兌管趙囚主父於沙丘正義曰沙丘臺在邢州平鄉縣東北二十里百日而餓死今臣聞秦太后穰侯用事高陵華陽涇陽佐之卒無秦王此亦淖齒李兌之類也且夫三代所以亡國者君專授政縱酒馳騁弋獵不聽政事其所授者妬賢嫉能御下蔽上以成其私不為主計而主不覺悟故失其國今自有秩以上至諸大吏下及王左右無非相國之人者見王獨立於朝臣竊為王恐萬世之後有

秦國者非王子孫也昭王聞之大懼曰善於是廢太后逐穰侯高陵華陽涇陽君於關外秦王乃拜范雎為相收穰侯之印使歸陶因使縣官給車牛以徙千乘有餘到關關閱其寶器寶器珍怪多於王室秦封范雎以應號為應侯（索隱曰劉氏云河東臨晉有應亭則秦地有應也又按本紀以應為太后養地解者云在潁川之應鄉未知孰是○正義曰括地志云故應城古應鄉在汝州魯山縣東四十里也）當是時秦昭王四十一年也

范雎既相秦秦號曰張祿而魏不知以為范雎已死久矣魏聞秦且東伐韓魏魏使須賈於秦范雎聞之為微行敝衣閒步之邸（正義曰劉云諸國客館）

見須賈須賈見之而驚曰范叔固無恙乎范雎曰然須賈笑曰范叔有說於秦邪曰不也雎前日得過於魏相故亡逃至此安敢說乎須賈曰今叔何事范雎曰臣為人庸賃須賈意哀之留與坐飲食曰范叔一寒如此哉乃取其一綈袍以賜之（索隱曰綈厚繒也音啼蓋今之絁也○正義曰今之麤袍）須賈因問曰秦相張君公知之乎吾聞幸於王天下之事皆決於相君今吾事之去留在張君孺子豈有客習於相君者哉（索隱曰劉氏云孺子蓋謂雎為小子）范雎曰主人翁習知之唯雎亦得謁雎請為君見於張君

須賈曰吾馬病車軸折非大車駟馬吾不出范雎曰願為君借大車駟馬於主人翁范雎歸取大車駟馬為須賈御之入秦相府府中望見有識者皆避匿須賈怪之至相舍門謂須賈曰待我我為君先入通於相君須賈待門下持車良久問門下曰范叔不出何也門下曰無范叔須賈曰鄉者與我載而入者門下曰乃吾相張君也須賈大驚自知見賣乃肉袒膝行因門下人謝罪於是范雎盛帷帳侍者甚眾見之須賈頓首言死罪曰賈不意君能自致於青雲之上賈

不敢復讀天下之書不敢復與天下之事賈有湯鑊之罪請自屏於胡貉之地唯君死生之范雎曰汝罪有幾曰擢賈之髮以續賈之罪尚未足范雎曰汝罪有三耳昔者楚昭王時而申包胥為楚卻吳軍楚王封之以荊五千戶包胥辭不受為丘墓之寄於荊也今雎之先人丘墓亦在魏公前以雎為有外心於齊而惡雎於魏齊公之罪一也當魏齊辱我於廁中公不止罪二也更醉而溺我公其何忍乎罪三矣然公之所以得無死者以綈袍戀戀有故人之意故釋公

乃謝罷入言之昭王罷歸須賈須賈辭於范雎范雎大供具盡請諸侯使與坐堂上食飲甚設而坐須賈於堂下置莝豆其前令兩黥徒夾而馬食之數曰爲我告魏王急持魏齊頭來不然者我且屠大梁須賈歸以告魏齊魏齊恐亡走趙匿平原君所范雎既相王稽謂范雎曰事有不可知者三有不可奈何者亦三宮車一日晏駕應劭曰天子當晨起早作如方崩殞故稱晏駕韋昭曰凡初崩爲晏駕者臣子之心猶謂宮車當駕而晚出是事之不可知者一也君卒然捐館舍是事之不可知者二也使臣卒然填溝壑是事之不可知者三也宮車一日晏駕君雖恨於臣無可奈何君卒然捐館舍君雖恨於臣亦無可奈何使臣卒然填溝壑君雖恨於臣亦無可奈何范雎不懌乃入言於王曰非王稽之忠莫能內臣於函谷關非大王之賢聖莫能貴臣今臣官至於相爵在列侯王稽之官尚止於謁者非其內臣之意也昭王召王稽拜爲河東守三歲不上計司馬彪曰凡郡長治民進賢勸功決訟檢姦常以春行所至縣勸民農桑振救乏絕秋冬遣無害吏案訊問諸囚平其罪法論課殿最歲盡遣吏上計又任鄭安平昭王以爲將軍范雎於是散家財物盡以報所嘗困戹者一飯之德必償

睚眦之怨必報索隱曰睚音崖賣反眦音士資反睚眦謂相嗔怒而見齒也范雎相秦二年秦昭王之四十二年東伐韓少曲徐廣曰蘇代曰起少曲一日而斷太行索隱曰劉氏以爲蓋在太行西南高平拔之正義曰括地志云南韓王故城在懷州河陽縣西北四十里俗謂之韓王城非也秦時周桓王以與鄭紀年云鄭侯使辰歸晉陽向更名高平拔之則少曲當與高平相近秦昭王聞魏齊在平原君所欲爲范雎必報其仇乃詳爲好書遺平原君曰寡人聞君之高義願與君爲布衣之友君幸過寡人寡人願與君爲十日之飲平原君畏秦且以爲然而入秦見昭王昭王與平原君飲數日昭王謂平原君曰昔周文王得呂尚以爲太公齊桓公得管夷吾以爲仲父今范君亦寡人之叔父也范君之仇在君之家願使人歸取其頭來不然吾不出君於關平原君曰貴而爲交者爲賤也富而爲交者爲貧也索隱曰上爲如字下爲音于僞反以言富貴而結交情深者爲有貧賤之時不可忘之也夫魏齊者勝之友也在固不出也今又不在臣所昭王乃遺趙王書曰王之弟在秦范君之仇魏齊在平原君之家王使人疾持其頭來不然吾舉兵而伐趙又不出王之弟於關趙孝成王乃發卒圍平原君家急魏齊夜亡出見趙相虞卿虞卿度趙王終不可說乃解其相印

與魏齊亡閒行念諸侯莫可以急抵者乃復走
大梁欲因信陵君以走楚信陵君聞之畏秦猶
豫未肯見曰虞卿何如人也時侯嬴在旁曰人
固未易知知人亦未易也夫虞卿躡屩檐簦一
見趙王賜白璧一雙黃金百鎰再見拜爲上卿
三見卒受相印封萬戶侯當此之時天下爭知
之夫魏齊窮困過虞卿虞卿不敢重爵祿之尊
解相印捐萬戶侯而閒行急士之窮而歸公子
公子曰何如人人固不易知知人亦未易也信
陵君大慙駕如野迎之魏齊聞信陵君之初難

見之怒而自剄趙王聞之卒取其頭予秦秦昭
王乃出平原君歸趙昭王四十三年秦攻韓汾
陘拔之索隱曰陘音邢陘蓋在韓之西界與汾相近也○正義曰按陘庭故城在絳州曲沃縣西北二十里
汾水之陽因城河上廣武索隱曰劉氏云此河上蓋近河北之地本屬韓今秦得而城後
五年昭王用應侯謀縱反閒賣趙趙以其故令
馬服子代廉頗將索隱曰馬服子趙括之號也虞喜志林云馬兵之首也號曰馬服者言能
服馬也鄒氏頗音疋波反秦大破趙於長平遂圍邯鄲已而與
武安君白起有隙言而殺之徐廣曰在五十年○索隱曰徐據秦本紀及表
而知也任鄭安平使將擊趙鄭安平爲趙所困急
以兵二萬人降趙應侯席藁請罪秦之法任人

而所任不善者各以其罪罪之於是應侯罪當
收三族秦昭王恐傷應侯之意乃下令國中有
敢言鄭安平事者以其罪罪之而加賜相國應
侯食物日益厚以順適其意後二歲王稽爲河
東守與諸侯通坐法誅徐廣曰五十二年而應侯日益
以不懌昭王臨朝歎息應侯進曰臣聞主憂臣
辱主辱臣死今大王中朝而憂臣敢請其罪昭
王曰吾聞楚之鐵劍利而倡優拙正義曰論士能善卒不戰夫
鐵劍利則士勇倡優拙則思慮遠夫以遠思慮
而御勇士吾恐楚之圖秦也夫物不素具不可

以應卒今武安君既死而鄭安平等畔內無良
將而外多敵國吾是以憂欲以激勵應侯索隱曰激
音擊應侯懼不知所出蔡澤聞之往入秦也
蔡澤者燕人也游學干諸侯正義曰不待禮曰干○索小大甚衆
不遇而從唐舉相荀卿曰梁有唐舉○索隱曰荀卿書作唐莒曰吾聞先
生相李兌曰百日之內持國秉政有之乎索隱曰按
左傳云國子實執齊秉服虔曰秉權柄也曰有之曰若臣者何如唐舉孰
視而笑曰先生曷鼻巨肩徐廣曰曷一作偈偈一作仰巨一作渠○索隱曰曷
鼻謂鼻如蝎虫也巨肩謂巨於項也蓋項低而肩豎也偈其例反魋顏蹙齃膝攣攣手兩
膝曲也徐廣曰一作率○索隱曰上魋音徒回反魋顏謂顏貌魋回若魋梧然也齃音烏曷反蹙齃謂鼻蹙眉膝攣謂膝

又攣曲也 吾聞聖人不相殆先生乎蔡澤知唐舉戲之乃曰富貴吾所自有吾所不知者壽也願聞之唐舉曰先生之壽從今以往者四十三歲蔡澤笑謝而去謂其御者曰吾持梁刺齒肥 持梁作飯也刺齒二字當作齧齧又作齕齕也○索隱曰持梁謂作梁米飯而持其器以食也刺齒肥當爲齧肥謂食肥肉也 躍馬疾驅懷黃金之印結紫綬於要揖讓人主之前食肉富貴四十三年足矣去之趙見逐入韓魏遇奪釜鬲於塗 爾雅曰款足者謂之鬲郭璞曰鼎曲腳也○索隱曰釜音父鬲音歷款者空也言其足中空也而郭氏云鼎曲腳者以款訓曲故云曲腳也 聞應侯任鄭安平王稽皆負重罪於秦應侯內慙蔡澤乃西入秦將

見昭王使人宣言以感怒應侯曰燕客蔡澤天下雄俊弘辯智士也彼一見秦王秦王必困君而奪君之位應侯聞曰五帝三代之事百家之說吾既知之眾口之辯吾皆摧之是惡能困我而奪我位乎使人召蔡澤蔡澤入則揖應侯應侯固不快及見之又倨應侯因讓之曰子常宣言欲代我相秦寧有之乎對曰然應侯曰請聞其說蔡澤曰吁君何見之晚也夫四時之序成功者去夫人生百體堅彊手足便利耳目聰明而心聖智豈非士之願與應侯曰然蔡澤曰質

仁秉義行道施德得志於天下天下懷樂敬愛而尊慕之皆願以爲君王豈不辯智之期與應侯曰然蔡澤復曰富貴顯榮成理萬物使各得其所性命壽長終其天年而不夭傷天下繼其統守其業傳之無窮名實純粹澤流千里 徐廣曰一本無此字 世世稱之而無絕與天地終始豈道德之符而聖人所謂吉祥善事者與應侯曰然蔡澤曰若夫秦之商君楚之吳起越之大夫種其卒然亦可願與應侯知蔡澤之欲困己以說 式紐反 復謬曰何爲不可夫公孫鞅之事孝公也極身無貳慮盡公而不顧私設刀鋸以禁姦邪信賞罰以致治披腹心示情素蒙怨咎欺舊友奪魏公子卬安秦社稷利百姓卒爲秦禽將破敵攘地千里吳起之事悼王也使私不得害公讒不得蔽忠言不取苟合行不取苟容不爲危易行行義不辟難 徐廣曰一云不困毀訾 然爲霸主強國不辭禍凶大夫種之事越王也主雖困辱悉忠而不解主雖絕亡盡能而弗離成功而弗矜貴富而不驕怠若此三子者固義之至也忠之節也是故君子以義死難視死如歸生而辱不如死而

榮士固有殺身以成名唯義之所在雖死無所恨何爲不可哉蔡澤曰主聖臣賢天下之盛福也君明臣直國之福也父慈子孝夫信妻貞家之福也故比干忠而不能存殷子胥智而不能完吳申生孝而晉國亂是皆有忠臣孝子而國家滅亂者何也無明君賢父以聽之故天下以其君父爲僇辱而憐其臣子索隱曰言以比干子胥申生皆至忠孝而見誅放故今天下言爲其君父之所僇而憐其臣子也今商君吳起大夫種之爲人臣是也其君非也故世稱三子致功而不見德豈慕不遇世死乎夫待死而後可以立忠成

名是微子不足仁孔子不足聖管仲不足大也夫人之立功豈不期於成全邪身與名俱全者上也名可法而身死者其次也名在僇辱而身全者下也於是應侯稱善蔡澤少得閒因曰夫商君吳起大夫種其爲人臣盡忠致功則可願矣閎夭事文王周公輔成王也豈不亦忠聖乎以君臣論之商君吳起大夫種其可願孰與閎夭周公哉應侯曰商君吳起大夫種弗若也蔡澤曰然則君之主慈仁任忠惇厚舊故其賢智與有道之士爲膠漆義不倍功臣孰與秦孝公楚

悼王越王乎應侯曰未知何如也蔡澤曰今主親忠臣不過秦孝公楚悼王越王君之設智能爲主安危修政治亂彊兵批患折難索隱曰批音白結反又音豐雞反批患謂擊而却之折音之列反廣地殖穀富國足家彊主尊社稷顯宗廟天下莫敢欺犯其主主之威蓋震海內功彰萬里之外聲名光輝傳於千世君孰與商君吳起大夫種應侯曰不若蔡澤曰今主之親忠臣不忘舊故不若孝公悼王句踐而君之功績愛信親幸又不若商君吳起大夫種然而君之祿位貴盛私家之富過於三子而身不

退者恐患之甚於三子竊爲君危之語曰日中則移月滿則虧物盛則衰天地之常數也進退盈縮與時變化聖人之常道也故國有道則仕國無道則隱聖人曰飛龍在天利見大人不義而富且貴於我如浮雲今君之怨已讎而德已報意欲至矣而無變計竊爲君不取也且夫翠鵠犀象其處勢非不遠死也而所以死者惑於餌也蘇秦智伯之智非不足以辟辱遠死也而所以死者惑於貪利不止也是以聖人制禮節欲取於民有度使之以時用之有止故志不溢

行不驕常與道俱而不失故天下承而不絕昔者齊桓公九合諸侯一匡天下至於葵丘之會有驕矜之志畔者九國吳王夫差兵無敵於天下勇彊以輕諸侯陵齊晉故遂以殺身亡國夏育太史噭叱呼[徐廣曰一作暗○索隱曰二人勇若夏育賁育也噭音皎○正義曰呼大故反]駭三軍然而身死於庸夫[索隱曰高誘云夏育為田搏所殺然太史噭未知誰之所殺恐非齊襄王時太史也]此皆乘至盛而不返道理不居卑退處儉約之患也夫商君為秦孝公明法令禁姦本尊爵必賞有罪必罰平權衡正度量調輕重決裂阡陌以靜生民之業而一其俗勸民耕農利土一室無二事力田稸積習戰陳之事是以兵動而地廣兵休而國富故秦無敵於天下立威諸侯成秦國之業功已成矣而遂以車裂楚地方數千里持戟百萬白起率數萬之師以與楚戰一戰舉鄢郢以燒夷陵再戰南并蜀漢又越韓魏而攻彊趙北坑馬服誅屠四十餘萬之衆盡之于長平之下流血成川沸聲若雷遂入圍邯鄲使秦有帝業楚趙天下之彊國而秦之仇敵也自是之後楚趙皆懾伏不敢攻秦者白起之勢也身所服者七十餘城功已成矣而

遂賜劒死於杜郵吳起為楚悼王立法卑減大臣之威重罷無能廢無用損不急之官塞私門之請一楚國之俗禁游客之民精耕戰之士南收楊越北并陳蔡破橫散從使馳說之士無所開其口禁朋黨以勵百姓定楚國之政兵震天下威服諸侯功已成矣而卒枝解大夫種為越王深謀遠計免會稽之危以亡為存因辱為榮墾草入邑[索隱曰劉氏云入猶充也謂招攜離散充滿城邑也]辟地殖穀率四方之士專上下之力輔句踐之賢報夫差之讎卒擒勁吳令越成霸功已彰而信矣句踐終負而殺之此四子者功成不去禍至於此此所謂信而不能詘往而不能返者也[索隱曰信音申詘音屈謂志已展而不退]范蠡知之超然辟世長為陶朱公君獨不觀夫博者乎或欲大投或欲分功[班固弈指曰博縣於投不必在行驅謂投投瓊也○索隱曰言夫博弈或欲大投其瓊以致勝或觀其勢弱則大投地分而分功以遠救事具小爾雅方言云所以投博謂之枰枰局也]此皆君之所明知也今君相秦計不下席謀不出廊廟坐制諸侯利施三川以實宜陽[正義曰施猶展也言伐得三川之地以實宜陽言展開三川實宜陽]決羊腸之險塞太行之道又斬范中行之途六國不得合從棧道千里通於蜀漢使天下皆畏秦秦之欲得矣君之

功極矣此亦秦之分功之時也如是而不退則商君白公（徐廣曰白起）吳起大夫種是也吾聞之鑒於水者見面之容鑒於人者知吉與凶書曰成功之下不可久處四子之禍君何居焉君何不以此時歸相印讓賢者而授之退而巖居川觀必有伯夷之廉長為應侯世世稱孤而有許由延陵季子之讓喬松之壽孰與以禍終哉即君何居焉忍不能自離疑不能自決必有四子之禍矣易曰亢龍有悔此言上而不能下信而不能詘往而不能自返者也願君孰計之應侯曰善

吾聞欲而不知止失其所以欲有而不知足失其所以有先生幸教睢敬受命於是乃延入坐為上客後數日入朝言於秦昭王曰客新有從山東來者曰蔡澤其人辯士明於三王之事五伯之業世俗之變足以寄秦國之政臣之見人甚衆莫及臣不如也臣敢以聞秦昭王召見與語大說之拜為客卿應侯因謝病請歸相印昭王彊起應侯應侯遂稱病篤范睢免相昭王新說蔡澤計畫遂拜為秦相東收周室蔡澤相秦數月人或惡之懼誅乃謝病歸相印號為綱成

君居秦十餘年事昭王孝文王莊襄王卒事始皇帝為秦使於燕三年而燕使太子丹入質於秦

太史公曰韓子稱長袖善舞多錢善賈信哉是言也范睢蔡澤世所謂一切辯士然游說諸侯至白首無所遇者非計策之拙所為說力少也及二人羇旅入秦繼踵取卿相垂功於天下者固彊弱之勢異也然士亦有偶合賢者多如此二子不得盡意豈可勝道哉然二子不困戹惡能激乎（索隱曰二子范睢蔡澤也睢厄於魏折脅摺齒澤困於趙被逐棄鬲是也惡音烏激音擊）

索隱述贊曰

應侯始困　託載而西　說行計立
貴平寵稽　倚秦市趙　卒報魏齊
綱成辯智　范睢招攜　勢利傾奪
一言成蹊

范睢蔡澤列傳第十九　史記七十九

樂毅列傳第二十　史記八十

樂毅者其先祖曰樂羊樂羊為魏文侯將伐取
中山正義曰今定州魏文侯封樂羊以靈壽徐廣曰屬常山○索隱曰
地理志常山有靈壽縣中山桓公所都之地○正義曰今鎮州靈壽樂羊死葬於靈壽其
後子孫因家焉中山復國至趙武靈王時復滅
中山索隱曰中山魏雖滅之尚不絕祀故後更復國至趙武靈王又滅之也而樂氏後
有樂毅樂毅賢好兵趙人舉之及武靈王有沙
丘之亂徐廣曰趙有沙丘宮近鉅鹿乃去趙適魏聞燕昭王以
子之之亂而齊大敗燕燕昭王怨齊未嘗一日
而忘報齊也燕國小辟遠力不能制於是屈身
下士先禮郭隗正義曰說苑云燕昭問於郭隗曰寡人地狹民寡齊人取薊八城匈奴驅馳樓煩之下以孤之不肖得承宗廟恐社稷危存之有道乎隗曰帝者之臣其名臣其實師王者之臣其名臣其實友霸者之臣其名臣其實僕危困國之臣其名臣其實虜今王將自東面目指氣使以求臣則廝役之才至矣南面聽朝不失揖讓之理以求臣則人臣之才至矣西面等禮不乘之以勢以求臣則朋友之才至矣北面逡巡以求臣則師傅之才至矣誠欲與王霸同道隗請為天下之士開路於是常置隗為上客以招賢者樂毅於是為
魏昭王使於燕燕王以客禮待之樂毅辭讓遂
委質為臣燕昭王以為亞卿久之當是時齊湣
王彊南敗楚相唐眛於重丘索隱曰眛音莫葛反地理志重丘縣名屬平原○正義曰在冀州城武縣界西摧三晉於觀津索隱曰地理志觀津縣名屬信都漢初屬清河也○正義曰在冀州武邑縣東南二十五里遂與三晉擊秦助趙滅

中山破宋廣地千餘里與秦昭王爭重為帝已
而復歸之諸侯皆欲背秦而服於齊湣王自矜
百姓弗堪於是燕昭王問伐齊之事樂毅對曰
齊霸國之餘業也地大人眾未易獨攻也王必
欲伐之莫如與趙及楚魏於是使樂毅約趙惠
文王別使連楚魏令趙嚪秦徐廣曰嚪進說之意○索隱曰嚪音田濫反字與啗同以伐齊之利諸侯害齊湣王之驕暴皆爭
合從與燕伐齊樂毅還報燕昭王悉起兵使樂
毅為上將軍趙惠文王以相國印授樂毅樂毅
於是并護趙楚韓魏燕之兵以伐齊索隱曰護謂總領之也
破之濟西諸侯兵罷歸而燕軍樂毅獨追至于
臨菑齊湣王之敗濟西亡走保於莒樂毅獨留
徇齊齊皆城守樂毅攻入臨菑盡取齊寶財物
祭器輸之燕燕昭王大說親至濟上勞軍行賞
饗士封樂毅於昌國徐廣曰屬齊○索隱曰地理志縣名屬齊郡○正義曰故昌城在淄州淄川縣東北四十里也號為昌國君於是燕昭王收齊鹵獲
以歸而使樂毅復以兵平齊城之不下者樂毅
留徇齊五歲下齊七十餘城皆為郡縣以屬燕
唯獨莒即墨未服正義曰即墨今萊州會燕昭王死子立為
燕惠王惠王自為太子時嘗不快於樂毅及即

位齊之田單聞之乃縱反間於燕曰齊城不下者兩城耳然所以不早拔者聞樂毅與燕新王有隙欲連兵且留齊南面而王齊齊之所患唯恐他將之來於是燕惠王固已疑樂毅得齊反間乃使騎劫代將索隱曰燕將姓名而召樂毅樂毅知燕惠王之不善代之畏誅遂西降趙趙封樂毅於觀津號曰望諸君索隱曰望諸澤名在齊蓋趙有之故號焉戰國策望作藍也尊寵樂毅以警動於燕齊齊田單後與騎劫戰果設詐誑燕軍遂破騎劫於即墨下而轉戰逐燕北至河上正義曰滄德二州之北河盡復得齊城而迎襄王於莒入于臨菑燕惠王後悔使騎劫代樂毅以故破軍亡將失齊又怨樂毅之降趙恐趙用樂毅而乘燕之獘以伐燕燕惠王乃使人讓樂毅且謝之曰先王舉國而委將軍將軍為燕破齊報先王之讎天下莫不震動寡人豈敢一日而忘將軍之功哉會先王棄羣臣寡人新即位左右誤寡人寡人之使騎劫代將軍為將軍久暴露於外故召將軍且休計事將軍過聽以與寡人有隙遂捐燕歸趙將軍自為計則可矣而亦何以報先王之所以遇將軍之意乎樂毅報遺燕惠王

書曰臣不佞不能奉承王命以順左右之心恐傷先王之明有害足下之義故遁逃走趙今足下使人數之以罪臣恐侍御者不察先王之所以畜幸臣之理又不白臣之所以事先王之心故敢以書對臣聞賢聖之君不以祿私親其功多者賞之其能當者處之故察能而授官者成功之君也論行而結交者立名之士也臣竊觀先王之舉也見有高世主之心正義曰樂毅見燕昭王有自高尊世上人主之心故假魏節使燕故假節於魏以身得察於燕先王過舉廁之賓客之中立之羣臣之上不謀父兄正義曰杜預云兄同姓羣臣也以為亞卿臣竊不自知自以為奉令承教可幸無罪故受令而不辭先王命之曰我有積怨深怒於齊不量輕弱而欲以齊為事臣曰夫齊霸國之餘業而最勝之遺事也練於兵甲習於戰攻王若欲伐之必與天下圖之與天下圖之莫若結於趙且又淮北宋地楚魏之所欲也趙若許而約四國攻之齊可大破也先王以為然具符節南使臣於趙顧反命起兵擊齊以天之道先王之靈河北之地隨先王而舉之濟上正義曰濟水之上在齊上濟上之軍受命擊齊大敗齊人

輕卒鋭兵長驅至國齊王遁而走莒僅以身免
珠玉財寶車甲珍器盡收入于燕齊器設於寧
臺索隱曰燕臺也○正義曰括地志云燕元英磨室二宮皆燕宮在幽州薊縣西四里寧臺之下大呂
陳於元英索隱曰大呂齊鐘名元英燕宮殿名也故鼎反乎磨室徐廣曰磨
歷也○索隱曰燕鼎前輸於齊今反入於磨室磨室亦宮名戰國策作歷室也○正義曰括地志云歷室燕宮名也高誘
云燕噲亂齊伐燕殺噲得鼎今反歸燕故鼎薊丘之植植於汶篁徐廣曰竹田曰篁謂
燕之疆界移於齊之汶水○索隱曰薊丘燕所都之地言燕之薊丘所植植齊王汶上之竹徐注非也○正義曰幽州薊
地西北隅有薊丘又汶水源出兖州博城縣東北原山西南入泲自五伯已來功未有
及先王者也先王以爲慊於志索隱曰慊音苦簟反亦作嗛嗛者常慊然
而不慊其志也故裂地而封之使得比小國諸侯臣竊不

自知自以爲奉命承教可幸無罪是以受命不
辭臣聞賢聖之君功立而不廢故著於春秋蚤
知之士名成而不毀故稱於後世若先王之報
怨雪恥夷萬乘之彊國收八百歲之蓄積及至
棄羣臣之日餘教未衰執政任事之臣修法令
慎庶孽施及乎萌隸皆可以教後世臣聞之善
作者不必善成善始者不必善終昔伍子胥說
聽於闔閭而吳王遠迹至郢夫差弗是也賜之
鴟夷而浮之江吳王不寤先論之可以立功故
沈子胥而不悔子胥不蚤見主之不同量是以

至於入江而不化索隱曰言子胥怨恨故雖投江而神不化猶爲波濤之神也夫免
身立功以明先王之迹臣之上計也離毀辱之
誹謗索隱曰誹音方味反墮先王之名索隱曰墮音許規反臣之所大
恐也臨不測之罪以幸爲利義之所不敢出也
索隱曰謂既臨不測之罪以幸免爲利今我仍義先王之恩雖身託外國而心亦不敢出也臣聞古之
君子交絶不出惡聲正義曰君子之人交絶不說己長而談彼短忠臣
去國不絜其名索隱曰言忠臣去離本國不自絜其名云己無罪故禮曰大夫去其國不說人
以無罪是也○正義曰言不絜己名行而咎於君若箕子不忍言紂惡是也臣雖不佞索隱曰不
佞猶不才也數奉教於君子矣索隱曰數音朔言我以數經奉教令於君子君子即識禮
之人謂己在外猶云己罪不說王之有非故下云不察疏遠之行斯亦忠臣之節恐侍御者之
親左右之說不察疏遠之行故敢獻書以聞唯
君王之留意焉夏侯玄曰觀樂生遺燕惠王書其殆庶乎知機合道以禮始終者與又其喻昭
王曰伊尹放太甲而不疑太甲受放而不怨是存大業於至公而以天下爲心者也夫欲極道德之量務以天下爲心者
必致其主於盛隆合其趣於先王苟君臣同符則大業定矣于斯時也樂生之志千載一遇夫千載一遇之世亦將行千
載一隆之道豈其局迹當時止於兼并而已哉夫兼并者非樂生之所屑彊燕而廢道又非樂生之所求不屑苟利心無
近事不求小成斯意兼天下者也則舉齊之事所以運其機而動四海也夫討齊以明燕主之義此兵不興於爲利矣圍
城而害不加於百姓此仁心著於遐邇矣舉國不謀其功除暴不以威力此至德全於天下矣邁全德以率列國則幾於
湯武之事矣樂生方恢大綱以縱二城收民明信以待其弊將使即墨莒人顧仇其上願釋干戈賴我猶親善守之智無
所施之然則求仁得仁即墨大夫之義仕窮則從微子適周之道開彌廣之路以待田單之徒長容善之風以申齊士之
志使夫忠者遂節勇者義著昭之東海屬之華裔我澤如春民應如草道光宇宙賢智託心鄰國傾慕四海延頸思戴燕

主仰望風聲二城必從則王業隆矣雖淹留於兩邑乃致速於天下也不幸之變世所不圖敗於垂成時運固然若乃逼之以威劫之以兵攻取之事求欲速之功使燕齊之士流血於二城之下奓殺傷之殘以示四海之人是縱暴易亂以成其私鄰國望之其猶豺虎既大墮稱兵之義而喪濟弱之仁且虧齊士之節廢兼善之風掩宏通之度棄王德之隆雖二城幾於可拔霸王之事逝其遠矣然則燕雖兼齊其與世主何以殊哉其與鄰國何以相傾樂生豈不知拔二城之速了哉顧城拔而業乖也豈不慮不速之致變哉顧業乖與變同辭是觀之樂生之不屠二城未可量也於是燕王復以樂毅子樂間爲昌國君索隱曰間音紀閑反而樂毅往來復通燕趙以爲客卿樂毅卒於趙張華曰望諸君冢在邯鄲西數里樂間居燕三十餘年燕王喜用其相栗腹之計索隱曰栗姓腹名漢有栗姬欲攻趙而問昌國君樂間樂間曰趙四戰之國也索隱曰言趙數距四方之敵故云四戰之國○

正義曰東鄰燕齊西邊秦樓煩南界韓魏北迫匈奴其民習兵伐之不可燕王不聽遂伐趙趙使廉頗擊之大破栗腹之軍於鄗禽栗腹樂乘樂乘者樂間之宗也於是樂間奔趙趙遂圍燕燕重割地以與趙和趙乃解而去燕王恨不用樂間樂間既在趙乃遺樂間書曰紂之時箕子不用犯諫不怠以冀其聽商容不達身祇辱焉以冀其變及民志不入獄囚自出索隱曰民志不入謂國亂而人離心向外故云不入又獄囚自出是政亂而士師不爲之守法也然後二子退隱故紂負桀暴之累二子不失忠聖之名何者其憂患之盡矣今寡人雖愚不若紂之

暴也燕民雖亂不若殷民之甚也室有語不相盡以告鄰里正義曰言家室有忿爭不決必告隣里今故以書相告也二者寡人不爲君取也正義曰二者謂燕君未如紂燕民未如殷民復相告子反燕以疑君民之惡是寡人不謂君取之樂間樂乘怨燕不聽其計二人卒留趙趙封樂乘爲武襄君索隱曰樂乘樂毅之宗人也其明年樂乘廉頗爲趙圍燕燕重禮以和乃解後五歲趙孝成王卒襄王使樂乘代廉頗廉頗攻樂乘樂乘走廉頗亡入魏其後十六年而秦滅趙其後二十餘年高帝過趙問樂毅有後世乎對曰有樂叔高帝封之樂鄉徐廣曰在北新城○正義曰地理志云信都有樂鄉縣號曰

華成君華成君樂毅之孫也而樂氏之族有樂瑕公樂臣公一作巨公趙且爲秦所滅亡之齊高密樂臣公善脩黃帝老子之言顯聞於齊稱賢師

太史公曰始齊之蒯通及主父偃讀樂毅之報燕王書未嘗不廢書而泣也樂臣公學黃帝老子其本師號曰河上丈人不知其所出河上丈人教安期生安期生教毛翕公毛翕公教樂瑕公樂瑕公教樂臣公索隱曰本亦作巨公樂臣公教蓋公索隱曰蓋音古闔反蓋公史不記名蓋公教於齊高密膠西爲曹相國師

索隱述贊曰
昌國忠讜　人臣所無　連兵五國
濟西爲墟　燕王將受　空聞報書
義士慷慨　明君軾閭　閒乘繼將
芳規不渝

樂毅列傳第二十　史記八十

廉頗藺相如列傳第二十一　史記八十一

廉頗者趙之良將也趙惠文王十六年廉頗為趙將伐齊大破之取晉陽（索隱曰陽晉衛地後屬齊今趙取之司馬彪郡國志曰今衛國陽晉城是也有本作晉陽非也晉陽在太原雖亦趙地非齊所取也○正義曰故城在曹州乘氏縣西北四十七里也）拜為上卿以勇氣聞於諸侯藺相如者趙人也為趙宦者令繆賢舍人趙惠文王時得楚和氏璧秦昭王聞之使人遺趙王書願以十五城請易璧趙王與大將軍廉頗諸大臣謀欲予秦秦城恐不可得徒見欺欲勿予即患秦兵之來計未定求人可使報秦者未得宦者令繆賢曰臣舍人藺相如可使王問何以知之對曰臣嘗有罪竊計欲亡走燕臣舍人相如止臣曰君何以知燕王臣語曰臣嘗從大王與燕王會境上燕王私握臣手曰願結友以此知之故欲往相如謂臣曰夫趙彊而燕弱而君幸於趙王故燕王欲結於君今君乃亡趙走燕燕畏趙其勢必不敢留君而束君歸趙矣君不如肉袒伏斧質請罪則幸得脫矣臣從其計大王亦幸赦臣臣竊以為其人勇士有智謀宜可使於是王召見問藺相如曰秦王以十五城請易寡人之璧

可予不相如曰秦彊而趙弱不可不許王曰取吾璧不予我城奈何相如曰秦以城求璧而趙不許曲在趙趙予璧而秦不予趙城曲在秦均之二策寧許以負秦曲王曰誰可使者相如曰王必無人臣願奉璧往使城入趙而璧留秦城不入臣請完璧歸趙趙王於是遂遣相如奉璧西入秦秦王坐章臺見相如相如奉璧奏秦王秦王大喜傳以示美人及左右左右皆呼萬歲相如視秦王無意償趙城乃前曰璧有瑕請指示王王授璧相如因持璧卻立倚柱怒髮上衝冠謂秦王曰大王欲得璧使人發書至趙王趙王悉召羣臣議皆曰秦貪負其彊以空言求璧償城恐不可得議不欲予秦璧臣以為布衣之交尚不相欺況大國乎且以一璧之故逆彊秦之驩不可於是趙王乃齋戒五日使臣奉璧拜送書於庭何者嚴大國之威以脩敬也今臣至大王見臣列觀禮節甚倨得璧傳之美人以戲弄臣臣觀大王無意償趙王城邑故臣復取璧大王必欲急臣臣頭今與璧俱碎於柱矣相如持其璧睨柱欲以擊柱秦王恐其破璧乃辭謝

固請召有司案圖指從此以往十五都予趙相如度秦王特以詐詳爲予趙城實不可得乃謂秦王曰和氏璧天下所共傳寶也趙王恐不敢不獻趙王送璧時齋戒五日今大王亦宜齋戒五日設九賓於廷韋昭曰九賓則周禮九儀○索隱曰周禮大行人別九賓謂九服之賓客也列士傳云設九牢也○正義曰劉伯莊云九賓者周王備之禮天子臨軒九服同會秦趙何得九賓但亦陳設車輅文物耳臣乃敢上璧秦王度之終不可彊奪遂許齋五日舍相如廣成傳舍索隱曰廣成是傳舍之名傳音張戀反相如度秦王雖齋決負約不償城乃使其從者衣褐懷其璧從徑道亡歸璧于趙秦王齋五日後乃設九賓禮於廷引趙使者藺相如相如至謂秦王曰秦自繆公以來二十餘君未嘗有堅明約束者也臣誠恐見欺於王而負趙故令人持璧歸間至趙矣且秦彊而趙弱大王遣一介之使至趙趙立奉璧來今以秦之彊而先割十五都予趙趙豈敢留璧而得罪於大王乎臣知欺大王之罪當誅臣請就湯鑊唯大王與羣臣孰計議之秦王與羣臣相視而嘻索隱曰音希嘻苦乃驚而怒之辭也左右或欲引相如去秦王因曰今殺相如終不能得璧也而絕秦趙之驩不如因而厚遇之使歸

趙趙王豈以一璧之故欺秦邪卒廷見相如畢禮而歸之相如既歸趙王以爲賢大夫使不辱於諸侯拜相如爲上大夫秦亦不以城予趙趙亦終不予秦璧其後秦伐趙拔石城徐廣曰惠文王十八年○索隱曰劉氏云蓋謂石邑也○正義曰故石城在相州林慮縣南九十里也明年復攻趙殺二萬人秦王使使者告趙王欲與王爲好會於西河外澠池索隱曰在西河之南故云外按表在趙惠文王二十年趙王畏秦欲毋行廉頗藺相如計曰王不行示趙弱且怯也趙王遂行相如從廉頗送至境與王訣曰王行度道里會遇之禮畢還不過三十日三十日不還則請立太子爲王以絕秦望王許之遂與秦王會澠池徐廣曰二十年秦王飲酒酣曰寡人竊聞趙王好音請奏瑟趙王鼓瑟秦御史前書曰某年月日秦王與趙王會飲令趙王鼓瑟藺相如前曰趙王竊聞秦王善爲秦聲請奏盆缻秦王以相娛樂風俗通義曰缶者瓦器所以盛酒漿秦人鼓之以節歌也○索隱曰缻音缶○正義曰缻音缾秦王怒不許於是相如前進缻因跪請秦王秦王不肯擊缻相如曰五步之內相如請得以頸血濺大王矣正義曰濺音贊左右欲刃相如相如張目叱之左右皆靡於是秦王不懌爲一擊缻相如顧

召趙御史書曰某年月日秦王爲趙王擊缻秦之羣臣曰請以趙十五城爲秦王壽藺相如亦曰請以秦之咸陽爲趙王壽秦王竟酒終不能加勝於趙趙亦盛設兵以待秦秦不敢動既罷歸國以相如功大拜爲上卿位在廉頗之右索隱曰王劭按董勛荅礼曰職高者名録在上於人爲右職卑者名録在下於人爲左是以謂下遷爲左○正義曰秦漢以前用右爲上廉頗曰我爲趙將有攻城野戰之大功而藺相如徒以口舌爲勞而位居我上且相如素賤人吾羞不忍爲之下宣言曰我見相如必辱之相如聞不肯與會相如每朝時常稱病不欲

與廉頗爭列已而相如出望見廉頗相如引車避匿於是舍人相與諫曰臣所以去親戚而事君者徒慕君之高義也今君與廉頗同列廉君宣惡言而君畏匿之恐懼殊甚且庸人尚羞之況於將相乎臣等不肖請辭去藺相如固止之曰公之視廉將軍孰與秦王曰不若也相如曰夫以秦王之威而相如廷叱之辱其羣臣相如雖駑獨畏廉將軍哉顧吾念之彊秦之所以不敢加兵於趙者徒以吾兩人在也今兩虎共鬬其勢不俱生吾所以爲此者以先國家之急而

後私讎也廉頗聞之肉袒負荊索隱曰肉袒者謂袒衣而露肉也負荊者荊楚也可以爲鞭也因賓客至藺相如門謝罪曰鄙賤之人不知將軍寬之至此也卒相與驩爲刎頸之交索隱曰崔浩云要齊生死而刎頸無悔也是歲廉頗東攻齊破其一軍居二年廉頗復伐齊幾拔之徐廣曰幾邑名也案趙世家惠文王二十三年頗將攻魏之幾邑取之而齊世家及年表無伐齊幾拔之事疑幾是邑名而或屬齊或屬魏耳田單在齊不得至於拔也○索隱曰世家與此列傳合而戰國策云秦敗閼與反攻魏幾是幾亦屬魏故裴駰云或屬齊屬魏也○正義曰幾音祈在相潞之間後三年廉頗攻魏之防陵徐廣曰一作房子○索隱曰按防陵在楚之西屬漢中郡魏有房子蓋陵字誤也○正義曰城在相州安陽縣南二十里因防水爲名安陽拔之後四年藺相如將而攻齊至平邑而罷

正義曰故城在魏州昌樂縣東北三十里其明年趙奢破秦軍閼與下趙奢者趙之田部吏也收租稅而平原君家不肯出趙奢以法治之殺平原君用事者九人平原君怒將殺奢奢因說曰君於趙爲貴公子今縱君家而不奉公則法削法削則國弱國弱則諸侯加兵諸侯加兵是無趙也君安得有此富乎以君之貴奉公如法則上下平上下平則國彊國彊則趙固而君爲貴戚豈輕於天下邪平原君以爲賢言之於王王用之治國賦國賦太平民富而府庫實秦伐韓軍於閼與王召廉頗

而問曰可救不對曰道遠險狹難救又召樂乘而問焉樂乘對如廉頗言又召問趙奢奢對曰其道遠險狹譬之猶兩鼠鬬於穴中將勇者勝王乃令趙奢將救之兵去邯鄲三十里而令軍中曰有以軍事諫者死秦軍軍武安西徐廣曰屬魏郡在邯鄲西秦軍鼓譟勒兵武安屋瓦盡振軍中候有一人言急救武安趙奢立斬之堅壁留二十八日不行復益增壘秦間來入趙奢善食而遣之間以報秦將秦將大喜曰夫去國三十里正義曰國謂邯鄲趙都也而軍不行乃增壘閼與非趙地也趙奢既已遣秦間乃卷甲而趨之二日一夜至令善射者去閼與五十里而軍軍壘成秦人聞之悉甲而至軍士許歷請以軍事諫趙奢曰內之許歷曰秦人不意趙師至此其來氣盛將軍必厚集其陣以待之不然必敗趙奢曰請受令許歷曰請就鈇質之誅趙奢曰胥後令索隱曰按胥須古人通用今者胥後令謂胥為須須者待也待後令謂許歷之言更不擬誅之故更待後令也○正義曰胥猶須也軍去邯鄲三十里而不行未有計過險陝恐人諫令急救武安乃出此令今垂戰須得謀策不用前令故云須後令也邯鄲許歷復請諫索隱曰邯鄲二字當為欲戰謂臨戰之時許歷復諫也王粲詩云許歷為完士一言猶敗秦是言趙奢用其計遂破秦軍也江遂曰漢令稱完而不髡曰耐是完士未免從軍也曰先據北山上者

勝正義曰閼與山在洺州武安縣西南五十里趙奢距秦軍於閼與即此山也按括地志云言拒秦軍在此山疑其太近洺州既去邯鄲三十里而軍又云趍之二日一夜至閼與五十里而軍壘成據今洺州去潞州三百里間而隔相州恐潞州閼與聚城是所拒據處後至者敗趙奢許諾即發萬人趨之秦兵後至爭山不得上趙奢縱兵擊之大破秦軍秦軍解而走遂解閼與之圍而歸趙惠文王賜奢號為馬服君以許歷為國尉趙奢於是與廉頗藺相如同位後四年趙惠文王卒子孝成王立七年秦與趙兵相距長平時趙奢已死張華曰趙奢冢在邯鄲界西山上謂之馬服山而藺相如病篤趙使廉頗將攻秦秦數敗趙軍趙軍固壁不戰秦數挑戰廉頗不肯趙王信秦之閒秦之閒言曰秦之所惡獨畏馬服君趙奢之子趙括為將耳趙王因以括為將代廉頗藺相如曰王以名使括若膠柱而鼓瑟耳括徒能讀其父書傳不知合變也趙王不聽遂將之趙括自少時學兵法言兵事以天下莫能當嘗與其父奢言兵事奢不能難然不謂善括母問奢其故奢曰兵死地也而括易言之使趙不將括即已若必將之破趙軍者必括也及括將行其母上書言於王曰括不可使將王曰何以對曰始妾事其父時為將身

所奉飯飲而進食者以十數（正義曰奉音捧）所友者以百數大王及宗室所賞賜者盡以予軍吏士大夫受命之日不問家事今括一旦爲將東向而朝軍吏無敢仰視之者王所賜金帛歸藏於家而日視便利田宅可買者買之王以爲何如其父父子異心願王勿遣王曰母置之吾已決矣括母因曰王終遣之即有如不稱妾得無隨坐乎王許諾趙括既代廉頗悉更約束易置軍吏秦將白起聞之縱奇兵佯敗走而絕其糧道分斷其軍爲二士卒離心四十餘日軍餓趙括出銳卒自搏戰秦軍射殺趙括括軍敗數十萬之衆遂降秦秦悉阬之趙前後所亡凡四十五萬明年秦兵遂圍邯鄲歲餘幾不得脫賴楚魏諸侯來救乃得解邯鄲之圍趙王亦以括母先言竟不誅也自邯鄲圍解五年而燕用栗腹之謀曰趙壯者盡於長平其孤未壯舉兵擊趙趙使廉頗將擊大破燕軍於鄗殺栗腹遂圍燕燕割五城請和乃聽之趙以尉文（徐廣曰邑名也）封廉頗爲信平君（索隱曰信平號也徐廣云尉文邑名按漢書表有尉文節侯云在南郡蓋尉官也文名也謂取尉文所食之邑復以封頗而號爲信平君也）爲假相國廉頗之免長平歸也

失勢之時故客盡去及復用爲將客又復至廉頗曰客退矣客曰吁君何見之晚也夫天下以市道交君有勢我則從君君無勢則去此固其理也有何怨乎居六年趙使廉頗伐魏之繁陽（徐廣曰屬魏郡○正義曰在相州內黃縣東北也）拔之趙孝成王卒子悼襄王立使樂乘代廉頗廉頗怒攻樂乘樂乘走廉頗遂奔魏之大梁其明年趙乃以李牧爲將而攻燕拔武遂方城（索隱曰地理志武遂屬河間國方城屬廣陽也○正義曰武遂易州遂城也方城幽州固安縣南十里）廉頗居梁久之魏不能信用趙以數困於秦兵趙王思復得廉頗廉頗亦思復用於趙趙王使使者視廉頗尚可用否廉頗之仇郭開多與使者金令毀之趙使者既見廉頗廉頗爲之一飯斗米肉十斤被甲上馬以示尚可用趙使還報王曰廉將軍雖老尚善飯然與臣坐頃之三遺矢矣（索隱曰謂數起便也矢一作屎）趙王以爲老遂不召楚聞廉頗在魏陰使人迎之廉頗一爲楚將無功曰我思用趙人廉頗卒死于壽春（正義曰廉頗墓在壽州壽春縣北四里藺相如墓在邯鄲西南六里）

李牧者趙之北邊良將也常居代鴈門備匈奴（正義曰今鴈門縣在代地故云鴈門也）以便宜置吏市租皆輸入莫府

如淳曰將軍征行無常處所在爲治故言莫府莫大也○索隱曰如淳解莫爲大非也崔浩云古者出征爲將帥軍還則罷理無常處以幕帟爲府署故曰莫府則莫當作幕字之誤也爲士卒費日擊數牛饗士習射騎謹烽火多閒諜索隱曰上紀莧反下音牒厚遇戰士爲約曰匈奴即入盜急入收保有敢捕虜者斬匈奴每入烽火謹輒入收保不敢戰如是數歲亦不亡失然匈奴以李牧爲怯雖趙邊兵亦以爲吾將怯趙王讓李牧李牧如故趙王怒召之使他人代將歲餘匈奴每來出戰出戰數不利失亡多邊不得田畜正義曰許又反復請李牧牧杜門不出固稱疾趙王乃復彊起使將兵牧曰王必用臣臣如前乃敢奉令王許之李牧至如故約匈奴數歲無所得終以爲怯邊士日得賞賜而不用皆願一戰於是乃具選車得千三百乘選騎得萬三千匹百金之士五萬人管子曰能破敵擒將者賞百金彀者十萬人索隱曰彀音古候反彀謂能射也悉勒習戰大縱畜牧人民滿野匈奴小入佯北不勝以數千人委之索隱曰委謂弃之恣其殺略也單于聞之大率衆來入李牧多爲奇陳張左右翼擊之大破殺匈奴十餘萬騎滅襜襤襜都甘反襤路談反徐廣曰一作臨駰又案如淳曰胡名也在代地破東胡降林胡單于奔走其後十餘歲匈奴不敢近趙邊

城趙悼襄王元年廉頗既亡入魏趙使李牧攻燕拔武遂方城居二年龐煖破燕軍殺劇辛索隱曰煖即馮煖也龐音皮江反煖音況遠反又音喧劇辛本趙人仕燕者後七年秦破趙殺將扈輒於武遂城索隱曰扈氏輒名漢張耳時別有扈輒也劉氏云武遂本韓地在趙西恐非地理志河閒武遂也斬首十萬趙乃以李牧爲大將軍擊秦軍於宜安○正義曰在相州槀城縣西南二十里大破秦軍走秦將桓齮索隱曰齮音蟻封李牧爲武安君居三年秦攻番吾索隱曰縣名地理志在常山音婆又音盤○正義曰在相州房山縣東二十里也李牧擊破秦軍南距韓魏趙王遷七年秦使王翦攻趙趙使李牧司馬尚禦之秦多與趙王寵臣郭開金爲反閒言李牧司馬尚欲反趙王乃使趙葱及齊將顏聚代李牧李牧不受命趙使人微捕得李牧斬之廢司馬尚後三月王翦因急擊趙大破殺趙葱虜趙王遷及其將顏聚遂滅趙

太史公曰知死必勇非死者難也處死者難方藺相如引璧睨柱及叱秦王左右勢不過誅然士或怯懦徐廣曰一作搵懦而不敢發相如一奮其氣威信敵國索隱曰信音申退而讓頗名重太山其處智勇可謂兼之矣

索隱述贊曰

清颷凛凛　壯氣熊熊　各竭誠義
逓爲雌雄　和璧聘返　澠池好通
忍剘知懼　屈節推工　安邊定策
頗牧之功

廉頗藺相如列傳第二十一　史記八十一

田單列傳第二十二　史記八十二

田單者齊諸田疏屬也(索隱曰單音丹)湣王時單爲臨菑市掾不見知及燕使樂毅伐破齊齊湣王出奔已而保莒城燕師長驅平齊而田單走安平(徐廣曰今之東安平也在青州臨菑縣東十九里古紀之酅邑齊改爲安平秦滅齊改爲東安平縣屬齊郡以定州有安平故加東字○索隱曰地理志東安平屬甾川國)令其宗人盡斷其車軸末而傅鐵籠(徐廣曰傅音附○索隱曰斷音都緩反斷其軸恐長相撥也以鐵裹軸頭堅而易進也傳者截其軸與轂齊以鐵鍱附軸末施轄於鐵中以制轂也又方言曰車轄齊謂之籠郭璞云車軸也)已而燕軍攻安平城壞齊人走爭塗以轊折車敗(徐廣曰轊車軸頭也音衞)爲燕所虜唯田單宗人以鐵籠故得脫

東保卽墨燕既盡降齊城唯獨莒卽墨不下燕軍聞齊王在莒幷兵攻之淖齒(徐廣曰多作悼齒也)既殺湣王於莒因堅守距燕軍數年不下燕引兵東圍卽墨卽墨大夫出與戰敗死城中相與推田單曰安平之戰田單宗人以鐵籠得全習兵立以爲將軍以卽墨距燕頃之燕昭王卒惠王立與樂毅有隙田單聞之乃縱反閒於燕宣言曰齊王已死城之不拔者二耳樂毅畏誅而不敢歸以伐齊爲名實欲連兵南面而王齊齊人未附故且緩攻卽墨以待其事齊人所懼唯恐他

將之來卽墨殘矣燕王以爲然使騎劫代樂毅樂毅因歸趙燕人士卒忿而田單乃令城中人食必祭其先祖於庭飛鳥悉翔舞城中下食燕人怪之田單因宣言曰神來下教我乃令城中人曰當有神人爲我師有一卒曰臣可以爲師乎因反走田單乃起引還東鄉坐師事之卒曰臣欺君誠無能也田單曰子勿言也因師之每出約束必稱神師乃宣言曰吾唯懼燕軍之劓所得齊卒置之前行(正義曰劓魚器反)與我戰卽墨敗矣燕人聞之如其言城中人見齊諸降者盡劓

皆怒堅守唯恐見得單又縱反閒曰吾懼燕人掘吾城外冢墓僇先人可爲寒心燕軍盡掘壟墓燒死人卽墨人從城上望見皆涕泣其欲出戰怒自十倍田單知士卒之可用乃身操版插(索隱曰操音七高反插音初洽反○正義曰古之軍行常負板插也)與士卒分功妻妾編於行伍之閒盡散飲食饗士令甲卒皆伏使老弱女子乘城遣使約降於燕燕軍皆呼萬歲田單又收民金得千溢令卽墨富豪遺燕將曰卽墨卽降願無虜掠吾族家妻妾令安堵燕將大喜許之燕軍由此益懈田單乃收城中得千餘

牛爲絳繒衣畫以五彩龍文束兵刃於其角而灌脂束葦於尾燒其端鑿城數十穴夜縱牛壯士五千人隨其後牛尾熱怒而奔燕軍燕軍夜大驚牛尾炬火光明炫燿燕軍視之皆龍文所觸盡死傷五千人因銜枚擊之而城中鼓譟從之老弱皆擊銅器爲聲聲動天地燕軍大駭敗走齊人遂夷殺其將騎劫燕軍擾亂奔走齊人追亡逐北所過城邑皆畔燕而歸田單兵日益多乘勝燕日敗亡卒至河上（索隱曰謂齊之北界近河東萊盡齊舊地也）而齊七十餘城皆復爲齊乃迎襄王於莒入臨菑

而聽政襄王封田單號曰安平君（索隱曰單初起安平故以爲號）

太史公曰兵以正合以奇勝（魏武帝曰先出合戰爲正後出爲奇也正者當敵奇兵擊不備○索隱曰奇謂權詐也注引魏武蓋亦軍令也）善之者出奇無窮（索隱曰兵不厭詐故云善之出奇無窮謂權變多也）奇正還相生（正義曰當猶合也言正兵當陣張左右翼掩其不備則奇正合敗敵也）如環之無端（索隱曰言用兵之術或奇詐或正前敵不可測量如尋環中不知端際也）夫始如處女適人開戶（徐廣曰適音敵○索隱曰言兵始如處女之軟弱則敵人輕侮開戶不爲備○正義曰敵人謂燕軍也言燕軍被田單反間易將及被卒燒壟墓而令齊卒甚怒是敵人爲單開門戶也）後如脫兔適不及距（魏武帝曰如女示弱脫兔往疾也○索隱曰克捷之後卷甲而趨有如兔之得脫而疾走也敵不及距者若脫兔忽過而敵忘其所距也）其田單之謂邪初淖齒之殺湣王也莒人求湣王子法章得之太史嬓之家（正義嬓音皎）爲人灌園嬓女憐而善遇之後法章私以情告女女遂與通及莒人共立法章爲齊王以莒距燕而太史氏女遂爲后所謂君王后也燕之初入齊聞畫邑人（劉熙曰齊西南近邑畫音獲○索隱曰音胡卦反○正義曰括地志云戟里城在臨菑西北三十里春秋時棘邑又云澅邑蠋所居即此邑因澅水爲名也）王蠋賢（索隱曰蠋音蠋亦音歜）令軍中曰環畫邑三十里無入以王蠋之故已而使人謂蠋曰齊人多高子之義吾以子爲將封子萬家蠋固謝燕人曰子不聽吾引三軍而屠畫邑王蠋曰忠臣不事二君貞女不更二夫齊王不聽吾諫故

退而耕於野國既破亡吾不能存今又劫之以兵爲君將是助桀爲暴也與其生而無義固不如亨遂經其頸於樹枝自奮絕脰而死（索隱曰經猶繫也何休云脰頸也齊語也音豆）齊亡大夫聞之曰王蠋布衣也義不北面於燕況在位食祿者乎乃相聚如莒求諸子立爲襄王

索隱述贊曰

軍法以正　實尚奇兵　斷軸自免

反間先行　羣鳥惑衆　五牛揚旌

卒破騎劫　皆復齊城　襄王嗣位

乃封安平

田單列傳第二十二　史記八十二

魯仲連鄒陽列傳第二十三　史記八十三

索隱曰魯連屈原當六國之時賈誼鄒陽在文景之日事迹雖復相類年代甚爲乖絕其鄒陽不可上同魯連賈生亦不可下同屈平宜抽魯連同田單爲傳其屈原與宋玉等爲一傳其鄒陽與枚乘賈生等同傳

魯仲連者齊人也好奇偉俶儻之畫策索隱曰廣雅云俶儻卓異也○正義曰俶天曆反魯連子云齊辯士田巴服狙丘議稷下毀五帝罪三王服五伯離堅白合同異一日服千人有徐劫者其弟子曰魯仲連年十二號千里駒往請田巴曰臣聞堂上不奮郊草不芸白刃交前不救流矢急不暇緩也今楚軍南陽趙伐高唐燕人十萬聊城不去國亡在旦夕先生奈之何若不能者先生之言有似梟鳴出城而人惡之願先生勿復言田巴曰謹聞命矣巴謂徐劫曰先生乃飛兔也豈直千里駒巴終身不談而不肯仕宦任職好持高節游於趙趙孝成王時而秦王使白起破趙長平之軍前後四十餘萬秦兵遂東圍邯鄲趙王恐諸侯之救兵莫敢擊秦軍魏安釐王使將軍晉鄙救趙畏秦止於蕩陰不進地理志河內有蕩陰縣○正義曰蕩天郎反相州縣魏王使客將軍新垣衍閒入邯鄲索隱曰新垣姓衍名也爲梁將故漢有新垣平因平原君謂趙王曰秦所爲急圍趙者前與齊湣王爭彊爲帝已而復歸帝今齊湣王已益弱方今唯秦雄天下此非必貪邯鄲其意欲復求爲帝趙誠發使尊秦昭王爲帝秦必喜罷兵去平原君猶預未有所決此時魯仲連適游趙會秦圍趙聞魏將欲令

趙尊秦爲帝乃見平原君曰事將奈何平原君曰勝也何敢言事前亡四十萬之衆於外今又內圍邯鄲而不能去魏王使客將軍新垣衍令趙帝秦索隱曰新垣衍欲令趙尊秦爲帝今其人在是勝也何敢言事魯仲連曰吾始以君爲天下之賢公子也吾乃今然後知君非天下之賢公子也梁客新垣衍安在吾請爲君責而歸之平原君曰勝請爲紹介郭璞曰紹介相佑助者○索隱曰紹介猶媒也且禮賓至必因介以傳辭紹者繼也介不一人故禮云介紹而傳命而見之於先生平原君遂見新垣衍曰東國有魯仲連先生者今其人在此勝請爲紹介交之於將軍新垣衍曰吾聞魯仲連先生齊國之高士也衍人臣也使事有職吾不願見魯仲連先生平原君曰勝既已泄之矣新垣衍許諾魯連見新垣衍而無言新垣衍曰吾視居此圍城之中者皆有求於平原君者也今吾觀先生之玉貌非有求於平原君者也曷爲久居此圍城之中而不去魯仲連曰世以鮑焦爲無從頌而死者皆非也鮑焦周之介士也見莊子○索隱曰從頌音從容言世人見鮑焦之死皆以爲不能自寬容而取死此言非也○正義曰韓詩外傳云姓鮑名焦周時隱者也飾行非世廉潔而守荷擔採樵拾橡充食故無子胤不臣天子不友諸侯子貢遇之謂之曰吾聞非其政者不履其土汙其君者不受其利今子履其地食其

利其可乎鮑焦曰吾聞廉士重進而輕退賢人易愧而輕死遂抱木立枯焉按魯仲連留趙不去者非為一身衆人不知則為一身索隱曰言衆人不識鮑焦之意焦以恥居濁世而避之非是自為一身而憂死彼秦者弃禮義而上首功之國也譙周曰秦用衛鞅計制爵二十等以戰獲首級者計而受爵是以秦人每戰勝老弱婦人皆死計功賞至万數天下謂之上首功之國皆以惡之也○索隱曰秦法斬首多為上功謂斬一人首賜爵一級故謂秦為首功之國也權使其士虜使其民索隱曰言秦人以權詐使其戰士以奴虜使其人民言无恩以恤下彼即肆然而為帝過正義曰至過字為絕句肆然其志意也言秦得肆志為帝恐有烹醢納筦編行天子之禮過失也而為政於天下索隱曰謂以過惡而為政也○正義曰若趙魏帝秦得行政教於天下魯連蹈東海而溺死不忍為秦百姓則連有蹈東海而死耳吾不忍為之民也所為見將軍者欲以助趙也新垣衍曰

先生助之將奈何魯連曰吾將使梁及燕助之齊楚則固助之矣新垣衍曰燕則吾請以從矣若乃梁者則吾乃梁人也先生惡能使梁助之魯連曰梁未睹秦稱帝之害故耳使梁睹秦稱帝之害則必助趙矣新垣衍曰秦稱帝之害何如魯連曰昔者齊威王嘗為仁義矣率天下諸侯而朝周周貧且微諸侯莫朝而齊獨朝之居歲餘周烈王崩徐廣曰烈王七年崩威王之十年○正義曰周本紀及年表云烈王七年崩齊威之十年也與徐不同齊後往周怒赴於齊正義曰鄭玄云赴告也今文赴作訃曰天崩地坼天子下席索隱曰謂烈王太子安王驕也下席言其寢苦居廬也

東藩之臣因齊後至則斮公羊傳曰欺三軍者其法斮何休曰斮斬也齊威王勃然怒曰叱嗟而母婢也正義曰罵烈王后也卒為天下笑故生則朝周死則叱之誠不忍其求也彼天子固然其無足怪新垣衍曰先生獨不見夫僕乎十人而從一人者寧力不勝而智不若邪畏之也索隱曰言僕夫十人而從一人者寧是力不勝亦非智不如正是畏懼其主耳魯仲連曰嗚呼梁之比於秦若僕邪新垣衍曰然魯仲連曰吾將使秦王烹醢梁王新垣衍快然不悅曰正義曰快於尚反噫嘻索隱曰上音依噫者不平之聲下音希嘻者驚恨之歎也亦太甚矣先生之言也先生又惡能使秦王烹醢梁王

魯仲連曰固也吾將言之昔者九侯鄂侯徐廣曰鄴縣有九侯城九一作鬼鄂一作邢○正義曰九侯城在相州滏陽縣西南五十里文王紂之三公也九侯有子而好獻之於紂紂以為惡醢九侯鄂侯爭之彊辯之疾故脯鄂侯文王聞之喟然而歎故拘之牖里之庫百日正義曰相州湯陰縣北九里有羑城欲令之死曷為與人俱稱王卒就脯醢之地齊湣王將之魯夷維子為執策而從索隱曰維東萊之邑其居夷也號夷維子故晏子為萊之夷維人是也○正義曰密州高密縣古夷安城應劭云故萊夷維邑也蓋因邑為姓子若男子之美號又云子爵也謂魯人曰子將何以待吾君魯人曰吾將以十太牢待子之君夷維子曰子安取禮而

來吾君彼吾君者天子也天子巡狩諸侯辟舍
索隱曰辟舍避正寢案禮天子適諸侯必舍於祖廟納筦籥索隱曰音管藥攝衽抱机
索隱曰机音紀〇正義曰衽音而甚反視膳於堂下天子已食乃退而
聽朝也魯人投其籥不果納索隱曰謂閉外門不入齊君〇正義曰籥即鑰
匙也投鑰匙於地不得入於魯將之薛正義曰薛侯故城在徐州滕縣界也假
途於鄒當是時鄒君死湣王欲入弔夷維子謂
鄒之孤曰天子弔主人必將倍殯棺設北面於
南方然後天子南面弔也索隱曰倍音佩謂主人不在殯東將背其殯棺立西
階上北面哭是倍也天子乃於阼階上南面而弔之也鄒之羣臣曰必若此吾
將伏劍而死固不敢入於鄒鄒魯之臣生則不

得事養死則不得賻襚正義曰衣服曰襚貨財曰賻皆助生送死之禮然
且欲行天子之禮於鄒魯鄒魯之臣不果納索隱
曰謂時君弱臣彊故鄒魯君生時臣並不得盡事養死亦不得行賻襚之禮然齊欲行天子禮於鄒魯鄒魯之臣皆不果
納之是猶秉禮而存大體也今秦萬乘之國也梁亦萬乘之國
也俱據萬乘之國各有稱王之名睹其一戰而
勝欲從而帝之是使三晉之大臣不如鄒魯之
僕妾也且秦無已而帝則且變易諸侯之大臣
彼將奪其所不肖而與其所賢奪其所憎而與
其所愛彼又將使其子女讒妾為諸侯妃姬處
梁之宮梁王安得晏然而已乎而將軍又何以

得故寵乎於是新垣衍起再拜謝曰始以先生
為庸人吾乃今日知先生為天下之士也吾請
出不敢復言帝秦秦將聞之為卻軍五十里適
會魏公子無忌奪晉鄙軍以救趙擊秦軍秦軍
遂引而去於是平原君欲封魯連魯連辭讓使
者三終不肯受平原君乃置酒酒酣起前以千
金為魯連壽魯連笑曰所謂貴於天下之士者
為人排患釋難解紛亂而無取也即有取者是
商賈之事也而連不忍為也遂辭平原君而去
終身不復見其後二十餘年燕將攻下聊城索隱
曰徐廣云年表以田單攻聊城在長平後十餘年耳二十餘年誤也〇正義曰今博州縣也聊城人或

讒之燕燕將懼誅因保守聊城不敢歸齊田單
攻聊城徐廣曰案年表田單攻聊城在長平後十餘年也歲餘士卒多死而
聊城不下魯連乃為書約之矢以射城中遺燕
將書曰吾聞之智者不倍時而棄利勇士不怯
死而滅名索隱曰怯死猶避死也忠臣不先身而後君今公
行一朝之忿不顧燕王之無臣非忠也殺身亡
聊城而威不信於齊非勇也功敗名滅後世無
稱焉非智也三者世主不臣說士不載故智者
不再計勇士不怯死今死生榮辱貴賤尊卑此

時不再至願公詳計而無與俗同且楚攻齊之南陽索隱曰即濟之淮北泗上之地也魏攻平陸索隱曰平陸邑名在西界○正義曰兖州縣也而齊無南面之心以爲亡南陽之害小不如得濟北之利大索隱曰即聊城之地也○正義曰言齊無南面攻楚魏之心以爲南陽平陸之害小不如聊城之利大言必攻之故定計審處之今秦人下兵魏不敢東面衡秦之勢成索隱曰此時秦與齊和故云衡秦之勢成也楚國之形危齊弃南陽斷右壤定濟北索隱曰謂弃楚所攻之泗上也又斷絕魏之所攻齊右壤之地平陸是也言右壤斷弃而不能救志在攻聊城而定濟北也計猶且爲之也且夫齊之必決於聊城公勿再計今楚魏交退於齊而燕救不至索隱曰交者俱也前時楚攻南陽魏攻平陸今二國之兵俱退而燕救又不至是勢危也以全齊之兵無天下之規與聊城共據期年之敝則臣見公之不能得也且燕國大亂君臣失計上下迷惑栗腹以十萬之衆五折於外徐廣曰此事去長平十年以萬乘之國被圍於趙壤削主困爲天下僇笑國敝而禍多民無所歸心今公又以敝聊之民距全齊之兵是墨翟之守也正義曰如墨翟守宋却楚軍食人炊骨士無反外之心是孫臏之兵也正義曰言孫臏能撫士卒士卒無二心能見於天下雖然爲公計者不如全車甲以報於燕車甲全而歸燕燕王必喜身全而歸於國士民如見父母交游

攘臂而議於世功業可明上輔孤主以制羣臣下養百姓以資說士索隱曰言既養百姓又資說士終擬強國也劉氏云讀說士爲銳士意雖便不如依字也矯國更俗索隱曰欲令燕將歸燕矯正國事改更弊俗也功名可立也亡意亦捐燕弃世東游於齊乎索隱曰亡音無言若必無還燕意則捐燕而東游於齊乎裂地定封富比乎陶衛索隱曰延篤注戰國策云陶陶朱公也衛衛公子鞅非也王劭云魏冉封陶商君姓衛富比陶衛謂此云爾世世稱孤與齊久存又一計也此兩計者顯名厚實也願公詳計而審處一焉且吾聞之規小節者不能成榮名惡小恥者不能立大功昔者管夷吾射桓公中其鉤簒也遺公子糾不能死怯也索隱曰遺弃也謂弃子糾而事小白也○正義曰管仲傳子糾而魯殺之不能隨子糾死是怯懦畏死也束縛桎梏辱也若此三行者世主不臣而鄉里不通鄉使管子幽囚而不出身死而不反於齊則亦名不免爲辱人賤行矣臧獲且羞與之同名矣方言曰荊淮海岱燕齊之間罵奴曰臧罵婢曰獲況世俗乎故管子不恥身在縲紲之中而恥天下之不治不恥不死公子糾而恥威之不信於諸侯故兼三行之過而爲五霸首正義曰按齊桓最初得周襄王賜文武胙彤弓矢大輅故爲五伯首也名高天下而光燭鄰國曹子爲魯將索隱曰曹昧三戰三北而亡地五百里鄉使曹子計不反顧議不還踵刎頸而死則

亦名不免爲敗軍禽將矣曹子棄三北之恥而退與魯君計桓公朝天下會諸侯曹子以一劍之任枝桓公之心於壇坫之上索隱曰枝猶擬也顏色不變辭氣不悖三戰之所亡一朝而復之天下震動諸侯驚駭威加吳越若此二士者非不能成小廉而行小節也以爲殺身亡軀絕世滅後功名不立非智也故去感忿之怨立終身之名棄忿悁之節正義曰忿敷粉反悁於緣反定累世之功是以業與三王爭流而名與天壤相弊也願公擇一而行之燕將見魯連書泣三日猶豫不能自決欲歸燕已有隙恐誅欲降齊所殺虜於齊甚衆恐已降而後見辱喟然歎曰與人刃我寧自刃乃自殺聊城亂田單遂屠聊城歸而言魯連欲爵之魯連逃隱於海上曰吾與富貴而詘於人寧貧賤而輕世肆志焉索隱曰肆放縱也

鄒陽者齊人也游於梁與故吳人莊忌夫子淮陰枚生之徒交上書索隱曰忌會稽人姓莊氏字夫子後避漢明帝諱改姓曰嚴枚生名乘字叔其子皐漢書並有傳蓋以銜枚氏而得姓也而介於羊勝公孫詭之間索隱曰言鄒陽上書自達而游於二人之間或往彼或往此介者言有隔於其閒故杜預曰介猶閒也勝等嫉鄒陽惡之梁孝王孝王怒下之吏將欲殺之

鄒陽客游以讒見禽恐死而負累正義曰諸不以罪死爲累乃從獄中上書曰臣聞忠無不報信不見疑臣常以爲然徒虛語耳昔者荆軻慕燕丹之義白虹貫日太子畏之應劭曰燕太子丹質於秦始皇遇之無禮丹亡去故厚養荆軻令西刺秦王精誠感天白虹爲之貫日也如淳曰白虹兵象日爲君列士傳曰荆軻發後太子自相氣見虹貫日不徹曰吾事不成矣後聞軻死事不立曰吾知其然也○索隱曰王劭又云軻將入秦待其客未發太子丹疑其畏懼故曰畏之其解不如見虹貫日不徹也戰國策云聶政刺韓傀亦曰白虹貫日是也衞先生爲秦畫長平之事太白蝕昴而昭王疑之蘇林曰白起爲秦伐趙破長平軍欲遂滅趙遣衞先生說昭王益兵糧乃爲應侯所害事用不成其精誠上達於天故太白爲之蝕昴昴趙分也將有兵故太白食昴食干歷之也如淳曰太白乃天之將軍也○索隱曰如淳云太白主西方秦在西敗趙之兆也又王充云夫言白虹貫日太白食昴實也言荆軻之謀衞先生之策感動皇天而貫日食昴虛也夫精變天地而信不喻兩主豈不哀哉今臣盡忠竭誠畢議願知張晏曰盡其計議願王知之也左右不明索隱曰言左右之不明不欲斥主卒從吏訊爲世所疑是使荆軻衞先生復起而燕秦不悟也願大王孰察之昔卞和獻寶楚王刖之應劭曰卞和得玉璞獻之武王武王示玉人玉人曰石也刖右足武王沒復獻文王玉人復曰石也刖其左足至成王時卞和抱璞哭於郊乃使玉尹攻之果得寶玉○索隱曰楚人卞和得玉璞事見國語及呂氏春秋案楚世家楚武王名熊通文王名貲成王名惲李斯竭忠胡亥極刑是以箕子佯狂索隱曰佯音陽謂詐爲狂司馬彪曰箕子名曰胥餘接輿辟世張晏曰楚賢人佯狂避世也○索隱曰案高士傳曰楚人陸通字接輿是也恐遭此患也願大王孰察卞和李斯

之意而後楚王胡亥之聽索隱曰謂以楚王胡亥之聽爲謬故後之而不用後猶下也無使臣爲箕子接輿所笑臣聞比干剖心子胥鴟夷索隱曰韋昭云以皮作鴟鳥形名曰鴟夷鴟夷皮榼也服虔云用馬革作囊以裹尸投之於江臣始不信乃今知之願大王孰察少加憐焉諺曰有白頭如新傾蓋如故桓譚新論曰言內有以相知與否不在新故也○索隱曰服虔云人不相知才能交至白頭猶如新也傾蓋如故如吳札鄭僑也家語孔子遇程子於途傾蓋而語又志林云傾蓋者道行相遇軿車對語兩蓋相切小欹之義故云傾蓋也何則知與不知也故昔樊於期逃秦之燕藉荊軻首以奉丹之事索隱曰藉音子夜反韋昭云謂於期逃秦之燕以頭與軻使持入秦以示信也王奢去齊之魏臨城自剄以卻齊而存魏漢書音義曰王奢齊人也亡至魏其後齊伐魏奢登城謂

齊將曰今君之來不過以奢之故也夫義不苟生以爲魏累遂自剄也夫王奢樊於期非新於齊秦而故於燕魏也所以去二國死兩君者行合於志而慕義無窮也是以蘇秦不信於天下而爲燕尾生索隱曰服虔云蘇秦不出其信於燕則出尾生之信韋昭云尾生守信而死者案言蘇秦於燕獨守信如尾生故云爲燕之尾生也白圭戰亡六城爲魏取中山張晏曰白圭爲中山將亡六城君欲殺之亡入魏文侯厚遇之還拔中山○索隱曰事見戰國策及呂氏春秋也何則誠有以相知也蘇秦相燕燕人惡之於王王按劍而怒食以駃騠漢書音義駃騠駿馬也生七日而超其母敬重蘇秦雖有讒謗而更膳以珍奇之味○索隱曰字林云馬父驘子北狄之良馬也○正義曰食音寺駃騠音決蹄北狄良馬也白圭顯於中山中山人惡之魏文侯文侯

投之以夜光之璧何則兩主二臣剖心析肝相信豈移於浮辭哉故女無美惡入宮見妬士無賢不肖入朝見嫉昔者司馬喜髕腳於宋卒相中山晉灼曰司馬喜三相中山蘇林曰六國時人被此刑也○索隱曰事見戰國策及呂氏春秋范睢摺脅折齒於魏卒爲應侯索隱曰應侯傳作折脅摺齒是也說文云拉摧也音力荅反此二人者皆信必然之畫捐朋黨之私挾孤獨之位故不能自免於嫉妬之人也是以申徒狄自沈於河漢書音義曰殷之末世人○索隱曰莊子申徒狄諫而不用負石自投於河韋昭云六國時人漢書云自沈於雍河服虔云雍州之河也又新序作抱甕自沈於河不同也徐衍負石入海列士傳曰周之末世人不容於世義不苟取比周於

朝以移主上之心故百里奚乞食於路繆公委之以政甯戚飯牛車下而桓公任之以國應劭曰齊桓公夜出迎客而甯戚疾擊其牛角商歌曰南山矸白石爛生不遭堯與舜禪短布單衣適至骭從昏飯牛薄夜半長夜曼曼何時旦公召與語說之以爲大夫○索隱曰事見呂氏春秋商歌者謂爲商聲而歌也或云商旅人歌也二說並通矸音公彈反矸者自淨皃也顧野王音岸禪音善如字讀協韻失之也骭脛也字林音下諫反此二人者豈借宦於朝假譽於左右然後二主用之哉感於心合於行親於膠漆昆弟不能離豈惑於衆口哉故偏聽生姦獨任成亂昔者魯聽季孫之說而逐孔子索隱曰論語齊人歸女樂季桓子受之三日不朝孔子行也宋信子罕之計而囚墨翟索隱曰左氏司城子罕姓樂名喜乃宋之賢臣也漢書作

子冉不知子冉是何人文穎曰子冉子罕也荀卿傳云墨翟孔子時人或云在孔子後又襄二十九年左傳宋飢子罕請出粟時孔子適八歲則墨翟與子罕不得相輩或以子冉為是不知何如也夫以孔墨之辯不能自免於讒諛而二國以危何則衆口鑠金索隱曰國語云衆心成城衆口鑠金賈逵云鑠消也衆口所惡雖金亦為之消亡又風俗通云或說有美金於此衆人或共詆訿言其不純金賣者欲其必售因取鍛燒以見其真是為衆口鑠金也積毀銷骨也索隱曰大顏云讒人積久譖毀則父兄自相誅戮骨肉為之消滅也是以秦用戎人由余而霸中國齊用越人蒙而彊威宣索隱曰越人蒙未見所出漢書作子臧又張晏云子臧或是越人蒙字也此二國豈拘於俗牽於世繫阿偏之辭哉公聽並觀垂名當世索隱曰小顏云公聽言不私並觀謂所見同也故意合則胡越為昆弟由余越人蒙是矣不合則骨肉出逐不收朱象管蔡是矣今人主誠能用齊秦之義後宋魯之聽則五伯不足稱三王易為也是以聖王覺寤捐子之之心徐廣曰燕王讓國於其大臣子之也而能不說於田常之賢應劭曰田常事齊簡公簡公說之而殺簡公使人君去此心則國家安全也封比干之後修孕婦之墓應劭曰紂刳妊者觀其胎產也○索隱曰案封比干之後後謂子也不見其文尚書作封比干之墓又唯云刳剔孕婦則武王雖反商政亦未必修孕婦之墓也故功業復就於天下何則欲善無厭也夫晉文公親其讎彊霸諸侯齊桓公用其仇而一匡天下謂晉寺人勃鞮齊管仲也何則慈仁慇勤誠加於心不可以虛辭借也至夫秦用商鞅之法東

弱韓魏兵彊天下而卒車裂之越用大夫種之謀禽勁吳霸中國而卒誅其身是以孫叔敖三去相而不悔索隱曰三得相不喜知其才之自得也三去相不悔知非己之罪也於陵子仲辭三公為人灌園列士傳曰楚王欲以為相而不許為人灌園○索隱曰孟子云陳仲子齊陳氏之族兄為齊卿仲子以為不義乃適楚居于於陵自謂於陵子仲楚王聘以為相子仲遂夫妻相與逃為人灌園列士傳字子終者是也今人主誠能去驕傲之心懷可報之意披心腹見情素墮肝膽施德厚終與之窮達無愛於士則桀之狗可使吠堯韋昭曰言恩厚無不使也而蹠之客可使刺由應劭曰蹠之客為其人使刺由由許由也蹠盜蹠也○索隱曰並見戰國策況因萬乘之權假聖王之資乎然則荊軻之湛七族要離之燒妻子應劭曰荊軻為燕刺秦始皇不成而死其族坐之湛沒吳王闔閭欲殺王子慶忌要離詐以罪亡令吳王燔其妻子要離走見慶忌以劍刺之張晏曰七族上至曾祖下至曾孫○索隱曰湛音沉七族父之姓一也姑之子二也姊妹之子三也女之子四也母之姓五也從子六也及妻父母凡七族也要離事見呂氏春秋豈足道哉臣聞明月之珠夜光之璧以闇投人於道路人無不按劍相眄者何則無因而至前也蟠木根柢輪囷離詭張晏曰根柢下本也輪囷離詭委曲槃桀也○索隱曰孟康云蟠結之木也晉灼云槃柢木根也而為萬乘器者何則以左右先為之容也索隱曰左右先加彫刻是為之容飾也故無因至前雖出隨侯之珠夜光之璧猶結怨而不見德故有人先談則以枯木朽株樹功而不忘

今夫天下布衣窮居之士身在貧賤雖包堯舜
之術 索隱曰言蒙被堯舜之道也 挾伊管之辯懷龍逢比干之
意欲盡忠當世之君而素無根柢之容雖竭精
思欲開忠信輔人主之治則人主必有按劒相
眄之跡是使布衣不得為枯木朽株之資也是
以聖王制世御俗獨化於陶鈞之上 漢書音義曰陶家名模下
圓轉者為鈞以其能制器為大小比之於天○索隱曰張晏云陶冶鈞範也作器下所轉者名鈞韋昭曰陶燒瓦之竈鈞
木長七尺有絃所以調為器具也崔浩云以鈞制器萬殊故如造化之運轉裁成也 而不牽於卑
亂之語不奪於衆多之口故秦皇帝任中庶子
蒙嘉之言以信荊軻之說而匕首竊發 索隱曰通俗文

云其頭類匕故曰匕首短而便用也 周文王獵涇渭載呂尚而歸以王
天下故秦信左右而殺周用烏集而王 漢書音義曰太公望
塗觀卒遇共成王功若烏鳥之暴集也 索隱曰韋昭云呂尚適周如烏之集也 何則以其能越
攣拘之語馳域外之議獨觀於昭曠之道也今
人主沈於諂諛之辭牽於帷裳之制 漢書音義曰言為左右便
嬖侍帷裳臣妾所見牽制 使不羈之士與牛驥同皁 漢書音義曰食牛馬器以
木作如槽也○索隱曰言駿足不可羈絆以比喻逸才之人應劭云皁歷也韋昭云皁養馬之官下士也養馬之官其衣
皁也又郭璞云皁養馬之器也○正義曰顏云不羈言才識高遠不可羈係皁在早反方言云梁宋齊楚燕之間謂櫪曰
皁 此鮑焦所以忿於世而不留富貴之樂也 如淳
曰莊子云鮑焦飾行非世抱木而死○索隱曰晉灼云列士傳鮑焦怨世不用已採蔬於道子貢難曰非其世而採其蔬

此焦之有哉弃其蔬乃立枯洛水之上案此事見莊子及說苑韓詩外傳小有不同也 臣聞盛飾入
朝者不以利汙義砥厲名號者不以欲傷行故
縣名勝母 漢書云里名勝母也○正義曰鹽鐵論皆云里名尸子及此傳云縣名未詳也 而曾
子不入 索隱曰淮南子及鹽鐵論云里名勝母曾子不入蓋以名不順也尸子以為孔子至勝母縣暮而不
宿其說不同 邑號朝歌而墨子廻車 晉灼曰朝歌者不時也○正義曰朝歌今衞州
縣也 今欲使天下寥廓之士攝於威重之權主於
位勢之貴故回面汙行以事諂諛之人 索隱曰杜預云回邪
也 而求親近於左右則士伏死堀穴巖巖之中
耳 詩云節彼南山維石巖巖 安肯有盡忠信而趨闕下者哉書
奏梁孝王孝王使人出之卒為上客

太史公曰魯連其指意雖不合大義然余多其
在布衣之位蕩然肆志不詘於諸侯談說於當
世折卿相之權鄒陽辭雖不遜然其比物連類有
足悲者亦可謂抗直不橈矣吾是以附之列傳焉

索隱述贊曰
魯連達士　高才遠致　釋難解紛
辭祿肆志　齊將挫辯　燕軍沮氣
鄒子遇讒　見詆獄吏　慷慨獻說
時王所器

魯仲連鄒陽列傳第二十三　史記八十三

屈原賈生列傳第二十四　史記八十四

屈原者名平楚之同姓也 正義曰屈景昭皆楚之族王逸云楚王始都是生子瑕受屈為卿因以為氏 為楚懷王左徒 正義曰蓋今在左右拾遺之類 博聞彊志明於治亂嫺 史記音隱曰音閑 於辭令入則與王圖議國事以出號令出則接遇賓客應對諸侯王甚任之上官大夫與之同列爭寵而心害其能懷王使屈原造為憲令屈平屬草藁 曰屬音燭草藁謂創制憲令之本漢書作草具崔浩謂發始造端也 未定上官大夫見而欲奪之 正義曰王逸云上官靳尚 屈平不與因讒之曰王使屈平為令眾莫不知每一令出平伐其功曰以為非我莫能為也王怒而疏屈平屈平疾王聽之不聰也讒諂之蔽明也邪曲之害公也方正之不容也故憂愁幽思而作離騷 索隱曰音素刀反一音蕭應劭曰離遭也騷憂也又離騷序云離別也騷愁也 離騷者猶離憂也夫天者人之始也父母者人之本也人窮則反本故勞苦倦極未嘗不呼天也疾痛慘怛 正義曰上七感反下丁達反慘毒也怛痛也 未嘗不呼父母也屈平正道直行 正義曰寒孟反 竭忠盡智以事其君讒人間之可謂窮矣信而見疑忠而被謗能無怨乎屈平之作離騷蓋自怨生也國風好色而不淫小雅怨誹而不亂 正義曰誹方畏反 若

離騷者可謂兼之矣上稱帝嚳下道齊桓中述湯武以刺世事明道德之廣崇治亂之條貫靡不畢見其文約其辭微其志絜其行廉其稱文小而其指極大舉類邇而見義遠其志絜故其稱物芳其行廉故死而不容自疏濯淖汙泥之中 索隱曰濯音濁淖音鬧汙音烏故反泥音奴計反 蟬蛻於濁穢 正義曰蛻音稅去皮也又他卧反 以浮游塵埃之外不獲世之滋垢皭然泥而不滓者也 徐廣曰皭疏靜之貌○索隱曰皭音自若反泥音涅滓音淄又並如字 推此志也雖與日月爭光可也 正義曰言屈平之仕濁世去其汙垢在塵埃之外推此志意雖與日月爭其光明斯亦可矣 屈平既絀其後秦欲伐齊齊與楚從親 正義曰上足松反 惠王患之乃令張儀詳去秦厚幣委質事楚曰秦甚憎齊齊與楚從親楚誠能絕齊秦願獻商於之地六百里楚懷王貪而信張儀遂絕齊使使如秦受地張儀詐之曰儀與王約六里不聞六百里楚使怒去歸告懷王懷王怒大興師伐秦秦發兵擊之大破楚師於丹陽斬首八萬 索隱曰丹淅二水名也謂於丹水之北淅水之南皆為縣名在弘農所謂丹陽淅是也○正義曰丹陽今歧江故城 虜楚將屈匄 索隱曰屈姓匄名音蓋 遂取楚之漢中地 徐廣曰楚懷王十六年張儀來相十七年秦敗屈匄○正義曰梁州 懷王乃悉發國中兵以深入擊秦戰於藍田魏聞之襲楚

至鄧（索隱曰鄧在漢水北故鄧侯城也） 楚兵懼自秦歸而齊竟怒不救楚楚大困明年秦割漢中地與楚以和楚王曰不願得地願得張儀而甘心焉張儀聞乃曰以一儀而當漢中地臣請往如楚如楚又因厚幣用事者臣靳尚而設詭辯於懷王之寵姬鄭袖懷王竟聽鄭袖復釋去張儀是時屈平既疏不復在位使於齊顧反諫懷王曰何不殺張儀懷王悔追張儀不及（索隱曰張儀傳無此語） 其後諸侯共擊楚大破之殺其將唐眛（徐廣曰二十八年敗唐眛也○正義曰眛莫葛反） 時秦昭王與楚婚欲與懷王會懷王欲行屈平曰秦虎狼之國不可信不如無行（索隱曰楚世家昭睢有此言蓋二人同諫王故彼此各隨錄之也） 懷王稚子子蘭勸王行奈何絕秦歡懷王卒行入武關秦伏兵絕其後因留懷王（徐廣曰三十年入秦） 以求割地懷王怒不聽亡走趙趙不內復之秦竟死於秦而歸葬長子頃襄王立（索隱曰名橫） 以其弟子蘭為令尹楚人既咎子蘭以勸懷王入秦而不反也屈平既嫉之雖放流睠顧楚國繫心懷王不忘欲反冀幸君之一悟俗之一改也其存君興國而欲反覆之一篇之中三致志焉然終無可奈何

故不可以反卒以此見懷王之終不悟也人君無愚智賢不肖莫（索隱曰此已下太史公傷楚懷王之不任賢信讒而不能反國之論也） 不欲求忠以自為舉賢以自佐然亡國破家相隨屬而聖君治國累世而不見者其所謂忠者不忠而所謂賢者不賢也懷王以不知忠臣之分故內惑於鄭袖外欺於張儀疏屈平而信上官大夫令尹子蘭兵挫地削亡其六郡身客死於秦為天下笑此不知人之禍也易曰井泄不食（向秀曰泄者浚治去泥濁也○索隱曰向秀字子期晉人注周易） 為我心惻（張璠曰可為惻然傷道未行也○索隱曰張璠亦晉人注易也） 可以汲王明並受其福（易象曰求王明受福也○索隱曰京房易章句言我之道可汲而用上有明主汲我道而用之天下並受其福故曰王明並受其福也） 王之不明豈足福哉（徐廣曰一云不足福○正義曰言楚王不明忠臣豈是受福故屈原懷沙自沈） 令尹子蘭聞之大怒卒使上官大夫短屈原於頃襄王頃襄王怒而遷之（離騷序曰遷於江南） 屈原至於江濱被髮行吟澤畔顏色憔悴形容枯槁漁父見而問之（索隱曰父音甫） 曰子非三閭大夫歟（離騷序曰三閭之職掌王族三姓曰昭屈景序其譜屬率其賢良以厲國士） 何故而至此屈原曰舉世混濁而我獨清衆人皆醉而我獨醒是以見放漁父曰夫聖人者不凝滯於物而能與世推移舉世混濁何不隨其流而揚其波（索隱

曰楚詞隨其流作滑其泥也衆人皆醉何不餔其糟而啜其醨何故懷瑾握瑜而自令見放爲索隱曰楚詞懷瑾握瑜作深思高舉也屈原曰吾聞之新沐者必彈冠新浴者必振衣人又誰能以身之察察王逸曰已靜絜受物之汶汶者乎王逸曰蒙垢敝○索隱曰汶汶音門門汶汶猶昏暗不明也寧赴常流而葬乎江魚腹中耳索隱曰常流猶長流也又安能以皓皓之白而蒙世之溫蠖乎索隱曰蠖音烏郭反溫蠖猶惛憒楚詞作蒙世之塵埃哉乃作懷沙之賦索隱曰楚詞九懷曰懷沙礫以沉比其義也其辭曰陶陶孟夏兮草木莽莽王逸曰陶陶盛陽貌莽莽盛茂貌索隱曰莽音姥○正義曰莫古反傷懷永哀兮汩徂南土王逸曰汩行貌○索隱曰方言曰汩謂疾行也眴兮窈窕

徐廣曰眴眩也○索隱曰眴音瞬窈音烏鳥反孔靜幽墨王逸曰孔甚也墨無聲也○正義曰孔甚墨無聲言江南山高澤深視之眴野甚清淨寂無人聲寃結紆軫兮離愍之長鞠王逸曰鞠窮紆屈也軫痛也愍病也撫情効志兮俛詘以自抑刓方以爲圜兮常度未替王逸曰刓削度法替廢也言人刓削方木欲以爲圓其常法度尚未廢也○索隱曰刓音五官反易初本由兮君子所鄙王逸曰由道也○正義曰本常也鄙恥也言人遭世不道變易初行違離常道君子所鄙章畫職墨兮前度未改王逸曰章明也度法也言上明於所畫念其繩墨修前人之法不易其道則曲木直而惡木好○索隱曰畫計畫也楚詞職作志志念也余如注所解內直質重兮大人所盛王逸曰言人質性敦厚心志正直行無過失則大人君子所盛美也巧匠不斵兮孰察其揆正玄文幽處兮矇謂之不章王逸曰玄黑也矇盲者也詩云矇瞍奏公章明也離

婁微睇兮瞽以爲無明王逸曰離婁古明視者也瞽盲也○正義曰睇田帝反睇也變白而爲黑兮倒上以爲下索隱曰下音戶鳳皇在笯兮雞雉翔舞徐廣曰笯一作郊駰案王逸曰笯籠落也○索隱曰笯音奴又音女加反籠落謂藤蘿之楯蘢絡也楚詞雉作鶩○正義曰應瑞圖云黃帝問天老曰鳳鳥何如天老曰鴻前而麟後蛇頸而魚尾龍文而龜身燕頷而鷄喙首戴德頸揭義背負仁心入信翼侯順足履正尾繫武小音金大音鼓延頸奮翼五光備舉同糅玉石兮一槩而相量王逸曰忠佞不異夫黨人之鄙妒兮羌不知吾所臧王逸曰莫昭我之善意○索隱曰按王師叔云羌楚人語辭言卿何爲也○正義曰羌音疆任重載盛兮陷滯而不濟王逸曰言已才力盛壯可任用重載而身陷沒沉滯不得成其本志也懷瑾握瑜兮窮不得余所示王逸曰示語也邑犬羣吠兮吠所怪也誹駿疑桀兮固庸

態也王逸曰千人才爲俊一國高爲桀也庸厮賤之人也○索隱曰尹文子云千人才曰俊萬人曰桀今乃誹駿疑桀固是庸人之態也文質疏內兮衆不知吾之異采徐廣曰異一作奧駰案王逸曰采文采也材樸委積兮莫知余之所有重仁襲義兮謹厚以爲豐王逸曰重累也襲及也重華不可牾兮孰知余之從容王逸曰牾逢也○索隱曰楚詞牾作遻並五故反古固有不並兮豈知其故也索隱曰楚詞作莫知其何故湯禹久遠兮邈不可慕也懲違改忿兮抑心而自彊離湣而不遷兮願志之有象王逸曰象法也進路北次兮正義曰北次將就日昧昧其將暮舍憂虞哀兮限之以大故王逸曰娛樂也大故謂死亡也○索隱曰楚詞含憂虞哀作舒憂娛哀娛音虞娛者樂也亂曰索隱曰王師叔云亂者理也所以發

理辭指總撮其要而重理前意也浩浩沅湘兮索隱曰二水名地理志湘水出零陵海陽山北入江
沅即湘之後流也○正義曰說文云沅水出牂牁東北流入江湘水出零陵縣海山北至入江按二水皆經岳州而入大
江也分流汨兮王逸曰汨流也脩路幽拂兮索隱曰楚詞作幽蔽也道遠
忽兮曾唫恒悲兮永歎慨兮世既莫吾知兮人
心不可謂兮王逸曰謂猶說也○索隱曰楚詞無曾唫巳下二十一字懷情抱質兮
獨無匹兮伯樂既歿兮驥將焉程兮王逸曰程量也人生
有命兮各有所錯兮王逸曰錯安也定心廣志余何畏懼
兮索隱曰楚詞餘並作余曾傷爰哀永歎喟兮王逸曰喟息也世溷
不吾知心不可謂兮知死不可讓兮願勿愛兮
明以告君子兮吾將以為類兮王逸曰類法也○正義曰按類例也以為
忠臣不事亂君之例於是懷石遂自投汨羅以死應劭曰汨水在羅故曰汨
羅也○索隱曰地理志長沙有羅縣羅子之所徙荊州記羅縣北帶汨水音覓○正義曰故羅縣城在岳州湘陰縣東北
六十里春秋時羅子國秦置長沙郡而為縣也按縣北有汨水及屈原廟續齊諧記云屈原以五月五日投汨羅而死楚
人哀之每於此日以筒貯米投水祭之漢建武中長沙區回白日忽見一人自稱三閭大夫謂回曰聞君常見祭其善但
常年所遺並蛟龍所竊今若有惠可以練樹葉塞上以五色絲轉縛之此物蛟龍所憚回依其言世人五月五日作糉并
帶五色絲及練葉皆汨羅之遺風屈原既死之後楚有宋玉唐勒
景差徐廣曰或作慶○索隱曰揚子法言及漢書古今人表皆作景瑳今作差是字省耳以徐裴鄒三家皆無
音是如字讀也之徒者皆好辭而以賦見稱然皆祖屈原
之從容辭令終莫敢直諫其後楚日以削數十
年竟為秦所滅自屈原沈汨羅後百有餘年漢

有賈生為長沙王太傅過湘水投書以弔屈原
賈生名誼雒陽人也年十八以能誦詩屬書聞
於郡中吳廷尉為河南守聞其秀才正義曰顏云秀美也應劭
云避光武諱改茂才也召置門下甚幸愛孝文皇帝初立聞
河南守吳公索隱曰吳姓史失名故稱公治平為天下第一故
與李斯同邑而常學事焉乃徵為廷尉廷尉乃
言賈生年少頗通諸子百家之書文帝召以為
博士是時賈生年二十餘最為少每詔令議下
諸老先生不能言賈生盡為之對人人各如其
意所欲出諸生於是乃以為能不及也孝文帝
說之超遷一歲中至太中大夫賈生以為漢興
至孝文二十餘年天下和洽而固當改正朔易
服色法制度定官名興禮樂乃悉草具其事儀
法色尚黃數用五正義曰漢文帝時黃龍見成紀故改為土也為官名悉
更秦之法孝文帝初即位謙讓未遑也諸律令
所更定及列侯悉就國其說皆自賈生發之於
是天子議以為賈生任公卿之位絳灌東陽侯
馮敬之屬盡害之正義曰絳周勃灌嬰也東陽侯張相如馮敬時為御史大夫乃
短賈生曰雒陽之人年少初學專欲擅權紛亂
諸事於是天子後亦疏之不用其議乃以賈生

爲長沙王太傅[索隱曰誼爲傅是吳芮之玄孫差襲長沙王之時也非景帝之子長沙王發也荊州記長沙城西北隅有賈誼祠及誼坐石牀在也]賈生既辭往行聞長沙卑溼自以壽不得長又以適去[徐廣曰竹華反韋昭曰謫譴也○索隱曰字林云適音丈厄反]意不自得及渡湘水爲賦以弔屈原其辭曰共承嘉惠兮[張晏曰恭敬也]俟罪長沙側聞屈原兮自沈汨羅造託湘流兮敬弔先生[索隱曰造音七到反]遭世罔極兮乃隕厥身嗚呼哀哉逢時不祥鸞鳳伏竄兮鴟梟翺翔[索隱曰竄音七外反]闒茸尊顯兮讒諛得志[索隱曰闒音天臘反茸音而隴反應劭胡廣云闒茸不才之人無六翮翺翔之用而反尊貴字林云闒茸不肖之人也]賢聖逆曳兮方正倒植[索隱曰胡廣云逆曳不得順而行也倒植賢不肖顛倒而易位也]

世謂伯夷貪兮謂盜跖廉[索隱曰漢書作隨夷溷兮跖蹻廉一句皆葬兩人隨卞隨夷伯夷跖盜跖蹻莊蹻也]莫邪爲頓兮[應劭曰莫邪吳大夫也作寶劒因以冠名瓚曰許愼曰莫邪大戟也○索隱曰吳越春秋曰吳王使干將造劒二枚一曰干將二曰莫耶莫耶干將劒名也頓讀爲鈍]鈆刀爲銛[徐廣曰思廉反駰案漢書音義曰銛謂利○索隱曰鈆者錫也銛利也音纖言其暗惑也]于嗟嚜嚜兮生之無故[應劭曰嚜嚜不自得意瓚曰生謂屈原也]斡棄周鼎兮而寶康瓠[如淳曰斡轉也爾雅曰康瓠謂之甈大瓠也應劭曰東容也斡音筦筦轉也康空也○索隱曰斡音烏活反甈音五列反李巡云康謂大瓠瓢也]騰駕罷牛兮驂蹇驢[正義罷音皮]驥垂兩耳兮服鹽車[索隱曰戰國策曰夫驥服鹽車上太山中坂遷延負轅不能上伯樂下車哭之者也]章甫薦屨兮[應劭曰章甫殷冠也]漸不可久[劉向別錄曰因以自諭自恨也]嗟苦先生兮獨離此咎[應劭

曰嗟咨嗟勞苦屈原遇此難也]訊曰[李奇曰訊告也張晏曰訊離騷下竟亂辭也○索隱曰訊音信劉伯莊音素對反訊猶宣也重宣其意周成解詁音碎也]已矣國其莫我知獨堙鬱兮[索隱曰漢書作壹鬱亦通]其誰語鳳漂漂其高遰兮[索隱曰遰音逝]夫固自縮而遠去襲九淵之神龍兮[鄧展曰襲重也或曰龍襲覆也猶言察也○索隱曰莊子曰千金之珠必在九重之淵而驪龍頷下故云九淵之神龍也]沕[徐廣曰亡筆反]深潛以自珍[徐廣曰沕潛藏也]彌融爚[徐廣曰一云偭蟂獺○正義曰顏野王云彌遠也融明也爚光也沒深藏以自珍彌遠明光以隱處也]以隱處兮[徐廣曰一本云彌蝎爚以隱處也○索隱曰案徐所注蓋三本揔不同也蘇林云偭音面應劭云偭背也蟂獺水蟲害魚者以言其背惡從善也郭璞注爾雅云似鳬江東謂之魚鴆]夫豈從螘與蛭螾[漢書螘字作蝦韋昭曰蝦蟆也蛭水蟲螾丘螾也○索隱曰螘音蟻漢書作蝦言偭然絕於蟂獺況從蝦與蛭螾也蛭音質螾音引○正義曰言寧投水合神龍豈能從蟻與蛭蚓]所

貴聖人之神德兮遠濁世而自藏使騏驥可得係羈兮豈云異夫犬羊[正義曰使騏驥可得係縛羈絆則與犬羊無異責屈原不去濁世以藏隱其文如纂也驥千里馬]般紛紛其離此尤兮[蘇林曰般音盤孟康曰般音班或曰盤桓不去紛紛構讒意也○索隱曰尤謂怨咎也]亦夫子之辜也[索隱曰漢書辜作故夫子謂屈原也李奇曰亦夫子不如麟鳳翔逝之故罹此咎也]瞝九州而相君兮[索隱曰瞝音丑知反謂歷觀也漢書作歷九州]何必懷此都也鳳皇翔于千仞之上兮覽德煇焉下之[索隱曰言鳳皇翔見人君有德乃下故禮曰德輝動乎內是也]見細德之險微兮搖增翮[徐廣曰一云遙增擊也]逝而去之[正義曰搖動也增加也言見細德之人又有險難微起則合加動羽翮遠逝而去之]彼尋常之汙瀆兮[應劭曰八尺曰尋倍尋曰常○索隱曰汙潢也瀆小渠也]豈能容吞舟

之魚橫江湖之鱣鱏兮如淳曰大魚也瓚曰鱣魚無鱗口近腹下固將制於螻蟻索隱曰莊子云庚桑楚謂弟子曰吞舟之魚蕩而失水則螻蟻能苦之戰國策齊人說靖郭君亦同案以諭小國暗主不容忠臣而爲讒賊小臣之所見害也賈生爲長沙王太傅正義曰漢文帝年表云吳芮之玄孫差薨長沙王也傅爲長沙靖王差之二年也括地志云吳芮故城在潭州長沙縣東南三百里賈誼宅在縣南三十步湘水記云誼宅中有一井誼所穿極小而深上斂下大其狀如壺傍有一局腳石床容一人坐形流古制相承云誼所坐三年有鵩飛入賈生舍止於坐隅楚人命鴞曰服晉灼曰異物志有山鴞體有文色土俗因形名之曰服不能遠飛行不出域索隱曰鄧展云似鵲而大荊州記云巫縣有鳥如雌雞其雌爲鴞楚人謂之服吳錄云服黑色也鳴自呼其名賈生既以適居長沙長沙卑溼自以爲壽不得長傷悼之乃爲賦以自廣索隱曰姚氏云廣猶寬也其辭曰單閼

之歲兮徐廣曰歲在卯曰單閼文帝六年歲在丁卯○索隱曰李巡云單閼起也陽氣推萬物而起故曰單閼孫炎本作蟬焉蟬猶伸也○正義閼烏曷反四月孟夏庚子日施兮服集予舍徐廣曰施一作斜○索隱曰施音矢移反猶西斜也漢書作斜止于坐隅貌甚閒暇異物來集兮私怪其故發書占之兮策言其度索隱曰漢書作讖說文云讖驗言也此作策蓋讖策之辭○正義曰發策數之書占其度驗曰野鳥入處兮主人將去請問于服兮予去何之索隱曰予於也漢書作予服小顏云予加美之辭吉乎告我凶言其菑正義音災淹數之度兮語予其期徐廣曰數速也服乃歎息舉首奮翼口不能言請對以臆正義曰協韻音憶萬物變化兮固無休息斡流而遷兮或推而還索隱曰斡音烏活反斡轉

也形氣轉續兮化變而嬗服虔曰嬗音如蟬反變蛻也或曰蟬蔓相連也○索隱曰韋昭云而如也如蟬之蛻化也蘇林云嬗音蟬謂其相傳之也沕穆無窮兮胡可勝言索隱曰漢書無窮作無閒沕音密又音昧沕穆深微皃以言其理深微不可盡言也○正義沕音勿禍兮福所倚正義曰於倚反依也福兮禍所伏索隱曰此老子之言然禍字古作旤案倚者立也伏下身也以言禍福遞來猶如伏立也憂喜聚門兮吉凶同域正義曰言禍福相因吉凶不定彼吳彊大兮夫差以敗越棲會稽兮句踐霸世斯游遂成兮卒被五刑韋昭曰斯李斯也傅說胥靡兮徐廣曰胥靡刑也○索隱曰晉灼云胥相也靡隨也古者相隨坐輕刑之名墨子云傅說衣褐帶素傭築於傅巖在河東大陽縣又夏靖書云猗氏十里河西岸吳坂下便得隱穴是說所潛身處也乃相武丁夫禍之與福兮何異糾纆應劭曰福禍相爲表裏如糾纆繩索相附會也瓚曰糾絞

也纆索也○索隱曰韋昭云纆徽也又通俗文云合繩曰糾字林云纆三合繩也音墨糾音九命不可說兮孰知其極水激則旱兮矢激則遠索隱曰此淮南子及鶡冠子文也彼作水激則旱而呂氏春秋作疾以言水激則去疾不能浸潤矢激疾則去遠也說文旱與捍同音以言水矢流飛本以無礙爲通利今遇有物觸之則激怒更勁疾而遠捍猶人或因禍致福倚伏無常也萬物回薄兮振蕩相轉雲蒸雨降兮錯繆相紛大專槃物兮漢書專字作鈞如淳曰陶者作器於鈞上此以造化爲大鈞○索隱曰漢書云大鈞播物此專讀曰鈞槃猶轉也與播義同虞喜志林云大鈞造化之神鈞陶萬物品授羣形者也案上鄒陽傳注云陶家名模下圓轉者爲鈞言其能制器大小以比之於天坱軋無垠應劭曰其氣坱軋非有限齊也坱音若央軋音若乙○索隱曰案無垠謂無有齊畔也說文云垠圻也郭璞注方言云坱軋者不利也王逸注楚詞云坱軋霧氣昧也○正義曰坱烏朗反軋於黠反天不可與慮兮索隱曰與音預道不可與謀遲數有命

兮惡識其時且夫天地爲爐兮造化爲工 索隱曰此莊子文 陰陽爲炭兮萬物爲銅 索隱曰旣以陶冶鞴造化故以陰陽爲炭萬物爲銅也 合散消息兮安有常則 索隱曰莊子云人之生也氣之聚也聚則爲生散則爲死 千變萬化兮未始有極 索隱曰莊子云人者萬化而未始有極 忽然爲人兮何足控摶 如淳曰控引也控摶玩弄愛生之意也○索隱曰摶音徒端反又本作控揣揣音初委反又音丁果反揣者量也故晉灼云或然爲人言此生甚輕耳何足引物量度已年命之長短而愛惜之也 化爲異物兮又何足患 索隱曰謂死而形化爲鬼是爲異物也患協韻音環 小知自私兮賤彼貴我 索隱曰莊子云以物觀之自貴而相賤也 通人大觀兮物無不可 索隱曰莊子物故有所然物固有所可無物不然無物不可 貪夫徇財兮列士殉名 應劭曰徇營也瓚曰以身從物曰徇○索隱曰此語亦出莊子

夸者死權兮 應劭曰夸毗也好榮死於權利瓚曰夸泰也莊子曰權勢不尤則夸者不悲也○索隱曰言好夸毗者死於權利是言貪勢以自矜夸者至死不休也尤甚也言勢不甚用則夸毗者可悲也 品庶馮生 孟康曰馮貪也○索隱曰漢書作每生音謀在反服虔云每念生也鄒誕本亦作每言唯念生而已今此作馮馮亦持念之意也然案方言每字合從手旁音謀改反○正義曰馮音憑 怵迫之徒兮或趨西東 孟康曰怵爲利所誘怵也迫迫貧賤東西趨利也○索隱曰漢書亦有作私東應劭云仕諸侯爲私時天子居長安諸王悉在關東小人怵然內迫私家樂仕諸侯故云怵迫私東也李奇曰私多作西者言東西趨利也怵音黜又怵者誘也 大人不曲兮億變齊同 索隱曰張揖云德無不包靈府弘曠故名大人 拘士繫俗兮攌如囚拘 徐廣曰攌音華板反又音睆 索隱曰說文云攌大木柵也漢書作僒音去隕反 至人遺物兮獨與道俱 索隱曰莊子云古之至人先存諸己後存諸人張揖云躰盡於聖德美之極謂之至人 衆人或或兮好惡積意 李奇

曰或或東西也所好所惡積之萬億也瓚曰言衆懷抱好惡積之心意○正義曰意合韻音憶 眞人淡漠兮獨與道息 索隱曰莊子云古之眞人不知悅生不知惡死不以心捐死不以人助天呂氏春秋曰精氣曰新斜氣盡去反其天年謂之眞人也 釋知遺形兮超然自喪 服虔曰絕聖棄知而忘其身也○索隱曰遺形者形故可使如槁木也自喪者心若死灰也莊周云今者吾喪我汝知之乎 寥廓忽荒兮與道翱翔乘流則逝兮得坻則止 徐廣曰坻一作坎駰案張晏曰坻水中小洲也○索隱曰漢書坻作坎周易坎九二有險言君子見險則止 縱軀委命兮不私與己其生若浮兮其死若休 索隱曰莊子云勞我以生休我以死也 澹乎若深淵之靜氾乎若不繫之舟 索隱曰出莊子 不以生故自寶兮養空而游 漢書音義曰如舟之空也○索隱曰鄧展云自寶自貴也養空而游言躰道之人但養空性而心若浮舟也 德人無累兮知命

不憂 索隱曰德人謂上德之人心中無物累是得道之士也 細故慸薊兮何足以疑 韋昭曰慸音士介反○索隱曰薊音介漢書作介張揖云慸介鯁刺也以言細微事不足慸介我心故於此云何足以疑之者也○正義曰慸刃邁反薊如邁反 後歲餘賈生徵見孝文帝方受釐 徐廣曰祭祀福胙也駰案如淳曰漢唯祭天地五時皇帝不自行祠還致福釐音僖 坐宣室 蘇林曰未央前正室○索隱曰三輔故事云宣室在未央殿北應劭云釐祭余肉也 上因感鬼神事而問鬼神之本賈生因具道所以然之狀至夜半文帝前席既罷曰吾久不見賈生自以爲過之今不及也居頃之拜賈生爲梁懷王太傅 索隱曰梁懷王名揖文帝子 梁懷王文帝之少子愛而好書故令賈生傅之文帝復封淮南厲王子四人皆爲

列侯賈生諫以爲患之興自此起矣賈生數上疏言諸侯或連數郡非古之制可稍削之文帝不聽居數年懷王騎墮馬而死徐廣曰文帝十一年無後賈生自傷爲傅無狀哭泣歲餘亦死賈生之死時年三十三矣及孝文崩孝武皇帝立舉賈生之孫二人至郡守而賈嘉最好學世其家與余通書至孝昭時列爲九卿

太史公曰余讀離騷天問招魂哀郢悲其志適長沙觀屈原所自沈淵索隱曰荊州記云長沙羅縣北帶汨水去縣四十里是原自沈處北岸有廟也未嘗不垂涕想見其爲人及見賈生弔之又怪屈原以彼其材游諸侯何國不容而自令若是讀服鳥賦同死生輕去就又爽徐廣曰一本作奭然自失矣

索隱述贊曰

屈平行正　以事懷王　瑾瑜比潔
日月爭光　忠而見放　讒者益章
賦騷見志　懷沙自傷　百年之後
空悲弔湘

屈原賈生列傳第二十四　史記八十四

呂不韋列傳第二十五　史記八十五

呂不韋者陽翟大賈人也索隱曰翟音狄俗又音宅地理志縣名屬潁川戰國策以不韋爲濮陽人又記其事迹亦多與此傳不同班固雖云太史公採戰國策然爲此傳當別有所聞見故不全依彼說或者劉向定戰國策時以已異聞改易彼書遂令不與史記合也賈音古○鄭玄注周禮云行曰商處曰賈○正義曰陽翟今河南府也往來販賤賣貴徐廣曰一本云陽翟大賈也往來賤買貴賣也○索隱曰王劭賣作鬻音育案鬻賣義同今如字讀家累千金秦昭王四十年太子死其四十二年以其次子安國君爲太子索隱曰名柱後立是爲孝文王也安國君有子二十餘人安國君有所甚愛姬立以爲正夫人號曰華陽夫人華陽夫人無子安國君中男名子楚索隱曰即莊襄王也戰國策曰本名異人後從趙還不韋使以楚服見王后悅之曰吾楚人也而子字之乃變其名曰子楚子楚母曰夏姬毋愛子楚爲秦質子於趙索隱曰質舊音致今讀依此穀梁傳曰交質子不及二伯左傳曰信不由中質無益也秦數攻趙趙不甚禮子楚子楚秦諸庶孼孫索隱曰韓信傳亦曰韓信襄王之孼孫張晏曰孺子曰孼子何休注公羊孼子賤子也非嫡正之子曰孼質於諸侯車乘進用不饒索隱曰下文又云以五百金爲進用宜依小顏讀爲盡音才刃反進者財也古字假借之也居處困不得意呂不韋賈邯鄲見而憐之曰此奇貨可居以子楚方財貨也○正義曰戰國策云濮陽人呂不韋賈邯鄲見秦質子異人謂其父曰耕田之利幾倍曰十倍珠玉之贏幾倍曰百倍立主定國之贏幾倍曰無數不韋曰今力田疾作不得煖衣飽食今定國立君澤可遺後世願往事之秦子異人質於趙處於聊城故往說之乃說秦王后弟楊泉君曰君之罪至死君知之乎君門下無不居高官尊位太子門下無貴者而駿馬盈外廄

美女充後庭王之春秋高矣一日山陵太子用事君危於累卵而不壽於朝生今有計可以使君富千萬寧於太山必無危亡之患矣楊泉曰請聞其說不韋曰王年高矣王后無子子傒有承國之業士倉又輔之王一日山陵子傒立士倉用事王后之門必生蓬蒿子楚異人賢材也棄在於趙無母引領西望欲一得歸王后誠請而立之是異人無國有國王后無子有子楊泉曰諾入說王后爲請於趙而歸之乃往見子楚說曰吾能大子之門子楚笑曰且自大君之門而乃大吾門呂不韋曰子不知也吾門待子門而大子楚心知所謂乃引與坐深語索隱曰既解不韋所言之意遂與密謀深語也呂不韋曰秦王老矣安國君得爲太子竊聞安國君愛幸華陽夫人華陽夫人無子能立適嗣者正義曰適音嫡獨華陽夫人耳今子兄弟二十餘人子又居中不甚見幸久質諸侯即大王薨安國君立爲王則子無幾得與長子正義曰言子楚無望得預長爲太子及諸子旦暮在前者爭爲太子矣索隱曰幾音冀幾望也左傳曰日月以幾戰國策曰子傒承國之業又有母在中高誘注云子傒秦太子異人之異母兄弟也子楚曰然爲之奈何呂不韋曰子貧客於此非有以奉獻於親及結賓客也不韋雖貧請以千金爲子西游事安國君及華陽夫人立子爲適嗣子楚乃頓首曰必如君策請得分秦國與君共之呂不韋乃以五百金與子楚爲進用結賓客而復以五百金買奇物玩好自奉而西游秦求見華陽夫人

姊而皆以其物獻華陽夫人因言子楚賢智結諸侯賓客徧天下常曰楚也以夫人爲天日夜泣思太子及夫人夫人大喜不韋因使其姊說夫人（索隱曰戰國策作說秦王后弟陽泉君也）曰吾聞之以色事人者色衰而愛弛今夫人事太子甚愛而無子不以此時蚤自結於諸子中賢孝者舉立以爲適而子之（索隱曰以此爲一句子謂養之爲子也然欲分立以爲適作上句而子之夫在則尊重作下句意亦通）夫在則重尊夫百歲之後所子者爲王終不失勢此所謂一言而萬世之利也不以繁華時樹本即色衰愛弛後雖欲開一語尚可得乎今子

楚賢而自知中男也次不得爲適其母又不得幸自附夫人夫人誠以此時拔以爲適夫人則竟世有寵於秦矣華陽夫人以爲然承太子閒從容言（索隱曰閒音閑從音七恭反）子楚質於趙者絕賢來往者皆稱譽之乃因涕泣曰妾幸得充後宮不幸無子願得子楚立以爲適嗣以託妾身安國君許之乃與夫人刻玉符約以爲適嗣安國君及夫人因厚餽遺子楚而請呂不韋傅之子楚以此名譽益盛於諸侯呂不韋取邯鄲諸姬絕好善舞者與居（索隱曰言其姿容絕美而又善舞也）知有身子楚從不

韋飲見而說之因起爲壽請之呂不韋怒念業已破家爲子楚欲以釣奇（索隱曰釣者以取魚喻也奇即上云此奇貨可居也）乃遂獻其姬姬自匿有身至大期時（徐廣曰期十二月也○索隱曰譙周云人十月生此過二月故云大朞蓋當然也既云自匿有娠則生政固當踰常期也）生子政子楚遂立姬爲夫人秦昭王五十年使王齮圍邯鄲急趙欲殺子楚子楚與呂不韋謀行金六百斤予守者吏得脫亡赴秦軍遂以得歸趙欲殺子楚妻子子楚夫人趙豪家女也得匿以故母子竟得活秦昭王五十六年薨太子安國君立爲王華陽夫人爲王后子楚爲太子趙亦奉子

楚夫人及子政歸秦秦王立一年薨諡爲孝文王太子子楚代立是爲莊襄王莊襄王所養母華陽后爲華陽太后（索隱曰劉氏本作所生母生衍字今檢諸本並無生字也）眞母夏姬尊以爲夏太后莊襄王元年以呂不韋爲丞相封爲文信侯（索隱曰下文尊爲相國案百官表云皆秦官金印紫綬掌丞天子助理萬機秦置左右高帝置一後又更名相國哀帝時更名大司徒）食河南洛陽十萬戶（索隱曰戰國策曰食藍田十二縣而秦本紀莊襄王元年初置三川郡地理志高祖更名河南此秦代而曰河南者史記後作據漢郡而言之耳）莊襄王即位三年薨太子政立爲王尊呂不韋爲相國號稱仲父（徐廣曰時年十三　正義曰仲中也次父也蓋效齊桓公以管仲爲仲父）秦王年少太后時時竊私通呂不韋

不韋家僮萬人當是時魏有信陵君正義曰年表云秦昭王五十六年平原君卒始皇四年信陵君死始皇九年李園殺春申君孟嘗君當秦昭王二十四年已後而卒最早楚有春申君趙有平原君齊有孟嘗君索隱曰王劭云孟嘗春申死已久據表及傳孟嘗春申死稍在前信陵將五國兵攻秦河外正當在莊襄王時不韋已爲相又春申與不韋並時各相向十餘年不得言死之久矣皆下士喜賓客以相傾呂不韋以秦之彊羞不如亦招致士厚遇之至食客三千人是時諸侯多辯士如荀卿之徒著書布天下呂不韋乃使其客人人著所聞集論以爲八覽六論十二紀二十餘萬言索隱曰八覽者有始孝行愼大先識審分審應離俗恃君也六論者開春愼行貴直不苟以順士容也十二紀者記十二月也其書有孟春等紀二十餘萬言三十餘卷也以爲備天地萬物古今之事號曰呂氏春秋布咸陽市門索隱曰地理志右扶風渭城縣故咸陽高帝更名新城武帝更名渭城案咸訓皆其地在渭水之北北阪之南水北曰陽山南亦曰陽皆在二者之陽也懸千金其上延諸侯游士賓客有能增損一字者予千金始皇帝益壯太后淫不止呂不韋恐覺禍及己乃私求大陰人嫪毐以爲舍人時縱倡樂使毐以其陰關桐輪而行正義曰以桐木爲小車輪令太后聞之以啗太后太后聞果欲私得之呂不韋乃進嫪毐詐令人以腐罪告之正義曰上音輔謂宮刑骨靡也不韋又陰謂太后曰可事詐腐則得給事中太后乃陰厚賜主腐者吏詐論

之拔其鬚眉爲宦者遂得侍太后太后私與通絕愛之有身太后恐人知之詐卜當避時徙宮居雍正義曰雍故城在岐州雍縣南七里有秦都大鄭宮嫪毐常從賞賜甚厚事皆決於嫪毐嫪毐家僮數千人諸客求宦爲嫪毐舍人千餘人始皇七年莊襄王母夏太后薨孝文王后曰華陽太后與孝文王會葬壽陵正義曰秦孝文王陵在雍州萬年縣東北二十五里夏太后子莊襄王葬芷陽索隱曰芷音止地理志云京兆霸陵縣故芷陽也○正義曰秦襄莊陵在雍州新豐縣西南三十五里始皇在北故俗亦謂之見子陵故夏太后獨別葬杜東索隱曰杜原之東也○正義曰夏太后陵在萬年縣東南二十五里曰東望吾子西望吾夫後百年旁當有萬家邑索隱曰宣帝元康元年起杜陵漢舊儀武昭宣三陵皆三萬戶計去此一百六十餘年也始皇九年有告嫪毐實非宦者常與太后私亂生子二人皆匿之與太后謀曰王即薨以子爲後說苑曰毒與侍中左右貴臣博飲酒醉爭言而鬭瞋目大叱曰吾乃皇帝假父也窶人子何敢乃與我亢所與鬭者走行白始皇○索隱曰劉氏窶音其矩反今俗本多作㝅字蓋相承錯耳不近詞義說苑作窶子言輕諸侍中以爲窮窶家之子也於是秦王下吏治具得情實事連相國呂不韋九月夷嫪毐三族殺太后所生兩子而遂遷太后於雍索隱曰說苑云遷太后咸陽宮地理志雍縣有咸陽宮秦昭王所起也諸嫪毐舍人皆沒其家而遷之蜀索隱曰家謂家生貲物並沒於官人口則遷之蜀也王欲誅相國爲其奉先王功大及賓客

辯士為游說者衆王不忍致法秦王十年十月免相國呂不韋及齊人茅焦說秦王秦王乃迎太后於雍歸復咸陽徐廣曰入南宮而出文信侯就國河南歲餘諸侯賓客使者相望於道請文信侯秦王恐其為變乃賜文信侯書曰君何功於秦秦封君河南食十萬戶君何親於秦號稱仲父其與家屬徙處蜀呂不韋自度稍侵恐誅乃飲酖而死徐廣曰十二年駰案皇覽曰不韋冢在河南洛陽北邙道西大冢是也民傳言呂母冢不韋妻先葬故其冢名呂母也秦王所加怒呂不韋嫪毐皆已死乃皆復歸嫪毐舍人遷蜀者始皇十九年太后薨謚

為帝太后索隱曰王劭云秦不用謚法此蓋號耳其義亦當然也始皇稱皇帝之後故其母號為帝太后豈謂誄列生時之行乎與莊襄王會葬茝陽徐廣曰一作芷陽

太史公曰不韋及嫪毐貴封號文信侯索隱曰文信侯不韋封也嫪毐封長信侯上文已言不韋封此贊中言嫪毐得寵貴由不韋耳合作長信侯人之告嫪毐毐聞之秦王驗左右未發上之雍郊毐恐禍起乃與黨謀矯太后璽發卒以反蘄年宮正義曰蘄年宮在岐州城西故城內發吏攻毐毐敗亡走追斬之好畤遂滅其宗索隱曰地理志扶風有好畤縣而呂不韋由此絀矣孔子之所謂聞者其呂子乎論語曰夫聞也者色取仁而行違居之不疑在邦必聞在家必聞馬融曰此言佞人也

索隱述贊曰

不韋釣奇　委質子楚　華陽立嗣
邯鄲獻女　及封河南　乃號仲父
徙蜀懲謗　懸金作語　籌策既成
富貴斯取

呂不韋列傳第二十五　史記八十五

刺客列傳第二十六

曹沫者魯人也索隱曰沫音亡葛反左氏穀梁並作曹劌然則沫宜音劌沫劌聲相近而字異耳以勇力事魯莊公莊公好力曹沫為魯將與齊戰三敗北魯莊公懼乃獻遂邑之地以和索隱曰左傳齊人滅遂遂杜預云遂國在濟北蛇丘縣東北也○正義曰故城在兗州龍丘縣西北七十六里也猶復以為將齊桓公許與魯會于柯而盟索隱曰杜預云濟北東阿齊之柯邑猶祝柯今為祝阿也桓公與莊公既盟於壇上曹沫執匕首劫齊桓公索隱曰匕音比劉氏云短劒也鹽鐵論以為長尺八寸其頭類匕故云匕首也此事約公羊為說然彼無其名直云曹子而已且左傳魯莊十年戰長勺用曹劌謀敗齊而無劫桓公之事十三年盟于柯公羊始論曹子穀梁此年惟云曹劌之盟信齊侯也又不記其行事之時也桓公左右莫敢動而問曰子將何欲索隱曰公羊傳曰管子進曰君何求何休注云桓公卒不能應管仲進為言之也曹沫曰齊彊魯弱而大國侵魯亦以甚矣今魯城壞即壓齊境索隱曰齊魯隣接今齊數侵魯魯之城壞即壓近齊之境也君其圖之桓公乃許盡歸魯之侵地既已言曹沫投其匕首下壇北面就羣臣之位顏色不變辭令如故桓公怒欲倍其約索隱曰倍音佩管仲曰不可夫貪小利以自快棄信於諸侯失天下之援不如與之於是桓公乃遂割魯侵地曹沫三戰所亡地盡復予魯其後百六十有七年而吳有專諸之事

專諸者吳堂邑人也索隱曰專字亦作鱄音同左傳作鱄設諸地理志臨淮有堂邑縣也伍子胥之亡楚而如吳也知專諸之能伍子胥既見吳王僚說以伐楚之利吳公子光曰彼伍員父兄皆死於楚而員言伐楚欲自為報私讎也非能為吳吳王乃止伍子胥知公子光之欲殺吳王僚乃曰彼光將有內志未可說以外事索隱曰言其將有內難弒君之志且對外事生文吳世家作知光有他志也乃進專諸於公子光光之父曰吳王諸樊諸樊弟三人次曰餘祭索隱曰祭音側界反次曰夷眛索隱曰眛音亡葛反公羊作餘末次曰季子札諸樊知季子札賢而不立太子以次傳三弟欲卒致國于季子札諸樊既死傳餘祭餘祭死傳夷眛夷眛死當傳季子札季子札逃不肯立吳人乃立夷眛之子僚為王公子光曰使以兄弟次邪季子當立必以子乎則光眞適嗣當立故嘗陰養謀臣以求立光既得專諸善客待之九年而楚平王死索隱曰春秋昭二十六年楚子居卒是也吳世家云十二年此云九年並誤據表及左傳合在僚之十一年也春吳王僚欲因楚喪使其二弟公子蓋餘屬庸將兵圍楚之潛索隱曰屬音燭二子僚之弟也左傳作掩餘屬庸掩蓋義同屬燭字相亂耳事在魯昭二十七年地理志廬江有潛縣天柱山在南杜預左傳注云潛楚邑在廬江六縣西南○正義曰潛故城在壽州霍山縣東二百步使延陵季子於晉以

觀諸侯之變楚發兵絕吳將蓋餘屬庸路吳兵不得還於是公子光謂專諸曰此時不可失不求何獲且光眞王嗣當立季子雖來不吾廢也專諸曰王僚可殺也母老子弱而兩弟將兵伐楚楚絕其後方今吳外困於楚而內空無骨鯁之臣是無如我何索隱曰左傳直云王可殺也母老子弱是無若我何則是專設諸度僚可殺言其必援助故云無奈我何太史公採其意且據上文因復加以兩弟將兵外困之辭而服虔杜預見左氏下文云我爾身也以其子爲卿遂強解是無如我何猶言我無若是謂專諸欲以老弱託光義非允愜王肅之說亦依史記也公子光頓首曰光之身子之身也四月丙子光伏甲士於窟室中徐廣曰窟一作空○索隱曰僚之十二年夏也吳系家以爲十三年非也左氏經傳唯言夏四月公羊穀梁無其文此與吳系家皆稱丙子當有所據不知出何書左傳云伏甲士於窟室杜預謂掘地爲室也所以下文云出其伏甲以攻王而具酒請王僚王僚使兵陳自宮至光之家門戶階陛左右皆王僚之親戚也夾立侍皆持長鈹音披○索隱曰兵器也劉逵吳都賦注鈹兩刃小刀酒既酣公子光詳爲足疾入窟室中索隱曰詳音陽爲如字左傳曰光僞足疾此之詳即僞也或讀爲音僞非也豈詳僞重言耶使專諸置匕首魚炙之腹中徐廣曰炙一作炮○正義炙者夜反而進之既至王前專諸擘魚因以匕首刺王僚索隱曰刺音七賜反王僚立死左右亦殺專諸王人擾亂公子光出其伏甲以攻王僚之徒盡滅之遂自立爲王是爲闔閭闔閭乃封專

諸之子以爲上卿其後七十餘年而晉有豫讓之事徐廣曰闔閭元年至三晉滅智伯六十二年豫讓一作襄豫讓者晉人也索隱曰案此傳所說皆約戰國策文故嘗事范中行氏而無所知名索隱曰案左傳范氏謂昭子吉射也自士會食邑於范因爲范氏中行氏中行文子荀寅也自荀林父將中行後因以官爲氏去而事智伯索隱曰案智伯襄子荀瑤也襄子林父弟荀首之後范中行智伯事已具趙系家智伯甚尊寵之及智伯伐趙趙襄子與韓魏合謀滅智伯滅智伯之後而三分其地趙襄子最怨智伯索隱曰謂初以酒灌後又率韓魏水灌晉陽城不沒者三板故怨深也漆其頭以爲飲器索隱曰案大宛傳曰匈奴破月支王以其頭爲飲器裴氏注彼引韋昭云飲器椑榼也晉灼曰飲器虎子也皆非椑榼所以盛酒耳非用飲者晉氏以爲褻器者以韓子呂氏春秋並云襄子漆智伯頭爲溲杯故也○正義曰劉云酒器也每賓會設之示恨深也按諸先儒說恐非豫讓遁逃山中曰嗟乎士爲知己者死女爲說己者容今智伯知我我必爲報讎而死以報智伯則吾魂魄不愧矣乃變名姓爲刑人入宮塗廁中挾匕首欲以刺襄子襄子如廁心動執問塗廁之刑人則豫讓內持刀兵曰欲爲智伯報仇左右欲誅之襄子曰彼義人也吾謹避之耳且智伯亡無後而其臣欲爲報仇此天下之賢人也卒釋去之索隱曰卒音足律反居頃之豫讓又漆身爲厲音賴○索隱曰賴惡瘡病也凡漆有毒近之多患瘡腫若賴病然故豫讓以漆塗身令其若癩耳然厲賴

聲相近古多假厲爲賴今之癩字從疒故楚有賴鄉亦作厲字也戰國策亦作厲吞炭爲啞索隱曰啞音烏雅反謂瘖病戰國策云漆身爲厲滅鬚去眉以變其容爲乞食人其妻曰狀皃不似吾夫何其音之甚相類也豫遂吞炭以變其音也使形狀不可知行乞於市其妻不識也行見其友其友識之曰汝非豫讓邪曰我是也其友爲泣曰以子之才委質而臣事襄子襄子必近幸子近幸子乃爲所欲顧不易邪索隱曰欲謂因得殺襄子顧反也邪不定之辭反不易耶言其易也何乃殘身苦形欲以求報襄子不亦難乎豫讓曰既已委質臣事人而求殺之是懷二心以事其君也且吾所爲者極難耳索隱曰劉氏云謂今爲厲啞也然所以爲此者將以愧天下

後世之爲人臣懷二心以事其君者也索隱曰言寧爲厲而自刑不可求事襄子而行殺則恐傷人臣之義而近賊非忠也既去頃之襄子當出豫讓伏於所當過之橋下正義曰汾橋下架水在并州晉陽縣東一里襄子至橋馬驚襄子曰此必是豫讓也使人問之果豫讓也於是襄子乃數豫讓曰子不嘗事范中行氏乎智伯盡滅之而子不爲報讎而反委質臣於智伯智伯亦已死矣而子獨何以爲之報讎之深也豫讓曰臣事范中行氏范中行氏皆衆人遇我我故衆人報之至於智伯國士遇我我故國士報之襄子喟然歎息而泣曰嗟乎

豫子子之爲智伯名既成矣而寡人赦子亦已足矣子其自爲計寡人不復釋子使兵圍之豫讓曰臣聞明主不掩人之美而忠臣有死名之義前君已寬赦臣天下莫不稱君之賢今日之事臣固伏誅然願請君之衣而擊之焉以致報讎之意則雖死不恨非所敢望也敢布腹心於是襄子大義之乃使使持衣與豫讓豫讓拔劒三躍而擊之索隱曰戰國策云衣盡出血襄子迴車車輪未周而亡此不言衣出血者太史公恐涉怪妄故略之耳曰吾可以下報智伯矣遂伏劒自殺死之日趙國志士聞之皆爲涕泣其後四十餘年

而軹有聶政之事自三晉滅智伯至殺俠累五十七年聶政者軹深井里人也索隱曰地理志河內有軹縣深井軹縣之里名也。正義曰在懷州濟源縣南三十里殺人避仇與母姊如齊以屠爲事久之濮陽嚴仲子事韓哀侯索隱曰高誘曰嚴遂字仲子案表聶政殺俠累在列侯三年列侯生文侯文侯生哀侯凡更三代哀侯六年爲韓嚴所殺今言仲子事哀侯恐非其實且太史公聞疑傳疑信傳信事難的據欲使兩存故表傳各異也與韓相俠累有郤索隱曰俠音古挾反累音力追反案戰國策俠累名傀也傀相韓嚴遂重於君二人相害也嚴遂舉韓傀之過韓傀叱之於朝嚴遂拔劒趨之以救解是有郤之由也嚴仲子恐誅亡去游求人可以報俠累者至齊齊人或言聶政勇敢士也避仇隱於屠者之閒嚴仲子至門請數反然後具酒自暢徐廣曰一作賜○索隱曰案戰國策作觴近爲得也○正義曰歠色吏反聶政母前酒酣嚴仲子奉黃金百溢前爲聶政母壽聶政驚怪其厚固謝嚴仲子嚴仲子固進而聶政謝曰臣幸有老母家貧客游以爲狗屠可以旦夕得甘毳此芮反○索隱曰鄒氏音脃二義相通也以養親親供養備不敢當仲子之賜嚴仲子辟人因爲聶政言曰臣有仇而行游諸侯衆矣然至齊竊聞足下義甚高故進百金者將用爲夫人麤糲之費正義曰糲猶麤糲米也脫粟也韋昭云古者名男子爲丈夫尊夫嫗爲夫人漢書宣元六王傳王過夫人益謂爲夫人乞骸去按夫人憲王外祖母右詩云三日斷五疋夫人故言遲是得以交足下之驩豈敢以有求望邪聶政曰

臣所以降志辱身索隱曰言其心志與身本應高絜今乃卑下其志屈辱其身論語孔子謂柳下惠降志辱身是也居市井屠者徒幸以養老母老母在政身未敢以許人也索隱曰禮記云父母存不許友以死嚴仲子固讓聶政竟不肯受也然嚴仲子卒備賓主之禮而去久之聶政母死既已葬除服聶政曰嗟乎政乃市井之人正義曰古者相聚汲水有物便賣因成市故云市井鼓刀以屠而嚴仲子乃諸侯之卿相也不遠千里枉車騎而交臣臣之所以待之至淺鮮矣未有大功可以稱者而嚴仲子奉百金爲親壽我雖不受然是者徒深知政也夫賢者以感忿睚眦之意而親

信窮僻之人而政獨安得嘿然而已乎且前日要政政徒以老母今以天年終政將爲知己者用乃遂西至濮陽見嚴仲子曰前日所以不許仲子者徒以親在今不幸而母以天年終仲子所欲報仇者爲誰請得從事焉嚴仲子具告曰臣之仇韓相俠累俠累又韓君之季父也宗族盛多居處兵衛甚設臣欲使人刺之衆終莫能就今足下幸而不棄請益其車騎壯士可爲足下輔翼者聶政曰韓之與衛相去中間不甚遠索隱曰高誘曰韓都潁川陽翟衛都東郡濮陽故曰相去不甚遠也今殺人之相

相又國君之親此其勢不可以多人多人不能無生得失索隱曰戰國策作無生情言所將人多或生異情故語泄此云生得言將人多往殺俠累後有披生擒而事泄亦兩俱通也生得失則語泄語泄是韓舉國而與仲子爲讎徐廣曰一作難○索隱曰戰國策譙周亦同豈不殆哉遂謝車騎人徒聶政乃辭獨行杖劍至韓韓相俠累方坐府上持兵戟而衛侍者甚衆聶政直入上階刺殺俠累徐廣曰韓列侯三年三月盜殺韓相俠累俠累名傀戰國策曰有東孟之會又云聶政刺韓傀兼中哀侯○索隱曰戰國策曰政直入上階刺韓傀傀走而抱哀侯聶政刺之兼中哀侯高誘云東孟地名也左右大亂聶政大呼所擊殺者數十人因自皮面決眼索隱曰皮面謂以刀剺其面皮欲令人不識決眼謂出其眼睛戰國策作抉眼此決亦通音烏穴反

自屠出腸遂以死韓取聶政屍暴於市正義暴蒲酷反購問莫知誰子於是韓購縣之有能言殺相俠累者予千金久之莫知也政姊榮一作嫈○索隱曰榮其姊名也戰國策無榮字聞人有刺殺韓相者賊不得國不知其名姓暴其尸而縣之千金乃於邑曰索隱曰劉氏云煩冤愁苦也其是吾弟與嗟乎嚴仲子知吾弟立起如韓之市而死者果政也伏尸哭極哀曰是軹深井里所謂聶政者也市行者諸衆人皆曰此人暴虐吾國相王縣購其名姓千金夫人不聞與何敢來識之也榮應之曰聞之然政所以蒙汚辱自

棄於市販之閒者爲老母幸無恙索隱曰爾雅云恙憂也楚詞云還及吾君之無恙風俗通云恙病也凡人相見及通書皆云無恙又易傳云上古之時草居露宿恙嚙蟲也善食人心俗悉患之故相勞云無恙恙非病也妾未嫁也親既以天年下世妾已嫁夫嚴仲子乃察舉吾弟困汚之中索隱曰案察謂觀察有志行乃交之劉氏云察猶選也而交之澤厚矣可奈何士固爲知己者死今乃以妾尚在之故重自刑以絕從徐廣曰恐其姊從坐而死○索隱曰重音持用反重猶復也爲人報讎死乃自以妾故復自刑其身令人不識也從音蹤古字少假借故無足旁而徐氏以爲從坐非也劉氏亦音足松反○正義曰重直龍反自刑作刑說文云刑剄也按重猶憂惜也本爲嚴仲子報仇訖愛惜其事不令漏泄以絕其蹤迹其姊妾云云爲已隱誤矣妾其奈何畏歿身之誅終滅賢弟之名大驚韓市人乃大呼

天者三卒於邑悲哀而死政之旁晉楚齊衞聞之皆曰非獨政能也乃其姊亦烈女也鄉使政誠知其姊無濡忍之志不重暴骸之難索隱曰濡潤也人性濕潤則能含忍故云濡忍若勇躁則必輕死也重難並如字重猶惜也言不惜暴骸之爲難也必絕險千里以列其名姊弟俱僇於韓市者亦未必敢以身許嚴仲子也嚴仲子亦可謂知人能得士矣其後二百二十餘年秦有荊軻之事徐廣曰聶政至荊軻百七十年爾○索隱曰徐氏據六國年表而言則謂此傳率略而言二百餘年亦當時爲不能細也○正義曰按年表從始皇二十三年至韓景侯三百七十年若至哀侯六年六百四十三年

荊軻者衞人也索隱曰案贊論稱公孫季功董生爲余道之則此傳雖約戰國策而亦別記異

聞其先乃齊人徙於衞衞人謂之慶卿索隱曰軻先齊人齊有慶氏則或本姓慶春秋慶封其後改姓賀此亦至衞而改姓慶爾荊慶聲相近故隨在國而異其號也卿者時人尊重之號猶如相尊美而稱子然也而之燕燕人謂之荊卿荊卿好讀書擊劍呂氏劍技曰持短入長倏忽從橫以術說衞元君衞元君不用其後秦伐魏置東郡徙衞元君之支屬於野王正義曰懷州河內縣荊軻嘗游過榆次正義曰并州縣也與蓋聶論劍索隱曰蓋音古臘反蓋姓聶名蓋聶怒而目之荊軻出人或言復召荊卿蓋聶曰曩者吾與論劍有不稱者吾目之試往是宜去不敢留使使往之主人荊卿則已駕而去榆次矣使者還報蓋聶曰固

去也吾曩者目攝之索隱曰攝猶整也謂不稱己意因怒視以攝整之也○正義曰攝猶視也荊軻游於邯鄲魯句踐與荊軻博爭道索隱曰魯姓句踐名也與越王同或有意義俗本踐作賤非也魯句踐怒而叱之荊軻嘿而逃去遂不復會荊軻既至燕愛燕之狗屠及善擊筑者高漸離索隱曰筑似琴有絃用竹擊之取以為名漸音如字正義音子廉反荊軻嗜酒日與狗屠及高漸離飲於燕市酒酣以往高漸離擊筑荊軻和而歌於市中相樂也已而相泣旁若無人者荊軻雖游於酒人乎徐廣曰飲酒之人然其為人沈深好書其所游諸侯盡與其賢豪長者相結其之燕燕之處士田光先生亦善待之知其非庸人也居頃之會燕太子丹質秦亡歸燕燕太子丹者故嘗質於趙而秦王政生於趙其少時與丹驩及政立為秦王而丹質於秦秦王之遇燕太子丹不善故丹怨而亡歸歸而求為報秦王者國小力不能其後秦日出兵山東以伐齊楚三晉稍蠶食諸侯且至於燕燕君臣皆恐禍之至太子丹患之問其傅鞠武索隱曰鞠音麴又如字人姓名也武對曰秦地徧天下威脅韓魏趙氏北有甘泉谷口之固南有涇渭之沃擅巴漢之饒右隴蜀之山左關殽之險民眾而士厲兵

華有餘意有所出則長城之南易水以北正義曰以北謂燕國也未有所定也奈何以見陵之怨欲批其逆鱗哉批音白結反○索隱曰批謂觸擊之丹曰然則何由對曰請入圖之居有閒秦將樊於期得罪於秦王亡之燕太子受而舍之鞠武諫曰不可夫以秦王之暴而積怒於燕足為寒心索隱曰凡人寒甚則心戰恐懼亦戰今以懼譬寒言可為心戰又況聞樊將軍之所在乎是謂委肉當餓虎之蹊也禍必不振矣索隱曰振救也言禍大而不可救也雖有管晏不能為之謀也願太子疾遣樊將軍入匈奴以滅口請西約三晉南連齊楚北購於單于索隱曰戰國策購作講講和也今讀購與為媾同媾合也漢史媾講兩字常雜今言欲北與匈奴連和也陳軫傳亦曰西購於秦也其後迺可圖也太子曰太傅之計曠日彌久心惛然正義曰惛音昏恐不能須臾且非獨於此也夫樊將軍窮困於天下歸身於丹丹終不以迫於彊秦而棄所哀憐之交置之匈奴是固丹命卒之時也願太傅更慮之鞠武曰夫行危欲求安造禍而求福計淺而怨深連結一人之後交不顧國家之大害此謂資怨而助禍矣夫以鴻毛燎於爐炭之上必無事矣且以鵰鷙之秦行怨暴之怒豈足道哉燕有田光先生其為人智深而勇

沈可與謀太子曰願因太傅而得交於田先生
可乎鞠武曰敬諾出見田先生道太子願圖國
事於先生也田光曰敬奉教乃造焉太子逢迎
却行爲導跪而蔽席 徐廣曰蔽一作撥一作拔索隱曰蔽音疋結反蔽猶拂也 田
光坐定左右無人太子避席而請曰燕秦不兩
立願先生留意也田光曰臣聞騏驥盛壯之時
一日而馳千里至其衰老駑馬先之今太子聞
光盛壯之時不知臣精已消亡矣雖然光不敢
以圖國事所善荊卿可使也 正義曰燕丹子云田光荅曰竊觀太子客無可用者夏扶血勇之人怒而面赤宋意脉勇之人怒而面青武陽骨勇之人怒而面白光所知荊軻神勇之人怒而色不變

太子曰願因先生得結交於荊卿可乎田光曰
敬諾即起趨出太子送至門戒曰丹所報先生
所言者國之大事也願先生勿泄也田光俛而
笑曰諾 正義曰僂音俯 僂行見荊卿曰光與子相善燕
國莫不知今太子聞光壯盛之時不知吾形已
不逮也幸而教之曰燕秦不兩立願先生留意
也光竊不自外言足下於太子也願足下過太
子於宮荊軻曰謹奉教田光曰吾聞之長者爲
行不使人疑之今太子告光曰所言者國之大
事也願先生勿泄是太子疑光也夫爲行而使

人疑之非節俠也欲自殺以激荊卿曰願足下
急過太子言光已死明不言也因遂自刎而死
荊軻遂見太子言田光已死致光之言太子再
拜而跪膝行流涕有頃而後言曰丹所以誡田
先生毋言者欲以成大事之謀也今田先生以
死明不言豈丹之心哉荊軻坐定太子避席頓
首曰田先生不知丹之不肖使得至前敢有所
道此天之所以哀燕而不棄其孤也 索隱曰案無父稱孤時燕王尚在而丹稱孤者或記者失辭或諸侯嫡子時亦僭稱孤也又劉向云丹燕王喜之太子 今秦有貪
利之心而欲不可足也非盡天下之地臣海內

之王者其意不厭今秦已虜韓王盡納其地又
舉兵南伐楚北臨趙王翦將數十萬之衆距漳
鄴而李信出太原雲中趙不能支秦必入臣入
臣則禍至燕燕小弱數困於兵今計舉國不足
以當秦諸侯服秦莫敢合從丹之私計愚以爲
誠得天下之勇士使於秦闚以重利 索隱曰闚視也言以利誘之也 秦王貪 索隱曰絕句 其勢必得所願矣誠得劫秦
王使悉反諸侯侵地若曹沫之與齊桓公則大
善矣則不可因而刺殺之彼秦大將擅兵於
外而內有亂則君臣相疑以其閒諸侯得合從

其破秦必矣此丹之上願而不知所委命唯荆卿留意焉久之荆軻曰此國之大事也臣駑下恐不足任使太子前頓首固請毋讓然後許諾於是尊荆卿爲上卿舍上舍太子日造門下供太牢具異物間進車騎美女恣荆軻所欲以順適其意索隱曰燕丹子曰軻與太子遊東宮池軻拾瓦投龜太子捧金丸進之又共乘千里馬軻曰馬肝美即殺馬進肝太子與樊將軍置酒於華陽臺出美人能鼓琴軻曰好手也斷以玉盤盛之軻曰太子遇軻甚厚是也久之荆軻未有行意秦將王翦破趙虜趙王盡收入其地進兵北略地至燕南界太子丹恐懼乃請荆軻曰秦兵旦暮渡易水則雖欲長侍足下

豈可得哉荆軻曰微太子言臣願謁之今行而毋信則秦未可親也夫樊將軍秦王購之金千斤邑萬家誠得樊將軍首與燕督亢之地圖徐廣曰方城縣有督亢亭駰案劉向別錄曰督亢膏腴之地○索隱曰地理志廣陽國有薊縣司馬彪郡國志曰薊縣方城有督亢亭徐說是也○正義曰督亢坡在幽州范陽縣東南十里今固安縣南有督亢陌幽州南界奉獻秦王秦王必說見臣臣乃得有以報太子曰樊將軍窮困來歸丹丹不忍以己之私而傷長者之意願足下更慮之荆軻知太子不忍乃遂私見樊於期曰秦之遇將軍可謂深矣父母宗族皆爲戮沒今聞購將軍首金千斤邑萬家將奈何

於期仰天太息流涕曰於期每念之常痛於骨髓顧計不知所出耳荆軻曰今有一言可以解燕國之患報將軍之仇者何如於期乃前曰爲之奈何荆軻曰願得將軍之首以獻秦王秦王必喜而見臣臣左手把其袖右手揕其匈徐廣曰揕音張鴆切一作抗○索隱曰揕謂以劍刺其胷也抗音苦浪反言抗拒也其義非然則將軍之仇報而燕見陵之愧除矣將軍豈有意乎樊於期偏袒搤捥而進徐廣曰捥一作捾○索隱曰搤音烏革反捥音烏亂反字書作掔掌後曰腕勇者奮厲必先以左手扼右捥也曰此臣之日夜切齒腐心也索隱曰切齒齒相磨切也爾雅曰治骨曰切腐音輔腐亦爛也猶今人事不可忍云腐爛然皆奮怒之意乃今得聞

教遂自刭太子聞之馳往伏屍而哭極哀既已不可奈何乃遂盛樊於期首函封之於是太子豫求天下之利匕首得趙人徐夫人匕首徐廣曰徐一作陳○索隱曰徐姓夫人名謂男子也取之百金使工以藥焠之索隱曰焠染也音忽潰反謂以毒藥染劍鍔也以試人血濡縷人無不立死者言以匕首試人人血出足以沾濡絲縷便立死也乃裝爲遣荆卿燕國有勇士秦舞陽年十三殺人人不敢忤視索隱曰忤者逆也音五故反不敢逆視言人畏之甚也乃令秦舞陽爲副荆軻有所待欲與俱其人居遠未來而爲治行頃之未發太子遲之疑其改悔乃復請曰日已盡矣荆卿豈有意

哉丹請得先遣秦舞陽荊軻怒叱太子曰何太子之遣往而不反者豎子也且提一匕首入不測之彊秦僕所以留者待吾客與俱今太子遲之請辭決矣遂發太子及賓客知其事者皆白衣冠以送之至易水之上既祖取道正義曰易州在幽州歸義縣界高漸離擊筑荊軻和而歌為變徵之聲正義曰徵知雉反士皆垂淚涕泣又前而歌曰風蕭蕭兮易水寒壯士一去兮不復還復為羽聲忼慨士皆瞋目髮盡上指冠於是荊軻就車而去終已不顧遂至秦持千金之資幣物厚遺秦王寵臣中

庶子蒙嘉嘉為先言於秦王曰燕王誠振怖大王之威不敢舉兵以逆軍吏願舉國為內臣比諸侯之列給貢職如郡縣而得奉守先王之宗廟恐懼不敢自陳謹斬樊於期之頭及獻燕督亢之地圖函封燕王拜送于庭使使以聞大王唯大王命之秦王聞之大喜乃朝服設九賓正義曰劉云設文物大備即謂九賓不得以周禮九賓義為釋見燕使者咸陽宮正義曰三輔黃圖云秦始兼天下都咸陽因北陵營宮殿制紫宮象帝居渭水貫都以象天漢橫橋南度以法牽牛也荊軻奉樊於期頭函而秦舞陽奉地圖匣以次進索隱曰匣音戶甲反匣亦函也至陛秦舞陽色變振恐群臣怪之荊

軻顧笑舞陽前謝曰北蕃蠻夷之鄙人未嘗見天子故振慴願大王少假借之使得畢使於前秦王謂軻曰取舞陽所持地圖軻既取圖奏之秦王發圖圖窮而匕首見因左手把秦王之袖而右手持匕首揕之未至身秦王驚自引而起袖絕拔劍劍長操其室索隱曰室謂鞘也○正義曰燕丹子云左手揕其胷秦王曰今日之事從子計耳乞聽琴聲而死召姬人鼓琴琴聲曰羅縠單衣可裂而絕八尺屏風可超而越鹿盧之劍可負而拔王於是奮袖超屏風走之時惶急劍堅故不可立拔荊軻逐秦王秦王環柱而走群臣皆愕卒起不意盡失其度而秦法群臣侍殿上者不得持尺寸之兵諸

郎中執兵皆陳殿下索隱曰諸郎中若今宿衛之官非有詔召不得上方急時不及召下兵以故荊軻乃逐秦王而卒惶急無以擊軻而以手共搏之是時侍醫夏無且索隱曰且音即餘反以其所奉藥囊提荊軻也正義曰提姪帝反秦王方環柱走卒惶急不知所為左右乃曰王負劍索隱曰王劭曰古者帶劍上長拔之不出室欲王推之於背令前短易拔故云王負劍負劍遂拔以擊荊軻斷其左股荊軻廢乃引其匕首以擿秦王索隱曰擿與擲同古字耳音持益反不中中銅柱正義曰燕丹太子云荊軻拔匕首擲秦王決耳入銅柱火出秦王復擊軻軻被八創軻自知事不就倚柱而笑箕踞以罵曰事所以不成者

以欲生劫之必得約契以報太子也漢鹽鐵論曰荆軻懷數年之謀而事不就者尺八匕首不足恃也秦王操於不意列斷貢者介七尺之利也於是左右既前殺軻秦王不怡者良久已而論功賞羣臣及當坐者各有差而賜夏無且黃金二百溢曰無且愛我乃以藥囊提荆軻也於是秦王大怒益發兵詣趙詔王翦軍以伐燕十月而拔薊城燕王喜太子丹等盡率其精兵東保於遼東秦將李信追擊燕王急代王嘉乃遺燕王喜書曰秦所以尤追燕急者以太子丹故也今王誠殺丹獻之秦王秦王必解而社稷幸得血食其後李

信追丹丹匿衍水中索隱曰水名在遼東燕王乃使使斬太子丹欲獻之秦秦復進兵攻之後五年秦卒滅燕虜燕王喜其明年秦并天下立號為皇帝於是秦逐太子丹荆軻之客皆亡高漸離變名姓為人庸保匿作於宋子徐廣曰縣名也今屬鉅鹿○索隱曰欒布傳曰賣庸於齊為酒家人漢書作酒家保案謂庸作於酒家言可保信故曰庸保鶡冠子曰伊尹酒保也徐注云宋子縣名屬鉅鹿者據地理志而知也○正義曰宋子故城在邢州平鄉縣北三十里久之作苦聞其家堂上客擊筑傍偟不能去每出言曰彼有善有不善從者以告其主索隱曰謂主人家之左右也曰彼庸乃知音竊言是非家丈人召使前擊筑索隱曰劉氏云謂主人翁也又韋昭云古

者男子為丈夫尊父嫗為丈人故漢書宣元六王傳所云丈人謂淮陽憲王外王母即張博母也故古詩云三日斷五疋丈人故言遲是也一坐稱善賜酒而高漸離念久隱畏約無窮時索隱曰約謂貧賤儉約既為庸保常畏人故云畏約所以論語云不可與久處約也乃退出其裝匣中筑與其善衣更容貌而前舉坐客皆驚下與抗禮以為上客使擊筑而歌客無不流涕而去者宋子傳客之徐廣曰互以為客聞於秦始皇秦始皇召見人有識者乃曰高漸離也秦皇帝惜其善擊筑重赦之乃矐其目矐音海各反○索隱曰一音角說者云以馬屎燻令失明使擊筑未嘗不稱善稍益近之高漸離乃以鉛置筑中索隱曰案劉氏云以鉛為挺著筑中令重以擊人復進得近

舉筑朴秦皇帝索隱曰朴音普卜反朴擊也不中於是遂誅高漸離終身不復近諸侯之人魯句踐已聞荆軻之刺秦王私曰嗟乎惜哉其不講於刺劒之術也索隱曰案不講謂不論習之甚矣吾不知人也曩者吾叱之彼乃以我為非人也

太史公曰世言荆軻其稱太子丹之命天雨粟馬生角也索隱曰燕丹求歸秦王曰烏頭白馬生角乃許耳丹乃仰天歎烏頭即白馬亦生角風俗通及論衡皆有此說仍云廐門木烏生肉足也太過又言荆軻傷秦王皆非也始公孫季功董生與夏無且游具知其事為余道之如是自曹沫至荆軻五人此其義或成或

不成然其立意較然索隱曰較明也不欺其志名垂後世
豈妄也哉
索隱述贊曰
曹沫盟柯　返魯侵地　專諸進炙
定吳篡位　彰弟哭市　報主塗廁
刎頸申冤　操袖行事　暴秦奪魄
懦夫增氣

刺客列傳第二十六　史記八十六

李斯列傳第二十七　　史記八十七

李斯者楚上蔡人也索隱曰地理志汝南有上蔡縣云古蔡國周武王弟叔度所封至十八代平侯徙新蔡二蔡皆屬汝南後二代至昭侯徙上蔡屬沛六國時爲楚地故曰楚上蔡也年少時爲郡小吏索隱曰郡一作鄉劉氏云掌鄉內文書見吏舍廁中鼠食不潔近人犬數驚恐之斯入倉觀倉中鼠食積粟居大廡之下不見人犬之憂於是李斯乃歎曰人之賢不肖譬如鼠矣在所自處耳乃從荀卿學帝王之術學已成度楚王不足事而六國皆弱無可爲建功者欲西入秦辭於荀卿曰斯聞得時無怠今萬乘方爭時游者主事索隱曰言萬乘爭雄之時有說者可以立功成名當得典主事務也劉氏云游歷諸侯當覓彊主以事之於文紆迴非也今秦王欲吞天下稱帝而治此布衣馳騖之時而游說者之秋也正義曰言秋時萬物成孰今爭彊時亦說士成孰時處卑賤之位而計不爲者此禽鹿視肉人面而能彊行者耳索隱曰禽鹿猶禽獸也言禽獸但知視肉而食之莊子及蘇子曰人而不學譬之視肉而食揚子法言曰人而不學如禽何言不暇遊說取榮貴即如禽獸徒有人面而能彊行也故詬莫大於卑賤正義曰呼后反恥辱也而悲莫甚於窮困久處卑賤之位困苦之地非世而惡利正義曰言譏世富貴惡其榮利自託於無爲者非士人之情實力不能致此也自託於無爲此非士之情也索隱曰非者譏也所謂處士橫議之時也故斯將西說秦王矣至秦會莊襄王卒李斯乃求

爲秦相文信侯呂不韋舍人不韋賢之任以爲郎李斯因以得說說秦王曰胥人者去其幾也索隱曰胥人猶胥吏小人也去猶失也幾者動之微以言君子見幾而作不俟終日小人不識動微之會故每失時也劉氏解幾爲彊非也〇正義曰胥相也幾謂察也言關東六國與秦相敵者君臣機密並有瑕釁可成大功而遂忍之成大功者在因瑕釁而遂忍之索隱曰言因諸侯有瑕釁則忍心而翦除之故我將說秦以并天下也昔者秦穆公之霸終不東并六國者何也諸侯尚衆周德未衰故五伯迭興更尊周室自秦孝公以來周室卑微諸侯相兼關東爲六國秦之乘勝役諸侯蓋六世矣正義曰秦孝公惠王文武王昭王孝文王莊襄王今諸侯服秦譬若郡縣夫以秦之彊大王之賢由竈上騷除徐廣曰騷音埽〇索隱曰言秦欲并天下若炊婦埽除竈上之不淨不足爲難也足以滅諸侯成帝業爲天下一統此萬世之一時也今怠而不急就諸侯復彊相聚約從雖有黃帝之賢不能并也秦王乃拜斯爲長史聽其計陰遣謀士齎持金玉以游說諸侯諸侯名士可下以財者厚遺結之不肯者利劍刺之離其君臣之計秦王乃使其良將隨其後秦王拜斯爲客卿會韓人鄭國來間秦以作注溉渠正義曰鄭國渠首起雍州雲陽縣西南二十五里自山邸郊口爲渠傍北山東注洛三百餘里以溉田又曰韓苦秦兵而使水工鄭國間秦作注溉渠令費人工不東伐也已而覺秦宗室大臣皆

言秦王曰諸侯人來事秦者大抵爲其主游間
於秦耳請一切逐客索隱曰一切猶一例言盡逐之也言切者譬若利刀之割一運斤無
不斷者解漢書者以一切爲權時義亦未爲得也李斯議亦在逐中斯乃上
書曰正義曰在始皇十年臣聞吏議逐客竊以爲過矣昔
繆公求士西取由余於戎東得百里奚於宛索隱
曰秦本紀云晉獻公以百里奚爲秦穆公夫人媵於秦奚亡走宛楚鄙人執之是也○正義曰新序云百里奚楚宛人仕
於虞虞亡入秦號五羖大夫也迎蹇叔於宋索隱曰秦紀又云百里奚謂穆公曰臣不如臣友蹇
叔蹇叔賢而世莫知穆公厚幣迎之以爲上大夫今云於宋未詳所出○正義曰括地志云蹇叔岐州人也時遊宋故迎之
於宋求丕豹公孫支於晉索隱曰丕豹自晉奔秦左氏傳有明文公孫支所謂子桑
也是秦大夫而云自晉以來亦未見其所出○正義曰括地志云公孫支岐州人遊晉後歸秦此五者不

產於秦而繆公用之并國二十遂霸西戎索隱曰秦本紀穆公
用由余謀伐戎王益國十二開地千里遂霸西戎此都言五子之功故云并國二十或易爲十二誤也孝公
用商鞅之法移風易俗民以殷盛國以富彊百
姓樂用諸侯親服獲楚魏之師舉地千里至今
治彊惠王用張儀之計拔三川之地西并巴蜀
索隱曰案惠王時張儀爲相請伐韓下兵三川以臨二周司馬錯請伐蜀惠王從之果滅蜀儀死後武王欲通車三川令
甘茂拔宜陽今並云張儀者以儀爲秦相雖錯滅蜀甘茂通三川皆歸功於相又三川是儀先請伐故也北收
上郡正義曰惠王十年魏納上郡十五縣南取漢中正義曰惠王十三年攻楚漢中取地六百
里包九夷制鄢郢索隱曰九夷即屬楚之夷也地理志南郡江陵縣云故楚郢都又宜城縣
云故鄢也○正義曰夷謂并巴蜀收上都取漢中伐義渠丹犂是也九夷本東夷九種此言者文體然也東據

成皐之險正義曰河南府汜水縣也割膏腴之壤遂散六國之
從使之西面事秦功施到今昭王得范睢廢穰
侯逐華陽徐廣曰華一作葉彊公室杜私門蠶食諸侯
使秦成帝業索隱曰高誘注淮南云蠶食盡無餘也此四君者皆以
客之功由此觀之客何負於秦哉向使四君卻
客而不內疏士而不用是使國無富利之實而
秦無彊大之名也今陛下致昆山之玉正義曰昆岡在于闐
國東北四百里其岡出玉有隨和之寶正義曰括地志云濆山一名崑山一名斷蛇丘在隨州隨
縣北二十五里說苑云昔隨侯行遇大蛇中斷疑其靈使人以藥封之蛇乃能去因號其處爲斷蛇丘歲餘蛇銜明珠徑
寸絕白而有光因號隨珠卞和璧始皇以爲傳國璽也垂明月之珠服太阿之

劍見蘇秦傳乘纖離之馬徐廣曰纖離蒲梢皆駿馬名○索隱曰徐氏據孫卿子而爲說建
翠鳳之旗樹靈鼉之鼓鄭玄注月令云鼉皮可以冒鼓此數寶者
秦不生一焉而陛下說之何也必秦國之所生
然後可則是夜光之璧不飾朝廷犀象之器不
爲玩好鄭衛之女不充後宮而駿良駃騠不實
外廐索隱曰駃音决騠音提周書曰正北以駃騠爲獻廣雅曰馬屬也郭景純注上林賦云生三日而超其母
也江南金錫不爲用西蜀丹青不爲采所以飾
後宮充下陳索隱曰下陳猶後列也晏子曰有二女願得入身於下陳是也娛心意說
耳目者必出於秦然後可則是宛珠之簪傅璣
之珥索隱曰宛音於阮反傅音附即隨珠也宛者謂以珠宛轉而裝其簪傅者以璣附着於珥珥者瑱也璣是

珠之不圓者或云宛珠宛地之珠也隨在漢水之南宛亦近漢故曰宛珠璣者女飾也言女傅之珥以璣爲之並非秦所有物也阿縞之衣錦繡之飾徐廣曰齊之東阿縣繒帛所出不進於前而隨俗雅化徐廣曰隨俗一作脩使○索隱曰謂閑雅變化而能隨俗也佳冶窈窕趙女不立於側也夫擊甕叩缻彈箏搏髀而歌呼嗚嗚快耳目者眞秦之聲也索隱曰說文云甕汲缻也音於貢反缶缻器也秦人鼓之以節樂缻音甫有反鄭衛桑間昭虞武象者索隱曰昭作韶異國之樂也今棄擊甕叩缻而就鄭衛退彈箏而取昭虞若是者何也快意當前適觀而已矣今取人則不然不問可否不論曲直非秦者去爲客者逐然則是所重者在乎色樂珠玉

而所輕者在乎人民也此非所以跨海內制諸侯之術也臣聞地廣者粟多國大者人衆兵彊則士勇是以太山不讓土壤故能成其大河海不擇細流故能就其深王者不却衆庶故能明其德索隱曰管子曰海不辭水故能成其大泰山不辭土石故能成其高文子曰聖人不讓負薪之言以廣其名也是以地無四方民無異國四時充美鬼神降福此五帝三王之所以無敵也今乃棄黔首以資敵國索隱曰資猶給也却賓客以業諸侯使天下之士退而不敢西向裹足不入秦此所謂藉寇兵而齎盜糧者也索隱曰藉音積夜反齎音子奚反說文曰齎持遺也齎或爲資義亦通夫

物不產於秦可寶者多士不產於秦而願忠者衆今逐客以資敵國損民以益讎內自虛而外樹怨於諸侯求國無危不可得也秦王乃除逐客之令復李斯官新序曰斯在逐中道上上諫書達始皇始皇使人逐至驪邑得還卒用其計謀官至廷尉二十餘年竟并天下尊主爲皇帝以斯爲丞相夷郡縣城銷其兵刃示不復用使秦無尺土之封不立子弟爲王功臣爲諸侯者使後無戰攻之患始皇三十四年置酒咸陽宮博士僕射周青臣等頌稱始皇威德齊人淳于越進諫曰臣聞之殷周之王千餘歲封

子弟功臣自爲支輔今陛下有海內而子弟爲匹夫卒有田常六卿之患臣無輔弼何以相救哉事不師古而能長久者非所聞也今臣青等又面諛以重陛下過非忠臣也索隱曰重音逐用反重者再也始皇下其議丞相丞相謬其說絀其辭乃上書曰古者天下散亂莫能相一是以諸侯並作語皆道古以害今飾虛言以亂實人善其所私學以非上所建立今陛下并有天下辨白黑而定一尊索隱曰劉氏云前時國異政家殊俗人造私語莫辨其真今乃分別白黑也秦始皇并六國定天下海內共尊立一帝故云定一尊而私學乃相與非法教之制聞令下即

各以其私學議之入則心非出則巷議非主以
爲名異趣以爲高率群下以造謗如此不禁則
主勢降乎上黨與成乎下禁之便臣請諸有文
學詩書百家語者蠲除去之令到滿三十日弗
去黥爲城旦所不去者醫藥卜筮種樹之書若
有欲學者以吏爲師始皇可其議收去詩書百
家之語以愚百姓使天下無以古非今明法度
定律令皆以始皇起同文書（正義曰六國制令不同今令同之）治
離宮別館周徧天下明年又巡狩外攘四夷斯
皆有力焉斯長男由爲三川守諸男皆尚秦公

主女悉嫁秦諸公子三川守李由告歸咸陽李
斯置酒於家百官長皆前爲壽門廷車騎以千
數李斯喟然而歎曰嗟乎吾聞之荀卿曰物禁
太盛夫斯乃上蔡布衣閭巷之黔首上不知其
駑下遂擢至此當今人臣之位無居臣上者可
謂富貴極矣物極則衰吾未知所稅駕也（索隱曰稅駕猶解駕言休息也李斯言己今日富貴已極然未知向後吉凶止泊在何處也）始皇三十七
年十月行出游會稽並海上北抵琅邪（正義曰今沂州）丞
相斯中車府令趙高兼行符璽令事皆從始皇
有二十餘子長子扶蘇以數直諫上上使監兵

上郡（正義曰上郡故城在綏州上縣東南五十里）蒙恬爲將少子胡亥
愛請從上許之餘子莫從（辯士隱姓名遺秦將章邯書曰李斯爲秦王死發十七兄而立今王也然則二世是秦始皇第十八子此書在善文中）其年七月始皇帝至
沙丘（正義曰沙丘臺在邢州）病甚令趙高爲書賜公子扶蘇
曰以兵屬蒙恬與喪會咸陽而葬書已封未授
使者始皇崩書及璽皆在趙高所獨子胡亥丞
相李斯趙高及幸宦者五六人知始皇崩餘羣
臣皆莫知也李斯以爲上在外崩無眞太子故
祕之置始皇居轀輬車中（徐廣曰一作轀車）百官奏事上
食如故宦者輒從轀輬車中可諸奏事（文穎曰轀輬車

如今喪轜車也孟康曰如衣車有窗牖閉之則温開之則涼故名之轀輬車也如淳曰轀輬車其形廣大有羽飾也）趙
高因留所賜扶蘇璽書而謂公子胡亥曰上崩
無詔封王諸子而獨賜長子書長子至即立爲
皇帝而子無尺寸之地爲之柰何胡亥曰固也
吾聞之明君知臣明父知子父捐命不封諸子
何可言者趙高曰不然方今天下之權存亡在子
與高及丞相耳願子圖之且夫臣人與見臣於
人制人與見制於人豈可同日道哉胡亥曰廢
兄而立弟是不義也不奉父詔而畏死是不孝
也能薄而材譾（史記音隱年顯反○索隱曰劉氏音將淺反則譾亦淺義古人語自有重輕所

彊因人之功是不能也三者逆德天下不（以文字有異）
服身殆傾危社稷不血食高曰臣聞湯武殺其
主天下稱義焉不爲不忠衞君殺其父而衞國
載其德孔子著之不爲不孝夫大行不小謹盛
德不辭讓鄉曲各有宜而百官不同功胡顧小
而忘大後必有害狐疑猶豫後必有悔斷而敢
行鬼神避之後有成功願子遂之胡亥喟然歎
曰今大行未發喪禮未終豈宜以此事干丞相
哉趙高曰時乎時乎閒不及謀贏糧躍馬唯恐
後時胡亥既然高之言高曰不與丞相謀恐事

不能成臣請爲子與丞相謀之高乃謂丞相斯
曰上崩賜長子書與喪會咸陽而立爲嗣書未
行今上崩未有知者也所賜長子書及符璽皆
在胡亥所定太子在君侯與高之口耳事將何
如斯曰安得亡國之言此非人臣所當議也高
曰君侯自料能孰與蒙恬功高孰與蒙恬謀遠
不失孰與蒙恬無怨於天下孰與蒙恬長子舊
而信之孰與蒙恬斯曰此五者皆不及蒙恬而
君責之何深也高曰高固內官之廝役也幸得
以刀筆之文進入秦宮管事二十餘年未嘗見

秦免罷丞相功臣有封及二世者也卒皆以誅
亡皇帝二十餘子皆君之所知長子剛毅而武
勇信人而奮士即位必用蒙恬爲丞相君侯終
不懷通侯之印歸於鄉里明矣高受詔教習胡
亥使學以法事數年矣未嘗見過失慈仁篤厚
輕財重士辯於心而詘於口盡禮敬士秦之諸
子未有及此者可以爲嗣君計而定之斯曰君
其反位斯奉主之詔聽天之命何慮之可定也
高曰安可危也危可安也安危不定何以貴聖
斯曰斯上蔡閭巷布衣也上幸擢爲丞相封爲

通侯子孫皆至尊位重祿者故將以存亡安危
屬臣也豈可負哉夫忠臣不避死而庶幾（索隱曰斯言忠臣之節本不避死言己今日亦庶幾盡忠不避死也）孝子不勤勞而見危人
臣各守其職而已矣君其勿復言將令斯得罪
高曰蓋聞聖人遷徙無常就變而從時見末而
知本觀指而覩歸物固有之安得常法哉方今
天下之權命懸於胡亥高能得志焉且夫從外
制中謂之惑從下制上謂之賊故秋霜降者草
花落水搖動者萬物作（索隱曰水搖者謂水洋而搖動也是春時而萬物皆生也）
此必然之效也君何見之晚斯曰吾聞晉易太

子正義曰謂發申生立奚齊也三世不安齊桓兄弟爭位正義曰謂小白與公子糾身死爲戮紂殺親戚正義曰謂殺比干囚箕子不聽諫者
國爲丘墟遂危社稷三者逆天宗廟不血食斯
其猶人哉安足爲謀索隱曰言我今曰猶是人人道守順豈能爲逆謀故云安足爲謀也
高曰上下合同可以長久中外若一事無表
裏君聽臣之計即長有封侯世世稱孤必有喬
松之壽孔墨之智今釋此而不從禍及子孫足
以爲寒心善者因禍爲福君何處焉斯乃仰天
而歎垂淚太息曰嗟乎獨遭亂世既以不能死
安託命哉於是斯乃聽高高乃報胡亥曰臣請

奉太子之明命以報丞相丞相斯敢不奉令於
是乃相與謀詐爲受始皇詔丞相立子胡亥爲
太子更爲書賜長子扶蘇曰朕巡天下禱祠名
山諸神以延壽命今扶蘇與將軍蒙恬將師數
十萬以屯邊十有餘年矣不能進而前士卒多
耗無尺寸之功乃反數上書直言誹謗我所爲
以不得罷歸爲太子日夜怨望扶蘇爲人子不
孝其賜劍以自裁將軍恬與扶蘇居外不匡正
宜知其謀爲人臣不忠其賜死以兵屬裨將王
離封其書以皇帝璽遣胡亥客奉書賜扶蘇於

上郡使者至發書扶蘇泣入內舍欲自殺蒙恬
止扶蘇曰陛下居外未立太子使臣將三十萬
衆守邊公子爲監此天下重任也今一使者來
即自殺安知其非詐請復請復請而後死未暮
也使者數趣之扶蘇爲人仁謂蒙恬曰父而賜
子死尚安復請即自殺蒙恬不肯死使者即以
屬吏繫於陽周徐廣曰屬上郡○正義曰陽周寧州羅川縣之邑也使者還報
胡亥斯高大喜至咸陽發喪太子立爲二世皇
帝以趙高爲郎中令常侍中用事二世燕居乃
召高與謀事謂曰夫人生居世閒也譬猶騁六

驥過決隙也吾既已臨天下矣欲悉耳目之所
好窮心志之所樂以安宗廟而樂萬姓長有天
下終吾年壽其道可乎高曰此賢主之所能行
也而昏亂主之所禁也臣請言之不敢避斧鉞
之誅願陛下少留意焉夫沙丘之謀諸公子及
大臣皆疑焉而諸公子盡帝兄大臣又先帝之
所置也今陛下初立此其屬意怏怏皆不服恐
爲變且蒙恬已死蒙毅將兵居外臣戰戰栗栗
唯恐不終且陛下安得爲此樂乎二世曰爲之
奈何趙高曰嚴法而刻刑令有罪者相坐誅至

收族滅大臣而遠骨肉貧者富之賤者貴之盡
除去先帝之故臣更置陛下之所親信者近之
此則陰德歸陛下害除而姦謀塞羣臣莫不被
潤澤蒙厚德陛下則高枕肆志寵樂矣計莫出
於此二世然高之言乃更為法律於是羣臣諸
公子有罪輒下高令鞠治之殺大臣蒙毅等公
子十二人僇死咸陽市十公主矺死於杜史記正義曰矺
音貯格反○索隱曰矺音宅與磔同古今字異耳磔謂裂其支體而殺之財物入於縣官相
連坐者不可勝數公子高欲奔恐收族乃上書
曰先帝無恙時臣入則賜食出則乘輿御府之

衣臣得賜之中廄之寶馬臣得賜之臣當從死
而不能為人子不孝為人臣不忠不忠者無名
以立於世臣請從死願葬酈山之足唯上幸哀
憐之書上胡亥大說召趙高而示之曰此可謂
急乎趙高曰人臣當憂死而不暇何變之得謀
胡亥可其書賜錢十萬以葬法令誅罰日益刻
深羣臣人人自危欲畔者衆又作阿房之宮治
直馳道賦斂愈重戍徭無已於是楚戍卒陳勝
吳廣等乃作亂起於山東傑俊相立自置為侯
王叛秦兵至鴻門而卻李斯數欲請閒諫二世

不許而二世責問李斯曰吾有私議而有所聞
於韓子也曰堯之有天下也堂高三尺采椽不
斲徐廣曰采一名櫟一作柞○索隱曰采木名即今之櫟木也茅茨不翦雖逆旅
之宿不勤於此矣冬日鹿裘夏日葛衣粢糲之
食索隱曰粢音資糲音郎葛反粢者稷也糲者麤粟飯也藜藿之羹飯土匭
徐廣曰一作溜啜土鉶音刑雖監門之養不觳於此矣徐廣曰觳
音學觳一作轂推也○索隱曰爾雅云觳盡也言監門下人飯猶不盡此若徐氏云一作轂則字宜作較鄒氏音角禹
鑿龍門通大夏疏九河曲九防正義曰謂河之九曲別為隄防決渟
水致之海徐廣曰致一作放而股無胈胈膚毳皮脛無毛手足
胼胝面目黎黑遂以死于外葬於會稽臣虜之
勞不烈於此矣然則夫所貴於有天下者豈欲
苦形勞神身處逆旅之宿口食監門之養手持
臣虜之作哉此不肖人之所勉也非賢者之所
務也彼賢人之有天下也專用天下適己而已
矣此所以貴於有天下也夫所謂賢人者必能
安天下而治萬民今身且不能利將惡能治天
下哉故吾願賜志廣欲長享天下而無害為之
奈何李斯子由為三川守羣盜吳廣等西略地
過去弗能禁章邯以破逐廣等兵使者覆案三
川相屬誚讓斯居三公位如何令盜如此李斯

恐懼重爵祿不知所出乃阿二世意欲求容以書對曰夫賢主者必且能全道而行督責之術者也索隱曰督者察也察其罪責之以刑罰也督責之則臣不敢不竭能以徇其主矣此臣主之分定上下之義明則天下賢不肖莫敢不盡力竭任以徇其君矣是故主獨制於天下而無所制也能窮樂之極矣賢明之主也可不察焉故申子曰有天下而不恣睢索隱曰恣音資二反睢音呼季反恣睢猶放縱也謂肆情縱恣也命之曰以天下為桎梏者正義曰言有天下不能自縱恣督責乃勞身於天下若堯禹即以天下為桎梏於身也無他焉不能督責而顧以其身勞於天下之民

若堯禹然故謂之桎梏也夫不能修申韓之明術行督責之道專以天下自適也而徒務苦形勞神以身徇百姓則是黔首之役非畜天下者也何足貴哉夫以人徇己則己貴而人賤以己徇人則己賤而人貴故徇人者賤而人所徇者貴自古及今未有不然者也凡古之所為尊賢者為其貴也而所為惡不肖者為其賤也而堯禹以身徇天下者也因隨而尊之則亦失所為尊賢之心矣夫可謂大繆矣謂之為桎不亦宜乎不能督責之過也故韓子曰慈母有敗子而

嚴家無格虜者何也索隱曰格彊扞也虜奴隸也言嚴整之家本無格扞奴僕也則能罰之加焉必也故商君之法刑棄灰於道者正義曰棄灰於道者黥也韓子云殷之法棄灰於衢者刑子貢以為重問之仲尼曰灰棄於衢必燔人必怒怒則鬬鬬則三族雖刑之可也夫棄灰薄罪也而被刑重罰也彼唯明主為能深督輕罪夫罪輕且督深而況有重罪乎故民不敢犯也是故韓子曰布帛尋常庸人不釋索隱曰尋常以言其少也庸人弗釋者謂庸人見則取之不釋以其罪輕也故下云罰不必行則庸人弗釋尋常是也鑠金百溢盜跖不搏者索隱曰爾雅云鑠美也言百溢之美金在於地雖有盜跖之行亦不取者為其財多而罪重也故下云搏必隨手刑盜跖不搏也搏猶攫也取也凡鳥翼擊物必轉足取攫故人取物亦云搏也非庸人之心重尋常之利深而

盜跖之欲淺也又不以盜跖之行為輕百溢之重也搏必隨手刑則盜跖不搏百溢而罰不必行也則庸人不釋尋常是故城高五丈而樓季不輕犯也許慎曰樓季魏文侯之弟王孫子曰樓季之兄也泰山之高百仞而跛牂牧其上詩云牂羊墳首毛傳曰牝曰牂夫樓季也而難五丈之限豈跛牂也而易百仞之高哉峭塹之勢異也索隱曰峭峻也高也音七笑反塹音漸以言峭峻則難登故樓季難五丈之限平塹則易涉故跛牂牧於泰山也明主聖王之所以能久處尊位長執重勢而獨擅天下之利者非有異道也能獨斷而審督責必深罰故天下不敢犯也今不務所以不

犯而事慈母之所以敗子也則亦不察於聖人之論矣夫不能行聖人之術則舍為天下役何事哉可不哀邪索隱曰舍猶廢也止也言為人主不能行聖人督責之術則已廢止何為勤身苦心為天下所役是何哉可不哀邪言其非也且夫儉節仁義之人立於朝則荒肆之樂輟矣諫說論理之臣閒於側則流漫之志詘矣烈士死節之行顯於世則淫康之虞廢矣故明主能外此三者而獨操主術以制聽從之臣而脩其明法故身尊而勢重也凡賢主者必將能拂世磨俗而廢其所惡立其所欲索隱曰拂音扶弗反磨音莫何反拂世言與世情乖戾磨俗言磨礪於俗使從己也故生則有尊

重之勢死則有賢明之謚也是以明君獨斷故權不在臣也然後能滅仁義之塗掩馳說之口困烈士之行塞聰揜明內獨視聽故外不可傾以仁義烈士之行而內不可奪以諫說忿爭之辯故能犖然獨行恣睢之心而莫之敢逆若此然後可謂能明申韓之術而脩商君之法法脩術明而天下亂者未之聞也故曰王道約而易操也唯明主為能行之若此則謂督責之誠則臣無邪臣無邪則天下安天下安則主嚴尊主嚴尊則督責必督責必則所求得所求得則國

家富國家富則君樂豐故督責之術設則所欲無不得矣羣臣百姓救過不給何變之敢圖若此則帝道備而可謂能明君臣之術矣雖申韓復生不能加也書奏二世悅於是行督責益嚴稅民深者為明吏二世曰若此則可謂能督責矣刑者相半於道而死人日成積於市殺人衆者為忠臣二世曰若此則可謂能督責矣初趙高為郎中令所殺及報私怨衆多恐大臣入朝奏事毀惡之乃說二世曰天子所以貴者但以聞聲羣臣莫得見其面故號曰朕且陛下富於春

秋未必盡通諸事徐廣曰通或宜作照今坐朝廷譴舉有不當者則見短於大臣非所以示神明於天下也且陛下深拱禁中與臣及侍中習法者待事事來有以揆之徐廣曰揆一作撥也如此則大臣不敢奏疑事天下稱聖主矣二世用其計乃不坐朝廷見大臣居禁中趙高常侍中用事事皆決於趙高高聞李斯以為言乃見丞相曰關東羣盜多今上急發繇治阿房宮索隱曰房音旁一如字聚狗馬無用之物臣欲諫為位賤此真君侯之事君何不諫李斯曰固也吾欲言之久矣今時上不坐朝廷上居

深宮吾有所言者不可傳也欲見無間趙高謂
曰君誠能諫請爲君候上間語君於是趙高待
二世方燕樂婦女居前使人告丞相上方間可
奏事丞相至宮門上謁如此者三二世怒曰吾
常多間日丞相不來吾方燕私丞相輒來請事
丞相豈少我哉且固我哉 索隱曰謂以我幼故輕我也一云固我者以我爲短
小且固陋也於義爲疎 趙高因曰如此殆矣夫沙丘之謀丞
相與焉今陛下已立爲帝而丞相貴不益此其
意亦望裂地而王矣且陛下不問臣臣不敢言
丞相長男李由爲三川守楚盜陳勝等皆丞相

傍縣之子以故楚盜公行 徐廣曰公一作訟音私 過三川城
守不肯擊高聞其文書相往來未得其審故未
敢以聞且丞相居外權重於陛下二世以爲然
欲案丞相恐其不審乃使人案驗三川守與盜
通狀李斯聞之是時二世在甘泉方作觳抵優
俳之觀 應劭曰戰國之時稍增講武之禮以爲戲樂用相夸示而秦更名曰角抵角者角材也抵者相抵觸
也文穎曰案秦名此樂爲角抵兩兩相當角力角伎藝射御故曰角抵也駰案觳抵即角抵 李斯不得
見因上書言趙高之短曰臣聞之臣疑其君無
不危國妾疑其夫無不危家今有大臣於陛下
擅利擅害與陛下無異此甚不便昔者司城子

罕相宋身行刑罰以威行之朞年遂劫其君田
常爲簡公臣爵列無敵於國私家之富與公家
均布惠施德下得百姓上得羣臣陰取齊國殺
宰予於庭即弒簡公於朝遂有齊國此天下所
明知也今高有邪佚之志危反之行如子罕相
宋也私家之富若田氏之於齊也兼行田常子
罕之逆道而劫陛下之威信其志若韓玘爲韓
安相也 索隱曰玘亦作起並音怡韓大夫弒其君悼公者然韓無悼公或鄭之嗣君案表韓玘事昭侯昭侯
已下四代至王安其說非也 陛下不圖臣恐其爲變也二世曰
何哉夫高故宦人也然不爲安肆志不以危易

心絜行脩善自使至此以忠得進以信守位朕
實賢之而君疑之何也且朕少失先人無所識
知不習治民而君又老恐與天下絶矣朕非屬
趙君當誰任哉且趙君爲人精廉彊力下知人
情上能適朕君其勿疑李斯曰不然夫高故賤
人也無識於理貪欲無厭求利不止列勢次主
求欲無窮臣故曰殆二世已前信趙高恐李斯
殺之乃私告趙高高曰丞相所患者獨高高已
死丞相即欲爲田常所爲於是二世曰其以李
斯屬郎中令趙高案治李斯李斯拘執束縛居

囹圄中仰天而歎曰嗟乎悲夫不道之君何可
爲計哉昔者桀殺關龍逢紂殺王子比干吳王
夫差殺伍子胥此三臣者豈不忠哉然而不免
於死身死而所忠者非也今吾智不及三子而
二世之無道過於桀紂夫差吾以忠死宜矣且
二世之治豈不亂哉日者夷其兄弟而自立也
殺忠臣而貴賤人作爲阿房之宮賦斂天下吾
非不諫也而不吾聽也凡古聖王飲食有節車
器有數宮室有度出令造事加費而無益於民
利者禁故能長久治安今行逆於昆弟不顧其

咎侵殺忠臣不思其殃大爲宮室厚賦天下不
愛其費三者已行天下不聽今反者已有天下
之半矣而心尚未寤也而以趙高爲佐吾必見
寇至咸陽麋鹿游於朝也於是二世乃使高案
丞相獄治罪責斯與子由謀反狀皆收捕宗族
賓客趙高治斯榜掠千餘不勝痛自誣服斯所
以不死者自負其辯有功實無反心幸得上書
自陳幸二世之寤而赦之李斯乃從獄中上書
曰臣爲丞相治民三十餘年矣逮秦地之陝隘
先王之時秦地不過千里兵數十萬臣盡薄材

謹奉法令陰行謀臣資之金玉使游說諸侯陰
脩甲兵飾政教官鬬士尊功臣盛其爵祿故終
以脅韓弱魏破燕趙夷齊楚卒兼六國虜其王
立秦爲天子罪一矣地非不廣又北逐胡貉南
定百越以見秦之彊罪二矣尊大臣盛其爵位
以固其親罪三矣立社稷脩宗廟以明主之賢
罪四矣更剋畫平斗斛度量文章布之天下以
樹秦之名罪五矣治馳道興游觀以見主之得
意罪六矣緩刑罰薄賦斂以遂主得衆之心萬
民戴主死而不忘罪七矣若斯之爲臣者罪足

以死固久矣上幸盡其能力乃得至今願陛下
察之書上趙高使吏棄去不奏曰囚安得上書
趙高使其客十餘輩詐爲御史謁者侍中更往
覆訊斯斯更以其實對輒使人復榜之後二世
使人驗斯斯以爲如前終不敢更言辭服奏當
上二世喜曰微趙君幾爲丞相所賣及二世所
使案三川之守至則項梁已擊殺之使者來會
丞相下吏趙高皆妄爲反辭二世二年七月具
斯五刑論要斬咸陽市斯出獄與其中子俱執
顧謂其中子曰吾欲與若復牽黃犬俱出上蔡

東門逐狡兔豈可得乎遂父子相哭而夷三族李斯已死二世拜趙高爲中丞相事無大小輒決於高高自知權重乃獻鹿謂之馬二世問左右此乃鹿也左右皆曰馬也二世驚自以爲惑乃召太卜令卦之太卜曰陛下春秋郊祀奉宗廟鬼神齋戒不明故至于此可依盛德而明齋戒於是乃入上林齋戒日游弋獵有行人入上林中二世自射殺之趙高教其女婿咸陽令閻樂劾不知何人賊殺人移上林高乃諫二世曰天子無故賊殺不辜人此上帝之禁也鬼神不享天且降殃當遠避宮以禳之二世乃出居望夷之宮留三日趙高詐詔衛士令士皆素服持兵內鄉入告二世曰山東羣盜兵大至二世上觀而見之恐懼高即因劫令自殺引璽而佩之左右百官莫從上殿殿欲壞者三高自知天弗與羣臣弗許乃召始皇弟授之璽（徐廣曰一本曰召始皇弟子嬰授之璽秦本紀云子嬰者二世之兄子也○索隱曰劉氏云弟字誤當爲孫子嬰也）子嬰即位患之乃稱疾不聽事與宦者韓談及其子謀殺高高上謁請病因召入令韓談刺殺之夷其三族子嬰立三月沛公兵從武關入至咸陽羣臣百

官皆畔不適（徐廣曰適音敵也）子嬰與妻子自係其頸以組降軹道旁（正義曰軹道在萬年縣東北十六里）沛公因以屬吏項王至而斬之遂以亡天下

太史公曰李斯以閭閻歷諸侯入事秦因以瑕釁以輔始皇卒成帝業斯爲三公可謂尊用矣斯知六藝之歸不務明政以補主上之缺持爵祿之重阿順苟合嚴威酷刑聽高邪說廢適立庶諸侯已畔斯乃欲諫爭不亦末乎人皆以斯極忠而被五刑死察其本乃與俗議之異不然斯之功且與周召列矣

索隱述贊曰

鼠在所居　人固擇地　斯效智力
功立名遂　置酒咸陽　人臣極位
一夫誑惑　變易神器　國喪身誅
本同末異

李斯列傳第二十七　史記八十七

蒙恬列傳第二十八　　史記八十八

蒙恬者，其先齊人也。恬大父蒙驁，（索隱曰驁音敖，又鄒氏音五到反）自齊事秦昭王，官至上卿。秦莊襄王元年，蒙驁為秦將，伐韓，取成皋、滎陽，作置三川郡。二年，蒙驁攻趙，取三十七城。始皇三年，蒙驁攻韓，取十三城。五年，蒙驁攻魏，取二十城，作置東郡。始皇七年，蒙驁卒。驁子曰武，武子曰恬。恬嘗書獄典文學。（索隱曰謂恬嘗學獄法，遂作獄官，典文學）始皇二十三年，蒙武為秦裨將軍，與王翦攻楚，大破之，殺項燕。二十四年，蒙武攻楚，虜楚王。蒙恬弟毅。始皇二十六年，蒙恬因家世得為秦將，攻齊，大破之，拜為內史。秦已并天下，乃使蒙恬將三十萬眾北逐戎狄，收河南。（正義曰謂靈夏勝等州）築長城，因地形，用制險塞，起臨洮，（徐廣曰屬隴西）至遼東，（正義曰遼東郡在遼水東，始皇築長城東至遼水，西南至海之上）延袤萬餘里。於是渡河，據陽山，（徐廣曰五原西安陽縣北有陰山，陰山在河南，陽山在河北）逶蛇而北。暴師於外十餘年，居上郡。是時蒙恬威振匈奴。始皇甚尊寵蒙氏，信任賢之。而親近蒙毅，位至上卿，出則參乘，入則御前。恬任外事而毅常為內謀，名為忠信，故雖諸將相莫敢與之爭焉。趙高者，諸趙疏遠屬也。趙高昆弟數人，皆生隱宮，（徐廣曰為宦者。○索隱曰劉氏云蓋其父犯宮刑，妻子沒為奴婢，妻後野合所生子皆承趙姓，並宮之，故云兄弟生於隱宮也）其母被刑僇，世世卑賤。秦王聞高彊力，通於獄法，舉以為中車府令。高即私事公子胡亥，喻之決獄。高有大罪，秦王令蒙毅法治之。毅不敢阿法，當高罪死，除其宦籍。帝以高之敦於事也，（徐廣曰敦一作敏）赦之，復其官爵。始皇欲游天下，道九原，（正義曰九原郡，今勝州連谷縣是）直抵甘泉，（正義曰宮在雍州）乃使蒙恬通道，自九原抵甘泉，塹山堙谷，千八百里。道未就。始皇三十七年冬，行出游會稽，並海上，（索隱曰並音白浪反）北走琅邪。（索隱曰走音奏。走猶向也。鄒氏音趨趨，亦向義，於字則乖）道病，使蒙毅還禱山川，未反。始皇至沙丘崩，祕之，羣臣莫知。是時丞相李斯、公子胡亥、中車府令趙高常從。高雅得幸於胡亥，欲立之，又怨蒙毅法治之而不為己也。因有賊心，乃與丞相李斯、公子胡亥陰謀，立胡亥為太子。太子已立，遣使者以罪賜公子扶蘇、蒙恬死。扶蘇已死，蒙恬疑而復請之。使者以蒙恬屬吏，更置。胡亥以李斯舍人為護軍。使者還報，胡亥已聞扶蘇死，即欲釋蒙恬。趙高恐蒙氏復貴而用事，怨之。毅還至，趙高因為胡亥忠計，欲以滅蒙氏乃言曰臣聞先帝欲舉賢立太子久矣而毅諫曰不可若知賢而愈不立則是不忠而惑主也(索隱曰愈一作俞俞即踰也音臾謂知太子賢而踰久不立是不忠也)以臣愚意不若誅之胡亥聽而繫蒙毅於代(正義曰今代州也因禱山川至代而繫之)前已囚蒙恬於陽周喪至咸陽已葬太子立為二世皇帝而趙高親近日夜毀惡蒙氏求其罪過舉劾之子嬰進諫曰臣聞故趙王遷殺其良臣李牧而用顏聚燕王喜陰用荊軻之謀而倍秦之約齊王建殺其故世忠臣而用后勝之議此三君者皆各以變古者失其國而殃及其

身今蒙氏秦之大臣謀士也而主欲一旦棄去之臣竊以為不可臣聞輕慮者不可以治國獨智者不可以存君(徐廣曰一無此字)誅殺忠臣而立無節行之人是內使群臣不相信而外使鬬士之意離也臣竊以為不可胡亥不聽而遣御史曲宮乘傳之代(索隱曰曲姓宮名)令蒙毅曰先主欲立太子而卿難之今丞相以卿為不忠罪及其宗朕不忍乃賜卿死亦甚幸矣卿其圖之毅對曰以臣不能得先主之意則臣少宦順幸沒世可謂知意矣(索隱曰蒙毅言已少事始皇順旨蒙恩幸至始皇沒世可謂知上意也)以臣不知太

子之能則太子獨從周旋天下去諸公子絕遠臣無所疑矣夫先主之舉用太子數年之積也臣乃何言之敢諫何慮之敢謀非敢飾辭以避死也為羞累先主之名願大夫為慮焉使臣得死情實且夫順成全者道之所貴也刑殺者道之所卒也昔者秦穆公殺三良而死罪百里奚而非其罪也故立號曰繆昭襄王殺武安君白起楚平王殺伍奢吳王夫差殺伍子胥此四君者皆為大失而天下非之以其君為不明以是籍於諸侯(索隱曰言其惡聲狼籍布於諸國而劉氏云諸侯皆記其惡於史籍非也)故曰用

道治者不殺無罪而罰不加於無辜唯大夫留心使者知胡亥之意不聽蒙毅之言殺之二世又遣使者之陽周令蒙恬曰君之過多矣而卿弟毅有大罪法及內史恬曰自吾先人及至子孫積功信於秦三世矣今臣將兵三十餘萬身雖囚繫其勢足以倍畔自知必死而守義者不敢辱先人之教以不忘先主也昔周成王初立未離襁緥周公旦負王以朝卒定天下及成王有病甚殆公旦自揃其爪以沈於河曰王未有識是旦執事有罪殃旦受其不祥乃書而藏之

記府可謂信矣及王能治國有賊臣言周公旦欲為亂久矣王若不備必有大事王乃大怒周公旦走而奔於楚成王觀於記府得周公旦沈書乃流涕曰孰謂周公旦欲為亂乎殺言之者而反周公旦故周書曰必參而伍之（索隱曰參謂三卿五即五大夫欲參伍更議）今恬之宗世無二心而事卒如此是必孽臣逆亂（徐廣曰一作辭）內陵之道也夫成王失而復振則卒昌桀殺關龍逢紂殺王子比干而不悔身死則國亡臣故曰過可振而諫可覺也（索隱曰此故曰者又先志有此言蒙恬引之以成說也今不知出何書耳振者救也然語亦倒以言前人受諫可覺則其過乃可救也）察於參伍上聖之法也凡臣之言非以求免於咎也將以諫而死願陛下為萬民思從道也使者曰臣受詔行法於將軍不敢以將軍言聞於上也蒙恬喟然太息曰我何罪於天無過而死乎良久徐曰恬罪固當死矣起臨洮屬之遼東城塹萬餘里此其中不能無絕地脈哉此乃恬之罪也乃吞藥自殺

太史公曰吾適北邊自直道歸行觀蒙恬所為秦築長城亭障塹山堙谷通直道固輕百姓力矣夫秦之初滅諸侯天下之心未定痍傷者未瘳而恬為名將不以此時彊諫振百姓之急養老存孤務修眾庶之和而阿意興功此其兄弟遇誅不亦宜乎何乃罪地脈哉

索隱述贊曰

蒙氏秦將　內史忠賢　長城首築
萬里安邊　趙高矯制　扶蘇死焉
絕地何罪　勞人是愆　呼天欲訴
三代良然

蒙恬列傳第二十八　史記八十八

張耳陳餘列傳第二十九　史記八十九

索隱曰張耳吳芮勢侔楚漢位埒齊韓俱懷從沛之心咸享誓河之業爵在列侯之上家傳累代之基長沙既曰令終趙王亦謂善始並可列同世家焉

張耳者大梁人也索隱曰呂瓚云今陳留大梁城是也其少時及魏公子毋忌為客張耳嘗亡命游外黃索隱曰晉灼曰命者名也謂脫名籍而逃崔浩曰亡無也命名也逃匿則削除名籍故以逃為亡命地理志外黃屬陳留外黃富人女甚美嫁庸奴亡其夫徐廣曰一云其夫亡也去抵父客如淳曰父時故賓客○索隱曰如淳曰抵歸也音丁禮反父客素知張耳乃謂女曰必欲求賢夫從張耳女聽乃卒為請決嫁之張耳索隱曰謂女請父客為決絕其夫而嫁之張耳張耳是時脫身游女家

厚奉給張耳張耳以故致千里客乃宦魏為外黃令名由此益賢

陳餘者亦大梁人也好儒術數游趙苦陘張晏曰苦陘漢章帝改曰漢昌○索隱曰地理志屬中山○正義曰音邢邢州唐昌縣富人公乘氏以其女妻之亦知陳餘非庸人也餘年少父事張耳兩人相與為刎頸交索隱曰崔浩云言要齊生死斷頸無悔秦之滅大梁也張耳家外黃高祖為布衣時嘗數從張耳游客數月秦滅魏數歲已聞此兩人魏之名士也購求有得張耳千金陳餘五百金張耳陳餘乃變名姓俱之陳為里監門張晏曰監門里正衛也以自

食兩人相對里吏嘗有過笞陳餘陳餘欲起張耳躡之徐廣曰一作攝使受笞吏去張耳乃引陳餘之桑下而數之曰始吾與公言何如今見小辱而欲死一吏乎陳餘然之秦詔書購求兩人兩人亦反用門者以令里中索隱曰案門者即餘耳也自以其名而號令里中訶吏別求也

陳涉起蘄至入陳兵數萬張耳陳餘上謁陳涉涉及左右生平數聞張耳陳餘賢未嘗見見即大喜陳中豪傑父老乃說陳涉曰將軍身被堅執銳率士卒以誅暴秦復立楚社稷存亡繼絕功德宜為王且夫監臨天下諸將不為王不

可願將軍立為楚王也陳涉問此兩人兩人對曰夫秦為無道破人國家滅人社稷絕人後世罷百姓之力盡百姓之財將軍瞋目張膽出萬死不顧一生之計為天下除殘也今始至陳而王之示天下私願將軍毋王急引兵而西遣人立六國後自為樹黨為秦益敵也敵多則力分與眾則兵彊如此野無交兵縣無守城誅暴秦據咸陽以令諸侯諸侯亡而得立以德服之如此則帝業成矣今獨王陳恐天下解也正義曰解紀賣反言天下諸侯見陳勝稱王王陳皆懈墮不相從也陳涉不聽遂立為王陳餘乃

復說陳王曰大王舉梁楚而西務在入關未及
收河北也臣嘗游趙知其豪桀及地形願請奇
兵北略趙地於是陳王以故所善陳人武臣為
將軍邵騷為護軍以張耳陳餘為左右校尉予
卒三千人北略趙地武臣等從白馬渡河索隱曰案
酈食其云白馬之津則白馬津是渡處其地與黎陽對岸至諸縣說其豪桀曰鄧展
曰至河北縣說之秦為亂政虐刑以殘賊天下數十年矣
北有長城之役南有五嶺之戍漢書音義曰嶺有五因以為名在交
阯界中也○索隱曰裴氏廣州記云大庾始安臨賀桂陽揭陽斯五嶺外內騷動百姓罷
敝頭會箕斂漢書音義曰家家人頭數出穀以箕斂之以供軍費財匱
力盡民不聊生重之以苛法峻刑使天下父子
不相安陳王奮臂為天下倡始王楚之地方二
千里莫不響應家自為怒人自為鬭各報其怨
而攻其讎縣殺其令丞郡殺其守尉今已張大
楚王陳使吳廣周文將卒百萬西擊秦於此時
而不成封侯之業者非人豪也諸君試相與計
之夫天下同心而苦秦久矣因天下之力而攻
無道之君報父兄之怨而成割地有土之業此
士之一時也豪桀皆然其言乃行收兵得數萬
人號武臣為武信君下趙十城餘皆城守莫肯

下乃引兵東北擊范陽范陽人蒯通說范陽令
曰漢書曰范陽令徐公竊聞公之將死故弔雖然賀公得通
而生范陽令曰何以弔之對曰秦法重足下為
范陽令十年矣殺人之父孤人之子斷人之足
黥人之首不可勝數然而慈父孝子莫敢傳刃
徐廣曰傳音胾公之腹中者李奇曰東方人以物揷地皆為傳畏秦法耳今
天下大亂秦法不施然則慈父孝子且傳刃公
之腹中以成其名此臣之所以弔公也今諸侯
畔秦矣武信君兵且至而君堅守范陽少年皆
爭殺君下武信君君急遣臣見武信君可轉禍
為福在今矣范陽令乃使蒯通見武信君曰足
下必將戰勝然後略地攻得然後下城臣竊以
為過矣誠聽臣之計可不攻而降城不戰而略
地傳檄而千里定可乎武信君曰何謂也蒯通
曰今范陽令宜整頓其士卒以守戰者也怯而
畏死貪而重富貴故欲先天下降畏君以為秦
所置吏誅殺如前十城也然今范陽少年亦方
殺其令自以城距君君何不齎臣侯印拜范陽
令范陽令則以城下君少年亦不敢殺其令令
范陽令乘朱輪華轂使驅馳燕趙郊燕趙郊見

之皆曰此范陽令先下者也即喜矣燕趙城可毋戰而降也此臣之所謂傳檄而千里定者也武信君從其計因使蒯通賜范陽令侯印趙地聞之不戰以城下者三十餘城至邯鄲張耳陳餘聞周章軍入關至戲卻（蘇林曰戲地名卻兵退也○正義曰戲音羲出驪山）又聞諸將爲陳王徇地多以讒毀得罪誅怨陳王不用其筴不以爲將而以爲校尉乃說武臣曰陳王起蘄至陳而王非必立六國後將軍今以三千人下趙數十城獨介居河北（晉灼曰介音戛瓚曰方言云介特也）不王無以填之且陳王聽讒還報恐不脫

於禍又不如立其兄弟不即立趙後將軍毋失時時間不容息（索隱曰以言舉事不可失時時機迅速其間不容一喘息須也）武臣乃聽之遂立爲趙王以陳餘爲大將軍張耳爲右丞相邵騷爲左丞相使人報陳王陳王大怒欲盡族武臣等家而發兵擊趙陳王相國房君諫曰秦未亡而誅武臣等家此又生一秦也不如因而賀之使急引兵西擊秦陳王然之從其計徙繫武臣等家宮中封張耳子敖爲成都君陳王使使者賀趙令趣發兵西入關張耳陳餘說武臣曰王王趙非楚意特以計賀王楚已

滅秦必加兵於趙願王毋西兵北徇燕代南收河內以自廣趙南據大河北有燕代楚雖勝秦必不敢制趙趙王以爲然因不西兵而使韓廣略燕李良略常山張黶略上黨韓廣至燕燕人因立廣爲燕王（徐廣曰九月也）趙王乃與張耳陳餘北略地燕界趙王間出爲燕軍所得燕將囚之欲與分趙地半乃歸王使者往燕輒殺之以求地張耳陳餘患之有廝養卒謝其舍中曰（如淳曰廝賤者也公羊傳曰廝役扈養韋昭曰析薪爲廝炊烹爲養晉灼曰以辭相告曰謝也○索隱曰謂其同舍中之人也漢書作舍人）吾爲公說燕與趙王載歸舍中皆笑曰使者往

十餘輩輒死若何以能得王乃走燕壁燕將見之問燕將曰知臣何欲燕將曰若欲得趙王耳曰君知張耳陳餘何如人也燕將曰賢人也曰知其志何欲曰欲得其王耳趙養卒乃笑曰君未知此兩人所欲也夫武臣張耳陳餘杖馬箠下趙數十城（張晏曰言其不用兵革驅策而已也○索隱曰杖音丈箠音之委反）此亦各欲南面而王豈欲爲卿相終已邪夫臣與主豈可同日而道哉顧其勢初定未敢參分而王且以少長先立武臣爲王以持趙心今趙地已服此兩人亦欲分趙而王時未可耳今君乃囚

趙王此兩人名爲求趙王實欲燕殺之此兩人
分趙自立夫以一趙尚易燕況以兩賢王左提
右挈而責殺王之罪徐廣曰平原君傳曰事成執右券以責也券契大義同耳滅
燕易矣燕將以爲然乃歸趙王養卒爲御而歸
李良已定常山還報趙王復使良略太原至石
邑索隱曰地理志屬常山秦兵塞井陘未能前秦將詐稱
二世使人遺李良書不封張晏曰欲其漏泄君臣相疑曰良嘗
事我得顯幸良誠能反趙爲秦赦良罪貴良良
得書疑不信乃還之邯鄲益請兵未至道逢趙
王姊出飲從百餘騎李良望見以爲王伏謁道

旁王姊醉不知其將使騎謝李良李良素貴起
慙其從官從官有一人曰天下畔秦能者先立
且趙王素出將軍下今女兒乃不爲將軍下車
請追殺之李良已得秦書固欲反趙未決因此
怒遣人追殺王姊道中乃遂將其兵襲邯鄲邯
鄲不知竟殺武臣邵騷趙人多爲張耳陳餘耳
目者以故得脫出收其兵得數萬人客有說張
耳曰兩君羈旅而欲附趙難獨立立趙後扶以
義可就功索隱曰案羈旅勢弱難以立功也獨有立六國趙王之後可以成功乃求得趙
歇徐廣曰正月也音烏轄反駰案張晏曰趙之苗裔立爲趙王居信都徐廣

曰後項羽改曰襄国李良進兵擊陳餘陳餘敗李良李良走
歸章邯章邯引兵至邯鄲皆徙其民河內夷其
城郭張耳與趙王歇走入鉅鹿城王離圍之陳
餘北收常山兵得數萬人軍鉅鹿北章邯軍鉅
鹿南棘原築甬道屬河餉王離王離兵食多急
攻鉅鹿鉅鹿城中食盡兵少張耳數使人召前
陳餘陳餘自度兵少不敵秦不敢前數月張耳
大怒怨陳餘使張黶陳澤正義音釋往讓陳餘曰
始吾與公爲刎頸交今王與耳旦暮且死而公
擁兵數萬不肯相救安在其相爲死苟必信胡

不赴秦軍俱死且有十一二相全正義曰十中冀一兩勝秦陳
餘曰吾度前終不能救趙徒盡亡軍且餘所以
不俱死欲爲趙王張君報秦今必俱死如以肉
委餓虎何益張黶陳澤曰事已急要以俱死立
信安知後慮陳餘曰吾死顧以爲無益必如公
言乃使五千人令張黶陳澤先嘗秦軍索隱曰崔浩云嘗猶試
至皆沒當是燕齊楚聞趙急皆來救張敖亦北
收代兵得萬餘人來皆壁餘旁未敢擊秦項羽
兵數絕章邯甬道王離軍乏食項羽悉引兵渡
河遂破章邯徐廣曰三年十二月也章邯引兵解諸侯軍

乃敢擊圍鉅鹿秦軍遂虜王離涉閒自殺卒存鉅鹿者楚力也於是趙王歇張耳乃得出鉅鹿謝諸侯張耳與陳餘相見責讓陳餘以不肯救趙及問張黶陳澤所在陳餘怒曰張黶陳澤以必死責臣臣使將五千人先嘗秦軍皆沒不出張耳不信以為殺之數問陳餘陳餘怒曰不意君之望臣深也索隱曰望怨責也豈以臣為重去將哉索隱曰案重訓難也或云重惜也乃脫解印綬推予張耳張耳亦愕不受陳餘起如廁客有說張耳曰臣聞天與不取反受其咎索隱曰此辭出國語今陳將軍與君印君不受反天不祥急取之張耳乃佩其印收其麾下而陳餘還亦望張耳不讓正義曰言陳餘如廁還亦怨望張耳不讓其印遂趨出張耳遂收其兵陳餘獨與麾下所善數百人之河上澤中漁獵由此陳餘張耳遂有郤趙王歇復居信都張耳從項羽諸侯入關漢元年二月項羽立諸侯王張耳雅游韋昭曰雅素也○索隱曰鄭氏云雅故也韋昭云雅素然素亦故也雅游言慣游從故多為人所稱譽人多為之言項羽亦素數聞張耳賢乃分趙立張耳為常山王治信都信都更名襄國陳餘客多說項羽曰陳餘張耳一體有功於趙項羽以陳餘不從入關聞

其在南皮索隱曰地理志屬勃海○正義曰故城在滄州南皮縣北四里也即以南皮旁三縣以封之而徙趙王歇王代徐廣曰都代縣張耳之國陳餘愈益怒曰張耳與餘功等也今張耳王餘獨侯此項羽不平及齊王田榮畔楚陳餘乃使夏說說田榮曰正義曰上說音稅下式銳反項羽為天下宰不平盡王諸將善地徙故王王惡地今趙王乃居代願王假臣兵請以南皮為扞蔽田榮欲樹黨於趙以反楚乃遣兵從陳餘陳餘因悉三縣兵襲常山王張耳張耳敗走念諸侯無可歸者曰漢王與我有舊故張晏曰漢王為布衣時嘗從張耳游而項羽又彊立我我欲之楚張晏曰羽既彊盛又為所立己是以狐疑莫知所往也甘公曰文穎曰善說星者甘氏也○索隱曰天官書云齊甘公藝文志云楚有甘公齊楚不同未知孰是劉歆七略云公一名德漢王之入關五星聚東井東井者秦分也先至必霸楚雖彊後必屬漢故耳走漢徐廣曰二年十月也漢王亦還定三秦方圍章邯廢丘張耳謁漢王漢王厚遇之陳餘已敗張耳皆復收趙地迎趙王於代復為趙王趙王德陳餘立以為代王陳餘為趙王弱國初定不之國留傅趙王而使夏說以相國守代漢二年東擊楚使使告趙欲與俱陳餘曰漢殺張耳乃從於是漢求人類張耳

者斬之持其頭遺陳餘陳餘乃遣兵助漢漢之敗於彭城西陳餘亦復覺張耳不死即背漢漢三年韓信已定魏地遣張耳與韓信擊破趙井陘徐廣曰三年十月斬陳餘泜水上徐廣曰在常山音遲一音丁禮反○索隱曰蘇林音祗晉灼音邸今俗呼此水則然案地理志音脂則蘇音爲得郭景純注山海經云泜水出常山中丘縣○正義曰在趙州贊皇縣界追殺趙王歇襄國漢立張耳爲趙王徐廣曰四年十一月駰案漢書四年夏漢五年張耳薨謚爲景王子敖嗣立爲趙王高祖長女魯元公主爲趙王敖后漢七年高祖從平城過趙趙王朝夕袒韝蔽徐廣曰韝者臂捍也自上食禮甚卑有子壻禮高祖箕倨詈甚慢易之索隱曰崔浩云屈膝坐其形如箕趙相貫高趙午等年六十餘徐廣曰田叔傳云趙相趙午等數十人皆怒然則或宜言六十餘人故張耳客也生平爲氣乃怒曰吾王孱王也孟康曰音如潺湲之潺冀州人謂懦弱爲孱韋昭曰仁謹貌○索隱曰案服虔音鉏閑反弱小貌也小顏音仕連反說王曰夫天下豪桀並起能者先立今王事高祖甚恭而高祖無禮請爲王殺之張敖齧其指出血索隱曰案小顏云齧指以表至誠爲約誓曰君何言之誤且先人亡國賴高祖得復國德流子孫秋豪皆高祖力也願君無復出口貫高趙午等十餘人皆相謂曰乃吾等非也吾王長者不倍德且吾等義不辱今怨高祖辱

我王故欲殺之何乃汙王爲乎索隱曰漢書作汙蕭該音一故反說文云汙穢也令事成歸王事敗獨身坐耳漢八年上從東垣還過趙貫高等乃壁人柏人索隱曰謂於柏人縣館舍壁中著人欲爲變也○正義曰柏人故城在邢州柏人縣西北十二里即高祖宿處也要之置韋昭曰爲供置也○索隱曰文穎云置人廁壁中以伺高祖也張晏云鑿壁空之令人止中也今按云置廁者置人於複壁中謂之置廁廁者隱側之處因以爲言也亦音側上過欲宿心動問曰縣名爲何曰柏人柏人者迫於人也不宿而去漢九年貫高怨家知其謀乃上變告之於是上皆并逮捕趙王貫高等十餘人皆爭自剄貫高獨怒罵曰誰令公爲之今王實無謀而并捕王公等皆死誰白王不反者乃轞車膠致正義曰謂其車上著板四周如檻形膠密不得開送致京師也與王詣長安治張敖之罪上乃詔趙羣臣賓客有敢從王皆族貫高與客孟舒等十餘人皆自髡鉗爲王家奴從來貫高至對獄曰獨吾屬爲之王實不知吏治榜笞數千刺剟徐廣曰丁劣反○索隱曰案剟亦刺也漢書作刺爇張晏云爇灼也說文云燒也應劭云以鐵刺之身無可擊者終不復言呂后數言張王以魯元公主故不宜有此上怒曰使張敖據天下豈少而女乎不聽廷尉以貫高事辭聞上曰壯士誰知者以私問之瓚曰以私情相問中大夫泄公曰正義曰泄姓也史有泄私臣之

邑子素知之此固趙國立名義不侵爲然諾者也上使泄公持節問之箯輿前（徐廣曰箯音鞭駰案韋昭曰輿如今輿牀人輿以行○索隱曰服虔云音編編竹木如今峻可以輿除也何休注公羊筍音峻筍者竹箯一名編齊魯已北名爲筍郭璞三蒼注云箯輿舉土器）仰視曰泄公邪泄公勞苦如生平驩與語問張王果有計謀不高曰人情寧不各愛其父母妻子乎今吾三族皆以論死豈以王易吾親哉顧爲王實不反獨吾等爲之具道本指所以爲者王不知狀於是泄公入具以報上乃赦趙王上賢貫高爲人能立然諾使泄公具告之曰張王已出因赦貫高貫高喜曰吾王審

出乎泄公曰然泄公曰上多足下故赦足下貫高曰所以不死一身無餘者白張王不反也今王已出吾責已塞死不恨矣且人臣有簒殺之名何面目復事上哉縱上不殺我我不愧於心乎乃仰絕肮遂死（韋昭曰肮咽也○索隱曰蘇林云肮頸大脈也俗所謂胡脈音下郎反蕭該或音下浪反）當此之時名聞天下張敖已出以尚魯元故封爲宣平侯（索隱曰韋昭曰尚奉也不敢言取崔浩云奉事公主小顏云尚配也易得尚于中行王弼亦以尚爲配恐非其義）於是上賢張王諸客以鉗奴從張王入關無不爲諸侯相郡守者及孝惠高后文帝孝景時張王客子孫皆得爲二千石張敖

高后六年薨（關中記曰張敖冢在安陵東○正義曰魯元公主墓在咸陽縣西北二十五里次東有張敖冢與公主同域又張耳墓在咸陽縣東三十三里）子偃爲魯元王以母呂后女故呂后封爲魯元王（索隱曰案謂偃以其母號而封也）元王弱兄弟少乃封張敖他姬子二人壽爲樂昌侯（徐廣曰漢紀張酺傳曰張敖之子壽封樂昌侯食細陽之池陽鄉也）侈爲信都侯高后崩諸呂無道大臣誅之而廢魯元王及樂昌侯信都侯孝文帝即位復封故魯元王偃爲南宮侯續張氏（張敖謚武侯張偃之孫有罪絕信都侯名侈樂昌侯名壽）

太史公曰張耳陳餘世傳所稱賢者其賓客廝役莫非天下俊桀所居國無不取卿相者然張

耳陳餘始居約時（漢書音義曰在貧賤時也）相然信以死豈顧問哉（索隱曰葛洪要用字苑云然猶爾也謂相和同諾者何也謂然諾相信雖死不顧也）及據國爭權卒相滅亡何鄉者相慕用之誠後相倍之戾也豈非以利哉（索隱曰有本作私利交漢書作勢利交故蕭顏傳云天下以市道交君有勢則從君無勢則去此固其理也）名譽雖高賓客雖盛所由殆與太伯延陵季子異矣

索隱述贊曰

張耳陳餘　天下豪俊　忘年羈旅　刎頸相信
耳圍鉅鹿　餘兵不進　張旣望深　陳乃去印
勢利傾奪　隙末成釁

張耳陳餘列傳第二十九　史記八十九

魏豹彭越列傳第三十　史記九十

魏豹者故魏諸公子也其兄魏咎故魏時封爲甯陵君索隱曰案彭越傳云魏豹魏王咎從弟眞魏後也晉灼云甯陵梁國縣也即今寧陵是秦滅魏遷咎爲家人陳勝之起王也正義王于放反咎往從之陳王使魏人周市徇魏地魏地已下欲相與立周市爲魏王周市曰天下昏亂忠臣乃見索隱曰老子曰國家昏亂有忠臣此取以爲說也今天下共畔秦其義必立魏王後乃可齊趙使車各五十乘立周市爲魏王市辭不受迎魏咎於陳五反陳王乃遣立咎爲魏王徐廣曰元年十二月也章邯已破陳王乃進兵擊魏

王於臨濟正義曰故城在淄州高苑縣北二里本漢縣魏王乃使周市出請救於齊楚齊楚遣項它田巴將兵隨市救魏索隱曰案項它楚將田巴齊將也○正義它徒多反章邯遂擊破殺周市等軍圍臨濟咎爲其民約降約定咎自燒殺魏豹亡走楚徐廣曰二年六月楚懷王予魏豹數千人復徇魏地項羽已破秦降章邯豹下魏二十餘城立豹爲魏王豹引精兵從項羽入關漢元年項羽封諸侯欲有梁地乃徙魏王豹於河東都平陽正義曰今晉州爲西魏王漢王還定三秦渡臨晉正義曰臨晉在同州朝邑縣界魏王豹以國屬焉遂從擊楚於彭城漢

敗還至滎陽豹請歸視親病至國即絕河津畔漢漢王聞魏豹反方東憂楚未及擊謂酈生曰緩頰往說魏豹能下之吾以萬戶封若酈生說豹豹謝曰人生一世閒如白駒過隙耳索隱曰莊子云無異騏驥之馳過隙則謂馬也小顏云白駒謂日影也隙壁隙也以言速疾若日影過壁隙也今漢王慢而侮人罵詈諸侯羣臣如罵奴耳非有上下禮節也吾不忍復見也於是漢王遣韓信擊虜豹於河東徐廣曰二年九月也傳詣滎陽以豹國爲郡高祖本紀曰置三郡河東太原上黨漢王令豹守滎陽楚圍之急周苛遂殺魏豹

彭越者昌邑人也正義曰漢武更山陽爲昌邑國有梁丘鄉梁丘故城在曹州城武縣東北三十三里字仲常漁鉅野澤中爲羣盜陳勝項梁之起少年或謂越曰諸豪桀相立畔秦仲可以來亦效之彭越曰兩龍方鬬且待之居歲餘澤閒少年相聚百餘人往從彭越曰請仲爲長越謝曰臣不願與諸君少年彊請乃許與期旦日日出會後期者斬索隱曰旦日謂明日之朝日出時也旦日日出十餘人後後者至日中於是越謝曰臣老諸君彊以爲長今期而多後不可盡誅誅最後者一人令校長斬之皆笑曰何至是請後不敢於是越乃

引一人斬之設壇祭乃令徒屬徒屬皆大驚畏越莫敢仰視乃行略地收諸侯散卒得千餘人沛公之從碭北（正義曰音唐朗反宋州碭山縣）擊昌邑彭越助之昌邑未下沛公引兵西彭越亦將其衆居鉅野中收魏散卒項籍入關王諸侯還歸彭越衆萬餘人毋所屬漢元年秋齊王田榮畔項王漢乃使人賜彭越將軍印使下濟陰以擊楚楚命蕭公角（正義曰蕭縣令楚縣令稱公角名）將兵擊越越大破楚軍漢王二年春與魏王豹及諸侯東擊楚彭越將其兵三萬餘人歸漢於外黃漢王曰彭將軍收魏地得十餘城欲急立魏後今西魏王豹亦魏王咎從弟也眞魏後乃拜彭越爲魏相國擅將其兵略定梁地（索隱曰擅猶專也）漢王之敗彭城解而西也彭越皆復亡其所下城獨將其兵北居河上（正義曰滑州河上）漢王三年彭越常往來爲漢游兵擊楚絕其後糧於梁地漢四年冬項王與漢王相距滎陽彭越攻下睢陽外黃十七城（正義曰睢陽宋州宋城也外黃在汴州雍丘縣東）項王聞之乃使曹咎守城皐（正義曰河南府氾水是）自東收彭越所下城邑皆復爲楚（正義爲于僞反）越將其兵北走穀城（正義曰在齊州東阿縣東二十六里是）漢五年秋項

王之南走陽夏（正義曰夏古雅反陳州太康縣也）彭越復下昌邑旁二十餘城得穀十餘萬斛以給漢王食漢王敗使使召彭越并力擊楚越曰魏地初定尚畏楚未可去漢王追楚爲項籍所敗固陵（正義曰固陵名在陳州宛丘縣西北三十二里）乃謂留侯曰諸侯兵不從爲之柰何留侯曰齊王信之立非君王之意信亦不自堅彭越本定梁地功多始君王以魏豹故拜彭越爲魏相國今豹死毋後且越亦欲王而君王不蚤定與此兩國約即勝楚睢陽以北至穀城（正義曰從宋州巳北至鄆州以西曹濮汴滑並與彭越）皆以王彭相國從陳以東傅（音附）海（正義曰從陳潁州北以東亳泗徐淮北之地東至海并淮南淮陰之邑盡與韓信韓信又先有故齊舊地）與齊王信齊王信家在楚此其意欲復得故邑君王能出捐此地許二人二人今可致即不能事未可知也於是漢王乃發使使彭越如留侯策使者至彭越乃悉引兵會垓下（正義曰在亳州也）遂破楚五年項籍已死春立彭越爲梁王都定陶（正義曹州）六年朝陳九年十年皆來朝長安十年秋陳豨反代地高帝自往擊至邯鄲徵兵梁王梁王稱病使將將兵詣邯鄲高帝怒使人讓梁王梁王恐欲自往謝其將扈輒曰王始不往見讓

而往往則爲禽矣不如遂發兵反梁王不聽稱病梁王怒其太僕欲斬之太僕亡走漢告梁王與扈輒謀反於是上使使掩梁王梁王不覺捕梁王囚之雒陽有司治反形已具張晏曰扈輒勸越反不聽而云反形已具有司非也瓚曰扈輒勸越反而越不誅輒是反形已具請論如法上赦以爲庶人傳處蜀青衣文穎曰青衣縣名在蜀瓚曰今漢嘉是也○索隱曰蘇林云縣名今爲臨邛瓚說爲是西至鄭索隱曰地理志鄭屬京兆○正義曰華州逢呂后從長安來欲之雒陽道見彭王彭王爲呂后泣涕自言無罪願處故昌邑呂后許諾與俱東至雒陽呂后白上曰彭王壯士今徙之蜀此自遺患正義曰上唯季反不如遂誅之妾謹與俱來於是呂后乃令其舍人告彭越復謀反廷尉王恬開奏請族之上乃可遂夷越宗族國除

太史公曰魏豹彭越雖故賤然已席卷千里正義曰言魏地闊千里如席卷舒南面稱孤喋血乘勝日有聞矣徐廣曰一作啑韓傳亦有喋血語也○索隱曰音牒喋猶蹀也煞敵蹀血而行孝文紀喋血京師是也懷畔逆之意及敗不死而虜囚身被刑戮何哉中材已上且羞其行況王者乎彼無異故智略絕人獨患無身耳得攝尺寸之柄其雲蒸龍變欲有所會其度以故幽囚而不辭云

索隱述贊曰魏咎兄弟因時而王豹後屬楚其國遂亡仲起昌邑歸漢外黃往來聲援再續軍糧徵兵不往菹醢何傷

魏豹彭越列傳第三十　史記九十

黥布列傳第三十一　史記九十一

黥布者六人也姓英氏索隱曰地理志廬江有六縣蘇林曰今爲六安也布本姓英英國名也咎繇之後布以少時有人相云當刑而王故漢雜事云布改姓黥以厭當之也○正義曰故六城在壽州安豐縣西南百三十三里按黥布封淮南王都六即此城又春秋傳六與蓼咎繇之後或封於英六蓋英後改爲蓼也秦時爲布衣少年有客相之曰當刑而王及壯坐法黥布欣然笑曰人相我當刑而王幾是乎徐廣曰幾一作豈駰謂幾近也○索隱曰臣瓚音機楚漢春秋作豈是乎故徐廣云一作豈劉氏音祈祈者語辭也義亦通人有聞者共俳笑之索隱曰謂衆共以俳優輩笑之布已論輸麗山正義曰言布論決受黥竟覔麗山作陵也時會稽郡輸身徒麗山之徒數十萬人布皆與其徒長豪桀交通迺率其曹偶亡之江中爲羣盜索隱曰曹輩也偶類也謂徒之輩類陳勝之起也布迺見番君與其衆叛秦聚兵數千人番君以其女妻之章邯之滅陳勝破呂臣軍布乃引兵北擊秦左右校破之淸波引兵而東聞項梁定江東會稽正義曰時會稽郡所理在吳闔閭城中涉江而西陳嬰以項氏世爲楚將迺以兵屬項梁渡淮南英布蒲將軍亦以兵屬項梁項梁涉淮而西擊景駒秦嘉等布常冠軍項梁至薛正義曰薛古城在徐州滕縣界也聞陳王定死迺立楚懷王項梁號爲武信君英布爲當陽君正義曰南郡當陽縣也項梁敗死定陶懷王徙都彭城諸將英布亦皆保聚彭城當是時秦急圍趙趙數使人請救懷王使宋義爲上將范曾爲末將項籍爲次將英布蒲將軍皆爲將軍悉屬宋義北救趙及項籍殺宋義於河上懷王因立籍爲上將軍諸將皆屬項籍項籍使布先涉渡河擊秦布數有利籍迺悉引兵涉河從之遂破秦軍降章邯等楚兵常勝功冠諸侯諸侯兵皆以服屬楚者以布數以少敗衆也項籍之引兵西至新安正義曰新安故城在河南府澠池縣東二十二里又使布等夜擊阬章邯秦卒二十餘萬人至關不得入又使布等先從閒道破關下軍索隱曰鄒氏云閒音閑閑謂私也今以閒音紀莧反閒道即他道也猶若反閒之義遂得入至咸陽布常爲軍鋒索隱曰案漢書作楚軍前簿簿者鹵簿項王封諸將立布爲九江王都六漢元年四月諸侯皆罷戲下各就國項氏立懷王爲義帝徙都長沙迺陰令九江王布等行擊之其八月布使將擊義帝追殺之郴縣正義曰上丑林反今郴州有義帝冢及祠漢二年齊王田榮畔楚項王往擊齊徵兵九江九江王布稱病不往遣將將數千人行漢之敗楚彭城布又稱病不佐楚項王由此怨布數使使者誚讓漢書音義曰誚責也召布布愈恐不敢往項王方北

憂齊趙西患漢所與者獨九江王又多布材欲親用之以故未擊漢三年漢王擊楚大戰彭城不利出梁地至虞正義曰今宋州虞城也謂左右曰索隱曰案謂隨何如彼等者無足與計天下事謁者隨何進曰不審陛下所謂漢王曰孰能為我使淮南令之發兵倍楚留項王於齊數月我之取天下可以百全隨何曰臣請使之迺與二十人俱使淮南至因太宰主之漢書音義曰淮南太宰作為主也韋昭曰主舍也○索隱曰太宰掌膳食之官三日不得見隨何因說太宰曰王之不見何必以楚為彊以漢為弱此臣之所以為使使何得見

言之而是邪是大王所欲聞也言之而非邪使何等二十人伏斧質淮南市以明王倍漢而與楚也太宰迺言之王王見之隨何曰漢王使臣敬進書大王御者竊怪大王與楚何親也淮南王曰寡人北鄉而臣事之隨何曰大王與項王俱列為諸侯北鄉而臣事之必以楚為彊可以託國也項王伐齊身負板築李奇曰板牆板也築杵也以為士卒先大王宜悉淮南之衆身自將之為楚軍前鋒今迺發四千人以助楚夫北面而臣事人者固若是乎夫漢王戰於彭城項王未出齊也大

王宜騷音掃淮南之兵渡淮日夜會戰彭城下大王撫萬人之衆無一人渡淮者垂拱而觀其孰勝夫託國於人者固若是乎大王提空名以鄉楚而欲厚自託臣竊為大王不取也然而大王不背楚者以漢為弱也夫楚兵雖彊天下負之以不義之名索隱曰負猶被也以不義被其身以其背盟約而殺義帝也然而楚王恃戰勝自彊漢王收諸侯還守成皋滎陽下蜀漢之粟深溝壁壘分卒守徼乘塞索隱曰徼謂邊境亭鄣以徼繞邊陲常守之也乘者登也登塞垣而守之楚人還兵閒以梁地深入敵國八九百里張晏曰羽從齊還當經梁地八九百里迺得羽

地○索隱曰案服虔曰梁在楚漢之中央欲戰則不得攻城則力不能老弱轉糧千里之外楚兵至滎陽成皋漢堅守而不動進則不得攻退則不能解故曰楚兵不足恃也徐廣曰恃一作罷言其已困不足復苦也索隱曰案漢書作罷罷音皮使楚勝漢則諸侯自危懼而相救夫楚之彊適足以致天下之兵耳故楚不如漢其勢易見也今大王不與萬全之漢而自託於危亡之楚臣竊為大王惑之臣非以淮南之兵足以亡楚也夫大王發兵而倍楚項王必留留數月漢之取天下可以萬全臣請與大王提劍而歸漢漢王必裂地而封

大王又況淮南淮南必大王有也故漢王敬使
使臣進愚計願大王之留意也淮南王曰請奉
命陰許畔楚與漢未敢泄也楚使者在文穎曰在淮南王所
方急責英布發兵舍傳舍隨何直入坐楚使者
上坐曰九江王已歸漢楚何以得發兵布愕然
楚使者起何因說布曰事以搆索隱曰搆成也可遂殺
楚使者無使歸而疾走漢并力索隱曰走音奏向也布曰如
使者教因起兵而擊之耳於是殺使者因起兵
而攻楚楚使項聲龍且攻淮南項王留而攻下
邑正義曰宋州碭山縣數月龍且擊淮南破布軍布欲引兵

走漢恐楚王殺之故閒行與何俱歸漢淮南王
至徐廣曰三年十二月上方踞牀洗召布入見布甚大怒悔
來欲自殺出就舍帳御飲食從官如漢王居布
又大喜過望正義曰高祖以布先久為王恐其自尊大故峻禮令布折服已而美其帷帳厚其飲
食多其從官以悅其心權道也於是迺使人入九江楚已使項伯
收九江兵盡殺布妻子布使者頗得故人幸臣
將眾數千人歸漢漢益分布兵而與俱北收兵
至成皋四年七月立布為淮南王與擊項籍漢
五年布使人入九江得數縣六年布與劉賈入
九江誘大司馬周殷周殷反楚遂舉九江兵與

漢擊楚破之垓下項籍死天下定上置酒上折
隨何之功謂何為腐儒為天下安用腐儒索隱曰腐
音輔謂之腐儒者言如腐敗之物不任用也隨何跪曰夫陛下引兵攻彭
城楚王未去齊也陛下發步卒五萬人騎五千
能以取淮南乎上曰不能隨何曰陛下使何與
二十人使淮南至如陛下之意是何之功賢於
步卒五萬人騎五千也然而陛下謂何腐儒為
天下安用腐儒何也上曰吾方圖子之功迺以
隨何為護軍中尉布遂剖符為淮南王都六九
江廬江衡山豫章郡皆屬布七年朝陳八年朝

雒陽九年朝長安十一年高后誅淮陰侯布因
心恐夏漢誅梁王彭越醢之盛其醢徧賜諸侯
至淮南淮南王方獵見醢因大恐陰令人部聚
兵候伺旁郡警急張晏曰欲有所會布所幸姬疾請就醫
醫家與中大夫賁赫對門徐廣曰賁音肥○索隱曰人姓名也姬數
如醫家賁赫自以為侍中迺厚餽遺從姬飲醫
家姬侍王從容語次譽赫長者也王怒曰汝安
從知之具說狀王疑其與亂赫恐稱病王愈怒
欲捕赫赫言變事乘傳詣長安布使人追不及
赫至上變言布謀反有端可先未發誅也上讀

其書語蕭相國相國曰布不宜有此恐仇怨妄
誣之請繫赫使人微一作徵驗淮南王淮南王布
見赫以罪亡上變固已疑其言國陰事漢使又
來頗有所驗遂族赫家發兵反反書聞上迺赦
賁赫以為將軍上召諸將問曰布反為之柰何
皆曰發兵擊之坑豎子耳何能為乎汝陰侯滕
公召故楚令尹問之令尹曰是固當反滕公曰
上裂地而王之疏爵而貴之漢書音義曰疏分也禹決江疏河是也○索隱
曰尚書曰列爵惟五分土惟三按列裂地是對文故知疏即分也南面而立萬乘之主其
反何也令尹曰往年殺彭越前年殺韓信張晏曰往年前

年同耳使文相避也言此三人者同功一體之人也自疑禍
及身故反耳滕公言之上曰臣客故楚令尹薛
公者其人有籌筴之計可問上迺召見問薛公
薛公對曰布反不足怪也使布出於上計山東
非漢之有也出於中計勝敗之數未可知也出
於下計陛下安枕而臥矣上曰何謂上計令尹
對曰東取吳正義曰荊王劉賈都吳蘇州闔閭城也西取楚正義曰楚王劉交都
徐州下邳并齊取魯傳檄燕趙固守其所山東非漢
之有也何謂中計東取吳西取楚并韓取魏據
敖倉之粟索隱曰案太康地記云秦建敖倉於成臯又立庾故亦云敖庾也塞成臯

之口勝敗之數未可知也何謂下計東取吳西
取下蔡正義古州來國歸重於越身歸長沙正義曰今潭州陛下
安枕而臥漢無事矣桓譚新論曰世有圍碁之戲或言是兵法之類也及為之上者遠碁
疏張置以會圍因而成多得道之勝中者則務相絕遮要以爭便求利故勝負狐疑須計數而定下者則守邊隅趨作罫
以自生於小地然亦必不如察薛公之言上計云取吳楚并齊魯及燕趙者此廣道地之謂中計云取吳楚并韓魏塞成
臯據敖倉此趣遮要爭利者也下計云取吳下蔡據長沙以臨越此守邊隅趨作罫者也○索隱曰罫音烏卦反上
曰是計將安出令尹對曰出下計上曰何謂廢
上中計而出下計令尹曰布故麗山之徒也自
致萬乘之主此皆為身不顧後為百姓萬世慮
者也故曰出下計上曰善封薛公千戶索隱曰劉氏云薛公

得封千戶蓋關內侯也迺立皇子長為淮南王上遂發兵自
將東擊布布之初反謂其將曰上老矣厭兵必
不能來使諸將諸將獨患淮陰彭越今皆已死
餘不足畏也故遂反果如薛公籌之東擊荊荊
王劉賈走死富陵正義曰故城在楚州盱眙縣東北六十里盡劫其兵
渡淮擊楚楚發兵與戰徐僮閒如淳曰地名也○索隱曰案地理志
臨淮有徐縣僮縣○正義曰杜預云徐在下邳僮縣東括地志云大徐城在泗州徐城縣北四十里古徐國也為
三軍欲以相救為奇或說楚將曰布善用兵民
素畏之且兵法諸侯戰其地為散地漢書音義曰謂散滅之地
○正義曰魏武帝注孫子曰卒戀土地道近而易敗散今別為三彼敗吾一軍餘

皆走，安能相救。不聽。布果破其一軍，其二軍散走。遂西，與上兵遇蘄西，會甀（索隱曰：上古外反，下持瑞反。韋昭云：蘄之鄉名。漢書作罋，應劭音保，非也。○正義曰：蘄音機，沛郡蘄城也。甀，逐瑞反）。布兵精甚，上乃壁庸城（鄧展曰：地名也），望布軍置陳如項籍軍，上惡之。與布相望見，遙謂布曰：「何苦而反？」布曰：「欲為帝耳。」上怒罵之，遂大戰。布軍敗走，渡淮，數止戰，不利，與百餘人走江南。布故與番君婚，以故長沙哀王（徐廣曰：哀一云成。王臣吳芮之子也。駰案：晉灼曰芮之孫固，或曰是成王，非哀王也，傳誤也）使人紿布，偽與亡，誘走越，故信而隨之番陽（索隱曰：番陽，鄱縣之鄉）。番陽人殺布茲鄉民田舍（正義曰：英布冢在饒州鄱陽縣北百五十二里十三步）。遂滅黥布。立皇子長為淮南王，封賁赫為期思侯（正義曰：期思故城在光州固始縣界），諸將率多以功封者（漢書曰：將封者六人）。

太史公曰：英布者，其先豈春秋所見楚滅英、六，皋陶之後哉？身被刑法，何其拔興之暴也（索隱曰：拔音白冒反，疾也）！項氏之所坑殺人以千萬數，而布常為首虐。功冠諸侯，用此得王，亦不免於身為世大僇。禍之興自愛姬殖，妒媢生患，竟以滅國（媢音冒。媢亦妒也。○索隱曰：漢書外戚傳亦云成結寵妾妬媢之誅。又論衡云：妬夫媢婦。則媢是妬之別名。今原英布之誅為疑賁赫與其姬妃有亂，故至滅國，所以不得言妬媢是媢也。一云男妬曰媢）。

索隱述贊曰：

九江初筮，當刑而王。既免徒中，聚盜江上。每雄楚卒，頻破秦將。病為羽疑，歸受漢杖。賁赫見毀，卒致無妄。

黥布列傳第三十一　史記九十一

淮陰侯列傳第三十二　史記九十二

淮陰侯韓信者淮陰人也 正義曰楚州淮陰縣也 始爲布衣時貧無行不得推擇爲吏 李奇曰無善行可推舉選擇 又不能治生商賈常從人寄食飲人多厭之者常數從其下鄉南昌亭長寄食 張晏曰下鄉縣屬淮陰也○索隱曰案楚漢春秋南昌作新昌亭長者主亭之吏也 數月亭長妻患之乃晨炊蓐食 張晏曰未起而牀蓐中食 食時信往不爲具食信亦知其意怒竟絕去信釣於城下 正義曰淮陰城北臨淮水昔信去下鄉而釣於此 諸母漂 韋昭曰以水擊絮爲漂故曰漂母 有一母見信飢飯信竟漂數十日信喜謂漂母曰吾必有以重報母母怒曰大

丈夫不能自食 正義音寺 吾哀王孫而進食 蘇林曰如言公子也○索隱曰劉德曰秦末多失國言王孫公子尊之也張晏云字王孫非也 豈望報乎淮陰屠中少年有侮信者曰若雖長大好帶刀劍中情怯耳衆辱之曰信能死刺我不能死出我袴下 徐廣曰袴一作胯胯股也音同又云漢書作跨同耳○索隱曰胯音枯化反然尋此文作袴欲依字讀何爲不通袴下即胯下也何必須要作胯下 於是信孰視之俛出袴下蒲伏 正義俛音俯伏蒲北反 一市人皆笑信以爲怯及項梁渡淮信杖劍從之居戲下 徐廣曰戲一作麾 無所知名項梁敗又屬項羽羽以爲郎中數以策干項羽羽不用漢王之入蜀信亡楚歸漢未得知名爲連敖 徐廣曰典

客也○索隱曰李奇云楚官名張晏曰司馬也 坐法當斬其輩十三人皆已斬次至信信乃仰視適見滕公曰上不欲就天下乎何爲斬壯士滕公奇其言壯其貌釋而不斬與語大說之言於上上拜以爲治粟都尉上未之奇也信數與蕭何語何奇之至南鄭諸將行道亡者數十人信度何等已數言上上不我用即亡何聞信亡不及以聞自追之人有言上曰丞相何亡上大怒如失左右手居一二日何來謁上上且怒且喜罵何曰若亡何也何曰臣不敢亡也臣追亡者上曰若所追者誰何曰韓

信也上復罵曰諸將亡者以十數公無所追追信詐也何曰諸將易得耳至如信者國士無雙王必欲長王漢中無所事信 文穎曰事猶業也張晏曰無事用信 必欲爭天下非信無所與計事者顧王策安所決耳王曰吾亦欲東耳安能鬱鬱久居此乎何曰王計必欲東能用信信即留不能用信終亡耳王曰吾爲公以爲將何曰雖爲將信必不留王曰以爲大將何曰幸甚於是王欲召信拜之何曰王素慢無禮今拜大將如呼小兒耳此乃信所以去也王必欲拜之擇良日齋戒設壇場具

禮乃可耳王許之諸將皆喜人人各自以爲得
大將至拜大將乃韓信也一軍皆驚信拜禮畢
上坐王曰丞相數言將軍將軍何以教寡人計
策信謝因問王曰今東鄉爭權天下豈非項王
邪漢王曰然曰大王自料勇悍仁彊孰與項王
漢王默然良久曰不如也信再拜賀曰惟信亦
爲大王不如也然臣嘗事之請言項王之爲人
也項王喑噁叱咤千人皆廢晉灼曰廢不收也○索隱曰喑於鴆反噁烏路反叱昌栗反咤卓嫁反咤或作吒喑噁懷怒氣叱咤發怒聲孟康曰廢伏也張晏曰廢偃也然不能
任屬賢將此特匹夫之勇耳項王見人恭敬慈
愛言語嘔嘔音凶于反○索隱曰嘔音吁嘔嘔猶區區也漢書作姁姁鄧展曰姁姁和好貌也人
有疾病涕泣分食飲至使人有功當封爵者印
刓敝忍不能予漢書音義曰不忍授此所謂婦人之仁也
項王雖霸天下而臣諸侯不居關中而都彭城
有背義帝之約而以親愛王諸侯不平諸侯之
見項王遷逐義帝置江南亦皆歸逐其主而自
王善地項王所過無不殘滅者天下多怨百姓
不親附特劫於威彊耳名雖爲霸實失天下心
故曰其彊易弱今大王誠能反其道任天下武
勇何所不誅以天下城邑封功臣何所不服以

義兵從思東歸之士何所不散索隱曰劉氏云用東歸之兵擊東方之敵此敵無不散敗也且三秦王爲秦將將秦子弟數歲矣所
殺亡不可勝計又欺其衆降諸侯至新安項王
詐阬秦降卒二十餘萬唯獨邯欣翳得脫秦父
兄怨此三人痛入骨髓今楚彊以威王此三人
秦民莫愛也大王之入武關秋豪無所害索隱曰案秋豪秋乃成王逸注楚詞云銳毛爲豪夏落秋生也除秦苛法與秦民約法三
章耳秦民無不欲得大王王秦者於諸侯之約
大王當王關中關中民咸知之大王失職入漢
中秦民無不恨者今大王舉而東三秦可傳檄
而定也索隱曰案說文云檄二尺書也此云傳檄謂爲檄書以責所伐者於是漢王大
喜自以爲得信晚遂聽信計部署諸將所擊八
月漢王舉兵東出陳倉正義曰漢王從關北出岐州陳倉縣定三秦
漢二年出關正義曰出函谷關收魏河南韓殷王皆降合
齊趙共擊楚四月至彭城漢兵敗散而還信復
收兵與漢王會滎陽復擊破楚京索之閒以故
楚兵卒不能西漢之敗卻彭城正義曰兵敗散彭城而卻退塞
王欣翟王翳亡漢降楚齊趙欲反漢與楚和六
月魏王豹謁歸視親疾至國即絶河關索隱曰今蒲津關
反漢與楚約和漢王使酈生說豹不下其八月

以信爲左丞相擊魏魏王盛兵蒲坂塞臨晉索隱
曰塞音先得反臨晉縣名在河東之東岸對舊關也信乃益爲疑兵漢書音義曰益張旌旗以
疑敵者陳船欲渡臨晉索隱曰劉氏云陳船地名在舊關之西今之朝邑非也案京兆
有船司空縣不名陳船陳船者陳列船艘欲渡河也而伏兵從夏陽以木罌缻
渡軍徐廣曰缻一作缶服虔曰以木押縛罌缻以渡韋昭曰以木爲器如罌缻以渡軍無船且尚密也○正義
曰按韓信詐陳列船艘於臨晉欲渡河即此從夏陽木押罌缻度軍襲安邑臨晉同州東朝邑界夏陽在同州北渭城界
襲安邑正義曰安邑故城在絳州夏縣東北十五里魏王豹驚引兵迎信
信遂虜豹索隱曰劉氏云夏陽舊無船豹不備之而防臨晉耳今安邑被襲故豹遂降也定魏
爲河東郡正義曰理安邑縣故城漢王遣張耳與信俱引兵
東北擊趙代後九月破代兵禽夏說閼與徐廣曰音
余駰案李奇曰夏說代相也○索隱曰司馬彪郡國志上黨沾縣有閼與聚閼音曷又音焉與音余又音預沾音他廉反
○正義曰閼與聚城在潞州銅鞮縣西北二十里信之下魏破代漢輒使人
收其精兵詣滎陽以距楚信與張耳以兵數萬
欲東下井陘擊趙索隱曰案地理志常山石邑縣井陘山在西又穆天子傳云至于陘山之
隧升于三道之隥是也趙王成安君陳餘聞漢且襲之也聚
兵井陘口正義曰井陘故關在并州石艾縣陘東十八里即井陘口號稱二十萬
廣武君李左車說成安君曰聞漢將韓信涉西
河虜魏王禽夏說新喋血閼與索隱曰喋舊音啑非也案陳湯傳喋
血萬里之外如淳云殺人血流滂沱也韋昭音徒協反今乃輔以張耳議欲下
趙此乘勝而去國遠鬭其鋒不可當臣聞千里

餽糧士有飢色樵蘇後爨漢書音義曰樵取薪也蘇取草也師不
宿飽今井陘之道車不得方軌騎不得成列行
數百里其勢糧食必在其後願足下假臣奇兵
三萬人從閒路絕其輜重足下深溝高壘堅營
勿與戰彼前不得鬭退不得還吾奇兵絕其後
使野無所掠不至十日而兩將之頭可致於戲
下願君留意臣之計不必爲二子所禽矣成安
君儒者也常稱義兵不用詐謀奇計曰吾聞兵
法十則圍之倍則戰之今韓信兵號數萬其實
不過數千能千里而襲我亦已罷極今如此避
而不擊後有大者何以加之則諸侯謂吾怯而
輕來伐我不聽廣武君策廣武君策不用韓信
使人閒視知其不用還報則大喜乃敢引兵遂
下正義曰引兵入井陘狹道出趙未至井陘口三十里止舍夜半
傳發漢書音義曰傳令軍中使發選輕騎二千人人持一赤幟
從閒道萆山而望趙軍如淳曰萆音蔽依山自覆蔽○索隱曰案謂令從閒道小
路向前望見陳餘軍營即往仍須隱山自蔽勿令趙軍知也蔽者蓋覆也楚漢春秋作卑山漢書作革說文云萆蔽也從
艸卑聲誡曰趙見我走必空壁逐我若疾入趙壁
拔趙幟立漢赤幟令其裨將傳飱徐廣曰音飡也○索隱曰如淳
曰小飯曰飡謂立駐傳飡待破趙乃大食也曰今日破趙會食服虔曰立駐傳飡食也如

淳曰小飯曰飡言破趙後乃當共飽食也諸將皆莫信詳應曰諾謂軍吏
曰趙已先據便地為壁且彼未見吾大將旗鼓
未肯擊前行恐吾至阻險而還信乃使萬人先
行出背水陳正義曰綿蔓水一名阜將一名洄星自并州流入井陘界即信背水陣陷之死地即此水
也趙軍望見而大笑平旦信建大將之旗鼓鼓
行出井陘口趙開壁擊之正義曰恒州鹿泉縣即六國時趙壁也大
戰良久於是信張耳詳棄鼓旗走水上軍水上
軍開入之復疾戰趙果空壁爭漢鼓旗逐韓信
張耳韓信張耳已入水上軍軍皆殊死戰不可
敗信所出奇兵二千騎共候趙空壁逐利則馳

入趙壁皆拔趙旗立漢赤幟二千趙軍已不勝
不能得信等欲還歸壁壁皆漢赤幟而大驚以
為漢皆已得趙王將矣兵遂亂遁走趙將雖斬
之不能禁也於是漢兵夾擊大破虜趙軍斬成
安君泜水上禽趙王歇信乃令軍中毋殺廣武
君有能生得者購千金於是有縛廣武君而致
戲下者信乃解其縛東鄉坐西鄉對師事之諸
將效首虜索隱曰如淳云効致也晉灼曰効數也鄭玄注禮効猶呈見也休畢賀因問
信曰兵法右倍山陵前左水澤今者將軍令臣
等反背水陳曰破趙會食臣等不服然竟以勝

此何術也信曰此在兵法顧諸君不察耳兵法
不曰陷之死地而後生置之亡地而後存且信
非得素拊循士大夫也此所謂驅市人而戰之
其勢非置之死地使人人自為戰今予之生地
皆走寧尚可得而用之乎諸將皆服曰善非臣
所及也於是信問廣武君曰僕欲北攻燕東伐
齊何若而有功廣武君辭謝曰臣聞敗軍之將
不可以言勇亡國之大夫不可以圖存今臣敗
亡之虜何足以權大事乎信曰僕聞之百里奚
居虞而虞亡在秦而秦霸非愚於虞而智於秦

也用與不用聽與不聽也誠令成安君聽足下
計若信者亦已為禽矣以不用足下故信得侍
耳因固問曰僕委心歸計願足下勿辭廣武君
曰臣聞智者千慮必有一失愚者千慮必有一
得故曰狂夫之言聖人擇焉顧恐臣計未必足
用願效愚忠夫成安君有百戰百勝之計一旦
而失之軍敗鄗下李奇曰鄗音臛今高邑是身死泜上今將軍
涉西河索隱曰此之西河當馮翊也。正義曰即同州龍門河從夏陽度者虜魏王禽
夏說閼與一舉而下井陘不終朝破趙二十萬
衆誅成安君名聞海內威震天下農夫莫敢輟

耕釋耒揄衣甘食（索隱曰揄鄒氏音踰美也恐滅亡不久故廢止作業而事美衣甘食一曰
揄苟且也慮不圖久故也漢書作美衣媮食）傾耳以待命者（如淳曰恐滅亡不久故也）若
此將軍之所長也然而衆勞卒罷其實難用今
將軍欲舉倦弊之兵頓之燕堅城之下欲戰恐
久力不能拔情見勢屈曠日糧竭而弱燕不服
齊必竟以自彊也燕齊相持而不下則劉項之
權未有所分也若此者將軍所短也臣愚竊以
爲亦過矣故善用兵者不以短擊長而以長擊
短韓信曰然則何由廣武君對曰方今爲將軍
計莫如案甲休兵鎮趙撫其孤百里之內牛酒

日至以饗士大夫醳兵（魏都賦曰肴醳順時劉逵曰醳酒也○索隱曰劉氏作劉
逵作醳酒謂以酒食養兵士也案史記古釋字皆如此豈亦謂以酒食醳兵士故字從酉乎）北首燕路
（正義曰首音狩向也）而後遣辯士奉咫尺之書（正義曰咫尺八寸言其簡牘或
長尺也）暴其所長於燕（正義曰暴音僕）燕必不敢不聽從燕
已從使諠言者東告齊齊必從風而服雖有智
者亦不知爲齊計矣如是則天下事皆可圖也
兵固有先聲而後實者此之謂也韓信曰善從
其策發使使燕燕從風而靡乃遣使報漢因請
立張耳爲趙王以鎮撫其國漢王許之乃立張
耳爲趙王楚數奇兵渡河擊趙趙王耳韓信往

來救趙因行定趙城邑發兵詣漢楚方急圍漢
王於滎陽漢王南出之宛葉間（正義曰宛在鄧州葉在許州）得
黥布走入城皋楚又復急圍之六月漢王出城
皋東渡河獨與滕公俱從張耳軍脩武至宿傳
舍晨自稱漢使馳入趙壁張耳韓信未起即其
臥內上奪其印符以麾召諸將易置之信耳起
乃知漢王來大驚漢王奪兩人軍即令張耳備
守趙地拜韓信爲相國收趙兵未發者擊齊（文穎
曰謂趙人未嘗見發者）信引兵東未渡平原（正義曰懷州有平原津）聞漢
王使酈食其已說下齊韓信欲止范陽辯士蒯

通說信曰將軍受詔擊齊而漢獨發閒使下齊
寧有詔止將軍乎何以得毋行也且酈生一士
伏軾（韋昭曰軾今小車中隆起者）掉三寸之舌下齊七十餘城
將軍將數萬衆歲餘乃下趙五十餘城爲將數
歲反不如一豎儒之功乎於是信然之從其計
遂渡河齊已聽生即留縱酒罷備漢守禦信因
襲齊歷下軍（徐廣曰齊南歷城縣）遂至臨菑齊王田廣以酈
生賣己乃亨之而走高密使使之楚請救韓信
已定臨菑遂東追廣至高密西楚亦使龍且將
號稱二十萬救齊齊王廣龍且并軍與信戰未

合人或說龍且曰漢兵遠鬭窮戰其鋒不可當齊楚自居其地戰兵易敗散正義曰近其室家懷顧易散也不如深壁令齊王使其信臣招所亡城亡城聞其王在楚來救必反漢漢兵二千里客居齊城皆反之其勢無所得食可無戰而降也龍且曰吾平生知韓信為人易與耳且夫救齊不戰而降之吾何功今戰而勝之齊之半可得何為止遂戰與信夾濰水陳徐廣曰出東莞而東北流至北海都昌縣入海○索隱曰濰音維地理志濰水出琅邪箕縣東北至昌都入海徐所引蓋據水經與此小不同韓信乃夜令人為萬餘囊滿盛沙壅水上流引軍半渡擊龍且佯不勝還走龍且果喜曰固知信怯也遂追渡水信使人決壅囊水大至龍且軍大半不得渡即急擊殺龍且龍且水東軍散走齊王廣亡去信遂追北至城陽正義曰城陽雷澤縣是也在濮州東南九十一里皆虜楚卒漢四年遂皆降平齊使人言漢王曰齊偽詐多變反覆之國也南邊楚不為假王以鎮之其勢不定願為假王便當是時楚方急圍漢王於滎陽韓信使者至發書張晏曰發信使者所齎書漢王大怒罵曰吾困於此旦暮望若來佐我乃欲自立為王張良陳平躡漢王足因附耳語曰漢方不利寧能禁

信之王乎不如因而立善遇之使自為守不然變生漢王亦悟因復罵曰大丈夫定諸侯即為真王耳何以假為乃遣張良往立信為齊王徐廣曰四年二月徵其兵擊楚楚已亡龍且項王恐使盱眙人武涉張華曰武涉墓在盱眙城東十五里往說齊王信曰天下共苦秦久矣相與戮力擊秦秦已破計功割地分土而王之以休士卒今漢王復興兵而東侵人之分奪人之地已破三秦引兵出關收諸侯之兵以東擊楚其意非盡吞天下者不休其不知厭足如是甚也且漢王不可必身居項王掌握中數矣正義曰數色庚反項王憐而活之然得脫輒倍約復擊項王其不可親信如此今足下雖自以與漢王為厚交為之盡力用兵終為之所禽矣足下所以得須臾至今者以項王尚存也當今二王之事權在足下足下右投則漢王勝左投則項王勝項王今日亡則次取足下足下與項王有故何不反漢與楚連和參分天下王之今釋此時而自必於漢以擊楚且為智者固若此乎韓信謝曰臣事項王官不過郎中位不過執戟張晏曰郎中宿衛執戟之人也言不聽畫不用故倍楚而歸漢漢

王授我上將軍印予我數萬衆解衣衣我推食食我言聽計用故吾得以至於此夫人深親信我我倍之不祥雖死不易幸為信謝項王武涉已去齊人蒯通知天下權在韓信欲為奇策而感動之以相人說韓信曰僕嘗受相人之術韓信曰先生相人何如對曰貴賤在於骨法憂喜在於容色成敗在於決斷以此參之萬不失一韓信曰善先生相寡人何如對曰願少間信曰左右去矣通曰相君之面不過封侯又危不安相君之背貴乃不可言(張晏曰背畔則大貴)韓信曰何謂也蒯通曰天下初發難也俊雄豪桀建號壹呼天下之士雲合霧集魚鱗雜遝熛至風起當此之時憂在亡秦而已今楚漢分爭使天下無罪之人肝膽塗地父子暴骸骨於中野不可勝數楚人起彭城轉鬭逐北至於滎陽乘利席卷威震天下然兵困於京索之間迫西山而不能進者三年於此矣漢王將數十萬之衆距鞏雒阻山河之險一日數戰無尺寸之功折北不救(張晏曰折衄敗也北奔北)敗滎陽傷城皋(張晏曰於城皋傷胷也臣瓚曰謂軍折傷)遂走宛葉之間此所謂智勇俱困者也夫銳氣挫於

險塞而糧食竭於內府百姓罷極怨望容容無所倚以臣料之其勢非天下之賢聖固不能息天下之禍當今兩主之命縣於足下足下為漢則漢勝與楚則楚勝臣願披腹心輸肝膽效愚計恐足下不能用也誠能聽臣之計莫若兩利而俱存之參分天下鼎足而居其勢莫敢先動夫以足下之賢聖有甲兵之衆據彊齊從燕趙出空虛之地而制其後因民之欲西鄉(正義曰鄉音向齊國在東故曰西向也)為百姓請命(正義曰止楚漢之戰鬭士卒之命故云請命)則天下風走而響應矣孰敢不聽割大弱彊以立諸侯諸侯已立天下服聽而歸德於齊案齊之故有膠泗之地懷諸侯之德深拱揖讓則天下之君王相率而朝於齊矣蓋聞天與弗取反受其咎時至不行反受其殃願足下孰慮之韓信曰漢王遇我甚厚載我以其車衣我以其衣食我以其食吾聞之乘人之車者載人之患衣人之衣者懷人之憂食人之食者死人之事吾豈可以鄉利倍義乎蒯生曰足下自以為善漢王欲建萬世之業臣竊以為誤矣始常山王成安君為布衣時相與為刎頸之交後爭張黶陳澤之事二

人相怨常山王背項王奉項嬰頭而竄逃歸於漢王漢王借兵而東下殺成安君泜水之南頭足異處卒爲天下笑此二人相與天下至驩也然而卒相禽者何也患生於多欲而人心難測也今足下欲行忠信以交於漢王必不能固於二君之相與也而事多大於張黶陳澤故臣以爲足下必漢王之不危己亦誤矣大夫種范蠡存亡越霸句踐立功成名而身死亡野獸已盡而獵狗亨夫以交友言之則不如張耳之與成安君者也以忠信言之則不過大夫種范蠡之於句踐也此二人者足以觀矣願足下深慮之且臣聞勇略震主者身危而功蓋天下者不賞臣請言大王功略足下涉西河虜魏王禽夏說引兵下井陘誅成安君徇趙脅燕定齊南摧楚人之兵二十萬東殺龍且西鄉以報此所謂功無二於天下而略不世出者也今足下戴震主之威挾不賞之功歸楚楚人不信歸漢漢人震恐足下欲持是安歸乎夫勢在人臣之位而有震主之威名高天下竊爲足下危之韓信謝曰先生且休矣吾將念之後數日蒯通復說曰夫

聽者事之候也計者事之機也聽過計失而能久安者鮮矣聽不失一二者不可亂以言計不失本末者不可紛以辭夫隨厮養之役者失萬乘之權守儋石之祿者（晉灼曰揚雄方言海岱之閒名罌爲儋石斗石也蘇林曰齊人名小罌爲儋石如今受鮐魚石罌不過一二石耳一說一儋與一斛之餘○索隱曰儋音都濫反石斗也蘇林解爲得之鮐音胎）闕卿相之位故知者決之斷也疑者事之害也審豪氂之小計遺天下之大數智誠知之決弗敢行者百事之禍也故曰猛虎之猶豫不若蜂蠆之致螫（正義音適）騏驥之跼躅（徐廣曰跼一作蹢也）不如駑馬之安步孟賁之狐疑不如庸夫之必至也雖有舜禹之智吟而不言不如瘖聾之指麾也（索隱曰鄒氏吟音巨蔭反又音琴）此言貴能行之夫功者難成而易敗時者難得而易失也時乎時不再來願足下詳察之韓信猶豫不忍倍漢又自以爲功多漢終不奪我齊遂謝蒯通蒯通說不聽已詳狂爲巫（徐廣曰一本遂不用蒯通蒯通曰夫迫於細苛者不可與圖大事拘於臣虜者固無君王之意說不聽因去詳狂也○索隱曰案漢書及戰國策皆有此文）漢王之困固陵用張良計召齊王信遂將兵會垓下項羽已破高祖襲奪齊王軍（徐廣曰以齊爲平原千乘東萊齊郡）漢五年正月徙齊王信爲楚王都下邳信至國召所從食漂母賜千金

張華曰漂母冢在泗口南岸 及下鄉南昌亭長賜百錢曰公小
人也爲德不卒召辱己之少年令出胯下者以
爲楚中尉告諸將相曰此壯士也方辱我時我
寧不能殺之邪殺之無名故忍而就於此項王
亡將鍾離眛家在伊廬 徐廣曰東海朐縣有伊廬鄉 駰案韋昭曰今中廬縣○索
隱曰徐注出司馬彪郡國志○正義曰括地志云中廬在義
淸縣北二十里本春秋時廬戎之國也秦謂之伊廬漢爲中
廬縣項羽之將鍾離眛冢在焉
韋昭及括地志云皆說之也 素與信善項王死後亡
歸信漢王怨眛聞其在楚詔楚捕眛信初之國
行縣邑陳兵出入漢六年人有上書告楚王信
反高帝以陳平計天子巡狩會諸侯南方有雲

夢發使告諸侯會陳吾將游雲夢實欲襲信信
弗知高祖且至楚信欲發兵反自度無罪欲謁
上恐見禽人或說信曰斬眛謁上上必喜無患
信見眛計事眛曰漢所以不擊取楚以眛在公
所若欲捕我以自媚於漢吾今日死公亦隨手
亡矣乃罵信曰公非長者卒自剄信持其首謁
高祖於陳上令武士縛信載後車信曰果若人
言狡兔死良狗亨 張晏曰狡猶猾○索隱曰吳越春秋作郊兔戰國策曰東郭逡海內狡兔
也 高鳥盡良弓藏敵國破謀臣亡天下已定我
固當亨上曰人告公反遂械繫信至雒陽赦信

罪以爲淮陰侯信知漢王畏惡其能常稱病不
朝從信由此日怨望居常鞅鞅羞與絳灌等列
信嘗過樊將軍噲噲跪拜送迎言稱臣曰大王
乃肯臨臣信出門笑曰生乃與噲等爲伍上常
從容與信言諸將能不各有差上問曰如我能
將幾何信曰陛下不過能將十萬上曰於君何
如曰臣多多而益善耳上笑曰多多益善何爲
爲我禽信曰陛下不能將兵而善將將此乃信之
所以爲陛下禽也且陛下所謂天授非人力也
陳豨拜爲鉅鹿守 徐廣曰表云爲趙相國將兵守代也 辭於淮陰侯

淮陰侯挈其手辟左右與之步於庭仰天歎曰
子可與言乎欲與子有言也豨曰唯將軍令之
淮陰侯曰公之所居天下精兵處也而公陛下之
信幸臣也人言公之畔陛下必不信再至陛下
乃疑矣三至必怒而自將吾爲公從中起天下
可圖也陳豨素知其能也信之曰謹奉教漢十
一年陳豨果反上自將而往信病不從陰使人
至豨所曰弟舉兵吾從此助公信乃謀與家臣
夜詐詔赦諸官徒奴欲發以襲呂后太子部署
已定待豨報其舍人得罪於信 索隱曰案晉灼曰楚漢春秋云謝公

信囚欲殺之舍人弟〔也姚氏案功臣表云愼陽侯樂說淮陰舍人告信反者未知孰是〕上變告信欲反狀於呂后呂后欲召恐其黨不就乃與蕭相國謀詐令人從上所來言豨已得死列侯羣臣皆賀相國紿信曰雖疾彊入賀信入呂后使武士縛信斬之長樂鍾室〔正義曰長樂宮懸鍾之室〕信方斬之曰吾悔不用蒯通之計乃爲兒女子所詐豈非天哉遂夷信三族高祖已從豨軍來至見信死且喜且憐之問信死亦何言呂后曰信言恨不用蒯通計高祖曰是齊辯士也乃詔齊捕蒯通蒯通至上曰若教淮陰侯反乎對曰

然臣固教之豎子不用臣之策故令自夷於此如彼豎子用臣之計陛下安得而夷之乎上怒曰亨之通曰嗟乎寃哉亨也上曰若教韓信反何寃對曰秦之綱絕而維弛山東大擾異姓並起英俊烏集秦失其鹿天下共逐之〔張晏曰以鹿喻帝位也〕於是高材疾足者先得焉蹠之狗吠堯堯非不仁狗固吠非其主當是時臣唯獨知韓信非知陛下也且天下銳精持鋒欲爲陛下所爲者甚衆顧力不能耳又可盡亨之邪高帝曰置之乃釋通之罪

太史公曰吾如淮陰淮陰人爲余言韓信雖爲布衣時其志與衆異其母死貧無以葬然乃行營高敞地令其旁可置萬家余視其母冢良然假令韓信學道謙讓不伐己功不矜其能則庶幾哉於漢家勳可以比周召太公之徒後世血食矣不務出此而天下已集乃謀畔逆夷滅宗族不亦宜乎

索隱述贊曰

君臣一體　自古所難　相國深薦
策拜登壇　沉沙決水　拔幟傳飧
與漢漢重　歸楚楚安　三分不議
僞遊可歎

淮陰侯列傳第三十二　史記九十二

韓王信盧綰列傳第三十三　史記九十三

韓王信者徐廣曰一云信都○索隱曰楚漢春秋云韓王信都恐誤也諸書不言有韓信都案韓王信初爲韓司徒後訛云申徒因誤以爲韓王名耳故韓襄王孽孫也張晏曰孺子爲孽○索隱曰何休注公羊以爲孽賤子猶樹之有孽生也漢書朝錯云孽子悼惠王是也長八尺五寸及項梁之立楚後懷王也燕齊趙魏皆已前王唯韓無有後故立韓諸公子橫陽君成正義曰故橫城在宋州宋城縣西南三十里爲韓王徐廣曰二年六月也都陽翟欲以撫定韓故地項梁敗死定陶成犇懷王沛公引兵擊陽城正義曰河南縣也使張良以韓司徒徐廣曰他本多作申徒申與司聲相近字由此雜乱耳今有申徒云是司徒之後言司声轉爲申降下韓故地得信以爲韓將將其兵從沛公入武關沛公立爲漢王韓信從入漢中迺說漢王曰項王王諸將近地而王獨遠居此此左遷也士卒皆山東人跂而望歸及其鋒東鄉文穎曰鋒鋭欲東向○索隱曰跂音企起踵也鄭氏云鋒軍中將士氣鋒韋昭曰其氣鋒鋭欲東也○正義曰跂音歧可以爭天下漢王還定三秦迺許信爲韓王先拜信爲韓太尉將兵略韓地項籍之封諸王皆就國韓王成以不從無功不遣就國更以爲列侯徐廣曰元年十一月誅成駰案漢書曰封爲穰侯○索隱曰地理志穰縣屬南陽及聞漢遣韓信略韓地迺令故項籍游吳時吳令鄭昌正義曰項籍在吳時昌爲吳縣令爲韓王以距漢漢二年韓信略

定韓十餘城漢王至河南韓信急擊韓王昌陽城昌降漢王迺立韓信爲韓王徐廣曰二年十一月常將韓兵從三年漢王出滎陽韓王信周苛等守滎陽及楚敗滎陽信降楚已而得亡復歸漢漢復立以爲韓王竟從擊破項籍天下定五年春遂與剖符爲韓王王潁川明年春徐廣曰即五年之二月駰案漢書曰六年春上以韓信材武所王北近鞏洛南迫宛葉東有淮陽皆天下勁兵處迺詔徙韓王信王太原以北備禦胡都晉陽信上書曰國被邊李奇曰被音被馬也匈奴數入晉陽正義曰幷州去塞遠請治馬邑正義曰朔州上許之信乃徙治馬邑秋匈奴冒頓大圍信索隱曰冒音墨又音莫報反信數使使胡求和解漢發兵救之疑信數閒使有二心使人責讓信信恐誅因與匈奴約共攻漢反以馬邑降胡擊太原七年冬上自往擊破信軍銅鞮正義曰潞州縣斬其將王喜信亡走匈奴與其將白土人張晏曰白土縣名屬上郡曼丘臣王黃等立趙苗裔趙利爲王復收信敗散兵而與信及冒頓謀攻漢匈奴使左右賢王將萬餘騎與王黃等屯廣武以南正義曰廣武故城在代州鴈門縣界也至晉陽與漢兵戰漢大破之追至于離石正義曰石

州縣後復破之匈奴復聚兵樓煩正義曰鴈門郡樓煩縣西北
漢令車騎擊破匈奴匈奴常敗走漢乘勝追北
聞冒頓居代上谷正義曰今嬀州高皇帝居晉陽使人
視冒頓還報曰可擊上遂至平城正義曰朔州定襄縣是也上
出白登服虔曰白登臺名去平城七里如淳曰平城旁之高地若丘陵也○索隱曰姚氏案北疆記桑乾河
北有白登山冒頓圍漢高之所今猶有壘壁匈奴騎圍上上乃使人厚遺
閼氏正義曰於連反又音燕氏音支單于嫡妻號若皇后閼氏乃說冒頓曰今
得漢地猶不能居且兩主不相戹居七日胡騎
稍引去時天大霧漢使人往來胡不覺護軍中
尉陳平言上曰胡者全兵漢書音義曰言唯弓矛無雜仗也請令

彊弩傅兩矢外鄉索隱曰傅音附徐行出圍入平城漢
救兵亦到胡騎遂解去漢亦罷兵歸韓信為匈
奴將兵往來擊邊漢十年信令王黃等說誤陳
豨十一年春故韓王信復與胡騎入居參合蘇林
曰代地也○正義曰故城在朔州定襄縣北距漢漢使柴將軍擊之鄧展曰柴
奇也○索隱曰應劭曰柴武鄧展云柴奇晉灼云奇武之子應劭說為得此時奇未為將遺信書曰
陛下寬仁諸侯雖有畔亡而復歸輒復故位號
不誅也大王所知今王以敗亡走胡非有大罪
急自歸韓王信報曰陛下擢僕起閭巷南面稱
孤此僕之幸也滎陽之事僕不能死囚於項籍

此一罪也及寇攻馬邑僕不能堅守以城降之
此二罪也今反為寇將兵與將軍爭一旦之命
此三罪也夫種蠡無一罪身死亡文穎曰大夫種范蠡也今
僕有三罪於陛下而欲求活於世此伍子胥所
以僨於吳也索隱曰蘇林曰僨音奮張晏曰僨僵仆也○正義曰信知歸漢必死故引子胥以為辭
今僕亡匿山谷閒旦暮乞貸蠻夷僕之思歸如
痿人不忘起索隱曰痿音耳誰反舊音耳睡反於義為疎張揖云痿不能行哀紀云帝即位痿痺是也
盲者不忘視也勢不可耳遂戰柴將軍屠參合
斬韓王信信之入匈奴與太子俱及至穨當城
漢書音義曰縣名韋昭曰在匈奴地生子因名曰穨當韓太子亦生

子命曰嬰至孝文十四年穨當及嬰率其衆降
漢漢封穨當為弓高侯地理志河間有弓高縣也○索隱曰漢書功臣表屬營陵
○正義曰滄州縣嬰為襄城侯索隱曰案服虔云縣名功臣表屬魏郡吳楚軍
時弓高侯功冠諸將徐廣曰謚曰壯傳子至孫孫無子
失侯嬰孫以不敬失侯徐廣曰表云嬰子澤之元朔四年不敬國除穨
當孼孫韓嫣漢書音義曰音鄢陵之鄢○索隱曰音偃又一言反又休延反並通貴幸
名富顯於當世其弟說再封數稱將軍卒為案
道侯子代徐廣曰名長君歲餘坐法死後歲餘說孫曾
徐廣曰長君之子也○索隱曰案博物志字季君也拜為龍雒侯續說後索隱曰頟
五格反作雒音洛龍頟縣名○正義曰史記表衞青傳及漢書表云韓說元朔五年從大將軍有功封龍頟侯以酎金坐

免元封元年擊東越有功封按道侯征和二年孫子曾復封爲龍頟侯漢書功臣表云武後元年說孫曾紹封龍頟侯漢表是也

盧綰者豐人也與高祖同里盧綰親與高祖太上皇相愛（如淳曰親謂父也）及生男高祖盧綰同日生里中持羊酒賀兩家及高祖盧綰壯俱學書又相愛也里中嘉兩家親相愛生子同日壯又相愛復賀兩家羊酒高祖爲布衣時有吏事辟匿盧綰常隨出入上下及高祖初起沛盧綰以客從入漢中爲將軍常侍中從東擊項籍以太尉常從出入臥內衣被飲食賞賜羣臣莫敢望雖蕭曹等特以事見禮至其親幸莫及盧綰綰封爲長安侯長安故咸陽也（正義曰秦咸陽在渭北長安在渭南蕭何起未央宮處也）漢五年冬以破項籍迺使盧綰別將與劉賈擊臨江王共尉破之（李奇曰共敖子）七月還從擊燕王臧荼臧荼降高祖已定天下諸侯非劉氏而王者七人欲王盧綰爲羣臣觖望（如淳曰觖音決別之決望猶怨也瓚曰觖謂相觖而怨望也韋昭曰觖猶冀也○索隱曰觖望猶怨望也又音企韋昭音冀）及虜臧荼迺下詔諸將相列侯擇羣臣有功者以爲燕王羣臣知上欲王盧綰皆言曰太尉長安侯盧綰常從平定天下功最多可王燕詔許之漢五年八

月迺立盧綰爲燕王諸侯王得幸莫如燕王漢十一年秋陳豨反代地高祖如邯鄲擊豨兵燕王綰亦擊其東北當是時陳豨使王黃求救匈奴燕王綰亦使其臣張勝於匈奴言豨等軍破張勝至胡故燕王臧荼子衍出亡在胡見張勝曰公所以重於燕者以習胡事也燕所以久存者以諸侯數反兵連不決也今公爲燕欲急滅豨等豨已盡次亦至燕公等亦且爲虜矣公何不令燕且緩陳豨而與胡和事寬得長王燕即有漢急可以安國張勝以爲然迺私令匈奴助豨等擊燕燕王綰疑張勝與胡反上書請族張勝勝還具道所以爲者燕王寤迺詐論他人脫勝家屬使得爲匈奴閒而陰使范齊之陳豨所欲令久亡（晉灼曰使陳豨久亡畔）連兵勿決漢十二年東擊黥布豨常將兵居代漢使樊噲擊斬豨其裨將降言燕王綰使范齊通計謀於豨所高祖使使召盧綰綰稱病上又使辟陽侯審食其御史大夫趙堯往迎燕王因驗問左右綰愈恐閉匿謂其幸臣曰非劉氏而王獨我與長沙耳往年春漢族淮陰夏誅彭越皆呂后計今上病屬任呂后呂

后婦人專欲以事誅異姓王者及大功臣迺遂稱病不行其左右皆亡匿語頗泄辟陽侯聞之歸具報上上益怒又得匈奴降者降者言張勝亡在匈奴為燕使於是上曰盧綰果反矣使樊噲擊燕燕王綰悉將其宮人家屬騎數千居長城下候伺幸上病愈自入謝四月高祖崩盧綰遂將其眾亡入匈奴匈奴以為東胡盧王綰為蠻夷所侵奪常思復歸居歲餘死胡中高后時盧綰妻子亡降漢會高后病不能見舍燕邸為欲置酒見之高后竟崩不得見盧綰妻亦病死

孝景中六年盧綰孫他之正義曰他徒何反以東胡王降如淳曰為東胡王來降也漢紀東胡烏丸也封為亞谷侯徐廣曰亞一作惡也。正義曰漢表在河內

陳豨者宛朐人也索隱曰地理志屬濟陰下又云梁人是褚先生之說異也。正義曰宛朐曹州縣也太史公云陳梁人按宛朐六國時屬梁不知始所以得從及高祖七年冬韓王信反入匈奴上至平城還迺封豨為列侯徐廣曰功臣表曰陳豨以特將卒五百人前元年從宛朐至霸上為侯以游擊將軍別定代已破臧荼封豨為陽夏侯以趙相國將監趙代邊兵邊兵皆屬焉豨常告歸過趙趙相周昌見豨賓客隨之者千餘乘邯鄲官舍皆滿豨所以待賓客如布衣交

皆出客下正義曰言屈己禮之不用富貴自尊大豨還之代周昌迺求入見見上具言豨賓客盛甚擅兵於外數歲恐有變上乃令人覆案豨客居代者財物諸不法事多連引豨豨恐陰令客通使王黃曼丘臣所正義曰二人韓王信將及高祖七年七月太上皇崩使人召豨豨稱病甚九月遂與王黃等反自立為代王劫略趙代上聞迺赦趙代吏人為豨所詿誤劫略者皆赦之上自往至邯鄲喜曰豨不南據漳水北守邯鄲知其無能為也趙相奏斬常山守尉曰常山二十五城豨反亡其二十城上問曰

守尉反乎對曰不反上曰是力不足也赦之復以為常山守尉上問周昌曰趙亦有壯士可令將者乎對曰有四人四人謁上慢罵曰豎子能為將乎四人慚伏上封之各千戶以為將左右諫曰從入蜀漢伐楚功未徧行今此何功而封上曰非若所知陳豨反邯鄲以北皆豨有吾以羽檄徵天下兵魏武帝奏事曰今邊有小警輒露檄插羽飛羽檄之意也駰案推此言則以鳥羽插檄書謂之羽檄取其急速若飛鳥也未有至者今唯獨邯鄲中兵耳吾胡愛四千戶封四人以慰趙子弟皆曰善於是上曰陳豨將誰曰王黃曼丘臣皆故賈人

上曰吾知之矣迺各以千金購黃臣等十一年冬漢兵擊斬陳豨將侯敞王黃於曲逆下（正義曰定州北平縣東南十五里蒲陰故城是也）破豨將張春于聊城（正義曰博州縣）斬首萬餘太尉勃入定太原代地十二月上自擊東垣東垣不下卒罵上東垣降卒罵者斬之不罵者黥之更命東垣爲眞定王黃曼丘臣其麾下受購賞之皆生得以故陳豨軍遂敗上還至洛陽上曰代居常山北趙迺從山南有之遠迺立子恒爲代王（徐廣曰十一年正月）都中都（正義曰中都故城在汾州平遙縣西南十二里）代鴈門皆屬代高祖十二年冬樊噲軍卒追斬豨於靈丘（正義曰蔚州縣是）

太史公曰韓信盧綰非素積德累善之世徼一時權變以詐力成功遭漢初定故得列地南面稱孤內見疑彊大外倚蠻貊以爲援是以日疏自危事窮智困卒赴匈奴豈不哀哉陳豨梁人其少時數稱慕魏公子及將軍守邊招致賓客而下士名聲過實周昌疑之疵瑕頗起懼禍及身邪人進說遂陷無道於戲悲夫夫計之生孰成敗於人也深矣

索隱述贊曰

韓襄遺孽　始從漢中　剖符南面
徙邑北通　穨當歸國　龍額有功
盧綰親愛　羣臣莫同　舊燕是王
東胡計窮

韓王信盧綰列傳第三十三　史記九十三

田儋列傳第三十四　史記九十四

田儋者狄人也（徐廣曰今樂安臨濟縣也○正義曰淄州高苑縣西北狄故縣城）故齊王田氏族也儋從弟田榮榮弟田橫皆豪宗彊能得人（索隱曰儋子市從弟榮榮子廣榮弟橫各遞為王榮并王三齊）陳涉之初起王楚也使周市略定魏地北至狄狄城守田儋詳為縛其奴從少年之廷欲謁殺奴（服虔曰古殺奴婢皆當告官儋欲殺令故詐縛奴而以謁也）見狄令因擊殺令而召豪吏子弟曰諸侯皆反秦自立齊古之建國儋田氏當王遂自立為齊王（徐廣曰二世元年九月也）發兵以擊周市周市軍還去田儋因率兵東略定齊地秦將章邯圍

魏王咎於臨濟急魏王請救於齊齊王田儋將兵救魏（徐廣曰二年六月）章邯夜銜枚擊大破齊魏軍殺田儋於臨濟下儋弟田榮收儋餘兵走東阿齊人聞王田儋死迺立故齊王建之弟田假為齊王田角為相田閒為將以距諸侯田榮之走東阿章邯追圍之項梁聞田榮之急迺引兵擊破章邯軍東阿下章邯走而西項梁因追之而田榮怒齊之立假迺引兵歸擊逐齊王假假亡走楚齊相角亡走趙角弟田閒前求救趙因留不敢歸田榮乃立田儋子市為齊王（徐廣曰二年六月）榮相之

田橫為將平齊地項梁既追章邯章邯兵益盛項梁使使告趙齊發兵共擊章邯田榮曰使楚殺田假趙殺田角田閒迺肯出兵楚懷王曰田假與國之王窮而歸我殺之不義趙亦不殺田角田閒以市於齊齊曰蝮螫手則斬手螫足則斬足何者為害於身也（應劭曰蝮一名虺螫人手足則割去其肉不然則致死○索隱曰蝮音芳伏反螫音臛又音釋○正義曰按蝮毒蛇長一二三丈猶南北有之虺長一二尺頭腹皆一遍說文云虺博三寸首大如擘擘手大指也音步歷反）今田假田角田閒於楚趙非直手足戚也（文穎曰言將亡身非手足憂也瓚曰於楚趙非手足之親）何故不殺且秦復得志於天下則齮齕用事者墳墓矣（如淳

曰齮齕猶齚齧○索隱曰齮音蟻齕音紇齮側齧齕也○正義曰按秦重得志非但辱身墳墓亦發掘矣若子胥鞭荊平王墓一云墳墓言死也）楚趙不聽齊亦怒終不肯出兵章邯果敗殺項梁破楚兵楚兵東走而章邯渡河圍趙於鉅鹿項羽往救趙由此怨田榮項羽既存趙降章邯等西屠咸陽滅秦而立侯王也迺徙齊王田市更王膠東治即墨齊將田都從共救趙因入關故立都為齊王治臨淄故齊王建孫田安項羽方渡河救趙田安下濟北數城引兵降項羽項羽立田安為濟北王治博陽田榮以負項梁不肯出兵助楚趙攻秦故不得王趙將

陳餘亦失職不得王二人俱怨項王項王既歸
諸侯各就國田榮使人將兵助陳餘令反趙地
而榮亦發兵以距擊田都田都亡走楚田榮留
齊王市無令之膠東市之左右曰項王彊暴而
王當之膠東不就國必危市懼廼亡就國田榮
怒追擊殺齊王市於即墨還攻殺濟北王安於
是田榮廼自立為齊王盡并三齊之地(索隱曰田市王膠東
田都王齊田安王濟北)項王聞之大怒廼北伐齊齊王田榮
兵敗走平原(徐廣曰三年正月○正義曰平原德州也)平原人殺榮項
王遂燒夷齊城郭所過者盡屠之(徐廣曰立故王田假也)齊

人相聚畔之榮弟橫收齊散兵得數萬人反擊
項羽於城陽(徐廣曰假走楚楚殺之○正義曰城陽濮州雷澤是)而漢王率諸
侯敗楚入彭城項羽聞之廼釋齊而歸擊漢於
彭城因連與漢戰相距滎陽以故田橫復得收
齊城邑(徐廣曰四月)立田榮子廣為齊王而橫相之
專國政政無巨細皆斷於相橫定齊三年漢王
使酈生往說下齊王廣及其相國橫橫以為然
解其歷下軍漢將韓信引兵且東擊齊齊初使
華無傷田解軍於歷下以距漢漢使至廼罷守
戰備縱酒且遣使與漢平漢將韓信已平趙燕

用蒯通計度平原襲破齊歷下軍因入臨淄齊
王廣相橫怒以酈生賣己而亨酈生齊王廣東
走高密(徐廣曰高一作假)相橫走博陽守相田光走城陽
將軍田既軍於膠東楚使龍且救齊齊王與合
軍高密漢將韓信與曹參破殺龍且(徐廣曰四年十一月)虜
齊王廣漢將灌嬰追得齊守相田光至博陽而
橫聞齊王死自立為齊王還擊嬰嬰敗橫之軍
於嬴下(晉灼曰泰山嬴縣也○正義曰故嬴城在兗州博城縣東北百里)田橫亡走梁
歸彭越彭越是時居梁地中立且為漢且為楚
韓信已殺龍且因令曹參進兵破殺田既於膠

東使灌嬰破殺齊將田吸於千乘(正義曰千乘故城在淄州高苑
縣北二十五里)韓信遂平齊乞自立為齊假王(徐廣曰二月也)漢
因而立之後歲餘漢滅項籍漢王立為皇帝以
彭越為梁王田橫懼誅而與其徒屬五百餘人
入海居島中(韋昭曰海中山曰島○正義曰按海州東海縣有島山去岸八十里)高帝聞
之以為田橫兄弟本定齊齊人賢者多附焉今
在海中不收後恐為亂廼使使赦田橫罪而召
之田橫因謝曰臣亨陛下之使酈生今聞其弟
酈商為漢將而賢臣恐懼不敢奉詔請為庶人
守海島中使還報高皇帝廼詔衛尉酈商曰齊

王田橫郎至人馬從者敢動搖者致族夷迺復使使持節具告以詔商狀曰田橫來大者王小者迺侯耳不來且舉兵加誅焉田橫迺與其客二人乘傳詣雒陽如淳曰四馬下足為乘傳未至三十里至尸鄉廄置應劭曰尸鄉在偃師贊曰廄置置馬以傳驛也橫謝使者曰人臣見天子當洗沐止留謂其客曰橫始與漢王俱南面稱孤今漢王為天子而橫迺為亡虜而北面事之其恥固已甚矣且吾亨人之兄與其弟併肩而事其主縱彼畏天子之詔不敢動我我獨不媿於心乎且陛下所以欲見我者不過欲一見吾面貌耳今陛下在洛陽今斬吾頭馳三十里閒形容尚未能敗猶可觀也遂自剄令客奉其頭正義曰奉音捧從使者馳奏之高帝高帝曰嗟乎有以也夫起自布衣兄弟三人更王豈不賢乎哉為之流涕而拜其二客為都尉發卒二千人以王者禮葬田橫正義曰齊田橫墓在偃師西十五里崔豹古今注云薤露蒿里送哀歌也出田橫門人橫自殺門人傷之而作悲歌言人命如薤上露易晞滅至李延年乃分為二曲薤露送王公貴人蒿里送士大夫庶人使挽者歌之俗呼為挽歌既葬二客穿其冢旁孔皆自剄下從之高帝聞之迺大驚以田橫之客皆賢吾聞其餘尚五百人在海中使使召之至則聞田

橫死亦皆自殺於是迺知田橫兄弟能得士也

太史公曰甚矣蒯通之謀亂齊驕淮陰其卒亡此兩人韓信田橫蒯通者善為長短說索隱曰言欲令此事長則長說之短則短說之故戰國策亦名曰短長書是也論戰國之權變為八十一首漢書曰號為雋永永一作求索隱曰書名也雋音狙兗反通善齊人安期生安期生嘗干項羽項羽不能用其筴已而項羽欲封此兩人兩人終不肯受亡去田橫之高節賓客慕義而從橫死豈非至賢余因而列焉無不善畫者莫能圖何哉索隱曰言天下非無善畫之人而不知圖畫田橫及其黨慕義死節之事何故哉歎畫人不知畫此也

索隱述贊曰
秦項之際　天下交兵　六國樹黨
自置豪英　田儋殞寇　立市相榮
楚封王假　齊破酈生　兄弟更王
海島傳聲

田儋列傳第三十四　史記九十四

樊酈滕灌列傳第三十五　史記九十五

舞陽侯正義曰舞陽在許州葉縣東十里樊噲者正義曰音快又古外反沛人也正義曰徐州縣以屠狗為事正義曰時人食狗亦與羊豕同故噲專屠以賣之與高祖俱隱。初從高祖起豐，攻下沛。高祖為沛公，以噲為舍人。從攻胡陵、方與，正義曰房預二音還守豐，擊泗水監豐下，索隱曰案監者秦時御史監郡也豐下豐縣之下也○正義曰泗水郡名破之。復東定沛，破泗水守薛西。索隱曰謂破其守於薛縣之西也與司馬𡰱戰碭東，張晏曰秦司馬○正義曰秦將章邯司馬𡰱又碭宋州縣也卻敵，斬首十五級，賜爵國大夫。文穎曰即官大夫也○正義曰爵第六級也常從，沛公擊章邯軍濮陽，攻城先登，斬首二十三級，

賜爵列大夫。文穎曰即公大夫爵第七復常從，從攻城陽，徐廣曰年表二年七月破秦軍濮陽東屠城陽也○正義曰按城陽近濮陽而漢書作陽城大錯誤先登。下戶牖，正義曰戶牖汴州東陳留縣東北九十一里東昏故城是破李由軍，斬首十六級，賜上閒爵。孟康曰不在二十爵中如執圭執帛比也如淳曰閒或作聞呂氏春秋曰魏文侯東勝齊於長城天子賞文侯以上聞爵○索隱曰張晏云得徑上聞晉灼曰名通於天子也如淳引呂氏春秋證上聞音中閒之閒從攻圍東郡守尉於成武。正義曰曹州縣卻敵，斬首十四級，捕虜十一人，賜爵五大夫。從擊秦軍，出亳南。索隱曰案亳湯所都今河南偃師有湯亳是○正義亳故城在宋州穀熟縣西南四十里河閒守軍於杠里，正義曰地名近城陽破之。擊破趙賁軍開封正義曰汴州縣北，以卻敵先登，斬候一人，首六十八級，捕虜二

十七人，賜爵卿。從攻破楊熊軍於曲遇。索隱曰音齲顒邑名也○正義曰曲丘雨反遇牛恭反鄭州中牟縣有曲遇聚攻宛陵，索隱曰地理志屬河南○正義曰苑陵故城在鄭州新鄭縣東北三十八里先登，斬首八級，捕虜四十四人，賜爵封號賢成君。徐廣曰時賜爵有執帛執圭又有賜爵封而加美名以為號也又有功則賜封列侯駰案張晏曰食祿比封君而無邑瓚曰秦制列侯乃有封爵也○索隱曰小顏云楚漢之際權設寵榮假其位號或得邑地或空受爵此例多矣約以秦制於義不通從攻長社、轘轅，正義曰許州理縣也轘轅門在緱氏縣東南三十里絕河津，正義曰古平陰津在河南府東北五十里也東攻秦軍於尸南，正義曰在偃師南攻秦軍於犨。正義曰在汝州魯山縣東南破南陽守齮於陽城。東攻宛城，先登。西至酈，正義曰酈音擲在鄧州新城縣西北四十里以卻敵，斬首二十四級，捕虜四

十人，賜重封。張晏曰益祿也如淳曰正爵名也瓚曰增封也○索隱曰張晏臣瓚義亦近是如淳非也小顏以為重封者兼二號蓋為得也攻武關，至霸上，斬都尉一人，首十級，捕虜百四十六人，降卒二千九百人。項羽在戲下，欲攻沛公。沛公從百餘騎因項伯面見項羽，謝無有閉關事。項羽既饗軍士，中酒，張晏曰酒酣也亞父謀欲殺沛公，令項莊拔劍舞坐中，欲擊沛公，項伯常肩蔽之。時獨沛公與張良得入坐，樊噲在營外，聞事急，乃持鐵盾入到營。營衛止噲，噲直撞入，漢書音義曰音撞鍾○正義曰撞直江反立帳下。徐廣曰一本立帷下瞋目而視眥皆血出項羽目之，問為誰。張良曰：「沛公參乘樊

噲項羽曰壯士賜之卮酒彘肩噲既飲酒拔劍
切肉食盡之項羽曰能復飲乎噲曰臣死且不
辭豈特卮酒乎且沛公先入定咸陽暴師霸上
以待大王正義曰時羽未爲王史追書大王今日至聽小人之
言與沛公有隙臣恐天下解正義曰紀買反至此爲絕句心疑
大王也項羽默然沛公如廁麾樊噲去既出沛
公留車騎獨騎一馬與樊噲等四人步從從間
道山下歸走霸上軍而使張良謝項羽項羽亦
因遂已無誅沛公之心矣是日微樊噲奔入營
誚讓項羽沛公事幾殆索隱曰誚責也亦或作譙○正義幾音祈明日

項羽入屠咸陽立沛公爲漢王漢王賜噲爵爲
列侯號臨武侯正義曰桂陽臨武縣遷爲郎中從入漢中
還定三秦別擊西丞白水北徐廣曰隴西有西縣白水在武都駰案如淳曰
皆地名也晉灼曰白水今廣魏縣也地理志無西丞以秦將名○索隱曰案西謂隴西之西縣白水水名出武都經西縣
東南流言噲擊西縣之丞在白水之北耳徐廣等說皆非也○正義曰括地志云白馬水源出文州曲水縣西南曾徑孫
山下雍輕車騎於雍南破之正義曰上雍於拱反從攻雍斄城
先登擊章平軍好時斄音胎○索隱曰案雍即扶風雍縣斄音台即后稷所封今
之武功故斄城是章平即章邯子也攻城先登陷陣斬縣令丞各一
人首十一級虜二十人遷郎中騎將從擊秦車
騎壤東索隱曰小顏亦以爲今之地名○正義曰壤鄉在武功縣東南二十里郤敵遷

爲將軍攻趙賁下郿正義曰岐州縣槐里柳中咸陽灌
廢丘最李奇曰以水灌廢丘也張晏曰最功第一也晉灼曰京輔治華陰灌北也○索隱曰案柳中即細柳
也在長安西也灌謂以水灌廢丘城陷其功最上也李奇曰廢丘即槐里也上有槐里此又言者疑此是小槐里非也案
文云攻趙賁下郿槐里柳中咸陽物言所攻陷之邑別言以水灌廢丘其功特最也何者初云槐里稱其新名後言功最
是重舉不欲再見其文故因舊稱廢丘也至櫟陽正義曰雍州縣賜食邑杜之樊
鄉索隱曰案杜陵有樊鄉三秦記曰長安正南山名秦嶺谷名子午一名樊川一名御宿樊鄉即樊川也從
攻項籍屠煮棗索隱曰晉灼云檢地理志無煮棗功臣表則有煮棗侯清河有煮棗城小顏以
爲攻項籍屠煮棗合在河南非清河之城明矣今案續漢書郡國志在濟陰宛朐也○正義曰按其時項羽未度河北冀
州信都縣東北五十里煮棗非矣擊破王武程處軍於外黃攻鄒
魯瑕丘薛正義曰兗州縣在州東南六十二里魯兗州曲阜縣瑕丘兗州縣薛在徐州滕縣界項羽

敗漢王於彭城盡復取魯梁地噲還至滎陽益
食平陰二千戶正義曰平陰故城在濟陽東北五里以將軍守廣武
一歲項羽引而東從高祖擊項籍下陽夏正義曰夏
音假陳州太康縣虜楚周將軍卒四千人圍項籍於陳
正義曰陳州大破之屠胡陵正義曰在兗州南項籍既死漢王
爲帝以噲堅守戰有功益食八百戶從高帝攻
反燕王臧荼虜荼定燕地楚王韓信反噲從至
陳取信定楚正義曰徐州更賜爵列侯與諸侯剖符
世世勿絕食舞陽號爲舞陽侯除前所食以將
軍從高祖攻反韓王信於代自霍人以往正義曰先

樊酈滕灌傳

累反又蘇果反又山寡反杜預云霍人晉邑也霍人當作葰地理志云葰人縣屬太原郡括地志云葰人故城在代州繁時縣界也至雲中正義曰雲中郡縣皆朔州善陽縣北三百八十里定襄故城是也與絳侯等共定之益食千五百戶因擊陳豨與曼丘臣軍徐廣曰曼一作甯字戰襄國正義曰邢州城破柏人正義曰邢州縣先登降定清河常山凡二十七縣殘東垣張晏曰殘有所毀也瓚曰殘謂多所殺傷也孟子曰害義謂之殘遷為左丞相破得綦毋卬尹潘軍於無終廣昌正義曰在蔚州飛狐縣北七里破豨別將胡人王黃軍於代南因擊韓信軍於參合正義曰在朔州定襄縣界軍所將卒斬韓信破豨胡騎橫谷正義曰谷音欲蓋在代斬將軍趙既虜代丞相馮梁守孫奮大將王黃將

軍太卜太僕解福正義曰人姓名等十人與諸將共定代鄉邑七十三其後燕王盧綰反噲以相國擊盧綰破其丞相抵薊南索隱曰抵音丁禮反抵訓至一云抵者丞相之名定燕地凡縣十八鄉邑五十一益食邑千三百戶定食舞陽五千四百戶從斬首百七十六級虜二百八十八人別破軍七下城五定郡六縣五十二得丞相一人將軍十二人二千石已下至三百石十一人噲以呂后女弟呂須為婦生子伉故其比諸將最親先黥布反時高祖嘗病甚惡見人臥禁中詔戶者無得入羣臣羣臣絳灌

等莫敢入十餘日噲乃排闥直入正義曰宮中小門大臣隨之上獨枕一宦者臥噲等見上流涕曰始陛下與臣等起豐沛定天下何其壯也今天下已定又何憊也且陛下病甚大臣震恐不見臣等計事顧獨與一宦者絕乎且陛下獨不見趙高之事乎高帝笑而起其後盧綰反高帝使噲以相國擊燕是時高帝病甚人有惡噲黨於呂氏即上一日宮車晏駕則噲欲以兵盡誅滅戚氏趙王如意之屬高帝聞之大怒乃使陳平載絳侯代將而即軍中斬噲陳平畏呂后執噲詣長

安至則高祖已崩呂后釋噲使復爵邑孝惠六年樊噲卒謚為武侯子伉代侯而伉母呂須亦為臨光侯高后時用事專權大臣盡畏之伉代侯九歲高后崩大臣誅諸呂呂須婘屬索隱曰婘音眷因誅伉舞陽侯中絕數月孝文帝既立乃復封噲他庶子市人為舞陽侯復故爵邑市人立二十九歲卒謚為荒侯子他廣代侯六歲侯家舍人得罪他廣怨之乃上書曰荒侯市人病不能為人正義曰言不能行人道令其夫人與其弟亂而生他廣他廣實非荒侯子不當代後詔下吏孝景中六

年他廣奪侯爲庶人國除索隱曰案漢書平帝元始二年封噲玄孫之子章爲舞陽侯邑千戸

曲周侯正義曰故城在洺州曲周西南十五里酈商者高陽人索隱曰酈音歷高陽聚名屬陳留○正義曰雍州西南聚邑人也陳勝起時商聚少年東西略人得數千沛公略地至陳留六月餘徐廣曰月表曰二世元年九月沛公起兵二世三年二月襲陳留用酈食其策起兵至此十九月矣食其傳曰既説高帝巳乃言其弟商使從沛公也○索隱曰事與酈生傳及年表小不同蓋史官意異也○正義曰徐注非也言商先東西略得數千人及沛公略地至陳留商起兵乃六月餘得四千人以將軍從高祖也商以將卒四千人屬沛公於岐索隱曰此地名闕蓋在河南陳鄭之界○正義曰高紀云酈食其説沛公襲陳留乃以食其爲廣野君酈商爲將將陳留兵與偕攻開封酈生傳云沛公引兵隨之乃下陳留爲廣陽君言其弟酈商使將數千人從沛公西南略地此傳云屬沛公於岐從攻長社按紀傳此説岐當與陳留高陽相近地從攻長社先登賜爵封信成君從沛公攻緱氏絕河津破秦軍洛陽東從攻下宛穰定十七縣別將攻旬關漢書音義曰漢中旬陽縣音詢○索隱曰案在漢中旬陽縣旬水上之關定漢中項羽滅秦立沛公爲漢王漢王賜商爵信成君以將軍爲隴西都尉別將定北地正義曰寧州上郡正義曰鄜州破雍將軍焉氏音支○索隱曰烏音於然反氏音支縣名屬安定漢書云破章邯別將也○正義曰縣在涇州安定縣東四十里周類軍栒邑索隱曰栒邑在豳州地里志屬右扶風栒音荀蘇駔軍於泥陽徐廣曰駔一作騅○索隱曰北地縣名駔者龍馬也○正義曰故城在寧州羅川縣北三十一里泥谷水源出羅川縣東北泥陽源側有泉於泥中潛流二十餘步而流入泥谷又有泥陽湫在縣東北四十里賜

食邑武成六千戸正義曰縣在華州鄭縣東十三里以隴西都尉從擊項籍軍五月出鉅野與鍾離眛戰疾鬬受梁相國印益食邑四千戸以梁相國將從擊項羽二歲三月攻胡陵項羽既已死漢王爲帝其秋燕王臧荼反商以將軍從擊荼戰龍脫徐廣曰在燕趙之界駰案漢書音義曰地名○索隱曰其地闕先登陷陣破荼軍易下正義易州易縣卻敵遷爲右丞相賜爵列侯與諸侯剖符世世勿絕食邑涿五千戸正義曰涿幽州號曰涿侯以右丞相別定上谷正義曰嬀州因攻代受趙相國印以右丞相趙相國別與絳侯等定代鴈門得代丞相程縱守相郭同將軍已下至六百石十九人還以將軍爲太上皇衛一歲七月以右丞相擊陳豨殘東垣又以右丞相從高帝擊黥布攻其前拒徐廣曰一作和駰謂拒方陳拒音矩○索隱曰拒音巨鄒氏引左傳有左拒右拒徐云一作和和軍門也漢書作前垣小顏以爲攻其壁壘之垣也李奇以爲前鋒堅敵若垣牆非也陷兩陳得以破布軍更食曲周五千一百戸除前所食凡別破軍三降定郡六縣七十三得丞相守相大將各一人小將二人二千石已下至六百石十九人商事孝惠高后時商病不治文穎曰不能治官事其子寄字況索隱曰酈寄字也鄒氏本作兄亦音況與呂祿善及高后崩大臣欲

誅諸呂呂祿爲將軍軍於北軍太尉勃不得入
北軍於是乃使人劫酈商令其子況紿呂祿索隱
曰紿欺也詐也音待呂祿信之故與出游而太尉勃乃得入
據北軍遂誅諸呂是歲商卒謚爲景侯子寄代
侯天下稱酈況賣交也班固曰夫賣交者謂見利而忘義也若寄父爲功臣而又
執劫雖摧呂祿以安社稷誼存君親可也孝景前三年吳楚齊趙反上
以寄爲將軍圍趙城十月不能下得俞侯欒布
俞音紓〇索隱曰俞音歈縣名又音輸在河東自平齊來乃下趙城滅趙王
自殺除國孝景中二年寄欲取平原君爲夫人
蘇林曰景帝王皇后母臧兒也景帝怒下寄吏有罪奪侯景帝乃

以商他子堅封爲繆侯徐廣曰繆者更封邑名謚曰靖〇索隱曰繆音穆邑也漢書無謚
續酈氏後繆靖侯卒子康侯遂成立遂成
卒子懷侯世宗立徐廣曰世一作他世宗卒子侯終根立
爲太常坐法國除
汝陰侯正義曰汝陰即今陽城夏侯嬰沛人也爲沛廄司御
索隱曰案楚漢春秋云滕公爲御也每送使客還過沛泗上亭與高
祖語未嘗不移日也嬰已而試補縣吏與高祖
相愛高祖戲而傷嬰人有告高祖韋昭曰告白也白高祖傷人
高祖時爲亭長重坐傷人如淳曰爲吏傷人其罪重也告故不
傷嬰鄧展曰律有故乞鞫高祖自告不傷人〇索隱曰案晉灼云獄結竟呼囚鞫語罪狀囚若稱枉欲乞鞫者

許之也嬰證之後獄覆索隱曰案韋昭曰高帝自言不傷嬰嬰證之是獄辭翻覆也
嬰坐高祖繫歲餘掠笞數百終以是脫高祖高
祖之初與徒屬欲攻沛也嬰時以縣令史爲高
祖使上降沛一日正義曰上爲于僞反使所吏反又曰謂父老開城門迎高祖高祖
爲沛公賜嬰爵七大夫以爲太僕從攻胡陵嬰
與蕭何降泗水監平張晏曰胡陵平所止縣何嘗給之故與降也平以胡
陵降賜嬰爵五大夫從擊秦軍碭東攻濟陽下
戶牖破李由軍雍丘下以兵車趣攻戰疾賜爵
執帛常以太僕奉車從擊章邯軍東阿濮陽下
以兵車趣攻戰疾破之賜爵執珪復常奉車從

擊趙賁軍開封楊熊軍曲遇嬰從捕虜六十八
人降卒八百五十人得印一匱索隱曰案說文云匱匣也謂得其時
自相部署之印因復常奉車從擊秦軍雒陽東以兵車
趣攻戰疾賜爵封轉爲滕公徐廣曰令也駰案鄧展曰今沛郡公丘漢書曰
嬰爲滕令奉車故號滕公〇正義曰滕即公丘故城是在徐州滕縣西南十五里因復奉車從
攻南陽戰於藍田芷陽索隱曰芷音止地名今霸陵也在京兆縣以兵
車趣攻戰疾至霸上項羽至滅秦立沛公爲漢
王漢王賜嬰爵列侯號昭平侯復爲太僕從入
蜀漢還定三秦從擊項籍至彭城項羽大破漢
軍漢王敗不利馳去見孝惠魯元載之漢王急

馬罷虜在後常蹶兩兒欲棄之索隱曰蹶音厥又音巨月反一音居衛反漢書作蹶音撅嬰常收竟載之徐行面雍樹乃馳服虔曰高祖欲斬之故嬰圍樹走也面向樹也應劭云古者皆立乘嬰恐小兒隊去各置一面雍持之樹立也蘇林曰南陽人謂抱小兒爲雍樹面者大人以面首向臨之小兒抱大人頸似懸樹也○索隱曰蘇林與晉灼皆同今則無其言或當時有此說其應服之說蓋疎也漢王怒行欲斬嬰者十餘卒得脫而致孝惠魯元於豐漢王既至滎陽收散兵復振賜嬰食祈陽徐廣曰祈一作沂○索隱曰蓋鄉名也漢書作沂楚無其縣復常奉車從擊項籍追至陳卒定楚至魯益食茲氏索隱曰縣名也地理志屬太原漢王立爲帝其秋燕王臧荼反嬰以太僕從擊荼明年從至陳取楚王信更食汝陰

剖符世世勿絶以太僕從擊代至武泉雲中索隱曰地理志武泉屬雲中○正義曰二縣在朔州善陽縣界益食千戶因從擊韓信軍胡騎晉陽旁大破之追北至平城爲胡所圍七日不得通高帝使使厚遺閼氏冒頓開圍一角高帝出欲馳嬰固徐行弩皆持滿外向卒得脫益食嬰細陽千戶索隱曰地理志屬汝南復以太僕從擊胡騎句注北大破之以太僕擊胡騎平城南三陷陳功爲多賜所奪邑五百戶漢書音義曰時有罪過奪邑者以賜之以太僕擊陳豨黥布軍陷陳卻敵益食千戶定食汝陰六千九百戶除前所食嬰自上初

樊酈滕灌

起沛常爲太僕竟高祖崩以太僕事孝惠孝惠帝及高后德嬰之脫孝惠魯元於下邑之閒也正義曰宋州碭山縣乃賜嬰縣北第第一曰近我以尊異之孝惠帝崩以太僕事高后高后崩代王之來嬰以太僕與東牟侯入清宮廢少帝以天子法駕迎代王代邸與大臣共立爲孝文皇帝復爲太僕八歲卒謚爲文侯索隱曰案姚氏云三輔故事曰滕文公墓在飮馬橋東大道南俗謂之馬冢博物志曰公卿送嬰葬至東都門外馬不行掊地悲鳴得石槨有銘曰佳城鬱鬱三千年見白日于嗟滕公居此室乃葬之子夷侯竈立七年卒子共侯賜立三十一年卒子侯頗尚平陽公主立十九歲元鼎二

史記列傳三十五　十二

年坐與父御婢姦罪自殺國除

潁陰侯正義曰今陳州南潁縣西北十三里潁陰故城是灌嬰者睢陽販繒者也正義曰宋州宋城縣高祖之爲沛公略地至雍丘下章邯敗殺項梁而沛公還軍於碭嬰初以中涓從擊破東郡尉於成武及秦軍於扛里疾鬭賜爵七大夫從攻秦軍亳南開封曲遇戰疾力服虔曰疾攻之賜爵執帛號宣陵君從攻陽武以西至雒陽破秦軍尸北北絶河津南破南陽守齮陽城東遂定南陽郡西入武關戰於藍田疾力至霸上賜爵執珪號昌文君索隱曰亦稱宣陵君皆非爵土加美號耳沛公

立爲漢王拜嬰爲郎中從入漢中十月拜爲中謁者從還定三秦下櫟陽降塞王還圍章邯於廢丘未拔從東出臨晉關擊降殷王定其地擊項羽將龍且魏相項他軍走陶南疾戰破之賜嬰爵列侯號昌文侯食杜平鄉 索隱曰謂食杜縣之平鄉 復以中謁者從降下碭以至彭城項羽擊大破漢王漢王遁而西嬰從還軍於雍丘王武魏公申徒反 張晏曰秦將降爲公今反 從擊破之攻下黃 正義曰故城在曹州考城縣東二十四里 西收兵軍於滎陽楚騎來衆漢王乃擇軍中可爲車騎將者皆推故秦騎士重泉人 徐廣曰重泉屬馮翊○正義曰故城在同州蒲城縣東南四十五里 李必駱甲習騎兵今爲校尉可爲騎將 索隱曰必甲二人名也姚氏案漢紀桓帝延熹三年追録高祖功臣李必後黃門丞李遂爲晉陽關內侯也 漢王欲拜之必甲曰臣故秦民恐軍不信臣臣願得大王左右善騎者傅之 如淳曰傅音附猶言隨從者 灌嬰雖少然數力戰乃拜灌嬰爲中大夫令李必駱甲爲左右校尉將郎中騎兵擊楚騎於滎陽東大破之受詔別擊楚軍後絕其餉道起陽武至襄邑擊項羽之將項冠於魯下破之所將卒斬右司馬騎將各一人 張晏曰主右方之馬左亦如之 擊破柘公王武軍於燕西 徐廣曰柘屬陳○索隱曰案武柘縣令也○正義曰柘屬

淮陽國按滑州胙城本南燕國也 所將卒斬樓煩將伍人 李奇曰樓煩縣名其人善騎射故以名射士爲樓煩取其美稱未必樓煩人也張晏曰樓煩胡國名 連尹一人 張晏曰大夫楚官○索隱曰案左傳莫敖連尹宮厩尹是 擊王武別將桓嬰白馬下破之所將卒斬都尉一人以騎渡河南送漢王到雒陽使北迎相國韓信軍於邯鄲還至敖倉嬰遷爲御史大夫三年以列侯食邑杜平鄉以御史大夫受詔將郎中騎兵東屬相國韓信擊破齊軍於歷下所將卒虜車騎將軍華毋傷及將吏四十六人降下臨菑得齊守相田光追齊相田橫至嬴博破其騎所將卒斬騎將一人生得騎將四人攻下嬴博破齊將軍田吸於千乘所將卒斬吸東從韓信攻龍且留公於高密 索隱曰留縣令稱公旋其名高密縣名在北海漢書作假密假密地名不知所在未知孰是耳○正義曰留縣在沛郡公其令 卒斬龍且 文穎曰所將卒 生得右司馬連尹各一人樓煩將十人身生得亞將周蘭齊地已定韓信自立爲齊王使嬰別將擊楚將公杲於魯北破之轉南破薛郡長身虜騎將一人攻博陽前至下相以東南僮取慮徐 索隱曰取音秋慮音閭取又音趨僮徐是二縣取慮是一縣名 度淮盡降其城邑至廣陵 漢書音義曰住廣陵以禦敵○正義曰謂從下相以東南盡降城邑乃至廣陵皆平定也 項羽使項聲薛公郯公復定淮北

嬰度淮北擊破項聲郯公下邳正義曰郯音談東海縣斬薛公下下邳擊破楚騎於平陽索隱曰小顏云此平陽在東郡地理志太山有東平陽縣○正義曰南平陽縣城今兖州鄒縣也在兖州東南六十二里按鄒縣去徐州滕縣界四十餘里也遂降彭城虜柱國項佗降留薛沛酇蕭相攻苦譙正義曰戶焦二音復得亞將周蘭與漢王會頤鄉徐廣曰苦縣有頤鄉○索隱曰從音以之反從擊項籍軍於陳下破之所將卒斬樓煩將二人虜騎將八人賜益食邑二千五百戶項籍敗垓下去也嬰以御史大夫受詔將車騎別追項籍至東城正義曰縣在濠州定遠縣東南五十五里破之所將卒五人共斬項籍皆賜爵列侯降左右司馬各

一人卒萬二千人盡得其軍將吏下東城歷陽正義曰和州歷陽縣即今州城是也渡江破吳郡長吳下如淳曰雄長之長也○索隱曰下有郡守此長即令也如淳以為雄長非也○正義曰今蘇州也按如說非也吳郡長即吳郡守也一破吳郡長兵於吳城下而得吳郡守身也得吳守遂定吳豫章會稽郡還定淮北凡五十二縣漢王立為皇帝賜益嬰邑三千戶其秋以車騎將軍從擊破燕王臧荼明年從至陳取楚王信還剖符世世勿絕食潁陰二千五百戶號曰潁陰侯以車騎將軍從擊反韓王信於代至馬邑受詔別降樓煩以北六縣斬代左相破胡騎於武泉北正義曰縣名在朔州北二百二十里復從

擊韓信胡騎晉陽下所將卒斬胡白題將一人服虔曰胡名也受詔幷將燕趙齊梁楚車騎擊破胡騎於硰石服虔曰硰音沙○索隱曰劉氏音千卧反至平城為胡所圍從還軍東垣從擊陳豨受詔別攻豨丞相侯敞軍曲逆下破之卒斬敞及特將五人文頴曰特一之特也降曲逆盧奴上曲陽安國安平正義曰盧奴定州安喜縣是曲陽定州曲陽縣是安平定州安平縣攻下東垣黥布反呂車騎將軍先出攻布別將於相破之斬亞將樓煩將三人又進擊破布上柱國軍及大司馬軍又進破布別將肥誅徐廣曰一作銖○索隱曰案漢書作肥銖嬰身生得左司馬一人所將

卒斬其小將十人追北至淮上益食二千五百戶布已破高帝歸定令嬰食潁陰五千戶除前所食邑凡從得二千石二人別破軍十六降城四十六定國一郡二縣五十二得將軍二人柱國相國各一人二千石十人嬰自破布歸高帝崩嬰以列侯事孝惠帝及呂太后太后崩呂祿等以趙王自置為將軍軍長安為亂齊哀王聞之舉兵西且入誅不當為王者上將軍呂祿聞之乃遣嬰為大將將軍往擊之嬰行至滎陽乃與絳侯等謀因屯兵滎陽風齊王以誅呂氏事

正義曰風方鳳反齊兵止不前絳侯等既誅諸呂齊王罷兵歸嬰亦罷兵自滎陽歸與絳侯陳平共立代王為孝文皇帝孝文皇帝於是益封嬰三千戶賜黃金千斤拜為太尉三歲絳侯勃免相就國嬰為丞相罷太尉官是歲匈奴大入北地上郡令丞相嬰將騎八萬五千往擊匈奴匈奴去濟北王反詔乃罷嬰之兵後歲餘嬰以丞相卒諡曰懿侯子平侯阿代侯二十八年卒子彊代侯十二年彊有罪絕二歲元光三年天子封灌嬰孫賢為臨汝侯續灌氏後八歲坐行賕有罪國除

太史公曰吾適豐沛問其遺老觀故蕭曹樊噲滕公之家及其素異哉所聞方其鼓刀屠狗賣繒之時豈自知附驥之尾垂名漢廷德流子孫哉余與他廣通為言高祖功臣之興時若此云索隱曰案他廣樊噲之孫後失封蓋嘗訏太史公序蕭曹樊滕之功悉具則從他廣而得其事故備也

索隱述贊曰

聖賢影響　雲蒸龍變　屠狗販繒
攻城野戰　扶義西上　受封南面
酈況賣交　舞陽內援　滕灌更王

弈葉繁衍

樊酈滕灌列傳第三十五　史記九十五

張丞相列傳第三十六　史記九十六

張丞相蒼者陽武人也索隱曰案縣名屬陳留正義曰鄭州陽武縣也好書律曆秦時爲御史主柱下方書如淳曰方版也謂書事在版上者也秦以上置柱下史蒼爲御史主其事或曰四方文書○索隱曰周秦皆有柱下史謂御史也所掌及侍立恒在殿柱之下故老聃爲周柱下史今蒼在秦代亦居斯職方書者方板謂小事書之於板也或曰主四方文書也姚氏以爲下云明習天下圖書計籍主郡上計則方爲四方文書是也有罪亡歸及沛公略地過陽武蒼以客從攻南陽蒼坐法當斬解衣伏質索隱曰小顏云質鍖也身長大肥白如瓠時王陵見而怪其美士乃言沛公赦勿斬遂從西入武關至咸陽沛公立爲漢王入漢中還定三秦陳餘擊走常山王張耳耳歸漢漢乃以張蒼爲常山守從淮陰侯擊趙蒼得陳餘趙地已平漢王以蒼爲代相備邊寇已而徙爲趙相相趙王耳耳卒相趙王敖復徙相代王燕王臧荼反高祖往擊之蒼以代相從攻臧荼有功以六年中封爲北平侯食邑千二百戶遷爲計相文穎曰能計故號曰計相一月更以列侯爲主計四歲張晏曰以列侯典校郡國簿書如淳曰以其所主因以爲官號與計相同時所卒立非久施也○索隱曰謂改計相之名更名主計也此蓋權時立號也是時蕭何爲相國而張蒼乃自秦時爲柱下史明習天下圖書計籍蒼又善用筭律曆故令蒼以列侯居相

府領主郡國上計者黥布反亡漢立皇子長爲淮南王而張蒼相之十四年遷爲御史大夫

周昌者沛人也其從兄曰周苛秦時皆爲泗水卒史及高祖起沛擊破泗水守監於是周昌周苛自卒史從沛公沛公以周昌爲職志徐廣曰主旗幟之屬○索隱曰官名也職主也志旗幟也謂掌旗幟之官也音昌志反周苛爲客張晏曰爲帳下賓客不掌官從入關破秦沛公立爲漢王以周苛爲御史大夫周昌爲中尉漢王四年楚圍漢王滎陽急漢王遁出去而使周苛守滎陽城楚破滎陽城欲令周苛將苛罵曰若趣降漢王不然今爲虜矣項羽怒亨周苛徐廣曰四年三月也於是乃拜周昌爲御史大夫常從擊破項籍以六年中與蕭曹等俱封封周昌爲汾陰侯周苛子周成以父死事封爲高景侯徐廣曰元年封封三十九年文帝後元四年謀反死國除昌爲人彊力敢直言自蕭曹等皆卑下之昌嘗燕時入奏事漢書音義曰以上宴時入奏事高帝方擁戚姬昌還走高帝逐得騎周昌項問曰我何如主也昌仰曰陛下即桀紂之主也於是上笑之然尤憚周昌及帝欲廢太子而立戚姬子如意爲太子大臣固爭之莫能得上以留侯策即止而周昌廷爭之

彊上問其說昌為人吃又盛怒曰臣口不能言然臣期期知其不可〔正義曰期以口吃每語故重言期期也〕陛下雖欲廢太子臣期期不奉詔上欣然而笑既罷呂后側耳於東箱聽〔韋昭曰正殿東堂也○索隱曰小顏云正寢之東西室皆號曰箱言似箱篋之形〕見周昌為跪謝曰微君太子幾廢〔索隱曰幾鉅依反〕是後戚姬子如意為趙王年十歲高祖憂即萬歲之後不全也趙堯年少為符璽御史趙人方與公〔孟康曰方與縣名公其號 瓚曰方與縣令也〕謂御史大夫周昌曰君之史趙堯年雖少然奇才也君必異之是且代君之位周昌笑曰堯年少刀筆吏耳〔正義曰古用簡牘書有錯謬以刀削之故曰刀筆吏〕何能至是乎居頃之趙堯侍高祖高祖獨心不樂悲歌群臣不知上之所以然趙堯進請問曰陛下所為不樂非為趙王年少而戚夫人與呂后有郤邪備萬歲之後而趙王不能自全乎高祖曰然吾私憂之不知所出〔索隱曰謂不知其計所出也〕堯曰陛下獨宜為趙王置貴彊相及呂后太子群臣素所敬憚乃可高祖曰然吾念之欲如是而群臣誰可者堯曰御史大夫周昌其人有堅忍質直且自呂后太子及大臣皆素敬憚之獨昌可高祖曰善於是乃召周昌謂曰吾欲固煩

公公彊為我相趙王〔正義曰相談世論云使周相趙不如使取呂后家善事呂后則如意無斃也〕周昌泣曰臣初起從陛下陛下獨奈何中道而棄之於諸侯乎高祖曰吾極知其左遷〔索隱曰諸侯王表有左官之律韋昭以為左猶下也禁不得下仕於諸王也然地道尊右右貴左賤故謂貶秩為左遷他皆此類〕然吾私憂趙王念非公無可者公不得已彊行於是徙御史大夫周昌為趙相既行久之高祖持御史大夫印弄之曰誰可以為御史大夫者孰視趙堯曰無以易堯遂拜趙堯為御史大夫〔徐廣曰十年也〕堯亦前有軍功食邑及以御史大夫從擊陳豨有功封為江邑侯〔徐廣曰十一年〕高祖崩呂太后使使召趙王其相周昌令王稱疾不行使者三反周昌固為不遣趙王於是高后患之乃使使召周昌周昌至謁高后高后怒而罵周昌曰爾不知我之怨戚氏乎而不遣趙王何昌既徵高后使使召趙王趙王果來至長安月餘飲藥而死周昌因謝病不朝見三歲而死〔徐廣曰謚悼也○索隱曰漢書列傳及表咸言周昌謚悼韋昭云或謚惠非也漢書又曰傳子至孫意有罪國除景帝復封昌孫左車為安陽侯有罪國除〕後五歲〔正義曰高后之年〕高后聞御史大夫江邑侯趙堯高祖時定趙王如意之畫乃抵堯罪〔徐廣曰呂后元年國除〕以廣阿侯任敖為御史大夫

任敖者，故沛獄吏。高祖嘗辟吏（正義曰上音避），吏繫呂后，遇之不謹。任敖素善高祖，怒，擊傷主呂后吏。及高祖初起，敖以客從為御史，守豐二歲。高祖立為漢王，東擊項籍，敖遷為上黨守。陳豨反時，敖堅守，封為廣阿侯，食千八百戶。高后時為御史大夫。三歲免（徐廣曰文帝二年任敖卒諡懿侯曾孫越人元鼎二年為太常坐酒酸國除駰案漢書任敖孝文元年薨徐誤也○索隱曰皆徐氏據漢書為記而誤云二年裴駰又引任安書證為得其實○正義曰按史記書表云孝文二年卒漢表又云封九十年卒計高祖十一年封到文帝二年則十九年矣而漢書誤裴氏不考乃云徐誤何其貳過也），以平陽侯曹窋為御史大夫。高后崩，不與大臣共誅呂祿等，免，以淮南相張蒼為御史大夫。蒼與絳侯等尊立代王為孝文皇帝。四年，丞相灌嬰卒，張蒼為丞相。自漢興至孝文二十餘年，會天下初定，將相公卿皆軍吏。張蒼為計相時，緒正律曆（文穎曰緒尋也或曰緒業也）。以高祖十月始至霸上，因故秦時本以十月為歲首，弗革。推五德之運，以為漢當水德之時，尚黑如故（正義曰姚察云蒼是秦人猶用推五勝之法以周赤烏為火漢勝火以水也）。吹律調樂，入之音聲，及以比定律令（如淳曰比謂五音清濁各有所比也以定十二月律之法令於樂官使長行之瓚曰謂以比故取類以定法律與條令也○正義曰比音鼻或音必復反謂比方也）。若百工，天下作程品（如淳曰若順也百工為器物皆有尺寸斤兩皆使得宜此之謂順晉灼曰若頻及之辭○索隱曰晉灼說為得）。至

於為丞相，卒就之，故漢家言律曆者本之張蒼。蒼本好書，無所不觀，無所不通，而尤善律曆（漢書曰著書十八篇言陰陽律曆事）。張蒼德王陵。王陵者，安國侯也。及蒼貴，常父事王陵。陵死後，蒼為丞相，洗沐，常先朝陵夫人上食，然後敢歸家。蒼為丞相十餘年，魯人公孫臣上書言漢土德時，其符有黃龍當見。詔下其議張蒼，張蒼以為非是，罷之。其後黃龍見成紀，於是文帝召公孫臣以為博士，草土德之曆制度，更元年。張丞相由此自絀，謝病稱老。蒼任人為中候（張晏曰所選保任者也瓚曰中候官名），大為姦利，上以讓蒼，蒼遂病免。蒼為丞相十五歲而免。孝景前五年，蒼卒，謚為文侯。子康代侯，八年卒。子類（徐廣曰一作顒音隤）代為侯，八年，坐臨諸侯喪後就位不敬，國除（索隱曰案漢書云傳子至孫類有罪國除今此文康代八年卒子顒代侯則顒即類與漢書略同也）。

初，張蒼父長不滿五尺，及生蒼，蒼長八尺餘，為侯、丞相。蒼子復長（漢書云長八尺）。及孫類，長六尺餘，坐法失侯。蒼之免相後，老，口中無齒，食乳，女子為乳母。妻妾以百數，嘗孕者不復幸。蒼年百有餘歲而卒。

申屠丞相嘉者，梁人，以材官蹶張（徐廣曰勇健有材力開張駰案

如淳曰材官之多力能腳蹋強弩張之故曰蹶張律有蹶張士○索隱曰孟康曰主張強弩蹶音其月反漢令曰蹶張士百人也從高帝擊項籍遷為隊率索隱曰所類反從擊黥布軍為都尉孝惠時為淮陽守孝文帝元年舉故吏士二千石從高皇帝者悉以為關內侯食邑二十四人而申屠嘉食邑五百戶張蒼已為丞相嘉遷為御史大夫張蒼免相徐廣曰後二年八月孝文帝欲用皇后弟竇廣國為丞相曰恐天下以吾私廣國廣國賢有行故欲相之念久之不可而高帝時大臣又皆多死餘見無可者乃以御史大夫嘉為丞相因故邑封為故安侯正義曰今易州界武

陽城中東南闕故城是也嘉為人廉直門不受私謁是時太中大夫鄧通方隆愛幸賞賜累巨萬文帝嘗燕飲通家其寵如是是時丞相入朝而通居上傍有怠慢之禮丞相奏事畢因言曰陛下愛幸臣則富貴之至於朝廷之禮不可以不肅上曰君勿言吾私之罷朝坐府中嘉為檄召鄧通詣丞相府不來且斬通通恐入言文帝文帝曰汝第往吾今使人召若通至丞相府免冠徒跣頓首謝嘉坐自如故不為禮責曰夫朝廷者高皇帝之朝廷也通小臣戲殿上大不敬當斬吏今行斬

之如淳曰嘉語其吏曰今便行斬之通頓首首盡出血不解文帝度丞相已困通使使者持節召通而謝丞相曰此吾弄臣君釋之鄧通既至為文帝泣曰丞相幾殺臣嘉為丞相五歲孝文帝崩孝景帝即位二年鼂錯為內史貴幸用事諸法令多所請變更議以謫罰侵削諸侯而丞相嘉自絀所言不用疾錯錯為內史門東出不便更穿一門南出南出者太上皇廟堧垣服虔曰宮外垣也如淳曰堧音畏愞之愞○索隱曰堧音乃喚反韋昭音而緣反又音輭嘉聞之欲因此以法錯擅穿宗廟垣為門奏請誅錯錯客有語錯錯恐夜入宮上

謁自歸景帝正義曰自歸帝首露至朝丞相奏請誅內史錯景帝曰錯所穿非真廟垣乃外堧垣故他官居其中索隱曰漢書作冗官謂散官且又我使為之錯無罪罷朝嘉謂長史曰吾悔不先斬錯乃先請之為錯所賣至舍因歐血而死謚為節侯子共侯蔑代三年卒子侯去病代三十一年卒徐廣曰一本無此去病而云共侯蔑三十二年子臾改封靖安侯子侯臾代六歲坐為九江太守受故官送有罪國除自申屠嘉死之後景帝時開封侯陶青桃侯劉舍為丞相徐廣曰陶青高祖功臣陶舍之子也謚夷劉舍本項氏親也賜姓劉氏父襄佐高祖有功舍謚哀侯及今上時柏至侯許

昌（徐廣曰高祖功臣許溫之孫謚哀侯）平棘侯薛澤（徐廣曰高祖功臣廣平侯薛歐之孫）
（平棘節侯薛澤）武彊侯莊青翟（徐廣曰高祖功臣莊不識之孫）高陵侯趙
周（徐廣曰周父夷吾為楚王戊太傅諫爭而死）等為丞相皆以列侯繼
嗣娖娖（徐廣曰娖音七角反一作斷一作齺○索隱曰娖音側角反小顏云持整之皃漢書作齺齺音初角反斷音都亂反義如尚書斷斷猗無他技）廉謹為丞相備員而已無所
能發明功名有著於當世者
太史公曰張蒼文學律曆為漢名相而絀賈生
公孫臣等言正朔服色事而不遵明用秦之顓
頊曆何哉（張晏曰不考經典專用顓頊曆何哉）周昌木彊人也（正義曰言其質
直樞強如木石焉）任敖以舊德用（張晏曰謂傷荢呂后吏）申屠嘉可

謂剛毅守節矣然無術學殆與蕭曹陳平異矣
孝武時丞相多甚不記莫錄其行起居狀略且
紀征和以來有車丞相長陵人也（名千秋）卒而有
韋丞相代（索隱曰自車千秋已下皆褚先生等所記然丞相傳都省略漢書則備）
韋丞相賢者魯人也以讀書術為吏至大鴻臚
有相工相之當至丞相有男四人使相工相之
至第二子其名玄成相工曰此子貴當封韋丞
相言曰我即為丞相有長子是安從得之後竟
為丞相病死而長子有罪論不得嗣而立玄成
玄成時佯狂不肯立竟立之有讓國之名後坐

騎至廟不敬有詔奪爵一級為關內侯失列侯
得食其故國邑韋丞相卒有魏丞相代
魏丞相相者濟陰人也以文吏至丞相其人好
武皆令諸吏帶劒帶劒前奏事或有不帶劒者
當入奏事至乃借劒而敢入奏事其時京兆尹
趙君（名廣漢）丞相奏以免罪使人執魏丞相欲求
脫罪而不聽復使人脅恐魏丞相以夫人賊殺
侍婢事而私獨奏請驗之發吏卒至丞相舍捕
奴婢笞擊問之實不以兵刃殺也而丞相司直
繁君（索隱曰繁姓也音婆）奏京兆尹趙君迫脅丞相誣以

夫人賊殺婢發吏卒圍捕丞相舍不道又得擅
屏騎士事趙京兆坐要斬又有使掾陳平等劾
中尚書疑以獨擅劫事而坐之大不敬長史以
下皆坐死或下蠶室而魏丞相竟以丞相病死
子嗣後坐騎至廟不敬有詔奪爵一級為關內
侯失列侯得食其故國邑魏丞相卒以御史大
夫邴吉代
邴丞相吉者魯國人也以讀書好法令至御史
大夫孝宣帝時以有舊故封為列侯而因為丞
相明於事有大智後世稱之以丞相病死子顯

嗣後坐騎至廟不敬有詔奪爵一級失列侯得
食故國邑顯爲吏至大僕坐官耗亂身及子男
有姦贓免爲庶人邴丞相卒黄丞相代長安中
有善相工田文者與韋丞相魏丞相邴丞相微
賤時會於客家田文言曰今此三君者皆丞相
也其後三人竟更相代爲丞相何見之明也
黄丞相霸者淮陽人也以讀書爲吏至潁川太
守治潁川以禮義條教喻告化之犯法者風曉
令自殺化大行名聲聞孝宣帝下制曰潁川太
守霸以宣布詔令治民道不拾遺男女異路獄

中無重囚賜爵關内侯黄金百斤徵爲京兆尹
而至丞相復以禮義爲治以丞相病死子嗣後
爲列侯黄丞相卒以御史大夫于定國代于丞
相已有廷尉傳在張廷尉語中于丞相去御史
大夫韋玄成代
韋丞相玄成者即前韋丞相子也代父後失列
侯其人少時好讀書明於詩論語爲吏至衛尉
徙爲太子太傅御史大夫薛君免名廣德也爲御史
大夫于丞相乞骸骨免而爲丞相因封故邑爲
扶陽侯數年病死孝元帝親臨喪賜賞甚厚子

嗣後其治容容隨世俗浮沉而見謂諂巧而相
工本謂之當爲侯代父而後失之復自游宦而
起至丞相父子俱爲丞相世間美之豈不命哉
相工其先知之韋丞相卒御史大夫匡衡代
丞相匡衡者東海人也好讀書從博士受詩家
貧衡傭作以給食飲才下數射策不中至九乃
中丙科其經以不中科故明習補平原文學卒
史數年郡不尊敬御史徵之以補百石屬薦爲
郎而補博士拜爲太子少傅而事孝元帝孝元
好詩而遷爲光祿勳居殿中爲師授教左右而

縣官坐其旁聽甚善之日以尊貴御史大夫鄭
弘坐事免而匡君爲御史大夫歲餘韋丞相死
匡君代爲丞相封樂安侯以十年之間不出長
安城門而至丞相豈非遇時而命也哉深惟士
之游宦所以至封侯者微甚徐廣曰微一作徵然多至御
史大夫即去者諸爲大夫而丞相次也其心冀
幸丞相物故也高堂隆荅魏朝訪曰物無也故事也言無復所能於事或乃陰
私相毀害欲代之然守之日久不得或爲之日
少而得之至于封侯眞命也夫御史大夫鄭君
守之數年不得匡君居之未滿歲而韋丞相死

即代之矣豈可以智巧得哉多有賢聖之才困戹不得者衆甚也索隱曰案此論匡衡已來事則後人所述也或亦稱太史公其序述淺陋一何誣也

索隱述贊曰

張蒼主計　天下作程　孫臣始紬
秦曆尚行　御史亞相　相國阿衡
申屠面折　周子廷爭　其他娖娖
無所發明

張丞相列傳第三十六　史記九十六

酈生陸賈列傳第三十七　史記九十七

酈生食其者 正義曰曆異幾二音也 陳留高陽人也 徐廣曰今在圉縣○索隱曰案高陽屬陳留圉縣高陽鄉名也故耆舊傳云食其圉高陽鄉人○正義曰陳留風俗傳云高陽在雍丘西南括地志云圉城在汴州雍丘縣西南食其墓在雍丘西南二十八里蓋謂此也 好讀書家貧落魄無以爲衣食業 應劭曰落魄志行衰惡之皃也晉灼曰落薄落託義同也○索隱曰案鄭氏云魄音薄 爲里監門吏 正義曰監音甲衫反戰國策云王蠋對齊宣曰夫監門閭里士之賤也 然縣中賢豪不敢役縣中皆謂之狂生及陳勝項梁等起諸將徇地 正義曰徇略也 過高陽者數十人酈生聞其將皆握齱 應劭曰握齱急促之皃○索隱曰應劭云齱音若促鄒氏音鹿角反韋昭云握齱小節也 好苛禮 索隱曰案苛亦作荷賈逵云苛煩也小顏云苛細也 自用不能聽大度之言酈生乃深自藏匿後聞沛公將兵略地陳留郊沛公麾下騎士適酈生里中子也 服虔曰食其里中子適作沛公騎士○索隱曰適音釋服虔蘇林皆云沛公騎士適是食其里中人案言適近作騎士也 沛公時時問邑中賢士豪俊騎士歸酈生見謂之曰吾聞沛公慢而易人多大略此眞吾所願從游莫爲我先 索隱曰案先謂先容言無人爲我作紹介也○正義曰爲于偽反 若見沛公謂曰臣里中有酈生年六十餘長八尺人皆謂之狂生生自謂我非狂生騎士曰沛公不好儒諸客冠儒冠來者沛公輒解其冠溲溺其中 索隱曰溲所由反溺乃弔反亦如字溲即溺也 與人言常大罵未

可以儒生說也酈生曰弟言之騎士從容言如酈生所誡者沛公至高陽傳舍 徐廣曰二世三年二月 使人召酈生酈生至入謁沛公方倨牀使兩女子洗足 索隱曰按樂彥云踞牀曰倨 而見酈生酈生入則長揖不拜曰足下欲助秦攻諸侯乎且欲率諸侯破秦也沛公罵曰豎儒 索隱曰案豎者僮僕之稱沛公輕之以比奴豎故曰豎儒 夫天下同苦秦久矣故諸侯相率而攻秦何謂助秦攻諸侯乎酈生曰必聚徒合義兵誅無道秦不宜倨見長者於是沛公輟洗起攝衣 正義曰攝斂著也 延酈生上坐謝之酈生因言六國從橫時沛公喜賜酈生食問曰計將安出酈生曰足下起糾合之衆 一作烏合一作瓦合 收散亂之兵不滿萬人欲以徑入彊秦此所謂探虎口者也夫陳留天下之衝四通五達之郊也 如淳曰四面中央凡五達也瓚曰四通五達言無險阻 今其城又多積粟臣善其令 正義曰言食其與陳留縣令相善也 請得使之令下 正義曰令力征反下謂降之也 足下即不聽足下舉兵攻之臣爲內應於是遣酈生行沛公引兵隨之遂下陳留號酈食其爲廣野君酈生言其弟酈商使將數千人從沛公西南略地酈生常爲說客馳使諸侯漢三年秋項羽擊漢拔滎陽漢兵遁

保鞏洛楚人閒淮陰侯破趙彭越數反梁地則分兵救之淮陰方東擊齊漢王數困滎陽成皐計欲捐成皐以東屯鞏洛以拒楚酈生因曰臣聞知天之天者王事可成不知天之天者王事不可成王者以民人爲天而民人以食爲天索隱曰案此語出管子夫敖倉天下轉輸久矣臣聞其下廼有藏粟甚多楚人拔滎陽不堅守敖倉廼引而東令適卒分守成皐索隱曰適音直革反案通俗文云罰罪云云即所謂讁戍又音陟革反卒音租忽反此乃天所以資漢也方今楚易取而漢反却自奪其便索隱曰以言不取敖倉是漢却自奪其便利

臣竊以爲過矣且兩雄不俱立楚漢久相持不決百姓騷動海內搖蕩農夫釋耒工女下機索隱曰案謂女工工巧也漢書作紅音功天下之心未有所定也願足下急復進兵收取滎陽據敖倉之粟正義曰敖倉在鄭州滎陽縣四十五里石門之東北臨汴水南帶三皇山秦時置倉於敖山上故名敖倉塞成皐之險正義曰即汜水縣山杜大行之道韋昭曰在河內野王北也距蜚狐之口如淳曰上黨壺關也案蜚狐在代郡西南○正義曰按蔚州飛狐縣北百五十里有秦漢故郡城西南有山俗號飛狐口也守白馬之津以示諸侯效實形制之勢則天下知所歸矣方今燕趙已定唯齊未下今田廣據千里之齊田閒將二十萬之衆軍

於歷城諸田宗彊負海阻河濟南近楚人多變詐足下雖遣數十萬師未可以歲月破也臣請得奉明詔說齊王使爲漢而稱東藩上曰善廼從其畫復守敖倉而使酈生說齊王曰王知天下之所歸乎王曰不知也曰王知天下之所歸則齊國可得而有也若不知天下之所歸即齊國未可得保也齊王曰天下何所歸曰歸漢曰先生何以言之曰漢王與項王戮力西面擊秦約先入咸陽者王之漢王先入咸陽項王負約不與而王之漢中項王遷殺義帝漢王聞之起

蜀漢之兵擊三秦出關而責義帝之處收天下之兵立諸侯之後降城即以侯其將得賂即以分其士與天下同其利豪英賢才皆樂爲之用諸侯之兵四面而至蜀漢之粟方船而下索隱曰案方船謂並舟也戰國策云方船積粟循江而下也項王有倍約之名殺義帝之負於人之功無所記於人之罪無所忘戰勝而不得其賞拔城而不得其封非項氏莫得用事爲人刻印刓而不能授孟康曰刓斷無復廉鍔也瓚曰項羽吝於爵賞玩惜侯印不能以封其人也○索隱曰刓音五官反案郭象注莊子云立法而刓斷無圭角漢書作玩言玩惜不忍授人攻城得賂積而不能賞天下畔之賢才怨之而莫

為之用故天下之士歸於漢王可坐而策也夫
漢王發蜀漢定三秦涉西河之外援上黨之兵
正義曰援音爰 下井陘誅成安君破北魏舉三十二城
索隱曰北魏謂魏豹豹在河北故也亦謂之西魏以大梁在河南故也 此蚩尤之兵也非
人之力也天之福也今已據敖倉之粟塞成皐
之險守白馬之津杜太行之阪距蜚狐之口天
下後服者先亡矣王疾先下漢王齊國社稷可
得而保也不下漢王危亡可立而待也田廣以
為然迺聽酈生罷歷下兵守戰備與酈生日縱
酒淮陰侯聞酈生伏軾下齊七十餘城迺夜度

兵平原襲齊齊王田廣聞漢兵至以為酈生賣
己迺曰汝能止漢軍我活汝不然我將亨汝酈
生曰舉大事不細謹盛德不辭讓而公不為若
更言齊王遂亨酈生引兵東走漢十二年曲周
侯酈商以丞相將兵擊黥布有功高祖舉列侯
功臣思酈食其酈食其子疥數將兵功未當
侯上以其父故封疥為高梁侯後更食武遂嗣
三世 索隱曰疥音界地里志武遂屬河間案漢書作武陽子遂衍字誤也 元狩元年中武
遂侯平 正義曰年表云卒子敵嗣卒子平嗣元年有罪國除而漢書云更食武陽子遂嗣恐漢書誤也 坐
詐詔衡山王取百斤金當棄市病死國除也

陸賈者楚人也 索隱曰案陳留風俗傳云陸氏春秋時陸渾國之後晉侯伐之故陸渾子奔楚
賈其後又陸氏譜云武宣公支子達食菜於陸鄉號曰陸侯達生發發生皐適楚賈其孫也 以客從高
祖定天下名為有口辯士居左右常使諸侯及
高祖時中國初定尉他平南越因王之 索隱曰趙他為南越
尉故曰尉他他音駞 高祖使陸賈賜尉他印為南越王陸生
至尉他魋結 服虔曰魋音椎今兵士椎頭結○索隱曰魋直追反結音計謂為髻一撮以椎而結之故
字從結且案其魋結二字依字讀之亦通謂夷人本被髮左衽今他同其風俗但魋其髮而結之也 箕倨見
陸生陸生因進說他曰足下中國人親戚昆弟
墳墓在真定 索隱曰趙地也本名東垣屬常山 今足下反天性棄
冠帶欲以區區之越與天子抗衡為敵國 索隱曰案

崔浩云抗對也衡車軛上橫木也抗衡言兩衡相對拒衡不相避下也 禍且及身矣且夫
秦失其政諸侯豪桀並起唯漢王先入關據咸
陽項羽倍約自立為西楚霸王諸侯皆屬可謂
至彊然漢王起巴蜀鞭笞天下劫略諸侯遂誅
項羽滅之五年之間海內平定此非人力天之
所建也天子聞君王王南越不助天下誅暴逆
將相欲移兵而誅王天子憐百姓新勞苦故且
休之遣臣授君王印剖符通使君王宜郊迎北
面稱臣迺欲以新造未集之越屈彊於此漢誠
聞之掘燒王先人冢夷滅宗族使一偏將將十

萬衆臨越則越殺王降漢如反覆手耳於是尉他迺蹶然起坐索隱曰蘇林音厥禮記子夏蹶然而起埤蒼云蹶起也謝陸生曰居蠻夷中久殊失禮義因問陸生曰我孰與蕭何曹參韓信賢陸生曰王似賢復曰我孰與皇帝賢陸生曰皇帝起豐沛討暴秦誅彊楚為天下興利除害繼五帝三皇之業統理中國中國之人以億計地方萬里居天下之膏腴人衆車轝萬物殷富政由一家自天地剖泮未始有也今王衆不過數十萬皆蠻夷崎嶇山海閒譬若漢一郡王何迺比於漢尉他大笑曰吾不起

中國故王此使我居中國何渠不若漢渠音詎○索隱曰漢書作遽字小顏以為有何迫促而不如漢也迺大說陸生留與飲數月曰越中無足與語至生來令我日聞所不聞賜陸生橐中裝直千金張晏曰珠玉之寶也裝裹也○索隱曰橐音托案如淳云以為明月珠之屬又案詩傳曰大曰橐小曰囊裹埤蒼云有底曰囊無底曰橐謂以寶物裝裹以入囊橐也他送亦千金蘇林曰非橐中物故曰他送也陸生卒拜尉他為越王令稱臣奉漢約歸報高祖大悅拜賈為太中大夫陸生時時前說稱詩書高帝罵之曰迺公居馬上而得之安事詩書陸生曰居馬上得之寧可以馬上治之乎且湯武逆取而以順守之文武並用

長久之術也昔者吳王夫差智伯極武而亡秦任刑法不變卒滅趙氏趙氏秦姓也○索隱曰案韋昭云秦伯翳後與趙同出非廉造父有功周繆王封之趙由此一姓趙氏鄉使秦已并天下行仁義法先聖陛下安得而有之高帝不懌而有慙色迺謂陸生曰試為我著秦所以失天下吾所以得之者何及古成敗之國陸生迺粗述存亡之徵凡著十二篇每奏一篇高帝未嘗不稱善左右呼萬歲號其書曰新語正義曰七錄云新語二卷陸賈撰也孝惠帝時呂太后用事欲王諸呂畏大臣有口者陸生自度不能爭之迺病免家居以好畤田地善正義

曰畤音止雍州縣也可以家焉有五男迺出所使越得橐中裝賣千金正義曰漢制一金直千貫分其子子二百金令為生產陸生常安車駟馬從歌舞鼓琴瑟侍者十人寶劍直百金謂其子曰與汝約徐廣曰汝一作迺公過汝汝給吾人馬酒食極欲十日而更所死家得寶劍車騎侍從者一歲中往來過他客率不過再三過索隱曰率音律過音戈其下過字音光卧反數見不鮮索隱曰音朔現數見謂時時來見汝也不鮮言必令鮮美作食莫令見不鮮之物也漢書作數擊鮮如淳云新殺曰鮮也無久慁公為也韋昭曰慁汙辱○索隱曰慁患也迺公賈自謂也言汝諸子毋久慁患迺公也呂太后時王諸呂諸呂擅權欲劫少主危劉氏右丞相陳

平患之力不能爭恐禍及已常燕居深念陸生往請漢書音義曰請若問起居直入坐而陳丞相方深念不時見陸生索隱曰深念深思之也陸生曰何念之深也陳平曰生揣我何念孟康曰揣度也韋昭曰揣音初委反陸生曰足下位為上相食三萬戶侯索隱曰案陳平傳食戶五千以曲逆秦時有三萬戶恐復業至此故稱也可謂極富貴無欲矣然有憂念不過患諸呂少主耳陳平曰然為之奈何陸生曰天下安注意相天下危注意將將相和調則士務附士務附徐廣曰務一作豫天下雖有變即權不分為社稷計在兩君掌握耳臣常欲謂太尉絳侯絳侯與我戲易吾言君何不交驩太尉深相結為陳平畫呂氏數事陳平用其計迺以五百金為絳侯壽厚具樂飲太尉亦報如之此兩人深相結則呂氏謀益衰陳平迺以奴婢百人車馬五十乘錢五百萬遺陸生為飲食費陸生以此游漢廷公卿間名聲藉甚漢書音義曰言狼藉甚盛及誅諸呂立孝文帝陸生頗有力焉孝文帝即位欲使人之南越陳丞相等乃言陸生為太中大夫往使尉他令尉他去黃屋稱制令比諸侯皆如意旨語在南越語中陸生竟以壽終

平原君朱建者楚人也故嘗為淮南王黥布相有辠去後復事黥布布欲反時問平原君平原君止之布不聽而聽梁父侯遂反索隱曰梁父侯史失名如淳注漢書云遂布臣非也臣瓚曰布不用梁父侯計遂反耳其說是也漢已誅布聞平原君諫不與謀正義曰上音預得不誅語在黥布語中黥布列傳無此語平原君為人辯有口刻廉剛直家於長安行不苟合義不取容辟陽侯行不正得幸呂太后時辟陽侯欲知平原君平原君不肯見及平原君母死陸生素與平原君善過之平原君家貧未有以發喪索隱曰案劉氏云謂欲葬時須啓發殯宮故云發喪也方假貸服具陸生令平原君發喪陸生往見辟陽侯賀曰平原君母死辟陽侯曰平原君母死何乃賀我乎陸賈曰前日君侯欲知平原君平原君義不知君以其母故張晏曰相知當同恤災危母在不知君○索隱曰案崔浩云建以母在義不以身許人也今其母死君誠厚送喪則彼為君死矣辟陽侯乃奉百金往稅韋昭曰衣服曰稅稅當為禭○索隱曰案說文稅贈終服也禭音式芮反亦音遂列侯貴人以辟陽侯故往稅凡五百金辟陽侯幸呂太后人或毀辟陽侯於孝惠帝孝惠帝大怒下吏欲誅之呂太后慚不可以言大臣多害辟陽侯行欲遂誅之辟陽侯急因使

人欲見平原君平原君辭曰獄急不敢見君廼求見孝惠幸臣閎籍孺索隱曰按佞幸傳云高祖時有籍孺孝惠時有閎孺今揔言閎籍孺誤也說之曰君所以得幸帝天下莫不聞今辟陽侯幸太后而下吏道路皆言君讒欲殺之今日辟陽侯誅旦日太后含怒亦誅君何不肉袒爲辟陽侯言於帝帝聽君出辟陽侯太后大驩兩主共幸君君貴富益倍矣於是閎籍孺大恐從其計言帝果出辟陽侯辟陽侯之囚欲見平原君平原君不見辟陽侯辟陽侯以爲倍巳大怒及其成功出之廼大驚呂太后崩大臣誅諸呂辟陽侯於諸呂至深如淳曰辟陽侯與諸呂相親信也爲罪宜誅者至深○索隱曰如淳之說非也案小顏云直言辟陽侯與諸呂相知情義至深重得其理也而卒不誅計畫所以全者皆陸生平原君之力也孝文帝時淮南厲王殺辟陽侯以諸呂故文帝聞其客平原君爲計策使吏捕欲治聞吏至門平原君欲自殺諸子及吏皆曰事未可知何早自殺爲平原君曰我死禍絕不及而身矣遂自剄孝文帝聞而惜之曰吾無意殺之廼召其子拜爲中大夫索隱曰案下文所謂與太史公善者使匈奴單于無禮廼罵單于遂死匈奴中初沛公引兵過陳留酈生踵軍

門上謁曰高陽賤民酈食其竊聞沛公暴露將兵助楚不義敬勞從者願得望見口畫天下便事使者入通沛公方洗問使者曰何如人也使者對曰狀貌類大儒衣儒衣冠側注徐廣曰側注冠一名高山冠齊王所服以賜謁者沛公曰爲我謝之言我方以天下爲事未暇見儒人也使者出謝曰沛公敬謝先生方以天下爲事未暇見儒人也酈生瞋目案劒吒使者曰走復入言沛公吾高陽酒徒也徐廣曰一本言而公高陽酒徒非儒人也使者懼而失謁跪拾謁還走復入報曰客天下壯士也吒臣臣恐至失謁曰走復入言而公高陽酒徒也沛公遽雪足杖矛曰延客入酈生入揖沛公曰足下甚苦暴衣露冠將兵助楚討不義足下何不自喜也臣願以事見而曰吾方以天下爲事未暇見儒人也夫足下欲興天下之大事而成天下之大功而以目皮相恐失天下之能士且吾度足下之智不如吾勇又不如吾若欲就天下而不相見竊爲足下失之沛公謝曰鄉者聞先生之容今見先生之意矣廼延而坐之問所以取天下者酈生曰夫足下欲成大功不如止陳留陳留者天下

之據衝也兵之會地也積粟數千萬石城守甚堅臣素善其令願爲足下說之不聽臣臣請爲足下殺之而下陳留足下將陳留之衆據陳留之城而食其積粟招天下之從兵從兵已成足下横行天下莫能有害足下者矣沛公曰敬聞命矣於是酈生廼夜見陳留令說之曰夫秦爲無道而天下畔之今足下與天下從則可以成大功今獨爲亡秦嬰城而堅守臣竊爲足下危之陳留令曰秦法至重也不可以妄言妄言者無類吾不可以應先生所以教臣者非臣之意也願勿復道酈生留宿卧夜半時斬陳留令首踰城而下報沛公沛公引兵攻城縣令首於長竿以示城上人曰趣下而令頭已斷矣今後下者必先斬之於是陳留人見令已死遂相率而下沛公沛公舍陳留南城門上因其庫兵食積粟留出入三月從兵以萬數遂入破秦

太史公曰世之傳酈生書多曰漢王已拔三秦東擊項籍而引軍於鞏洛之閒酈生被儒衣往說漢王廼非也自沛公未入關與項羽别而至高陽得酈生兄弟余讀陸生新語書十二篇固

當世之辯士至平原君子與余善是以得具論之

索隱述贊曰

廣野大度　始冠側注　踵門長揖

深器重遇　說齊歷下　趣鼎何懼

陸賈使越　尉他慴怖　相說國安

書成主悟

酈生陸賈列傳第三十七　史記九十七

傅靳蒯成列傳第三十八　史記九十八

陽陵侯 地理志云馮翊陽陵縣 傅寬以魏五大夫騎將從爲
舍人起橫陽 索隱曰按橫陽邑名在韓韓公子成初封橫陽君張良立爲韓王也○正義曰括地志云故橫城在宋州宋城縣西南三十里按蓋橫陽也 從攻安陽 正義曰後魏地形志云巳氏有安陽城隋改巳氏爲楚丘今宋州楚丘縣西十里安陽故城是也 杠里擊趙賁軍於
開封及擊楊熊曲遇 正義曰曲丘羽反遇牛恭反司馬彪郡國志云中牟有曲遇聚按鄭州中牟縣也 陽武 正義曰鄭州縣也 斬首十二級賜爵卿從至
霸上沛公立爲漢王漢王賜寬封號共德君 索隱曰謂美號耳非地邑共音恭 從入漢中遷爲右騎將從定三秦
賜食邑雕陰 徐廣曰屬上郡○索隱曰案孟康云縣名也○正義曰鄜州洛交縣三十里雕陰故

城是也 從擊項籍待懷 服虔曰待高帝於懷○索隱曰小顏案地理志懷屬河內今懷州也 賜爵通德侯從擊項冠周蘭龍且所將卒斬
騎將一人敖下 徐廣曰敖倉之下 益食邑屬淮陰 索隱曰張晏云信時爲將云淮陰者終言之也 擊破齊歷下軍擊田解屬相國
參殘博 索隱曰博大山縣也顧祕監云屬曹參以殘破博縣也 益食邑因定齊
地剖符世世勿絶封爲陽陵侯二千六百戶除
前所食爲齊右丞相備齊 張晏曰時田橫未降故設屯備○正義曰按爲齊王韓信相 五歲爲齊相國 正義曰爲齊悼惠王劉肥相五歲也 四月擊陳
豨屬太尉勃以相國代丞相噲擊豨一月徙爲
代相國將屯 如淳曰既爲相國有警則將卒而屯守也 案律謂勒兵而守曰屯○索隱曰如淳云

漢初諸王官屬如漢朝故代有丞相案孔文祥云邊境有屯兵寬爲代相國兼領屯後因置將屯將軍也 二歲
爲代丞相將屯孝惠五年卒諡爲景侯子須侯
精立二十四年卒子共侯則立十二年卒子侯
偃立二十一年坐與淮南王謀反死國除
信武侯靳歙 索隱曰歙音翕 以中涓從起宛朐 正義曰上於元反下求俱反曹州縣也 攻濟陽 正義曰曹州宛朐縣西南三十五里濟陽故城 破李由軍
擊秦軍亳南開封東北斬騎千人將一人 徐廣曰將一作候 首五十七級捕虜七十三人賜爵封號臨平
君又戰藍田北斬車司馬二人 張晏曰主官車 騎長一人
張晏曰騎之長 首二十八級捕虜五十七人至霸上沛公

立爲漢王賜歙爵建武侯遷爲騎都尉從定三
秦別西擊章平軍於隴西破之定隴西六縣所
將卒斬車司馬候各四人騎長十二人從東擊
楚至彭城漢軍敗還保雍丘去擊反者王武等
略梁地別將擊邢說軍 張晏曰特起兵者也說音悅○索隱曰邢姓說名 菑
南 徐廣曰今曰考城○索隱曰菑音災今爲考城屬濟陰也 破之身得說都尉二
人司馬候十二人降吏卒四千六百八十人破
楚軍滎陽東三年賜食邑四千二百戶別之河
內擊趙將賁郝 上音肥下音釋○索隱曰漢書作趙賁軍案此在河北非曹參樊噲之所擊也
軍朝歌破之所將卒得騎將二人車馬二百五

十匹從攻安陽以東至棘蒲下七縣別攻破趙軍得其將司馬二人候四人降吏卒二千四百人從攻下邯鄲別下平陽徐廣曰鄴有平陽城○正義曰括地志云平陽故城在相州臨漳縣西二十五里身斬守相所將卒斬兵守郡守各一人孟康曰將兵郡守降鄴從攻朝歌邯鄲及別擊破趙軍降邯鄲郡六縣徐廣曰邯鄲高帝改曰趙國還軍敖倉破項籍軍成皋南擊絕楚饟道起滎陽至襄邑破項冠軍魯下正義曰魯城之下今兗州曲阜縣也略地東至繒郯下邳索隱曰案地理志繒屬東海○正義曰今繒城在沂州承縣下邳泗水縣郯縣屬海州南至蘄竹邑索隱曰二邑名蘄在沛音機竹即竹邑擊項悍濟陽下還擊項

籍陳下破之別定江陵降江陵柱國大司馬以下八人身得江陵王索隱曰案孔文祥云共敖子共尉生致之雒陽因定南郡從至陳取楚王信剖符世世勿絕定食四千六百戶號信武侯以騎都尉從擊代攻韓信平城下還軍東垣有功遷為車騎將軍并將梁趙齊燕楚車騎別擊陳豨丞相敞破之索隱曰小顏云侯敞也因降曲逆從擊黥布有功益封定食五千三百戶凡斬首九十級虜百三十二人別破軍十四降城五十九定郡國各一縣二十三得王柱國各一人二千石以下至五百石徐廣曰一本無此五

字三十九人高后五年歙卒諡為肅侯子亭代侯二十一年坐事國人過律索隱曰案劉氏云事役使也謂使人違律數多也孝文後三年奪侯國除

蒯成侯緤者服虔曰蒯音菅蒯之蒯○索隱曰姓周名緤音薛蒯者鄉名案三倉云蒯鄉在城父縣音裴漢書作蒯從崩從邑今書本並作菅蒯音姧非也蘇林音簿催反晉灼案功臣表屬長沙崔浩音簿壞反楚漢春秋作憑成侯則裴憑聲相近此得其實也○正義曰括地志云蒯亭在河南西十四里苑中輿地志云蒯成縣故陳倉縣之故鄉聚名也周緤所封也晉武帝咸寧四年分陳倉立蒯城縣屬始平郡也沛人也姓周氏常為高祖參乘以舍人從起沛至霸上西入蜀漢還定三秦食邑池陽正義曰雍州涇陽縣西北三里池陽故城是也東絕甬道從出度平陰遇淮陰侯兵襄國軍乍利乍

不利終無離上心徐廣曰蒯成侯表云遇淮陰侯軍襄國楚漢約分鴻溝以緤為信武侯戰不利不敢離上以緤為信武侯食邑三千三百戶高祖十二年以緤為蒯成侯除前所食邑上欲自擊陳豨蒯成侯泣曰始秦攻破天下未嘗自行今上常自行是為無人可使者乎上以為愛我賜入殿門不趨殺人不死至孝文五年緤以壽終諡為貞侯正義曰諡為尊侯一作卓子昌代侯有罪國除至孝景中二年封緤子居代侯徐廣曰表云孝景中元年封緤子應為鄲侯諡康中二年侯居立沛郡有鄲縣鄲一作酇○索隱曰鄲蘇林音多屬陳國地理志云沛郡有多縣案此文云子居表云子應不同者至元鼎三年居為太常有罪國除

太史公曰陽陵侯傅寬信武侯靳歙皆高爵徐廣曰一無高字又一本皆從高祖從高祖起山東攻項籍誅殺名將破軍降城以十數未嘗困辱此亦天授也蒯成侯周緤操心堅正索隱曰操音倉高反身不見疑上欲有所之未嘗不垂涕此有傷心者徐廣曰此一作比然可謂篤厚君子矣

索隱述贊曰

陽陵信武　結髮從漢　動叶人謀
功實天贊　定齊破項　我軍常冠
蒯成委質　夷險不亂　主上稱忠
人臼扼腕

傅靳蒯成列傳第三十八　史記九十八

劉敬叔孫通列傳第三十九　史記九十九

劉敬者齊人也索隱曰敬本姓婁漢書作婁敬漢五年戍隴西過洛陽高帝在焉婁敬脫輓輅蘇林曰一木橫鹿車前一人推之孟康曰輅音胡格反輓音晚○索隱曰輓者牽也輅者鹿車前橫木二人前輓一人後推之衣其羊裘見齊人虞將軍曰臣願見上言便事虞將軍欲與之鮮衣索隱曰上音仙鮮衣美服也婁敬曰臣衣帛衣帛見衣褐衣褐見終不敢易衣於是虞將軍入言上上召入見賜食已而問婁敬婁敬說曰陛下都洛陽豈欲與周室比隆哉上曰然婁敬曰陛下取天下與周室異周之先自后稷堯封之邰正義曰邰音胎雍州武功縣西南二十三里故釐城是也說文云邰炎帝之後姜姓所封國弃外家也毛萇云邰姜嫄國堯見天因邰而生后稷故因封於邰也積德累善十有餘世公劉避桀居豳太王以狄伐故去豳杖馬箠居岐張晏曰言馬箠示約國人爭隨之及文王為西伯斷虞芮之訟始受命呂望伯夷自海濱來歸之正義曰呂望宅及廟在蘇州海鹽縣西也伯夷孤竹國在平州皆瀕東海也武王伐紂不期而會孟津之上八百諸侯皆曰紂可伐矣遂滅殷成王即位周公之屬傅相焉迺營成周洛邑正義曰括地志云故王城一名河南城本郟鄏周公所築在洛州河南縣北九里苑中東北隅帝王紀云武王伐紂營洛邑而定鼎焉按此即營都城也書云乃營成周括地志云洛陽故城在洛州洛陽城東二十六里周公所築即成周城也尚書曰成周既成遷殷頑民帝王世紀云居鄁鄘之衆按劉敬

說周之美豈言居頑民之所以此而論漢書非也以此為天下之中也諸侯四方納貢職道里均矣有德則易以王無德則易以亡凡居此者欲令周務以德致人不欲依阻險令後世驕奢以虐民也及周之盛時天下和洽四夷鄉風慕義懷德附離而並事天子莊子曰附離不以膠漆也○索隱曰案謂使離者相附也不屯一卒不戰一士八夷大國之民莫不賓服效其貢職及周之衰也分而為兩正義曰公羊傳云東周者何成周也西周者何王城也按周自平王東遷以下十二王皆都王城至敬王乃遷都成周王赧又居王城也天下莫朝周不能制也非其德薄也而形勢弱也今陛下起豐沛收卒三千人以之徑往而卷蜀漢定三秦與項羽戰滎陽爭成皋之口大戰七十小戰四十使天下之民肝腦塗地父子暴骨中野不可勝數哭泣之聲未絕傷痍者未起而欲比隆於成康之時臣竊以為不侔也且夫秦地被山帶河四塞以為固卒然有急百萬之眾可具也因秦之故資甚美膏腴之地此所謂天府者也索隱曰案戰國策蘇秦說惠王曰大王之國地勢形便此所謂天府高誘注云府聚也陛下入關而都之山東雖亂秦之故地可全而有也夫與人鬭不搤其肮張晏曰肮喉嚨也○索隱曰搤音厄肮音胡浪反一音胡剛反蘇林以為肮頸大脈俗所謂胡脈也拊其背未

能全其勝也今陛下入關而都案秦之故地此亦搤天下之肮而拊其背也高帝問羣臣羣臣皆山東人爭言周王數百年秦二世即亡不如都周上疑未能決及留侯明言入關便即日車駕西都關中 索隱曰案謂即日西都之計定也 於是上曰本言都秦地者婁敬婁者乃劉也賜姓劉氏拜爲郎中號爲奉春君 索隱曰按張晏云春爲歲之始以其首謀都關中故號奉春君 漢七年韓王信反高帝自往擊之至晉陽聞信與匈奴欲共擊漢上大怒使人使匈奴匈奴匿其壯士肥牛馬但見老弱及羸畜 正義曰上力爲反下許又反也 使者十輩

來皆言匈奴可擊上使劉敬復往使匈奴還報曰兩國相擊此宜夸矜見所長 韋昭曰夸張矜大也 今臣往徒見羸瘠老弱 索隱曰音羸力爲反瘠音稷瘠瘦也漢書作胔音漬胔肉也恐非 此必欲見短伏奇兵以爭利愚以爲匈奴不可擊也是時漢兵已踰句注 正義曰句注山在代州鴈門縣西北三十里 二十餘萬兵已業行上怒罵劉敬曰齊虜以口舌得官今廼妄言沮吾軍 索隱曰沮音才敘反詩傳曰沮止也壞也 械繫敬廣武 索隱曰地理志縣名屬鴈門○正義曰廣武故縣在勾注山南也 遂往至平城匈奴果出奇兵圍高帝白登七日然後得解高帝至廣武赦敬曰吾不用公言以困平城吾皆以

斬前使十輩言可擊者矣廼封敬二千戶爲關內侯號爲建信侯高帝罷平城歸韓王信亡入胡當是時冒頓爲單于兵彊控弦三十萬 應劭曰控引 數苦北邊上患之問劉敬劉敬曰天下初定士卒罷於兵未可以武服也冒頓殺父代立妻羣母以力爲威未可以仁義說也獨可以計久遠子孫爲臣耳然恐陛下不能爲上曰誠可何爲不能顧爲奈何劉敬對曰陛下誠能以適長公主妻之厚奉遺之彼知漢適女送厚蠻夷必慕以爲閼氏生子必爲太子代單于何者貪漢重

幣陛下以歲時漢所餘彼所鮮數問遺因使辯士風諭以禮節冒頓在固爲子壻死則外孫爲單于豈嘗聞外孫敢與大父抗禮者哉兵可無戰以漸臣也若陛下不能遣長公主而令宗室及後宮詐稱公主彼亦知不肯貴近無益也高帝曰善欲遣長公主呂后日夜泣曰妾唯太子一女奈何棄之匈奴上竟不能遣長公主而取家人子名爲長公主妻單于使劉敬往結和親約劉敬從匈奴來因言匈奴河南白羊樓煩王 張晏曰白羊匈奴國名○索隱曰案張晏云白羊國名二者並在河南河南者案在朔方之河南舊並匈奴地也今亦謂

新秦中去長安近者七百里輕騎一日一夜可以至秦中秦中新破少民地肥饒可益實夫諸侯初起時非齊諸田楚昭屈景莫能興今陛下雖都關中實少人北近胡寇東有六國之族宗彊一日有變陛下亦未得高枕而臥也臣願陛下徙齊諸田楚昭屈景燕趙韓魏後及豪桀名家居關中無事可以備胡諸侯有變亦足率以東伐此彊本弱末之術也上曰善迺使劉敬徙所言關中十餘萬口索隱曰案小顏云今高陵櫟陽諸田華陰好畤諸景及三輔諸屈諸懷尚多皆此時所徙也

攷二ㄱ十二 註八十

叔孫通者薛人也晉灼曰楚漢春秋名何索隱曰薛縣名屬魯國秦時以文學徵待詔博士數歲陳勝起山東使者以聞二世召博士諸儒生問曰楚戍卒攻蘄入陳於公如何博士諸生三十餘人前曰人臣無將將即反罪死無赦瓚曰將謂逆亂也公羊傳曰君親無將將而必誅願急發兵擊之二世怒作色叔孫通前曰諸生言皆非也夫天下合為一家毀郡縣城鑠其兵示天下不復用且明主在其上法令具於下使人人奉職四方輻輳安敢有反者此特羣盜鼠竊狗盜耳何足置之齒牙閒郡守尉今捕論何足憂

二世喜曰善盡問諸生諸生或言反或言盜於是二世令御史案諸生言反者下吏非所宜言諸言盜者皆罷之迺賜叔孫通帛二十匹衣一襲索隱曰案國語謂之一稱賈逵案禮記袍必有表不單衣必有裳謂之一稱杜預云衣單複具云稱也拜為博士叔孫通已出宮反舍諸生曰先生何言之諛也通曰公不知也我幾不脫於虎口正義曰幾音祈迺亡去之薛薛已降楚矣及項梁之薛叔孫通從之敗於定陶從懷王懷王為義帝徙長沙叔孫通留事項王漢二年漢王從五諸侯入彭城叔孫通降漢王漢王敗而西因竟從漢叔孫通儒服漢王憎之迺變其服服短衣楚製索隱曰案孔文祥云短衣便事非儒者衣服高祖楚人故從其俗裁製漢王喜叔孫通之降漢從儒生弟子百餘人然通無所言進專言諸故羣盜壯士進之弟子皆竊罵曰事先生數歲幸得從降漢今不能進臣等專言大猾何也索隱曰案類集云大猾狡猾也音滑叔孫通聞之迺謂曰漢王方蒙矢石爭天下漢書音義曰謂發石以投人諸生寧能鬭乎故先言斬將搴旗之士張晏曰搴卷也瓚曰拔取曰搴楚辭曰朝搴阰之木蘭○索隱曰搴音起焉反又巳勉反案方言云南方取物云搴許慎云搴取也王逸云阰山名又案埤蒼云山在楚音毗諸生且待我我不忘矣漢王拜叔孫通為博士號稷嗣君徐廣

曰盖言其德業足以繼蹤齊稷下之風流也駰案漢書音義曰稷嗣邑名漢五年已并天下
諸侯共尊漢王為皇帝於定陶叔孫通就其儀
號高帝悉去秦苛儀法為簡易羣臣飲酒爭功
醉或妄呼拔劒擊柱高帝患之叔孫通知上益
厭之也說上曰夫儒者難與進取可與守成臣
願徵魯諸生與臣弟子共起朝儀高帝曰得無
難乎叔孫通曰五帝異樂三王不同禮禮者因
時世人情為之節文者也故夏殷周之禮所因
損益可知者謂不相復也臣願頗采古禮與秦
儀雜就之上曰可試為之令易知度吾所能行

為之於是叔孫通使徵魯諸生三十餘人魯有
兩生不肯行曰公所事者且十主皆面諛以得
親貴今天下初定死者未葬傷者未起又欲起
禮樂禮樂所由起積德百年而後可興也吾不
忍為公所為公所為不合古吾不行公往矣無
汙我叔孫通笑曰若真鄙儒也不知時變遂與
所徵三十人西及上左右為學者與其弟子百
餘人為綿蕞徐廣曰表位標準音子外反駰案如淳曰置設綿索為習肄處蕞謂以茅翦樹地為纂位春秋傳曰置茅蕝也○索隱曰韋昭云引繩為綿立表為蕞音茲會反賈逵云束茅以表位為蕝又纂文云蕝今之纂字包愷音即悅反又音纂野外習之月餘叔孫通曰上可試

觀上既觀使行禮曰吾能為此迺令羣臣習肄
索隱曰肄亦習也音異會十月漢七年長樂宮成諸侯羣臣
皆朝十月索隱曰小顏云漢以十月為正故行朝歲之禮史家追書十月也案諸書並云十月為歲首不言以十月為正月古今注亦云羣臣始朝十月也儀先平明謁者治禮引以
次入殿門廷中陳車騎步卒衛宮設兵張旗志
徐廣曰一作幟傳言趨索隱曰案小顏傳聲教入者皆令趨趨疾行致敬也殿下郎中俠
陛陛數百人功臣列侯諸將軍軍吏以次陳西
方東鄉文官丞相以下陳東方西鄉大行設九
賓臚句傳漢書音義曰傳從上下為臚○索隱曰蘇林云上傳語告下為臚下傳語告上為句臚猶行者矣韋昭云大行掌賓客之禮今謂之鴻臚也九賓則周禮九儀也謂公侯伯子男孤卿大夫士也漢依此以為臚傳以次

傳令上也向秀注莊子云從上語下為臚音閭句音九注反於是皇帝輦出房百
官執職傳警徐廣曰一作幟○索隱曰案輿服志云殷周以輦載軍器職載蒭豢至秦始去其輪而輿為尊也職音幟傳警者漢儀云帝輦動則左右侍帷幄者稱警是也引諸侯王以下至
吏六百石以次奉賀自諸侯王以下莫不振恐
肅敬至禮畢復置法酒文穎曰作酒令法也蘇林曰常會須天子中起更衣然後入置酒矣○索隱曰姚氏云進止有禮也古人飲酒不過三爵君臣百拜終日宴不為亂也諸侍坐殿
上皆伏抑首如淳曰抑屈以尊卑次起上壽觴九行謁
者言罷酒御史執法舉不如儀者輒引去竟朝
置酒無敢讙譁失禮者於是高帝曰吾迺今日
知為皇帝之貴也迺拜叔孫通為太常賜金五

百斤叔孫通因進曰諸弟子儒生隨臣久矣與
臣共為儀願陛下官之高帝悉以為郎叔孫通
出皆以五百斤金賜諸生諸生迺皆喜曰叔孫
生誠聖人也知當世之要務漢九年高帝徙叔
孫通為太子太傅漢十二年高祖欲以趙王如
意易太子叔孫通諫上曰昔者晉獻公以驪姬
之故廢太子立奚齊晉國亂者數十年為天下
笑秦以不早定扶蘇令趙高得以詐立胡亥自
使滅祀此陛下所親見今太子仁孝天下皆聞
之呂后與陛下攻苦食啖徐廣曰攻猶今人言擊也啖一作淡駰案如淳曰食
無菜茹為啖○索隱曰案孔文祥云與帝共攻冒苦難俱食淡也案說文云淡薄味也音唐敢反其可背

哉陛下必欲廢適而立少臣願先伏誅以頸血
汙地索隱曰楚漢春秋叔孫何云臣三諫不從請以身當之撫劍將自殺上離席云吾聽子計不易太子高
帝曰公罷矣吾直戲耳叔孫通曰太子天下本
本一搖天下振動奈何以天下為戲高帝曰吾
聽公言及上置酒見留侯所招客從太子入見
上迺遂無易太子志矣高帝崩孝惠即位迺謂
叔孫生曰先帝園陵寢廟羣臣莫能習徙為太
常定宗廟儀法及稍定漢諸儀法皆叔孫生為
太常所論著也孝惠帝為東朝長樂宮關中記曰長樂

宮本秦之興樂宮也漢太后常居之及間往來數蹕煩人索隱曰韋昭云蹕止人行
也長樂未央宮東相去稍遠間往蹕非時也中間往來清道煩人也迺作複道方築武庫
南韋昭曰閣道也如淳曰作複道方始築武庫南叔孫生奏事因請間曰
陛下何自築複道高寢衣冠月出游高廟高廟
漢太祖奈何令後世子孫乘宗廟道上行哉應劭
曰月出高帝衣冠備法駕名曰游衣冠如淳曰三輔黃圖高寢在高廟西高祖衣冠藏在高寢月出游於高廟其道值所
作複道故言乘宗廟道上行孝惠帝大懼曰急壞之叔孫生曰
人主無過舉索隱曰案謂舉動有過也左傳云君舉必書今已作百姓
皆知之今壞此則示有過舉願陛下為原廟渭
北衣冠月出游之益廣多宗廟大孝之本也上

迺詔有司立原廟原廟起以複道故孝惠帝曾
春出游離宮叔孫生曰古者有春嘗果方今櫻
桃孰可獻索隱曰案呂氏春秋仲春羞以含桃先薦寢廟高誘云進含桃也鸎鳥所含故曰含桃今之朱
櫻即是也願陛下出因取櫻桃獻宗廟上迺許之諸
果獻由此興
太史公曰語曰千金之裘非一狐之腋也臺榭
之榱非一木之枝也三代之際非一士之智也信
哉夫高祖起微細定海內謀計用兵可謂盡之
矣然而劉敬脫輓輅一說建萬世之安智豈可
專邪叔孫通希世度務制禮進退與時變化卒

爲漢家儒宗大直若詘（索隱曰音屈）道固委蛇（索隱曰音移）蓋謂是乎

索隱述贊曰

厦藉衆幹　裘非一狐　委輅獻說

緜蕝陳書　皇帝始貴　車駕西都

旣安太子　又和匈奴　奉春稷嗣

其功可圖

劉敬叔孫通列傳第三十九　史記九十九

季布欒布列傳第四十　史記一百

季布者楚人也爲氣任俠孟康曰信交道曰任如淳曰相與信爲任同是非爲俠所謂權行州里力折公侯者也或曰任氣力也俠甹也○索隱曰任而禁反俠音協如淳説爲近甹音普名反其義難喻有名於楚項籍使將兵數窘漢王如淳曰窘困也及項羽滅高祖購求布千金敢有舍匿罪及三族季布匿濮陽周氏周氏曰漢購將軍急迹且至臣家將軍能聽臣臣敢獻計即不能願先自剄季布許之迺髠鉗季布衣褐衣置廣柳車中服虔曰東郡謂廣轍車爲柳鄧展曰皆棺飾也載以喪車欲人不知也李奇曰大牛車也車上覆爲柳瓚曰茂陵書中有廣柳車每縣數百乘是今運轉大車是也○索隱曰案服虔臣瓚所據則是大車任載運者名廣柳車然則柳爲車通名鄧展所説事義相協最爲通允故礼曰設柳翣爲使人勿惡也鄭玄注周礼云柳聚也諸色所聚則是喪車稱柳故後人通謂車爲柳也幷與其家僮數十人之魯朱家所賣之朱家心知是季布迺買而置之田誡其子曰田事聽此奴必與同食朱家迺乘軺車徐廣曰馬車也○索隱曰案謂輕車一馬車也之洛陽見汝陰侯滕公滕公留朱家飲數日因謂滕公曰季布何大罪而上求之急也滕公曰布數爲項羽窘上上怨之故必欲得之朱家曰君視季布何如人也曰賢者也朱家曰臣各爲其主用季布爲項籍用職耳項氏臣可盡誅邪今上始得天下獨以己之私怨求一人何示天

下之不廣也且以季布之賢而漢求之急如此此不北走胡即南走越耳夫忌壯士以資敵國此伍子胥所以鞭荆平王之墓也君何不從容爲上言邪汝陰侯滕公心知朱家大俠意季布匿其所迺許曰諾待閒果言如朱家指上迺赦季布當是時諸公皆多季布能摧剛爲柔朱家亦以此名聞當世季布召見謝上拜爲郎中孝惠時爲中郎將單于嘗爲書嫚呂后不遜呂后大怒召諸將議之上將軍樊噲曰臣願得十萬衆橫行匈奴中諸將皆阿呂后意曰然季布曰樊噲可斬也夫高帝將兵四十餘萬衆困於平城今噲奈何以十萬衆橫行匈奴中面欺且秦以事於胡陳勝等起于今創痍未瘳噲又面諛欲搖動天下是時殿上皆恐太后罷朝遂不復議擊匈奴事季布爲河東守孝文時人有言其賢者孝文召欲以爲御史大夫復有言其勇使酒難近索隱曰使音如字近音其靳反因酒縱性謂之使酒即酗酒也至留邸一月見罷季布因進曰臣無功竊寵待罪河東索隱曰季布言已無功能竊承恩寵得待罪河東其詞典省而文之也陛下無故召臣此人必有以臣欺陛下者今臣至無所受事罷去

此人必有以毀臣者夫陛下以一人之譽而召
臣一人之毀而去臣臣恐天下有識聞之有以
闚陛下也韋昭曰闚見陛下深淺也上默慙良久曰河東吾股
肱郡故時召君耳布辭之官楚人曹丘生辯士
數招權顧金錢孟康曰招來也以金錢事權貴而求得其形勢以自炫燿也文穎曰事權貴也
與通勢以其所有辜較請託金錢以自顧○索隱曰義如孟康文穎所說辜較音姑角○正義曰言曹丘生依倚貴人用
權勢爲請數求他人顧錢賞金錢也事貴人趙同等徐廣曰漢書作趙談司馬遷以其父
名談故改之與竇長君善季布聞之寄書諫竇長君
曰吾聞曹丘生非長者勿與通及曹丘生歸欲
得書請季布張晏曰欲使竇長君爲介於布請見竇長君曰季將軍

不說足下足下無往固請書遂行使人先發書
季布果大怒待曹丘曹丘至即揖季布曰楚人
諺曰得黃金百斤不如得季布一諾足下何以
得此聲於梁楚閒哉且僕楚人足下亦楚人也
僕游揚足下之名於天下顧不重邪何足下距
僕之深也季布迺大說引入留數月爲上客厚
送之季布名所以益聞者曹丘揚之也季布弟
季心徐廣曰一作子氣蓋關中遇人恭謹爲任俠方數
千里士皆爭爲之死嘗殺人亡之吳從袁絲匿
索隱曰盎字絲長事袁絲弟畜灌夫籍福之屬嘗爲中

司馬如淳曰中尉之司馬○索隱曰漢書作中尉司馬中尉郅都不敢不加
禮少年多時時竊籍其名以行索隱曰籍音子亦反當是時
季心以勇布以諾著聞關中季布母弟丁公晉灼
曰楚漢春秋云薛人名固爲楚將丁公爲項羽逐窘高祖彭城
西短兵接高祖急顧丁公曰兩賢豈相戹哉於
是丁公引兵而還漢王遂解去及項王滅丁公
謁見高祖高祖以丁公徇軍中曰丁公爲項王臣
不忠使項王失天下者迺丁公也遂斬丁公曰
使後世爲人臣者無效丁公
欒布者梁人也始梁王彭越爲家人時嘗與布

游索隱曰謂居家之人無官職也窮困賃傭於齊爲酒人保漢書音義
曰酒家作保傭也可保信故謂之保數歲彭越去之巨野中爲盜而
布爲人所略賣爲奴於燕爲其家主報仇燕將
臧荼舉以爲都尉臧荼後爲燕王以布爲將及
臧荼反漢擊燕虜布梁王彭越聞之迺言上請
贖布以爲梁大夫使於齊未還漢召彭越責以
謀反夷三族已而梟彭越頭於雒陽下詔曰有
敢收視者輒捕之布從齊還奏事彭越頭下祠
而哭之吏捕布以聞上召布罵曰若與彭越反
邪吾禁人勿收若獨祠而哭之與越反明矣趣

亨之索隱曰趣音促亨音普肓反謂疾令赴鑊也方提趣湯徐廣曰趣一作走○索隱曰提音啼趣音娶徐廣云一作走走亦趣向之也布顧曰願一言而死上曰何言布曰方上之困於彭城敗滎陽成皋間項王所以遂不能西徙以彭王居梁地與漢合從苦楚也當是之時彭王一顧與楚則漢破與漢而楚破且垓下之會微彭王項氏不亡天下已定彭王剖符受封亦欲傳之萬世今陛下一徵兵於梁彭王病不行而陛下疑以爲反反形未見以苛小徐廣曰小一作峭案誅滅之臣恐功臣人人自危也今彭王已死臣生不如死請就亨於

是上迺釋布罪拜爲都尉孝文時爲燕相至將軍布迺稱曰窮困不能辱身下志非人也富貴不能快意非賢也於是嘗有德者厚報之有怨者必以法滅之吳軍反時以軍功封俞侯徐廣曰擊齊有功也復爲燕相燕齊之間皆爲欒布立社號曰欒公社景帝中五年薨子賁嗣爲太常犧牲不如令國除

太史公曰以項羽之氣而季布以勇顯於楚身屨典軍徐廣曰屨一作屢一曰覆駰案孟康曰屨蹈之也瓚曰屢數也○索隱曰案徐氏云一作覆而下云搴旗則覆軍爲是愈於屢覆之與覆者也搴旗者數矣可謂壯士然

被刑戮爲人奴而不死何其下也彼必自負其材故受辱而不羞欲有所用其未足也故終爲漢名將賢者誠重其死夫婢妾賤人感慨而自殺者徐廣曰或作慨字音義同非能勇也其計畫無復之耳徐廣曰復一作冀欒布哭彭越趣湯始歸者彼誠知所處如淳曰非死者難處死者難不自重其死雖往古烈士何以加哉

索隱述贊曰

季布季心　有聲梁楚　百金然諾
十萬致距　出守河東　股肱是與
欒布哭越　犯禁見虜　赴鼎非冤
誠知所處

季布欒布列傳第四十　史記一百

袁盎鼂錯列傳第四十一　史記一百一

袁盎者楚人也（索隱曰盎音如周禮盎齊烏浪反）字絲父故爲羣盜從處安陵高后時盎嘗爲呂祿舍人及孝文帝即位盎兄噲任盎爲中郎（如淳曰盎爲兄所保任故得爲中郎）絳侯爲丞相朝罷趨出意得甚上禮之恭常自送之（徐廣曰自一作目）袁盎進曰陛下以丞相何如人上曰社稷臣盎曰絳侯所謂功臣非社稷臣社稷臣主在與在（如淳曰人主在時與共治在時之事）主亡與亡（如淳曰不以主亡而不行其政令○索隱曰如淳說爲得）方呂后時諸呂用事擅相王劉氏不絕如帶是時絳侯爲太尉主兵柄弗能正呂后崩大臣相與共畔諸呂太尉主兵適會其成功所謂功臣非社稷臣丞相如有驕主色陛下謙讓臣主失禮竊爲陛下不取也後朝上益莊（索隱曰莊嚴也）丞相益畏已而絳侯望袁盎曰（正義曰望怨也）吾與而兄善今兒廷毀我盎遂不謝及絳侯免相之國國人上書告以爲反徵繫清室（漢書作請室應劭曰請室請罪之室若今鍾下也如淳曰請室獄也若古刑於甸師氏也）宗室諸公莫敢爲言唯袁盎明絳侯無罪絳侯得釋盎頗有力絳侯乃大與盎結交淮南厲王朝殺辟陽侯居處驕甚袁盎諫曰諸侯大驕必生患可適削地上弗用

淮南王益橫及棘蒲侯柴武太子謀反事覺治連淮南王淮南王徵上因遷之蜀轞車傳送袁盎時爲中郎將乃諫曰陛下素驕淮南王弗稍禁以至此今又暴摧折之淮南王爲人剛如有遇霧露行道死陛下竟爲以天下之大弗能容有殺弟之名奈何上弗聽遂行之淮南王至雍病死聞上輟食哭甚哀盎入頓首請罪上曰以不用公言至此盎曰上自寬此往事豈可悔哉且陛下有高世之行者三此不足以毀名上曰吾高世行三者何事盎曰陛下居代時太后嘗病三年陛下不交睫不解衣湯藥非陛下口所嘗弗進夫曾參以布衣猶難之今陛下親以王者脩之過曾參孝遠矣夫諸呂用事大臣專制然陛下從代乘六乘傳馳不測之淵（瓚曰大臣共誅諸呂禍福尚未可知故曰不測也）雖賁育之勇不及陛下（孟康曰孟賁夏育皆古勇者也○索隱曰尸子云孟賁水行不避蛟龍陸行不避虎兕戰國策云夏育叱呼駭三軍身死庸夫高誘曰育衛人爲申繻所殺賁音奔）陛下至代邸西向讓天子位者再南面讓天子位者三夫許由一讓而陛下五以天下讓過許由四矣且陛下遷淮南王欲以苦其志使改過有司衛不謹故病死於是上乃解曰將奈

何盎曰淮南王有三子唯在陛下耳於是文帝立其三子皆為王盎由此名重朝廷袁盎常引大體忼慨宦者趙同（徐廣曰漢書作談字）以數幸常害袁盎袁盎患之盎兄子種為常侍騎持節夾乘（索隱曰案漢書舊儀云持節夾乘輿車騎從者云常侍騎也）說盎曰（徐廣曰說一作謀）君與鬬廷辱之使其毀不用孝文帝出趙同參乘袁盎伏車前曰臣聞天子所與共六尺輿者皆天下豪英今漢雖乏人陛下獨奈何與刀鋸餘人載於是上笑下趙同趙同泣下車文帝從霸陵上欲西馳下峻阪袁盎騎並車擥轡上曰將軍怯邪

盎曰臣聞千金之子坐不垂堂（索隱曰案張揖云恐簷瓦墮中人或云臨堂邊垂恐墮墜也）百金之子不騎衡（徐廣曰一作行騧案服虔曰自惜身不騎衡如淳曰騎倚也衡樓殿邊欄楯也韋昭曰衡車衡○索隱曰衡木行馬也如淳云騎音於歧反韋昭云騎音奇案諸家說如淳為長如云欄楯者案纂要云宮殿四面欄縱者云欄橫者云楯是也）聖主不乘危而徼幸今陛下騁六騑（如淳曰六馬之疾若飛）馳下峻山如有馬驚車敗陛下縱自輕奈高廟太后何上乃止上幸上林皇后慎夫人從其在禁中常同席坐及坐郎署長布席（正義曰蘇林云郎署上林中直衛之署）袁盎引卻慎夫人坐（如淳曰盎時為中郎將天子幸署豫設供待之故得卻慎夫人坐）慎夫人怒不肯坐上亦怒起入禁中盎因前說曰臣聞尊卑

有序則上下和今陛下既已立后慎夫人乃妾妾主豈可與同坐哉且陛下幸之即厚賜之陛下所以為慎夫人適所以禍之陛下獨不見人彘乎（張晏曰戚夫人）於是上乃說召語慎夫人慎夫人賜盎金五十斤然袁盎亦以數直諫不得久居中調為隴西都尉（如淳曰調選）仁愛士卒士卒皆爭為死遷為齊相徙為吳相辭行種謂盎曰吳王驕日久國多姦今苟欲劾治彼不上書告君即利劍刺君矣南方卑溼君能日飲毋苛時說王曰毋反而已如此幸得脫盎用種之計吳王厚

遇盎盎告歸道逢丞相申屠嘉下車拜謁丞相從車上謝袁盎袁盎還愧其吏乃之丞相舍上謁求見丞相丞相良久而見之盎因跪曰願請閒丞相曰使君所言公事之曹與長史掾議吾且奏之即私邪吾不受私語袁盎即跪說曰君為丞相自度孰與陳平絳侯丞相曰吾不如袁盎曰善君即自謂不如夫陳平絳侯輔翼高帝定天下為將相而誅諸呂存劉氏君乃為材官蹶張遷為隊率積功至淮陽守非有奇計攻城野戰之功且陛下從代來每朝郎官上書疏未

甞不止輦受其言言不可用置之言可受採之未甞不稱善何也則欲以致天下賢士大夫上日聞所不聞明所不知日益聖智君今自閉鉗天下之口而日益愚夫以聖主責愚相君授禍不久矣丞相乃再拜曰嘉鄙野人乃不知將軍幸教引入與坐為上客盎素不好鼂錯鼂錯所居坐盎去盎坐錯亦去兩人未甞同堂語及孝文帝崩孝景帝即位鼂錯為御史大夫使吏案袁盎受吳王財物抵罪詔赦以為庶人吳楚反聞鼂錯謂丞史曰（如淳曰百官表御史大夫有兩丞一丞史丞相史也）夫袁盎多受吳王金錢專為蔽匿言不反今果反欲請治盎宜知計謀丞史曰事未發治之有絕（如淳曰事未發之時治之乃有所絕○索隱曰案謂有絕吳反心也）今兵西鄉治之何益且袁盎不宜有謀（如淳曰盎大臣不宜有姦謀）鼂錯猶與未決人有告袁盎者袁盎恐夜見竇嬰為言吳所以反者願至上前口對狀竇嬰入言上上乃召袁盎入見鼂錯在前及盎請辟人賜閒錯去固恨甚袁盎具言吳所以反狀以錯故獨急斬錯以謝吳吳兵乃可罷其語具在吳事中使袁盎為太常竇嬰為大將軍兩人素相與善逮吳反諸陵長

者長安中賢大夫爭附兩人車隨者日數百乘及鼂錯已誅袁盎以太常使吳吳王欲使將不肯欲殺之使一都尉以五百人圍守盎軍中袁盎自其為吳相時嘗有從史從史嘗盜愛盎侍兒（文穎曰婢也）盎知之弗泄遇之如故人有告從史言君知爾與侍者通乃亡歸袁盎驅自追之遂以侍者賜之復為從史及袁盎使吳見守從史適為守盎校尉司馬乃悉以其裝齎置二石醇醪會天寒士卒饑渴飲酒醉西南陬卒皆臥司馬夜引袁盎起曰君可以去矣吳王期旦日斬君盎弗信曰公何為者司馬曰臣故為從史盜君侍兒者盎乃驚謝曰公幸有親（文穎曰言汝有親老）吾不足以累公司馬曰君弟去臣亦且亡避吾親（如淳曰藏匿吾親不使遇害也○索隱曰案張晏云辟隱也言自隱辟我親不罹禍也）君何患乃以刀決張道（如淳曰決開當所從亡者之道張音帳○索隱曰案帳軍幕也決之以出也）從醉卒直隧出司馬與分背袁盎解節毛懷之（如淳曰不欲令人見也）杖步行七八里明見梁騎騎馳去（文穎曰梁騎擊吳楚者也或曰得梁馬馳去也）遂歸報吳楚已破上更以元王子平陸侯禮為楚王袁盎為楚相嘗上書有所言不用袁盎病免居家與閭里浮沈相隨行鬭雞走狗雒陽

劇孟嘗過袁盎，盎善待之。安陵富人有謂盎曰：吾聞劇孟博徒如淳曰博盪之徒或曰博戲之徒將軍何自通之。盎曰：劇孟雖博徒，然母死，客送葬車千餘乘，此亦有過人者。且緩急人所有。夫一旦有急叩門，不以親為解張晏曰不語云親不聽也瓚曰凡人之於赴難濟危多以有父母為解而孟兼行之○索隱曰案謂不以親為辭也今此云解者亦謂不以親在而自解不以存亡為辭，天下所望者，獨季心、劇孟耳。今公常從數騎徐廣曰常一作詳，一旦有緩急，寧足恃乎。罵富人，弗與通。諸公聞之，皆多袁盎。袁盎雖家居，景帝時時使人問籌策。梁王欲求為嗣，袁盎進說，其後語塞索隱曰鄒氏云塞當作露非也案以盎言不宜立弟之義其後立梁王之語塞絕也梁王以此怨盎，曾使人刺盎。刺者至關中，問袁盎，諸君譽之皆不容口。乃見袁盎曰：臣受梁王金來刺君，君長者，不忍刺君。然後刺君者十餘曹如淳曰曹輩，備之。袁盎心不樂，家又多怪，乃之棓生所問占徐廣曰棓一作服駰案文穎曰棓音陪秦時賢士善術者○索隱曰韋昭云棓姓也還，梁刺客後曹輩果遮刺殺盎安陵郭門外。

鼂錯者，潁川人也索隱曰上音朝錯音厝一如字讀案鼂氏出南陽今西鄂鼂氏自謂子鼂之後學申商刑名於軹張恢先所徐廣曰先即先生○索隱曰軹縣人張恢先生所學申商之法也與雒陽宋孟及劉禮同師。以文學

為太常掌故應劭曰掌故百石吏主故事○索隱曰服虔云百石卒吏漢舊儀云太常博士弟子試射策中甲科補郎中乙科補掌故也錯為人陗直刻深韋昭曰術岸高曰陗瓚曰陗峻○索隱曰按韋昭注本無術字或云術道路也陗音七笑反孝文帝時，天下無治尚書者，獨聞濟南伏生故秦博士，治尚書，年九十餘，老不可徵，乃詔太常使人往受之。太常遣錯受尚書伏生所正義曰衛宏詔定古文尚書序云徵之老不能行遣太常掌故鼂錯往讀之年九十餘不能正言言不可曉使其女傳言教錯齊人語多與潁川異錯所不知者凡十二三略以其意屬讀而已也還，因上便宜事，以書稱說。詔以為太子舍人、門大夫、家令服虔曰太子稱家瓚曰茂陵書太子家令秩八百石以其辯得幸太子，太子家號曰智囊。數上書孝文時，言削諸侯事，及法令可更定者。書數十上，孝文不聽，然奇其材，遷為中大夫。當是時，太子善錯計策，袁盎諸大功臣多不好錯。景帝即位，以錯為內史。錯常數請閒言事，輒聽，寵幸傾九卿徐廣曰九一作八，法令多所更定。丞相申屠嘉心弗便，力未有以傷。內史府居太上廟壖中，門東出，不便，錯乃穿兩門南出，鑿廟壖垣索隱曰壖音乃亂反謂壖外之短垣也又音而緣反丞相嘉聞，大怒，欲因此過為奏請誅錯。錯聞之，即夜請閒，具為上言之。丞相奏事，因言錯擅鑿廟垣為門，請下廷尉誅。上曰：此非廟垣，乃壖中垣正義曰上人緣反石

壖者廟內垣外游地也不致於法丞相謝罷朝怒謂長史曰吾當先斬以聞乃先請爲兒所賣固誤丞相遂發病死錯以此愈貴遷爲御史大夫請諸侯之罪過削其地徐廣曰一云言景帝曰諸侯或連數郡非古之制非久長策不便請削之上令公卿云云收其枝郡奏上上令公卿列侯宗室集議莫敢難獨竇嬰爭之由此與錯有郤錯所更令三十章諸侯皆諠譁疾鼂錯錯父聞之從潁川來謂錯曰上初即位公爲政用事侵削諸侯別疏人骨肉人口議徐廣曰一作讙多怨公者何也鼂錯曰固也不如此天子不尊宗廟不安錯父曰劉氏安矣

而鼂氏危矣吾去公歸矣遂飲藥死曰吾不忍見禍及吾身死十餘日吳楚七國果反以誅錯爲名及竇嬰袁盎進說上令鼂錯衣朝衣斬東市鼂錯已死謁者僕射鄧公正義曰漢書作鄧先孔文祥云名先爲校尉擊吳楚軍爲將還上書言軍事謁見上上問曰道軍所來如淳曰道路從吳軍所來也瓚曰道由也聞鼂錯死吳楚罷不鄧公曰吳王爲反數十年矣發怒削地以誅錯爲名其意非在錯也且臣恐天下之士噤口不敢復言也索隱曰噤音其錦反又音其禁反上曰何哉鄧公曰夫鼂錯患諸侯彊大不可制故請削地以尊京師萬世之利也計畫始行卒受大戮內杜忠臣之口外爲諸侯報仇臣竊爲陛下不取也於是景帝默然良久曰公言善吾亦恨之乃拜鄧公爲城陽中尉鄧公成固人也正義曰梁州成固縣也括地志云成固故城在梁州成固縣東六里漢成固城也多奇計建元中上招賢良公卿言鄧公時鄧公免起家爲九卿一年復謝病免歸其子章以脩黃老言顯於諸公閒

太史公曰袁盎雖不好學亦善傅會仁心爲質引義忼慨遭孝文初立資適逢世張晏曰資才也適值其世得騁其才時以變易張晏曰謂景帝立及吳楚一說說雖行哉

然復不遂好聲矜賢竟以名敗鼂錯爲家令時數言事不用後擅權多所變更諸侯發難不急匡救欲報私讎反以亡軀語曰變古亂常不死則亡豈錯等謂邪

索隱述贊曰

袁盎公直　亦多附會　攬轡見重
却席翳賴　鼂錯建策　屢陳利害
尊主卑臣　家危國泰　悲彼二子
名立身敗

袁盎鼂錯列傳第四十一　史記一百一

張釋之馮唐列傳第四十二　史記一百二

張廷尉釋之者堵陽人也 索隱曰韋昭堵音赭又音如字地名屬南陽正義曰應劭曰哀帝改爲順陽水東南入蔡括地志云順陽故城在鄧州穰縣西三十里楚之郇邑也及蘇秦傳云楚北有郇陽並謂此也 字季有兄仲同居以訾爲騎郎 蘇林曰雇錢若出穀也如淳曰漢儀注訾五百萬得爲常侍郎○索隱曰訾音子移反字苑云貲積財也 事孝文帝十歲不得調無所知名釋之曰久宦減仲之產不遂欲自免歸中郎將袁盎知其賢惜其去乃請徙釋之補謁者 正義曰百官表云謁者掌賓讚受事員十七人秩比六百石也 釋之既朝畢因前言便宜事文帝曰卑之毋甚高論令今可施行也 索隱曰案卑下也欲令且卑下其志毋甚高談論語但令依今時事毋說古遠也 於是釋之言秦漢之間事秦所以失而漢所以興者久之文帝稱善乃拜釋之爲謁者僕射釋之從行登虎圈 正義曰求遠反 上問上林尉 索隱曰漢書百官表上林有八丞十二尉百官志云尉秩三百石 諸禽獸簿十餘問尉左右視盡不能對虎圈嗇夫 正義曰掌虎圈百官表有鄉嗇夫此其類也 從旁代尉對上所問禽獸簿甚悉欲以觀其能口對響應無窮者文帝曰吏不當若是邪尉無賴 張晏曰才無可恃 乃詔釋之拜嗇夫爲上林令釋之久之前曰陛下以絳侯周勃何如人也上曰長者也又復問東陽侯張相如何如人也上復曰長者釋之曰

夫絳侯東陽侯稱爲長者此兩人言事曾不能出口豈斅此嗇夫諜諜 晉灼曰音牒○索隱曰漢書作喋喋喋喋多言也 利口捷給哉且秦以任刀筆之吏吏爭以亟疾苛察相高然其敝徒文具耳 索隱曰案謂空具其文而無其實 無惻隱之實以故不聞其過陵遲而至於二世天下土崩今陛下以嗇夫口辯而超遷之臣恐天下隨風靡靡爭爲口辯而無其實且下之化上疾於景響舉錯不可不審也文帝曰善乃止不拜嗇夫上就車召釋之參乘徐行問釋之秦之敝具以質言 如淳曰質誠也 至宮上拜釋之爲公車令頃之太子與梁王共車入朝不下司馬門 如淳曰宮衛令諸出入殿門公車司馬門乘軺傳者皆下不如令罰金四兩 於是釋之追止太子梁王無得入殿門遂劾不下公門不敬奏之薄太后聞之文帝免冠謝曰教兒子不謹薄太后乃使使承詔赦太子梁王然後得入文帝由是奇釋之拜爲中大夫頃之至中郎將從行至霸陵居北臨廁 李奇曰霸陵北頭廁近霸水帝登其上以遠望也如淳曰居高臨垂邊曰廁也蘇林曰廁邊側也韋昭曰高岸夾水爲廁○索隱曰劉氏廁音初吏反包愷音側義亦兩通 是時慎夫人從上指示慎夫人新豐道曰此走邯鄲道也 張晏曰慎夫人邯鄲人也如淳曰走音奏趨也○索隱曰案走猶向也 使慎夫人鼓瑟上自倚

瑟而歌漢書音義曰聲氣依倚瑟也書曰聲依咏○索隱曰倚於綺反案謂歌聲合於瑟聲相依倚也意
慘悽悲懷顧謂羣臣曰嗟乎以北山石爲槨正義
曰顏師古云美石出京師北山今宜州石是用紵絮斮陳蕠漆其間徐廣曰斮
一作錯駰案漢書音義曰斮絮以漆著其間也○索隱曰紵音竹呂反絮音息慮反斮音側略反絮音女居反案斮陳蕠
以漆著其間也豈可動哉左右皆曰善釋之前進曰使
其中有可欲者雖錮南山猶有郄張晏曰錮鑄也帝北向故云北
山廻顧南向故云南山○索隱曰案大顏云北山青石肌理細密堪爲埋槨至今猶然故秦本紀云作阿房作酈山發北
山石槨乃寫是也故帝欲北山之石爲槨取其精牢釋之荅言但使薄葬冢中無可貪雖無石槨有何憂焉若使厚葬冢
中有物雖并錮南山猶爲人所發掘也言南山者取其高厚之意張晏殊失其旨也使其中無可
欲者雖無石椁又何戚焉文帝稱善其後拜釋

之爲廷尉頃之上行出中渭橋張晏曰在渭橋中路瓚曰中渭橋兩
岸之中○索隱曰張晏臣瓚之說皆非也案今渭橋有三所一所在城西北咸陽路曰西渭橋一所在東北高陵路曰東
渭橋其中渭橋在故城之北也有一人從橋下走出乘輿馬驚於
是使騎捕屬之廷尉釋之治問曰縣人來如淳曰長
安縣人聞蹕匿橋下久之以爲行已過即出見乘
輿車騎即走耳廷尉奏當一人犯蹕當罰金如淳
曰乙令蹕先至而犯者罰金四兩蹕止行人○索隱曰崔浩云當謂處其罪也案百官志云廷尉掌平刑罰奏當所應郡
國讞疑罪皆處當以報之也文帝怒曰此人親驚吾馬吾馬賴
柔和令他馬固不敗傷我乎而廷尉乃當之罰
金釋之曰法者天子所與天下公共也索隱曰小顏云公謂

不私也今法如此而更重之是法不信於民也且
方其時上使立誅之則已今既下廷尉廷尉天
下之平也一傾而天下用法皆爲輕重民安所
錯其手足唯陛下察之良久上曰廷尉當是也
其後有人盜高廟坐前玉環捕得文帝怒下廷
尉廷尉治釋之案律盜宗廟服御物者爲奏奏
當棄市上大怒曰人之無道乃盜先帝廟器吾
屬廷尉者欲致族之而君以法奏之索隱曰案以法者謂依律
以斷也非吾所以共承宗廟意也釋之免冠頓首
謝曰法如是足也徐廣曰足一作止也且罪等如淳曰俱死罪也盜玉環

不若盜長陵土之逆也然以逆順爲差今盜宗廟器而族之
有如萬分之一假令愚民取長陵一抔土張晏曰不欲指
言故以取土譬也○索隱曰抔音步侯反案禮運云汙尊而抔飲鄭氏云抔手掬之字從手字本或作盃言一勺一抔兩
音並通又音普廻反坏者塼之未燒之名也張晏云不欲指言故以取土譬言者蓋不欲言盜開長陵及侵掘恐傷迫切先
帝故也陛下何以加其法乎久之文帝與太后言
之乃許廷尉當是時中尉條侯周亞夫與梁相
山都侯王恬開徐廣曰一作闓漢書作啓啓者景帝諱也故或爲開見釋之持
議平乃結爲親友張廷尉由此天下稱之後文
帝崩景帝立釋之恐索隱曰景帝爲太子時與梁王入朝不下司馬門釋之曾奏劾
故恐也稱病欲免去懼大誅至欲見謝則未知何

張釋之馮唐傳

如用王生計卒見謝景帝不過也王生者善為黃老言處士也嘗召居廷中三公九卿盡會立王生老人曰吾韈解（正義曰上萬越反下閑買反）顧謂張廷尉為我結韈（索隱曰結音如字又音計）釋之跪而結之既已人或謂王生曰獨柰何廷辱張廷尉使跪結韈王生曰吾老且賤自度終無益於張廷尉張廷尉方今天下名臣吾故聊辱廷尉使跪結韈欲以重之諸公聞之賢王生而重張廷尉張廷尉事景帝歲餘為淮南王相猶尚以前過也久之釋之卒其子曰張摯字長公官至大夫免以不能取容當世故終身不仕（索隱曰謂性公直不能曲屈見容於當世故至免官不仕也）

馮唐者其大父趙人父徙代漢興徙安陵唐以孝著為中郎署長（應劭曰此云孝子郎也或曰以至孝聞○索隱曰案謂為郎署之長也）事文帝文帝輦過（索隱曰過音戈謂文帝乘輦過郎署也）問唐曰父老何自為郎（索隱曰案崔浩云自從也帝詢唐何從為郎又小顏云年老矣何乃自為郎怪之也）家安在唐具以實對文帝曰吾居代時吾尚食監高祛數為我言趙將李齊之賢戰於鉅鹿下今吾每飯意未嘗不在鉅鹿也（張晏曰每食念監所說李齊在鉅鹿時）父知之乎唐對曰尚不如廉頗李牧之為將也上曰何以唐曰臣大父在趙時為官卒將（徐廣曰一

云官士將駰案晉灼曰百人為徹行亦皆師將也○索隱曰案國語闔閭卒百人為徹行行頭皆官師賈逵云百人為一隊也官師隊大夫也）善李牧臣父故為代相善趙將李齊知其為人也上既聞廉頗李牧為人良說（如淳曰良善也）而搏髀曰嗟乎吾獨不得廉頗李牧時為吾將吾豈憂匈奴哉唐曰主臣（索隱曰案樂彥云人臣進對前稱主臣猶上書前云昧死案志林云馮唐面折萬乘何言不懼主臣為驚怖其言益著也又魏武謂陳琳云卿為本初檄何乃上及父祖琳謝曰主臣益明主臣是驚怖也解已見前篇）陛下雖得廉頗李牧弗能用也上怒起入禁中良久召唐讓曰公柰何眾辱我獨無閒處乎唐謝曰鄙人不知忌諱當是之時匈奴新大入朝那（索隱曰上音朝遙下音乃何反縣名屬河西安定也○正義曰在原州百泉縣西北十里漢朝那縣是也）殺北地（正義曰北地郡今寧州也）都尉昂（索隱曰案都尉姓孫）上以胡寇為意乃卒復問唐曰公何以知吾不能用廉頗李牧也唐對曰臣聞上古王者之遣將也跪而推轂曰閫以內者（韋昭曰此郭門之閫也門中橛曰闑○索隱曰橛音其月反○正義曰閫音苦本反謂門限也）寡人制之閫以外者將軍制之軍功爵賞皆決於外歸而奏之此非虛言也臣大父言李牧為趙將居邊軍市之租皆自用饗士（索隱曰案謂軍中立市市有稅稅即租也）賞賜決於外不從中擾也委任而責成功故李牧乃得盡其智能遣選車千三百乘（索隱曰案六韜書云有選車之法十）彀騎萬三千（索隱曰如淳云

彀音構彀騎張弓之騎也百金之士十萬服虔曰良士直百金也或曰直百金言重○索隱曰
晉灼云百金喻其貴重也注云或者服晉之說也劉氏云其功可賞百金者事見管子及小爾雅是以北
逐單于破東胡滅澹林徐廣曰澹一作襜○索隱曰崔浩云東胡烏丸之先也國在
匈奴之東故云東胡澹音丁甘反一本作襜襤西抑彊秦南支韓魏當是之
時趙幾霸索隱曰幾音祈其後會趙王遷立其母倡也
索隱曰案列女傳云邯鄲之倡也○正義曰趙幽王母樂家之女也王遷立乃用郭開讒
卒誅李牧索隱曰案開是趙王寵臣戰國策云秦多與開金使爲反間令顏聚代之
索隱曰聚音似喻反漢書作最最本齊將○正義曰絶瘦反是以兵破士北爲秦
所禽滅今臣竊聞魏尚爲雲中守漢書曰尚槐里人也○正義曰
雲中郡故城在勝州榆林縣東北三十里其軍市租盡以饗士卒私養

錢服虔曰私廩假錢○索隱曰案漢市肆租稅之入爲私奉養服虔云私廩假錢是也或云官所別廩給也五
日一椎牛饗賓客軍吏舍人索隱曰椎音直追反擊也是以
匈奴遠避不近雲中之塞虜曾一入尚率車騎
擊之所殺甚衆夫士卒盡家人子索隱曰案謂庶人之家子也
起田中從軍安知尺籍伍符如淳曰漢軍法曰吏卒斬首以尺籍書下縣移
郡令人故行不行奪勞二歲伍符亦什伍之符約節度也或曰以尺簡書故曰尺籍也○索隱曰案尺籍者謂書其斬首
之功於一尺之板伍符者命軍人伍伍相保不容姧詐也故行不行謂故命人行而身不自行奪勞一歲也故與雇同
終日力戰斬首捕虜上功莫府索隱曰案莫訓大也又崔浩云古者
出征爲將治無常處以幕爲府舍故云莫府莫當爲幕古字少耳一言不相應索隱曰應音乙
陵反謂數不同也文吏以法繩之其賞不行而吏奉法必

用臣愚以爲陛下法太明賞太輕罰太重且雲
中守魏尚坐上功首虜差六級陛下下之吏削
其爵罰作之由此言之陛下雖得廉頗李牧弗
能用也班固稱揚子曰孝文帝親詘帝尊以信亞夫之軍曷爲不能用頗牧彼將有激臣誠愚
觸忌諱死罪死罪文帝說是日令馮唐持節赦
魏尚復以爲雲中守而拜唐爲車騎都尉主中
尉及郡國車士服虔曰車軍之士七年景帝立以唐爲
楚相免武帝立求賢良舉馮唐唐時年九十餘
不能復爲官乃以唐子馮遂爲郎遂字王孫亦
奇士與余善

太史公曰張季之言長者守法不阿意馮公之
論將率有味哉有味哉語曰不知其人視其友
二君之所稱誦可著廊廟書曰不偏不黨王道
蕩蕩不黨不偏王道便便徐廣曰一作辯張季馮公近
之矣

索隱述贊曰
張季未偶　見識袁盎　太子懼法
嗇夫無狀　驚馬罰金　盜環悟上
馮公白首　味哉論將　因對李齊
收功魏尚

第四十二卷終

萬石張叔列傳第四十三　史記一百三

萬石君正義曰以父及四子皆二千石故號奮爲萬石君名奮其父趙人也正義曰洛州邯鄲本趙國都姓石氏趙亡徙居溫正義曰故溫城在懷州溫縣三十里漢縣在也高祖東擊項籍過河內時奮年十五爲小吏侍高祖高祖與語愛其恭敬問曰若何有對曰奮獨有母不幸失明家貧有姊能鼓琴高祖曰若能從我乎曰願盡力於是高祖召其姊爲美人以奮爲中涓正義曰顏師古云中涓官名居中而涓潔也如淳云主通書謁出入命也受書謁徙其家長安中戚里索隱曰小顏云於上有姻戚者皆居之故名其里爲戚里長安記戚里在城內以姊爲美人故也其官至孝文時積功勞至太中大夫無文學恭謹無與比文帝時東陽侯張相如爲太子太傅免選可爲傅者皆推奮奮爲太子太傅及孝景即位以爲九卿迫近憚之張晏曰以其恭敬履度故難之徙奮爲諸侯相奮長子建次子甲次子乙徐廣曰一作仁○正義曰顏師古云史失其名故云甲乙耳非其名也次子慶皆以馴行孝謹徐廣曰馴一作訓索隱曰馴音廵官皆至二千石於是景帝曰石君及四子皆二千石人臣尊寵乃集其門號奮爲萬石君孝景帝季年萬石君以上大夫祿歸老于家以歲時爲朝臣過宮門闕萬石君必下車趨見路馬必式焉子孫

爲小吏來歸謁萬石君必朝服見之不名子孫有過失不譙讓爲便坐對案不食索隱曰譙音才笑反譙讓責讓也爲音于僞反便音婢綿反蓋謂爲之不處正室別坐他處故曰便坐坐音如座便坐非正坐處也故王者所居有便殿便旁義亦然也又音婢見反亦通然後諸子相責因長老肉袒固謝罪改之乃許子孫勝冠者在側雖燕居必冠索隱曰燕謂閒燕之時燕安也申申如也僮僕訢訢如也晉灼曰訢許愼曰古欣字韋昭曰聲和貌唯謹上時賜食於家必稽首俯伏而食之如在上前其執喪哀戚甚悼子孫遵教亦如之萬石君家以孝謹聞乎郡國雖齊魯諸儒質行皆自以爲不及也建元二年郎中令正義曰百官表云郎中令秦官掌居宮殿門戶武帝太初元年更名光祿勳也王臧以文學獲罪皇太后以爲儒者文多質少今萬石君家不言而躬行乃以長子建爲郎中令少子慶爲內史正義曰百官表云內史周官秦因之掌治京師景帝分置左內史武帝太初元年更名京兆尹左內史名左馮翊也建老白首萬石君尚無恙建爲郎中令每五日洗沐歸謁親文穎曰郎五日一下○正義曰孔文祥云建爲郎中令即光祿勳九卿之職也直五日一下也按五日一下直洗沐入子舍索隱曰案劉氏謂小房內非正堂也小顏以爲諸子之舍若今諸房也竊問侍者取親中裙廁牏身自浣滌徐廣曰牏築垣短板也音住廁牏謂廁溷垣牆建隱於其側浣滌也一讀牏爲窬竇音豆言建自洗蕩廁窬竇瀉除穢惡之穴也呂靜曰槭窬褻器也音威豆騆案蘇林曰牏音投賈逵解周官槭虎子也窬行清也孟康曰廁行清窬行中受糞者也東南人謂鑿木空中如曹

謂之腧晉灼曰今世謂反閉小衫袖爲侯腧廁此最親近身
之衣也○索隱曰案親謂父也中裙近身衣也徐廣云腧短
板以築牆未知 / 其義何從恐非也 復與侍者不敢令萬石君知以
爲常建爲郎中令事有可言屏人恣言極切至
廷見如不能言者是以上乃親尊禮之萬石君
徙居陵里 徐廣曰陵一作鄰○索隱曰小顏云陵里里名 / 在茂陵非長安之戚里也○正義曰茂陵邑中
里也茂陵故城漢茂陵縣也 / 在雍州始平縣東北二十里 內史慶醉歸入外門不
下車萬石君聞之不食慶恐肉袒請罪不許舉
宗及兄建肉袒萬石君讓曰內史貴人入閭里
里中長老皆走匿而內史坐車中自如固當乃
謝罷慶慶及諸子弟入里門趨至家萬石君以

元朔五年中卒長子郎中令建哭泣哀思扶杖
乃能行歲餘建亦死諸子孫咸孝然建最甚甚
於萬石君建爲郎中令書奏事事下建讀之曰
誤書馬字與尾當五今乃四不足一 服虔曰作馬 / 字下曲而五
建時上事書誤作四○正義曰顏師古 / 云馬字下曲者尾并四點爲四足凡五 上譴死矣甚惶
恐其爲謹慎雖他皆如是萬石君少子慶爲太
僕御出上問車中幾馬慶以策數馬畢舉手曰
六馬慶於諸子中最爲簡易矣 正義曰漢書慶爲 / 太僕御出上問車
中幾馬慶以策數馬畢舉手曰六馬按 / 慶於兄弟最爲簡易矣然猶如此也 然猶如此爲齊
相舉齊國皆慕其家行不言而齊國大治爲立

石相祠元狩元年上立太子選羣臣可爲傅者
慶自沛守爲太子太傅七歲遷爲御史大夫元
鼎五年秋丞相有罪罷 趙周坐酎金免○索 / 隱曰案漢書而知也 制詔
御史萬石君先帝尊之子孫孝其以御史大夫
慶爲丞相封爲牧丘侯是時漢方南誅兩越東
擊朝鮮北逐匈奴西伐大宛中國多事天子巡
狩海內脩上古神祠封禪興禮樂公家用少桑
弘羊等致利王溫舒之屬峻法兒寬等推文學
至九卿更進用事事不關決於丞相丞相醇謹
而已在位九歲無能有所匡言嘗欲請治上近

臣所忠九卿咸宣罪 服虔曰音 / 減損之減 不能服反受其過
贖罪元封四年中關東流民二百萬口無名數
者四十萬 索隱曰案小顏云無 / 名數若今之無戶籍 公卿議欲請徙流民
於邊以適之上以爲丞相老謹不能與其議乃
賜丞相告歸而案御史大夫以下議爲請者丞
相慙不任職乃上書曰慶幸得待罪丞相罷駑
無以輔治城郭倉庫空虛民多流亡罪當伏斧
質上不忍致法願歸丞相侯印乞骸骨歸避賢
者路天子曰倉廩既空民貧流亡而君欲請徙
之搖蕩不安動危之而辭位君欲安歸難乎 索 / 隱

曰難音乃彈反言欲歸於何人以書讓慶慶甚慙遂復視事慶文
深審謹然無他大略為百姓言後三歲餘太初
二年中丞相慶卒謚為恬侯慶中子德慶愛用
之上以德為嗣代侯後為太常坐法當死贖免
為庶人慶方為丞相諸子孫為吏更至二千石
者十三人及慶死後稍以罪去孝謹益衰矣
建陵侯正義曰括地志云漢建陵縣故城在沂州丞縣界也衛綰者代大陵人
也索隱曰地理志縣名在代○正義曰括地志云大陵縣城在并州文水縣北十三里按代王耳時都中都大陵
屬焉故言代大陵人也綰以戲車為郎應劭曰能左右超乘也如淳曰櫟機轊之類○索隱
曰案今亦有弄車之戲是也櫟音歷謂超踰之也轊音衛謂車軸頭也事文帝功次遷為

中郎將醇謹無他孝景為太子時召上左右飲
而綰稱病不行張晏曰恐文帝謂豫有二心以事太子文帝且崩時
屬孝景曰綰長者善遇之及文帝崩景帝立歲
餘不譙呵綰索隱曰譙呵音譙何猶借訪也一曰譙呵責讓也不譙呵言不嗔責綰也綰日
以謹力景帝幸上林詔中郎將參乘還而問曰
君知所以得參乘乎綰曰臣從車士幸得以功
次遷為中郎將不自知也上問曰吾為太子時
召君君不肯來何也對曰死罪實病上賜之劍
綰曰先帝賜臣劍凡六劍不敢奉詔上曰劍人
之所施易獨至今乎如淳曰施讀曰移言劍者人之所好故多數移易貿換之也○索隱

曰施音移易音亦綰曰具在上使取六劍劍尚盛未嘗服
也郎官有譴常蒙其罪不與他將爭有功常讓
他將上以為廉忠實無他腸索隱曰案小顏云心腸之內無他惡也乃
拜綰為河閒王太傅吳楚反詔綰為將將河閒
兵擊吳楚有功拜為中尉三歲以軍功孝景前
六年中封綰為建陵侯其明年上廢太子誅栗
卿之屬蘇林曰栗太子舅也如淳曰栗氏親屬也卿其名也○索隱曰栗姻之族也○正義曰顏師古云太子廢為臨江王故誅其外家親屬也上以為綰長者不忍乃賜綰告
歸而使郅都治捕栗氏既已上立膠東王為太
子召綰拜為太子太傅久之遷為御史大夫五

歲代桃侯舍正義曰故桃城在滑州胙城縣東三十里劉舍所封也為丞相朝奏
事如職所奏索隱曰以言但守職分而已不別有所奏議也然自初官以至
丞相終無可言天子以為敦厚可相少主尊寵
之賞賜甚多為丞相三歲景帝崩武帝立建元
年中丞相以景帝疾時諸官囚多坐不辜者而
君不任職免之其後綰卒子信代坐酎金失侯
塞侯正義曰上音先代反古塞國今陝州桃林縣以西至潼關皆桃林塞地也直不疑者南
陽人也索隱曰案塞國名今桃林之塞也直姓也不疑名也與雋不疑同字為郎事文帝
其同舍有告歸誤持同舍郎金已去而金主覺
妄意不疑索隱曰謂妄疑其盜取將也不疑謝有之買金償而

告歸者來而歸金而前郎亡金者大慙以此稱
爲長者文帝稱舉稍遷至太中大夫徐廣曰漢書云稱爲長者
稍遷至太中大夫無文帝稱舉四字也朝廷見人或毀曰不疑狀貌
甚美然獨無奈其善盜嫂何也索隱曰案小顏云盜謂私之不疑
聞曰我乃無兄然終不自明也吳楚反時不疑
以二千石將兵擊之景帝後元年拜爲御史大
夫天子脩吳楚時功乃封不疑爲塞侯武帝建
元年中與丞相綰俱以過免不疑學老子言其
所臨爲官如故唯恐人知其爲吏跡也不好立
名稱稱爲長者不疑卒子相如代孫望坐酎金
失侯索隱曰漢書作彭祖坐酎金國除
郎中令周文者名仁其先故任城人也正義曰任城兖州縣
也以醫見景帝爲太子時拜爲舍人積功稍遷
孝文帝時至太中大夫景帝初即位拜仁爲郎
中令仁爲人陰重不泄常衣敝補衣溺袴服虔曰質重不
泄人之陰謀也張晏曰陰重不泄下溼故溺袴是以得比官
者得入後宮仁有子孫先未得此病時所生韋昭曰陰重如
今帶下病泄利○索隱曰案其解二亦各有異小顏云陰密
也爲性密重不泄人言也霍去病少言不泄亦其類也其人
又常衣弊補衣及溺袴故爲不潔清之服是以得幸入卧內也二者未知誰得其實期爲不絜清
索隱曰謂心中常期不絜之服則期是故之意也小顏亦同○正義曰儔清淨期猶常也言爲不潔淨下溼故得入卧內
後宮比官者以是得幸景帝入卧內於後宮祕戲索隱曰謂後宮

中戲劇宜可祕也仁常在旁至景帝崩仁尚爲郎中令終
無所言上時問人正義曰顏師古云問以他人之善惡也仁曰上自察
之然亦無所毀以此景帝再自幸其家徙陽
陵上所賜甚多然常讓不敢受也諸侯羣臣賂
遺終無所受武帝立以爲先帝臣重之仁乃病
免以二千石祿歸老子孫咸至大官矣
御史大夫張叔者名歐史記音隱曰歐於友反○索隱曰歐音烏後反漢書作歐
孟康音騶也安丘侯說之庶子也徐廣曰張說起於方輿縣從高祖以入漢也○
索隱曰說音悅孝文時以治刑名言韋昭曰有刑名之書欲令名實相副也○索隱
曰案劉向別錄云申子學號曰刑名者循名以責實其尊君卑臣崇上抑下合於六經也說者云刑名家即太史公所說
六家之二也事太子然歐雖治刑名家正義曰刑刑家也名家在太史公自有傳
言治刑法及名實也其人長者景帝時尊重常爲九卿至武
帝元朔四年韓安國免詔拜歐爲御史大夫自
歐爲吏未嘗言案人專以誠長者處官官屬以
爲長者亦不敢大欺上具獄事有可卻卻之不
可者不得已爲涕泣面對而封之其愛人如此
老病篤請免於是天子亦策罷以上大夫祿歸
老于家家於陽陵子孫咸至大官矣
太史公曰仲尼有言曰君子欲訥於言徐廣曰訥字多作詘
音同耳古字假借而敏於行其萬石建陵張叔之謂邪是

以其教不肅而成不嚴而治塞侯微巧正義曰不疑學老子所臨官恐人知其為吏跡不好立名稱稱為長者是微巧也而周文處讇索隱曰案直不疑以吳楚反時為二千石將景帝封之微巧也周文處讇者謂為郎中令陰重得幸出入臥內也故班固曰石建之澣衣周仁之垢汙君子譏之是也。正義曰上時問人仁曰上自察之上所賜常不受又諸侯君羣臣賂遺終無所受此為處讇故君子譏此二人為其近於佞也君子譏之為其近於佞也然斯可謂篤行君子矣

索隱述贊曰

萬石孝謹　自家形國　郎中數馬
內史匍匐　綰無他腸　塞有陰德
刑名張歐　垂涕恤獄　敏行訥言
俱嗣芳躅

萬石張叔列傳第四十三　史記一百三

田叔列傳第四十四　　史記一百四

田叔者趙陘城人也 索隱曰案下文字少卿 陘音刑縣名屬中山 其先齊
田氏苗裔也叔喜劒學黃老術於樂巨公所 索隱
曰本燕人樂毅之後 ○正義樂姓巨公名 叔爲人刻廉自喜喜游諸公
正義曰喜音許記反 諸公謂丈人行也 趙人舉之趙相趙午言之
趙王張敖所趙王以爲郎中數歲切直廉平趙
王賢之未及遷會陳豨反代 徐廣曰七年韓王信反 高帝征之十年代相陳
豨反 漢七年高祖往誅之過趙趙王張敖自持案
進食禮恭甚高祖箕踞罵之是時趙相趙午等
數十人皆怒謂張王曰王事上禮備矣今遇王

如是臣等請爲亂趙王齧指出血曰先人失國
微陛下臣等當蟲出 索隱曰案謂死而蟲出也左傳 齊桓死未葬蟲流於戶外是也
公等奈何言若是毋復出口矣於是貫高等曰
王長者不倍德卒私相與謀弒上會事發覺 徐廣
曰九年十二月 捕貫高等也 漢下詔捕趙王及羣臣反者於是
趙午等皆自殺唯貫高就繫是時漢下詔書趙
有敢隨王者辠三族唯孟舒田叔等十餘人赭
衣自髡鉗稱王家奴隨趙王敖至長安貫高事
明白趙王敖得出廢爲宣平侯乃進言田叔等
十餘人上盡召見與語漢廷臣毋能出其右者

上說盡拜爲郡守諸侯相叔爲漢中守十餘年
會高后崩諸呂作亂大臣誅之立孝文帝孝文
帝既立召田叔問之曰公知天下長者乎對曰
臣何足以知之上曰公長者也宜知之叔頓首
曰故雲中守孟舒長者也是時孟舒坐虜大入
塞盜劫雲中尤甚免上曰先帝置孟舒雲中十
餘年矣虜曾一入孟舒不能堅守毋故士卒戰
死者數百人長者固殺人乎公何以言孟舒爲
長者也叔叩頭對曰是乃孟舒所以爲長者也
夫貫高等謀反上下明詔趙有敢隨張王罪三

族然孟舒自髡鉗隨張王敖之所在欲以身死
之豈自知爲雲中守哉漢與楚相距士卒罷敝
匈奴冒頓新服北夷來爲邊害孟舒知士卒罷
敝不忍出言士爭臨城死敵如子爲父弟爲兄
以故死者數百人孟舒豈故驅戰之哉是乃孟
舒所以爲長者也於是上曰賢哉孟舒復召孟
舒以爲雲中守後數歲叔坐法失官梁孝王使
人殺故吳相袁盎景帝召田叔案梁具得其事
還報景帝曰梁有之乎叔對曰死罪有之上曰
其事安在田叔曰上毋以梁事爲也上曰何也

曰今梁王不伏誅是漢法不行也如其伏法而太后食不甘味臥不安席此憂在陛下也景帝大賢之以爲魯相魯相初到民自言相訟王取其財物百餘人田叔取其渠率二十人各笞五十餘各搏二十索隱曰搏音博怒之曰王非若主邪何自敢言若主魯王聞之大慙發中府錢正義曰王之財物所藏也使相償之相曰王自奪之使相償之是王爲惡而相爲善也相毋與償之於是王乃盡償之

魯王好獵正義曰魯共王景帝子都兗州曲阜縣故魯城中相常從入苑中王輒休正義曰括地志云矍相圃在兗州曲阜縣南三十里禮記云孔子射於矍相之圃觀者如堵墻也

相就館舍相出常暴坐索隱曰上音步卜反待王苑外王數使人請相休終不休曰我王暴露苑中我獨何爲就舍魯王以故不大出游數年叔以官卒魯以百金祠少子仁不受也曰不以百金傷先人名仁以壯健爲衛將軍舍人張晏曰衛青也數從擊匈奴衛將軍進言仁仁爲郎中數歲爲二千石丞相長史失官其後使刺舉三河正義曰百官表云監御史秦官掌監郡漢省丞相遣御史分刺州不常置也案三河河南河東河內也上東巡仁奏事有辭上說拜爲京輔都尉正義曰百官表云右扶風左馮翊京兆尹是爲三輔元鼎四年置三輔都尉服虔云皆治長安城中也月餘上遷拜爲司直正義曰百官表云武帝元狩五年初置司直秩比二千石掌佐丞相舉不法也數歲坐太子事正義曰謂戾太子時左丞相自將兵徐廣曰劉屈氂時爲丞相也令司直田仁主閉守城門漢書百官表曰武帝元狩五年初置司直秩比二千石掌佐丞相舉不法坐縱太子下吏誅死仁發兵長陵令車千秋上變仁仁族死陘城今在中山國徐廣曰陘城縣名也○正義曰今定州也

太史公曰孔子稱曰居是國必聞其政田叔之謂乎義不忘賢明主之美以救過仁與余善余故并論之

索隱述贊曰

田叔長者　重義輕生　張王既雪
漢中是榮　孟舒見廢　抗說相明
棄梁以禮　相魯得情　子仁坐事
刺舉有聲

褚先生曰臣爲郎時聞之曰田仁故與任安相善任安滎陽人也少孤貧困爲人將車之長安索隱曰將車猶御車也留求事爲小吏未有因緣也因占著名數家於武功索隱曰言卜日而自占著家口名數隸於武功猶今附籍然也占音之豔反武功扶風西界小邑也谷口蜀剗道近山正義曰括地志云漢武功縣在渭水南今盩厔縣西界也駱谷關在雍州盩厔縣西南二十里開駱谷道以通梁州也按行谷有棧道也安以爲武功小邑無豪易高也索隱曰易音以豉反言邑小無

豪易得高名也安留代人為求盜亭父郭璞曰亭卒也○正義曰安留武功替人
為求盜亭父也應劭云舊時亭有兩卒其一為亭父掌關閉掃除一為求盜掌逐捕盜賊也後為亭長
正義曰百官表云十里一亭亭有長也邑中人民俱出獵任安常為人
分麋鹿雉兔部署老小當壯劇易處衆人皆喜
曰無傷也任少卿正義曰少卿安字分別平有智略明日
復合會會者數百人任少卿曰某子甲何為不
來乎諸人皆怪其見之疾也其後除為三老正義
曰百官表云十亭一鄉鄉有三老一人掌教化也舉為親民出為三百石長
正義曰百官表云萬戶已上為令秩千石至六百石減萬戶為長秩五百石至三百石皆有丞尉也治民坐
上行出游共帳不辦斥免乃為衛將軍舍人與

田仁會俱為舍人居門下同心相愛此二人家
貧無錢用以事將軍家監家監使養惡齧馬兩
人同牀臥仁竊言曰不知人哉家監也任安曰
將軍尚不知人何乃家監也衛將軍正義曰衛青也從
此兩人過平陽主主家令兩人與騎奴同席而
食此二子拔刀列斷席別坐主家皆怪而惡之
莫敢呵其後有詔募擇衛將軍舍人以為郎將
軍取舍人中富給者令具鞍馬絳衣玉具劍欲
入奏之會賢大夫少府趙禹來過衛將軍將軍
呼所舉舍人以示趙禹趙禹以次問之十餘人

無一人習事有智略者趙禹曰吾聞之將門之
下必有將類傳曰不知其君視其所使不知其
子視其所友今有詔舉將軍舍人者欲以觀將
軍而能得賢者文武之士也今徒取富人子上
之又無智略如木偶人衣之綺繡耳將柰之何
於是趙禹悉召衛將軍舍人百餘人以次問之
得田仁任安曰獨此兩人可耳餘無可用者衛
將軍見此兩人貧意不平趙禹去謂兩人曰各
自具鞍馬新絳衣兩人對曰家貧無用具也將
軍怒曰今兩君家自為貧何為出此言鞅鞅如

有移德於我者何也徐廣曰移猶施將軍不得已上籍以
聞有詔召見衛將軍舍人此二人前見詔問能
略相推第也田仁對曰提桴鼓立軍門使士大
夫樂死戰鬬仁不及任安任安對曰夫決嫌疑
定是非辯治官使百姓無怨心安不及仁也武
帝大笑曰善使任安護北軍使田仁護邊田穀
於河上此兩人立名天下其後用任安為益州
刺史正義曰地理志云武帝改曰梁州百官表云元封五年初置部刺史掌奉詔條察州秩六百石員十三按
若今採訪按察六條也以田仁為丞相長史正義曰百官表云丞相有兩長史秩千石
田仁上書言天下郡太守多為姦利三河尤甚

臣請先刺舉三河三河大守皆内倚中貴人與三公有親屬無所畏憚宜先正三河以警天下姦吏是時河南河内太守皆御史大夫杜父兄子弟也杜杜周也河東太守石丞相子孫也正義曰謂石慶是時石氏九人爲二千石方盛貴田仁數上書言之杜大夫及石氏使人謝謂田少卿曰吾非敢有語言也願少卿無相誣汙也仁已刺三河三河太守皆下吏誅死仁還奏事武帝說以仁爲能不畏彊禦拜仁爲丞相司直威振天下其後逢太子有兵事丞相自將兵使司直主城門司直以爲太子骨肉之親父子之間不甚欲近去之諸陵過是時武帝在甘泉使御史大夫暴君徐廣曰暴勝之爲御史大夫下責丞相何爲縱太子丞相對言使司直部守城門而開太子上書以聞請捕繫司直司直下吏誅死是時任安爲北軍使者護軍太子立車北軍南門外召任安與節令發兵安拜受節入閉門不出武帝聞之以爲任安爲佯邪徐廣曰佯或作詳也○索隱曰詳音羊邪弋奢反佯謂詐受節不發兵不傳會太子也不傳事何也索隱曰傳音附謂不附會也任安笞辱北軍錢官小吏小吏上書言之以爲受太子節言幸與我其鮮

好者索隱曰鮮音仙謂太子請其鮮好之兵甲也書上聞武帝曰是老吏也見兵事起欲坐觀成敗見勝者欲合從之有兩心安有當死之罪甚衆吾常活之今懷詐有不忠之心下安吏誅死

夫月滿則虧物盛則衰天地之常也知進而不知退久乘富貴禍積爲祟故范蠡之去越辭不受官位名傳後世萬歲不忘豈可及哉後進者愼戒之

田叔列傳第四十四　史記一百四

扁鵲倉公列傳第四十五　史記一百五

索隱曰王劭云醫方宜與日者龜策相接不合列於此後人誤之也○正義曰此傳是醫方合與龜策日者相次以淳于意孝文帝時醫奉詔問之又爲齊太倉令故太史公以次述之扁鵲乃春秋時良醫不可別序故引爲傳首太倉公次之也

扁鵲者正義曰黃帝八十一難序云秦越人與軒轅時扁鵲相類仍號之爲扁鵲又家於盧國因命之曰盧醫也勃海郡鄭人也徐廣曰鄭當爲鄚鄚縣名今屬河間○索隱曰案勃海無鄭縣徐說是也姓秦氏名越人少時爲人舍長索隱曰劉氏云守客館之師故號云舍長也○正義曰長音丁丈反舍客長桑君過索隱曰隱者蓋神人也○正義曰過音戈扁鵲獨奇之常謹遇之長桑君亦知扁鵲非常人也出入十餘年乃呼扁鵲私坐間與語曰正義曰間音閑我有禁方年老欲傳與公公毋泄扁鵲曰敬諾乃出其懷中藥予扁鵲飲是以上池之水三十日當知物矣索隱曰案舊說云上池水謂水未至地蓋承取露及竹木上水取之以和藥服之三十日當見鬼物也乃悉取其禁方書盡與扁鵲忽然不見殆非人也扁鵲以其言飲藥三十日視見垣一方人索隱曰方猶邊也言能隔牆見彼邊之人則服通神也以此視病盡見五藏癥結正義曰五藏謂心肺脾肝腎也六府謂大腸胃膽膀胱三焦也王叔和脈經云左手脈橫癥在左右手脈橫癥在右脈頭大者在上頭小者在下兩手脈結上部者濡結中部者緩結三里者豆起陽邪來見浮洪陰邪來見沉細水穀來見堅實特以診脈爲名耳索隱曰診鄒氏音丈忍反劉氏音陳忍反司馬彪云診占也爲醫或在齊正義曰號盧醫今濟州盧縣或在趙在趙者

名扁鵲當晉昭公時索隱曰案左氏簡子專國在定頃二公之時非當昭公之世且趙系家叙此事亦在定公之初諸大夫彊而公族弱趙簡子爲大夫專國事簡子疾五日不知人索隱曰案韓子云十日不知人所記異也大夫皆懼於是召扁鵲扁鵲入視病出董安于問扁鵲扁鵲曰血脈治也正義曰下云色廢脈亂故形靜如死狀也而何怪昔秦穆公嘗如此七日而寤寤之日告公孫支與子輿索隱曰案二子皆秦大夫公孫支子桑也子輿未詳曰我之帝所甚樂吾所以久者適有所學也索隱曰適音釋言我適來有所受教命故云學也帝告我晉國且大亂五世不安其後將霸未老而死霸者之子且令而國男女無別公孫支書而藏之秦策於是出夫獻公之亂文公之霸而襄公敗秦師於殽而歸縱淫此子之所聞今主君之病與之同不出三日必間間必有言也居二日半簡子寤語諸大夫曰我之帝所甚樂與百神遊於鈞天廣樂九奏萬舞不類三代之樂其聲動心有一熊欲援我帝命我射之中熊熊死有羆來我又射之中羆羆死帝甚喜賜我二笥皆有副吾見兒在帝側帝屬我一翟犬曰及而子之壯也以賜之帝告我晉國且世衰七世而亡正義曰晉定公出公哀公幽公烈公孝公靜公爲七世靜公二年爲三晉所滅據此及趙世家簡子疾在

定公之十一年也贏姓將大敗周人於范魁之西索隱曰范魁地名未詳○正義曰贏趙氏本姓也周人謂爲衛也晉云之後趙成侯三年伐衛取鄉邑七十三是也賈逵云月卓曰魁也而亦不能有也董安于受言書而藏之以扁鵲言告簡子簡子賜扁鵲田四萬畝其後扁鵲過虢正義曰陝州城古虢國又陝州河北縣東北下陽故城古虢即晉獻公滅者又洛州汜水縣古東虢國而未知扁鵲過何者蓋虢至此並滅也虢太子死索隱曰案傅玄云虢是晉獻所滅先此百二十餘年此時焉得有虢則此云虢太子非也然案虢後改稱郭春秋有郭公蓋郭之太子也扁鵲至虢宮門下問中庶子喜方者索隱曰喜音許既反喜好也愛也方方伎之人也○正義曰中庶子古官號也喜方好方術不書姓名也曰太子何病國中治穰過於衆事中庶子曰太子病血氣不時交錯而不得泄暴發於外則爲中害精神不能止邪氣邪氣畜積而不得泄是以陽緩而陰急故暴蹷而死索隱曰蹷音厥○正義曰釋名云蹷氣從下蹷起上行外及心脅也扁鵲曰其死何如時曰雞鳴至今曰收乎曰未也收謂棺斂其死未能半日也言臣齊勃海秦越人也家在於鄭未嘗得望精光侍謁於前也聞太子不幸而死臣能生之中庶子曰先生得無誕之乎何以言太子可生也臣聞上古之時醫有俞跗索隱曰音臾附下又音趺○正義曰臾附二音應劭云黃帝時將也治病不以湯液醴灑正義曰上音禮下山解反鑱石撟引案杌毒熨索隱曰鑱音仕咸反謂石針也撟音九兆反謂爲按摩之法夭撟引身如熊顧鳥伸也杌

音玩亦謂按摩而玩弄身體使調也毒熨謂毒病之處以藥物熨帖也一撥見病之應因五藏之輸索隱曰音束注反○正義曰八十一難云肺之原出於太淵心之原出于太陵肝之原出于太衝脾之原出于太白腎之原出于太谿少陰之原出于兌骨膽之原出于丘虛胃之原出于衝陽三焦之原出于陽池膀胱之原出于京骨大腸之原出于全谷小腸之原出于腕骨十二經皆以輸爲原也按此五藏六府之輸也乃割皮解肌訣脈結筋搦髓腦揲荒徐廣曰揲音舌○索隱曰搦音女角反揲荒膏荒也爪幕正義曰以爪決其闌幕也湔浣正義曰上子錢反下胡管反腸胃漱滌五藏練精易形先生之方能若是則太子可生也不能若是而欲生之曾不可以告咳嬰之兒終日扁鵲仰天歎曰夫子之爲方也若以管窺天以郄視文越人之爲方也不待切脈正義曰黃帝素問云待切脈而知病寸口六脈三陰三陽皆隨春秋冬夏觀其脈之變也則知病之逆順也楊玄操云切按也望色正義曰素問云面色青脈當弦急面色赤脈當浮而短面色黑脈當沉浮而滑也聽聲正義曰素問云好哭者肺病好歌者脾病好妄言者心病好呻吟者腎病好叫呼者肝病也寫形正義曰素問云欲得溫而不欲見人者藏家病欲得寒而見人者府家病也言病之所在聞病之陽論得其陰聞病之陰論得其陽正義曰八十一難云陰病行陽陽病行陰故令募在陰俞在陽楊玄操云腸爲陰五藏募皆在腹故云募皆在陰背爲陽五藏俞皆在背故云俞皆在陽內藏有病則出行於陽陽俞在背也外體有病則入行於陰陰募在腹也針法云從陽引陰從陰引陽也病應見於大表不出千里決者至衆不可曲止也索隱曰止語助也不可委曲具言○正義曰言病皆有應見不可曲言病之止在所在也子以吾言爲不誠試入診太子當聞其耳鳴而鼻張正義音張循其兩

股以至於陰當尚溫也中庶子聞扁鵲言目眩然而不瞚舌撟然而不下乃以扁鵲言入報虢君虢君聞之大驚出見扁鵲於中闕曰竊聞高義之日久矣然未嘗得拜謁於前也先生過小國幸而舉之偏國寡臣幸甚索隱曰謂虢君自謙云己是偏遠之國寡小之臣也有先生則活無先生則棄捐填溝壑長終而不得反言未卒因噓唏服臆索隱曰上音皮力反下音憶魂精泄橫流涕長潸徐廣曰一云言未卒因涕泣交流噓唏不能自止也○索隱曰潸音山長潸謂長垂淚也忽忽承睞索隱曰音接睞即睫也承睞言淚恒垂以承於睫也悲不能自止容貌變更扁鵲曰若太子病所謂尸蹷者也夫以陽入陰中動胃正義曰八十一難云脈居陰部反陽脈見者為陽入陰中是陽乘陰也脈雖時沉濇而短此謂陽中伏陰也脈居陽部而陰脈見者是陰乘陽也脈雖時浮滑而長此謂陰中伏陽也胃水穀之海也纏緣正義曰上音直延反纏緣謂脈纏繞胃也素問云延緣落絡脈也恐非此義也中經維絡徐廣曰維一作結○索隱曰纏音直延反○正義曰八十一難云十二經脈十五絡脈陽維陰維之脈也別下於三焦膀胱正義曰八十一難云三焦者水穀之道路氣之所終始也上焦在心下下鬲在胃上口也中焦在胃中脘不上不下也下焦在臍下當膀胱上口也膀胱者津液之府也溺九升九合也言經絡下于三焦及膀胱也是以陽脈下遂徐廣曰一作隊陰脈上爭正義曰遂音直類反素問云陽脈下遂難反陰脈上爭如絃也會氣閉而不通正義曰八十一難云府會太倉藏會季脇筋會陽陵泉髓會絶骨血會鬲俞骨會大杼脈會大淵氣會三焦此謂八會也陰上而陽內行下內鼓而不起上外絶而不為使上有絶陽之絡下有破陰之紐正義曰女九反

素問云紐赤脈也破陰絶陽之色已廢徐廣曰一作發脈亂故形靜如死狀太子未死也夫以陽入陰支蘭藏者生正義曰素問云支者順節蘭者橫節陰支蘭膽藏也以陰入陽支蘭藏者死凡此數事皆五藏蹷中之時暴作也良工取之正義曰八十一難云知一為下工知二為中工知三為上工上工者十全九中工者十全八下工者十全六呂廣云一五藏一病輙有五解一藏為下工解三藏為中工解五藏為上工也拙者疑殆扁鵲乃使弟子子陽厲鍼砥石以取外三陽五會索隱曰陽扁鵲之弟子也鍼音針厲謂磨也砥音脂○正義曰素問云手足各有三陰三陽太陰少陽厥陰太陽少陽陽明也五會謂百會胷會聽會氣會臑會也有閒太子蘇乃使子豹為五分之熨以八減之齊和煑之以更正義曰格彭反熨兩脅下索隱曰案言五分之熨者謂熨之令溫暖之氣入五分也八減之齊者謂藥之齊和所減有八並越人當時有此方也太子起坐更適陰陽但服湯二旬而復故故天下盡以扁鵲為能生死人扁鵲曰越人非能生死人也此自當生者越人能使之起耳傅玄曰虢是晉獻公時先是百二十餘年滅矣是時焉得有虢扁鵲過齊齊桓侯客之索隱曰案傅玄曰是時齊無桓侯裴駰云謂是齊侯田和之子桓公午也蓋與趙簡子頗亦相當入朝見曰君有疾在腠理正義曰上音湊謂皮膚不治將深桓侯曰寡人無疾扁鵲出桓侯謂左右曰醫之好利也欲以不疾者為功後五日扁鵲復見曰君有疾在血脈不治恐深桓侯曰寡人無疾扁鵲出桓侯不悅後五日

扁鵲復見曰君有疾在腸胃閒不治將深桓侯
不應扁鵲出桓侯不悅後五日扁鵲復見望見
桓侯而退走桓侯使人問其故扁鵲曰疾之居
腠理也湯熨之所及也在血脈鍼石之所及也
其在腸胃酒醪之所及也其在骨髓雖司命無
奈之何今在骨髓臣是以無請也後五日桓侯
體病使人召扁鵲扁鵲已逃去桓侯遂死傅玄曰是時齊
無桓侯駰謂是齊侯田和之子桓公午也使聖人預知微能使良醫得
蚤從事則疾可已身可活也人之所病病疾多
而醫之所病病道少徐廣曰所病猶
正義曰病猶患也言人所患患疾病多甚也

癈病也故病有六不治驕恣不論於理一不治也
輕身重財二不治也衣食不能適三不治也陰
陽并藏氣不定四不治也形羸不能服藥五不
治也信巫不信醫六不治也有此一者則重難
治也扁鵲名聞天下過邯鄲聞貴婦人即為帶
下醫過雒陽聞周人愛老人即為耳目痺醫索隱
曰痺音必二反來入咸陽聞秦人愛小兒即為小兒醫
隨俗為變秦太醫令李醯自知伎不如扁鵲也
使人刺殺之至今天下言脈者由扁鵲也
太倉公者齊太倉長臨菑人也姓淳于氏名意

正義曰括地志云淳于國城在密州安丘縣東北三十里古之斟灌國也春秋公如曹傳云冬淳于公如曹注水經云淳
于縣故夏后氏之斟灌國也周武王以封淳于公號淳于國也少而喜醫方術高后
八年更受師同郡元里公乘陽慶正義曰百官表云公乘第八爵
也顏師古云言其得乘公之車也慶年七十餘無子使意盡去其
故方更悉以禁方予之傳黃帝扁鵲之脈書五
色診病正義曰八十一難云五藏有色皆見於面亦當與寸口尺內相應也其面色與相應已見前也知
人死生決嫌疑定可治及藥論甚精受之三年
為人治病決死生多驗然左右行游諸侯不以
家為家或不為人治病病家多怨之者文帝四
年中人上書言意以刑罪當傳西之長安索隱曰傳音竹

戀反傳乘傳送之意有五女隨而泣意怒罵曰生子不生
男緩急無可使者於是少女緹縈傷父之言索隱
曰緹音啼縈音紆營反乃隨父西上書曰妾父為吏齊中稱
其廉平今坐法當刑妾切痛死者不可復生而
刑者不可復續徐廣曰一作贖雖欲改過自新其道莫
由終不可得妾願入身為官婢以贖父刑罪使
得改行自新也書聞上悲其意此歲中亦除肉
刑法徐廣曰案年表孝文十二年除肉刑○正義曰漢書刑法志云孝文帝即位十三年除肉刑三王孟康云黥
劓二左右趾一凡三也班固詩曰三王德彌薄惟後用肉刑太倉令有罪就逮長安城自恨身無子困急獨煢煢小女痛
父言死者不可生上書詣闕下思古歌雞鳴憂心摧折裂晨風揚激聲聖漢孝文帝惻然感至情百男何憒憒不如一緹

繫意家居詔召問所爲治病死生驗者幾何人
主名爲誰詔問故太倉長臣意方伎所長及所
能治病者徐廣曰一作爲爲亦治有其書無有皆安受學受
學幾何歲嘗有所驗何縣里人也何病醫藥已
其病之狀皆何如具悉而對臣意對曰自意少
時喜醫藥醫藥方試之多不驗者至高后八年
徐廣曰意年二十六得見師臨菑元里公乘陽慶慶年七十
餘意得見事之謂意曰盡去而方書非是也慶
有古先道遺傳黃帝扁鵲之脈書五色診病知
人生死決嫌疑定可治及藥論書甚精我家給

富心愛公欲盡以我禁方書悉教公臣意即曰
幸甚非意之所敢望也臣意即避席再拜謁受
其脈書上下經五色診奇咳奇音羈咳音該○正義曰八十一難云奇經八脈者有陽維有陰維有陽蹻有陰蹻有衝有督有任有帶之脈凡此八者皆不拘於經故云奇經八脈也顧野王云胲當宊也又云胲指毛皮也藝文志有五音奇胲用兵二十六卷許慎云胲軍中約也術揆度陰陽
外變藥論石神接陰陽禁書受讀解驗之可一
年所明歲即驗之有驗然尚未精也要事之三
年所即嘗已爲人治診病決死生有驗精良今
慶已死十年所臣意年盡三年年三十九歲也
齊侍御史成自言病頭痛臣意診其脈告曰君

扁鵲倉公傳

之病惡不可言也即出獨告成弟昌曰此病疽
七如反也內發於腸胃之閒後五日當臃腫正義曰上
於恭反下之勇反後八日嘔膿正義曰女東也死成之病得之飲酒
且內成即如期死所以知成之病者臣意切其
脈得肝氣肝氣濁徐廣曰一作黽而靜徐廣曰一作濟此內關之
病也正義曰八十一難云關遂入尺爲內關呂廣云脈從關至尺澤名內關也脈法曰脈長
而弦不得代四時者正義曰王叔和脈經云來數而中止不能自還因而復動者名曰代
代者死素問云病在心愈在夏甚於冬病在脾愈在秋甚於春病在肺愈在冬甚於夏病在腎愈在春甚於夏病在肝愈
在夏甚於秋也其病主在於肝和即經主病也正義曰王叔和脈經云脈
長而弦病於肝也素問云得病於筋肝之和也代則絡脈有過正義曰素問云脈有不及有太

過有經有絡和即經主病大則絡有過也八十一難云關之前者陽之動也脈當見九分而浮過者法曰太過減者法曰
不及遂上魚爲溢爲外關內格此陰乘之脈也關以後者陰之動也脈當見一寸而沉過者法曰太過減者法曰不及遂
入尺爲覆爲內關外格此陽乘之脈也故曰覆溢是其眞藏之脈人不病而死也呂廣云過九分出一寸各名太過也不
及九分至二分或四分五分此太過不滿一寸見八分或五分六分此不及經主病和者其
病得之筋髓裏其代絕而脈賁者病得之酒且
內所以知其後五日而臃腫八日嘔膿死者切
其脈時少陽初代代者經病病去過人人則去
絡脈主病當其時少陽初關一分故中熱而膿
未發也及五分則至少陽之界徐廣曰一作分下章曰肝與心相去五分
故曰五日盡也○正義曰王叔和脈經云分別三門鏡界脈候所主云從魚際至高骨卻行一寸其中名曰寸口其骨自

高從寸至尺名曰尺澤故曰尺寸後尺前名曰關陽出陰入以關爲界陽出三分故曰三陰三陽陽生於尺動於寸陰生於寸動於尺寸主射上焦出頭及皮毛竟手關主射中焦腹及於腰尺主射下焦少腹至足也 及八日則嘔膿死故上二分而膿發至界而癰腫盡泄而死熱上則熏陽明爛流絡流絡動則脈結發脈結發則爛解故絡交熱氣已上行至頭而動故頭痛

齊王中子諸嬰兒小子病召臣意診切其脈告曰氣鬲病病使人煩懣食不下時嘔沫病得之少憂數忔食飲 索隱曰忔音疑乞反忔者風痺忔然不得動也 臣意即爲之作下氣湯以飲之一日氣下二日能食三日即

病愈所以知小子之病者診其脈心氣也濁 徐廣曰一作黽又作猛 躁而經也此絡陽病也脈法曰脈來數病去難而不一者病主在心周身熱脈盛者爲重陽 索隱曰上音直龍反 重陽者遏心主 徐廣曰遏音唐遏者猶盪也謂病盪心者猶刺其心○索隱曰遏依字讀○正義曰八十一難云手心主中宮在中部楊玄操云手心主胞絡也自臍已上至帶鬲爲中焦也 故煩懣食不下則絡脈有過絡脈有過則血上出血上出者死此悲心所生也病得之憂也

齊郎中令循病衆醫皆以爲蹶入中而刺之臣意診之曰湧疝也 索隱曰上音勇下音訕所諫反鄒誕生疝音山也 令人不

得前後溲 索隱曰溲音所留反前溲謂小便後溲大便也 循曰不得前後溲三日矣臣意飲 正義曰於禁反 以火齊湯一飲得前溲再飲大溲三飲而疾愈病得之內所以知循病者切其脈時右口氣急 徐廣曰右一作有○正義曰王叔和脈經云右手寸口氣口也 脈無五藏氣右口 正義曰謂右手寸口也 脈大而數數者中下熱而湧左爲下右爲上皆無五藏應故曰湧疝中熱故溺赤也 正義曰上徒吊反

齊中御府長信病臣意入診其脈告曰熱病氣也然暑汗脈少衰不死曰此病得之當浴流水而寒甚已則熱信曰唯然往 正義曰唯惟癸反 冬時爲王

使於楚至莒縣 正義曰莒密州縣 陽周水而莒橋梁頗壞信則擥 正義音牽 車轅未欲渡也馬驚即墮信身入水中幾死吏即來救信出之水中衣盡濡有閒而身寒已熱如火至今不可以見寒臣意即爲之液湯火齊逐熱一飲汗盡再飲熱去三飲病已即使服藥出入二十日身無病者所以知信之病者切其脈時并陰脈法曰熱病陰陽交者死切之不交并陰并陰者脈順清而愈其熱雖未盡猶活也腎氣有時閒濁 徐廣曰一作黽 在太陰脈口而希是水氣也腎固主水故以此知之失

治一時即轉爲寒熱

齊王太后病，召臣意入診脈，曰風癉客脬（索隱曰癉病也音亶脬音普交反字或作胞○正義曰癉音單旱也脬亦作胞膀胱也言風癉之病客居在膀胱）難於大小溲溺赤。臣意飲以火齊湯，一飲即前後溲，再飲病已，溺如故。病得之流汗出滫（索隱曰劉氏音巡）滫者去衣而汗晞也。所以知齊王太后病者，臣意診其脈，切其太陰之口，溼然風氣也。脈法曰沈之而大堅（正義曰沈一作深王叔和脈經云脈大而堅病出於腎也）浮之而大緊者（正義曰緊音吉忍反素問云脈短實而數有似切繩名曰緊也）病主在腎。腎切之而相反也，脈大而躁。大者膀胱氣也，躁者中有熱而溺赤。

齊章武里曹山跗病（索隱曰跗方符反）臣意診其脈，曰肺消癉也，加以寒熱。即告其人曰死不治，適其共養，此不當醫（索隱曰適音釋共音恭案謂山跗家適近所恃財物共養我我不敢當以言其人不堪療也）治。法曰後三日而當狂，妄起行欲走；後五日死。即如期死。山跗病得之盛怒而以接內。所以知山跗之病者，臣意切其脈，肺氣熱也。脈法曰不平不鼓，形弊（正義曰王叔和脈經云平謂春肝木王其脈細而長夏心火王其脈洪大而散六月脾土王其脈大阿阿而緩秋肺金王其脈浮濇而短冬腎水王其脈沈而滑名平脈也）此五藏高之遠數以經病也，故切之時不平而代（正義曰素問云血氣易處曰不平脈候動不定曰代）不平者，血不居其處；代者，時參擊並至，乍躁乍大也。此兩絡脈絕，故死不治。所以加寒熱者，言其人尸奪。尸奪者，形弊；形弊者，不當關灸鑱石及飲毒藥也。臣意未往診時，齊太醫先診山跗病，灸其足少陽脈口，而飲之半夏丸，病者即泄注，腹中虛；又灸其少陰脈，是壞肝剛絕深，如是重損病者氣，以故加寒熱。所以後三日而當狂者，肝一絡連屬結絕乳下陽明（正義曰素問云乳下陽明胃絡也）故絡絕，開陽明脈，陽明脈傷，即當狂走。後五日死者，肝與心相去五分，故曰五日盡，盡即死矣。

齊中尉潘滿如病小腹痛（正義曰少音式妙反王叔和脈經云脈急疝瘕少腹痛也）臣意診其脈，曰遺積瘕也（索隱曰劉氏音加雅反舊音遐鄒氏音嫁○正義曰龍魚河圖云犬狗魚鳥不熟食之成瘕痛）臣意即謂齊太僕臣饒、內史臣繇曰：「中尉不復自止於內，則三十日死。」後二十餘日，溲血死。病得之酒且內。所以知潘滿如病者，臣意切其脈深小弱，其卒然合（徐廣曰一云來然合然合）合也，是脾氣也（正義曰卒音葱忽反卒一本作來素問云疾病之生於五藏五藏之合合於六府肝合氣於膽心合氣於小腸脾合氣於胃肺合氣於大腸腎合氣於膀胱三焦內主勞）右脈口氣至緊小（正義曰上音結忍反）見瘕氣也。以次相乘，故三十日死。

三陰俱搏者正義曰如淳云音徒端反素問云左脉口曰少陰少陰之前名厥陰右脉口曰太陰此三陰之脉也如法不俱搏者決在急期一搏一代者近也故其三陰搏溲血如前止徐廣曰前一作筋也

陽虛侯相趙章病召臣意衆醫皆以為寒中臣意診其脈曰迵風迵音洞言洞徹入四支○索隱曰下云飲食下嗌輒出之是風疾洞徹五藏故曰迵風迵風者飲食下嗌音益謂喉下也而輒出不留法曰五日死而後十日乃死病得之酒所以知趙章之病者臣意切其脈脈來滑是內風氣也飲食下嗌而輒出不留者法五日死皆為前分界法正義曰分扶問反後十日乃死所以過期者其人嗜粥故中藏實中藏實故過期師言曰安穀者過期不安穀者不及期

濟北王病召臣意診其脈曰風蹶胷滿即為藥酒盡三石病已得之汗出伏地所以知濟北王病者臣意切其脈時風氣也心脈濁徐廣曰濁一作亀病法過入其陽陽氣盡而陰氣入陰氣入張則寒氣上而熱氣下故胷滿汗出伏地者切其脈氣陰陰氣者病必入中出及瀺水也索隱曰瀺音士咸反○正義曰顧野王云手足液身軆汋音常汋也

齊北宮司空命婦出於病徐廣曰一作奴奴蓋女奴○正義命婦名也衆醫皆以為風入中病主在肺徐廣曰一作肝刺其足少陽脈臣意診其脈曰病氣疝客於膀胱難於前後溲而溺赤病見寒氣則遺溺使人腹腫出於病得之欲溺不得因以接內所以知出於病者切其脈大而實其來難是蹶陰之動也正義曰蹶厥陰之脉也脈來難者疝氣之客於膀胱也腹之所以腫者言蹶陰之絡結小腹也蹶陰有過則脈結動動則腹腫臣意即灸其足蹶陰之脈左右各一所即不遺溺而溲清小腹痛止即更為火齊湯以飲之三日而疝氣散即愈

故濟北王阿母徐廣曰濟一作齊王○索隱曰案是王之妳母也○正義曰服虔云乳母也鄭兹已者自言足熱而懣臣意告曰熱蹶也則刺其足心各三所案之無出血病旋已索隱曰言尋則已止也○正義曰謂旋轉之間病則已止也病得之飲酒大醉

濟北王召臣意診脈諸女子侍者至女子豎豎無病臣意告永巷長曰豎傷脾不可勞法當春嘔血死臣意言王曰才人女子豎何能王曰是好為方多伎能為所是案法新徐廣曰所一作取○索隱曰謂於舊方技能生新意也往年市之民所四百七十萬曹偶四人索隱曰案當今之四千七百貫也曹偶猶等輩也王曰得毋有病乎臣意對曰豎病重在死法

中王召視之其顏色不變以為不然不賣諸侯所至春豎奉劍從王之廁王去豎後王令人召之即仆於廁嘔血死〔索隱曰仆音赴又音步北反〕病得之流汗流汗者同法病內重毛髮而色澤脈不衰此亦關內之病也

齊中大夫病齲齒〔正義曰上丘羽反釋名云齲朽也蟲齧之缺朽也〕臣意灸其左太陽明脈即為苦參湯日嗽三升出入五六日病已得之風及臥開口食而不嗽

菑川王美人懷子而不乳〔索隱曰乳音人喻反乳生也〕來召臣意臣意往飲以莨礍〔正義曰浪宕二音〕藥一撮以酒飲之旋乳〔索隱曰旋乳者言迴旋即生也〕臣意復診其脈而脈躁躁者有餘病即飲以消石一齊出血血如豆比五六枚〔索隱曰比音必利反〕

齊丞相舍人奴從朝入宮臣意見之食閨門外望其色有病氣臣意即告宦者平平好為脈學臣意所臣意即示之舍人奴病告之曰此傷脾氣也當至春鬲塞不通不能食飲法至夏泄血死宦者平即往告相曰君之舍人奴有病病重死期有日相君曰卿何以知之曰君朝時入宮君之舍人奴盡食閨門外平與倉公立即示平

曰病如是者死相即召舍人奴而謂之曰公奴有病不舍人曰奴無病身無痛者至春果病至四月泄血死所以知奴病者脾氣周乘五藏傷部而交故傷脾之色也望之殺然黃〔徐廣曰殺音蘇葛反○正義曰殺蘇亥反〕察之如死青之茲衆醫不知以為大蟲〔索隱曰即蚘虫也〕不知傷脾所以至春死病者胃氣黃黃者土氣也土不勝木故至春死所以至夏死者脈法曰病重而脈順清者曰內關內關之病人不知其所痛心急然無苦若加以一病死中春一愈順及一時其所以四月死者診其人時愈順愈順者人尚肥也奴之病得之流汗數出灸於火而以出見大風也

菑川王病召臣意診脈曰蹶上〔正義時掌反蹶逆氣上也〕為重頭痛身熱使人煩懣〔正義曰亡本反止但有煩也〕臣意即以寒水拊其頭〔索隱曰拊音附又音撫〕刺足陽明脈左右各三所病旋已病得之沐髮未乾而臥診如前所以蹶頭熱至肩

齊王黃姬兄黃長卿家有酒召客召臣意諸客坐未上食臣意望見王后弟宋建告曰君有病往四五日君要脅痛不可俛仰〔正義曰上音免〕又不得

小溲不亟治病即入濡腎及其未舍五藏急治之病方今客腎濡正義曰濡溺也病方客在腎欲弱腎也此所謂腎痺也宋建曰然建故有要脊痛往四五日天雨黃氏諸倩徐廣曰倩者女婿也駰案方言曰東齊之間婿謂之倩郭璞曰言可假倩也○正義曰倩音七姓反見建家京下方石徐廣曰京者倉廩之屬也即弄之建亦欲效之效之不能起即復置之暮要脊痛不得溺至今不愈建病得之好持重所以知建病者臣意見其色太陽色乾腎部上及界要以下者枯四分所故以往四五日知其發也臣意即爲柔湯使服之十八日所而病愈

濟北王侍者韓女病要背痛寒熱衆醫皆以爲寒熱也臣意診脈曰內寒月事不下也即竄以藥索隱曰謂以煙熏之故云竄竄音七亂反旋下病已病得之欲男子而不可得也所以知韓女之病者診其脈時切之腎脈也嗇而不屬嗇而不屬者其來難堅故曰月不下肝脈弦出左口故曰欲男子不可得也

臨菑氾里女子薄吾病甚索隱曰氾音凡衆醫皆以爲寒熱篤當死不治臣意診其脈曰蟯瘕徐廣曰蟯音饒○索隱曰音饒櫝藿曰音遶遐○正義曰人腹中短虫蟯瘕爲病腹大上膚黃麤循

之㾓㾓然臣意飲以芫華一撮即出蟯可數升病已三十日如故病蟯得之於寒溼寒溼氣宛音鬱○索隱曰又如字篤不發化爲蟲臣意所以知寒薄吾病者切其脈循其尺正義曰王叔和云寸關尺寸謂三分尺謂八分寸口在關上尺在關下寸關尺共有一寸九分也其尺索刺麤而毛美奉髮徐廣曰奉一作奏又作秦○索隱曰循音巡案謂手循其尺索也刺音七賜反麤音七胡反言循其尺索刺人手而麤是婦人之病也徐氏云奉一作奏非其義也又云一作秦秦謂蓁首言髮如蠐螬事蓋近也是蟲氣也其色澤者中藏無邪氣及重病

齊淳于司馬病臣意切其脈告曰當病迵風迵風之狀飲食下嗌輒後之徐廣曰如俞病得之飽食

而疾走淳于司馬曰我之王家食馬肝食飽甚見酒來即走去驅疾至舍即泄數十出臣意告曰爲火齊米汁飲之七八日而當愈時醫秦信在旁臣意去信謂左右閣都尉曰索隱曰案閣者姓也爲都尉一云閣即宫閣都尉掌之故曰閣都尉也意以淳于司馬病爲何曰以爲迵風可治信即笑曰是不知也淳于司馬病法當後九日死即後九日不死其家復召臣意臣意往問之盡如意診臣即爲一火齊米汁使服之七八日病已所以知之者診其脈時切之盡如法其病順故不死

齊中郎破石病臣意診其脈告曰肺傷不治當後十日丁亥溲血而死即後十一日溲血而死破石之病得之墮馬僵石上所以知破石之病者切其脈得肺陰氣其來散數道至而不一也色又乘之所以知其墮馬者切之得番陰脈 索隱曰番音芳遠反 番陰脈入虛裏乘肺脈肺脈散者固色變也乘之所以不中期死者師言曰病者安穀即過期不安穀則不及期其人嗜黍黍主肺故過期所以溲血者診脈法曰病養喜陰處者順死喜養陽處者逆死其人喜自靜不躁又久安坐伏几而寐故血下泄

齊王侍醫遂病自練五石服之臣意往過之遂謂意曰不肖有病幸診遂也臣意即診之告曰公病中熱論曰中熱不溲者不可服五石石之為藥精悍公服之不得數溲亟勿服色將發臃遂曰扁鵲曰陰石以治陰病陽石以治陽病夫藥石者有陰陽水火之齊故中熱即為陰石柔齊治之中寒即為陽石剛齊治之臣意曰公所論遠矣扁鵲雖言若是然必審診起度量立規矩稱權衡合色脈 徐廣曰合一作占 表裏有餘不足順

逆之法參其人動靜與息相應乃可以論論曰陽疾處內陰形應外者不加悍藥及鑱石夫悍藥入中則邪氣辟矣 索隱曰辟音必亦反猶聚也 而宛氣愈深診法曰二陰應外一陽接內者不可以剛藥 索隱曰愈音庾 剛藥入則動陽陰病益衰陽病益著邪氣流行為重困於俞 徐廣曰音始喻反 忿發為疽意告之後百餘日果為疽發乳上入缺盆死 索隱曰按缺盆人乳旁上骨名也 此謂論之大體也必有經紀拙工有一不習文理陰陽失矣

齊王故為陽虛侯時病甚 徐廣曰齊悼惠王子也名將閭以文帝十六年為齊王即位十一年卒謚孝王 衆醫皆以為蹷臣意診脈以為痺根在右脅下大如覆杯令人喘逆氣不能食臣意即以火齊粥且飲六日氣下即令更服丸藥出入六日病已病得之內診之時不能識其經解大識其病所在臣意嘗診安陽武都里成開方開方自言以為不病臣意謂之病苦沓風 索隱曰沓音徒合反風病之名也 三歲四支不能自用使人瘖 徐廣曰一作脊音才亦反○索隱曰瘖者失瘖也讀如音又作瘖瘖者置也言使人運置其手足也 瘖即死今聞其四支不能用瘖而未死也病得之數飲酒以見大風氣所以知成開方病者診之其脈法奇咳言

曰藏氣相反者死（徐廣曰反一作及）切之得腎反肺（徐廣曰反一作及）法曰三歲死也

安陵阪里公乘項處病（索隱曰案公乘官名也項姓處名故上云倉公之師元里公乘陽慶亦然也）臣意診脈曰牡疝（索隱曰上音母下音色諫反）牡疝在鬲下上連肺病得之內臣意謂之慎毋為勞力事為勞力事則必嘔血死處後蹴踘（徐廣曰一作蹋鞠○正義曰上千六反下九六反謂打毬也）要蹷寒汗出多即嘔血臣意復診之曰當旦日日夕死（索隱曰案旦日明日也言明日之夕死也）即死病得之內所以知項處病者切其脈得番陽（索隱曰脈病之名曰番陽者以言陽脈之翻入虛裏也）番陽入虛裏處旦日死一番一絡者（徐廣曰絡一作結）牡疝也臣意曰他所診期決死生及所治已病衆多久頗忘之不能盡識不敢以對

問臣意所診治病病名多同而診異或死或不死何也對曰病名多相類不可知故古聖人為之脈法以起度量立規矩縣權衡案繩墨調陰陽別人之脈各名之與天地相應參合於人故乃別百病以異之有數者皆異之（索隱曰數音色住反謂術數之人乃可異其狀也）無數者同之然脈法不可勝驗診疾人以度異之乃可別同名命病主在所居今臣意所診者皆有診籍所以別之者臣意所受師方

適成師死以故表籍所診期決死生觀所失所得者合脈法以故至今知之問臣意曰所期病決死生或不應期何故對曰此皆飲食喜怒不節或不當飲藥或不當鍼灸以故不中期死也

問臣意意方能知病死生論藥用所宜諸侯王大臣有嘗問意者不及文王病時（徐廣曰齊文王也以文帝十五年卒）不求意診治何故對曰趙王膠西王濟南王吳王皆使人來召臣意臣意不敢往文王病時臣意家貧欲為人治病誠恐吏以除拘臣意也（徐廣曰時諸侯得自拜除吏）故移名數左右（正義曰以名籍屬左右之人）不脩家生出行游國中問善為方數者事之（索隱曰數音術數之數）久矣見事數師（正義曰上色庚反）悉受其要事盡其方書意及解論之身居陽虛侯國因事侯侯入朝臣意從之長安以故得診安陵項處等病也

問臣意知文王所以得病不起之狀臣意對曰不見文王病然竊聞文王病喘頭痛目不明臣意心論之以為非病也以為肥而蓄精身體不得搖骨肉不相任故喘不當醫治脈法曰年二十脈氣當趨年三十當疾步年四十當安坐年五十當安臥年六十已上氣當大董（徐廣曰董謂深藏之一作

董〇索隱曰董音謹文王年未滿二十方脈氣之趨也而徐之不應天道四時後聞醫灸之即篤此論病之過也臣意論之以爲神氣爭而邪氣入非年少所能復之也以故死所謂氣者當調飲食擇晏日車步廣志以適筋骨肉血脈以瀉氣故年二十是謂易貿徐廣曰一作賀又作質法不當砭灸砭灸至氣逐問臣意師慶安受之聞於齊諸侯不對曰不知慶所師受慶家富善爲醫不肯爲人治病當以此故不聞慶又告臣意曰愼毋令我子孫知若學我方也

問臣意師慶何見於意而愛意欲悉教意方對曰臣意不聞師慶爲方善也意所以知慶者意少時好諸方事臣意試其方皆多驗精良臣意聞菑川唐里公孫光善爲古傳方索隱曰謂好能傳得古方也〇正義曰謂全傳寫得古人之方書臣意即往謁之得見事之受方化陰陽及傳語法徐廣曰法一作五臣意悉受書之臣意欲盡受他精方公孫光曰吾方盡矣不爲愛公所索隱曰言於意所不愛惜方術也吾身已衰無所復事之是吾年少所受妙方也悉與公毋以教人臣意曰得見事侍公前悉得禁方幸甚意死不敢妄傳人

居有閒公孫光閒處正義曰上音閑下昌汝反臣意深論方見言百世爲之精也師光喜曰公必爲國工吾有所善者皆疏同產處臨菑善爲方吾不若其方甚奇非世之所聞也吾年中時嘗欲受其方索隱曰案年中謂中年時也中年亦壯年也古人語自爾楊中倩不肯索隱曰倩音七見反人姓名也曰若非其人也胥與公往見之徐廣曰胥猶言須也當知公喜方也其人亦老矣其家給富時者未往會慶子男殷來獻馬因師光奏馬王所意以故得與殷善光又屬意於殷曰意好數索隱曰數色句反謂好術數也公必謹遇之其人聖儒索隱曰言意儒德慕聖人之道故云聖儒也即爲書

以意屬楊慶以故知慶臣意事慶謹以故愛意也

問臣意曰吏民嘗有事學意方及畢盡得意方不何縣里人對曰臨菑人宋邑徐廣曰一作昆邑學臣意教以五診正義曰謂診五藏之脈歲餘濟北王遣太醫高期王禹徐廣曰一作鷸學臣意教以經脈高下及奇絡結正義曰素問云奇經八脈往來舒時一止而復來名之曰結也當論俞正義曰式喻反所居及氣當上下出入邪逆順以宜鑱石定砭灸處歲餘菑川王時遣太倉馬長馮信正方臣意教以案法逆順論藥法定五味及和齊湯法高永

侯家丞杜信喜脈來學臣意教以上下經脈五診二歲餘臨菑召里唐安來學臣意教以五診上下經脈奇咳四時應陰陽重未成除爲齊王侍醫

問臣意診病決死生能全無失乎臣意對曰意治病人必先切其脈乃治之敗逆者不可治其順者乃治之心不精脈所期死生視可治時時失之臣意不能全也

太史公曰女無美惡居宮見妒士無賢不肖入朝見疑故扁鵲以其伎見殃倉公乃匿迹自隱

而當刑緹縈通尺牘父得以後寧故老子曰美好者不祥之器豈謂扁鵲等邪若倉公者可謂近之矣

索隱述贊曰

上池祕術　長桑所傳　始候趙簡
知夢鈞天　言占虢嗣　尸蹷起焉
倉公贖罪　陽慶推賢　效驗多狀
式具于篇

正義曰胃大一尺五寸徑五寸長二尺六寸橫尺受水穀三斗五升其中常留穀二斗水一斗

五升（凡人食入於口而聚於胃中穀熟傳入小腸也）小腸大二寸半徑八分分之少半長三丈二尺受穀二斗四升水六升三合合之大半（小腸謂之穀而傳入於大腸也）回腸大四寸徑一寸半長二丈一尺受穀一斗水七升半廣腸大八寸徑二寸半長二尺八寸受穀九升三合八分合之一故腸胃凡長五丈八尺四寸合受水穀八斗七升六合八分合之一此腸胃長短受水穀之數也（甲乙經腸胃凡長丈六尺四寸四分從口至腸而數之此徑從胃至腸而數之故短也）肝重四斤四兩左三葉右四葉凡七葉主藏魂（肝者幹也於五行爲木其體狀有枝幹也肝之神七人老子名曰明堂宮蘭臺府從官三千六百人又云肝神六童子三女子三也）心重十二兩中有七孔三毛盛精汁

三合主藏神（心纖也所識纖微也其神九太尉公名曰絳宮太始南極老人負光之身其從官三千六百人又爲帝王身之王也）脾重二斤三兩扁廣三寸長五寸有散膏半斤主裹血溫五藏主藏榮（脾裨也在助氣主化穀其神云光玉女子母其從官三千六百人也）肺重三斤三兩六葉兩耳凡八葉主藏魄（肺孛也言其氣孛故短也鬱也其神八人太和君名曰玉堂宮尚書府其從官三千六百人又云肺神十四童子七女子七也）腎有兩枚重一斤一兩主藏志（腎引也腎屬水主引水氣灌注諸脈也其神六人司徒司空司命司錄司隸校尉廷尉卿也）膽在肝之短葉間重三兩三銖盛精汁三合（膽敢也言人有膽氣而能果敢也其神五人太一道君居紫房宮中其從官三千六百人也）胃重二斤十四兩紆

曲屈申長二尺六寸大一尺五寸徑五寸盛穀二斗水一斗五升胃圍也言圍受食物也其神十二人五元之氣諫議大夫也小腸重二斤十四兩長三丈二尺廣二寸半徑八分分之少半迴積十六曲盛穀二斗四升水六升三合合之太半腸暢也言通暢胃氣去穢也其神二人元梁使者也大腸重二斤十二兩長二丈一尺廣四寸徑一寸半當齊右迴十六曲盛穀一斗水七升半大腸即迴腸也其迴曲因以名之其神二人元梁使者也膀胱重九兩二銖縱廣九寸盛溺九升九合膀横也胱廣也體短而又名胞胞虚空也主以虚承水液口廣二寸半脣至齒長九分齒已後至會厭深三寸半大容

五合也舌重十兩長七寸廣二寸半舌泄也言可舒泄言語也咽門重十兩廣二寸半至胃長一尺六寸咽嚥也言咽物也又謂之咽主地氣胃爲土故云主地氣也喉嚨重十二兩廣二寸長一尺二寸九節喉嚨空虚也言其中空虚可以通氣息焉心肺之系也呼吸之道路喉嚨與咽並行其實兩異而人多惑也肛門重十二兩大八寸徑二寸太半長二尺八寸受穀九升三合八分合之一肛釭也言其處似車釭故曰釭門即廣腸之門又名䐜也手三陽之脉從手至頭長五尺五六合三丈一手有三陽兩手爲六陽故云五六三也手三陰之脉從手至胸中長三尺五寸三六一丈八尺五六三尺合二丈一尺兩手各有三陰合爲六陰故云三六一丈八尺也足

三陽之脉從足至頭長八尺六八合四丈八尺兩足各有三陽故曰六八四丈八尺也足三陰之脉從足至胸長六尺五寸六六三丈六尺五六三尺合三丈九尺兩足各有陰故云六六三丈六尺也按足太陰少陰皆至舌下厥陰至於項上今言至胸中者蓋據其相接之次者也人兩足蹻脉從足至目長七尺五寸二七一丈四尺二五一尺合一丈五尺督脉各長四尺五寸二四八尺二五一尺合九尺凡脉長一十六丈二尺也此所謂十二經脉長短之數也督脉起於胲頭上於面至口齒縫計此不止長四尺五寸當取其上極於風府而言之也手足各十二脉爲二十四并督任兩蹻四脉都合二十八脉以應二十八宿凡長十六丈二尺營衛行周此數則一度也寸口脉之大會手太

陰之動也太陰者脉之會也肺諸藏主蓋主通陰陽故十二經皆手太陰所以決吉凶者十二經有病皆寸口知其何經之動浮沉滑濇逆順知其死生之兆也人一呼脉行三寸一吸脉行三寸呼吸定息脉行六寸十二經十五絡二十七氣皆候於寸口隨呼吸上下呼脉上行三寸吸脉下行三寸二十七氣皆逐上下行無有息時人一日一夜凡一萬三千五百息脉行五十周於身漏水下百刻營衛行陽二十五度行陰二十五度爲一周也故五十度復會於手太陰寸口者五藏六府之所終始故法於寸口也人一息行六寸百息六丈千息六十丈一萬三千五百息合爲八百一十丈陽脉出行二十五度陰脉入行二十五度陰陽出入行二十五度陰陽呼吸覆行周畢度數也脉行身畢即水下百刻亦畢謂一日一夜刻盡天明日出東方脉還得寸口當更始也故寸口者五藏六府之所終始也肺

氣通於鼻鼻和則知臭香矣肝氣通於目目和則知白黑矣脾氣通於口口和則知穀味矣心氣通於舌舌和則知五味矣腎氣通於耳耳和則聞五音矣五藏不和則九竅不通六府不和則留爲癰也

扁鵲倉公列傳第四十五　史記一百五

吳王濞列傳第四十六　史記一百六

索隱曰五宗之國俱享大邦雖復逆亂萌心取汙朝典豈可謂非青社之國哉然淮南猶有後不絕衡山亦其罪蓋輕比三郷之分晉方畀秦之滅周可不優乎安得出其王國不上同五宗三王列於世家其吳濞請與楚元王同爲一篇淮南宜與齊悼惠王爲一篇

吳王濞者索隱曰案濞濞字也音披位反高帝兄劉仲之子也徐廣曰仲名喜高帝已定天下七年立劉仲爲代王而匈奴攻代劉仲不能堅守棄國亡閒行走雒陽索隱曰謂獨行從他道逃走閒音紀閑反自歸天子天子爲骨肉故不忍致法廢以爲郃陽侯索隱曰地理志馮翊縣名在郃水之陽音合○正義曰郃陽故城在同州河西縣南三十里高帝十一年秋淮南王英布反東并荆地劫其國兵西度淮擊楚高帝自將往誅之劉仲子沛侯濞年二十有氣力以騎將從破布軍蘄西會甀索隱曰地名也在蘄縣之西會音古外反甀音錘布走荆王劉賈爲布所殺無後上患吳會稽輕悍無壯王以填之索隱曰填音鎮諸子少乃立濞於沛爲吳王徐廣曰十二年十月辛丑王三郡五十三城已拜受印高帝召濞相之謂曰若狀有反相心獨悔業已拜因拊其背索隱曰拊音撫告曰漢後五十年東南有亂者豈若邪徐廣曰漢元年至景帝三年反五十有三年駰案應劭曰克期五十占者所知若秦始皇東巡以猒氣後劉項起東南疑當如此耳如淳曰度其貯積足用爲難又吳楚世不賓服○索隱曰案應氏之意以後五十年東南有乱本是

占氣者所說高祖素聞此說自以前難未弭恐後災更生故說此言更以戒濞如淳之說亦合事理然天下同姓爲一家也愼無反濞頓首曰不敢會孝惠高后時天下初定郡國諸侯各務自拊循其民吳有豫章郡銅山韋昭曰今故章○索隱曰案鄣郡後改曰故章或稱豫章爲衍字也○正義括地志云秦兼天下以爲鄣郡今湖州長城縣西南八十里故章城是也銅山今宣州及潤州句容縣有並屬章也濞則招致天下亡命者益鑄錢煮海水爲鹽以故無賦正義曰按既盜鑄錢何以收其利足國之用吳國之民又何得無賦如說非也言吳國山既出銅民多盜鑄錢及煮海水爲鹽以山海之利不賦之故言無賦也其民無賦國用乃富饒也國用富饒如淳曰鑄錢煮監收其利以足國用故無賦於民孝文時吳太子入見索隱曰姚氏案楚漢春秋云吳太子名賢字德明得侍皇太子飲博吳太子師傅皆楚人輕悍又素驕博爭道不恭皇太子引博局提吳太子殺之索隱曰提音啼又音底又音弟於是遣其喪歸葬至吳吳王慍曰正義曰於問反怨也天下同宗死長安即葬長安何必來葬爲復遣喪之長安葬吳王由此稍失藩臣之禮稱病不朝京師知其以子故稱病不朝驗問實不病諸吳使來輒繫責治之吳王恐爲謀滋甚及後使人爲秋請應劭曰冬當斷獄秋先請擇其輕重也孟康曰律春曰朝秋曰請如古諸侯朝聘也如淳曰濞不得行使人代已致請禮也○索隱曰音淨孟說是也應劭所云斷獄先請不知何憑如淳云代已致請亦是臆說且文云使人爲秋請謂使人爲此秋請之禮也上復責問吳使者使者對曰王實不病漢繫治使者

數輩以故遂稱病且夫察見淵中魚不祥張晏曰喻人君
不當見盡下之私○索隱曰案此語見韓子及文子韋昭曰知臣下陰私使憂患生變為不祥故當赦宥使自新也今
王始詐病及覺見責急愈益閉恐上誅之計乃
無聊唯上棄之而與更始於是天子乃赦吳使
者歸之而賜吳王几杖老不朝吳得釋其罪謀
亦益解然其居國以銅鹽故百姓無賦索隱曰案吳國有鑄
錢煮鹽之利故百姓不別徭賦也卒踐更輒與平賈漢書音義曰以當為更卒出錢
三百文謂之過更自行為卒為之踐更吳王欲得民心為卒
雇者其庸隨時月與平賈如漢桓靈時有所興作以少府錢
借民比也○索隱曰案漢律卒更有三踐更居更過更也此
言踐更輒與平賈者謂為踐更合自出錢今王欲得人心乃
與平價官讎之也○正義曰踐更若今唱更行更者也言民
自著卒更有三品有卒更有踐更有過更古者正卒無常人

皆當迭之是為卒更貧者欲得雇更錢者次直者出錢顧之月
二千是為踐更天下人皆直戍邊三月亦名為更律所謂繇
戍也雖丞相子亦在戍邊之調不可人人自行三月戍又行
者出錢三百入官官給戍者是為過更此漢初因秦法而行
之後改為謫乃戍邊一歲歲時存問茂材賞賜閭里佗郡國吏
欲來捕亡人者訟共禁弗予徐廣曰訟音松駰案如淳曰訟公也○正義曰
訟音容言其相容禁止不與也如此者四十餘年正義曰言四十餘年者太史公盡言吳王
一代行事也漢書作三十餘年而班固見其語在孝文之代乃減十年是班固不曉其理也以故能使
其衆鼂錯為太子家令得幸太子數從容言吳
過可削數上書說孝文帝文帝寬不忍罰以此
吳日益橫及孝景帝即位錯為御史大夫說上
曰昔高帝初定天下昆弟少諸子弱大封同姓

故王孽子悼惠王王齊七十餘城庶弟元王王
楚四十餘城兄子濞王吳五十餘城封三庶孽
分天下半今吳王前有太子之郄詐稱病不朝
於古法當誅文帝弗忍因賜几杖德至厚當改
過自新乃益驕溢即山鑄錢索隱曰案即山山名又即者就也煑
海水為鹽誘天下亡人謀作亂今削之亦反不
削之亦反削之其反亟禍小不削反遲禍大三
年冬楚王朝鼂錯因言楚王戊往年為薄太后
服私姦服舍服虔曰服舍在喪次而私姦宮中也請誅之詔赦罰削
東海郡因削吳之豫章郡會稽郡及前二年趙

王有罪削其河間郡索隱曰案漢書作常山郡也膠西王卬以
賣爵有姦削其六縣漢廷臣方議削吳吳王濞
恐削地無已因以此發謀欲舉事念諸侯無足
與計謀者聞膠西王勇好氣喜兵諸齊皆憚畏
韋昭曰故為齊分為國者膠東濟北之屬於是乃使中大夫應高誂膠
西王索隱曰誂音徒鳥反無文書口報曰吳王不肖有宿
夕之憂不敢自外使喻其驩心王曰何以教之
高曰今者主上興於姦飾於邪臣好小善聽讒
賊擅變更律令侵奪諸侯之地徵求滋多誅罰
良善日以益甚里語有之舐糠及米索隱曰案言舐糠盡則至

米謂削土盡則至滅國也吳與膠西知名諸侯也一時見察恐
不得安肆矣吳王身有內病不能朝請二十餘
年嘗患見疑無以自白今脅肩累足猶懼不見
釋竊聞大王以爵事有適正義曰張革反所聞諸侯削
地罪不至此此恐不得削地而已王曰然有之
子將奈何高曰同惡相助同好相留同情相成
同欲相趨同利相死今吳王自以為與大王同
憂願因時循理棄軀以除患害於天下億亦可
乎王瞿然駭曰索隱曰劉氏瞿音九具反又說文云瞿遠視貌音九縛反寡人何
敢如是今主上雖急固有死耳安得不戴高曰

御史大夫鼂錯熒惑天子侵奪諸侯蔽忠塞賢
朝廷疾怨諸侯皆有倍畔之意人事極矣彗星
出蝗蟲數起此萬世一時而愁勞聖人之所以
起也索隱曰案所謂殷憂以啓明聖也故吳王欲內以鼂錯為討
外隨大王後車彷徉天下所鄉者降所指者下
天下莫敢不服大王誠幸而許之一言則吳王
率楚王略函谷關守滎陽敖倉之粟距漢兵治
次舍須大王大王有幸而臨之則天下可并兩
主分割不亦可乎王曰善高歸報吳王吳王猶
恐其不與乃身自為使使於膠西面結之膠西

羣臣或聞王謀諫曰承一帝至樂也今大王與
吳西鄉弟令事成兩主分爭患乃始結諸侯之
地不足為漢郡什二而為畔逆以憂太后非長
策也文穎曰王之太后也王弗聽遂發使約齊菑川膠東
濟南濟北皆許諾而曰城陽景王有義攻諸呂
勿與事定分之耳徐廣曰爾時城陽恭王喜景王之子諸侯既新削
罰振恐多怨鼂錯及削吳會稽豫章郡書至則
吳王先起兵膠西正月丙午誅漢吏二千石以
下膠東菑川濟南楚趙亦然遂發兵西齊王後
悔飲藥自殺畔約濟北王城壞未完其郎中令

劫守其王不得發兵膠西為渠率膠東菑川濟
南共攻圍臨菑趙王遂亦陰使匈奴與連兵
七國之發也吳王悉其士卒下令國中曰寡人
年六十二徐廣曰吳王封吳四十二年矣身自將少子年十四亦
為士卒先諸年上與寡人比下與少子等者皆
發發二十餘萬人南使閩越東越東越亦發兵
從孝景帝三年正月甲子初起兵於廣陵徐廣曰荊
王劉賈都吳吳王移廣陵也西涉淮因并楚兵發使遺諸侯書
曰吳王劉濞敬問膠西王膠東王菑川王濟南
王趙王楚王淮南王衡山王廬江王故長沙王

子徐廣曰吳芮之玄孫靖王著以文帝七年卒無嗣國除駰案如淳曰吳芮後四世無子國除庶子二人爲列侯不得嗣王志將不滿故誘與之反也幸教寡人以漢有賊臣無功天下侵奪諸侯地使吏劾繫訊治以僇辱之爲故漢書音義曰故事也○正義曰按專以僇辱諸侯爲事不以諸侯人君禮遇劉氏骨肉絕先帝功臣進任姦宄詿亂天下正義曰詿音挂欲危社稷陛下多病志失不能省察欲舉兵誅之謹聞教敝國雖狹地方三千里人雖少精兵可具五十萬寡人素事南越三十餘年其王君皆不辭分其卒以隨寡人又可得三十餘萬寡人雖不肖願以身從諸王越直音值長沙者索隱曰謂其境相接也因王子定長沙以北如淳曰南越直長沙者因王子定也○索隱曰案謂南越之地與長沙地相接值者因長沙王子以定長沙以北也西走蜀漢中正義曰走音後向也王子長沙王子也南越之地對長沙之南者其民因王子卒而鎮定長沙以北西向蜀及漢中咸委王子定矣告越如淳曰告東越使定之楚王淮南三王與寡人西面正義曰越東越也又告東越楚淮南三王與吳王共西面擊之三王謂淮南衡山廬江也齊諸王與趙王定河間河內或入臨晉關正義曰今蒲津關或與寡人會雒陽燕王趙王固與胡王有約燕王北定代雲中摶胡衆索隱曰摶音專專謂專統領胡兵入蕭關正義曰今名隴山關在原州平凉縣界走長安匡正天子以安高廟願王勉之楚元王子淮南三王或不沐洗十餘年怨入骨髓欲一有

所出之久矣寡人未得諸王之意未敢聽今諸王苟能存亡繼絕振弱伐暴以安劉氏社稷之所願也敝國雖貧寡人節衣食之用積金錢脩兵革聚穀食夜以繼日三十餘年矣凡爲此願諸王勉用之能斬捕大將者賜金五千斤封萬戶列將三千斤封五千戶裨將二千斤封二千戶二千石千斤封千戶千石五百斤封五百戶皆爲列侯其以軍若城邑降者卒萬人邑萬戶如得大將人戶五千如得列將人戶三千如得裨將人戶千如得二千石其小吏皆以差次受爵金佗封賜皆倍軍法服虔曰封賜倍漢之常法其有故爵邑者更益勿因願諸王明以令士大夫弗敢欺也寡人金錢在天下者往往而有非必取於吳諸王日夜用之弗能盡有當賜者告寡人寡人且往遺之敬以聞七國反書聞天子天子乃遣太尉條侯周亞夫將三十六將軍往擊吳楚遣曲周侯酈寄擊趙將軍欒布擊齊大將軍竇嬰屯滎陽監齊趙兵吳楚反書聞兵未發竇嬰未行言故吳相袁盎盎時家居詔召入見上方與晁錯調兵笇軍食上問袁盎曰君嘗爲吳相知吳臣

田禄伯爲人乎今吳楚反於公何如曰不足憂也今破矣上曰吳王即山鑄錢煑海水爲鹽誘天下豪桀白頭舉事若此其計不百全豈發乎何以言其無能爲也袁盎對曰吳有銅鹽利則有之安得豪桀而誘之誠令吳得豪桀亦且輔王爲義不反矣吳所誘皆無賴子弟亡命鑄錢姦人故相率以反鼂錯曰袁盎策之善上問曰計安出盎對曰願屏左右上屏人獨錯在盎曰臣所言人臣不得知也乃屏錯錯趨避東廂恨甚上卒問盎盎對曰吳楚相遺書曰高帝王子弟

各有分地今賊臣鼂錯擅適過諸侯（索隱曰適音直革反又音宅）削奪之地故以反爲名西共誅鼂錯復故地而罷方今計獨斬鼂錯發使赦吳楚七國復其故削地則兵可無血刃而俱罷於是上嘿然良久曰顧誠何如吾不愛一人以謝天下盎曰臣愚計無出此願上孰計之乃拜盎爲太常（正義曰今盎爲太常史失奉宗廟之指意）吳王弟子德侯爲宗正（徐廣曰名通其父名廣駰案漢書曰吳王弟子德侯廣爲宗正也）盎裝治行後十餘日上使中尉召錯紿載行東市錯衣朝衣斬東市則遣袁盎奉宗廟宗正輔親戚（正義曰以親戚之意輔漢訓諭）使告吳如

盎策至吳吳楚兵已攻梁壁矣宗正以親故先入見諭吳王使拜受詔吳王聞袁盎來亦知其欲說己笑而應曰我已爲東帝尚何誰拜不肯見盎而留之軍中欲劫使將盎不肯使人圍守且殺之盎得夜出步亡去走梁軍遂歸報條侯將乘六乘傳（正義曰上音乘下竹戀反）會兵滎陽至雒陽見劇孟喜曰七國反吾乘傳至此不自意全（正義曰言不自意洛陽得全及見劇孟）又以爲諸侯已得劇孟劇孟今無動吾據滎陽以東無足憂者至淮陽問父絳侯故客鄧都尉曰策安出客曰吳兵銳甚難與爭楚

兵輕（正義曰輕正反）不能久方今爲將軍計莫若引兵東北壁昌邑以梁委吳吳必盡銳攻之將軍深溝高壘使輕兵絕淮泗口塞吳饟道彼吳梁相敝而糧食竭乃以全彊制其罷極破吳必矣條侯曰善從其策遂堅壁昌邑南（正義曰在曹州城武縣東北四十二里也）輕兵絕吳饟道吳王之初發也吳臣田禄伯爲大將軍田禄伯曰兵屯聚而西無佗奇道難以就功臣願得五萬人別循江淮而上收淮南長沙入武關與大王會此亦一奇也吳王太子諫曰王以反爲名此兵難以藉人藉人亦且反王柰

何且擅兵而別多佗利害未可知也蘇林曰祿伯儻將兵降漢徒自損耳自爲已利於吳爲生患也吳王即不許田祿伯吳少將桓將軍說王曰吳多步兵步兵利險漢多車騎車騎利平地願大王所過城邑不下直棄去疾西據雒陽武庫食敖倉粟阻山河之險以令諸侯雖毋入關天下固已定矣即大王徐行留下城邑漢軍車騎至馳入梁楚之郊事敗矣吳王問諸老將老將曰此少年椎鋒之計可耳安知大慮乎於是王不用桓將軍計吳王專并將其兵未度淮諸賓客皆得爲將校尉候司馬獨

周丘不得用周丘者下邳人亡命吳酤酒無行吳王濞薄之弗任周丘上謁說王曰臣以無能不得待罪行間臣非敢求有所將願得王一漢節必有以報王王乃予之周丘得節夜馳入下邳下邳時聞吳反皆城守至傳舍召令令入戶使從者以罪斬令遂召昆弟所善豪吏告曰吳反兵且至至屠下邳不過食頃今先下家室必完能者封侯矣出乃相告下邳皆下周丘一夜得三萬人使人報吳王遂將其兵北略城邑比至陽城正義曰地理志云城陽國故齊漢文帝二年別爲國屬兗州兵十餘萬破蕩城中

尉軍聞吳王敗走自度無與共成功即引兵歸下邳未至疽發背死二月中吳王兵既破敗走於是天子制詔將軍曰蓋聞爲善者天報之以福爲非者天報之以殃高皇帝親表功德建立諸侯幽王悼惠王絕無後孝文皇帝哀憐加惠王幽王子遂悼惠王子卬等令奉其先王宗廟爲漢藩國德配天地明並日月吳王濞倍德反義誘受天下亡命辠人亂天下幣如淳曰幣錢也以私錢淆亂天下錢也稱病不朝二十餘年有司數請濞罪孝文皇帝寬之欲其改行爲善今乃與楚王戊趙王

遂膠西王卬濟南王辟光菑川王賢膠東王雄渠約從反爲逆無道起兵以危宗廟賊殺大臣及漢使者迫劫萬民夭殺無罪燒殘民家掘其丘冢甚爲暴虐今卬等又重逆無道燒宗廟鹵御物如淳曰鹵抄掠也宗廟在郡縣之物皆爲御物○正義曰顏師古曰御物宗廟之服器也朕甚痛之朕素服避正殿將軍其勸士大夫擊反虜擊反虜者深入多殺爲功斬首捕虜比三百石以上者皆殺之無有所置正義曰置放釋也敢有議詔及不如詔者皆要斬初吳王之度淮與楚王遂西敗棘壁正義曰在宋州寧陵縣西南七十里乘勝前鋭甚梁孝王

恐遣六將軍擊吳又敗梁兩將士卒皆還走梁
梁數使使報條侯求救條侯不許又使使惡條
侯於上上使人告條侯救梁復守便宜不行梁
使韓安國及楚死事相弟張羽為將軍徐廣曰楚相張尚諫
王而死○正義曰按羽尚弟也乃得頗敗吳兵吳兵欲西梁城守
堅不敢西即走條侯軍會下邑徐廣曰屬梁國○正義曰宋州碭山
縣本漢下邑縣欲戰條侯壁不肯戰吳糧絕卒飢數挑戰
遂夜犇條侯壁驚東南條侯使備西北果從西
北入吳大敗士卒多飢死乃畔散於是吳王乃
與其麾下壯士數千人夜亡去度江走丹徒保

東越正義曰東越傳云獨東甌受漢之購殺吳王丹徒閩州也東甌即東越也東越將兵從吳在丹徒也東
越兵可萬餘人乃使人收聚亡卒漢使人以利
啗東越韋昭曰啗音徒覽反東越即紿吳王吳王出勞軍即
使人鏦殺吳王孟康曰方言戟謂之鏦○索隱曰鏦音七江反謂以戈刺殺之鄒氏又音舂亦
音從容之從謂撞殺之也○正義曰括地志云漢吳王濞冢在潤州丹徒縣東練壁聚北今入于江吳錄云有吳王
冢在縣北其處名為相唐盛其頭馳傳以聞吳地記曰吳王濞葬武進縣南地名相唐○索
隱曰張勃云吳王濞葬丹徒縣南其地名相唐今云武進縣恐錯也吳王子子華子駒亡
走閩越吳王之棄其軍亡也軍遂潰往往稍降
太尉梁軍楚王戊軍敗自殺三王之圍齊臨菑
也三月不能下漢兵至膠西膠東菑川王各引

兵歸膠西王乃袒洗席稾飲水謝太后王太子
德曰漢兵遠臣觀之已罷可襲願收大王餘兵
擊之擊之不勝乃逃入海未晚也王曰吾士卒
皆已壞不可發用弗聽漢將弓高侯頹當徐廣曰姓韓
遺王書曰奉詔誅不義降者赦其罪復故不
降者滅之王何處須以從事王肉袒叩頭漢軍
壁謁曰臣卬奉法不謹驚駭百姓乃苦將軍遠
道至于窮國敢請菹醢之罪弓高侯執金鼓見
之曰王苦軍事願聞王發兵狀王頓首膝行對
曰今者鼂錯天子用事臣變更高皇帝法令侵

奪諸侯地卬等以為不義恐其敗亂天下七國
發兵且以誅錯今聞錯已誅卬等謹以罷兵歸
將軍曰王苟以錯不善何不以聞及未有詔虎
符擅發兵擊義國以此觀之意非欲誅錯也乃
出詔書為王讀之讀之訖曰王其自圖王曰如
卬等死有餘罪遂自殺太后太子皆死膠東菑
川濟南王皆死徐廣曰一云自殺國除納于漢酈將軍圍
趙十月而下之趙王自殺濟北王以劫故得不
誅徙王菑川初吳王首反并將楚兵連齊趙正
月起兵三月皆破獨趙後下復置元王少子平

陸侯禮爲楚王續元王後徙汝南王非王吳故地爲江都王

太史公曰吳王之王由父省也言濞之王吳由父代王被省封郃陽侯省音所幸反○索隱曰省音所景反省者減也謂父仲從代王省封郃陽侯也能薄賦斂使其衆以擅山海利逆亂之萌自其子興爭技發難索隱曰謂與太子爭博是爭技也卒亡其本親越謀宗竟以夷隕鼂錯爲國遠慮禍反近身袁盎權說初寵後辱故古者諸侯地不過百里山海不以封毋親夷狄以疏其屬蓋謂吳邪毋爲權首反受其咎豈盎錯邪

索隱述贊曰

吳楚輕悍　王濞倍德　富因採山
釁成提局　驕矜攜貳　連結七國
嬰命廣陵　錯誅未塞　天之悔禍
卒取奔北

吳王濞列傳第四十六　史記一百六

魏其武安侯列傳第四十七　史記一百七

魏其侯竇嬰者孝文后從兄子也父世觀津人索隱曰案地理志觀津縣屬信都以言其累葉在觀津故云父世也○正義曰觀津城在冀州武邑縣東南二十五里喜賓客孝文時嬰為吳相病免孝景初即位為詹事正義曰百官表云詹事秦官掌皇后太子家也梁孝王者孝景弟也其母竇太后愛之梁孝王朝因昆弟燕飲是時上未立太子酒酣從容言曰千秋之後傳梁王太后驩竇嬰引卮酒進上曰天下者高祖天下父子相傳此漢之約也上何以得擅傳梁王太后由此憎竇嬰竇嬰亦薄其官因病免太后除

竇嬰門籍不得入朝請律諸侯春朝天子曰朝秋曰請○正義曰才性反孝景三年吳楚反上察宗室諸竇索隱曰案謂宗室之中及諸竇之宗室也又姚氏案酷吏傳周陽由其父趙兼以淮南王舅侯周陽故因改氏由以宗室任為郎則似是與國有親戚屬籍者亦得呼為宗室也毋如竇嬰賢乃召嬰嬰入見固辭謝病不足任太后亦慚於是上曰天下方有急王孫寧可以讓邪漢書曰竇嬰字王孫乃拜嬰為大將軍賜金千斤嬰乃言袁盎欒布諸名將賢士在家者進之所賜金陳之廊廡下軍吏過輒令財取為用蘇林曰自令裁度取為用也金無入家者竇嬰守滎陽監齊趙兵正義曰監音甲衫反吳王濞傳云竇嬰屯滎陽監齊趙兵也七國兵已盡破封嬰為

魏其侯諸游士賓客爭歸魏其侯孝景時每朝議大事條侯魏其侯諸列侯莫敢與亢禮孝景四年立栗太子正義曰栗姬之子後廢之故書母姓也使魏其侯為太子傅孝景七年栗太子廢魏其數爭不能得魏其謝病屏居田南山之下數月諸賓客辯士說之莫能來梁人高遂乃說魏其曰能富貴將軍者上也能親將軍者太后也今將軍傅太子太子廢而不能爭爭不能得又弗能死自引謝病擁趙女屏閒處正義曰上音閑下昌汝反而不朝相提而論徐廣曰提音徒抵反○索隱曰提音弟又音啼相提猶相抵也論音路頓反是自明揚主

上之過有如兩宮螫將軍張晏曰兩宮太后景帝也螫怒也毒蟲怒必螫人又火各反○索隱曰螫音釋謂怒也漢書作奭奭即螫也○正義曰兩宮太子景帝也則妻子毋類矣索隱曰謂見誅滅無遺類魏其侯然之乃遂起朝請如故桃侯免相服虔曰劉舍也竇太后數言魏其侯孝景帝曰太后豈以為臣有愛不相魏其索隱曰愛猶惜也魏其者沾沾自喜耳多易徐廣曰沾一作恬又昌兼反又當牒反張晏曰沾沾言自整頓也多易多輕易之行也或曰沾音擔也○索隱曰小顏沾音他兼反擔音尺占反難以為相持重遂不用用建陵侯衛綰為丞相

武安侯田蚡者孝景后同母弟也索隱曰蚡音扶粉反又如蚡鼠之蚡音墳生長陵魏其已為大將軍後方盛蚡為諸

郎徐廣曰一云諸卿時人相號長老老者爲諸公年少者爲諸卿如今人相號爲士大夫未貴往
來侍酒魏其跪起如子姪及孝景晚節索隱曰按謂晚年也
蚡益貴幸爲太中大夫蚡辯有口學槃盂諸書
應劭曰黃帝使孔甲所作銘也凡二十六篇書槃盂中所爲法戒諸書諸子文書也孟康曰孔甲槃盂二十六篇雜家書
兼儒墨名法王太后賢之徐廣曰即蚡同母姊者孝景崩即日太
子立稱制所鎮撫多有田蚡賓客計筴蚡弟田
勝皆以太后弟孝景後三年徐廣曰孝景後三年即是孝武初嗣位之年也
封蚡爲武安侯勝爲周陽侯正義曰絳州聞喜縣東二十里周陽故城也
武安侯新欲用事爲相卑下賓客進名士家居
者貴之欲以傾魏其諸將相建元元年丞相綰
病免上議置丞相太尉籍福說武安侯曰魏其
貴久矣天下士素歸之今將軍初興未如魏其
即上以將軍爲丞相必讓魏其魏其爲丞相將
軍必爲太尉太尉丞相尊等耳又有讓賢名武
安侯乃微言太后風上於是乃以魏其侯爲丞
相武安侯爲太尉籍福賀魏其侯因弔曰君侯
資性喜善疾惡方今善人譽君侯故至丞相然
君侯且疾惡惡人衆亦且毀君侯君侯能兼容
則幸久不能今以毀去矣魏其不聽魏其武安
俱好儒術推轂趙綰爲御史大夫索隱曰案推轂謂自卑下之如

爲之推車轂也王臧爲郎中令迎魯申公欲設明堂令
列侯就國除關索隱曰謂除關門之稅也以禮爲服制索隱曰案其時禮度
踰侈多不依古今吉凶服制皆法於禮也以興太平舉適諸竇索隱曰適音直革反
宗室毋節行者除其屬籍時諸外家爲列侯列
侯多尚公主皆不欲就國以故毀日至竇太后
太后好黃老之言而魏其武安趙綰王臧等務
隆推儒術貶道家言是以竇太后滋不說魏其
等及建元二年御史大夫趙綰請無奏事東宮
韋昭曰欲奪其政也竇太后大怒乃罷逐趙綰王臧等而免
丞相太尉以柏至侯許昌爲丞相武彊侯莊青
翟爲御史大夫魏其武安由此以侯家居武安
侯雖不任職以王太后故親幸數言事多效天
下吏士趨勢利者皆去魏其歸武安武安日益
橫建元六年竇太后崩丞相昌御史大夫青翟
坐喪事不辦免以武安侯蚡爲丞相以大司農
韓安國爲御史大夫天下士郡國諸侯愈益附
武安索隱曰按謂仕諸郡及仕諸侯王國者猶言仕郡國也武安者貌侵韋昭曰侵
音寢短小也又云醜惡也刻確也音核生貴甚索隱曰小顏云生貴謂自尊高示貴寵其誇踈也按
生謂蚡自生尊貴之勢特甚故下云又以諸侯王多長年蚡以肺腑爲相非痛折節以禮詘之則天下不肅者也又
以爲諸侯王多長張晏曰多長年上初即位富於春秋蚡

以肺腑爲京師相正義曰顏師古曰舊解云肺腑如肝肺之相附着也一說肺碎木札也喻其輕薄附着大材按顏此說並是疎謬又改腑爲附就其義重謬矣八十一難云寸口者脉之大會手太陰之動脉也呂廣云太陰者肺之脉也肺爲諸藏之主通陰陽故十二經脉皆會手太陰所以決吉凶者十二經有病皆寸口知其何經之動浮沉濇滑春秋逆順知其死生顧野王云肺腑腹心也案說田蚡爲相若人之肺知陰陽逆順又爲帝之腹心親戚也非痛折節以禮詘之天下不肅索隱曰案痛甚也欲令士折節詘下於已不然天下不肅或解以爲蚡欲折節下士非也案下文不讓其兄蓋侯知或說爲非也當是時丞相入奏事坐語移日所言皆聽薦人或起家至二千石權移主上上乃曰君除吏已盡未吾亦欲除吏嘗請考工地益宅漢書百官表曰少府有考工室如淳曰官名也上怒曰君何不遂取武庫是後乃退嘗召客飲

坐其兄蓋侯徐廣曰王后兄王信也太山有蓋縣樂安有益縣也南鄉自坐東鄉以爲漢相尊不可以兄故私橈武安由此滋驕治宅甲諸第徐廣曰爲諸第之上也田園極膏腴而市買郡縣器物相屬於道前堂羅鐘鼓立曲旃如淳曰旌旗之名通帛曰旃曲旃僣也蘇林曰禮大夫立曲旃曲柄上曲也○索隱曰說文曰曲旃者所以招士也後房婦女以百數諸侯奉金玉狗馬玩好不可勝數魏其失竇太后益疏不用無勢諸客稍稍自引而怠傲唯灌將軍獨不失故魏其日默默不得志而獨厚遇灌將軍

灌將軍夫者潁陰人也夫父張孟嘗爲潁陰侯

嬰舍人得幸因進之至二千石故蒙灌氏姓爲灌孟吳楚反時潁陰侯灌何爲將軍索隱曰案何是嬰子漢書作嬰誤屬太尉請灌孟爲校尉夫以千人與父俱漢書音義曰官主千人如候司馬灌孟年老潁陰侯彊請之鬱鬱不得意故戰常陷堅遂死吳軍中軍法父子俱從軍有死事得與喪歸灌夫不肯隨喪歸奮曰張晏曰自奮勵也願取吳王若將軍頭以報父之仇於是灌夫被甲持戟募軍中壯士所善願從者數十人及出壁門莫敢前獨二人及從奴十數騎馳入吳軍至吳將麾下正義曰謂大將之旗所殺傷數十人不

得前復馳還走入漢壁皆亡其奴獨與一騎歸夫身中大創十餘適有萬金良藥故得無死夫創少瘳又復請將軍曰吾益知吳壁中曲折請復往將軍壯義之恐亡夫乃言太尉太尉乃固止之吳已破灌夫以此名聞天下潁陰侯言之上上以夫爲中郎將數月坐法去後家居長安長安中諸公莫弗稱之孝景時至代相孝景崩今上初即位以爲淮陽天下交勁兵處故徙夫爲淮陽太守建元元年入爲太僕二年夫與長樂衛尉竇甫飲輕重不得晉灼曰飲酒輕重不得其平也夫醉搏甫

索隱曰搏音博謂擊之甫竇太后昆弟也上恐太后誅夫徙
爲燕相數歲坐法去官家居長安灌夫爲人剛
直使酒不好面諛貴戚諸有勢在己之右不欲
加禮必陵之諸士在己之左愈貧賤尤益敬與
鈞稠人廣衆薦寵下輩士亦以此多之夫不喜
文學好任俠已然諾索隱曰已音以謂已許諾必使副其前言也諸所與
交通無非豪傑大猾家累數千萬食客日數十
百人陂池田園宗族賓客爲權利橫於潁川潁
川兒乃歌之曰潁水清灌氏寧潁水濁灌氏族
灌夫家居雖富然失勢卿相侍中賓客益衰及

魏其侯失勢亦欲倚灌夫引繩批根生平慕之
後棄之者蘇林曰二人相倚引繩直之意批根賓客也去之者不與交通孟康曰根根括引繩以持彈○索隱曰案劉氏云二人相倚事如合繩共相依引也批音步結反批者排也漢書作排根小顏根音痕括音汩謂人生平慕嬰夫後見其失職而頓強慢如此者共排退之不復與交也譬如相對挽繩而根括之也持彈案漢書本作抨彈音普耕反灌夫亦倚魏其而通列侯宗室爲名高兩人
相爲引重張晏曰相薦達爲聲勢其游如父子然相得驩甚
無厭恨相知晚也灌夫有服過丞相丞相從容
曰吾欲與仲孺過魏其侯漢書曰灌夫字仲孺會仲孺有
服索隱曰案服謂朞功之服也故應璩書曰仲孺不辭同生之服也灌夫曰將軍乃
肯幸臨況魏其侯夫安敢以服爲解請語魏其

侯帳具將軍旦日蚤臨武安許諾灌夫具語魏
其侯如所謂武安侯魏其與其夫人益市牛酒
夜灑埽早帳具至旦平明令門下候伺至日中
丞相不來魏其謂灌夫曰丞相豈忘之哉灌夫
不懌曰夫以服請宜往徐廣曰一云以服請不宜往○索隱曰案徐廣云以服請不宜往其說非也正言灌夫請不以服爲解紛不宜忘故駕自往迎也乃駕自往迎丞相
丞相特前戲許灌夫殊無意往及夫至門丞相
尚臥於是夫入見曰將軍昨日幸許過魏其魏
其夫妻治具自旦至今未敢嘗食武安鄂徐廣曰一作梧
謝曰吾昨日醉忽忘與仲孺言乃駕往又徐行

灌夫愈益怒及飲酒酣夫起舞屬丞相索隱曰屬音之欲反屬猶委也付也小顏云若今人舞訖相勸也丞相不起夫從坐上語侵之
魏其乃扶灌夫去謝丞相丞相卒飲至夜極驩
而去丞相嘗使籍福請魏其城南田魏其大望
曰老僕雖棄將軍雖貴寧可以勢奪乎不許灌
夫聞怒罵籍福籍福惡兩人有郄乃謾自好謝
丞相曰魏其老且死易忍且待之已而武安聞
魏其灌夫實怒不予田亦怒曰魏其子嘗殺人
蚡活之蚡事魏其無所不可何愛數頃田且灌
夫何與也吾不敢復求田武安由此大怨灌夫

魏其元光四年春徐廣曰疑此當是三年也其說在後丞相言灌夫家在穎川橫甚民苦之請案上曰此丞相事何請灌夫亦持丞相陰事爲姦利受淮南王金與語言賓客居閒遂止俱解夏丞相取燕王女爲夫人索隱曰案蚡娶燕王劉澤子康王嘉之女也有太后詔召列侯宗室皆往賀魏其侯過灌夫欲與俱夫謝曰夫數以酒失得過丞相丞相今者又與夫有郄魏其曰事已解彊與俱飲酒酣武安起爲壽如淳曰上酒爲稱壽非大行酒坐皆避席伏已魏其侯爲壽獨故人避席耳餘半膝席蘇林曰下席而膝半在席上也如淳曰以膝跪席上也灌夫不悅

起行酒至武安武安膝席曰不能滿觴夫怒因嘻笑曰將軍貴人也屬之徐廣曰屬一作畢○索隱曰案漢書作畢畢盡也時武安不肯行酒次至臨汝侯徐廣曰灌嬰孫名賢也○索隱曰案漢書云臨汝侯灌賢則賢是嬰之孫臨汝是改封也臨汝侯方與程不識耳語又不避席夫無所發怒乃罵臨汝侯曰生平毀程不識不直一錢今日長者爲壽乃效女兒呫囁耳語韋昭曰呫囁附耳小語聲○索隱曰女兒猶云兒女也漢書作女曹兒曹輩也猶言兒女輩呫鄒氏音蚩輒反囁音汝輒反武安謂灌夫曰程李俱東西宮衛尉漢書音義曰李廣爲東宮程不識爲西宮今衆辱程將軍仲孺獨不爲李將軍地乎如淳曰李將軍李廣也猶今人言爲除地也○索隱曰案小顏云言今既毀程令李何地自安處也灌

夫曰今日斬頭陷胷索隱曰韋昭云言不避死亡也漢書作穴凶何知程李乎坐乃起更衣稍稍去魏其侯去麾灌夫出武安遂怒曰此吾驕灌夫罪乃令騎留灌夫灌夫欲出不得籍福起爲謝案灌夫項令謝夫愈怒不肯謝武安乃麾騎縛夫置傳舍召長史曰今日召宗室有詔劾灌夫罵坐不敬繫居室如淳曰百官表居室爲保宮今守宮也遂按其前事遣吏分曹逐捕諸灌氏支屬皆得棄市罪魏其侯大媿爲資使賓客請莫能解如淳曰爲出資費使人爲夫言武安吏皆爲耳目諸灌氏皆亡匿夫繫遂不得告言武安陰事魏其

銳身爲救灌夫夫人諫魏其曰灌將軍得罪丞相與太后家忤寧可救邪魏其侯曰侯自我得之自我捐之無所恨且終不令灌仲孺獨死嬰獨生乃匿其家晉灼曰恐其夫人復諫止也竊出上書立召入具言灌夫醉飽事不足誅上然之賜魏其食曰東朝廷辯之如淳曰東朝太后朝魏其之東朝盛推灌夫之善言其醉飽得過乃丞相以他事誣罪之武安又盛毀灌夫所爲橫恣罪逆不道魏其度不可奈何因言丞相短武安曰天下幸而安樂無事蚡得爲肺腑所好音樂狗馬田宅蚡所愛倡優

巧匠之屬不如魏其灌夫日夜招聚天下豪桀壯士與論議腹誹而心謗不仰視天而俯畫地張晏曰視天占三光也畫地知分野所在也畫地謫欲作反事辟倪兩宮間徐廣曰辟音芳細反倪音詣張晏曰占太后與帝吉凶之期○索隱曰辟普係反倪五係反埤蒼云睥睨邪視也幸天下有變而欲有大功張晏曰幸爲反者當得爲大將立功也瓚曰天下有變謂天子崩因變難之際得立大功臣乃不知魏其等所爲於是上問朝臣兩人孰是御史大夫韓安國曰魏其言灌夫父死事身荷戟馳入不測之兵軍身被數十創名冠三軍此天下壯士非有大惡爭杯酒不足引他過以誅也魏其言是也丞相亦言灌夫通姦猾侵細民家累巨萬橫恣潁川凌轢宗室侵犯骨肉此所謂枝大於本脛大於股不折必披索隱曰案包愷披音疋彼反○正義曰鋪被反披分析也丞相言亦是唯明主裁之主爵都尉汲黯是魏其內史鄭當時是魏其後不敢堅對餘皆莫敢對上怒內史曰公平生數言魏其武安長短今日廷論局趣效轅下駒張晏曰俛頭於車轅下隨母而已瓚曰小馬在轅下○正義曰應劭云駒馬加着轅局趣纖小之貌按應說爲長也吾并斬若屬矣即罷起入上食太后太后亦已使人候伺具以告太后太后怒不食曰今我在也而人皆藉吾弟索隱曰案晉灼云藉蹈也以言蹂藉也令我百歲後皆魚

肉之矣且帝寧能爲石人邪索隱曰謂帝不如石人得長存也○正義曰顏師古云言徒有人耳不知好惡按今俗云人不辨事罵云杌杌若木人也此特帝在即錄錄設百歲後是屬寧有可信者乎索隱曰案設者脫也上謝曰俱宗室外家正義曰嬰景帝從舅蚡太后同母弟故廷辯之不然此一獄吏所決耳是時郎中令石建爲上分別言兩人事武安已罷朝出止車門召韓御史大夫載怒曰與長孺共一老禿翁何爲首鼠兩端漢書音義曰禿老翁言嬰無官位扳援也首鼠一前一卻也○索隱曰案謂共治一老禿翁指竇嬰也韓御史良久謂丞相曰君何不自喜蘇林曰何不自解釋爲喜樂邪○索隱曰案小顏云何不自謙遜爲可喜之事音許既反夫魏其毀君君當免冠解印綬歸曰臣以肺腑幸得待罪固非其任魏其言皆是如此上必多君有讓不廢君魏其必內愧杜門齰舌自殺索隱曰案說文云齰齧也士白反今人毀君君亦毀人譬如賈豎女子爭言何其無大體也武安謝罪曰爭時急不知出此於是上使御史簿責魏其所言灌夫頗不讎正義曰讎音市周反對也言簿責魏其所言灌夫竇嬰潁川事故魏其不對爲欺謾者也欺謾劾繫都司空索隱曰案百官表云宗正屬官主詔獄也○正義曰如淳云律司空主水及罪人孝景時魏其常受遺詔曰事有不便以便宜論上及繫灌夫罪至族事日急諸公莫敢復明言於上魏其乃使昆弟子上書言之幸得

復召見書奏上而案尚書大行無遺詔如淳曰大行主諸侯官也○索隱曰案尚書無此景帝崩時大行遺詔乃魏其家臣印封之如淳説非也○正義曰天子崩曰大行也按尚書之中景帝崩時無遺詔賜魏其也百官表云諸受尚書事也詔書獨藏魏其家家丞封漢書音義曰以家臣印封遺詔乃劾魏其矯先帝詔罪當棄市五年十月徐廣曰疑非五年亦非十月○索隱曰徐氏云疑非者案武帝四年三月蚡薨竇嬰死在前今云五年故疑非也○正義曰漢書云元光四年冬魏其侯嬰有罪棄市春三月乙卯丞相蚡薨按五年者誤也悉論灌夫及家屬魏其良久乃聞聞即恚病痱索隱曰痱音肥又音扶味反風病也不食欲死或聞上無意殺魏其魏其復食治病議定不死矣乃有蜚語爲惡言聞上張晏曰蚡僞作飛揚誹謗之語故以十二月晦徐廣曰疑非十二月也駰案張晏曰月晦者春垂至也○索隱曰著日月者見春垂至恐遇赦贖也論棄市渭城正義曰故咸陽也其春武安侯病正義曰其春即四年春也元光四年十月灌夫弃市十二月末魏其弃市至三月乙卯田蚡薨則三人死同在一年明矣漢以十月爲歲首故也秦楚之際表云十一月十二月端月二月三月至九爲終周建子爲正月十一月爲正月十二月爲二月正月爲三月二月爲四月至十月爲歲終漢初至武帝太初以前並依秦法以後改用夏正月至今不改然夫子作春秋依夏正專呼服謝罪漢書音義曰言蚡號呼謝服罪也使巫視鬼者視之見魏其灌夫共守欲殺之竟死子恬嗣徐廣曰蚡疾見魏其灌夫鬼殺之則其春共在一春內邪武帝本紀四年三月乙卯田蚡薨嬰死在蚡薨之前何復云五年十二月邪疑十二月當爲二月也案侯表蚡事武帝九年而卒元光四年侯恬之元年建元元年訖元光三年而九年大臣表蚡以元光四年卒亦云嬰四年棄市未詳此正安在然蚡薨在嬰死後分明元朔三年武安侯坐衣襜褕正義曰爾雅云今蔽前謂之襜郭璞云蔽膝也説文字林並謂之短衣入宮不敬徐廣曰表云坐衣不敬國除○索隱曰襜尺占反褕音踰謂非正朝衣若婦人服也

淮南王安謀反覺治王前朝徐廣曰建元二年武安侯爲太尉時迎王至霸上謂王曰上未有太子大王最賢高祖孫即宮車晏駕非大王立當誰哉淮南王大喜厚遺金財物上自魏其時不直武安特爲太后故耳索隱曰案武帝以魏其灌夫事爲枉於武安侯爲不直特爲太后故耳及聞淮南王金事上曰使武安侯在者族矣

太史公曰魏其武安皆以外戚重灌夫用一時決筴而名顯魏其之舉以吳楚武安之貴在日月之際然魏其誠不知時變灌夫無術而不遜兩人相翼乃成禍亂武安負貴而好權杯酒責望陷彼兩賢嗚呼哀哉遷怒及人命亦不延衆庶不載竟被惡言嗚呼哀哉禍所從來矣

索隱述贊曰　竇嬰田蚡　勢利相雄　咸倚外戚
或恃軍功　灌夫自喜　引重其中
意氣杯酒　辟倪兩宮　事竟不直
寃哉二公

魏其武安侯列傳第四十七　史記一百七

韓長孺列傳第四十八　史記一百八

御史大夫韓安國者梁成安人也 徐廣曰在汝潁之間也○索隱曰漢書地理志云縣名屬陳留○正義曰括地志云成安故城在汝州梁縣東二十三里括地志云成安屬潁川郡陳留郡又有成安縣亦屬梁未知孰是也 後從睢陽 正義曰今宋州宋城 嘗受韓子雜家說於騶田生所 索隱曰案謂安國學韓子及雜家說於騶縣田生之所 事梁孝王爲中大夫吳楚反時孝王使安國及張羽爲將扞吳兵於東界 索隱曰將音將醬扞音汗 張羽力戰安國持重以故吳不能過梁吳楚已破安國張羽名由此顯梁孝王景帝母弟竇太后愛之令得自請置相二千石出入游戲僭於天子天子聞之心弗善也太后知帝不善乃怒梁使者弗見案責王所爲韓安國爲梁使見大長公主 徐廣曰景帝姊○索隱曰案即館陶公主○正義曰如淳云景帝妹也 而泣曰何梁王爲人子之孝爲人臣之忠而太后曾弗省也 索隱曰省音仙井反省者察也 夫前日吳楚齊趙七國反時自關以東皆合從西鄉惟梁最親爲艱難梁王念太后帝在中 正義曰謂關中也又云京師在天下之中 而諸侯擾亂一言泣數行下跪送臣等六人將兵擊卻吳楚吳楚以故兵不敢西而卒破亡梁王之力也今太后以小節苛禮責望梁王 索隱曰案謂苛細小禮以責之 梁王父兄皆帝王

所見者大故出稱蹕入言警車旗皆帝所賜也即欲以侘鄙縣 徐廣曰侘一作紨也駰案侘音丑亞反誇也○索隱曰漢書作嫭音火亞反紨音寒孟反 驅馳國中以夸諸侯令天下盡知太后帝愛之也今梁使來輒案責之梁王恐日夜涕泣思慕不知所爲何梁王之爲子孝爲臣忠而太后弗恤也大長公主具以告太后太后喜曰爲言之帝言之帝心乃解而免冠謝太后曰兄弟不能相教乃爲太后遺憂悉見梁使厚賜之其後梁王益親驩太后長公主更賜安國可直千餘金名由此顯結於漢其後安國坐法抵罪蒙 蒙縣名○索隱曰抵音丁禮反蒙縣名屬梁國也 獄吏田甲辱安國安國曰死灰獨不復然乎田甲曰然即溺之居無何梁內史缺漢使使者拜安國爲梁內史起徒中爲二千石田甲亡走安國曰甲不就官我滅而宗甲因肉袒謝安國笑曰可溺矣公等足與治乎 索隱曰案謂不足與繩持之治音持也 卒善遇之梁內史之缺也孝王新得齊人公孫詭說之欲請以爲內史竇太后聞乃詔王以安國爲內史公孫詭羊勝說孝王求爲帝太子及益地事恐漢大臣不聽乃陰使人刺漢用事謀臣及殺故吳相袁盎景帝遂

聞詭勝等計畫乃遣使捕詭勝必得漢使十輩至梁相以下舉國大索月餘不得內史安國聞詭勝匿孝王所安國入見王而泣曰主辱臣死(索隱曰此語見國語)大王無良臣故事紛紛至此今詭勝不得請辭賜死王曰何至此安國泣數行下曰大王自度於皇帝孰與太上皇之與高皇帝及皇帝之與臨江王親孝王曰弗如也安國曰夫太上臨江親父子之閒然而高帝曰提三尺劍取天下者朕也故太上皇終不得制事居于櫟陽臨江王適長太子也以一言過廢王臨江(如淳曰景帝嘗屬諸姬太子母栗姬言不遜由是廢太子栗姬恚死)用宮垣事卒自殺中尉府何者治天下終不以私亂公語曰雖有親父安知其不爲虎雖有親兄安知其不爲狼今大王列在諸侯悅一邪臣浮說(索隱曰悅漢書作怵說文云怵誘也)犯上禁橈明法天子以太后故不忍致法於王太后日夜涕泣幸大王自改而大王終不覺寤有如太后宮車卽晏駕大王尚誰攀乎語未卒孝王泣數行下謝安國曰吾今出詭勝詭勝自殺漢使還報梁事皆得釋安國之力也於是景帝太后益重安國孝王卒共王卽位安國坐法失

官居家建元中武安侯田蚡爲漢太尉親貴用事安國以五百金物遺蚡蚡言安國太后天子亦素聞其賢卽召以爲北地都尉遷爲大司農閩越東越相攻安國及大行王恢將兵未至越越殺其王降漢兵亦罷建元六年武安侯爲丞相安國爲御史大夫匈奴來請和親天子下議大行王恢燕人也數爲邊吏習知胡事議曰漢與匈奴和親率不過數歲卽復倍約不如勿許興兵擊之安國曰千里而戰兵不獲利今匈奴負戎馬之足懷禽獸之心遷徙鳥舉難得而制也得其地不足以爲廣有其衆不足以爲彊自上古不屬爲人(索隱曰案晉灼云不內屬於漢爲人)漢數千里爭利則人馬罷虜以全制其敝且彊弩之極矢不能穿魯縞(許愼曰魯之縞尤薄)衝風之末力不能漂鴻毛非初不勁末力衰也擊之不便不如和親羣臣議者多附安國於是上許和親其明年則元光元年鴈門馬邑豪聶翁壹(張晏曰豪猶帥也○索隱曰聶姓也翁壹名也漢書云聶壹)因大行王恢言上曰匈奴初和親親信邊可誘以利陰使聶翁壹爲閒亡入匈奴謂單于曰吾能斬馬邑令丞吏以城降財物可盡得單于愛

信之以爲然許聶翁壹乃還詐斬死罪囚縣其頭馬邑城示單于使者爲信曰馬邑長吏已死可急來於是單于穿塞將十餘萬騎入武州塞（徐廣曰在鴈門○索隱曰崔浩云今平城直西百里有武州城是也）當是時漢伏兵車騎材官三十餘萬匿馬邑旁谷中衛尉李廣爲驍騎將軍（漢書曰北貉燕人來致驍騎應劭曰驍健也張晏曰驍勇也若六博之梟矣）太僕公孫賀爲輕車將軍（正義曰司馬續漢書云輕車古之戰車）大行王恢爲將屯將軍（正義曰李奇云監主諸屯）太中大夫李息爲材官將軍（正義曰臣瓚云材官騎射之官）御史大夫韓安國爲護軍將軍諸將皆屬護軍約單于入馬邑而漢兵縱發王恢李息李廣別從代主擊其輜重（正義曰釋名云輜厠也所載衣服雜厠其中）於是單于入漢長城武州塞未至馬邑百餘里行掠鹵徒見畜牧於野不見一人單于怪之攻烽燧得武州尉史欲刺問尉史尉史曰漢兵數十萬伏馬邑下單于顧謂左右曰幾爲漢所賣（正義曰幾音祈）乃引兵還出塞曰吾得尉史乃天也命尉史爲天王塞下傳言單于已引去漢兵追至塞度弗及即罷王恢等兵三萬聞單于不與漢合度往擊輜重必與單于精兵戰漢兵勢必敗則以便宜罷兵皆無功天子怒

王恢不出擊單于輜重擅引兵罷也恢曰始約虜入馬邑城兵與單于接而臣擊其輜重可得利今單于聞不至而還臣以三萬人衆不敵禔取辱耳（徐廣曰禔一作祇也）臣固知還而斬然得完陛下士三萬人於是下恢廷尉廷尉當恢逗橈當斬（漢書音義曰逗曲行避敵也橈顧望軍法語也○索隱曰案如淳云軍法行而逗留畏橈者要斬逗音豆又音住逗留也橈屈弱也）恢私行千金丞相蚡蚡不敢言上而言於太后曰王恢首造馬邑事今不成而誅恢是爲匈奴報仇也上朝太后太后以丞相言告上上曰首爲馬邑事者恢也故發天下兵數十萬從其言爲此且縱單于不可得恢所部擊其輜重猶頗可得以慰士大夫心今不誅恢無以謝天下於是恢聞之乃自殺安國爲人多大略智足以當世取舍而出於忠厚焉（索隱曰案出者去也言安國爲人無忠厚之行）貪嗜於財所推舉皆廉士賢於己者也於梁舉壺遂臧固郅他皆天下名士（索隱曰郅音質他徒河反謂三人姓名也壺遂也臧固也郅他也若漢書則云至他言至於他處亦舉名士也）士亦以此稱慕之唯天子以爲國器安國爲御史大夫四歲餘丞相田蚡死安國行丞相事奉引墮車蹇（如淳曰爲天子導引而墮車跛足）天子議置相欲用安國使使視之蹇甚乃更

以平棘侯薛澤爲丞相安國病免數月蹇愈上
復以安國爲中尉歲餘徙爲衞尉車騎將軍衞
青擊匈奴（徐廣曰元光六年也）出上谷破胡龍城（龍音龍）將軍
李廣爲匈奴所得復失之公孫敖大亡卒皆當
斬贖爲庶人明年匈奴大入邊殺遼西太守及
入鴈門所殺略數千人車騎將軍衞青擊之出
鴈門衞尉安國爲材官將軍屯於漁陽（正義曰幽州縣）安
國捕生虜言匈奴遠去即上書言方田作時請
且罷軍屯罷軍屯月餘匈奴大入上谷漁陽安
國壁乃有七百餘人出與戰不勝復入壁匈奴
虜略千餘人及畜產而去天子聞之怒使使責
讓安國徙安國益東屯右北平（正義曰幽州漁陽縣東南七十七里北平城即漢古北平也）是時匈奴虜言當入東方安國始爲御
史大夫及護軍後稍斥疏下遷而新幸壯將軍
衞青等有功益貴安國旣疏遠默默也將屯又
爲匈奴所欺失亡多甚自愧幸得罷歸乃益東
徙屯意忽忽不樂數月病歐血死安國以元朔
二年中卒
太史公曰余與壺遂定律歷觀韓長孺之義壺
遂之深中隱厚（徐廣曰一云廉正忠厚）世之言梁多長者不
虛哉壺遂官至詹事天子方倚以爲漢相會遂
卒不然壺遂之內廉行脩斯鞠躬君子也
索隱述贊曰 安國忠厚 初爲梁將 因事坐法
免徒起相 死灰更然 生虜失防
推賢見重 賄金貽謗 雪泣悟主
臣節可亮

韓長孺列傳第四十八 史記一百八

李將軍列傳第四十九　史記一百九

李將軍廣者，隴西成紀人也。[正義曰成紀秦州縣]其先曰李
信，秦時為將，逐得燕太子丹者也。故槐里，徙成
紀。廣家世世受射。[索隱曰案小顏云世受射法]孝文帝十四年，
匈奴大入蕭關，而廣以良家子從軍擊胡，[索隱曰案
如淳云非醫巫商賈百工也]用善騎射，殺首虜多，為漢中郎。廣
從弟李蔡亦為郎，皆為武騎常侍，[索隱曰案謂為郎而補武騎常侍]
秩八百石。嘗從行，有所衝陷折關及格猛獸，
而文帝曰：「惜乎，子不遇時！如令子當高帝時，萬
戶侯豈足道哉！」及孝景初立，廣為隴西都尉，徙

為騎郎將。[張晏曰為武騎郎將○索隱曰小顏云為騎郎將謂主騎郎也]吳楚軍時，
廣為驍騎都尉，從太尉亞夫擊吳楚軍，取旗，顯
功名昌邑下。以梁王授廣將軍印，還，賞不行。[文穎
曰廣為漢將私受梁印故不以賞也]徙為上谷太守，匈奴日以合戰。
典屬國公孫昆邪[昆音魂○索隱曰案典屬國官名公孫姓昆邪名服虔云中國人也]為
上泣曰：「李廣才氣，天下無雙，自負其能，數與虜
敵戰，恐亡之。」於是乃徙為上郡太守。後廣轉為
邊郡太守，徙上郡。嘗為隴西、北地、鴈門、代郡、雲
中太守，皆以力戰為名。匈奴大入上郡，天子使
中貴人從廣[漢書音義曰內官之幸貴者○索隱曰案董巴輿服志云黃門丞主密近使聽察天

下天下謂之中貴人使者崔浩云在中而貴幸非德望故云中貴也]勒習兵擊匈奴。中貴
人將騎數十縱，[徐廣曰放縱馳騁]見匈奴三人，與戰。三人
還射，[正義曰射音石還謂轉也]傷中貴人，殺其騎且盡。中貴
人走廣。廣曰：「是必射鵰者也。」[文穎曰鵰鳥也故使善射者射也○索隱曰案
服虔云鵰大鷙鳥也一名鷲黑色多子可以其毛作矢羽韋昭云鵰一名鶚也]廣乃遂從百騎
往馳三人。三人亡馬步行，行數十里。廣令其騎
張左右翼，而廣身自射彼三人者，殺其二人，生
得一人，果匈奴射鵰者也。已縛之上馬，望匈奴
有數千騎，見廣，以為誘騎，皆驚，上山陳。廣之百
騎皆大恐，欲馳還走。廣曰：「吾去大軍數十里，今

如此以百騎走，匈奴追射我立盡。今我留，匈奴
必以我為大將軍誘之，必不敢擊我。」廣令諸騎
曰：「前！」前未到匈奴陳二里所，止，令曰：「皆下馬解
鞍！」其騎曰：「虜多且近，即有急，奈何？」廣曰：「彼虜以
我為走，今皆解鞍以示不走，用堅其意。」於是胡
騎遂不敢擊。有白馬將[正義曰其將乘白馬而將監護也]出護其
兵，李廣上馬與十餘騎奔射殺胡白馬將，而復
還至其騎中，解鞍，令士皆縱馬臥。是時會暮，胡
兵終怪之，不敢擊。夜半時，胡兵亦以為漢有伏
軍於旁欲夜取之，胡皆引兵而去。平旦，李廣乃

歸其大軍大軍不知廣所之故弗從居久之孝景崩武帝立左右以爲廣名將也於是廣以上郡太守爲未央衛尉而程不識亦爲長樂衛尉程不識故與李廣俱以邊太守將軍屯及出擊胡而廣行無部伍行陣索隱曰案百官志云將軍領軍皆有部曲大將軍營五部部校尉一人部有曲曲有軍候一人也就善水草屯舍止人人自便索隱曰音頻面反不擊刁斗以自衛孟康曰以銅作鐎器受一斗晝炊飯食夜擊持行名曰刁斗○索隱曰刁音貂案荀悅云刁斗小鈴如宮中傳夜鈴也蘇林曰形如銚以銅作之無緣受一斗故云刁斗鐎即鈴也埤蒼云鐎溫器有柄斗似銚無緣音譙莫府省約文書籍事索隱曰案大顏云凡將軍謂之莫府者蓋兵門合施帷帳故稱莫府古字通用遂作莫耳小爾雅訓莫爲大非也然亦遠斥候未甞遇害索隱曰案許愼淮南云斥度也候視也望也程不識正部曲行伍營陳擊刁斗士吏治軍簿至明軍不得休息然亦未甞遇害不識曰李廣軍極簡易然虜卒犯之無以禁也而其士卒亦佚樂咸樂爲之死我軍雖煩擾然虜亦不得犯我是時漢邊郡李廣程不識皆爲名將然匈奴畏李廣之略士卒亦多樂從李廣而苦程不識程不識孝景時以數直諫爲太中大夫爲人廉謹於文法後漢以馬邑城誘單于使大軍伏馬邑旁谷而廣爲驍騎將軍領屬護軍將軍是時單于覺之去漢

軍皆無功其後四歲廣以衛尉爲將軍出鴈門擊匈奴匈奴兵多破敗廣軍生得廣單于素聞廣賢令曰得李廣必生致之胡騎得廣廣時傷病置廣兩馬間絡而盛臥廣行十餘里廣佯死睨其旁有一胡兒騎善馬廣暫騰而上胡兒馬因推墮兒徐廣曰一云抱兒鞭馬南馳也取其弓鞭馬南馳數十里復得其餘軍因引而入塞匈奴捕者騎數百追之廣行取胡兒弓射殺追騎以故得脫於是至漢漢下廣吏吏當廣所失亡多爲虜所生得當斬贖爲庶人頃之家居數歲廣家與故潁陰侯孫孫灌嬰之孫名強屏野居藍田南山中射獵嘗夜從一騎出從人田間飲還至霸陵亭霸陵尉醉索隱曰案百官志云尉大縣二人主盜賊凡有賊發則推索尋案之也呵止廣廣騎曰故李將軍尉曰今將軍尚不得夜行何乃故也止廣宿亭下居無何匈奴入殺遼西太守敗韓將軍韓將軍後徙右北平蘇林曰韓安國於是天子乃召拜廣爲右北平太守廣即請霸陵尉與俱至軍而斬之廣居右北平匈奴聞之號曰漢之飛將軍避之數歲不敢入右北平廣出獵見草中石以爲虎而射之中石沒鏃徐廣曰一作沒羽視之石也因復

更射之終不能復入石矣廣所居郡聞有虎嘗自射之及居右北平射虎虎騰傷廣廣亦竟射殺之廣廉得賞賜輒分其麾下飲食與士共之終廣之身爲二千石四十餘年家無餘財終不言家產事廣爲人長猨臂(如淳曰臂如猨通肩)其善射亦天性也雖其子孫他人學者莫能及廣廣訥口少言與人居則畫地爲軍陳射闊狹以飲(如淳曰射戲求踈密持酒以飲不勝者○正義曰飲音於禁反)專以射爲戲竟死(索隱曰謂終竟廣身至死以爲恒也)廣之將兵乏絕之處見水士卒不盡飲廣不近水士卒不盡食廣不嘗食寬緩不苛士以

此愛樂爲用其射見敵急非在數十步之內度不中不發發即應弦而倒用此其將兵數困辱其射猛獸亦爲所傷云居頃之石建卒於是上召廣代建爲郎中令元朔六年廣復爲後將軍從大將軍軍出定襄擊匈奴諸將多中首虜率以功爲侯者(如淳曰中猶充也本義法得首若干封侯)而廣軍無功後三歲廣以郎中令將四千騎出右北平博望侯張騫將萬騎與廣俱異道行可數百里匈奴左賢王將四萬騎圍廣廣軍士皆恐廣乃使其子敢往馳之敢獨與數十騎馳直貫胡騎出其左

右而還告廣曰胡虜易與耳軍士乃安廣爲圜陳外嚮胡急擊之矢下如雨漢兵死者過半漢矢且盡廣乃令士持滿毋發而廣身自以大黃射其裨將(徐廣曰南都賦曰黃間機張善弩之名駰案鄭德曰黃肩弩淵中黃朱之孟康曰太公六韜曰陷堅敗強敵用大黃連弩韋昭曰角弩色黃而躰大也○索隱曰案大黃間弩名韋昭說是也)殺數人胡虜益解會日暮吏士皆無人色而廣意氣自如益治軍軍中自是服其勇也明日復力戰而博望侯軍亦至匈奴軍乃解去漢軍罷弗能追是時廣軍幾沒罷歸漢法博望侯留遲後期當死贖爲庶人廣軍功自如無賞初廣之從弟李蔡

與廣俱事孝文帝景帝時蔡積功勞至二千石孝武帝時至代相以元朔五年爲輕車將軍從大將軍擊右賢王有功中率封爲樂安侯(索隱曰中音丁仲反率音律亦音雙筆反小顏云率謂軍功封賞之科著在法令故云中率)元狩二年中代公孫弘爲丞相蔡爲人在下中(索隱曰案以九品而論在下之中當第八)名聲出廣下甚遠然廣不得爵邑官不過九卿而蔡爲列侯位至三公諸廣之軍吏及士卒或取封侯廣嘗與望氣王朔燕語曰自漢擊匈奴而廣未嘗不在其中而諸部校尉以下才能不及中人然以擊胡軍功取侯者數十人而

廣不爲後人索隱曰案謂不在人後然無尺寸之功以得封邑者何也豈吾相不當侯邪且固命也朔曰將軍自念豈嘗有所恨乎廣曰吾嘗爲隴西守羌嘗反吾誘而降降者八百餘人吾詐而同日殺之至今大恨獨此耳朔曰禍莫大於殺已降此乃將軍所以不得侯者也後二歲大將軍驃騎將軍大出擊匈奴廣數自請行天子以爲老弗許良久乃許之以爲前將軍是歲元狩四年也廣既從大將軍青擊匈奴既出塞青捕虜知單于所居乃自以精兵走之而令廣并於右將

軍軍徐廣曰主爵趙食其爲右將軍出東道東道少回遠而大軍行水草少其勢不屯行張晏曰以水草少不可羣輩廣自請曰臣部爲前將軍今大將軍乃徙令臣出東道且臣結髮而與匈奴戰今乃一得當單于索隱曰案廣言自少時結髮而与匈奴戰唯今者得与单于相當遇也臣願居前先死單于大將軍青亦陰受上誡以爲李廣老數奇如淳曰數爲匈奴所敗奇爲不偶也○索隱曰案服虔云作事數不偶也音朔小顏音所具反奇蕭該音居宜反毋令當單于恐不得所欲而是時公孫敖新失侯爲中將軍從大將軍大將軍亦欲使敖與俱當單于故徙前將軍廣廣時知之固自辭於大將軍大

將軍不聽令長史封書與廣之莫府曰急詣部如書正義曰令廣如其文牒急引兵從東道也廣不謝大將軍而起行意甚慍怒而就部引兵與右將軍食其合軍出東道索隱曰食其音異基案趙將軍名也或亦依字讀軍亡導或失道索隱曰謂无人導引軍故失道也後大將軍與單于接戰單于遁走弗能得而還南絕幕正義曰絕度也南歸度砂幕遇前將軍右將軍廣已見大將軍還入軍大將軍使長史持糒醪遺廣因問廣食其失道狀青欲上書報天子軍曲折正義曰言委曲而行廻折使軍後大將軍也廣未對大將軍使長史急責廣之幕府對簿廣曰諸校尉

無罪乃我自失道吾今自上簿至莫府廣謂其麾下曰廣結髮與匈奴大小七十餘戰今幸從大將軍出接單于兵而大將軍又徙廣部行回遠而又迷失道豈非天哉且廣年六十餘矣終不能復對刀筆之吏遂引刀自剄廣軍士大夫一軍皆哭百姓聞之知與不知無老壯皆爲垂涕而右將軍獨下吏當死贖爲庶人廣子三人曰當戶椒敢爲郎天子與韓嫣戲索隱曰嫣音偃又音許乾反嫣少不遜當戶擊嫣嫣走於是天子以爲勇當戶早死拜椒爲代郡太守皆先廣死當戶有遺

腹子名陵廣死軍時敢從驃騎將軍廣死明年李蔡以丞相坐侵孝景園壖地索隱曰壖音人絹反又音乃緞反又音而宣反案壖地神道之地也黃圖云陽陵闕門西出神道四通茂陵神道廣四十三丈也○正義曰漢書云詔賜冢地陽陵當得二十畝蔡盜取三頃頗賣得四十餘萬又盜取神道外壖地一畝葬其中當下獄自殺當下吏治蔡亦自殺不對獄國除李敢以校尉從驃騎將軍擊胡左賢王力戰奪左賢王鼓旗斬首多賜爵關內侯食邑二百戶代廣爲郎中令頃之怨大將軍青之恨其父索隱曰小顏云令其父恨而死乃擊傷大將軍大將軍匿諱之居無何敢從上雍索隱曰劉氏音尚大顏云雍地形高故云上至甘泉宮獵驃騎將軍去病與青有親

射殺敢去病時方貴幸上諱云鹿觸殺之居歲餘去病死徐廣曰元狩六年而敢有女爲太子中人愛幸敢男禹有寵於太子然好利李氏陵遲衰微矣

李陵既壯選爲建章監監諸騎善射愛士卒天子以爲李氏世將而使將八百騎嘗深入匈奴二千餘里過居延徐廣曰屬張掖○正義曰括地志云居延海在甘州張掖縣東北六十四里地理志云居延澤古文以爲流沙甘州在京西北二千四百六十里視地形無所見虜而還拜爲騎都尉將丹陽楚人五千人教射酒泉張掖以屯衛胡數歲天漢二年秋貳師將軍李廣利將三萬騎擊匈奴右賢王祁連天山徐廣

曰出燉煌至天山○索隱曰案晉灼云在西域近蒲類又西河舊事云白山冬夏有雪匈奴謂之天山也○正義曰括地志云祁連山在甘州張掖縣西南二百里天山一名白山今名初羅漫山在伊吾縣北百二十里伊州在京西北四千四百一十六里而使陵將其射士步兵五千人出居延北可千餘里欲以分匈奴兵毋令專走貳師也陵既至期還而單于以兵八萬圍擊陵軍陵軍五千人兵矢既盡士死者過半而所殺傷匈奴亦萬餘人且引且戰連鬬八日還未到居延百餘里匈奴遮狹絕道陵食乏而救兵不到虜急擊招降陵陵曰無面目報陛下遂降匈奴其兵盡沒餘亡散得歸漢者四百餘人單于既得陵素

聞其家聲及戰又壯乃以其女妻陵而貴之漢聞族陵母妻子自是之後李氏名敗而隴西之士居門下者皆用爲恥焉

太史公曰傳曰其身正不令而行其身不正雖令不從其李將軍之謂也余睹李將軍悛悛如鄙人索隱曰悛音七旬反漢書作恂恂音詢口不能道辭及死之日天下知與不知皆爲盡哀彼其忠實心誠信於士大夫也諺曰桃李不言下自成蹊索隱曰案姚氏云桃李本不能言但以華實感物故人不期而往其下自成蹊徑也以喻廣雖不能道辭能有所感而忠心信物故也此言雖小可以諭大也

索隱述贊曰

猨臂善射　實負其能　解鞍却敵

圓陣摧鋒　邊郡屢守　大軍再從

失道見斥　數奇不封　惜哉名將

天下無雙

李將軍列傳第四十九　史記一百九

匈奴列傳第五十　史記一百十

正義曰此卷或有本次平津侯後第五十二今第五十者先生舊本如此劉伯莊云亦然若先諸傳而次四夷則司馬汲鄭不合在後也

匈奴其先祖夏后氏之苗裔也曰淳維漢書音義曰匈奴始祖名○索隱曰張晏曰淳維以殷時奔北邊又樂彥括地譜云夏桀無道湯放之鳴條三年而死其子獯粥妻桀之衆妾避居北野隨畜移徙中國謂之匈奴其言夏后苗裔或當然也故應劭風俗通曰殷時曰獯粥改曰匈奴又晉灼云堯時曰葷粥周曰獫狁秦曰匈奴韋昭云漢曰匈奴葷粥其別名則淳維是其始祖蓋與獯粥是一也唐虞以上有山戎正義曰左傳莊三十年齊人伐山戎杜預云山戎北戎無終三名也括地志云幽州漁陽縣本北戎無終子國獫狁葷粥晉灼曰堯時曰葷粥周曰獫狁秦曰匈奴居于北蠻隨畜牧而轉移其畜之所多則馬牛羊其奇畜則橐駝索隱曰韋昭曰背肉似橐故云駝包愷音託佗○正義曰畜許又反驢贏索隱曰按古今注云驢特馬牝生贏○正義曰贏音力戈反駃騠徐廣曰北狄駿馬○索隱曰說文云駃騠馬父贏子也廣志云決蹄也發蒙記刳其母腹而生列女傳云生七日超其母騊駼徐廣曰似馬而青○索隱曰按郭璞注爾雅云騊駼馬青色音淘塗又字林云野馬山海經云北海內有獸其狀如馬其名騊駼也驒騱徐廣曰音顛巨虛之屬○索隱曰說文云野馬屬一云青驪驎驒文如鼉魚鄒誕生本驒字作奚逐水草遷徙毋城郭常處耕田之業然亦各有分地索隱曰分音扶糞反毋文書以言語爲約束兒能騎羊引弓射鳥鼠少長則射狐兔用爲食索隱曰少音式紹反長陟兩反少長謂年稍長士力能彎弓索隱曰彎音烏還反盡爲甲騎其俗寬則隨畜因射獵禽獸爲生業急則人習戰攻以侵伐其天性

也其長兵則弓矢短兵則刀鋋韋昭曰鋋形似矛鐵柄音時年反○索隱曰音蟬埤蒼云鋋小矛鐵矜古今字詁云矜矛𥎊也利則進不利則退不羞遁走苟利所在不知禮義自君王以下咸食畜肉衣其皮革被旃裘壯者食肥美老者食其餘貴壯健賤老弱父死妻其後母兄弟死皆取其妻妻之其俗有名不諱而無姓字漢書曰單于姓攣鞮氏○索隱曰攣音六緣反鞮音丁啼反夏道衰而公劉失其稷官徐廣曰后稷之曾孫○正義曰周本紀云不窋失其官此云公劉未詳也變于西戎邑于豳其後三百有餘歲戎狄攻大王亶父徐廣曰公劉九世孫亶父亡走岐下而豳人悉從亶父而邑焉作周索隱曰按謂始作周國也其後百有餘歲周西伯昌伐畎夷氏索隱曰韋昭云春秋以爲犬戎按畎音犬小顏云即昆夷也山海經云黃帝生苗苗生龍龍生融融生吾吾生幷明幷明生白白生犬犬有二壯是爲犬戎說文云赤狄本犬種字從犬又山海經云有人面獸身名犬夷賈逵云犬夷戎之別種也後十有餘年武王伐紂而營雒邑復居于酆鄗放逐戎夷涇洛之北索隱曰晉灼曰洛水在馮翊懷德縣東南入渭又案水經云出上郡彫陰泰昌山過華陰入渭即漆沮水也以時入貢命曰荒服其後二百有餘年周道衰索隱曰案周紀云懿王時王室衰詩人作怨刺之詩不能復雅也而穆王伐犬戎得四白狼四白鹿以歸自是之後荒服不至於是周遂作甫刑之辟穆王之後二百有餘年周幽王用寵姬褒姒之故與申侯有郤正義曰故申城在鄧

州南陽縣北三十里周宣王舅所封申侯怒而與犬戎共攻殺周幽
王于驪山之下韋昭曰戎後來居此山故號曰驪戎遂取周之焦穫
正義曰括地志云焦穫亦名瓠口亦曰瓠中在雍州涇陽縣北城十數里周有焦穫也而居于涇
渭之間侵暴中國秦襄公救周於是周平王去
酆鄗而東徙雒邑當是之時秦襄公伐戎至岐
正義曰今岐州高誘云秦襄公救周有功受周故地酆鎬列為諸侯也始列為諸侯是後
六十有五年而山戎越燕而伐齊索隱曰服虔云山戎蓋今鮮卑
胡廣云鮮卑東胡別種又案應奉云秦築長城徒士亡出塞外依鮮卑山因為號齊釐公與戰
于齊郊索隱曰釐音僖名諸兒也其後四十四年而山戎伐燕
燕告急于齊齊桓公北伐山戎山戎走其後二

十有餘年而戎狄至洛邑伐周襄王襄王奔于
鄭之氾邑索隱曰蘇林氾音凡今潁川襄城是初周襄王欲伐鄭欲
娶戎狄女為后與戎狄兵共伐鄭已而黜狄后
狄后怨而襄王後母曰惠后有子子帶欲立之
於是惠后與狄后子帶為內應開戎狄戎狄以
故得入破逐周襄王而立子帶為天子於是戎
狄或居于陸渾徐廣曰一為陸邑○索隱曰春秋左氏秦晉遷陸渾之戎于伊川杜預以為九
姓之戎居陸在秦晉之間二國誘而徙之伊川遂從戎號今陸渾縣是也東至於衛侵盜暴
虐中國中國疾之故詩人歌之曰戎狄是應薄伐獫
狁至於大原毛詩傳曰言逐出之而已出輿彭彭城彼朔方

毛詩傳曰彭彭四馬皃朔方北方○正義曰言獫狁既去北方安靜乃築城守之也周襄王既居
外四年乃使使告急于晉晉文公初立欲修霸
業乃興師伐逐戎翟誅子帶迎內周襄王居于
雒邑當是之時秦晉為彊國晉文公攘戎翟居
于河西圁洛之間徐廣曰圁在西河音銀洛在上郡馮翊間○索隱曰三蒼圁作圜地理志
云圜水出上郡白土縣西東流入河韋昭云圜當為圁續郡國志及太康地理志並作圁字也○正義曰括地志云白土
故城在鹽州白池東北三百九十里又云近延州綏州銀州本春秋時白狄所居七國屬魏後入秦秦置三十六郡洛漆
沮也號曰赤翟白翟索隱曰案左氏傳云晉師滅赤狄潞氏杜氏以潞赤翟之別種也今上黨
潞縣又春秋地名云今曰赤涉胡又晉師敗翟于箕郤缺獲白翟子杜氏以為白翟之別種故西河郡有白部胡又國語
云桓公西征攘白翟之地遂至于西河也○正義曰括地志云潞州本赤狄地延銀綏三州白翟地按文言圁洛之間號

赤狄未詳秦穆公得由余西戎八國服於秦故自隴
以西有緜諸正義曰括地志云緜諸城秦州秦嶺縣北五十六里漢緜諸道屬天水郡緄
戎正義曰上音昆字當作緄顏師古云混夷也韋昭云春秋以為犬戎翟豲之戎徐廣曰在
天水豲音丸○索隱曰地理志天水有綿諸道狄道應劭以豲戎邑音桓○正義曰括地志云豲道故城在渭州襄武縣
東南三十七里古之豲戎邑漢豲道屬天水郡岐梁山涇漆之北有義渠正義
曰括地志云寧州慶州西戎即劉拘邑城時為義渠戎國秦為北地郡也大荔徐廣曰後更名臨晉在馮翊○
索隱曰韋昭云義渠本西戎國有王秦滅之今在北地郡秦本紀厲共公伐大荔取其王城後更名臨晉故地理志云臨
晉故大荔國也○正義曰括地志同州馮翊縣及朝邑縣本漢臨晉縣地古大荔戎國今朝邑縣東三十步故王城即大
荔王城荔力計反烏氏徐廣曰在安定○正義曰氏音支括地志云烏氏故城在涇州安定縣東三十里周
之故地後入戎秦惠王取之置烏氏縣也朐衍之戎徐廣曰在北地朐音顊○索隱曰案地理志朐

衍縣名在北地鄭氏音吁○正義曰括地志云鹽州古戎狄居之即朐衍戎之地秦北地郡也而晉北有林胡正義曰括地志云朔州春秋時北地也如淳云即儋林也爲李牧滅樓煩之戎索隱曰如淳云林胡即儋林爲李牧所滅也地理志樓煩縣名屬鴈門應劭云故樓煩胡也○正義曰括地志云嵐州樓煩胡地也風俗通云故樓煩故地也燕北有東胡山戎漢書音義曰烏丸或云鮮卑○索隱曰服虔云東胡烏丸之先後爲鮮卑在匈奴東故曰東胡案續漢書曰漢初匈奴冒頓滅其國餘類保烏桓山以爲號俗隨水草居無常處桓以之名烏號爲姓父子男女悉髠頭爲輕便也各分散居谿谷自有君長往往而聚者百有餘戎然莫能相一自是之後百有餘年晉悼公使魏絳和戎翟戎翟朝晉後百有餘年趙襄子踰句注音鉤山名在鴈門○索隱曰服虔云勾音拘韋昭云山名在鴈陰館而破幷代以臨胡貉索隱曰案貉即濊也音亡格反其

後既與韓魏共滅智伯分晉地而有之則趙有代句注之北魏有河西上郡以與戎界邊其後義渠之戎築城郭以自守而秦稍蠶食至於惠王遂拔義渠二十五城惠王擊魏魏盡入西河及上郡于秦秦昭王時義渠戎王與宣太后昭王母也亂有二子宣太后詐而殺義渠戎王於甘泉遂起兵伐殘義渠於是秦有隴西北地上郡築長城以拒胡而趙武靈王亦變俗胡服習騎射北破林胡樓煩築長城正義曰括地志云趙武靈王長城在朔州善陽縣北案長城水經云百道長城北山上有長垣若頹毀焉沿溪亘嶺東西无極蓋趙靈王所築也自代並音傍

白浪反陰山索隱曰徐廣云西安陽縣北有陰山陰山在河南陽山北也○正義曰括地志云陰山在朔州北塞外突厥界下至高闕爲塞徐廣曰在朔方○正義曰地理志云朔方臨戎縣北有連山險於長城其山中斷兩峯俱峻土俗名爲高闕也而置雲中鴈門代郡其後燕有賢將秦開爲質於胡胡甚信之歸而襲破走東胡東胡卻千餘里與荆軻刺秦王秦舞陽者開之孫也燕亦築長城自造陽韋昭曰地名在上谷○正義曰按上谷郡今媯州至襄平索隱曰韋昭云今遼東所理也置上谷漁陽右北平遼西遼東郡以拒胡當是之時冠帶戰國七而三國邊於匈奴索隱曰案三國燕趙秦也其後趙將李牧時匈奴不敢入趙邊後秦滅六國而始皇帝使蒙恬

將十萬之衆北擊胡悉收河南地因河爲塞索隱曰案太康地記秦塞自五原北九里謂之造陽東行絫利賁山南漢陽西是也築四十四縣城臨河徙適戍以充之適音丁華反而通直道索隱曰蘇林云去長安八千里正南北相值道也自九原至雲陽索隱曰韋昭云九原縣屬五原也○正義曰括地志云勝州連谷縣本秦九原郡漢武帝更名五原雲陽雍縣秦之林光宮即漢之甘泉宮在焉又云秦故道在慶州華池縣西四十五里子午山上自九原至雲陽千八百里因邊山險塹谿谷可繕者治之起臨洮至遼東萬餘里索隱曰韋昭曰臨洮隴西縣○正義曰括地志云秦隴西郡臨洮縣即今岷州城本秦長城首起岷州西十二里延袤萬餘里東入遼水又度河據陽山北假中北假北方田官主以田假與貧人故云北假○索隱曰應劭云北假在北地陽山北韋昭云北假地名也○正義曰括地志云漢五原郡河目縣故城在北假中北假地名也在河北今屬勝州銀城縣漢書王莽

傳云五原北假膏壤殖穀也當是之時東胡彊而月氏盛正義曰氏音支括地志云凉甘肅延沙等州地本月氏國匈奴單于漢書音義曰單于者廣大之貌言其象天單于然○索隱曰案單于姓攣鞮氏其國稱之曰撑犂孤塗單于而匈奴謂天爲撑犂謂子爲孤塗單于者廣大之貌也言其象天故曰撑犂孤塗單于又玄晏春秋云士安讀漢書不詳此言有胡奴在側言之曰此胡所謂天子與古書所說符會也曰頭曼韋昭曰音瞞○索隱曰曼音莫官反頭曼不勝秦北徙十餘年而蒙恬死諸侯畔秦中國擾亂諸秦所徙適戍邊者皆復去於是匈奴得寬復稍度河南與中國界於故塞單于有太子名冒頓索隱曰冒音墨又如字後有所愛閼氏索隱曰閼氏舊音曷氏匈奴皇后號也習鑿齒與燕王書曰山下有紅藍足下先知不北方人採取其花染緋黃挼取其上英鮮者作烟脂婦人採將用爲顏色吾少時再三過見烟脂今日始親

紅藍後當足致其種匈奴名妻作閼氏今可音烟支想足下先亦不作此讀漢書也生少子而單于欲廢冒頓而立少子乃使冒頓質於月氏冒頓既質於月氏而頭曼急擊月氏月氏欲殺冒頓冒頓盜其善馬騎之亡歸頭曼以爲壯令將萬騎冒頓乃作爲鳴鏑漢書音義曰鏑箭也如今鳴射也韋昭曰矢鏑飛則鳴○索隱曰應劭云髐箭也習勒其騎射令曰鳴鏑所射而不悉射者斬之行獵鳥獸有不射鳴鏑所射者輒斬之已而冒頓以鳴鏑自射其善馬左右或不敢射者冒頓立斬不射善馬者居頃之復以鳴鏑自射其愛妻左右或頗恐不敢射冒頓又復斬

之居頃之冒頓出獵以鳴鏑射單于善馬左右皆射之於是冒頓知其左右皆可用從其父單于頭曼獵以鳴鏑射頭曼其左右亦皆隨鳴鏑而射殺單于頭曼遂盡誅其後母與弟及大臣不聽從者冒頓自立爲單于徐廣曰秦二世元年壬辰歲立是時東胡彊盛聞冒頓殺父自立乃使使謂冒頓欲得頭曼時有千里馬冒頓問羣臣羣臣皆曰千里馬匈奴寶馬也勿與冒頓曰奈何與人鄰國而愛一馬乎遂與之千里馬居頃之東胡以爲冒頓畏之乃使使謂冒頓欲得單于

一閼氏冒頓復問左右左右皆怒曰東胡無道乃求閼氏請擊之冒頓曰奈何與人鄰國愛一女子乎遂取所愛閼氏予東胡東胡王愈益驕西侵與匈奴間中有棄地莫居千餘里各居其邊爲甌脫韋昭曰界上屯守處○索隱曰服虔云作土室以伺漢人又纂文曰甌脫土穴也又云是地名故下云生得甌脫王甌音一侯反脫音同活反○正義曰按境上斥候之室爲甌脫也東胡使使謂冒頓曰匈奴所與我界甌脫外棄地匈奴非能至也吾欲有之冒頓問羣臣羣臣或曰此棄地予之亦可勿與亦可於是冒頓大怒曰地者國之本也奈何予之諸言予之者皆斬之冒頓

上馬令國中有後者斬遂東襲擊東胡東胡初
輕冒頓不為備及冒頓以兵至擊大破滅東胡
王而虜其民人及畜產既歸西擊走月氏南并
樓煩白羊河南王索隱曰如淳曰白羊王居河南侵燕代悉復收
秦所使蒙恬所奪匈奴地者與漢關故河南塞
至朝那膚施徐廣曰在上郡○正義曰漢朝那故城在原州百泉縣西七十里屬安定郡膚施縣秦因
不改今延州膚施縣是遂侵燕代是時漢兵與項羽相距中
國罷於兵革以故冒頓得自彊控弦之士三十
餘萬自淳維以至頭曼千有餘歲時大時小別
散分離尚矣其世傳不可得而次云然至冒頓

而匈奴最彊大盡服從北夷而南與中國為敵
國其世傳國官號乃可得而記云置左右賢王
左右谷蠡王服虔曰谷音鹿蠡音離○索隱曰蠡又音黎左右大將左
右大都尉左右大當戶左右骨都侯骨都異姓大臣○索隱曰
裴氏所引據後漢書下呼衍注亦然匈奴謂賢曰屠耆徐廣曰屠一作諸故
常以太子為左屠耆王自如左右賢王以下至當
戶大者萬騎小者數千凡二十四長立號曰萬
騎諸大臣皆世官呼衍氏呼衍氏須卜氏常與單于婚姻蘭氏正義
曰顏師古云呼衍即今鮮卑姓呼延者也蘭姓今亦有之其後有須卜氏須卜氏主獄訟○正
義曰後漢書云呼衍氏須卜氏常與單于婚姻此三姓其貴種也諸左方王

將居東方直上谷索隱曰案姚氏云古字例以直為值值者當也○正義曰上谷郡今嬀州
也言匈奴東方南出直當嬀州也以往者東接穢貉朝鮮右方王
將居西方直上郡正義曰上郡故城在綏州上縣東南五十里言匈奴西方南直當綏州也
以西接月氏氐羌索隱曰案風俗通云氐本西南夷種地理志武都有白馬氐又魚豢魏略
云漢置武都郡排其種人分竄山谷或號青氐或號白氐說文云氐亦羌種說文云羌西方牧羊人續漢書云羌三苗姜
姓之別舜徙于三危今阿關之西南羌是也而單于之庭直代雲中索隱曰案
謂匈奴所都處為庭樂彥云單于無城郭不知何以國之穹廬前地若庭故云庭○正義曰代郡城北狄代國秦漢代縣
城也在蔚州羗胡縣北百五十里雲中故城趙雲中城秦雲中郡在勝州榆林縣東北四十里言匈奴之南直當代雲中
也各有分地逐水草移徙而左右賢王左右谷
蠡王最為大國左右骨都侯輔政諸二十四長

亦各自置千長百長什長索隱曰案續漢書郡國志云里有魁又有什伍里魁
掌一里百家什主十家伍長五家以相檢察故賈誼過秦論以為俛起什百之中是也裨小王相
封徐廣曰一作將都尉當戶且渠之屬正義曰且子餘反顏師古云今之沮
渠姓蓋本因此官歲正月諸長小會單于庭祠五月大
會蘢城索隱曰漢書作龍城亦龍字崔浩云西方胡皆事龍神故名大會處為龍城後漢書云匈奴俗歲有
三龍祠祭天神祭其先天地鬼神秋馬肥大會蹛林漢書音義曰匈
奴秋社八月中皆會祭處蹛音帶○索隱曰鄭氏云蹛林地名也晉灼曰李陵與蘇武書云相競趍蹛林則服虔說是也
又韋昭音多藍反姚氏案李牧傳大破匈奴滅襜襤此字與韋昭音頗同然林襤聲相近或以林為襤也○正義曰顏師
古云蹛者遶林木而祭也鮮卑之俗自古相傳秋祭无林木者尚豎柳枝衆騎馳遶三周乃止此其遺法也課
校人畜正義曰許又反計其法拔刃尺者死坐盜者沒

入其家有罪小者軋（漢書音義曰刃刻其面。索隱曰軋音烏八反鄧展云軋歷也如淳云撾杖也三蒼云軋輾也說文云輾轢也。正義曰顏師古云軋者謂輾轢其骨節若今之厭踝者也）大者死獄久者不過十日一國之囚不過數人而單于朝出營拜日之始生夕拜月其坐長左而北鄉（正義曰其座北向長者在左以左為尊也）日上戊己其送死有棺槨金銀衣裘而無封樹喪服（張華曰匈奴名冢曰逗落）近幸臣妾從死者多至數千百人（正義曰漢書作數十百人顏師古云或數十人或百人）舉事而候星月月盛壯則攻戰月虧則退兵其攻戰斬首虜賜一卮酒而所得鹵獲因以予之得人以為奴婢故其戰人人自為趣利善為誘兵

以冒敵故其見敵則逐利如鳥之集其困敗則瓦解雲散矣戰而扶輿死者盡得死者家財後北服渾庾屈射丁零（索隱曰魏略云丁零在康居北去匈奴庭接習水七千里又云匈奴北有渾窳國射音亦又音石）鬲昆薪犁之國（正義曰已上五國在匈奴北）於是匈奴貴人大臣皆服以冒頓單于為賢是時漢初定中國徙韓王信於代都馬邑匈奴大攻圍馬邑韓王信降匈奴匈奴得信因引兵南踰句注攻太原至晉陽下高帝自將兵往擊之會冬大寒雨雪卒之墮指者十二三於是冒頓詳敗走誘漢兵漢兵逐擊冒頓冒頓匿其精兵見其

羸弱於是漢悉兵多步兵三十二萬北逐之高帝先至平城（徐廣曰在鴈門）步兵未盡到冒頓縱精兵四十萬騎圍高帝於白登（正義曰白登臺在白登山上朔州定襄縣東三十里定襄縣漢平城縣也）七日漢兵中外不得相救餉匈奴騎其西方盡白馬東方盡青駹馬（索隱曰駹音武江反案青駹青色馬也。正義曰鄭玄云駹不純也說文云駹面顙皆白爾雅云黑馬面白也）北方盡烏驪馬（索隱曰說文云驪黑色）南方盡騂馬（索隱曰案詩傳曰赤黃曰騂）高帝乃使使間厚遺閼氏閼氏乃謂冒頓曰兩主不相困今得漢地而單于終非能居之也且漢王亦有神單于察之冒頓與韓王信之將王黃趙利期而

黃趙利兵又不來疑其與漢有謀亦取閼氏之言乃解圍之一角於是高帝令士皆持滿傅矢外鄉（索隱曰傅音附）從解角直出竟與大軍合而冒頓遂引兵而去漢亦引兵而罷使劉敬結和親之約是後韓王信為匈奴將及趙利王黃等數倍約侵盜代雲中居無幾何陳豨反又與韓信合謀擊代漢使樊噲往擊之復拔代鴈門雲中郡縣不出塞是時匈奴以漢將眾往降故冒頓常往來侵盜代地於是漢患之高帝乃使劉敬奉宗室女公主為單于閼氏歲奉匈奴絮繒酒米食

物各有數約爲昆弟以和親冒頓乃少止後燕
王盧綰反率其黨數千人降匈奴往來苦上谷
以東高祖崩孝惠呂太后時漢初定故匈奴以
驕冒頓乃爲書遺高后妄言高后欲擊之索隱曰案漢書云高后時冒頓寖驕乃使使遺高后書曰孤僨之君生於沮澤之中長於平野牛馬之域數至邊境願遊中國陛下獨立孤僨獨居兩主不樂無以自娛願以所有易其所無高后怒欲擊之諸將曰以高帝賢
武然尚困於平城於是高后乃止索隱曰案漢書季布諫高后乃止
復與匈奴和親至孝文帝初立復脩和親之
事其三年五月匈奴右賢王入居河南地侵盜
上郡葆塞蠻夷殺略人民於是孝文帝詔丞相

灌嬰發車騎八萬五千詣高奴正義延州城本漢高奴縣舊都擊
右賢王右賢王走出塞文帝幸太原是時濟北
王反文帝歸罷丞相擊胡之兵其明年單于遺
漢書曰天所立匈奴大單于敬問皇帝無恙前
時皇帝言和親事稱書意合歡漢邊吏侵侮右
賢王右賢王不請聽後義盧侯難氏徐廣曰音支○索隱曰匈奴將名也等計與漢吏相距絕二主之約離兄弟之
親皇帝讓書再至發使以書報不來漢使不至
漢以其故不和鄰國不附今以小吏之敗約故
罰右賢王使之西求月氏擊之以天之福吏卒

良馬彊力以夷滅月氏盡斬殺降下之定樓蘭徐廣曰一云樓煌○正義曰漢書云鄯善國名樓蘭去長安一千六百里也烏孫呼揭音桀○索隱曰又音丘列反○正義曰揭音桀又其例反二國皆在瓜州西北烏孫戰國時居瓜州及其旁二十
六國皆以爲匈奴索隱曰案謂皆巳入匈奴國也諸引弓之民幷
爲一家北州巳定願寖兵休士卒養馬除前事
復故約以安邊民以應始古使少者得成其長
老者安其處世世平樂未得皇帝之志也故使
郎中係雩淺奉書雩音火胡反○索隱曰係音計雩漢書作雩請獻橐他
一匹騎馬二匹駕二駟正義曰顏師古云駕可駕車也駟八疋馬也皇帝
即不欲匈奴近塞則且詔吏民遠舍使者至即

遣之以六月中來至薪望之地漢書音義曰塞下地名○索隱曰服虔云漢界上塞下之地今匈奴使至於此也書至漢議擊與和親孰便公
卿皆曰單于新破月氏乘勝不可擊且得匈奴
地澤鹵正義曰上音息非可居也和親甚便漢許之孝
文皇帝前六年漢遺匈奴書曰皇帝敬問匈奴
大單于無恙使郎中係雩淺遺朕書曰右賢王
不請聽後義盧侯難氏等計絕二主之約離兄
弟之親漢以故不和鄰國不附今以小吏敗約
故罰右賢王使西擊月氏盡定之願寖兵休士
卒養馬除前事復故約以安邊民使少者得成

其長老者安其處世世平樂朕甚嘉之此古聖主之意也漢與匈奴約爲兄弟所以遺單于甚厚倍約離兄弟之親者常在匈奴然右賢王事已在赦前單于勿深誅單于若稱書意明告諸吏使無負約有信敬如單于書使者言單于自將伐國有功甚苦兵事服繡袷綺衣繡袷長襦徐廣曰一本無袷字○索隱曰案小顏云服者言天子自所服也以繡爲表綺爲裏以賜冒頓字林云袷衣無絮也音公洽反錦袷袍各一比余一徐廣曰或作跡比也○索隱曰案漢書作比疏一比音鼻小顏云辮髮之飾也以金爲之廣雅云比櫛也蒼頡篇云靡者爲比麄者爲梳蘇林云今亦謂之梳黃金飾具帶一漢書音義曰要中大帶黃金胥紕一徐廣曰或作犀毗而無一字○索隱曰漢書見作犀毗此作胥者胥犀聲相近或誤張晏云鮮卑郭落帶瑞獸名也東胡好服之戰国策云趙武靈王賜周紹具帶黃金師比延篤云胡革帶鉤也則此帶鉤亦名師比則胥犀與師並相近而說各異耳班固與竇憲牋云賜犀比金頭帶是也繡十匹錦三十匹赤綈正義曰音啼綠繒各四十匹索隱曰案說文云綈厚繒也使中大夫意謁者令肩遺單于後頃之冒頓死子稽粥立索隱曰稽音雞粥音育號曰老上單于老上稽粥單于初立徐廣曰一云稽粥第二單于自後皆以第別之孝文皇帝復遣宗室女公主爲單于閼氏使宦者燕人中行說正義曰行音胡郎反中行姓說名也傅公主說不欲行漢彊使之說曰必我行也爲漢患者中行說旣至因降單于單于甚親幸之初匈奴好漢繒絮

食物中行說曰匈奴人衆不能當漢之一郡然所以彊者以衣食異無仰於漢也今單于變俗好漢物漢物不過什二則匈奴盡歸於漢矣韋昭曰言漢物十中之二入匈奴匈奴則動心歸漢矣其得漢繒絮以馳草棘中衣袴皆裂敝以示不如旃裘之完善也得漢食物皆去之以示不如湩酪之便美也湩乳汁也音都奉反○索隱曰字林云湩音竹用反穆天子傳云牛馬之湩臣菟人所具也於是說教單于左右疏記以計課其人衆畜物正義曰上許又反漢遺單于書牘以尺一寸辭曰皇帝敬問匈奴大單于無恙所遺物及言語云云中行說令單于遺漢書以尺二寸牘及印封皆令廣大長倨傲其辭曰天地所生日月所置匈奴大單于敬問漢皇帝無恙所以遺物言語亦云云漢使或言曰匈奴俗賤老中行說窮漢使曰而漢俗屯戍從軍當發者其老親豈有不自脫溫厚肥美以齎送飲食行戍乎漢使曰然中行說曰匈奴明以戰攻爲事其老弱不能鬬故以其肥美飲食壯健者蓋以自爲守衛如此父子各得久相保何以言匈奴輕老也漢使曰匈奴父子乃同穹廬而臥漢書音義曰穹廬旃帳父死妻其後母兄弟死盡取其妻妻之

無冠帶之飾闕庭之禮中行說曰匈奴之俗人
食畜肉飲其汁衣其皮畜食草飲水隨時轉移
故其急則人習騎射寬則人樂無事其約束輕
易行也君臣簡易一國之政猶一身也父子兄
弟死取其妻妻之惡種姓之失也故匈奴雖亂
必立宗種今中國雖詳不取索隱曰詳漢書作陽此亦音羊其父
兄之妻親屬益疏則相殺至乃易姓皆從此類
且禮義之敝上下交怨望而室屋之極生力必
屈索隱曰以言棟宇室屋之作人盡極其力以營其生至於氣力屈竭也屈音其物反夫力耕桑
以求衣食築城郭以自備故其民急則不習戰

功緩則罷於作業嗟土室之人顧無多辭令喋
喋音諜利口也而佔佔昌占反衣裳貌冠固何當言雖復著冠固何當所益○索隱曰鄧展曰佔囁耳語服虔曰口舌爲喋如淳曰汝漢人多口居室中固自宜著冠且不足貴也小顏云言漢人且當思念無爲喋喋佔佔耳雖自謂著冠何所當益也自是之後漢使欲辯論者中
行說輒曰漢使無多言顧漢所輸匈奴繒絮米
糵令其量中必善美而已矣何以爲言乎且所
給備善則已不備苦惡韋昭曰苦麤也音若靡盬之盬則候秋孰
以騎馳蹂而稼穡耳徐廣曰蹂音而九反日夜教單于候利
害處漢孝文皇帝十四年匈奴單于十四萬騎
入朝那蕭關殺北地都尉卬徐廣曰姓孫其子單封爲缾侯白丁反索隱曰

卬音五郎反虜人民畜產甚多遂至彭陽徐廣曰在安定○正義曰城字誤也括地志云彭城故城在涇州臨城縣東二十里案彭城在嫣州與北地郡甚遠明非彭城也使奇
兵入燒回中宮索隱曰服虔云回中在北地武帝作宮始皇本紀三十七年巡雞頭山過回中武帝元封四年通回中道○正義曰括地志云秦回中宮在岐州雍縣西四十里即匈奴所燒者也候騎至
雍甘泉索隱曰崔浩云候邏騎○正義曰括地志云雲陽也秦之林光宮漢之甘泉在雍州雲陽西北八十里秦始皇作甘泉宮去長安三百里望見長安秦皇帝以來祭天圜兵處於是文帝以中尉
周舍郎中令張武爲將軍發車千乘騎十萬軍
長安旁以備胡寇而拜昌侯盧卿爲上郡將軍
索隱曰案表盧作遬古今字異耳甯侯魏遫爲北地將軍隆慮侯
周竈爲隴西將軍東陽侯張相如爲大將軍成

侯董赤正義曰音赫爲前將軍大發車騎往擊胡徐廣
曰內史欒布亦爲將軍單于留塞內月餘乃去漢逐出塞即
還不能有所殺匈奴日已驕歲入邊殺略人民
畜產甚多雲中遼東最甚至代郡萬餘人漢患
之乃使使遺匈奴書單于亦使當戶報謝復言
和親事孝文帝後二年使使遺匈奴書曰皇帝
敬問匈奴大單于無恙使當戶且居雕渠難索隱
曰漢書作且渠匈奴官號樂彥云當戶且渠各自一官雕渠難爲此官也○正義曰雕渠難者其姓名也且子余反郎
中韓遼遺朕馬二匹已至敬受先帝制長城以
北引弓之國受命單于長城以內冠帶之室朕

亦制之使萬民耕織射獵衣食父子無離臣主相安俱無暴逆今聞渫惡民貪降其進取之利倍義絕約忘萬民之命離兩主之驩然其事已在前矣書曰二國已和親兩主驩說寢兵休卒養馬世世昌樂闟然更始徐廣曰闟音翕安定意也朕甚嘉之聖人者日新改作更始使老者得息幼者得長各保其首領而終其天命朕與單于俱由此道順天恤民世世相傳施之無窮天下莫不咸便漢與匈奴鄰國之敵匈奴處北地寒殺氣早降故詔吏遺單于秫櫱金帛絲絮佗物歲有數今

天下大安萬民熙熙朕與單于為之父母朕追念前事薄物細故謀臣計失皆不足以離兄弟之驩朕聞天不頗覆地不偏載朕與單于皆捐往細故俱蹈大道墮壞前惡以圖長久使兩國之民若一家子元元萬民下及魚鱉上及飛鳥跂行喙息蠕動之類索隱曰案跂音岐又音企言蟲鳥之類或以踵而行或以喙而息皆得其安也三蒼云蠕蠕動貌音軟淮南云昆蟲蠕動也莫不就安利而辟危殆故來者不止天之道也俱去前事朕釋逃虜民單于無言章尼等索隱曰案文帝云我今日並釋放彼國逃亡虜遣之歸本國汝單于無得更以言詞訴於章尼等責其違逃也朕聞古之帝王約分明而無

食言單于留志天下大安和親之後漢過不先單于其察之單于既約和親於是制詔御史曰匈奴大單于遺朕書言和親已定亡人不足以益眾廣地匈奴無入塞漢無出塞犯今約者殺之可以久親後無咎俱便朕已許之其布告天下使明知之後四歲老上稽粥單于死子軍臣立為單于既立徐廣曰後元三年立孝文皇帝復與匈奴和親而中行說復事之軍臣單于立四歲徐廣曰孝文後元七年崩而二年荅單于書其間五年而此云後四年又立四歲數不容爾也孝文後六年冬匈奴入上郡雲中也匈奴復絕和親大入上郡雲中各三萬騎所殺略甚

眾而去於是漢使三將軍軍屯北地代屯句注趙屯飛狐口緣邊亦各堅守以備胡寇又置三將軍軍長安西細柳渭北棘門霸上以備胡胡騎入代句注邊烽火通於甘泉長安數月漢兵至邊匈奴亦去遠塞漢兵亦罷後歲餘孝文帝崩孝景帝立而趙王遂乃陰使人於匈奴吳楚反欲與趙合謀入邊漢圍破趙匈奴亦止自是之後孝景帝復與匈奴和親通關市給遺匈奴遣公主如故約終孝景時時小入盜邊無大寇武帝即位明和親約束厚遇通關市饒給之匈

奴自單于以下皆親漢往來長城下漢使馬邑下人聶翁壹（索隱曰衞青傳唯稱聶壹故顧氏云壹名也老故稱翁義或然也）奸蘭（奸音干干蘭犯禁私出物也）出物與匈奴交（漢書音義曰私出塞與匈奴交市）詳爲賣馬邑城以誘單于單于信之而貪馬邑財物乃以十萬騎入武州塞（索隱曰蘇林云在鴈門也）漢伏兵三十餘萬馬邑旁御史大夫韓安國爲護軍護四將軍以伏單于單于既入漢塞未至馬邑百餘里見畜布野而無人牧者怪之乃攻亭是時鴈門尉史行徼（索隱曰如淳云近塞郡皆置尉百里一人士史尉史各二人也）見寇葆此亭知漢兵謀單于得欲殺之（徐廣曰一云乃下具告單于）尉史乃

告單于漢兵所居單于大驚曰吾固疑之乃引兵還出曰吾得尉史天也天使若言以尉史爲天王漢兵約單于入馬邑而縱單于不至以故漢兵無所得漢將軍王恢部出代擊胡輜重聞單于還兵多不敢出漢以恢本造兵謀而不進斬恢（韓長孺傳曰恢自殺）自是之後匈奴絕和親攻當路塞（索隱曰蘇林云直當道之塞）往往入盜於漢邊不可勝數然匈奴貪尚樂關市嗜漢財物漢亦尚關市不絕以中之（正義曰如淳云得具以利中傷之）自馬邑軍後五年之秋漢使四將軍各萬騎擊胡關市下將軍衞青出

上谷至蘢城得胡首虜七百人公孫賀出雲中無所得公孫敖出代郡爲胡所敗七千餘人李廣出鴈門爲胡所敗而匈奴生得廣廣後得亡歸漢囚敖廣敖廣贖爲庶人其冬匈奴數入盜邊漁陽尤甚漢使將軍韓安國屯漁陽備胡其明年秋匈奴二萬騎入漢殺遼西太守略二千餘人胡又入敗漁陽太守軍千餘人圍漢將軍安國安國時千餘騎亦且盡會燕救至匈奴乃去匈奴又入鴈門殺略千餘人於是漢使將軍衞青將三萬騎出鴈門李息出代郡擊胡得首

虜數千人其明年衞青復出雲中以西至隴西擊胡之樓煩白羊王於河南得胡首虜數千牛羊百餘萬於是漢遂取河南地築朔方復繕故秦時蒙恬所爲塞因河爲固漢亦棄上谷之什（音斗）辟縣造陽地以予胡（漢書音義曰言縣斗辟西近胡○索隱曰辟音僻造陽即斗辟縣中地○正義曰按曲幽辟縣入匈奴界者造陽地弃與胡也）是歲漢之元朔二年也其後冬匈奴軍臣單于死軍臣單于弟左谷蠡王伊稚斜自立爲單于（索隱曰稚音持利反斜音士嗟反斜鄒誕生音直牙反蓋稚斜胡人語近得其實）攻破軍臣單于太子於單（索隱曰單音丹）於單于降漢漢封單于爲涉安侯數月而死伊稚

斜單于既立其夏匈奴數萬騎入殺代郡太守恭友略千餘人其秋匈奴又入鴈門殺略千餘人其明年匈奴又復入代郡定襄正義曰括地志云定襄故城在朔州善陽縣北三百八十里地理志定襄郡高帝置也上郡各三萬騎殺略數千人匈奴右賢王怨漢奪之河南地而築朔方數爲寇盜邊及入河南侵擾朔方殺略吏民甚衆其明年春漢以衛青爲大將軍將六將軍十餘萬人出朔方高闕擊胡右賢王以爲漢兵不能至飲酒醉漢兵出塞六七百里夜圍右賢王右賢王大驚脫身逃走諸精騎往往隨後去漢

得右賢王衆男女萬五千人裨小王十餘人其秋匈奴萬騎入殺代郡都尉朱英略千餘人其明年春漢復遣大將軍衛青將六將軍兵十餘萬騎乃再出定襄數百里擊匈奴得首虜前後凡萬九千餘級而漢亦亡兩將軍軍三千餘騎徐廣曰合有二千耳右將軍建正義曰蘇武父也得以身脫而前將軍翕侯趙信兵不利降匈奴趙信者故胡小王降漢漢封爲翕侯以前將軍與右將軍并軍分行正義曰與大軍別行也獨遇單于兵故盡沒單于既得翕侯以爲自次王正義曰自次者尊重次於單于用其姊妻之與謀漢信

教單于益北絕幕應劭曰幕沙幕匈奴之南界臣瓚曰沙土曰幕直度曰絕以誘罷漢兵徼極而取之索隱曰罷音疲徼要也謂要其疲極而取之○正義曰邀音古堯反徼要也要漢兵疲極則取之無近塞居止無近塞單于從其計其明年胡騎萬人入上谷殺數百人其明年春漢使驃騎將軍去病將萬騎出隴西過焉支山正義曰焉音烟括地志云焉支山一名刪丹山在甘州刪丹縣東南五十里西河故事云匈奴失祁連焉支二山乃歌曰亡我祁連山使我六畜不蕃息失我焉支山使我婦女無顏色其愍惜乃如此千餘里擊匈奴得胡首虜騎萬八千餘級破得休屠王祭天金人漢書音義曰匈奴祭天處本在雲陽甘泉山下秦奪其地後徙之休屠王右地故休屠有祭天金人象祭天人也○索隱曰韋昭云作金人以爲祭天主崔浩云胡祭以金人爲主今浮圖金人是也孟說恐不然案得休屠金人後置之於甘泉也○正義曰括

地志云徑路祠神在雍州雲陽縣西北九十里甘泉山下本匈奴祭天處秦奪其地後徙休屠右地按金人即金佛像是其遺法立以爲祭天主也其夏驃騎將軍復與合騎侯數萬騎出隴西北地二千里擊匈奴過居延索隱曰韋昭曰張掖縣攻祁連山索隱曰西河舊事云山在張掖酒泉二界上東西二百餘里北百里有松栢五木美水草冬溫夏涼宜畜牧養匈奴失二山乃歌云亡我祁連山使我六畜不蕃息失我燕支山使我嫁婦無顏色祁連一名天山亦曰白山也得胡首虜三萬餘人裨小王以下七十餘人是時匈奴亦來入代郡鴈門殺略數百人漢使博望侯及李將軍廣出右北平擊匈奴右賢王右賢王圍李將軍卒可四千人且盡殺虜亦過當會博望侯軍救至李將軍得脫漢失亡數

千人合騎侯後驃騎將軍期及與博望侯皆當死贖爲庶人其秋單于怒渾耶王休屠王居西方爲漢所殺虜數萬人欲召誅之渾耶王與休屠王恐謀降漢徐廣曰元狩二年也漢使驃騎將軍往迎之渾耶王殺休屠王并將其衆降漢凡四萬餘人號十萬於是漢已得渾邪王則隴西北地河西益少胡寇徙關東貧民處所奪匈奴河南新秦中以實之索隱曰如淳云在長安以北朔方以南漢書食貨志云徙貧民充朔方以南新秦中是也○正義曰服虔云地名在北地廣六七百里長安北朔方南史記以爲秦秦始皇遣蒙恬斥逐匕故得肥饒之地七百里徙內郡人民皆往充實之號曰新秦中也而減北地以西戍卒半其明

年匈奴入右北平定襄各數萬騎殺略千餘人而去其明年春漢謀曰翕侯信爲單于計居幕北以爲漢兵不能至乃粟馬發十萬騎負私從正義曰謂負擔衣糧私募從者凡十四萬疋馬凡十四萬匹糧重不與焉令大將軍青驃騎將軍去病中分軍大將軍出定襄驃騎將軍出代咸約絕幕擊匈奴匈奴單于聞之遠其輜重以精兵待於幕北與漢大將軍接戰一日會暮大風起漢兵縱左右翼圍單于單于自度戰不能如漢兵單于遂獨身與壯騎數百潰漢圍西北遁走漢兵夜追不得行斬

捕匈奴首虜萬九千級北至闐顏山趙信城而還如淳曰信前降匈奴匈奴築城居之單于之遁走其兵往往與漢兵相亂而隨單于單于久不與其大衆相得其右谷蠡王以爲單于死乃自立爲單于眞單于復得其衆而右谷蠡王乃去其單于號復爲右谷蠡王漢驃騎將軍之出代二千餘里與左賢王接戰漢兵得胡首虜凡七萬餘級左賢王將皆遁走驃騎封於狼居胥山禪姑衍臨翰海而還如淳曰翰海北海名○正義曰按翰海自一大海名羣鳥解羽伏乳於此因名也是後匈奴遠遁而幕南無王庭漢度河自朔方以西至令

居徐廣曰在金城○索隱曰地理志云張掖令居縣姚氏令音連小顏音零往往通渠置田官吏卒五六萬人稍蠶食地接匈奴以北正義曰匈奴舊以幕爲王庭今遠徙幕北更蠶食之漢境連接匈奴舊地以北也初漢兩將軍大出圍單于所殺虜八九萬而漢士卒物故亦數萬索隱曰案釋名云漢以來謂死爲物故就朽故也又魏臺訪議高堂崇對曰聞之先師物無也故事也言無復所能於事者也漢馬死者十餘萬匈奴雖病遠去而漢亦馬少無以復往匈奴用趙信之計遣使於漢好辭請和親天子下其議或言和親或言遂臣之丞相長史任敞曰匈奴新破困宜可使爲外臣朝請於邊漢使任敞於單于單于聞敞計大怒

留之不遣先是漢亦有所降匈奴使者單于亦
輒留漢使相當漢方復收士馬會驃騎將軍去
病死於是漢久不北擊胡數歲伊稚斜單于立
十三年死子烏維立爲單于是歲漢元鼎三年
也烏維單于立而漢天子始出巡郡縣其後漢
方南誅兩越 正義曰南越東越 不擊匈奴匈奴亦不侵入
邊烏維單于立三年漢已滅南越遣故太僕賀
將萬五千騎出九原二千餘里至浮苴井而還
索隱曰苴音子餘反臣瓚云去九原二千里見漢輿地圖 不見匈奴一人漢又遣
故從驃侯趙破奴萬餘騎出令居數千里至匈

奴河水而還 索隱曰臣瓚云河水名去令居千里 亦不見匈奴一人
是時天子巡邊至朔方勒兵十八萬騎以見武
節而使郭吉風告單于郭吉既至匈奴匈奴主
客 韋昭曰主使來客官也○正義官名若鴻臚卿 問所使郭吉禮卑言好曰
吾見單于而口言單于見吉吉曰南越王頭已
縣於漢北闕今單于能即前與漢戰天子自將
兵待邊單于即不能即南面而臣於漢何徒遠
走亡匿於幕北寒苦無水草之地毋爲也語卒
而單于大怒立斬主客見者而留郭吉不歸遷
之北海上 正義曰北海即上海也蘇武亦遷也 而單于終不肯爲寇

於漢邊休養息士馬習射獵數使使於漢好辭
甘言求請和親漢使王烏等窺匈奴匈奴法漢
使非去節而以墨黥其面者不得入穹廬王烏
北地人習胡俗去其節黥面得入穹廬單于愛
之詳許甘言爲遣其太子入漢爲質 正義音致 以求
和親漢使楊信於匈奴是時漢東拔穢貉朝鮮
以爲郡 正義曰即玄菟樂浪二郡 而西置酒泉郡 正義曰今肅州 以鬲
絕胡與羌通之路漢又西通月氏大夏 正義曰漢書西域傳云大月氏國去長安城萬一千六百里本居敦煌祁連間冒頓單于破月氏而老上單于殺月氏王以頭爲飲器月氏乃遠去過大宛西擊大夏而臣之都嬀水北爲王庭也 又以公主妻烏孫王以分

匈奴西方之援國又北益廣田至胘靁爲塞 漢書音義曰胘靁地名在烏孫北
而匈奴終不敢以爲言是歲翕侯
信死漢用事者以匈奴爲已弱可臣從也楊信
爲人剛直屈彊素非貴臣單于不親單于欲召
入不肯去節單于乃坐穹廬外見楊信楊信既
見單于說曰即欲和親以單于太子爲質於漢
單于曰非故約故約漢常遣公主給繒絮食物
有品以和親而匈奴亦不擾邊今乃欲反古令
吾太子爲質無幾矣 正義曰幾音記言反古無所冀望也 匈奴俗見
漢使非中貴人其儒先 先先生也漢書作儒生也 以爲欲說折

其辯其少年以爲欲刺折其氣每漢使入匈奴匈奴輒報償漢留匈奴使匈奴亦留漢使必得當乃肯止楊信既歸漢使王烏而單于復讇以甘言欲多得漢財物紿謂王烏曰吾欲入漢見天子面相約爲兄弟王烏歸報漢漢爲單于築邸于長安匈奴曰非得漢貴人使吾不與誠語匈奴使其貴人至漢病漢予藥欲愈之不幸而死而漢使路充國佩二千石印綬往使因送其喪厚葬直數千金曰此漢貴人也單于以爲漢殺吾貴使者乃留路充國不歸諸所言者單于

特空紿王烏殊無意入漢及遣太子來質於是匈奴數使奇兵侵犯邊漢乃拜郭昌爲拔胡將軍及浞野侯徐廣曰趙破奴屯朔方以東備胡路充國留匈奴三歲單于死烏維單于立十歲而死子烏師廬徐廣曰烏一作詹立爲單于年少號爲兒單于是歲元封六年也自此之後單于益西北左方兵直雲中右方直酒泉燉煌郡正義曰括地志云鐵勒國匈奴冒頓之後在突厥國北樂勝州紅秦長城大美長路正北經砂磧十三日行至其國兒單于立漢使兩使者一弔單于一弔右賢王欲以乖其國使者入匈奴匈奴悉將致單于單于怒而盡留漢使漢

使留匈奴者前後十餘輩而匈奴使來漢亦輒留相當是歲漢使貳師將軍廣利西伐大宛而令因杅正義曰音于將軍敖築受降城其冬匈奴大雨雪畜多飢寒死兒單于年少好殺伐國人多不安左大都尉欲殺單于使人閒告漢曰我欲殺單于降漢漢遠即兵來迎我我即發初漢聞此言故築受降城猶以爲遠其明年春漢使浞野侯破奴將二萬餘騎出朔方西北二千餘里期至浚稽山而還索隱曰應劭云在武威縣北浞野侯既至期而還左大都尉欲發而覺單于誅之發左方兵

擊浞野浞野侯行捕首虜數千人還未至受降城四百里匈奴兵八萬騎圍之浞野侯夜自出求水匈奴閒捕生得浞野侯因急擊其軍軍中郭縱爲護維王爲渠正義曰爲渠帥也相與謀曰及諸校尉畏亡將軍而誅之莫相勸歸軍遂沒於匈奴匈奴兒單于大喜遂遣奇兵攻受降城不能下乃寇入邊而去其明年單于欲自攻受降城未至病死兒單于立三歲而死子年少匈奴乃立其季父烏維單于弟右賢王呴音鉤又音吁犂湖爲單于是歲太初三年也呴犂湖單于立漢使光祿

徐自為出五原塞正義曰即五原郡榆林塞也在勝州榆林縣四十里也數百里遠者千餘里築城鄣列亭正義曰顧胤云鄣山中小城亭候望所居也至盧朐音劬匈奴地名又山名○正義曰括地志云五原郡稒陽縣北出石門鄣得光祿城又西北得支就縣又西北得頭曼城又西北得牢城河又西北得宿虜城按即築城鄣列亭至盧朐也服虔云盧朐匈奴地名也張晏云山名也而使游擊將軍韓說長平侯衛伉屯其旁使彊弩都尉路博德築居延澤上正義曰括地志云漢居延縣故城在甘州張掖縣東北千五百三十里有漢遮虜鄣強弩都尉路博德之所築李陵敗與士衆期至遮虜鄣即此也長老傳云鄣北百八十里直居延之西北是李陵戰地也其秋匈奴大入定襄雲中殺略數千人敗數二千石而去行破壞光祿所築城列亭鄣又使右賢王入酒泉張掖略數千人會

任文擊救漢書音義曰漢將也盡復失所得而去是歲貳師將軍破大宛斬其王而還匈奴欲遮之不能至其冬欲攻受降城會單于病死呴犁湖單于立一歲死匈奴乃立其弟左大都尉且鞮侯為單于索隱曰且音子餘反鞮音低漢既誅大宛威震外國天子意欲遂困胡乃下詔曰高皇帝遺朕平城之憂高后時單于書絕悖逆昔齊襄公復百世之讎春秋大之公羊傳曰九世猶可以復讎乎雖百世可知也是歲太初四年也且鞮侯單于既立盡歸漢使之不降者路充國等得歸單于初立恐漢襲之乃自謂我兒子安

敢望漢天子漢天子我丈人行也正義曰胡郎反漢遣中郎將蘇武厚幣賂遺單于單于益驕禮甚倨非漢所望也其明年浞野侯破奴得亡歸漢其明年漢使貳師將軍廣利以三萬騎出酒泉擊右賢王於天山正義曰在伊州得胡首虜萬餘級而還匈奴大圍貳師將軍幾不脫漢兵物故什六七漢復使因杅將軍敖出西河與彊弩都尉會涿涂山徐廣曰涂音邪○索隱曰涿音卓涂音以奢反○正義曰匈奴中山也毋所得又使騎都尉李陵將步騎五千人出居延北千餘里與單于會合戰陵所殺傷萬餘人兵及食盡

欲解歸匈奴圍陵陵降匈奴其兵遂沒得還者四百人單于乃貴陵以其女妻之後一歲復使貳師將軍將六萬騎步兵十萬出朔方彊弩都尉路博德將萬餘人與貳師會游擊將軍說將步騎三萬人出五原因杅將軍敖將萬騎步兵三萬人出鴈門匈奴聞悉遠其累重於余吾水北徐廣曰余一作斜音邪○索隱曰山海經云北鮮之山鮮水出焉北流注余吾○正義曰累力爲反重丈用反而單于以十萬騎待水南與貳師將軍接戰貳師乃解而引歸與單于連戰十餘日貳師聞其家以巫蠱族滅因并衆降匈奴徐廣曰案史記將相年表及漢書征和二年巫

蠱始起三年貳利與商丘成出擊匈軍敗乃降得求還千人一兩人耳正義曰自此以下上至貳師闡其家非天漢四年事似錯悞人所知游擊說無所得因杅數與左賢王戰不利引歸是歲徐廣曰天漢四年漢兵之出擊匈奴者不得言功多少功不得御正義曰御音語其功不得相御當也有詔捕太醫令隨但言貳師將軍家室族滅使廣利得降匈奴索隱曰漢書云明年且鞮死長子狐鹿姑單于立張晏云自狐鹿姑單于已下皆劉向褚先生所錄班彪又撰而次之所以漢書匈奴傳有上下兩卷

太史公曰孔氏著春秋隱桓之間則章至定哀之際則微索隱曰案韓國要禮云仲尼仕於定哀故其著春秋不切論當世而微其詞也為其切當世之文而罔褒忌諱之辭也索隱曰案罔者無也謂無其實而褒之是也忌諱當代故也世俗之言匈奴者患其徼一時權徐廣曰徼音皎○索隱曰徼音工堯反言求一時權寵也劉伯莊音叫徐音皎皆非也而務讇納其說索隱曰說音稅以便偏指不參索隱曰案謂說者謀匈奴皆患其直徼求一時權幸但務讇進其說以自便其偏指不參詳終始利害也彼已將率詩云彼已之子○索隱曰彼已者猶詩人譏詞云彼已之子是也將率則指樊噲衞霍等也席中國廣大氣奮人主因以決策是以建功不深堯雖賢興事業不成得禹而九州寧正義曰言堯雖賢聖不能獨理得禹而九州安寧以刺武帝不能擇賢將相而務讇納小人浮說多伐匈奴故壞齊民故太史公引禹聖成其太平以攻當代之罪且欲興聖統唯在擇任將相哉唯在擇任將相哉

索隱述贊曰

獫狁葷粥　居于北邊　既稱夏裔
式憬周篇　頗隨畜牧　屢擾塵煙
爰自頓冒　尤聚控弦　雖空帑藏
未盡中權

匈奴列傳第五十　史記一百十

衛將軍驃騎列傳第五十一　史記百一十一

大將軍衛青者，平陽人也（正義曰漢書云其父鄭季河東平陽人以縣吏給事平陽侯之家也）其父鄭季爲吏給事平陽侯家與侯妾衛媼通（索隱曰衛姓也媼婦人老少通稱漢書曰與主家僮衛媼通案既云家僮故知非老或者媼是年老之稱後追呼耳然外戚傳云薄姬父與魏王宗女魏媼通則少亦稱媼也而小顏云衛者舉其夫家姓也然案此云侯妾衛媼則似無夫下云同母兄衛長子及姊衛子夫皆冒衛氏又似有夫耳其所冒之姓爲父與母皆未明也）生青青同母兄衛長子而姊衛子夫自平陽公主家得幸天子（徐廣曰曹參曾孫平陽夷侯時尚武帝姊平陽公主生子襄○索隱曰案如淳云本陽信長公主爲平陽侯所尚故稱平陽公主世家及功臣表時或作疇漢書作壽並文字殘缺故不同也）故冒姓爲衛氏字仲卿長子更字長君長君母號爲

衛媼媼長女衛孺（索隱曰漢書云君孺）次女少兒次女即子夫後子夫男弟步廣（徐廣曰步一作少）皆冒衛氏青爲侯家人少時歸其父其父使牧羊先母之子（服虔曰先母適妻也青之適母○索隱曰漢書作民母顏氏云鄭季本妻編於民戶之間故曰民母今本亦或作民母也）皆奴畜之不以爲兄弟數（索隱曰數音去聲）青嘗從入至甘泉居室（正義曰按居室署名武帝改曰保宮灌夫繫居室是也）有一鉗徒（張晏曰甘泉中徒所居也）相青曰貴人也官至封侯青笑曰人奴之生得毋笞罵即足矣安得封侯事乎青壯爲侯家騎從平陽主建元二年春青姊子夫得入宮幸上皇后堂邑大長公主女也（徐廣曰堂邑安侯陳嬰之孫夷侯午尚景

帝姊長公主生子季須元鼎年季須坐奸自殺○正義曰文穎云陳皇后武帝姑女也）無子妬大長公主聞衛子夫幸有身妬之乃使人捕青青時給事建章未知名（索隱曰案晉灼云建章上林中宮名也）大長公主執囚青欲殺之其友騎郎公孫敖與壯士篡取之以故得不死（索隱曰篡猶劫也奪也）上聞乃召青爲建章監侍中及同母昆弟貴賞賜數日間累千金孺爲太僕公孫賀妻少兒故與陳掌通（徐廣曰陳平曾孫名掌也）上召貴掌公孫敖由此益貴子夫爲夫人青爲太中大夫元光五年青爲車騎將軍擊匈奴出上谷太僕公孫賀爲輕車將軍出雲中太中大夫

公孫敖爲騎將軍出代郡衛尉李廣爲驍騎將軍出鴈門軍各萬騎青至籠城斬首虜數百騎將軍敖亡七千騎衛尉李廣爲虜所得得脫歸皆當斬贖爲庶人賀亦無功元朔元年春衛夫人有男（索隱曰即衛太子據也）立爲皇后其秋青爲車騎將軍出鴈門三萬騎擊匈奴斬首虜數千人明年匈奴入殺遼西太守虜略漁陽二千餘人敗韓將軍軍漢令將軍李息擊之出代令車騎將軍青出雲中以西至高闕（索隱曰高闕山名小顏云一曰塞名在朔方之北也）遂略河南地至于隴西捕首虜數千畜數十萬走

白羊樓煩王遂以河南地為朔方郡正義曰今夏州也以
三千八百戶封青為長平侯青校尉蘇建有功
以千一百戶封建為平陵侯使建築朔方城正義曰括地志云夏州朔方縣北什賁故城是按蘇建築什賁之號蓋出蕃語也
青校尉張次公有功封為岸頭侯索隱曰案晉灼云河東皮氏縣之亭名也○正義曰服虔云鄉名也天
子曰匈奴逆天理亂人倫暴長虐老以盜竊為
務行詐諸蠻夷造謀籍兵數為邊害張晏曰從蠻夷借兵鈔邊也
故興師遣將以征厥罪詩不云乎薄伐玁狁
至于太原索隱曰此小雅六月詩美宣王北伐也薄伐者言逐出之也出車彭彭城
彼朔方索隱曰小雅出車之詩也今車騎將軍青度西河正義曰即

雲中郡之西河云勝州東河也至高闕獲首虜二千三百級車輜
畜產畢收為鹵已封為列侯遂西定河南地按
榆谿舊塞如淳曰案行也榆谿舊塞名或曰按尋也○索隱曰案水經云上郡之北有諸次山諸次水出焉東經榆林塞為榆谿是榆谿舊塞也絕梓領梁北河如淳曰絕度也為北河作橋梁○正義曰括地志云梁北河在靈州界也討蒲泥破符離晉灼曰二王號○索隱曰崔浩云北塞名
斬輕銳之卒捕服聽者三千七十一級張晏曰伏聽於隱處聽軍虛實執訊獲醜正義曰訊問也醜眾言執其生口問之知虜處獲得眾類也驅馬
牛羊百有餘萬全甲兵而還益封青三千戶其
明年匈奴入殺代郡太守友徐廣曰友者太守名也姓共也入略
鴈門千餘人其明年匈奴大入代定襄上郡殺

略漢數千人其明年元朔之五年春漢令車騎
將軍青將三萬騎出高闕衛尉蘇建為游擊將
軍左內史李沮文穎曰音組為彊弩將軍太僕公孫
賀為騎將軍代相李蔡為輕車將軍皆領屬車
騎將軍俱出朔方大行李息岸頭侯張次公為
將軍出右北平咸擊匈奴匈奴右賢王當衛青
等兵以為漢兵不能至此飲醉漢兵夜至圍右
賢王右賢王驚夜逃獨與其愛妾一人壯騎數
百馳潰圍北去漢輕騎校尉郭成等逐數百里
不及得右賢裨王十餘人索隱曰賈逵云裨益也小顏云裨王小王也若裨將

然音頻移反眾男女萬五千餘人畜數千百萬於是
引兵而還至塞天子使使者持大將軍印即軍
中拜車騎將軍青為大將軍諸將皆以兵屬大
將軍大將軍立號而歸索隱曰案謂立大將軍之號令而歸也天子
曰大將軍青躬率戎士師大捷獲匈奴王十有
餘人益封青六千戶而封青子伉正義曰口浪反為宜
春侯青子不疑為陰安侯青子登為發干侯青
固謝曰臣幸得待罪行間賴陛下神靈軍大捷
皆諸校尉力戰之功也陛下幸已益封臣青臣
青子在繈褓中正義曰繈長尺二寸闊八寸以約小兒於背褓小兒被也未有勤

勞上幸列地封爲三侯非臣待罪行閒所以勸士力戰之意也伉等三人何敢受封天子曰我非忘諸校尉功也今固且圖之乃詔御史曰護軍都尉公孫敖三從大將軍擊匈奴常護軍傳校獲王索隱曰顧祕監云傳領也五百人謂之校小顏云傳音附言敖總護諸軍每附部校以致克捷而獲王也以千五百戶封敖爲合騎侯索隱曰案非邑地因戰功爲號謂軍合驃騎故云合騎若冠軍從驃然也都尉韓說從大將軍出窳渾徐廣曰窳渾在朔方音庾○索隱曰服虔云窳渾塞名漢書作寘渾寘音田至匈奴右賢王庭爲麾下搏戰獲王索隱曰搏音博搏擊也小顏同今史記漢書本多作傳傳猶轉也以千三百戶封說爲龍頟侯騎將軍公孫賀從大將軍獲王以千三百戶封賀爲南窌侯徐廣曰窌宜作窌音匹孝反○索隱曰韋昭云縣名或作窖字林云大下卯與穴下卯並音匹孝反輕車將軍李蔡再從大將軍獲王以千六百戶封蔡爲樂安侯校尉李朔校尉趙不虞校尉公孫戎奴各三從大將軍獲王以千三百戶封朔爲涉軹侯以千三百戶封不虞爲隨成侯以千三百戶封戎奴爲從平侯將軍李沮李息及校尉豆如意有功賜爵關內侯食邑各三百戶其秋匈奴入代殺都尉朱英其明年春大將軍青出定襄合騎侯敖爲中將軍太僕賀爲左將軍翕侯趙信爲前

將軍衛尉蘇建爲右將軍郎中令李廣爲後將軍左內史李沮爲彊弩將軍咸屬大將軍斬首數千級而還月餘悉復出定襄擊匈奴斬首虜萬餘人右將軍建前將軍信并軍三千餘騎獨逢單于兵與戰一日餘漢兵且盡前將軍故胡人降爲翕侯見急匈奴誘之遂將其餘騎可八百犇降單于右將軍蘇建盡亡其軍獨以身得亡去自歸大將軍大將軍問其罪正閎張晏曰正軍正也閎名也長史安正義曰律都軍官史一人也議郎周霸等徐廣曰儒生○索隱曰案郊祀志議封禪有周霸故知儒生也建當云何霸曰自大將軍出未嘗斬裨將今建棄軍可斬以明將軍之威閎安曰不然兵法小敵之堅大敵之禽也今建以數千當單于數萬力戰一日餘士盡不敢有二心自歸自歸而斬之是示後無反意也不當斬大將軍曰青幸得以肺腑待罪行閒不患無威而霸說我以明威甚失臣意且使臣職雖當斬將以臣之尊寵而不敢自擅專誅於境外而具歸天子天子自裁之於是以見爲人臣不敢專權不亦可乎軍吏皆曰善遂囚建詣行在所蔡邕曰天子自謂所居曰行在所言今雖在京師行所至耳巡狩天下所奏事處皆爲宮在長安則曰奏長安宮在泰山則曰奉高宮唯

當時所在入塞罷兵是歲也大將軍姊子霍去病徐廣曰姊即少兒也年十八幸為天子侍中善騎射再從大將軍受詔與壯士為剽姚校尉索隱曰服虔音飄搖大顏案荀悅漢紀作票鷂票鷂勁疾之貌也票音頻妙反鷂音弋召反與輕勇騎八百直棄大軍數百里赴利斬捕首虜過當索隱曰案小顏云計其所將之人數則捕首虜為多過於所當也一云漢軍亡失者少而殺獲匈奴數多故曰過當也於是天子曰剽姚校尉去病斬首虜二千二十八級及相國當戶斬單于大父行籍若侯產張晏曰籍若胡侯○索隱曰行音胡浪反謂籍若侯是匈奴祖之行第產即大父之名生捕季父羅姑比索隱曰案顏氏云羅姑比單于季父名小顏云比頻也案下既云再無容更言頻也再冠軍以千六百戶封去病

為冠軍侯上谷太守郝賢四從大將軍捕斬首虜二千餘人以千一百戶封賢為衆利侯是歲失兩將軍軍亡翕侯軍功不多故大將軍不益封右將軍建至天子不誅赦其罪贖為庶人大將軍既還賜千金是時王夫人方幸於上甯乘說大將軍曰將軍所以功未甚多身食萬戶三子皆為侯者徒以皇后故也今王夫人幸而宗族未富貴願將軍奉所賜千金為王夫人親壽大將軍乃以五百金為壽天子聞之問大將軍大將軍以實言上乃拜甯乘為東海都尉張騫

從大將軍以嘗使大夏正義曰大夏國在大宛西留匈奴中久導軍知善水草處軍得以無飢渴因前使絕國功封騫博望侯冠軍侯去病既侯三歲元狩二年春以冠軍侯去病為驃騎將軍徐廣曰驃一亦作剽○正義曰漢書云霍去病征匈奴有絕幕之勳始置驃騎將軍位在三司品秩同大將軍說文云驃騎黃馬髮白色一曰髦尾將萬騎出隴西有功天子曰驃騎將軍率戎士踰烏盭漢書音義曰音戾山名也討遬濮索隱曰遬音速濮音卜崔浩云匈奴部落名案下有遬濮王則是國名也涉狐奴晉灼曰水名也歷五王國輜重人衆懾慴者弗取文穎曰恐懼也○索隱曰案說文云懾慴失氣也劉氏云懾式涉反慴之涉反冀獲單于子徐廣曰一作與轉戰六日過焉支山千有餘里

合短兵殺折蘭王斬盧胡王張晏曰折蘭盧胡國名也殺者殺之而已斬者獲其首○正義曰顏師古云折蘭匈奴中姓也今鮮卑有其蘭姓者即其種誅全甲徐廣曰全一作金○正義曰全甲謂具足不失落也執渾邪王子及相國都尉首虜八千餘級收休屠祭天金人如淳曰祭天為主○索隱曰案張晏云佛徒祠金人也屠音儲益封去病二千戶其夏驃騎將軍與合騎侯敖俱出北地異道博望侯張騫郎中令李廣俱出右北平異道皆擊匈奴郎中令將四千騎先至博望侯將萬騎在後至匈奴左賢王將數萬騎圍郎中令郎中令與戰二日死者過半所殺亦過當博望侯至匈奴兵引去博望侯坐行

留當斬贖為庶人而驃騎將軍出北地已遂深
入與合騎侯失道不相得驃騎將軍踰居延至
祁連山捕首虜甚多天子曰驃騎將軍踰居延
張晏曰水名也遂過小月氏索隱曰韋昭氏音支西域傳大月氏本居敦煌祁連間餘眾保南山遂號
小月氏攻祁連山索隱曰小顏云即天山也匈奴謂天為祁連案西河舊事謂白山即天山祁連
恐非也得酋涂王張晏曰胡王也○索隱曰酋音才由反涂音徒漢書云楊武平觻得單于單桓
酋涂王此文省也以眾降者二千五百人斬首虜三萬二
百級獲五王五王母單于閼氏王子五十九人
相國將軍當戶都尉六十三人師大率正義曰音律也
減什三索隱曰案漢書作減什七小顏云破匈奴之師十減其七一云漢兵亡失之數下皆類此案一說為
是也益封去病五千戶賜校尉從至小月氏爵左
庶長鷹擊司馬破奴再從驃騎將軍斬遬濮王
正義曰速卜二音捕稽且王索隱曰且音子余反千騎將得王王母各
一人索隱曰漢書作右千騎將王然則此云千騎將是漢之將為趙破奴得匈奴王及王母也或云右千騎將
即匈奴王號也王子以下四十一人捕虜三千三百三十
人前行捕虜千四百人以千五百戶封破奴為
從驃侯張晏曰從驃騎將軍有功因以為號校尉句王高不識徐廣曰句音鉤
匈奴以為號○索隱曰案二人並匈奴人也從驃騎將軍捕呼于屠王索隱
曰案三字共為王號王子以下十一人捕虜千七百六十八
人以千一百戶封不識為宜冠侯正義曰孔文祥云從冠軍將軍

戰故宜冠從驃之類者也校尉僕多有功封為煇渠侯索隱曰案漢表作僕
明疑多是誤煇音暉也合騎侯敖坐行留不與驃騎會當斬
贖為庶人諸宿將所將士馬兵亦不如驃騎驃
騎所將常選索隱曰選音宣變反謂驃騎常選擇取精兵然亦敢深入
常與壯騎先其大將軍軍亦有天幸未嘗困絕
也然而諸宿將常坐留落不遇索隱曰案謂遲留零落不遇合也
由此驃騎日以親貴比大將軍其秋單于怒渾
邪王居西方數為漢所破亡數萬人以驃騎之
兵也單于怒欲召誅渾邪王渾邪王與休屠王
等謀欲降漢使人先遣使向邊境要遮漢人索隱
曰案謂先於邊境要候漢人言其欲降令報天子是時大行李
息將城河上得渾邪王使即馳傳以聞天子聞
之於是恐其以詐降而襲邊乃令驃騎將軍將
兵往迎之驃騎既渡河與渾邪王眾相望渾邪
王裨將見漢軍而多欲不降者頗遁去驃騎乃
馳入與渾邪王相見斬其欲亡者八千人遂獨
遣渾邪王乘傳先詣行在所盡將其眾渡河降
者數萬號稱十萬既至長安天子所以賞賜者
數十巨萬封渾邪王萬戶為漯陰侯索隱曰漯音他合反案地
理志縣名在平原封其裨王呼毒尼文穎曰胡王名為下摩侯鷹

庇為煇渠侯（徐廣曰一云篇訾○索隱曰漢書鷹作雁庇音必二反又音疋履反案漢書功臣表元狩二年以煇渠封僕明至三年又封鷹庇其地俱屬魯陽未詳所以○正義曰煇渠表作順梁），禽棃為河綦侯（徐廣曰禽一作烏○索隱曰案表作烏梨），大當戶銅離（徐廣曰一作稠離也○索隱曰徐注與漢書功臣表同此文云銅漢書云調字又異也）為常樂侯。於是天子嘉驃騎之功曰：「驃騎將軍去病率師攻匈奴西域王渾邪王及厥眾萌咸相犇，率以軍糧接食，并將控弦萬有餘人，誅獟駻（晉灼曰獟音歘誰反○索隱曰說文獟作趬行疾貌悍音胡旦反），獲首虜八千餘級，降異國之王三十二人，戰士不離傷，十萬之眾咸懷集服，仍與之勞，爰及河塞（正義曰言匈奴右地渾耶王降而塞外並河諸郡之民無憂患也），庶幾無患，幸既永綏矣。以千七百戶益封驃騎將軍。」減隴西、北地、上郡戍卒之半，以寬天下之繇。居頃之，乃分徙降者邊五郡故塞外（正義曰五郡謂隴西北地上郡朔方雲中並是故塞外又在北海西南），而皆在河南，因其故俗，為屬國（正義曰以降來之民徙置五郡各依本國之俗而屬於漢故言屬國也）。其明年，匈奴入右北平、定襄，殺略漢千餘人。其明年，天子與諸將議曰：「翕侯趙信為單于畫計，常以為漢兵不能度幕輕留（索隱曰案幕即沙幕古字少耳輕留者謂匈奴以漢軍不能至故輕易留而不去也），今大發士卒，其勢必得所欲。」是歲元狩四年也。元狩四年春，上令大將軍青、驃騎將軍去病將各五萬騎，

步兵轉者踵軍（正義曰言轉軍之士及步兵接後又數十萬人）數十萬，而敢力戰深入之士皆屬驃騎。驃騎始為出定襄，當單于。捕虜言單于東，乃更令驃騎出代郡，令大將軍出定襄。郎中令為前將軍，太僕為左將軍，主爵趙食其為右將軍，平陽侯襄為後將軍，皆屬大將軍。兵即度幕，人馬凡五萬騎，與驃騎等咸擊匈奴單于。趙信為單于謀曰：「漢兵既度幕，人馬罷，匈奴可坐收虜耳。」乃悉遠北其輜重，皆以精兵待幕北。而適值大將軍軍出塞千餘里，見單于兵陳而待，於是大將軍令武剛車（孫吳兵法曰有巾有蓋謂之武剛車也）自環為營，而縱五千騎往當匈奴。匈奴亦縱可萬騎。會日且入，大風起，砂礫擊面，兩軍不相見，漢益縱左右翼繞單于。單于視漢兵多，而士馬尚彊，戰而匈奴不利，薄暮，單于遂乘六贏，壯騎可數百，直冒漢圍西北馳去。時已昏，漢匈奴相紛挐（正義曰三蒼解詁云紛挐手相牽也），殺傷大當。（索隱曰以言所殺傷大略相當）漢軍左校捕虜言單于未昏而去，漢軍因發輕騎夜追之，大將軍軍因隨其後。匈奴兵亦散走。遲明（正義曰上音值），行二百餘里（徐廣曰遲一作黎○索隱曰遲音值遲者待也待天欲明也漢書作會明諸本多作黎明鄒氏云黎遲也然黎黑也候天將明而猶黑也），不

得單于頗捕斬首虜萬餘級遂至窴顏山趙信城徐廣曰窴音田得匈奴積粟食軍軍留一日而還悉燒其城餘粟以歸大將軍之與單于會也而前將軍廣右將軍食其軍別從東道或失道後擊單于大將軍引還過幕南乃得前將軍右將軍大將軍欲使使歸報令長史簿責前將軍廣廣自殺右將軍至下吏贖為庶人大將軍軍入塞凡斬捕首虜萬九千級是時匈奴衆失單于十餘日右谷蠡王聞之自立為單于索隱曰谷音祿蠡音黎又音離單于後得其衆右王乃去單于之號驃騎將軍

亦將五萬騎車重與大將軍軍等而無裨將悉以李敢等為大校當裨將出代右北平千餘里直左方兵所斬捕功已多大將軍軍既還天子曰驃騎將軍去病率師躬將所獲葷粥之士徐廣曰粥一作允駰案應劭曰所降士有材力者約輕齎絕大幕涉獲章渠徐廣曰獲一作護○索隱曰小顏云涉謂涉水也章渠單于之近臣謂涉水而破獲之漢書云涉獲單于章渠也以誅比車耆晉灼曰王號也○索隱曰比音必耳反轉擊左大將索隱曰案漢書名雙斬獲旗鼓歷涉離侯索隱曰漢書作度難侯小顏云山名歷度也濟弓閭晉灼曰小名也○索隱曰包愷弓音穹亦如字讀獲屯頭王漢書音義曰胡王號也韓王等三人徐廣曰王一作藉○索隱曰李奇云皆匈奴王號將軍相國

當戶都尉八十三人封狼居胥山禪於姑衍正義曰積土為壇於山上封以祭天也除地曰禪登臨翰海張晏曰登海邊山以望海也○索隱曰按崔浩云北海名群鳥之所解羽故云翰海廣志在沙漠北執鹵獲醜七萬有四百四十三級師率減什三取食於敵逴行殊遠而糧不絕索隱曰逴與卓同卓遠也以五千八百戶益封驃騎將軍右北平太守路博德屬驃騎將軍會與城正義曰上音余不失期從至檮余山索隱曰檮余音挑徒斬首捕虜二千七百級以千六百戶封博德為符離侯北地都尉邢山徐廣曰一作衛山從驃騎將軍獲王以千二百戶封山為義陽侯故歸義因淳王復陸支樓專王

伊即靬皆從驃騎將軍有功索隱曰劉氏復音伏小顏音芳福反漢書專作剸並音專小顏音之兖反靬音九言反以千三百戶封復陸支為壯侯以千八百戶封伊即靬為衆利侯從驃侯破奴昌武侯安稽徐廣曰姓趙故匈奴王從驃騎有功益封各三百戶校尉敢得旗鼓為關內侯食邑二百戶索隱曰敢李廣子也校尉自為爵大庶長索隱曰案徐自為也軍吏卒為官賞賜甚多而大將軍不得益封軍吏卒皆無封侯者兩軍之出塞塞閱官及私馬凡十四萬匹而復入塞者不滿三萬匹乃益置大司馬位大將軍驃騎將軍皆為大司馬如淳曰大將軍驃騎將軍皆有大司

馬之號也○索隱曰案如淳云本無大司馬今新置耳案前謂太尉其官又省今武帝始置此位衛將軍霍驃騎皆加此官定令驃騎將軍秩祿與大將軍等自是之後大將軍青日退而驃騎日益貴舉大將軍故人門下多去事驃騎輒得官爵唯任安不肯驃騎將軍爲人少言不泄索隱曰案孔文祥云謂質重少言膽氣在中也周仁陰重不泄其行亦同也有氣敢任索隱曰謂果敢任氣也天子嘗欲教之孫吳兵法對曰顧方略何如耳不至學古兵法天子爲治第令驃騎視之對曰匈奴未滅無以家爲也由此上益重愛之然少而侍中貴不省士其從軍天子爲遣太官齎數十乘既還重車餘

棄粱肉而士有飢者其在塞外卒乏糧或不能自振而驃騎尚穿域蹋鞠徐廣曰穿地爲營域○索隱曰鞠戲以皮爲之中實以毛蹵蹋爲戲也劉向別錄云蹋鞠兵勢所以陳武事知有材也三蒼云鞠毛可蹋以毛爲戲故云鞠戲鞠音巨六反○正義曰按蹵鞠書有域說篇即今之打毬也黃帝所作起戰國時程武士知其材力也若講武事多此類大將軍爲人仁善退讓以和柔自媚於上然天下未有稱也驃騎將軍自四年軍後三年元狩六年而卒天子悼之發屬國玄甲正義曰屬國即上分置邊五郡者也玄甲鐵甲也軍陳自長安至茂陵爲冢象祁連山索隱曰案崔浩云去病破昆邪於此山故今爲冢象之以旌功也姚氏案冢在茂陵東北與衛青冢並西者是青東者是去病冢上有豎石前有石馬相對又有石人也謚之并武與廣地曰景桓侯蘇林

曰景武謚也桓廣地謚也張晏曰謚法布義行剛曰景闢土服遠曰桓○索隱曰案景桓兩謚也布義行剛是武謚也辟土服遠是廣地之謚也以去病平生有武藝及廣邊地之功故云謚之并武與廣地曰景桓也子嬗代侯索隱曰嬗音市戰反嬗少字子侯上愛之幸其壯而將之居六歲元封元年嬗卒謚哀侯無子絕國除自驃騎將軍死後大將軍長子宜春侯伉坐法失侯後五歲伉弟二人陰安侯不疑及發干侯登皆坐酎金失侯失侯後二歲冠軍侯國除其後四年大將軍青卒徐廣曰元封五年謚爲烈侯子伉代爲長平侯自大將軍圍單于之後十四年而卒竟不復擊匈奴者以漢馬少而方南誅兩越東伐

朝鮮擊羌西南夷以故久不伐胡大將軍以其得尚平陽公主正義曰漢書云平陽侯曹壽有惡疾就國乃詔青尚平陽公主如淳云本陽信長公主爲平陽侯所尚故稱平陽公主云故長平侯伉代侯六歲坐法失侯左方兩大將軍及諸裨將名最索隱曰謂凡計也大將軍青凡七出擊匈奴斬捕首虜五萬餘級一與單于戰收河南地遂置朔方郡再益封凡萬一千八百戶封三子爲侯侯千三百戶并之萬五千七百戶其校尉裨將以從大將軍侯者九人其裨將及校尉已爲將者十四人索隱曰案漢書云爲特將者十五人蓋通李廣也此李廣一人自有傳者漢書則七人自有傳八人附見七人謂李廣張騫公孫賀李蔡曹襄韓說蘇建

也
爲裨將者曰李廣自有傳無傳者曰
將軍公孫賀賀義渠人正義曰今慶州本義渠戎國也地理志云北義渠道也其
先胡種賀父渾邪景帝時爲平曲侯徐廣曰爲隴西太守
坐法失侯賀武帝爲太子時舍人武帝立八歲
以太僕爲輕車將軍軍馬邑後四歲以輕車將
軍出雲中後五歲以騎將軍從大將軍有功封
爲南窌侯後一歲以左將軍再從大將軍出定
襄無功後四歲以坐酎金失侯後八歲徐廣曰元鼎六年
以浮沮將軍出五原索隱曰沮音子餘反二千餘里無功後
八歲徐廣曰太初二年以太僕爲丞相封葛繹侯賀七爲

將軍出擊匈奴無大功而再侯爲丞相坐子敬
聲與陽石公主姦徐廣曰陽石一云德邑爲巫蠱族滅無後
將軍李息郁郅人服虔曰郅音窒○索隱曰小顏音質案北地縣名也○正義曰之栗反今慶州弘化縣是事景帝至武帝立八歲爲材官將軍軍馬
邑後六歲爲將軍出代後三歲爲將軍從大將
軍出朔方皆無功凡三爲將軍其後常爲大行
將軍公孫敖義渠人以郎事武帝武帝立十二
歲爲驍騎將軍出代亡卒七千人當斬贖爲庶
人後五歲以校尉從大將軍有功封爲合騎侯
後一歲以中將軍從大將軍再出定襄無功後

衛青傳

二歲以將軍出北地後驃騎期當斬贖爲庶人
後二歲以校尉從大將軍無功後十四歲以因
杅將軍築受降城索隱曰杅音于七歲復以因杅將軍
再出擊匈奴至余吾索隱曰余音餘又音徐案水名在朔方亡士卒多
下吏當斬詐死亡居民閒五六歲後發覺復繫
坐妻爲巫蠱族凡四爲將軍出擊匈奴一侯
將軍李沮索隱曰音俎且之俎雲中人正義曰今嵐勝州也事景帝武
帝立十七歲以左內史爲彊弩將軍後一歲復
爲彊弩將軍
將軍李蔡成紀人也正義曰秦州縣也事孝文帝景帝武

帝以輕車將軍從大將軍有功封爲樂安侯巳
爲丞相坐法死
將軍張次公河東人以校尉從衛將軍青有功
封爲岸頭侯其後太后崩爲將軍軍北軍後一
歲爲將軍從大將軍再爲將軍坐法失侯次公
父隆輕車武射也以善射景帝幸近之也
將軍蘇建杜陵人以校尉從衛將軍青有功爲
平陵侯以將軍築朔方後四歲爲游擊將軍從
大將軍出朔方後一歲以右將軍再從大將軍
出定襄亡翕侯失軍當斬贖爲庶人其後爲代

郡太守卒家在大猶鄉
將軍趙信以匈奴相國降爲翕侯武帝立十七
歲爲前將軍與單于戰敗降匈奴
將軍張騫以使通大夏還爲校尉從大將軍有
功封爲博望侯三歲爲將軍出右北平失期當
斬贖爲庶人其後使通烏孫爲大行而卒家在
漢中
將軍趙食其祋祤人也索隱曰縣名在馮翊祋音都活反又音丁外反祤音詡。正義曰上都誨反雍州同官縣本漢祋祤縣也武帝立二十二歲以主爵爲
右將軍從大將軍出定襄迷失道當斬贖爲庶

人
將軍曹襄以平陽侯爲後將軍從大將軍出定
襄襄曹參孫也將軍韓說弓高侯庶孫也以校
尉從大將軍有功爲龍頟侯坐酎金失侯元鼎
六年以待詔爲橫海將軍擊東越有功爲按道
侯以太初三年爲游擊將軍屯於五原外列城
爲光祿勳掘蠱太子宮衛太子殺之
將軍郭昌雲中人也以校尉從大將軍元封四
年以太中大夫爲拔胡將軍屯朔方還擊昆明
毋功奪印

將軍荀彘太原廣武人以御見正義曰以善御求見也侍中
爲校尉數從大將軍以元封三年爲左將軍擊
朝鮮無功以捕樓船將軍坐法死最驃騎將軍
去病凡六出擊匈奴其四出以將軍徐廣曰再出以剽姚校尉也
斬捕首虜十一萬餘級及渾邪王以衆降數
萬遂開河西酒泉之地正義曰河謂隴右蘭州之西河也謂涼肅等州漢書西域傳云驃騎將軍擊破匈奴右地置酒泉郡後分置武威張掖燉煌等郡西方益少胡寇四益
封凡萬五千一百戶其校吏有功爲侯者凡六
人而後爲將軍二人
將軍路博德平州人正義曰漢書云西河平州按西河郡今汾州以右北

平太守從驃騎將軍有功爲符離侯驃騎死後
博德以衛尉爲伏波將軍伐破南越益封其後
坐法失侯爲彊弩都尉屯居延卒
將軍趙破奴故九原人正義曰今勝州嘗亡入匈奴已
而歸漢爲驃騎將軍司馬出北地時有功封爲
從驃侯坐酎金失侯後一歲爲匈河將軍攻胡
至匈河水無功後二歲徐廣曰元封二年擊虜樓蘭王
復封爲浞野侯後六歲徐廣曰太初二年爲浚稽將軍
將二萬騎擊匈奴左賢王左賢王與戰兵八萬
騎圍破奴生爲虜所得遂沒其軍居匈奴中十

歲復與其太子安國亡入漢徐廣曰以太初二年入匈奴天漢元年亡歸涉四年後坐巫蠱族

自衛氏興大將軍青首封其後枝屬爲五侯凡二十四歲而五侯盡奪衛氏無爲侯者

太史公曰蘇建語余曰吾嘗責大將軍至尊重而天下之賢大夫毋稱焉索隱曰謂不爲賢士大夫所稱譽願將軍觀古名將所招選擇賢者勉之哉大將軍謝曰自魏其武安之厚賓客天子常切齒彼親附士大夫招賢絀不肖者人主之柄也人臣奉法遵職而已何與招士索隱曰與音預驃騎亦放此意其爲將如此

索隱述贊曰

君子豹變　貴賤何常　青本奴虜
忽摠戎行　姊配皇極　身尚平陽
寵榮斯僭　取亂彝章　剽姚繼踵
再靜邊方

衛將軍驃騎列傳第五十一　史記百一十一

平津侯主父列傳第五十二　史記百一十二

丞相公孫弘者，齊菑川國薛縣人也（索隱曰案薛縣本屬魯漢置菑川國後劃入齊也。正義曰表云菑川國文帝分齊置都劇括地志云故劇城在青州壽光縣南三十一里故薛城在徐州滕縣界地理志云薛縣屬魯國按薛與劇隔兗州及太山未詳公孫弘墓又在青州北魯縣西二十里也）字季少時爲薛獄吏有辠免家貧牧豕海上年四十餘乃學春秋雜說養後母孝謹建元元年天子初即位招賢良文學之士是時弘年六十徵以賢良爲博士使匈奴還報不合上意上怒以爲不能弘廼病免歸元光五年有詔徵文學菑川國復推上公孫弘弘讓謝國人曰臣已嘗西應命以不能罷歸願更推選國人固推弘弘至太常太常令所徵儒士各對策百餘人弘第居下策奏天子擢弘對爲第一召入見狀貌甚麗拜爲博士是時通西南夷道置郡巴蜀民苦之詔使弘視之還奏事盛毀西南夷無所用上不聽弘爲人恢奇多聞常稱以爲人主病不廣大人臣病不儉節弘爲布被食不重肉後母死服喪三年每朝會議開陳其端令人主自擇不肯面折庭爭於是天子察其行敦厚辯論有餘習文法吏事而又緣飾以儒術上大說之（索隱曰謂以儒術飾文法如衣服之有領緣以爲飾也）

二歲中（徐廣曰一云一歲）至左內史弘奏事有不可不庭辯之嘗與主爵都尉汲黯請間汲黯先發之弘推其後天子常說所言皆聽以此日益親貴嘗與公卿約議至上前皆倍其約以順上旨汲黯庭詰弘曰齊人多詐而無情實始與臣等建此議今皆倍之不忠上問弘弘謝曰夫知臣者以臣爲忠不知臣者以臣爲不忠上然弘言左右幸臣每毀弘上益厚遇之元朔三年張歐免以弘爲御史大夫是時通西南夷東置滄海北築朔方之郡弘數諫以爲罷敝中國以奉無用之地願罷之於是天子乃使朱買臣等難弘置朔方之便發十策弘不得一（韋昭曰以弘之才非不能得一也以爲不可不敢逆上耳。正義曰顏師古曰言其利害十條弘無以應）弘廼謝曰山東鄙人不知其便若是願罷西南夷滄海而專奉朔方上乃許之汲黯曰弘位在三公奉祿甚多然爲布被此詐也上問弘弘謝曰有之夫九卿與臣善者無過黯然今日庭詰弘誠中弘之病夫以三公爲布被誠飾詐欲以釣名且臣聞管仲相齊有三歸侈擬於君桓公以霸亦上僭於君晏嬰相景公食不重肉妾不衣絲齊

國亦治此下比於民索隱曰比音鼻比者近也小顏音比方之比今臣弘
位為御史大夫而為布被自九卿以下至於小
吏無差誠如汲黯言且無汲黯忠陛下安得聞
此言天子以為謙讓愈益厚之卒以弘為丞相
封平津侯徐廣曰大臣表曰元朔五年十一月乙丑公孫弘爲丞相功臣表曰元朔三年十一月乙丑封
平津侯駰案漢書高成之平津鄉也○索隱曰漢興皆以列侯爲丞相弘本無爵乃詔封弘高成之平津鄉六
百五十戶爲平津侯丞相封侯自弘始也弘為人意忌外寬內深索隱曰謂弘外
寬內深意多有忌害也諸嘗與弘有郤者雖詳與善陰報其
禍殺主父偃徙董仲舒於膠西皆弘之力也食
一肉脫粟之飯索隱曰案一肉言不兼味也脫粟纔脫穀而已言不精鑿也故人
所善賓客仰衣食弘奉祿皆以給之家無所餘
士亦以此賢之淮南衡山謀反治黨與方急弘
病甚自以為無功而封位至丞相宜佐明主填
撫國家使人由臣子之道今諸侯有畔逆之計
此皆宰相奉職不稱恐竊病死無以塞責索隱曰案人臣
委質於君死生由君臣若一朝病死是竊死也乃上書曰臣聞天下之通道
五所以行之者三索隱曰案此語出子思子今見禮中庸篇曰君臣父子
兄弟夫婦長幼之序此五者天下之通道也智
仁勇此三者天下之通德所以行之者也故曰
力行近乎仁好問近乎智知恥近乎勇知此三

者則知所以自治知所以自治然後知所以治
人天下未有不能自治而能治人者也此百世
不易之道也今陛下躬行大孝鑒三王建周道
兼文武厲賢予祿徐廣曰厲一作廣也量能授官今臣弘罷
駑之質無汗馬之勞陛下過意擢臣弘卒伍之
中封為列侯致位三公臣弘行能不足以稱素
有負薪之病恐先狗馬填溝壑終無以報德塞
責願歸侯印乞骸骨避賢者路天子報曰古者
賞有功襃有德守成尚文遭遇右武索隱曰小顏云右亦上也
言遭遇亂時則上武也未有易此者也朕宿昔庶幾獲承尊
位懼不能寧惟所與共為治者君宜知之蓋君
子善善惡惡君宜知之君若謹行常在朕躬君
不幸罹霜露之病何恙不已漢書音義曰何恙喻小疾不以時愈○索隱曰
恙憂也以言罹霜露寒涼之疾輕何憂於病不止禮曰疾止復初也迺上書歸侯乞骸骨
是章朕之不德也今事少閒君其省思慮一精
神輔以醫藥因賜告牛酒雜帛居數月病有瘳
視事元狩二年弘病竟以丞相終漢書曰年八十○索隱曰案弘
凡為御史丞相六歲年八十終子度嗣為平津侯度為山陽太守
十餘歲坐法失侯索隱曰漢書云坐不遣鉅野令史成詣公車論為城旦元始中詔復弘後
為關內侯也

主父偃者齊臨菑人也學長短縱橫之術晚乃
學易春秋百家言游齊諸生閒莫能厚遇也齊
諸儒生相與排擯不容於齊家貧假貸無所得
迺北游燕趙中山皆莫能厚遇爲客甚困孝武
元光元年中以爲諸侯莫足游者乃西入關見
衞將軍衞將軍數言上上不召資用乏留久諸
公賓客多厭之乃上書闕下朝奏暮召入見所
言九事其八事爲律令一事諫伐匈奴其辭曰
臣聞明主不惡切諫以博觀忠臣不敢避重誅
以直諫是故事無遺策而功流萬世今臣不敢

隱忠避死以效愚計願陛下幸赦而少察之司
馬法曰國雖大好戰必亡天下雖平忘戰必危
天下既平天子大凱應劭曰大凱周禮還師振旅之樂春蒐秋獮宋均曰春秋少陽少陰氣
諸侯春振旅秋治兵所以不忘戰也
弱未全須人功而後用士庶法之教而後成宗仁本義天子諸侯必春秋講武簡閱車徒以順時氣不忘戰也且
夫怒者逆德也兵者凶器也爭者末節也古之
人君一怒必伏尸流血故聖王重行之夫務戰
勝窮武事者未有不悔者也昔秦皇帝任戰勝
之威蠶食天下并吞戰國海內爲一功齊三代
務勝不休欲攻匈奴李斯諫曰不可夫匈奴無

城郭之居委積之守遷徙鳥舉難得而制也輕
兵深入糧食必絕踵糧以行重不及事得其地
不足以爲利也遇其民不可役而守也勝必殺
之非民父母也靡敝中國快心匈奴非長策也
索隱曰靡音縻弊猶竭敝也秦皇帝不聽遂使蒙恬將兵攻胡
辟地千里以河爲境地固澤徐廣曰一作斥鹹鹵瓚曰其地多水
澤又有鹵不生五穀然後發天下丁男以守北河暴
兵露師十有餘年死者不可勝數終不能踰河
而北是豈人衆不足兵革不備哉其勢不可也
又使天下蜚芻輓粟文穎曰轉芻穀就戰是也起於東腄徐廣曰腄

在東萊音縋○索隱曰腄音逐瑞反注音縋其音同也琅邪負海之郡轉輸北
河率三十鍾而致一石男子疾耕不足於糧饟
女子紡績不足於帷幕百姓靡敝孤寡老弱不
能相養道路死者相望蓋天下始畔秦也及至
高皇帝定天下略地於邊聞匈奴聚於代谷之
外而欲擊之御史成進諫曰不可夫匈奴之性
獸聚而鳥散從之如搏影今以陛下盛德攻匈
奴臣竊危之高帝不聽遂北至於代谷果有平
城之圍高皇帝蓋悔之甚乃使劉敬往結和親
之約然後天下忘干戈之事故兵法曰興師十

萬曰費千金夫秦常積衆暴兵數十萬人雖有
覆軍殺將係虜單于之功亦適足以結怨深讎
不足以償天下之費夫上虛府庫下敝百姓甘
心於外國非完事也夫匈奴難得而制非一世
也行盜侵驅所以爲業也天性固然上及虞夏
殷周固弗程督禽獸畜之不屬爲人夫上不觀
虞夏殷周之統而下脩近世之失此臣之所大
憂百姓之所疾苦也且夫兵久則變生事苦則
慮易乃使邊境之民靡敝愁苦而有離心將吏
相疑而外市張晏曰與外國交求利已若章邯之比故尉佗章邯得

以成其私也夫秦政之所以不行者權分乎二
子此得失之效也故周書曰安危在出令存亡
在所用願陛下詳察之少加意而孰慮焉是時
趙人徐樂齊人嚴安俱上書言世務各一事索隱
曰樂音岳嚴本姓莊者明帝諱後並改姓嚴也安及徐樂並拜郎中樂後爲中大夫徐樂曰臣聞
天下之患在於土崩不在於瓦解古今一也何
謂土崩秦之末世是也陳涉無千乘之尊尺土
之地身非王公大人名族之後無鄉曲之譽非
有孔墨曾子之賢陶朱猗頓之富也然起窮巷
奮棘矜矜音勤偏袒大呼而天下從風此其故何

也由民困而主不恤下怨而上不知也俗已亂
而政不脩此三者陳涉之所以爲資也是之謂
土崩故曰天下之患在於土崩何謂瓦解吳楚
齊趙之兵是也七國謀爲大逆號皆稱萬乘之
君帶甲數十萬威足以嚴其境內財足以勸其
士民然不能西攘尺寸之地而身爲禽於中原
者此其故何也非權輕於匹夫而兵弱於陳涉
也當是之時先帝之德澤未衰而安土樂俗之
民衆故諸侯無境外之助此之謂瓦解故曰天
下之患不在瓦解由是觀之天下誠有土崩之

勢雖布衣窮處之士或首惡而危海內陳涉是
也況三晉之君或存乎天下雖未有大治也誠
能無土崩之勢雖有彊國勁兵不得旋踵而身
爲禽矣吳楚齊趙是也況群臣百姓能爲亂乎
哉此二體者安危之明要也賢主所留意而深
察也間者關東五穀不登年歲未復民多窮困
重之以邊境之事推數循理而觀之則民且有
不安其處者矣不安故易動易動者土崩之勢
也故賢主獨觀萬化之原明於安危之機脩之
廟堂之上而銷未形之患其要期使天下無土

崩之勢而已矣故雖有彊國勁兵陛下逐走獸射蜚鳥弘游燕之囿淫縱恣之觀極馳騁之樂自若也金石絲竹之聲不絕於耳帷帳之私俳優侏儒之笑不乏於前而天下無宿憂名何必湯武俗何必成康雖然臣竊以爲陛下天然之聖寬仁之資而誠以天下爲務則湯武之名不難侔而成康之俗可復興也此二體者立然後處尊安之實揚名廣譽於當世親天下而服四夷餘恩遺德爲數世隆南面負扆攝袂而揖王公此陛下之所服也臣聞圖王不成其敝足以安安則陛下何求而不得何爲而不成何征而不服乎哉嚴安上書曰臣聞周有天下其治三百餘歲成康其隆也刑錯四十餘年而不用及其衰也亦三百餘歲故五伯更起五伯者常佐天子興利除害誅暴禁邪匡正海內以尊天子五伯既沒賢聖莫續天子孤弱號令不行諸侯恣行彊陵弱衆暴寡田常篡齊六卿分晉並爲戰國此民之始苦也於是彊國務攻弱國備守合從連横馳車轂擊介冑生蟣蝨民無所告愬及至秦王蠶食天下并吞戰國稱號曰皇帝一

海內之政壞諸侯之城銷其兵鑄以爲鍾虡索隱曰虡音巨鄒氏本作鐻音同示不復用元元黎民得免於戰國逢明天子人人自以爲更生嚮使秦緩其刑罰薄賦斂省繇役貴仁義賤權利上篤厚下智巧索隱曰上猶尚也貴也下謂以智巧爲下也變風易俗化於海內則世世必安矣秦不行是風而循其故俗爲智巧權利者進篤厚忠信者退法嚴政峻諂諛者衆日聞其美意廣心軼欲肆威海外乃使蒙恬將兵以北攻胡辟地進境戍於北河蜚芻輓粟以隨其後又使尉佗屠睢索隱曰案尉官也佗趙佗也屠睢人姓名睢音雖將樓船之士南攻百越使監祿韋昭曰監御史名祿也鑿渠運糧深入越越人遁逃曠日持久糧食絕乏越人擊之秦兵大敗秦乃使尉佗將卒以戍越當是時秦禍北構於胡南挂於越宿兵無用之地進而不得退行十餘年丁男被甲丁女轉輸苦不聊生自經於道樹死者相望及秦皇帝崩天下大叛陳勝吳廣舉陳索隱曰謂勝廣舉兵據陳舉音如字或音據恐疎也下同武臣張耳舉趙項梁舉吳田儋舉齊景駒舉郢周市舉魏韓廣舉燕窮山通谷豪士並起不可勝載也然皆非公侯之後非長官之吏也無尺寸

之勢起閭巷杖棘矜應時而皆動不謀而俱起不約而同會壤長地進（張晏曰壤進，益也）至于霸王時教使然也秦貴為天子富有天下滅世絶祀者窮兵之禍也故周失之弱秦失之彊不變之患也今欲招南夷朝夜郎降羌僰略濊州（如淳曰東夷也○索隱曰僰音白北反又皮逼反濊州地名即古濊陌國也音紆廢反）建城邑深入匈奴燔其龍城（索隱曰匈奴城名音龍燔音煩燔燒也）議者美之此人臣之利也非天下之長策也今中國無狗吠之驚而外累於遠方之備靡敝國家非所以子民也行無窮之欲甘心快意結怨於匈奴非所以安邊也禍結而不解兵休而復起近者愁苦遠者驚駭非所以持久也今天下鍛甲砥劍橋箭累弦轉輸運糧未見休時此天下之所共憂也夫兵久而變起事煩而慮生今外郡之地或幾千里列城數十形束壤制（服虔曰言所束在郡守土壤足以專民制蘇林曰言其土地形勢足以束制其民也○索隱曰案謂地形及土壤皆束制在諸侯也）旁脅諸侯非公室之利也上觀齊晉之所以亡者公室卑削六卿大盛也下觀秦之所以滅者嚴法刻深欲大無窮也今郡守之權非特六卿之重也地幾千里非特閭巷之資也甲兵器械非特棘矜之用也以

遭萬世之變則不可稱諱也書奏天子天子召見三人謂曰公等皆安在何相見之晚也（徐廣曰佗史記本皆不見嚴安此旁所纂者取漢書耳然漢書不宜乃容大異或寫史記相承闕脫也○索隱曰纂音撰）於是上乃拜主父偃徐樂嚴安為郎中數見上疏言事詔拜偃為謁者遷為中大夫一歲中四遷偃偃說上曰古者諸侯不過百里彊弱之形易制今諸侯或連城數十地方千里緩則驕奢易為淫亂急則阻其彊而合從以逆京師今以法割削之則逆節萌起前日朝錯是也今諸侯子弟或十數而適嗣代立餘雖骨肉無尺寸地封則仁孝之道不宣願陛下令諸侯得推恩分子弟以地侯之彼人人喜得所願上以德施實分其國不削而稍弱矣於是上從其計（徐廣曰元朔二年始令諸侯王分封子弟也）又說上曰茂陵初立天下豪桀并兼之家亂衆之民皆可徙茂陵內實京師外銷姦猾此所謂不誅而害除上又從其計尊立衛皇后及發燕王定國陰事偃有功焉大臣皆畏其口賂遺累千金人或說偃曰太橫矣主父曰臣結髮游學四十餘年身不得遂親不以為子昆弟不收賓客棄我我阨日久矣且丈夫生不五鼎

食死即五鼎烹耳吾日暮途遠故倒行暴施之索隱曰按偃言吾日暮途遠恐赴前塗不跌故須倒行而逆施乃可及耳今此本作暴暴者言已困乆得申當須急暴行事以快意也暴者卒也急也偃盛言朔方地肥饒外阻河蒙恬城之以逐匈奴內省轉輸戍漕廣中國滅胡之本也上覽其說下公卿議皆言不便公孫弘曰秦時常發三十萬衆築北河終不可就已而棄之主父偃盛言其便上竟用主父計立朔方郡元朔二年主父言齊王內淫佚行僻上拜主父爲齊相至齊遍召昆弟賓客散五百金予之數之曰始吾貧時昆弟不我衣食賓客不我內門

今吾相齊諸君迎我或千里吾與諸君絕矣毋復入偃之門乃使人以王與姊姦事動王王以爲終不得脫罪恐效燕王論死乃自殺有司以聞主父始爲布衣時嘗游燕趙及其貴發燕事趙王恐其爲國患欲上書言其陰事爲偃居中不敢發及爲齊相出關即使人上書告言主父偃受諸侯金以故諸侯子弟多以得封者及齊王自殺上聞大怒以爲主父劫其王令自殺乃徵下吏治主父服受諸侯金實不劫王令自殺上欲勿誅是時公孫弘爲御史大夫乃言曰齊

王自殺無後國除爲郡入漢主父偃本首惡陛下不誅主父偃無以謝天下乃遂族主父偃主父方貴幸時賓客以千數及其族死無一人收者唯獨洨孔車徐廣曰孔車洨人也沛有洨縣索隱曰洨戶交反車尺奢反收葬之天子後聞之以爲孔車長者也

太史公曰公孫弘行義雖脩然亦遇時漢興八十餘年矣徐廣曰漢初至元朔二年八十年也上方鄉文學招俊乂以廣儒墨弘爲舉首主父偃當路諸公皆譽之及名敗身誅士爭言其惡悲夫

太皇太后詔大司徒大司空徐廣曰此詔是平帝元始中王元后詔後人寫此及班固所稱以續卷後○索隱曰案廣所云則又非褚先生所錄也

蓋聞治國之道富民爲始富民之要在於節儉孝經曰安上治民莫善於禮禮與奢也寧儉昔者管仲相齊桓霸諸侯有九合一匡之功而仲尼謂之不知禮以其奢泰侈擬於君故也夏禹卑宮室惡衣服後聖不循由此言之始之盛也德優矣莫高於儉儉化俗民則尊卑之序得而骨肉之恩親爭訟之原息斯乃家給人足刑錯之本也歟可不務哉夫三公者百寮之率萬民之表也未有樹直表而得曲影者也孔子不云乎子率而正孰敢不正舉善而教

不能則勸維漢興以來股肱宰臣身行儉約輕財重義較然著明索隱曰較音角較明也未有若故丞相平津侯公孫弘者也位在丞相而爲布被脫粟之飯不過一肉故人所善賓客皆分奉祿以給之無有所餘誠內自克約而外從制汲黯詰之乃聞于朝此可謂減於制度應劭曰禮貴有常尊衣服有常品而可施行者也德優則行否則止與內奢泰而外爲詭服以釣虛譽者殊科以病乞骸骨孝武皇帝卽制曰賞有功褒有德善善惡惡君宜知之其省思慮存精神輔以醫藥賜告治病牛酒雜帛

居數月有瘳視事至元狩二年竟以善終至相位夫知臣莫若君此其效也弘子度嗣爵後爲山陽太守坐法失侯夫表德章義所以率俗厲化聖王之制不易之道也其賜弘後子孫之次當爲後者爵關內侯食邑三百戶徵詣公車上名尚書朕親臨拜焉

班固稱曰公孫弘卜式兒寬皆以鴻漸之翼困於燕雀李奇曰漸進也鴻一舉而進千里者羽翼之材也弘等皆以大材初爲俗所薄若燕雀不知鴻鵠之志也○索隱曰案謂公孫等未遇爲時所輕若飛鴻之未漸受困於燕雀也遠迹羊豕之間韋昭曰遠跡謂耕牧在於遠方○索隱曰案公孫牧豕卜式牧羊也非遇其時焉能致此

位乎是時漢興六十餘載海內乂安索隱曰乂理也府庫充實而四夷未賓制度多闕上方欲用文武求之如弗及始以蒲輪迎枚生索隱曰案謂枚乘也漢始詔申公亦以蒲輪謂以蒲裹車輪恐傷草木也且蒲是草之美者故禮有蒲璧蓋或畫績以爲榮飾也見主父而歎息索隱曰案上文嚴安等上書上曰公等安在何相見之晚者是也羣臣慕嚮異人並出卜式試於芻牧弘羊擢於賈豎衛青奮於奴僕日磾出於降虜斯亦曩時版築飯牛之明矣漢之得人於茲爲盛儒雅則公孫弘董仲舒兒寬篤行則石建石慶質直則汲黯卜式推賢則韓安國鄭當時定令則趙禹張湯文章則司

馬遷相如滑稽則東方朔枚皐應對則嚴助朱買臣歷數則唐都落下閎協律則李延年運籌則桑弘羊奉使則張騫蘇武將帥則衛青霍去病受遺則霍光金日磾其餘不可勝紀是以興造功業制度遺文後世莫及孝宣承統纂修洪業亦講論六藝招選茂異而蕭望之梁丘賀夏侯勝韋玄成嚴彭祖尹更始以儒術進劉向王褒以文章顯將相則張安世趙充國魏相邴吉于定國杜延年治民則黃霸王成龔遂鄭弘邵信臣韓延壽尹翁歸趙廣漢之屬皆有功迹見

述於後累其名臣亦其次也

索隱述贊曰

平津巨儒　晚年始遇　外示寬儉

內懷嫉妬　寵備榮爵　身受肺腑

主父推恩　觀時設度　生食五鼎

死非時蠹

平津侯主父列傳第五十二　史記百一十二

南越尉佗列傳第五十三　史記一百一十三

南越王正義曰都廣州南海縣尉佗者眞定人也索隱曰尉官也佗名也姓趙佗音徒河反又十三州記云大郡曰守小郡曰尉韋昭云眞定故郡名後更爲縣在常山也姓趙氏秦時已并天下略定楊越張晏曰楊州之南越也○索隱曰案戰國策云吳起爲楚收楊越○正義曰夏禹九州本屬楊州故云楊越置桂林南海象郡索隱曰地理志武帝更名桂林曰鬱林秦本紀始皇三十三年略陸梁地以爲南海鬱林象郡地理志云武帝更名曰南以謫徙民索隱曰謫音陟革反與越雜處十三歲徐廣曰秦并天下至二世元年十三年并天下八歲乃平越地至二世元年六年耳佗秦時用爲南海龍川令索隱曰地理志云龍川屬南海也○正義曰顏師古云龍川南海縣也即今之循州也裴氏廣州記云本博羅縣之東鄉有龍穿地而出即穴流東泉因以爲號也至二世時南海尉任囂病且死

徐廣曰爾時未言都尉也○索隱曰囂音五刀反召龍川令趙佗語曰聞陳勝等作亂秦爲無道天下苦之項羽劉季陳勝吳廣等州郡各共興軍聚衆虎爭天下中國擾亂未知所安豪傑畔秦相立南海僻遠吾恐盜兵侵地至此吾欲興兵絕新道索隱曰案蘇林云秦所通越道自備待諸侯變會病甚且番禺負山險阻南海東西數千里頗有中國人相輔此亦一州之主也可以立國郡中長吏無足與言者故召公告之即被佗書韋昭曰被之以書音光被之被○索隱曰被音皮義反行南海尉事索隱曰服虔云囂詐詔書使爲南海尉囂死佗即移檄告橫浦陽山

湟谿關曰徐廣曰在桂陽通四會也○索隱曰案南康記云南野大庾嶺三十里至橫浦有秦時關其下謂爲塞上姚氏案地理志云桂陽有陽山縣今此縣上流百餘里有騎田嶺當是陽山關鄒氏劉氏本湟並作涅音年結反漢書作湟谿音皇又衛青傳云出桂陽下湟水是而姚察云史記作匯今本有湟涅及匯不同蓋由隨見輒改故也水經云含匯縣南有匯浦關未知孰是然鄒誕作涅漢書作湟蓋近於古盜兵且至急絕道聚兵自守因稍以法誅秦所置長吏以其黨爲假守索隱曰案謂佗立其所黨爲郡縣之職或假守也秦已破滅佗即擊并桂林象郡自立爲南越武王韋昭曰生以武爲號不稽於古也高帝已定天下爲中國勞苦故釋佗弗誅漢十一年遣陸賈因立佗爲南越王與剖符通使和集百越毋爲南邊患害與長沙接境高后時有

司請禁南越關市鐵器佗曰高帝立我通使物今高后聽讒臣別異蠻夷隔絕器物此必長沙王計也欲倚中國擊滅南越而并王之自爲功也於是佗乃自尊號爲南越武帝發兵攻長沙邊邑敗數縣而去焉高后遣將軍隆慮侯竈往擊之索隱曰韋昭云竈姓周隆慮縣名屬河內音林閭會暑溼士卒大疫兵不能踰嶺索隱曰案即陽山嶺也歲餘高后崩即罷兵佗因此以兵威邊財物賂遺閩越西甌駱役屬焉漢書音義曰駱越也○索隱曰姚氏案廣州記云交趾有駱田仰潮水上下人食其田名爲駱侯諸縣自名爲駱將銅印青綬即今之令後蜀王子將兵討駱侯自稱爲安陽王治封溪縣後南越王尉佗攻破安陽王令二使典主交趾九眞二

郡即甌駱也東西萬餘里廼乘黃屋左纛稱制與中國
侔及孝文帝元年初鎮撫天下使告諸侯四夷
從代來即位意諭盛德焉乃為佗親冢在真定
置守邑歲時奉祀召其從昆弟尊官厚賜寵之
詔丞相陳平等舉可使南越者平言好時陸賈
先帝時習使南越廼召賈以為太中大夫往使
因讓佗自立為帝曾無一介之使報者陸賈至
南越王甚恐為書謝稱曰蠻夷大長老夫臣佗
前日高后隔異南越竊疑長沙王讒臣又遙聞
高后盡誅佗宗族掘燒先人冢以故自棄犯長

沙邊境且南方卑溼蠻夷中閒其東閩越千人
衆號稱王其西甌駱裸國亦稱王索隱曰裸音和寡反裸露形也
老臣妄竊帝號聊以自娛豈敢以聞天王哉乃
頓首謝願長為藩臣奉貢職於是乃下令國中
曰吾聞兩雄不俱立兩賢不並世皇帝賢天子
也自今以後去帝制黃屋左纛陸賈還報孝文
帝大說遂至孝景時稱臣使人朝請然南越其
居國竊如故號名其使天子稱王朝命如諸侯
至建元四年卒佗孫胡為南越王徐廣曰皇甫謐曰越王趙佗以
建元四年卒爾時漢興七十年佗蓋百歲矣此時閩越王郢興兵擊南越

邊邑胡使人上書曰兩越俱為藩臣毋得擅興
兵相攻擊今閩越興兵侵臣臣不敢興兵唯天
子詔之於是天子多南越義守職約為興師遣
兩將軍往討閩越索隱曰王恢韓安國兵未踰嶺閩越王弟
餘善殺郢以降於是罷兵天子使莊助往諭意
南越王胡頓首曰天子乃為臣興兵討閩越死
無以報德遣太子嬰齊入宿衛謂助曰國新被
寇使者行矣胡方日夜裝入見天子助去後其
大臣諫胡曰漢興兵誅郢亦行以驚動南越且
先王昔言事天子期無失禮要之不可以說好

語入見索隱曰漢書說作怵韋昭云誘怵好語入見則不得復歸亡
國之勢也於是胡稱病竟不入見後十餘歲胡
實病甚太子嬰齊請歸胡薨謚為文王嬰齊代
立即藏其先武帝璽索隱曰李卲云藏其僭號之璽也嬰齊其入
宿衛在長安時取邯鄲樛氏女生子興徐廣曰一作典○索
隱曰樛音紀虯反樛姓出邯鄲及即位上書請立樛氏女為后興
為嗣漢數使使者風諭嬰齊嬰齊尚樂擅殺生
自恣懼入見要用漢法比內諸侯固稱病遂不
入見遣子次公入宿衛嬰齊薨謚為明王太子
興代立其母為太后太后自未為嬰齊姬時嘗

與覇陵人安國少季通 索隱曰安國姓也少季名也 及嬰齊薨
後元鼎四年漢使安國少季往諭王王太后以
入朝比內諸侯令辯士諫大夫終軍等宣其辭
勇士魏臣等輔其缺 徐廣曰一作決 衛尉路博德將兵屯
桂陽待使者王年少太后中國人也嘗與安國
少季通其使復私焉國人頗知之多不附太后
太后恐亂起亦欲倚漢威數勸王及羣臣求內
屬即因使者上書請比內諸侯三歲一朝除邊
關於是天子許之賜其丞相呂嘉銀印及內史
中尉太傅印餘得自置除其故黥劓刑用漢法

比內諸侯使者皆留塡撫之王王太后飭治行
裝重齎爲入朝具其相呂嘉年長矣相三王宗
族官仕爲長吏者七十餘人男盡尚王女女盡
嫁王子兄弟宗室及蒼梧秦王有連 漢書音義曰蒼梧越中王自名爲秦王連親婚也○索隱曰案蒼梧秦王即下趙光是也有連者連姻也趙與秦同姓故稱秦王 其居
國中甚重越人信之多爲耳目者得衆心愈於
王王之上書數諫止王弗聽有畔心數稱病不
見漢使者使者皆注意嘉勢未能誅王王太后
亦恐嘉等先事發乃置酒介漢使者權 韋昭曰恃使者爲介胄也○索隱曰志林云介者因也欲因使者權誅呂嘉也韋昭以介爲恃介者間也以言間恃漢使之權意即得矣然云

恃爲介胄則非也虞喜以介爲因亦有所由案介者賓主所由也 謀誅嘉等使者皆東
鄉太后南鄉王北鄉相嘉大臣皆西鄉侍坐飲
嘉弟爲將將卒居宮外酒行太后謂嘉曰南越
內屬國之利也而相君苦不便者何也以激怒
使者使者狐疑相杖遂莫敢發嘉見耳目非是
即起而出太后怒欲鏦嘉以矛 韋昭曰鏦撞也○索隱曰案字林鏦音七凶反又吳王濞傳鏦殺吳王与此同 王止太后嘉遂出分其弟兵就
舍 索隱曰案謂分取其兵也漢書作介介被也恃也 稱病不肯見王及使
者乃陰與大臣作亂王素無意誅嘉嘉知之以
故數月不發太后有淫行國人不附欲獨誅嘉

等力又不能天子聞嘉不聽王王太后弱孤不
能制使者怯無決又以爲王王太后已附漢獨
呂嘉爲亂不足以興兵欲使莊參以二千人往
使參曰以好往數人足矣以武往二千人無足
以爲也辭不可天子罷參也郟壯士 徐廣曰縣屬潁川音古洽反○正義曰今汝州郟城縣 故濟北相韓千秋奮曰以區區之
越又有王太后應獨相呂嘉爲害願得勇士二
百人必斬嘉以報於是天子遣千秋 徐廣曰爲校尉 與
王太后弟樛樂將二千人往入越境呂嘉等乃
遂反下令國中曰王年少太后中國人也又與

使者亂事欲內屬盡持先王寶器入獻天子以
自媚多從人行至長安虜賣以為僮僕取自脫
一時之利無顧趙氏社稷為萬世慮計之意乃
與其弟將卒攻殺王太后及漢使者遣人告蒼
梧秦王及其諸郡縣立明王長男越妻子術陽
侯建德為王徐廣曰元鼎四年以南越王兄越封高昌侯○索隱曰案功臣表術陽屬下邳而
韓千秋兵入破數小邑其後越直開道給食未
至番禺四十里越以兵擊千秋等遂滅之使人
函封漢使者節置塞上索隱曰案南康記以為大庾嶺名塞上也好為
謾辭謝罪發兵守要害處於是天子曰韓千秋

雖無成功亦軍鋒之冠封其子延年為成安侯
索隱曰案功臣表成安屬郟樛樂其姊為王太后首願屬漢封
其子廣德為龍亢侯索隱曰案龍亢屬譙国漢書作龒侯服虔作卬晉灼云龒古龍字
乃下赦曰天子微諸侯力政譏臣不討賊今呂
嘉建德等反自立晏如令罪人及江淮以南徐廣
曰淮一作匯也樓船十萬師應劭曰時欲擊越非水不至故作大船船上施樓故號曰樓船也往
討之元鼎五年秋衛尉路博德為伏波將軍出
桂陽下匯水徐廣曰一作湟駰案地理志曰桂陽有匯水通四會或作淮字○索隱曰劉氏云匯當作
湟漢書云下湟水也主爵都尉楊僕為樓船將軍出豫章下
橫浦故歸義越侯二人張晏曰故越人降為侯為戈船下厲

將軍徐廣曰厲一作瀨駰案張晏曰越人於水中負人船又有蛟龍之害故置戈於船下因以為名也應劭曰
瀨水流涉上也瓚曰伍子胥書有戈船以載干戈因謂之戈船也出零陵或下離水徐廣
曰在零陵通廣信○正義曰地理志云零陵縣有離水東至廣信入鬱林九百八十里或抵蒼梧
使馳義侯徐廣曰越人也名遺因巴蜀罪人發夜郎兵正義
曰曲州協州以南是夜郎國下牂柯江正義曰江出南徼外東通四會至番禺入海也咸會
番禺元鼎六年冬樓船將軍將精卒先陷尋陝
破石門索隱曰姚氏云尋陝在始興西三百里近連口也廣州記石門在番禺縣北二十里昔呂嘉拒漢積石於江名曰石門又俗云石門水名貪泉飲之則令人變故吳隱之至石門酌水飲乃為歌也得越船粟
因推而前挫越鋒以數萬人待伏波伏波將軍
將罪人道遠會期後與樓船會乃有千餘人遂

俱進樓船居前至番禺建德嘉皆城守樓船自
擇便處居東南面伏波居西北面會暮樓船攻
敗越人縱火燒城越素聞伏波名日暮不知其
兵多少伏波乃為營遣使者招降者賜印復縱
令相招樓船力攻燒敵反驅而入伏波營中犂
旦城中皆降伏波徐廣曰呂靜曰犂結也音力奚反結猶連及逮至也漢書犂旦為遲旦謂待明也○索隱曰鄒氏云犂一作比比音必至反然犂即比義不煩更釋又解犂黑也天未明而尚黑也漢書史記亦作遲明遲音稚遲待也亦犂之義也呂嘉建德已夜與其屬數百人
亡入海以船西去伏波又因問所得降者貴人
以知呂嘉所之遣人追之以其故校尉司馬蘇

弘得建德封爲海常侯徐廣曰在東萊越郎徐廣曰南越之郎官都
稽徐廣曰表曰孫都得嘉封爲臨蔡侯索隱曰案表屬河內
蒼梧王趙光者越王同姓聞漢兵至及越揭陽
令定韋昭曰揭音其逝反○索隱曰地理志揭陽縣屬南海揭音桀劉氏音求例反定者令之名也案漢功臣
表云定揭陽令意又別自定屬漢越桂林監居翁漢書音義曰桂林郡中監
姓居名翁也諭甌駱屬漢索隱曰案漢書甌駱三十餘萬口降漢皆得爲侯
索隱曰案漢書云光聞漢兵至降封爲桃侯揭陽令爲安道侯越將畢取爲膫侯桂林監居翁爲湘城侯韋昭云湘城屬
堵陽桃安道膫三縣皆屬南陽膫音遼也戈船下厲將軍兵及馳義侯
所發夜郎兵未下南越已平矣遂爲九郡徐廣曰儋
耳珠崖南海蒼梧九真鬱林日南合浦交阯○索隱曰徐廣皆據漢書爲說伏波將軍益封

樓船將軍兵以陷堅爲將梁侯自尉佗初王後
五世九十三歲而國亡焉
太史公曰尉佗之王本由任囂遭漢初定列爲
諸侯隆慮離溼疫佗得以益驕甌駱相攻南越
動搖漢兵臨境嬰齊入朝其後亡國徵自樛女
呂嘉小忠令佗無後樓船從欲怠傲失惑伏波
困窮智慮愈殖因禍爲福成敗之轉譬若糾墨
索隱述贊曰
中原鹿走　羣雄莫制　漢事西馳
越推南裔　陸賈騁說　尉佗去帝
樛后內朝　呂嘉狼戾　君臣不協
卒從剿絕

南越尉佗列傳第五十三　史記一百一十三

東越列傳第五十四　史記一百一十四
閩越王無諸韋昭曰閩音武巾反東越之別名○索隱曰按說文云閩東越蛇種也故字從虫閩聲音
旻及越東海王搖者其先皆越王句踐之後也
姓騶氏徐廣曰騶一作駱○索隱曰徐廣說是上云甌駱此別云閩不姓騶也秦已并天
下皆廢爲君長以其地爲閩中郡徐廣曰今建安侯官是○索隱
曰小顏以爲即今之泉州建安也○正義曰今閩州又改爲福也及諸侯畔秦無諸搖
率越歸鄱陽令吳芮所謂鄱君者也從諸侯滅
秦當是之時項籍主命弗王漢書音義曰主號令諸侯不王無諸搖等
以故不附楚漢擊項籍無諸搖率越人佐漢漢
五年復立無諸爲閩越王王閩中故地都東冶

孝惠三年舉高帝時越功曰閩君搖功多其民
便附乃立搖爲東海王應劭曰在吳郡東南濱海云都東甌徐廣曰今
之永寧也○索隱曰姚氏云甌水名永嘉記水出永寧山行三十餘里去郡城五里入江昔有東甌王都城有亭積石爲道
今猶在也世俗號爲東甌王後數世至孝景三年吳
王濞反欲從閩越閩越未肯行獨東甌從吳及
吳破東甌受漢購殺吳王丹徒以故皆得不誅
歸國吳王子子駒亡走閩越怨東甌殺其父常
勸閩越擊東甌至建元三年閩越發兵圍東甌
東甌食盡困且降乃使人告急天子天子問太
尉田蚡蚡對曰越人相攻擊固其常又數反覆

不足以煩中國往救也自秦時棄弗屬於是中
大夫莊助詰蚡曰特患力弗能救德弗能覆誠
能何故棄之且秦舉咸陽而棄之何乃越也今
小國以窮困來告急天子天子弗振當安所告
愬又何以子萬國乎上曰太尉未足與計吾初
即位不欲出虎符發兵郡國乃遣莊助以節發
兵會稽會稽太守欲距不爲發兵助乃斬一司
馬諭意指遂發兵浮海救東甌未至閩越引兵
而去東甌請舉國徙中國乃悉舉眾來處江淮
之間徐廣曰年表曰東甌王廣武侯望率其眾四萬餘人來降家廬江郡○索隱曰徐廣據年表而爲說至

建元六年閩越擊南越南越守天子約不敢擅
發兵擊而以聞上遣大行王恢出豫章大農韓
安國出會稽皆爲將軍兵未踰嶺閩越王郢發
兵距險其弟餘善乃與相宗族謀曰王以擅發
兵擊南越不請故天子兵來誅今漢兵眾彊今
即幸勝之後來益多終滅國而止今殺王以謝
天子天子聽罷兵固一國完不聽乃力戰不勝
即亡入海皆曰善即鏦殺王索隱曰劉氏鏦音窻鏦撞也使使
奉其頭致大行大行曰所爲來者誅王今王頭
至謝罪不戰而耘徐廣曰漢書作運耘義當取耘除或言耘音于粉反此楚人聲重耳隕耘

當同音但字有假借聲有輕重利莫大焉乃以便宜案兵告大農軍而使使奉王頭馳報天子詔罷兩將兵曰郢等首惡獨無諸孫繇君丑不與謀焉索隱曰繇音搖繇者邑號丑名也乃使郎中將立丑為越繇王奉閩越先祭祀餘善已殺郢威行於國國民多屬竊自立為王繇王不能矯其衆持正天子聞之為餘善不足復興師曰餘善數與郢謀亂而後首誅郢師得不勞因立餘善為東越王與繇王並處至元鼎五年南越反東越王餘善上書請以卒八千人從樓船將軍擊呂嘉等兵至揭揚以海風波

為解不行持兩端陰使南越及漢破番禺不至是時樓船將軍楊僕使使上書願便引兵擊東越上曰士卒勞倦不許罷兵令諸校屯豫章梅嶺待命徐廣曰在會稽界○索隱曰徐說非也案今豫章三十里有梅嶺在供崖山當古驛道此文云豫章梅嶺知非會稽也○正義曰括地志云梅嶺在虔化縣東北百二十八里虔州漢亦屬豫章郡二所未詳元鼎六年秋餘善聞樓船請誅之漢兵臨境且往乃遂反發兵距漢道號將軍騶力等為吞漢將軍入白沙武林徐廣曰在豫章界○索隱曰案今豫章北二百里接鄱陽界地名白沙有小水入湖名曰白沙沙東南八十里有武陽亭亭東南三十里地名武林此白沙武林今當閩越之京道梅嶺殺漢三校尉是時漢使大農張成故山州侯齒徐廣曰成

陽共王子將屯弗敢擊卻就便處皆坐畏懦誅餘善刻武帝璽自立詐其民為妄言天子遣橫海將軍韓說出句章索隱曰鄭氏句音鉤會稽縣也○正義曰句章故城在越州鄮縣西一百里漢縣浮海從東方往樓船將軍楊僕出武林中尉王溫舒出梅嶺越侯為戈船下瀨將軍出若邪白沙索隱曰案姚氏云若邪地名今闕○正義曰越州有若耶山右耶溪若如一預州有白沙山蓋從如此耶白沙東故閩州元封元年冬咸入東越東越素發兵距險使徇北將軍守武林敗樓船軍數校尉殺長吏樓船將軍率錢唐轅終古正義曰錢唐杭州縣轅姓終古名斬徇北將軍為禦兒侯漢書音義曰今吳南亭是也○正義曰禦字今作語語兒鄉在蘇州嘉興

縣南七十里臨官道也自兵未往故越衍侯吳陽前在漢漢使歸諭餘善餘善弗聽及橫海將軍先至越衍侯吳陽以其邑七百人反攻越軍於漢陽從建成侯敖徐廣曰亦東越臣與其率從繇王居股謀曰餘善首惡劫守吾屬今漢兵至衆彊計殺餘善自歸諸將儻幸得脫乃遂俱殺餘善以其衆降橫海將軍故封繇王居股為東成侯索隱曰韋昭云在九江萬戶封建成侯敖為開陵侯索隱曰徐廣云敖東越臣韋昭云開陵屬臨淮封越衍侯吳陽為北石侯封橫海將軍說為按道侯封橫海校尉福為繚嫈侯漢書音義曰音遼縈○索隱曰繚嫈縣名

服虔嫈音瑩劉伯莊音紆營反福者成陽共王子故為海常侯坐法失侯舊從軍無功以宗室故侯諸將皆無成功莫封東越將多軍漢書音義曰多軍名也索隱曰韋昭云多姓軍名也漢兵至棄其軍降封為無錫侯於是天子曰東越狹多阻閩越悍數反覆詔軍吏皆將其民徙處江淮閒東越地遂虛

太史公曰越雖蠻夷其先豈嘗有大功德於民哉何其久也歷數代常為君王句踐一稱伯然餘善至大逆滅國遷眾其先苗裔繇王居股等猶尚封為萬戶侯由此知越世世為公侯矣蓋禹之餘烈也

索隱述贊曰

句踐之裔　是曰無諸　既席漢寵
寔因秦餘　騶騁為姓　閩中是居
王搖之立　爰處東隅　後嗣不道
自相誅鋤

東越列傳第五十四　史記一百一十四

朝鮮列傳第五十五　史記一百一十五

張晏曰朝鮮有濕水洌水汕水三水合爲洌水疑樂浪朝鮮取名於此也○索隱曰案朝音潮直驕反鮮音仙以有汕水故名也汕一音訕

朝鮮正義曰朝仙二音括地志云高驪都平壤城本漢樂浪郡王險城又古云朝鮮地也王滿者故燕人也索隱曰案漢書滿燕人姓衞擊破朝鮮王而自王之自始全燕時嘗略屬眞番徐廣曰一作莫遼東有番汗縣番音普寒反○索隱曰始全燕時謂六國燕方全盛之時常略二國以屬己也應劭云玄菟本眞番國徐氏云遼東有番汗縣者據地理志而知也朝鮮爲置吏築鄣塞秦滅燕屬遼東外徼漢興爲其遠難守復修遼東故塞至浿水爲界漢書音義曰浿音傍沛反○正義曰地理志云浿水出遼東塞外西南至樂浪縣西入海浿普大反屬燕燕王盧綰反入匈奴滿亡命正義曰命謂教令聚黨千餘人魋結蠻夷服而東走出塞渡浿水居秦故空地上下鄣索隱曰案地理志樂浪有雲鄣稍役屬眞番朝鮮蠻夷及故燕齊亡命者王之都王險徐廣曰昌黎有險瀆縣也○索隱曰韋昭云古邑名應劭注地理志云遼東有險瀆縣朝鮮王舊都臣瓚云險城在樂浪郡浿水之東也會孝惠高后時天下初定遼東太守即約滿爲外臣保塞外蠻夷無使盜邊諸蠻夷君長欲入見天子勿得禁止以聞上許之以故滿得兵威財物侵降其旁小邑眞番臨屯皆來服屬索隱曰東夷小國後以爲郡方數千里正義曰括地志云朝鮮高驪貊東沃沮五國之地國東西千三百里南北二千里在京師東東至大海四百里北至營州界九百二十里南至

新羅國六百里北至靺鞨國千四百里傳子至孫右渠正義曰其孫名也所誘漢亡人滋多又未嘗入見眞番旁衆國欲上書見天子又擁閼不通元封二年漢使涉何誘諭右渠索隱曰誘一作譙說文云譙讓也諭曉也譙音才笑反終不肯奉詔何去至界上臨浿水使御刺殺送何者索隱曰即送何之御也朝鮮裨王長正義曰顏師古云長者裨王名也送何至浿水何因刺殺也按裨王及將士長卭頗非也即渡馳入塞正義曰入平州榆林關也遂歸報天子曰殺朝鮮將上爲其名美即不詰索隱曰有殺將之美名拜何爲遼東東部都尉正義曰地理志云遼東郡武次縣東部都尉所理也朝鮮怨何發兵襲攻殺何天子募罪人擊朝鮮其秋遣樓船將軍楊僕從齊浮渤海兵五萬人左將軍荀彘出遼東討右渠右渠發兵距險左將軍卒正多率遼東兵先縱敗散多還走坐法斬樓船將軍將齊兵七千人先至王險右渠城守窺知樓船軍少即出城擊樓船樓船軍敗散走將軍楊僕失其衆遁山中十餘日稍求收散卒復聚左將軍擊朝鮮浿水西軍未能破自前天子爲兩將未有利乃使衞山因兵威往諭右渠右渠見使者頓首謝願降恐兩將詐殺臣今見信節請服降遣太子入謝獻馬五千匹及饋軍糧人衆萬餘持

兵方渡浿水使者及左將軍疑其爲變謂太子已服降宜命人毋持兵太子亦疑使者左將軍詐殺之遂不渡浿水復引歸山還報天子天子誅山左將軍破浿水上軍乃前至城下圍其西北樓船亦往會居城南右渠遂堅守城數月未能下左將軍素侍中幸將燕代卒悍乘勝軍多驕樓船將齊卒入海固已多敗亡其先與右渠戰困辱亡卒卒皆恐將心慙其圍右渠常持和節左將軍急擊之朝鮮大臣乃陰間使人私約降樓船往來言尚未肯決左將軍數與樓船期

戰樓船欲急就其約不會左將軍亦使人求間郤降下朝鮮朝鮮不肯心附樓船以故兩將不相能左將軍心意樓船前有失軍罪今與朝鮮私善而又不降疑其有反計未敢發天子曰將率不能前及使衛山諭降右渠右渠遣太子山使不能剸決與左將軍計相誤卒沮約今兩將圍城又乖異以故久不決使濟南太守公孫遂往征之有便宜得以從事遂至左將軍曰朝鮮當下久矣不下者有狀言樓船數期不會具以素所意告遂曰今如此不取恐爲大害非獨樓

船又且與朝鮮共滅吾軍遂亦以爲然而以節召樓船將軍入左將軍營計事即命左將軍麾下執捕樓船將軍并其軍以報天子天子誅遂左將軍已并兩軍即急擊朝鮮朝鮮相路人相韓陰尼谿相參將軍王唊 漢書音義曰凡五人也戎狄不知官紀故皆稱相唊音頰○索隱曰路人漁陽縣人如淳云相其國相路人名也唊一音協 相與謀曰始欲降樓船樓船今執獨左將軍并將戰益急恐不能與戰王又不肯降陰唊路人皆亡降漢路人道死元封三年夏尼谿相參乃使人殺朝鮮王右渠來降王險城未下故右渠之大臣成巳又反

復攻吏左將軍使右渠子長 徐廣曰表云長路漢書表云長路音各 降相路人之子最 索隱曰最名路人之子也 告諭其民誅成巳以故遂定朝鮮爲四郡 眞番臨屯樂浪玄菟也 封參爲澅清侯 韋昭曰屬齊○索隱曰顔氏澅音獲 陰爲荻苴侯 韋昭曰屬勃海○索隱曰荻音秋苴音子餘反 唊爲平州侯 韋昭曰屬梁父 長爲幾侯 韋昭曰屬河東○索隱曰幾縣名 最以父死頗有功爲溫陽侯 韋昭曰屬齊 左將軍徵至坐爭功相嫉乖計棄市樓船將軍亦坐兵至列口當待左將軍擅先縱失亡多當誅贖爲庶人 索隱曰蘇林云列口縣名度海先得之

太史公曰右渠負固國以絶祀涉何誣功爲兵

發首樓船將狹徐廣曰言其所將卒狹少及難離咎悔失番禺乃反見疑荀彘爭勞與遂皆誅兩軍俱辱將率莫侯矣

索隱述贊曰

衛滿燕人　朝鮮是王　王險置都

路人作相　右渠首差　涉何調上

兆禍自斯　狐疑二將　山遂伏法

紛紜無狀

朝鮮列傳第五十五　史記一百一十五

西南夷列傳第五十六　史記一百一十六

西南夷君長正義曰在蜀之南以什數夜郎最大索隱曰劉氏數音所具反鄒氏音所主反荀悅云夜郎犍爲屬國也韋昭云漢爲縣屬牂牁案後漢書云夜郎東接交趾其地在胡南其君長本出於竹以竹爲姓也○正義曰今瀘州南大江南岸協州曲州本夜郎國其西靡莫之屬正義曰在蜀南以下及西也靡非在姚州北去京西南四千九百三十五里即靡莫之夷以什數滇最大如淳曰滇音顛顛馬出其國也○索隱曰靡莫夷邑名滇與同姓也崔浩云滇後爲縣屬越巂太守所理也○正義曰昆州郎州等本滇國去京西五千三百七十里也自滇以北君長以什數邛都最大此皆魋結耕田有邑聚索隱曰魋漢書作椎音直追反結音計其外西自同師以東韋昭曰邑名也○索隱曰漢書作桐鄉北至楪榆韋昭曰在益州楪音葉○正義曰上音楪楪澤在靡非北百餘里漢楪榆縣在澤西益都靡非本桑榆生王國也名爲巂昆明徐廣曰永昌有巂唐縣○索隱曰崔浩云巂昆明二國名韋昭云益州縣○正義曰巂音髓今體州也昆明巂州縣蓋南接昆明之地因名也皆編髮隨畜遷徙正義曰編步典反畜許又反皆巂昆明之俗也毋常處毋君長地方可數千里自巂以東北君長以什數徙筰都最大徐廣曰徙在漢嘉筰音昨在越巂○索隱曰服虔云徙筰二國名韋昭云徙縣在蜀筰縣在越巂○正義曰徙音斯括地志云筰州本西蜀徼外曰貓羌巂地理志云徙縣也華陽國志雅州邛郲山本名邛筰山故邛人筰人界自筰以東北君長以什數冉駹最大索隱曰案應劭云汶江郡本冉駹音亡江反○正義曰括地志云蜀西徼外羌茂州冉州本冉駹國地也後漢書云冉駹其山有六夷七羌九蠻各有部落也其俗或土箸或移徙在蜀之西自冉駹以東北君長以什數白馬最大索隱曰案夷邑名即白馬氏也○正義曰括地志云隴右成州武州皆白

西南夷傳

馬氏其豪族楊氏居成州仇池山上皆氐類也此皆巴蜀西南外蠻夷也始楚威王時使將軍莊蹻正義曰其略反郎州昆州即莊蹻所王將兵循江上略巴蜀黔中以西莊蹻者故楚莊王苗裔也索隱曰蹻音矩灼反楚莊王弟爲盜者蹻至滇池地方三百里索隱曰地理志益州滇池縣澤在西北後漢書云其池水源深廣而更淺狹有似倒流故謂滇池也○正義曰括地志云滇池澤在昆州晉寧縣西南三十里其水源深廣而更淺狹有似倒流故謂滇池旁平地肥饒數千里以兵威定屬楚欲歸報會秦擊奪楚巴黔中郡道塞不通因還以其衆王滇變服從其俗以長之秦時常頞音案略通五尺道索隱曰謂棧道廣五尺○正義曰括地志云五尺道在郎州顏師古云其處險阨故道纔廣五尺如淳云道廣五尺諸此國頗置吏焉十餘歲秦滅及漢興皆棄此國而開蜀故徼巴蜀民或竊出商賈取其筰馬僰僮正義曰今益州南戎州北臨大江古僰國髦牛以此巴蜀殷富索隱曰韋昭云僰屬犍爲音蒲北反服虔云舊京師有僰婢建元六年大行王恢擊東越東越殺王郢以報恢因兵威使番陽令正義曰番音婆唐蒙風指曉南越南越食蒙蜀枸醬徐廣曰枸一作蒟音窶驪案漢書音義曰枸木似穀樹其葉如桑葉用其葉作醬酢美蜀人以爲珍味○索隱曰案晉灼枸音矩劉德云枸樹如桑其椹長二三寸味酢取其實以爲醬美小顏云枸者緣木而生非樹也今蜀土家出枸實不長二三寸味辛似薑不酢劉說非也廣志云枸色黑味辛下氣消穀窶音求羽反蒙問所從來曰道西北牂牁牂牁江正義曰崔浩云牂柯繫船杙也常氏華陽國志云楚頃襄王時遣莊蹻伐夜郎軍至且蘭椓船於岸

而步臧既滅夜郎以且蘭有椓船牂處乃改其名為牂柯廣數里出番禺城下蒙
歸至長安問蜀賈人賈人曰獨蜀出枸醬多持
竊出市夜郎夜郎者臨牂牁江江廣百餘步足
以行船南越以財物役屬夜郎西至同師然亦
不能臣使也蒙乃上書說上曰南越王黃屋左
纛地東西萬餘里名為外臣實一州主也今以
長沙豫章往水道多絕難行竊聞夜郎所有精
兵可得十餘萬浮船牂牁江出其不意此制越
一奇也誠以漢之彊巴蜀之饒通夜郎道為置
吏易甚上許之乃拜蒙為郎中將將千人食重

萬餘人索隱曰索食糧及輜重車也音持用反從巴蜀筰關入遂見
夜郎侯多同蒙厚賜喻以威德約為置吏使其
子為令夜郎旁小邑皆貪漢繒帛以為漢道險
終不能有也乃且聽蒙約還報乃以為犍為郡
發巴蜀卒治道自僰道指牂牁江索隱曰崔浩云牂牁繫船杙以
為地名道猶從也地理志夜郎又有豚水東至南海四會入海此牂牁江也蜀人司馬相如
亦言西夷邛筰可置郡使相如以郎中將往喻
皆如南夷為置一都尉十餘縣屬蜀當是時巴
蜀四郡徐廣曰漢中巴郡廣漢蜀郡通西南夷道戍轉相饟數
歲道不通士罷餓離濕死者甚眾西南夷又數

反發兵興擊耗費無功上患之使公孫弘往視
問焉還對言其不便及弘為御史大夫是時方
築朔方以據河逐胡弘因數言西南夷害可且
罷專力事匈奴上罷西夷獨置南夷夜郎兩縣
一都尉徐廣曰元光六年南夷始置郵亭稍令犍為自葆就正義曰令犍為
自葆守而漸修成其郡縣也及元狩元年博望侯張騫使大夏
來言居大夏時見蜀布邛竹杖韋昭曰邛縣之竹屬蜀瓚曰邛山名此竹
節高實中可作杖使問所從來曰從東南身毒國徐廣曰字或作竺漢
書直云身毒史記一本作乾毒駰案漢書音義曰一名天竺則浮屠胡是也○索隱曰身音捐毒音篤小顏亦曰捐篤也
可數千里得蜀賈人市或聞邛西可二千里有

身毒國騫因盛言大夏在漢西南慕中國患匈
隔其道誠通蜀身毒國道便近有利無害於是
天子乃令王然于柏始昌呂越人等使閒出西
夷西指求身毒國至滇滇王嘗羌徐廣曰嘗一作賞乃
留為求道西十餘輩歲餘皆閉昆明如淳曰為昆明所閉道○
正義曰昆明在今嶲州南昆縣是也莫能通身毒國滇王與漢使者
言曰漢孰與我大及夜郎侯亦然以道不通故
各自以為一州主不知漢廣大使者還因盛言
滇大國足事親附天子注意焉及至南越反上
使馳義侯因犍為發南夷兵且蘭君恐遠行旁

國虜其老弱（索隱曰且音子餘反小國名也後爲縣屬牂牁）乃與其衆反殺使者及犍爲太守漢乃發巴蜀罪人嘗擊南越者八校尉擊破之會越已破漢八校尉不下即引兵還行誅頭蘭（索隱曰即且蘭也）頭蘭常隔滇道者也已平頭蘭遂平南夷爲牂牁郡夜郎侯始倚南越南越已滅會還誅反者夜郎遂入朝上以爲夜郎王南越破後及漢誅且蘭邛君并殺筰侯冉駹皆振恐請臣置吏乃以邛都爲越巂郡筰都爲沈犁郡冉駹爲汶山郡（應劭曰今蜀郡岷江）廣漢西白馬爲武都郡上使王然于以越破及誅南夷兵威風喻滇王入朝滇王者其衆數萬人其旁東北有勞浸靡莫皆同姓相扶未肯聽勞浸靡莫數侵犯使者吏卒元封二年天子發巴蜀兵擊滅勞浸靡莫（索隱曰二國與滇王同姓）以兵臨滇滇王始首善以故弗誅滇王離難西南夷舉國降請置吏入朝於是以爲益州郡賜滇王王印復長其民西南夷君長以百數獨夜郎滇受王印滇小邑最寵焉

太史公曰楚之先豈有天祿哉在周爲文王師封楚及周之衰地稱五千里秦滅諸侯唯楚苗

裔尚有滇王漢誅西南夷國多滅矣唯滇復爲寵王然南夷之端見枸醬番禺大夏杖邛竹西夷後揃剽分二方（史記音義曰音翦○索隱曰揃謂被分割也剽音疋妙反言西夷後被揃割遂剽居西南二方各屬郡縣剽亦分義）卒爲七郡（徐廣曰犍爲牂牁越巂益州武都沈犁汶山地也）

索隱述贊曰

西南外徼　莊蹻首通　漢因大夏
乃命唐蒙　勞浸靡莫　異俗殊風
夜郎最大　邛筰稱雄　及置郡縣
萬代推功

西南夷列傳第五十六　史記一百一十六

司馬相如列傳第五十七　史記一百一十七

索隱曰右不宜在西南夷之下

司馬相如者蜀郡成都人也字長卿少時好讀書學擊劒 索隱曰呂氏春秋劒伎云持短入長倏忽縱橫之術也魏文典論云餘好擊劒以短乘長是也 故其親名之曰犬子 索隱曰孟康云愛而字之也 相如既學 索隱曰案秦宓云文翁遣相如受七經 慕藺相如之爲人更名相如以貲爲郎事孝景帝爲武騎常侍 索隱曰張揖曰秩六百石常侍從格猛獸 非其好也會景帝不好辭賦是時梁孝王來朝從游說之士齊人鄒陽淮陰枚乘吳莊忌夫子之徒 徐廣曰名忌字夫子○索隱曰案鄒陽傳云枚先生嚴夫子則此夫子是美稱時人以爲號爾而徐廣云字爲非漢書作嚴忌者案忌本姓莊避明帝諱改姓嚴也 相如見而說之因病免客游梁梁孝王令與諸生同舍相如得與諸生游士居數歲乃著子虛之賦會梁孝王卒相如歸而家貧無以自業素與臨邛令王吉相善吉曰長卿久宦遊不遂而來過我於是相如往舍都亭 索隱曰案臨邛郭下之亭也 臨邛令繆爲恭敬日往朝相如相如初尚見之後稱病使從者謝吉吉愈益謹肅臨邛中多富人而卓王孫家僮八百人程鄭亦數百人二人乃相謂曰令有貴客爲具召之幷召令令既至卓氏客以百數至日中謁司

馬長卿長卿謝病不能往臨邛令不敢嘗食自往迎相如相如不得已彊往一坐盡傾酒酣臨邛令前奏琴曰竊聞長卿好之願以自娛相如辭謝爲鼓一再行 索隱曰案古樂府長歌行短歌行皆曲引也此言鼓一再行謂一兩曲 是時卓王孫有女文君新寡好音故相如繆與令相重而以琴心挑之 郭璞曰以琴中音挑動之○索隱曰張揖云挑嬈也以琴中嬈之挑音徒了反嬈音如了反其詩曰鳳兮鳳兮歸故鄉遊遨四海求其皇有一豔女在此堂室邇人遐毒我腸何由交接爲鴛鴦也又曰鳳兮鳳兮從皇棲得托子尾永爲妃交情通體必和諧中夜相從別有誰 相如之臨邛從車騎雍容閒雅甚都 韋昭曰閒讀曰閑甚得都邑之容也郭璞曰都猶姣也詩曰恂美且都 及飲卓氏弄琴文君竊從戶窺之心悅而好之恐不得當也既罷相如乃使人重賜文君侍者通殷勤文君夜亡奔相如 索隱曰郭璞云婚不以禮爲節也 相如乃與馳歸家居徒四壁立 郭璞曰言貧窮也○索隱曰案孔文祥云徒空也家空無資儲但有四壁而已言就此中以安立也 卓王孫大怒曰女至不材我不忍殺不分一錢也人或謂王孫王孫終不聽文君久之不樂曰長卿第俱如臨邛 索隱曰文穎云第且也郭璞云第發語之急耳如往也 從昆弟假貸猶足爲生何至自苦如此相如與俱之臨邛盡賣其車騎買一酒舍酤酒而令文君當鑪 韋昭曰鑪酒肆也以土爲墮邊高似鑪 相如身自著犢鼻褌 韋昭曰今三尺作布形如犢鼻矣稱此者言其無恥也今銅

卭言犢紐此其類矣與保庸雜作方言曰保庸謂之南方奴婢賤稱也滌器於市
中韋昭曰瓦器也每食必滌漑者卓王孫聞而恥之爲杜門不出
昆弟諸公郭璞曰諸公父行也更謂王孫曰有一男兩女所
不足者非財也今文君已失身於司馬長卿長
卿故倦游郭璞曰猒游宦也雖貧其人材足依也且又
令客獨奈何相辱如此卓王孫不得已分予文
君僮百人錢百萬及其嫁時衣被財物文君乃
與相如歸成都買田宅爲富人居久之蜀人楊
得意爲狗監侍上郭璞曰主獵犬也上讀子虛賦而善之
曰朕獨不得與此人同時哉得意曰臣邑人司
馬相如自言爲此賦上驚乃召問相如相如曰
有是然此乃諸侯之事未足觀也請爲天子游
獵賦賦成奏之上許令尚書給筆札相如以子
虛虛言也爲楚稱郭璞曰稱說楚之美烏有先生者徐廣曰烏
一作惡烏有此事也爲齊難郭璞曰詰難楚事也無是公者
無是人也明天子之義郭璞曰以爲折中之談也故空藉此三
人爲辭索隱曰藉音假借與積同音以推天子諸侯之苑囿其
卒章歸之於節儉因以風諫奏之天子天子大
說其辭曰楚使子虛使於齊齊王悉發境內之
士備車騎之衆與使者出田田罷子虛過詫烏

有先生郭璞曰詫誇也音託夏反。索隱曰過音戈詫音勑亞反。而無是公在焉
坐定烏有先生問曰今日田樂乎子虛曰樂獲
多乎曰少然則何樂曰僕樂齊王之欲夸僕以
車騎之衆而僕對以雲夢之事也曰可得聞乎
子虛曰可王駕車千乘選徒萬騎田於海濱列
卒滿澤罘罔彌山郭璞曰罘罝也音浮。正義曰說文云罘兔罟也今幡車罟也弥竟也
揜兔轔鹿射麋腳麟徐廣曰轔音吝駰案郭璞曰腳掎足轔車轢。索隱曰韋昭云腳謂
持一腳也司馬彪曰腳掎也說文云掎偏引一腳也騖於鹽浦割鮮染輪郭璞曰鹽
浦海邊地多鹽鹵鮮生肉也染擩也音而沇反又音而捝反擩之於輪鹽而食之騖馳也音務。索隱曰染或爲淬與下
文脟割輪淬意同也射中獲多矜而自功顧謂僕曰楚亦有
平原廣澤游獵之地饒樂若此者乎楚王之獵
何與寡人郭璞曰與猶如也僕下車對曰臣楚國之鄙人
也幸得宿衞十有餘年時從出游游於後園覽
於有無然猶未能徧覩也又惡足以言其外澤
者乎齊王曰雖然略以子之所聞見而言之僕
對曰唯唯臣聞楚有七澤嘗見其一未覩其餘
也臣之所見蓋特其小小者耳索隱曰郭璞曰特獨也名
曰雲夢索隱曰褚詮音云棟反又音莫風反裴駰云孫叔敖激沮水作此澤張揖云楚藪也在南郡華容縣
郭璞曰江夏安陸有雲夢城南郡枝江亦有雲夢城華容縣又有巴丘湖俗云即古雲夢澤也則張揖云在華容者指此
湖也今案安陸東見有雲夢城雲夢縣而枝江亦有者蓋縣名遠取此澤故有城也雲夢者方九

百里其中有山焉其山則盤紆岪鬱隆崇㠑崒岑巖參差日月蔽虧漢書音義曰高山壅蔽日月虧缺半見。索隱曰案漢書注此卷多不題注者姓名解者云是張揖亦兼有餘人也交錯糾紛上干青雲罷池陂陁下屬江河其土則丹青赭堊徐廣曰一作堊。索隱曰張揖云赭赤土出少室山堊白堊本草云一名白墡也雌黃白坿徐廣曰音符駰案漢書音義曰白符白石英也。索隱曰白坿出魯陽山蘇林音附。正義曰藥對曰雌黃出武都山谷與雄黃同山錫碧金銀正義曰顏云錫青金也碧謂玉之青白色者也衆色炫燿照爛龍鱗郭璞曰如龍之鱗采其石則赤玉玫瑰郭璞曰赤瑾也見楚辭玫瑰石珠也琳瑉琨珸漢書音義曰琳球也瑉石次玉者琨珸山名也出善金尸子曰昆吾之金者。索隱曰司馬彪曰琨珸石之次玉也河圖云流州多積石名琨珸石鍊之成鐵以作劍光明如水精案字或作昆吾也瑊玏玄厲徐廣曰瑊音古咸反玏音勒皆次玉者駰案漢書音義曰玄厲黑石可用磨者瑌石武夫徐廣曰石似玉駰案漢書音義曰瑌石出鴈門武夫出長沙也其東則有蕙圃衡蘭芷若射干穹窮昌蒲漢書音義曰衡杜衡也其狀若葵其臭如蘪蕪芷白芷若杜若。索隱曰司馬彪云蕙香草也本草云蕙草一名薰廣志云蕙草綠葉紫莖魏武帝以此燒香今東下田有草莖葉似麻其華正紫也張揖云衡杜衡東下田有草生天帝之山案山海經云葉如葵臭如蘪蕪可以走馬博物志云一名土杏味亂細辛葉似葵故藥對亦以爲似細辛也蘭秋蘭本草云芷一名茝埤蒼云齊茝一曰虈字林曰茝音昌亥反又音昌里反虈音火高反本草又曰杜若一名杜衡今杜若葉似薑而有文理莖葉皆有長毛古今名號不同故其所呼別也廣雅云烏蓮射干本草名烏扇也司馬彪云芎藭似藁本郭璞云今歷陽呼爲江離淮南子云夫亂人者若芎藭之與藁本也江離蘪蕪諸蔗猼且徐廣曰猼音匹沃反駰案漢書音義曰江離香草蘪蕪蘄芷也似蛇床而香諸蔗甘柘也猼且蘘荷也。索隱曰吳錄曰臨海縣開水中生江離正青似亂髮即離騷所云者是也廣志云赤葉紅華則與張

勃所說又別案今芎藭苗曰江離綠葉白華又不同樊光曰藁本一名蘪蕪根名蘄芷藥對以爲蘪蕪一名江離芎藭苗也則芎藭藁本江離蘪蕪並相似備是一物也猼音普各反且音子餘反漢書作巴且文穎云巴蕉也郭璞以爲蘘荷屬未知孰是其南則有平原廣澤登降陁靡音移靡案衍壇曼索隱曰司馬彪云案衍窳下壇曼平博也衍音弋善反壇音徒旦反緣以大江限以巫山郭璞曰巫山今在建平巫縣也其高燥則生葴菥苞荔徐廣曰葴音針馬藍也菥或曰草生水中華可食荔音力詣反草似蒲駰案漢書音義曰苞藨也。索隱曰菥音斯郭璞云葴酸漿江東名烏葴析漢書作斯孟康云斯禾似燕麥廣志云涼州地生析草皆中國苗燕麥是也薛莎青薠徐廣曰薛音先結反駰案漢書音義曰薛賴蒿也莎鎬侯也青薠似莎而大也音煩其卑溼則生藏莨蒹葭東蘠雕胡徐廣曰烏柏國有蘠似蓬草實如葵子十月熟駰案漢書音義曰藏似薍而葉大莨莨尾草也蒹蘼也葭蘆也。索隱曰卑音婢卑下也郭璞云莨尾似茅蒹音兼加孟康云蒹葭似蘆也郭璞云蒹蘼也似萑而細小江東人呼爲蒹蒿又云葭蘆也似葦而細小江東人呼爲烏蔵薍音五患反蘼音歛廣志云東蘠子色青黑河西記云貸我東蘠償我白粱也雕胡謂菰米蓮藕觚盧徐廣曰生水中。索隱曰郭璞云菰蔣也蘆葦也菴閭軒芋漢書音義曰奄閭蒿也軒芋蕕草也。索隱曰郭璞云菴閭子可療病也軒芋生水中今楊州有也衆物居之不可勝圖郭璞曰圖畫也其西則有湧泉清池激水推移外發芙蓉菱華內隱鉅石白沙其中則有神龜蛟鼉正義曰郭注山海經云蛟似蛇而四腳小細頭有白嬰大者數十圍卵生子如一二斛瓮吞人鼉似蜥蜴而大身有甲皮可以冒鼓瑇瑁正義曰似觜蠵甲有文出南海可以飾器物也鼈黿其北則有陰林巨樹郭璞曰林在山北陰地楩枏豫章郭璞曰楩杞也似梓枏葉似桑豫章大木也生七年乃可知也。正義曰按溫活人云豫今之枕木也章今之樟木也二木生至七年枕樟乃可分別桂椒正義曰郭云桂似枇杷葉

而大白花花而不著子藂生巖嶺間無雜木冬夏常青按今諸寺有桂樹葉若枇杷而小光靜冬夏常青其皮不中食蓋二色桂樹木蘭正義曰廣雅云似桂皮辛可食葉冬夏常似冬其實如小甘辛美南人以爲梅也檗離朱楊徐廣曰檗音扶戾反駰案郭璞曰木蘭樹皮辛香可食漢書音義曰離山梨朱楊赤楊也○索隱曰郭璞云朱楊赤莖柳生水邊爾雅云檉河柳是也樝梸梬栗橘柚芬芳徐廣曰梬音郢駰案漢書音義曰梬梬棗也○正義曰小曰橘大曰柚樹有刺冬不凋葉青花白子黃亦二樹相似非橙也其上則有赤猨蠷蝚徐廣曰音劬柔○正義曰蠷蠷劬蝚蝚柔皆猨猴類鵷鶵孔鸞騰遠射干郭璞曰鵷雛鳳屬也孔孔雀鸞鸞鳥也漢書音義曰騰遠鳥名射干似狐能緣木○索隱曰孟康云騰遠鳥名非也司馬彪云騰遠蛇也郭璞云騰蛇龍屬能興雲霧其下則有白虎玄豹蟃蜒貙豻郭璞曰蟃蜒大獸長百尋貙似貍而大豻漢書音義曰豻胡地野犬似狐而小也○索隱曰應劭云豻音顏韋昭一音岸鄒誕生音苦姦反協音是兕象野犀正義曰兕狀如水牛象大

獸長鼻牙長一丈俗呼爲江猨犀頭似猨一角在額漢書無此一句窮奇獌狿於是乃使專諸之倫手格此獸楚王乃駕馴駮之駟漢書音義曰馴擾也駮如馬白身黑尾一角鋸牙食虎而駕之以當駟馬也乘雕玉之輿靡魚須之橈旃郭璞曰以海魚須爲旒旌言橈弱也通帛爲旃也曳明月之珠旗漢書音義曰以明月珠綴飾旗建干將之雄戟漢書音義曰干將韓王劍師雄戟胡中有鮔干將所造也○索隱曰應劭曰干將吳善冶者姓如淳曰干將鐵所出晉灼曰闔閭鑄干將劍應劭說是方言云戟中小子刺者所謂雄戟也周處風土記云戟爲五兵雄也鮔音巨案周禮冶氏爲戈胡三之注云胡其子也又周禮圖謂戟反曲下爲胡也左烏嗥之雕弓索隱曰張揖云黃帝乘龍上仙小臣不得上挽持龍髯髯拔墮黃帝弓羣臣抱弓而號故名烏號見封禪書及郊祀志文又韓詩外傳云弓工之妻曰此弓是太山南烏號之柘棐淮南子云烏號柘桑其材堅勁烏棲其上將飛枝勁復起摽呼其上伐取其材爲弓因曰烏號古史考風俗通皆同此說也右

夏服之勁箭徐廣曰韋昭云夏夏羿也矢室名曰服呂靜曰步义謂之箙也○索隱曰案夏羿善射者又服箭之室故云夏服又夏后氏有良弓名繁弱其矢亦良即繁弱箭服也陽子驂乘孅阿爲御漢書音義曰陽子僊人陽陵子孅阿月御也韋昭曰陽子古賢也○索隱曰張揖云陽子伯樂陽字伯樂秦繆公臣善御者也或曰孅阿美女姣好貌又樂彥曰孅阿山名有女子處其巖月歷數度躍入月中因名月御也郭璞云孅阿古之善御者案節未舒索隱曰郭璞曰言頓轡司馬彪云案轡而行得節案節馬足未展故曰未舒亦爲得也即陵狡獸轔邛邛蹵距虛郭璞曰邛邛似馬而青距虛即邛邛變文互言之穆天子傳曰邛邛距虛日走五百里也軼野馬而轊騊駼徐廣曰轊音銳駰案郭璞曰野馬如馬而小騊駼似馬轊車軸頭○索隱曰轊音衛謂軸頭轊而殺之騊音陶駼音塗乘遺風而射游騏漢書音義曰遺風千里馬爾雅曰驨如馬一角不角者騏也○索隱曰呂氏春秋云遺風之乘古今注曰秦始皇馬名韋昭曰騏如馬無角非麒麟之騏舊音携儵眒凄浰徐廣曰凄音七見反浰音

力詣反駰案漢書音義曰皆疾貌靁動熛至星流霆擊弓不虛發中必決眥韋昭曰在目所指中必決於眼眥也洞胸達腋絕乎心繫獲若雨獸揜草蔽地於是楚王乃弭節裴回郭璞曰或云節今之所杖信節也○索隱曰司馬彪云弭猶低也翺翔容與索隱曰郭璞曰言自得乎陰林觀壯士之暴怒與猛獸之恐懼徼谻受詘徐廣曰谻音劇駰案郭璞曰谻疲極也詘盡也言獸有倦游者則徼而取之○索隱曰司馬彪云徼遮也谻倦也謂遮其倦者谻音劇詘音屈說文云谻勞也燕人謂勞爲谻徼音古堯反殫睹衆物之變態於是鄭女曼姬郭璞曰曼姬謂鄧曼姬婦人之摠稱正義曰文潁云鄭國出好女曼者其色理曼澤也如淳云鄭女夏姬也曼姬楚武王夫人鄧曼被阿錫漢書音義曰阿細繒也錫布也○正義曰按東阿出繒也揄紵縞徐廣曰揄音曳○正義曰揄曳也韋云紵之色若縞也顏云紵織紵也縞鮮支也雜

纖羅垂霧縠郭璞曰言細如霧垂以覆頭襞積褰縐紆徐委曲鬱橈谿谷漢書音義曰襞積簡齰也褰縮也縐裁也其縐中文理菲鬱迴曲有似於谿谷也○索隱曰小顏云此說非也襞積今之帬攝古謂之皮弁素積是也蘇林曰褰縐縮蹙之也縐音側救反齰音助革反裁音在代反曲字林音丘欲反衯衯裶裶索隱曰郭璞曰衣長貌○正義曰上芳云反下方非反揚袘卹削徐廣曰袘音迤衣袖也駰案漢書音義曰卹削裁制貌也○索隱曰張揖云揚舉也卹削刻除貌也蜚纖垂髾徐廣曰纖音芟駰案郭璞曰纖袿衣飾髾髾也扶與猗靡郭璞曰淮南所謂曾折摩地扶與猗委也○正義曰與音餘猗於綺反謂鄭女曼姬侍從王者扶其車輿而猗靡噏呷萃蔡漢書音義曰噏呷衣裳張起也萃蔡衣聲也○索隱曰韋昭云呷音呼甲反郭璞云萃蔡猶璀璨也○正義曰呷火甲反萃音翠蔡千賄反下摩蘭蕙上拂羽蓋錯翡翠之威蕤徐廣曰錯音措或作錯紛翠蕤繆繞玉綏郭璞曰綏所執以登車○正義曰顏云下靡蘭蕙謂垂髾也上拂羽蓋謂飛纖也玉綏以玉飾綏也言飛纖垂髾錯雜翡翠之旌旛或繞玉綏也張揖云翡翠大小一如雀雄赤曰翡雌青曰翠博物志云翡身通黑唯胷前背上翼後有赤毛翠身通青黃唯六翮上毛長寸餘青其飛則羽鳴翠翡翠翡然因以爲名也縹乎忽忽若神仙之仿佛正義曰佛言似神仙也戰國策云鄭之美女粉白黛黑而立於衢不知者謂之神仙於是乃相與獠於蕙圃郭璞曰獠獵也音遼○索隱曰爾雅云宵獵曰獠媻姍勃窣上金隄索隱曰媻姍匍匐上下也窣音素忽反揜翡翠射鵕鸃漢書音義曰鵕鸃鳥似鳳也○索隱曰司馬彪曰鵕鸃山雞也許慎云鷩鳥也郭璞曰似鳳有光彩音浚冝李彤云鵕鸃神鳥飛光竟天也微矰出纖繳施徐廣曰繳音斫弋白鵠連駕鵝郭璞曰野鵝也駕鵝音加○索隱曰爾雅云舒鴈鵝也○正義曰鵠水鳥也駕鵝連謂兼獲也抱朴子云千歲之鵠純白能登於木雙鶬下玄鶴加郭璞曰詩云弋言加之是也○正義曰司馬彪云鶬似鴈而黑亦呼爲鶬栝韓詩外傳云胎生也相鶴經云鶴壽二百六十歲則色純黑按弋雙鶬既下又加玄鳥之上也怠而後發游於清池浮文鷁漢書音義曰鷁水鳥也畫其象於船首淮南子曰龍舟鷁首天子之乘也揚桂枻徐廣曰音曳駰案韋昭曰枻檝也張翠帷建羽蓋罔瑇瑁鉤紫貝郭璞曰紫質黑文也○正義曰毛詩蟲魚疏云貝水之介蟲大者蚢音下郎反小者爲貝其白質如玉紫點爲文皆成行列當大者徑一尺小者七八寸今九真交阯以爲杯盤寶物也貨殖傳云貝寶龜是摐金鼓吹鳴籟漢書音義曰摐撞也籟簫也榜人歌郭璞曰唱櫂歌也榜船也音謗聲流喝徐廣曰烏邁反水蟲駭波鴻沸涌泉起奔揚會礧石相擊硠硠礚礚若雷霆之聲聞乎數百里之外將息獠者擊靈鼓郭璞曰靈鼓六面也起烽燧車案行騎就隊纚乎淫淫班乎裔裔郭璞曰皆羣行貌也於是楚王乃登陽雲之臺徐廣曰宋玉云楚王遊於陽雲之臺駰案郭璞曰在雲夢之中泊乎無爲澹乎自持勺藥之和具而後御之郭璞曰勺藥五味也不若大王終日馳騁而不下輿脟割輪淬自以爲娛徐廣曰淬千內反駰案郭璞曰脟膊淬染也脟音臠也臣竊觀之齊殆不如於是王默然無以應僕也烏有先生曰是何言之過也足下不遠千里來況齊國郭璞曰言有惠況也王悉發境內之士而備車騎之衆以出田乃欲戮力致獲以娛左右也何名爲夸哉問楚地之有無者願聞大國之風烈先生之餘論也今足下不稱楚王之德厚而盛推雲夢以爲高奢言淫樂而顯侈靡竊爲足下不

司馬相如

取也必若所言固非楚國之美也有而言之是章君之惡無而言之是害足下之信章君之惡而傷私義二者無一可而先生行之必且輕於齊而累於楚矣且齊東有巨海（索隱曰有作陼蘇林云陼音渚小洲曰渚謂東有大海之渚也）南有琅邪（郭璞曰山名在琅邪縣界○正義曰山名在密州東南百三十里琅耶臺在山上）觀乎成山（徐廣曰在東萊不夜縣○索隱曰張揖云觀闕也於山上築宮闕郭璞言在小遊觀音一奐反○正義曰封禪書云成山斗入海言上山觀也括地志云成山在萊州文登縣東北百八十里也）射乎之罘（漢書音義曰之罘山在牟平縣射獵其上也○正義曰括地志云罘山在萊州文登縣西北百九十里言射獵其上也罘音浮）浮勃澥（漢書音義曰海別枝名也○索隱曰案齊都賦云海傍曰勃斷水曰澥也）游孟諸（郭璞曰宋之藪澤名○正義曰周禮職方氏青州藪曰望諸鄭玄云望諸孟豬也）邪與肅慎為鄰（正義曰邪謂東北接之括地志云肅慎國古肅慎也亦曰挹婁在京東北八千四百里南去扶餘千五百里東及北各抵大海也）右以湯谷為界（正義曰言右者北向天子也海外經云湯谷在黑齒北上有扶桑木水中十日所落張揖云日所出也許慎云熱如湯）秋田乎青丘傍偟乎海外（正義曰服虔云青丘國東海東三百里郭云青丘山名上有田亦有國出九尾狐在海外）吞若雲夢者八九其於胷中曾不蔕芥（索隱曰張揖云蔕芥刺鯁也郭璞云言不覺有也）若乃俶儻瑰偉異方殊類珍怪鳥獸萬端鱗崪充仞其中者不可勝記禹不能名契不能計（正義曰禹為堯司空辨九州土地山川草木禽獸契為司徒敷五教主四方會計言二人猶不能名計其數）然在諸侯之位不敢言游戲之樂苑囿之大先生又見客（索隱曰先生指子虛也如淳曰見賓客禮待故也李善曰言見先生是賓客之也）是以

王辭而不能復（索隱曰郭璞曰復荅也）何為無用應哉無是公听然而笑（郭璞曰听笑貌也○索隱曰听音斷又音牛隱反）曰楚則失矣齊亦未為得也夫使諸侯納貢者非為財幣所以述職也（郭璞曰諸侯朝於天子曰述職言述所職見孟子）封疆畫界者非為守禦所以禁淫也（郭璞曰禁絕淫放也）今齊列為東藩而外私肅慎捐國踰限越海而田其於義故未可也且二君之論不務明君臣之義而正諸侯之禮徒事爭游獵之樂苑囿之大欲以奢侈相勝荒淫相越此不可以揚名發譽而適足以貶君自損也且夫齊楚之事又焉足道邪君未睹夫巨麗也獨不聞天子之上林乎左蒼梧右西極（郭璞曰西極國也○正義曰文穎云蒼梧郡屬交州在長安東南故言左爾雅云西至於豳國為極在長安西故言右）丹水更其南（漢書音義曰丹水出上洛冢領山）紫淵徑其北（郭璞曰紫淵所未詳○正義曰山海經云紫淵水出根耆之山西流注河文穎云西河穀羅縣有紫澤其水紫色住亦紫在縣北於長安為北）終始霸滻出入涇渭（索隱曰張揖曰霸出藍田西北而入渭滻亦出藍田谷北至霸陵入霸霸滻二水盡於苑中不出故云終始也涇渭二水從苑外來又出苑去也涇水出安定涇陽縣幵頭山東至陽陵入渭渭水出隴西首陽縣鳥鼠山東北至華陰入河）酆鄗潦潏（郭璞曰皆水流貌音決○索隱曰張揖曰酆水出鄠縣南山豐谷北入涇渭鎬水在昆明池北郭璞云鎬水豐水下流也應劭云潦流也潏涌出聲也案張揖云潏水出南山姚氏云潦或作澇澇水出鄠縣北注渭潏水出杜陵今名沈水自南山皇子陂西北流注昆明池入渭案此下文八川分流則從涇渭霸滻豐鎬潦潏為八晉灼則云計從丹水以下至潏除潦為行潦乃九從霸

潏以下爲數九七案今潏既是水名除冊水紫淵自霸以下通數適足八川是經營乎其內也又潘岳關中記曰涇渭灞
滻豐鎬潦潏上林賦所謂八川分流也紆餘委蛇經營乎其內蕩蕩
乎八川分流相背而異態郭璞曰八川名在上東西南北
馳騖往來出乎椒丘之闕行乎洲淤之浦郭璞曰椒
丘丘名言有巖闕也見楚辭淤亦洲名蜀人云見方言○索隱曰服虔云丘名也案兩山俱起象雙闕故云椒丘之闕楚
詞曰馳椒丘且焉止息是也如淳云丘多椒也經乎桂林之中郭璞曰桂林林名也見南海經
也過乎泱莽之野漢書音義曰山海經所謂大荒之野汩乎渾流順
阿而下郭璞曰阿大陵赴隘陜之口觸穹石激堆埼郭璞
曰穹隆大石貌堆沙堆埼曲岸頭音祈沸乎暴怒洶涌滂潰洶音許勇反涌
音勇滂音浦橫反潰音浦拜反○索隱曰司馬彪曰洶湧跳起貌澎潰波相揆也湧或作容澎或作滂滭浡

滵汨索隱曰司馬彪云滭沸盛貌滵汨去疾也○正義曰畢勃密三音汨于筆反偪側泌瀄
郭璞曰逼側筆櫛四音○索隱曰司馬彪曰偪側相迫也泌瀄相楔也橫流逆折轉騰潎
冽索隱曰蘇林曰流輕疾也澎濞沆瀣索隱曰瀣亦作漑司馬彪云滂濞水聲沆漑徐流也郭璞
云鼓怒鬱鰒之貌也○正義曰澎普彭反濞普秘反沆胡朗反漑胡代反穹隆雲橈索隱曰服虔云
水急旋回如雲盤曲也郭璞云水瀧起回窊也蜿灗膠戾索隱曰司馬彪云蜿灗展轉也膠戾邪曲
也音宛善交戾四音○正義曰蜿音婉灗音善踰波趨浥徐廣曰烏狹反○索隱曰司馬彪云踰波
後陵前也趨浥趍於深泉也莅莅下瀨索隱曰司馬彪云莅莅聲也音利批巖衝
壅正義曰批白結反巖巖司馬彪云批反擊也壅曲隈也奔揚滯沛索隱曰郭璞云滯沛
水灑散貌滯音丑制反臨坻注壑正義曰坻音遲坻水中沙微起出水者也尔雅云水沚曰
坻壑溝也瀺灂霣墜索隱曰瀺音士湛反灂音士卓反說文云水之小聲也○正義曰霣

音隕隧直類反湛湛徐廣曰湛音沈隱隱砰磅訇礚正義曰砰披萌反磅蒲黃
反訇呼宏反礚苦蓋反皆水流鼓怒之聲也潏潏淈淈湁潗鼎沸郭璞曰湁
音敕立反潗音緝○索隱曰郭璞云皆水微轉細湧貌潏淈音決骨廣雅云淈淈決流也周成雜字云湁潗水沸之貌也
馳波跳沫徐廣曰一云吸呷汩急漂疾索隱曰晉灼云急音華給反郭璞云許立反汨
急急轉貌也悠遠長懷正義曰放散貌也寂漻無聲肆乎永
歸然後灝溔潢漾正義曰晃養二音郭云皆水無涯際也安翔徐徊
翯乎滈滈索隱曰翯音鶴滈音縞詩曰白鳥翯翯郭璞云水白光貌翯音鶴滈音昊也東
注太湖正義曰太湖在蘇州西南衍溢陂池於是乎蛟龍赤螭
正義曰螭丑知反文穎云龍子爲螭張揖曰雌龍也一說皆非廣雅云有角曰虬无角曰螭按此皆龍類而非龍䱭
鰽螹離徐廣曰螹音漸駰案郭璞曰䱭鰽鮪也音亘曹螹離未聞○正義曰䱭古鄧反鰽末鄧反李奇云周

洛曰鮪蜀曰䱭鰽出鞏山穴中三月遡河上能度龍門之限則爲龍矣鰅鰫鰬魠徐廣曰鰅音娛皮有
文出樂浪鰬音虔魠音託哆口魚駰案郭璞曰鰫似鰱而黑漢書音義曰鰬似鯉而大也禺禺鱋魶徐廣
曰禺禺魚牛也鱋一作魼魼音榻魶音納一作鰨駰案漢書音義曰魼比目魚也魶鯢魚揵鰭擢尾振
鱗奮翼潛處于深巖魚鼈讙聲萬物衆夥明月
珠子玓瓅江靡郭璞曰靡崖也○索隱曰應劭云明月珠子生於江中其光耀乃照於江邊也
○正義曰揵音乾鰭音祁揵舉也鰭者魚背上鬣也蜀石黃碝郭璞曰碝石黃色也水玉磊
砢郭璞曰水玉水精也磷磷爛爛采色澔汗叢積乎其中鴻
鵠鷫鴇鴐鵝鸀鳿郭璞曰鷫鷞霜鸘鴇似鴨而大長頸赤目紫紺色也○索隱曰鴇音保郭
璞云鴇似鴈而无後指毛詩鳥獸疏云鴇似鴈而虎文也○正義曰鸀鳿燭玉二音郭云似鴨而大長頸赤目紫紺色辟
水毒生子在深谷澗中若時有雨鳴雌者生子善鬬江東呼爲燭玉鵁鶄䴉目徐廣曰䴉音環索隱曰郭

璞云鰅目未詳小顏云荆郢閒有水鳥大如鷺而短尾色紅白深目目旁毛皆長而旋此其是乎鰅音旋漢書亦作旋目
○正義曰郭云交青似鳧而脚高有毛冠辟火災煩鶩鷛鸈徐廣曰煩鶩一作番鷛鷛音容駰案
漢書音義曰煩鶩鳧也鷛鸈似鶩灰色而雞足○索隱曰郭璞云煩鶩鴨屬鷛鸈一名章渠也鱵鴜鵁鸕
徐廣曰鱵音斟水鳥也鴜音斯鵁音火交反駰案漢書音義曰鱵鴜蒼黑色郭璞曰鵁魚鵁也脚近尾鸕鸕鷀也○索隱
曰張揖曰鱵鴜似魚虎而蒼黑鄒誕本作鵜鶘也羣浮乎其上汎淫泛濫索隱
曰郭璞云皆鳥任風波自縱漂貌汎音馮泛音芳劒反廣雅云汎汎泛泛羣浮也隨風澹淡與
波搖蕩掩薄草渚正義曰掩覆也薄依也言或依草渚而遊戲也唼喋菁藻
郭璞曰菁水草呂氏春秋曰太湖之菁也○索隱曰左傳云蘋蘩薀藻薀即聚也○正義曰唼跡甲反喋丈甲反鳥食之
聲也咀嚼蔆藕於是乎崇山巃嵷崔巍嵳峩正義曰巃
力孔反嵷子孔反崔在回反巍五回反郭云皆峻貌深林鉅木嶄巖嵾嵳正義

曰嶄音咸又仕銜反嵾音楚林反嵳楚宜反顏云嶄巖尖鋭貌嵾嵳不齊也九嵕巀嶭南山
峩峩漢書音義曰九嵕山在左馮翊谷口縣西巀嶭山在池陽縣北○正義曰嵕子公反巀才切反嶭五結反
巖陁音遲甗錡摧崣崛崎郭璞曰陁崖際甗音魚晚反錡音蟻摧音作罪反○
索隱曰陁音豸皆隆屈衆折貌崎音倚崛音掘振谿通谷索隱曰張揖云振拔也水注川曰溪注溪
曰谷郭璞云振揗灑之也蹇產溝瀆漢書音義曰蹇産屈折也谽呀豁閜郭璞
曰皆澗谷之形容也谽音呼含反呀音呼加反閜音呼下反○索隱曰司馬彪云谽呀大貌豁閜空虛也𨸏陵
別島正義曰高平曰陸大陸曰阜大阜曰陵水中山曰島崴磈葨瘣正義曰崴於鬼反磈魚鬼
反嵔烏罪反瘣胡罪反皆高峻貌丘墟崛礨正義曰虛音墟崛口忽反又口罪反礨力罪反皆堆
壟不平貌隱轔鬱𡼏正義曰𡼏音律郭云皆其形勢也登降施靡正義曰郭
云施靡猶連延陂池貏豸郭璞曰貏音衣被豸音蟲豸也○索隱曰郭璞云陂池旁頹貌陂音皮貏音被

沇溶淫鬻索隱曰郭璞云游激漳衍貌○正義曰溶音容鬻音育張云水流谿谷之閒散渙
夷陸索隱曰司馬彪曰夷平也廣平曰陸亭皐千里靡不被築郭璞曰言
爲亭候於皐澤皆築地令平實山所謂隱以金椎也掩以綠蕙正義曰張云綠王芻也蕙薰草也顏云綠
蕙言蕙草色綠耳非王芻也爾雅云菉一名王芻被以江離糅以蘪蕪正義曰糅
女又反雜以流夷漢書音義曰流夷新夷也尃結縷徐廣曰尃古布字一作怖駰案漢書
音義曰結縷似白茅蔓聯而生布種之者欑戾莎徐廣曰草可染紫揭車衡蘭槀
本射干徐廣曰揭音桀駰案郭璞曰揭車一名乞輿槀本槀茇射干十月生皆香草○索隱曰案桐君藥錄
藁本苗似芎藭茈薑蘘荷索隱曰張揖云茈薑子薑也案四民月令生薑謂之茈薑音紫○正義曰
蘘人羊反柯根旁生筍若芙蓉可以爲菹又治蟲毒也葴橙若蓀郭璞曰葴未詳橙柚若蓀香草
也○索隱曰姚氏以爲此前後皆草非橙柚也漢書作葴持小顏云葴寒漿也持當爲符字之誤爾符鬼目也案今讀者

亦呼爲登謂登草也姚氏云蓀草似昌蒲而無脊也生溪澗中蓀音孫鮮枝黃礫郭璞曰皆未詳○索
隱曰張揖云皆草也司馬彪云鮮支即今支子或云鮮支亦香草也小顏云黃礫者黃屑木恐非也蔣芧青
薠徐廣曰芧音佇駰案漢書音義曰蔣菰也芧三稜○索隱曰薠音煩布濩閎澤延曼
太原麗靡廣衍應風披靡吐芳揚烈郭璞曰香酷烈也郁
郁斐斐衆香發越肸蠁布寫晻薆咇茀正義曰晻曖奄
愛二音皆芳香之盛也詩云苾苾芬芬氣也於是乎周覽氾觀瞋盼軋沕
徐廣曰瞋音丑人反盼一作緡駰案郭璞曰皆不可分貌芒芒恍忽視之無端察
之無崖日出東沼入於西陂索隱曰張揖云日朝出苑之東池暮入於苑西
陂中也其南則隆冬生長踊水躍波獸則㺎旄獏
犛徐廣曰㺎音容獸類也犛音狸一音茅駰案郭璞曰旄旄牛獏似熊庳腳鋭頭犛牛黑色出西南徼外也○索

隱曰郭璞云犣犣牛領有肉堆即今之犩牛也張揖云㹇㹇牛其狀如牛而四節生毛獏白豹也似熊庳腳銳鬐骨無髓食銅鐵音陌犛音貍又音茅或以爲猫牛毛可爲翿是也**沈牛麈麋**漢書音義曰沈牛水牛也○正義曰麈似鹿而大按麋似水牛**赤首圜題**郭璞曰題額也所未詳**窮奇象犀**漢書音義曰窮奇狀如牛而蝟毛其音如嘷狗食人也○索隱曰郭璞云象大獸長鼻牙長一丈犀頭似豬庳腳一角在頭也**其北則盛夏含凍裂地涉冰揭河**郭璞曰言水漫凍不解地拆裂也揭褰衣**獸則麒麟角端**郭璞曰角端音端似豬角在鼻上堪作弓李陵嘗以此弓十張遺蘇武也○索隱曰張揖曰雄曰麒雌曰麟其狀麇身牛尾狼蹄一角郭璞云麒似麟而無角毛詩疏云麟黃色角端有肉京房傳云麟有五綵腹下有黃色也張揖云角端似牛角可以爲弓**騊駼橐駝蛩蛩驒騱駃騠驢騾**正義曰騊駼桃徒二音橐音託駝徒河反蛩音其恭反驒騱顛奚二音駃騠決啼**於是乎離宮別館彌山跨谷**正義曰彌滿也跨猶騎也言宮館滿山又跨谿谷也**高廊四注重坐曲閣**郭璞曰重坐重軒也曲閣閣道也**華榱璧璫**索隱曰韋昭曰裁玉爲璧以當榱頭司馬彪曰以璧爲瓦之當也**輦道纚屬步櫩周流長途中宿**郭璞曰途樓閣間陛道中宿言長遠也**夷嵏築堂纍臺增成巖突洞房**郭璞曰嵏山名平之以安堂其上成亦重也周禮曰爲壇三成在巖穴底爲室潛通臺上者○索隱曰服虔曰平嵏山以爲堂也張揖云重累而成之故曰增成突音一弔反釋名以爲突幽也楚詞云冬有突廈室寒王逸以爲複室也**俛杳眇而無見仰攀橑而捫天奔星更於閨闥宛虹拖於楯軒**徐廣曰楯音食尹反○正義曰拖音徒我反顏云宛虹屈曲之虹拖謂中加於上也楯軒之闌板也言室宇之高故星虹得經加之**青虬蚴蟉於東箱**正義曰蚴一糺反蟉力糺反**象輿婉蟬於西清**漢書音義曰山出象輿瑞應車也郭璞曰西箱清淨地也○正義曰婉蟬宛善二音顏云蚴蟉婉蟬皆行動之貌也**靈圄燕於**

閒觀郭璞曰靈圄淳圄仙人名也○索隱曰張揖云靈圄衆仙號淮南子云騎飛龍從淳圄是也**偓佺之倫暴於南榮**漢書音義曰偓佺仙人名也○索隱曰韋昭曰古仙人姓偓列仙傳云槐里採藥父也食松形體生毛數寸方眼能行逮走馬也應劭曰南榮屋檐兩頭如翼也故鄭玄云榮屋翼也七誘云飛榮似鳥舒是也暴偃卧日中也**醴泉涌於清室通川過乎中庭槃石振崖**徐廣曰振音脣○索隱曰如淳曰振音振振盛多也李奇云振整也整頓池外之崖音之忍反**嶔巖倚傾嵳峩磼碟**徐廣曰峩一作池磼音雜碟音五合反○索隱曰埤蒼云磼碟高貌也磼音士劫反碟魚揖反又字林音磼才匝反碟五帀反**刻削崢嶸**正義曰郭云言自然若彫刻也**玫瑰碧琳珊瑚叢生**正義曰郭云珊瑚生水底石邊大者樹高三尺餘枝格交錯無有葉**琘玉旁唐**索隱曰郭璞云旁唐言盤薄**瑸斒文鱗**徐廣曰瑸音彬斒音班**赤瑕駁犖**索隱曰說文云瑕玉之小赤色張揖曰赤玉也司馬彪云駁犖采點也犖音洛角反**雜臿其閒**徐廣曰雜一云插插一云還**垂綏琬琰和氏出焉**徐廣曰垂綏一作朝采駟案郭璞曰汲冢竹書曰桀伐岷山得女二人曰琬曰琰桀愛二女斲其名于苕華之玉苕是琬華是琰也**於是乎盧橘夏孰**郭璞曰今蜀中有給客橙似橘而非若柚而芬香冬夏華實相繼或如彈九或如拳通歲食之即盧橘也○索隱曰應劭云伊尹書曰果之美者箕山之東青馬之所有盧橘夏孰晉灼曰此雖賦上林博引異方珎奇不係於一也案廣州記云盧橘皮厚大小如甘酢多九月結實正赤明年二月更青黑孰吳録云建安有橘冬月樹上覆裹明年夏色變青黑其味甚甘美盧即黑色是也**黃甘橙楱**徐廣曰音湊橘屬**枇杷橪柿**徐廣曰橪音而善反果也○索隱曰張揖云橪橪支香草也韋昭曰橪音汝蕭反郭璞云橪支木也橪音烟此說爲近說文曰橪酸小棗也淮南子云伐橪棗以爲矜音勤**楟柰厚朴**徐廣曰楟音亭山梨○索隱曰司馬彪曰上黨謂之楟柰齊都賦云楟柰孰也厚朴藥名也**梬棗楊梅**徐廣曰梬音弋井反梬棗似柿○索隱曰張揖曰楊梅實似穀子而有核其味酢出江南荆揚異物志其實外內著核孰時正赤味甘酸

也櫻桃蒲陶郭璞曰蒲陶似燕薁可作酒也○索隱曰張揖曰櫻桃一名含桃吕氏春秋云鸎鳥所含
故曰含桃爾雅謂之荆桃也隱夫鬱棣榙㰘荔枝徐廣曰鬱一作薁榙音荅騶案
郭璞曰鬱車下李也棣實似櫻桃荅㰘似李棣音逮㰘音沓隱夫未聞○索隱曰晉灼曰荔枝大如鷄子皮麤剝去皮肌
如鷄子中黃其味甘多酢少廣志云樹高五六丈如桂樹緑葉冬夏青茂有華朱色荔字或作離音力致反羅
乎後宮列乎北園貤丘陵郭璞曰貤猶延也音施下平原楊
翠葉扤紫莖郭璞曰扤搖也發紅華秀朱榮煌煌扈扈
照曜鉅野沙棠櫟櫧漢書音義曰沙棠似棠黃華赤實其味如李吕氏春秋曰果之美者
沙棠之實櫟果名櫧似櫟葉冬不落也華氾枰櫨徐廣曰氾一作楓騶案漢書音義曰華木皮可以爲
索也○索隱曰古今字林云櫨合樺也郭璞云楓似白楊素圓而岐有脂而香犍爲舍人曰楓爲樹厚葉弱莖大風則鳴
故曰欇欇枰平仲木也亦云火櫜木一云玉精食其子得仙也留落胥餘仁頻并閭

徐廣曰頻一作賓騶案郭璞曰落椶也胥餘似并閭并閭椶也皮可作索餘未詳○索隱曰晉灼曰留關未詳司馬彪云
胥邪樹高十尋葉在其末異物志實大如瓠繫在顛若挂物實外有皮中有核如胡桃核裏有膚厚半寸如猪膏裏有汁
斗餘清如水味美於蜜也孟康曰仁頻椶也姚氏云檳一名椶即仁頻也林邑記云樹葉似甘焦頻音賓欃檀
木蘭豫章女貞漢書音義曰欃檀檀別名也女貞木葉冬不落○索隱曰欃音讒皇覽云孔子
墓後有欃檀樹也荆州記宜都有喬木叢生名爲女貞長千仞大連抱夸條直
暢實葉葰茂攢立叢倚連卷累佹崔錯癹骫
古委字阬衡閜砢徐廣曰癹音拔騶案郭璞曰骫音委閜音惡可反砢音魯可反○索隱曰郭璞云崔
錯癹骫者蟠戾相樛也阬衡閜砢者揭孽傾欹貌也垂條扶於落英幡纚郭璞曰扶
於猶扶疏也幡纚偏幡也音灑○索隱曰皆飛揚貌也纚音所綺反紛容蕭蔘旖旎從
風索隱曰張揖云旖旎猶阿那也瀏莅芔吸徐廣曰莅音栗○索隱曰郭璞云皆林木鼓動之声瀏音

留莅如字芔古卉字吸音翕蓋象金石之聲正義曰金鐘石磬管籥之音
正義曰廣雅云象簫長一尺圍一寸有六孔無底籥謂之笛有七孔說文云籥三孔籟也柴池茈虒徐廣
曰柴音差虒音豸○索隱曰張揖云柴池參差也茈虒不齊也茈音差虒音側氏反旋環後宮雜
遝累輯徐廣曰雜一作插被山緣谷循阪下隰視之無端
究之無窮於是玄猿素雌蜼玃飛鸓徐廣曰蜼音于季反
騶案漢書音義曰蜼似獼猴仰鼻而長尾玃似獼猴而大飛鸓飛鼠也其狀如兎而鼠首以其額飛也○索隱曰郭璞曰
蠝鼯鼠也紫毛赤色飛且生一名飛生蜼音贈遺之遺蠝音誄玄猿猿之雄者黑色也素雌猿之雌者素色也玃音古約
反蜼今狖尾端爲兩岐天雨便以尾插鼻兩孔郭璞云玃玃色蒼黑能攫搏人故云玃也蛭蜩蠷蝚徐廣
曰蛭音質騶案漢書音義曰山海經曰不咸之山有飛蛭四翼郭璞曰蠷蝚似獼猴而黃蜩未聞○索隱曰張揖云蛭蟧
也蜩蟬也玃猱獼猴也顧氏云蠷音塗卓反山海經云皐塗山下有獸似鹿馬足人首四角名爲蠷玃猱即此也字或作

玃郭璞云玃非也上已有雌玃此不應重見又神異經云西方深山有獸毛色如猴能緣高木其名爲蜩字林云蠷音劬
蛭蜩二獸名螹胡豰蛫徐廣曰螹音在廉反似猨黑身豰音呼谷反蛫音詭騶案漢書音義曰豰白狐
子也○索隱曰張揖云螹胡似獼猴頭上有髮要以後黑郭璞曰豰似鼬而大要以後黃一名黃要食獼猴蛫未聞姚氏
案山經云即山有獸狀如龜白身赤首其名曰蛫又說文云螹胡黑身白要若帶手有長白毛似握板也棲息
乎其間長嘯哀鳴翩幡互經正義曰郭云互經互相經過夭蟜
枝格偃蹇杪顛正義曰夭音妖蟜音矯杪音弭沼反郭云皆猨猴在樹共戲恣態也夭蟜頻伸
也於是乎隃絕梁正義曰張云絕梁斷橋也郭云梁厚石絕水也騰殊榛正義
曰榛仕斤反爾雅云木藂生爲榛也殊異也捷垂條正義曰捷音才業反張云捷特懸垂之條踔
稀閒郭璞曰踔縣蹢也託釣反牢落陸離爛漫遠遷正義曰郭云奔走崩
騰走也顏云言其聚散不常雜亂移徙若此輩者數千百處嬉游往

來宮宿館舍庖廚不徙後宮不移正義曰說文云庖廚屋鄭玄注周礼云庖之言苞也苞裹肉曰苞苴也後宮內人也言宮館各自有百官備具於是乎背秋涉冬天子校獵乘鏤象六玉虯徐廣曰以玉為飾駰案郭璞曰鏤象山所出輿言有雕鏤虯龍屬也韓子曰黃帝駕象車六交龍是也拖蜺旌正義曰拖音徒可反張云析毛羽染以五采綴以縷為旌有似虹蜺氣靡雲旗正義曰張云畫熊虎於旌似雲氣也前皮軒後道游郭璞曰皮軒革車也或曰即曲禮前有士師則載虎皮者也道道車游游車皆見周礼也孫叔奉轡衛公驂乘漢書音義曰孫叔者大僕公孫賀也衛公者衛青也大僕御大將軍驂乘也扈從橫行出乎四校之中郭璞曰言跋扈從恣不安鹵簿矣○索隱曰晉灼曰扈大也文穎曰凡五校今言四者一隨天子乘輿也鼓嚴簿縱獠者漢書音義曰鼓嚴嚴鼓也簿鹵簿也驅謂鼓嚴於林薄之中然後縱獠也江河為阹泰山為櫓郭璞曰櫓望樓也因山谷遮禽獸為阹音去車反車騎靁起隱天動地先後陸離離散別追淫淫裔裔緣陵流澤雲布雨施生貔豹郭璞曰貔執夷虎屬也音毗搏豺狼正義曰搏擊也杜林云豺似狛白色說文云狼爪手熊羆正義曰張云熊犬身人足黑色羆熊大於熊黃白色皆能攀沿上高樹冬至入穴而蟄沿春而出也足野羊郭璞曰野羊如羊千斤手足謂拍蹋殺人蒙鶡蘇徐廣曰蘇尾也○索隱曰孟康云鶡鶡尾也蘇蘇析羽也張揖曰鶡似雉雞鬬死不却案蒙謂覆貫而取之鶡以蘇蘇為奇故特言之以成文耳鶡音曷決疑注云鳥尾為蘇也絝白虎徐廣曰絝音袴駰案郭璞曰絝謂絆絡之○索隱曰張揖曰著白虎文絝也被豳文郭璞曰著斑衣○索隱曰輿服志云虎賁騎鶡冠武文單衣即此斑文也跨野馬索隱曰跨乘之也陵三嵕之危漢書音義曰三嵕三成之山下磧歷之坻郭璞曰磧歷陂名也○正義坻音遲磧歷淺水中沙石也坻水中高處言獵人下此也徑陵赴險越壑厲

水推蜚廉郭璞曰飛廉龍雀也鳥身鹿頭者弄解豸漢書音義曰解豸似鹿而一角人君刑罰得中則生於朝廷主觸不直者可得而弄也○索隱曰解音蟹豸音丈㸙反格瑕蛤鋋猛氏漢書音義曰瑕蛤猛氏皆獸名○索隱曰晉灼曰蝦蛤闕郭璞曰今蜀中有獸狀如熊而小毛淺有光澤名猛氏說文鋋小矛也音蟬罥騕褭射封豕郭璞曰騕褭神馬日行万里封豕大猪兩音窈嫋箭不苟害解脰陷腦索隱曰張揖云脰項也陷音苦念反亦依字讀也弓不虛發應聲而倒於是乎乘輿彌節裴回翱翔往來睨部曲之進退覽將率之變態然後浸潭促節索隱曰浸潭猶漸冉也漢書作浸淫或作乘輿案節也儵夐遠去郭璞曰夐音詗盛反流離輕禽蹵履狡獸轊白鹿捷狡兔徐廣曰轊音銳一作惠也○正義曰轊音衞抱朴子云白鹿壽千歲滿五百歲色純白也晉徵祥記云白鹿色若霜不與他鹿為羣軼赤電遺光耀徐廣曰超陵赤電電光不及言去速也追怪物出宇宙正義曰恠物謂游梟飛虡也張云天地四方曰宇往古來今曰宙許慎云宙舟輿所極也按許說宙是也彎繁弱正義曰上烏繁步干反文頴云彎牽也繁弱夏后氏良弓名左傳云分魯公以夏后之璜封父之繁弱滿白羽正義曰文頴云引弓盡箭鏑為滿以白羽羽箭故云白羽也射游梟櫟蜚虡郭璞曰梟羊也似人長脣反踵被髮食人飛虡鹿頭龍身神獸櫟梢也擇肉後發先中命處弦矢分藝殪仆徐廣曰射准的曰藝仆音赴然後揚節而上浮陵驚風歷駭猋正義曰上音必遙反小雅云扶搖風從下升上故曰猋乘虛無與神俱正義曰張云虛无寥廓與元通靈言其所乘氣之高故能出飛鳥之上而與神俱也轔玄鶴亂昆雞徐廣曰轔音藺○正義曰轔音吝鶴二百六十歲則淺黑色也遒孔鸞促鵕鸃拂翳鳥捎鳳皇漢書音義曰遒秦由反翳烏雞反張云山海經云九疑之山有五采之鳥名曰翳鳥也正義捎山交反京

房易傳云鳳皇鴈前麟後雞喙燕頷蛇頸龜背魚尾駢翼高丈二尺東山經云其狀如鶴五采而首文曰經翼文曰順背文曰義膺文曰仁股文曰信是鳥自歌自舞雄曰鳳雌曰皇**捷鵷鶵掩焦明**鷦明似鳳。○索隱曰張揖云鷦明西方之鳥也樂汁圖徵曰鷦明狀似鳳皇宋衷曰水鳥也。○正義曰按長喙踈翼員尾非幽閑不集非珍物不食**道盡塗殫迴車而還招搖乎襄羊**索隱曰郭璞曰襄羊猶仿佯**降集乎北紘**郭璞曰紘維也北方之紘曰委羽**率乎直指闇乎反鄉蹷石闕歷封巒過鳷鵲望露寒**徐廣曰鳷音支駰案漢書音義曰皆甘泉宮左右觀名也**下棠梨**漢書音義曰宮名也在雲陽縣東南三十里**息宜春**正義曰括地志云宜春宮在雍州萬年西南三十里**西馳宣曲濯鷁牛首**漢書音義曰宣曲宮名在昆明池西牛首池名在上林苑西頭**登龍臺**漢書音義曰觀名在豐水西北近渭**掩細柳**正義曰郭云觀名在昆明南柳市**觀士大夫之勤略鈞獠者**

之所得獲徐廣曰鈞一作診也**觀徒車之所轔轢**正義曰轔踐也轢輾也**乘騎之所蹂若**徐廣曰蹂音人久反**人民之所蹈躤與其窮極倦𠜂**徐廣曰音劇**驚憚讋伏不被創刃而死者佗佗籍籍填坑滿谷掩平彌澤於是乎游戲懈怠置酒乎昊天之臺**索隱曰張揖曰臺高上干皓天也**張樂乎轇輵之宇**徐廣曰輵音葛。○索隱曰郭璞云言曠遠深貌也**撞千石之鐘立萬石之鉅建翠華之旗樹靈鼉之鼓**郭璞曰木貫鼓中加羽葆其上所謂樹鼓**奏陶唐氏之舞聽葛天氏之歌**漢書音義曰葛天氏古帝王號也呂氏春秋曰葛天氏之樂三人操牛尾投足以歌。○索隱曰張揖曰葛天氏三皇時君號也呂氏春秋云其樂三人持牛尾投足以歌八闋一曰戴民二曰玄鳥三曰遂草木四曰奮五穀五曰敬天常六曰建帝功七曰依地德八

曰總禽獸之極**千人唱萬人和山陵為之震動**徐廣曰一作勳**川谷為之蕩波巴俞宋蔡淮南于遮**郭璞曰巴西閬中有俞水獠人居其人皆剛勇好舞漢高募此以平三秦後使樂府習之因名巴俞舞也漢書音義曰于遮歌曲名。○索隱曰張揖曰禮樂記云宋音宴女溺志蔡人謳員三人楚詞云吳謠蔡謳淮南員四人于遮曲是其意也**文成顛歌**郭璞曰未聞也。○索隱曰文穎曰文成遼西縣名其縣人善歌顛益州顛縣其人能作西南夷歌顛即滇字**族舉遞奏**徐廣曰舉一作居**金鼓迭起鏗鎗鐺鼛洞心駭耳**郭璞曰鐺鼛鼓音**荊吳鄭衛之聲韶濩武象之樂陰淫案衍之音鄢郢繽紛激楚結風**郭璞曰激楚歌曲也列女傳曰聽激楚之遺風也。○索隱曰激楚急風也結風回風亦急風也楚地風氣既自漂疾然歌樂者猶復依激結之急風以為節其樂促迅哀切也**俳優侏儒狄鞮之倡**徐廣曰韋昭云狄鞮地名在河內出善倡者**所以**

娛耳目而樂心意者麗靡爛漫於前索隱曰郭璞云言恣其觀也列女傳曰桀造爛漫之樂**靡曼美色於後**索隱曰張揖曰靡細曼澤也韓子曰曼服皓齒也**若夫青琴宓妃之徒**漢書音義曰皆古神女名。○索隱曰伏儼曰青琴古神女也如淳曰宓妃伏羲女溺死洛水遂為洛水之神宓音伏**絕殊離俗**索隱曰郭璞曰俗無雙也**妖冶嫺都**索隱曰郭璞云姣好也都雅也詩云姣人嫽兮方言云自關而東河濟之間凡好或謂之姣音絞說文曰嫺雅也或作閑漢書本作閑**靚莊刻飭便嬛綽約**郭璞曰靚莊粉白黛黑也**柔橈嬛嬛**徐廣曰音娟。○索隱曰柔橈嬛嬛皆骨體耎弱長艷貌也廣雅云嬛嬛容也張揖曰嬛嬛猶婉婉也**娬媚姌嫋**徐廣曰姌音乃冉反嫋音弱。○索隱曰埤倉云嫵媚悅也通俗文云頰輔謂之嫵媚郭璞云姌嫋細弱也小顏曰細弱總謂骨體也**抴獨繭之褕袣**徐廣曰抴音曳襜褕。○索隱曰張揖曰袣袖也郭璞曰獨繭繭絲也埤倉云袣衣長貌也**眇閻易以戌削**徐廣曰閻易衣長貌

戍削言如刻畫作之媥姺徶循郭璞曰衣服婆娑貌○正義曰媥白服反姺音先徶音白結反循音屑
與世殊服芬香漚鬱酷烈淑郁皓齒粲爛宜笑
的皪索隱曰郭璞曰鮮明貌也楚詞曰美人皓齒以姱又曰娥眉笑以的皪音礫也長眉連娟微
睇緜藐索隱曰郭璞曰連娟眉曲細也緜藐視遠貌也娟音一全反睇音大計反藐音邈色授
魂與心愉於側索隱曰張揖曰彼色來授我我魂往與接也愉音踰往也悅也二義並通於
是酒中樂酣天子芒然而思似若有亡曰嗟乎
此泰奢侈朕以覽聽餘閒無事棄日順天道以
殺伐時休息於此恐後世靡麗遂往而不反非
所以爲繼嗣創業垂統也於是乃解酒罷獵而
命有司曰地可以墾辟悉爲農郊以贍萌隷隤

牆填塹使山澤之民得至焉實陂池而勿禁正義曰實滿也言人滿陂池任采捕所取也虛宮觀而勿仞正義曰仞音刃亦滿也言離宮別館勿令人居上並發罷也發倉廩以振貧窮補不足恤鰥寡存
孤獨出德號省刑罰改制度易服色更正朔與
天下爲始於是歷吉日以齊戒襲朝衣乘法駕
建華旗鳴玉鸞游乎六藝之囿正義曰六藝云言田獵訖則遍游六藝而疾驅於仁義之道也騖乎仁義之塗覽觀春秋之林郭璞曰春秋所以觀成敗明善惡者射貍首兼騶虞禮射義曰天子以騶虞爲節諸侯以貍首爲節騶虞者樂官備也貍首者樂會時也弋玄鶴建干戚載雲罕揜羣雅漢書音義曰大雅小雅也○索隱曰張揖曰罕車也前有九旒雲罕之車說者以雲罕爲旌旗皆非也且案中朝鹵簿圖云雲罕駕駟不兼言

九旒罕車與九旒車別也揜捕也張揖曰詩小雅之材七十四人大雅之材三十一人故曰羣雅也悲伐檀索隱曰張揖曰其詩刺賢者不遇明主樂樂胥索隱曰毛詩桑扈云君子樂胥受天之祜言王者樂得賢材之人使在位故天與之福祿也胥音先呂反樂音洛修容乎禮園正義曰禮所以自修飾整威儀也翺翔乎書圃正義曰尚書所以明帝王君臣之道也述易道正義曰易所以絜靜微妙上辨二儀陰陽中知人事下明地理也言田獵乃射訖又歷涉六經之要也放怪獸正義曰張云苑中奇怪之獸不復獵也登明堂坐清廟正義曰明堂有五帝故言清廟王者朝諸侯之處恣羣臣奏得失四海之內靡不受獲正義曰言天下之人無不受恩惠於斯之時天下大說鄉風而聽隨流而化
喟然興道而遷義索隱曰漢書作芔然猶歎然也音許貴反刑錯而不用
德隆乎三皇功羨於五帝索隱曰司馬彪云羨溢也音怡戰反若此

故獵乃可喜也若夫終日暴露馳騁勞神苦形
罷車馬之用抗士卒之精索隱曰抗音五官反費府庫之財
而無德厚之恩務在獨樂不顧衆庶忘國家之
政而貪雉兔之獲則仁者不由也從此觀之齊
楚之事豈不哀哉地方不過千里而囿居九百
是草木不得墾辟而民無所食也夫以諸侯之
細而樂萬乘之所侈僕恐百姓之被其尤也於
是二子愀然改容索隱曰郭璞云愀變色貌音作酉反超若自失逡
巡避席曰鄙人固陋不知忌諱乃今日見教謹
聞命矣賦奏天子以爲郎無是公言天子上林

廣大山谷水泉萬物及子虛言楚雲夢所有甚衆侈靡過其實且非義理所尚故刪取其要歸正道而論之索隱曰大顏云不取其夸奢靡麗之論唯取終篇歸於正道耳小顏云刪取非謂削除其詞而說者謂此賦已經史家刊剟失其意也

相如爲郎數歲會唐蒙使略通夜郎西僰中徐廣曰羌之別種也音扶逼反○索隱曰張揖曰蒙故鄱陽令爲郎中使行略取之文穎曰夜郎僰中皆西南夷後以爲牂牁犍爲二郡僰音步北反發巴蜀吏卒千人索隱曰案巴蜀二郡名郡又多爲發轉漕萬餘人用興法漢書曰用軍興法也誅其渠帥巴蜀民大驚恐上聞之乃使相如責唐蒙因喻告巴蜀民以非上意檄曰告巴蜀太守蠻夷自擅不討之日久矣時侵犯邊境勞士大夫陛下即位存撫天下輯安中國然後興師出兵北征匈奴單于怖駭交臂受事詘膝請和康居西域重譯請朝稽首來享移師東指閩越相誅右弔番禺太子入朝索隱曰文穎曰番禺南海郡理也弔至也東伐閩越後至番禺故言右至非也案姚氏弔讀如字小顏云兩國相伐漢發兵救之南越蒙天子德惠故遣太子入朝所以云弔爾非訓至也南夷之君西僰之長常效貢職不敢怠墮延頸舉踵喁喁然正義曰喁五恭反口向上也皆爭歸義欲爲臣妾道里遼遠山川阻深不能自致夫不順者已誅而爲善者未賞故遣中郎將往賓之索隱曰賓遠云賓伏也發巴蜀士民各五百人以奉幣帛衞使者不然靡有兵革之事戰鬬之患今聞其乃發軍興制驚懼子弟憂患長老索隱曰張揖曰發軍謂發三軍之衆興制謂起軍法誅渠帥也案唐蒙爲使而用軍興法制故驚懼蜀人也郡又擅爲轉粟運輸皆非陛下之意也當行者或亡逃自賊殺亦非人臣之節也夫邊郡之士聞烽舉燧燔漢書音義曰烽如覆米籅縣著桔槔頭有寇則舉之燧積薪有寇則燔然之○索隱曰字林云籅漉米籔也音一六反纂要云籅淅箕也烽見敵則舉燧有難則焚烽主晝燧主夜皆攝弓而馳索隱曰攝音女頰反荷兵而走流汗相屬唯恐居後觸白刃冒流矢義不反顧計不旋踵人懷怒心如報私讎彼豈樂死惡生非編列之民而與巴蜀異主哉計深慮遠急國家之難而樂盡人臣之道也故有剖符之封析珪而爵索隱曰如淳曰析中分也白藏天子青在諸侯也位爲通侯居列東第索隱曰列甲第在帝城東故云東第也終則遺顯號於後世傳土地於子孫行事甚忠敬居位甚安佚名聲施於無窮功烈著而不滅是以賢人君子肝腦塗中原膏液潤野草而不辭也今奉幣役至南夷即自賊殺或亡逃抵誅身死無名謚爲至愚恥及父母爲天下笑人之度量相越豈不遠哉然此非獨行者之罪也父兄之教不先子弟之率不謹也寡廉鮮耻而俗不長厚也其被刑戮不

亦宜乎陛下患使者有司之若彼悼不肖愚民
之如此故遣信使曉喻百姓以發卒之事因數
之以不忠死亡之罪讓三老孝弟以不教誨之
過方今田時重煩百姓 索隱曰重猶難也 已親見近縣恐
遠所谿谷山澤之民不徧聞檄到亟下縣道 漢書
百官表曰縣有蠻夷曰道○索隱曰亟音紀力反亟急也 使咸知陛下之意唯毋
忽也相如還報唐蒙已略通夜郎因通西南夷
道發巴蜀廣漢卒作者數萬人治道二歲道不
成士卒多物故費以巨萬計 索隱曰案巨萬猶萬萬也數有大小二法張揖
曰筭法萬萬爲億是小數也 蜀民及漢用事者多言其不便 索隱

曰案謂公卿所言也 是時邛筰之君長 索隱曰文穎曰邛者今爲邛都縣筰者今爲定筰縣
皆屬越巂郡也 聞南夷與漢通得賞賜多多欲願爲內
臣妾請吏比南夷 索隱曰謂請置漢吏與南夷爲比例也 天子問相如
相如曰邛筰冉駹者近蜀道亦易通秦時嘗通
爲郡縣至漢興而罷今誠復通爲置郡縣愈於
南夷 索隱曰張揖曰愈差也又云愈猶勝也晉灼曰南夷謂犍爲牂牁也西夷謂越巂益州也 天子
以爲然乃拜相如爲中郎將 索隱曰四百石五歲遷補大縣令 建節
往使副使王然于壺充國 索隱曰案漢書公卿表太初元年爲大鴻臚卿也
呂越人馳四乘之傳因巴蜀吏幣物以賂西夷
至蜀蜀太守以下郊迎縣令負弩矢先驅 索隱曰案

亭吏名亭長弩矢合是亭長負之今縣令自負矢則亭長當負弩也且負弩是守宰無定或隨時輕重耳按霍去病出擊
匈奴河東太守郊迎負弩又魏公子救趙擊秦秦軍解去平原君負韊矢迎公子於界上是也 蜀人以爲
寵 索隱曰華陽國志云蜀大城北十里有升僊橋送客觀相如初入長安題其門云不乘赤車駟馬不過汝下也 於
是卓王孫臨邛諸公皆因門下獻牛酒以交驩
卓王孫喟然而歎自以得使女尚司馬長卿晚
索隱曰小顏云尚猶配也本或作當蓋後人改爾 而厚分與其女財與男等
同司馬長卿便略定西夷邛筰冉駹斯榆之君
皆請爲內臣 索隱曰鄭氏斯音曳張揖云斯俞國也案今斯讀如字益部耆舊傳謂之斯叟華陽
國志云邛都縣有四部斯叟一也 除邊關關益斥 索隱曰張揖曰斥廣也 西至
沫若水 索隱曰張揖曰沫水出蜀廣平徼外與青衣水合也若水出旄牛徼外至僰道入江華陽國志漢嘉

縣有沫水音妹又音末 南至牂牁爲徼 索隱曰張揖曰徼塞也以木柵水爲蠻夷界 通
零關道 徐廣曰越巂有零關縣 橋孫水 韋昭曰爲孫水作橋 以通邛都 索隱
曰案華陽國志云相如卒開僰道通南中置越巂郡韓說開益州唐蒙開牂牁斬筰王首置牂牁郡也 還報
天子天子大說相如使時蜀長老多言通西南
夷不爲用唯大臣亦以爲然相如欲諫業已建
之不敢 索隱曰案業者本也本由相如立此事故不敢更諫 乃著書籍以蜀
父老爲辭而己詰難之以風天子且因宣其使
指令百姓知天子之意其辭曰漢興七十有八
載 徐廣曰元光六年也 德茂存乎六世 正義曰高祖惠帝高后孝文孝景孝武 威
武紛紜湛恩汪濊 索隱曰韋昭云湛音沉 羣生澍濡洋溢

乎方外於是乃命使西征隨流而攘索隱曰攘卻也音女羊反風之所被罔不披靡因朝冄從駹定筰存邛略斯榆舉苞滿索隱曰服虔云夷種也滿也或作蒲也結軌還轅索隱曰張揖云結屈也軌車迹也東鄉將報至于蜀都耆老大夫薦紳先生之徒二十有七人儼然造焉辭畢因進曰蓋聞天子之於夷狄也其義羈縻勿絕而已索隱曰案羈馬絡頭也縻牛紖也漢官儀云馬云羈牛云縻言制四夷如牛馬之受羈縻也今罷三郡之士通夜郎之塗三年於茲而功不竟士卒勞倦萬民不贍今又接以西夷百姓力屈恐不能卒業此亦使者之累也竊爲左右患之且夫邛筰

西僰之與中國並也歷年茲多不可記已仁者不以德來彊者不以力并意者其殆不可乎今割齊民以附夷狄弊所恃以事無用鄙人固陋不識所謂使者曰烏謂此邪必若所云則是蜀不變服而巴不化俗也余尚惡聞若說索隱曰張揖云惡聞若曹之言也包愷音一故反又音烏烏者安也然斯事體大固非觀者之所覯也余之行急其詳不可得聞已請爲大夫粗陳其略蓋世必有非常之人然後有非常之事有非常之事然後有非常之功非常者固常之所異也索隱曰案常人見之以爲異也故曰非常之原黎民懼焉

索隱曰張揖云非常之事其本難知衆人懼也及臻厥成天下晏如也昔者鴻水浡出氾濫衍溢民人登降移徙陭嶇而不安夏后氏戚之乃堙鴻水決江疏河灑沈贍菑徐廣曰灑一作釃○索隱曰灑音鹿菑音災漢書作灑沈澹災解者云灑分也音所宜反澹安也沉深也澹音徒暫反東歸之於海而天下永寧當斯之勤豈唯民哉索隱曰案謂非獨人勤禹亦親其勞也心煩於慮而身親其勞躬胝無胈膚不生毛徐廣曰胝音竹移反胈種也一作腠音湊理也胈音跋○索隱曰張揖曰腠一作戚躬躰也戚湊理也韋昭曰胈戚中小毛也胝音真尸反莊子云禹胝無胈脛不生毛李頤云胈白肉也音蒲末反故休烈顯乎無窮聲稱浹乎于茲且夫賢君之踐位也豈特委瑣握齪索隱曰孔文祥云委瑣細碎握齪局促也拘文牽俗

循誦習傳當世取說云爾哉必將崇論閎議創業垂統爲萬世規故馳騖乎兼容并包而勤思乎參天貳地索隱曰案天子比德於地是二地也地與己并天爲三是參天也故禮曰天子與天地參是也且詩不云乎普天之下莫非王土率土之濱莫非王臣毛詩傳曰濱涯也是以六合之内八方之外浸潯衍溢索隱曰案浸潯猶漸浸也懷生之物有不浸潤於澤者賢君恥之今封疆之内冠帶之倫咸獲嘉祉靡有闕遺矣而夷狄殊俗之國遼絕異黨之地舟輿不通人迹罕至政教未加流風猶微内之則犯義侵禮於邊境外之則邪行橫作放弒其上

君臣易位尊卑失序父兄不辜幼孤爲奴係縲號泣內嚮而怨曰蓋聞中國有至仁焉德洋而恩普物靡不得其所今獨曷爲遺己舉踵思慕若枯旱之望雨盭夫爲之垂涕徐廣曰盭音戾○索隱曰張揖云狠戾之夫也字或作戾盭古戾字況乎上聖又惡能已故北出師以討彊胡南馳使以誚勁越四面風德二方之君鱗集仰流索隱曰二方謂西夷卬棘人南夷牂牁夜郎也願得受號者以億計故乃關沬若漢書音義曰以沬若水爲關徼牂牁鏤零山梁孫原創道德之塗垂仁義之統將博恩廣施遠撫長駕使疏逖不閉索隱曰逖遠言其疏遠者不被閉絕也阻深闇昧

得耀乎光明索隱曰阻深漢書作曶爽三蒼云曶爽早朝也曶音妹案字林又音忽也以偃甲兵於此而息誅伐於彼遐邇一體中外提福徐廣曰提作禔音支○索隱曰說文云禔安也音市支反不亦康乎夫拯民於沈溺奉至尊之休德反衰世之陵遲繼周氏之絕業斯乃天子之急務也百姓雖勞又惡可以已哉且夫王事固未有不始於憂勤而終於佚樂者也然則受命之符合在於此矣索隱云張揖云合在於憂勤佚樂之中也方將增泰山之封加梁父之事鳴和鸞揚樂頌上咸五下登三徐廣曰咸一作函駰案韋昭曰咸同於五帝登三王之上○索隱曰李奇曰五帝之德漢比爲減三王之德漢出其上故云減五登三此說非也虞喜志林云相如欲減五帝之一以漢盈之

然以漢爲五帝之數自然是登於三王之上也今本減或作咸是與韋昭之說符也觀者未睹指聽者未聞音猶鷦明已翔乎寥廓而羅者猶視乎藪澤悲夫於是諸大夫芒然喪其所懷來而失厥所以進喟然並稱曰允哉漢德此鄙人之所願聞也百姓雖怠請以身先之敞罔靡徙因遷延而辭避索隱曰案敞罔失容也靡徙失正也其後人有上書言相如使時受金失官居歲餘復召爲郎相如口吃而善著書常有消渴疾與卓氏婚饒於財其進仕宦未嘗肯與公卿國家之事稱病閒居不慕官爵常從上至長楊獵正義曰括地志云秦長楊宮在雍州盩厔縣東南三十里上

起以宮內有長楊樹以爲名是時天子方好自擊熊彘馳逐野獸相如上疏諫之其辭曰臣聞物有同類而殊能者故力稱烏獲索隱曰張揖曰秦武王力士舉龍文鼎者也捷言慶忌索隱曰張揖曰吳王僚之子勇期賁育正義曰賁音奔賁古之勇士水行不避蛟龍陸行不避豺狼發怒吐氣声音動天夏育亦古之猛士也臣之愚竊以爲人誠有之獸亦宜然今陛下好陵阻險射猛獸卒然遇軼材之獸索隱曰廣雅云卒暴也音倉没反駭不存之地索隱曰謂所不虞而猛獸驚發也犯屬車之清塵蔡邕曰古者諸侯貳車九乘秦滅九國兼其車服故大駕屬車八十一乘輿不及還轅人不暇施巧雖有烏獲逢蒙之伎力不得用吳越春秋曰羿傳射於逢蒙○索隱曰孟子云逢蒙學射於羿盡羿之道是也枯木朽

株盡爲害矣是胡越起於轂下而羌夷接軫也豈不殆哉雖萬全無患然本非天子之所宜近也且夫清道而後行中路而後馳猶時有銜橛之變徐廣曰橛音巨月反鉤逆者謂之橛矣○索隱曰張揖曰銜馬勒銜也橛騑馬口長銜也周遷輿服志云鉤逆上者爲橛橛在銜中以鐵爲之大如雞子鹽鐵論云無銜橛而禦悍馬是也而況涉乎蓬蒿馳乎丘墳前有利獸之樂而內無存變之意其爲禍也不亦難矣夫輕萬乘之重不以爲安而樂出於萬有一危之塗以爲娛臣竊爲陛下不取也蓋明者遠見於未萌而智者避危於無形禍固多藏於隱微而發於人之所忽者也故鄙諺曰家累千金坐不垂堂索隱曰張揖曰畏簷瓦墮中人樂彥云垂邊也近堂邊恐其墮墜也非謂畏簷瓦此言雖小可以喻大臣願陛下之留意幸察上善之還過宜春宮正義曰括地志云秦宜春宮在雍州萬年縣西南三十里宜春苑在宮之東杜之南始皇本紀云葬二世杜南宜春苑中按今宜春宮見二世陵故作賦以哀也相如奏賦以哀二世行失也其辭曰登陂阤之長阪兮索隱曰陂普何反阤徒何反坌入曾宮之嵯峨漢書音義曰坌並也○索隱曰坌步寸反臨曲江之隑州兮漢書音義曰隑長也苑中有曲江之象泉中有長洲也○索隱曰隑音祈隑即碕字謂曲岸頭也有宮闕路今猶謂之曲江在杜陵西北五里又三輔舊事云樂游原在西北是也望南山之參差巖巖深山之谾谾兮徐廣曰谾音力工反○索隱曰谾古江反晉灼曰谾音籠古巃字蕭該云谾或作巃長大貌也通谷豁兮谽

谺索隱曰谽音呼含反谺音呼加反汩淢噏習以永逝兮索隱曰汩于筆反汩淢疾貌也噏音許及反漢書作歙歙然輕舉意也注平皋之廣衍兮觀衆樹之塕薆兮覽竹林之榛榛東馳土山兮北揭石瀨彌節容與兮歷弔二世持身不謹兮亡國失勢信讒不寤兮宗廟滅絕嗚呼哀哉操行之不得兮墳墓蕪穢而不脩兮魂無歸而不食敻邈絕而不齊兮彌久遠而愈佅精罔閬而飛揚兮拾九天而永逝嗚呼哀哉相如拜爲孝文園令索隱曰百官志云陵園令六百石掌按行掃除也天子既美子虛之事相如見上好僊道因曰上林之事未足美也尚有靡者臣嘗爲大人賦索隱曰張揖曰大人喻天子向秀云聖人在位謂之大人張華云相如作遠遊之體以大人賦之也未就請具而奏之相如以爲列僊之傳居山澤閒索隱曰案傳者謂相傳以列仙居山澤閒音持全反小顏及劉氏並作儒讀云儒柔術士之稱非也形容甚臞徐廣曰臞瘦也○索隱曰韋昭曰臞瘠也文子云堯臞瘦音巨俱反此非帝王之僊意也乃遂就大人賦其辭曰世有大人兮在于中州宅彌萬里兮曾不足以少留悲世俗之迫隘兮朅輕舉而遠游索隱曰如淳曰武帝云誠得如黃帝去妻子如脫屣是悲世俗迫隘也垂絳幡之素蜺兮載雲氣而上浮建格澤之長竿兮總光耀之采旄漢書音義曰格澤之氣如炎火狀黃白色起地上至天以此氣爲竿旄也總係也係光耀之氣於長竿以爲旄者垂旬始以爲幓兮抴彗星而爲

髾漢書音義曰旬始氣如雄雞縣於葆下以爲旒也髾燕尾也抴彗星綴著旒以爲燕尾掉指橋
以偃蹇兮又旖旎以招搖漢書音義曰指橋隨風指靡○索隱曰掉音徒弔反
橋音居夭反偃蹇高貌攬攙搶以爲旌兮正義曰天官書云天欃長四丈末銳天搶長數
丈兩頭銳其形類彗也靡屈虹而爲綢漢書音義曰綢韜也以斷虹爲旌杠之韜○索隱曰
應劭云旌旂屈橈之貌綢音直留反或音韜屈虹斷虹也紅杳渺以眩湣兮猋風
涌而雲浮漢書音義曰旬始屈虹氣色紅杳眇眩湣闇冥無光也○索隱曰蘇林曰眩音炫湣音麪晉灼
云紅赤色貌杳渺深遠眩湣混合也紅或作虹駕應龍象輿之蠖略逶麗兮
驂赤螭青虯之蚴蟉蜿蜒低卬夭蟜据以驕驁
兮詘折隆窮索隱曰張揖曰据直須也驕驁縱恣也据音據驕音居召反驁音五到反躩以
連卷索隱曰韋昭曰躩龍之形貌也音起碧反連卷音權卷沛艾赳螑仡以佁

儗兮漢書音義曰赳螑申頸低卬也儗不前也○索隱曰張揖曰赳螑牙跳也赳音居幼反螑音許救反仡舉頭也
仡音魚乙反佁音勑吏反儗音魚吏反放散畔岸驤以孱顏索隱曰服虔曰馬仰頭其
口開正孱顏也韋昭曰顏音吾板反詩云兩服上驤注云驤馬是也跮踱輵轄容以委麗
兮綢繆偃蹇怵㚇以梁倚徐廣曰跮踱乍前乍却也跮音丑栗反踱音勑略反
輵烏葛反轄音曷綢一作雕㚇音他略反駰案漢書音義曰怵㚇走也梁倚相著也○索隱曰張揖曰跮踱疾行互前却
也輵轄搖目吐舌也跮音楮栗反踱音楮畧反輵音遏轄音曷蜩音徒弔反張揖曰偃蹇却踞也廣雅曰偃蹇夭蟜也韋
昭曰㚇音笞畧反相如傳云修㚇遠去㚇抉也糾蓼叫奡蹋以艐路兮徐廣曰艐
音介至也○索隱曰蓼音了奡音五到反小顏云叫奡高舉之貌蹋音徒荅反艐音屆三倉云蹋著地孫炎云艐古界字
也蔑蒙踊躍騰而狂趡漢書音義曰蔑蒙飛揚也趡走莅颯卉翕
熛至電過兮煥然霧除霍然雲消邪絕少陽而

登太陰兮與真人乎相求漢書音義曰少陽東極太陰北極邪度東極而升北極者
也互折窈窕以右轉兮橫厲飛泉以正東正義曰厲渡也
張云泉飛谷也在崑崙山西南悉徵靈圉而選之兮部乘眾神於
瑤光漢書音義曰搖光北斗杓頭第一星使五帝先導兮正義曰導導應云五帝五時帝
太皓之屬也反太一而從陵陽漢書音義曰仙人陵陽子明也○正義曰天官書云中宮天極
星其一明者太一常居也列仙傳云子明於沛銍縣旋溪釣得白龍放之後白龍來迎子明去止陵陽山上百餘年遂得
仙也左玄冥而右含靁兮漢書音義曰含靁黔嬴也天上造化神名也或曰水神
前陸離而後潏湟漢書音義曰皆神名廝征北僑徐廣曰燕人也形解而仙
也○索隱曰應劭曰廝役也張揖曰王子喬也漢書郊祀志作正伯僑此當是別人恐非王子喬也而役羨
門兮正義曰張云羨門碣石山上仙人羨門高也屬岐伯使尚方徐廣曰岐伯黃帝臣

駰案漢書音義曰尚主也岐伯黃帝太醫屬使主方藥祝融驚而蹕御兮正義曰張
云祝融南方炎帝之佐也獸身人面乘兩龍應火正也火正祝融警蹕清氛氣也清雰氣而後
行屯余車其萬乘兮綷雲蓋而樹華旗索隱曰綷音祖內反
如淳云蓋有五綵也使句芒其將行兮正義曰張云句芒東方青帝之佐也鳥身人面乘兩
龍顏云將行須從者也吾欲往乎南嬉歷唐堯於崇山兮過
虞舜於九疑正義曰張云崇山狄山也海外經云狄山帝堯葬其陽九疑山零陵營道縣舜所葬處
紛湛湛其差錯兮索隱曰湛音徒感反雜遝膠葛以方馳索隱
曰廣雅云膠葛驅馳也騷擾衝蓯其相紛挐兮索隱曰衝音昌勇反蓯音息冗
反滂濞泱軋灑以林離攢羅列聚叢以蘢茸兮
衍曼流爛壇以陸離徐廣曰壇音坦徑入靁室之砰磷鬱

律兮洞出鬼谷之崛礨嵬磈漢書音義曰鬼谷在北辰下衆鬼之所聚也楚
辭曰贅鬼谷於北辰也○正義曰崛口骨反礨音力罪反嵬音烏迴反磈音回張云崛礨嵬磈不平也徧覽
八紘而觀四荒兮朅渡九江而越五河正義曰顏云五色之
河也仙云紫碧絳青黃之河也經營炎火而浮弱水兮正義曰如丞云大荒西經
云崑崙之岳其外有炎火之山投物輒物然括地志云弱水
有二原俱出女國北阿傉達山南流會于國北又南歷國北
東去一里深丈餘闊六十步非乘舟不可濟流入海阿傉達
山一名崑崙山其主爲王在雍州西南一萬五千三百七十
里又云弱水在甘州張掖縣南山下也杭絕浮渚而涉流沙漢書音義曰杭船也絕渡
也浮渚流沙中渚也奄息總極漢書音義曰總極葱領山也在西域中氾濫水嬉兮使
靈媧鼓瑟而舞馮夷徐廣曰媧一作貽駰案漢書音義曰靈媧女媧也馮夷河伯字也淮南子曰馮
夷得道以潛大川○正義曰姓馮名夷以庚日溺死河常以庚日好溺死人時若薆薆將混濁兮
召屏翳正義曰應云屏翳天神使也韋云雷師也誅風伯正義曰張云風伯字飛廉而刑雨師正義
曰沙州有雨師祠西望崐崘之軋正義曰張云海內經云崑崙去中國五萬里天帝之下都也其
山廣袤百里高八萬仞增城九重面九井以玉爲檻旁有五
門開明獸守之括地志云在崑崙肅州酒泉縣南八十里十
六國春秋後魏昭成帝建國十年涼張駿酒泉太守馬岌上言
酒泉南山即崑崙之體周穆王見西王母樂而忘歸即謂此
山有石室王母堂珠璣鏤飾煥若神宮又刪丹西河名云弱
水禹貢崑崙在臨羌之西即此明矣括地志云又阿傉達山
亦名建末達山亦名崑崙山恒河出其南吐師子口經天竺
入達山嶋水今名爲許海出書於西河北隅吐馬口經安息
大夏國入西海黃海出東北隅吐牛口東北流經濫澤潛出
大積石山至華山北東入海其三河去山入海各三萬里此
謂大崑崙肅州謂小崑崙也禹本紀云河出崑崙二千五百餘里日月所相隱避爲光明也沕洸忽
兮直徑馳乎三危三危山名也○正義曰括地志云三危山在沙州東南三十里排閶
闔而入帝宮兮正義曰韋昭云閶闔天門也淮南子曰西方曰西極之山閶闔之門載玉

女而與之歸正義曰張云玉女青要乘弋等也舒閬風而搖集兮
正義曰張云閬風在崑崙閶闔之中楚辭云登閬風而緤馬也亢鳥騰而一止漢書音義曰亢然高
飛如鳥之騰也低回陰山翔以紆曲兮正義曰張云陰山在大崑崙西二千七百里
吾乃今目睹西王母曤然白首徐廣曰曤音下沃反○索隱曰曤音
鶴○正義曰張云西王母其狀如人豹尾虎齒蓬髮曤然白首石城金穴居其中戴勝而穴處
兮郭璞曰勝玉勝也○正義曰顏云勝代婦人首飾也漢代謂之華勝也亦幸有三足烏
爲之使正義曰張云三足烏青鳥也主爲西王母取食在崑墟之北必長生若此而
不死兮雖濟萬世不足以喜回車朅來兮絕道
不周漢書音義曰不周山在崑崙東南會食幽都呼吸沆瀣兮餐朝霞
兮噍咀芝英兮嘰瓊華徐廣曰嘰音祈小食也駰案韋昭曰瓊華玉英嬐侵
潯而高縱兮紛鴻涌而上厲徐廣曰嬐音纖○索隱曰漢書嬐作襟襟仰也音禁
嬐音魚錦反貫列缺之倒景兮涉豐隆之滂沛漢書音義曰列缺天
閃也倒景日在下○正義曰張云豐隆雲師也淮南子云季春三月豐隆乃出以將雨接豐隆將雲雨故云滂沛馳
游道而脩降兮正義曰游遊車也道道車也脩長也降下也騖遺霧而遠
逝迫區中之隘陜兮舒節出乎北垠遺屯騎於
玄闕兮軼先驅於寒門漢書音義曰玄闕北極之山寒門天北門下崢嶸
而無地兮上寥廓而無天視眩眠而無見兮聽
惝恍而無聞乘虛無而上假兮超無友而獨存
徐廣曰假音古下反至也相如既奏大人之頌天子大說飄飄
有凌雲之氣似游天地之間意相如既病免家

司馬相如

居茂陵天子曰司馬相如病甚可往從悉取其
書若不然後失之矣使所忠往正義曰姓所名忠也風俗通姓氏云漢書
有諫大夫所忠氏而相如已死家無書問其妻對曰長卿
固未嘗有書也時時著書人又取去即空居長
卿未死時為一卷書曰有使者來求書奏之無
他書其遺札書言封禪事奏所忠忠奏其書天
子異之其書曰伊上古之初肇自昊穹兮生民
歷撰列辟以迄于秦徐廣曰撰一作選○索隱曰文穎曰選數也率邇者
踵武徐廣曰率循也邇近也武迹也循省世近之遺迹○索隱曰言循覽近代之事則踵蹈者可知也逖
聽者風聲徐廣曰逖遠也聽察遠古之風聲○索隱曰風聲風雅之聲以言聽遠古之事則著在風雅之聲也紛

綸葳蕤堙滅而不稱者不可勝數也索隱曰胡廣曰紛亂也綸
沒也葳蕤委頓也張揖曰亂貌續韶夏崇號謚略可道者七十有
二君漢書音義曰昭明也夏大也德明大相繼封禪於泰山者七十有二人○索隱曰見韓詩外傳及封禪書也罔
若淑而不昌疇逆失而能存徐廣曰若順也疇駰案韋昭曰疇誰也言順善必
昌逆失必亡軒轅之前遐哉邈乎其詳不可得聞也五
三六經載籍之傳維見可觀也索隱曰胡廣云五五帝也三三王也案六
經詩書禮樂易春秋也書曰元首明哉股肱良哉因斯以談
君莫盛於唐堯臣莫賢於后稷后稷創業於唐
公劉發迹於西戎文王改制爰周郅隆徐廣曰郅盂字誤皇
甫謐曰王季宅程故周書曰維王季宅程孟子稱文王生於畢程或者郅字宜為程乎或為郅北地有郁郅縣郅大也音

司馬相如

賀駰案漢書音義曰郅至也○索隱曰爰於及也郅大也盛也樊光云郅可見之大也徐及皇甫之說皆非也以言文王
改制及周而大盛也大行越成漢書音義曰行道也文王始開王業改正朔易服色太平之道於是
成矣○索隱曰應劭云大行謂以言道德大行也而後陵夷衰微千載無聲
徐廣曰周之王四海千載之後聲教乃絕駰案韋昭曰無惡聲豈不善始善終哉然無
異端慎所由於前謹遺教於後耳故軌迹夷易
易遵也湛恩濛涌易豐也憲度著明易則也垂
統理順易繼也是以業隆於繈緥而崇冠于二
后漢書音義曰繈緥謂成王也二后謂文武也周公負成王致太平功德冠於文武者道成法易故也揆厥
所元終都攸卒漢書音義曰都於卒終也未有殊尤絕迹可考
于今者也然猶躡梁父登泰山建顯號施尊名

大漢之德逢涌原泉韋昭曰漢德逢涌如泉原也○索隱曰張揖曰逢遇也喻其德盛若
遇泉原之流也又作峯讀胡廣曰自此已下論漢家之德也沕潏漫衍旁魄四塞雲
尃霧散徐廣曰尃音布上暢九垓下泝八埏徐廣曰音衍駰案漢書音義曰
暢達垓重也泝流也埏若八埏之際也言其德上達於九重之天下流於地之八際也懷生之類霑
濡浸潤協氣橫流武節飄逝邇陝游原迥闊泳
沫漢書音義曰邇近原本也迥遠闊廣也泳浮也恩德比之於水近者游其原遠者浮其沫首惡湮沒
闇昧昭晳漢書音義曰始為惡者皆湮滅闇昧喻夷狄皆化昆蟲凱澤回首
面內韋昭曰面向也然後囿騶虞之珍群徼麋鹿之怪獸
漢書音義曰徼遮也麋鹿得其奇怪者謂獲白麟也導一莖六穗於庖徐廣曰導瑞禾也駰
案漢書音義曰謂嘉禾之米於庖廚以供祭祀○索隱曰鄭德云導擇也說文嘉禾一名導案字林云禾一莖六穗謂之導也

犧雙觡共抵之獸徐廣曰抵音底駰案漢書音義曰犧牲也觡角也底本也武帝獲白麟兩角共一本因以為牲也獲周餘珍收龜于岐徐廣曰一作放龜駰案漢書音義曰餘珍得周鼎也岐水名也招翠黃乘龍於沼漢書音義曰翠黃乘黃也龍翼馬身黃帝乘而登仙言見乘黃而招呼之禮樂志曰紫黃湛河不下來余吾渥洼水中出神馬故曰乘龍於沼○索隱曰服虔云乘龍四龍也翠黃孟說是也周書云乘黃似狐背上有兩角也鬼神接靈圉賓於閒館徐廣曰言至德與神明通接故靈圉為賓旅於閒館矣郭朴曰靈圉仙人名也奇物譎詭俶儻窮變欽哉符瑞臻茲猶以為薄不敢道封禪蓋周躍魚隕杭休之以燎索隱曰杭舟也胡廣云武王渡河白魚入王舟俯取以燎隕墜之於舟中也微夫斯之為符也以登介丘不亦恧乎漢書音義曰介大丘山也言周以白魚為瑞登太山封禪不亦慙乎進讓之道其何爽與徐廣曰爽差異也駰案漢書音義曰進周也讓漢也言周未可封禪為進漢可封禪而不封禪為讓也○索隱曰爽猶差也言漢周進讓之道皆差也於是大司馬進曰陛下仁育群生義征不憓漢書音義曰大司馬上公也故先進議憓音惠順也諸夏樂貢百蠻執贄德侔往初功無與二休烈浹洽符瑞衆變期應紹至不特創見徐廣曰不但初顯符瑞而已盡將終以封禪之事○索隱曰文穎云不獨一物初創見也胡廣云符瑞衆多應期相繼而至也意者泰山梁父設壇場望幸蓋號以況榮徐廣曰以況受上天之榮為名號○索隱曰案本或作望華蓋華蓋星名在紫微大帝之上今言望聖帝之臨幸也義亦兩通而孟康服虔注本皆幸下有華字而虞摯流別集則唯云幸幸當是也於義亦通直以後人見幸下有蓋字又幸字似華故因疑惑遂定華字使誤也文穎云蓋合也言考合前代之君擬其榮而相比況以為號也大顏云蓋欲也言欲化功立號受天之況賜榮名也於義為愜然其文云蓋詞義典質又上與幸字連文致令有華蓋之謬也上帝垂恩

儲祉將以薦成徐廣曰以衆瑞物初至封禪薦之上天告成功也○索隱曰案漢書作慶成義亦通也陛下謙讓而弗發也挈三神之驩徐廣曰挈猶言垂也駰案韋昭曰挈缺也三神上帝泰山梁父也○索隱曰徐氏云挈猶垂非也應劭作絕李奇韋昭作缺意亦不遠三神如淳謂地祇天神山嶽也與韋不同缺王道之儀群臣恧焉或謂且天為質闇珍符固不可辭漢書音義曰言天道質昧以符瑞見意不可辭讓也若然辭之是泰山靡記而梁父靡幾也漢書音義曰太山之上無所表記梁父壇場無所庶幾○索隱曰案幾音冀亦各並時而榮咸濟世而屈漢書音義曰屈絕之也言古帝王但作一時之榮畢代而絕也說者尚何稱於後徐廣曰若無封禪之遺迹則榮盡於當時至於歷世之後人何所述而云七十二君乎索隱曰言古封禪之帝王是各並時而榮貴盛有濟世之勳而屈者謂言抑屈揔不封禪使說者尚何稱述後代而云七十二君乎夫修德以錫符奉符以行事不為進越索隱曰文穎云越踰也不為苟進踰禮也故聖王弗替而修禮地祇謁款天神漢書音義曰款誠也謁告之報誠也勒功中嶽以彰至尊舒盛德發號榮受厚福以浸黎民也皇皇哉斯事天下之壯觀王者之丕業不可貶也願陛下全之而後因雜薦紳先生之略術使獲燿日月之末光絕炎以展采錯事徐廣曰錯音厝駰案漢書音義曰采官也使諸儒記功著業得覩日月末光殊絕之用以展其官職設厝其事業者也猶兼正列其義校飭文作春秋一藝徐廣曰校一作祓祓猶拂也音廢也駰案漢書音義曰春秋者正天時列人事諸儒既得展事業因兼正天時列人事敘述大義為一經將襲舊六為七韋昭曰今漢書增一仍舊六為七也攄之無窮

徐廣曰攄一作臚臚叙也索隱曰廣雅云攄攄張舒也○俾萬世得激清流揚微波蜚英聲騰茂實索隱曰胡廣曰飛揚英偉之聲騰馳茂盛之實也前聖之所以永保鴻名而常爲稱首者用此索隱曰案謂用此封禪也宜命掌故悉奏其義而覽焉漢書音義曰掌故太史官屬主故事也於是天子沛然改容曰愉乎朕其試哉乃遷思回慮總公卿之議詢封禪之事詩大澤之博廣符瑞之富漢書音義曰詩歌詠功德也下四章之頌也大澤之博謂自我天覆雲之油油廣符瑞之富謂斑斑之獸以下三章言符瑞廣大富饒也乃作頌曰自我天覆雲之油油漢書音義曰油油雲行貌孟子曰油然作雲沛然下雨甘露時雨厥壤可游滋液滲漉何生不育徐廣曰滲音色蔭反○索隱曰案說文云滲漉水下流之貌也嘉穀六穗我穡曷蓄徐廣曰何所蓄邪蓄嘉穀非唯雨之又潤澤之非唯濡之氾尃濩之徐廣曰古布字作尃○索隱曰胡廣曰氾普也言雨澤非偏於我普遍布散無所不濩也萬物熙熙懷而慕思名山顯位望君之來韋昭曰名山大山也顯位封禪也君乎君乎侯不邁哉索隱曰小顏云侯何也邁行也言君何不行封禪般般之獸樂我君囿索隱曰案般般文彩之貌也音班胡廣曰謂騶虞也白質黑章其儀可嘉旼旼睦睦君子之能徐廣曰旼音旻和貌也能一作熊騆案漢書音義曰旻和穆敬言和且敬有似君子蓋聞其聲今觀其來厥塗靡蹤天瑞之徵徐廣曰其所來路非有迹蓋自天降瑞不行而至也兹亦於舜虞氏以興索隱曰文穎曰舜百獸率舞則騶虞亦在其中也濯濯之麟游彼靈時漢書音義曰武帝祠五時獲白麟故言游靈時○索隱曰詩人云麀鹿濯濯注云濯濯嬉遊也

孟冬十月君徂郊祀馳我君輿帝以享祉三代之前蓋未嘗有宛宛黃龍興德而升索隱曰胡廣曰宛宛屈伸也采色炫燿熿炳煇煌徐廣曰熿音晃煇音暈正陽顯見覺寤黎烝索隱曰文穎云正陽陽明也謂南面受朝也於傳載之云受命所乘索隱曰如淳曰書傳所載援其比類以爲漢土德黃龍爲之應見之於成紀故云受命所乘也厥之有章不必諄諄徐廣曰諄止純反告之丁寧騆案漢書音義曰天之所命表以符瑞章明其德不必諄諄然有語言也依類託寓諭以封巒漢書音義曰寓寄也巒山也言依事類託寄以諭封禪者披藝觀之天人之際已交上下相發允荅聖王之德兢兢翼翼也故曰興必慮衰安必思危是以湯武至尊嚴不失肅祗舜在假典顧省厥遺此之謂也徐廣曰假大也司馬相如既卒五歲徐廣曰元狩五年天子始祭后土八年而遂先禮中嶽正義曰嵩高也在洛州陽城縣西北二十二里封于太山正義曰在兗州博城縣西北三十里至梁父禪肅然徐廣曰小山在泰山下趾東北相如他所著若遺平陵侯書徐廣曰蘇建也與五公子相難草木書篇不采采其尤著公卿者云

太史公曰春秋推見至隱韋昭曰推見事至於隱諱謂若晉文召天子經言狩河陽之屬○索隱曰李奇曰隱猶微也言其義彰而文微若隱公見弒而經不書諱之也易本隱之以顯韋昭曰易本隱微妙出爲人事乃顯著也○索隱曰虞喜志林曰春秋以人事通天道是推見至隱也易以天道接人事索隱以之明顯也大雅言王公大人而德逮黎庶韋昭曰先言王

公大人之德乃後及衆庶也○索隱曰張揖曰謂文王公劉在位大人之德下及衆民者也小雅譏小已之得失其流及上韋昭曰小雅云人志狹小先道已之憂苦其流乃及上政之得失者○索隱曰張揖云已詩人自謂也已小有得失不得其所作詩夜言以諷其上也故詩緯云小雅譏已得失及之於上也所以言雖外殊其合德一也相如雖多虛辭濫說然其要歸引之節儉此與詩之風諫何異揚雄以爲靡麗之賦勸百風一猶馳騁鄭衛之聲曲終而奏雅不已虧乎余采其語可論者著于篇

索隱述贊曰

相如縱誕　竊貲卓氏　其學無方
其才足倚　子虛過吒　上林非侈
駟馬還邛　百金獻伎　惜哉封禪
遺文悼爾

史玖阡貳伯肆拾伍字
注萬捌阡捌伯貳拾字

司馬相如列傳第五十七　史記一百一十七

淮南衡山列傳第五十八　史記一百一十八

淮南厲王長者高祖少子也其母故趙王張敖美人高祖八年從東垣過趙趙（正義曰趙張耳所都今邢州也）趙王獻之美人厲王母得幸焉有身趙王敖弗敢内宮爲築外宮而舍之及貫高等謀反柏人事發覺并逮治王盡收捕王母兄弟美人繫之河内厲王母亦繫告吏曰得幸上有身吏以聞上上方怒趙王未理厲王母厲王母弟趙兼因辟陽侯言呂后呂后妬弗肯白辟陽侯不彊爭及厲王母已生厲王恚即自殺吏奉厲王詣上上悔（正義曰悔不理厲王母）令呂后母之而葬厲王母眞定眞定厲王母之家在焉父世縣也（索隱曰案漢書作母家縣謂父祖代居眞定也）

高祖十一年十月淮南王黥布反立子長爲淮南王王黥布故地凡四郡（徐廣曰九江廬江衡山豫章也）上自將兵擊滅布厲王遂即位厲王蚤失母常附呂后孝惠呂后時以故得幸無患害而常心怨辟陽侯弗敢發及孝文帝初即位淮南王自以爲最親驕蹇數不奉法上以親故常寬赦之三年入朝甚橫從上入苑囿獵與上同車常謂上大兄厲王有材力力能扛鼎乃往請辟陽侯辟陽侯

出見之即自袖鐵椎椎辟陽侯（索隱曰漢書作褎金椎椎之案信陵君使朱亥袖四十斤鐵鎚也）令從者魏敬剄之（正義曰剄古鼎反剄謂刺剄）厲王乃馳走闕下肉袒謝曰臣母不當坐趙事其時辟陽侯力能得之呂后弗爭罪一也趙王如意子母無罪呂后殺之辟陽侯弗爭罪二也呂后王諸呂欲以危劉氏辟陽侯弗爭罪三也臣謹爲天下誅賊臣辟陽侯報母之仇謹伏闕下請罪孝文傷其志爲親故弗治赦厲王當是時薄太后及太子諸大臣皆憚厲王厲王以此歸國益驕恣不用漢法出入稱警蹕稱制自爲法令

擬於天子六年令男子但等七十人與棘蒲侯柴武太子奇謀以輂車四十乘（徐廣曰大車駕馬曰輂音己足反）反谷口（漢書音義曰谷口在長安北故縣也處多險阻○正義曰括地志云谷口故城在雍州醴泉縣東北四十里漢谷口縣也）令人使閩越匈奴事覺治之使使召淮南王淮南王至長安丞相臣張倉典客臣馮敬行御史大夫事宗正臣逸廷尉臣賀備盜賊中尉臣福昧死言淮南王長廢先帝法不聽天子詔居處無度爲黃屋蓋乘輿出入擬於天子擅爲法令不用漢法及所置吏以其郎中春爲丞相聚收漢諸侯人及有罪亡者匿與居爲治家室

賜其財物爵祿田宅爵或至關內侯奉以二千
石所不當得欲以有爲 如淳曰賜之畔來者如賜其國二千石也瓚曰奉以二千
石之秩祿 大夫但 張晏曰大夫姓也上云男子但明其姓大夫也瓚曰官爲大夫名但者也○索隱曰張晏云大
夫姓非也案上文云男子但此云大夫但及士五開章則知大夫是官也 士五開章等七十人
如淳曰律有罪失官爵稱士伍者也開章名 與棘蒲侯太子奇謀反 徐廣曰棘蒲侯
柴武以文帝後元年卒謚剛嗣子謀反不得置後國除 欲以危宗廟社稷使開
章陰告長與謀使閩越及匈奴發其兵開章之
淮南見長長數與坐語飲食爲家室娶婦以二
千石俸奉之開章使人告但已言之王春使使
報但等吏覺知使長安尉奇等往捕開章長匿

不予與故中尉蕑忌謀殺以閉口 索隱曰蕑姓也音姦嚴助傳則
作蕑忌字音亦同○正義曰謀殺開章以閉絕謀反之口也 爲棺槨衣衾葬之肥陵
邑 正義曰括地志云肥陵故縣在壽州安豐縣東六十里在故六城東北百餘里 謾吏曰不知
安在 索隱曰謾音慢慢䛔也實葬肥陵䛔云不知處按肥陵地名在肥水之上 又佯聚土樹
表其上曰開章死埋此下及長身自賊殺無罪
者一人令吏論殺無罪者六人爲命棄市罪詐
捕命者以除罪 晉灼曰亡命者當棄市而王藏之詐捕不命者而言命以脫命者之罪 擅
罪人罪人無告劾繫治城旦舂以上十四人赦
免罪人死罪十八人城旦舂以下五十八人賜
人爵關內侯以下九十四人前日長病陛下憂

苦之使使者賜書棗脯長不欲受賜不肯見拜
使者南海民處廬江界中者反淮南吏卒擊之
陛下以淮南民貧苦遣使者賜長帛五千匹以
賜吏卒勞苦者長不欲受賜謾言曰無勞苦者
南海民王織上書獻璧皇帝忌擅燔其書不以
聞 文穎曰忌蕑忌 吏請召治忌長不遣謾言曰忌病春又
請長願入見長怒曰女欲離我自附漢長當棄
市臣請論如法制曰朕不忍致法於王其與列
侯二千石議臣倉臣敬臣逸臣福臣賀昧死言
臣謹與列侯吏二千石臣嬰等四十三人議皆

曰長不奉法度不聽天子詔乃陰聚徒黨及謀
反者厚養亡命欲以有爲臣等議論如法制曰
朕不忍致法於王其赦長死罪廢勿王臣倉等
昧死言長有大死罪陛下不忍致法幸赦廢勿
王臣請處蜀郡嚴道邛郵 徐廣曰嚴道有邛僰九折阪又有郵置駰案張晏曰
嚴道蜀郡縣○索隱曰縣有蠻夷曰道嚴道有邛來山有郵置故曰嚴道邛郵也 遣其子母從
居 索隱曰案樂彥云妾媵之有子者從去也 縣爲築蓋家室皆廩食給
薪菜鹽豉炊食器席蓐臣等昧死請請布告天
下制曰計食長給肉日五斤酒二斗令故美人
才人得幸者十人從居他可 索隱曰謂它事可其制也 盡誅所

與謀者於是乃遣淮南王載以輜車令縣以次傳是時袁盎諫上曰上素驕淮南王弗爲置嚴傅相以故至此且淮南王爲人剛今暴摧折之臣恐卒逢霧露病死陛下爲有殺弟之名奈何上曰吾特苦之耳今復之縣傳淮南王者皆不敢發車封 漢書音義曰檻車有檻封也 淮南王乃謂侍者曰誰謂乃公勇者 索隱曰乃汝也汝公淮南王自謂也 吾安能勇吾以驕故不聞吾過至此人生一世間安能邑邑如此乃不食死至雍 正義曰今岐州雍縣也 雍令發封以死聞上哭甚悲謂袁盎曰吾不聽公言卒亡淮南王盎曰不可奈何願陛下自寬上曰爲之奈何盎曰獨斬丞相御史以謝天下乃可 索隱曰案劉氏云袁盎此言亦太過也 上即令丞相御史逐考諸縣傳送淮南王不發封餽侍者皆棄市乃以列侯葬淮南王於雍守冢三十户孝文八年上憐淮南王淮南王有子四人皆七八歲乃封子安爲阜陵侯子勃爲安陽侯子賜爲周陽侯子良爲東成侯孝文十二年民有作歌歌淮南厲王曰一尺布尚可縫一斗粟尚可舂兄弟二人不能相容 漢書音義曰尺布斗粟猶尚不棄況於兄弟而更相逐乎瓚曰一尺布尚可縫而共衣一斗粟尚可舂而共食也況以天下之廣而不能相容 上

聞之乃歎曰堯舜放逐骨肉 正義曰帝系云堯黃帝之後舜顓頊之後四凶之內有承黃帝顓頊者而堯舜竄之故放逐骨肉耳四凶者共工三苗伯鯀及驩兜皆堯舜之同姓故云骨肉也 周公殺管蔡天下稱聖何者不以私害公天下豈以我爲貪淮南王地邪乃徙城陽王王淮南故地 徐廣曰景王章之子 而追尊謚淮南王爲厲王 正義曰謚法云暴慢無親曰厲 置園復如諸侯儀孝文十六年徙淮南王喜復故城陽 索隱曰故城陽景王章子也 上憐淮南厲王廢法不軌自使失國蚤死乃立其三子阜陵侯安爲淮南王安陽侯勃爲衡山王周陽侯賜爲廬江王皆復得厲王時地參分之東城侯良前薨無後也孝景三年吳楚七國反吳使者至淮南淮南王欲發兵應之其相曰大王必欲發兵應吳臣願爲將王乃屬相兵淮南相已將兵因城守不聽王而爲漢漢亦使曲城侯 徐廣曰曲城侯姓蟲名捷其父名逢高祖功臣 將兵救淮南淮南以故得完吳使者至廬江廬江王弗應而往來使越吳使者至衡山衡山王堅守無二心孝景四年吳楚已破衡山王朝上以爲貞信乃勞苦之曰南方卑溼徙衡山王王濟北所以襃之及薨遂賜謚爲貞王廬江王邊越數使使相交故徙爲衡山王王江北淮南王

如故淮南王安爲人好讀書鼓琴不喜弋獵狗馬馳騁亦欲以行陰德拊循百姓流譽天下時時怨望厲王死時欲畔逆未有因也及建元二年淮南王入朝素善武安侯武安侯時爲太尉乃逆王霸上與王語曰方今上無太子大王親高皇帝孫正義曰漢書云武帝以安屬爲諸侯行仁義天下莫不聞即宮車一日晏駕非大王當誰立者淮南王大喜厚遺武安侯金財物陰結賓客索隱曰淮南要略云養士數千高材者八人蘇非李尚左吳田由雷被伍被毛被晉昌號曰八公拊循百姓爲畔逆事建元

六年彗星見淮南王心怪之或說王曰先吳軍起時彗星出長數尺然尚流血千里今彗星長竟天天下兵當大起王心以爲上無太子天下有變諸侯並爭愈益治器械攻戰具積金錢賂遺郡國諸侯游士奇材諸辨士爲方略者妄作妖言諂諛王王喜多賜金錢而謀反滋甚淮南王有女陵慧有口辯王愛陵常多予金錢爲中詗長安徐廣曰詗伺候采察之名也音空政反安平侯鄂千秋玄孫伯與淮南王女陵通而中絕又遺淮南王書稱臣盡力故棄市○索隱曰鄧展曰詗捕也孟康曰詗音偵西方人以反間爲偵劉氏及包愷並音丑政反服虔云偵候之也約結上左右元朔三年上賜淮南王几杖

不朝淮南王王后荼王愛幸之王后生太子遷遷取王皇太后外孫脩成君女爲妃應劭曰王太后先適金氏女也王謀爲反具畏太子妃知而內泄事乃與太子謀令詐弗愛三月不同席王乃詳爲怒太子閉太子使與妃同內三月太子終不近妃妃求去王乃上書謝歸去之王后荼太子遷及女陵得愛幸王擅國權侵奪民田宅妄致繫人徐廣曰一云歐擊元朔五年太子學用劍自以爲人莫及聞郎中雷被巧索隱曰案巧者謂善用劍也乃召與戲被一再辭讓誤中太子索隱曰樂彥云初一讓王至二讓後遂不讓故云一再讓而誤中太子也太子怒

被恐此時有欲從軍者輒詣京師被即願奮擊匈奴太子遷數惡被於王王使郎中令斥免欲以禁後正義曰言屛斥免郎中令官而令後人不敢效也被遂亡至長安上書自明詔下其事廷尉河南正義曰雷被告章下廷尉及河南共治之河南治逮淮南太子正義曰逮謂追赴河南也王王后計欲無遣太子遂發兵反計猶豫十餘日未定會有詔即訊太子索隱曰案樂彥云即就淮南案之不逮詣河南也當是時淮南相怒壽春丞留太子逮不遣如淳曰丞主刑獄囚徒丞順王意不遣太子應逮書劾不敬王以請相相弗聽王使人上書告相事下廷尉治蹤跡連王王使人候伺漢公卿公卿請逮

捕治王王恐事發太子遷謀曰漢使即逮王王
令人衣衛士衣持戟居庭中王旁有非是則刺
殺之臣亦使人刺殺淮南中尉乃舉兵未晚是
時上不許公卿請而遣漢中尉宏即訊驗王索隱
曰案百官表云宏姓殷也王聞漢使來即如太子謀計漢中尉
至王視其顏色和訊王以斥雷被事耳王自度
無何如淳曰無何罪不發中尉還以聞公卿治者曰淮南
王安擁閼奮擊匈奴者雷被等廢格明詔當棄
市索隱曰崔浩云詔書募擊匈奴而被壅遏應募者漢律所謂廢格案如淳注梁孝王傳云謂岐閣不行也音各詔
弗許公卿請廢勿王詔弗許公卿請削五縣詔

削五縣使中尉宏赦淮南王罪罰以削地中尉
入淮南界宣言赦王王初聞漢公卿請誅之未
知得削地聞漢使來恐其捕之乃與太子謀刺
之如前計及中尉至即賀王王以故不發其後
自傷曰吾行仁義見削甚恥之然淮南王削地
之後其為反謀益甚諸使道從長安來為妄妖
言索隱曰如淳曰道猶言路由長安來姚丞云道或作從言上無男漢不治即喜
即言漢廷治有男王怒以為妄言非也王日夜
與伍被漢書曰伍被楚人或言其先伍子胥後左吳等案輿地圖蘇林曰輿
猶盡載之意○索隱曰志林云輿地圖漢家所畫非出遠也部署兵所從入王曰上

無太子宮車即晏駕廷臣必徵膠東王不即常
山王徐廣曰皆景帝子也諸侯並爭吾可以無備乎且吾高
祖孫親行仁義陛下遇我厚吾能忍之萬世之
後吾寧能北面臣事豎子乎王坐東宮召伍被
與謀曰將軍上被悵然曰上寬赦大王王復安
得此亡國之語乎臣聞子胥諫吳王吳王不用
乃曰臣今見麋鹿游姑蘇之臺也今臣亦見宮
中生荊棘露霑衣也王怒繫伍被父母囚之三
月復召曰將軍許寡人乎被曰不直來為大王
畫耳臣聞聰者聽於無聲明者見於未形故聖

人萬舉萬全昔文王一動而功顯于千世列為
三代此所謂因天心以動作者也故海內不期
而隨此千歲之可見者夫百年之秦近世之吳
楚亦足以喻國家之存亡矣臣不敢避子胥之
誅願大王毋為吳王之聽昔秦絕先王之道殺
術士燔詩書棄禮義尚詐力任刑罰轉負海之
粟致之西河當是之時男子疾耕不足於糟糠
女子紡績不足於蓋形遣蒙恬築長城東西數
千里暴兵露師常數十萬死者不可勝數僵尸
千里流血頃畝百姓力竭欲為亂者十家而五

又使徐福入海求神異物還為偽辭曰臣見海中大神言曰汝西皇之使邪臣答曰然汝何求曰願請延年益壽藥神曰汝秦王之禮薄得觀而不得取即從臣東南至蓬萊山見芝成宮闕有使者銅色而龍形光上照天於是臣再拜問曰宜何資以獻海神曰以令名男子若振女徐廣曰西京賦曰振子萬童駰案薛綜曰振子童男女與百工之事即得之矣秦皇帝大說遣振男女三千人資之五穀種種百工而行徐福得平原廣澤止王不來正義曰括地志云亶州在東海中秦始皇遣徐福將童男女遂止此州其後復有數洲萬家其上人有至會稽市易者闕丈於是百

姓悲痛相思欲為亂者十家而六又使尉佗踰五嶺攻百越尉佗知中國勞極止王不來使人上書求女無夫家者三萬人以為士卒衣補秦皇帝可其萬五千人於是百姓離心瓦解欲為亂者十家而七客謂高皇帝曰時可矣高皇帝曰待之聖人當起東南間不一年陳勝吳廣發矣高皇始於豐沛一倡天下不期而響應者不可勝數也此所謂蹈瑕候間因秦之亡而動者也百姓願之若旱之望雨故起於行陳之中而立為天子功高三王德傳無窮今大王見高皇

帝得天下之易也獨不觀近世之吳楚乎夫吳王賜號為劉氏祭酒應劭曰禮飲酒必祭示有先也故稱祭酒尊也復不朝王四郡之衆地方數千里內鑄消銅以為錢東煮海水以為鹽上取江陵木以為船一船之載當中國數十兩車國富民衆行珠玉金帛賂諸侯宗室大臣獨竇氏不與計定謀成舉兵而西破於大梁敗於狐父徐廣曰在梁碭之間奔走而東至於丹徒越人禽之身死絕祀為天下笑夫以吳越之衆不能成功者何誠逆天道而不知時也方今大王之兵衆不能十分吳楚之一天下安寧有萬倍

於吳楚之時願大王從臣之計大王不從臣之計今見大王事必不成而語先泄也臣聞微子過故國而悲於是作麥秀之歌是痛紂之不用王子比干也故孟子曰紂貴為天子死曾不若匹夫是紂先自絕於天下久矣非死之日而天下去之今臣亦竊悲大王棄千乘之君必且賜絕命之書為羣臣先死於東宮也如淳曰王時所居也於是王氣怨結而不揚涕滿匡而橫流即起歷階而去王有孽子不害最長王弗愛王王后太子皆不以為子兄數如淳曰不以為子兄秩數不害有子建材高有

氣常怨望太子不省其父服虔曰不省録著兄弟數中又怨時諸侯皆得分子弟爲侯而淮南獨二子一爲太子建父獨不得爲侯建陰結交欲告敗太子以其父代之太子知之數捕繫而榜笞建建具知太子之謀欲殺漢中尉卽使所善壽春莊芷索隱曰漢書作嚴正以元朔六年上書於天子曰毒藥苦於口利於病忠言逆於耳利於行今淮南王孫建材能高淮南王王后荼荼子太子遷常疾害建建父不害無罪擅數捕繫欲殺之今建在可徵問具知淮南陰事書聞上以其事下廷尉廷尉下河南治是時故辟陽侯孫審卿善丞相公孫弘怨淮南厲王殺其大父乃深購淮南事於弘弘乃疑淮南有畔逆計謀深窮治其獄河南治建辭引淮南太子及黨與淮南王患之欲發問伍被曰漢廷治亂伍被曰天下治王意不說謂伍被曰公何以言天下治也被曰被竊觀朝廷之政君臣之義父子之親夫婦之別長幼之序皆得其理上之舉錯遵古之道風俗紀綱未有所缺也重裝富賈周流天下道無不通故交易之道行南越賓服羌僰入獻東甌入降廣長榆如淳

曰廣謂拓大之也長榆塞名王恢所謂樹榆爲塞開朔方匈奴折翅傷翼失援不振雖未及古太平之時然猶爲治也王怒被謝死罪王又謂被曰山東卽有兵漢必使大將軍將而制山東公以爲大將軍何如人也被曰被所善者黃義從大將軍擊匈奴還告被曰大將軍遇士大夫有禮於士卒有恩衆皆樂爲之用騎上下山若蜚材幹絶人被以爲材能如此數將習兵未易當也及謁者曹梁使長安來言大將軍號令明當敵勇敢常爲士卒先休舍穿井未通須士卒盡得水乃敢飲軍罷卒盡已渡河乃度皇太后所賜金帛盡以賜軍吏雖古名將弗過也王默然淮南王見建已徵治恐國陰事且覺欲發被又以爲難乃復問被曰公以爲吳興兵是邪非也被曰以爲非也吳王至富貴也舉事不當身死丹徒頭足異處子孫無遺類徐廣曰一作噍音寂笑反臣聞吳王悔之甚願王孰慮之無爲吳王之所悔王曰男子之所死者一言耳徐廣曰一本無此言字駰案張晏曰不成則死一計耳瓚曰或有一言之云以死執之矣且吳何知反瓚曰言吳王不知舉兵反○索隱曰案知猶解也漢將一日過成皐者四十餘人如淳曰言吳不塞成皐口而令漢將得出之今我令樓緩漢書直云緩無

樓字樓緩乃六國時人疑此後人所益也李奇曰緩似人姓名韋昭曰淮南臣名先要成皋之口（正義曰成皋故在河南氾水縣東南二里）周被下潁川兵塞轘轅伊闕之道（正義曰轘轅故關在河南緱氏縣南四十里伊闕故關在河南縣南十九里）陳定發南陽兵守武關（正義曰故武關在商州商洛縣東九十里春秋時闕文）河南太守獨有雒陽耳何足憂然此北尚有臨晉關河東上黨與河內趙國人言曰絕成皋之口天下不通據三川之險（正義曰即成皋關也）招山東之兵舉事如此公以爲何如被曰臣見其禍未見其福也王曰左吳趙賢朱驕如皆以爲有福什事九成公獨以爲有禍無福何也被曰大王之羣臣近幸

素能使衆者皆前繫詔獄餘無可用者王曰陳勝吳廣無立錐之地千人之聚起於大澤奮臂大呼而天下響應西至於戲而兵百二十萬今吾國雖小然而勝兵者可得十餘萬非直適戍之衆鐖鑿棘矜也（徐廣曰大鐮謂之剴音五哀反或是鐖乎○索隱曰劉氏鐖音吾裹反鑿音自各反又鐖鄉音機鐮音廉）公何以言有禍無福被曰往者秦爲無道殘賊天下興萬乘之駕作阿房之宮收太半之賦發閭左之戍（正義曰閭左邊不役之民秦則役之也）父不寧子兄不便弟政苛刑峻天下熬然若焦（索隱曰即消反）民皆引領而望傾耳而聽悲號仰天叩心而

怨上故陳勝大呼天下響應當今陛下臨制天下一齊海內汎愛蒸庶布德施惠口雖未言聲疾雷霆令雖未出化馳如神心有所懷威動萬里下之應上猶影響也而大將軍材能不特章邯楊熊也大王以陳勝吳廣諭之被以爲過矣王曰苟如公言不可徼幸邪被曰被有愚計王曰柰何被曰當今諸侯無異心百姓無怨氣朔方之郡田地廣水草美民徙者不足以實其地臣之愚計可僞爲丞相御史請書徙郡國豪傑任俠及有耐罪以上（應劭曰輕罪不至於髡完其耐鬢故曰耐字與彡髮膚之意蘇林以

爲法度之字皆從寸後改如是耐音若能如淳曰律耐爲司寇耐爲鬼薪白粲耐猶任也蘇林曰一歲爲罰作二歲刑已上爲耐耐能任其罪）赦令除其罪產五十萬以上者皆徙其家屬朔方之郡益發甲卒急其會日又僞爲左右都司空上林中都官詔獄逮書諸侯太子幸臣（晉灼曰百官表宗正有左右都司空上林有水司空皆主囚徒官也）如此則民怨諸侯懼即使辯武（徐廣曰淮南人名士曰武）隨而說之儻可徼幸什得一乎王曰此可也雖然吾以爲不至若此於是王乃令官奴入宮作皇帝璽丞相御史大將軍軍吏中二千石都官令丞印及旁近郡太守都尉印漢使節法冠（蔡邕曰法冠楚王冠也秦滅楚以其君冠賜御史○索隱

曰崔浩云一名幪冢冠也欲如伍被計使人僞得罪而西蘇林曰詐
作罪人而西也事大將軍丞相一日發兵如淳曰發淮南兵也○索隱曰崔浩
曰一日猶一朝卒然無定時也使人即刺殺大將軍青而說丞相
下之如發蒙耳如淳曰以物蒙覆其頭而爲發去其人欲之耳韋昭曰如蒙巾發之甚易王
欲發國中兵恐其相二千石不聽王乃與伍被
謀先殺相二千石僞失火宮中相二千石救火至
即殺之計未決又欲令人衣求盜衣漢書音義曰卒衣也持
羽檄從東方來呼曰南越兵入界欲因以發兵
乃使人至廬江會稽爲求盜未發王問伍被曰
吾舉兵西鄉諸侯必有應我者即無應奈何被

曰南收衡山以擊廬江有尋陽之船守下雉之
城徐廣曰在江夏駰案蘇林曰下雉縣名○索隱曰雉音全爾反縣名在江南結九江之浦絕
豫章之口正義曰即彭蠡湖口北流出大江者彊弩臨江而守以禁
南郡之下東收江都會稽正義曰江都揚州也會稽蘇州也南通
勁越屈彊江淮閒猶可得延歲月之壽王曰善
無以易此急則走越耳於是廷尉以王孫建辭
連淮南王太子遷聞上遣廷尉監因拜淮南中
尉逮捕太子至淮南淮南王聞與太子謀召相
二千石欲殺而發兵召相相至內史以出爲解
中尉曰臣受詔使不得見王王念獨殺相而內

史中尉不來無益也即罷相王猶豫計未決太
子念所坐者謀刺漢中尉所與謀者已死以爲
口絕乃謂王曰羣臣可用者皆前繫今無足與
舉事者王以非時發恐無功臣願會逮王亦偷
欲休徐廣曰偷苟且也即許太子太子即自剄不殊晉灼曰不殊不
死伍被自詣吏因告與淮南王謀反反蹤跡具
如此吏因捕太子王后圍王宮盡求捕王所與
謀反賓客在國中者索得反具以聞上下公卿
治所連引與淮南王謀反列侯二千石豪傑數
千人皆以罪輕重受誅衡山王賜淮南王弟也

當坐收有司請逮捕衡山王天子曰諸侯各以
其國爲本不當相坐與諸侯王列侯會肄丞相
諸侯議徐廣曰詣都座就丞相共議也○索隱曰案肄習也音異趙王彭祖列侯
臣讓等四十三人議皆曰淮南王安甚大逆無
道謀反明白當伏誅膠西王臣端議曰淮南王
安廢法行邪懷詐僞心以亂天下熒惑百姓倍
畔宗廟妄作妖言春秋曰臣無將將而誅安罪
重於將謀反形已定臣端所見其書節印圖及
他逆無道事驗明白甚大逆無道當伏其法而
論國吏二百石以上及比者徐廣曰比吏而非真宗室近幸

臣不在法中者不能相教當皆免削爵爲士伍毋得官爲吏其非吏他贖死金二斤八兩（蘇林曰非吏故曰他）以章臣安之罪使天下明知臣子之道毋敢復有邪僻倍畔之意丞相弘廷尉湯等以聞天子使宗正以符節治王未至淮南王安自剄殺（徐廣曰即位凡四十二年元狩元年十月死）王后荼太子遷諸所與謀反者皆族天子以伍被雅辭多引漢之美欲勿誅廷尉湯曰被首爲王畫反謀被罪無赦遂誅被國除爲九江郡（徐廣曰又爲六安國以陳縣爲都）

衡山王賜王后乘舒（正義曰衡山王后名也）生子三人長男爽爲太子次男孝次女無采又姬徐來生子男女四人美人厥姬生子二人衡山王淮南王兄弟相責望禮節間不相能衡山王聞淮南王作爲畔逆反具亦心結賓客以應之恐爲所并元光六年衡山王入朝其謁者衞慶有方術欲上書事天子王怒故劾慶死罪彊榜服之衡山內史以爲非是郤其獄王使人上書告內史內史治言王不直王又數侵奪人田壞人冢以爲田有司請逮治衡山王天子不許爲置吏二百石以上（如淳曰漢儀注吏四百石已下自調除國中今王惡天子皆爲置之）衡山王以此

恚與奚慈張廣昌謀求能爲兵法候星氣者日夜從容王密謀反事（徐廣曰密豫作計校）王后乘舒死立徐來爲王后厥姬俱幸兩人相妬厥姬乃惡王后徐來於太子曰徐來使婢蠱道殺太子母太子心怨徐來徐來兄至衡山太子與飲以刃刺傷王后兄王后怨怒數毀惡太子於王太子女弟無采嫁棄歸與奴姦又與客姦太子數讓無采無采怒不與太子通王后聞之即善遇無采無采及中兄孝少失母附王后王后以計愛之與共毀太子王以故數擊笞太子元朔四年中人有賊傷王后假母者（漢書音義曰傅母屬）王疑太子使人傷之笞太子後王病太子時稱病不侍孝王后無采惡太子太子實不病自言病有喜色王大怒欲廢太子立其弟孝王后知王決廢太子又欲并廢孝王后有侍者善舞王幸之王后欲令侍者與孝亂以汙之欲并廢兄弟而立其子廣代太子太子爽知之念后數惡己無已時欲與亂以止其口王后飲太子前爲壽因據王后股求與王后臥王后怒以告王王乃召欲縛而笞之太子知王常欲廢己立其弟孝乃謂王曰孝

與王御者姦無采與奴姦王彊食請上書即倍
王去王使人止之莫能禁乃自駕追捕太子太
子妄惡言王械繫太子宮中孝日益親幸王奇
孝材能乃佩之王印號曰將軍令居外宅多給
金錢招致賓客賓客來者微知淮南衡山有逆
計日夜從容勸之王乃使孝客江都人救赫陳
喜作輣車鍭矢徐廣曰輣車戰車也音扶萌反○索隱曰救漢書作枚劉向別錄云易家有救
氏之法也刻天子璽將相軍吏印王日夜求壯士如周
丘等數稱引吳楚反時計畫以約束衡山王非
敢效淮南王求即天子位畏淮南起并其國以

爲淮南已西發兵定江淮之間而有之望如是
元朔五年秋衡山王當朝六年過淮南淮南王
乃昆弟語除前郤約束反具衡山王即上書謝
病上賜書不朝元朔六年中衡山使人上書請
廢太子爽立孝爲太子爽聞即使所善白嬴之
長安上書索隱曰嬴音盈人姓名也言孝作輣車鍭矢與王御
者姦欲以敗孝白嬴至長安未及上書吏捕嬴
以淮南事繫王聞爽使白嬴上書恐言國陰事
即上書反告太子爽所爲不道弃市罪事下
沛郡治元朔七年冬有司公卿下沛郡求捕所

與淮南謀反者未得得陳喜於衡山王子孝家
吏劾孝首匿喜孝以爲陳喜雅數與王計謀反
恐其發之聞律先自告除其罪又疑太子使白
嬴上書發其事即先自告告所與謀反者救赫
陳喜等廷尉治驗公卿請逮捕衡山王治之天
子曰勿捕遣中尉安索隱曰按漢書表司馬安也大行息索隱曰案
漢書表李息即問王王具以情實對吏皆圍王宮而守
之中尉大行還以聞公卿請遣宗正大行與沛
郡雜治王王聞即自剄殺孝先自告反除其罪
坐與王御婢姦弃市王后徐來亦坐蠱殺前王

后乘舒及太子爽坐王告不孝皆弃市諸與衡山
王謀反者皆族國除爲衡山郡
太史公曰詩之所謂戎狄是膺荊舒是懲信哉
是言也淮南衡山親爲骨肉疆土千里列爲諸侯
不務遵蕃臣職以承輔天子而專挾邪僻之計
謀爲畔逆仍父子再亡國各不終其身爲天下
笑此非獨王過也亦其俗薄臣下漸靡使然也
夫荊楚僄勇輕悍好作亂乃自古記之矣
索隱述贊曰
淮南多橫　舉事非正　天子寬仁

其過不更　輣車致禍　斗粟成詠
王安好學　女陵作詗　兄弟不和
傾國殞命

淮南衡山列傳第五十八　史記一百一十八

循吏列傳第五十九 索隱曰謂本法循理之吏也

史記一百一十九

太史公曰法令所以導民也刑罰所以禁姦也文武不備良民懼然身修者官未曾亂也奉職循理亦可以爲治何必威嚴哉

孫叔敖者 正義曰說苑云孫叔敖爲令尹一國吏民皆來賀有一老父衣麤衣冠白冠後來弔曰有身貴而驕人者民亡之位已高而擅權者君惡之祿已厚而不知足者患處之叔敖再拜敬受命願聞餘教父曰位已高而意益下官益大而心益小祿已厚而愼不取君謹守此三者足以治楚 楚之處士也虞丘相進之於楚莊王以自代也三月爲楚相施教導民上下和合世俗盛美政緩禁止吏無姦邪盜賊不起秋冬則勸民山採春夏以水 徐廣曰乘多水時而出材竹 各得其所便民皆樂其生莊王以爲幣輕更以小爲大百姓不便皆去其業市令言之相曰市亂民莫安其處次行不定相曰如此幾何頃乎市令曰三月頃相曰罷吾今令之復矣後五日朝相言之王曰前日更幣以爲輕今市令來言曰市亂民莫安其處次行之不定臣請遂令復如故王許之下令三日而市復如故楚民俗好庳車 索隱曰庳下也音婢 王以爲庳車不便馬欲下令使高之相曰令數下民不知所從不可王必欲高

車臣請教閭里使高其梱 索隱曰梱門限也音口本反 乘車者皆君子君子不能數下車王許之居半歲民悉自高其車此不教而民從其化近者視而效之遠者四面望而法之故三得相而不喜知其材自得之也三去相而不悔知非己之罪也 皇覽曰孫叔敖冢在南郡江陵故城中曰土里民傳孫叔敖曰葬我廬江陂後當爲萬户邑去故楚都郢城北二十里所或曰孫叔敖激沮水作雲夢大澤之池也

子產者鄭之列大夫也 索隱曰按有管晏列傳其國僑羊舌肸等亦古之賢大夫合著在管晏之下不宜散入循吏之篇 鄭昭君之時以所愛徐摯爲相 索隱曰按鄭系家云子產鄭成公之少子事簡公定公封以六邑子產不事昭君亦無徐贄作相之事抑別有所出太史記異耳 國亂上下不親父子不和大宮子期言之君以子產爲相 索隱曰子期亦鄭之公子也左傳國語亦無其説按系家鄭相子西子駟之子與子產同時蓋亦子期之兄弟也 爲相一年豎子不戲狎斑白不提挈僮子不犂畔二年市不豫賈 索隱曰賈音價謂臨時評其貴賤不豫定賈 三年門不夜關 徐廣曰一作閉 道不拾遺四年田器不歸五年士無尺籍 正義曰言士民無一尺方板之籍書什伍什伍相保也 喪期不令而治治鄭二十六年而死丁壯號哭老人兒啼曰子產去我死乎民將安歸 皇覽曰子產冢在河南新鄭城外大冢是也○索隱曰按左傳及系家云子產死孔子泣曰子產古之遺愛也又韓詩外傳子產卒鄭人耕者輟耒婦人捐其佩玦也

公儀休者魯博士也以高弟爲魯相奉法循理無所變更百官自正使食祿者不得與下民爭利受大者不得取小客有遺相魚者相不受客曰聞君嗜魚遺君魚何故不受也相曰以嗜魚故不受也今爲相能自給魚今受魚而免誰復給我魚者吾故不受也食茹而美拔其園葵而棄之見其家織布好而疾出其家婦燔其機云欲令農士工女安所讎其貨乎

石奢者楚昭王相也堅直廉正無所阿避行縣道有殺人者相追之乃其父也縱其父而還自繫焉使人言之王曰殺人者臣之父也夫以父立政不孝也廢法縱罪非忠也臣罪當死王曰追而不及不當伏罪子其治事矣石奢曰不私其父非孝子也不奉主法非忠臣也王赦其罪上惠也伏誅而死臣職也遂不受令自刎而死

李離者晉文公之理也（正義曰理獄官也）過聽殺人自拘當死文公曰官有貴賤罰有輕重下吏有過非子之罪也李離曰臣居官爲長不與吏讓位受祿爲多不與下分利今過聽殺人傳其罪下吏非所聞也辭不受令文公曰子則自以爲有罪

寡人亦有罪邪李離曰理有法失刑則刑失死則死公以臣能聽微決疑（索隱曰言能聽察微理以決疑獄故周禮司寇以五聽察獄詞氣色耳目也又尚書曰服念五六日至于旬時是也）故使爲理今過聽殺人罪當死遂不受令伏劍而死

大史公曰孫叔敖出一言郢市復子產病死鄭民號哭公儀子見好布而家婦逐石奢縱父而死楚昭名立李離過殺而伏劍晉文以正國法

索隱述贊曰

奉職循理　爲政之先　恤人體國
良史述焉　叔孫鄭產　自昔稱賢
拔葵一利　赦父非僭　李離伏劍
爲法而然

循吏列傳第五十九　史記一百一十九

汲鄭列傳第六十　史記一百二十

汲黯字長孺濮陽人也其先有寵於古之衞君文穎曰六國時衞但稱君至黯七世世爲卿大夫黯以父任孝景時爲太子洗馬以莊見憚索隱曰莊者嚴也謂嚴威也自漢明帝諱莊故已後莊皆云嚴孝景帝崩太子即位黯爲謁者東越相攻上使黯往視之不至至吳而還報曰越人相攻固其俗然不足以辱天子之使河內失火延燒千餘家上使黯往視之還報曰家人失火屋比延燒索隱曰比音鼻不足憂也臣過河南河南貧人傷水旱萬餘家或父子相食臣謹以便宜持節發

河南倉粟以振貧民臣請歸節伏矯制之罪上賢而釋之遷爲滎陽令黯耻爲令病歸田里上聞乃召拜爲中大夫以數切諫不得久留內遷爲東海太守黯學黃老之言治官理民好清靜擇丞史而任之如淳曰律太守都尉諸侯內史史各一人卒史書佐各十人今總言丞史或以爲擇郡丞及史使任之鄭當時爲大農推官屬丞史亦是也其治責大指而已不苛小黯多病臥閨閤內不出歲餘東海大治稱之上聞召以爲主爵都尉列於九卿治務在無爲而已弘大體不拘文法黯爲人性倨少禮面折不能容人之過合己者善待之不合己者不

能忍見士亦以此不附焉然好學游俠任氣節內行脩絜好直諫數犯主之顏色常慕傅柏袁盎之爲人也應劭曰傅柏梁人爲孝王將素伉直○索隱曰傅音付人姓柏名善灌夫鄭當時及宗正劉棄徐廣曰一云名棄疾○索隱曰漢書見名棄疾亦以數直諫不得久居位當是時太后弟武安侯蚡爲丞相中二千石來拜謁蚡不爲禮然黯見蚡未嘗拜常揖之天子方招文學儒者上曰吾欲云云張晏曰所言欲施仁義也黯對曰陛下內多欲而外施仁義奈何欲效唐虞之治乎上默然怒變色而罷朝公卿皆爲黯懼上退謂左右曰甚矣汲黯之戇

也索隱曰戇愚也音陟降反羣臣或數黯黯曰天子置公卿輔弼之臣寧令從諛承意陷主於不義乎且已在其位縱愛身奈辱朝廷何黯多病病且滿三月上常賜告者數如淳曰杜欽所謂病滿賜告詔恩也數者非一也或曰賜告得去官歸家與告居官不視事○索隱曰數音所角反終不愈最後病莊助爲請告徐廣曰最一作其也上曰汲黯何如人哉助曰使黯任職居官無以踰人索隱曰踰音庾案漢書作踰踰猶勝也然至其輔少主守城深堅招之不來麾之不去雖自謂賁育亦不能奪之矣上曰然古有社稷之臣至如黯近之矣大將軍青侍中上踞廁而視之如淳曰廁音側謂牀邊踞牀視之一云溷

汲黯

厠也厠牀邊側 丞相弘燕見上或時不冠至如黯見上不
冠不見也上嘗坐武帳中 應劭曰武帳織成爲武士象也孟康曰今御武帳置
兵蘭五兵於帳中韋昭曰以武名之示威 黯前奏事上不冠望見黯避帳
中使人可其奏其見敬禮如此張湯方以更定
律令爲廷尉黯數質責湯於上前曰公爲正卿
上不能褒先帝之功業下不能抑天下之邪心
安國富民使囹圄空虛二者無一焉非苦就行
放析就功何乃取高皇帝約束紛更之爲 如淳曰紛
亂也 公以此無種矣黯時與湯論議湯辯常在文
深小苛黯伉厲守高不能屈忿發罵曰天下謂

刀筆吏不可以爲公卿果然必湯也令天下重
足而立側目而視矣是時漢方征匈奴招懷四
夷黯務少事承上間常言與胡和親無起兵上
方向儒術尊公孫弘及事益多吏民巧弄 索隱曰音路洞
反 上分別文法湯等數奏決讞以幸 索隱曰讞音魚列反 而
黯常毀儒面觸弘等徒懷詐飾智以阿人主取
容而刀筆吏專深文巧詆 索隱曰音丁禮反 陷人於罪使
不得反其眞以勝爲功上愈益貴弘湯弘湯深
心疾黯唯天子亦不說也欲誅之以事弘爲丞
相乃言上曰右內史界部中多貴人宗室難治非

汲黯

素重臣不能任請徙黯爲右內史爲右內史數
歲官事不廢大將軍青既益尊姊爲皇后然黯
與亢禮人或說黯曰自天子欲羣臣下大將軍
大將軍尊重益貴君不可以不拜黯曰夫以大
將軍有揖客反不重邪大將軍聞愈賢黯數請
問國家朝廷所疑遇黯過於平生淮南王謀反
憚黯曰好直諫守節死義難惑以非至如說丞
相弘如發蒙振落耳天子既數征匈奴有功黯
之言益不用始黯列爲九卿而公孫弘張湯爲
小吏及弘湯稍益貴與黯同位黯又非毀弘湯

等已而弘至丞相封爲侯湯至御史大夫故黯
時丞相史皆與黯同列或尊用過之黯褊心不
能無少望見上前言曰陛下用羣臣如積薪耳
後來者居上上默然有間黯罷上曰人果不可
以無學觀黯之言也日益甚居無何匈奴渾邪
王率衆來降漢發車二萬乘縣官無錢從民貰
馬 索隱曰貰音時夜反貰賒也鄒氏音勢 民或匿馬馬不具上怒欲斬
長安令黯曰長安令無罪獨斬黯民乃肯出馬
且匈奴畔其主而降漢漢徐以縣次傳之何至
令天下騷動罷敝中國而以事夷狄之人乎上

黯然及渾邪至，賈人與市者坐當死者五百餘人。黯請間見高門，如淳曰黃圖未央宮中有高門殿 曰：夫匈奴攻當路塞，絕和親，中國興兵誅之，死傷者不可勝計，而費以巨萬百數。臣愚以爲陛下得胡人，皆以爲奴婢，以賜從軍死事者家；所鹵獲，因予之，以謝天下之苦，塞百姓之心。今縱不能，渾邪率數萬之衆來降，虛府庫賞賜，發良民侍養，譬若奉驕子。愚民安知市買長安中物而文吏繩以爲闌出財物于邊關乎？應劭曰闌妄也律胡市吏民不得持兵器出關雖於京師市買其法一也瓚曰無符傳出入爲闌 陛下縱不能得匈奴之資以謝天下，又以微文殺無知者五百餘人，是所謂庇其葉而傷其枝者也，臣竊爲陛下不取也。上默然，不許，曰：吾久不聞汲黯之言，今又復妄發矣。後數月，黯坐小法，會赦免官。於是黯隱於田園。

居數年，會更五銖錢，徐廣曰元狩五年行五銖錢 民多盜鑄錢，楚地尤甚。上以爲淮陽，楚地之郊，乃召拜黯爲淮陽太守。黯伏謝不受印，詔數彊予，然後奉詔。詔召見黯，黯爲上泣曰：臣自以爲塡溝壑，不復見陛下，不意陛下復收用之。臣常有狗馬病，力不能任郡事，臣願爲中郎，出入禁闥，補過拾遺，

臣之願也。上曰：君薄淮陽邪？吾今召君矣。索隱曰今猶即今也謂今日後即召君 顧淮陽吏民不相得，吾徒得君之重，臥而治之。黯既辭行，過大行李息，曰：黯棄居郡，不得與朝廷議也。然御史大夫張湯智足以拒諫，詐足以飾非，務巧佞之語，辯數之辭，非肯正爲天下言，專阿主意。主意所不欲，因而毀之；主意所欲，因而譽之。好興事，舞文法，如淳曰舞猶弄也 內懷詐以御主心，外挾賊吏以爲威重。公列九卿，不早言之，公與之俱受其僇矣。息畏湯，終不敢言。黯居郡如故治，淮陽政清。後張湯果敗，上聞黯與息言，抵息罪。令黯以諸侯相秩居淮陽。如淳曰諸侯王相在郡守上秩眞二千石律眞二千石奉月二萬二千石月萬六千 七歲而卒。徐廣曰元鼎五年

卒後，上以黯故，官其弟汲仁至九卿，子汲偃至諸侯相。黯姑姊子司馬安亦少與黯爲太子洗馬。安文深巧善宦，官四至九卿，以河南太守卒。昆弟以安故，同時至二千石者十人。濮陽段宏索隱曰案漢書作段宏 始事蓋侯信，徐廣曰太后兄王信 信任宏，宏亦再至九卿。然衞人仕者皆嚴憚汲黯，出其下。

鄭當時者，字莊，陳人也。其先鄭君漢書音義曰當時父 嘗爲項籍將；籍死，已而屬漢。高祖令諸故項籍

臣名籍鄭君獨不奉詔詔盡拜名籍者爲大夫
而逐鄭君鄭君死孝文時鄭莊以任俠自喜脫
張羽於戹服虔曰梁孝王之將楚相之弟聲聞梁楚之間孝景時
爲太子舍人每五日洗沐常置驛馬長安諸郊如淳曰交道四通處也請賓客便瓚曰諸郊謂長安四面郊祀之處閑靜可以請賓客○索隱曰置即驛馬謂於置著馬
也存諸故人請謝賓客夜以繼日至其明旦常
恐不偏莊好黃老之言其慕長者如恐不見年
少官薄然其游知交皆其大父行天下有名之
士也武帝立莊稍遷爲魯中尉濟南太守江都
相至九卿爲右內史以武安侯魏其時議貶秩

爲詹事遷爲大農令莊爲太史誡門下客至無
貴賤無留門者執賓主之禮以其貴下人莊廉
又不治其產業仰奉賜以給諸公然其餽遺人
不過算器食徐廣曰算音先管反竹器○索隱曰算謂竹器以言無銅漆也漢書作具器食每
朝候上之間說未嘗不言天下之長者其推轂
士及官屬丞史誠有味其言之也常引以爲賢
於己未嘗名吏與官屬言若恐傷之聞人之善
言進之上唯恐後山東士諸公以此翕然稱鄭
莊鄭莊使視決河自請治行五日如淳曰治行謂莊嚴也上
曰吾聞鄭莊行千里不齎糧請治行者何也然

鄭莊在朝常趨和承意不敢甚引當否及晚節
漢征匈奴招四夷天下費多財用益匱莊任人
賓客爲大農僦人徐廣曰一作入一云賓客爲大農僦人僦人蓋與生財利如今方宜矣駰案晉灼曰當時爲大農而任使其賓客辜較任僦也瓚曰任人謂保任見舉者○索隱曰僦音即僦反辜較音姑角謂當時作大農任賓客僦人取庸直也或者貰物以應官取庸故下云多逋負也辜較字亦作酤榷榷者獨也言國家獨榷酤也此云辜較亦謂令賓客任人專其利故云辜較也多逋負司馬安爲淮陽太
守發其事莊以此陷罪贖爲庶人頃之守長史如淳曰丞相長史也
上以爲老以莊爲汝南太守數歲以官
卒鄭莊汲黯始列爲九卿廉內行脩絜此兩人
中廢家貧賓客益落索隱曰落零落猶散落也及居郡卒後

家無餘貲財莊兄弟子孫以莊故至二千石六
七人焉
太史公曰夫以汲鄭之賢有勢則賓客十倍無
勢則否況衆人乎下邽翟公有言徐廣曰邽一作邳○索隱曰邽音圭縣名屬京兆始翟公爲廷尉賓客闐門及廢門外可
設雀羅翟公復爲廷尉賓客欲往翟公乃大署
其門曰一死一生乃知交情一貧一富乃知交
態一貴一賤交情乃見汲鄭亦云悲夫
索隱述贊曰河南矯制自古稱賢淮南臥理
天子伏焉積薪興歎伉直愈堅鄭莊推士天

下邽翟公有言：「一死一生，乃知交情。一貧一富，乃知交態。一貴一賤，交情乃見。」汲、鄭亦云，悲夫！

下貧然交道勢利翟公愴旃

汲鄭列傳第六十　史記百二十

儒林列傳第六十一　史記百二十一

正義曰姚承云儒謂博士爲儒雅之林綜理古文宣明舊藝咸勸儒者以成王化者也

太史公曰余讀功令索隱曰案謂學者課功著之於令即今之學令是也至於廣厲學官之路未嘗不廢書而歎也曰嗟乎夫周室衰而關雎作幽厲微而禮樂壞諸侯恣行政由彊國故孔子閔王路廢而邪道興於是論次詩書修起禮樂適齊聞韶三月不知肉味自衛返魯然後樂正雅頌各得其所正義曰鄭玄云魯哀公十一年是時道衰樂廢孔子還修正之故雅頌各得其所也世以混濁莫能用是以仲尼干七十餘君無所遇索隱曰後之記者失辭也案家語等說則孔子歷聘國莫能用謂周鄭齊宋曹衛陳楚杞莒匡等爾縱歷小國亦無七十餘君也曰苟有用我者期月而已矣西狩獲麟曰吾道窮矣故因史記作春秋以當王法其辭微而指博後世學者多錄焉徐廣曰錄一作緣

自孔子卒後七十子之徒散游諸侯大者爲師傅卿相索隱曰案子夏爲魏文侯師子貢爲齊魯聘吳越蓋亦卿也而宰予亦仕齊爲卿餘則未聞小者友教士大夫或隱而不見故子路居衛案仲尼弟子列傳子路死於衛時孔子尚存也子張居陳正義曰今陳州澹臺子羽居楚正義曰今蘇州城南五里有澹臺湖湖北有澹臺子夏居西河正義曰今汾州子貢終於齊正義曰今青州如田子方段干木吳起禽滑釐之屬皆受業於子夏之倫爲王者師

是時獨魏文侯好學後陵遲以至于始皇天下并爭於戰國儒術既絀焉然齊魯之閒學者獨不廢也於威宣之際孟子荀卿之列咸遵夫子之業而潤色之以學顯於當世及至秦之季世焚詩書坑術士正義曰顏云今新豐縣溫陽之處號愍儒鄉溫陽西南三百里有馬谷谷之西岸有坑古相傳以秦坑儒處也衛宏詔定古文尚書序云秦既焚書恐天下不從所改更法而諸生到者拜爲郎前後七百人乃密種瓜於驪山陵谷中溫處瓜實成詔博士諸生說之人言不同乃令就視爲伏機諸生賢儒皆至焉方相難不決因發機從上填之以土皆壓終乃無聲也六藝從此缺焉陳涉之王也而魯諸儒持孔氏之禮器往歸陳王於是孔甲爲陳涉博士徐廣曰孔子八世孫名鮒字甲也卒與涉俱死陳涉起匹夫驅瓦合適戍索隱曰適音丁革反旬月以王楚不滿半歲竟滅亡其事至微淺然而縉紳先生之徒負孔子禮器往委質爲臣者何也以秦焚其業積怨而發憤于陳王也及高皇帝誅項籍舉兵圍魯魯中諸儒尚講誦習禮樂弦歌之音不絕豈非聖人之遺化好禮樂之國哉故孔子在陳曰歸與歸與吾黨之小子狂簡斐然成章不知所以裁之夫齊魯之閒於文學自古以來其天性也故漢興然後諸儒始得脩其經蓺講習大射鄉飲之禮叔孫通作漢禮儀因爲太常

諸生弟子共定者咸為選首於是喟然歎興於學然尚有干戈平定四海（正義曰顏云陳豨盧綰韓信黥布之徒相次反叛征討也）亦未暇遑庠序之事也孝惠呂后時公卿皆武力有功之臣孝文時頗徵用（正義曰言孝文稍用文學之士居位）然孝文帝本好刑名之言及至孝景不任儒者而竇太后又好黃老之術故諸博士具官待問未有進者及今上即位趙綰王臧之屬明儒學而上亦鄉之於是招方正賢良文學之士自是之後言詩於魯則申培公（徐廣曰一作陪韋昭曰培申公名音扶尤反。索隱曰鄒氏音普來反）於齊則轅固生（正義曰申轅姓培固名公生其號也）於燕則韓太傅（索隱曰韓嬰也為常山王太傅）言尚書自濟南伏生（索隱曰按張華云名勝紀年云字子賤）言禮自魯高堂生（索隱曰謝承云秦氏季代有魯人高堂伯則伯是其字云生者自漢已來儒者皆號生亦先生省字呼之耳）言易自菑川田生言春秋於齊魯自胡毋生（索隱曰毋音無胡毋姓也字子都）於趙自董仲舒及竇太后崩武安侯田蚡為丞相絀黃老刑名百家之言延文學儒者數百人而公孫弘以春秋白衣為天子三公（徐廣曰一云自齊為天子三公）封以平津侯天下之學士靡然鄉風矣公孫弘為學官悼道之鬱滯乃請曰丞相御史言（正義曰自此已下皆弘奏請之辭）制曰蓋聞導民以禮風之以樂婚姻

者居室之大倫也今禮廢樂崩朕甚愍焉故詳延天下方正博聞之士咸登諸朝其令禮官勸學講議洽聞興禮以為天下先太常議與博士弟子崇鄉里之化以廣賢材焉謹與太常臧（漢書百官表孔臧也）博士平等議曰聞三代之道鄉里有教夏曰校（正義曰校教也可教道藝也）殷曰序（正義曰序舒也言舒禮教）周曰庠（正義曰庠詳也言詳審經典）其勸善也顯之朝廷其懲惡也加之刑罰故教化之行也建首善自京師始由內及外今陛下昭至德開大明配天地本人倫勸學修禮崇化厲賢以風四方太平之原也古者政教未洽不備其禮請因舊官而興焉為博士官置弟子五十人復其身太常擇民年十八已上儀狀端正者補博士弟子郡國縣道邑有好文學敬長上肅政教順鄉里出入不悖所聞者令相長丞上屬所二千石（索隱曰上上音時兩反屬音燭委也所二千石謂於所部之郡守相也）二千石謹察可者當與計偕（索隱曰計計吏也偕俱也謂令與計吏俱詣太常也）詣太常得受業如弟子一歲皆輒試能通一藝以上補文學掌故缺其高弟可以為郎中者太常籍奏即有秀才異等輒以名聞其不事學若下材及不能通一藝輒罷之而請諸不

稱者謹案詔書律令下者明天人分際通古今之義文章爾雅訓辭深厚索隱曰謂詔書文章雅正訓辭深厚也恩施甚美小吏淺聞不能究宣無以明布諭下治禮次治掌故徐廣曰一云次治禮學掌故以文學禮義爲官遷留滯請選擇其秩比二百石以上及吏百石通一藝以上補左右內史正義曰補左右內史後改爲左馮翊右扶風大行卒史比百石已下補郡太守卒史皆各二人邊郡一人先用誦多者若不足乃擇掌故補中二千石屬文學掌故補郡屬索隱曰如淳云漢儀弟子射策甲科百人補郎中乙科二百人補太子舍人皆秩比二百石次郡國文學秩百石也備員請著功

令佗如律令制曰可自此以來則公卿大夫士吏斌斌多文學之士矣

申公者魯人也高祖過魯申公以弟子從師入見高祖于魯南宮索隱曰案漢書云申公少與楚元王俱事齊人浮丘伯受詩○正義曰括地志云泮宮在兗州曲阜縣西南二百里魯城內宮之內鄭云泮之言半也其制半於天子之璧雍呂太后時申公游學長安與劉郢同師索隱曰案漢書云呂太后時浮丘伯在長安申公與元王子郢俱卒學也郢即郢客已而郢爲楚王令申公傅其太子戊徐廣曰楚元王劉交以文帝元年薨子夷王郢立四歲薨子戊立郢以呂后二年封上邳侯文帝元年立爲楚王戊不好學疾申公及王郢卒戊立爲楚王胥靡申公徐廣曰腐刑申公恥之歸魯退居家

教終身不出門復謝絕賓客獨王命召之乃往徐廣曰魯恭王也弟子自遠方至受業者百餘人申公獨以詩經爲訓以教無傳疑疑者則闕不傳索隱曰謂申公不作詩傳但教授有疑則闕耳蘭陵王臧既受詩以事孝景帝爲太子少傅免去今上初即位臧迺上書宿衛上累遷一歲中爲郎中令及代趙綰亦嘗受詩申公綰爲御史大夫綰臧請天子欲立明堂以朝諸侯不能就其事乃言師申公於是天子使使束帛加璧安車駟馬迎申公弟子二人乘軺傳從徐廣曰馬車至見天子天子問治亂之事申公時已

八十餘老對曰爲治者不至多言顧力行何如耳是時天子方好文詞見申公對默然然已招致則以爲太中大夫舍魯邸議明堂事太皇竇太后好老子言不說儒術得趙綰王臧之過以讓上上因廢明堂事盡下趙綰王臧吏後皆自殺申公亦疾免以歸數年卒弟子爲博士者十餘人孔安國至臨淮太守徐廣曰孔鮒之弟子襄爲惠帝博士遷爲長沙太傅生忠忠生武及安國安國爲博士臨淮太守周霸至膠西內史夏寬至城陽內史碭魯賜至東海太守蘭陵繆生至長沙內史索隱曰繆音亡救反繆氏出蘭陵一音穆所謂穆生爲楚元王所禮也徐偃爲膠

西中尉鄒人闕門慶忌 漢書音義曰姓闕門名慶忌 爲膠東內史其治官民皆有廉節稱其好學學官弟子行雖不備而至於大夫郎中掌故以百數言詩雖殊多本於申公

清河王太傅轅固生者齊人也以治詩孝景時爲博士與黃生爭論景帝前黃生曰湯武非受命乃弒也轅固生曰不然夫桀紂虐亂天下之心皆歸湯武湯武與天下之心而誅桀紂桀紂之民不爲之使而歸湯武湯武不得已而立非受命爲何黃生曰冠雖敝必加於首履雖新必關於足何者上下之分也今桀紂雖失道然君上也湯武雖聖臣下也夫主有失行臣下不能正言匡過以尊天子反因過而誅之代立踐南面非弒而何也轅固生曰必若所云是高帝代秦即天子之位非邪於是景帝曰食肉不食馬肝 正義曰論衡云氣熱而毒盛故食馬肝殺人又盛夏馬行多渴死殺氣爲毒也 不爲不知味言學者無言湯武受命不爲愚遂罷是後學者莫敢明受命放殺者竇太后好老子書召轅固生問老子書固曰此是家人言耳 索隱曰服虔云如家人言也案老子道德篇雖微妙難通然近而觀之理國理身而已故言此家人之言也 太后怒曰安得

司空城旦書乎 徐廣曰司空主刑徒之官也駰案漢書音義曰道家以儒法爲急比之於律令 乃使固入圈刺豕景帝知太后怒而固直言無罪乃假固利兵下圈刺豕正中其心一刺豕應手而倒太后默然無以復罪罷之居頃之景帝以固爲廉直拜爲清河王太傅 徐廣曰哀王乘也 久之病免今上初即位復以賢良徵固諸諛儒多疾毀固曰固老罷歸之時固已九十餘矣固之徵也薛人公孫弘亦徵 徐廣曰薛縣在菑川 側目而視固固曰公孫子務正學以言無曲學以阿世自是之後齊言詩皆本轅固生也諸齊人以詩顯貴皆固之弟子也

韓生者 漢書曰名嬰 燕人也孝文帝時爲博士景帝時爲常山王太傅 徐廣曰憲王舜也 韓生推詩之意而爲內外傳數萬言其語頗與齊魯閒殊然其歸一也淮南賁生受之 索隱曰賁音肥 自是之後而燕趙閒言詩者由韓生韓生孫商爲今上博士

伏生者 張晏曰伏生名勝伏氏碑云 濟南人也故爲秦博士孝文帝時欲求能治尚書者天下無有乃聞伏生能治欲召之是時伏生年九十餘老不能行於是乃詔太常使掌故朝錯往受之秦時焚書伏

伏生

生壁藏之其後兵大起流亡漢定伏生求其書亡數十篇獨得二十九篇即以教于齊魯之閒學者由是頗能言尚書諸山東大師無不涉尚書以教矣伏生教濟南張生及歐陽生（漢書曰字和伯千乘人）歐陽生教千乘兒寬兒寬旣通尚書以文學應郡舉詣博士受業受業孔安國兒寬貧無資用常爲弟子都養（索隱曰謂兒寬家貧爲弟子造食也何休注公羊炊亨爲養養案有廝養卒廝掌馬養造食也）及時時閒行傭賃以給衣食行常帶經止息則誦習之以試第次補廷尉史是時張湯方鄉學以爲奏讞掾以古法議決疑大獄而愛幸寬寬爲人溫良有廉智自持而善著書書奏敏於文口不能發明也湯以爲長者數稱譽之及湯爲御史大夫以兒寬爲掾薦之天子天子見問說之張湯死後六年兒寬位至御史大夫（徐廣曰元狩元年）九年而以官卒寬在三公位以和良承意從容得久然無有所匡諫於官官屬易之不爲盡力張生亦爲博士而伏生孫以治尚書徵不能明也自此之後魯周霸孔安國雒陽賈嘉頗能言尚書事孔氏有古文尚書而安國以今文讀之因以起其家逸書得十餘篇蓋尚書

伏生

滋多於是矣（索隱曰案孔臧與安國書云舊書潛於壁室欻爾復出古訓復申臧聞尚書二十八篇取象二十八宿河圖乃有百篇耶知以今文讎古篆隸推科斗以定五十餘篇並爲之傳也藝文志曰安國悉得其書以考二十九篇得多十六篇起者謂起發以出也）諸學者多言禮而魯高堂生最本禮固自孔子時而其經不具及至秦焚書書散亡益多於今獨有士禮高堂生能言之而魯徐生善爲容（索隱曰漢書作頌亦音容也）孝文帝時徐生以容爲禮官大夫傳子至孫徐延徐襄襄其天姿善爲容不能通禮經延頗能未善也襄以容爲漢禮官大夫至廣陵內史延及徐氏弟子公戶滿意（索隱曰公戶姓滿意名也案鄒展云二人姓字非也）桓生單次（索隱曰單音善單姓次名也）皆常爲漢禮官大夫而瑕丘蕭奮（徐廣曰屬山陽也）以禮爲淮陽太守是後能言禮爲容者由徐氏焉自魯商瞿受易孔子（索隱曰案商姓瞿名字子木瞿音劬）孔子卒商瞿傳易六世至齊人田何字子莊（索隱曰案漢書云商瞿授魯橋庇子庸子庸授江東馯臂子弓子弓授燕周醜子家子家授東武孫虞子乘子乘授何六代也仲尼弟子傳作瞿傳馯臂子弘弘傳江東人矯子庸疵疵傳燕人周子家豎豎傳淳于人光子乘羽羽傳齊人田子莊何與漢書不同馯音寒庇音必利反疵音自移反）而漢興田何傳東武人王同子仲子仲傳菑川人楊何（索隱曰案田何傳東武王同傳菑川楊何）何以易元光元年徵官至中大夫齊人即墨成以易至城陽相廣川人孟但以易爲太子門大

夫魯人周霸莒人衡胡（徐廣曰莒一作呂）臨菑人主父偃皆以易至二千石然要言易者本於楊何之家

董仲舒廣川人也以治春秋孝景時為博士下帷講誦弟子傳以久次相受業或莫見其面蓋三年董仲舒不觀於舍園其精如此進退容止非禮不行學士皆師尊之今上即位為江都相（索隱曰案仲舒事易王王武帝兄）以春秋災異之變推陰陽所以錯行故求雨閉諸陽縱諸陰其止雨反是行之一國未嘗不得所欲中廢為中大夫居舍著災

異之記是時遼東高廟災主父偃疾之取其書奏之天子（徐廣曰建元六年○索隱曰案漢書以為遼東高廟及長陵園殿災也仲舒為災異記草而未奏主父偃竊而奏之）天子召諸生示其書有刺譏董仲舒弟子呂步舒（徐廣曰一作荼亦音舒）不知其師書以為下愚於是下董仲舒吏當死詔赦之於是董仲舒竟不敢復言災異董仲舒為人廉直是時方外攘四夷公孫弘治春秋不如董仲舒而弘希世用事位至公卿董仲舒以弘為從諛弘疾之乃言上曰獨董仲舒可使相膠西王膠西王素聞董仲舒有行亦善待之董仲舒恐久獲罪疾免居

家至卒終不治產業以脩學著書為事故漢興至于五世之閒唯董仲舒名為明於春秋其傳公羊氏也

胡毋生（漢書曰字子都）齊人也孝景時為博士以老歸教授齊之言春秋者多受胡毋生公孫弘亦頗受焉

瑕丘江生為穀梁春秋自公孫弘得用嘗集比其義卒用董仲舒仲舒弟子遂者蘭陵褚大廣川殷忠（徐廣曰殷一作段又作瑕也）溫呂步舒褚大至梁相步舒至長史持節使決淮南獄於諸侯擅專斷不

報以春秋之義正之天子皆以為是弟子通者至於命大夫為郎謁者掌故者以百數而董仲舒子及孫皆以學至大官

索隱述贊曰孔氏之衰經書緒亂言諸公學始自炎漢著令立官四方扼腕曲臺壞壁書禮之冠傳易言詩雲蒸霧散興化致理鴻猷克贊

儒林列傳第六十一　　史記百二十一

酷吏列傳第六十二　史記一百二十二

孔子曰導之以政齊之以刑民免而無恥孔安國曰免苟免也導之以德齊之以禮有恥且格何晏曰格正也老氏稱上德不德是以有德下德不失德是以無德法令滋章盜賊多有太史公曰信哉是言也法令者治之具而非制治清濁之源也昔天下之網嘗密矣索隱曰案鹽鐵論云秦法密於凝脂然姦僞萌起其極也上下相遁至於不振當是之時吏治若救火揚沸索隱曰言本弊不除則其末難止也非武健嚴酷惡能勝其任而愉快乎言道德者溺其職矣故曰聽訟吾猶人

也必也使無訟乎下士聞道大笑之非虛言也漢興破觚而爲圜漢書音義曰觚方。索隱曰應劭云觚八稜有隅者高祖反秦之政破觚爲圜謂除其嚴法約三章耳斲雕而爲朴索隱曰應劭云削琱爲璞也晉灼云凋弊也斲理凋弊之俗使反質樸也網漏於吞舟之魚而吏治烝烝不至於姦黎民艾安由是觀之在彼不在此韋昭曰在道德不在嚴酷高后時酷吏獨有侯封刻轢宗室侵辱功臣呂氏已敗遂禽侯封之家孝景時鼂錯以刻深頗用術輔其資而七國之亂發怒於錯錯卒以被戮其後有郅都甯成之屬

郅都者楊人也徐廣曰屬河東。索隱曰郅音質漢書云河東大楊人。正義曰括地志云故楊城本秦時楊國漢楊縣城也今晉州洪洞縣也至隋爲楊唐初改爲洪洞縣北故洪洞鎮爲名也秦及漢皆屬河東郡郅都墓在洪洞縣東南二十里漢書云郅都河東大陽人班固失之甚也大陽今陝州河北縣是亦屬河東郡也以郎事孝文帝孝景時都爲中郎將敢直諫面折大臣於朝嘗從入上林賈姬如廁索隱曰案姬生趙王彭祖也野彘卒入廁上目都都不行上欲自持兵救賈姬都伏上前曰亡一姬復一姬進天下所少寧賈姬等乎陛下縱自輕柰宗廟太后何上還彘亦去太后聞之賜都金百斤由此重郅都濟南瞷氏漢書音義曰音小兒癇病也。索隱曰荀悅音閑鄒氏劉氏音並同宗人三百餘家豪猾二千石莫能制於是景帝乃拜都

爲濟南大守至則族滅瞷氏首惡餘皆股栗徐廣曰髀脚戰搖也居歲餘郡中不拾遺旁十餘郡守畏都如大府都爲人勇有氣力公廉不發私書問遺無所受請寄無所聽常自稱曰已倍親而仕身固當奉職死節官下終不顧妻子矣郅都遷爲中尉丞相條侯至貴倨也而都揖丞相是時民朴畏罪自重而都獨先嚴酷致行法不避貴戚列侯宗室見都側目而視號曰蒼鷹臨江王徵詣中尉府對簿臨江王欲得刀筆爲書謝上而都禁吏不予魏其侯使人以閒與臨江王臨江王

既爲書謝上因自殺竇太后聞之怒以危法中都（索隱曰案中如字讀謂以法中傷之）都免歸家孝景帝乃使使持節拜都爲鴈門太守而便道之官得以便宜從事匈奴素聞郅都節居邊爲引兵去竟郅都死不近鴈門匈奴至爲偶人象郅都（索隱曰漢書作寓人象案寓即偶也謂刻木偶類人形也一云寄人形於木也）令騎馳射莫能中見憚如此匈奴患之竇太后乃竟中都以漢法景帝曰都忠臣欲釋之竇太后曰臨江王獨非忠臣邪於是遂斬郅都

寧成者（徐廣曰寧一作甯）穰人也（徐廣曰屬南陽）以郎謁者事景帝好氣爲人小吏必陵其長吏爲人上操下如束溼薪（徐廣曰一無此字駰案韋昭曰言急也。索隱曰操音七刀反操執也）滑賊任威稍遷至濟南都尉（正義曰百官表云都尉秦官掌佐守典武職甲卒秩比二千石有丞秩皆六百石景帝中二年更名都尉若周之司馬）而郅都爲守始前數都尉（索隱曰數音所注反）皆步入府因吏謁守如縣令其畏郅都如此及成往直陵都出其上都素聞其聲於是善遇與結驩久之郅都死後長安左右宗室多暴犯法於是上召寧成爲中尉（正義曰百官表云中尉秦官掌徼循京師武帝太初元年更名執金吾顏云金吾鳥名也主辟不祥天子出行職主先道以禦非常故執此鳥之象因以名官）其治效郅都其廉弗如然宗室豪桀皆人

人惴恐武帝即位徙爲內史外戚多毀成之短抵罪髡鉗是時九卿罪死即死少被刑而成極刑自以爲不復收於是解脫詐刻傳出關（索隱曰解音紀買反脫音他活反謂脫鉗釱也）歸家稱曰仕不至二千石賈不至千萬安可比人乎乃貰貸買陂田千餘頃（索隱曰貰音食夜反貰賖也又音勢貸音天得反）假貧民役使數千家數年會赦致產數千金爲任俠持吏長短出從數十騎其使民威重於郡守

周陽由者其父趙兼以淮南王舅父侯周陽故因姓周陽氏（徐廣曰侯五年孝文六年國除。正義曰周陽故城在絳州聞喜縣東二十九里）由以宗家任爲郎（索隱曰案與國家有外戚姻屬比於宗室故曰宗家也）事孝文及景帝景帝時由爲郡守武帝即位吏治尚循謹甚然由居二千石中最爲暴酷驕恣所愛者撓法活之所憎者曲法誅滅之所居郡必夷其豪爲守視都尉如令爲都尉必陵太守奪之治與汲黯俱爲忮（漢書音義曰堅忮也）司馬安之文惡（漢書音義曰以文法傷害人）俱在二千石列同車未嘗敢均茵伏（徐廣曰漢書作馮伏者軾。索隱曰案均等也茵車蓐也言二人與由同載一車上不敢與之均茵軾也謂下之也馮音凭）由後爲河東都尉時與其守勝屠公爭權相告言罪（索隱曰風俗通云勝屠即申屠也）勝屠公當抵罪義不受

刑自殺而由棄市自寧成周陽由之後事益多
民巧法大抵吏之治類多成由等矣
趙禹者斄人徐廣曰屬扶風音台。正義曰音胎故斄城在雍武功縣西南二十二里古邰國后稷所封漢斄縣也以佐史補中都官正義曰若京都府史用廉爲令
史事太尉亞夫亞夫爲丞相禹爲丞相史府中
皆稱其廉平然亞夫弗任曰極知禹無害然文
深漢書音義曰禹持文法深刻不可以居大府今上時禹以刀
筆吏積勞稍遷爲御史上以爲能至太中大
夫與張湯論定諸律令徐廣曰論一作編作見知吏傳
得相監司用法益刻蓋自此始

張湯者杜人也徐廣曰爾時未爲陵其父爲長安丞出湯爲
兒守舍還而鼠盜肉其父怒笞湯湯掘窟得盜
鼠及餘肉劾鼠掠治傳爰書訊鞫論報蘇林曰謂傳四也爰易也以此書易其辭處鞫窮也張晏曰傳考證驗也爰書自證不如此言反受其罪訊考三日復問之知與前辭同不也鞫一吏爲讀狀論其報行也。索隱曰韋昭云爰換也古者重刑嫌有愛惡故移換獄書使他官考實之故曰傳爰書也并取鼠與肉具獄磔堂下鄧展曰罪備具其父見
之視其文辭如老獄吏大驚遂使書獄如淳曰決獄之書謂律令也父死後湯爲長安吏久之周陽侯始爲諸
卿時徐廣曰田勝也武帝母王太后之同母弟也武帝始立而封爲周陽侯嘗繫長安湯
傾身爲之韋昭曰爲之先後及出爲侯大與湯交徧見湯

貴人湯給事內史爲寧成掾以湯爲無害言大
府調爲茂陵尉治方中漢書音義曰方中陵上土作方也湯主治之蘇林曰天子即位豫作陵諱之故言方中如淳曰大府幕府也茂陵尉主作陵之尉也韋昭曰大府公府武安侯
爲丞相徵湯爲史時薦言之天子補御史使案
事治陳皇后蠱獄深竟黨與於是上以爲能稍
遷至太中大夫與趙禹共定諸律令務在深文
拘守職之吏蘇林曰拘刻於守職之吏已而趙禹遷爲中尉徙
爲少府而張湯爲廷尉兩人交驩而兄事禹禹
爲人廉倨爲吏以來舍毋食客公卿相造請禹
禹終不報謝務在絕知友賓客之請孤立行一

意而已見文法輒取亦不覆案求官屬陰罪湯
爲人多詐舞智以御人韋昭曰制御人始爲小吏乾沒徐廣曰隨勢沈浮也駰案服虔曰射成敗也如淳曰得利爲乾失利爲沒。正義曰此二說非也按乾沒謂無潤及之而取他人也又云陽浮慕爲乾心內不合爲沒也與長安富賈田甲魚翁叔
之屬交私徐廣曰姓魚也及列九卿收接天下名士大
夫已心內雖不合然陽浮慕之是時上方鄉文
學湯決大獄欲傅古義索隱曰傅音附乃請博士弟子
治尚書春秋補廷尉史亭疑法李奇曰亭平也。索隱曰使之平疑事也奏讞疑事必豫先爲上分別其原上所是受
而著讞決法廷尉絜令韋昭曰在板絜。正義曰按謂律令也古以板書之言上

（所是著之爲正獄以廷尉法令決平之揚主之明監也）揚主之明奏事即譴湯
應謝（徐廣曰應一作擁）鄉上意所便必引正監掾史賢者
（正義曰百官表云廷尉秦官有正左右監皆秩千石也按上即責湯應對謝之如上意必引正監等賢者本爲臣建
議如上意臣不用愚昧不從至此也）曰固爲臣議如上責臣臣弗用
愚抵於此（蘇林曰王坐不用諸掾語故至於此）罪常釋聞（徐廣曰詔荅聞也如今制
曰聞矣駰案瓚曰謂常見原）即奏事上善之曰臣非知爲此奏
乃正監掾史某爲之其欲薦吏揚人之善蔽人
之過如此所治即上意所欲罪予監史深禍者
即上意所欲釋與監史輕平者所治即豪必舞
文巧詆即下戶羸弱時口言雖文致法上財察

（李奇曰先見上口言之欲與輕平也）於是往往釋湯所言（李奇曰湯口所先言皆見原釋）
湯至於大吏內行脩也通賓客飲食於故人子
弟爲吏及貧昆弟調護之尤厚其造請諸公不
避寒暑是以湯雖文深意忌不專平然得此聲
譽而刻深吏多爲爪牙用者依於文學之士丞
相弘數稱其美及治淮南衡山江都反獄皆窮
根本嚴助及伍被上欲釋之湯爭曰伍被本畫
反謀而助親幸出入禁闥爪牙臣乃交私諸侯
如此弗誅後不可治於是上可論之其治獄所
排大臣自爲功多此類於是湯益尊任遷爲御

史大夫（徐廣曰元狩二年）會渾邪等降漢大興兵伐匈
奴山東水旱貧民流徙皆仰給縣官縣官空虛
於是丞上指請造白金及五銖錢籠天下鹽鐵
排富商大賈出告緡令（正義曰緡音岷錢貫也武帝伐四夷國用不足故稅民田
宅船乘畜產奴婢等皆平作錢數每千錢一筭出一等賈人倍之若隱不稅有告之半與告人餘半入官謂緡出此
令用鋤築豪強兼并富商大賈之家也一筭百二十文也）鉏豪彊幷兼之家舞文
巧詆以輔法湯每朝奏事語國家用日晏天子
忘食丞相取充位（徐廣曰時李蔡莊青翟爲丞相）天下事皆決於
湯百姓不安其生騷動縣官所興未獲其利姦
吏並侵漁於是痛繩以罪則自公卿以下至于

庶人咸指湯湯嘗病天子至自視病其隆貴如
此匈奴來請和親羣臣議上前博士狄山曰和
親便上問其便山曰兵者凶器未易數動高帝
欲伐匈奴大困平城乃遂結和親孝惠高后時
天下安樂及孝文帝欲事匈奴北邊蕭然苦兵
矣孝景時吳楚七國反景帝往來兩宮閒寒心
者數月吳楚已破竟景帝不言兵天下富實今
自陛下舉兵擊匈奴中國以空虛邊民大困貧
由此觀之不如和親上問湯湯曰此愚儒無知
狄山曰臣固愚忠若御史大夫湯乃詐忠若湯

之治淮南江都以深文痛詆諸侯別疏骨肉使
蕃臣不自安臣固知湯之爲詐忠於是上作色
曰吾使生居一郡能無使虜入盜乎曰不能曰
居一縣對曰不能復曰居一障閒正義曰障謂塞上要險之處別
築城置吏人上守之以扞寇盜也山自度辯窮且下吏曰能於是上
遣山乘鄣至月餘匈奴斬山頭而去自是以後
羣臣震慴湯之客田甲雖賈人有賢操始湯爲
小吏時與錢通徐廣曰以利交及湯爲大吏甲所以責
湯行義過失亦有烈士風湯爲御史大夫七歲
敗河東人李文嘗與湯有郤已而爲御史中丞

恚數從中文書事有可以傷湯者不能爲地湯
有所愛史魯謁居知湯不平使人上蜚變告文
姦事下湯湯治論殺文而湯心知謁居爲之上
問曰言變事蹤跡安起湯詳驚曰此殆文故人
怨之謁居病臥閭里主人湯自往視疾爲謁居
摩足趙國以冶鑄爲業王數訟鐵官事湯常排
趙王趙王求湯陰事謁居嘗案趙王趙王怨之
并上書告湯大臣也史謁居有病湯至爲摩足
疑與爲大姦事下廷尉謁居病死事連其弟弟
繫導官如淳曰太官之別也主酒湯亦治他囚導官見謁居

弟欲陰爲之而詳不省謁居弟弗知怨湯使人
上書告湯與謁居謀共變告李文事下減宣宣
嘗與湯有郤及得此事窮竟其事未奏也會人
有盜發孝文園瘞錢如淳曰瘞埋錢於園陵以送死丞相青翟朝
與湯約俱謝至前湯念獨丞相以四時行園當
謝湯無與也不謝丞相謝上使御史案其事湯
欲致其文丞相見知張晏曰見知故縱以其罪罪之丞相患之三
長史皆害湯欲陷之始長史朱買臣會稽人也
正義曰朱買臣吳人也此時蘇州爲會稽郡也讀春秋莊助使人言買臣買
臣以楚辭與助俱幸侍中爲太中大夫用事而

湯乃爲小吏跪伏使買臣等前已而湯爲廷尉
治淮南獄排擠莊助買臣固心望及湯爲御史
大夫買臣以會稽守爲主爵都尉列於九卿數
年坐法廢守長史見湯湯坐牀上丞史遇買臣
弗爲禮買臣楚士正義曰周末越王勾踐滅吳楚威王滅越吳之地總屬楚故謂朱買臣爲
楚士深怨常欲死之王朝齊人也以術至右內史
邊通學長短漢書音義曰長短術興於六國時行長入短其語隱謬用相激怒剛暴彊
人也官再至濟南相故皆居湯右已而失官守
長史詘體於湯湯數行丞相事知此三長史素
貴常凌折之以故三長史合謀曰始湯約與君

謝已而賣君今欲刻君以宗廟事此欲代君耳吾知湯陰事使吏捕案湯左田信等漢書音義曰左證左也。正義曰言湯與田信爲左道之交故言左田信等曰湯且欲奏請信輒先知之居物致富與湯分之及他姦事事辭頗聞上問湯曰吾所爲賈人輒先知之益居其物是類有以吾謀告之者湯不謝湯又詳驚曰固宜有減宣亦奏謁居等事天子果以湯懷詐面欺使使八輩簿責湯蘇林曰簿音王簿之簿悉責也湯具自道無此不服於是上使趙禹責湯禹至讓湯曰君何不知分也君所治夷滅者幾何人矣今人言君皆有狀天子重致君獄欲令君自爲計何多以對簿爲湯乃爲書謝曰湯無尺寸功起刀筆吏陛下幸致爲三公無以塞責然謀陷湯罪者三長史也遂自殺湯死家產直不過五百金皆所得奉賜無他業昆弟諸子欲厚葬湯湯母曰湯爲天子大臣被汙惡言而死何厚葬乎載以牛車有棺無椁天子聞之曰非此母不能生此子乃盡案誅三長史丞相青翟自殺出田信上惜湯稍遷其子安世趙禹中廢已而爲廷尉始條侯以爲禹賊深弗任及禹爲少府比九卿禹酷急至晚節事益多吏務爲嚴峻而禹治加緩而名爲平王溫舒等後起治酷於禹禹以老徙爲燕相數歲亂悖有罪免歸後湯十餘年以壽卒于家

義縱者河東人也爲少年時嘗與張次公俱攻剽爲羣盜徐廣曰剽音扶召反。索隱曰說文云剽刺也一云剽劫人音敷妙反縱有姊姁索隱曰李奇音音吁孟康音詡以醫幸王太后王太后問有子兄弟爲官者乎姊曰有弟無行不可太后乃告上拜義姁弟縱爲中郎漢書音義曰姁音煦縱姊名也補上黨郡中令索隱曰案謂補上黨郡中之令史失其縣名治敢行少蘊藉漢書音義曰敢行暴政而少蘊藉也。索隱曰蘊音慍藉音才夜反張晏云爲人無所避故少所假借也縣無逋事舉爲第一遷爲長陵及長安令直法行治不避貴戚以捕案太后外孫脩成君子仲索隱曰案王太后之女號修成君其子名仲上以爲能遷爲河內都尉至則族滅其豪穰氏之屬河內道不拾遺而張次公亦爲郎以勇悍從軍敢深入有功爲岸頭侯徐廣曰受封五年與淮南王女陵姦及受財物國除甯成家居上欲以爲郡守御史大夫弘曰臣居山東爲小吏時甯成爲濟南都尉其治如狼牧羊成不可使治民上乃拜成爲關都尉歲餘關東吏隸郡國出入關者漢書

（音義曰隸閱也）號曰寧見乳虎無值寧成之怒義縱自
河內遷爲南陽太守聞寧成家居南陽及縱至
關寧成側行送迎然縱氣盛弗爲禮至郡遂案
寧氏盡破碎其家成坐有罪及孔暴之屬皆犇
亡（徐廣曰孔暴三姓大族）南陽吏民重足一迹而平氏朱彊
杜衍杜周爲縱爪牙之吏任用遷爲廷史軍數
出定襄定襄吏民亂敗於是徙縱爲定襄太守
縱至掩定襄獄中重罪輕繫二百餘人及賓客
昆弟私入相視亦二百餘人縱一捕鞠曰爲死罪
解脫（漢書音義曰一切皆捕之也律諸囚徒私解脫桎梏鉗赭加罪一等爲人解脫與同罪縱鞠相贍餉

者二百人爲解脫死罪盡殺也）是日皆報殺四百餘人其後郡中
不寒而栗猾民佐吏爲治（索隱曰案謂豪猾之人干豫吏政故云佐吏爲理也）
是時趙禹張湯以深刻爲九卿矣然其治尚寬
輔法而行而縱以鷹擊毛摯爲治（徐廣曰鷙鳥將擊必張羽毛也）
後會五銖錢白金起民爲姦京師尤甚乃以縱
爲右內史王溫舒爲中尉溫舒至惡其所爲不
先言縱縱必以氣淩之敗壞其功其治所誅殺
甚多然取爲小治姦益不勝直指始出矣吏之
治以斬殺縛束爲務閻奉以惡用矣縱廉其治
放郅都上幸鼎湖病久已而卒起幸甘泉（索隱曰卒音七

忽反）道多不治上怒曰縱以我爲不復行此道乎
嗛之（徐廣曰嗛音銜）至冬楊可方受告緡（韋昭曰人有告言不出緡者可方受之。索隱曰緡錢貫也漢氏有告緡令楊可主之謂緡錢出等人有不以錢通者令得告之也）縱以
爲此亂民部吏捕其爲可使者（索隱曰謂求楊可之使）天子
聞使杜式治以爲廢格沮事（漢書音義曰武帝使楊可主告緡沒入其財物縱捕爲可使者此爲廢格詔書沮已成之事。索隱曰格音閣）棄縱市後一歲張
湯亦死
王溫舒者陽陵人也（徐廣曰屬馮翊）少時椎埋爲姦（徐廣曰椎殺人而埋之或謂發冢）已而試補縣亭長數廢爲吏以治
獄至廷史事張湯遷爲御史督盜賊殺傷甚多

稍遷至廣平都尉擇郡中豪敢任吏十餘人以
爲爪牙皆把其陰重罪而縱使督盜賊快其意
所欲得此人雖有百罪弗法即有避因其事夷
之亦滅宗以其故齊趙之郊盜賊不敢近廣平
廣平聲爲道不拾遺上聞遷爲河內太守素居
廣平時皆知河內豪姦之家及往九月而至令
郡具私馬五十疋爲驛自河內至長安部吏如
居廣平時方略捕郡中豪猾郡中豪猾相連坐
千餘家上書請大者至族小者乃死家盡沒入償
臧奏行不過二三日得可事論報至流血十餘

里河內皆怪其奏以為神速盡十二月郡中毋聲毋敢夜行野無犬吠之盜其頗不得失之旁郡國黎來索隱曰黎音犁犁比也會春溫舒頓足歎曰嗟乎令冬月益展一月足吾事矣其好殺伐行威不愛人如此天子聞之以為能遷為中尉其治復放河內徙諸名禍猾吏徐廣曰有殘刻之名。索隱曰案漢書作徒請召猜禍吏服虔曰徒但也猜惡也應劭曰猜疑也取吏好猜疑人作禍敗者而使之與從事河內則楊皆麻戊徐廣曰一云麻成關中楊贛成信等義縱為內史憚未敢恣治及縱死張湯敗後徙為廷尉而尹齊為中尉

尹齊者東郡茌平人索隱曰茌音仕疑反以刀筆稍遷至御史事張湯張湯數稱以為廉武使督盜賊所斬伐不避貴戚遷為關內都尉聲甚於甯成上以為能遷為中尉吏民益凋敝尹齊木彊少文豪惡吏伏匿而善吏不能為治以故事多廢抵罪上復徙溫舒為中尉而楊僕以嚴酷為主爵都尉

楊僕者宜陽人也以千夫為吏漢書音義曰千夫若五大夫武帝軍用不足入令民出錢穀為之河南守案舉以為能遷為御史使督盜賊關東治放尹齊以為敢摯行稍遷至主爵都尉列九卿天子以為能南越反拜為樓船將

軍有功封將梁侯為荀彘所縛徐廣曰受封四年征朝鮮還贖為庶人。索隱曰案漢書云與左將軍荀彘俱擊朝鮮為彘所縛還免為庶人病死居久之病死

而溫舒復為中尉為人少文居廷惛惛不辯索隱曰惛音昏至於中尉則心開督盜賊素習關中俗知豪惡吏豪惡吏盡復為用為方略吏苛察盜賊惡少年投缿徐廣曰音項器名也如今之投書函中。索隱曰缿受投書之器入不可出三倉音胡江反購告言姦置伯格長徐廣曰一作落古村落字亦作格街陌屯落皆設督長也。索隱曰伯音阡陌格音村落言阡陌村落皆置長也以牧司姦盜賊溫舒為人諂善事有勢者即無勢者視之如奴有勢家雖有姦如山弗犯無勢者貴戚必侵辱舞文巧詆下戶之猾以焄大豪焄音熏。索隱曰案熏猶熏炙之謂下戶之中有姧猾之人令案之以重逐大姦也其治中尉如此姦猾窮治大抵盡靡爛獄中行論無出者其爪牙吏虎而冠於是中尉部中中猾以下皆伏有勢者為游聲譽稱治數歲其吏多以權富溫舒擊東越還徐廣曰元鼎六年出會稽破東越議有不中意者坐小法抵罪免是時天子方欲作通天臺正義曰漢書元封二年三輔舊事云起甘泉通天臺高五十丈而未有人溫舒請覆中尉脫卒得數萬人作上說拜為少府徙為右內史治如其故姦邪少禁坐法失官復為右輔行中尉事如故操歲餘會宛軍發漢書

音義曰發兵伐大宛詔徵豪吏溫舒匿其吏華成及人有變告溫舒受員騎錢他姦利事罪至族自殺其時兩弟及兩婚家亦各自坐他罪而族光祿徐自爲曰悲夫夫古有三族而王溫舒罪至同時而五族乎溫舒死家直累千金後數歲尹齊亦以淮陽都尉病死家直不滿五十金所誅滅淮陽甚多及死仇家欲燒其尸尸亡去歸葬徐廣曰尹齊死未及斂恐怨家欲燒之屍亦飛去自溫舒等以惡爲治而郡守都尉諸侯二千石欲爲治者其治大抵盡放溫舒而吏民益輕犯法盜賊滋起南陽有梅免白政楚有殷中徐廣曰殷一作假人亦有姓假者也杜少齊有徐勃燕趙之間有堅盧范生之屬大羣至數千人擅自號攻城邑取庫兵釋死罪縛辱郡太守都尉殺二千石爲檄告縣趣具食小羣盜以百數掠鹵鄉里者不可勝數也於是天子始使御史中丞丞相長史督之猶弗能禁也乃使光祿大夫范昆諸輔都尉及故九卿張德等衣繡衣持節虎符發兵以興擊斬首大部或至萬餘級及以法誅通飲食坐連諸郡甚者數千人數歲乃頗得其渠率散卒失亡復聚黨阻山川者往往而羣

居無可奈何於是作沈命法漢書音義曰沈藏匿也命亡逃也○索隱曰服虔云沈匿不發覺之法韋昭云沈沒也曰羣盜起不發覺發覺而捕弗滿品者二千石以下至小吏主者皆死其後小吏畏誅雖有盜不敢發恐不能得坐課累府府亦使其不言故盜賊寖多上下相爲匿以文辭避法焉徐廣曰詐爲虛文言無盜賊也

減宣者楊人也以佐史無害給事河東守府衛將軍青使買馬河東見宣無害言上徵爲大廄丞正義曰百官表云太僕屬官有大廄各五丞一尉也官事辨稍遷至御史及中丞使治主父偃及治淮南反獄所以微文深詆殺者甚衆稱爲敢決疑數廢數起爲御史及中丞者幾二十歲王溫舒免中尉而宣爲左內史其治米鹽事大小皆關其手自部署縣名曹實物官吏令丞不得擅搖痛以重法繩之居官數年一切郡中爲小治辦然獨宣以小致大能因力行之難以爲經中廢爲右扶風坐怨成信漢書曰成信宣吏信亡藏上林中宣使郿令正義曰今岐州岐縣北時屬右扶風格殺信吏卒格信時射中上林苑門宣下吏詆罪以爲大逆當族自殺而杜周任用

杜周者正義曰杜氏譜云字長孺南陽杜衍人索隱曰地名也義縱爲

南陽守以爲爪牙舉爲廷尉史事張湯湯數言其無害至御史使案邊失亡文穎曰邊卒多亡也或曰郡縣亡守有所亡失也所論殺甚衆奏事中上意任用與減宣相編更爲中丞十餘歲其治與宣相放然重遲外寬內深次骨李奇曰其用罪深刻至骨○索隱曰次至也宣爲左內史周爲廷尉其治大放張湯而善候伺上所欲擠者因而陷之上所欲釋者久繫待問而微見其冤狀客有讓周曰君爲天子決平不循三尺法漢書音義曰以三尺竹簡書法律也專以人主意指爲獄獄者固如是乎周曰三尺安出哉前主所是著爲律後主所是疏爲令當時爲是何古之法乎至周爲廷尉詔獄亦益多矣二千石繫者新故相因不減百餘人郡吏大府舉之廷尉如淳曰郡吏郡太守也孟康曰舉之廷尉以章劾付廷尉治之一歲至千餘章章大者連逮證案數百小者數十人遠者數千近者數百里會獄吏因責如章告劾不服以笞掠定之於是聞有逮皆亡匿獄久者至更數赦張晏曰詔書赦或有不從此令十有餘歲而相告言大抵盡詆以不道索隱曰案大抵猶大都也盡詆者盡至也以上廷尉及中都官詔獄逮至六七萬人吏所增加十萬餘人周中廢後爲執金吾逐盜捕治桑弘羊

衛皇后昆弟子刻深天子以爲盡力無私遷爲御史大夫徐廣曰天漢三年爲御史大夫四歲太始三年卒家兩子夾河爲守其治暴酷皆甚於王溫舒等矣杜周初徵爲廷史有一馬且不全及身久任事至三公列子孫尊官家訾累數巨萬矣

太史公曰自郅都杜周十人者此皆以酷烈爲聲然郅都伉直引是非爭天下大體張湯以知陰陽人主與俱上下時數辯當否國家賴其便趙禹時據法守正杜周從諛以少言爲重自張湯死後網密多詆嚴官事寖以耗廢九卿碌碌奉其官救過不贍何暇論繩墨之外乎然此十人中其廉者足以爲儀表其污者足以爲戒徐廣曰一本無此四字方略教導禁姦止邪一切亦皆彬彬質有其文武焉雖慘酷斯稱其位矣至若蜀守馮當暴挫廣漢李貞擅磔人東郡彌僕鋸項天水駱璧推減徐廣曰一作成○索隱曰推音直追反減作成是也謂推繫之以成獄也河東褚廣妄殺京兆無忌馮翊殷周蝮鷙索隱曰蝮音蝮蛇鷙音至以言苛酷比之蝮毒焉水衡閻奉扑擊賣請何足數哉何足數哉

索隱述贊曰太上失德法令滋起破觚爲圜

禁暴不止姦偽斯熾慘酷爰始乳獸揚威倉
鷹側視舞文巧詆懷生可恃

酷吏列傳第六十二　史記百二十二

大宛列傳第六十三　史記一百二十三

索隱曰案此傳合在西南夷下不宜在酷吏游俠之閒斯蓋並司馬公之殘缺褚先生補之失也幸不深尤焉

大宛之跡 正義曰漢書云大宛國去長安萬二千五百五十里東至都護治西南至大月氏南亦至大月氏北至康居括地志云率都沙那國亦名蘇對沙那國本漢大宛國。索隱曰宛音苑又於袁反 見自張騫張騫漢中人 索隱曰陳壽益部耆舊傳云騫漢中成固人 建元中爲郎是時天子問匈奴降者皆言匈奴破月氏王 正義曰氏音支涼甘肅瓜沙等州本月氏國之地漢書云本居敦煌祁連閒是也 以其頭爲飲器 韋昭曰飲器椑榼也單于以月氏王頭爲飲器晉灼曰飲器虎子之屬也或曰飲酒器也。正義曰漢書匈奴傳云元帝遣車騎都尉韓昌光祿大夫張猛與匈奴盟以老上單于所破月氏王頭爲飲器者共飲血盟

月氏遁逃而常怨仇匈奴無與共擊之漢方欲事滅胡聞此言因欲通使道必更匈奴中 索隱曰更經也音羹 乃募能使者騫以郎應募使月氏與堂邑氏故胡奴甘父 漢書音義曰堂邑氏姓胡奴甘父字。索隱曰案謂堂邑縣人家胡奴名甘父也下云堂邑父者蓋後史家從省唯稱堂邑父而略甘字或甘其姓號也 俱出隴西經匈奴 索隱曰謂道經匈奴 匈奴得之傳詣單于單于留之曰月氏在吾北漢何以得往使吾欲使越漢肯聽我乎留騫十餘歲與妻有子然騫持漢節不失居匈奴中益寬騫因與其屬亡鄉月氏西走數十日至大宛大宛聞漢之饒財欲通不得見騫喜問

曰若欲何之騫曰爲漢使月氏而爲匈奴所閉道今亡唯王使人導送我誠得至反漢漢之賂遺王財物不可勝言大宛以爲然遣騫 索隱曰謂大宛發遣騫西也 爲發導驛 索隱曰發導謂發驛令人導引而至康居也導音道 抵康居 抵至也居音渠。正義曰抵至也居其居反括地志云康居國在京西一萬六百里其西北可二千里有奄蔡酒國也 康居傳致大月氏 正義曰此大月氏在大宛西南於嬀水北爲王庭漢書云去長安萬一千六百里 大月氏王已爲胡所殺立其太子爲王 徐廣曰一云夫人爲王夷狄亦或女主。索隱曰案漢書張騫傳云立其夫人爲王也 既臣大夏而居 索隱曰居作君謂月氏以大夏爲臣而爲之作君也。正義曰既盡也大夏國在嬀水南 地肥饒少寇志安樂又自以遠漢殊無報胡之心騫從月

氏至大夏竟不能得月氏要領 漢書音義曰要領要契。索隱曰小顏以爲要衣要領衣領凡持衣者必執要與領言騫不能得月氏意趣無以持歸於漢劉氏云不得其要害然頗是其意於文字爲跡者也 留歲餘還並南山 正義曰並白浪反南山即連終南山從京南東至華山過河東北連延至海即中條山也從京南連接至葱嶺萬餘里故云並南山也西域傳云其南山東出金城與漢南山屬焉 欲從羌中歸 正義曰說文云羌西方牧羊人也南方蠻閩從虫北方狄從犬東貉從豸西方羌從羊 復爲匈奴所得留歲餘單于死 徐廣曰元朔三年 左谷蠡王攻其太子自立國內亂騫與胡妻及堂邑父俱亡歸漢漢拜騫爲太中大夫堂邑父爲奉使君 索隱曰堂邑父之官號也 騫爲人彊力寬大信人蠻夷愛之堂邑父故胡人善射窮急射禽獸給食

初騫行時百餘人去十三歲唯二人得還騫身所至者大宛大月氏大夏康居而傳聞其旁大國五六具為天子言之曰大宛在匈奴西南在漢正西去漢可萬里其俗土著耕田田稻麥有蒲陶酒多善馬索隱曰案外國傳云外國稱天下有三衆中國人衆大秦寶衆月氏馬衆馬汗血其先天馬子也漢書音義曰大宛國有高山其上有馬不可得因取五色母馬置其下與交生駒汗血因號曰天馬子有城郭屋室其屬邑大小七十餘城衆可數十萬其兵弓矛騎射其北則康居西則大月氏西南則大夏東北則烏孫東則扜罙于窴徐廣曰漢紀曰拘彌國去于窴三百里。索隱曰扜罙國名也音汙彌窴音田又音殿漢紀謂荀悅所說漢紀拘音俱彌即罙也則拘彌與扜罙同是一名也于窴之西則水皆西流注西海其東水東流注鹽澤索隱曰鹽水也太康地記云河北得水為河塞外得水為海也。正義曰漢書云鹽澤玉門關三百餘里廣袤三四百里其水皆潛行地下南出於積石山為中國河括地志云蒲昌海一名泑澤一名鹽澤亦名輔日海亦名穿蘭亦名臨海在沙州西南玉門關在沙州壽昌縣西六里鹽澤潛行地下其南則河源出焉索隱曰案漢書西南夷傳云河有兩源一出蔥嶺山一出于窴山海經云河出崑崙東北隅郭璞云河出崑崙潛行地下至蔥嶺山于窴國復分流岐出合而東注泑澤已而復行積石為中國河泑澤即鹽澤也一名蒲昌海西域傳云于窴在南山下與郭璞注山海經不同廣志云蒲昌海在蒲類海東也多玉石河注中國而樓蘭姑師正義曰二國名姑師即車師也邑有城郭臨鹽澤鹽澤去長安可五千里匈奴右方居鹽澤以東至隴西

長城南接羌鬲漢道焉

烏孫在大宛東北可二千里行國徐廣曰不土著隨畜與匈奴同俗控弦者數萬敢戰故服匈奴及盛取其羈屬不肯往朝會焉

康居在大宛西北可二千里行國與月氏大同俗控弦者八九萬人與大宛鄰國國小南羈事月氏東羈事匈奴

奄蔡正義曰漢書解詁云奄蔡即闔蘇也魏略云西與大秦通東南與康居接其國多貂畜牧水草故時羈屬康居也在康居西北可二千里行國與康居大同俗控弦者十餘萬臨大澤無崖蓋乃北海云

大月氏正義曰萬震南州志云在天竺北可七千里地高燥而遠國王稱天子國中騎乘常數十萬匹城郭宮殿與大秦國同人民赤白色便習弓馬土地所出及奇瑋珍物被服鮮好天竺不及也康泰外國傳云外國稱天下有三衆中國為人衆大秦為寶衆月氏為馬衆也在大宛西可二三千里居媯水北其南則大夏西則安息北則康居行國也隨畜移徙與匈奴同俗控弦者可一二十萬故時彊輕匈奴及冒頓立攻破月氏至匈奴老上單于殺月氏王以其頭為飲器始月氏居敦煌祁連閒正義曰初月氏居敦煌以東祁連山以西敦煌郡今沙州祁連山在甘州西南及為匈奴所敗乃遠去過宛西擊大夏而臣之遂都媯水北為王庭其餘小衆不能去者保南山羌

號小月氏
安息正義曰地理志云安息國京西萬一千二百里自西關西行三千四百里至阿蠻國西行三千六百
里至斯賓國從賓南行度河又西南行至于羅國九百六十里安息西界極矣自乘海乃通大秦國漢書云北康居
東烏弋山離西條枝國臨嬀水土著以銀爲錢如其王面王死輒更錢效王面焉在大月氏西
可數千里其俗土著耕田田稻麥蒲陶酒城邑
如大宛其屬小大數百城地方數千里最爲大
國臨嬀水有市民商賈用車及船行旁國或數
千里以銀爲錢錢如其王面索隱曰漢書云文獨爲王面幕爲夫人面荀悅
云幕音漫無文面也張晏云錢之文面作人乘馬錢之幕作人面形韋昭云幕錢背也包愷音漫王死
輒更錢效王面焉書革旁行以爲書記漢書音義曰橫

行爲書記。索隱曰畫音獲小顏云革皮之不柔者韋昭云外夷書皆旁行今南方林邑之徒書皆旁行不直下也
其西則條枝北有奄蔡黎軒正義曰上力奚反下巨言反又巨連反後
漢書云大秦一名犂鞬在西海之西東西南北各數千里有城四百餘所土地金銀奇寶有夜光璧明月珠駭雞犀
火浣布珊瑚琥珀琉璃瑯玕朱丹青碧珍怪之物率出大秦康氏外國傳云其國城郭皆青水精爲及五色水精爲
壁人民多巧能化銀爲金國土市買皆金銀錢萬震南州志云大家屋舍以珊瑚爲柱琉璃爲牆壁水精爲礎舄海
中斯調州上有木冬月往剝取其皮績以爲布極細手巾齊數匹與麻焦布無異色小青黑若垢汙欲浣之則入火
中便更精絜世謂之火浣布秦云定重參問門樹皮也括地志云火山國在扶風南東大湖海中其國中山皆火然
火中有白鼠皮及樹皮績爲火浣布魏略云大秦在安條支西大海之西故俗謂之海西從安息界乘船直載海西
遇風利時三月到風遲或一二歲其公私宮室爲重屋郵驛亭置如中國從安息繞海北陸到其國人民相屬十里
一亭三十里一置無盜賊其俗人長大平正似中國人而胡服宋膺異物志云秦之北附庸小邑有羊羔自然生於

土中候其欲萌築牆繞之恐獸所食其臍與地連割絕則死擊物驚之乃驚鳴臍遂絕則逐水草爲羣又大秦金二
枚皆大如瓜擲之滋息無極觀之如用則眞金也括地志云小人國在大秦南人裁三尺其耕稼之時懼鶴所食大
秦衞助之即焦僥國其人穴居也條枝索隱曰漢書作犁軒續漢書一名大秦三國並臨西海後漢書
云西海環其西北通陸道然漢使自烏弋以還莫有至條枝者在安息西數千里
臨西海暑溼耕田田稻有大鳥卵如甕正義曰漢書云
條支出師子犀牛孔雀大雀其卵如甕和帝永元十三年安息王滿屈獻師子大鳥世謂之安息雀廣志云鳥鵄鷹
身蹄駱色蒼舉頭八九尺張翅丈餘食大麥卵大如甕人衆甚多往往有小君
長而安息役屬之以爲外國國善眩應劭曰眩相詐惑。正義
曰顏云今吞刀吐火殖瓜種樹屠人截馬之術皆是也安息長老傳聞條枝有
弱水西王母而未嘗見索隱曰魏略云弱水在大秦西玄中記云天下之弱者有

崑崙之弱水鴻毛不能載也山海經云玉山西王母所居穆天子傳云天子觴西王母瑤池之上括地圖云崑崙弱
水非乘龍不至有三足神鳥爲王母取食也。正義曰此弱水西王母既是安息長老者傳聞而未曾見後漢書
云桓帝時大秦國王安敦遣使自日南徼外來獻或云其國西有弱水流水近西王母處幾於日所入也然先儒多
引大荒西經云弱水云有二源俱出女國北阿耨達山南流會於女國東去國一里深丈餘闊六十步非毛舟不可
濟南流入海阿耨達山即崑崙山也與大荒西經合矣然大秦國在西海中島上從安息西界過海好風用三月乃
到弱水又在其國之西崑崙山弱水流在女國北出崑崙山南女國在于寘國南二千七百里于寘去京九千
六百里七十里計大秦與大崑崙山相去幾四五萬里非所論及而前賢誤矣此皆據漢括地論之猶恐未審
然弱水二所說皆有也大夏在大宛西南二千餘里嬀
水南其俗土著有城屋與大宛同俗無大王長
往往城邑置小長其兵弱畏戰善賈市及大月

氏西徙攻敗之皆臣畜大夏大夏民多可百餘萬其都曰藍市城有市販賈諸物其東南有身毒國徐廣曰身或作乾又作訖。索隱曰身音乾毒音篤孟康云即天竺也所謂浮圖胡也。正義曰一名身毒在月氏東南數千里俗與月氏同而卑濕暑熱其國臨大水乘象以戰其民弱月氏脩浮圖道不殺伐遂以成俗土有象犀瑇瑁金銀鐵錫鉛西與大秦通有大秦珎物明帝夢金人長大頂有光明以問羣臣或曰西方有神名曰佛其形長丈六尺而黃金色帝於是遣使天竺問佛道法遂至中國畫形像焉萬震南州志云地方三萬里佛道所出其國王居城郭殿皆彫文刻鏤街曲市里各有行列左右諸大國凡十六皆共奉之以天地之中也浮屠經云臨兒國王生隱屠太子父曰屠頭邪母曰莫邪屠身色黃髮如青絲乳有青色爪赤如銅始莫邪夢白象而孕及生從母右脅出生有髮墮地能行七步又云太子生時有二龍王夾左右吐水一龍水暖一龍水冷遂成二池今猶一冷一暖初行七步處琉璃上有太子脚跡見在生處名祇洹精舍在舍衛國南四里是長者須達所起又有阿輸

迦樹是夫人所攀生太子樹也括地志云沙祇大國即舍衛國也在月氏南萬里即波斯匿王治處此國共九十種知身後事城有祇樹給孤園又云天竺國有東西南北中央天竺國國方三萬里去月氏七千里大國隸屬凡二十一天竺在崑崙山南大國也治城臨恒水又云阿耨達山亦名建末達山亦名崑崙山水出一名拔扈利水一名恒伽河即經稱河者也自崑崙山以南多是平地而下濕土肥良多種稻歲四熟留役駞馬米粒亦極大又云佛上忉利天爲母說法九十日波斯匿王思欲見佛即刻牛頭旃檀象置精舍內佛坐此像是衆像之始後人所法也佛上天青梯今變爲石沒入地唯餘十二蹬蹬間二尺餘彼耆老言梯入地盡佛法滅又云王舍國胡語曰罪悅祇國其國靈鷲山胡語曰耆闍崛山山是青石石頭似鷲鳥名耆闍鷲也崛山石也山周四十里外周圍水佛於此坐禪及諸阿難等俱在此坐又云小孤石石上有石室者佛坐其中天帝釋以四十二事問佛佛一一以指畫名其跡尚存又於山上起塔佛昔將阿難在此上山四望見福田疆畔因制七條衣割截之法於此今袈裟衣是也騫曰臣在大夏時見邛竹杖蜀布正義曰邛都邛山出此竹因名邛竹節高

安息

實中或奇生可爲杖布土蘆布問曰安得此大夏國人曰吾賈人往市之身毒身毒在大夏東南可數千里其俗土著大與大夏同而卑濕暑熱云其人民乘象以戰其國臨大水焉正義曰大水河也以騫度之大夏去漢萬二千里居漢西南今身毒國又居大夏東南數千里有蜀物此其去蜀不遠矣今使大夏從羌中險羌人惡之少北則爲匈奴所得從蜀宜徑如淳曰徑疾也或曰徑直又無寇天子既聞大宛及大夏安息之屬皆大國多奇物土著頗與中國同業而兵弱貴漢財物其北有大月氏康居之屬

兵彊可以賂遺設利朝也且誠得而以義屬之則廣地萬里重九譯正義曰言重重九遍譯語而致致殊俗威德徧於四海天子欣然以騫言爲然乃令騫因蜀犍爲正義曰犍其連反犍爲郡今戎州也在益州南一千餘里發閒使四道並出出駹出冉出徙徐廣曰屬漢嘉。索隱曰李奇云徙音斯蜀郡有徙縣。正義曰茂州向州等冉駹之地在戎州西北也出邛僰正義曰僰蒲北反徙在嘉州邛今邛州僰今雅州皆在戎州西南也皆各行一二千里其北方閉氐筰服虔曰皆夷名漢使見閉於夷也。索隱曰韋昭云筰縣屬越巂音髓案南越破後煞筰侯作筰都爲沈黎郡又有定筰縣。正義曰氐今成州及武等州也筰白狗羌也皆在戎州西北也南方閉巂昆明正義曰巂州及南昆明夷也皆在戎州西南昆明之屬無君長善寇盜輒殺略漢

安息

使終莫得通然聞其西可千餘里有乘象國名
曰滇越（徐廣曰一作城。正義曰昆郎等州皆滇國也其西南滇越越巂則通號越細分而有巂滇等名也）而蜀賈姦出物者或至焉於是漢以求大夏
道始通滇國初漢欲通西南夷費多道不通罷
之及張騫言可以通大夏乃復事西南夷騫以
校尉從大將軍擊匈奴知水草處軍得以不乏
乃封騫為博望侯（索隱曰案張騫封號耳非地名小顏云取其能博廣瞻望也尋武帝置博望苑亦取斯義也。正義曰地理志南陽博望縣）是歲元朔六年也其明
年騫為衛尉與李將軍俱出右北平擊匈奴匈
奴圍李將軍軍失亡多而騫後期當斬贖為庶

人是歲漢遣驃騎破匈奴西城數萬人至祁連
山其明年渾邪王率其民降漢而金城河西西
並南山至鹽澤空無匈奴匈奴時有候者到而
希矣其後二年漢擊走單于於幕北是後天子
數問騫大夏之屬騫既失侯因言曰臣居匈奴
中聞烏孫王號昆莫昆莫之父匈奴西邊小國
也匈奴攻殺其父（索隱曰漢書父名難兜靡為大月氏所殺）而昆莫生棄
於野烏嗛肉蜚其上（徐廣曰讀嗛與銜同酷吏傳義縱不治道上忿銜之史記亦作嗛字。索隱曰嗛音銜蜚亦飛字）狼往乳之單于怪以為神而收
長之及壯使將兵數有功單于復以其父之民

予昆莫令長守於西城昆莫收養其民攻旁小
邑控弦數萬習攻戰單于死昆莫乃率其衆遠
徙中立不肯朝會匈奴匈奴遣奇兵擊不勝以
為神而遠之因羈屬之不大攻今單于新困於
漢而故渾邪地空無人蠻夷俗貪漢財物今誠
以此時而厚幣賂烏孫招以益東居故渾邪之
地與漢結昆弟其勢宜聽聽則是斷匈奴右臂
也既連烏孫自其西大夏之屬皆可招來而為
外臣天子以為然拜騫為中郎將將三百人馬
各二匹牛羊以萬數齎金幣帛直數千巨萬多

持節副使道可使使遺之他旁國騫既至烏孫
烏孫王昆莫見漢使如單于禮騫大慙知蠻夷
貪乃曰天子致賜王不拜則還賜昆莫起拜賜
其他如故騫諭使指曰烏孫能東居渾邪地則
漢遣翁主為昆莫夫人烏孫國分王老而遠漢
未知其大小素服屬匈奴日久矣且又近之其
大臣皆畏胡不欲移徙王不能專制騫不得其
要領昆莫有十餘子其中子曰大祿彊善將衆
將衆別居萬餘騎大祿兄為太子太子有子曰
岑娶而太子蚤死臨死謂其父昆莫曰必以岑

安息

娶爲太子無令他人代之昆莫哀而許之卒以岑娶爲太子大祿怒其不得代太子也乃收其諸昆弟將其衆畔謀攻岑娶及昆莫昆莫老常恐大祿殺岑娶予岑娶萬餘騎別居而昆莫有萬餘騎自備國衆分爲三而其大總取羈屬昆莫昆莫亦以此不敢專約於騫騫因分遣副使使大宛康居大月氏大夏安息身毒于寘扜罙及諸旁國烏孫發導譯送騫還騫與烏孫遣使數十人馬數十匹報謝因令窺漢知其廣大騫還到拜爲大行列於九卿歲餘卒烏孫使既

見漢人衆富厚歸報其國其國乃益重漢其後歲餘騫所遣使通大夏之屬者皆頗與其人俱來 晉灼曰其國人 於是西北國始通於漢矣然張騫鑿空 蘇林曰鑿開空通也騫開通西域道○索隱曰案謂西域險阨本無道路今鑿空而通之也 其後使往者皆稱博望侯以爲質於外國 如淳曰質誠信也博望侯有誠信故後使稱其意以喻外國李奇曰質信也 外國由此信之自博望侯騫死後匈奴聞漢通烏孫怒欲擊之及漢使烏孫若 徐廣曰漢書作及若意義亦及也 出其南抵大宛大月氏相屬烏孫乃恐使使獻馬願得尚漢女翁主爲昆弟天子問羣臣議計皆曰必先納聘然後乃遣

安息

女初天子發書易 漢書音義曰發易書以卜 云神馬當從西北來得烏孫馬好名曰天馬及得大宛汗血馬益壯更名烏孫馬曰西極名大宛馬曰天馬云而漢始築令居以西 徐廣曰屬金城 初置酒泉郡以通西北國因益發使抵安息奄蔡黎軒條枝身毒國而天子好宛馬使者相望於道諸使外國一輩大者數百少者百餘人人所齎操大放博望侯時其後益習而衰少焉漢率一歲中使多者十餘少者五六輩遠者八九歲近者數歲而反是時漢既滅越而蜀西南夷皆震請吏入朝於

是置益州越巂牂柯沈黎汶山郡欲地接以前通大夏 李奇曰欲地界相接至大夏 乃遣使柏始昌呂越人等歲十餘輩出此初郡 索隱曰初郡謂越巂汶山等郡也謂之初者後皆叛而併廢之也 抵大夏皆復閉昆明爲所殺奪幣財終莫能通至大夏焉於是漢發三輔罪人因巴蜀士數萬人遣兩將軍郭昌衛廣等往擊昆明之遮漢使者 徐廣曰元封二年 斬首虜數萬人而去其後遣使昆明復爲寇竟莫能得通而北道酒泉抵大夏使者既多而外國益厭漢幣不貴其物自博望侯開外國道以尊貴其後從吏卒皆爭上書言

外國奇怪利害求使天子爲其絕遠非人所樂往聽其言予節募吏民毋問所從來爲具備人衆遣之以廣其道來還不能毋侵盜幣物及使失指天子爲其習之輒覆案致重罪以激怒令贖復求使使端無窮而輕犯法其吏卒亦輒復盛推外國所有言大者予節言小者爲副故妄言無行之徒皆爭效之其使皆貧人子私縣官齎物欲賤市以私其利外國外國亦厭漢使人人有言輕重服虔曰漢使言於外國人人輕重不實如淳曰外國人人自言數爲漢使所侵易度漢兵遠不能至而禁其食物以苦漢使漢使

乏絕積怨至相攻擊而樓蘭姑師小國耳徐廣曰即車師當空道攻劫漢使王恢等尤甚徐廣曰恢一作怪而匈奴奇兵時時遮擊使西國者使者爭徧言外國災害皆有城邑兵弱易擊於是天子以故遣從驃侯破奴將屬國騎及郡兵數萬至匈河水欲以擊胡胡皆去其明年擊姑師破奴與輕騎七百餘先至虜樓蘭王遂破姑師因舉兵威以困烏孫大宛之屬還封破奴爲浞野侯徐廣曰元封三年王恢徐廣曰爲中郎將數使爲樓蘭所苦言天子天子發兵令恢佐破奴擊破之封恢爲浩侯徐廣曰捕得車師王元封四年

封浩侯於是酒泉列亭鄣至玉門矣韋昭曰玉門關在龍勒界。索隱曰韋昭又云玉門縣名在酒泉。正義曰括地志云沙州龍勒山在縣南百六十五里玉門關在縣西北百一十八里烏孫以千匹馬聘漢女漢遣宗室女江都翁主漢書曰江都王建女往妻烏孫烏孫王昆莫以爲右夫人匈奴亦遣女妻昆莫昆莫以爲左夫人昆莫曰我老乃令其孫岑娶妻翁主烏孫多馬其富人至有四五千匹馬初漢使至安息安息王令將二萬騎迎於東界東界去王都數千里行比至過數十城人民相屬甚多漢使還而後發使隨漢使來觀漢廣大以大鳥卵及黎軒善眩人獻

于漢索隱曰韋昭云眩人變化惑人也魏略云黎軒多奇幻口中吹火自縛自解小顏亦以爲今之吞刀吐火植瓜種樹屠人截馬之術皆是也及宛西小國驩潛大益宛東姑師扜罙蘇薤之屬皆隨漢使獻見天子天子大悅而漢使窮河源河源出于窴其山多玉石采來瓚曰漢使采取將持來至漢天子案古圖書名河所出山曰崑崙云是時上方數巡狩海上乃悉從外國客大都多人則過之散財帛以賞賜厚具以饒給之以覽示漢富厚焉於是大觳抵出奇戲諸怪物多聚觀者行賞賜酒池肉林令外國客徧觀各倉庫府藏之積見漢之廣大傾駭之及加

其眩者之工而觳抵奇戲歲增變甚盛益興自
此始西北外國使更來更去宛以西皆自以遠
尚驕恣晏然未可詘以禮羈縻而使也自烏孫
以西至安息以近匈奴匈奴困月氏也匈奴使
持單于一信則國國傳送食不敢留苦及至漢
使非出幣帛不得食不市畜不得騎用所以然
者遠漢而漢多財物故必市乃得所欲然以畏
匈奴於漢使焉宛左右以蒲陶為酒富人藏酒
至萬餘石久者數十歲不敗俗嗜酒馬嗜苜蓿
漢使取其實來於是天子始種苜蓿蒲陶肥饒

地及天馬多外國使來眾則離宮別觀旁盡種
蒲萄苜蓿極望自大宛以西至安息國雖頗異
言然大同俗相知言其人皆深眼多鬚頾善市
賈爭分銖俗貴女子女子所言而丈夫乃決正
其地皆無絲漆不知鑄錢器 徐廣曰多作錢字又或作鐵字 及漢
使亡卒降教鑄作他兵器得漢黃白金輒以為
器不用為幣而漢使者往既多其少從率多進
熟於天子 漢書音義曰少從不如計也或云從行之微者也進熟美語如成熟者也 言曰
宛有善馬在貳師城匿不肯與漢使天子既好
宛馬聞之甘心使壯士車令等持千金及金馬

以請宛王貳師城善馬宛國饒漢物相與謀曰
漢去我遠而鹽水中數敗 服虔曰水名道從外水中 如淳曰道絕遠無穀草。
正義曰孔文祥云鹽水鹽澤也言水廣遠或致風波而數敗
地裴矩西域記云在西州高昌縣東東南去瓜州一千三
百里並沙磧之地水草難行四面危道路不可准記行人
唯以人畜骸骨及駞馬糞為標驗以其地道路惡人畜即
不約行曾有人於磧內時聞人喚聲不見形亦有歌哭聲
數失人瞬息之間不知所在由此數有死亡蓋魑魅魍魎
也
出其北有胡寇出其南乏水草又且往往而
絕邑乏食者多漢使數百人為輩來而常乏食
死者過半是安能致大軍乎無柰我何且貳師
馬宛寶馬也遂不肯予漢使漢使怒妄言 如淳曰罵詈
椎金馬而去宛貴人怒曰漢使至輕我遣漢

使去令其東邊郁成遮攻殺漢使取其財物於
是天子大怒諸嘗使宛姚定漢等言宛兵弱誠
以漢兵不過三千人彊弩射之即盡虜破宛矣
天子已嘗使浞野侯攻樓蘭以七百騎先至虜
其王以定漢等言為然而欲侯寵姬李氏拜李
廣利為貳師將軍發屬國六千騎及郡國惡少
年數萬人以往伐宛期至貳師城取善馬故號
貳師將軍趙始成為軍正故浩侯王恢使導軍
徐廣曰恢先受封一年坐使酒泉矯制國除 而李哆為校尉制軍事 索隱曰哆音尺奢反又尺者反 是歲太初元年也而關東蝗大起蜚西

安息

至敦煌貳師將軍軍既西過鹽水當道小國恐
各堅城守不肯給食攻之不能下下者得食不
下者數日則去比至郁成士至者不過數千皆
飢罷攻郁成郁成大破之所殺傷甚衆貳師將
軍與哆始成等計至郁成尚不能舉況至其王
都乎引兵而還往來二歲還至敦煌士不過什
一二使使上書言道遠多乏食且士卒不患戰
患飢人少不足以拔宛願且罷兵益發而復往
天子聞之大怒而使使遮玉門曰軍有敢入者
輒斬之貳師恐因留敦煌其夏漢亡浞野之兵

二萬餘於匈奴 徐廣曰太初二年趙破奴為浚稽將軍二萬騎擊匈奴不還也 公卿
及議者皆願罷擊宛軍專力攻胡天子已業誅
宛宛小國而不能下則大夏之屬輕漢而宛善
馬絕不來烏孫侖頭易苦漢使矣 晉灼曰易輕 為外
國笑乃案言伐宛尤不便者鄧光等赦囚徒材
官益發惡少年及邊騎歲餘而出敦煌者六萬
人負私從者不與牛十萬馬三萬餘匹驢騾橐
它以萬數多齎糧兵弩甚設天下騷動傳相奉
伐宛凡五十餘校尉宛王城中無井皆汲城外
流水於是乃遣水工徙其城下水空以空其城

安息

徐廣曰空一作穴蓋以水蕩敗其城也言空者令城中渴乏 益發戍甲卒十八萬
酒泉張掖北置居延休屠以衛酒泉 如淳曰立二縣以衛邊也或曰置二部都尉以衛酒泉 而發天下七科適 正義曰音謫張晏云吏有罪一亡命二贅壻三賈人四故有市籍五父母有市籍六大父母有市籍七凡七科武帝天漢四年發天下七科謫出朔方也
及載糒給貳師轉車人徒相連屬至敦煌而拜
習馬者二人為執驅校尉備破宛擇取其善馬
云於是貳師後復行兵多而所至小國莫不迎
出食給軍至侖頭侖頭不下攻數日屠之自此
而西平行至宛城漢兵到者三萬人宛兵迎擊
漢兵漢兵射敗之宛走入葆乘其城貳師兵欲

行攻郁成恐留行而令宛益生詐乃先至宛決
其水源移之則宛固已憂困圍其城攻之四十
餘日其外城壞虜宛貴人勇將煎靡宛大恐走
入中城宛貴人相與謀曰漢所為攻宛以王毋
寡匿善馬而殺漢使今殺王毋寡而出善馬漢
兵宜解即不解乃力戰而死未晚也宛貴人皆
以為然共殺其王毋寡持其頭遣貴人使貳師
約曰漢毋攻我我盡出善馬恣所取而給漢軍
食即不聽我盡殺善馬而康居之救且至至我
居內康居居外與漢軍戰漢軍孰計之何從是

時康居候視漢兵漢兵尚盛不敢進貳師與趙始成李哆等計聞宛城中新得秦人知穿井而其內食尚多所爲來誅首惡者毋寡毋寡頭已至如此而不許解兵則堅守而康居候漢罷而來救宛破漢軍必矣軍吏皆以爲然許宛之約宛乃出其善馬令漢自擇之而多出食食給漢軍漢軍取其善馬數十匹中馬以下牡牝三千餘匹而立宛貴人之故待遇漢使善者名昧蔡以爲宛王（索隱曰昧蔡大宛將昧音末蔡先葛反）與盟而罷兵終不得入中城乃罷而引歸初貳師起敦煌西以爲

人多道上國不能食乃分爲數軍從南北道校尉王申生故鴻臚壺充國等千餘人別到郁成郁成城守不肯給食其軍王申生去大軍二百里偵而輕之責郁成郁成食不肯出窺知申生軍日少晨用三千人攻戮殺申生等軍破數人脫亡走貳師貳師令搜粟都尉上官桀往攻破郁成郁成王亡走康居桀追至康居康居聞漢已破宛乃出郁成王予桀桀令四騎士縛守詣大將軍（如淳曰時多別將故謂貳師爲大將軍）四人相謂曰郁成王漢國所毒今生將去卒失大事欲殺莫敢先擊

上邽騎士趙弟最少拔劒擊之斬郁成王齎頭弟桀等逐及大將軍初貳師後行天子使使告烏孫大發兵并力擊宛烏孫發二千騎往持兩端不肯前貳師將軍之東諸所過小國聞宛破皆使其子弟從軍入獻見天子因以爲質焉貳師之伐宛也而軍正趙始成力戰功最多及上官桀敢深入李哆爲謀計軍入玉門者萬餘人軍馬千餘匹貳師後行軍非乏食戰死不能多而將吏貪多不愛士卒侵牟之以此物故衆天子爲萬里而伐宛不錄過封廣利爲海西侯又

封身斬郁成王者騎士趙弟爲新畤侯軍正趙始成爲光祿大夫上官桀爲少府李哆爲上黨太守軍官吏爲九卿者三人諸侯相郡守二千石者百餘人千石以下千餘人奮行者官過其望（漢書音義曰奮迅自樂入行者）以適過行者皆絀其勞（徐廣曰奮行者及以適行者雖俱有功勞今行賞計其前有罪而減其賜故曰絀其勞也絀抑退也此卒以適行故功勞不足重所以絀降之不得與奮行者齎賞之）士卒賜直四萬金伐宛再反凡四歲而得罷焉漢已伐宛立昧蔡爲宛王而去歲餘宛貴人以爲昧蔡善諛使我國遇屠乃相與殺昧蔡立毋寡昆弟曰蟬封爲宛王而遣其

子入質於漢漢因使使賂賜以鎮撫之而漢發使十餘輩至宛西諸外國求奇物因風覽以伐宛之威德而燉煌置（徐廣曰一本無置字）酒泉都尉（徐廣曰一云置都尉又云燉煌有淵泉縣或者酒字當爲淵字）西至鹽水往往有亭而侖頭有田卒數百人因置使者護田積粟以給使外國者

太史公曰禹本紀言河出崑崙崑崙其高二千五百餘里日月所相避隱爲光明也其上有醴泉瑤池今自張騫使大夏之後也窮河源惡睹本紀所謂崑崙者乎（鄧展曰漢以窮河源於何見崑崙乎尚書曰導河積石是爲河源出於積石積石在金城河關不言出於崑崙也○索隱曰惡音烏烏於何也睹見也言張騫窮河源至大夏于寘於何見河出崑崙乎謂禹本紀及山海經爲虛妄也然案山海經河出崑崙東北隅西域傳云南出積石山爲中國河積石本非河之發源猶尚書導洛自熊耳然其實出於葱嶺山乃東經熊耳今推此義河亦然矣則河源本崑崙而潛流至于闐又東流至積石始入中國則山海經及禹貢各互舉耳）故言九州山川尚書近之矣至禹本紀山海經所有怪物余不敢言之也（索隱曰案漢書作所有放哉始淳云放蕩迂闊言不可信也余不敢言者亦謂山海經難可卬信耳而荀悅作放効失之矣）

索隱述贊曰大宛之迹元因博望始究河源旋窺海上條枝西入天馬內向葱嶺無塵鹽池息浪曠哉絕域往往亭障

大宛傳終

游俠列傳第六十四　史記一百二十四

荀悅曰立氣齊作威福結私交以立彊於世者謂之游俠

韓子曰儒以文亂法 正義曰言文之蔽小人以僿謂細碎苛法亂政 而俠以武犯禁二者皆譏 正義曰譏非言也儒敝亂法俠盛犯禁二道皆非而學士多稱於世者故太史公引韓子欲陳游俠之美 而學士多稱於世云至如以術取宰相卿大夫輔翼其世主功名俱著於春秋 索隱曰案春秋謂國史也以言人臣有功名則見記於其國之史是俱著春秋者也 固無可言者及若季次原憲閭巷人也 徐廣曰仲尼弟子傳曰公晳哀字季次未嘗仕孔子稱之 讀書懷獨行君子之德 索隱曰行音下孟反 義不苟合當世當世亦笑之故季次原憲終身空室蓬戶褐衣疏食不厭 正義曰莊子云原憲居環堵之室蓬戶不完以桑為樞而甕牖上漏下濕匡坐而絃歌也 死而已 索隱曰厭飽也於豔反 四百餘年而弟子志之不倦今游俠其行雖不軌於正義然其言必信其行必果已諾必誠不愛其軀赴士之阸困既已存亡死生矣 索隱曰阸音尼 而不矜其能羞伐其德蓋亦有足多者焉且緩急人之所時有也太史公曰昔者虞舜窘於井廩伊尹負於鼎俎傅說匿於傅險呂尚困於棘津 徐廣曰在廣川。正義曰尉繚子云太公望行年七十賣食棘津云古亦謂之石濟津故南津 夷吾桎梏百里飯牛仲尼畏匡菜色陳蔡此皆學士所謂有道仁人也猶然

遭此菑況以中材而涉亂世之末流乎其遇害何可勝道哉鄙人有言曰何知仁義已饗其利者為有德 索隱曰已音以鄉音享受也言已受其利則為有德何知必仁義也 故伯夷醜周餓死首陽山而文武不以其故貶王跖蹻暴戾其徒誦義無窮由此觀之竊鉤者誅 索隱曰以言小竊則為盜而受誅也 竊國者侯侯之門仁義存 索隱曰言人臣委質於侯王門則須存於仁義若游俠徑挺亦何必肯存仁義也 非虛言也今拘學或抱咫尺之義久孤於世豈若卑論儕俗與世沈浮而取榮名哉 索隱曰言拘學守義之士或抱咫尺纖微之事遂久以當代孤負我志而不若卑論齊俗以取榮寵也 而布衣之徒設取予然諾千里誦義為死不顧世此亦有所長非苟而已也故士窮窘而得委命此豈非人之所謂賢豪閒者邪誠使鄉曲之俠予季次原憲比權量力效功於當世不同日而論矣要以功見言信俠客之義又曷可少哉古布衣之俠靡得而聞已近世延陵 徐廣曰代郡亦有延陵縣騶棄韓子云趙襄子召延陵生令車騎先至晉陽襄子時趙已并代可有延陵之号但未詳是此人非耳 孟嘗春申平原信陵之徒皆因王者親屬藉於有土卿相之富厚招天下賢者顯名諸侯不可謂不賢者矣比如順風而呼聲非加疾其勢激也至如閭巷之俠脩行砥名聲施於天下

索隱曰擯音以政反莫不稱賢是爲難耳然儒墨皆排擯
不載自秦以前匹夫之俠湮滅不見余甚恨之
以余所聞漢興有朱家田仲王公劇孟郭解之
徒雖時扞當世之文罔索隱曰扞即捍也違扞當代之法網謂犯法禁也然
其私義廉絜退讓有足稱者名不虛立士不虛
附至如朋黨宗彊比周設財役貧豪暴侵凌孤
弱恣欲自快游俠亦醜之余悲世俗不察其意
而猥以朱家郭解等令與暴豪之徒同類而共
笑之也
魯朱家者與高祖同時魯人皆以儒教而朱家

史記列傳六十四　三

用俠聞所藏活豪士以百數其餘庸人不可勝
言然終不伐其能歆其德諸所嘗施唯恐見之
振人不贍先從貧賤始家無餘財衣不完采食
不重味乘不過軥牛徐廣曰音雛駰案漢書音義曰小牛○索隱曰軥音古豆反案
大牛當軛專趨人之急甚己之私既陰脫季布將軍
之阸及布尊貴終身不見也索隱曰案季布爲漢所購求朱家以布髡鉗爲
奴載以廣柳車而出之及布尊貴終不見之亦高介至義之士然布竟亦不報朱家之恩自關以東
莫不延頸願交焉楚田仲以俠聞喜劍父事朱
家自以爲行弗及田仲已死而雒陽有劇孟周
人以商賈爲資而劇孟以任俠顯諸侯吳楚反

時條侯爲太尉乘傳車將至河南得劇孟喜曰
吳楚舉大事而不求孟吾知其無能爲已矣天
下騷動宰相得之若得一敵國云劇孟行大類
朱家而好博索隱曰好六博之戲也多少年之戲然劇孟母
死自遠方送喪蓋千乘及劇孟死家無餘十金
之財而符離人王孟亦以俠稱江淮之間是時
濟南瞷氏索隱曰瞷音閑案爲郅都所誅陳周庸索隱曰陳國人姓周名庸亦以
豪聞景帝聞之使使盡誅此屬其後代諸白梁
韓無辟陽翟薛況陝韓孺紛紛復出焉徐廣曰陝疑當
作郟字潁川有郟縣南越傳曰郟壯士韓千秋也○索隱曰代代郡人有白氏豪俠非一故言諸梁梁國人韓姓無

史記列傳六十四　四

辟名辟音避陝當爲郟陝音如冉反郟音紀洽反漢書作寒孺
郭解軹人也索隱曰漢書云河內軹人也字翁伯善相人者許
負外孫也解父以任俠孝文時誅死解爲人短
小精悍不飲酒少時陰賊索隱曰以內心忍害慨不快意身
所殺甚衆以軀借交報仇藏命作姦索隱曰案謂亡命也
剽攻不休及鑄錢掘冢固不可勝數適有天幸
窘急常得脫若遇赦及解年長更折節爲儉以
德報怨厚施而薄望然其自喜爲俠益甚索隱曰蘇
林云言性喜爲俠也既已振人之命不矜其功其陰賊著於
心卒發於睚眦如故云而少年慕其行亦輒爲

報仇不使知也解姊子負解之勢(索隱曰負恃也)與人飲使之嚼(徐廣曰音子妙反盡酒也)非其任彊必灌之人怒拔刀刺殺解姊子亡去解姊怒曰以翁伯之義人殺吾子賊不得棄其尸於道弗葬欲以辱解解使人微知賊處賊窘自歸具以實告解解曰公殺之固當吾兒不直遂去其賊(徐廣曰遣使去)罪其姊子乃收而葬之諸公聞之皆多解之義益附焉解出入人皆避之有一人獨箕倨視之解遣人問其名姓客欲殺之解曰居邑屋至不見敬是吾德不脩也彼何罪乃陰屬尉史曰是人吾所急也(索隱曰案謂吾心中所急言情切急也漢書作重)至踐更時脫之每至踐更數過吏弗求(如淳曰更有三品有卒更有踐更有過更古有正卒無常人皆當迭為之一月一更是為卒更也貧者欲得顧更錢者次直者出錢顧之月二千是為踐更也律說卒更踐更者居縣中五月乃更也後從尉律卒踐更一月休十一月也○索隱曰數音朔數頻也謂頻免之也又音色主反)怪之問其故乃解使脫之箕倨者乃肉袒謝罪少年聞之愈益慕解之行雒陽人有相仇者邑中賢豪居間者以十數(索隱曰色具反)終不聽客乃見郭解解夜見仇家仇家曲聽解(索隱曰謂屈曲聽解也)解乃謂仇家曰吾聞雒陽諸公在此間多不聽者今子幸而聽解解奈何乃從他縣奪人邑中賢大夫權乎

乃夜去不使人知曰且無用待我待我去令雒陽豪居其閒(索隱曰漢書作無庸蘇林曰且無使用吾言待我去令洛陽豪居其間也)乃聽之解執恭敬不敢乘車入其縣廷之旁郡國為人請求事事可出出之不可者各厭其意然後乃敢嘗酒食諸公以故嚴重之爭為用邑中少年及旁近縣賢豪夜半過門常十餘車請得解客舍養之(索隱曰如淳云解多藏亡命者故喜事年少與解同志者知亡命者多歸解故多持車來欲為解迎亡者而藏之)及徙豪富茂陵也解家貧不中訾(索隱曰案訾訾不滿三百萬已上為不中)吏恐不敢不徙衛將軍為言郭解家貧不中徙上曰布衣權至使將軍為言此其家不貧解家遂徙諸公送者出千餘萬軹人楊季主子為縣掾舉徙解解兄子斷楊掾頭由此楊氏與郭氏為仇解入關關中賢豪知與不知聞其聲爭交驩解解為人短小不飲酒出未嘗有騎已又殺楊季主楊季主家上書人又殺之闕下上聞乃下吏捕解解亡置其母家室夏陽(徐廣曰屬馮翊○正義曰故城在同州韓城縣南二十里漢夏陽也)身至臨晉(正義曰故城在同州馮翊縣西南二里)臨晉籍少公素不知解解冒因求出關籍少公已出解解轉入太原所過輒告主人家吏逐之跡至籍少公少公自殺口絕

久之乃得解解窮治所犯爲解所殺皆在赦前軹有儒生侍使者坐客譽郭解生曰郭解專以姦犯公法何謂賢解客聞殺此生斷其舌吏以此責解解實不知殺者殺者亦竟絕莫知爲誰吏奏解無罪御史大夫公孫弘議曰解布衣爲任俠行權以睚眦殺人解雖弗知此罪甚於解殺之當大逆無道遂族郭解翁伯自是之後爲俠者極衆敖而無足數者 徐廣曰敖倨也 然關中長安樊仲子槐里趙王孫長陵高公子西河郭公仲太原鹵公孺 徐廣曰鴈門有鹵城也。索隱曰漢書作魯公孺魯姓也與徐廣之說不同 臨淮兒長卿東陽田君孺 索隱曰漢書作陳君孺然陳田聲相近亦本同姓也。正義曰其東陽蓋貝州歷亭縣者爲近齊故也 雖爲俠而逡逡有退讓君子之風至若北道姚氏 索隱曰蘇林云道猶方也如淳云京師四出道也 西道諸杜南道仇景東道趙他羽公子 索隱曰舊解以趙他與公子爲人今案此姓趙名他羽字公子也 南陽趙調之徒此盜跖居民間者耳曷足道哉此乃鄉者朱家之羞也

太史公曰吾視郭解狀貌不及中人言語不足採者然天下無賢與不肖知與不知皆慕其聲言俠者皆引以爲名諺曰人貌榮名豈有既乎 徐廣曰人以顏狀爲貌者則貌有衰矣唯用榮名爲飾表則稱譽無極也既盡也 於戲惜哉

索隱述贊曰游俠豪倨藉藉有聲權行州里力折公卿朱家脫季劇孟定傾急人之難免讎於更偉哉翁伯人貌榮名

游俠列傳第六十四　史記一百二十四

佞幸列傳第六十五　史記一百二十五

諺曰力田不如逢年善仕不如遇合 徐廣曰遇一作偶 固無虛言非獨女以色媚而士宦亦有之昔以色幸者多矣至漢興高祖至暴抗也 索隱曰抗音苦浪反言暴猛抗直 然籍孺以佞幸孝惠時有閎孺 正義曰籍閎皆名也孺幼小也 此兩人非有材能徒以婉佞貴幸與上臥起公卿皆因關說 索隱曰關通也謂公卿因之而通其詞說劉氏云有所言說皆關由之 故孝惠時郎侍中皆冠鵕鸃貝帶 漢書音義曰鵕鸃鳥名以毛羽飾冠以貝飾帶○索隱曰許愼云鵕鸃鷩鳥也淮南子云趙武靈王服貝鵕鸃漢官儀云秦破趙以其冠賜侍中三蒼云鵕鸃神鳥也飛光映天者也 傅脂粉 索隱曰傅音付 化閎籍之屬也兩人

史記列傳六十五　一

徙家安陵 正義曰惠帝陵邑 孝文時中寵臣士人則鄧通宦者則趙同 索隱曰案漢書作趙談此云同者避太史公父名也 北宮伯子 正義曰顏云姓北宮名伯子也按百子名北宮之官者也 北宮伯子以愛人長者而趙同以星氣幸常爲文帝參乘鄧通無伎能鄧通蜀郡南安人也 徐廣曰後屬犍爲 以濯船爲黃頭郎 徐廣曰着黃帽也駰案漢書音義曰善濯船池中也一說能持櫂行船也土水之母故施黃旄於船頭因以名其郎曰黃頭郎○索隱曰濯音棹遲教反 孝文帝夢欲上天不能有一黃頭郎從後推之上天顧見其衣裻 徐廣曰一無此字○索隱曰裻音篤裻衫襦之橫者 帶後穿覺而之漸臺 索隱曰覺音教○正義曰括地志云漸臺在長安故城中關中記云未央宮西有蒼池池中有漸臺王莽死於此臺 以夢中陰自求

推者郎即見鄧通其衣後穿夢中所見也召問其名姓姓鄧氏名通文帝說焉 索隱曰漢書云上曰鄧猶登也說之 尊幸之日異通亦愿謹不好外交雖賜洗沐不欲出於是文帝賞賜通巨萬以十數 正義曰言賜通巨萬以至於十也 官至上大夫文帝時時如鄧通家遊戲然鄧通無他能不能有所薦士獨自謹其身以媚上而已上使善相者相通曰當貧餓死文帝曰能富通者在我也何謂貧乎於是賜鄧通蜀嚴道銅山 正義曰括地志云雅州榮經縣北三里有銅山即鄧通得賜銅山鑄錢者邑榮經即嚴道 得自鑄錢鄧氏錢 正義曰錢譜云文字稱兩同漢四銖文 布天下其富如

史記列傳六十五　二

此文帝嘗病癰鄧通常爲帝唶吮之 索隱曰唶音仕格反吮音仕兗反 文帝不樂從容問通曰天下誰最愛我者乎通曰宜莫如太子太子入問病文帝使唶癰唶癰而色難之已而聞鄧通常爲帝唶吮之心慙由此怨通矣及文帝崩景帝立鄧通免家居居無何人有告鄧通盜出徼外鑄錢下吏驗問頗有之遂竟案盡沒入鄧通家尚負責數巨萬長公主賜鄧通 韋昭曰景帝姊也○索隱曰案即館陶公主也 吏輒隨沒入之 索隱曰謂長公主別有物吏輒沒入以充贓也 一簪不得著身於是長公主乃令假衣食 索隱曰謂公主令人假與衣食 竟不得名一

錢（索隱曰始天下名鄧氏錢今皆沒入卒竟無一錢名之也）寄死人家。孝景帝時
中無寵臣，然獨郎中令周文仁（索隱曰案漢書稱周仁此上稱周文今兼文仁恐後人加耳案仁字文）
仁寵最過庸，不乃甚篤（索隱曰案庸常也言仁最被恩寵過於常人乃不甚篤如韓嫣也）。今天子中寵臣，士人則韓
王孫嫣（索隱曰音偃又音於建反），宦者則李延年。
嫣者，弓高侯孽孫也（徐廣曰韓王信之子頹當也）。今上為膠
東王時，嫣與上學書相愛。及上為太子，愈益親
嫣。嫣善騎射，善佞。上即位，欲事伐匈奴，而嫣先
習胡兵，以故益尊貴，官至上大夫，賞賜擬於鄧
通。時嫣常與上臥起。江都王入朝，有詔得從入
獵上林中。天子車駕蹕道未行，而先使嫣乘副
車，從數十百騎，騖馳視獸。江都王望見，以為天
子，辟從者，伏謁道傍。嫣驅不見。既過，江都王怒，
為皇太后泣曰：「請得歸國入宿衛，比韓嫣。」（索隱曰謂還爵封於天子而請入宿衛）
太后由此嗛嫣（徐廣曰嗛讀與銜同漢書作銜字）。嫣
侍上，出入永巷不禁，以姦聞皇太后。皇太后怒，
使使賜嫣死。上為謝，終不能得，嫣遂死。而案道
侯韓說，其弟也，亦佞幸（索隱曰說音悅）。
李延年，中山人也。父母及身兄弟及女，皆故倡
也。延年坐法腐，給事狗中（徐廣曰主獵犬也 索隱曰或大監）。而平

陽公主言延年女弟善舞，上見，心說之，及入永
巷，而召貴延年。延年善歌，為變新聲，而上方與
天地祠，欲造樂詩歌弦之。延年善承意，弦次初
詩（索隱曰初詩即新造樂章）。其女弟亦幸，有子男。延年佩二千
石印，號協聲律。與上臥起，甚貴幸，埒如韓嫣也。（徐廣曰埒等也蜀都賦曰卓鄭埒名又一云埒者疇等之名）
久之，寖與中人亂（徐廣曰一云坐弟季與中人亂），出入驕恣。及其女弟李夫人卒後，愛弛，
則禽誅延年昆弟也。自是之後，內寵嬖臣大底
外戚之家，然不足數也。衛青、霍去病亦以外戚
貴幸，然頗用材能自進。

太史公曰：甚哉愛憎之時！彌子瑕之行，足以觀
後人佞幸矣。雖百世可知也。（索隱曰彌子瑕衛靈公之臣事見說苑也）
索隱述贊曰：傳稱令色，詩刺巧言。冠鵕入侍，
傅粉承恩。黃頭賜蜀，宦者同軒。新聲都尉，挾
彈王孫。泣魚竊駕，著自前論。

佞幸列傳第六十五　　史記一百二十五

滑稽列傳第六十六　史記百二十六

索隱曰滑謂亂也稽同也以言辯捷之人言非若是說是若非能亂同異也楚詞云將突梯滑稽如脂如韋崔浩云滑音骨稽流酒器也轉注吐酒終日不已言出口成章詞不窮竭若滑稽之吐酒故楊雄酒賦云鴟夷滑稽腹大如壺盡日盛酒人復藉沽是也又姚察云滑稽猶俳諧也滑讀如字稽音計也以言諧語滑利其知計疾出故云滑稽也

孔子曰六藝於治一也正義曰言六藝之文雖異禮節樂和導民立政天下平定其歸一揆至於談言微中亦以解其紛亂故治一也禮以節人樂以發和書以道事詩以達意易以神化春秋以義

太史公曰天道恢恢豈不大哉談言微中亦可以解紛

淳于髡者齊之贅壻也索隱曰髡音苦魂反贅壻女之夫也比於子如人疣贅是餘剩之物也長不滿七尺滑稽多辯數使諸侯未嘗屈辱齊威王之時喜隱索隱曰喜音許既反喜好也喜隱謂好隱語好為淫樂長夜之飲沈湎不治委政卿大夫百官荒亂諸侯並侵國且危亡在於旦暮左右莫敢諫淳于髡說之以隱曰國中有大鳥止王之庭三年不蜚又不鳴王知此鳥何也王曰此鳥不飛則已一飛沖天不鳴則已一鳴驚人於是乃朝諸縣令長七十二人賞一人誅一人奮兵而出諸侯振驚皆還齊侵地威行三十六年語在

田完世家中威王八年楚大發兵加齊齊王使淳于髡之趙請救兵齎金百斤車馬十駟淳于髡仰天大笑冠纓索絕索隱曰案索訓盡言冠纓盡絕也孔衍春秋後語亦作冠纓盡絕也王曰先生少之乎髡曰何敢王曰笑豈有說乎髡曰今者臣從東方來見道傍有禳田者索隱曰案謂為田求福禳操一豚蹄酒一盂而祝曰甌窶滿篝徐廣曰篝籠也○索隱曰案甌窶猶杯樓也窶音如婁古字少耳言豐年收掇易可滿篝籠也○正義曰窶音樓篝音篝籠也甌樓謂高地狹小之區得滿篝籠也汙邪滿車司馬彪曰汙邪下地田也○索隱曰即下田之中有薪可滿車○正義曰汙音烏五穀蕃熟穰穰滿家臣見其所持者狹而所欲者奢故笑之於是齊威王乃

益齎黃金千鎰白璧十雙車馬百駟髡辭而行至趙趙王與之精兵十萬革車千乘楚聞之夜引兵而去威王大說置酒後宮召髡賜之酒問曰先生能飲幾何而醉對曰臣飲一斗亦醉一石亦醉威王曰先生飲一斗而醉惡能飲一石哉其說可得聞乎髡曰賜酒大王之前執法在傍御史在後髡恐懼俯伏而飲不過一斗徑醉矣若親有嚴客髡帣韝鞠䠆徐廣曰帣收衣褏也褏衿也韝臂捍也音溝鞠曲也䠆音其紀反又與跽同謂小跪也○索隱曰帣音卷紀免反謂收袖也侍酒於前時賜餘瀝奉觴上壽數起飲不過二斗徑醉矣若

朋友交遊久不相見卒然相覩歡然道故私情相語飲可五六斗徑醉矣若乃州閭之會男女雜坐行酒稽留六博投壺相引為曹握手無罰目眙不禁徐廣曰眙吐甑反直視貌○索隱曰眙音與瞪同謂直視也丑甑反音丑二反前有墮珥後有遺簪髡竊樂此飲可八斗而醉二參索隱曰案上云五六斗徑醉矣則此為樂亦甚飲可八斗而未徑醉故云竊樂二參參言十有二參醉也日暮酒闌合尊促坐男女同席履舄交錯杯盤狼藉堂上燭滅主人留髡而送客徐廣曰一本云留髡坐起送客羅襦襟解微聞薌澤當此之時髡心最歡能飲一石故曰酒極則亂樂極則悲萬事盡然言不可極

極之而衰以諷諫焉齊王曰善乃罷長夜之飲以髡為諸侯主客正義曰今鴻臚卿也宗室置酒髡嘗在側其後百餘年楚有優孟

優孟者故楚之樂人也索隱曰優者倡優也孟者字也優旃亦同旃其字耳優孟在楚旃在秦也長八尺多辯常以談笑諷諫楚莊王之時有所愛馬衣以文繡置之華屋之下席以露牀啗以棗脯馬病肥死使羣臣喪之欲以棺槨大夫禮葬之左右爭之以為不可王下令曰有敢以馬諫者罪至死優孟聞之入殿門仰天大哭王驚而問其故優孟曰馬者王之所愛也以楚

國堂堂之大何求不得而以大夫禮葬之薄請以人君禮葬之王曰何如對曰臣請以彫玉為棺文梓為槨楩楓豫章為題湊蘇林曰以木累棺外木頭皆內向故曰題湊○正義楩頻緜反發甲卒為穿壙老弱負土齊趙陪位於前韓魏翼衞其後索隱曰案此辯說者之詞後人所增飾之矣楚莊王時未有趙韓魏三國廟食太牢奉以萬戶之邑諸侯聞之皆知大王賤人而貴馬也王曰寡人之過一至此乎為之柰何優孟曰請為大王六畜葬之以壠竈為槨索隱曰皇覽亦說此事以壠竈為龍穾也銅歷為棺索隱曰歷即釜鬲也齎以薑棗索隱曰古者食肉用薑棗禮內則云實棗於其腹中屑桂與薑以洒諸上而鹽之也薦以

木蘭祭以糧稻衣以火光葬之於人腹腸索隱曰皇覽云火光之著端葬之腸中於是王乃使以馬屬太官無令天下久聞也楚相孫叔敖知其賢人也善待之病且死屬其子曰我死汝必貧困若往見優孟言我孫叔敖之子也居數年其子窮困負薪逢優孟與言曰我孫叔敖之子也父且死時屬我貧困往見優孟優孟曰若無遠有所之索隱曰案謂優孟語孫叔敖之子曰汝無遠有所之適他境恐王後求汝不得者也即為孫叔敖衣冠抵掌戰國策曰蘇秦說趙王華屋之下抵掌而言張載曰談說之容則也談語歲餘像孫叔敖楚王左右不能別也莊王置酒優孟前為壽

莊王大驚以爲孫叔敖復生也欲以爲相優孟曰請歸與婦計之三日而爲相莊王許之三日後優孟復來王曰婦言謂何孟曰婦言慎無爲楚相不足爲也如孫叔敖之爲楚相盡忠爲廉以治楚楚王得以霸今死其子無立錐之地貧困負薪以自飲食必如孫叔敖不如自殺因歌曰山居耕田苦難以得食起而爲吏身貪鄙者餘財不顧恥辱身死家室富又恐受賕枉法爲姦觸大罪身死而家滅貪吏安可爲也念爲廉吏奉法守職竟死不敢爲非廉吏安可爲也

楚相孫叔敖持廉至死方今妻子窮困負薪而食不足爲也於是莊王謝優孟乃召孫叔敖子封之寢丘徐廣曰在固始。正義曰今光州固始縣本楚邑也呂氏春秋云楚孫叔敖有功於國疾將死戒其子曰王數欲封我我辭不受我死必封汝汝無受利地荊楚閒有寢丘者其爲地不利而前有妬谷後有戾丘其名惡可長有也其子從之楚功臣封二世而收唯寢丘不奪也四百戶以奉其祀後十世不絕此知可以言時矣其後二百餘年秦有優旃

優旃者秦倡朱儒也善爲笑言然合於大道秦始皇時置酒而天雨陛楯者皆沾寒優旃見而哀之謂之曰汝欲休乎陛楯者皆曰幸甚優旃

曰我即呼汝汝疾應曰諾居有頃殿上上壽呼萬歲優旃臨檻正義曰御覽反大呼曰陛楯郎郎曰諾優旃曰汝雖長何益幸雨立我雖短也幸休居於是始皇使陛楯者得半相代始皇嘗議欲大苑囿東至函谷關西至雍陳倉正義曰今岐州雍縣及陳倉縣也優旃曰善多縱禽獸於其中寇從東方來令麋鹿觸之足矣始皇以故輟止二世立又欲漆其城優旃曰善主上雖無言臣固將請之漆城雖於百姓愁費然佳哉漆城蕩蕩寇來不能上即欲就之易爲漆耳顧難爲蔭室於是二世笑之

以其故止居無何二世殺死優旃歸漢數年而卒

太史公曰淳于髡仰天大笑齊威王橫行優孟搖頭而歌負薪者以封優旃臨檻疾呼陛楯得以半更豈不亦偉哉

褚先生曰臣幸得以經術爲郎而好讀外家傳語竊不遜讓復作故事滑稽之語六章編之於左可以覽觀揚意以示後世好事者讀之以游心駭耳以附益上方太史公之三章武帝時有所幸倡郭舍人者發言陳辭雖不合大道然令人主和說武帝少時東武侯母索隱曰案東武縣名侯乳母姓也

常養帝（正義曰高祖功臣表云東武侯郭家高祖六年封子他孝景六年棄市國除蓋他母常養武帝）帝壯時號之曰大乳母率一月再朝朝奏入有詔使幸臣馬游卿以帛五十匹賜乳母又奉飲糒飧養乳母乳母上書曰某所有公田願得假倩之帝曰乳母欲得之乎以賜乳母乳母所言未嘗不聽有詔得令乳母乘車行馳道中當此之時公卿大臣皆敬重乳母乳母家子孫奴從者橫暴長安中當道掣頓人車馬奪人衣服聞於中不忍致之法有司請徙乳母家室處之於邊奏可乳母當入至前面見辭乳母先見郭舍

人爲下泣舍人曰即入見辭去疾步數還顧乳母如其言謝去疾步數還顧郭舍人疾言罵之曰咄老女子何不疾行陛下已壯矣寧尚須汝乳而活邪尚何還顧於是人主憐焉悲之乃下詔止無徙乳母罰謫譖之者（索隱曰謂武帝罰謫譖乳母之人也）

武帝時齊人有東方生名朔（索隱曰仲長統云遷爲滑稽傳敘優旃事不編東方朔非也朔之行事豈直旃孟之比哉而桓譚亦以遷內爲是又非也。正義曰漢書云平原厭次人也輿地志云厭次宜是富平縣之鄉聚名也括地志云富平故城在倉州陽信縣東南四十里漢縣也）以好古傳書愛經術多所博觀外家之語（索隱曰案東方朔亦多博觀外家之語則外家非正經史即傳記雜說之書）朔初入長安至公車上書（正義曰百

官表云衛尉屬官有公車司馬漢儀注云公車司馬掌殿司馬門夜徼宮天下上事及闕下凡所徵召皆揔領之秩六百石）凡用三千奏牘公車令兩人共持舉其書僅然能勝之人主從上方讀之止輒乙其處讀之二月乃盡詔拜以爲郎常在側侍中數召至前談語人主未嘗不說也時詔賜之食於前飯已盡懷其餘肉持去衣盡汙數賜縑帛擔揭而去徒用所賜錢帛取少婦於長安中好女率取婦一歲所者即棄去更取婦所賜錢財盡索之於女子人主左右諸郎半呼之狂人人主聞之曰令朔在事無爲是行者若等安能及之哉朔

任其子爲郎又爲侍謁者常持節出使朔行殿中郎謂之曰人皆以先生爲狂朔曰如朔等所謂避世於朝廷閒者也古之人乃避世於深山中時坐席中酒酣據地歌曰陸沈於俗（索隱曰司馬彪云謂無水而沈之）避世金馬門宮殿中可以避世全身何必深山之中蒿廬之下金馬門者宦署門也門傍有銅馬故謂之曰金馬門時會聚宮下博士諸先生與論議共難之（索隱曰案謂朔設詞之即下文荅客難是也）曰蘇秦張儀一當萬乘之主而都卿相之位澤及後世今子大夫修先王之術慕聖人之義諷誦詩

書百家之言不可勝數著於竹帛自以爲海內無雙即可謂博聞辯智矣然悉力盡忠以事聖帝曠日持久積數十年官不過侍郎位不過執戟意者尚有遺行邪其故何也東方生曰是固非子之所能備也彼一時也此一時也豈可同哉夫張儀蘇秦之時周室大壞諸侯不朝力政爭權相禽以兵并爲十二國未有雌雄得士者彊失士者亡故說聽行通身處尊位澤及後世子孫長榮今非然也聖帝在上德流天下諸侯賓服威振四夷連四海之外以爲席安於覆盂天下平均

合爲一家動發舉事猶如運之掌中賢與不肖何以異哉方今以天下之大士民之衆竭精馳說並進輻湊者不可勝數悉力慕義困於衣食或失門户使張儀蘇秦與僕並生於今之世曾不能得掌故安敢望常侍侍郎乎傳曰天下無害菑雖有聖人無所施其才上下和同雖有賢者無所立功故曰時異則事異雖然安可以不務修身乎詩曰鼓鐘于宮聲聞于外鶴鳴九皐聲聞于天苟能修身何患不榮太公躬行仁義七十二年逢文王得行其說封於齊七百歲而

不絶此士之所以日夜孜孜修學行道不敢止也今世之處士時雖不用崛然獨立塊然獨處上觀許由下察接輿策同范蠡忠合子胥天下和平與義相扶寡偶少徒固其常也子何疑於余哉於是諸先生默然無以應也建章宮正義曰在長安縣西北二十里長安故城中後閣重櫟中有物出焉索隱曰重音逐龍反櫟音歷重櫟欄楯之下有重欄處也其狀似麋以聞武帝往臨視之問左右羣臣習事通經術者莫能知詔東方朔視之朔曰臣知之願賜美酒粱飯大飧臣臣乃言詔曰可已飧又曰某所有公田魚池蒲葦數頃

陛下以賜臣臣朔乃言詔曰可於是朔乃肯言曰所謂騶牙者也索隱曰騶音鄒此朔以意自立名而偶中也以有九牙齊等故謂之騶牙猶騶騎然也遠方當來歸義而騶牙先見其齒前後若一齊等無牙故謂之騶牙其後一歲所匈奴混邪王果將十萬衆來降漢乃復賜東方生錢財甚多至老朔且死時諫曰詩云營營青蠅止于蕃愷悌君子無信讒言讒言罔極交亂四國願陛下遠巧佞退讒言帝曰今顧東方朔多善言怪之居無幾何朔果病死傳曰鳥之將死其鳴也哀人之將死其言也善此之謂也

武帝時大將軍衛青者衛后兄也（徐廣曰衛青傳曰子夫之弟也）封爲長平侯從軍擊匈奴至余吾水上而還斬首捕虜有功來歸詔賜金千斤將軍出宮門齊人東郭先生以方士待詔公車當道遮衛將軍車拜謁曰願白事（徐廣曰衛青傳云寧乘說青而拜爲東海都尉）將軍止車前東郭先生旁車言曰王夫人新得幸於上家貧今將軍得金千斤誠以其半賜王夫人之親人主聞之必喜此所謂奇策便計也衛將軍謝之曰先生幸告之以便計請奉教於是衛將軍乃以五百金爲王夫人之親壽王夫人以聞

武帝帝曰大將軍不知爲此問之安所受計策對曰受之待詔者東郭先生詔召東郭先生拜以爲郡都尉東郭先生久待詔公車貧困飢寒衣敝履不完行雪中履有上無下足盡踐地道中人笑之東郭先生應之曰誰能履行雪中令人視之其上履也其履下處乃似人足者乎及其拜爲二千石佩青緺（徐廣曰音瓜一音蝸青綬）出宮門行謝主人故所以同官待詔者等比祖道於都門外榮華道路立名當世（徐廣曰東郭先生也）此所謂衣褐懷寶者也（索隱曰此指東郭先生也其言身衣褐而懷寶玉也）當其貧困時人莫省視至其貴也乃爭附之諺曰相馬失之瘦相士失之貧其此之謂邪王夫人病甚人主至自往問之曰子當爲王欲安所置之對曰願居洛陽人主曰不可洛陽有武庫敖倉當關口天下咽喉自先帝以來傳不爲置王然關東國莫大於齊可以爲齊王王夫人以手擊頭呼幸甚王夫人死號曰齊王太后薨昔者齊王使淳于髡獻鵠於楚（索隱曰案韓詩外傳齊使人獻鵠於楚不言髡又說苑云魏文侯使舍人無擇獻鵠於齊皆略同而事異殆相涉亂也）出邑門道飛其鵠徒揭空籠造詐成辭往見楚王曰齊王使臣來獻鵠過於

水上不忍鵠之渴出而飲之去我飛亡吾欲刺腹絞頸而死恐人之議吾王以鳥獸之故令士自傷殺也鵠毛物多相類者吾欲買而代之是不信而欺吾王也欲赴佗國奔亡痛吾兩主使不通故來服過叩頭受罪大王楚王曰善齊王有信士若此哉厚賜之財倍鵠在也

武帝時徵北海太守詣行在所（索隱曰漢書宣帝徵渤海太守龔遂非武帝時此褚先生記謬耳）有文學卒史王先生者自請與太守俱吾有益於君君許之諸府掾功曹白云王先生嗜酒多言少實恐不可與俱太守曰先生意

欲行不可逆遂與俱行至宮下待詔宮府門王
先生徒懷錢沽酒與衛卒僕射飲日醉不視其
太守太守入跪拜王先生謂戶郎曰幸爲我呼
吾君至門內遥語戶郎爲呼太守太守來望見
王先生王先生曰天子即問君何以治北海正義
曰今青州令無盜賊君對曰何哉對曰選擇賢材各
任之以其能賞異等罰不肖王先生曰對如是
是自譽自伐功不可也願君對言非臣之力盡
陛下神靈威武所變化也太守曰諾召入至于
殿下有詔問之曰何以治北海令盜賊不起叩
頭對言非臣之力盡陛下神靈威武之所變化
也武帝大笑曰於呼安得長者之語而稱之安
所受之對曰受之文學卒史帝曰今安在對曰
在宮府門外有詔召拜王先生爲水衡丞以北
海太守爲水衡都尉傳曰美言可以市尊行可
以加人君子相送以言小人相送以財
魏文侯時西門豹爲鄴令正義曰今相州縣也豹往到鄴
會長老問之民所疾苦長老曰苦爲河伯娶婦
正義曰河伯華陽潼鄉人姓馮氏名夷浴於河中而溺死遂爲河伯娶婦也以故貧豹問
其故對曰鄴三老廷掾常歲賦斂百姓收取其

錢得數百萬用其二三十萬爲河伯娶婦與祝
巫共分其餘錢持歸當其時巫行視人家女好
者云是當爲河伯婦即娉取洗沐之爲治新繒
綺縠衣閒居齋戒爲治齋宮河上張緹絳帷正義
曰緹他礼反顏野王云黃赤色也又音啼厚繒也女居其中爲具牛酒飯食
行十餘日共粉飾之如嫁女床席令女居其上
浮之河中始浮行數十里乃沒其人家有好女
者恐大巫祝爲河伯取之以故多持女遠逃亡以
故城中益空無人又困貧所從來久遠矣民人
俗語曰即不爲河伯娶婦水來漂沒溺其人民
云西門豹曰至爲河伯娶婦時願三老正義曰亭三老巫
祝父老送女河上幸來告語之吾亦往送女皆
曰諾至其時西門豹往會之河上三老官屬豪
長者里父老皆會以人民往觀之者三二千人
其巫老女子也已年七十從弟子女十人所皆衣
繒單衣立大巫後西門豹曰呼河伯婦來視其
好醜即將女出帷中來至前豹視之顧謂三老
巫祝父老曰是女子不好煩大巫嫗爲入報河
伯得更求好女後日送之即使吏卒共抱大巫
嫗投之河中有頃曰巫嫗何久也弟子趣之復

以弟子一人投河中有頃曰弟子何久也復使一人趣之復投一弟子河中凡投三弟子西門豹曰巫嫗弟子是女子也不能白事煩三老爲入白之復投三老河中西門豹簪筆磬折正義曰簪筆謂以毛裝簪頭長五寸插在冠前謂之爲筆言插筆備禮也磬折謂曲體揖之若石磬之形曲折也磬一片黑石凡十二片樹在虡上擊之其形皆中曲垂兩頭言人要則似也嚮河立待良久長老吏傍觀者皆驚恐西門豹顧曰巫嫗三老不來還奈之何欲復使廷掾與豪長者一人入趣之皆叩頭叩頭且破額血流地色如死灰西門豹曰諾且留待之須臾須臾豹曰廷掾起矣狀河

伯留客之久若皆罷去歸矣鄴吏民大驚恐從是以後不敢復言爲河伯娶婦西門豹即發民鑿十二渠引河水灌民田正義曰括地志云按橫渠首接漳水蓋西門豹史起所鑿之渠也溝洫志云魏文侯時西門豹爲鄴令有令名至文侯曾孫襄王與羣臣飲祝曰令吾爲臣皆非西門豹之爲人臣也史起進曰魏氏之行田也以百畝鄴獨二百畝是田惡也漳水在其傍西門不知用是不智知而不與是不仁仁智豹未之盡何足法也於是史起爲鄴令遂引漳水溉鄴以富漳魏之河名左思魏賦云西門溉其前史起灌其後也田皆溉當其時民治渠少煩苦不欲也豹曰民可以樂成不可與慮始今父老子弟雖患苦我然百歲後期令父老子孫思我言至今皆得水利民人以給足富十二渠經絕馳道到

漢之立而長吏以爲十二渠橋絕馳道相比近不可欲合渠水且至馳道合三渠爲一橋鄴民人父老不肯聽長吏以爲西門君所爲也賢君之法式不可更也長吏終聽置之故西門豹爲鄴令名聞天下澤流後世無絕已時幾可謂非賢大夫哉傳曰子產治鄭民不能欺子賤治單父民不忍欺西門豹治鄴民不敢欺三子之才能誰最賢哉辯治者當能別之魏文帝問羣臣三不欺於君德孰優太尉鍾繇司徒華歆司空王朗對曰臣以爲君任德則臣感義而不忍欺君任察則臣畏覺而不能欺君任刑則臣畏罪而不敢欺任德感義與夫導德齊禮有恥且格等趨者也任察畏罪與夫導政齊刑免而無恥同歸者也孔子

曰爲政以德譬如北辰居其所而衆星共之考以斯言論以斯義臣等以爲不忍欺不能欺優劣之縣在於權衡非徒低卬之差乃鈞銖之覺也且前志稱仁者安仁智者利仁畏罪者強仁校其仁者功則仰以殊核其爲仁者則不得不異安仁者性善者也利仁者力行者也強仁者不得已者也三仁相比則安仁優矣易稱神而化之使民宜之若君化使民然也然則安仁之化與夫強仁之化優劣亦不得不相縣絕也然則三臣之不欺雖同所以不欺異矣則純以恩義崇不欺與以威察成不欺既不可同概而比量又不得錯綜而易勳○索隱曰案此三不欺自古傳記先達共所稱述今諸先生因記西門豹而稱之以成說也循吏傳記子產相鄭仁而且明故人不能欺之子賤爲政清靜唯彈琴三年不下堂而化是人見思故不忍欺之豹以威化御俗故人不敢欺之其德優劣鍾華之評實爲允當也

索隱述贊曰滑稽鴟夷如脂如韋敏捷之變

學不失詞淳于索絕趙國興師楚優拒相寢

丘獲祠偉哉方朔三章紀之

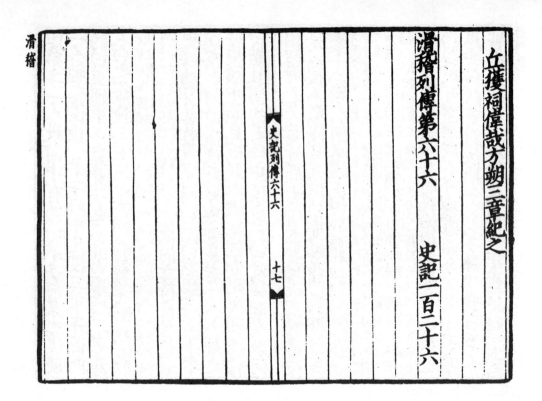

滑稽列傳第六十六　史記一百二十六

日者列傳第六十七　史記一百二十七

墨子曰墨子北之齊遇日者日者曰帝以今日殺黑龍於北方而先生之色黑不可以北墨子不聽遂北至淄水墨子不遂而反焉日者曰我謂先生不可以北然則古人占候卜筮通謂之日者墨子亦云非但史記也○索隱曰案名卜筮曰日者以墨所以卜筮占候時日通名日者故也

自古受命而王王者之興何嘗不以卜筮決于天命哉其於周尤甚及秦可見代王之入任於卜者太卜之起由漢興而有索隱曰案周禮有太卜之官此云由漢興者謂漢自文帝卜大橫之後其卜官更興盛焉

司馬季主者楚人也索隱曰按云楚人而太史公不序其系蓋楚相司馬子期子反後姓也季主見列仙傳卜於長安東市宋忠為中大夫賈誼為博士同日俱出洗沐正義曰漢官五日一假洗休也相從論議誦易先王聖人之道術究徧人情相視而歎賈誼曰吾聞古之聖人不居朝廷必在卜醫之中今吾已見三公九卿朝士大夫皆可知矣試之卜數中以觀采索隱曰卜數猶術數也音所具反劉氏云具數筮之亦通蓋必以易易用大衍之數也二人即同輿而之市游於卜肆中天新雨道少人司馬季主閒坐弟子三四人侍方辯天地之道日月之運陰陽吉凶之本二大夫再拜謁司馬季主視其狀貌如類有知者即禮之使弟

子延之坐坐定司馬季主復理前語分別天地之終始日月星辰之紀差次仁義之際列吉凶之符語數千言莫不順理宋忠賈誼瞿然而悟獵纓正襟危坐索隱曰獵攬也攬其冠纓而正其衣襟謂變而自飾也危一作免謂俯俛為敬曰吾望先生之狀聽先生之辭小子竊觀於世未嘗見也今何居之卑何行之汙索隱曰音烏故反司馬季主捧腹大笑曰觀大夫類有道術者今何言之陋也何辭之野也今夫子所賢者何也所高者誰也今何以卑汙長者二君曰尊官厚祿世之所高也賢才處之今所處非其地故謂之卑言不信行不驗取不當故謂之汙夫卜筮者世俗之所賤簡也世皆言曰夫卜者多言誇嚴以得人情索隱曰謂卜者自矜誇而莊嚴以得人情也虛高人祿命以說人志擅言禍災以傷人心矯言鬼神以盡人財厚求拜謝以私於己此吾之所恥故謂之卑汙也司馬季主曰公且安坐公見夫被髮童子乎日月照之則行不照則止問之日月疵瑕吉凶則不能理由是觀之能知別賢與不肖者寡矣賢之行也直道以正諫三諫不聽則退其譽人也不望其報惡人也不顧其怨以便國家利

衆爲務故官非其任不處也祿非其功不受也見人不正雖貴不敬也見人有汙雖尊不下也得不爲喜去不爲恨非其罪也雖累辱而不愧也今公所謂賢者皆可爲羞矣卑疵而前（索隱曰疵音貲）孅趨而言（索隱曰孅音纖纖趨猶足恭也）相引以勢相導以利比周賓正（徐廣曰客旅謂之賓人求長官謂之正）以求尊譽以受公奉事私利枉主法獵農民以官爲威以法爲機求利逆暴譬無異於操白刃劫人者也初試官時倍力爲巧詐飾虛功執空文以調主上用居上爲右試官不讓賢陳功見僞增實以無爲有以

少爲多以求便勢尊位食飲驅馳從姬歌兒不顧於親犯法害民虛公家此夫爲盜不操矛弧者也攻而不用弦刃者也欺父母未有罪而弒君未伐者也何以爲高賢才乎盜賊發不能禁夷貊不服不能攝姦邪起不能塞官耗亂不能治四時不和不能調歲穀不孰不能適（索隱曰音釋適猶調也）才賢不爲是不忠也才不賢而託官位利上奉妨賢者處是竊位也（索隱曰奉音扶用反）有人者進有財者禮是僞也子獨不見鴟梟之與鳳皇翔乎蘭芷芎藭棄於廣野蒿蕭成林使君子退而不

顯衆公等是也述而不作君子義也今夫卜者必法天地象四時順於仁義分策定卦按式正棊（徐廣曰式音栻○索隱曰按式即栻也旋轉也栻之形上圓象天下方法地用之則轉天綱加地之辰故云旋式棊者筮之狀正棊蓋謂下以作卦也）然後言天地之利害事之成敗昔先王之定國家必先龜策日月而後乃敢代正時日乃後入家產子必先占吉凶後乃有之（索隱曰謂若卜之不祥則式不收也卜吉而後有故云有之）自伏羲作八卦周文王演三百八十四爻而天下治越王句踐倣文王八卦（索隱曰倣音方往反）以破敵國霸天下由是言之卜筮有何負哉且夫卜筮者埽除設坐正其冠帶

然後乃言事此有禮也言而鬼神或以饗忠臣以事其上孝子以養其親慈父以畜其子此有德者也而以義置數十百錢病者或以愈且死或以生患或以免事或以成嫁子娶婦或以養生此之爲德豈直數十百錢哉此夫老子所謂上德不德是以有德今夫卜筮者利大而謝少老子之云豈異於是乎莊子曰君子內無飢寒之患外無劫奪之憂居上而敬居下不爲害君子之道也今夫卜筮者之爲業也積之無委聚藏之不用府庫徙之不用輜車負裝之不重止而

用之無盡索之時持不盡索之物游於無窮之
世雖莊氏之行未能增於是也子何故而云不可
卜哉天不足西北星辰西北移地不足東南以
海爲池日中必移月滿必虧先王之道乍存乍
亡公責卜者言必信不亦惑乎公見夫談士辯
人乎慮事定計必是人也然不能以一言說人
主意故言必稱先王語必道上古慮事定計飾
先王之成功語其敗害以恐喜人主之志以求
其欲多言誇嚴徐廣曰一作險莫大於此矣然欲彊國
成功盡忠於上非此不立今夫卜者導惑教愚
也夫愚惑之人豈能以一言而知之哉言不厭
多故騏驥不能與罷驢爲駟而鳳皇不與燕雀
爲羣而賢者亦不與不肖者同列故君子處卑
隱以辟衆自匿以辟倫微見德順以除羣害以
明天性助上養下多其功利不求尊譽公之等
喁喁者也何知長者之道乎宋忠賈誼忽而自
失芒乎無色索隱曰芒音莫郎反悵然噤口不能言索隱曰悵音暢噤音
禁劉氏音其錦反於是攝衣而起再拜而辭行洋洋也出
市門僅能自上車伏軾低頭卒不能出氣居三
日宋忠見賈誼於殿門外乃相引屏語相謂自

歎曰道高益安勢高益危居赫赫之勢失身且
有日矣夫卜而有不審不見奪糈徐廣曰音所駰案離騷經曰懷
椒糈而要之王逸云糈精米所以享神爲人主計而不審身無所處索隱
曰糈者卜求神之米也言卜之不中乃可見奪其糈米若爲人主計不審則身無所處也此相去遠
矣猶天冠地屨也此老子之所謂無名者萬物
之始也天地曠曠物之熙熙或安或危莫知居
之我與若何足預彼哉彼久而愈安雖曾氏之
義徐廣曰曾一作莊未有以異也久之宋忠使匈奴不
至而還抵罪而賈誼爲梁懷王傅王墮馬薨誼
不食毒恨而死此務華絕根者也索隱曰言宋忠賈誼皆務華而
喪其身是絕其根本也
太史公曰古者卜人所以不載者多不見于篇
及至司馬季主余志而著之
褚先生曰臣爲郎時游觀長安中見卜筮之賢
大夫觀其起居行步坐起自動誓正其衣冠而
當鄉人也有君子之風見性好解婦來卜對之
顏色嚴振未嘗見齒而笑也從古以來賢者避
世有居止舞澤者有居民閒閉口不言有隱居
卜筮閒以全身者夫司馬季主者楚賢大夫游
學長安通易經術黃帝老子博聞遠見觀其對

二大夫貴人之談言稱引古明王聖人道固非淺聞小數之能及卜筮立名聲千里者各往往而在傳曰富爲上貴次之既貴各各學一伎能立其身黃直丈夫也陳君夫婦人也以相馬立名天下齊張仲曲成侯以善擊刺學用劍立名天下留長孺以相彘立名滎陽褚氏以相牛立名能以伎能立名者甚多皆有高世絕人之風何可勝言故曰非其地樹之不生非其意教之不成夫家之教子孫當視其所以好好含苟生活之道因而成之故曰制宅命子足以觀士子

有處所可謂賢人臣爲郎時與太卜待詔爲郎者同署言曰孝武帝時聚會占家問之某日可取婦乎五行家曰可堪輿家曰不可建除家曰不吉叢辰家曰大凶曆家曰小凶天人家曰小吉太一家曰大吉辯訟不決以狀聞制曰避諸死忌以五行爲主人取於五行者也

索隱述贊曰

日者之名　有自來矣　吉凶占候
著於墨子　齊楚異法　書亡罕紀
後人斯繼　季主獨美　取免暴秦

此爲然否

日者列傳第六十七　史記一百二十七

龜策列傳第六十八　史記一百二十八

索隱曰龜策傳有錄無書褚先生所補其敘事頗蕪陋無可取○正義曰史記至元成間十篇有錄無書而褚少孫補景武紀將相年表禮書樂書律書三王世家蒯成侯日者龜策列傳日者龜策言辭最鄙陋非太史公之本意也

太史公曰自古聖王將建國受命興動事業何嘗不寶卜筮以助善唐虞以上不可記已自三代之興各據禎祥塗山之兆從而夏啓世飛燕之卜順故殷興百穀之筮吉故周王王者決定諸疑參以卜筮斷以蓍龜不易之道也蠻夷氐羌雖無君臣之序亦有決疑之卜或以金石或以草木徐廣曰一作華國不同俗然皆可以戰伐攻擊推兵求勝各信其神以知來事略聞夏殷欲卜者乃取蓍龜已則棄去之以爲龜藏則不靈蓍久則不神至周室之卜官常寶藏蓍龜又其大小先後各有所尚要其歸等耳或以爲聖王遭事無不定決疑無不見其設稽神求問之道者以爲後世衰微愚不師智人各自安化分爲百室道散而無垠故推歸之至微要絜於精神也或以爲昆蟲之所長聖人不能與爭其處吉凶別然否多中於人至高祖時因秦太卜官天下

始定兵革未息及孝惠享國日少呂后女主孝文孝景因襲掌故未遑講試雖父子疇官世世相傳其精微深妙多所遺失至今上即位博開藝能之路悉延百端之學通一伎之士咸得自効絕倫超奇者爲右無所阿私數年之間太卜大集會上欲擊匈奴西攘大宛徐廣曰攘一作襄襄除也南收百越卜筮至預見表象先圖其利及猛將推鋒執節獲勝於彼而蓍龜時日亦有力於此上尤加意賞賜至或數千萬如丘子明之屬富溢貴寵傾於朝廷至以卜筮射蠱道巫蠱時或頗中素有眦睚不快因公行誅恣意所傷以破族滅門者不可勝數百僚蕩恐皆曰龜策能言後事覺姦窮亦誅三族夫揲策定數徐廣曰揲音逢一作達○索隱曰揲謂兩手執蓍分而扐之故云揲策灼龜觀兆變化無窮是以擇賢而用占焉可謂聖人重事者乎周公卜三龜而武王有瘳紂爲暴虐而元龜不占晉文將定襄王之位卜得黃帝之兆左傳曰遇黃帝戰于阪泉之兆卒受彤弓之命獻公貪驪姬之色卜而兆有口象其禍竟流五世楚靈將背周室卜而龜逆左傳曰靈王卜曰余尚得天下不吉投龜詬天而呼曰是區區者而不余畀余必自取之○索隱曰詬音火候反終破乾溪之

敗兆應信誠於內而時人明察見之於外可不
謂兩合者哉君子謂夫輕卜筮無神明者悖背
人道索隱曰悖音倍背音佩信禎祥者鬼神不得其正故書
建稽疑五謀而卜筮居其二五占從其多明有
而不專之道也余至江南觀其行事問其長老
云龜千歲乃游蓮葉之上徐廣曰蓮一作領領与蓮聲相近或假借字也蓍
百莖共一根徐廣曰劉向云龜千歲而靈蓍百年而一本生百莖又其所生獸
無虎狼草無毒螫江傍家人常畜龜飲食之以
為能導引致氣有益於助衰養老豈不信哉褚
先生曰臣以通經術受業博士治春秋以高第

為郎幸得宿衛出入宮殿中十有餘年竊好太
史公傳太史公之傳曰三王不同龜四夷各異
卜然各以決吉凶略闚其要故作龜策列傳臣
往來長安中求龜策列傳不能得故之太卜官
問掌故文學長老習事者寫取龜策卜事編于
下方聞古五帝三王發動舉事必先決蓍龜傳
曰索隱曰此傳即太卜所得古龜之說也下有伏靈上有兔絲上有擣
蓍索隱曰擣音逐留反擣蓍即藂蓍擣古稠字下有神龜所謂伏靈者
在兔絲之下狀似飛鳥之形新雨已天清靜無
風以夜捎兔絲去之即以篝燭此地徐廣曰篝籠也蓋然火而

籠罩其上也音溝陳涉世家曰夜篝火也燭之火滅即記其處以新布四
丈環置之明即掘取之入四尺至七尺得矣過
七尺不可得伏靈者千歲松根也食之不死聞
蓍生滿百莖者其下必有神龜守之其上常有
青雲覆之傳曰天下和平王道得而蓍莖長丈
其叢生滿百莖方今世取蓍者不能中古法度
不能得滿百莖長丈者取八十莖已上蓍長八
尺即難得也人民好用卦者取滿六十莖已上
長滿六尺者即可用矣記曰能得名龜者財物
歸之家必大富至千萬一曰北斗龜二曰南辰

龜三曰五星龜四曰八風龜五曰二十八宿龜
六曰日月龜七曰九州龜八曰玉龜凡八名龜
龜圖各有文在腹下文云云者此某之龜也略
記其大指不寫其圖取此龜不必滿尺二寸民
人得長七八寸可寶矣今夫珠玉寶器雖有所
深藏必見其光必出其神明其此之謂乎故玉
處於山而木潤淵生珠而岸不枯者徐廣曰一無不字許氏說
淮南以為滋潤鍾於明珠致令岸枯也潤澤之所加也明月之珠出於
江海藏於蚌中蚗龍伏之徐廣曰許氏說淮南云蚗龍龍屬也音決○索隱曰
蚗當為蛟蠪音龍注音決誤也王者得之長有天下四夷賓服能

得百莖蓍并得其下龜以卜者百言百當足以決吉凶神龜出於江水中廬江郡常歲時生龜長尺二寸者二十枚輸太卜官太卜官因以吉日剔取其腹下甲龜千歲乃滿尺二寸王者發軍行將必鑽龜廟堂之上以決吉凶今高廟中有龜室藏內以為神寶傳曰取前足臑骨穿佩之（徐廣曰臑音乃毛反臑臂○索隱曰臑音乃高反一音乃導反）取龜置室西北隅懸之以入深山大林中不惑臣為郎時見萬畢石朱方傳曰有神龜在江南嘉林中（索隱曰按萬畢術中有石朱方方中說嘉林中故云傳曰）嘉林者獸無虎狼鳥無鴟梟草無毒

螫野火不及斧斤不至是為嘉林龜在其中常巢於芳蓮之上左脅書文曰甲子重光（徐廣曰子一作于）得我者匹夫為人君有土正（徐廣曰正長也為有土之官長）諸侯得我為帝王求之於白蛇蟠杅（徐廣曰一孤反）林中者齋戒以待譺然（索隱曰按林名白蛇蟠杅林龜藏其中杅音烏謂白蛇嘗蟠杅此林中也譺音嶷言求龜者齋戒以待恒譺然也）狀如有人來告之因以醮酒佗髮（徐廣曰佗一作被○索隱曰佗音徒我切謂被髮也）求之三宿而得由是觀之豈不偉哉故龜可不敬歟南方老人用龜支牀足行二十餘歲老人死移牀龜尚生不死龜能行氣導引問者曰龜至神若此然太卜官得生

龜何為輒殺取其甲乎近世江上人有得名龜畜置之家因大富與人議欲遣去人教殺之勿遣遣之破人家龜見夢曰送我水中無殺吾也其家終殺之殺之後身死家不利人民與君王者異道人民得名龜其狀類不宜殺也以往古故事言之古明王聖主皆殺而用之宋元王時得龜亦殺而用之謹連其事於左方令好事者觀擇其中焉宋元王二年江使神龜使於河至於泉陽漁者豫且舉網得而因之（索隱曰且音子余切泉陽人網元龜者）置之籠中夜半龜來見夢於宋元王曰我

為江使於河而幕網當吾路泉陽豫且得我我不能去身在患中莫可告語王有德義故來告訴元王惕然而悟乃召博士衞平而問之（索隱曰宋元君之臣也）曰今寡人夢見一丈夫延頸而長頭衣玄繡之衣而乘輜車來見夢於寡人曰我為江使於河而幕網當吾路泉陽豫且得我我不能去身在患中莫可告語王有德義故來告訴是何物也衞平乃援式而起（徐廣曰式音栻）仰天而視月之光觀斗所指定日處鄉規矩為輔副以權衡四維已定八卦相望視其吉凶介蟲先見乃對元

王曰今昔壬子（索隱曰今昔猶昨夜也以今日言之謂昨夜爲今昔）宿在牽牛
河水大會鬼神相謀漢正南北（正義曰漢天河）江河固期
南風新至江使先來白雲壅漢萬物盡留斗柄
指日使者當囚玄服而乘輜車其名爲龜王急
使人問而求之王曰善於是王乃使人馳而往
問泉陽令曰漁者幾何家名誰爲豫且豫且得
龜見夢於王王故使我求之泉陽令乃使吏案
籍視圖水上漁者五十五家上流之廬名爲豫
且泉陽令曰諾乃與使者馳而問豫且曰今昔
汝漁何得豫且曰夜半時舉網得龜（莊子曰得白龜圓五尺）

使者曰今龜安在曰在籠中使者曰王知子得
龜故使我求之豫且曰諾即系龜而出之籠中
獻使者使者載行出於泉陽之門正晝無見風
雨晦冥雲蓋其上五采青黃雲雨並起風將而
行入於端門見於東箱身如流水潤澤有光望
見元王延頸而前三步而止縮頸而卻復其故
處元王見而怪之問衞平曰龜見寡人延頸而
前以何望也縮頸而復是何當也衞平對曰龜
在患中而終昔囚王有德義使人活之今延頸
而前以當謝也縮頸而卻欲亟去也元王曰善

哉神至如此乎不可久留趣駕送龜勿令失期
衞平對曰龜者是天下之寶也先得此龜者爲
天子且十言十當十戰十勝生於深淵長於黃
土知天之道明於上古游三千歲不出其域安
平靜正動不用力壽蔽天地莫知其極與物變
化四時變色居而自匿伏而不食春蒼夏黃秋
白冬黑明於陰陽審於刑德先知利害察於禍
福以言而當以戰而勝王能寶之諸侯盡服王
勿遣也以安社稷元王曰龜甚神靈降于上天
陷於深淵在患難中以我爲賢德厚而忠信故

來告寡人寡人若不遣也是漁者也漁者利其
肉寡人貪其力下爲不仁上爲無德君臣無禮
何從有福寡人不忍奈何勿遣衞平對曰不然
臣聞盛德不報重寄不歸天與不受天奪之寶
今龜周流天下還復其所上至蒼天下薄泥塗
還徧九州未嘗愧辱無所稽留今至泉陽漁者
辱而囚之王雖遣之江河必怒務求報仇自以
爲侵因神與謀淫雨不霽水不可治若爲枯旱
風而揚埃蝗蟲暴生百姓失時王行仁義其罰
必來此無佗故其祟在龜後雖悔之豈有及哉

王勿遣也元王慨然而歎曰夫逆人之使絕人之謀是不暴乎取人之有以自爲寶是不彊乎寡人聞之暴得者必暴亡彊取者必後無功桀紂暴彊身死國亡今我聽子是無仁義之名而有暴彊之道江河爲湯武我爲桀紂未見其利恐離其咎寡人狐疑安事此寶趣駕送龜勿令久留衞平對曰不然王其無患天地之閒累石爲山高而不壞地得爲安故云物或危而顧安或輕而不可遷人或忠信而不如誕謾(徐廣曰誕一作詭音土和反○索隱曰誕音田讕切謾音漫又並如字)或醜惡而宜大官或美好

佳麗而爲衆人患非神聖人莫能盡言春秋冬夏或暑或寒寒暑不和賊氣相奸同歲異節其時使然故令春生夏長秋收冬藏或爲仁義或爲暴彊暴彊有鄉仁義有時萬物盡然不可勝治大王聽臣臣請悉言之天出五色以辨白黑地生五穀以知善惡人民莫知辨也與禽獸相若谷居而穴處不知田作天下禍亂陰陽相錯忽忽疾疾(徐廣曰一作病)通而不相擇妖孽數見(正義曰說文云衣服訶謠草木之怪謂之妖禽獸蟲蝗之怪謂之孽也)傳爲單薄聖人別其生使無相獲食獸有牝牡置之山原鳥有雌雄布之

林澤有介之蟲置之谿谷故牧人民爲之城郭內經閭術外爲阡陌夫妻男女賦之田宅列其室屋爲之圖籍別其名族立官置吏勸以爵祿衣以桑麻養以五穀耕之耰之(徐廣曰音憂○正義曰耰覆種也說文云耰摩田器)鉏之耨之(徐廣曰耨除草也)口得所嗜目得所美身受其利以是觀之非彊不至故曰田者不彊囷倉不盈(正義曰說文云圓者謂之囷方者謂之稟)商賈不彊不得其贏婦女不彊布帛不精官御不彊其勢不成大將不彊卒不使令侯王不彊沒世無名故云彊者事之始也分之理也物之紀也所求於彊無不

有也王以爲不然王獨不聞玉櫝隻雉(徐廣曰隻一作雙)出於昆山明月之珠出於四海鐫石拌蚌(徐廣曰鐫音子旋反拌音判○索隱曰拌割也)傳賣於市聖人得之以爲大寶大寶所在乃爲天子今王自以爲暴不如拌蚌於海也自以爲彊不過鐫石於昆山也取者無咎寶者無患今龜使來抵網而遭漁者得之見夢自言是國之寶也王何憂焉元王曰不然寡人聞之諫者福也諛者賊也人主聽諛是愚惑也雖然禍不妄至福不徒來天地合氣以生百財陰陽有分不離四時十有二月日至爲期聖

人徹焉身乃無災明王用之人莫敢欺故云福之至也人自生之禍之至也人自成之禍與福同刑與德雙聖人察之以知吉凶桀紂之時與天爭功擁遏鬼神使不得通是固已無道矣諫臣有衆桀有諛臣名曰趙梁教爲無道勸以貪狼繫湯夏臺殺關龍逢左右恐死偷諛於傍國危於累卵皆曰無傷稱樂萬歲或曰未央蔽其耳目與之詐狂湯卒伐桀身死國亡聽其諛臣身獨受殃春秋著之至今不忘紂有諛臣名爲左彊誇而目巧教爲象郎禮記曰目巧之室鄭玄曰但用目巧善意作室不由法度許愼曰象牙郎將至於天又有玉牀犀玉之器象箸而羹索隱曰箸音持慮反則笋即筋爲與羹連或非箸樽也記曰羹之有菜者用梜梜者筋也聖人剖其心壯士斬其胻胻音衡脚脛也箕子恐死被髮佯狂殺周太子歷囚文王昌投之石室索隱曰按殺周太子歷在囚文王昌之上則近是季歷季歷不被紂誅則其言近妄無容周更別有太子名歷也將以昔至明陰兢活之徐廣曰兢一作競○索隱曰陰姓兢名也與之俱亡入於周地得太公望與卒聚兵與紂相攻文王病死載尸以行太子發代將號爲武王戰於牧野破之華山之陽紂不勝敗而還走圍之象郎自殺宣室徐廣曰天子之居名曰宣室身死不葬頭懸車軫四馬曳行寡

人念其如此腸如涫湯徐廣曰涫音館一作沸○索隱曰涫沸也是人皆富有天下而貴至天子然而大傲欲無猒時舉事而喜高貪狼而驕不用忠信聽其諛臣而爲天下笑今寡人之邦居諸侯之閒曾不如秋毫舉事不當又安亡逃衞平對曰不然河雖神賢不如崑崙之山江之源理不如四海而人尚奪取其寶諸侯爭之兵革爲起小國見亡大國危殆殺人父兄虜人妻子殘國滅廟以爭此寶戰攻分爭是暴彊也故云取之以暴彊而治以文理無逆四時必親賢士與陰陽化鬼神爲使通於天地與之爲友諸侯賓服民衆殷喜邦家安寧與世更始湯武行之乃取天子春秋著之以爲經紀王不自稱湯武而自比桀紂爲暴彊也固以爲常桀爲瓦室世本曰昆吾作陶張華博物記亦云桀作瓦蓋是昆吾爲桀作也紂爲象郎徵絲灼之務以費民索隱曰灼謂爚也燒絲以當薪務費人也賦斂無度殺戮無方殺人六畜以韋爲囊囊盛其血與人懸而射之與天帝爭彊逆亂四時先百鬼嘗諫者輒死諛者在傍聖人伏匿百姓莫行天數枯旱國多妖祥螟蟲歲生五穀不成民不安其處鬼神不享飄風日起正晝晦

宜日月並蝕滅息無光列星奔亂皆絶紀綱以是觀之安得久長雖無湯武時固當亡故湯伐桀武王剋紂其時使然乃爲天子子孫續世終身無咎後世稱之至今不已是皆當時而行見事而彊乃能成其帝王今龜大寶也爲聖人使傳之賢士不用手足雷電將之風雨送之流水行之侯王有德乃得當之今王有德而當此寶恐不敢受王若遣之宋必有咎後雖悔之亦無及已元王大悅而喜於是元王向日而謝 索隱曰蓋欲神之以謝天之質向日者天之光明著見者也 再拜而受擇日齋戒甲乙最

良乃刑白雉及與驪羊以血灌龜於壇中央以刀剝之身全不傷脯酒禮之橫其腹腸荆支卜之必制其創 正義曰音瘡 理達於理文相錯迎使工占之所言盡當邦福重寶 徐廣曰福音副藏也 聞于傍鄉殺牛取革被鄭之桐 徐廣曰牛革桐爲鼓也 草木畢分化爲甲兵戰勝攻取莫如元王元王之時衞平相宋宋國最彊龜之力也故云神至能見夢於元王而不能自出漁者之籠身能十言盡當不能通使於河還報於江賢能令人戰勝攻取不能自解於刀鋒免剝刺之患聖能先知亟見而不能令

衞平無言言事百全至身而攣當時不利又焉事賢賢者有恒常士有適然是故明有所不見聽有所不聞人雖賢不能左畫方右畫圓日月之明而時蔽於浮雲羿名善射不如雄渠蠭門 新序曰楚雄渠子夜行見伏石當道以爲虎而射之應弦沒羽淮南子曰射者重以逢蒙門子之巧劉歆七略有蠭門射法也 禹名爲辯智而不能勝鬼神地柱折天故毋椽又奈何責人於全孔子聞之曰神龜知吉凶而骨直空枯 正義曰凡龜其骨空中而枯也直語發聲也今河東亦然 日爲德而君於天下辱於三足之烏月爲刑而相佐見食於蝦蟆蝟辱於鵲 郭璞曰蝟能制虎見鵲仰地淮南萬畢曰鵲令蝟反腹者蝟憎其意而心惡之也 騰蛇之神而殆於即且 郭璞曰騰蛇龍屬也蝍蛆似蝗大腹食蛇腦也○正義曰即津日反且則餘反即吳公也狀如蚰蜒而大黑色 竹外有節理中直空

虛松柏爲百木長而守門閭日辰不全故有孤虛 甲乙謂之日子丑謂之辰六甲孤虛法甲子旬中無戌亥戌亥即爲孤辰巳即爲虛甲戌旬中無申酉申酉爲孤寅卯即爲虛甲申旬中無午未午未爲孤子丑即爲虛甲午旬中無辰巳辰巳爲孤戌亥即爲虛甲辰旬中無寅卯寅卯爲孤申酉即爲虛甲寅旬中無子丑子丑爲孤午未即爲虛劉歆七略有風后孤虛二十卷○正義曰按歲月日時孤虛並得上法也 黃金有疵白玉有瑕事有所疾亦有所徐物有所拘亦有所據罔有所數亦有所踈人有所貴亦有所不如何可而適乎物安可全乎天尚不全故世爲屋不成三瓦而陳之 徐廣曰二云爲屋成

欠三瓦而棟之也○索隱曰劉氏云陳猶居也注作棟音都貢反○正義曰言爲屋不成欠三瓦以應天猶陳列而居之
以應之天天下有階物不全正義曰言萬物及日月天地皆不能全諭龜之不全也乃生也
褚先生曰漁者舉網而得神龜龜自見夢宋元
王元王召博士衞平告以夢龜狀平運式定日
月分衡度視吉凶占龜與物色同平諫王留神
龜以爲國重寶美矣古者筮必稱龜者以其令
名所從來久矣余述而爲傳
三月　二月　正月正義曰言正月二月三月右轉周環終十二月者日
月之龜腹下十二黑點爲十二月也若二十八宿龜也十二月　十一月中關內高外下

○正義曰此等下至首俛大者皆卜兆之狀也四月　首仰索隱曰音魚兩反○正義曰謂兆首仰起
足開　肣開索隱曰音琴肣謂兆足斂也首俛大索隱曰俛
音免兆首伏也五月　橫吉　首俛大正義曰俛
音免謂兆首伏而大六月　七月　八月
九月　十月
卜禁曰子亥戌不可以卜及殺龜日中如食已
卜暮昏龜之徼也索隱曰徼音叫謂徼繞不明也不可以卜庚辛
可以殺及以鑽之常以月旦祓龜索隱曰祓音廢又音拂拂洗之
以水雞卵摩之而呪先以清水澡之以卵祓之正義曰以常月朝清水洗之以
雞卵摩而祝之乃持龜而遂之若常以爲祖徐廣曰一作視○索隱曰

祖法也言以爲常法人若已卜不中皆祓之以卵東向立灼
以荆若剛木土徐廣曰一作十一○索隱曰按古之灼龜取生荆枝及生堅木燒之斬斷以灼
龜按士字合依劉氏說當連下句卵指之者三正義曰言卜不中以土爲卵三度指之三周繞
之用厭不祥也持龜以卵周環之祝曰今日吉謹以粱
卵焍黃索隱曰粱米也卵雞子也焍龜木也音次第之第言燒荆枝更遞而灼故有焍名一音梯言灼之以
漸如有階梯也黃者以黃絹裹粱卵以祓龜也又以黃者中之色主土而信故用雞也○正義曰焍音題焍焦也言以粱
米雞卵祓去龜之不祥令灼之不焦不黃若色焦及黃卜之不中也祓去玉靈之不祥玉
靈必信以誠知萬事之情辯兆皆可占不信不
誠則燒玉靈揚其灰以徵後龜其卜必北向龜
甲必尺二寸

卜先以造徐廣曰音竈也灼鑽索隱曰造謂燒荆之爇物若木也鑽中已又灼
龜首各三又復灼所鑽中曰正身灼首曰正足
徐廣曰一作止各三即以造三周龜祝曰假之玉靈夫子
索隱曰尊神龜而爲之作號夫子玉靈荆灼而心令而先知而
上行於天下行於淵諸靈數剌徐廣曰音策○索隱曰數音所具反
剌音近策或剌是策之別名此卜筮之書其字亦無可覈他皆放此莫如汝信今日良日
行一良貞徐廣曰行一作身其欲卜某即得而喜不得而
悔即得發鄉我身長大手足收人皆上偶不得
發鄉我身挫折中外不相應手足滅去
靈龜卜祝曰假之靈龜五巫五靈不知神龜之

靈知人死知人生某身良某欲求某物即得也頭見足發內外相應即不得也頭仰足肣內外自隨可得占

卜占病者祝曰今某病困死首上開內外交駭身節折不死首仰足肣卜病者祟曰今病有祟無呈無祟有呈兆有中祟有內外祟有外

卜繫者出不出不出橫吉安若出足開首仰有外

卜求財物其所當得得首仰足開內外相應即不得呈兆首仰足肣

卜有賣若買臣妾馬牛得之首仰足開內外相應不得首仰足肣呈兆若橫吉安

卜擊盜聚若干人在某所今某將卒若干人往擊之當勝首仰足開身正內自橋外下不勝足肣首仰身首（徐廣曰一作簡）內下外高

卜求當行不行行首足開不行足肣首仰若橫吉安安不行

卜往擊盜當見不見見首仰足肣有外不見足開首仰

卜往候盜見不見見首仰足肣肣勝有外不見足開首仰

卜聞盜來不來來外高內下足肣首仰不來足開首仰若橫吉安期之自次

卜遷徙去官不去去足開有肣外首仰不去自去即足肣呈兆若橫吉安

卜居官尚吉不吉吉呈兆身正若橫吉安不吉身節折首仰足開

卜居室家吉不吉吉呈兆身正若橫吉安不吉身折節首仰足開

卜歲中禾稼孰不孰孰首仰足開內外自橋外自垂不孰足肣首仰有外

卜歲中民疫不疫疫首仰足肣身節有彊外不疫身正首仰足開

卜歲中有兵無兵無兵呈兆若橫吉安有兵首仰足開身作外彊情

卜見貴人吉不吉吉足開首仰身正內自橋不吉首仰身節折足肣有外若無漁

卜請謁於人得不得得首仰足開內自橋不得首仰足肣有外

卜追亡人當得不得得首仰足肣內外相應不

得首仰足開若橫吉安
卜漁獵得不得得首仰足開內外相應不得足
肣首仰若橫吉安
卜行遇盜不遇遇首仰足開身節折外高內下
不遇呈兆
卜天雨不雨雨首仰有外外高內下不雨首仰
足開若橫吉安
卜天雨霽不霽霽呈兆足開首仰不霽霽橫吉命
曰橫吉安以占病病甚者一日不死不甚者卜
曰瘳不死繫者重罪不出輕罪環出過一日不

出父母傷也求財物買臣妾馬牛一日環得過
一日不得行者不行來者環至過食時不
至不來擊盜不行行不遇聞盜不來徙官不徙
居官家室皆吉歲稼不孰民疾疫無疾歲中無
兵見人行不行不喜請謁人不行不得追亡人
漁獵不得行不遇盜雨不雨霽不霽
命曰呈兆病者不死繫者出行者行來者來市
買得追亡人得過一日不得問行者不到
命曰柱徹卜病不死繫者出行者行來者來而
市買不得憂者毋憂追亡人不得

命曰首仰足肣有內無外占病病甚不死繫者
解求財物買臣妾馬牛不得行者聞言不行來
者不來聞盜不來聞言不至徙官聞言不徙居
官有憂居家多災歲稼中孰民疾疫多病歲中
有兵聞言不開見貴人吉請謁不行行不得善
言追亡人不得漁獵不得行不遇盜雨不雨甚
霽不霽故其莫字皆為首備問之曰備者仰也
故定以為仰此私記也
命曰首仰足肣有內無外占病病甚不死繫者
不出求財買臣妾不得行者不行來者不來擊

盜不見聞盜來內自驚不來徙官不徙居官家
室吉歲稼不孰民疾疫有病甚歲中無兵見貴
人吉請謁追亡人不得亡財物財物不出得漁
獵不得行不遇盜雨不雨霽不霽凶
命曰呈兆首仰足肣以占病不死繫者未出求
財物買臣妾馬牛不得行不行來不來擊盜不
相見聞盜來不來徙官不徙居官久多憂居家
室不吉歲稼不孰民病疫歲中毋兵見貴人不
吉請謁不得漁獵得少行不遇盜雨不雨霽不
霽不吉

命曰呈兆首仰足開以占病病篤死繫囚出求財物買臣妾馬牛不得行者行來者來擊盜不見盜聞盜來不來徙官徙居官不久居家室不吉歲稼不孰民疾疫有而少歲中無兵見貴人不見吉請謁追亡人漁獵不得行遇盜雨不雨霽霽小吉

命曰首仰足肣以占病不死繫者久毋傷也求財物買臣妾馬牛不得行者不行擊盜不行來者來聞盜來徙官聞言不徙居家室不吉歲稼不孰民疾疫少歲中毋兵見貴人得見請謁追

亡人漁獵不得行遇盜雨不雨霽不霽吉

命曰首仰足開有內以占病者死繫者出求財物買臣妾馬牛不得行者行來者來擊盜行不見盜聞盜來不來徙官徙居官不久居家室不吉歲孰民疾疫有而少歲中毋兵見貴人不吉請謁追亡人漁獵不得行不遇盜雨霽霽小吉不霽吉

命曰橫吉內外自橋以占病卜曰毋瘳死繫者毋罪出求財物買臣妾馬牛得行者行來者來擊盜合交等聞盜來來徙官徙居家室吉歲孰

民疫無疾歲中無兵見貴人請謁追亡人漁獵得行遇盜雨霽雨霽大吉

命曰橫吉內外自吉以占病病者死繫不出求財物買臣妾馬牛追亡人漁獵不得行者不來擊盜不相見聞盜不來徙官徙居官有憂居家室見貴人請謁不吉歲稼不孰民疾疫歲中無兵行不遇盜雨不雨霽不霽不吉

命曰漁人以占病者病者甚不死繫者出求財物買臣妾馬牛擊盜請謁追亡人漁獵得行者行來聞盜來不來徙官不徙居家室吉歲稼不

孰民疾疫歲中毋兵見貴人吉行不遇盜雨不雨霽不霽吉

命曰首仰足肣內高外下以占病病者甚不死繫者不出求財物買臣妾馬牛追亡人漁獵得行不行來者來擊盜勝徙官不徙居官有憂無傷也居家室多憂病歲大孰民疾疫歲中有兵不至見貴人請謁不吉行遇盜雨不雨霽不霽吉

命曰橫吉上有仰下有柱病久不死繫者不出求財物買臣妾馬牛追亡人漁獵不得行不行

來不來擊盜不行行不見聞盜來不來徙官不
徙居家室見貴人吉歲大孰民疾疫歲中毋兵
行不遇盜雨不雨霽不霽大吉
命曰橫吉榆仰以占病不死繫者不出求財物
買臣妾馬牛至不得行不行來不來擊盜不行
行不見聞盜來不來徙官不徙居官家室見貴
人吉歲孰歲中有疾疫毋兵請謁追亡人不得
漁獵至不得行不得行不遇盜雨霽不霽小吉
命曰橫吉下有柱以占病病甚不環有瘳無死
繫者出求財物買臣妾馬牛請謁追亡人漁獵

不得行來不來擊盜不合聞盜來來徙官居官
吉不久居家室不吉歲不孰民毋疾疫歲中毋
兵見貴人吉行不行不遇盜雨不雨霽小吉
命曰載所以占病環有瘳無死繫者出求財物
買臣妾馬牛請謁追亡人漁獵得行者行來者
來擊盜相見不相合聞盜來來徙官徙居家室
憂見貴人吉歲孰民毋疾疫歲中毋兵行不遇
盜雨不雨霽霽吉
命曰根格以占病者不死繫久毋傷求財物買
臣妾馬牛請謁追亡人漁獵不得行不行來不

來擊盜盜行不合聞盜不來徙官不徙居家室
吉歲稼中民疾疫無死見貴人不得見行不遇
盜雨不雨大吉
命曰首仰足肣外高內下卜有憂無傷也行者
不來病久死求財物不得見貴人者吉
命曰外高內下卜病不死有祟市買不得居
官家室不吉行者不行來者不來繫者久毋傷
吉
命曰頭見足發有內外相應以占病者起繫者
出行者行來者來求財物得吉

命曰呈兆首仰足開以占病病甚死繫者出有
憂求財物買臣妾馬牛請謁追亡人漁獵不得
行不行來不來擊盜不合聞盜來來徙官居官
家室不吉歲惡民疾疫無死歲中毋兵見貴人
不吉行不遇盜雨不雨霽不霽不吉
命曰呈兆首仰足開外高內下以占病不死有
外祟繫者出有憂求財物買臣妾馬牛相見不
會行行來聞言不來擊盜勝聞盜來不來徙官
居官家室見貴人不吉歲中民疾疫有兵請謁
追亡人漁獵不得聞盜遇盜雨不雨霽凶

命曰首仰足肣身折內外相應以占病病甚不死繫者久不出求財物買臣妾馬牛漁獵不得行不行來不來擊盜有用勝聞盜來來徙官不徙居官家室不吉歲不孰民疾疫歲中有兵不至見貴人喜請謁追亡人不得遇盜凶

命曰內格外垂行者不行來者不來病者死繫者不出求財物不得見人不見大吉

命曰橫吉內外相自橋榆仰上柱足肣以占病病甚不死繫久不抵罪求財物買臣妾馬牛請謁追亡人漁獵不得行不行來不來居

官家室見貴人吉徙官不徙歲不大孰民疾疫有兵有兵不會行遇盜聞言不見雨不雨霽霽大吉

命曰頭仰足肣內外自隨上憂病者甚不死居官不得居行者行來者不來求財物不得求人不得吉

命曰橫吉下有柱卜來者來卜曰即不至未來卜病者過一日毋瘳死行者不行求財物不得繫者出

命曰橫吉內外自舉以占病者久不死繫者久

不出求財物得而少行者不行來者不來見貴人見吉

命曰內高外下疾輕足發求財物不得行者行病者有瘳繫者不出來者來見貴人不見吉

命曰外格求財物不得行者不行來者不來繫者不出不吉病者死求財物不得見貴人見吉

命曰內自舉外來正足發者行來者來求財物得病者久不死繫者不出見貴人見吉

此橫吉上柱外內自舉足肣以卜有求得病不死繫者毋傷未出行不行來不來見人不見

百事盡吉

此橫吉上柱外內自舉柱足以作以卜有求得病死環起繫留毋傷環出行不行來不來見人不見百事吉可以舉兵

此挺詐有外以卜有求不得病不死數起繫禍罪聞言毋傷行不行來不來

此挺詐有內以卜有求不得病不死數起留禍罪無傷繫出行不行來者不來見人不見

此挺詐內外自舉以卜有求不得病不死繫毋罪行行來來田賈市漁獵盡喜

此狐狢以有卜求不得病死難起繫留毋罪難
出可居宅可娶婦嫁女行不行來不來見人不
見有憂不憂
此狐徹以卜有求不得病者死繫留有抵罪行
不行求不來見人不見言語定百事盡不吉
此首俯足肣身節折以卜有求不得病者死留
繫有罪望行者不來行來不來見人不見
此挺內外自垂以卜有求不晦病不死難起繫
留毋罪難出行不行來不來見人不見不吉
此橫吉榆仰首俯以卜有求難得病難起不死

繫難出毋傷也可居家室以娶婦嫁女
此橫吉上柱載正身節折內外自舉以卜病者
卜日不死其一日乃死
此橫吉上柱足肣內自舉外自垂以卜病者卜
日不死其一日乃死
為人病首俯足詐有外無內病者占龜未已急
死卜輕失大一日不死
首仰足肣以卜有求不得以繫有罪人言語恐
之毋傷行不行見人不見
大論曰索隱曰按褚先生所取太卜雜占卦躰及命召之辭義蕪辭重殆無足採凡此六十七條別是也

外者人也內者自我也外者女也內者男也首
俛者憂大者身也小者枝也大法病者足肣者
生足開者死行者足開至足肣者不至行者足
肣不行足開行有求足開得足肣者不得繫者
足肣不出開出其卜病也足開而死者內高而
外下也

索隱述贊曰
三王異龜　五帝殊卜　或長或短
若尾若玉　其記已亡　其繇後續
江使觸網　見留宋國　神能託夢
不衛其足

龜策列傳第六十八　史記一百二十八

貨殖列傳第六十九　史記一百二十九

索隱曰論語云賜不受命而貨殖焉廣雅云殖立也孔安國註尚書云殖生也生資貨財利也

老子曰至治之極鄰國相望正義曰望音亡雞狗之聲相聞民各甘其食美其服安其俗樂其業至老死不相往來必用此為務輓近世塗民耳目則幾無行矣索隱曰輓音晚古字通用

太史公曰夫神農以前吾不知已至若詩書所述虞夏以來耳目欲極聲色之好口欲窮芻豢之味身安逸樂而心誇矜勢能之榮使俗之漸民久矣雖戶說以眇論終不能化索隱曰眇音妙論妙字故善者因之其次利道之其次教誨之其次整齊之最下者與之爭夫山西饒材竹穀纑徐廣曰紵屬可以為布○索隱曰穀音谷雒反穀木名皮可為紙纑山中紵可以為布音盧紵音佇今山間野紵亦作苧旄玉石山東多魚鹽漆絲聲色江南出枏梓索隱曰南子二音薑桂金錫連徐廣曰音蓮鈆之未鍊者丹沙犀瑇瑁珠璣齒革龍門碣石正義曰龍門山在徐州龍門縣碣石山在平州盧龍縣北多馬牛羊旃裘筋角銅鐵則千里往往山出棊置索隱曰言如置棊子往往有之○正義曰言出銅鐵之山方千里如圍棊之置也管子云凡天下名山五千二百七十出銅之山四百六十七出鐵之山三千六百有九山上有赭其下有鐵山上有鈆其下有銀山上有銀其下有丹山上有磁石其下有金也此其大較也索隱曰較音角大較猶大略也皆中國人民所喜好謠俗

被服飲食奉生送死之具也故待農而食之虞而出之工而成之商而通之此寧有政教發徵期會哉人各任其能竭其力以得所欲故物賤之徵貴索隱曰徵者求也謂此處物賤求彼貴賣之貴之徵賤各勸其業樂其事若水之趨下日夜無休時不召而自來不求而民出之豈非道之所符而自然之驗邪索隱曰符謂合於道也周書曰農不出則乏其食工不出則乏其事商不出則三寶絕虞不出則財匱少財匱少而山澤不辟矣索隱曰辟音闢辟開也通也此四者民所衣食之原也原大則饒原小則鮮上則富國下則富家貧富之道莫之奪予索隱曰予音與言貧富自由無奪予也而巧者有餘拙者不足故太公望封於營丘地潟鹵徐廣曰潟音昔潟鹵鹹地也人民寡於是太公勸其女功極技巧通魚鹽則人物歸之繈至而輻湊故齊冠帶衣履天下海岱之間斂袂而往朝焉索隱曰言齊既富饒能冠帶天下豐厚被於他邦故海岱之間斂衽而朝齊言趨利者也其後齊中衰管子修之設輕重九府正義曰管子云輕重謂錢也夫治民有輕重之法周有太府玉府內府外府天府職內職金皆掌財幣之官故云九府也則桓公以霸九合諸侯一匡天下而管氏亦有三歸位在陪臣富於列國之君是以齊富彊至於威宣也故曰倉廩實而知禮

節衣食足而知榮辱禮生於有而廢於無故君
子富好行其德小人富以適其力淵深而魚生
之山深而獸往之人富而仁義附焉富者得埶
益彰失埶則客無所之以而不樂夷狄益甚諺
曰千金之子不死於市此非空言也故曰天下
熙熙皆為利來天下壤壤皆為利往夫千乘之
王萬家之侯百室之君尚猶患貧而況匹夫編
戶之民乎
昔者越王勾踐困於會稽之上乃用范蠡計然
徐廣曰計然者范蠡之師也名研故諺曰研桑心筭駰案范子曰計然者葵丘濮上人姓辛氏字文子其先晉國亡公子

也嘗南游於越范蠡師事之○索隱曰韋昭云計然范蠡師也蔡謨云蠡所著書名計然蓋非也吳越春秋謂之計倪漢
書古今人表計然列在第四則倪之與研是一人聲相近而相亂耳計然曰知鬭則修備
時用則知物索隱曰言知時所用之物二者形則萬貨之情可
得而觀已故歲在金穰水毀木饑火旱索隱曰五行不說土
者土穰也旱則資舟水則資車索隱曰國語大夫種曰賈人旱資舟水資車以待也
物之理也六歲穰六歲旱十二歲一大饑夫糶
二十病農九十病末索隱曰言米賤則農人病也故云病農若米斗直九十則商賈病故
云病末末謂逐末為商賈也末病則財不出農病則草不辟矣
上不過八十下不減三十則農末俱利平糶齊
物關市不乏治國之道也積著之理索隱曰著音張呂反務

完物無息幣索隱曰久停息貨物則無利以物相貿易腐敗而
食之貨勿留無敢居貴論其有餘不足則知貴
賤貴上極則反賤賤下極則反貴貴出如糞土
賤取如珠玉索隱曰夫物極貴必賤極賤必貴貴出如糞土者既極貴後恐其必賤故乘時出之如糞
土賤取如珠玉者既極賤後恐其必貴故乘時取之如珠玉此所以為貨殖也財幣欲其行如
流水修之十年國富厚賂戰士士赴矢石如渴
得飲遂報彊吳觀兵中國稱號五霸范蠡既雪
會稽之恥乃喟然而歎曰計然之策七越用其
五而得意既已施於國吾欲用之家乃乘扁舟
漢書音義曰特舟也○索隱曰扁音篇又音符殄反國語云范蠡乘輕舟浮於江湖正義曰國語云勾踐

滅吳及至五湖范蠡辭於王曰君王勉之臣不復入國矣遂乘輕舟以浮於五湖莫知其所終極變名易
姓適齊為鴟夷子皮索隱曰大顏云若盛酒之鴟夷也用之則多所容納不用則可卷而懷之
不忤於物也按韓子云鴟夷子皮事田成子成子去齊之燕子皮乃從之蓋范蠡也之陶正義曰括地志云即
陶山在齊州平陽縣東三十五里陶山之陽也今南五里猶有朱公冢又云曹州濟陽縣東南三里有陶朱公冢又云在
南郡華容縣西未詳也為朱公索隱曰服虔云陶今定陶也朱公以為陶天
下之中諸侯四通貨物所交易也乃治產積居
與時逐漢書音義曰逐時而居貨○索隱曰韋昭云隨時逐利也而不責於人索隱
曰按謂擇人而與人不負之故云不責於人也故善治生者能擇人而任時
十九年之中三致千金再分散與貧交疏昆弟
此所謂富好行其德者也後年衰老而聽子孫

子孫脩業而息之遂至巨萬 徐廣曰萬萬也 故言富者皆稱陶朱公

子贛既學於仲尼退而仕於衛廢著鬻財於曹魯之間 徐廣曰子贛傳云發居著猶居也著讀音如貯○索隱曰漢書亦作貯說文云貯積也 七十子之徒賜最爲饒益原憲不厭糟糠 索隱曰饜飽也 匿於窮巷子貢結駟連騎束帛之幣以聘享諸侯所至國君無不分庭與之抗禮夫使孔子名布揚於天下者子貢先後之也此所謂得勢而益彰者乎

白圭周人也當魏文侯時李克務盡地力 索隱曰案漢書食貨志李悝爲魏文侯作盡地力之教國以富彊今此及漢書言克皆誤也劉向別錄則云李悝也 而白圭樂觀時變故人棄我取人取我與夫歲孰取穀予之絲漆繭出取帛絮與之食 索隱曰食謂穀也 太陰在卯穰 正義曰太陰歲後二辰爲太陰 明歲衰惡至午旱明歲美至酉穰明歲衰惡至子大旱明歲美有水至卯積著率 正義曰貯律二音 歲倍欲長錢取下穀長石斗取上種能薄飲食忍嗜欲節衣服與用事僮僕同苦樂趨時若猛獸摯鳥之發故曰吾治生產猶伊尹呂尚之謀孫吳用兵商鞅行法是也是故其智不足與權變勇不足以決斷仁不能以取

予彊不能有所守雖欲學吾術終不告之矣蓋天下言治生祖白圭白圭其有所試矣能試有所長非苟而已也

猗頓用盬鹽起 孔叢曰猗頓魯之窮士也耕則常飢桑則常寒聞朱公富往而問術焉朱公告之曰子欲速富當畜五牸於是乃適西河大畜牛羊于猗氏之南十年之間其息不可計貲擬王公馳名天下以興富於猗氏故曰猗頓○索隱曰盬音古按周禮鹽人云共苦鹽杜子春以爲苦讀如盬盬謂出鹽直用不練也一說云盬鹽河東大鹽散鹽東海煑水爲鹽也○正義曰按猗氏蒲州縣也河東鹽池是畦鹽作畦若種韭一畦天雨下池中鹹淡得均即畎池中水上畔中深一尺許以日暴之五六日則成鹽若白礬石大小如雙陸及暮則呼爲畦鹽或有花鹽緣黃河鹽池有八九所而鹽州有烏池猶出三色鹽有井鹽畦鹽花鹽其池中鑿井深一二尺去泥即到鹽掘取若至一丈則著平石無鹽矣其色或白或青黑名曰井鹽畦鹽若河東者花鹽池中有下隨而大小成鹽其下方微空上頭隨雨下池中其滴高起若塔子形處曰花鹽赤白即成鹽焉池中心有泉井水淡所作池人馬盡汲此井其鹽四分入官一分入百姓也池中又鑿得鹽塊闊一尺餘高二尺白色光明洞徹年貢之也 而邯鄲郭縱以鐵冶成業與王者埒富

烏氏倮 韋昭曰烏氏縣名屬安定倮名也○索隱曰漢書作蠃烏氏姓氏音支倮音魯可反○正義曰縣古城在涇州安定縣東四十里倮名也 畜牧及衆斥賣求奇繒物間獻遺戎王 徐廣曰間一作奸不以公正謂之奸也○索隱曰謂畜牧及至衆多之時斥而賣之以求奇物也間獻猶私獻也 戎王什倍其償與之畜 索隱曰謂戎王償之牛羊十倍也 畜至用谷量馬牛 韋昭曰滿谷則具不復數○索隱曰谷音欲 秦始皇帝令倮比封君以時與列臣朝請而巴蜀寡婦清 索隱曰漢書作巴寡婦清巴寡婦之邑清其名 其先得丹穴 徐廣曰涪陵出丹○正義曰括地志云寡

婦清臺山俗名貞女山在涪州永安縣東北七十里也而擅其利數世家亦不訾正義曰音子兒反言資財衆多不可訾量一云清多以財餉遺四方用衞其業故財亦不多積聚清寡婦也能守其業用財自衞不見侵犯秦皇帝以爲貞婦而客之爲築女懷清臺夫倮鄙人牧長清窮鄉寡婦禮抗萬乘名顯天下豈非以富邪漢興海內爲一開關梁弛山澤之禁是以富商大賈周流天下交易之物莫不通得其所欲而徙豪傑諸侯彊族於京師關中自汧雍以東至河華膏壤沃野千里自虞夏之貢以爲上田而公劉適邠大王王季在岐文王作豐武王治鎬故其民猶有先王之遺風好稼穡殖五穀地重索隱曰言重於耕稼也重爲邪索隱曰重音逐龍反重者難也畏言不敢爲姧邪○正義曰重並逐拱反言關中地重厚民亦重難不爲邪惡及秦文孝繆居雍隙徐廣曰隙者閒孔也地居隴蜀之閒要路故曰隙正義曰雍縣岐州雍縣也隴蜀之貨物而多賈索隱曰賈音古獻孝公徙櫟邑徐廣曰在馮翊○索隱曰櫟音藥即櫟陽櫟邑北郤戎翟東通三晉亦多大賈武昭治咸陽因以漢都長安諸陵四方輻湊並至而會地小人衆故其民益玩巧而事末也南則巴蜀巴蜀亦沃野地饒卮徐廣曰音支烟支也紫赤色也薑丹沙石銅鐵徐廣曰邛都出銅臨邛出鐵竹木之器南御滇僰僰僮西近邛笮笮馬旄

牛然四塞棧道千里無所不通唯襃斜綰轂其口徐廣曰在漢中○索隱曰言襃斜道狹綰其道口有若車轂之湊故云綰轂也以所多易所鮮索隱曰易音亦鮮音尠言以所多易其所少天水隴西北地上郡與關中同俗然西有羌中之利北有戎翟之畜畜牧爲天下饒然地亦窮險唯京師要其道正義曰要音腰言要東其路也故關中之地於天下三分之一而人衆不過什三然量其富什居其六昔唐人都河東徐廣曰堯都晉陽也殷人都河內正義曰盤庚都殷墟地屬河內也周人都河南正義曰周自平王已下都洛陽夫三河在天下之中若鼎足王者所更居也建國各數百千歲土地小狹民人衆都國諸侯所聚會故其俗纖儉習事楊平陽陳西賈秦翟正義曰賈音古秦關內也翟隰石等州部落稽也延綏銀三州皇白翟所居北賈種代正義曰上之勇反種在恒州石邑縣北蓋蔚州也代今代州種代石北也徐廣曰石邑縣也在常山○索隱曰楊平陽二邑名在趙之西陳蓋衍字以下有陽平陽陳掾因此衍也言二邑之人皆西賈於秦翟北賈於種代種代在石邑之北也地邊胡數被寇人民矜懻忮晉灼曰懻音慨忮音堅忮懻曰懻音慨今以土名彊直爲懻中也○索隱曰懻音冀忮音寘好氣任俠爲姦不事農商然迫近北夷師旅亟往中國委輸時有奇羨索隱曰奇音羈羨音羊戰反奇羨謂時有餘衍也其民羯羠不均徐廣曰羠音兕一音因几反皆犍羊名○索隱曰羯音已紇反羠音慈紀反言其方人性若羊健捍而不均也自全晉之時固已患其僄悍而武靈王益厲之其謠

俗猶有趙之風也故楊平陽陳掾其間得所欲
索隱曰掾音逐緣反陳掾猶經營馳逐也溫軹西賈上黨正義曰澤潞等州也北賈
趙中山索隱曰溫軹二縣名屬河內○正義曰洛州及定州中山地薄人衆猶
有沙丘紂淫地餘民晉灼曰言地薄人衆猶復有沙丘紂淫地餘民通係之於淫風而言
之○正義曰沙丘在邢州也民俗懁急徐廣曰懁急也音絹一作儇一作惠音翾也仰機
利而食丈夫相聚游戲悲歌忼慨起則相隨椎
剽索隱曰椎即椎煞人而剽掠之休則掘冢作巧姦冶徐廣曰冶一作蠱多美
物徐廣曰美一作弄一作推爲倡優女子則鼓鳴瑟跕屣徐廣曰跕
音怗張晏曰跕屣也瓚曰躡跟爲跕也○索隱曰屣音所綺反游媚貴富入後宮徧諸
侯然邯鄲亦漳河之間正義曰洛水本名彰水邯鄲在其地一都會也

北通燕涿南有鄭衛鄭衛俗與趙相類然近梁
魯微重而矜節徐廣曰矜一作務濮上之邑徙野王徐廣曰衛君角
徙野王○正義曰秦拔衛濮陽徙其君於懷州野王野王好氣任俠衛之風也
夫燕亦勃碣之間正義曰勃海碣石在西北一都會也南通齊
趙東北邊胡上谷至遼東地踔遠索隱曰劉氏踔音卓一音勑敎
反亦遠騰貌也人民希數被寇大與趙代俗相類而民雕
捍少慮索隱曰言如雕性之捷捍也有魚鹽棗栗之饒北鄰烏
桓夫餘索隱曰鄰一作臨臨者亦却背之義他並類此東綰穢貉朝鮮眞番
之利索隱曰綰者綰統其要津則上云臨者謂却背之也○正義曰番音潘
洛陽東賈齊魯南賈梁楚故泰山之陽則魯其

陰則齊齊帶山海徐廣曰齊世家曰齊自泰山屬之琅邪北被于海膏壤二千里其民闊達
多匿智膏壤千里宜桑麻人民多文綵布帛魚鹽
臨菑亦海岱之間一都會也其俗寬緩闊達而
足智好議論地重難動搖怯於衆鬭勇於持刺
故多劫人者大國之風也其中具五民服虔曰士農商工賈
也如淳曰游子樂其俗不復歸故有五方之民而鄒魯濱洙泗猶有周公遺
風俗好儒備於禮故其民齪齪索隱曰齪音則角反又音惻斷反頗
有桑麻之業無林澤之饒地小人衆儉嗇畏罪
遠邪及其衰好賈趨利甚於周人夫自鴻溝以東
徐廣曰在滎陽芒碭以北徐廣曰今爲臨淮屬巨野正義曰鄆州鉅野縣在鉅野澤也

此梁宋也徐廣曰今陶之浚儀○正義曰鴻溝以東芒碭以北至鉅野梁宋二國之地陶睢
陽正義曰今曹州睢陽今宋州宋地也亦一都會也徐廣曰今之定陶昔堯作
游成陽如淳曰作起也成陽在定陶舜漁於雷澤徐廣曰在成陽○正義曰澤在
雷澤縣西北也湯止于亳徐廣曰今梁國薄縣○正義曰宋州穀熟縣西南四十五里南亳州故城是也
其俗猶有先王遺風重厚多君子好稼穡雖無
山川之饒能惡衣食致其蓄藏越楚則有三俗
正義曰越滅吳則有江淮以北楚滅越兼有吳越之地故言越楚也夫自淮北沛陳汝南
南郡此西楚也正義曰沛徐州沛縣也陳今陳州也汝汝州也南郡今荊州也言從沛郡西至
荊州並西楚也其俗剽輕易發怒地薄寡於積聚江陵
故郢都正義曰荊州江陵縣故爲郢楚之都西通巫巴正義曰巫郡巴郡在江陵之西也

東有雲夢之饒徐廣曰在華容陳在楚夏之交正義曰夏都計陽城言陳南則楚西及北則夏故云楚夏之交通魚鹽之貨其民多賈徐僮取慮徐廣曰皆在下邳○正義曰取音秋慮音閭徐即徐城故徐國也僮取慮二縣並在下邳今泗州則清刻矜己諾正義曰上音紀彭城以東東海吳廣陵此東楚也正義曰彭城徐州治縣也東海郡今海郡也吳蘇州也廣陵揚州也言從徐州彭城歷揚州至蘇州並東楚之地其俗類徐僮朐繒以北俗則齊正義曰朐其俱反縣在海州故繒縣在沂州之丞縣言二縣之北風俗同於齊浙江南則越夫吳自闔廬春申王濞三人招致天下之喜游子弟東有海鹽之饒章山之銅三江五湖之利亦江東一都會也衡山徐廣曰都邾邾縣屬江夏○正義曰故邾城在潭州東南百二十里九江正義曰九江郡都陰陵陰陵故城在濠州定遠縣西六十五里江南徐廣曰高帝所置江南者丹陽也秦置爲鄣郡武帝改名丹陽○正義曰案徐說非秦置鄣郡在湖州長城縣西南八十里鄣郡故城是也漢改爲丹陽郡徙郡宛城今宣州地也上言吳有章山之銅明是東楚之地此言大江之南豫章長沙二郡南楚南楚之地耳徐裴以爲江南丹陽郡屬南楚誤之甚矣豫章正義曰今洪州也長沙正義曰今潭州也十三州志云有萬里沙祠而西自湘州至東萊萬里故曰長沙也淮南衡山九江二郡及江南豫章長沙二郡並爲楚也是南楚也其俗大類西楚郢之後徙壽春正義曰楚考烈王二十二年自陳徙都壽春號之曰郢故言郢之徙壽春也亦一都會也而合肥受南北潮正義曰合肥縣廬州治也言江淮之潮南北俱至廬州也皮革鮑木輸會也與閩中于越雜俗徐廣曰在臨淮故南楚好辭巧說少信江南卑溼丈夫早夭多竹木豫章出黃金徐廣曰鄱陽有之○正義曰括地志云

江州潯陽縣有黃金山山出金長沙出連錫然堇堇正義曰音謹物之所有取之不足以更費應劭曰堇少也更償也言金少少耳取之不足用故費用也九疑徐廣曰山在營道縣南蒼梧以南至儋耳者正義曰今儋州在海中廣州南去京七千餘里言嶺南至儋耳之地與江南大同俗而揚州之南越民多焉與江南大同俗而揚越多焉番禺正義曰潘虞二音今廣州亦其一都會也珠璣犀瑇瑁果布之湊韋昭曰果謂龍眼離支之屬布葛布潁川南陽夏人之居也徐廣曰禹居陽翟○正義曰禹居陽城潁川南陽皆夏地也夏人政尚忠朴猶有先王之遺風潁川敦愿秦末世遷不軌之民於南陽南陽西通武關鄖關徐廣曰按漢中亦作隕字○索隱曰鄖音雲○正義曰武關在商州地理志云宛西通武關而無鄖關蓋鄖當爲徇徇水上有關在金州洵陽縣徐按漢中是也徇亦作鄖與鄖相似也東南受漢江淮宛亦一都會也俗雜好事業多賈其任俠交通潁川故至今謂之夏人夫天下物所鮮所多人民謠俗山東食海鹽山西食鹽正義曰謂西方鹹地也堅且鹹即出石鹽及池鹽鹵領南沙北正義曰謂池漢之北也固往往出鹽大體如此矣總之楚越之地地廣人希飯稻羹魚或火耕而水耨徐廣曰乃遘反除草也○正義曰言風草下種苗生大而草生小以水灌之則草死而苗無損也耨除草也果隋徐廣曰地理志作蓏○索隱曰隋音徒火反蓏音郎果反嬴蛤正義曰隋今爲揺音同上古少字也嬴力和反果揺猶揺畾疊包裹也今楚越之俗尚有裹揺之語楚越水鄉足螺魚鱉民多採捕積聚揺畾疊包裹煮而食之班固不曉裹揺之方言修太史公書述地云乃故云果蓏嬴蛤非太史公意班氏失之也不待

賈而足正義曰賈音古言楚越地勢饒食不用他賈而自足無飢饉之患地勢饒食無
飢饉之患以故呰窳徐廣曰音紫呰窳苟且墮嬾之謂也駰案應劭曰呰弱也晉灼曰窳病也○索隱曰窳音庾○正義曰按食螺蛤等物故多羸弱而足病也淮南子云古者民食蠃蚌之肉多疹毒之患也
偷生無積聚正義曰言江淮以南有水族民多食物朝夕取給以偷生而已不為積聚乃多貧也
而多貧是故江淮以南無凍餓之人亦無千金
之家沂泗水以北宜五穀桑麻六畜地小人眾
數被水旱之害民好畜藏故秦夏梁魯好農而
重民三河宛陳亦然加以商賈齊趙設智巧仰
機利燕代田畜而事蠶由此觀之賢人深謀於
廊廟論議朝廷守信死節隱居巖穴之士設為

名高者安歸乎歸於富厚也是以廉吏久久更
富廉賈歸富歸者取利而不停貨也富者人之情性所不
學而俱欲者也故壯士在軍攻城先登陷陣卻
敵斬將搴旗前蒙矢石不避湯火之難者為重
賞使也其在閭巷少年攻剽椎埋劫人作姦掘
冢鑄幣任俠并兼借交報仇篡逐幽隱不避法
禁走死地如騖徐廣曰騖一作流其實皆為財用耳今
夫趙女鄭姬設形容揳鳴琴揄長袂躡利屣徐廣
曰揄音臾躡一作跕跕音吐協反屣音山耳反舞屣也目挑正義曰田鳥反心招出不遠
千里不擇老少者奔富厚也游閑公子飾冠劍

連車騎亦為富貴容也弋射漁獵犯晨夜冒霜
雪馳阬谷不避猛獸之害為得味也博戲馳逐
鬭雞走狗作色相矜必爭勝者重失負也醫方
諸食技術之人焦神極能為重糈也吏士舞文
弄法刻章偽書不避刀鋸之誅者沒於賂遺也
農工商賈畜長固求富益貨也此有知盡能索
耳終不餘力而讓財矣諺曰百里不販樵千里
不販糴居之一歲種之以穀十歲樹之以木百
歲來之以德德者人物之謂也今有無秩祿之
奉爵邑之入而樂與之比者命曰素封索隱曰謂無爵邑之

入祿秩之奉則曰素封素空也○正義曰言不仕之人自有園田收養之給其利氏於封君故曰素封也封者
食租稅歲率正義曰音律戶二百千戶之君則二十
萬索隱曰戶率二百故千戶二十萬朝覲聘享出其中庶民農工
商賈率亦歲萬息二千戶百萬之家則二十萬
索隱曰息二千故百萬之家亦二十萬而更徭租賦出其中衣食之欲
恣所好美矣故曰陸地牧馬二百蹄漢書音義曰五十匹○索
隱曰按馬有四足二百蹄有五十匹也漢書則云馬蹄噭千所記各異牛蹄角千漢書音義曰百六十
七頭也馬貴而牛賤以此為率千足羊澤中千足彘韋昭曰二百五十頭水居
千石魚陂徐廣曰魚以斤兩為計也○索隱曰陂音陂漢書作波音同○正義曰言陂澤養魚一歲收得
千石魚賣也山居千章之材徐廣曰一作楸駰案韋昭曰楸木所以為轅音秋○索隱曰漢書作

千章之萩服虔云章方也故孟康亦云言任方章者千枚謂章大材也樂彥云萩梓木也可以爲轅者安邑千樹棗燕秦千樹栗蜀漢江陵千樹橘淮北常山已南河濟之閒千樹萩陳夏千畝漆齊魯千畝桑麻渭川千畝竹及名國萬家之城帶郭千畝畝鍾之田徐廣曰六斛四斗也若千畝巵茜徐廣曰巵音支鮮支也茜音倩一名紅藍其花染繒赤黃也千畦薑韭徐廣曰千畦二十五畝駰案韋昭曰畦猶壠此其人皆與千戶侯等然是富給之資也不窺市井不行異邑坐而待收身有處士之義而取給焉若至家貧親老妻子軟弱歲時無以祭祀進醵飲食徐廣曰會聚食○索隱曰醵音渠略反被服不足以自通如此

不慙耻則無所比矣是以無財作力少有鬬智正義曰言少有錢財則鬬智巧而求勝也既饒爭時正義曰既饒足錢財乃逐時爭利也此其大經也今治生不待危身取給則賢人勉焉是故本富爲上末富次之姦富最下無巖處奇士之行而長貧賤好語仁義亦足羞也

凡編戶之民富相什則卑下之伯則畏憚之千則役萬則僕物之理也夫用貧求富農不如工工不如商刺繡文不如倚市門此言末業貧者之資也通邑大都酤一歲千釀正義曰釀千瓮酤醯醋云酒酤醯醬千瓨徐廣曰長頸罌○索隱曰瓨音閑江反醬千甔徐廣曰大罌缶○索隱曰音都

甘反漢書作儋孟康曰儋石甖石甖受一石故云儋石一音都濫反屠牛羊彘千皮販穀糶千鍾徐廣曰出穀也糶音掉也薪稾千車船長千丈索隱曰揔積數長千丈木千章漢書音義曰洪洞方槀章材也舊將作大匠掌材曰章曹掾○索隱曰洪音胡孔反洞音動又並如字竹竿萬个徐廣曰古賀反○正義曰釋名云竹曰个木曰枚其軺車百乘徐廣曰馬車也○正義曰上音遥說文云軺小車也牛車千兩正義曰車一乘爲一兩風俗通云箱轅及輪兩兩而偶之稱兩也木器髤者千枚徐廣曰髤音休漆也○正義曰顔云以漆物謂之髤又音許昭反今關東俗器物一再漆者謂之髤漆即髤聲之轉耳今關西俗云里髤盤朱兩義並通銅器千鈞徐廣曰三十斤素木鐵器若巵茜千石徐廣曰百二十斤爲石駰案漢書音義曰素木素器也馬蹄躈千徐廣曰躈苦弔反馬八髎音料○索隱曰埤蒼云尻骨謂八髎一曰夜蹄小顔云躈口也蹄與口共千則爲二百疋若顧胤則云上文馬二百蹄與千戶侯等此蹄躈千比千

乘之家不容亦二百則竅謂九竅通四三而成一馬所謂生之徒十有三也牛千足羊彘千僮手指千漢書音義曰僮奴婢也古者無空手游日皆有作務作務須手指故曰手指以別馬牛蹄角也筋角丹沙千斤其帛絮細布千鈞文采千匹榻布皮革千石徐廣曰榻音吐合反駰案漢書音義曰榻布白疊也○正義曰顔師古曰麤厚之布也其價賤故與皮革同重耳非白疊也荅者厚之皃也按白疊木綿所織非中國有也漆千斗糱麴鹽豉千荅徐廣曰或作合器名有瓵孫叔敖云瓵瓨器受斗六升合爲瓵音貽鮐鮆千斤漢書音義曰音如楚人言薺鮆魚與鮐魚也○正義曰鮐音臺又音貽說文云鮐海魚也鮆音薺禮反刀魚也鯫千石鮑千鈞徐廣曰鯫音鯫鯫魚也○正義曰鯫音族苟反謂雜小魚也鮑白也然鮐鮆以斤論鮑鯫以千鈞論乃其九倍多故知鮐是大好者鯫鮑是雜者也徐云鯫膞魚也膞並各反謂破開中頭尾不相離爲鮑謂之膞者也此亦大魚爲之也棗栗千石者三之正義曰謂三千

石也言棗栗三千石乃與上物相等狐鼦正義曰音彫羔羊裘千石旃席千具佗果菜千鍾正義曰鍾六斛四斗果菜謂雜果菜於山野采取之子貸金錢千貫節駔會徐廣曰駔音祖朗反馬儈也駔案漢書音義曰會亦是儈也節節物貴賤也謂估儈其餘利比千乘之家貪賈三之廉賈五之漢書音義曰貪賈未當賣而賣未可買而買故得利少而十得三廉賈貴而賣賤乃買故十得五此亦比千乘之家其大率也正義曰率音律佗雜業不中什二正義曰言雜惡業而不在什分中得二分之利者非世之美財也則非吾財也請略道當世千里之中賢人所以富者令後世得以觀擇焉

蜀卓氏之先徐廣曰卓一作淖趙人也用鐵冶富秦破趙遷卓氏卓氏見虜略獨夫妻推輦行詣遷處諸

遷虜少有餘財爭與吏求近處葭萌徐廣曰屬廣漢○正義曰葭萌今利州縣也唯卓氏曰此地狹薄吾聞汶山之下沃野下有蹲鴟徐廣曰古蹲字作踆駰案漢書音義曰水鄉多鴟其山下有沃野灌溉一曰大芋○正義曰汶音珉蹲鴟芋也言邛州臨邛縣其地肥又沃平野有大芋等也華陽國志云汶山郡都安縣有大芋如蹲鴟也至死不飢民工於市易賈乃求遠遷致之臨邛大喜即鐵山鼓鑄運籌策傾滇蜀之民富正義曰滇一作沮漢書亦作滇沮今益州郡有蜀州亦因舊名及漢江爲名江在益州南入導江非漢中之漢江也至僮千人田池射獵之樂擬於人君

程鄭山東遷虜也亦冶鑄賈椎髻之民富埒卓氏俱居臨邛

宛孔氏之先梁人也用鐵冶爲業秦伐魏遷孔氏南陽大鼓鑄規陂池連車騎游諸侯因通商賈之利有游閑公子之賜與名韋昭曰優游閒暇也然其贏得過當愈於纖嗇正義曰音色嗇吝也言孔氏連車騎游於諸侯以資給之兼通商賈之利乃得游閑公子交名然其通計贏利過於所資給餉遺之當倍有交游公子雍容而勝於慳悋也家致富數千金故南陽行賈盡法孔氏之雍容

魯人俗儉嗇而曹邴氏尤甚以鐵冶徐廣曰魯縣出鐵起富至巨萬然家自父兄子孫約俛有拾仰有取貰貸行賈徧郡國鄒魯以其故多去文學而趨利者以曹邴氏也

齊俗賤奴虜而刀閒獨愛貴之正義曰刀丁遥反姓名桀黠奴人之所患也唯刀閒收取使之逐漁鹽商賈之利或連車騎交守相然愈益任之終得其力起富數千萬故曰寧爵毋刀漢書音義曰奴自相謂曰寧欲免去作民有爵邪將止爲刀氏作奴乎無發聲語助言其能使豪奴自饒而盡其力

周人既纖漢書音義曰儉嗇也而師史尤甚正義曰師史人姓名轉轂以百數賈郡國無所不至洛陽街居在齊秦楚趙之中正義曰洛陽在齊秦楚趙之中其街巷貧人學於富家相矜以久賈諸國皆數歷過里邑不入其門故前云洛陽東賈齊魯南賈梁楚是也貧人學事富家相矜以久賈漢書音義曰謂街巷居民無田地皆相矜以久賈在此諸國也數過邑不入門設任此等故

師史能致七千萬宣曲正義曰按其地合在關內張揖云宣曲官名在昆池西也任氏之先徐廣曰高祖功臣有宣曲侯○索隱曰上林賦云西馳宣曲當在京輔今闕其地也為督道倉吏漢書音義曰若今吏督租穀吏上道輸在所也韋昭曰督道秦邊縣名秦之敗也豪傑皆爭取金玉而任氏獨窖倉粟徐廣曰窖音校穿地以藏也楚漢相距滎陽也民不得耕種米石至萬而豪傑金玉盡歸任氏任氏以此起富富人爭奢侈而任氏折節為儉力田畜田畜人爭取賤賈索隱曰晉灼云爭取賤賈金玉也○正義曰音價也任氏獨取貴善索隱曰謂買物必取貴而善者不爭賤價也富者數世然任公家約非田畜所出弗衣食公事不畢則

身不得飲酒食肉以此為閭里率故富而主上重之塞之斥也正義曰孟康云邊塞主斥候卒也唯此人能致富若此顏云塞斥者言国斥開邊塞更令寬廣故橋姚得恣其畜牧也姓橋名姚也唯橋姚已致馬千匹牛倍之羊萬頭粟以萬鍾計漢書音義曰邊塞主斥候卒也唯此人能致富若此○索隱曰孟說非也按斥開也相如傳云邊塞益斥是也橋姓姚名也言橋姚因斥塞而致此資風俗通云馬稱疋者俗說云相馬及君子与人相疋故云疋或說馬夜行目照前四丈故云一疋或說度馬從横適得一疋韓詩外傳云孔子與顏回登山望見一疋練前有藍視之果馬光景一疋長也吳楚七國兵起時長安中列侯封君行從軍旅齎貸子錢索隱曰齎音子稽反貸假也音吐得反與人物云齎周禮注齎所給與也子錢家以為侯邑國在關東關東成敗未決莫肯與唯無鹽氏出捐千金貸索隱曰貸音吐代反其

息什之索隱曰謂出一得十倍三月吳楚平一歲之中則無鹽氏之息什倍用此富埒關中關中富商大賈大抵盡諸田田嗇田蘭韋家栗氏安陵杜杜氏徐廣曰安陵及杜二縣各有杜姓也宣帝以杜為杜陵亦巨萬此其章章尤異者也徐廣曰異一作淑又作較皆非有爵邑奉祿弄法犯姦而富盡椎埋去就與時俯仰獲其贏利以末致財用本守之以武一切用文持之變化有概故足術也若至力農畜工虞商賈為權利以成富大者傾郡中者傾縣下者傾鄉里者不可勝數夫纖嗇筋力治生之正道也而富者必用奇勝田農

拙業徐廣曰古拙字亦作掘也而秦陽以蓋一州索隱曰漢書作甲一州服虔云富為州中之第一掘冢姦事也而曲叔以起博戲惡業也而桓發用之富索隱曰漢書桓作稽正義曰桓發人姓名行賈丈夫賤行也而雍樂成以饒販脂正義曰說文云戴角者脂无角者膏也辱處也而雍伯千金徐廣曰雍一作翁○索隱曰雍音於恭反漢書作翁伯也賣漿小業也而張氏千萬洒削薄技也徐廣曰洒或作細駰案漢書音義曰治刀劍名○索隱曰洒音先禮反削刀者名洒削謂摩刀以水洒之又方言云劍削關東謂之削音肖亦依字讀而郅氏鼎食胃脯簡微耳濁氏連騎索隱曰晉灼云太官常以十月作沸湯燖羊胃以末椒薑坋之訖暴使燥則謂之脯故易售而致富也○正義曰按胃脯謂和五味而脯美故易售馬醫淺方張里擊鍾此皆誠壹之所致由是觀

之富無經業則貨無常主能者輻湊不肖者瓦
解千金之家比一都之君巨萬者乃與王者同
樂豈所謂素封者邪非也

索隱述贊曰

貨殖之利　工商是營　廢居善積
倚市邪贏　白圭富國　計然彊兵
倮參朝請　女築懷清　素封千戶
卓鄭齊名

貨殖列傳第六十九　史記一百二十九

太史公自序第七十　史記一百三十

昔在顓頊命南正重以司天北正黎以司地（索隱曰張晏云南方陽也火水配也水爲陰故命南方正重司天火正黎兼地職臣瓚以爲重黎氏是司天地之官然司地者宜曰北正古文作北字非也案國語黎爲火正以淳燿敦大光照四海又幽通賦云黎淳燿於高辛則火正爲是也）唐虞之際紹重黎之後使復典之至于夏商故重黎氏世序天地其在周程伯休甫其後也（應劭曰封爲程國伯休甫字也○索隱曰重司天而黎司地是代序天地也據左氏重是少昊之子黎乃顓頊之胤二氏二正所出各別而史遷意欲合二氏爲一故總云在周程伯休甫其後非也然後按彪之序及于寶皆云司馬氏黎之後是也今總稱伯休甫是重黎之後者凡言地即舉天稱黎則兼重自是相對之文其實二官亦通職然休甫則黎之後也亦是太史公欲以史爲己任故言先代天官所以兼稱重耳○正義曰括地志云安陵故城在雍州咸陽東二十一里周之程邑也）

史列傳七十　一

當周宣王時失其守而爲司馬氏（正義曰司馬彪序云南正黎後世爲司馬氏）司馬氏世典周史（索隱曰司馬夏官卿不掌国史自是先代兼爲史儒宏云司馬氏周史佚之後恐或有所據）惠襄之間司馬氏去周適晉（張晏曰周惠王襄王有子頹叔帶之難故司馬氏奔晉）晉中軍隨會奔秦而司馬氏入少梁（索隱曰左氏隨會自晉奔秦後乃奔魏自魏還晉故漢書云會奔秦魏也少梁古梁國也秦滅之改曰少梁後名夏陽也○正義曰按春秋隨會奔秦其後自秦入魏而還晉也隨會爲晉中軍將少梁古梁國也嬴姓在同州韓城縣南二十二里是時屬晉）自司馬氏去周適晉分散或在衛或在趙（索隱曰何法盛晉書及司馬氏系本各凱）或在秦其在衛者相中山（徐廣曰名喜也）在趙者（正義曰何法盛晉書及晉譙王司馬無忌司馬氏孫本皆云名凱）以傳劍論顯（服虔曰世善傳劍也蘇林曰傳手搏論而釋之晉灼曰史記吴起贊曰非信仁廉勇不能傳劍論兵書也○索隱曰服虔云善劍解所以稱傳也蘇林作搏言手搏論而知名也）蒯聵其後也（正義曰五㧾反如淳云刺客傳之蒯聵也）在秦者名錯與張儀爭論於是惠王使錯將伐蜀遂拔因而守之（蘇林曰郡守也）錯孫蘄（徐廣曰一作蘄○索隱曰錯音七各反蘄音紀豊反）事武安君白起而少梁更名曰夏陽蘄與武安君阬趙長平軍（文穎曰趙孝成時）還而與之俱賜死杜郵（索隱曰郵音尤李奇曰地名在咸陽西十里三秦記其地後改爲里李也）葬於華池（晉灼曰地名在鄠縣○索隱曰晉灼非也案司馬遷碑在夏陽西北四里○正義曰括地志云華池在同州韓城縣西南七十里在夏陽故城西北四里）蘄孫昌昌爲秦主鐵官當始皇之時蒯聵玄孫卬爲武信君將（徐廣曰張耳傳云武臣自號武信君○索隱曰按晉譙國司馬無忌作司馬氏系本云蒯聵生昭頊昭頊生憲憲生卬也）

史列傳七十　二

而徇朝歌諸侯之相王王卬於殷（索隱曰漢書云項羽封卬爲殷王）漢之伐楚卬歸漢以其地爲河內郡昌生無澤（索隱曰漢書作毋懌並音亦）無澤爲漢市長無澤生喜喜爲五大夫卒皆葬高門（蘇林曰長安北門也瓚曰長安城無高門○索隱曰蘇說非也案遷碑高門在夏陽西北去華池三里○正義曰括地志云高門原俗名馬門原在同州韓城縣西南十八里漢司馬遷墓在韓城縣南二十二里夏陽縣故東南有司馬遷冢在高門原上也）喜生談談爲太史公（如淳曰漢儀注太史公武帝置位在丞相上天下計書先上太史公副上丞相序事如古春秋遷死後宣帝以其官爲令行太史公文書而已瓚曰百官表無太史公茂陵中書司馬談以太史丞爲太史令○索隱曰公者遷所著書尊其父云公也然遷雖稱述其父所作其實亦遷之詞而如淳引衛宏儀註稱位在丞相上謬矣按百官表又無其官且修史之官国家別有著撰則令州縣所上国書皆先上之而後人不曉誤以爲在丞相上耳○正義曰虞喜志林云

古者主天官者皆上公自周至漢其職轉卑然朝會坐位猶居公上尊天之道其官屬仍以舊名尊而稱也按下文太史公既掌天官不治民有子曰遷又云卒三歲而遷為太史公又云太史公遭李陵之禍又云汝復為太史則續吾祖矣觀此文虞喜說為長乃書談及遷為太史公者皆遷自書之漢舊儀云太史公秩二千石卒史皆秩二百石然瓚及韋昭桓譚之說皆非也以桓譚之說釋在武本紀也太史公學天官於唐都正義曰天官書云星則唐都也受易於楊何徐廣曰菑川人習道論於黃子徐廣曰儒林傳曰黃生好黃老之術太史公仕於建元元封之間愍學者之不達其意而師悖正義曰布內反顏云悖惑也各習師書惑於所見也乃論六家之要指曰易大傳正義曰張晏云謂易繫辭案下二句是繫辭文也天下一致而百慮同歸而殊塗夫陰陽儒墨名法道德此務為治者也直所從言之異路有省不省耳索隱曰案六家同歸於正然所從之道殊塗學或有傳習省察或有不省之耳嘗竊觀陰陽之術大祥徐廣曰一作詳駰案李奇曰月令星官是其枝葉也○索隱曰漢書作大詳言我觀陰陽之術大詳今此作祥於義為疎○正義曰顧野王云祥善也吉凶之先見也而眾忌諱使人拘而多所畏正義曰言拘束於日時令人有所忌畏也然其序四時之大順不可失也儒者博而寡要勞而少功是以其事難盡從然其序君臣父子之禮列夫婦長幼之別不可易也墨者正義曰韋昭云墨翟之術也尚儉後有隨巢子傳其術也儉而難遵是以其事不可偏循索隱曰偏音遍偏循言難盡用也然其彊本節用不可廢也法家嚴而少恩然其正君臣上下之分不可改矣名家使人儉而善失眞

索隱曰劉向別錄云名家流出於禮官古者名位不同禮亦異數孔子曰必也正名乎按名家知禮亦異數是儉也受命不受辭或失其眞也然其正名實不可不察也道家使人精神專一動合無形贍足萬物索隱曰贍音市豔反漢書作澹古今字異也其為術也因陰陽之大順采儒墨之善撮名法之要與時遷移應物變化立俗施事無所不宜指約而易操事少而功多儒者則不然以為人主天下之儀表也主倡而臣和主先而臣隨如此則主勞而臣逸至於大道之要去健羨如淳曰知雄守雌是去健也不見可欲使心不亂是去羨也絀聰明索隱曰如淳云不尚賢絕聖棄智也釋此而任術夫神大用則竭形大勞則敝形神騷動欲與天地長久非所聞也夫陰陽四時八位十二度二十四節張晏曰八位八卦位也十二度十二次也二十四節就中氣也各有禁忌謂日月也各有教令順之者昌逆之者不死則亡未必然也故曰使人拘而多畏夫春生夏長秋收冬藏此天道之大經也弗順則無以為天下綱紀故曰四時之大順不可失也夫儒者以六藝為法六藝經傳以千萬數累世不能通其學當年不能究其禮故曰博而寡要勞而少功若夫列君臣父子之禮序夫婦長幼之別雖百家弗能易也墨者亦尚堯舜道言其德行曰堂高三

太史公

尺索隱曰自此已下韓子之文故稱曰也土階三等茅茨不翦正義曰翦齊蓋曰茨以茅覆屋采椽不刮索隱曰韋昭云采椽棌櫟也正義曰採取爲椽不刮削也食土簋徐廣曰一作溜駰案服虔曰土簋用土作此器啜土刑糲粱之食張晏曰一斛粟七斗米爲糲瓚曰五斗粟三斗米爲糲音剌韋昭曰糲麤也○索隱曰服虔云糲麤米也三蒼云粱好粟也○正義曰顔云簋所以盛飯也刑所以盛羹也土謂燒土爲之即瓦器也糲粗米也脫粟也粱粟也謂食脫粟之麤飯也藜藿之羹正義曰藜似藋而表赤藋豆葉也夏日葛衣冬日鹿裘其送死桐棺三寸正義曰以桐木爲棺厚三寸也舉音不盡其哀教喪禮必以此爲萬民之率使天下法若此則尊卑無別也夫世異時移事業不必同故曰儉而難遵要曰彊本節用則人給家足之道也此墨

子之所長雖百家弗能廢也法家不別親疏不殊貴賤一斷於法則親親尊尊之恩絕矣索隱曰按禮親親父爲首尊尊君爲首也可以行一時之計而不可長用也故曰嚴而少恩若尊主卑臣明分職不得相踰越雖百家弗能改也名家苛察繳繞服虔曰繳音近叫呼謂煩也如淳曰繳繞猶纏繞不通大體也使人不得反其意專決於名而失人情故曰使人儉而善失真若夫控名責實參伍不失晉灼曰引名責實參錯交互明知事情此不可不察也道家無爲又曰無不爲正義曰無爲者守清淨也無不爲者生育萬物也其實易行正義曰各守其分故易行也其辭難知正義曰幽深微妙故難知也其術以

太史公

虛無爲本以因循爲用正義曰任自然也無成勢無常形故能究萬物之情不爲物先不爲物後韋昭曰因物爲制故能爲萬物主有法無法因時爲業正義曰因時之物成法爲業有度無度因物與合正義曰因其万物之形成度與合也故曰聖人不朽時變是守索隱曰此出鬼谷子遷引之以成其章故稱故曰也○正義曰言聖人教迹不朽者順時變化虛者道之常也因者君之綱也正義曰言因百姓之心以教唯執其綱而已羣臣並至使各自明也其實中其聲者謂之端實不中其聲者謂之窾徐廣曰音款空也駰案李奇曰聲別名也○索隱曰款空也申子云款言無成是也聲者名也以言實不稱名則謂之空空有聲也窾言不聽姦乃不生賢不肖自分白黑乃形在

所欲用耳何事不成乃合大道混混冥冥正義曰上胡本反混混者元氣神著之皃也光燿天下復反無名凡人所生者神也所託者形也神大用則竭形大勞則敝形神離則死死者不可復生離者不可復反故聖人重之由是觀之神者生之本也形者生之具也韋昭曰聲氣者神也枝體者形也不先定其神而曰我有以治天下何由哉太史公既掌天官不治民有子曰遷遷生龍門徐廣曰在馮翊夏陽縣駰案蘇林曰禹所鑿龍門也○正義曰括地志云龍門山在同州韓城縣北五十里其山更黃河夏禹所鑿者也龍門山在夏陽縣遷即漢夏陽縣人也至唐改曰韓城縣耕牧河山之陽正義曰河之北山之南也案在龍門山南也年十歲則誦古文

索隱曰迁及事伏生是學誦古文尚書劉氏以爲左傳國語系本等書是亦名之古文也二十而南游江淮上會稽探禹穴張晏曰禹巡狩至會稽而崩因葬焉上有孔穴民間云禹入此穴〇索隱曰越絶書云禹上茅山大會計更名曰會稽張勃吳錄云本名苗山一名覆釜禹會諸侯計功改曰會稽〇正義曰括地志云石箐山一名玉笥山又名宛委山即會稽山一峯也在會稽縣東南十八里吳越春秋云禹案黃帝中經九山東南天柱號曰宛委赤帝左闕之塡承以文玉覆以盤石其書金簡青玉爲字編以白銀皆瑑其文禹乃東巡登衡山血白馬以祭禹乃登山仰天而笑忽然而臥夢見繡衣男子自稱玄夷蒼水使者却倚覆釜之山東顧謂禹曰欲得我山神書者齋於黃帝之岳巖巖之下三月庚子登山發石禹乃登宛委之山發石乃得金簡玉字以水泉之脉山中又有一穴深不見底謂之禹穴史遷云上會稽探禹穴即此穴也闚九疑索隱曰山海經云南方蒼梧之丘蒼梧之泉在營道南其山九峯皆似故曰九疑張晏云九疑舜葬故窺之尋上探禹穴蓋以先聖所葬處有古冊文故探窺之亦搜採遠矣〇正義曰九疑山在道州浮於沅湘正義曰沅水出朗州湘水出道州北東北入海北涉汶泗正義曰兩水出兗州東北而南歷魯講業齊魯之都觀孔子之遺風鄉射鄒嶧正義曰鄒縣名嶧山名鄉山在鄒縣名二十二里地近曲阜於此行鄉射之礼戹困鄱正義曰括地志云徐州滕縣漢蕃縣音翻漢末陳蕃子逸爲魯相改音皮田褒魯記曰靈帝汝南子游爲魯相陳蕃子也國人爲諱而改焉薛彭城徐廣曰嶧音亦縣名有山也鄱音皮鄒鄱薛三縣屬魯〇索隱曰鄱本音蕃案田褒魯記云靈帝末有汝南陳子游爲魯相子游太尉陳蕃子也國人諱而改焉若如其說則蕃改鄱鄱皮聲相近後人斷詭耳然地理志魯國蕃縣應劭曰邾國也音皮過梁楚以歸於是遷仕爲郎中奉使西征巴蜀以南略邛笮昆明還報命徐廣曰元鼎六年平西南夷以爲五郡其明年元封元年是也是歲天子始建漢家之封而太史公留滯周南徐廣曰摯虞曰古之周南今之洛陽〇索隱曰張晏云自陝已東皆周南之地也不得與從事正義曰與音預故

發憤且卒而子遷適使反見父於河洛之閒太史公執遷手而泣曰余先周室之太史也自上世嘗顯功名於虞夏典天官事後世中衰絶於予乎汝復爲太史則續吾祖矣今天子接千歲之統封泰山而余不得從行是命也夫命也夫余死汝必爲太史爲太史無忘吾所欲論著矣且夫孝始於事親中於事君終於立身揚名於後世以顯父母此孝之大者夫天下稱誦周公言其能論歌文武之德宣周邵之風達太王王季之思慮爰及公劉以尊后稷也幽厲之後王道缺禮樂衰孔子脩舊起廢論詩書作春秋則學者至今則之自獲麟以來四百有餘歲案年表魯哀公十四年獲麟至漢元封元年三百七十一年而諸侯相兼史記放絶今漢興海內一統明主賢君忠臣死義之士余爲太史而弗論載廢天下之史文余甚懼焉汝其念哉遷俯首流涕曰小子不敏請悉論先人所次舊聞弗敢闕卒三歲而遷爲太史令索隱曰博物志太史令茂陵顯武里大夫司馬年二十八三年六月乙卯除六百石也紬史記徐廣曰紬音抽〇索隱曰如淳云抽徹舊書故事而次述之小顏云紬謂綴集之也石室金匱之書索隱曰案石室金匱皆國家藏書之處五年而當太初元年李奇曰迁爲太史後五年適當於武帝太初元年此時述

史記○正義曰按遷年四十二歲十一月甲子朔旦冬至天曆始改建於明堂諸神受紀徐廣曰封禪序曰封禪則万靈罔不禋祀駰案韋昭曰告於百神與天下更始著紀於是○索隱曰虞喜志林云改歷於明堂班之於諸侯諸侯羣神之主故曰諸神受紀孟康云句芒祝融之屬皆受瑞紀也

太史公曰先人有言索隱曰先人謂先代賢人也○正義曰太史公司馬遷也先人司馬談也自周公卒五百歲而有孔子孔子卒後至於今五百歲索隱曰案孟子稱堯舜至湯五百餘歲湯至文王五百餘歲文王至孔子五百餘歲太史公此言略取於孟子而揚雄孫盛深所不然所謂多見不知量也以為淳氣育才豈有常數五百之期何異一息是以上皇相次或以萬齡為間而唐堯舜禹比肩並列降及周室聖賢盈朝孔子之沒千載莫嗣安在於千年五百年乎具述似者蓋記注之志士耳豈聖人之論哉有能紹明世正易傳繼春秋本詩書禮樂之際意在斯乎意在斯乎小子何敢讓焉索隱曰漢書讓作攘晉灼云此古讓字言己當述先人之成業何敢自嫌值五百歲而讓之也

上大夫壺遂曰索隱曰案遂為詹事秩二千石故位上大夫也昔孔子何為而作春秋哉太史公曰余聞董生曰服虔曰仲舒也周道衰廢孔子為魯司寇諸侯害之大夫壅之孔子知言之不用道之不行也是非二百四十二年之中索隱曰是非謂褒貶諸侯之得失也以為天下儀表貶天子退諸侯討大夫以達王事而已矣子曰我欲載之空言不如見之於行事之深切著明也索隱曰案孔子之言見春秋緯太史公引之以成說也空言謂褒貶是非也空立此文而亂臣賊子懼也孔子言我徒欲立空言設褒貶則不如附見於當時所因事之人臣有僭侈篡逆因就此筆削以褒貶深切著明而書之以為將來之誡也

夫春秋上明三王之道下辨人事之紀別嫌疑明是非定猶豫善善惡惡索隱曰公羊傳曰善善及子孫惡惡止其身也賢賢賤不肖存亡國繼絕世補敝起廢王道之大者也易著天地陰陽四時五行故長於變禮經紀人倫故長於行書記先王之事故長於政詩記山川谿谷禽獸草木牝牡雌雄故長於風樂樂所以立故長於和春秋辯是非故長於治人是故禮以節人樂以發和書以道事詩以達意易以道化春秋以道義撥亂世反之正莫近於春秋春秋文成數萬其指數千張晏曰春秋萬八千字當言減而云成數字誤也駰謂太史公此辭是述董生之言董仲舒自治公羊春秋公羊經傳凡有四萬四千餘字故云文成數萬也不得如張議但論經萬八千字便為之誤○索隱曰註非也小顏云史遷豈以公羊之傳為春秋乎春秋經一萬八千亦足稱數萬非字之誤萬物之散聚皆在春秋春秋之中弒君三十六亡國五十二諸侯奔走不得保其社稷者不可勝數察其所以皆失其本已索隱曰案弒君亡國及奔走者皆是失仁義之道本耳已者語終之辭也故易曰失之豪釐差以千里徐廣曰一云差以豪釐一云繆以千里駰案今易無此語易緯有之故曰臣弒君子弒父非一旦一夕之故也其漸久矣故有國者不可以不知春秋前有讒而弗見後有賊而不知為人臣者不

可以不知春秋守經事而不知其宜遭變事而不知其權為人君父而不通於春秋之義者必蒙首惡之名為人臣子而不通於春秋之義者必陷篡弒之誅死罪之名其實皆以為善為之不知其義（正義曰其心實善為之不知其義理則陷於罪咎）被之空言而不敢辭（張晏曰趙盾不知討賊而不敢辭其罪也）夫不通禮義之旨至於君不君臣不臣父不父子不子君不君則犯（正義曰顏云為臣下所干犯也一云違犯禮義）臣不臣則誅父不父則無道子不子則不孝此四行者天下之大過也以天下之大過予之則受而弗敢辭故春秋者禮義之大宗也夫禮禁未然之前法施已然之後法之所為用者易見而禮之所為禁者難知壺遂曰孔子之時上無明君下不得任用故作春秋垂空文以斷禮義當一王之法今夫子上遇明天子下得守職萬事既具咸各序其宜夫子所論欲以何明太史公曰唯唯否否（晉灼曰唯唯謙應也否否不通者也）不然余聞之先人曰伏羲至純厚作易八卦堯舜之盛尚書載之禮樂作焉湯武之隆詩人歌之春秋采善貶惡推三代之德褒周室非獨刺譏而已也漢興以來至明天子獲符瑞封禪改正

朔易服色受命於穆清（如淳曰受天命清和之氣○正義曰於音烏顏云於歎辭也穆美也言天子有美德而教化清也）澤流罔極海外殊俗重譯款塞（應劭曰款叩也皆叩塞門來服從也如淳曰款寬也請除守塞者自保不為寇害○正義曰重譯更譯其言也）請來獻見者不可勝道臣下百官力誦聖德猶不能宣盡其意且士賢能而不用有國者之恥主上明聖而德不布聞有司之過也且余嘗掌其官廢明聖盛德不載滅功臣世家賢大夫之業不述墮先人所言罪莫大焉余所謂述故事整齊其世傳非所謂作也而君比之於春秋謬矣於是論次其文七年（徐廣曰天漢三年○正義曰按從太初元年至天漢三年乃七年也）而太史公遭李陵之禍（正義曰太史公舉李陵李陵降也）幽於縲紲乃喟然而歎曰是余之罪也夫是余之罪也夫身毀不用矣退而深惟曰夫詩書隱約者（索隱曰案謂其義隱微而言約也○正義曰詩書隱微而約省者迁深推欲依其隱約而成其志意也）欲遂其志之思也昔西伯拘羑里（徐廣曰在湯陰）演周易孔子戹陳蔡作春秋屈原放逐著離騷左丘失明厥有國語孫子臏腳而論兵法不韋遷蜀世傳呂覽（正義曰即呂氏春秋也）韓非囚秦說難孤憤詩三百篇大抵賢聖發憤之所為作也此人皆意有所鬱結不得通其道也故述往事思來者於是卒述陶唐以

來至于麟止（張晏曰武帝獲麟遷以爲述事之端上紀黃帝下至麟止猶春秋止於獲麟也○索隱曰服虔云武帝至雍獲白麟而鑄金作麟足形故云麟止遷作史記止於此猶春秋終於獲麟然也史記以黃帝爲首而云述陶唐者案五帝本紀贊云五帝尚矣然尚書載堯以來百家言黃帝其文不雅訓故述黃帝爲本紀之首而以尚書雅正故稱起於陶唐也）自黃帝始

維昔黃帝法天則地四聖遵序（徐廣曰顓頊帝嚳堯舜）各成法度唐堯遜位虞舜不台（索隱曰台音怡悅也或音昭非也）厥美帝功萬世載之作五帝本紀第一（索隱曰應劭云有本則紀有家則代有年則表有名則傳）

維禹之功九州攸同光唐虞際德流苗裔夏桀淫驕乃放鳴條作夏本紀第二

維契（正義曰音薛也）作商爰及成湯太甲居桐德盛阿衡武丁得說乃稱高宗帝辛湛湎諸侯不享作殷本紀第三

維棄作稷德盛西伯武王牧野實撫天下幽厲昏亂既喪酆鎬陵遲至赧洛邑不祀作周本紀第四

維秦之先伯翳佐禹穆公思義悼豪之旅（索隱曰豪即崤之異音旅師旅也○正義曰穆公封崤山軍旅之尸）以人爲殉詩歌黃鳥昭襄業帝作秦本紀第五

始皇既立并兼六國銷鋒鑄鐻（徐廣曰嚴安上書銷其兵鑄以爲鍾鐻也○索隱曰鐻音巨鐻鍾也）維偃干革尊號稱帝矜武任力二世受運子嬰降虜作始皇本紀第六

秦失其道豪桀並擾項梁業之子羽接之殺慶救趙（徐廣曰宋義爲上將號慶子冠軍）諸侯立之誅嬰背懷天下非之作項羽本紀第七

子羽暴虐漢行功德憤發蜀漢還定三秦誅籍業帝天下惟寧改制易俗作高祖本紀第八

惠之早霣（正義曰音殞）諸呂不台（徐廣曰無台輔之德也一曰怡懌也不爲百姓所說○索隱曰案此贊本韻則怡懌爲是也）崇彊祿產諸侯謀之殺隱幽友（徐廣曰趙隱王如意趙幽王友）大臣洞疑（索隱曰洞是洞達義所共疑）遂及宗

禍作呂太后本紀第九

漢既初興繼嗣不明迎王踐祚天下歸心蠲除肉刑開通關梁廣恩博施厥稱太宗作孝文本紀第十

諸侯驕恣吳首爲亂京師行誅七國伏辜天下翕然大安殷富作孝景本紀第十一

漢興五世隆在建元外攘夷狄內脩法度封禪改正朔易服色作今上本紀第十二

維三代尚矣年紀不可考蓋取之譜牒舊聞本于茲於是略推作三代世表第一

幽厲之後周室衰微諸侯專政春秋有所不紀
而譜諜經略五霸更盛衰欲睹周世相先後之
意作十二諸侯年表第二
春秋之後陪臣秉政彊國相王以至于秦卒并
諸夏滅封地擅其號作六國年表第三
秦既暴虐楚人發難項氏遂亂漢乃扶義征伐
八年之間天下三擅事繁變衆故詳著秦楚之
際月表第四
漢興已來至于太初百年諸侯廢立分削譜紀
不明有司靡踵彊弱之原云以世徐廣曰一作云已
也天漢亭曰敞義

依霍燕幾云已○索隱曰踵繼也以當作己世當作也並誤
之耳云已也皆語助之辭○正義曰言漢興已來百年諸侯
發立分削譜紀不能明其嗣有司無所踵繼其後
乃云彊弱之原云以世相代相不能有所録紀也作漢興
已來諸侯年表第五
維高祖元功輔臣股肱剖符而爵澤流苗裔忘
其昭穆或殺身隕國作高祖功臣侯者年表第
六
惠景之間維申功臣宗屬爵邑作惠景間侯者
年表第七
北討彊胡南誅勁越征伐夷蠻武功爰列作建
元以來侯者年表第八

諸侯既彊七國爲從子弟衆多無爵封邑推恩
行義其勢銷弱德歸京師作王子侯者年表第
九
國有賢相良將民之師表也維見漢興以來將
相名臣年表賢者記其治不賢者彰其事作漢
興以來將相名臣年表第十
維三代之禮所損益各殊務然要以近情性通
王道故禮因人質爲之節文略協古今之變作
禮書第一
樂者所以移風易俗也自雅頌聲興則已好鄭

衛之音鄭衛之音所從來久矣人情之所感遠
俗則懷徐廣曰樂者所以感和人情人情既
感則遠方殊俗莫不懷柔向化也比樂書以
述來古索隱曰來古即古來也言此樂
書以述自古已來樂之興衰也作樂書第二
非兵不彊索隱曰此律書之贊而云非兵不彊者則此律
書即兵書也古者師出以律則凡出軍皆聽律
聲故云聞律效勝
負望敵知吉凶也非德不昌黃帝湯武以興索隱曰
黃帝有
阪泉之師湯武有鳴條
牧野之戰而克桀紂桀紂二世以崩可不愼歟司
馬法所從來尚矣正義曰古者師出以律凡軍出皆吹
律聽聲律書云六律爲万事根本其
於兵械尤所重望敵知吉凶聞聲效
勝負故云司馬兵法所從來尚矣乎太公孫吳王子徐
廣
曰王子
成甫能紹而明之切近世極人變作律書第
三

律居陰而治陽歷居陽而治陰律歷更相治間不容翲忽索隱曰案忽者總文之微也翲者輕也言律歷窮陰陽之妙其間不容輕忽也言翲恐衍字耳○正義曰翲匹遥反今音匹沼反字當作杪抄禾芒表也忽一蠶口出絲也言律曆相治之間不容此微細之物也五家之文怫異索隱曰怫音悖一音扶物反怫亦悖也案言金木水火土五家之文各相悖異不同也○正義曰五家謂黃帝顓頊夏殷周之歷其文相戾乖異不同維太初之元論歷律為是故歷書自太初之元論之也維太初之元論作歷書第四徐廣曰論一作編

星氣之書多雜機祥不經推其文考其應不殊比集論其行事驗于軌度以次作天官書第五

受命而王封禪之符罕徐廣曰一云旹應用用則萬靈罔不禋祀追本諸神名山大川禮作封禪書第六

維禹浚川九州攸寧爰及宣防決瀆通溝作河渠書第七

維幣之行索隱曰幣錢也以通農商其極則玩巧并兼茲索隱曰玩音五官反巧音苦孝反殖爭於機利去本趨末作平準書以觀事變第八

太伯避歷江蠻是適文武攸興古公王跡闔廬弒僚賓服荆楚夫差克齊子胥鴟夷信嚭親越吳國既滅嘉伯之讓作吳世家第一

申呂肖矣徐廣曰肖音痟痟猶衰微○索隱曰徐廣音訓不知從出案肖謂微弱而省少所謂申呂

雖衰也○正義曰肖音痟呂尚之祖封於申申呂後痟微故尚父微賤也尚父側微卒歸西伯文武是師功冠羣公繆權于幽徐廣曰繆錯也猶云纏結也權智潛謀幽昧不顯所謂太公陰謀○索隱曰繆謂綢繆也音亡又反謂太公綢繆爲權謀於幽昧不明著也○正義曰繆音武彪反言呂尚綢繆於幽權之策謂六韜三略陰符七術之屬也番番黃髮番音婆毛萇云番番威勇武皃也案黃髮言老人髮白而更黃也爰饗營丘不背柯盟桓公以昌九合諸侯霸功顯彰田闞爭寵姜姓解亡徐廣曰闞一云監解一作遷嘉父之謀作齊太公世家第二

依之違之周公綏之憤發文德天下和之輔翼成王諸侯宗周隱桓之際是獨何哉三桓爭彊魯乃不昌嘉旦金縢作周公世家第三

武王克紂天下未協而崩成王既幼管蔡疑之淮夷叛之於是召公率德安集王室以寧東土燕易之禪乃成禍亂索隱曰謂王噲禪其相子之後卒危亂也嘉甘棠之詩作燕世家第四

管蔡相武庚將寧舊商及旦攝政二叔不饗殺鮮放度索隱曰案系家云管叔名鮮蔡叔名度霍叔名處也周公爲盟太任十子周以宗彊索隱曰太任文王妃十子伯邑考武王管蔡霍曹衛毛聃曹是也嘉仲悔過正義曰蔡叔度之子蔡仲也作管蔡世家第五

王後不絕舜禹是說維德休明苗裔蒙烈百世享祀爰周陳杞楚實滅之齊田既起舜何人哉

作陳杞世家第六
牧殷餘民叔封始邑申以商亂酒材是告及朔
之生衛頃不寧索隱曰衛頃公也南子惡蒯聵子父易
名周德卑微戰國既彊衛以小弱角獨後亡嘉
彼康誥作衛世家第七
嗟箕子乎嗟箕子乎正言不用乃反爲奴武庚
既死周封微子襄公傷於泓正義曰泓水名公羊傳云宋與楚人期戰於泓
之陽宋師大敗君子大其不鼓不成列臨大事而不忘禮雖文王之戰亦不過此也君子孰稱景
公謙德㷀惑退行剔成暴虐徐廣曰一云偃宋剔成君生偃○索隱曰
剔音湯宋乃滅亡嘉微子問太師作宋世家第八

武王既崩叔虞邑唐君子譏名正義曰謂晉穆侯太子名仇少子名成師也
卒滅武公驪姬之愛亂者五世重耳不得意乃
能成霸六卿專權正義曰智伯范中行韓魏趙晉國以耗嘉文
公錫珪鬯作晉世家第九
重黎業之吳回接之殷之季世粥子牒之周用
熊繹熊渠是續莊王之賢乃復國陳正義曰楚莊王都陳既
赦鄭伯班師華元懷王客死蘭咎屈原好諛信
讒楚并於秦嘉莊王之義作楚世家第十
少康之子實賓南海正義曰吳越春秋云啓使歲時祭禹於越立宗廟南山之上封少康庶
子無餘於越使祠禹至勾踐遷都山陰立禹廟爲始祖廟越亡遂廢也案今禹廟在會稽山下文身斷髮

黿鱓與處索隱曰黿音元鱓音鼉既守封禺徐廣曰封禺山在武康縣南奉禹
之祀勾踐困彼乃用種蠡嘉句踐夷蠻能修其
德滅彊吳以尊周室作越王勾踐世家第十一
桓公之東太史是庸及侵周禾王人是議祭仲
要盟鄭久不昌子產之仁紹世稱賢三晉侵伐
鄭納於韓嘉厲公納惠王作鄭世家第十二
維驥騄耳乃章造父趙夙事獻衰續厥緒正義曰衰
楚爲反佐文尊王卒爲晉輔襄子困辱乃禽智伯
主父生縛餓死探爵王遷辟淫良將是斥嘉鞅
討周亂作趙世家第十三

畢萬爵魏卜人知之及絳戮干戎翟和之文侯
慕義子夏師之惠王自矜齊秦攻之既疑信陵
諸侯罷之卒亡大梁王假廝之嘉武佐晉文申
霸道作魏世家第十四
韓厥陰德趙武攸興紹絕立廢晉人宗之昭侯
顯列申子庸之疑非不信秦人襲之嘉厥輔晉
匡周天子之賦作韓世家第十五
完子避難適齊爲援陰施五世齊人歌之成子
得政田和爲侯王建動心乃遷于共嘉威宣能
撥濁世而獨宗周作田敬仲完世家第十六

周室既衰諸侯恣行仲尼悼禮廢樂崩追脩經術以達王道匡亂世反之於正見其文辭爲天下制儀法垂六藝之統紀於後世作孔子世家第十七

桀紂失其道而湯武作周失其道而春秋作（正義曰周失其道至秦之時諸侯力事爭彊）秦失其政而陳涉發迹諸侯作難風起雲蒸卒亡秦族天下之端自涉發難作陳涉世家第十八

成皐之臺薄氏始基詘意適代厥崇諸竇栗姬偩貴王氏乃遂陳后太驕卒尊子夫嘉夫德若

斯作外戚世家第十九

漢既譎謀禽信於陳越荆剽輕乃封弟交爲楚王爰都彭城以彊淮泗爲漢宗藩戊溺於邪禮復紹之嘉游輔祖（正義曰游楚王交字也祖高祖也）作楚元王世家第二十

維祖師旅劉賈是與爲布所襲喪其荆吳營陵激呂乃王琅邪怵午（正義曰謂祝午也）信齊往而不歸遂西入關遭立孝文獲復王燕天下未集賈澤以族爲漢藩輔作荆燕世家第二十一

天下已平親屬既寡悼惠先壯實鎮東土哀王

擅興發怒諸呂駟鈞暴戾京師弗許厲之內淫禍成主父嘉肥股肱作齊悼惠王世家第二十二

楚人圍我滎陽相守三年蕭何填撫山西（正義曰謂華山之西也）推計踵兵給糧食不絕使百姓愛漢不樂爲楚作蕭相國世家第二十三

與信定魏破趙拔齊遂弱楚人續何相國不變不革黎庶攸寧嘉參不伐功矜能作曹相國世家第二十四

運籌帷幄之中制勝於無形子房計謀其事無

知名無勇功圖難於易爲大於細作留侯世家第二十五

六奇既用諸侯賓從於漢呂氏之事平爲本謀終安宗廟定社稷作陳丞相世家第二十六

諸呂爲從謀弱京師而勃反經合於權吳楚之兵亞夫駐於昌邑以戹齊趙而出委以梁作絳侯世家第二十七

七國叛逆蕃屏京師唯梁爲扞偩愛矜功幾獲于禍嘉其能距吳楚作梁孝王世家第二十八

五宗既王親屬洽和諸侯大小爲藩爰得其宜

僭擬之事稍衰貶矣作五宗世家第二十九
三子之王文辭可觀作三王世家第三十
末世爭利維彼奔義讓國餓死天下稱之作伯
夷列傳第一
晏子儉矣夷吾則奢齊桓以霸景公以治作管
晏列傳第二
李耳無爲自化清淨自正韓非揣事情循勢理
作老子韓非列傳第三
自古王者而有司馬法穰苴能申明之作司馬
穰苴列傳第四

非信廉仁勇不能傳兵論劍與道同符內可以
治身外可以應變君子比德焉作孫子吳起列
傳第五
維建遇讒爰及子奢尚既匡父伍員奔吳作伍
子胥列傳第六
孔氏述文弟子興業咸爲師傅崇仁厲義作仲
尼弟子列傳第七
鞅去衛適秦能明其術彊霸孝公後世遵其法
作商君列傳第八
天下患衡秦毋饜食而蘇子能存諸侯約從以抑

貪彊作蘇秦列傳第九
六國既從親而張儀能明其說復散解諸侯作
張儀列傳第十
秦所以東攘（徐廣曰一作襄）雄諸侯樗里甘茂之策作
樗里甘茂列傳第十一
苞河山（徐廣曰苞一作施）圍大梁使諸侯斂手而事秦者
魏冉之功作穰侯列傳第十二
南拔鄢郢北摧長平遂圍邯鄲武安爲率破荊
滅趙王翦之計作白起王翦列傳第十三
獵儒墨之遺文明禮義之統紀絕惠王利端列

往世興衰（徐廣曰一作壞）作孟子荀卿列傳第十四
好客喜士士歸于薛爲齊扞楚魏作孟嘗君列
傳第十五
爭馮亭以權（徐廣曰以一作反太史公譏平原曰利令智昏故云爭馮亭反權）如楚以
救邯鄲之圍使其君復稱於諸侯作平原君虞
卿列傳第十六
能以富貴下貧賤賢能詘於不肖唯信陵君爲
能行之作魏公子列傳第十七
以身徇君遂脫彊秦使馳說之士南鄉走楚者
黃歇之義作春申君列傳第十八

能忍訽於魏齊徐廣曰詬音逅○索隱曰詬音火候反詬恥也而信威於彊秦推賢讓位二子有之作范睢蔡澤列傳第十九

率行其謀連五國兵爲弱燕報彊齊之讎雪其先君之恥作樂毅列傳第二十

能信意彊秦而屈體廉子用徇其君俱重於諸侯作廉頗藺相如列傳第二十一

湣王既失臨淄而奔莒唯田單用即墨破走騎劫遂存齊社稷作田單列傳第二十二

能設詭說解患於圍城輕爵祿樂肆志作魯仲

連鄒陽列傳第二十三

作辭以諷諫連類以爭義離騷有之作屈原賈生列傳第二十四

結子楚親使諸侯之士斐然爭入事秦作呂不韋列傳第二十五

曹子匕首魯獲其田齊明其信豫讓義不爲二心作刺客列傳第二十六

能明其畫因時推秦遂得意於海內斯爲謀首作李斯列傳第二十七

爲秦開地益衆北靡匈奴據河爲塞因山爲固

建榆中作蒙恬列傳第二十八

塡趙塞常山以廣河內弱楚權明漢王之信於天下作張耳陳餘列傳第二十九

收西河上黨之兵從至彭城越之侵掠梁地以苦項羽作魏豹彭越列傳第三十

以淮南叛楚歸漢漢用得大司馬殷卒破子羽于垓下徐廣曰堤塘之名也作黥布列傳第三十一

楚人迫我京索而信拔魏趙定燕齊使漢三分天下有其二以滅項籍作淮陰侯列傳第三十二

楚漢相距鞏洛而韓信爲塡潁川盧綰絕籍糧餉作韓信盧綰列傳第三十三

諸侯畔項王唯齊連子羽城陽漢得以閒遂入彭城作田儋列傳第三十四

攻城野戰獲功歸報噲商有力焉非獨鞭策又與之脫難作樊酈列傳第三十五

漢既初定文理未明蒼爲主計整齊度量序律歷作張丞相列傳第三十六

結言通使約懷諸侯諸侯咸親歸漢爲藩輔作酈生陸賈列傳第三十七

欲詳知秦楚之事唯周緤常從高祖平定諸侯
作傅靳蒯成列傳第三十八索隱曰蒯音裴其字從崩邑又音浮
徙彊族都關中和約匈奴明朝廷禮次宗廟儀
法作劉敬叔孫通列傳第三十九
能摧剛作柔卒為列臣欒公不劫於勢而倍死
作季布欒布列傳第四十
敢犯顏色以達主義不顧其身為國家樹長畫
作袁盎朝錯列傳第四十一
守法不失大理言古賢人增主之明作張釋之
馮唐列傳第四十二

敦厚慈孝訥於言敏於行務在鞠躬君子長者
作萬石張叔列傳第四十三
守節切直義足以言廉行足以厲賢任重權不
可以非理撓作田叔列傳第四十四
扁鵲言醫為方者宗守數精明後世脩序弗能
易也而倉公可謂近之矣作扁鵲倉公列傳第
四十五
維仲之省徐廣曰吳王之王由父省厥濞王吳遭漢初定以填
撫江淮之間作吳王濞列傳第四十六
吳楚為亂宗屬唯嬰賢而喜士士鄉之率師抗

山東滎陽作魏其武安列傳第四十七
智足以應近世之變寬足用得人作韓長孺列
傳第四十八
勇於當敵仁愛士卒號令不煩師徒鄉之作李
將軍列傳第四十九
自三代以來匈奴常為中國患害欲知彊弱之
時設備征討作匈奴列傳第五十
直曲塞廣河南破祁連通西國靡北胡作衛將
軍驃騎列傳第五十一
大臣宗室以侈靡相高唯弘用節衣食為百吏

先作平津侯列傳第五十二
漢既平中國而佗能集楊越以保南藩納貢職
作南越列傳第五十三
吳之叛逆甌人斬濞徐廣曰今之永寧是東甌也葆守封禺為
臣索隱曰葆音保言東甌被越攻破之後保封禺之山今在武康縣也作東越列傳第
五十四
燕丹散亂遼間滿收其亡民厥聚海東以集真
藩徐廣曰一作莫藩音普寒反葆塞為外臣作朝鮮列傳第
五十五
唐蒙使略通夜郎而邛笮之君請為內臣受吏

作西南夷列傳第五十六
子虛之事大人賦說靡麗多誇然其指風諫歸
於无爲作司馬相如列傳第五十七
黥布叛逆子長國之以塡江淮之南安剽楚庶
民作淮南衡山列傳第五十八
奉法循理之吏不伐功矜能百姓無稱亦無過
行作循吏列傳第五十九
正衣冠立於朝廷而羣臣莫敢言浮說長孺矜
焉好薦人稱長者壯有溉（徐廣曰一作概）作汲鄭列傳
第六十
自孔子卒京師莫崇庠序唯建元元狩之間文
辭粲如也作儒林列傳第六十一
民倍本多巧姦軌弄法善人不能化唯一切嚴
削爲能齊之作酷吏列傳第六十二
漢既通使大夏而西極遠蠻引領內鄉欲觀中
國作大宛列傳第六十三
救人於戹振人不贍仁者有乎不既信（徐廣曰一云不慨信）
不倍言義者有取焉作游俠列傳第六十四
夫事人君能說主耳目和主顏色而獲親近非
獨色愛能亦各有所長作佞幸列傳第六十五

不流世俗不爭勢利上下無所凝滯人莫之害
以道之用作滑稽列傳第六十六
齊楚秦趙爲日者各有俗（索隱曰按日者傳亡無以知諸國之俗今褚先生唯
記司馬季主之事也）所用欲循（徐廣曰一作總）觀其大旨作日者列
傳第六十七
三王不同龜四夷各異卜（索隱曰其書既亡無以知其異今褚少孫唯取太卜
占龜之雜說詞甚煩蕪不能裁剪妄加穿鑿此篇不才之甚也）然各以決吉凶略闚其
要作龜策列傳第六十八
布衣匹夫之人不害於政不妨百姓取與以時
而息財富智者有采焉作貨殖列傳第六十九
維我漢繼五帝末流接三代統業周道廢秦撥
去古文焚滅詩書故明堂石室金匱玉版（如淳曰刻
玉版以爲文字）圖籍散亂於是漢興蕭何次律令韓信
申軍法張蒼爲章程（如淳曰章歷數之章術也程者權衡丈尺斛斗之平法也瓚曰
茂陵書丞相爲工用程數其中言百工用材多少之量及制度之程品者是也）叔孫通定禮儀
則文學彬彬稍進詩書往往間出矣自曹參薦
蓋公言黃老（索隱曰蓋姓也音古盍反）而賈生晁錯明申商公
孫弘以儒顯百年之間天下遺文古事靡不畢
集太史公太史公仍父子相續纂其職曰於戲
余維先人嘗掌斯事顯於唐虞至于周復典之

故司馬氏世主天官索隱曰案此天官非周禮冢宰天官乃屬知天文星曆之事天官且遷實黎之後而黎氏後亦總稱重黎以重本司天故太史公代掌天官蓋天官統太史之職言史是歷代之職恐非實事然衛宏以爲司馬氏周史佚之後故太史談云予之先人周之太史蓋或得其實也至於余乎欽念哉欽念哉罔羅天下放失舊聞索隱曰案舊聞有遺失放逸者網羅而考論之王迹所興原始察終見盛觀衰論考之行事略推三代錄秦漢上記軒轅下至于茲著十二本紀既科條之矣並時異世年差不明作十表索隱曰案並時則年曆差殊則亦略言難以明辨故作表禮樂損益律歷改易兵權山川鬼神索隱曰案兵權即兵書也遷沒之後亡補少孫以律書補之今律書亦略言兵也山川即河渠書也鬼神即封禪書也故云山川鬼神也天人之際承敝通變作

八書二十八宿環北辰三十輻共一轂漢書音義曰象黃帝已下三十世家老子言車三十輻運行無窮以象王者如此也○正義曰顏云此說非也言衆星共繞北辰諸輻咸歸車羣臣尊輔天子也運行無窮輔拂股肱之臣配焉忠信行道以奉主上作三十世家扶義俶儻不令己失時立功名於天下索隱曰已音紀言扶義倜儻之士能立功名於當代不後於時也作七十列傳凡百三十篇五十二萬六千五百字爲太史公書序索隱曰桓譚云遷所著書成以示東方朔朔皆署曰太史公則謂太史公是朔稱亦恐其說未實蓋遷自尊其父著述稱之曰公或云遷外孫楊惲所稱事或當爾也略以拾遺補蓺李奇曰六蓺也○索隱曰漢書作補闕此作蓺謂補六蓺之闕也成一家之言厥協六經異傳索隱曰遷言以所撰取協於經異傳諸家之說耳謙不敢比經蓺也異傳者如子夏易傳毛公詩及韓嬰外傳伏生尚書大傳之流者也整齊百家雜語正義曰太史公撰史記言其協于六經異文整齊諸子百家雜說之語謙不敢比經藝也異傳謂如丘明春秋外傳國語子夏易傳毛公詩傳韓詩外傳伏生尚書大傳之流也藏之名山副在京師索隱曰言正本藏之書府副本留京師也穆天子傳云天子北征至于羣玉之山河平無險四徹中繩先王所謂策府郭璞云古帝王藏策之府則此謂藏之名山是也俟後世聖人君子索隱曰此語出公羊傳言夫子制春秋之義以俟後聖君子以君子之爲亦有樂乎此也第七十衛宏漢書舊儀注曰司馬遷作景帝本紀極言其短及武帝過武帝怒而削去之後坐舉李陵陵降匈奴故下遷蠶室有怨言下獄死

太史公曰余述歷黃帝以來至太初而訖百三十篇漢書音義曰十篇缺有錄無書張晏曰遷沒之後亡景紀武紀禮書樂書律書漢興已來將相年表日者列傳三王世家龜策列傳傅靳蒯列傳元成之間褚先生補缺作武帝紀三王世家龜策日者列傳言辭鄙陋非遷本意

也○索隱曰案景紀取班書補之武紀專取封禪書禮書取荀卿禮論樂書取禮樂記兵書亡不補略述律而言兵遂分曆述以次之三王系家空取其策文以續此篇何率略且重非當也日者不能記諸國之同異而論司馬季主龜策直太卜所得占龜兆雜說而無筆削功何蕪鄙也

索隱述贊曰

太史良才　寔纂先德　周遊歷覽
東西南北　事覈詞簡　是稱實錄
報任投書　申李下獄　惜哉殘缺
非才妄續

太史公自序第七十　史記一百三十

跋

遷史舊注今存者三家曰宋裴駰集解曰唐司馬貞索隱曰唐張守節正義其始皆別自單行與史記卷數不相合隋唐志集解八十卷新唐志索隱正義各三十卷今集解有單刻本然已散入與正文相附王鳴盛謂以一篇爲一卷疑始於宋人正義舊本失傳卷帙次第亦無可考獨索隱存毛氏覆本卷數如舊四庫總目謂三家合爲一編始於北宋天祿琳琅三家注合刻者凡四種其一嘉祐二年建邑王氏世翰堂鏤版其二嘉定六年萬卷樓刊然實以明愼獨齋本秦藩本僞冒近人已有定評其三目錄後有校對宣德郎祕書省正字張耒八分書條記號

爲元祐槧本今其書不存眞僞難定獨所載索隱後序有紹興三年四月十二日右修職郎充提舉茶鹽司幹辦公事石公憲發刊至四年十月十二日畢工印記者參以錢泰吉甘泉鄉人稿柯本索隱序後亦有此語云云當可徵信北宋本有無不可知要必以此爲第一刻今其本亦不存存者獨黃善夫本黃氏刊版年月不詳以避光宗嫌諱推之又後紹興五六十年矣明代覆黃氏本者有震澤王延喆及秦藩鑒抑道人二本同時尙有莆田柯維熊本行款相同或謂其亦出黃氏然何以有紹興石公憲發刊印記余頗疑黃氏亦祖石刻故與柯本行款一貫特紹興原刻今已不傳遷史三家注本自當以此爲最古耳集解索隱傳本尙夥獨正義唯見此刻明代監本於原文多所刪節四庫總目謂非震澤王氏刊本具存無由知其妄刪因撮舉所遺者六十五條且云其一兩字之出入者不可毛舉然震澤王本亦不盡與黃本同其所遺佚不少槪見周本紀虜褒姒盡取周賂而去句下有正義曰按汲冢書晉咸和五年汲郡汲縣發魏襄王冢得古書冊七十五卷二十六字孝武本紀其北治大池漸臺句下有顏師古云漸浸也臺在池中爲水所浸故曰漸按王莽死此臺也二十五字律書律中仲呂句下有中音仲白虎通云言陽氣將極中充大也故復中言之也二十二字北至於參句下有音所林反四字

卽天地二十八宿句下有宿音息袖反又音肅謂東方角亢氐房心尾箕南方井鬼柳星張翼軫西方奎婁胃昴畢觜參北方斗牛女虛危室壁凡二十八宿一百二十八宿星也五十八字十母句下有甲乙丙丁戊己庚辛壬癸十字十二子句下有子丑寅卯辰巳午未申酉戌亥十二字甘茂列傳自殽塞及至鬼谷句下有三殽在洛州永寧縣西北十字信陵君列傳趙王田獵耳非爲寇也句下有爲于僞反四字范雎列傳譬如木之有蠹也句下有音妬石桂虫五字此皆建安黃本之所有而震澤王本之所無王士禎池北偶談云延喆性豪侈一日有持宋槧史記求鬻者索價三百金延喆紿其人曰姑留

此一月後來取直乃鳩工就宋本摹刻甫一月而畢此實譌言今王本索隱後序末木記七行明明有工始嘉靖乙酉蜡月迄丁亥之三月及重加校讎之語爲時十有四月且財力充牣剞劂之事寧不精審而顧有此缺憾者必其所得黃本中有殘佚不得已以他本足之故有如干葉行數字數不能與黃本密合上文所舉已佚之一百七十六字卽緣於此明人刊書武斷最甚余嘗以是刻與監本對勘集解全删者四百九十九條節删者三十五條索隱全删者六百一十三條節删者一百二十二條而以正義爲尤多全删八百三十七條節删一百五十七條四庫館臣既知監本之不可信據王本補輯乃殿本所脫者卽以王本考之仍有集解三十五條不全者七條索隱二十五條不全者十九條正義五十二條不全者四十八條裴馬二注猶有他本正義則獨賴此本之存館臣非不自知而何以猶任其闕略乎使是書長留海外不復歸於中土抑或簡斷編殘不獲通假俾完原璧則此百條之正義豈終不長此沈薶乎是不能不爲是書慶已海鹽張元濟

百衲本二十四史 01

史記 二冊

撰　者◆西漢・司馬遷
發行人◆王春申
編輯指導◆林明昌
副總經理兼任副總編輯◆高珊
編印者◆本館古籍重印小組

出版發行：臺灣商務印書館股份有限公司
23150 新北市新店區復興路 43 號 8 樓
電話：(02)8667-3712　傳真：(02)8667-3709
讀者服務專線：0800056196
郵撥：0000165-1
E-mail：ecptw@cptw.com.tw
網路書店網址：www.cptw.com.tw
網路書店臉書：facebook.com.tw/ecptwdoing
臉書：facebook.com.tw/ecptw
部落格：blog.yam.com/ecptw

局版北市業字第 993 號
初版一刷：1937 年 1 月
臺一版一刷：1970 年 1 月
臺二版一刷：2010 年 9 月
臺二版四刷：2017 年 7 月
定價：新台幣 2800 元

ISBN 978-957-05-2522-9

史記 ／ 司馬遷撰. --臺二版. -- 臺北市 ：
臺灣商務, 2010. 09
面 ； 公分. --（百衲本二十四史）

ISBN 978-957-05-2522-9（精裝）

1. 史記

610.11 99014341